U0459101

国务院国有资产监督管理委员会规章规范性文件汇编

（2003～2012）

国务院国资委政策法规局　编

经济科学出版社

图书在版编目(CIP)数据

国务院国有资产监督管理委员会规章规范性文件汇编. 2003～2012/国务院国资委政策法规局编. —北京:经济科学出版社,2013. 3

ISBN 978-7-5141-3129-1

Ⅰ. ①国… Ⅱ. ①国… Ⅲ. ①国有资产-资产管理-文件-汇编-中国-2003～2012 Ⅳ. ①F123. 7

中国版本图书馆 CIP 数据核字(2013)第 050879 号

责任编辑:柳 敏 于海汛
责任校对:刘欣欣
版式设计:代小卫
责任印制:李 鹏

国务院国有资产监督管理委员会
规章规范性文件汇编
(2003～2012)
国务院国资委政策法规局 编
经济科学出版社出版、发行 新华书店经销
社址:北京市海淀区阜成路甲 28 号 邮编:100142
总编部电话:88191217 发行部电话:88191537
网址:www. esp. com. cn
电子邮件:esp@esp. com. cn
北京中科印刷有限公司印装
880×1230 32 开 43 印张 1200000 字
2013 年 3 月第 1 版 2013 年 3 月第 1 次印刷
印数:0001—6000 册
ISBN 978-7-5141-3129-1 定价:168. 00 元
(图书出现印装问题,本社负责调换。电话:88191502)

编辑说明

国务院国资委成立以来，根据《中华人民共和国企业国有资产法》、《企业国有资产监督管理暂行条例》和《国务院办公厅关于印发国务院国有资产监督管理委员会主要职责内设机构和人员编制规定的通知》，积极开展规章规范性文件制定工作。截至2012年12月31日，国务院国资委现行有效的规章共26件，规范性文件共287件。

2011年年初，国务院国资委第一次编辑出版了《国务院国有资产监督管理委员会规章规范性文件汇编(2003～2010)》，得到了社会各界和广大国有企业以及国资监管机构工作人员的欢迎。2011～2012年，国务院国资委进一步加大了国资监管法规制度建设的力度，共出台了95件规章规范性文件。现将截止到2012年年底国务院国资委制定颁布现行有效的规章规范性文件(个别涉密文件除外)汇编出版，供广大读者在工作中使用参考。

国务院国有资产监督管理委员会

政策法规局

2013年3月

目　录

规划发展

财务监督与统计评价

产权管理

企业改革

董事会建设

收入分配

业绩考核

安全生产与节能减排

收益管理

监事会监督

干部管理

企业党建与群众工作

纪检监督

企业法制

社会责任与协会建设

指导监督

其 他

规划发展

中央企业发展战略和规划管理办法(试行)

2004年11月26日　国务院国有资产监督管理委员会令第10号

第一条　为规范中央企业发展战略和规划的编制与管理工作,提高企业发展战略和规划的科学性和民主性,依法履行出资人职责,根据《中华人民共和国公司法》、《企业国有资产监督管理暂行条例》等法律法规,制定本办法。

第二条　本办法所称中央企业,是指国务院国有资产监督管理委员会(以下简称国资委)履行出资人职责的企业(以下简称企业)。

第三条　本办法所称企业发展战略和规划,是指企业根据国家发展规划和产业政策,在分析外部环境和内部条件现状及其变化趋势的基础上,为企业的长期生存与发展所作出的未来一定时期内的方向性、整体性、全局性的定位、发展目标和相应的实施方案。

第四条　企业发展战略和规划的管理,是指国资委根据出资人职责依法对企业发展战略和规划的制订程序、内容进行审核,并对其实施情况进行监督。

第五条　国资委对企业发展战略和规划进行管理应当坚持以下原则:

(一)依法履行出资人职责;

(二)尊重企业的合法权益;

(三)推动国有经济布局和结构的战略性调整,指导企业进行结构调整;

(四)客观、公正、科学、统筹;

(五)提高工作效率,遵守职业道德,严守国家机密和商业秘密。

第六条　企业要明确负责发展战略和规划编制的工作机构,建立相应的工作制度并报国资委备案。

第七条 企业应当按照本办法规定，制订本企业的发展战略和规划。有条件的企业可以设立发展战略和规划决策委员会。

第八条 企业发展战略和规划包括3～5年中期发展规划和10年远景目标。编制重点为3～5年发展规划，并根据企业外部环境和内部情况的变化和发展适时滚动调整。

第九条 企业发展战略和规划应当包括下列主要内容：

(一)现状与发展环境。包括企业基本情况、发展环境分析和竞争力分析等；

(二)发展战略与指导思想；

(三)发展目标；

(四)三年发展、调整重点与实施计划；

(五)规划实施的保障措施；

(六)需要包括的其他内容。

第十条 企业在制订发展战略和规划时，可参照国资委编制的《中央企业发展战略与规划编制大纲》，并可根据实际情况进行适当调整，但应当涵盖其提出的内容。

第十一条 企业应当按照国资委要求在规定时间内报送发展战略和规划草案。报送内容包括企业发展战略和规划草案文本及编制说明。

第十二条 国资委组织对企业的发展战略和规划草案进行审核，在规定时间内将审核意见反馈企业。

第十三条 国资委对企业报送的企业发展战略和规划内容的审核主要包括：

(一)是否符合国家发展规划和产业政策；

(二)是否符合国有经济布局和结构的战略性调整方向；

(三)是否突出主业，提升企业核心竞争力；

(四)是否坚持效益优先和可持续发展原则。

第十四条 国有独资企业、国有独资公司应当根据国资委的审核意见，对企业发展战略和规划进行修订。

第十五条 国有控股、国有参股企业中国资委派出的股东代表、董事，应当在企业股东会或董事会上充分表述国资委对企业发展战略和规划的审核意见。

第十六条 企业按照内部决策程序对发展战略和规划修订后，应当将企业发展战略和规划正式文本报国资委备案。

第十七条 企业在实施发展战略和规划过程中应当制定年度计划，对实施情况与发展目标进行对比评价，及时调整。

第十八条 国资委将企业发展战略和规划的目标和实施，纳入对中央企业负责人经营业绩考核的内容。

第十九条 本办法自 2005 年 1 月 1 日起施行。

中央企业投资监督管理暂行办法

2006 年 6 月 28 日　国务院国有资产监督管理委员会令第 16 号

第一条 为依法履行出资人职责，规范中央企业投资活动，提高中央企业投资决策的科学性和民主性，有效防范投资风险，根据《中华人民共和国公司法》、《企业国有资产监督管理暂行条例》等法律法规，制定本办法。

第二条 本办法所称中央企业，是指国务院国有资产监督管理委员会（以下简称国资委）履行出资人职责的企业（以下简称企业）。

第三条 本办法所称的投资主要包括企业在境内的下列投资活动：

（一）固定资产投资；

（二）产权收购；

（三）长期股权投资。

第四条 国资委依法对企业投资活动进行监督管理,指导企业建立健全投资决策程序和管理制度。

第五条 企业是投资活动的主体,企业必须制定并执行投资决策程序和管理制度,建立健全相应的管理机构,并报国资委备案。

第六条 企业投资活动和国资委对企业投资活动的监督管理应当遵循以下原则:

(一)符合国家发展规划和产业政策;

(二)符合企业布局和结构调整方向;

(三)符合企业发展战略与规划;

(四)突出主业,有利于提高企业核心竞争能力;

(五)非主业投资应当符合企业调整、改革方向,不影响主业的发展;

(六)符合企业投资决策程序和管理制度;

(七)投资规模应当与企业资产经营规模、资产负债水平和实际筹资能力相适应;

(八)充分进行科学论证,预期投资收益应不低于国内同行业同期平均水平。

主业是指由企业发展战略和规划确定的并经国资委确认公布的主要经营业务;非主业是指主业以外的其他经营业务。

第七条 企业应当依据其发展战略和规划编制年度投资计划,企业的主要投资活动应当纳入年度投资计划。

企业年度投资计划应当主要包括下列内容:

(一)总投资规模、资金来源与构成;

(二)主业与非主业投资规模;

(三)投资项目基本情况(包括项目内容、投资额、资金构成、投资预期收益、实施年限等)。

企业年度投资计划中的投资项目是指按照企业投资管理制度规定由董事会或总经理办公会议研究决定的投资项目(包括子企业投资项目)。

第八条 企业应当按国资委要求,在规定时间内报送年度投资计划。

企业年度投资计划的统一报送格式、报送时限等要求,由国资委另行规定。

第九条 国资委对企业投资活动实行分类监督管理：

(一)按照国资委有关规定建立规范董事会的国有独资公司，国资委依据企业年度投资计划对投资项目实行备案管理。

(二)未建立规范董事会的国有独资企业、国有独资公司，国资委依据企业年度投资计划对主业投资项目实行备案管理；对非主业投资项目实行审核，在20个工作日内作出审核决定。

(三)国有控股公司，应按照本办法的规定向国资委报送企业年度投资计划。

(四)其他类型的企业，参照国有控股公司执行。

第十条 企业在年度投资计划外追加项目，应当及时将有关情况报告国资委，国资委按本办法第九条规定管理。

第十一条 企业对以下重大投资事项应当及时向国资委报告：

(一)按国家现行投资管理规定，需由国务院批准的投资项目，或者需由国务院有关部门批(核)准的投资项目，企业应当在上报国务院或国务院有关部门的同时，将其有关文件抄送国资委。

(二)企业投资项目实施过程中出现下列情形的，应当重新履行投资决策程序，并将决策意见及时书面报告国资委：

1. 对投资额、资金来源及构成进行重大调整，致使企业负债过高，超出企业承受能力或影响企业正常发展的；

2. 股权结构发生重大变化，导致企业控制权转移的；

3. 投资合作方严重违约，损害出资人权益的。

(三)需报告国资委的其他重大投资事项。

第十二条 国资委建立企业投资统计分析制度，企业应当按照国资委要求报送年度投资完成情况和分析材料，其中部分重点企业应当报送季度投资完成情况。

第十三条 企业应当对投资项目实施后评价管理，具体工作内容与要求，参照《中央企业固定资产投资项目后评价工作指南》执行。国资委根据需要，对企业已完成的投资项目，有选择地开展项目后评价。

第十四条 国资委对企业依据本办法报送的资料负有保密义务。

第十五条 企业违反本办法和其投资决策程序规定的,国资委应当责令其改正;情节严重、致使企业遭受重大损失的,依照有关规定追究企业有关人员的责任。

国资委相关责任人员违反本办法规定的,国资委应当责令其改正;情节严重的,依法给予行政处分。

第十六条 企业境外投资监督管理的具体规定,由国资委另行制定。

第十七条 本办法由国资委负责解释。

第十八条 本办法自2006年7月1日起施行。

中央企业境外投资监督管理暂行办法

2012年3月18日 国务院国有资产监督管理委员会令第28号

第一条 为加强国务院国有资产监督管理委员会(以下简称国资委)履行出资人职责的企业(以下简称中央企业)境外投资监督管理,促进中央企业开展国际化经营,引导和规范中央企业境外投资活动,根据《中华人民共和国企业国有资产法》、《中华人民共和国公司法》和《企业国有资产监督管理暂行条例》等法律、行政法规,制定本办法。

第二条 本办法所称境外投资,是指中央企业及其各级独资、控股子企业(以下简称各级子企业)在我国境外以及香港特别行政区、澳门特别行政区和台湾地区的固定资产投资、股权投资等投资行为。

第三条 国资委依法对中央企业境外投资进行监督管理,督促中央企业建立健全境外投资管理制度,引导中央企业防范境外投资风险,指导中央企业之间加强境外投资合作,避免恶性竞争。

第四条 中央企业应当根据企业国际化经营战略需要制定境外投

资规划，建立健全企业境外投资管理制度，提高决策质量和风险防范水平，组织开展定期审计，加强境外投资管理机构和人才队伍建设，加强对各级子企业境外投资活动的监督和指导。

中央企业各级子企业应当依法建立健全境外投资管理制度，严格遵守中央企业境外投资管理规定，加强境外投资决策和实施的管理。

第五条 境外投资应当遵循以下原则：

（一）符合国民经济和社会发展规划和境外投资产业政策；

（二）符合国有经济布局和结构调整方向；

（三）符合企业发展战略和国际化经营战略，突出主业，有利于提高企业的国际竞争力；

（四）投资规模与企业资产经营规模、资产负债水平、实际筹资能力和财务承受能力相适应；

（五）遵守投资所在国（地区）法律和政策，尊重当地习俗。

第六条 中央企业境外投资管理制度应当报国资委备案。境外投资管理制度应当包括下列主要内容：

（一）境外投资指导方针和原则；

（二）境外投资管理机构及其职责；

（三）境外投资决策程序和管理流程；

（四）境外投资风险管理制度；

（五）境外投资评价、考核、审计及责任追究制度；

（六）对所属企业境外投资的监督管理制度。

第七条 中央企业应当根据境外投资规划编制年度境外投资计划，并按照有关要求按时报送国资委。

年度境外投资计划应当包括下列主要内容：

（一）境外投资总规模、资金来源与构成；

（二）重点投资项目基本情况（包括项目背景、项目内容、股权结构、投资地点、投资额、融资方案、实施年限、风险分析及投资效益等）。

重点投资项目是指中央企业按照内部境外投资管理制度规定，由其最高投资决策机构研究决定的中央企业及其各级子企业投资的项目。

第八条 列入中央企业年度境外投资计划的主业重点投资项目，国资委实行备案。对境外投资项目有异议的，国资委应当及时向企业出具书面意见。

第九条 未列入中央企业年度境外投资计划，需要追加的主业重点投资项目，中央企业应在履行企业内部投资决策程序后报送国资委备案，对项目有异议的，国资委应当在20个工作日内向企业出具书面意见。

第十条 中央企业原则上不得在境外从事非主业投资。有特殊原因确需投资的，应当经国资委核准。中央企业应向国资委报送下列核准材料：

(一)申请核准非主业投资的请示；

(二)中央企业对非主业投资项目的有关决策文件；

(三)非主业投资项目可行性研究报告、尽职调查等相关文件；

(四)非主业投资项目风险评估、风险控制和风险防范报告；

(五)其他必要材料。

国资委依据相关法律、法规和国有资产监管规定，主要从非主业投资项目实施的必要性、对企业发展战略和主业发展的影响程度、企业投资承受能力和风险控制能力等方面予以审核，在20个工作日内出具书面意见。

第十一条 在重点投资项目实施过程中，出现项目内容发生实质改变、投资额重大调整和投资对象股权结构重大变化等重要情况时，中央企业应当及时报告国资委。

第十二条 根据国家境外投资管理有关规定，需要由国务院或国务院有关部门决定、批(核)准的境外投资项目，中央企业应当将有关报批文件同时抄送国资委。

第十三条 中央企业应严格执行内部决策程序，做好项目可行性研究、尽职调查，发挥境内外社会中介机构和财务、法律等专业顾问的作用，提高境外投资决策质量。

第十四条 中央企业应当加强境外投资风险管理，收集投资所在国（地区）风险信息，做好对风险的定性与定量评估分析，制定相应的防范和规避方案，加强风险预警，制定突发事件的应急预案和风险发生后的退出机制，做好风险处置。

第十五条 中央企业应当参照《中央企业固定资产投资项目后评价工作指南》（国资发规划〔2005〕92号）对境外投资实施后评价管理。

第十六条 境外投资形成产权的，中央企业应当按照有关规定加强境外产权管理工作。

第十七条 中央企业违反本办法的，国资委应当责令其改正；情节严重，致使企业遭受重大损失的，依照有关规定追究企业和相关责任人的责任。

第十八条 本办法自2012年5月1日起施行。

关于印发《中央企业固定资产投资项目后评价工作指南》的通知

2005年5月25日 国资发规划〔2005〕92号

各中央企业：

为贯彻落实《国务院关于投资体制改革的决定》（国发〔2004〕20号）精神，更好地履行出资人职责，指导中央企业提高投资决策水平、管理水平和投资效益，规范投资项目后评价工作，推动投资项目后评价制度和责任追究制度的建立，我委组织编制了《中央企业固定资产投资项目后评价工作指南》（以下简称《工作指南》），现印发给你们，请参照执行，并就有关事项通知如下：

一、《工作指南》是中央企业开展投资项目后评价工作的指导性文件，各中央企业可根据《工作指南》的要求，编制本企业的固定资产投资项目后评价实施细则,对项目后评价工作的内容和范围可有所侧重和取舍。

二、《工作指南》适用范围为固定资产投资类项目后评价,对于股权投资、资产并购、证券、期货等其他类型的投资项目,仅供参考。

三、企业是投资主体,也是后评价工作的主体。各中央企业要制订本企业的投资项目后评价年度工作计划,有目的地选取一定数量的投资项目开展后评价工作。要加强投资项目后评价信息和成果的反馈,及时总结经验教训,以实现后评价工作的目的。

四、中央企业的后评价工作由国资委规划发展局具体负责指导、管理。我委每年将选择少数具有典型意义的项目组织实施后评价,督促检查中央企业后评价制度的建立和后评价工作的开展,及时反馈后评价工作信息和成果,组织开展后评价工作的培训和交流活动。

附件:中央企业固定资产投资项目后评价工作指南

附件:

中央企业固定资产投资
项目后评价工作指南

一、总则

(一)为加强中央企业固定资产投资项目管理,提高企业投资决策水平和投资效益,完善投资决策机制,建立投资项目后评价制度,根据《中华人民共和国公司法》、《企业国有资产监督管理暂行条例》(国务院令第 378 号)、《国务院关于投资体制改革的决定》(国发〔2004〕20 号)以及《国务院办公厅关于印发国务院国有资产监督管理委员会主要职责内设机构和人员编制规定的通知》(国办发〔2003〕28 号)赋予国资委的职责,国务院国有资产监督管理委员会(以下简称国资委)编制《中央企业固定资产投资项目后评价工作指南》(以下简称《工作指南》)。

(二)《工作指南》所称中央企业是指经国务院授权由国资委履行出资人职责的企业。本指南适用于指导中央企业固定资产投资项目后评价工作(以下简称项目后评价)。

(三)《工作指南》所称固定资产投资项目,是指为特定目的而进行投资建设,并含有一定建筑或建筑安装工程,且形成固定资产的建设项目。

二、项目后评价概念及一般要求

(一)项目后评价是投资项目周期的一个重要阶段,是项目管理的重要内容。项目后评价主要服务于投资决策,是出资人对投资活动进行监管的重要手段。项目后评价也可以为改善企业经营管理提供帮助。

(二)项目后评价一般是指项目投资完成之后所进行的评价。它通过对项目实施过程、结果及其影响进行调查研究和全面系统回顾,与项目决策时确定的目标以及技术、经济、环境、社会指标进行对比,找出差别和变化,分析原因,总结经验,汲取教训,得到启示,提出对策建议,通过信息反馈,改善投资管理和决策,达到提高投资效益的目的。

(三)按时点划分,项目后评价又可分为项目事后评价和项目中间评价。项目事后评价是指对已完工项目进行全面系统的评价;项目中间评价是指从项目开工到竣工验收前的阶段性评价。

(四)项目后评价应坚持独立、科学、公正的原则。

(五)项目后评价要有畅通、快捷的信息流系统和反馈机制。项目后评价的结果和信息应用于指导规划编制和拟建项目策划,调整投资计划和在建项目,完善已建成项目。项目后评价还可用于对工程咨询、施工建设、项目管理等工作的质量与绩效进行检验、监督和评价。

（六）中央企业的项目后评价应注重分析、评价项目投资对行业布局、产业结构调整、企业发展、技术进步、投资效益和国有资产保值增值的作用和影响。

三、项目后评价内容

（一）项目全过程的回顾。

1. 项目立项决策阶段的回顾，主要内容包括：项目可行性研究、项目评估或评审、项目决策审批、核准或批准等。

2. 项目准备阶段的回顾，主要内容包括：工程勘察设计、资金来源和融资方案、采购招投标（含工程设计、咨询服务、工程建设、设备采购）、合同条款和协议签订、开工准备等。

3. 项目实施阶段的回顾，主要内容包括：项目合同执行、重大设计变更、工程“三大控制”（进度、投资、质量）、资金支付和管理、项目管理等。

4. 项目竣工和运营阶段的回顾，主要内容包括：工程竣工和验收、技术水平和设计能力达标、试生产运行、经营和财务状况、运营管理等。

（二）项目绩效和影响评价。

1. 项目技术评价，主要内容包括：工艺、技术和装备的先进性、适用性、经济性、安全性，建筑工程质量及安全，特别要关注资源、能源合理利用。

2. 项目财务和经济评价，主要内容包括：项目总投资和负债状况；重新测算项目的财务评价指标、经济评价指标、偿债能力等。财务和经济评价应通过投资增量效益的分析，突出项目对企业效益的作用和影响。

3. 项目环境和社会影响评价，主要内容包括：项目污染控制、地区环境生态影响、环境治理与保护；增加就业机会、征地拆迁补偿和移民安置、带动区域经济社会发展、推动产业技术进步等。必要时，应进行项目的利益群体分析。

4. 项目管理评价，主要内容包括：项目实施相关者管理、项目管理体制与机制、项目管理者水平；企业项目管理、投资监管状况、体制机制创新等。

(三)项目目标实现程度和持续能力评价。

1. 项目目标实现程度从以下四个方面进行判断:

项目工程(实物)建成,项目的建筑工程完工、设备安装调试完成、装置和设施经过试运行,具备竣工验收条件。

项目技术和能力,装置、设施和设备的运行达到设计能力和技术指标,产品质量达到国家或企业标准。

项目经济效益产生,项目财务和经济的预期目标,包括运营(销售)收入、成本、利税、收益率、利息备付率、偿债备付率等基本实现。

项目影响产生,项目的经济、环境、社会效益目标基本实现,项目对产业布局、技术进步、国民经济、环境生态、社会发展的影响已经产生。

2. 项目持续能力的评价,主要分析以下因素及条件:

持续能力的内部因素,包括财务状况、技术水平、污染控制、企业管理体制与激励机制等,核心是产品竞争能力。

持续能力的外部条件,包括资源、环境、生态、物流条件、政策环境、市场变化及其趋势等。

(四)经验教训和对策建议。

项目后评价应根据调查的真实情况认真总结经验教训,并在此基础上进行分析,得出启示和对策建议,对策建议应具有借鉴和指导意义,并具有可操作性。项目后评价的经验教训和对策建议应从项目、企业、行业、宏观4个层面分别说明。

上述内容是项目后评价的总体框架。大型和复杂项目的后评价应该包括以上主要内容,进行完整、系统的评价。一般项目应根据后评价委托的要求和评价时点,突出项目特点等,选做一部分内容。项目中间评价应根据需要有所区别、侧重和简化。

四、项目后评价方法

(一)项目后评价方法的基础理论是现代系统工程与反馈控制的管理理论。项目后评价亦应遵循工程咨询的方法与原则。

(二)项目后评价的综合评价方法是逻辑框架法。逻辑框架法是通过投入、产出、直接目的、宏观影响四个层面对项目进行分析和总结的综合评价方法。《项目后评价逻辑框架表》见附件1。

(三)项目后评价的主要分析评价方法是对比法,即根据后评价调查得到的项目实际情况,对照项目立项时所确定的直接目标和宏观目标,以及其他指标,找出偏差和变化,分析原因,得出结论和经验教训。项目后评价的对比法包括前后对比、有无对比和横向对比。

1. 前后对比法是项目实施前后相关指标的对比,用以直接估量项目实施的相对成效。

2. 有无对比法是指在项目周期内"有项目"(实施项目)相关指标的实际值与"无项目"(不实施项目)相关指标的预测值对比,用以度量项目真实的效益、作用及影响。

3. 横向对比是同一行业内类似项目相关指标的对比,用以评价企业(项目)的绩效或竞争力。

(四)项目后评价调查是采集对比信息资料的主要方法,包括现场调查和问卷调查。后评价调查重在事前策划。

(五)项目后评价指标框架。

1. 构建项目后评价的指标体系,应按照项目逻辑框架构架,从项目的投入、产出、直接目的3个层面出发,将各层次的目标进行分解,落实到各项具体指标中。

2. 评价指标包括工程咨询评价常用的各类指标,主要有:工程技术指标、财务和经济指标、环境和社会影响指标、管理效能指标等。不同类型项目后评价应选用不同的重点评价指标。项目后评价通用的参考指标可参阅附件2。

3. 项目后评价应根据不同情况,对项目立项、项目评估、初步设计、合同签订、开工报告、概算调整、完工投产、竣工验收等项目周期中几个时点的指标值进行比较,特别应分析比较项目立项与完工投产(或竣工验收)两个时点指标值的变化,并分析变化原因。

五、项目后评价的实施

（一）项目后评价实行分级管理。中央企业作为投资主体，负责本企业项目后评价的组织和管理；项目业主作为项目法人，负责项目竣工验收后进行项目自我总结评价并配合企业具体实施项目后评价。

1. 项目业主后评价的主要工作有：完成项目自我总结评价报告；在项目内及时反馈评价信息；向后评价承担机构提供必要的信息资料；配合后评价现场调查以及其他相关事宜。

2. 中央企业后评价的主要工作有：制订本企业项目后评价实施细则；对企业投资的重要项目的自我总结评价报告进行分析评价；筛选后评价项目；制订后评价计划；安排相对独立的项目后评价；总结投资效果和经验教训，配合完成国资委安排的项目后评价工作等。

（二）中央企业投资项目后评价的实施程序。

1. 企业重要项目的业主在项目完工投产后6～18个月内必须向主管中央企业上报《项目自我总结评价报告》（简称自评报告）。

2. 中央企业对项目的自评报告进行评价，得出评价结论。在此基础上，选择典型项目，组织开展企业内项目后评价。

（三）中央企业选择后评价项目应考虑以下条件：

1. 项目投资额巨大，建设工期长、建设条件较复杂，或跨地区、跨行业；

2. 项目采用新技术、新工艺、新设备，对提升企业核心竞争力有较大影响；

3. 项目在建设实施中，产品市场、原料供应及融资条件发生重大变化；

4. 项目组织管理体系复杂（包括境外投资项目）；

5. 项目对行业或企业发展有重大影响；

6. 项目引发的环境、社会影响较大。

（四）中央企业内部的项目后评价应避免出现“自己评价自己”，凡是承担项目可行性研究报告编制、评估、设计、监理、项目管理、工程建设等业务的机构不宜从事该项目的后评价工作。

(五)项目后评价承担机构要按照工程咨询行业协会的规定，遵循项目后评价的基本原则，按照后评价委托合同要求，独立自主认真负责地开展后评价工作，并承担国家机密、商业机密相应的保密责任。受评项目业主应如实提供后评价所需要的数据和资料(详见附件 3)，并配合组织现场调查。

(六)《项目自我总结评价报告》和《项目后评价报告》要根据规定的内容和格式编写(详见附件 3 和附件 5)，报告应观点明确、层次清楚、文字简练，文本规范。与项目后评价相关的重要专题研究报告和资料可以附在报告之后。

(七)项目后评价所需经费原则上由委托单位支付。

六、项目后评价成果应用

(一)中央企业投资项目后评价成果(经验、教训和政策建议)应成为编制规划和投资决策的参考和依据。《项目后评价报告》应作为企业重大决策失误责任追究的重要依据。

(二)中央企业在新投资项目策划时，应参考过去同类项目的后评价结论和主要经验教训(相关文字材料应附在立项报告之后，一并报送决策部门)。在新项目立项后，应尽可能参考项目后评价指标体系，建立项目管理信息系统，随项目进程开展监测分析，改善项目日常管理，并为项目后评价积累资料。

七、附则

各中央企业可参照本《工作指南》，制订本企业的项目后评价实施细则。《工作指南》也可供其他不同类型、不同形式的投资项目后评价参考。

附件：

1. 项目后评价逻辑框架表(略)

2. 项目后评价参考指标集(略)

3. 项目后评价需要提供的资料目录(略)

4.《项目自我总结评价报告》编写提纲(略)

5.《投资项目后评价报告》标准格式(略)

关于对中央企业发展规划进行滚动调整的通知

2006年2月21日　国资厅发规划〔2006〕5号

各中央企业：

根据《关于开展中央企业发展战略与规划编制工作的通知》(国资厅发规划〔2004〕10号)和《关于开展中央企业发展战略与规划编制工作的补充通知》(国资厅发规划〔2004〕68号)要求,中央企业普遍开展了发展战略和规划编制工作,研究制定了2004～2006年企业发展战略和规划。通过编制发展战略和规划,企业建立健全了规划工作机构,锻炼了规划工作队伍,强化了企业负责人的战略意识,进一步提高了企业发展战略和规划管理的质量和水平。

为指导中央企业发展战略和规划编制工作,进一步明确企业发展战略,突出主业,推进中央企业国有经济布局和结构的战略性调整,根据《中央企业发展战略和规划管理办法(试行)》(国资委令第10号)的要求,我委分别对已公布主业的中央企业的发展战略和规划进行了评议和审核,对中央企业发展战略和规划的进一步修订完善和企业在规划实施中应注意的问题提出了明确的意见。

为贯彻落实《中共中央关于制定国民经济和社会发展第十一个五年规划的建议》精神,完成2005年中央企业负责人会议提出的“认真研究企业‘十一五’发展思路,搞好三年滚动规划调整”工作任务,现将有关要求通知如下：

一、关系国家安全和国民经济命脉的重要行业和关键领域的企业、支柱产业中的大企业和其他对国民经济发展有重要影响的大企业，要结合国家“十一五”规划的编制工作，研究提出企业“十一五”发展战略和规划思路，编制完成2006～2008年企业发展规划，并可根据工作进展情况对滚动规划周期进行适当调整。

其他行业或领域的企业要结合国家“十一五”规划的编制工作和本企业发展战略，编制完成2006～2008年企业发展规划，并可根据工作进展情况对滚动规划周期进行适当调整。

二、今后企业编制三年发展规划要逐年进行滚动调整，形成工作制度，即企业三年规划编制完成后，要在规划实施的第一年后，对后两年规划内容和主要目标进行必要调整，并研究提出新的第三年规划目标，形成新的三年发展规划。

企业三年滚动规划编制工作周期是：2006年3月底前编制完成2006～2008年发展规划（由于企业目前尚未形成编制三年滚动规划的工作制度，工作启动较晚，因此企业2006～2008年发展规划编制工作完成时间可适当推后，但最迟应在6月底前完成编制工作），并将规划文本报送国资委；2007年3月底前编制完成2007～2009年发展规划并报送国资委；2008年3月底前编制完成2008～2010年发展规划并报送国资委，依此类推。企业可根据实际情况对滚动规划编制工作完成时间作适当调整。

三、国资委将根据工作需要对企业滚动规划编制工作进行沟通、交流、指导，同时组织力量适时对企业发展规划进行评议。

四、企业2006～2008年发展规划编制工作可继续参考《中央企业发展战略与规划编制大纲》（详见国资厅发规划〔2004〕68号文，以下简称《编制大纲》）的要求。由于《编制大纲》是针对企业中长期发展战略和规划编制工作提出的，有些内容规定比较具体，企业在编制三年滚动发展规划时，根据实际情况，可对《编制大纲》的要求进行适当调整。

五、企业要根据编制完成的滚动发展规划抓好组织实施工作，推进企业发展和结构调整，进一步精干主业，增强核心竞争力。

请你们结合实际，认真做好新一轮滚动规划调整工作，并于2006年6月底前将编制完成的2006～2008年企业发展规划一式3份报我委规划发展局。

关于印发《中央企业发展战略与规划编制大纲（修订稿）》的通知

2006年5月26日　国资厅发规划〔2006〕26号

各中央企业：

根据《关于对中央企业发展规划进行滚动调整的通知》（国资厅发规划〔2006〕5号）精神，为指导中央企业做好规划滚动调整工作，我委对《中央企业发展战略与规划编制大纲》进行了修订，现印发给你们。《中央企业发展战略与规划编制大纲（修订稿）》（以下简称《编制大纲》）的内容是中央企业编制发展战略与规划的基本要求，企业编制的发展战略与规划应涵盖《编制大纲》提出的内容，表格要求填写完整。

附件：中央企业发展战略与规划编制大纲（修订稿）

附件：

中央企业发展战略与规划编制大纲（修订稿）

一、企业现状与发展环境

（一）基本情况。

1. 概况。

包括企业发展的历史沿革、现状综合描述，重点包括资产规模、产权结构、业务范围等。

2. 组织机构。

文字叙述和列明企业组织结构图。

3. 法人治理结构。

文字叙述或图表。说明目前企业组织形式(是按公司法还是企业法注册的)、法人治理结构的状况，包括重大问题决策层、执行层、监督层、咨询层的层级和权责关系等。

4. 二级企业(公司)基本情况。

文字叙述和表格。

表 1—1　　××××年(本规划期之前一年)

二级企业(公司)基本情况

企业(公司)名称	产权状况		是否上市公司	资产总额(万元)	净资产(万元)	国有资产权益(万元)	在职职工人数(人)	所在国家或地区(省、市)
	属性	比重(%)						
1								
2								
……								
总　计								

注：产权状况属性指企业(公司)属全资、控股(绝对控股、相对控股)或参股

5. 主要经济指标。

包括本规划期之前三年的主要财务数据。

表 1—2　　(本规划期之前三年)主要财务数据

年　　度	××××年	××××年	××××年
主营业务收入(万元)			
利润总额(万元)			
净利润(万元)			
资产总额(万元)			
国有资产总量(万元)			

续表

年　度	××××年	××××年	××××年
负债总额(万元)			
净资产(万元)			
所有者权益(万元)			
成本费用总额(万元)			
人工成本(万元)			
在岗职工(人)			
净资产收益率(%)			
总资产报酬率(%)			
国有资产保值增值率(%)			
年度科技支出总额(万元)			
技术投入比率(%)			
……			

6. 企业主要业务构成情况。

表1—3　　××××年(本规划期之前一年)企业业务构成表

业务分类名称	资产		主营业务收入		利润总额		在职职工(人)
	数量(万元)	比重(%)	数量(万元)	比重(%)	数量(万元)	比重(%)	
主业:							
板块1(名称)							
板块2(名称)							
……							
非主业:							
板块1(名称)							
板块2(名称)							
……							

7. 其他情况。

文字叙述和表格。

(二)企业发展环境分析。

1. 宏观环境分析。

包括法律、政策、经济、科技等与企业发展相关的国内外环境分析。

2. 企业所在领域的国内外现状和发展趋势分析。

包括产业结构调整、重组、技术发展趋势等。

3. 企业主业和主导产品国内外市场分析。

包括主要产品(服务)的国际国内市场需求预测、市场份额(市场占有率)等。

(三)竞争力分析。

分析企业的发展条件及与竞争对手在主业方面的优劣势、面临的发展机遇和挑战等。

1. 企业发展条件对比分析。

本企业与国际国内对标企业在体制、机制、地域、资源控制能力、管理、人才、技术、营销等方面的比较分析。

2. 企业主要经济技术指标对标。

表 1—4　　企业与国内外对标企业同期主要指标对标

企业名称	对标企业 1	对标企业 2	本企业
年度	××××年	××××年	××××年
国际权威机构排名情况			
资产总额(亿美元)			
销售收入(亿美元)			
利润总额(亿美元)			
所有者权益(亿美元)			
雇员(职工)(人)			
净资产收益率(%)			
全员劳动生产率(美元/人)			
技术投入比率(%)			
主要专业技术经济指标 1			
主要专业技术经济指标 2			
主要专业技术经济指标 3			
……			

注:若对标企业同期指标难以收集,所选用指标应注明时间(年份)

3. 核心竞争力分析。

包括企业的资源获取能力、成本控制能力、自主知识产权与技术控制能力(包括专利、发明专利和专有技术)、企业文化和可持续发展能力等。

4. 存在的主要问题。

文字叙述和表格。

二、发展战略与指导思想

(一)企业战略定位与战略描述。

(二)企业发展指导思想。

三、企业发展规划目标

(一)远景规划目标。

(二)五年发展目标。

(三)三年滚动发展规划目标及年度目标分解。

1. 总体目标。

文字叙述。

2. 主业结构调整目标。

文字叙述和表格,其中主业构成填报表见表3-1。

表3—1　　××××年(三年滚动规划期末)主业构成表

业务分类名称	资产		主营业务收入		利润总额		在职职工(人)
	数量(万元)	比重(%)	数量(万元)	比重(%)	数量(万元)	比重(%)	
主业:							
板块1(名称)							
板块2(名称)							
……							
非主业:							
板块1(名称)							
板块2(名称)							
……							

3. 主要经济指标。

填报表见表3－2、表3－3。

表3－2　　(三年滚动规划期)主要产品(业务)量

序号	产品(业务)名称	单位	数　量		
			××××年	××××年	××××年
1					
2					
3					
……					

表3－3　　(三年滚动规划期)主要经济指标

年　　度	××××年	××××年	××××年
主营业务收入(万元)			
利润总额(万元)			
净利润(万元)			
资产总额(万元)			
国有资产总量(万元)			
净资产(万元)			
所有者权益(万元)			
成本费用总额(万元)			
人工成本(万元)			
在岗职工(人)			
总资产报酬率(%)			
净资产收益率(%)			
资产负债率(%)			
国有资产保值增值率(%)			
固定资产投资总额(万元)			
年度科技支出总额(万元)			
技术投入比率(%)			
年度经营业绩考核指标1			
年度经营业绩考核指标2			
年度经营业绩考核指标3			
……			

4. 产权结构调整目标。

说明集团及重要子企业产权结构(在三年滚动规划期末)调整目标。

5. 产品结构调整目标。

简要文字叙述和填报表3-4。

表3-4　(三年滚动规划期)主要产品(业务)的市场目标

主要产品(业务)名称	国内市场						出口(海外业务)			
	××××年(规划期第一年)			××××年(规划期第三年)			××××年(规划期第一年)		××××年(规划期第三年)	
	数量	市场占有率	排名	数量	市场占有率	排名	数量	比重(%)	数量	比重(%)
产品(业务)1										
产品(业务)2										
……										

注:比重为出口产品(业务)占企业该项产品(业务)总量的比重。

6. 企业组织结构调整目标。

文字叙述和表格,说明组织结构调整方向、目标。

7. 企业技术进步指标。

文字叙述和表格,说明技术进步方向、目标。

8. 人力资源目标。

简要文字叙述。

9. 投资风险控制目标。

(1)资产负债率控制目标。

文字简要叙述和图表,要求企业在对其自身资产负债率进行分析的基础上,提出本企业在规划期内的资产负债率控制区间目标。

例:某企业规划期内资产负债率控制区间图

企业规划期内资产负债率控制区间图

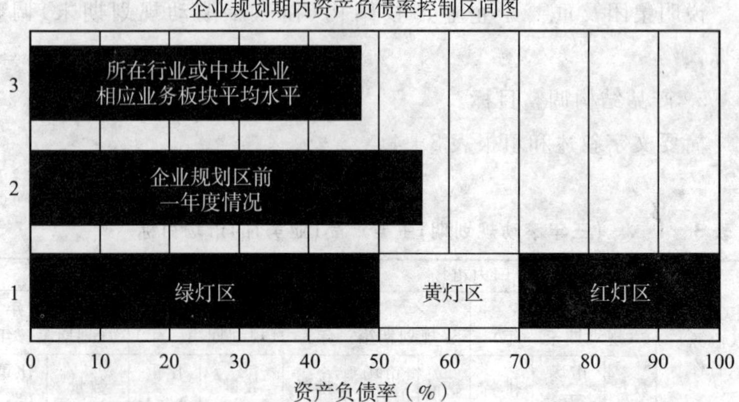

注：绿灯区为企业正常投资区。黄灯区为企业投资的预警区，在此区间内应慎重投资。即企业资产负债率在此区间内时，对投资来源中增加负债部分进行分析，企业应慎重考虑负债率提高问题。红灯区为企业投资的严格控制区，原则上在投资时不应形成新的负债。

(2)非主业投资控制目标。

企业应根据当前所在行业发展情况、趋势和企业自身发展情况与阶段，提出本企业规划期内非主业及非主业投资控制水平。

例：某企业提出在规划期内，非主业资产占企业总资产的比重不超过10%，用于非主业投资占企业总投资的比重不超过5%。

四、三年滚动发展规划期内调整重点与实施计划

(一)发展调整重点。

除列明主营业务发展重点外，还应包括企业改革、改组、改造与加强管理的内容。

(二)实施计划。

1. 体制、机制创新计划。

文字叙述主要内容。

2. 组织结构调整和资源优化计划。

文字叙述主要内容和表格，包含兼并重组内容。

3. 产业和产品结构调整计划。

文字叙述主要内容和表格。

4. 投融资计划。

文字叙述主要内容和表格，其中投资计划分年度填报表 4－1、表 4－2、表 4－3 和表 4－4。

表 4—1　　(三年滚动规划期内)年度投资计划情况表　金额单位：万元

年度	计划总投资	按投资方向分		按项目阶段分		按资金来源分			备注
		主业	非主业	新开工	续建	自有资金	贷款	其他	
××××年									
××××年									
××××年									
合计									

表 4—2　(三年滚动规划期内)年度主业重大投资项目计划表

年度：(××××年)

编号	项目名称	项目主要内容	总投资(万元)	其中：自有资金(万元)	起始时间	完成时间	投资收益率(%)
1							
2							
3							
……							
合计							

表 4—3　　(三年滚动规划期内)年度非主业投资项目计划表

(表格样式同表 4—2)

表 4—4　　(三年滚动规划期内)年度境外投资项目计划表

(表格样式同表 4—2)

5. 自主创新与科研开发计划。

文字叙述企业开展自主创新与科研工作方面的主要内容，包括科技投入计划、研发机构建设、知识产权保护等方面的内容。

6. 国际化经营计划。

文字叙述企业“走出去”，利用两种资源、开拓两个市场的计划。

7. 企业文化建设及其他计划。

文字简要叙述。

五、规划实施的保障措施及建议

关于印发《中央企业投资监督管理暂行办法实施细则》的通知

2006 年 7 月 18 日　国资发法规〔2006〕133 号

各中央企业：

为了规范中央企业投资监督管理工作，根据《中央企业投资监督管理暂行办法》(国资委令第 16 号)，我委制定了《中央企业投资监督管理暂行办法实施细则》，现印发你们，请认真遵照执行。

附件：中央企业投资监督管理暂行办法实施细则

附件：

中央企业投资监督管理暂行办法实施细则

第一条　为规范中央企业投资监督管理工作，根据《中央企业投资监督管理暂行办法》(国资委令第 16 号，以下简称《办法》)，制定本实施细则。

第二条　中央企业(以下简称企业)在境内的固定资产投资、产权收购、长期股权投资活动，应当遵守《办法》和本实施细则。

第三条 企业应当按照《办法》第五条、第六条的规定，制定投资决策程序和管理制度，明确相应的管理机构，并报国资委备案。

企业投资管理制度主要包括下列内容：

（一）企业负责投资管理机构的名称、职责，管理构架及相应的权限；

（二）投资活动所遵循的原则、决策程序和相应的定量管理指标；

（三）项目可行性研究和论证工作的管理；

（四）项目组织实施中的招投标管理、工程建设监督管理体系与实施过程的管理；

（五）产权收购和股权投资项目实施与过程的管理；

（六）项目后评价工作体系建设与实施的管理；

（七）投资风险管理，重点是法律、财务方面的风险防范与重大投资活动可能出现问题的处理预案；

（八）责任追究制度。

第四条 国资委对企业投资决策程序与管理制度中存在的问题，应当及时与企业进行沟通并给予指导完善。

第五条 企业投资活动应遵循《办法》第六条规定，并结合企业实际情况研究提出相应的定量管理指标，纳入企业投资管理制度。

定量管理指标应当主要包括下列内容：

（一）企业发展规划期内非主业资产规模占企业总资产合理比重和年度投资中非主业投资占总投资的合理比重的内控指标；

（二）企业发展规划期内资产负债率的控制指标；

（三）企业内部投资收益率的控制指标。未建立指标体系的企业可参考国家有关部门发布的《建设项目经济评价方法与参数》，结合企业实际情况提出。已建立指标体系的企业也可参考相关参数进行修正；

（四）发展规划期内各类投资活动中自有资金的合理比重；

（五）发展规划期内各年度新开工项目投资额占总投资的合理比例。

上述（一）、（二）两项指标由企业在发展规划中提出，经国资委审核确认后作为国资委对企业投资活动监督管理的基础指标。其余三项指标作为国资委监管企业投资活动的参考指标。企业可根据本企业实际情况,增加相应的定量管理指标。

第六条 企业应按照《办法》第七条、第八条的规定编制并报送年度投资计划。报送的年度投资计划应附有详细的文字说明材料,按照本实施细则附件1的要求填写年度投资计划表,并于当年1月31日前报送国资委。

第七条 国资委按照《办法》第四条、第六条的规定,对企业年度投资计划的编制进行以下指导:

(一)指导企业在年度投资计划编制中贯彻国家有关方针政策,并依据宏观经济形势和市场变化提出具体要求;

(二)指导企业做好年度投资计划与发展规划的衔接工作;

(三)指导企业做好年度投资计划与企业财务预算有关指标的衔接工作;

(四)其他事项。

第八条 国资委按照《办法》第六条、第八条、第九条、第十条、第十一条的规定,受理企业年度投资计划的报送、重大投资事项的报告,并依据年度投资计划对投资项目实行备案和审核管理:

(一)备案管理。对实行备案管理的企业投资项目,除对存在问题的进行提示外,一般不再回复。国资委自收到备案的投资项目材料20个工作日内未予回复的视为备案通过。

(二)审核管理。对实行审核管理的企业非主业投资项目,国资委在20个工作日内作出审核决定,并给予书面回复。回复一般分为下列三种方式:

1. 通过。

2. 提示。对存在问题的项目,要求企业予以纠正或制定相应的风险防范措施。

3. 否决。对存在严重问题的项目予以否决。

第九条 国资委对企业投资活动进行监督管理时,主要依据下列内容对投资项目中存在的问题进行提示:

(一)是否符合《办法》第六条有关规定;

(二)是否符合本实施细则第五条定量指标的要求：

1. 投资方向。在企业投资中，非主业投资占总投资的比重是否超出合理范围，影响主业的发展(一般控制在10%以下)；

2. 投资资金构成。企业投资中，自有资金占总投资的比重是否处于合理范围内(一般为30%以上)；

3. 投资规模。企业总投资规模是否超出企业财务承受能力，主要是企业资产负债率是否处于合理水平；

4. 企业新开工项目占年度投资额的比重是否处于合理范围内。

对上述第(二)项中各项指标连续两年超出合理范围的企业，国资委应当进行跟踪并分析原因，提出具体建议措施。对出现下列情况的，视为存在严重问题，国资委将予以否决：

(一)不符合国家发展规划和产业政策的；

(二)违反企业投资决策程序和管理制度的；

(三)非主业投资不符合企业调整、改革方向，影响主业发展的；

(四)资产负债水平超出企业财务承受能力的。

第十条 国资委对企业年度投资计划外追加项目，按照《办法》第十条和本实施细则第八条、第九条办理。

第十一条 企业在投资活动中发生重大事项，应当按照《办法》第十一条规定及时向国资委报告，如发生《办法》第十一条(二)、(三)项情况，国资委依据《办法》第九条规定和本实施细则第八条、第九条进行管理，并对需要回复的及时回复企业。

第十二条 企业应当按照《办法》第十二条的规定和国资委有关通知，按时报送年度投资计划完成情况和分析材料。年度投资计划完成情况和分析材料主要包括下列内容：

(一)投资完成情况，按照本实施细则附件2的要求填报；

(二)对存在的问题、经验与教训的综合分析；

(三)部分重点企业按季度报送完成情况并附简要分析材料。

第十三条 国资委对企业投资完成情况进行统计分析，并根据工作需要将有关分析材料反馈企业。

第十四条 企业应当按照《办法》第十三条的规定，开展投资项目后评价工作，并根据后评价结果，对企业投资活动和投资活动的管理提出改进和完善的意见建议。具体工作按照国资委《中央企业固定资产投资项目后评价工作指南》(国资发规划〔2005〕92号)的通知组织实施，及时总结经验教训并将好的经验报国资委。

第十五条 国资委负责指导、管理企业投资项目后评价工作。督促检查企业后评价制度的建立和后评价工作的开展，根据行业发展状况和企业投资活动情况，选择典型企业和项目组织开展后评价工作，对典型经验及时在中央企业内组织交流。

附件：

1. 企业年度投资计划表(略)
2. 企业年度投资计划完成情况表(略)

关于进一步规范中央企业投资管理的通知

2007年6月27日　国资发规划〔2007〕114号

各中央企业：

《中央企业投资监督管理暂行办法》(国资委令第16号，以下简称《办法》)公布实施以来，大多数企业认真贯彻执行有关规定，进一步修订完善了企业投资管理制度，严格履行投资决策程序，有效规避了投资风险。但是，一个时期以来，部分企业投资活动出现了一些问题：有的企业在负债率过高、超出企业财务承受能力的情况下，仍在盲目扩大投资规模；有的企业违规使用银行信贷资金投资股票和房地产等；有的企业进行非主业投资、境外投资、计划外追加项目和高风险领域投资活动，不按规定向国资委报告等。为进一步规范中央企业投资管理，有效规避投资风险，现将有关要求重申如下：

一、严格执行企业重大投资活动报告制度

对中央企业投资活动进行监管是国资委依法履行出资人职责的重要内容。按照《办法》及其实施细则有关规定，企业发生以下重大投资活动，须及时向国资委报告（审核、备案）并报送有关材料和情况：

（一）企业非主业投资，包括非主业性质的房地产、金融、证券和保险业投资等；

（二）企业境外投资；

（三）需由国务院批准的投资项目或者需由国务院有关部门批（核）准的投资项目；

（四）企业年度计划以外追加的重大投资项目等。

二、加强企业投资风险管理与控制

企业应切实加强投资风险管理与控制，投资决策过程中，应严格遵守《办法》有关规定：

（一）企业总投资规模应控制在合理负债率之内；

（二）非主业投资规模应控制在企业发展规划提出的合理范围之内；

（三）严禁违规使用银行信贷资金。

三、严格落实责任追究制度

为加强中央企业投资管理，对于违反投资管理有关规定的企业将严肃追究有关责任人的责任。

（一）企业投资活动不按照有关规定向国资委报告的，将对企业进行谈话提醒或通报批评，情节严重的将给予相关责任人纪律处分。

（二）企业违规使用银行信贷资金投资证券和房地产业的，国资委将对企业进行通报批评并给予相关责任人纪律处分。

（三）对未履行或未正确履行企业投资决策程序和管理制度，造成重大资产损失的，将依法追究企业相关责任人的责任；涉嫌犯罪的，依

法移送司法机关处理。

请各企业按照本通知要求和《办法》的有关规定，对2006年以来本企业的投资情况，认真开展一次自查工作，对存在的问题要及时进行整改，进一步健全企业投资管理制度，并将有关情况报告国资委。

国务院国有资产监督管理委员会关于进一步加强中央企业投资管理的通知

2008年9月19日　国资发规划〔2008〕143号

各中央企业：

为进一步规范中央企业投资管理，国资委印发了《关于进一步规范中央企业投资管理的通知》(国资发规划〔2007〕114号，以下简称《通知》)，重申了遵守投资报告制度，加强企业投资风险管理与控制，严禁违规使用银行信贷资金，严格落实责任追究制度等有关规定。绝大部分中央企业认真贯彻执行，减少了市场前景不明朗、投资风险大的项目建设。但仍有部分企业投资规模明显超出了企业经济合理承受能力；发展战略不清晰，主业不突出，存在盲目收购、扩张和重复建设的倾向；不严格履行投资活动报告制度，投资风险加大。针对当前中央企业投资活动中存在的问题，现将加强中央企业投资管理的有关事项通知如下：

一、加强企业投资决策管理。企业投资活动必须符合企业发展战略，并纳入规划管理。进一步明确战略定位和发展方向，制定方向明确、主业清晰、重点突出的发展战略和规划。根据发展战略和规划选择投资项目，不符合企业发展战略和主业的重大投资项目要慎重决策，原则上不作安排。国资委将加大对企业非主业投资活动的监管力度，遏制企业投资冲动和盲目投资的倾向，将有限资源集中投向关系国家安全和国民经济命脉的重要行业和关键领域，优化中央企业布局。

二、企业投资规模应与企业经济合理承受能力相适应。国资委将加强对高负债率企业投资活动的监管，企业投资规模应严格控制在合理负债率之内。根据企业滚动发展规划，企业资产负债率处于“红灯区”的，原则上不应安排重大投资活动；资产负债率处于“黄灯区”的，投资要严格履行内部投资管理制度。企业年度投资安排和具体投资项目均要落实自有资金，自有资金比例原则上不应低于40%。集团公司应加强对所属子企业投资活动的管控，子企业的重大投资活动应纳入集团公司规划、计划，统一公司内部资金平衡。

三、清理调减投资项目。根据“聚焦主业、突出重点、量入为出、有保有压”的指导方针，对固定资产投资、产权收购和长期股权投资项目进行全面清理，在确保重点项目建设的同时，调整核减不必要的投资项目，严格控制非主业投资，将有限资源管好、用好。国资委将要求部分投资规模偏大、资产负债率较高的企业对建设项目进行清理排队，调减市场前景不明朗、资金不落实、潜在风险大、不确定因素多的投资项目；确保市场前景好、发展潜力大、经济效益好，有利于产业结构调整优化升级、能够尽快见效、投资回报率高的重点项目。对已启动的重点投资项目要做好资金平衡与落实工作。

四、加强对并购重组工作的管理。并购重组工作要以企业发展战略和规划为指导，做好前期准备和全过程跟踪工作，搞好尽职调查，必要时聘请中介机构进行法律、财务、风险防范等方面的咨询、评价，禁止不符合企业发展规划和主业发展方向、超出自身投资能力、投资回报率低的并购重组项目。要统筹安排并购后新企业的战略调整、管理体制建设、业务流程再造、资源合理配置及企业文化融合等工作。适时开展并购重组项目后评价工作。

五、加强对境外投资项目的协调和管理。企业境外投资项目要符合企业发展战略和规划，符合国资委确认并公布的企业主业。企业境外投资要遵循必要的优先原则，后进入的企业应主动与先进入的企业沟通和协调，鼓励企业之间通过股份制方式开展业务合作。通过相应渠道争取到境外开发项目，缺乏开发优势和经验的企业，应主动寻求有经验、有实力和有优势的企业合作,共同开发。对在境外投资开发中采取不正当竞争手段、损害国家形象的,国资委将根据情节轻重,依照有关规定追究当事人和企业相关责任人的责任。

六、严格遵守重大投资活动报告制度。企业要认真执行《中央企业投资监督管理暂行办法》(以下简称《办法》)及相关实施细则的规定,进一步规范投资管理。企业主业投资项目应纳入企业年度投资计划并报国资委备案;非主业投资项目须经国资委核准。对需由国务院或国务院有关部门批(核)准的投资项目,企业在报送的同时,应抄送国资委。境外投资项目在向有关部门报告的同时应抄送国资委,签署有法律效力的文件前应正式报国资委(包括子企业的境外投资项目)。严格控制高风险领域投资活动,禁止企业违规使用银行信贷资金投资金融、证券、房地产、保险业等项目。

中央企业要严格执行《办法》及相关实施细则、《通知》和本通知有关规定,根据实际情况对企业投资进行专门研究,采取措施,进一步建立健全企业内部投资管理制度,严格重大投资项目管理的流程控制,规范企业内部决策程序,加强投资管理,有效规避投资风险。国资委将依照有关规定进行检查,将中央企业投资活动纳入监督和考核的范畴,对违反有关投资规定的行为,提出批评;情节严重的,追究企业相关人员的责任。

国务院国有资产监督管理委员会关于加强中央企业境外投资管理有关事项的通知

2008 年 12 月 31 日　国资发规划〔2008〕225 号

各中央企业:

为了更好地贯彻实施“走出去”战略,培育中央企业国际化经营能力，有效规避境外投资风险，增强中央企业国际竞争力，针对当前国际经济形势变化和近期中央企业境外投资遇到的新情况与问题，现就加强中央企业境外投资管理的有关事项通知如下：

一、加强企业内部投资制度建设

各中央企业要严格遵守国家法律法规对境外投资活动的相关要求，研究制订和完善企业内部关于境外投资的相关制度，规范约束境外投资活动。明确境外投资各阶段企业相应的管理机构及其职责，细化境外投资决策和管理流程、具体实施步骤，建立责任落实和追究制度，完善境外投资评价、考核和激励办法。重点加强关于境外投资财务监督、审计和监察方面的制度建设。集团公司（总公司）应对本公司所有境外投资活动负责，加强对所属公司境外投资活动的监督与指导，建立对境外企业在资金调拨、境外融资、股权和其他权益转让、再投资及担保等方面的约束机制。

二、加强境外投资决策管理

各中央企业要坚持投资决策的程序性，努力提高决策的科学性。境外投资决策必须按照企业内部投资管理制度进行，严格遵守程序，充分发挥企业总经理办公会和董事会的作用。

境外投资活动应服从企业的总体战略部署和规划安排。企业应在三年滚动发展战略和规划中对本企业国际化战略和境外投资规划进行阐述，并将境外投资项目列入企业年度投资计划。境外投资项目应符合国资委确认并公布的企业主业，不符合主业的境外项目原则上不得进行投资，如确需投资的，须事先报国资委审核。

三、加强境外投资风险管理

各中央企业要始终把风险控制放在首要位置。做好项目前期的调研论证工作，收集影响投资的各种信息，对投资所在国（地区）的政治风险、法律风险、金融风险、经济风险和人力资源风险等要进行全面评估和分析。不鼓励企业到政治不稳定、风险等级高的国家(地区)投资。企业要制定切实可行的风险控制措施和预案,做好风险转移和处置方案。风险一旦发生,企业应及时与投资所在国(地区)政府及我国驻外使(领)馆沟通协调,通过寻求行政和司法救助等措施,采取申请担保执行和抵押物处置等措施减损。对通过保险手段进行风险规避的,应尽早通知相关保险机构,共同采取减损措施。必要时按照企业制定的退出机制执行退出。

对于境外并购项目,要做好必要的尽职调查,利用境内外知名社会中介机构和专业顾问的力量,对项目存在的风险进行分析评估,提出相应的风险防范措施,必要时应在国内召开专家论证咨询会议,广泛听取各方面意见,审慎决策。并购后要加强资源整合力度,发挥协同效应。

境外投资要充分考虑企业自身的承受能力,量力而行,不能一味地追求做大,盲目扩张,避免短期行为。要依照循序渐进的原则进行境外投资,逐步培养既精通业务、熟悉国际规则和投资所在地法规,又熟练掌握外语、涉外工作能力强的境外人才队伍,不断提高企业的国际化经营管理能力,积累经验,降低投资风险。对于资产负债率已经很高的企业,更应该慎重决策。在当前国际经济形势剧烈变化的情况下,不能因为境外投资而影响企业正常业务对资金的需求,甚至造成企业现金流断裂。

四、加强社会责任意识

境外投资要遵守当地法律法规,尊重当地民族的风俗习惯,诚实守信,进一步增强社会责任意识,积极履行社会责任,维护国家形象。在提高投资效益、加快自身发展的同时,注重扩大当地就业,向当地转移适用技术,成为节约资源、保护环境的表率。鼓励中央企业采取与当地有经济实力的知名企业、跨国公司合资合作的方式开展投资活动,降低社会经济风险,实现优势互补、互利共赢、共同发展。在合资合作中,要构建中外员工相互尊重、和谐相处的企业文化,保障当地员工的合法权益,积极参与当地社区建设和公益事业。

五、加强中央企业之间境外投资合作

中央企业在境外投资应发挥协同优势和整体优势，加强上下游企业之间、同行业企业之间的合作，协调企业之间关系，发挥各自优势结成战略联盟。要站在国家利益的高度，顾大局，识大体，维护国家形象，在中国企业境外投资合作中起模范表率作用。

在同一国家同一地区出现多个企业开展相同业务的投资活动时，要避免恶性竞争，避免损害企业利益和国家利益，必要时国资委将进行协调，依据企业进入当地市场和项目的时间先后、以往同类项目的经营业绩以及企业经济和财务能力、管理和技术水平、风险管控能力等因素确定一家牵头企业，其他企业可选择与牵头企业合资合作或放弃在本地区的投资。企业在境外发现的非主业投资机会，应主动寻找以此为主业、对此项业务熟悉、有经验的其他企业，共同合作投资或转让，受让方应给予必要的补偿。对于采取不正当竞争手段、损害国家形象的，国资委将根据情节轻重，依照有关规定追究当事人和企业相关负责人的责任。

六、严格遵守境外投资活动的报告制度

企业境外投资活动报告制度目前参照《中央企业投资监督管理暂行办法》(国资委令第16号)及实施细则执行。属于企业主业的境外投资项目要纳入企业年度投资计划并报国资委备案；非主业境外投资项目须报国资委审核。未列入企业年度投资计划中的追加境外投资项目应及时向国资委报告，其中境外收购项目应在签署具有法律效力的文件前不少于12个工作日正式向国资委行文报告。企业向国务院或国务院有关部门报送信息、报批(核准)或备案的境外投资项目时，应同时抄送国资委。

近期各企业要对照本通知要求对企业境外投资情况进行一次自查，重点对境外投资项目进行一次梳理，发现问题及时整改。对境外投资中出现的违规行为，国资委依照有关规定追究有关当事人和企业相关负责人的责任。

关于印发《关于加强中央企业科技创新工作的意见》的通知

2011 年 6 月 15 日　国资发规划〔2011〕80 号

各中央企业：

为深入贯彻落实科学发展观，加快推进中央企业转变发展方式，全面提升自主创新能力，我们研究制定了《关于加强中央企业科技创新工作的意见》，现印发你们，请认真贯彻落实。

附件：关于加强中央企业科技创新工作的意见

附件：

关于加强中央企业科技创新工作的意见

为深入贯彻落实科学发展观，加快推进中央企业转变发展方式，大力实施科技创新战略，全面提升自主创新能力，不断提高发展的质量和效益，实现又好又快发展，现就加强中央企业科技创新工作提出以下意见。

一、指导思想、基本原则和总体目标

(一)指导思想。坚持以科学发展观为指导，贯彻落实“自主创新、重点跨越、支撑发展、引领未来”的方针，围绕做强做优、培育世界一流企业的目标，以自主创新能力建设为中心，以体制机制创新为保障，以

国家技术创新工程为依托，大力实施科技创新战略，全面提升企业核心竞争力，推动企业转型升级，在创新型国家建设中发挥骨干带头作用，实现创新驱动发展。

（二）基本原则。坚持市场导向与国家发展需要相结合。企业科技创新活动要坚持以市场为导向，发挥市场在资源配置中的基础性作用。要根据国民经济发展规划和产业政策，将国家发展与企业发展紧密结合，统筹创新布局，在涉及国家安全和国民经济命脉的重要行业和关键领域、战略性新兴产业发挥引领和骨干作用。

坚持科技创新与体制机制创新相结合。要把握企业科技创新的内在规律，加强科技规划导向，确保组织机构落实、科技投入增长和重要研发平台建设。要努力突破科技创新的体制机制性障碍，激发科技创新体系中各要素的创新活力，增强企业创新的内生动力。

坚持立足当前和谋划长远相结合。要围绕主导产业，针对制约企业发展的技术瓶颈，确定科技创新方向，突破关键核心技术，满足企业当前发展需要。要结合国内外科技发展趋势，着眼提升长远竞争力，注重前瞻性、战略性和应用基础研究，加强技术储备，促进企业可持续发展。

坚持掌握核心技术与提高系统集成能力相结合。要坚持有所为有所不为，选择具有良好发展基础的重点领域，集中优势资源，实现重点突破，掌握一批具有自主知识产权的核心技术。要注重系统集成能力的提升，完善企业功能和业务链，推动商业模式创新，增强工程化能力，实现从单项技术创新向系统化、集成化创新的转变。

（三）总体目标。通过实施科技创新战略，到“十二五”末，中央企业创新能力明显提升，科技投入稳步增长，创新体系和体制机制更加完善，一批中央企业成为国家级创新型企业，一批重大科技成果达到世界先进水平，科技进步贡献率达到60%以上，在部分领域实现从技术跟随到技术引领的跨越。

科技投入稳步提高。基本建立科技投入稳定增长的长效机制。科技投入占主营业务收入的比重平均达到2.5%以上，其中研发投入的比重达到1.8%以上;制造业企业科技投入占主营业务收入的比重达到5%。创新型企业研发投入比重达到国内同行业先进水平,部分创新型企业达到或接近国际同行业先进水平。

研发能力明显增强。建成一批具备国际先进水平的实验室和试验基地,国家级研发机构达到340家以上,工业企业普遍建立国家级企业技术中心。研发人员占从业人员比例大幅提升。研发周期明显缩短,研究开发成功率、新产品产值率居行业先进水平。

科技创新体系更加完善。企业为主体、市场为导向、产学研相结合的开放式科技创新体系基本确立。企业科技发展战略和规划目标清晰、定位准确。科研组织架构进一步健全,科研管理制度进一步完善,研发运行机制高效顺畅,科技人才队伍结构合理,科技成果转化高效,知识产权管理规范,良好的企业创新文化和创新环境基本形成。

科技创新成效显著。重点行业的一批关键技术取得重大突破,核工业、航天、航空、新能源、新材料、信息通信及智能电网、油气勘探、高速铁路、海洋工程等领域的一批科技成果居国际领先水平,实现产业化和工程化。形成一批具有自主知识产权的国际知名品牌。累计拥有有效专利数明显增加,专利质量显著提高,2015年发明专利授权量较2010年翻一番。

二、加强科技创新工作的重点任务

(四)加强科技发展战略与规划管理。企业要将科技创新作为集团公司发展的核心战略,做好顶层设计和总体谋划,坚持突出主业的方针,确立企业科技创新的发展路线,制定科技发展规划,依据企业不同的发展阶段,明确科技工作的目标、方向和任务。加强重点产业技术领域研究,确定重点科技专项和优先发展技术项目,切实做好科技规划的组织实施和跟踪评价。创新型(试点)企业要加强与国际一流企业的全面对标,制定并落实创新型企业建设方案。

(五)进一步建立健全企业研发体系。建立适合企业发展需要的研发体系,明确集团公司、子(分)公司、基层技术研发部门在创新链条中的职责定位，形成工艺及技术开发、应用研究、基础研究相配套的梯次研发结构。加强企业内部研发机构建设和科研基础条件建设，提升试验研发手段。有条件承担国家重点研发任务的企业，要做好国家级基础和共性技术研发平台建设。积极探索高效顺畅的研发运行机制，推动研发、设计、工程及生产的有机结合，促进科研成果向现实生产力的转化。支持有条件的企业组建"中央研究院"。转制科研院所要充分发挥技术优势，打造行业共性技术平台，更好地为行业发展提供技术服务。

（六）优化配置企业科技资源。进一步加强企业科技资源的优化配置、高效利用和开放共享，实现内外部资源有机结合。加大内部科技资源整合力度，着力解决企业科技资源分散、专业交叉重叠和技术重复开发等问题，完善创新链条，实现科技力量的有效协同。积极利用外部科技资源，通过合作研发、委托研发、并购等方式获取创新资源。积极吸收利用海外优质科技资源，探索建立海外研发机构，开展国际化研发。

（七）着力突破一批关键核心技术。围绕企业总体发展规划，按照"创新储备一代、研究开发一代、应用推广一代"的原则，选择重点领域，集中力量，加大投入，组织联合攻关，掌握一批具有自主知识产权的核心技术。增强原始创新、集成创新和引进消化吸收再创新的能力，鼓励企业根据国家重大战略需求积极承担国家重大研发任务，突破制约行业发展的技术瓶颈，引领行业技术进步。重点支持企业围绕节能环保、新一代信息技术、新能源、新材料、电动车、高端装备制造、生物医药等战略性新兴产业开展技术研发，取得重大技术成果并实现产业化，培育新的经济增长点。

（八）全面提高知识产权工作水平。坚持科技创新与加强知识产权工作相结合，贯彻落实《国家知识产权战略纲要》，制定实施企业知识产权战略，提升知识产权创造、应用、管理和保护能力。完善知识产权管理的运作模式和工作机制，推动专利、专有技术等知识产权的集中管理。保持专利数量快速增长，提高发明专利比重。在主导产业和关键技术领域形成一大批核心专利与自主知识产权成果。建立知识产权信息检索、侵权预警和风险防范制度，探索建立“专利池”，有条件的企业要研究专利布局策略。加强知识产权成果运用，重视知识产权转让和许可，提高知识产权成果的资本化运作水平。

（九）加强主要领域技术标准的研究与制定。发挥中央企业具备的标准工作基础和优势，推动科技创新活动与标准工作的良性互动，支持具有创新成果的企业联合开展标准的研究与制定，促进创新成果的转化和应用推广。推动自主知识产权的技术上升为技术标准，在国家标准和行业标准制定中发挥主导作用。积极参与国际标准制定，增强国际标准话语权。

（十）加强合作创新。加强产学研结合，建立合作的长效机制，推动产业技术创新战略联盟健康发展。加强企业间、产业链上下游的合作创新，形成优势互补、分工明确、成果共享、风险共担的开放式合作机制，提高创新效率，降低创新风险。加强国际科技合作，与国外企业开展联合研发，引进先进技术消化吸收再创新。发挥中央科技型企业在行业共性技术和检验检测、认证等方面的技术优势，更好地为行业发展和中小企业服务。鼓励中央企业间加强合作。

（十一）加强服务创新。建立服务创新技术支撑体系，以客户需求为导向，综合集成各领域先进技术，持续开展商业模式创新，提高市场应变能力。制造业企业要加大科技创新和服务创新的融合，实现由产品制造向系统设计集成和提供整体解决方案转变，推动生产性服务业快速发展。服务业企业要围绕传统产业改造升级加快发展现代服务业，加快服务产品和服务模式创新，提高研发、信息、物流等综合支撑能力。

（十二）进一步加强科技人才队伍建设。大力实施人才强企战略，加快建设一支结构合理、素质优良、创新能力强的科技人才队伍。完善科技人才评价、选拔、培养、使用和激励机制，对科技人才与经营管理人才实行分类管理，健全科技人才技术职务体系。加强对青年科技人才和高技能人才的培养。通过重大科技项目实施及深化产学研合作，培养造就一批具有世界前沿水平的科技领军人才和创新团队。建立健全科技带头人和科技专家制度。逐步加大对科技人才的激励力度，对作出突出贡献的科技人才给予特殊奖励。做好中央企业创新创业基地建设，吸引海内外高层次科技人才。

（十三）进一步提高科技管理水平。健全科技管理制度，完善工作流程，提升科技管理的效率和水平。加强科技统计调查分析、技术档案管理、科技情报、知识管理等基础性工作。加强技术经济等软科学研究，准确把握创新方向，提高科技管理的前瞻性和针对性。加强创新模式与方法的研究，提高创新效率。采用新技术、新工具改进科技管理。推广先进科学管理方法，加强科技政策的培训与交流，增强科技管理人员和财务人员对创新政策的把握和理解。做好中央企业科技创新信息平台的建设与管理，促进中央企业之间科技信息资源的"共建、共享"。

（十四）加强企业创新文化建设。积极开展群众性创新文化建设活动，鼓励群众性技术革新和技术发明，调动群众积极性，群策群力，解决生产中的技术难题。大力弘扬敢于创新、勇于竞争、诚信合作、宽容失败的精神，着力营造尊重知识、尊重人才、尊重劳动、尊重创造的文化氛围。把鼓励创新作为企业文化建设的重要内容，发扬企业家开拓创新精神，培养研发人员潜心研究、甘于奉献的精神，激发科技工作者创新热情和活力。

三、推进中央企业科技创新工作的政策与保障措施

（十五）加强组织领导。要把科技创新工作摆在企业改革与发展的突出位置，加强和改进对科技创新工作的组织领导。企业领导班子要将科技工作纳入重要议事日程，领导班子中要有专人负责科技创新工作，明确分工，落实领导责任。企业党政主要负责同志要从战略高度认识科技创新的重要意义，加强创新理论知识学习，提高工作的自觉性。科技、规划、投资、财务、人力资源、法律等部门要加强协调联动，采取有效措施，明确并落实责任，形成合力，推动重点科研任务的落实。切实加强对子企业创新工作的分类指导与监督管理。

(十六)建立健全科技组织管理机构。加强科技管理组织机构建设,做到机构编制落实、制度健全。根据企业科技创新工作需要,设立专职科技管理部门,明确职责定位。大型企业集团要发挥科技部门专业管理优势,强化统一管理,提高集团公司科技管控能力。加强科技决策的科学化和程序化,根据需要设立科学技术委员会、专家咨询委员会等科技决策和咨询机构。企业董事会组成人员中应考虑聘任熟悉科技工作的外部董事。

(十七)完善企业科技创新的体制机制。加大改革力度,加强体制机制创新。建立科技投入稳定增长的长效机制,确保企业研发投入随营业收入的增长而不断加大。将科技投入纳入全面预算管理,建立科技发展专项资金制度。完善科技考核指标体系,探索将重大科技成果和成果应用与转化纳入企业负责人的业绩考核。企业赋予科技管理部门一定比例的业绩考核权重。探索建立对骨干科技人员的中长期激励机制,落实管理、技术等重要生产要素按贡献参与分配的制度,有条件的企业开展股权、期权、分红权等激励试点工作。完善科技评价和奖励制度,设立科技奖励专项资金,表彰作出突出贡献的先进集体和个人。企业还可以结合自身实际情况,进一步探索、完善推动科技创新的有效机制。

(十八)进一步拓宽科技投入的资金渠道。在确保企业研发投入持续稳定增长的基础上,积极争取国家资金支持。创新科技投入体制机制,广泛利用社会资金。加强科技与金融的合作,探索利用风险投资基金、企业债券、保险基金和私募股权基金等方式,筹集科技投入资金。优化项目运作方式,提升科技管理水平。推动科技型企业引入民间投资、外资等战略投资者或利用国内外资本市场筹集资金。

(十九)进一步加强国资委对中央企业科技创新工作的指导与管理。结合中央企业布局结构调整,积极推进转制科研院所与大企业集团、中央企业之间科技资源的调整重组。组织协调中央企业围绕重大科技难题和行业共性技术,开展联合攻关。研究提出中央企业科技创新能力评价指标体系和办法,开展创新能力评价。探索并适时开展科技创新奖励活动。建立国资委科技专家库和科技咨询制度。组织开展国家重点科技计划项目的推荐与申报工作。发挥创新型企业的示范作用,总结推广先进经验,推进企业科技创新交流常态化。进一步加强与国家有关部门的沟通协调,推进科技创新政策的完善与落实,在项目和资金安排上争取更多支持,为企业科技创新营造良好的政策环境。

(二十)进一步完善国资委支持中央企业科技创新的政策措施。在企业负责人业绩考核指标体系中,进一步完善将中央企业研发费用视同业绩利润的考核政策,按国家有关规定,统一规范中央企业科技投入口径、范围。根据企业主业特点,强化对科技投入和产出的分类考核;根据创建国际一流企业的要求,研究提出进入A级企业科技投入的基本条件。探索建立企业科技创新的中长期激励机制,在符合条件的科技型上市公司中开展股票期权、限制性股票等激励试点;在符合条件的科技型非上市企业,开展分红权激励试点。对科研设计企业在工资总额方面实施分类调控。加大国有资本经营预算对科技创新的支持力度,以资本性支出为主,重点支持围绕国家发展战略和国民经济发展的重大科技创新活动,培育和发展战略性新兴产业。

关于印发《中央企业“十二五”和谐发展战略实施纲要》的通知

2011年9月30日　国资发研究〔2011〕146号

各中央企业:

现将《中央企业“十二五”和谐发展战略实施纲要》印发给你们,请结合实际认真贯彻落实。

附件:中央企业“十二五”和谐发展战略实施纲要

附件：

中央企业“十二五”和谐发展战略实施纲要

为深入贯彻落实党的十七届五中全会与国民经济和社会发展“十二五”规划纲要精神，落实中央企业“十二五”发展规划纲要，实现“做强做优中央企业、培育具有国际竞争力的世界一流企业”的目标，制定《中央企业“十二五”和谐发展战略实施纲要》(以下简称《纲要》)。

一、现状和面临的形势

(一)现状。

“十一五”期间，中央企业认真贯彻落实党中央、国务院的各项方针政策，在企业持续快速发展的同时，模范履行社会责任，为经济社会发展作出了积极贡献。

1. 实现国有资产保值增值，为国家和人民创造了巨额财富。“十一五”期间，中央企业累计实现净利润 32417.1 亿元，向国家缴纳税收 52378.7 亿元，上交国有资本收益 2309 亿元，向全国社会保障基金转持国有股总值 1718.4 亿元，为国家和人民创造了巨额财富。

2. 积极落实国家宏观调控政策，促进经济社会平稳发展。煤电油运和商贸储备等行业企业切实采取有效措施，全力保障市场供应。电力、电信和涉农企业加强“三农”服务，为农业稳定高产作出积极贡献。中央企业有效应对国际金融危机的严重冲击，为国家经济安全和社会稳定作出了积极贡献。

3. 坚持“两型”发展，全面完成节能减排任务。坚持资源节约型和环境友好型发展，加大环保投入，推进节能减排，积极探索低投入、低消耗、低排放和高产出的发展道路。2010 年中央企业万元产值综合能耗比 2005 年下降 20.3%，二氧化硫排放量、化学需氧量分别比 2005 年减少36.3%和36.1%,超额完成国家下达的节能减排指标。

4. 维护职工合法权益,促进职工与企业共同发展。依法与职工签订并履行劳动合同,保证合理的薪酬待遇,基本实现了职工养老、失业、医疗、工伤、生育五大类基本保险的全员覆盖。加强职工民主管理,不断完善以职代会为基本形式的职工民主管理制度,探索实施职工董事制度。加强职业教育培训,开展职工素质工程,创造平等发展机会。

5. 加强安全生产,保障职业健康。加大安全投入,全面加强安全管理,严格落实安全生产责任制,切实提升安全生产水平。2010年中央企业百亿元销售收入较大以上安全生产事故死亡率,比2005年下降53%。建立完善职业安全与健康管理体系,为职工提供安全、健康、卫生的工作条件和生活环境,有效预防各种可能的伤害,保障职工职业健康。

6. 积极参与社会公益活动,争做优秀企业公民。充分发挥中央企业顶梁柱作用,在抗击雨雪冰冻、汶川和玉树地震等重大自然灾害的特殊时期,在保障北京奥运会、上海世博会、新中国成立六十周年庆典、广州亚运会等国家重大活动的关键时刻,冲锋在前,勇挑重担。热心社会公益事业,关心支持社会公共福利,积极参与重大自然灾害救助,努力保障和改善民生,服务城乡、区域的协调发展。2008~2010年,中央企业累计对外公益捐赠133.7亿元。

"十一五"期间,中央企业认真贯彻落实国务院国资委《关于中央企业履行社会责任的指导意见》,积极探索开展符合国情和中央企业实际的社会责任工作。加强与利益相关方沟通,55家中央企业发布了社会责任报告。探索推进企业社会责任管理,部分中央企业建立了社会责任工作委员会和社会责任工作专门机构。许多中央企业在总结提炼将社会责任融入企业使命、战略和日常运营的有效模式方面进行了积极探索。一些中央企业积极参与社会责任国际标准制订,深入开展社会责任国际交流,在国际社会中产生了积极影响。在看到成绩的同时,也必须清醒地认识到,与党中央、国务院的要求及社会的普遍期望相比,中央企业在履行社会责任、促进和谐发展方面还有不少改进和发展的空间。突出表现在:和谐发展、可持续发展和企业社会责任理念意识还不够强,社会责任管理体制机制和制度还不够健全,社会责任报告的数量和质量有待进一步提高;完善法人治理结构任务还很重,维护各利益相关方权益的机制还有待进一步完善;高投入、高消耗的粗放式增长问题还没有根本解决,节约资源保护环境的创新能力不强,加快转变发展方式的任务还很艰巨;企业内部存在的一些不和谐、不稳定因素,一些影响活力的因素,仍然影响着企业的科学发展与和谐稳定;应对复杂舆论环境的能力还比较弱,运用互联网等新媒体的能力和水平需要进一步加强,塑造责任央企品牌的意识和能力需要进一步提升。

(二)面临的形势。

从国际看,世界多极化和经济全球化日益深入发展,科技创新孕育着新的突破,资源环境对经济可持续发展的压力越来越大,国际社会对企业履行社会责任的要求越来越高、约束越来越严。联合国全球契约影响力不断增强,国际标准化组织发布社会责任指南(ISO26000),企业社会责任已经成为企业竞争力的重要组成部分。

从国内看,我国经济社会发展呈现新的阶段性特征,经济发展中的不平衡、不协调、不可持续问题依然突出,经济增长的资源环境约束强化,收入分配差距较大,社会矛盾明显增多,经济体制的深刻变革、社会结构的深刻变动、利益格局的深刻调整、思想观念的深刻变化,对构建和谐社会、满足人民群众日益增长的物质文化需要提出了新的更高的要求。

党的十六届六中全会通过的《中共中央关于构建社会主义和谐社会若干重大问题的决定》明确提出,要构建"民主法治、公平正义、诚信友爱、充满活力、安定有序、人与自然和谐相处"的社会主义和谐社会。党的十七届五中全会进一步提出,"十二五"时期要以科学发展为主题,坚持科学发展,更加注重以人为本,更加注重全面协调可持续发展,更加注重统筹兼顾,更加注重保障和改善民生,促进社会公平正义。企业是经济社会的微观主体,也是社会主义市场经济中的资源配置主体,是推动社会进步的重要力量,对构建和谐社会具有重要作用。中央企业是国民经济的骨干和中坚，在构建和谐社会中担负着光荣的使命和责任。

实施和谐发展战略，立足战略高度认识、部署和推进中央企业与社会、环境的和谐发展，既是中央企业以科学发展观为指导，开辟符合国情和中央企业实际的中国特色企业和谐发展道路，服务构建和谐社会和全面建设小康社会的战略选择，也是中央企业适应新形势新变化，顺应新要求新期待，应对新挑战新问题，实现“做强做优中央企业、培育具有国际竞争力的世界一流企业”目标的现实需要。

二、指导思想和主要目标

（一）和谐发展战略的内涵。

以可持续发展为核心，以推进企业履行社会责任为载体，立足战略高度认识、部署和推进中央企业与社会、环境的和谐发展，为实现“做强做优、世界一流”目标提供支撑。

（二）指导思想。

以邓小平理论和“三个代表”重要思想为指导，深入贯彻落实科学发展观，按照“民主法治、公平正义、诚信友爱、充满活力、安定有序、人与自然和谐相处”的和谐社会创建要求，树立先进发展思想，围绕“做强做优中央企业、培育具有国际竞争力的世界一流企业”的目标，推进企业可持续发展，模范履行社会责任，追求经济、社会、环境的综合价值最大化，努力做依法经营诚实守信的表率、节约资源保护环境的表率、以人为本构建和谐企业的表率，成为国家经济的栋梁和全社会企业的榜样，为构建社会主义和谐社会和实现全面建设小康社会的宏伟目标贡献力量。

（三）主要目标。

能力显著增强。经济、社会、环境综合价值创造能力显著增强。保值增值能力显著增强，在激烈的国内外市场竞争中赢得持续竞争优势；为利益相关方创造价值的能力显著增强，在保障和改善民生、促进社会公平正义方面发挥重要作用；“两型”发展能力显著增强，成为节约资源、保护环境、低碳发展、绿色发展的模范。

水平显著提高。沟通和运营透明度显著提高。沟通意识显著提高,加强社会沟通和内部沟通的制度机制得到健全和完善;运营透明度显著提高,中央企业改革发展和经营情况更加透明;应对复杂的舆论环境和妥善处置重大突发事件的水平显著提高。

形象显著提升。品牌美誉度和影响力显著提升。行业排头兵地位牢固树立,产业带动力和社会影响力显著提升;品牌建设全面推进,涌现一批具有较大影响力、受人尊敬的企业,央企社会贡献和价值得到社会认可。

围绕“三个显著”目标,大力推进“五个建设”。

诚信央企建设。社会主义市场经济是法制经济、诚信经济,依法经营、诚实守信是中央企业和谐发展的基本要求。必须全面推进依法治企、诚信经营,维护各类投资者、消费者的合法权益,与合作伙伴共赢发展。

绿色央企建设。节约资源,保护环境,是中央企业和谐发展的必然选择。必须加快转变发展方式,大力推进节能减排,发展循环经济,保护生态环境,形成低投入、低消耗、低排放和高效率的集约型发展方式。

平安央企建设。企业安全事关职工群众的生命财产,企业稳定事关职工群众的切身利益,安全稳定是中央企业和谐发展的基本保障。必须加强安全生产,妥善处理改革发展稳定的关系,认真解决历史遗留问题,努力实现企业的和谐稳定发展。

活力央企建设。落实以人为本理念,建设和谐劳动关系,是中央企业和谐发展的内在需要。必须创新企业内部机制和文化,深化职工民主管理,促进职工全面发展,激发企业活力和创造力。

责任央企建设。争做优秀企业公民,模范履行企业公民的责任和义务,是中央企业和谐发展的重要内容。必须大力加强企业社会责任体制机制建设,围绕国家和社会发展的重大议题,发挥企业的特长和优势,积极开展社会责任实践活动,为构建社会主义和谐社会作出积极贡献。

三、大力推进诚信央企建设

确保依法合规经营。贯彻落实国家“六五”普法工作，持续提升依法合规经营水平。模范遵守《中华人民共和国反垄断法》、《中华人民共和国反不正当竞争法》等法律法规，杜绝不正当竞争行为。进一步完善企业总法律顾问制度，建立完善的法律风险防范和依法合规管理体系，有效防范违法违规经营风险。加大依法合规宣传、教育和培训力度，增强全员依法合规意识和能力。维护各类投资者合法权益。完善公司治理，健全决策机制。完善企业国有产权进场交易制度，防止国有资产流失。模范遵守境内外证券市场规则，依法规范披露信息，坚决杜绝操纵股价、内幕交易、虚假陈述等违法违规行为。模范遵守债券融资有关规定，有效控制债务风险，保护好债权人合法权益。依法规范公司大股东行为，保障中小股东合法权益。

维护消费者权益。模范遵守《中华人民共和国产品质量法》等法律法规要求，建立完善质量管理体系，加强质量管理，为消费者提供优质产品和服务。加强上下游供应链质量管理，有效防范产业链质量风险，确保产品质量。建立和完善客户满意度测评、客户投诉等制度，不断改进产品质量、提高服务水平。探索建立产品召回制度，及时主动召回有缺陷的产品。

与合作伙伴共赢发展。发挥行业排头兵和系统集成商的重要作用，带动全行业不断提高发展水平，提升我国产业在国际分工体系中的层次。推进产业内专业化分工协作，促进产业链资源配置优化，带动产业链健康发展。向合作伙伴传导社会责任理念和要求，为合作伙伴提供公平机会。坚持“两个毫不动摇”，通过产权纽带大力发展混合所有制经济，通过上下游合作带动各类所有制经济共同发展。

加强反腐倡廉建设。坚持“标本兼治、综合治理、惩防并举、注重预防”方针，加强以完善惩治和预防腐败体系为重点的反腐倡廉建设。严格执行党风廉政建设责任制规定，全面落实“三重一大”决策制度和廉洁从业规定，实施厂务公开和经济责任审计。重点对企业改制、股份制改造、国有产权转让、工程建设等领域进行监督检查，加大查办商业贿赂等违规违纪违法案件。健全巡视工作领导体制和工作机制，完善巡视制度，规范巡视工作方式和程序，提高巡视成效。

四、大力推进绿色央企建设

模范推进节能减排。进一步强化节能减排组织体系建设，完善机构设置，层层落实责任。进一步加大节能减排技术创新资金投入，形成一批自主知识产权和关键核心技术。加快节能减排技术的推广应用，切实发挥科技进步对节能减排的支撑作用。到"十二五"期末，中央企业万元产值综合能耗(可比价)下降16%左右，单位主要污染物排放总量低于全国平均水平，重要行业主要产品单位能耗指标达到国内领先水平。

大力发展循环经济。在产品科研设计、生产、使用全过程推进循环经济，努力实现"资源—产品—再生资源"循环。加快推进石油石化、电力、钢铁、有色金属、煤炭、建材、化工、交通运输等行业企业的清洁生产，努力占领未来清洁生产发展的制高点。推进大宗工业固体废物和建筑、运输废弃物资源化利用，工业固体废物综合利用率达到国内领先水平。

积极保护生态环境。加强重大开发建设活动的地质影响评价、气候风险评估和生物多样性管理，维护生态环境安全。矿产资源开发企业要积极参加国家对矿产资源的整合，提高矿产资源开发的规模经济水平，提高矿产资源开采回采率、选矿回收率和综合利用率。对生态环境影响显著的企业，要严格遵守国家有关法律和我国政府承诺参加的国际公约，切实保护生物多样性及对资源的持续利用。

五、大力推进平安央企建设

加强安全生产管理。围绕企业安全生产组织体系健全、责任落实到位、制度标准完善、执行规范严格、技术保障有力、安全考核有效的目标，抓好安全生产工作的“四大重点”项目：科学制定并全面实施企业安全发展五年规划；大力推动安全技术攻关；大力提升安全生产管理水平；加快培养一支具有国际水平的安全监管专业队伍。

切实抓好企业稳定工作。认真落实《关于建立国有企业改革重大事项社会稳定风险评估机制的指导意见》，对企业重大改革进行社会稳定风险评估，妥善处理改革发展稳定关系。在企业改制、重组中，切实维护好下岗分流职工的合法权益。关心困难职工的生活，健全扶贫帮困机制，努力帮助他们解决实际困难。建立健全信访工作灵敏反应机制，切实解决职工群众的合理诉求，防范不稳定事件的发生。

认真解决历史遗留问题。积极推进主辅分离、分离企业办社会职能、厂办大集体改革，妥善处理历史遗留的离退休人员统筹外费用、内退人员费用等问题。做好政策性关闭破产收尾后续工作，妥善处理因实施政策性重组而形成的债权债务关系以及历史遗留的重大法律纠纷案件。加快对低效、无效资产和长期亏损、扭亏无望、资不抵债等经营困难企业的处置，维护相关各方权益，消除潜在的不稳定因素。

六、大力推进活力央企建设

创新企业内部机制。进一步深化劳动用工分配三项制度改革，形成人员能进能出、职务能升能降、收入能高能低的机制。加强和改进劳动用工管理，实现规范化、市场化用工。加大企业领导人员公开招聘、竞争上岗等市场化选聘工作力度，提高市场化选聘的比例和职位层次。健全企业领导人员考核评价体系，探索企业中长期激励制度。立足于企业特性和发展要求，正确处理效率与公平的关系，完善收入分配调控机制，建立职工工资正常增长机制。

深化职工民主管理。积极探索完善符合现代企业制度要求、与公司治理结构有机融合的企业职工民主管理体系。健全职工代表大会制度，切实保障职工的知情权、参与权和监督权。进一步推进厂务公开、民主监督工作，不断丰富职工参与民主管理的形式，逐步拓宽民主管理渠道。创新工作方法，做好新形势下的群众工作。

促进职工全面发展。及时足额缴纳职工养老、医疗、失业、工伤、生育等基本保险,健全完善职工社会保障。加强职业教育培训,实施高技能人才培训计划,着力打造技术精湛、作风过硬的高素质、高层次、现代化职工队伍。推进职工职业生涯成长规划,为不同类型职工分别建立职业成长通道。加强青年职工队伍建设,促进青年职工成长成才。

创建先进企业文化。落实“十二五”时期企业文化建设的目标和任务,建立符合社会主义核心价值体系和适应企业发展战略要求的企业价值体系。结合企业实际,将和谐发展要求和社会责任理念融入企业愿景、使命和核心价值观。加强职工教育和培训,把企业文化融入企业战略和日常管理运营中。

七、大力推进责任央企建设

模范落实国家宏观调控政策。正确处理当前与长远、局部与全局、企业发展与宏观调控的关系,在国家调控经济、稳定发展中发挥积极作用。煤电油运、商贸、储备、交通运输等行业企业要自觉服从和支持国家经济运营调度的安排,保障市场供应,维护市场秩序。电力、通讯等行业企业要积极推进基础公共服务均等化,提高普遍服务水平。涉农企业要加强“三农”服务,积极支持农业生产,切实维护农民利益。

在特殊时期和关键时刻发挥顶梁柱作用。在国家遭遇自然灾害的特殊时期,模范履行社会责任,积极承担抢险救灾的责任,保障人民群众的生命财产安全和国家社会的稳定。在国家经济社会发展的关键时刻,敢于担当、冲锋在前,切实保证在关键时刻信得过、拉得动、打得赢,努力在国家应对经济社会发展的大事、难事、急事中发挥主力军和顶梁柱作用。

积极参与社会公益事业。积极承担援疆援藏和定点帮扶老少边穷地区的任务。创新形式方式,主动参与社区建设,积极开展以奉献、友爱、互助、进步为宗旨的形式多样的志愿者活动。规范企业捐赠,探索建立企业慈善和公益基金会,提高公益资金的使用效率,切实提高企业慈善公益的水平。

加强与利益相关方沟通。建立健全企业信息披露制度，依法、及时、准确、全面披露企业重大信息，主动加强与政府、客户、消费者、社区、供应商、媒体和内部职工等利益相关方的沟通。发布社会责任报告，切实提高报告的质量和水平。在国际化经营中遵守有关国际法、国际标准和国际惯例，遵守所在国法律、民族习惯和宗教信仰，保护所在国环境，促进文化交流融合，努力实现互利共赢。

切实做好新闻宣传工作。加强新闻宣传组织领导，建立健全企业新闻宣传工作领导协调机制，构建大宣传格局。建立和完善新闻发言人制度，及时回应新闻媒体的关切。加大正面宣传力度，积极宣传中央企业模范履行社会责任的成效。提高利用互联网等新媒体和应变处置引导能力，切实做好生产经营突发事件与新闻媒体的沟通工作。建立完善品牌管理体系，塑造一流的央企品牌形象。

八、保障措施

实施和谐发展战略是一项系统工程，必须做好顶层设计，加强执行力，各个方面统筹规划、协调推进。

(一)国资委的主要措施。

加强领导。成立国资委中央企业社会责任推进委员会，根据企业所处不同行业，分类指导、推进中央企业履行社会责任、实施和谐发展战略。

政策支持。加大与有关部门的沟通协调，积极争取有关政策，鼓励和支持中央企业履行社会责任、实施和谐发展战略，帮助企业解决存在的困难和问题，为中央企业实施和谐发展战略提供政策支持。

提供服务。深入研究国内外企业履行社会责任的理论和经验，帮助企业开展与世界一流企业的对标学习，加强社会责任培训，研讨有关企业在实施和谐发展战略过程中的共性问题。

强化引导。研究制订《中央企业社会责任指引》，探索建立评价机制，开展中央企业社会责任评价。建立中央企业社会责任工作交流平台，促进中央企业之间经验共享。

（二）中央企业的主要措施。

加强组织保障。明确企业履行社会责任、实施和谐发展战略的领导责任，加强统一领导。明确归口管理部门，清晰界定职责，细化落实目标，优化运行程序。

加强规划保障。结合企业的行业特点和发展阶段，积极探索具有企业特色的和谐发展战略实施路径，加强对实施效果的评估与考核，实现和谐发展战略管理的持续优化。

加强制度保障。以构建实施和谐发展战略的长效机制为着眼点，大力加强企业社会责任战略、治理、融合、绩效、沟通机制建设，系统梳理、修订和完善相应的制度管理体系。

加强资源保障。加大对履行社会责任与实施和谐发展战略的人力、物力、财力投入，为企业实施和谐发展战略提供支持。

实施和谐发展战略要与中央企业实施转型升级、科技创新、国际化经营、人才强企等战略相统筹，要加强党的领导，充分发挥企业党组织的政治核心作用。

中央企业要从建设中国特色社会主义、构建社会主义和谐社会的高度，认识、部署和推进实施和谐发展战略，解放思想、开拓创新、积极探索、扎实工作，模范履行社会责任，努力建设诚信央企、绿色央企、平安央企、活力央企和责任央企，为做强做优中央企业、培育具有国际竞争力的世界一流企业提供强有力的支撑。

关于积极参与保障性住房开发建设有关事项的通知

2011年4月7日　国资厅发规划〔2011〕28号

各中央企业：

全面推进保障性住房建设，加快解决城镇中低收入家庭的住房困难问题，促进实现“住有所居”的目标，是党中央、国务院作出的重大决策。为贯彻落实国家关于保障性住房开发建设的有关部署，推动中央企业积极参与保障性住房开发建设，现将有关事项通知如下：

一、深刻认识保障性住房开发建设的重要意义

加快建设保障性住房是保障和改善民生、促进社会和谐稳定的必然要求，是调整住房供应结构、促进房地产市场健康发展的重要途径。《国民经济和社会发展第十二个五年规划纲要》明确提出，“十二五”时期要“建设城镇保障性住房和棚户区改造住房3600万套”。中央企业要深刻认识国家推进保障性住房开发建设的重要意义，把积极参与保障性住房开发建设作为企业履行社会责任的重要途径，进一步加大对保障性住房开发建设的投入力度，发挥中央企业的骨干和带头作用。

二、通过多种方式积极参与保障性住房开发建设

按照国务院的有关部署，地方政府是落实和推进保障性住房建设的主体。有关中央企业要及时收集掌握地方政府在保障性住房方面的规划、进度安排、项目资料和政策支持等信息，加强与地方政府有关部门的沟通，争取地方政府的支持，在地方政府的领导下，按照市场化运作方式，通过多种途径参与保障性住房开发建设。

勘察设计企业要充分发挥在人员、资质、经验等方面的优势，主动承接保障性住房的规划和设计。房地产开发企业要抓住各地在保障性住房土地供应、投资补助、财政贴息、融资、税费等方面出台优惠政策的机会，将保障性住房与商业性房地产开发有机结合起来。工程建设企业要利用企业在规模、质量、成本和信誉等方面的优势，积极承担保障性住房项目的建设任务。建材企业要努力保障各地对保障性住房建设所需建材的供应，提供质优价廉的材料，推广使用新型节能建材。矿区企业要利用有关优惠政策，争取将本企业棚户区改造工作纳入当地保障性住房建设计划中。

三、切实保证保障性住房的质量

在保障性住房开发建设中,要始终树立"质量第一"的意识,强化对开发建设各个环节的过程管理,控制工程造价,保证工期,切实防止质量安全事故的发生。在设计方面,要根据保障性住房的特点,合理优化设计方案,努力做到功能齐全、布局合理、节能环保、经济适用。在项目建设中,要严格按照相关设计文件和技术标准进行施工,使用合格建筑材料,健全质量保证体系。

有关中央企业要加强组织领导,结合本企业实际研究制订参与保障性住房开发建设的实施方案。在开发建设过程中,要注意总结经验、研究问题,并及时将有关情况向国资委报告。

财务监督与统计评价

国有企业清产核资办法

2003 年 9 月 9 日　国务院国有资产监督管理委员会令第 1 号

第一章　总　　则

第一条　为加强对企业国有资产的监督管理，规范企业清产核资工作，真实反映企业的资产及财务状况，完善企业基础管理，为科学评价和规范考核企业经营绩效及国有资产保值增值提供依据，根据《企业国有资产监督管理暂行条例》等法律、法规，制定本办法。

第二条　本办法所称清产核资，是指国有资产监督管理机构根据国家专项工作要求或者企业特定经济行为需要，按照规定的工作程序、方法和政策，组织企业进行账务清理、财产清查，并依法认定企业的各项资产损溢，从而真实反映企业的资产价值和重新核定企业国有资本金的活动。

第三条　国务院，省、自治区、直辖市人民政府，设区的市、自治州级人民政府履行出资人职责的企业及其子企业或分支机构的清产核资，适用本办法。

第四条　企业清产核资包括账务清理、资产清查、价值重估、损溢认定、资金核实和完善制度等内容。

第五条　企业清产核资清出的各项资产损失和资金挂账，依据国家清产核资有关法律、法规、规章和财务会计制度的规定处理。

第六条　各级国有资产监督管理机构是企业清产核资工作的监督管理部门。

第二章　清产核资的范围

第七条　各级国有资产监督管理机构对符合下列情形之一的，可以要求企业进行清产核资：

(一)企业资产损失和资金挂账超过所有者权益，或者企业会计信息严重失真、账实严重不符的；

(二)企业受重大自然灾害或者其他重大、紧急情况等不可抗力因素影响，造成严重资产损失的；

(三)企业账务出现严重异常情况，或者国有资产出现重大流失的；

(四)其他应当进行清产核资的情形。

第八条　符合下列情形之一，需要进行清产核资的，由企业提出申请，报同级国有资产监督管理机构批准：

(一)企业分立、合并、重组、改制、撤销等经济行为涉及资产或产权结构重大变动情况的；

(二)企业会计政策发生重大更改，涉及资产核算方法发生重要变化情况的；

(三)国家有关法律法规规定企业特定经济行为必须开展清产核资工作的。

第三章　清产核资的内容

第九条　账务清理是指对企业的各种银行账户、会计核算科目、各类库存现金和有价证券等基本财务情况进行全面核对和清理，以及对企业的各项内部资金往来进行全面核对和清理，以保证企业账账相符，账证相符，促进企业账务的全面、准确和真实。

第十条　资产清查是指对企业的各项资产进行全面的清理、核对和查实。在资产清查中把实物盘点同核实账务结合起来，把清理资产同核查负债和所有者权益结合起来，重点做好各类应收及预付账款、各项对外投资、账外资产的清理，以及做好企业有关抵押、担保等事项的清理。

企业对清查出的各种资产盘盈和盘亏、报废及坏账等损失按照清产核资要求进行分类排队，提出相关处理意见。

第十一条　价值重估是对企业账面价值和实际价值背离较大的主要固定资产和流动资产按照国家规定方法、标准进行重新估价。

企业在以前清产核资中已经进行资产价值重估或者因特定经济行为需要已经进行资产评估的，可以不再进行价值重估。

第十二条　损溢认定是指国有资产监督管理机构依据国家清产核资政策和有关财务会计制度规定，对企业申报的各项资产损溢和资金挂账进行认证。

企业资产损失认定的具体办法另行制定。

第十三条　资金核实是指国有资产监督管理机构根据企业上报的资产盘盈和资产损失、资金挂账等清产核资工作结果，依据国家清产核资政策和有关财务会计制度规定，组织进行审核并批复准予账务处理，重新核定企业实际占用的国有资本金数额。

第十四条　企业占用的国有资本金数额经重新核定后，应当作为国有资产监督管理机构评价企业经营绩效及考核国有资产保值增值的基数。

第四章　清产核资的程序

第十五条　企业清产核资除国家另有规定外，应当按照下列程序进行：

（一）企业提出申请；

（二）国有资产监督管理机构批复同意立项；

（三）企业制定工作实施方案，并组织账务清理、资产清查等工作；

（四）聘请社会中介机构对清产核资结果进行专项财务审计和对有关损溢提出鉴证证明；

(五)企业上报清产核资工作结果报告及社会中介机构专项审计报告；

(六)国有资产监督管理机构对资产损溢进行认定，对资金核实结果进行批复；

(七)企业根据清产核资资金核实结果批复调账；

(八)企业办理相关产权变更登记和工商变更登记；

(九)企业完善各项规章制度。

第十六条 所出资企业由于国有产权转让、出售等发生控股权转移等产权重大变动需要开展清产核资的，由同级国有资产监督管理机构组织实施并负责委托社会中介机构。

第十七条 子企业由于国有产权转让、出售等发生控股权转移等重大产权变动的，可以由所出资企业自行组织开展清产核资工作。对有关资产损溢和资金挂账的处理，按规定程序申报批准。

第十八条 企业清产核资申请报告应当说明清产核资的原因、范围、组织和步骤及工作基准日。

对企业提出的清产核资申请，同级国有资产监督管理机构根据本办法和国家有关规定进行审核，经同意后批复企业开展清产核资工作。

第十九条 企业实施清产核资按下列步骤进行：

(一)指定内设的财务管理机构、资产管理机构或者多个部门组成的清产核资临时办事机构，统称为清产核资机构，负责具体组织清产核资工作；

(二)制定本企业的清产核资实施方案；

(三)聘请符合资质条件的社会中介机构；

(四)按照清产核资工作的内容和要求具体组织实施各项工作；

(五)向同级国有资产监督管理机构报送由企业法人代表签字、加盖公章的清产核资工作结果申报材料。

第二十条 企业清产核资实施方案以及所聘社会中介机构的名单和资质情况应当报同级国有资产监督管理机构备案。

第二十一条 企业清产核资工作结果申报材料主要包括下列内容：

(一)清产核资工作报告。主要反映本企业的清产核资工作基本情况,包括:企业清产核资的工作基准日、范围、内容、结果,以及基准日资产及财务状况;

(二)按规定表式和软件填报的清产核资报表及相关材料;

(三)需申报处理的资产损溢和资金挂账等情况,相关材料应当单独汇编成册,并附有关原始凭证资料和具有法律效力的证明材料;

(四)子企业是股份制企业的,还应当附送经该企业董事会或者股东会同意对清产核资损溢进行处理的书面证明材料;

(五)社会中介机构根据企业清产核资的结果,出具经注册会计师签字的清产核资专项财务审计报告并编制清产核资后的企业会计报表;

(六)其他需提供的备查材料。

第二十二条 国有资产监督管理机构收到企业报送的清产核资工作结果申报材料后,应当进行认真核实,在规定时限内出具清产核资资金核实的批复文件。

第二十三条 企业应当按照国有资产监督管理机构的清产核资批复文件,对企业进行账务处理,并将账务处理结果报国有资产监督管理机构备案。

第二十四条 企业在接到清产核资的批复30个工作日内,应当到同级国有资产监督管理机构办理相应的产权变更登记手续,涉及企业注册资本变动的,应当在规定的时间内到工商行政管理部门办理工商变更登记手续。

第五章　清产核资的组织

第二十五条 企业清产核资工作按照统一规范、分级管理的原则,由同级国有资产监督管理机构组织指导和监督检查。

第二十六条 各级国有资产监督管理机构负责本级人民政府批准或者交办的企业清产核资组织工作。

第二十七条 国务院国有资产监督管理委员会在企业清产核资中履行下列职责：

(一)制定全国企业清产核资规章、制度和办法；

(二)负责所出资企业清产核资工作的组织指导和监督检查；

(三)负责对所出资企业的各项资产损溢进行认定，并对企业占用的国有资本进行核实；

(四)指导地方国有资产监督管理机构开展企业清产核资工作。

第二十八条 地方国有资产监督管理机构在企业清产核资中履行下列监管职责：

(一)依据国家有关清产核资规章、制度、办法和规定的工作程序，负责本级人民政府所出资企业清产核资工作的组织指导和监督检查；

(二)负责对本级人民政府所出资企业的各项资产损溢进行认定，并对企业占用的国有资本进行核实；

(三)指导下一级国有资产监督管理机构开展企业清产核资工作；

(四)向上一级国有资产监督管理机构及时报告工作情况。

第二十九条 企业清产核资机构负责组织企业的清产核资工作，向同级国有资产监督管理机构报送相关资料，根据同级国有资产监督管理机构清产核资批复组织企业本部及子企业进行调账。

第三十条 企业投资设立的各类多元投资企业的清产核资工作，由实际控股或协议主管的上级企业负责组织，并将有关清产核资结果及时通知其他有关各方。

第六章 清产核资的要求

第三十一条 各级国有资产监督管理机构应当加强企业清产核资的组织领导，加强监督检查，对企业清产核资工作结果的审核和资产损失的认定，应当严格执行国家清产核资有关的法律、法规、规章和有关财务会计制度规定，严格把关，依法办事，严肃工作纪律。

第三十二条 各级国有资产监督管理机构应当对企业清产核资情

况及相关社会中介机构清产核资审计情况进行监督，对社会中介机构所出具专项财务审计报告的程序和内容进行检查。

第三十三条 企业进行清产核资应当做到全面彻底、不重不漏、账实相符，通过核实“家底”，找出企业经营管理中存在的矛盾和问题，以便完善制度、加强管理、堵塞漏洞。

第三十四条 企业在清产核资工作中应当坚持实事求是的原则，如实反映存在问题，清查出来的问题应当及时申报，不得瞒报虚报。

企业清产核资申报处理的各项资产损失应当提供具有法律效力的证明材料。

第三十五条 企业在清产核资中应当认真清理各项长期积压的存货，以及各种未使用、剩余、闲置或因技术落后淘汰的固定资产、工程物资，并组织力量进行处置，积极变现或者收回残值。

第三十六条 企业在完成清产核资后，应当全面总结，认真分析在资产及财务日常管理中存在的问题，提出相应整改措施和实施计划，强化内部财务控制，建立相关的资产损失责任追究制度，以及进一步完善企业经济责任审计和企业负责人离任审计制度。

第三十七条 企业清产核资中产权归属不清或者有争议的资产，可以在清产核资工作结束后，依据国家有关法规，向同级国有资产监督管理机构另行申报产权界定。

第三十八条 企业对经批复同意核销的各项不良债权、不良投资及实物资产损失，应当加强管理，建立账销案存管理制度，组织力量或成立专门机构积极清理和追索，避免国有资产流失。

第三十九条 企业应当在清产核资中认真清理各项账外资产、负债，对经批准同意入账的各项盘盈资产及同意账务处理的有关负债，应当及时纳入企业日常资产及财务管理的范围。

第四十条 企业对清产核资中反映出的各项管理问题应当认真总结经验，分清工作责任，建立各项管理制度，并严格落实。应当建立健全不良资产管理机制，巩固清产核资成果。

第四十一条 除涉及国家安全的特殊企业以外，企业清产核资工作结果须委托符合资质条件的社会中介机构进行专项财务审计。

第四十二条 社会中介机构应当按照独立、客观、公正的原则，履行必要的审计程序，认真核实企业的各项清产核资材料，并按规定进行实物盘点和账务核对。对企业资产损溢按照国家清产核资政策和有关财务会计制度规定的损溢确定标准，在充分调查研究、论证的基础上进行职业推断和合规评判，提出经济鉴证意见，并出具鉴证证明。

第四十三条 进行清产核资的企业应当积极配合社会中介机构的工作，提供审计工作和经济鉴证所必要的资料和线索。企业和个人不得干预社会中介机构的正常执业行为。社会中介机构的审计工作和经济鉴证工作享有法律规定的权力，承担法律规定的义务。

第四十四条 企业及社会中介机构应当根据会计档案管理的要求，妥善保管有关清产核资各项工作的底稿，以备检查。

第七章 法律责任

第四十五条 企业在清产核资中违反本办法所规定程序的，由同级国有资产监督管理机构责令其限期改正；企业清产核资工作质量不符合规定要求的，由同级国有资产监督管理机构责令其重新开展清产核资。

第四十六条 企业在清产核资中有意瞒报情况，或者弄虚作假、提供虚假会计资料的，由同级国有资产监督管理机构责令改正，根据《中华人民共和国会计法》和《企业国有资产监督管理暂行条例》等有关法律、法规规定予以处罚；对企业负责人和直接责任人员依法给予行政和纪律处分。

第四十七条 企业负责人和有关工作人员在清产核资中，采取隐瞒不报、低价变卖、虚报损失等手段侵吞、转移国有资产的，由同级国有资产监督管理机构责令改正，并依法给予行政和纪律处分；构成犯罪的，依法追究刑事责任。

第四十八条 企业负责人对申报的清产核资工作结果真实性、完整性承担责任；社会中介机构对企业清产核资审计报告的准确性、可靠性承担责任。

第四十九条 社会中介机构及有关当事人在清产核资中与企业相互串通，弄虚作假、提供虚假鉴证材料的，由同级国有资产监督管理机构会同有关部门依法查处；构成犯罪的，依法追究刑事责任。

第五十条 国有资产监督管理机构工作人员在对企业清产核资工作结果进行审核过程中徇私舞弊，造成重大工作过失的，应当依法给予行政和纪律处分；构成犯罪的，依法追究刑事责任。

第八章 附 则

第五十一条 各省、自治区、直辖市和计划单列市的国有资产监督管理机构可依据本办法制定本地区的具体实施办法。

第五十二条 各中央部门管理的企业的清产核资工作参照本办法执行。

第五十三条 本办法实施前的有关企业清产核资工作的规章制度与本办法不一致的，依照本办法的规定执行。

第五十四条 本办法由国务院国有资产监督管理委员会负责解释。

第五十五条 本办法自发布之日起施行。

企业国有资产统计报告办法

2004 年 2 月 12 日 国务院国有资产监督管理委员会令第 4 号

第一章 总 则

第一条 为加强企业国有资产监督管理，了解掌握企业国有资产营运等情况，建立全国国有资本金统计报告工作规范，依据《企业国有资产监督管理暂行条例》及国家有关财务会计制度，制定本办法。

第二条 国有及国有控股企业、国有参股企业的国有资产统计报告工作，适用本办法。

第三条 本办法所称国有资产统计报告，是指企业按照国家财务会计制度规定，根据统一的报告格式和填报要求，编制上报的反映企业年度会计期间资产质量、财务状况、经营成果等企业国有资产营运基本情况的文件。

第四条 各省、自治区、直辖市国有资产监督管理机构(以下简称省级国有资产监督管理机构)和各有关部门应当按照本办法的统一要求，认真组织实施本地区、本部门监管企业国有资产统计报告工作，并依据规定向国务院国有资产监督管理委员会(以下简称国务院国资委)报备。

第五条 凡占用国有资产的企业应当按照《企业国有资产监督管理暂行条例》和国家财务会计制度有关规定，在做好财务会计核算工作的基础上，根据国家统一的要求，认真编制国有资产统计报告，如实反映本企业占用的国有资产及其营运情况。

第二章　报告内容

第六条 国有资产年度统计报告由企业会计报表和国有资产营运分析报告两部分构成。

第七条 企业会计报表按照国家财务会计统一规定由资产负债表、利润及利润分配表、现金流量表、所有者权益变动表、资产减值准备计提情况表及相关附表构成。企业会计报表应当经过中介机构审计。

第八条 国有资产营运分析报告是对本地区、本部门或者本企业占用的国有资产及营运情况进行分析说明的文件，具体包括：

(一)国有资产总量与分布结构；

(二)企业资产质量、财务状况及经营成果分析；

(三)国有资产增减变动情况及其原因分析;

(四)国有资产保值增值结果及其影响因素分析;

(五)其他需说明的事项。

第三章 编制范围

第九条 应当编制国有资产统计报告的企业包括:由国务院,省、自治区、直辖市人民政府,设区的市、自治州级人民政府履行出资人职责的具有法人资格、独立核算、能够编制完整会计报表的境内外国有及国有控股企业。

第十条 国有参股企业的国有资产及投资收益依据合并会计报表的规定,纳入国有投资单位的国有资产统计范围,原则上不单独编制国有资产统计报告。但对于重要参股企业,应当根据国有资产监管需要单独编制国有资产统计报告。

重要参股企业的标准或者名单由相关国有资产监督管理机构确定。

第十一条 企业国有资产统计报告基本填报单位的级次为:大型企业(含大型企业集团)为第三级以上(含第三级)各级子企业,第三级以下子企业并入第三级进行填报;中小型企业为第二级以上(含第二级)各级子企业,第二级以下子企业并入第二级进行填报。

第十二条 企业应当组织做好总部及各级境内外子企业的国有资产统计报告编制工作,并编制集团或者总公司合并(汇总)的国有资产统计报告,以全面反映企业国有资产营运情况,并与所属境内外子企业的分户国有资产统计数据一同报送同级国有资产监督管理机构或者主管部门。

第四章 组织管理

第十三条 企业国有资产统计报告工作应当遵循统一规范、分级管理的原则，按照企业的财务关系或者产权关系分别组织实施。

第十四条 省级国有资产监督管理机构、各有关部门应当编制本地区、本部门所监管企业的汇总国有资产统计报告，并与所监管企业的分户国有资产统计数据一同报送国务院国资委。

第十五条 国务院国资委在国有资产统计报告工作中履行下列职责：

(一)制定全国企业国有资产统计报告规章、制度和工作规范；

(二)统一制定企业国有资产统计报告格式、编报要求和数据处理软件；

(三)负责所出资企业国有资产统计报告工作具体组织实施；

(四)负责收集、审核和汇总各地区、各有关部门国有资产统计报告，并向国务院报告全国企业国有资产营运情况；

(五)组织开展对企业国有资产统计报告质量监控工作，并组织开展企业国有资产统计报告编报质量的抽样核查。

第十六条 省级国有资产监督管理机构在企业国有资产统计报告工作中履行下列职责：

(一)依据统一的企业国有资产统计报告规章制度和工作规范，负责本地区监管企业国有资产统计报告工作的组织实施和监督检查；

(二)指导下一级国有资产监督管理机构开展企业国有资产统计报告工作；

(三)负责收集、审核、汇总本地区管理企业国有资产统计报告，并向同级人民政府报告本地区监管企业国有资产营运情况；

(四)负责向国务院国资委报送本地区监管企业国有资产统计报告；

(五)组织开展对本地区监管企业国有资产统计报告质量的核查工作。

第十七条 各有关部门在企业国有资产统计报告工作中履行下列职责：

(一)依据统一的企业国有资产统计报告规章制度和工作规范，负责本部门监管企业国有资产统计报告工作的组织实施和监督检查；

（二）负责收集、审核、汇总本部门监管企业国有资产统计报告；

（三）负责向国务院国资委报送本部门监管企业国有资产统计报告；

（四）组织开展对本部门监管企业国有资产报告质量的核查工作。

第十八条 省级国有资产监督管理机构和各有关部门应当指定专门机构或者人员具体负责国有资产统计报告工作，并与国务院国资委建立相应工作联系。

第十九条 省级国有资产监督管理机构和各有关部门应当加强对企业国有资产统计报告相关数据资料的管理，做好归档整理、建档建库和保密管理等工作。

第五章 编报规范

第二十条 企业应当在全面清理核实资产、负债、收入、支出并做好财务核算的基础上，按照统一的报告格式、内容、指标口径和操作软件，认真编制并按时上报企业国有资产统计报告，做到账实相符、账证相符、账账相符、账表相符。

第二十一条 企业应当严格按照国家财务会计制度和统一的编制要求，编制企业国有资产统计报告，做到内容完整、数字真实，不得虚报、漏报、瞒报和拒报，并按照财务关系或产权关系采取自下而上方式层层审核和汇总。

第二十二条 企业应当在认真做好总部及各级子企业分户报表编制范围与编制质量的审核工作基础上，编制集团或总公司合并报表，并按照国家财务会计制度的统一规定，做好合并范围和抵消事项的审核工作，对于未纳入范围和未抵消或者未充分抵消的事项应当单独说明。

第二十三条 企业主要负责人对本企业编制的国有资产统计报告的真实性和完整性负责。

企业财务会计等人员应当按照统一规定认真编制国有资产统计报告，如实反映本企业有关财务会计和国有资产营运信息。

第二十四条 省级国有资产监督管理机构和各有关部门应当加强对本地区、本部门监管企业国有资产统计报告工作的组织领导,加强督促指导,对企业报送的国有资产统计报告各项内容进行规范性审核。审核内容主要包括:

(一)编制范围是否全面完整;

(二)编制方法是否符合国家统一的财务会计制度,是否符合企业国有资产统计报告的编制要求;

(三)填报内容是否全面、真实;

(四)报表中相关指标之间、表间相关数据之间、分户数据与汇总数据之间、报表数据与计算机录入数据之间是否衔接一致。

第二十五条 省级国有资产监督管理机构和各有关部门应当认真做好本地区、本部门监管企业国有资产统计报告的审核工作,确保国有资产统计报告各项数据资料的完整和真实。凡发现报表编制不符合规定,存在漏报、错报、虚报、瞒报以及相关数据不衔接等情况,应当要求有关企业立即纠正,并限期重报。

第二十六条 企业国有资产统计报告采取自下而上、逐户审核、层层汇总方式收集上报。企业应当将国有资产统计报告经企业负责人、总会计师或主管财务工作负责人和报告编制人员签字并盖章后,于规定时间内上报。

第二十七条 中央企业国有资产统计报告工作应当遵守财务决算报告工作的相关规定。

第六章 奖 惩

第二十八条 授意、指使、强令企业财务会计等人员编制和提供虚假国有资产统计报告的,除依照《中华人民共和国会计法》、《企业国有资产监督管理暂行条例》和《企业财务会计报告条例》等有关法律法规处理外,还应对企业负责人给予纪律处分;有犯罪嫌疑的,依法移送司法机关处理。

第二十九条 对于玩忽职守、编制虚假财务会计信息，严重影响国有资产统计报告质量的，除依照《中华人民共和国会计法》、《企业国有资产监督管理暂行条例》和《企业财务会计报告条例》等有关法律法规处理外，还应对有关责任人员给予纪律处分；有犯罪嫌疑的，依法移送司法机关处理。

第三十条 省级国有资产监督管理机构和各有关部门工作组织不力或者不当，给企业国有资产统计报告工作造成不良影响的，应当给予通报。

第三十一条 省级国有资产监督管理机构和各有关部门应当认真做好本地区、本部门监管企业国有资产统计报告的总结工作，对在企业国有资产统计报告工作中取得优秀成绩的单位和个人给予表彰。

第七章　附　　则

第三十二条 省级国有资产监督管理机构和各有关部门可依据本办法，结合各自实际，制定相应的实施细则。

第三十三条 本办法自公布之日起施行。

中央企业财务决算报告管理办法

2004 年 2 月 20 日　国务院国有资产监督管理委员会令第 5 号

第一章　总　　则

第一条 为加强国务院国有资产监督管理委员会（以下简称国资委）所出资企业（以下简称企业）的财务监督，规范企业年度财务决算报告编制工作，全面了解和掌握企业资产质量、经营效益状况，依据《企业国有资产监督管理暂行条例》和国家有关财务会计制度规定，制定本办法。

第二条 企业编制上报年度财务决算报告应当遵守本办法。

第三条 本办法所称年度财务决算报告，是指企业按照国家财务会计制度规定，根据统一的编制口径、报表格式和编报要求，依据有关会计账簿记录和相关财务会计资料，编制上报的反映企业年末结账日资产及财务状况和年度经营成果、现金流量、国有资本保值增值等基本经营情况的文件。

企业财务决算报告由年度财务决算报表、年度报表附注和年度财务情况说明书，以及国资委规定上报的其他相关生产经营及管理资料构成。

第四条 除涉及国家安全的特殊企业外，企业年度财务决算报表和报表附注应当按照国家有关规定，由符合资质条件的会计师事务所及注册会计师进行审计。

会计师事务所出具的审计报告是企业年度财务决算报告的必备附件，应当与企业年度财务决算报告一并上报。

第五条 国资委依法对企业年度财务决算报告的编制工作、审计质量等进行监督，并组织对企业财务决算报告的真实性、完整性进行核查。

第二章　财务决算报告的编制

第六条 企业及各级子企业在每个会计年度终了，应当严格按照国家财务会计制度及相关会计准则规定，在全面财产清查、债权债务确认、资产质量核实的基础上，认真组织编制年度财务决算报告，以全面、完整、真实、准确反映企业年度财务状况和经营成果。

本办法所称各级子企业包括企业所有境内外全资子企业、控股子企业，以及各类独立核算的分支机构、事业单位和基建项目。

第七条 企业及各级子企业编制年度财务决算报告应当遵循会计

全面性、完整性原则，并符合下列规定：

（一）企业财务决算报告应当以经营年度内发生的全部经济业务事项及会计账簿为基础进行编制，全面、完整反映企业各项经济业务的收入、成本（费用）以及现金流入（出）等状况，不得漏报；

（二）企业不得存有未反映在财务决算报告中的财务、会计事项，不得有账外资产或设立账外账，不得以任何理由设立“小金库”；

（三）企业应当按规定将各级子企业全部纳入年度财务决算编制范围，以全面反映企业的财务状况；

（四）企业所属经营性事业单位应当按照规定要求执行统一的企业会计制度；暂未执行企业会计制度的所属事业单位，应当将相关财务决算内容一并纳入企业财务决算范围，以完整反映企业的经营成果；

（五）企业所属基建项目应当按照规定要求与企业财务并账；暂未并账的，应当将基建项目的相关财务决算内容一并纳入企业财务决算范围，以完整反映企业的资产状况。

第八条 企业及各级子企业编制年度财务决算报告应当遵循会计真实性、准确性原则，并符合下列规定：

（一）企业财务决算报告应当以经过核对无误的相关会计账簿进行编制，做到账实相符、账证相符、账账相符、账表相符；

（二）企业编制财务决算报告应当根据真实的交易事项、会计记录等资料，按照规定的会计核算原则及具体会计处理方法，对各项会计要素进行合理确认和计量；

（三）企业应当严格遵守会计核算规定，不得应提不提、应摊不摊或者多提多摊成本（费用），造成企业经营成果不实，影响企业财务决算报告的真实性；

（四）企业不得采取利用会计政策、会计估计变更，以及减值准备计提、转回等方式，人为掩饰企业真实经营状况；不得计提秘密减值准备，影响企业财务决算报告的真实性；

（五）企业应当客观地反映实际发生的资产损失，以保证财务决算报告的真实、可靠。

第九条 企业及各级子企业应当遵循会计稳健性原则,按有关资产减值准备计提的标准和方法,合理预计各项资产可能发生的损失,定期对计提的各项资产减值准备逐项进行认定、计算。

第十条 企业及各级子企业编制财务决算报告应当遵循会计可比性原则,编制基础、编制原则、编制依据和编制方法及各项财务指标口径应当保持前、后各期一致,各年度期间财务决算数据保持衔接,如实反映年度间企业财务状况、经营成果的变动情况。

第十一条 除国家另有规定外,企业及各级子企业所执行的会计制度应当按照国家财务会计制度的有关规定和要求保持一致;因特殊情形不能保持一致的,应当事先报国资委备案,并陈述相关理由。

第十二条 企业及各级子企业的各项会计政策、会计估计一经确定,不得随意变更;因特殊情形发生较大变更的,应当事先报国资委备案,并陈述相关理由。

第十三条 企业在年度财务决算报告编制中,对报表各项指标的数据填报不得遗漏,报表内项目之间和表式之间各项指标的数据应当相互衔接,保证勾稽关系正确。

第三章 财务决算报表的合并

第十四条 集团型企业应当按照国家财务会计制度有关规定,将各级子企业年度财务决算进行层层合并,逐级编制企业集团年度财务决算合并报表。企业年度财务决算合并报表范围包括:

(一)执行企业会计制度的境内全部子企业;

(二)境外(含香港、澳门、台湾地区)子企业;

(三)所属各类事业单位;

(四)各类基建项目或者基建财务(含技改,下同);

(五)按照规定执行金融会计制度的子企业;

(六)所属独立核算的其他经济组织。

第十五条 企业编制年度财务决算合并报表,应当将企业及各级子企业之间的内部交易、内部往来进行充分抵销,对涉及资产、负债、所有者权益、收入、成本和费用、利润及利润分配、现金流量等财务决算的相关指标数据均应当按照合并口径进行剔除。

第十六条 各级子企业执行的会计制度与企业总部不一致的,企业总部在编制财务决算合并报表时,应当按照国家统一会计制度的规定和要求将企业总部或者子企业的财务决算的数据进行调整,然后再进行企业财务决算报表的合并工作。

第十七条 企业所属合营子企业应当按照比例合并方式进行企业财务决算报表的合并工作;国有投资各方占等额股份的子企业,应当由委托管理一方按合并会计报表制度进行合并,或者按照股权比例进行企业财务决算报表的合并。

第十八条 企业财务决算报表合并过程中,境外子企业与企业总部会计期间或者会计结账日不一致时,应当以企业总部的会计期间和会计结账日为准进行调整。因特殊情形暂不能进行调整的,企业应当事先报国资委备案,并在报表附注中予以说明。

第十九条 凡年度内涉及产权划转的企业,财务决算报表合并原则上应当以企业年末结账日的产权隶属关系确定。结账日尚未办理产权划转手续的,由原企业合并编制;结账日已办理完产权划转关系的,由接收企业合并编制。

第二十条 按照国家财务会计有关规定,符合下列情形之一的,各级子企业可以不纳入年度财务决算合并报表范围,但企业应当向国资委报备具有法律效力的文件或者经济鉴证证明:

(一)已宣告破产的子企业;

(二)按照破产程序,已宣告被清理整顿的子企业;

(三)已实际关停并转的子企业;

(四)近期准备售出而短期持有其半数以上权益性资本的子企业;

(五)非持续经营的、所有者权益为负数的子企业;

(六)受所在国或地区外汇管制及其他管制,资金调度受到限制的境外子企业。

企业财务决算报表合并范围发生变更，应当于年度结账日之前，将变更范围及原因报国资委备案。

第四章　财务决算信息的披露

第二十一条　为便于理解企业财务决算报表，了解和分析企业资产质量、财务状况，核实企业真实经营成果，企业应当在报表附注和财务情况说明书中，对企业财务决算报表和财务决算合并报表的重要内容进行详尽说明和披露。

企业财务决算报告所披露的信息内容应当真实、全面、详尽，不得隐瞒企业有关重大违规事项。

第二十二条　企业财务决算的报表附注应当重点披露以下内容：

(一)企业报告期内采用的主要会计政策、会计估计和合并财务决算报表的编制方法；报告期内会计政策、会计估计变更的内容、理由、影响数额；

(二)财务决算报表合并的范围及其依据，将未纳入合并财务决算报表范围的子企业资产、负债、销售收入、实现利润、税后利润以及对企业合并财务决算报告的影响分户列示；

(三)企业年内各种税项缴纳的有关情况；

(四)控股子企业及合营企业的情况；

(五)财务决算报表项目注释。企业在财务决算合并报表附注中，除对财务决算合并报表项目注释外，还应当对企业总部财务决算报表的主要项目注释；

(六)子企业与企业总部会计政策不一致时对财务决算合并报表的影响；

(七)关联方关系及其交易的披露；

(八)或有事项、承诺事项及其资产负债表日后事项；

(九)重大会计差错的调整；

(十)按照规定应当披露的有助于理解和分析报表的其他重要财务

会计事项，以及国资委要求披露的其他专门事项。

第二十三条 企业财务情况说明书应当重点说明下列内容：

（一）企业生产经营的基本情况；

（二）企业预算执行情况及实现利润、利润分配和企业盈亏情况；

（三）企业重大投融资及资金变动、周转情况；

（四）企业重大改制、改组情况；

（五）重大产权变动情况；

（六）对企业财务状况、经营成果和现金流量、资本保全等有重大影响的其他事项；

（七）上一会计年度企业经营管理、财务管理中存在的问题及整改情况；

（八）本年度企业经营管理、财务管理中存在的问题，拟采取的整改措施；

（九）其他情况。

第二十四条 企业及各级子企业对外提供的财务决算数据应当与报送国资委的财务决算报告数据及披露的财务信息保持一致。

第五章 财务决算的审计

第二十五条 为保证企业年度财务状况及经营成果的真实性，根据财务监督工作的需要，国资委统一委托会计师事务所对企业年度财务决算进行审计。

第二十六条 国资委统一委托会计师事务所，按照"公开、公平、公正"的原则，采取国资委公开招标或者企业推荐报国资委核准等方式进行。其中，国有控股企业采取企业推荐报国资委核准的方式进行。

第二十七条 国资委暂未委托会计师事务所进行年度财务决算审计工作的企业，应当按照"统一组织、统一标准、统一管理"的原则，经国资委同意，由企业总部依照有关规定采取招标等方式委托会计师事务所对企业及各级子企业的年度财务决算进行审计。

第二十八条 企业年度财务决算审计内容应当包括企业财务决算报表中的资产负债表、利润及利润分配表、现金流量表、所有者权益变动表等相关指标数据和报表附注,以及国资委要求的其他重要财务指标有关数据。

编制财务决算合并报表的企业,其财务决算合并报表应当纳入审计范围。

第二十九条 企业及各级子企业应当根据会计师事务所及注册会计师提出的审计意见进行财务决算调整;企业对审计意见存有异议且未进行财务决算调整的,应当在上报财务决算报告时,向国资委提交说明材料。

第三十条 会计师事务所及注册会计师出具的审计报告应当按照有关规定,对企业违反国家财务会计制度规定或者未按注册会计师意见进行调整的重大会计事项进行披露。

第三十一条 企业应当为会计师事务所及注册会计师开展财务决算审计、履行必要的审计程序、取得充分审计证据提供必要的条件和协助,不得干预会计师事务所及注册会计师的审计业务,以保证审计结论的独立、客观、公正。

第三十二条 境外子企业年度财务决算审计工作按照所在国家或地区的规定进行。为适应境外子企业的特殊性,企业应当建立和完善对境外子企业的内审制度,并出具内审报告,保证境外子企业财务决算数据的真实性、完整性。

第三十三条 对于涉及国家安全的特殊子企业,以及国家法律法规未规定须委托会计师事务所进行审计的有关单位,企业应当建立和完善对其年度财务决算内审制度,并出具内审报告,以保证财务决算数据的真实性、完整性。

第六章 财务决算报告的报送

第三十四条 企业应当按财务关系或者产权关系负责各级子企业

财务决算报告的组织、收集、审核、汇总、合并等工作，并按规定及时将企业年度财务决算报告报送国资委。

第三十五条 企业向国资委报送的年度财务决算报告应当做到“统一编报口径、统一编报格式、统一编报要求”。

（一）符合国资委规定的报表格式、指标口径要求；

（二）使用统一下发的财务决算报表软件填报各项财务决算数据；

（三）按照要求报送纸质文件和电子文档的财务决算报表、报表附注、财务情况说明书、审计报告及国有资本保值增值说明等资料。

第三十六条 企业财务决算报告的报送级次如下：

（一）企业集团除报送企业合并财务决算报告外，还应当报送企业总部及二级子企业的分户财务决算报告，二级以下子企业财务决算数据应当并入第二级子企业报送；

设立境外子企业的企业集团，应当报送境外子企业的分户财务决算报告；

（二）企业总部设立在境外的企业集团，除报送合并财务决算报告外，还应当报送企业总部及所属二级以上子企业的分户财务决算报告；

（三）级次划分特殊的企业集团财务决算报告报送级次由国资委另行规定。

第三十七条 企业财务决算报告具体内容如下：

（一）企业集团（含企业总部设在境外企业集团）应当报送合并财务决算报告（含报表附注、财务情况说明书、国有资本保值增值情况说明等材料）和审计报告的纸质文件及电子文档；

（二）企业集团总部及二级子企业应当报送财务决算报告（含报表附注、财务情况说明书、国有资本保值增值情况说明等材料）和审计报告的电子文档；

（三）企业集团应当附报三级子企业年度财务决算报表的电子文档。

第三十八条 企业应当以正式文函向国资委报送财务决算报告。文函主要包括下列内容：

(一)年度财务决算工作组织情况;

(二)企业年度间主要财务决算数据的变化情况;

(三)纳入企业财务决算合并的范围;

(四)对于被出具非标准无保留意见审计报告的企业,应当对有关情况进行说明;

(五)需要说明的其他有关情况。

第三十九条 企业财务决算报告应当加盖企业公章,并由企业的法定代表人、总会计师或主管会计工作的负责人、会计机构负责人签名并盖章。

企业报送的财务决算报告及附送的各类资料应当按顺序装订成册,材料较多时应当编排目录,注明备查材料页码。

第四十条 企业主要负责人、总会计师或主管会计工作的负责人等应当对企业编制的财务决算报告真实性、完整性负责。承办企业年度财务决算审计业务的会计师事务所及注册会计师对其出具的审计报告真实性、合法性负责。

第四十一条 企业报送财务决算报告后,国资委应当在规定时间内对企业资产质量、财务状况及经营成果进行核批,并依据核批后的财务决算报告进行企业负责人业绩考核、企业绩效评价和企业国有资产保值增值结果确认等工作,有关办法另行制定。

第七章 罚 则

第四十二条 企业报送的财务决算报告内容不完整、信息披露不充分,或者数据差错较大,造成财务决算不实,以及财务决算报告不符合规范要求的,由国资委责令其重新编报,并予以通报批评。

第四十三条 在财务决算编制工作中弄虚作假、提供虚假财务信息,以及严重故意漏报、瞒报,尚不构成犯罪嫌疑的,由国资委责令改正,并依照《中华人民共和国会计法》、《企业国有资产监督管理暂行条例》和《企业财务会计报告条例》等有关法律法规予以处罚;有犯罪嫌疑的,依法移送司法机关处理。

第四十四条 会计师事务所及注册会计师在企业财务决算报告审计工作中参与做假账,或者在审计程序、审计内容、审计方法等方面存在严重问题和缺陷,造成审计结论失实的,国资委应当禁止其今后承办企业财务决算审计业务,并通报或者会同有关部门依法查处;有犯罪嫌疑的,依法移送司法机关处理。

第四十五条 国资委相关工作人员在对企业财务决算信息的收集、汇总、审核和管理过程中徇私舞弊,造成重大工作过失或者泄露国家机密或企业商业秘密的,依法给予行政处分;有犯罪嫌疑的,依法移送司法机关处理。

第八章 附 则

第四十六条 各省、自治区、直辖市国有资产监督管理机构可以参照本办法,制定本地区相关工作规范。

第四十七条 本办法自公布之日起施行。

中央企业经济责任审计管理暂行办法

2004 年 8 月 23 日 国务院国有资产监督管理委员会令第 7 号

第一章 总 则

第一条 为加强对国务院国有资产监督管理委员会(以下简称国资委)履行出资人职责企业(以下简称企业)的监督管理,规范企业经济责任审计工作,客观评判企业负责人任期经济责任及经营绩效,根据《企业国有资产监督管理暂行条例》和国家有关法律法规,制定本办法。

第二条 企业及其独资或者控股子企业的经济责任审计工作，适用本办法。

第三条 本办法所称企业经济责任审计，是指依据国家规定的程序、方法和要求，对企业负责人任职期间其所在企业资产、负债、权益和损益的真实性、合法性和效益性及重大经营决策等有关经济活动，以及执行国家有关法律法规情况进行的监督和评价的活动。

第四条 本办法所称企业负责人是指企业主要负责人，即法定代表人。

第五条 国资委按照企业负责人管理权限负责组织对企业负责人的经济责任审计工作，并会同有关部门依法对企业经济责任审计工作进行监督。

第二章　审计工作组织

第六条 企业经济责任审计工作，按照企业负责人管理权限和企业产权关系，依据"统一要求、分级负责"的原则组织实施。

(一)企业负责人离任或任期届满，都应依据国家有关法律法规规定，组织开展经济责任审计工作。

(二)企业独资或者控股子企业负责人离任或者任期届满，企业应当组织开展经济责任审计工作；对于提拔到企业总部领导岗位的子企业负责人经济责任审计工作结果，应报国资委备案。

(三)企业应当建立对主要业务部门负责人的任期或定期经济责任审计制度。

第七条 根据出资人财务监督工作需要，对企业发生重大财务异常情况，如企业发生债务危机、长期经营亏损、资产质量较差，以及合并分立、破产关闭等重大经济事件的，应当组织进行专项经济责任审计，及时发现问题，明确经济责任，纠正违法违规行为。

第八条 国资委在企业经济责任审计工作中履行下列职责：

(一)根据国家有关法律法规，制定有关企业经济责任审计工作规章制度；

（二）负责企业负责人经济责任审计工作的组织实施；

（三）决定对发生重大财务异常情况企业进行专项经济责任审计；

（四）指导监督企业按照国家有关规定开展企业内部经济责任审计工作。

第九条 国资委组织实施企业经济责任审计工作，主要采取以下三种形式：

（一）按国家有关规定，委托国家有关审计机关具体实施审计工作；

（二）根据出资人财务监督工作需要，聘请具有相应资质条件的社会审计组织承担审计工作任务；

（三）根据实际工作需要，组织或者抽调企业内部审计机构人员实施有关审计工作。

第十条 企业在经济责任审计工作中履行下列职责：

（一）按照国家有关规定和国资委统一工作要求，制定本企业经济责任审计具体实施细则；

（二）组织实施独资或者控股子企业负责人任期经济责任审计工作；

（三）组织实施企业主要业务部门负责人任期或者定期经济责任审计工作；

（四）决定并组织实施对发生重大财务异常情况子企业的专项经济责任审计工作。

第十一条 中央有关部门干部管理权限内的企业负责人经济责任审计工作按照有关规定办理。

第十二条 按照重要性原则，企业总部及重要子企业应当纳入经济责任审计工作范围内，其他子企业可视不同情况决定审计工作范围，但审计户数不得低于50%，审计资产量不得低于被审计企业资产总额的70%。

第十三条 在经济责任审计工作中，企业或者承办审计业务的社会审计组织应当将经济责任审计工作与其他财务审计工作相结合，在确保审计结果客观公正的基础上,可以参考利用相关财务审计或者经济责任审计工作资料,避免重复审计。

第十四条 企业领导班子其他成员(不含企业负责人)离任或者任期届满,可根据出资人监管工作需要或者企业负责人建议开展相应的经济责任审计工作。

第三章 审计工作内容

第十五条 根据国家有关规定,结合出资人财务监督工作需要,企业负责人经济责任审计工作主要内容包括:

(一)企业负责人任职期间企业经营成果的真实性;

(二)企业负责人任职期间企业财务收支核算的合规性;

(三)企业负责人任职期间企业资产质量变动状况;

(四)企业负责人任职期间对企业有关经营活动和重大经营决策负有的经济责任;

(五)企业负责人任职期间企业执行国家有关法律法规情况;

(六)企业负责人任职期间企业经营绩效变动情况。

第十六条 企业经营成果的真实性是指企业负责人任职期间会计核算是否准确,企业财务决算编报范围是否完整,企业经济成果是否真实可靠,以及企业计提资产减值准备与资产质量是否相匹配。主要内容包括:

(一)企业财务会计核算是否准确、真实,是否存在经营成果不实问题;

(二)企业年度财务决算报告合并范围、方法、内容和编报质量是否符合规定,有无存在故意编造虚假财务决算报告等问题;

(三)企业是否正确采用会计确认标准或计量方法,有无随意变更或者滥用会计估计和会计政策,故意编造虚假利润等问题。

第十七条 企业财务收支核算合规性是指企业负责人任职期间财务收支管理是否符合国家有关法律法规规定,会计核算是否符合国家有关财务会计制度，年度财务决算是否全面、真实地反映企业财务收支状况。主要内容包括：

（一）企业收入确认和核算是否完整、准确，是否符合国家财务会计制度规定，有无公款私存、私设“小金库”，以及以个人账户从事股票交易、违规对外拆借资金、对外资金担保和出借账户等问题；

（二）企业成本开支范围和开支标准是否符合国家有关财务会计制度规定，有无多列、少列或不列成本费用等问题，以及企业工资总额来源、发放、结余和企业负责人收入情况；

（三）企业会计核算是否符合国家有关财务会计制度规定，是否随意改变资产、负债、所有者权益的确认标准或计量方法，有无虚列、多列、不列或者少列资产、负债、所有者权益的问题；

（四）企业会计账簿记录与实物、款项和有关资料是否相符，有无存在账外资产、潜亏挂账等问题，有无存在劳动工资核算不实等问题。

第十八条 企业资产质量变动情况是指企业负责人任职期间各项资产质量是否得到改善，是否存在严重损失、重大潜亏或资产流失等问题，企业国有资本是否安全、完整，以及对企业未来发展能力的影响。主要内容包括：

（一）企业负责人任职期间有关企业资产负债结构合理性及变化情况，以及对企业未来发展的影响；

（二）企业负责人任职期间企业资产运营效率及变化情况，以及对企业未来发展的影响；

（三）企业负责人任职期间企业有效资产及不良资产的变化情况，以及对企业未来发展的影响；

（四）企业负责人任职期间企业国有资产保值增值结果，及企业在所处行业中水平变化的对比分析。

第十九条 企业有关经营活动和重大经营决策是指企业负责人任职期间做出的有关对内对外投资、经济担保、出借资金和大额合同等重大经济决策是否符合国家有关法律法规规定，及其企业内部控制程序，是否存在较多问题或者造成重大损失。主要内容包括：

(一)企业重大投资的资金来源、决策程序、管理方式和投资收益的核算情况,以及是否造成重大损失;

(二)对外担保、对外投资、大额采购与租赁等经济行为的决策程序、风险控制及其对企业的影响情况;

(三)涉及的证券、期货、外汇买卖等高风险投资决策的审批手续、决策程序、风险控制、经营收益或损失情况等;

(四)改组改制、上市融资、发行债券、兼并破产、股权转让、资产重组等行为的审批程序、操作方式和对企业财务状况的影响情况等,有无造成企业损失或国有资产流失问题。

第二十条 企业经济责任审计要认真检查企业负责人及企业执行国家有关法律法规情况,核实企业负责人及企业有无违反国家财经法纪,以权谋私,贪污、挪用、私分公款,转移国家资财,行贿受贿和挥霍浪费等行为,以及弄虚作假、骗取荣誉和蓄意编制虚假会计信息等重大问题。

第二十一条 企业经济责任审计在全面核实企业各项资产、负债、权益、收入、费用、利润等账务的基础上,依据国家有关经营绩效评价政策规定,对企业负责人任职期间经营成果和经营业绩,以及企业资产运营和回报情况进行客观、公正和准确的综合评判。

第四章 审计机构委托

第二十二条 企业负责人经济责任审计工作,采取委托国家有关审计机关或者聘请有关社会审计组织等方式具体组织实施。

(一)对于资产规模较大企业负责人经济责任审计工作,根据国家有关规定,委托国家审计机关组织实施;

(二)对于未委托国家审计机关实施企业负责人经济责任审计的,按照“公开、公平、公正”的原则,采取招标等合理方式,聘请具有相应资质条件的社会审计组织组织实施。

第二十三条 委托国家有关审计机关开展企业经济责任审计工作

的，有关审计工作组织实施依据国家有关规定进行。

第二十四条 承办企业负责人经济责任审计的社会审计组织，应当具备以下资质条件：

（一）资质条件应与企业规模相适应；

（二）具备较完善的审计执业质量控制制度；

（三）拥有经济责任审计工作经验的专业人员；

（四）3年内未承担同一企业年度财务决算审计业务；

（五）与企业或企业负责人不存有利害关系；

（六）近3年未有违法违规不良记录；

（七）能够适时调配较强的专业人员承担经济责任审计任务。

第二十五条 接受聘请的社会审计组织应严格依据国家有关法律法规，以及国资委对企业经济责任审计工作的统一要求，按照规定的方法、程序和内容，依据独立审计原则认真组织经济责任审计工作，并对审计报告的真实性、合法性负责。

第二十六条 国资委根据财务监督工作需要，可委托企业内部审计机构承担相关专项经济责任审计工作任务。

第二十七条 受委托承担国资委专项经济责任审计工作任务的企业内部审计机构和专业人员，应依据国资委统一工作要求，独立、客观、公正地开展审计工作，对审计工作结果承担相应的工作责任。

第五章 审计工作程序

第二十八条 国资委组织实施企业负责人经济责任审计基本工作程序如下：

（一）编制审计工作计划；

（二）确定审计机构；

（三）下达审计工作通知；

（四）拟订审计方案；

（五）成立审计项目组；

(六)组织实施审计;

(七)交换审计意见;

(八)出具审计报告;

(九)下达审计意见或审计决定。

第二十九条 根据干部管理部门提出的任期经济责任审计工作要求,以及出资人财务监管工作需要,编制企业经济责任审计工作计划,明确审计的对象、时间安排、范围、重点内容、方法与组织方式等内容。

第三十条 国资委应当在实施审计7日前通知被审计企业。被审计企业在接到审计通知书后,应做好接受审计的有关准备工作,如实地提供有关资料。

第三十一条 按照企业经济责任审计工作要求,审计机构应拟订审计方案,明确审计目标、审计范围、审计重点、审计要求、审计组织、延伸审计单位和其他审计事项等,并报国资委同意。

第三十二条 审计机构按照企业经济责任审计工作任务要求,成立由具有相关工作经验和一定专业知识的专业人员组成的审计项目组,组长应由具有经济责任审计工作经验和具备较高专业技术资格的业务负责人担任。

第三十三条 审计项目组在对企业负责人任职期间企业经营成果、财务收支、资产质量和有关经营活动、重大经营决策,以及经营绩效等资料审计过程中,也可采取向有关单位、个人调查等方式,充分听取企业董事会、监事会、纪检监察、工会和职工反映的情况和意见。

第三十四条 审计项目组完成现场审计后,审计机构应在10个工作日内向国资委提交审计报告。审计报告提交前,应当征求被审计企业负责人及其所在企业的意见,并将审计报告及企业负责人或其所在企业的书面意见一并上报。

第三十五条 审计项目组应当在计划工作时间内完成审计任务,确需延长审计时间的,应当商国资委同意,并及时通知被审计企业及其负责人。

第三十六条 国资委依据审计报告,对发现的重大问题,经研究核实后正式下达相关审计决定。

第三十七条 在经济责任审计工作中发现企业负责人有严重违法违纪问题的，应移交有关管理机构予以处理。

（一）对于需由企业负责人承担一般经济责任的，移交相应管理部门予以处理；

（二）对于企业负责人违反党纪政纪的，移交纪检监察机关予以处理；

（三）对于应依法追究企业负责人刑事责任的，移送司法机关处理。

第三十八条 相关审计机构在企业负责人经济责任审计工作中，采用其他审计资料和审计结果时，应进行必要的复核工作，并对其真实性、合法性承担相应的法律责任。

第六章 审计工作结果

第三十九条 企业经济责任审计应当分清企业负责人本人应当负有的直接责任和主管责任。

（一）直接责任是指企业负责人因对主管的资产经营活动和财务管理事项未履行或者未正确履行职责，致使企业经营管理不善，或由于决策失误而事后又处理不力以及违规操作等，造成所在企业经济损失或经济效益下降应负的经济责任。

（二）主管责任是指企业负责人在其任期内对其所在企业资产和财务状况，以及有关经济活动应当负有的直接责任以外的领导和管理责任。

第四十条 企业负责人应对下列行为负有直接责任：

（一）直接违反国家财经法规和财经纪律的；

（二）授意、指使、强令、纵容、包庇下属人员违反国家财经法规的；

（三）失职、渎职的；

（四）其他直接违法违规行为。

第四十一条 承办企业负责人经济责任审计的社会审计组织提交的审计报告，应当对企业负责人的经济责任做出客观、公正的评价，并对提交的审计报告真实性、客观性承担相应责任。

第四十二条 承办企业负责人经济责任审计的社会审计组织提交审计报告前,报国资委审核。国资委审定的内容主要包括:审计证据是否充分、审计评价是否适当、主要事实是否清楚和审计处理意见是否正确。

委托国家审计机关进行经济责任审计工作的,审计工作结果应送国资委,并抄送被审计企业。

第四十三条 企业对财务部门负责人开展经济责任审计工作的结果,应当向国资委备案。

第四十四条 企业经济责任审计工作结果,作为对企业负责人任免、奖惩的重要依据。

第四十五条 对于在经济责任审计工作中,发现因经济决策失误给企业造成重大损失,或者企业资产状况不实、经营成果虚假等问题,应当视其影响程度相应追究有关负责人责任,并予以经济处罚。

第四十六条 企业应根据经济责任审计工作所反映出的有关管理问题,及时加强整改工作,堵塞管理漏洞。企业内部审计机构应当对企业有关整改工作做好后续跟踪审计。

第四十七条 在经济责任审计工作中,发现企业领导班子有关成员存在严重问题的,经国资委批准后,可进一步开展延伸审计工作。

第七章　罚　　则

第四十八条 被审计企业负责人或所在企业拒绝、阻碍经济责任审计,或拒绝、拖延提供相关资料或证明材料的,国资委或企业上级单位应当责令改正或给予警告,并对负有直接责任的主管人员和直接责任人给予行政或者纪律处分。

第四十九条 被审计企业负责人所在企业转移、隐匿、篡改、伪造、毁弃有关经济责任审计资料的,国资委或企业上级单位对负有直接责任的主管人和直接负责人给予行政或者纪律处分;涉嫌犯罪的,依法移送司法机关处理。

第五十条 对于打击报复或者陷害检举人、证明人、资料提供人和审计人员的，国资委或企业上级单位应当责令其改正，并给予行政或纪律处分；给被害人造成损失的，应当依法予以赔偿；涉嫌犯罪的，依法移送司法机关处理。

第五十一条 审计人员利用职权谋取私利、徇私舞弊、玩忽职守、索贿受贿和泄露国家机密或者商业秘密的，应当给予行政或纪律处分；涉嫌犯罪的，依法移送司法机关处理。

第五十二条 承担经济责任审计的社会审计组织出具虚假不实的审计报告，或者违反国家有关审计工作要求，避重就轻、回避问题或明知有重要事项不予指明的，移交有关部门予以处罚；涉嫌犯罪的，依法移送司法机关处理。

第八章 附 则

第五十三条 各中央企业可结合本企业实际情况，制定具体实施细则。

第五十四条 各省、自治区、直辖市国有资产监督管理机构可参照本办法，结合本地区实际，制定相应的工作规范。

第五十五条 本办法自2004年8月30日起施行。

中央企业内部审计管理暂行办法

2004年3月23日 国务院国有资产监督管理委员会令第8号

第一章 总 则

第一条 为加强对国务院国有资产监督管理委员会（以下简称国

资委)履行出资人职责企业(以下简称企业)的内部监督和风险控制,规范企业内部审计工作,保障企业财务管理、会计核算和生产经营符合国家各项法律法规要求,根据《企业国有资产监督管理暂行条例》和国家有关法律法规,制定本办法。

第二条 企业开展内部审计工作,适用本办法。

第三条 本办法所称企业内部审计,是指企业内部审计机构依据国家有关法律法规、财务会计制度和企业内部管理规定,对本企业及子企业(单位)财务收支、财务预算、财务决算、资产质量、经营绩效,以及建设项目或者有关经济活动的真实性、合法性和效益性进行监督和评价工作。

第四条 企业应当按照国家有关规定,依照内部审计准则的要求,认真组织做好内部审计工作,及时发现问题,明确经济责任,纠正违规行为,检查内部控制程序的有效性,防范和化解经营风险,维护企业正常生产经营秩序,促进企业提高经营管理水平,实现国有资产的保值增值。

第五条 国资委依法对企业内部审计工作进行指导和监督。

第二章 内部审计机构设置

第六条 企业应当按照国家有关规定,建立相对独立的内部审计机构,配备相应的专职工作人员,建立健全内部审计工作规章制度,有效开展内部审计工作,强化企业内部监督和风险控制。

第七条 国有控股公司和国有独资公司,应当依据完善公司治理结构和完备内部控制机制的要求,在董事会下设立独立的审计委员会。企业审计委员会成员应当由熟悉企业财务、会计和审计等方面专业知识并具备相应业务能力的董事组成,其中主任委员应当由外部董事担任。

第八条 企业审计委员会应当履行以下主要职责:

(一)审议企业年度内部审计工作计划;

（二）监督企业内部审计质量与财务信息披露；

（三）监督企业内部审计机构负责人的任免，提出有关意见；

（四）监督企业社会中介审计等机构的聘用、更换和报酬支付；

（五）审查企业内部控制程序的有效性，并接受有关方面的投诉；

（六）其他重要审计事项。

第九条 未建立董事会的国有独资公司及国有独资企业，应当按照加强财务监督和完善内部控制机制的要求，依据国家的有关规定，加强内部审计工作的组织领导，明确工作责任，强化企业内部审计工作，做好内部审计机构与内部监察（纪检）、财务、人事等有关部门的协调工作。

第十条 企业内部审计机构依据国家有关规定开展内部审计工作，直接对企业董事会（或主要负责人）负责；设立审计委员会的企业，内部审计机构应当接受审计委员会的监督和指导。

第十一条 企业所属子企业应当按照有关规定设立相应的内部审计机构；尚不具备条件的应当设立专职审计人员。

第十二条 企业内部审计人员应当具备审计岗位所必备的会计、审计等专业知识和业务能力；内部审计机构的负责人应当具备相应的专业技术职称资格。

第三章 内部审计机构主要职责

第十三条 根据国家有关规定，结合出资人财务监督和企业管理工作的需要，企业内部审计机构应当履行以下主要职责：

（一）制定企业内部审计工作制度，编制企业年度内部审计工作计划；

（二）按企业内部分工组织或参与组织企业年度财务决算的审计工作，并对企业年度财务决算的审计质量进行监督；

（三）对国家法律法规规定不适宜或者未规定须由社会中介机构进行年度财务决算审计的有关内容组织进行内部审计；

(四)对本企业及其子企业的财务收支、财务预算、财务决算、资产质量、经营绩效以及其他有关的经济活动进行审计监督；

(五)组织对企业主要业务部门负责人和子企业的负责人进行任期或定期经济责任审计；

(六)组织对发生重大财务异常情况的子企业进行专项经济责任审计工作；

(七)对本企业及其子企业的基建工程和重大技术改造、大修等的立项、概(预)算、决算和竣工交付使用进行审计监督；

(八)对本企业及其子企业的物资(劳务)采购、产品销售、工程招标、对外投资及风险控制等经济活动和重要的经济合同等进行审计监督；

(九)对本企业及其子企业内部控制系统的健全性、合理性和有效性进行检查、评价和意见反馈，对企业有关业务的经营风险进行评估和意见反馈；

(十)对本企业及其子企业的经营绩效及有关经济活动进行监督与评价；

(十一)对本企业年度工资总额来源、使用和结算情况进行检查；

(十二)其他事项。

第十四条 企业内部审计机构对年度财务决算的审计质量监督应当根据企业的内部职责分工，依据独立、客观、公正的原则，保障企业财务管理、会计核算和生产经营符合国家各项法律法规要求。

第十五条 为保证企业年度财务决算报告的真实和完整，企业内部审计机构应按照国资委相关工作要求，对下列特殊情形的子企业组织进行定期内部审计工作：

(一)按照国家有关规定，涉及国家安全不适宜社会中介机构审计的特殊子企业；

(二)依据所在国家及地区法律规定，在境外进行审计的境外子企业；

(三)国家法律、法规未规定须委托社会中介机构审计的企业内部有关单位。

第十六条 企业内部审计机构对本企业及其子企业的经营绩效及有关经济活动的评价工作，依据国家有关经营绩效评价政策进行。

第十七条 企业内部审计机构应当加强对社会中介机构开展本企业及其子企业有关财务审计、资产评估及相关业务活动工作结果的真实性、合法性进行监督，并做好社会中介机构聘用、更换和报酬支付的监督。

第十八条 企业内部审计机构相关审计工作应当与外部审计相互协调，并按有关规定对外部审计提供必要的支持和相关工作资料。

第十九条 企业应当依据国家有关法律法规，完善内部审计管理规章制度，保障内部审计机构拥有履行职责所必需的权限：

（一）参加企业有关经营和财务管理决策会议，参与协助企业有关业务部门研究制定和修改企业有关规章制度并督促落实；

（二）检查被审计单位会计账簿、报表、凭证和现场勘察相关资产，有权查阅有关生产经营活动等方面的文件、会议记录、计算机软件等相关资料；

（三）对与审计事项有关的部门和个人进行调查，并取得相关证明材料；

（四）对正在进行的严重违法违规和严重损失浪费行为，可作出临时制止决定，并及时向董事会（或企业主要负责人）报告；

（五）对可能被转移、隐匿、篡改、毁弃的会计凭证、会计账簿、会计报表以及与经济活动有关的资料，经企业主要负责人或有关权力机构授权可暂予以封存；

（六）企业主要负责人或权力机构在管理权限范围内，应当授予内部审计机构必要的处理权或者处罚权。

第四章 内部审计工作程序

第二十条 企业内部审计机构应当根据国家有关规定，结合企业实际情况,制定企业年度审计工作计划,对内部审计工作作出合理安排,并报经企业主要负责人或审计委员会审核批准后实施。

第二十一条 企业内部审计机构应当充分考虑审计风险和内部管理需要,制定具体项目审计计划,做好审计准备。

第二十二条 企业内部审计机构应当在实施审计前 5 个工作日,向被审计单位送达审计通知书。对于需要突击执行审计的特殊业务,审计通知书可在实施审计时送达。

被审计单位接到审计通知书后,应当做好接受审计的各项准备。

第二十三条 企业内部审计人员在出具审计报告前应当与被审计单位交换审计意见。被审计单位有异议的,应当自接到审计报告之日起 10 个工作日内提出书面意见;逾期不提出的,视为无异议。

第二十四条 被审计单位若对审计报告有异议且无法协调时,设立审计委员会的企业,应当将审计报告与被审计单位意见一并报审计委员会协调处理;尚未设立审计委员会的企业,应当将审计报告与被审计单位意见一并报企业主要负责人协调处理。

第二十五条 审计报告上报企业董事会或主要负责人审定后,企业内部审计机构应当根据审计结论,向被审计单位下达审计意见(决定)。

对于报请审计委员会、主要负责人协调处理的审计报告,应当根据审计委员会、主要负责人的审定意见,向被审计单位下达审计意见(决定)。

第二十六条 企业内部审计机构对已办结的内部审计事项,应当按照国家档案管理规定建立审计档案。

第二十七条 企业内部审计机构应当每年向本企业董事会(或主要负责人)和审计委员会提交内部审计工作总结报告。

第二十八条 企业内部审计机构对主要审计项目应当进行后续审计监督,督促检查被审计单位对审计意见的采纳情况和对审计决定的执行情况。

第五章　内部审计工作要求

第二十九条　企业内部审计机构应当根据国家有关规定和企业内部管理需要有效开展内部审计工作，加强内部监督，纠正违规行为，规避经营风险。

第三十条　企业内部审计机构应当对违反国家法律法规和企业内部管理制度的行为及时报告，并提出处理意见；对发现的企业内部控制管理漏洞，及时提出改进建议。

第三十一条　对于被审计单位及相关工作人员不及时落实内部审计意见，给企业造成损失浪费的，企业应当追究相关人员责任；对于给企业造成重大损失的，还应当按有关规定向上一级机构及时反映情况。

第三十二条　企业内部审计机构下列工作事项应当报国资委备案：

（一）企业年度内部审计工作计划和工作总结报告；

（二）重要子企业负责人及企业财务部门负责人的经济责任审计报告；企业内部审计工作中发现的重大违法违纪问题、重大资产损失情况、重大经济案件及重大经营风险等，应向国资委报送专项报告。

第三十三条　根据出资人财务监督工作需要，企业内部审计机构按照国资委有关工作要求，对企业及其子企业发生重大财务异常等情况组织进行的专项经济责任审计，应当向国资委提交审计报告。

第三十四条　企业内部审计机构要不断提高内部审计业务质量，并依法接受国资委、国家审计机关对内部审计业务质量的检查和评估。

第三十五条　企业内部审计机构应当根据本办法组织开展内部审计工作，并对其出具的内部审计报告的客观真实性承担责任。

第三十六条　为保证内部审计工作的独立、客观、公正，企业内部审计人员与审计事项有利害关系的，应当回避。

第三十七条　企业内部审计人员应当严格遵守审计职业道德规范，坚持原则、客观公正、恪尽职守、保持廉洁、保守秘密，不得滥用职权，徇私舞弊，泄露秘密，玩忽职守。

第三十八条 企业内部审计人员在实施内部审计时，应当在深入调查的基础上，采用检查、抽样和分析性复核等审计方法，获取充分、相关、可靠的审计证据，以支持审计结论和审计建议。

第三十九条 企业董事会(或主要负责人)应当保障内部审计机构和人员依法行使职权和履行职责；企业内部各职能机构应当积极配合内部审计工作。任何组织和个人不得对认真履行职责的内部审计人员进行打击报复。

第四十条 企业对于认真履行职责、忠于职守、坚持原则、作出显著成绩的内部审计人员，应当给予奖励。

第四十一条 企业应当保证内部审计机构所必需的审计工作经费，并列入企业年度财务预算。企业内部审计人员参加国家统一组织的专业技术职务资格的考评、聘任和后续教育，企业应当按照国家有关规定予以执行。

第六章 罚 则

第四十二条 对于企业出现重大违反国家财经法纪的行为和企业内部控制程序出现严重缺陷，除按规定依法追究企业主要负责人、总会计师(或者主管财务工作负责人)及财务部门负责人的有关责任外，同时还相应追究企业审计委员会及内部审计机构相关人员的监督责任。

第四十三条 对于滥用职权、徇私舞弊、玩忽职守、泄露秘密的内部审计人员，由所在单位依照国家有关规定给予纪律处分；涉嫌犯罪的，依法移交司法机关处理。

第四十四条 对于打击报复内部审计人员问题，企业应及时予以纠正；涉嫌犯罪的，依法移交司法机关处理。受打击报复的企业内部审计人员有权直接向国资委报告相关情况。

第四十五条 被审计单位相关人员不配合企业内部审计工作、拒绝审计或者不提供资料、提供虚假资料、拒不执行审计结论的，企业应当给予纪律处分；涉嫌犯罪的，依法移交司法机关处理。

第七章　附　则

第四十六条　各中央企业可结合本企业实际情况，制定具体实施细则。

第四十七条　各省、自治区、直辖市国有资产监督管理机构可参照本办法，结合本地区实际制定本地区相关工作规范。

第四十八条　本办法自2004年8月30日起施行。

企业国有资本保值增值结果确认暂行办法

2004年8月25日　国务院国有资产监督管理委员会令第9号

第一章　总　则

第一条　为加强对企业国有资产的监督管理，真实反映企业国有资本运营状况，规范国有资本保值增值结果确认工作，维护国家所有者权益，根据《企业国有资产监督管理暂行条例》和国家有关财务会计规定，制定本办法。

第二条　国务院，各省、自治区、直辖市人民政府，设区的市、自治州级人民政府履行出资人职责的企业（以下简称企业）国有资本保值增值结果确认工作，适用本办法。

第三条　本办法所称企业国有资本，是指国家对企业各种形式的投资和投资所形成的权益，以及依法认定为国家所有的其他权益。对于国有独资企业，其国有资本是指该企业的所有者权益，以及依法认定为国家所有的其他权益；对于国有控股及参股企业，其国有资本是指该企业所有者权益中国家应当享有的份额。

第四条 本办法所称企业国有资本保值增值结果确认是指国有资产监督管理机构依据经审计的企业年度财务决算报告，在全面分析评判影响经营期内国有资本增减变动因素的基础上，对企业国有资本保值增值结果进行核实确认的工作。

第五条 国务院国有资产监督管理机构负责中央企业国有资本保值增值结果核实确认工作。各地国有资产监督管理机构负责监管职责范围内的企业国有资本保值增值结果核实确认工作。

第六条 企业应当在如实编制年度财务决算报告的基础上，认真分析和核实经营期内国有资本增减变化的各项主客观因素，真实、客观地反映国有资本运营结果，促进实现国有资本保值增值经营目标，并为企业财务监管与绩效评价、企业负责人业绩考核、企业工效挂钩核定等出资人监管工作提供基础依据。

第二章 国有资本保值增值率的计算

第七条 企业国有资本保值增值结果主要通过国有资本保值增值率指标反映，并设置相应修正指标和参考指标，充分考虑各种客观增减因素，以全面、公正、客观地评判经营期内企业国有资本运营效益与安全状况。

第八条 本办法所称国有资本保值增值率是指企业经营期内扣除客观增减因素后的期末国有资本与期初国有资本的比率。其计算公式如下：

国有资本保值增值率＝(扣除客观因素影响后的期末国有资本÷期初国有资本)×100%

国有资本保值增值率分为年度国有资本保值增值率和任期国有资本保值增值率。

第九条 企业国有资本保值增值修正指标为不良资产比率。其计算公式为：

不良资产比率＝（期末不良资产÷期末资产总额）×100%

本办法所称不良资产是指企业尚未处理的资产净损失和潜亏（资金）挂账，以及按财务会计制度规定应提未提资产减值准备的各类有问题资产预计损失金额。

第十条 因经营期内不良资产额增加造成企业不良资产比率上升，应当在核算其国有资本保值增值率时进行扣减修正。

（一）暂未执行《企业会计制度》的企业，经营期内企业不良资产比率上升，其增加额在核算国有资本保值增值率时进行直接扣减。计算公式为：

修正后国有资本保值增值率＝（扣除客观影响因素的期末国有资本－不良资产增加额）÷期初国有资本×100%

不良资产增加额＝期末不良资产－期初不良资产

（二）已执行《企业会计制度》的企业，经营期内对有问题资产未按财务会计制度计提资产减值准备，应当在核算国有资本保值增值率时进行扣除修正。其计算公式为：

修正后国有资本保值增值率＝（扣除客观影响因素的期末国有资本－有问题资产预计损失额）÷期初国有资本×100%

有问题资产预计损失额＝各类有问题资产×相关资产减值准备计提比例

（三）国有控股企业修正国有资本保值增值率，应当按股权份额进行核算。

第十一条 企业国有资本保值增值参考指标为净资产收益率、利润增长率、盈余现金保障倍数、资产负债率。

（一）净资产收益率：指企业经营期内净利润与平均净资产的比率。计算公式如下：

净资产收益率＝（净利润÷平均净资产）×100%

其中：平均净资产＝（期初所有者权益＋期末所有者权益）÷2

（二）利润增长率：指企业经营期内利润增长额与上期利润总额的

比率。计算公式如下：

利润增长率=(利润增长额÷上期利润总额)×100%

其中：利润增长额=本期利润总额-上期利润总额

(三)盈余现金保障倍数：指企业经营期内经营现金净流量与净利润的比率。计算公式如下：

盈余现金保障倍数=经营现金净流量/净利润

(四)资产负债率：指本经营期负债总额与资产总额的比率。计算公式如下：

资产负债率=(负债总额÷资产总额)×100%

第十二条 本办法所称客观增加因素主要包括下列内容：

(一)国家、国有单位直接或追加投资：是指代表国家投资的部门(机构)或企业、事业单位投资设立子企业、对子企业追加投入而增加国有资本；

(二)无偿划入：是指按国家有关规定将其他企业的国有资产全部或部分划入而增加国有资本；

(三)资产评估：是指因改制、上市等原因按国家规定进行资产评估而增加国有资本；

(四)清产核资：是指按规定进行清产核资后，经国有资产监督管理机构核准而增加国有资本；

(五)产权界定：是指按规定进行产权界定而增加国有资本；

(六)资本(股票)溢价：是指企业整体或以主要资产溢价发行股票或配股而增加国有资本；

(七)税收返还：是指按国家税收政策返还规定而增加国有资本；

(八)会计调整和减值准备转回：是指经营期间会计政策和会计估计发生重大变更、企业减值准备转回、企业会计差错调整等导致企业经营成果发生重大变动而增加国有资本；

(九)其他客观增加因素：是指除上述情形外，经国有资产监督管理机构按规定认定而增加企业国有资本的因素，如接受捐赠、债权转股权等。

第十三条 本办法所称客观减少因素主要包括下列内容：

(一)专项批准核销：是指按国家清产核资等有关政策，经国有资产监督管理机构批准核销而减少国有资本；

(二)无偿划出：是指按有关规定将本企业的国有资产全部或部分划入其他企业而减少国有资本；

(三)资产评估：是指因改制、上市等原因按规定进行资产评估而减少国有资本；

(四)产权界定：是指因产权界定而减少国有资本；

(五)消化以前年度潜亏和挂账：是指经核准经营期消化以前年度潜亏挂账而减少国有资本；

(六)自然灾害等不可抗拒因素：是指因自然灾害等不可抗拒因素而减少国有资本；

(七)企业按规定上缴红利：是指企业按照有关政策、制度规定分配给投资者红利而减少企业国有资本；

(八)资本(股票)折价：是指企业整体或以主要资产折价发行股票或配股而减少国有资本；

(九)其他客观减少因素：是指除上述情形外，经国有资产监督管理机构按规定认定而减少企业国有资本的因素。

第十四条 国有资本保值增值率计算以企业合并会计报表为依据。企业所有境内外全资子企业、控股子企业，以及各类独立核算分支机构、事业单位和基建项目等应当按规定全部纳入合并会计报表编制范围。

第十五条 企业应当按国家有关财务会计制度和企业财务决算管理规定，委托会计师事务所审计经营期内影响企业国有资本变化的客观增减因素，并由会计师事务所在审计报告中披露或出具必要鉴证证明。

第十六条 企业本期期初国有资本口径应当与上期期末口径衔接一致。企业对期初国有资本进行口径调整应当符合国家财务会计制度有关规定，并对调整情况作出必要说明。

本期期初国有资本口径调整范围具体包括：

(一)对企业年度财务决算进行追溯调整；

(二)经营期内子企业划转口径调整；

(三)企业财务决算合并范围变化口径调整；

(四)其他影响企业期初国有资本的有关调整。

第十七条 根据企业国有资产监督管理工作需要，企业保值增值结果按照会计年度、企业负责人任期分别确认。企业负责人任期国有资本保值增值结果以任职期间年度企业财务决算数据为依据。

第三章 国有资本保值增值结果的确认

第十八条 企业应当在规定的时间内，将经营期国有资本保值增值情况和相关材料随年度财务决算报告一并报送国有资产监督管理机构。报送材料应当包括：

(一)《国有资本保值增值结果确认表》及其电子文档；

(二)企业国有资本保值增值情况分析说明，具体内容包括国有资本保值增值完成情况、客观增减因素、期初数据口径、与上期确认结果的对比分析、相关参考指标大幅波动或异常变动的分析说明以及其他需要报告的情况；

(三)客观增减因素证明材料。

第十九条 企业国有资本保值增值客观增减因素的证明材料除年度财务决算审计报告外，还应当包括：

(一)国家有关部门的文件；

(二)有关专项鉴证证明；

(三)企业的有关入账凭证；

(四)其他证明材料。

第二十条 企业上报国有资本保值增值材料应当符合下列要求：

(一)各项指标真实、客观，填报口径符合规定；

(二)电子文档符合统一要求；

（三）各项客观增减因素的材料真实、完整，并分类说明有关情况。

第二十一条 企业负责人、总会计师或主管会计工作的负责人应当对企业上报的国有资本保值增值材料的真实性、完整性负责。承办企业年度财务决算审计业务的会计师事务所及注册会计师应当对其审计的企业国有资本保值增值材料及出具的相关鉴证证明的真实性、合法性负责。

第二十二条 根据出资人财务监督工作需要，国有资产监督管理机构依照《中央企业财务决算报告管理办法》（国资委令第5号）及其他有关规定，对企业财务会计资料及保值增值材料进行核查，并对企业国有资本保值增值结果进行核实确认。

第二十三条 国有资本保值增值结果核实确认工作，应当根据核批后的企业年度财务决算报表数据，剔除影响国有资本变动的客观增减因素，并在对企业不良资产变动因素分析核实的基础上，认定企业国有资本保值增值的实际状况，即国有资本保值增值率。

第二十四条 企业国有资本保值增值结果分为以下三种情况：

（一）企业国有资本保值增值率大于100%，国有资本实现增值；

（二）企业国有资本保值增值率等于100%，国有资本为保值；

（三）企业国有资本保值增值率小于100%，国有资本为减值。

第二十五条 企业国有资本存在下列特殊情形的，不核算国有资本保值增值率，但应当根据经营期国有资本变动状况分别作出增值或减值的判定。

（一）经调整后企业国有资本期初为正值、期末为负值，国有资本保值增值完成情况判定为减值；

（二）经调整后企业国有资本期初为负值、期末为正值，国有资本保值增值完成情况判定为增值。

第二十六条 国有资产监督管理机构应当以经核实确认的企业国有资本保值增值实际完成指标与全国国有企业国有资本保值增值行业标准进行对比分析，按照“优秀、良好、中等、较低、较差”五个档次，评判企业在行业中所处的相应水平。

中央企业国有资产保值增值率未达到全国国有企业保值增值率平均水平的，无论其在行业中所处水平，不予评判“优秀”档次。

第二十七条 下列情形之一的企业国有资本保值增值水平确认为“较差”档次：

（一）存在重大财务问题、年度财务决算严重失实的；

（二）年度财务决算报告被会计师事务所出具否定意见、无法表示意见审计报告的；

（三）持续资不抵债的。

持续资不抵债企业，在经营期间弥补国有资本亏损的，可确认其国有资本减亏率。

第二十八条 经营期内没有实现国有资本保值增值目标的企业，其负责人延期绩效年薪按《中央企业负责人经营业绩考核暂行办法》(国资委令第2号)及其他有关规定扣减。

实行工效挂钩的企业，经营期内没有实现国有资本保值增值的，不得提取新增效益工资。

第二十九条 企业在对外提供国有资本保值增值结果时，应当以经国有资产监督管理机构核实确认的结果为依据。

第三十条 国有资本保值增值指标行业标准由国务院国有资产监督管理机构根据每年全国国有资本总体运营态势，以全国国有企业年度财务决算信息为基础，按行业分类统一测算并公布。

第四章 罚 则

第三十一条 企业报送的年度财务决算报告及国有资本保值增值相关材料内容不完整、各项客观因素证据不充分或数据差错较大，造成企业国有资本保值增值确认结果不真实的，由国有资产监督管理机构责令其重新编报，并进行通报批评。

第三十二条 企业在国有资本保值增值结果确认工作中存在弄虚作假或者提供虚假材料，以及故意漏报、瞒报等情况的，由国有资产监督管理机构责令其改正；情节严重的，按照《企业国有资产监督管理暂行条例》等有关法律法规予以处罚，并追究有关人员责任。

第三十三条 会计师事务所及注册会计师在企业国有资本保值增值有关材料的审计工作中参与作假，提供虚假证明，造成国有资本保值增值结果严重不实的，国有资产监督管理机构应当禁止所出资企业聘请其承担相关审计业务，并通报或会同有关部门依法进行查处。

第三十四条 国有资产监督管理机构相关工作人员在国有资本保值增值结果核实确认过程中徇私舞弊，造成重大工作过失或者泄露企业商业秘密的，依法给予纪律处分；涉嫌犯罪的依法移交司法机关处理。

第五章 附 则

第三十五条 各省、自治区、直辖市国有资产监督管理机构可依照本办法，结合本地区，制定相应工作规范。

第三十六条 本办法实施前的有关企业国有资本保值增值结果确认工作的规章制度与本办法不一致的，依照本办法的规定执行。

第三十七条 本办法自2004年8月30日起施行。

中央企业总会计师工作职责管理暂行办法

2006年4月14日 国务院国有资产监督管理委员会令第13号

第一章 总 则

第一条 为加强对国务院国有资产监督管理委员会（以下简称国资委）所出资企业（以下简称企业）总会计师工作职责管理，规范企业财务会计工作,促进建立健全企业内部控制机制,有效防范企业经营风险,依据《企业国有资产监督管理暂行条例》和国家有关规定,制定本办法。

第二条 企业总会计师工作职责管理,适用本办法。

第三条 本办法所称总会计师是指具有相应专业技术资格和工作经验,在企业领导班子成员中分工负责企业会计基础管理、财务管理与监督、财会内控机制建设、重大财务事项监管等工作,并按照干部管理权限通过一定程序被任命(或者聘任)为总会计师的高级管理人员。

第四条 本办法所称总会计师工作职责是指总会计师在企业会计基础管理、财务管理与监督、财会内控机制建设,以及企业投融资、担保、大额资金使用、兼并重组等重大财务事项监管工作中的职责。

第五条 企业及其各级子企业应当按规定建立和完善总会计师管理制度,明确总会计师的工作权限与责任,加强总会计师工作职责履行情况的监督管理。

第六条 国资委依法对企业总会计师工作职责履行情况进行监督管理。

第二章 职位设置

第七条 企业应当按照规定设置总会计师职位,配备符合条件的总会计师有效履行工作职责。符合条件的各级子企业,也应当按规定设置总会计师职位。

(一)现分管财务工作的副总经理(副院长、副所长、副局长),符合总会计师任职资格和条件的,可以兼任或者转任总会计师,人选也可以通过交流或公开招聘等方式及时配备。

(二)设置属于企业高管层的财务总监、首席财务官等类似职位的企业或其各级子企业,可不再另行设置总会计师职位,但应当明确指定其履行总会计师工作职责。

第八条 企业总会计师的任免按照国资委有关规定办理:

(一)已设立董事会的国有独资公司和国有控股公司的总会计师,

应当经董事会审议批准，并按照有关干部管理权限与程序任命。

（二）未设立董事会的国有独资公司、国有独资企业的总会计师，按照有关干部管理权限与程序任命。

第九条 企业可以按照有关规定对其各级子企业实施总会计师或者财务总监委派等方式，积极探索完善总会计师工作职责监督管理的有效途径和方法。

第十条 担任企业总会计师应当具备以下条件：

（一）具有相应政治素养和政策水平，坚持原则、廉洁奉公、诚信至上、遵纪守法；

（二）大学本科以上文化程度，一般应当具有注册会计师、注册内部审计师等职业资格，或者具有高级会计师、高级审计师等专业技术职称或者类似职称；

（三）从事财务、会计、审计、资产管理等管理工作 8 年以上，具有良好的职业操守和工作业绩；

（四）分管企业财务会计工作或者在企业（单位）财务、会计、审计、资产管理等相关部门任正职 3 年以上，或者主管子企业或单位财务、会计、审计、资产管理等相关部门工作 3 年以上；

（五）熟悉国家财经法规、财务会计制度，以及现代企业管理知识，熟悉企业所属行业基本业务，具备较强组织领导能力，以及较强的财务管理能力、资本运作能力和风险防范能力。

第十一条 具有下列情形之一的，不得担任总会计师：

（一）不具备第十条规定的；

（二）曾严重违反法律法规和国家有关财经纪律，有弄虚作假、贪污受贿、挪用公款等重大违法行为，被判处刑罚或者受过党纪政纪处分的；

（三）曾因渎职或者决策失误造成企业重大经济损失的；

（四）对企业财务管理混乱、经营成果严重不实负主管或直接责任的；

（五）个人所负企业较大数额债务到期未清偿的；

(六)党纪、政纪、法律法规规定的其他情形。

第十二条 具有下列情形之一的，总会计师任职或者工作应当回避：

(一)按照国家关于干部任职回避工作有关规定应当进行任职回避的；

(二)除国资委或公司董事会批准外，在所在企业或其各级子企业、关联企业拥有股权，以及可能影响总会计师正常履行职责的其他重要利益的；

(三)在重大项目投资、招投标、对外经济技术合作等工作中，涉及与本人及本人亲属利益的。

第三章 职责权限

第十三条 企业应当结合董事会建设，积极推动建立健全内部控制机制，逐步规范企业主要负责人、总会计师、财务机构负责人的职责权限，促进建立分工协作、相互监督、有效制衡的经营决策、执行和监督管理机制。

第十四条 总会计师的主要职责包括：企业会计基础管理、财务管理与监督、财会内控机制建设和重大财务事项监管等。

第十五条 企业会计基础管理职责主要包括：

(一)贯彻执行国家方针政策和法律法规，遵守国家财经纪律，运用现代管理方法，组织和规范本企业会计工作；

(二)组织制定企业会计核算方法、会计政策，确定企业财务会计管理体系；

(三)组织实施企业财务收支核算与管理，开展财务收支的分析、预测、计划、控制和监督等工作，组织开展经济活动分析，提出加强和改进经营管理的具体措施；

(四)组织制定财会人员管理制度，提出财会机构人员配备和考核方案；

（五）组织企业会计诚信建设，依法组织编制和及时提供财务会计报告；

（六）推动实施财务信息化建设，及时掌控财务收支状况。

第十六条 企业财务管理与监督职责主要包括：

（一）组织制定企业财务管理规章制度，并监督各项财务管理制度执行情况；

（二）组织制定和实施财务战略，组织拟订和下达财务预算，评估分析预算执行情况，促进企业预算管理与发展战略实施相连接，推行全面预算管理工作；

（三）组织编制和审核企业财务决算，拟订公司的利润分配方案和弥补亏损方案；

（四）组织制定和实施长短期融资方案，优化企业资本结构，开展资产负债比例控制和财务安全性、流动性管理；

（五）制定企业增收节支、节能降耗计划，组织成本费用控制，落实成本费用控制责任；

（六）制定资金管控方案，组织实施大额资金筹集、使用、催收和监控工作，推行资金集中管理；

（七）及时评估监测集团及其各级子企业财务收支状况和财务管理水平，组织开展财务绩效评价，组织实施企业财务收支定期稽核检查工作；

（八）定期向股东会或者出资人、董事会、监事会和相关部门报告企业财务状况和经济效益情况。

第十七条 企业财会内控机制建设职责主要包括：

（一）研究制定本企业财会内部控制制度，促进建立健全企业财会内部控制体系；

（二）组织评估、测试财会内部控制制度的有效性；

（三）组织建立多层次的监督体制，落实财会内部控制责任，对本单位经济活动的全过程进行财务监督和控制；

（四）组织建立和完善企业财务风险预警与控制机制。

第十八条 企业重大财务事项监管职责主要包括：

(一)组织审核企业投融资、重大经济合同、大额资金使用、担保等事项的计划或方案；

(二)对企业业务整合、技术改造、新产品开发及改革改制等事项组织开展财务可行性论证分析,并提供资金保障和实施财务监督；

(三)对企业重大投资、兼并收购、资产划转、债务重组等事项组织实施必要的尽职调查,并独立发表专业意见；

(四)及时报告重大财务事件,组织实施财务危机或者资产损失的处理工作。

第十九条 企业应当赋予总会计师有效履行职责的相应工作权限,具体包括:对企业重大事项的参与权、重大决策和规章制度执行情况的监督权、财会人员配备的人事建议权,以及企业大额资金支出联签权。

第二十条 总会计师对企业重大事项的参与权是指总会计师应参加总经理办公会议或者企业其他重大决策会议,参与表决企业重大经营决策,具体包括：

(一)拟订企业年度经营目标、中长期发展规划以及企业发展战略；

(二)制定企业资金使用和调度计划、费用开支计划、物资采购计划、筹融资计划以及利润分配(派)、亏损弥补方案；

(三)贷款、担保、对外投资、企业改制、产权转让、资产重组等重大决策和企业资产管理工作；

(四)企业重大经济合同的评审。

第二十一条 总会计师对重大决策和规章制度执行情况的监督权具体包括：

(一)按照职责对董事会或总经理办公会议批准的重大决策执行情况进行监督；

(二)对企业的财务运作和资金收支情况进行监督、检查,有权向董事会或者总经理办公会提出内部审计或委托外部审计建议；

(三)对企业的内部控制制度和程序的执行情况进行监督。

第二十二条 财会人员配备的人事权是指企业财务部门负责人的任用、晋升、调动、奖惩，应当事先征求总会计师的意见。企业总会计师应当参与组织财务部门负责人或下一级企业总会计师的业务培训和考核工作。

第二十三条 总会计师大额资金支出联签权是指企业按规定对大额资金使用，应当建立由总会计师与企业主要负责人联签制度；对于应当实施联签的资金，未经总会计师签字或者授权，财会人员不得支出。

第二十四条 企业行为有下列情形之一的，总会计师有权拒绝签字：

（一）违反法律法规和国家财经纪律；

（二）违反企业财务管理规定；

（三）违反企业经营决策程序；

（四）对企业可能造成经济损失或者导致国有资产流失。

第二十五条 总会计师对企业作出的重大经营决策应当发表独立的专业意见，有不同意见或者有关建议未被采纳可能造成经济损失或者国有资产流失的情况，应当及时向国资委报告。

第四章 履职评估

第二十六条 为督促企业总会计师正确履行工作职责，应当建立规范的企业总会计师工作履职评估制度。

第二十七条 总会计师履职评估工作分为年度述职和任期履职评估。年度述职应当结合企业年度财务决算工作和下一年度财务预算工作，对总会计师年度履职情况予以评估；任期履职评估应当结合经济责任审计工作，对总会计师任职期间的履职情况进行评估。

第二十八条 设立董事会的公司，总会计师应当在会计年度终了向董事会述职，董事会应当对总会计师工作进行履职评议，董事会评议结果及总会计师述职报告应当抄报股东会或者出资人备案；未建立董事会的企业，总会计师应当将述职报告报送出资人，出资人根据企业财会管理状况对总会计师工作进行履职评估。

第二十九条 总会计师年度述职报告应当围绕企业当年重大经营活动、财务状况、资产质量、经营风险、内控机制等全面报告本人的履职情况，对本人在其中发挥的监督制衡作用进行自我评价，并提出改进措施。

第三十条 企业应当按照人事管理权限，做好对其各级子企业总会计师履职评估工作。

第三十一条 对总会计师履职情况评估，应当根据总会计师在企业中的职责权限，全面考核总会计师职责的履行情况，具体应当包括以下内容：

（一）企业会计核算规范性、会计信息质量，以及企业财务预算、决算和财务动态编制工作质量情况；

（二）企业经营成果及财务状况，资金管理和成本费用控制情况；

（三）企业财会内部控制制度的完整性和有效性，企业财务风险控制情况；

（四）在企业重大经营决策中的监督制衡情况，有无重大经营决策失误；

（五）财务信息化建设情况；

（六）其他需考核的事项。

第五章 工作责任

第三十二条 为充分发挥企业总会计师财务监督管理作用，建立健全企业内部控制机制，企业应当保障总会计师相应的工作权限。

第三十三条 企业主要负责人对企业提供和披露的财务会计报告信息的真实性、完整性负领导责任；总会计师对企业提供和披露的财务会计报告信息的真实性、完整性负主管责任；企业财务机构负责人对企业提供和披露的财务会计信息的真实性、完整性负直接责任。对可能存在问题的财务会计报告，总会计师有责任提请总经理办公会讨论纠正，有责任向董事会、股东会（出资人）报告。

第三十四条 企业总会计师对下列事项负有主管责任：

（一）企业提供和披露的财务会计信息的真实性、完整性；

（二）企业会计核算规范性、合理性以及财务管理合规性、有效性；

（三）企业财会内部控制机制的有效性；

（四）企业违反国家财经法规造成严重后果的财务会计事项。

第三十五条 总会计师对下列事项负有相应责任：

（一）企业管理不当造成的重大经济损失；

（二）企业决策失误造成的重大经济损失；

（三）企业财务联签事项形成的重大经济损失。

第三十六条 企业总会计师应当严格遵守国家法律法规规定。对于企业出现严重违反法律法规和国家财经纪律行为的，以及企业内部控制制度存在严重缺陷的，应当依法追究企业总会计师的工作责任；造成重大损失的，应当追究其法律责任。

第三十七条 在企业财务会计工作中，对于违反国家法律法规和财经纪律行为，总会计师不抵制、不制止、不报告的，应当依法追究总会计师工作责任；造成重大损失的，应当追究其法律责任。

第三十八条 企业总会计师未履行或者未正确履行工作职责，致使出现下列情形之一的，应当引咎辞职：

（一）企业财务会计信息严重失真的；

（二）企业财务基础管理混乱且在规定时间内整改不力的；

（三）企业出现重大财务决策失误造成重大资产损失的。

第三十九条 在企业重大经营决策过程中，总会计师未能正确履行责任造成失误的，根据情节轻重，给予通报批评、经济处罚、撤职等处分，或给予职业禁入处理；涉嫌犯罪的，依法移交司法机关处理。

企业总会计师认真履行职责，成绩突出的，由本企业或者由本企业建议国资委给予表彰奖励。

第四十条 对于企业总会计师玩忽职守，造成企业财务会计工作严重混乱的，或以权谋私、滥用职权、徇私舞弊以及其他渎职行为致使国有资产遭受损失的，依照国家有关规定给予相应纪律处分；涉嫌犯罪的,依法移交司法机关处理。

第四十一条 在追究总会计师工作责任时,发现企业负责人、财务审计部门负责人和其他有关人员应当承担相关责任的,一并进行工作责任追究。

第四十二条 企业未按规定设置总会计师职位,或者未按规定明确分管财务负责人及类似职位人员兼任总会计师并履行总会计师工作职责的,或者企业总会计师未被授予必要管理权限有效履行工作职责的,本办法第三十五条、第三十六条、第三十七条、第三十八条规定的工作责任应当由企业主要负责人承担。

第六章 附 则

第四十三条 各企业可结合本企业实际情况,制定总会计师工作职责管理具体实施细则。

第四十四条 各省、自治区、直辖市国有资产监督管理机构可以参照本办法,制定本地区所出资企业总会计师工作职责管理相关工作规范。

第四十五条 本办法自2006年5月14日起施行。

中央企业综合绩效评价管理暂行办法

2006年4月7日 国务院国有资产监督管理委员会令第14号

第一章 总 则

第一条 为加强对国务院国有资产监督管理委员会(以下简称国资委)履行出资人职责企业(以下简称企业)的财务监督,规范企业综合绩效评价工作,综合反映企业资产运营质量,促进提高资本回报水平,正确引导企业经营行为，根据《企业国有资产监督管理暂行条例》和国家有关规定，制定本办法。

第二条 本办法所称综合绩效评价，是指以投入产出分析为基本方法，通过建立综合评价指标体系，对照相应行业评价标准，对企业特定经营期间的盈利能力、资产质量、债务风险、经营增长以及管理状况等进行的综合评判。

第三条 企业综合绩效评价根据经济责任审计及财务监督工作需要，分为任期绩效评价和年度绩效评价。

(一)任期绩效评价是指对企业负责人任职期间的经营成果及管理状况进行综合评判。

(二)年度绩效评价是指对企业一个会计年度的经营成果进行综合评判。

第四条 为确保综合绩效评价工作的客观、公正与公平，有效发挥对企业的全面评判、管理诊断和行为引导作用，开展综合绩效评价工作应当以经社会中介机构审计后的财务会计报告为基础。

按规定不进行社会中介机构审计的企业，其综合绩效评价工作以经企业内部审计机构审计后的财务会计报告为基础。

第五条 开展企业综合绩效评价工作应当遵循以下原则：

(一)全面性原则。企业综合绩效评价应当通过建立综合的指标体系，对影响企业绩效水平的各种因素进行多层次、多角度的分析和综合评判。

(二)客观性原则。企业综合绩效评价应当充分体现市场竞争环境特征，依据统一测算的、同一期间的国内行业标准或者国际行业标准，客观公正地评判企业经营成果及管理状况。

(三)效益性原则。企业综合绩效评价应当以考察投资回报水平为重点，运用投入产出分析基本方法，真实反映企业资产运营效率和资本保值增值水平。

(四)发展性原则。企业综合绩效评价应当在综合反映企业年度财务状况和经营成果的基础上，客观分析企业年度之间的增长状况及发展水平,科学预测企业的未来发展能力。

第六条 国资委依据本办法组织实施企业综合绩效评价工作,并对企业内部绩效评价工作进行指导和监督。

第二章 评价内容与评价指标

第七条 企业综合绩效评价由财务绩效定量评价和管理绩效定性评价两部分组成。

第八条 财务绩效定量评价是指对企业一定期间的盈利能力、资产质量、债务风险和经营增长四个方面进行定量对比分析和评判。

(一)企业盈利能力分析与评判主要通过资本及资产报酬水平、成本费用控制水平和经营现金流量状况等方面的财务指标,综合反映企业的投入产出水平以及盈利质量和现金保障状况。

(二)企业资产质量分析与评判主要通过资产周转速度、资产运行状态、资产结构以及资产有效性等方面的财务指标,综合反映企业所占用经济资源的利用效率、资产管理水平与资产的安全性。

(三)企业债务风险分析与评判主要通过债务负担水平、资产负债结构、或有负债情况、现金偿债能力等方面的财务指标,综合反映企业的债务水平、偿债能力及其面临的债务风险。

(四)企业经营增长分析与评判主要通过销售增长、资本积累、效益变化以及技术投入等方面的财务指标,综合反映企业的经营增长水平及发展后劲。

第九条 财务绩效定量评价指标依据各项指标的功能作用划分为基本指标和修正指标。

(一)基本指标反映企业一定期间财务绩效的主要方面,并得出企业财务绩效定量评价的基本结果。

(二)修正指标是根据财务指标的差异性和互补性,对基本指标的评价结果作进一步的补充和矫正。

第十条 管理绩效定性评价是指在企业财务绩效定量评价的基础

上，通过采取专家评议的方式，对企业一定期间的经营管理水平进行定性分析与综合评判。

第十一条 管理绩效定性评价指标包括企业发展战略的确立与执行、经营决策、发展创新、风险控制、基础管理、人力资源、行业影响、社会贡献等方面。

第十二条 企业财务绩效定量评价指标和管理绩效定性评价指标构成企业综合绩效评价指标体系。各指标的权重，依据评价指标的重要性和各指标的引导功能，通过参照咨询专家意见和组织必要测试进行确定。

第三章 评价标准与评价方法

第十三条 企业综合绩效评价标准分为财务绩效定量评价标准和管理绩效定性评价标准。

第十四条 财务绩效定量评价标准包括国内行业标准和国际行业标准。

（一）国内行业标准根据国内企业年度财务和经营管理统计数据，运用数理统计方法，分年度、分行业、分规模统一测算并发布。

（二）国际行业标准根据居于行业国际领先地位的大型企业相关财务指标实际值，或者根据同类型企业组相关财务指标的先进值，在剔除会计核算差异后统一测算并发布。

第十五条 财务绩效定量评价标准的行业分类，按照国家统一颁布的国民经济行业分类标准结合企业实际情况进行划分。

第十六条 财务绩效定量评价标准按照不同行业、不同规模及指标类别，分别测算出优秀值、良好值、平均值、较低值和较差值五个档次。

第十七条 大型企业集团在采取国内标准进行评价的同时，应当积极采用国际标准进行评价，开展国际先进水平的对标活动。

第十八条 管理绩效定性评价标准根据评价内容，结合企业经营管理的实际水平和出资人监管要求，统一制定和发布，并划分为优、良、中、低、差五个档次。管理绩效定性评价标准不进行行业划分，仅提供给评议专家参考。

第十九条 企业财务绩效定量评价有关财务指标实际值应当以经审计的企业财务会计报告为依据，并按照规定对会计政策差异、企业并购重组等客观因素进行合理剔除，以保证评价结果的可比性。

第二十条 财务绩效定量评价计分以企业评价指标实际值对照企业所处行业、规模标准，运用规定的计分模型进行定量测算。

管理绩效定性评价计分由专家组根据评价期间企业管理绩效相关因素的实际情况，参考管理绩效定性评价标准，确定分值。

第二十一条 对企业任期财务绩效定量评价计分应当依据经济责任财务审计结果，运用各年度评价标准对任期各年度的财务绩效进行分别评价，并运用算术平均法计算出企业任期财务绩效定量评价分数。

第四章 评价工作组织

第二十二条 企业综合绩效评价工作按照“统一方法、统一标准、分类实施”的原则组织实施。

(一)任期绩效评价工作，是企业经济责任审计工作的重要组成部分，依据国资委经济责任审计工作程序和要求组织实施。

(二)年度绩效评价工作，是国资委开展企业年度财务监督工作的重要内容，依据国资委年度财务决算工作程序和财务监督工作要求组织实施。

第二十三条 国资委在企业综合绩效评价工作中承担以下职责：

(一)制定企业综合绩效评价制度与政策；

(二)建立和完善企业综合绩效评价指标体系与评价方法；

(三)制定和公布企业综合绩效评价标准；

(四)组织实施企业任期和年度综合绩效评价工作，通报评价结果；

（五）对企业内部绩效评价工作进行指导和监督。

第二十四条 任期绩效评价工作可以根据企业经济责任审计工作需要，聘请社会中介机构协助配合开展。受托配合的社会中介机构在企业综合绩效评价工作中承担以下职责：

（一）受托开展任期各年度财务基础审计工作；

（二）协助审核调整任期各年度评价基础数据；

（三）协助测算任期财务绩效定量评价结果；

（四）协助收集整理管理绩效定性评价资料；

（五）协助实施管理绩效定性评价工作。

第二十五条 管理绩效定性评价工作应当在财务绩效定量评价工作的基础上，聘请监管部门、行业协会、研究机构、社会中介等方面的资深专家组织实施。管理绩效评价专家承担以下工作职责：

（一）对企业财务绩效定量评价结果发表专家意见；

（二）对企业管理绩效实际状况进行分析和判断；

（三）对企业管理绩效状况进行评议，并发表咨询意见；

（四）确定企业管理绩效定性评价指标分值。

第二十六条 企业在综合绩效评价工作中承担以下职责：

（一）提供有关年度财务决算报表和审计报告；

（二）提供管理绩效定性评价所需的有关资料；

（三）组织开展子企业的综合绩效评价工作。

第五章 评价结果与评价报告

第二十七条 评价结果是指根据综合绩效评价分数及分析得出的评价结论。

第二十八条 综合绩效评价分数用百分制表示，并分为优、良、中、低、差五个等级。

第二十九条 企业综合绩效评价应当进行年度之间绩效变化的比

较分析,客观评价企业经营成果与管理水平的提高程度。

(一)任期绩效评价运用任期最后年度评价结果与上一任期最后年度评价结果进行对比。

(二)年度绩效评价运用当年评价结果与上年评价结果进行对比。

第三十条 任期绩效评价结果是经济责任审计工作中评估企业负责人任期履行职责情况和认定任期经济责任的重要依据,并为企业负责人任期考核工作提供参考。

第三十一条 年度绩效评价结果是开展财务监督工作的重要依据,并为企业负责人年度考核工作提供参考。

第三十二条 企业综合绩效评价报告是根据评价结果编制、反映被评价企业绩效状况的文件,由报告正文和附件构成。

(一)企业综合绩效评价报告正文应当说明评价依据、评价过程、评价结果,以及需要说明的重大事项。

(二)企业综合绩效评价报告附件包括经营绩效分析报告、评价计分表、问卷调查结果分析、专家咨询意见等,其中:经营绩效分析报告应当对企业经营绩效状况、影响因素、存在的问题等进行分析和诊断,并提出相关管理建议。

第三十三条 对企业综合绩效评价揭示和反映的问题,应当及时反馈企业,并要求企业予以关注。

(一)对于任期绩效评价反映的问题,应当在下达企业的经济责任审计处理意见书中明确指出,并要求企业予以关注和整改。

(二)对于年度绩效评价结果反映的问题,应当在年度财务决算批复中明确指出,并要求企业予以关注和整改。

第六章 工 作 责 任

第三十四条 企业应当提供真实、全面的绩效评价基础数据资料,企业主要负责人、总会计师或主管财务会计工作的负责人应当对提供的年度财务会计报表和相关评价基础资料的真实性负责。

第三十五条 受托开展企业综合绩效评价业务的机构及其相关工作人员应严格执行企业综合绩效评价工作的规定，规范技术操作，确保评价过程独立、客观、公正，评价结论适当，并严守企业的商业秘密。对参与造假、违反程序和工作规定，导致评价结论失实以及泄露企业商业秘密的，国资委将不再委托其承担企业综合绩效评价业务，并将有关情况通报其行业主管机关，建议给予相应处罚。

第三十六条 国资委的相关工作人员组织开展企业综合绩效评价工作应当恪尽职守、规范程序、加强指导。对于在综合绩效评价过程中不尽职或者徇私舞弊，造成重大工作过失的，给予纪律处分。

第三十七条 所聘请的评议专家应当认真了解和分析企业的管理绩效状况，客观公正地进行评议打分，并提出合理的咨询意见。对于在管理绩效评价过程中不认真、不公正，出现评议结果或者咨询意见不符合企业实际情况，对评价工作造成不利影响的，国资委将不再继续聘请其为评议专家。

第七章 附 则

第三十八条 根据本办法制定的《中央企业综合绩效评价实施细则》和评价标准另行公布。

第三十九条 企业开展内部综合绩效评价工作，可依据本办法制定具体的工作规范。

第四十条 各地区国有资产监督管理机构开展综合绩效评价工作，可参照本办法执行。

第四十一条 本办法自 2006 年 5 月 7 日起施行。

中央企业财务预算管理暂行办法

2007 年 5 月 25 日　国务院国有资产监督管理委员会令第 18 号

第一章　总　　则

第一条　为加强对国务院国有资产监督管理委员会(以下简称国资委)履行出资人职责企业(以下简称企业)的财务监督,规范企业财务预算管理,根据《中华人民共和国公司法》、《企业国有资产监督管理暂行条例》和国家有关财务会计制度规定,制定本办法。

第二条　企业年度财务预算编制、报告、执行与监督工作,适用本办法。

第三条　本办法所称财务预算是指企业在预测和决策的基础上,围绕战略规划,对预算年度内企业各类经济资源和经营行为合理预计、测算并进行财务控制和监督的活动。

财务预算报告是指反映企业预算年度内企业资本运营、经营效益、现金流量及重要财务事项等预测情况的文件。

第四条　企业应当建立财务预算管理制度,组织开展内部财务预算编制、执行、监督和考核工作,完善财务预算工作体系,推进实施全面预算管理。

第五条　企业应当在规定的时间内按照国家财务会计制度规定和国资委财务监督工作有关要求,以统一的编制口径、报表格式和编报规范,向国资委报送年度财务预算报告。

第六条　国资委依据本办法对企业财务预算编制、报告及执行工作进行监督管理,督促和引导企业切实建立以预算目标为中心的各级责任体系。

第二章　工作组织

第七条　企业应当按照国家有关规定，组织做好财务预算工作，配备相应工作人员，明确职责权限，加强内部协调，完善编制程序和方法，强化执行监督，并积极推行全面预算管理。

第八条　企业应当按照加强财务监督和完善内部控制机制的要求，成立预算委员会或设立财务预算领导小组行使预算委员会职责。在设立董事会的企业中，预算委员会（财务预算领导小组）成员应当有熟悉企业财务会计业务并具备相应组织能力的董事参加。

第九条　企业预算委员会（财务预算领导小组）应当履行以下主要职责：

（一）拟订企业财务预算编制与管理的原则和目标；

（二）审议企业财务预算方案和财务预算调整方案；

（三）协调解决企业财务预算编制和执行中的重大问题；

（四）根据财务预算执行结果提出考核和奖惩意见。

第十条　企业财务管理部门为财务预算管理机构，在企业预算委员会（财务预算领导小组）领导下，依据国家有关规定和国资委有关工作要求，负责组织企业财务预算编制、报告、执行和日常监控工作。企业财务预算管理机构应当履行以下主要职责：

（一）组织企业财务预算的编制、审核、汇总及报送工作；

（二）组织下达财务预算，监督企业财务预算执行情况；

（三）制订企业财务预算调整方案；

（四）协调解决企业财务预算编制和执行中的有关问题；

（五）分析和考核企业内部各业务机构及所属子企业财务预算完成情况。

第十一条　企业内部各业务机构和所属子企业为财务预算执行单位。企业财务预算执行单位应当在企业预算管理机构的统一指导下，组织开展本部门或者本企业财务预算编制工作，严格执行经核准的财务预算方案。企业财务预算执行单位应当履行以下主要职责：

(一)负责本单位财务预算编制和上报工作；

(二)负责将本单位财务预算指标层层分解,落实到各部门、各环节和各岗位；

(三)按照授权审批程序严格执行各项预算,及时分析预算执行差异原因,解决财务预算执行中存在的问题；

(四)及时总结分析本单位财务预算编制和执行情况,并组织实施考核和奖惩工作；

(五)配合企业预算管理机构做好企业预算的综合平衡、执行监控等工作。

第三章 财务预算编制

第十二条 企业编制财务预算应当坚持以战略规划为导向,正确分析判断市场形势和政策走向,科学预测年度经营目标,合理配置内部资源,实行总量平衡和控制。

第十三条 企业编制财务预算应当将内部各业务机构和所属子企业、事业单位和基建项目等所属单位的全部经营活动纳入财务预算编制范围,全面预测财务收支和经营成果等情况。

第十四条 企业编制财务预算应当以资产、负债、收入、成本、费用、利润、资金为核心指标,合理设计基础指标体系,注重预算指标相互衔接。

第十五条 企业应当根据不同的预算项目,合理选择固定预算、弹性预算、滚动预算、零基预算、概率预算等方法编制财务预算,并积极开展与行业先进水平、国际先进水平的对标。

第十六条 企业编制财务预算应当按照国家相关规定,加强对外投资、收购兼并、固定资产投资以及股票、委托理财、期货(权)及衍生品等投资业务的风险评估和预算控制;加强非主业投资和无效投资的清理,严格控制非主业投资预算。

资产负债率过高、偿债能力下降以及投资回报差的企业，应当严格控制投资规模；不具备从事高风险业务的条件、发生重大投资损失的企业，不得安排高风险业务的投资预算。

第十七条 企业编制财务预算应当正确预测预算年度现金收支、结余与缺口，合理规划现金收支与配置，加强应收应付款项的预算控制，增强现金保障和偿债能力，提高资金使用效率。

第十八条 企业编制财务预算应当规范制定成本费用开支标准，严格控制成本费用开支范围和规模，加强投入产出水平的预算控制。

对于成本费用增长高于收入增长、成本费用利润率下降、经营效益下滑的企业，财务预算编制应当突出降本增效，适当压低成本费用的预算规模，其中，经营效益下滑的企业，不得扩大工资总额的预算规模。

第十九条 企业编制财务预算应当注重防范财务风险，严格控制担保、抵押和金融负债等规模。

资产负债率高于行业平均水平、存在较大偿债压力的企业，应当适当压缩金融债务预算规模；担保余额相当于净资产比重超过50%或者发生担保履约责任形成重大损失的企业（投资、担保类企业另行规定），原则上不再安排新增担保预算；企业不得安排与业务无关的集团外担保预算。

第二十条 企业编制财务预算应当将逾期担保、逾期债务、不良投资、不良债权等问题的清理和处置作为重要内容，积极消化潜亏挂账，合理预计资产减值准备，不得出现新的潜亏。

第二十一条 企业应当按照“上下结合、分级编制、逐级汇总”的程序，依据财务管理关系，层层组织做好各级子企业财务预算编制工作。

第二十二条 企业应当建立财务预算编制制度。企业内部计划、生产、市场营销、投资、物资、技术、人力资源、企业管理等职能部门应当配合做好财务预算编制工作。企业财务预算编制应当遵循以下基本工作程序：

（一）企业预算委员会及财务预算管理机构应当于每年9月底以前提出下一年度本企业预算总体目标；

(二)企业所属各级预算执行单位根据企业预算总体目标,并结合本单位实际,于每年10月底以前上报本单位下一年度预算目标;

(三)企业财务预算委员会及财务预算管理机构对各级预算执行单位的预算目标进行审核汇总并提出调整意见,经董事会会议或总经理办公会议审议后下达各级预算执行单位;

(四)企业所属各级预算执行单位应当按照下达的财务预算目标,于每年年底以前上报本单位财务预算;

(五)企业在对所属各级预算执行单位预算方案审核、调整的基础上,编制企业总体财务预算。

第四章 财务预算报告

第二十三条 企业应当在组织开展内部各级子企业财务预算编制管理的基础上,按照国资委统一印发的报表格式、编制要求,编制上报年度财务预算报告。企业年度财务预算报告由以下部分构成:

(一)年度财务预算报表;

(二)年度财务预算编制说明;

(三)其他相关材料。

第二十四条 企业年度财务预算报表重点反映以下内容:

(一)企业预算年度内预计资产、负债及所有者权益规模、质量及结构;

(二)企业预算年度内预计实现经营成果及利润分配情况;

(三)企业预算年度内为组织经营、投资、筹资活动预计发生的现金流入和流出情况;

(四)企业预算年度内预计达到的生产、销售或者营业规模及其带来的各项收入、发生的各项成本和费用;

(五)企业预算年度内预计发生的产权并购、长短期投资以及固定资产投资的规模及资金来源;

(六)企业预算年度内预计对外筹资总体规模与分布结构。

第二十五条 企业应当采用合并口径编制财务预算报表,合并范围应当包括:

(一)境内外子企业;

(二)所属各类事业单位;

(三)各类基建项目或者基建财务;

(四)按照规定执行金融会计制度的子企业;

(五)所属独立核算的其他经济组织。

第二十六条 企业应当对年度财务预算报表编制及财务预算管理有关情况进行分析说明。企业年度财务预算编制说明应当反映以下内容:

(一)预算编制工作组织情况;

(二)预算年度内生产经营主要预算指标分析说明;

(三)预算编制基础、基本假设及采用的重要会计政策和估计;

(四)预算执行保障措施以及可能影响预算指标事项说明;

(五)其他需说明的情况。

第二十七条 企业应当按规定组织开展所属子企业开展财务预算报告收集、审核、汇总工作,并按时上报财务预算报告。企业除报送合并财务预算报告外,还应当附送企业总部及二级子企业的分户财务预算报告电子文档。三级及三级以下企业的财务预算数据应当并入二级子企业报送。

级次划分特殊的企业集团财务预算报告报送级次由国资委另行规定。

第二十八条 企业应当按照下列程序,以正式文函向国资委报送财务预算报告:

(一)设董事会的国有独资企业和国有独资公司的财务预算报告,应当经董事会审议后与审议决议一并报送国资委;

(二)尚未设董事会的国有独资企业和国有独资公司的财务预算报告,应当经总经理办公会审议后与审议决议一并报送国资委;

(三)国有控股公司的财务预算报告,应当经董事会审议并提交股东会批准后抄送国资委。

第二十九条 企业财务预算报告应当加盖企业公章，并由企业的主要负责人、总会计师（或分管财务负责人）、财务管理部门负责人签名并盖章。

第三十条 国资委对企业财务预算实行分类管理制度，对于尚未设董事会的国有独资企业和国有独资公司的财务预算实行核准制；对于设董事会的国有独资公司和国有独资企业、国有控股公司的财务预算实行备案制。

第三十一条 国资委依据财务预算编制管理要求，建立企业财务预算报告质量评估制度，评估内容不少于以下方面：

（一）是否符合国家有关法律法规规定；

（二）是否符合国家宏观政策和产业政策规划；

（三）是否符合企业战略规划、主业发展方向；

（四）是否客观反映预算年度内经济形势和企业生产经营发展态势；

（五）是否符合财务预算编制管理要求；

（六）主要财务预算指标的年度间变动情况是否合理；

（七）预算执行保障和监督措施是否有效。

第三十二条 国资委根据质量评估结果，在规定时间内对企业财务预算提出审核意见并反馈企业。对于存在质量问题的，要求企业及时整改，其中对于严重脱离实际、各相关预算指标不衔接的，要求企业重新编制上报财务预算报告。

第五章 财务预算执行与监督

第三十三条 企业应当及时将各业务机构及所属各级企业重点财务预算指标进行层层分解。各预算执行单位应当将分解下达的年度财务预算指标细化为季度、月度预算，层层落实财务预算执行责任。

第三十四条 企业应当严格执行经核定的年度财务预算，切实加强投资、融资、担保、资金调度、物资采购、产品销售等重大事项以及成本费用预算执行情况的跟踪和监督，明确超预算资金追加审批程序和权限。

第三十五条 企业应当对财务预算执行情况进行跟踪监测，及时分析预算执行差异原因，及时采取相应的解决措施。

第三十六条 企业财务预算执行过程中出现以下情形之一，导致预算编制基本假设发生重大变化的，可予以调整：

（一）自然灾害等不可抗力因素；

（二）市场环境发生重大变化；

（三）国家经济政策发生重大调整；

（四）企业发生分立、合并等重大资产重组行为。

第三十七条 企业应当将财务预算调整情况及时报国资委备案。具体备案内容包括：

（一）主要财务指标的调整情况；

（二）调整的原因；

（三）预计执行情况及保障措施。

第三十八条 企业应当建立财务预算执行结果考核制度，将财务预算目标执行情况纳入考核及奖惩范围。

第三十九条 企业应当在预算年度终了及时撰写预算工作总结报告，认真总结年度财务预算工作经验和存在的不足，分析财务预算与实际执行结果的差异程度和影响因素，研究制定改进措施。

第四十条 国资委根据月度财务报告建立企业财务预算分类监测和反馈制度，对主要财务预算指标执行情况进行分类跟踪监测，对经营风险进行预测评估，并将监测和评估结果及时反馈企业，督促企业加强预算执行情况监督和控制。

第四十一条 国资委在预算年度终了，依据企业年度财务决算结果组织财务预算执行情况核查，对主要财务预算指标完成值与预算目标偏离的程度和影响因素进行分析，并将核查和分析结果作为企业财务预算报告质量评估的重要内容。

第六章　罚　　则

第四十二条　企业负责人、总会计师(或分管财务负责人)应当对企业财务预算编制、报告、执行和监督工作负责;企业总会计师(或分管财务负责人)、财务管理部门负责人对财务预算编制的合规性、合理性及完整性负责。

第四十三条　国资委将企业财务预算管理情况作为总会计师履职评估的内容。

第四十四条　企业不按时上报财务预算报告或者上报财务预算报告不符合统一编制要求、存在严重质量问题,以及财务预算执行监督不力的,国资委将责令整改。

第四十五条　企业在财务预算管理工作中弄虚作假的,或者上报的财务预算报告与内部财务预算不符的,国资委将给予通报批评。

第四十六条　企业编制年度财务预算主要指标与实际完成值差异较大的,国资委将要求企业作出专项说明,无正当理由的,国资委将给予警示。

第四十七条　国资委工作人员在企业财务预算监督管理工作中玩忽职守,导致重大工作过失或者泄露企业商业秘密的,视情节轻重予以行政处分。

第七章　附　　则

第四十八条　企业应当根据本办法规定制定本企业财务预算管理工作制度。

第四十九条　各省、自治区、直辖市国有资产监督管理机构可以参照本办法,制定本地区相关工作规范。

第五十条　本办法自 2007 年 6 月 25 日起施行。

中央企业资产损失责任追究暂行办法

2008年8月18日　国务院国有资产监督管理委员会令第20号

第一章　总　　则

第一条　为加强企业国有资产保护，完善中央企业资产管理责任制度，规范中央企业资产损失责任追究行为，根据《中华人民共和国物权法》、《企业国有资产监督管理暂行条例》等国家有关法律、行政法规，制定本办法。

第二条　国务院国有资产监督管理委员会(以下简称国资委)履行出资人职责的企业(以下简称企业)及其独资或者控股子企业(以下简称子企业)资产损失责任追究工作，适用本办法。

第三条　企业及其子企业经营管理人员和其他有关人员违反国家有关规定以及企业规章制度，未履行或者未正确履行职责，造成企业直接或者间接资产损失的，经调查核实和责任认定，应当追究其责任。

第二章　工作职责

第四条　国资委在资产损失责任追究工作中的主要职责包括：

(一)研究制定企业资产损失责任追究有关规章、制度；

(二)负责管理权限范围内相关责任人的资产损失责任追究工作；

(三)负责特别重大和连续发生的重大资产损失责任追究工作；

(四)指导和监督企业资产损失责任追究工作；

(五)受理企业直接处罚的相关责任人的申诉或者复查申请；

(六)其他有关资产损失责任追究工作。

第五条 企业在资产损失责任追究工作中的主要职责包括:

(一)研究制定本企业资产损失责任追究工作制度;

(二)负责管理权限范围内相关责任人的资产损失责任追究工作;

(三)指导和监督子企业资产损失责任追究工作;

(四)配合国资委开展特别重大和连续发生的重大资产损失责任追究工作;

(五)受理子企业处罚的相关责任人的申诉或者复查申请;

(六)国资委交办的其他有关资产损失责任追究工作。

设立董事会的企业对经营管理层的责任追究工作,应当由董事会负责组织实施,并报国资委备案。但按照规定应当由国资委组织实施的除外。

第六条 企业应当明确监察、审计、财务、法律和人事等部门在资产损失责任追究工作中的职责。

第七条 企业发生资产损失,应当及时采取有效措施,减少或者挽回损失;发生重大或者特别重大资产损失的,应当及时向国资委报告。

第八条 开展资产损失责任追究工作按照以下流程进行:

(一)组织调查、核实资产损失情况;

(二)明确资产损失性质,进行责任认定,听取相关责任人的陈述;

(三)研究作出责任追究决定,或者按照有关规定移交相关部门处理;

(四)受理相关责任人的申诉,组织复查;

(五)组织落实处理决定,监督检查执行情况。

企业内部下一级单位应当向上一级单位报告资产损失责任追究情况,企业应当向国资委报告资产损失责任追究情况。

第九条 企业资产损失相关责任人对处理建议有异议的,可以提出书面陈述意见,并提供相关证明材料;对处理决定有异议的,可以在处理决定下达之日起 30 个工作日内,向上级单位申请复查。上级单位复查过程不影响处理决定的下达和执行。

第三章　资产损失认定

第十条　对企业发生的资产损失，应当在调查核实的基础上，依据有关规定认定损失性质、情形及金额。

第十一条　企业资产损失责任追究中能够证明资产损失真实情况的各种事实，均可作为损失认定证据。主要包括：

（一）司法机关、公安机关、行政部门、专业技术鉴定部门等依法出具的与本企业资产损失相关的书面文件；

（二）会计师事务所、资产评估机构、律师事务所、税务师事务所等社会中介机构对企业某项经济事项出具的专项经济鉴证证明或者意见书；

（三）企业内部涉及特定事项的资产损失的会计记录、内部证明材料或者内部鉴定意见书等；

（四）可以认定资产损失的其他证明材料。

第十二条　认定资产损失金额应当包括直接损失金额和间接损失金额。直接损失金额是与相关人员行为有直接因果关系的资产损失金额；间接损失金额是由相关人员行为引发或者导致的、除直接损失金额之外的、能够确认计量的其他资产损失金额。

第十三条　资产损失金额应当依据有关会计账簿记录，按照会计核算确认的损失分类分项进行认定。

未在会计账簿记录或者账面价值与公允价值相差较大的资产，应当按照市价、重置价值等公允价值认定资产损失金额。

第十四条　相关的交易或者事项尚未形成事实损失，但确有证据证明在可预见的未来将发生事实损失，且能计量损失金额的，应当认定为资产损失。

第十五条　资产损失根据企业实际情况，按照金额大小和影响程度划分为一般资产损失、较大资产损失、重大资产损失和特别重大资产损失：

(一)一般资产损失是指企业资产损失金额较小且造成影响较小的；

(二)较大资产损失是指企业资产损失金额较大或者在企业造成一定不良影响的；

(三)重大资产损失是指企业资产损失金额巨大或者在企业及社会造成严重不良影响的；

(四)特别重大资产损失是指企业资产损失巨大并影响企业持续经营和发展能力，或者在国际、国内造成严重不良影响的。

第四章　资产损失责任追究范围

第十六条　在企业采购产品、服务过程中，企业经营管理人员有下列情形之一造成资产损失的，应当追究相关责任人责任：

(一)未按照规定订立合同的；

(二)未按照规定进行招标的；

(三)未进行必要的资信调查支付预付款项的；

(四)采购标的物与市场同类商品价格相比明显偏高的；

(五)采购标的物与合同约定严重不符而未采取有效措施的；

(六)虚报、瞒报物资(劳务)采购价格的；

(七)授意、指使或者串通进行违规采购的；

(八)未按照规定造成资产损失的其他情形。

第十七条　在销售产品或者提供服务的过程中，企业经营管理人员有下列情形之一造成资产损失的，应当追究相关责任人责任：

(一)未按照规定订立合同的；

(二)擅自压低价格销售产品或者提供服务的；

(三)擅自提供赊销信用或者超出信用额度、期限提供赊销信用的；

(四)应收账款未进行及时催收、对账，以及对异常应收款项未及时追索或者未采取有效保全措施的；

(五)签订虚假合同，提供虚假产品或者服务的；

（六）未按照规定造成资产损失的其他情形。

第十八条 在资金管理和使用中，企业经营管理人员有下列情形之一造成资产损失的，应当追究相关责任人责任：

（一）未按照规定使用、调度资金的；

（二）超越权限或者违反程序授权、批准资金支出的；

（三）违规拆借资金的；

（四）因资金管理不严，发生贪污、失窃、携款潜逃等事件的；

（五）支票等票据丢失未及时采取有效措施的；

（六）违反有关规定委托其他机构或者个人从事理财业务的；

（七）未及时核对银行存款余额、清理未达账项的；

（八）现金未及时入账、留存现金超过核定限额或者私存私放资金的；

（九）未按照规定造成资产损失的其他情形。

第十九条 在投资决策和投资管理中，企业经营管理人员有下列情形之一造成资产损失的，应当追究相关责任人责任：

（一）未履行规定的投资决策程序的；

（二）对投资项目未进行必要、充分可行性研究论证的；

（三）越权审批或者擅自立项扩大投资规模和生产经营规模的；

（四）未履行规定程序超概算投资的；

（五）对投资项目未进行有效监管，发生损失未及时采取有效措施的；

（六）未按照规定进行非主业投资的；

（七）未按照规定造成资产损失的其他情形。

第二十条 在从事股票、期货、外汇，以及金融衍生工具等投资业务中，企业经营管理人员有下列情形之一造成资产损失的，应当追究相关责任人责任：

（一）违规经营或者超范围经营的；

（二）风险控制制度存在重大缺陷的；

（三）资金来源违反国家有关规定的；

（四）以个人名义使用企业资金从事投资业务的；

(五)违规买卖本企业股票、债券的;

(六)未履行规定程序或者未经授权擅自决策的;

(七)未按照规定造成资产损失的其他情形。

第二十一条 在从事保证、抵押、质押等担保活动中,企业经营管理人员有下列情形之一造成资产损失的,应当追究相关责任人责任:

(一)违规进行保证、抵押、质押的;

(二)对担保项目未进行有效监管,发生损失未及时采取有效措施的;

(三)未履行规定程序或者未经授权擅自为其他企业及个人提供担保的;

(四)未按照规定造成资产损失的其他情形。

第二十二条 在资产转让、收购和改组改制过程中,企业经营管理人员有下列情形之一造成资产损失的,应当追究相关责任人责任:

(一)企业管理层转(受)让资产或者产权(股权),主导制订改制方案、指定中介机构、确定转让、收购价格的;

(二)未按照规定进行清产核资、财务审计和资产评估的;

(三)干预或者操纵清产核资、财务审计和资产评估,造成鉴证结果不实的;

(四)向中介机构提供虚假材料,造成审计、评估结果不实的;

(五)将国有资产低价折股或者无偿分给其他单位、个人的;

(六)未按照规定进场交易(国家另有规定的除外)或者超越规定权限,擅自转让资产或者产权(股权)的;

(七)在企业资产租赁或者承包经营中,以不合理低价出租或者发包的;

(八)以不合理低价或者无偿转让资产、主要业务的;

(九)未按照规定造成资产损失的其他情形。

第二十三条 对房屋建筑物、机器设备、运输设备、原材料、在产品、产成品等实物资产保管不当、维护不善,造成非正常毁损、报废或者丢失、被盗的,应当追究相关责任人责任。

第二十四条 未按照会计制度及会计准则规定核算或者披露已发

生的资产损失，导致企业严重账实不符、会计信息失真的，应当追究相关责任人责任。

第二十五条 除第十六条至第二十四条以外，因企业内部控制存在重大缺陷或者内部控制执行不力等其他情形造成资产损失的，应当追究相关责任人的责任。

第五章 资产损失责任划分

第二十六条 企业资产损失责任分为直接责任、主管责任、分管领导责任和重要领导责任。

（一）直接责任是指相关人员在其职责范围内，未履行或者未正确履行职责，以及违反法律、法规和相关规定，对造成资产损失起决定性作用时所应当承担的责任。

（二）主管责任是指企业部门主管负责人在其职责范围内，未履行或者未正确履行主管工作职责，以及违反法律、法规和相关规定，造成资产损失时所应当承担的责任。

（三）分管领导责任是指企业分管负责人在其职责范围内，未履行或者未正确履行分管工作职责，以及违反法律、法规和相关规定，造成资产损失时所应当承担的责任。

（四）重要领导责任是指企业主要负责人在其职责范围内，未履行或者未正确履行管理职责，以及违反法律、法规和相关规定，造成资产损失时所应当承担的责任。

第二十七条 企业因未建立内控管理制度或者内控管理制度存在重大缺陷，造成企业重大或者特别重大资产损失的，除按照本办法对其他相关责任人进行责任认定外，企业分管负责人和企业主要负责人应当分别承担分管领导责任和重要领导责任。

第二十八条 子企业发生重大或者特别重大资产损失，除按照本办法对子企业相关责任人进行责任认定外，其上级企业相关负责人应当承担相应的分管领导责任或者重要领导责任。

第二十九条 企业因违反有关规定,未履行或者未正确履行职责,导致决策失误造成重大或者特别重大资产损失的,企业主要负责人应当承担直接责任,参与决策的企业其他人员应当承担相应的责任。

参与决策的人员经会议记录证明决策时曾表明异议的,可以免除相应的责任。

第三十条 企业发生重大或者特别重大资产损失隐瞒不报或者少报资产损失的,除按照本办法对相关责任人进行责任认定外,总会计师或者企业分管财务负责人和企业主要负责人应当承担分管领导责任和重要领导责任。

第三十一条 企业发生重大或者特别重大资产损失,未对相关人员进行责任追究的,一经查实,除按照本办法对相关责任人进行处罚外,对企业主要负责人应当比照直接责任人进行处罚。

第六章 资产损失责任处罚

第三十二条 对资产损失责任人的处罚包括经济处罚、行政处分和禁入限制:

(一)经济处罚是指扣发绩效薪金(奖金),终止授予新的股权。

(二)行政处分是指警告、记过、降级(职)、责令辞职、撤职、解聘、开除等。

(三)禁入限制是指在1至5年内或者终身不得被企业聘用或者担任企业负责人。

以上处罚可以单独适用,也可以合并适用。

第三十三条 企业发生资产损失,经过查证核实和责任认定后,在依据国家或者企业有关规定要求予以赔偿的基础上,应当根据程度及影响对相关责任人分别给予以下处罚:

(一)企业发生一般资产损失的,在责任认定年度对直接责任人和主管责任人处以扣发一定比例的绩效薪金(奖金)的经济处罚,以及警告、记过或者降级(职)等处分。

（二）企业发生较大资产损失的，在责任认定年度对直接责任人和主管责任人处以扣发一定比例的绩效薪金（奖金）的经济处罚，以及降级（职）、责令辞职、撤职、解聘或者开除等处分；对分管领导责任人处以扣发一定比例的绩效薪金（奖金）的经济处罚，以及记过、降级（职）、责令辞职或者撤职等处分。

（三）企业发生重大资产损失的，在责任认定年度对直接责任人和主管责任人处以扣发一定比例的绩效薪金（奖金）、一定期限内不授予新的股权的经济处罚，以及撤职、解聘或者开除等处分；对分管领导责任人和重要领导责任人处以扣发一定比例的绩效薪金（奖金）、一定期限内不授予新的股权的经济处罚，以及降级（职）、责令辞职或者撤职等处分。

（四）企业发生特别重大资产损失的，在责任认定年度对直接责任人和主管责任人处以扣发一定比例的绩效薪金（奖金）、一定期限内不授予新的股权的经济处罚，以及解聘或者开除等处分；对分管领导责任人或者重要领导责任人处以扣发一定比例的绩效薪金（奖金）、一定期限内不授予新的股权的经济处罚，以及撤职、解聘或者开除等处分。

第三十四条 企业发生特别重大资产损失，以及连续发生重大资产损失的，除对相关责任人处以经济处罚和行政处分外，应当同时给予禁入限制。

第三十五条 有下列情形之一的，应当对资产损失相关责任人从重处罚：

（一）情节恶劣或者多次造成资产损失的；

（二）发生资产损失，未及时采取措施或者措施不力，导致资产损失继续扩大的；

（三）干扰、抵制资产损失责任追究工作的；

（四）对企业发生资产损失隐瞒不报或者谎报、漏报的；

（五）强迫、唆使他人违法违纪造成资产损失的；

（六）伪造、毁灭、隐匿证据，或者阻止他人揭发检举、提供证据材料的；

（七）其他应当从重处罚的。

第三十六条 有下列情形之一的，可以对相关责任人从轻或者免予处罚：

(一)及时采取措施减少或者挽回损失的；

(二)主动反映资产损失情况的；

(三)主动检举其他相关人员，经查证属实的；

(四)有其他重大立功表现的。

第三十七条 对调离工作岗位或者已离退休的资产损失相关责任人，应当按照本办法相关规定给予经济处罚、行政处分和禁入限制。

给予经济处罚的，若离职后薪金尚未发放完毕，应当扣发相应的薪金；对继续在中央企业担任职务的，应当在其以后年度薪金中予以扣发；对调离中央企业的，应当向其工作单位提出处罚建议。

第三十八条 建立董事会制度的企业(含董事会试点企业)，董事未履行或者未正确履行职责给企业造成资产损失的，除依法承担赔偿责任以外，国资委应当依照本办法及公司法规定的有关程序对其选任的董事进行处罚。

第三十九条 除按照本办法对资产损失相关责任人进行责任追究外，对违反国家有关法律法规规定的，还应当依法承担相应的法律责任。涉嫌犯罪的，依法移送司法机关处理。

资产损失相关责任人违反《中国共产党纪律处分条例》等有关规定的，建议党组织进行处理。

第四十条 国资委及企业负责资产损失责任追究工作的相关人员收受贿赂、徇私舞弊、泄露工作秘密以及协助资产损失相关责任人逃避责任的，视情节轻重给予相应的处罚；涉嫌犯罪的，依法移送司法机关处理。

第七章 附 则

第四十一条 根据本办法制定的中央企业资产损失责任追究实施细则另行公布。

第四十二条 企业应当根据本办法，结合本企业实际情况，制定子企业资产损失责任追究具体工作规范。

第四十三条 各地区国有资产监督管理机构可以参照本办法制定所出资企业资产损失责任追究办法。

第四十四条 本办法自2008年10月1日起施行。

中央企业境外国有资产监督管理暂行办法

2011年6月14日 国务院国有资产监督管理委员会令第26号

第一章 总 则

第一条 为加强国务院国有资产监督管理委员会(以下简称国资委)履行出资人职责的企业(以下简称中央企业)境外国有资产监督管理，规范境外企业经营行为，维护境外国有资产权益，防止国有资产流失，根据《中华人民共和国企业国有资产法》和《企业国有资产监督管理暂行条例》及相关法律、行政法规，制定本办法。

第二条 本办法适用于中央企业及其各级独资、控股子企业(以下简称各级子企业)在境外以各种形式出资所形成的国有权益的监督管理。

本办法所称境外企业，是指中央企业及其各级子企业在我国境外以及香港特别行政区、澳门特别行政区和台湾地区依据当地法律出资设立的独资及控股企业。

第三条 国资委依法对中央企业境外国有资产履行下列监督管理职责：

(一)制定中央企业境外国有资产监督管理制度,并负责组织实施和监督检查;

(二)组织开展中央企业境外国有资产产权登记、资产统计、清产核资、资产评估和绩效评价等基础管理工作;

(三)督促、指导中央企业建立健全境外国有资产经营责任体系,落实国有资产保值增值责任;

(四)依法监督管理中央企业境外投资、境外国有资产经营管理重大事项,组织协调处理境外企业重大突发事件;

(五)按照《中央企业资产损失责任追究暂行办法》组织开展境外企业重大资产损失责任追究工作;

(六)法律、行政法规以及国有资产监督管理有关规定赋予的其他职责。

第四条 中央企业依法对所属境外企业国有资产履行下列监督管理职责:

(一)依法审核决定境外企业重大事项,组织开展境外企业国有资产基础管理工作;

(二)建立健全境外企业监管的规章制度及内部控制和风险防范机制;

(三)建立健全境外国有资产经营责任体系,对境外企业经营行为进行评价和监督,落实国有资产保值增值责任;

(四)按照《中央企业资产损失责任追究暂行办法》规定,负责或者配合国资委开展所属境外企业重大资产损失责任追究工作;

(五)协调处理所属境外企业突发事件;

(六)法律、行政法规以及国有资产监督管理有关规定赋予的其他职责。

第五条 中央企业及其各级子企业依法对境外企业享有资产收益、参与重大决策和选择管理者等出资人权利,依法制定或者参与制定其出资的境外企业章程。

中央企业及其各级子企业应当依法参与其出资的境外参股、联营、合作企业重大事项管理。

第二章 境外出资管理

第六条 中央企业应当建立健全境外出资管理制度,对境外出资实行集中管理,统一规划。

第七条 境外出资应当遵守法律、行政法规、国有资产监督管理有关规定和所在国(地区)法律,符合国民经济和社会发展规划及产业政策,符合国有经济布局和结构调整方向,符合中央企业发展战略和规划。

中央企业及其重要子企业收购、兼并境外上市公司以及重大境外出资行为应当依照法定程序报国资委备案或者核准。

第八条 境外出资应当进行可行性研究和尽职调查,评估企业财务承受能力和经营管理能力,防范经营、管理、资金、法律等风险。境外出资原则上不得设立承担无限责任的经营实体。

第九条 以非货币资产向境外出资的,应当依法进行资产评估并按照有关规定备案或者核准。

第十条 境外出资形成的产权应当由中央企业或者其各级子企业持有。根据境外相关法律规定须以个人名义持有的,应当统一由中央企业依据有关规定决定或者批准,依法办理委托出资、代持等保全国有资产的法律手续,并以书面形式报告国资委。

第十一条 中央企业应当建立健全离岸公司管理制度,规范离岸公司设立程序,加强离岸公司资金管理。新设离岸公司的,应当由中央企业决定或者批准并以书面形式报告国资委。已无存续必要的离岸公司,应当依法予以注销。

第十二条 中央企业应当将境外企业纳入本企业全面预算管理体系,明确境外企业年度预算目标,加强对境外企业重大经营事项的预算控制,及时掌握境外企业预算执行情况。

第十三条 中央企业应当将境外资金纳入本企业统一的资金管理

体系,明确界定境外资金调度与使用的权限与责任,加强日常监控。具备条件的中央企业应当对境外资金实施集中管理和调度。

中央企业应当建立境外大额资金调度管控制度,对境外临时资金集中账户的资金运作实施严格审批和监督检查,定期向国资委报告境外大额资金的管理和运作情况。

第十四条 中央企业应当加强境外金融衍生业务的统一管理,明确决策程序、授权权限和操作流程,规定年度交易量、交易权限和交易流程等重要事项,并按照相关规定报国资委备案或者核准。从事境外期货、期权、远期、掉期等金融衍生业务应当严守套期保值原则,完善风险管理规定,禁止投机行为。

第十五条 中央企业应当建立外派人员管理制度,明确岗位职责、工作纪律、工资薪酬等规定,建立外派境外企业经营管理人员的定期述职和履职评估制度。

中央企业应当按照属地化管理原则,统筹境内外薪酬管理制度。不具备属地化管理条件的,中央企业应当按照法律法规有关规定,结合属地的实际情况,制定统一的外派人员薪酬管理办法,报国资委备案。

第三章　境外企业管理

第十六条 中央企业是所属境外企业监督管理的责任主体。境外企业应当定期向中央企业报告境外国有资产总量、结构、变动、收益等汇总分析情况。

第十七条 境外企业应当建立完善法人治理结构,健全资产分类管理制度和内部控制机制,定期开展资产清查,加强风险管理,对其运营管理的国有资产承担保值增值责任。

第十八条 境外企业应当依据有关规定建立健全境外国有产权管理制度,明确负责机构和工作责任,切实加强境外国有产权管理。

第十九条 境外企业应当加强投资管理,严格按照中央企业内部管理制度办理相关手续。

第二十条 境外企业应当加强预算管理,严格执行经股东(大)会、董事会或章程规定的相关权力机构审议通过的年度预算方案,加强成本费用管理,严格控制预算外支出。

第二十一条 境外企业应当建立健全法律风险防范机制,严格执行重大决策、合同的审核与管理程序。

第二十二条 境外企业应当遵循中央企业确定的融资权限。非金融类境外企业不得为其所属中央企业系统之外的企业或个人进行任何形式的融资、拆借资金或者提供担保。

第二十三条 境外企业应当加强资金管理,明确资金使用管理权限,严格执行企业主要负责人与财务负责人联签制度,大额资金支出和调度应当符合中央企业规定的审批程序和权限。

境外企业应当选择信誉良好并具有相应资质的银行作为开户行,不得以个人名义开设账户,但所在国(地区)法律另有规定的除外。境外企业账户不得转借个人或者其他机构使用。

第二十四条 境外企业应当按照法律、行政法规以及国有资产监督管理有关规定和企业章程,在符合所在国(地区)法律规定的条件下,及时、足额向出资人分配利润。

第二十五条 境外企业应当建立和完善会计核算制度,会计账簿及财务报告应当真实、完整、及时地反映企业经营成果、财务状况和资金收支情况。

第二十六条 境外企业应当通过法定程序聘请具有资质的外部审计机构对年度财务报告进行审计。暂不具备条件的,由中央企业内部审计机构进行审计。

第四章 境外企业重大事项管理

第二十七条 中央企业应当依法建立健全境外企业重大事项管理制度和报告制度,加强对境外企业重大事项的管理。

第二十八条 中央企业应当明确境外出资企业股东代表的选任条

件、职责权限、报告程序和考核奖惩办法,委派股东代表参加境外企业的股东(大)会会议。股东代表应当按照委派企业的指示提出议案、发表意见、行使表决权,并将其履行职责的情况和结果及时报告委派企业。

第二十九条 境外企业有下列重大事项之一的,应当按照法定程序报中央企业核准:

(一)增加或者减少注册资本,合并、分立、解散、清算、申请破产或者变更企业组织形式;

(二)年度财务预算方案、决算方案、利润分配方案和弥补亏损方案;

(三)发行公司债券或者股票等融资活动;

(四)收购、股权投资、理财业务以及开展金融衍生业务;

(五)对外担保、对外捐赠事项;

(六)重要资产处置、产权转让;

(七)开立、变更、撤并银行账户;

(八)企业章程规定的其他事项。

第三十条 境外企业转让国有资产,导致中央企业重要子企业由国有独资转为绝对控股、绝对控股转为相对控股或者失去控股地位的,应当按照有关规定报国资委审核同意。

第三十一条 境外企业发生以下有重大影响的突发事件,应当立即报告中央企业;影响特别重大的,应当通过中央企业在24小时内向国资委报告。

(一)银行账户或者境外款项被冻结;

(二)开户银行或者存款所在的金融机构破产;

(三)重大资产损失;

(四)发生战争、重大自然灾害,重大群体性事件,以及危及人身或者财产安全的重大突发事件;

(五)受到所在国(地区)监管部门处罚产生重大不良影响;

(六)其他有重大影响的事件。

第五章　境外国有资产监督

第三十二条　国资委应当将境外企业纳入中央企业业绩考核和绩效评价范围，定期组织开展境外企业抽查审计，综合评判中央企业经营成果。

第三十三条　中央企业应当定期对境外企业经营管理、内部控制、会计信息以及国有资产运营等情况进行监督检查，建立境外企业生产经营和财务状况信息报告制度，按照规定向国资委报告有关境外企业财产状况、生产经营状况和境外国有资产总量、结构、变动、收益等情况。

第三十四条　中央企业应当加强对境外企业中方负责人的考核评价，开展任期及离任经济责任审计，并出具审计报告。重要境外企业中方负责人的经济责任审计报告应当报国资委备案。

第三十五条　国家出资企业监事会依照法律、行政法规以及国有资产监督管理有关规定，对中央企业境外国有资产进行监督检查，根据需要组织开展专项检查。

第六章　法 律 责 任

第三十六条　境外企业有下列情形之一的，中央企业应当按照法律、行政法规以及国有资产监督管理有关规定，追究有关责任人的责任。

（一）违规为其所属中央企业系统之外的企业或者个人进行融资或者提供担保，出借银行账户；

（二）越权或者未按规定程序进行投资、调度和使用资金、处置资产；

（三）内部控制和风险防范存在严重缺陷；

（四）会计信息不真实，存有账外业务和账外资产；

(五)通过不正当交易转移利润;

(六)挪用或者截留应缴收益;

(七)未按本规定及时报告重大事项。

第三十七条 中央企业有下列情形之一,国资委应当按照法律、行政法规以及国有资产监督管理有关规定,追究相关责任人的责任。

(一)未建立境外企业国有资产监管制度;

(二)未按本办法规定履行有关核准备案程序;

(三)未按本办法规定及时报告重大事项;

(四)对境外企业管理失控,造成国有资产损失。

第七章 附 则

第三十八条 中央企业及其各级子企业在境外设立的各类分支机构的国有资产的监督和管理参照本办法执行。

第三十九条 地方国有资产监督管理机构可以参照本办法制定所出资企业境外国有资产管理制度。

第四十条 本办法自2011年7月1日起施行。

关于印发清产核资工作问题解答(一)的通知

2003年11月11日 国资厅评价〔2003〕53号

党中央有关部门,国务院各部委、各直属机构,各省、自治区、直辖市及计划单列市国有资产监督管理机构,新疆生产建设兵团,各中央企业:

为贯彻落实《国有企业清产核资办法》(国资委令第1号)及相关清

产核资工作文件的精神，帮助企业了解国家统一的清产核资工作制度，现将《清产核资工作问题解答（一）》印发你们，请遵照执行。在执行过程中有何问题，请及时反映。

附件：清产核资工作问题解答（一）

附件：

清产核资工作问题解答（一）

《国有企业清产核资办法》（国资委令第1号）及相关清产核资工作文件公布后，我们陆续接到一些企业、会计师事务所询问清产核资工作的有关问题，现解答如下：

一、关于中央企业所属境外子企业开展清产核资和进行审计的问题

按照《关于印发中央企业清产核资工作方案的通知》（国资评价〔2003〕58号）有关规定，中央企业所属境外子企业应纳入中央企业清产核资范围，由中央企业依据《国有企业清产核资办法》及相关配套文件的要求统一组织。中央企业所属境外子企业清产核资的专项财务审计工作可由中央企业委托国内会计师事务所进行，也可由中央企业的内部审计机构进行并出具相应的审计报告。

二、关于按有关规定进行“主辅分离辅业改制”的企业开展清产核资工作的问题

按照《关于国有大中型企业主辅分离辅业改制分流安置富余人员的实施办法》（国经贸企改〔2002〕859号）及相关文件的规定，进行“主辅分离辅业改制”的企业，若已开展了清产核资（财产清查）工作，则应由中央企业将清查出的有关资产损失，按照《国有企业清产核资办法》

及相关配套文件规定的要求与程序报国资委批准核销。

若尚未开展清产核资(财产清查)的,应由中央企业按照《国有企业清产核资办法》及相关配套文件规定的要求与程序,将进行"主辅分离辅业改制"的企业统一纳入中央企业清产核资范围。

为了适应"主辅分离辅业改制"工作的需要,进行"主辅分离辅业改制"企业的清产核资结果及资产损失,可由中央企业提前单独报国资委批准核销。

三、(略)

四、关于股份制企业开展清产核资的问题

股份制企业应当在经企业董事会或股东会决议同意的前提下组织开展清产核资;若企业董事会或股东会不同意本企业开展清产核资,应由企业出具董事会或股东会不同意本企业开展清产核资的相关决议报国资委,其中控股企业需经国资委核准后可以不开展清产核资工作。

五、关于股份制企业清产核资清查出的资产损失处理问题

对于股份制企业清产核资清查出的资产损失,若申请以核减权益方式处理的,原则上应由企业的所有股东按股权比例共同承担;但若企业董事会或股东会不同意按股权比例核减各自的权益,则清查出的资产损失由企业在当期损益中自行消化。

六、关于企业在清产核资中清查出的资产损失,未经批准前在年度财务决算中反映的问题

企业在清产核资中清查出的资产损失,在国资委没有批准之前不能自行进行账务处理,在年度财务决算报表的"资产负债表"(企财01表)中,不能将清查出的流动资产损失和固定资产损失在"待处理流动资产净损失"和"待处理固定资产净损失"科目中反映,而应在各类资产的原科目中反映；在年度财务决算报表的“基本情况表（二）”（企财附04－2表）中，可将企业在清产核资中清查出的各类资产损失作为“本年不良资产及挂账”反映。

七、关于债转股企业在清产核资中清查出的转股前资产损失的处理问题

债转股企业开展清产核资，对清查出的债转股前资产损失，经审核同意后可以核减该企业的所有者权益。

八、关于企业申报的“按原会计制度清查出的资产损失”中未予批准核销的部分，转为“按《企业会计制度》预计的资产损失”的问题

对于企业申报的“按原会计制度清查出的资产损失”中未予批准核销的部分，企业可以继续收集相关证据，在1年内重新申报1次；若企业继续收集相关证据有一定的困难，经批准也可以将这部分资产损失转为“按《企业会计制度》预计的资产损失”。

九、关于企业被有关权力机构罚没的资产作为清产核资资产损失申报的问题

按照国家有关规定，企业因违法、违纪（如偷漏税、走私）等行为而被有关国家权力机构对相关财产进行罚没处理的资产一律不得作为资产损失申报，而应按照国家的相关规定计入当期损益。

十、关于资不抵债企业清产核资的资产损失在清产核资报表中反映的问题

对于资不抵债的企业，按照《关于印发中央企业清产核资工作方案的通知》（国资评价〔2003〕58号）有关规定，也应纳入此次中央企业的清产核资范围。对于这部分企业清查出的资产损失，在清产核资报表中暂作为冲减未分配利润处理。

中国证券监督管理委员会
国务院国有资产监督管理委员会
《关于规范上市公司与关联方资金往来及上市公司对外担保若干问题》的通知

2003 年 8 月 28 日　证监发〔2003〕56 号

各上市公司及其控股股东：

为进一步规范上市公司与控股股东及其他关联方的资金往来，有效控制上市公司对外担保风险，保护投资者合法权益，根据《公司法》、《证券法》、《企业国有资产监督管理暂行条例》等法律法规，现就有关问题通知如下：

一、进一步规范上市公司与控股股东及其他关联方的资金往来

上市公司与控股股东及其他关联方的资金往来，应当遵守以下规定：

(一)控股股东及其他关联方与上市公司发生的经营性资金往来中，应当严格限制占用上市公司资金。控股股东及其他关联方不得要求上市公司为其垫支工资、福利、保险、广告等期间费用，也不得互相代为承担成本和其他支出。

(二)上市公司不得以下列方式将资金直接或间接地提供给控股股东及其他关联方使用：

1. 有偿或无偿地拆借公司的资金给控股股东及其他关联方使用；
2. 通过银行或非银行金融机构向关联方提供委托贷款；
3. 委托控股股东及其他关联方进行投资活动；
4. 为控股股东及其他关联方开具没有真实交易背景的商业承兑汇票；
5. 代控股股东及其他关联方偿还债务；

6. 中国证监会认定的其他方式。

(三)注册会计师在为上市公司年度财务会计报告进行审计工作中,应当根据上述规定事项,对上市公司存在控股股东及其他关联方占用资金的情况出具专项说明,公司应当就专项说明作出公告。

二、严格控制上市公司的对外担保风险

上市公司全体董事应当审慎对待和严格控制对外担保产生的债务风险,并对违规或失当的对外担保产生的损失依法承担连带责任。控股股东及其他关联方不得强制上市公司为他人提供担保。

上市公司对外担保应当遵守以下规定:

(一)上市公司不得为控股股东及本公司持股50%以下的其他关联方、任何非法人单位或个人提供担保。

(二)上市公司对外担保总额不得超过最近一个会计年度合并会计报表净资产的50%。

(三)上市公司《章程》应当对对外担保的审批程序、被担保对象的资信标准做出规定。对外担保应当取得董事会全体成员2/3以上签署同意,或者经股东大会批准;不得直接或间接为资产负债率超过70%的被担保对象提供债务担保。

(四)上市公司对外担保必须要求对方提供反担保,且反担保的提供方应当具有实际承担能力。

(五)上市公司必须严格按照《上市规则》、《公司章程》的有关规定,认真履行对外担保情况的信息披露义务,必须按规定向注册会计师如实提供公司全部对外担保事项。

(六)上市公司独立董事应在年度报告中,对上市公司累计和当期对外担保情况、执行上述规定情况进行专项说明,并发表独立意见。

三、加大清理已发生的违规占用资金和担保事项的力度

(一)上市公司应自本《通知》发布之日起一个月内,按照本《通知》规定,对上市公司与控股股东及其他关联方已经发生的资金往来、资金

占用以及对外担保情况进行自查。

自查报告应在规定期限内上报公司所在地中国证监会派出机构备案,经各地派出机构审核或检查后,应在最近一期年度报告中作为重大事项予以披露。

(二)国有资产监督管理机构应当指导和协调国有控股上市公司解决违规资金占用、关联担保问题,要求有关控股股东尊重、维护上市公司经营自主权和合法权益,促进上市公司依法经营管理,完善法人治理结构,增强上市公司的市场竞争力。

(三)上市公司董事会应当针对历史形成的资金占用、对外担保问题,制定切实可行的解决措施,保证违反本《通知》规定的资金占用量、对外担保形成的或有债务,在每个会计年度至少下降30%。

(四)上市公司被关联方占用的资金,原则上应当以现金清偿。在符合现行法律法规的条件下,可以探索金融创新的方式进行清偿,但需按法定程序报有关部门批准。

(五)严格控制关联方以非现金资产清偿占用的上市公司资金。关联方拟用非现金资产清偿占用的上市公司资金,应当遵守以下规定:

1. 用于抵偿的资产必须属于上市公司同一业务体系,并有利于增强上市公司独立性和核心竞争力,减少关联交易,不得是尚未投入使用的资产或没有客观明确账面净值的资产。

2. 上市公司应当聘请有证券期货相关业务资格的中介机构对符合以资抵债条件的资产进行评估,以资产评估值或经审计的账面净值作为以资抵债的定价基础,但最终定价不得损害上市公司利益,并充分考虑所占用资金的现值予以折扣。

审计报告和评估报告应当向社会公告。

3. 独立董事应当就上市公司关联方以资抵债方案发表独立意见,或者聘请有证券期货相关业务资格的中介机构出具独立财务顾问报告。

4. 上市公司关联方的以资抵债方案应当报中国证监会批准。中国证监会认为以资抵债方案不符合本《通知》规定,或者有明显损害公司和中小投资者利益的情形，可以制止该方案的实施。

5. 上市公司关联方以资抵债方案须经股东大会审议批准，关联方股东应当回避投票。

四、依法追究违规占用资金和对外担保行为的责任

（一）中国证监会与国务院国有资产监督管理委员会（以下简称“国资委”）等部门加强监管合作，共同建立规范国有控股股东行为的监管协作机制，加大对违规占用资金和对外担保行为的查处力度，依法追究相关当事人的法律责任。

（二）上市公司及其董事、监事、经理等高级管理人员违反本《通知》规定，中国证监会将责令整改，依法予以处罚，并自发现上市公司存在违反本《通知》规定行为起12个月内不受理其再融资申请。

（三）上市公司控股股东违反本《通知》规定或不及时清偿违规占用上市公司资金的，中国证监会不受理其公开发行证券的申请或其他审批事项，并将其资信不良记录向国资委、中国银行业监督管理委员会和有关地方政府通报。

国有控股股东违反本《通知》规定的，国有资产监督管理机构对直接负责的主管人员和直接责任人依法给予纪律处分，直至撤销职务；给上市公司或其他股东利益造成损失的，应当承担相应的赔偿责任。非国有控股股东直接负责的主管人员和直接责任人违反本《通知》规定的，给上市公司造成损失或严重损害其他股东利益的，应负赔偿责任，并由相关部门依法处罚。构成犯罪的，依法追究刑事责任。

五、其他

本《通知》所称“关联方”按财政部《企业会计准则关联方关系及其交易的披露》规定执行。纳入上市公司合并会计报表范围的子公司对外担保、与关联方之间进行的资金往来适用本《通知》规定。

六、本通知自发布之日起施行

国务院国有资产监督管理委员会关于印发《中央企业清产核资工作方案》的通知

2003 年 9 月 2 日　国资评价〔2003〕58 号

各中央企业：

为摸清中央企业“家底”，核实中央企业资产质量，推动企业执行《企业会计制度》和做好企业业绩考核、绩效评价以及国有资本保值增值工作，我委决定从 2003 年 9 月起，有步骤地组织中央企业开展清产核资工作。现将《中央企业清产核资工作方案》印发给你们，请结合本企业实际认真执行和落实，并将工作中有关情况和问题及时上报。

附件：中央企业清产核资工作方案

附件：

中央企业清产核资工作方案

为了适应我国国有经济管理体制改革和国有资产监督管理的需要，认真贯彻落实《企业国有资产监督管理暂行条例》，摸清中央企业“家底”，核实中央企业资产质量，为中央企业执行《企业会计制度》和做好企业业绩考核、绩效评价以及国有资本保值增值工作创造条件，国资委决定从 2003 年 9 月起分期组织中央企业开展清产核资工作。

一、清产核资工作目标

（一）全面摸清中央企业“家底”，如实暴露企业存在的矛盾和问题，真实、完整地反映企业资产状况、财务状况和经营成果，促进提高企业会计信息质量。

（二）全面清查核实中央企业各项资产损失情况，并根据国家清产核资政策规定进行处理，促进企业解决历史遗留问题，为执行《企业会计制度》创造条件。

（三）通过对中央企业所属事业单位清产核资工作，核实事业单位资产、权益等状况，规范中央企业会计核算和财务报告制度，促进真实反映企业经营实力。

（四）全面清查核实中央企业所属境外子企业各类资产、负债和所有者权益，规范境外企业财务监督管理和财务报告制度，促进加强境外国有资产监督管理工作。

二、清产核资工作安排

为配合中央企业执行《企业会计制度》工作，国资委监管的中央企业清产核资工作从 2003 年 9 月分批开始，分别用 5 个月时间完成清产核资主体工作任务，全部工作于 2004 年 10 月结束。具体分以下几个阶段进行：

（一）前期准备（2003 年 6～8 月）。在对中央企业进行调查排队基础上，提出中央企业分批开展清产核资工作计划，制订《中央企业清产核资工作方案》、《国有企业清产核资办法》及相关配套制度，并下发工作文件、报表和工作软件。

（二）工作部署（2003 年 9 月初）。对中央企业清产核资工作进行工作部署，明确领导组织和办事机构，落实清产核资工作任务。各中央企业明确或建立相应的组织或办事机构，制定切实可行的工作方案，做好组织动员工作。

（三）业务培训（2003 年 9 月）。计划组织两期中央企业清产核资工作培训班,培训中央企业清产核资工作人员,具体讲解清产核资工作政策、制度和办法及清产核资报表和软件。

(四)组织实施。分批组织中央企业开展清产核资工作,全面完成账务清理、资产清查、数据汇总上报等主体工作任务,全部工作于2004年10月结束。

三、清产核资清查时间点

为了保证中央企业清产核资各项工作有序进行,根据企业自身实际情况及国家关于执行《企业会计制度》工作总体安排,中央企业清产核资工作将采取分期分批方式组织进行。具体安排如下:

(一)2002年前已申请执行或已执行《企业会计制度》的有关中央企业,按照财政部规定的有关工作要求,做好有关资金核实工作,直接向国资委申报资产损失处理,可不再组织清产核资工作。

(二)申请2003年执行《企业会计制度》的中央企业,清产核资主体工作时间为2003年9～12月,资产清查时间点为2002年12月31日,全部工作于2004年3月底结束。

(三)申请在2004年或2005年执行《企业会计制度》的中央企业,清产核资主体工作时间为2004年1～6月,资产清查时间点为2003年12月31日,全部工作于2004年10月底结束。

(四)总公司设在港澳地区的中资企业和其他特殊情况企业清产核资工作另行商定。

四、清产核资工作内容

(一)账务清理。指以清产核资资产清查点为基准对企业母公司及其所属企业和事业单位的各类账户、会计凭证、会计账簿以及企业内部资金往来和借款情况进行全面核对和清理,做到账账相符、账证相符、账表相符。

(二)资产清查。指对企业各项资产进行全面清理、核对和查实。重点做好各类应收及预付账款、各项对外投资、账外资产的清理,以及企业有关抵押、担保等事项的核对。

（三）价值重估。指对企业账面价值和实际价值背离较大的主要固定资产和流动资产按照国家规定方法、标准进行重新估价。

（四）损溢认定。指依据国家清产核资政策和有关财务会计制度规定，对企业申报的各项资产损溢和资金挂账进行认定，并对执行《企业会计制度》预计损失进行确认。

（五）资金核实。指根据企业上报的资产盘盈和资产损失、资金挂账等清产核资工作结果，依据国家清产核资政策和有关财务会计制度规定，组织进行审核并批复准予账务处理，重新核定企业实际占用的国有资本金数额。

（六）完善制度。指企业在完成清产核资工作后，认真分析在资产及财务日常管理中存在的问题，提出相应整改措施和实施《企业会计制度》计划，逐步健全和完善各项规章制度，巩固清产核资成果，防止前清后乱。

五、清产核资工作组织领导

中央企业清产核资工作，由国资委统一领导、统一组织、分步实施，有关清产核资的重大问题由国资委研究决定。各中央企业具体组织所属企业、单位开展清产核资工作。

（一）国资委负责中央企业清产核资工作部署，制定清产核资规章制度和工作方案，对企业清产核资工作及中介机构审计工作进行督促、指导和核查。

（二）中央企业应结合企业自身实际情况，成立清产核资领导小组，并指定内部有关机构或成立临时办事机构，具体负责组织实施工作。

（三）中央企业所属事业单位、境外企业清产核资工作要按照中央企业清产核资工作统一部署和要求开展，具体工作实施按其财务隶属关系组织进行。

六、清产核资工作要求

为确保清产核资工作质量，提高工作效率，开展清产核资工作的中央企业应遵循以下工作要求：

（一）中央企业清产核资工作应认真执行《国有企业清产核资办法》等制度规定（另行下发），做到全面彻底、不重不漏、账实相符，切实摸清“家底”，保证清产核资工作结果真实、可靠。

（二）中央企业在清产核资工作中应坚持实事求是的原则，如实暴露存在问题。对清查出的各项资产损失均应按有关要求取得合法证据或具有法定效力的经济鉴证材料，不得虚报、瞒报。

（三）中央企业对清出的各项资产损失和资金挂账，应认真清理、分类排队、查明原因，根据企业实际情况，依据国家清产核资政策和有关财务会计制度规定，认真研究提出处理意见。

（四）中央企业经批准财务核销的各项不良债权、不良投资及实物资产损失，要建立“账销案存”管理制度，认真加强有关管理工作，组织力量或成立专门机构继续进行清理和追索，避免国有资产流失。

（五）中央企业通过开展清产核资，如实反映企业所属单位在经营管理中存在的矛盾和问题，对资不抵债难以持续经营的，应在认真调查研究的基础上做好分类排队，依法予以合并、歇业、撤销、出售和破产，加快推动企业组织结构的调整，促进提高国有资本总体运营效益。

（六）除涉及国家安全的特殊企业以外，中央企业清产核资工作结果须委托符合资质条件的社会中介机构进行审计，并上报企业清产核资审计报告。

（七）中央企业在清产核资工作中，要指定专门机构和专人负责，及时将工作的进展情况、存在的问题、工作组织和意见或建议，通过简报、情况反映、专题报告或阶段工作总结等形式报送国资委（统计评价局）。

国务院国有资产监督管理委员会关于印发《国有企业资产损失认定工作规则》的通知

2003年9月13日　国资评价〔2003〕72号

党中央有关部门，国务院各部委、各直属机构，各省、自治区、直辖市及计划单列市国有资产监督管理机构，新疆生产建设兵团，各中央企业：

为了加强对国有及国有控股企业清产核资工作的监督管理，规范企业资产损失的核实和认定工作，根据《国有企业清产核资办法》（国资委令第1号）和国家有关财务会计制度，我们制定了《国有企业资产损失认定工作规则》，现印发给你们。请结合企业自身实际，认真遵照执行，并及时反映工作中有关情况和问题。

附件：国有企业资产损失认定工作规则

附件：

国有企业资产损失认定工作规则

第一章　总　　则

第一条　为加强对国有及国有控股企业（以下简称企业）清产核资工作的监督管理，规范企业资产损失的核实和认定工作，根据《国有企业清产核资办法》和国家有关财务会计制度，制定本规则。

第二条　本规则所称的资产损失，是指企业清产核资清查出的在基准日之前，已经发生的各项财产损失和以前年度的经营潜亏及资金挂账等。

第三条 企业清产核资中清查出的各项资产损失，依据《国有企业清产核资办法》及本规则规定进行核实和认定。

第四条 企业清产核资中清查出各项资产损失的核实和认定，依据有关会计科目，按照货币资金损失、坏账损失、存货损失、待摊费用挂账损失、投资损失、固定资产损失、在建工程和工程物资损失、无形资产损失、其他资产损失等分类分项进行。

第五条 国有资产监督管理机构按照国家有关规定负责对企业清产核资中清查出的资产损失进行审核和认定工作。

第二章 资产损失认定的证据

第六条 在清产核资工作中，企业需要申报认定的各项资产损失，均应提供合法证据，包括：具有法律效力的外部证据、社会中介机构的经济鉴证证明和特定事项的企业内部证据。

第七条 具有法律效力的外部证据，是指企业收集到的司法机关、公安机关、行政部门、专业技术鉴定部门等依法出具的与本企业资产损失相关的具有法律效力的书面文件，主要包括：

(一)司法机关的判决或者裁定；

(二)公安机关的立案结案证明、回复；

(三)工商管理部门出具的注销、吊销及停业证明；

(四)企业的破产清算公告及清偿文件；

(五)政府部门的公文及明令禁止的文件；

(六)国家及授权专业技术鉴定部门的鉴定报告；

(七)保险公司对投保资产出具的出险调查单，理赔计算单等；

(八)符合法律条件的其他证据。

第八条 社会中介机构的经济鉴证证明，是指社会中介机构按照独立、客观、公正的原则，在充分调查研究、论证和分析计算基础上，进行职业推断和客观评判，对企业的某项经济事项发表的专项经济鉴证证明或鉴证意见书，包括：会计师事务所、资产评估机构、律师事务所、专业鉴定机构等出具的经济鉴证证明或鉴证意见书。

第九条 特定事项的企业内部证据，是指本企业在财产清查过程中，对涉及财产盘盈、盘亏或者实物资产报废、毁损及相关资金挂账等情况的内部证明和内部鉴定意见书等，主要包括：

（一）会计核算有关资料和原始凭证；

（二）资产盘点表；

（三）相关经济行为的业务合同；

（四）企业内部技术鉴定小组或内部专业技术部门的鉴定文件或资料（数额较大、影响较大的资产损失项目，应当聘请行业内专家参加技术鉴定和论证）；

（五）企业的内部核批文件及有关情况说明；

（六）由于经营管理责任造成的损失，要有对责任人的责任认定及赔偿情况说明。

第十条 对作为资产损失的所有证据，企业都应当根据内部控制制度和财务管理制度，进行逐级审核，认真把关；承担企业清产核资专项财务审计业务的中介机构应根据独立审计准则规定做好相关证据的复核、甄别工作，逐项予以核实和确认。

第三章 资产损失认定的原则

第十一条 为保证企业资产状况的真实性和财务信息的准确性，企业对清产核资中清查出的已丧失了使用价值或者转让价值、不能再为企业带来经济利益的账面无效资产，凡事实确凿、证明充分的，依据国家财务会计制度和清产核资政策规定，认定为损失，经批准后可予以财务核销。

第十二条 企业对清产核资中清查出的各项资产损失，应当积极组织力量逐户逐项进行认真清理和核对，取得足以说明损失事实的合法证据，并对损失的资产项目及金额按规定的工作程序和工作要求进行核实和认定。

对数额较大、影响较大的资产损失项目，企业应当逐项作出专项说明,承担专项财务审计业务的中介机构应当重点予以核实。

第十三条 企业对清产核资中清查出的各项资产损失,虽取得外部法律效力证明,但其损失金额无法根据证据确定的,或者难以取得外部具有法律效力证明的有关资产损失,应当由社会中介机构进行经济鉴证后出具鉴证意见书。

第十四条 企业对经批准核销的不良债权、不良投资等损失,应当认真加强管理,建立“账销案存”管理制度,组织力量或成立专门机构进一步清理和追索,避免国有资产流失。

第十五条 企业对经批准核销的报废毁损固定资产、存货、在建工程等实物资产损失,应当分类排队,进行认真清理,对有利用价值或者能收回残值的,应当积极进行处理,以最大限度降低损失。

第十六条 企业清查出的由于会计技术性差错引起的资产不实,不属于资产损失的认定范围,应当由企业依据会计准则规定的会计差错更正办法,经会计师事务所审计提出相关意见后自行处理。

第十七条 企业集团内部单位之间、母公司与子公司之间的互相往来款项、投资和关联交易,债务人核销债务要与债权人核销债权同等金额、同时进行,并签订书面协议,互相提供处理债权或者债务的财务资料。

第四章 货币资金损失的认定

第十八条 货币资金损失是指企业清查出的现金短缺和各类金融机构存款发生的有关损失。

第十九条 企业清查出的现金短缺,将现金短缺数扣除责任人赔偿后的数额,依据下列证据,确认为损失:

(一)现金保管人确认的现金盘点表(包括倒推至基准日的记录);

(二)现金保管人对于短款的说明及相关核准文件;

(三)由于管理责任造成的,应当有对责任人的责任认定及赔偿情况说明;

(四)涉及刑事犯罪的应当提供有关司法涉案材料。

第二十条 企业清查出的存款中金融机构已付、企业未付的款项,依据财产清查基准日的银行对账单及相应的银行存款余额调节表，要逐笔查明银行已付、企业未付款项的形成原因，确认与收款人的债权债务关系，核实情况分清责任。对不能收回款项，比照本规则坏账损失的认定要求，进行损失认定。

第五章　坏账损失的认定

第二十一条　坏账损失是指企业不能收回的各项应收款项造成的损失，主要包括：应收账款和其他应收款、应收票据、预付账款等发生坏账造成的损失。

第二十二条　对在清产核资中清查出的各项坏账，企业应当逐项分析形成原因，对有合法证据证明确实不能收回的应收款项，分别不同情况，认定为损失。

第二十三条　债务单位已被宣告破产、注销、吊销工商登记或者被政府责令关闭等，造成应收款项无法收回的，依据下列证据，认定为损失：

（一）法院的破产公告和破产清算的清偿文件；

（二）工商部门的注销、吊销证明；

（三）政府部门有关行政决定文件。

对上述情形中已经清算的，应当扣除债务人清算财产实际清偿部分后，对不能收回的款项，认定为损失。

对尚未清算的，由社会中介机构进行职业推断和客观评判后出具经济鉴证证明，对确实不能收回的部分，认定为损失。

第二十四条　债务人已失踪、死亡的应收款项，在取得公安机关出具的债务人已失踪、死亡的证明后，确定其遗产不足清偿部分或无法找到承债人追偿债务的，由社会中介机构进行职业推断和客观评判后出具经济鉴证证明，认定为损失。

第二十五条　债务人因遭受战争、国际政治事件及自然灾害等不可抗力因素影响，对确实无法收回的应收款项，由企业作出专项说明，经社会中介机构进行职业推断和客观评判后出具经济鉴证证明，认定为损失。

第二十六条　逾期不能收回的应收款项，有败诉的法院判决书、裁定书,或者胜诉但无法执行或债务人无偿债能力被法院裁定终(中)止执行的,依据法院的判决、裁定或终(中)止执行的法律文书,认定为损失。

第二十七条 在逾期不能收回的应收款项中,单笔数额较小、不足以弥补清收成本的,由企业作出专项说明,经社会中介机构进行职业推断和客观评判后出具经济鉴证证明,认定为损失。

第二十八条 逾期3年以上的应收款项,企业有依法催收磋商记录,确认债务人已资不抵债、连续3年亏损或连续停止经营3年以上的,并能认定在最近3年内没有任何业务往来,由社会中介机构进行职业推断和客观评判后出具鉴证证明,认定为损失。

第二十九条 逾期3年以上的应收款项,债务人在境外及港、澳、台地区的,经依法催收仍不能收回的,在取得境外中介机构出具的有关证明,或者取得我国驻外使(领)馆或商务机构出具的有关证明后,认定为损失。

第三十条 对逾期3年以上的应收款项,企业为了减少坏账损失而与债务人协商,按一定比例折扣后收回(含收回的实物资产)的,根据企业董事会或者经理(厂长)办公会审议决定(二级及以下企业应有上级母公司的核准文件)和债权债务双方签订的有效协议,以及已收回资金的证明,其折扣部分,认定为损失。

第六章 存货损失的认定

第三十一条 存货损失是指有关商品、产成品、半成品,在产品以及各类材料、燃料、包装物、低值易耗品等发生的盘盈、盘亏、变质、毁损、报废、淘汰、被盗等造成的净损失,以及存货成本的高留低转资金挂账等。

第三十二条 对盘盈和盘亏的存货,扣除责任人赔偿后的差额部分,依据下列证据,认定为损失:

(一)存货盘点表;

(二)社会中介机构的经济鉴证证明;

(三)其他应当提供的材料:

1. 存货保管人对于盘盈和盘亏的情况说明;

2. 盘盈存货的价值确定依据(包括相关入库手续、相同相近存货采购发票价格或者其他确定依据）；

3. 盘亏存货的价值确定依据；

4. 企业内部有关责任认定、责任人赔偿说明和内部核批文件。

第三十三条 对报废、毁损的存货，将其账面价值扣除残值及保险赔偿或责任人赔偿后的差额部分，依据下列证据，认定为损失：

（一）单项或者批量金额较小的存货，由企业内部有关部门出具技术鉴定证明；

（二）单项或者批量金额较大的存货，应取得国家有关技术鉴定部门或具有技术鉴定资格的社会中介机构出具的技术鉴定证明；

（三）涉及保险索赔的，应当有保险公司理赔情况说明；

（四）其他应当提供的材料：

1. 企业内部关于存货报废、毁损情况说明及审批文件；

2. 残值情况说明；

3. 企业内部有关责任认定、责任人赔偿说明和内部核批文件。

第三十四条 对被盗的存货，将其账面价值扣除保险理赔以及责任人赔偿后的差额部分，依据以下证据，认定为损失：

（一）向公安机关的报案记录；公安机关立案、破案和结案的证明材料；

（二）涉及责任人的责任认定及赔偿情况说明；

（三）涉及保险索赔的，应有保险公司理赔情况说明。

第三十五条 对已削价、折价处理的存货，由企业有关部门说明情况，依据有关会计凭证将原账面价值与已收回价值的差额部分，认定为损失。

第三十六条 对清查出的存货成本高留低转部分，由企业作出专项说明，经社会中介机构进行职业推断和客观评判后出具经济鉴证证明，认定为损失。

第七章 待摊费用挂账损失的认定

第三十七条 企业清查出的已经失去摊销意义的费用项目，由企业作出相关事项说明，经社会中介机构进行职业推断和客观评判后出具经济鉴证证明，认定为损失。

第三十八条　企业清查出的长期应摊未摊费用,由企业作出难以自行消化的未摊销专项说明,经社会中介机构进行职业推断和客观评判后出具经济鉴证证明,认定为损失。

第三十九条　企业清查出的有关应提未提费用,由企业作出专项说明,经社会中介机构进行职业推断和客观评判后出具经济鉴证证明,认定为损失。

第四十条　企业清查出的以前年度由于国家外汇汇率政策调整引起的汇兑损失挂账,由企业作出专项说明,经社会中介机构进行职业推断和客观评判后出具经济鉴证证明,认定为损失。

第八章　投资损失的认定

第四十一条　投资损失是指企业发生的不良股权或者债权投资造成的损失,包括长期投资损失和短期投资损失。对清查出的不良投资,企业要逐项进行原因分析,对有合法证据证明不能收回的,认定为损失。

第四十二条　被投资单位已破产、清算、被撤销、关闭或被注销、吊销工商登记等,造成难以收回的不良投资,依据下列证据,认定为损失:

(一)法院的破产公告或者破产清算的清偿文件;

(二)工商部门的注销、吊销文件;

(三)政府部门的有关行政决定文件;

对已经清算的,扣除清算财产清偿后的差额部分,认定为损失。

尚未清算的,由社会中介机构经过职业推断和客观评判后出具经济鉴证证明,对被投资单位剩余财产确实不足清偿投资的差额部分,认定为损失。

第四十三条　对企业有关参股投资项目金额较小,确认被投资单位已资不抵债、连续经营亏损3年以上或连续停止经营3年以上的,由社会中介机构进行职业推断和客观评判后出具经济鉴证证明,对确实不能收回的部分,认定为损失。

第四十四条　企业经营期货、证券、外汇等短期投资未进行交割或清理的,不能认定为损失。

第九章　固定资产损失的认定

第四十五条　固定资产损失是指企业房屋建筑物、机器设备、运输设备、工具器具等发生的盘盈、盘亏、淘汰、毁损、报废、丢失、被盗等造成的净损失。

第四十六条　对盘盈的固定资产，依据下列证据，确认为固定资产盘盈入账：

（一）固定资产盘点表；

（二）使用保管人对于盘盈情况说明材料；

（三）盘盈固定资产的价值确定依据（同类固定资产的市场价格、类似资产的购买合同、发票或竣工决算资料）；

（四）单项或批量数额较大固定资产的盘盈，企业难以取得价值确认依据的，应当委托社会中介机构进行估价，出具估价报告。

第四十七条　对盘亏的固定资产，将其账面净值扣除责任人赔偿后的差额部分，依据下列证据，认定为损失：

（一）固定资产盘点表；

（二）盘亏情况说明（单项或批量金额较大的固定资产盘亏，企业要逐项作出专项说明，由社会中介机构进行职业推断和客观评判后出具经济鉴证证明）；

（三）社会中介机构的经济鉴证证明；

（四）企业内部有关责任认定和内部核准文件等。

第四十八条　对报废、毁损的固定资产，将其账面净值扣除残值、保险赔偿和责任人赔偿后的差额部分，依据下列证据，认定为损失：

（一）企业内部有关部门出具的鉴定证明；

（二）单项或批量金额较大的固定资产报废、毁损，由企业作出专项说明，应当委托有技术鉴定资格的机构进行鉴定，出具鉴定证明；

（三）不可抗力原因（自然灾害、意外事故）造成固定资产毁损、报废的，应当有相关职能部门出具的鉴定报告：如消防部门出具的受灾证明；公安部门出具的事故现场处理报告、车辆报损证明；房管部门的房

屋拆除证明;锅炉、电梯等安检部门的检验报告等;

(四)企业固定资产报废、毁损情况说明及内部核批文件;

(五)涉及保险索赔的,应当有保险理赔情况说明。

第四十九条 对被盗的固定资产,将其账面净值扣除责任人的赔偿和保险理赔后的差额部分,依据下列证据,认定为损失:

(一)向公安机关的报案记录;公安机关立案、破案和结案的证明材料;

(二)企业内部有关责任认定、责任人赔偿说明和内部核批文件;

(三)涉及保险索赔的,应当有保险理赔情况说明。

第十章 在建工程和工程物资损失的认定

第五十条 在建工程损失和工程物资损失是指企业已经发生的因停建、废弃和报废、拆除的在建工程项目造成的损失,以及因此而引起的相应工程物资报废或者削价处理等发生的损失。

第五十一条 因停建、废弃和报废、拆除的在建工程,将其账面投资扣除残值后的差额部分,依据下列证据,认定为损失:

(一)国家明令停建项目的文件;

(二)规划等有关政府部门出具的工程停建、拆除通知文件;

(三)企业对报废、废弃的在建工程项目出具的鉴定意见和原因说明及核批文件;单项数额较大的在建工程报废,应当有行业专家参与的技术鉴定意见;

(四)工程项目实际投入的价值确定依据。

第五十二条 由于自然灾害和意外事故毁损的在建工程,将其账面投资扣除残值、保险赔偿及责任赔偿后的差额部分,依据下列证据,认定为损失:

(一)有关自然灾害或者意外事故证明;

(二)涉及保险索赔的,应当有保险理赔情况说明;

(三)企业内部有关责任认定、责任人赔偿说明和核准文件。

第五十三条 工程物资发生损失的,比照本规则存货损失的认定要求,进行损失认定。

第十一章　无形资产和其他资产损失的认定

第五十四条　无形资产损失是指某项无形资产已经被其他新技术所代替或已经超过了法律保护的期限，已经丧失了使用价值和转让价值，不能给企业再带来经济利益，而使该无形资产成为无效资产，其账面尚未摊销的余额，形成无形资产损失。

第五十五条　企业清查出的无形资产损失，依据有关技术部门提供的鉴定材料，或者已经超过了法律保护的期限证明文件，将尚未摊销的无形资产账面余额，认定为损失。

第五十六条　企业或有负债（包括担保、抵押、委托贷款等行为造成的损失）成为事实负债后，对无法追回的债权，分别按有关资产损失认定要求，进行损失认定。

（一）对外提供担保损失。被担保人由于不能按期偿还债务，本企业承担了担保连带还款责任，经清查和追索，被担保人无偿还能力，对无法追回的，比照本规则坏账损失的认定要求，进行损失认定。

（二）抵押损失。由于企业没能按期赎回抵押资产，使抵押资产被拍卖或变卖，其账面价值与拍卖或变卖价值的差额部分，依据拍卖或变卖证明，认定为损失。

（三）委托贷款损失。企业委托金融机构向其他单位贷出的款项，对贷款单位不能按期偿还的，比照本规则投资损失的认定要求，进行损失认定。

第五十七条　国家特准储备物资发生损失的，按有关规定的审批程序另行报批。

第十二章　附　　则

第五十八条　企业应按照《会计档案管理办法》的规定，妥善保管清产核资工作档案，清产核资各种工作底稿、各项资产损失认定证明和会计基础材料，应分类装订成册，按规定期限保存。

第五十九条　本规则自公布之日起施行。

关于印发《国有企业清产核资工作规程》的通知

2003年9月13日　国资评价〔2003〕73号

党中央有关部门，国务院各部委、各直属机构，各省、自治区、直辖市及计划单列市国有资产监督管理机构，新疆生产建设兵团，各中央企业：

为了加强对企业国有资产监督管理，规范企业清产核资工作，根据《国有企业清产核资办法》(国资委令第1号)及清产核资政策的有关规定，我们制定了《国有企业清产核资工作规程》，现印发给你们。请结合企业自身实际，认真遵照执行，并及时反映工作中有关情况和问题。

附件：国有企业清产核资工作规程

附件：

国有企业清产核资工作规程

第一章　总　　则

第一条　为规范国有及国有控股企业(以下简称企业)清产核资工作，保证工作质量，提高工作效率，根据《国有企业清产核资办法》和国家有关财务会计制度，制定本工作规程。

第二条　企业开展清产核资工作，应当依据《国有企业清产核资办法》规定及本工作规程明确的工作程序、工作方法、工作要求和工作步骤等组织进行。

第三条 企业开展清产核资工作，有关立项申请、账务清理、资产清查、价值重估、损溢认定、报表编制、中介审计、结果申报、资金核实、账务处理、完善制度等工作任务，应当遵循本工作规程相关要求。

第四条 制定企业清产核资工作规程的目的，是为了促进建立依法管理、公开透明、监督制衡的企业清产核资工作基本程序和工作规范。

第二章 立项申请

第五条 企业开展清产核资工作，除国有资产监督管理机构特殊规定外，均应当根据实际情况和国家清产核资有关要求提出申请，经批准同意后组织实施。

属于由国有资产监督管理机构要求开展清产核资工作的，企业依据国有资产监督管理机构的工作通知或者工作方案，组织实施。

第六条 企业发生《国有企业清产核资办法》第八条所规定的有关经济行为的，依据国家清产核资有关政策和企业经济行为需要，由母公司统一向同级国有资产监督管理机构提出开展清产核资工作申请报告。

第七条 企业清产核资工作申请报告主要包括以下内容：

（一）企业情况简介；

（二）开展清产核资工作的原因；

（三）开展清产核资工作基准日（清查时点）；

（四）清产核资工作范围；

（五）清产核资工作组织方式；

（六）需要说明的其他事项。

第八条 企业清产核资工作申请报告，应当附报能够说明开展清产核资理由的相关文件或材料。

国有控股企业开展或者参加清产核资工作，应当附报企业董事会或者股东会的相关决议。

第九条 企业开展清产核资工作的范围应当包括：企业总部及所属全部的子企业(含下属事业单位、分支机构、境外子企业等，下同)。对于因特殊原因不能参加清产核资工作的子企业，企业应当附报有关名单并说明原因，经批准后可以账面数作为清产核资工作结果。

第十条 企业所属下列子企业可以不列入参加清产核资工作范围，直接以企业账面数作为企业清产核资工作结果：

(一)子企业新成立不到1年的；

(二)子企业因某种特定经济行为在上一年度已组织进行过资产评估的；

(三)子企业资产、财务状况良好，经财务审计确实不存在较大资产损失或者潜亏挂账的。

第十一条 国有资产监督管理机构在收到企业报送的清产核资工作申请报告后，应当依据清产核资制度及时予以审核和答复。

(一)对于符合开展清产核资工作条件的，国有资产监督管理机构应在规定时间内出具同意企业开展清产核资工作的文件；

(二)对于不符合开展清产核资工作条件的，国有资产监督管理机构应当及时通知企业并告之原因。

第十二条 企业经核准同意开展清产核资工作后，应当指定内设的财务管理或资产管理等机构或者成立多部门组成的临时机构作为具体工作办事机构，负责本企业清产核资有关工作的组织和协调，并与国有资产监督管理机构建立工作联系。

第十三条 企业经核准同意开展清产核资工作后，应当于接到同意文件15个工作日内，根据国家有关清产核资工作政策、工作制度和工作要求，制定本企业清产核资工作的具体实施方案，并报同级国有资产监督管理机构备案(其中应当抄报本企业监事会1份)。

第十四条 企业清产核资工作的具体实施方案，主要包括以下内容：

(一)企业开展清产核资工作目标；

(二)企业清产核资办事机构基本情况；

（三）企业清产核资工作组织方式；

（四）企业清产核资工作内容；

（五）企业清产核资工作步骤和时间安排；

（六）企业清产核资工作要求及工作纪律；

（七）需要说明的其他事项。

第十五条 企业在清产核资中，应当认真做好本企业内部户数清理工作，确定基本清查单位或项目，明确工作范围，落实工作责任制。基本清查单位和清产核资工作组织，原则上按照企业财务隶属关系划分和确定。

第三章 账务清理

第十六条 为保证企业的账账相符、账证相符，企业在清产核资工作中必须认真做好账务清理工作，即：对企业总公司及子企业所有账户进行清理，以及总公司同各子企业之间的各项内部资金往来、存借款余额、库存现金和有价证券等基本账务情况进行全面核对和清理，以保证企业各项账务的全面和准确。

第十七条 企业账务清理应当以清产核资工作基准日为时点，采取倒轧账的方式对各项账务进行全面清理，认真做好内部账户结算和资金核对工作。

通过账务清理要做到总公司内部各部门、总公司同各子企业之间、子企业相互之间往来关系清楚、资金关系明晰。

第十八条 企业对在金融机构开立的人民币支付结算的银行基本存款账户、一般存款账户、临时存款账户、专用存款账户，以及经常项目外汇账户、资本项目外汇账户等要进行全面清理。

第十九条 企业在清产核资中，应当认真清理企业及所属子企业各种违规账户或者账外账，按照国家现行有关金融、财会管理制度规定，检查本企业在各种金融机构中开立的银行账户是否合规，对违规开立的银行账户应当坚决清理；对于账外账的情况，一经发现，应当坚决纠正。

第二十条 企业在清产核资工作中,应当认真清查公司总部及所有子企业的各项账外现金,对违反国家财经法规及其他有关规定侵占、截留的收入,或者私存私放的各项现金(即“小金库”)进行全面清理,应当认真予以纠正,及时纳入企业账内。

第二十一条 企业在清产核资中,应当认真对企业总部及所属子企业对内或者对外的担保情况、财产抵押和司法诉讼等情况进行全面清理,并根据实际情况分类排队,并采取有效措施防范风险。

第二十二条 企业在账务清理中,对清理出来的各种由于会计技术性差错因素造成的错账,应当根据会计准则关于会计差错调整的规定自行进行账务调整。

第四章 资产清查

第二十三条 企业应当在清产核资过程中认真组织力量做好资产清查工作,对企业的各项资产进行全面的清理、核对和查实。社会中介机构应按照独立审计准则的相关规定对资产盘点进行监盘。

第二十四条 企业在组织资产清查时,应当把实物盘点同核实账务结合起来,在盘点过程中要以账对物、以物核账,做好细致的核对工作,保证企业做到账实相符。

(一)企业资产清查工作应当把清理资产同核查负债和所有者权益结合起来,对企业的负债、权益认真清理,对于因会计技术差错造成的不实债权、债务进行甄别并及时改正;对清查出来的账外权益、负债要及时入账,以确保企业的资产、负债及权益的真实、准确。

(二)企业资产清查工作应当重点做好各类应收及预付账款、各项对外投资、账外资产的清理,查实应收账款的债权是否存在,核实对外投资初始成本的现有实际价值。

第二十五条 企业对流动资产清查核实的范围和内容包括现金、各种存款、各种应收及预付款项、短期投资和存货等。

第二十六条 现金清查主要是确定货币资金是否存在;货币资金的收支记录是否完整;库存现金、银行存款以及其他货币资金账户的余额是否正确。

第二十七条 对库存现金的清查，应当查看库存现金是否超过核定的限额，现金收支是否符合现金管理规定；核对库存现金实际金额与现金日记账户余额是否相符；编制库存现金盘点表。对库存外币依币种清查，并以清查时点当日之银行外币买入牌价换算。

备用金余额加上各项支出凭证的金额应等于当初设置备用金数额。截至清查时点时，应当核对企业现金日记账的余额与库存现金的盘点金额是否相符；如有差异，应说明原因。

第二十八条 对其他货币资金，主要是清查外埠存款、银行汇票存款、银行本票存款、在途货币资金、信用卡存款、信用证存款等，按其他货币资金账户及其明细分类账逐一核对。

第二十九条 对银行存款，主要清查企业在开户银行及其他金融机构各种存款账面余额与银行及其他金融机构中该企业的账面余额是否相符；对银行存款的清查，应根据银行存款对账单、存款种类及货币种类逐一查对、核实。检查银行存款余额调节表中未达账项的真实性；检查非记账本位币折合记账本位币所采用的折算汇率是否正确，折算差额是否已按规定进行账务处理。

(一)存款明细要依不同银行账户分列明细，应当区分人民币及各种外币；

(二)定期存款应当出具银行定期存款单；

(三)各项存款应当由银行出具证明文件；

(四)外币存款应当按外币币种及银行分列；

(五)银行存款账列有利息收入时应当详加注明。

第三十条 应收及预付款项的清查内容包括应收票据、应收账款、其他应收款、预付账款和待摊费用。

(一)清查应收票据时，企业应当按其种类逐笔与购货单位或者银行核对查实；

(二)清查应收账款、其他应收款和预付账款时，企业应当逐一与对方单位核对，以双方一致金额记账。对有争议的债权要认真清理、查

证、核实,重新明确债权关系。对长期拖欠,要查明原因,积极催收;对经确认难以收回的款项,应当明确责任,做好有关取证工作;

(三)应当认真清理企业职工个人借款并限期收回。

第三十一条 短期投资的清查主要对国库券、各种特种债券、股票及其他短期投资进行清理,取得股票、债券及基金账户对账单,与明细账余额核对,盘点库存有价证券,与相关账户余额进行核对。

第三十二条 存货的清查内容主要包括:原材料、辅助材料、燃料、修理用备件、包装物、低值易耗品、在产品、半成品、产成品、外购商品、协作件以及代保管、在途、外存、外借、委托加工的物资(商品)等。

(一)各企业都应当认真组织清仓查库,对所有存货全面清查盘点;对清查出的积压、已毁损或需报废的存货,应当查明原因,组织相应的技术鉴定,并提出处理意见;

(二)对长期外借未收回的存货,应当查明原因,积极收回或按规定作价转让;

(三)代保管物资由代保管单位协助清查,并将清查结果告知产权单位。

第三十三条 固定资产清查的范围主要包括房屋及建筑物、机器设备、运输设备、工具器具和土地等。

(一)对固定资产要查清固定资产原值、净值,已提折旧额,清理出已提足折旧的固定资产、待报废和提前报废固定资产的数额及固定资产损失、待核销数额等;

(二)租出的固定资产由租出方负责清查,没有登记入账的要将清查结果与租入方进行核对后,登记入账;

(三)对借出和未按规定手续批准转让出去的资产,应当认真清理收回或者补办手续;

(四)对清查出的各项账面盘盈(含账外)、盘亏固定资产,要认真查明原因,分清工作责任,提出处理意见;

(五)经过清查后的各项固定资产,依据用途(指生产性或非生产性)和使用情况(指在用、未使用或不需用等)进行重新登记,建立健全实物账卡；

（六）对清查出的各项未使用、不需用的固定资产，应当查明购建日期、使用时间、技术状况和主要参数等，按调拨（其价值转入受拨单位）、转生产用、出售、待报废等提出处理意见；

（七）土地清查的范围包括企业依法占用和出租、出借给其他企业使用的土地，企业举办国内联营、合资企业以使用权作价投资或入股的土地，企业与外方举办的中外合资、合作经营企业以使用权作价入股的土地。

第三十四条 长期投资的清查主要包括总公司和子企业以流动资产、固定资产、无形资产等各种资产的各种形式投资。

（一）在清查对外长期投资时，凡按股份或者资本份额拥有实际控制权的，一般应采用权益法进行清查；没有实际控制权的，按企业目前对外投资的核算方式进行清查。核查内容包括：有关长期投资的合同、协议、章程，有权力部门的批准文件，确认目前拥有的实际股权、原始投入、股权比例、分红等项内容；

（二）企业在境外的长期投资清查主要包括以资金、实物资产、无形资产在境外投资举办的各类独资、合资、联营、参股公司等企业中的各项资产，由中方投资企业认真查明管理情况和投资效益。

第三十五条 在建工程（包括基建项目）清查的范围和内容主要是在建或停缓建的国家基建项目、技术改造项目，包括完工未交付使用（含试车）、交付使用未验收入账等工程项目、长期挂账但实际已经停工报废的项目。在建工程要由建设单位负责按项目逐一进行清查，主要登记在建工程的项目性质、投资来源、投资总额、实际支出、实际完工进度和管理状况。

对在建工程的毁损报废要详细说明原因，提供合规证明材料。对清理出来的在建工程中已完工未交付使用和交付使用未验收入账的工程，企业应当及时入账。

第三十六条 无形资产清查的范围和内容包括各项专利权、商标权、特许权、版权、商誉、土地使用权及房屋使用权等。对无形资产的清查进行全面盘点，确定其真实价值及完整内容，核实权属证明材料，检查实际摊销情况。

第三十七条 递延资产及其他资产清查的范围和内容包括开办费、租入固定资产改良支出及特准储备物资等，应当逐一清理，认真核查摊销余额。

第三十八条 负债清查的范围和内容包括各项流动负债和长期负债。流动负债要清查各种短期借款、应付及预收款项、预提费用及应付福利费等；长期负债要清查各种长期借款、应付债券、长期应付款、住房周转金等。对负债清查时企业、单位要与债权单位逐一核对账目，达到双方账面余额一致。

第三十九条 企业在对以上资产进行全面清查的基础上，根据国家有关清产核资损失认定的有关规定，在社会中介机构的配合下，收集相关证据，为资产损失、资金挂账的认定工作做好准备。

第五章 价值重估

第四十条 企业凡在以前开展清产核资工作(包括第五次全国清产核资工作，配合军队、武警部队和政法机关移交企业，中央党政机关脱钩企业，科研机构整体转制及日常开展的清产核资工作)时已进行过资产价值重估的，或者因特定经济行为需要已经组织过资产评估工作的，原则上不再进行资产价值重估。

第四十一条 中央企业在清产核资中，属第四十条规定以外，且企业账面价值和实际价值背离较大的主要固定资产和流动资产确需进行重新估价的，须在企业清产核资立项申请报告中就有关情况及原因进行专项说明，由国务院国有资产监督管理委员会审批。

第四十二条 地方所出资企业需在清产核资中进行资产价值重估的，须由省级国有资产监督管理机构核准同意。

第四十三条 企业在清产核资中经核准同意进行资产价值重估工作的，原则上应当采取物价指数法。对于特殊情况经批准后，也可采用重置成本法等其他方法进行。

第四十四条 物价指数法是以资产购建年度价格为基准价格，按国家有关部门制定的《清产核资价值重估统一标准目录》(1995 年)中列出的价格指数，对资产价值进行统一调整估价的方法。

第六章 损溢认定

第四十五条 企业在进行账务清理、资产清查的基础上，对各项清理出来的资产盘盈、资产损失和资金挂账，依据国家清产核资政策和有关财务会计制度规定，认真、细致地做好资产损溢的认定工作。

第四十六条 企业在清产核资中对清理出来的各项资产盘盈、资产损失和资金挂账的核实和认定，具体按照《国有企业资产损失认定工作规则》的有关规定进行。

第四十七条 企业在清产核资中对各项资产盘盈、资产损失和资金挂账的核实和认定都必须取得合法证据。合法证据包括：

(一)具有法律效力的外部证据；

(二)社会中介机构的经济鉴证证明；

(三)特定经济行为的企业内部证据。

第四十八条 企业在清产核资中，要认真组织做好资产盘盈、资产损失和资金挂账有关证明的取证与证据甄别。在取得各项相关证据和资料后，企业应当认真甄别各项证明材料的可靠性和合理性；承担清产核资专项财务审计业务的社会中介机构要对企业提供的各项证据的真实性、可靠性进行核实和确认。

第四十九条 企业在清产核资中对清理出的各种账外资产以及账外的债权、债务等情况在进行认真分析的基础上，作出详细说明，报国有资产监督机构审核批准后及时调整入账。

第五十条 企业在清产核资工作中，对证据充分、事实确凿的各项资产损失、资金挂账，经社会中介机构专项财务审计后，可以按照国家清产核资政策规定向国有资产监督管理机构申报认定和核销。

第五十一条 企业在清产核资中应当严格区分内部往来、内部关联交易的损失情况，在上报子企业的资产损失时，作为投资方采用权益法核算的,母公司不重复确认为损失。

第七章　报表编制

第五十二条　《企业清产核资报表》是在清产核资各项工作的基础上,依据各工作阶段所获得的数据和资料,进行整理、归类、汇总和分析,编制反映企业清产核资基准日资产状况、清查结果和资金核实的报告文件。

国务院国有资产监督管理委员会负责统一制定和下发《企业清产核资报表》格式。

第五十三条　企业在清产核资工作中,在进行账务清理、资产清查等工作并填制《清产核资工作基础表》的基础上,应当认真、如实地分别填制《企业清产核资报表》。

第五十四条　《清产核资工作基础表》是企业开展资产清查工作的基本底表。企业在清产核资过程中可根据企业自身情况对《清产核资工作基础表》进行必要的修改或调整。

第五十五条　《企业清产核资报表》分为清产核资工作情况表和清产核资损失挂账分项明细表两个部分:

(一)清产核资工作情况表主要包括:资产清查表、基本情况表、资金核实申报表、资金核实分户表、损失挂账情况表;

(二)清产核资损失挂账分项明细表反映企业申报的资产盘盈、资产损失和资金挂账分项明细情况,具体按照不同单位、损失类别等列示。

第五十六条　《企业清产核资报表》编制工作,要明确分工,精心组织,积极做好内部相关业务机构的协调和配合,确保报表数据的真实、合法和完整,并依次装订成册,由企业法人签字并加盖公章。

第五十七条　企业在清产核资工作中编制的《企业清产核资报表》和《清产核资工作基础表》应当作为工作档案的一部分,按照有关档案管理的要求妥善保管。

第八章　中介审计

第五十八条　企业清产核资工作结果应当按照规定委托符合资质条件的社会中介机构进行专项财务审计。涉及国家安全的特殊企业经同意后,由企业自行组织开展清产核资工作。

第五十九条　社会中介机构要按照独立、客观、公正的原则,履行必要的审计程序,依据独立审计准则等相关规定,认真核实企业的各项清产核资材料,并按照规定参与清点实物实施监盘。

第六十条　企业在清产核资工作中要分清与社会中介机构的职责分工,明确工作关系,细化工作程序,分清工作责任。如选择多家社会中介机构的,应当指定其中一家社会中介机构为主审机构牵头负责,并明确主审所与协作所的分工、责任等关系。

第六十一条　社会中介机构在清产核资专项财务审计工作和经济鉴证中享有法律规定的权力,承担法律规定的义务。任何企业和个人不得干涉社会中介机构的正常职业行为。社会中介机构要在清产核资工作中保守企业的各项商业秘密。

第六十二条　社会中介机构对企业资产损溢,应当在充分调查研究、论证的基础上,进行职业推断和客观评判,出具经济鉴证证明,并对其真实性、可靠性负责。

社会中介机构对企业清产核资结果,应当在认真核实和详细分析的基础上,根据独立、客观、公正原则,出具专项财务审计报告,并对其准确性、可靠性负责。

第六十三条　社会中介机构在清产核资专项财务审计工作结束后,应当在对企业的内控机制等情况进行审核的基础上,出具管理意见书,提出企业改进相关管理的具体措施和建议。

第九章　结果申报

第六十四条　企业对清查出的各项资产盘盈(包括账外资产)、资产损失和资金挂账等,应当区别情况,按照国家有关清产核资政策规定,分别提出具体处理意见,及时向同级国有资产监督管理机构报送清产核资结果申报材料。

第六十五条 从企业收到清产核资立项批复文件起,应于6个月内完成清产核资各项主体工作,并向国有资产监督管理机构报送清产核资工作报告;在规定时间内不能完成工作的,需报经国有资产监督管理机构同意。

第六十六条 清产核资结果申报材料具体包括:清产核资工作报告、清产核资报表、专项财务审计报告及有关备查材料。

第六十七条 企业清产核资工作报告主要包含以下内容:

(一)企业清产核资基本情况简介;

(二)清产核资工作结果;

(三)对清产核资暴露出来的企业资产、财务管理中存在的问题、原因进行分析并提出改进措施等。

第六十八条 企业清产核资报表应包括企业总部及所属全部子企业的资产状况,以反映企业总体经营实力,并采取合并方式编制。企业所属子企业的清产核资报表以送电子文档格式附报。

第六十九条 专项财务审计报告由社会中介机构出具,主要内容包括:清产核资范围及内容;清产核资行为依据及法律依据;清产核资组织实施情况;清产核资审核意见;社会中介机构认为需要专项说明的重大事项;报告使用范围说明等。另外,还应当附申报资产损失分项明细表;资产损失申报核销项目说明及相关工作材料等。

第七十条 企业各项资产损失、资金挂账的原始凭证资料及具有法律效力证明材料的复印件,如材料较多应单独汇编成册,编注页码,列出目录。

清产核资企业及相关社会中介机构要对所提供证明材料的复印件与原件的一致性负责。

第十章 资金核实

第七十一条 国有资产监督管理机构对企业经过账务清理、资产清查等基础工作后上报的各项资产盘盈、资产损失、资金挂账等进行认定，重新核实企业实际占用的全部法人财产和国家资本金。

第七十二条 国有资产监督管理机构在收到企业报送的清产核资报告后，按照国家有关清产核资政策、国家现行的财务会计制度及相关规定，对上报材料的内容进行审核。

属于国有控股企业的应向国有资产监督管理机构附报董事会或者股东会相关决议。

第七十三条 对企业上报的各项资产损失、资金挂账有充分证据的，国有资产监督管理机构在清产核资企业申报的处理意见及社会中介机构的专项财务审计意见基础上，依据企业的承受能力等实际情况，提出相应的损失挂账处理意见。企业有消化能力的应以企业自行消化为主；如企业确无消化能力的可按相关规定冲减所有者权益。

第七十四条 对确实因客观原因在企业申报清产核资资金核实结果时，相关资产损失、资金挂账的证据不够充分，国有资产监督管理机构无法审定核准的，经同意企业可继续收集证据，在不超过一年的时间内另行补报(1次)。

第十一章 账务处理

第七十五条 企业在接到清产核资资金核实批复文件后，依据批复文件的要求，按照国家现行的财务、会计制度的规定，对企业总公司及子企业进行账务处理。

第七十六条 企业对因采用权益法核算引起的由于子企业损失被核销造成的长期投资损失，在经批准核销后，按照会计制度的规定同时调整相关会计科目。

第七十七条 企业在接到清产核资的批复60个工作日内要将账务处理结果报同级国有资产监督管理机构并抄送企业监事会(1份)。主要内容有：

(一)总公司按照国有资产监督管理机构批复的清产核资资金核实结果，对列入清产核资范围的各子企业下达的账务调整批复；

(二)企业应当对未能按照国有资产监督管理机构批复的清产核资资金核实结果调账部分的原因进行详细说明并附相关证明材料;

(三)企业所属控股、参股子企业按照批复的损失额等比例进行摊销。

第七十八条 企业对经同意核销的各项不良债权、不良投资,要建立账销案存管理制度,组织力量和建立相关机构积极清理和追索;对同意核销的各项实物资产损失,应当组织力量积极处置、回收残值,避免国有资产流失。

第七十九条 企业在接到清产核资的批复30个工作日内,按规定程序到同级国有资产监督管理机构办理相应的产权变更登记手续。企业注册资本发生变动的,在接到清产核资的批复后,在规定的时间内,按规定程序到工商行政管理部门办理工商变更登记手续。

第十二章 完善制度

第八十条 企业在清产核资的基础上,应当针对清产核资工作中暴露出来的资产及财务管理等方面问题,对资产盘盈、资产损失和资金挂账等形成原因进行认真分析,分清管理责任,提出相关整改措施,巩固清产核资工作成果,防止前清后乱。

第八十一条 企业在清产核资的基础上,按照国家现行的财务、会计及资产管理制度规定并结合企业实际情况,建立健全各项资产包括固定资产、流动资产、无形资产、递延资产、在建工程等管理制度,完善内部资产与财务管理办法。

第八十二条 企业在清产核资的基础上,应当进一步加强会计核算,完善各项内控机制,加强对企业内部各级次的财务监督,建立资产损失责任制度,完善经济责任审计和子企业负责人离任审计制度。

第八十三条 企业在清产核资的基础上,应当认真研究各项风险控制管理制度,尤其是对企业担保、委托贷款资金等事项,提出控制风险的可行的办法,加强担保及委托资金的管理与控制。

第八十四条 企业在清产核资的基础上,应当建立和完善财务信息披露制度,将本企业投资、经营、财务以及企业经营过程中的重大事项，按照国家法律、法规的要求及时向出资人、董事会和股东披露，规范会计信息的披露。

第八十五条 企业应当根据清产核资工作结果，对所属各子企业的资产及财务状况进行认真分析，对确已资不抵债或不能持续经营的，应当根据实际情况提出合并、分立、解散、清算和关闭破产等工作措施，促进企业内部结构的调整，提高企业资产运营效益。

第八十六条 企业内部的纪检监察部门应当积极介入本企业的清产核资工作，对发现的严重违纪违规问题，应当移交有关部门调查处理；涉嫌违法的问题，应当及时移送司法机关处理。

第十三章 附 则

第八十七条 企业应当按照《会计档案管理办法》的规定，妥善保管清产核资工作档案。清产核资各种工作底稿、各项证明材料原件等会计基础材料应装订成册，按规定存档。

第八十八条 本工作规程自公布之日起施行。

国务院国有资产监督管理委员会关于印发《国有企业清产核资资金核实工作规定》的通知

2003年9月13日 国资评价〔2003〕74号

党中央有关部门，国务院各部委、各直属机构，各省、自治区、直辖市及计划单列市国有资产监督管理机构，新疆生产建设兵团，各中央企业：

为规范国有控股企业清产核资工作，真实反映企业的资产质量和财务状况，依据《国有企业清产核资办法》（国资委令第1号）及国家有关清产核资政策，我们制定了《国有企业清产核资资金核实工作规定》，现印发给你们。请结合企业实际,认真遵照执行,并及时反映工作中有关情况和问题。

附件:国有企业清产核资资金核实工作规定

附件:

国有企业清产核资资金核实工作规定

第一条 为规范国有及国有控股企业(以下简称企业)清产核资工作,促使解决企业历史遗留问题,真实反映企业的资产质量和财务状况,依据《国有企业清产核资办法》和国家有关清产核资政策,制定本规定。

第二条 资金核实是指国有资产监督管理机构根据清产核资企业上报的各项资产盘盈、资产损失和资金挂账等清产核资工作结果,依据国家清产核资政策和有关财务会计制度规定,组织进行审核并批复予以账务处理,重新核定企业实际占用国有资本金数额的工作。

第三条 企业开展清产核资工作,应当按照《国有企业清产核资办法》的有关规定,认真组织做好账务清理、资产清查等各项基础工作,如实反映企业资产质量和财务状况,做到全面彻底、账账相符、账实相符,保证企业清产核资结果的真实性、可靠性和完整性,严禁弄虚作假,避免国有资产流失。

第四条 企业清产核资工作结果应当按照规定经社会中介机构进行专项财务审计,查出的资产盘盈、资产损失和资金挂账应当提供相关合法证据或者社会中介机构经济鉴证证明等具有法律效力的证明材料。

承担企业清产核资专项财务审计工作和出具经济鉴证证明的社会中介机构,应当依据《独立审计准则》等有关规定,对企业清理出的各项资产盘盈、资产损失和资金挂账等清产核资工作结果进行客观、公正的审计和经济鉴证,并对审计结果和经济鉴证证明的真实性、可靠性承担责任。

第五条 企业清理出的各项资产盘盈、资产损失和资金挂账等的认定与处理，按照事实确凿、证据充分、程序合规的原则，依据《企业清产核资办法》规定的工作程序和工作要求，由清产核资企业向国有资产监督管理机构申报批准，并按照资金核实批复结果调整账务。

第六条 企业应当按照规定要求在清产核资资金核实工作中向国有资产监督管理机构提交以下申报材料：

（一）企业清产核资工作报告，主要包括：清产核资工作基准日、工作范围、工作内容、工作结果和基准日的资产财务状况，以及相关处理意见；

（二）企业清产核资报表，包括：基准日企业基本情况表、各类资产损失明细情况表等；

（三）社会中介机构专项财务审计报告；

（四）企业申报处理的资产盘盈、资产损失和资金挂账的有关意见专项说明，企业申报处理的资产盘盈、资产损失和资金挂账的专项说明和各类资产损失明细情况表，应当逐笔写明发生日期、损失原因、政策依据、处理方式以及有关原始凭证资料和具有法律效力的证明材料齐全情况，并分类汇编成册；

（五）有关资产盘盈、资产损失和资金挂账备查材料，主要包括：企业清产核资原始凭证材料和具有法律效力的证明材料（可以用复印件），作为企业清产核资工作备查和存档资料，应当分类汇编成册，并列出目录，以便于工作备查；

（六）需要提供的其他材料。

第七条 企业清产核资资金核实工作按照以下程序进行：

（一）企业在账务清理、资产清查等工作基础上，经社会中介机构对清产核资专项财务审计和有关资产损失提出合规证据或者经济鉴证证明后，对清理出的各项资产盘盈、资产损失和资金挂账，按照国家清产核资政策和有关财务会计制度，分项提出处理意见，编制清产核资报表，撰写企业清产核资工作报告；

（二）企业向国有资产监督管理机构上报企业清产核资工作报告、清产核资报表、社会中介机构专项财务审计报告，并附相关合法证据及经济鉴证证明等材料；

(三)国有资产监督管理机构在规定工作时限内，对上报的企业清产核资工作报告、清产核资报表、社会中介机构专项财务审计报告及相关材料进行审核，并对资金核实结果进行批复；

(四)企业按照国有资产监督管理机构有关资金核实批复文件，依据国家财务会计制度有关规定，调整企业会计账务，并按照有关规定办理相关产权变更登记及工商变更登记。

第八条 对于企业在清产核资中查出的资产盘盈与资产损失相抵后，盘盈资产大于资产损失部分，根据财政部等六部门联合下发的《关于进一步贯彻落实国务院办公厅有关清产核资政策的通知》(财清〔1994〕15号，以下简称财清15号文件)的规定，经国有资产监督管理机构审核批准后，相应增加企业所有者权益。

第九条 依据《国务院办公厅关于扩大清产核资试点工作有关政策的通知》(国办发〔1993〕29号)和财清15号文件规定，企业清产核资中查出的各项资产损失和资金挂账数额较小，企业能够自行消化的，可以按照国家有关财务会计制度规定，经国有资产监督管理机构征求财政部门意见批准后分年计入损溢处理；对查出的企业各项资产损失和资金挂账数额较大、企业无能力自行消化弥补的，经国有资产监督管理机构审核批准后，可冲减企业所有者权益。

第十条 企业查出的各项资产损失和资金挂账，经国有资产监督管理机构审核批准冲减所有者权益的，可依次冲减盈余公积金、资本公积金和实收资本。

对企业执行《企业会计制度》查出的各项资产损失和资金挂账，依据国家有关清产核资政策规定，以及财政部《关于国有企业执行〈企业会计制度〉有关财务政策问题的通知》(财企〔2002〕310号，以下简称财企310号文件)有关规定，经国有资产监督管理机构审核批准的，可以依次冲减以前年度未分配利润、公益金、盈余公积金、资本公积金和实收资本。

第十一条 企业应当依据国有资产监督管理机构资金核实批复文件，及时调整会计账务，并将调账结果在规定时限内报国有资产监督管理机构备案(其中抄送国有重点大型企业监事会1份)。

第十二条 企业有关资产损失和资金挂账经国有资产监督管理机构审核批准后,冲减所有者权益应当保留的资本金数额不得低于法定注册资本金限额,不足冲减部分依据财企310号文件规定,暂作待处理专项资产损失,并在3年内分期摊销,尚未摊销的余额,在资产负债表“其他长期资产”项目中列示,并在年度财务决算报告中的会计报表附注中加以说明。

第十三条 企业经批准冲销的有关不良债权、不良投资和有关实物资产损失等,应当建立“账销案存”管理制度,并组织力量或者成立专门机构进一步清理和追索,避免国有资产流失;对以后追索收回的残值或者资金应当按国家有关财务会计制度规定,及时入账并作有关收入处理。

第十四条 企业对清产核资各项基础工作资料应当认真整理,建立档案,妥善保管,并按照会计档案保管期限予以保存。

第十五条 企业对清产核资中反映出的各项经营管理中的矛盾和问题,应当认真总结经验,分清责任,建立和健全各项管理制度,完善相关内部控制机制,并做好组织落实工作。企业应当在清产核资工作的基础上,建立资产损失责任追究制度和健全企业不良资产管理制度,巩固清产核资成果。

第十六条 本规定自公布之日起施行。

国务院国有资产监督管理委员会关于印发《国有企业清产核资经济鉴证工作规则》的通知

2003年9月18日 国资评价〔2003〕78号

党中央有关部门,国务院各部委、各直属机构,各省、自治区、直辖市及计划单列市国有资产监督管理机构,新疆生产建设兵团,各中央企业:

为加强对企业国有资产的监督管理,规范企业清产核资经济鉴证工作,保证企业清产核资结果的真实、可靠和完整,根据《国有企业清产核资办法》(国资委令第1号)及清产核资的有关规定,我们制定了《国有企业清产核资经济鉴证工作规则》,现印发给你们。请结合企业实际,认真执行,并及时反映工作中有关情况和问题。

附件:国有企业清产核资经济鉴证工作规则

附件:

国有企业清产核资经济鉴证工作规则

第一章 总 则

第一条 为规范国有及国有控股企业(以下简称企业)清产核资经济鉴证行为,保证企业清产核资结果的真实、可靠和完整,根据《国有企业清产核资办法》(以下简称《办法》)和国家有关财务会计制度规定,制定本规则。

第二条 本规则适用于组织开展清产核资工作的企业以及承办企业清产核资经济鉴证及专项财务审计业务的有关社会中介机构(以下简称中介机构)。

第三条 本规则所称清产核资经济鉴证工作,是指中介机构按照国家清产核资政策和有关财务会计制度规定,对企业清理出的有关资产盘盈、资产损失及资金挂账(以下简称损失及挂账)进行经济鉴证,对企业清产核资结果进行专项财务审计,以及协助企业资产清查和提供企业建章建制咨询意见等工作。

第四条 本规则所称中介机构主要是指具有经济鉴证业务执业资质的会计师事务所、资产评估事务所和律师事务所等。

第五条 中介机构在企业清产核资经济鉴证工作中,应根据《办法》

和国家有关财务会计制度规定的工作要求、工作程序和工作方法，按照独立、客观、公正的原则，在充分调查研究、论证和分析基础上，对企业提供的清产核资资料和清查出的损失及挂账进行职业推断和客观评判，提出鉴证意见，出具清产核资专项财务审计报告和经济鉴证证明。

第二章　中介委托

第六条　按照《办法》规定，除涉及国家安全的特殊企业外，企业开展清产核资工作均须委托中介机构承办其经济鉴证业务，并应当依法签订业务委托约定书，明确委托目的、业务范围及双方责任、权利和义务。

第七条　企业按照国家有关法律法规规定或者特定经济行为要求申请进行清产核资的，以及企业所属子企业由于国有产权转让、出售等经济行为使产权发生重大变动（涉及控股权转移）需开展清产核资的，由企业母公司统一委托中介机构，并将委托结果报同级国有资产监督管理机构备案。

第八条　企业根据各级国有资产监督管理机构的要求必须开展清产核资工作的，以及企业母公司由于国有产权转让、出售等经济行为使产权发生重大变动（涉及控股权转移）需开展清产核资的，由同级国有资产监督管理机构统一委托中介机构。

第九条　承办企业清产核资经济鉴证业务的中介机构，必须具备以下条件：

（一）依法成立，具有经济鉴证或者财务审计业务执业资格；

（二）3年内未因违法、违规执业受到有关监管机构处罚，机构内部执业质量控制管理制度健全；

（三）中介机构的资质条件与委托企业规模相适应。

第十条　承办企业清产核资经济鉴证业务的中介机构专业工作人员应当具备以下条件：

（一）项目负责人应当为具有有效执业资格的注册会计师、注册评估师、律师等；

(二)相关工作人员应当具有相应的专业技能,并且熟悉国家清产核资操作程序和资金核实政策规定。

第十一条 承办企业清产核资经济鉴证业务的中介机构或者相关工作人员,与委托企业存在可能损害独立性利害关系的,应当按照规定回避。

第十二条 承办企业清产核资经济鉴证业务的中介机构在接受企业委托后,应当根据清产核资经济鉴证业务量需要,选定相对固定的专业人员参加清产核资经济鉴证工作,以保证工作按期完成。

第三章 损失及挂账鉴证

第十三条 企业在清产核资工作过程中,对于清查出的下列损失及挂账,应当委托中介机构进行经济鉴证:

(一)企业虽然取得了外部具有法律效力的证据,但其损失金额无法根据证据确定的;

(二)企业难以取得外部具有法律效力证据的有关不良应收款项和不良长期投资损失;

(三)企业损失金额较大或重要的单项存货、固定资产、在建工程和工程物资的报废、毁损;

(四)企业各项盘盈和盘亏资产;

(五)企业各项潜亏及挂账。

第十四条 在企业损失及挂账经济鉴证工作中,中介机构和相关工作人员应当实施必要的、合理的鉴证程序:

(一)督促和协助企业及时取得相关损失及挂账的具有法律效力的外部证据;

(二)在企业难以取得相关损失及挂账具有法律效力的外部证据时,中介机构及相关工作人员应当要求企业提供相关损失及挂账的内部证据;

(三)中介机构赴工作现场进行深入调查研究,取得相关调查资料;

(四)根据收集的上述材料,中介机构进行职业推断和客观评判,对企业相关损失及挂账的发生事实和可能结果进行鉴证；

(五)通过认真核对与分析计算，对企业相关损失及挂账的金额进行估算及确认；

(六)对收集的上述材料进行整理，形成经济鉴证材料；

(七)出具鉴证意见书。

第十五条 企业损失及挂账的鉴证意见书应符合以下要求：

(一)对于企业的相关损失及挂账应按照类别逐项出具鉴证意见；

(二)鉴证意见应当内容真实、表述客观、依据充分、结论明确。

第十六条 在企业损失及挂账经济鉴证工作中，中介机构及相关工作人员必须认真查阅企业有关财务会计资料和文件，勘察业务现场和设施，向有关单位和个人进行调查与核实；对企业故意不提供或者提供虚假会计资料和相关损失及挂账证据的，中介机构及相关工作人员有权对相关损失及挂账不予鉴证或者不发表鉴证意见。

第四章 专项财务审计

第十七条 企业清产核资专项财务审计业务，原则上应当由一家中介机构承担，但若开展清产核资的企业所属子企业分布地域较广，清产核资专项财务审计业务量较大时，多家中介机构(一般不超过5家)可以同时承办同一户企业的清产核资专项财务审计业务，并由承担母公司专项财务审计业务的中介机构担任主审，负责总审计工作。

第十八条 主审中介机构一般应承担企业清产核资专项财务审计业务量的50%以上(含50%)，负责全部专项审计工作的组织、协调和质量控制，并对出具的企业清产核资专项财务审计报告的真实性、合法性负责。

第十九条 在企业清产核资专项财务审计工作中，中介机构及相关审计人员应当实施必要的审计流程，取得充分的审计证据。具体包括：

(一)制定清产核资专项财务审计工作计划，明确审计目的、审计范围和审计内容，拟订审计工作基础表和审计工作底稿格式，并对参加专项审计工作的相关审计人员进行培训；

(二)对企业清产核资基准日的会计报表进行审计,以保证企业清产核资基准日账面数的准确;

(三)负责企业资产清查的监盘工作;

(四)核对、询证、查实企业债权、债务;

(五)对企业损失及挂账进行审核,协助和督促企业取得损失及挂账所必需的外部具有法律效力的证据,其他中介机构出具的经济鉴证证明,以及提供特定事项的内部证明,并对其真实性和合规性进行审计;

(六)出具企业清产核资专项财务审计报告。

第二十条 在企业清产核资专项财务审计工作中,中介机构及相关审计人员应当审计的重点事项有:

(一)货币资金:重点审计企业的现金是否存在短缺,各类银行存款是否与银行对账单存在差异,其他货币资金是否存在损失等;

(二)应收款项:重点审计应收款项的账龄分析及其回函确认的情况,坏账损失的确认情况;

(三)存货:重点审计存放时间长、闲置、毁损和待报废的存货;

(四)长期投资:重点审核企业的长期投资产权清晰状况、核算方法、被投资单位的财务状况等;

(五)固定资产:重点审计固定资产的主要类型、折旧年限、折旧方法和使用状况;

(六)在建工程:重点审计在建工程的主要项目和工程结算情况,停建和待报废工程的主要原因;

(七)待摊费用、递延资产及无形资产:重点审计是否存在潜亏挂账的项目;

(八)各类盘盈资产:重点审计盘盈的原因和作价依据;

(九)各类盘亏资产:重点审计盘亏的原因、责任及金额;

(十)各项待处理资产损失:重点审核其申报审批程序是否符合企业内部控制制度和相关管理办法及相关政府部门的有关规定;

(十一)企业的内部控制制度:重点审计企业内部控制制度是否健全、有效。

第五章 审计报告

第二十一条 在实施了必要的审计流程和收集了充分、适当的审计证据后，承办企业清产核资专项财务审计业务的中介机构应当及时出具企业清产核资专项财务审计报告。

第二十二条 对于单独承办同一企业全部清产核资专项财务审计业务的中介机构，不仅应当出具该企业清产核资专项财务审计报告，还应当对该企业有较大损失的子企业出具分户清产核资专项财务审计报告。

第二十三条 对于同时承办同一企业清产核资专项财务审计业务的多家中介机构，应当分别对其审计的子企业出具分户清产核资专项财务审计报告，并报送主审中介机构，主审中介机构在此基础上出具企业清产核资专项财务审计报告。

第二十四条 企业清产核资专项财务审计报告的基本格式为：

（一）封面：标明清产核资专项审计项目的名称、中介机构名称、项目工作日期等；

（二）目录：应对专项审计报告全文编注页码，并以此列出报告正文及附表或者附件的目录；

（三）报告正文：应做到内容真实、证据确凿、依据充分、结论清楚、数据准确、文字严谨；

（四）相关工作附表及附件：

1. 损失挂账分项明细表；

2. 损失挂账申报核销项目审核说明；

3. 损失挂账的证明材料（应当分类装订成册，若证明材料过多，则作为备查材料）；

4. 主审会计师的资质证明和中介机构营业执照复印件；

5. 其他有关材料。

第二十五条 清产核资专项审计报告正文的格式为：清产核资工作范围、清产核资行为依据及法律依据、清产核资组织实施情况、清产核资审核结果、清产核资处理意见、中介机构认为需要专项说明的重大事项及报告使用范围说明等。

第二十六条 在损失挂账分项明细表中,应当将企业申报处理的损失挂账按单位和会计科目逐笔列示。具体格式为:损失项目名称、损失原因、发生时间、项目原值、申报损失金额、企业处理意见、关键证据及索引号和中介机构处理意见等。

第二十七条 在损失挂账申报核销项目审核说明中,中介机构应当对损失挂账分项明细表中列示的各类损失项目,按单位和会计科目逐项编写损失挂账项目说明。具体格式为:序号、申报损失项目名称、申报核销金额(以人民币元为单位)、关键证据、中介机构的审核意见等。

第二十八条 中介机构及相关审计人员在清产核资专项财务审计报告中应当重点披露的内容有:

(一)企业的会计责任和中介机构的审计责任;

(二)审计依据、审计方法、审计范围和已实施的审计流程;

(三)对企业损失及挂账的核实情况;

(四)处理损失及挂账,对企业的经营和财务状况将产生的影响;

(五)在清产核资专项财务审计工作中发现的有可能对企业损失及挂账的认定产生重大影响的事项;

(六)在清产核资专项财务审计工作中发现的企业重大资产和财务问题以及向企业提出的有关改进建议;

(七)对企业内部控制制度的完整性、适用性、有效性以及执行情况发表意见。

第六章 工作责任与监督

第二十九条 企业负责人对企业提供的会计资料以及申报的清产核资工作结果的真实性、完整性承担责任;中介机构对所出具的清产核资专项财务审计报告和损失及挂账经济鉴证意见的准确性、可靠性承担责任。

第三十条 承办企业清产核资经济鉴证业务的中介机构及相关工作人员应认真遵循相关执业道德规范：

（一）严格按照《办法》和国家有关财务会计制度规定，认真做好企业清产核资损失及挂账经济鉴证和专项财务审计工作；

（二）恪守独立、客观、公正的原则，做到诚信为本，不虚报、瞒报和弄虚作假；

（三）认真按照业务约定书的约定履行责任；

（四）严守企业的商业秘密，未经许可不得擅自对外公布受托企业的清产核资结果及相关材料。

第三十一条 国有资产监督管理机构负责中介机构及相关工作人员的企业清产核资经济鉴证监督工作，建立企业清产核资经济鉴证质量抽查工作制度，对中介机构出具的清产核资专项财务审计报告和企业损失及挂账经济鉴证意见的质量进行必要检查和监督。

第三十二条 承办企业清产核资经济鉴证业务的中介机构及相关工作人员在实际工作中违反国家有关法律法规规定的，国有资产监督管理机构可及时终止其清产核资经济鉴证业务，并视情节轻重，移交有关部门依法进行处罚；触犯刑律的，依法移送司法机关处理。

第三十三条 在国有资产监督管理机构对资金核实结果批复后，承办企业清产核资经济鉴证业务的中介机构应当及时协助企业按批复文件的要求进行调账。

第七章　附　　则

第三十四条 企业和承办企业清产核资经济鉴证业务的中介机构，应当按照《会计档案管理办法》的规定，妥善保管好清产核资各类工作底稿及相关材料，并做好归档管理工作。

第三十五条 本规则自公布之日起施行。

关于在财务统计工作中执行新的企业规模划分标准的通知

2003 年 11 月 4 日　国资厅评价〔2003〕327 号

各中央企业：

为加强企业财务会计信息统计标准管理，规范企业规模分类标准，现将《统计上大中小型企业划分办法(暂行)》(国统字〔2003〕17 号)和《部分非工企业大中小型划分补充标准(草案)》印发给你们，请在财务会计统计和财务报告工作中遵照执行。现将有关事项通知如下：

一、国家统计局根据《关于印发中小企业标准暂行规定的通知》(国经贸中小企〔2003〕143 号)，对原《大中小型工业企业划分标准》(国统字〔1992〕337 号)进行了修订，制定了《统计上大中小型企业划分办法(暂行)》(国统字〔2003〕17 号)。为确保财务会计信息口径可比，财务统计和财务报告工作统一采用国家统计局新公布的规模划分标准。

二、为满足国有资产监管工作需要，我们依据《统计上大中小型企业划分办法(暂行)》的划型原则，参照国民经济行业分类标准(GB/T4754—2002)及《大中小型非工业企业划分标准(草案)》(财清办〔1995〕53 号)的划型标准，对《统计上大中小型企业划分办法(暂行)》中未列示的非工企业划分标准进行了补充，研究制定了《部分非工企业大中小型划分补充标准(草案)》。

请各中央企业在财务统计和财务报告工作中认真执行，如发现问题，及时与我委统计评价局联系。

附件：1. 统计上大中小型企业划分办法(暂行)

2. 部分非工企业大中小型划分补充标准(草案)

附件 1:

统计上大中小型企业划分办法(暂行)

国统字〔2003〕17 号

一、根据国家经贸委、国家计委、财政部、国家统计局《关于印发中小企业标准暂行规定的通知》(国经贸中小企〔2003〕143 号),结合统计工作的实际情况,特制定本办法。

二、本办法适用于统计上对工业(采矿业,制造业,电力、燃气及水的生产和供应业)、建筑业、交通运输、仓储和邮政业、批发和零售业、住宿和餐饮业的企业划分规模。

三、本办法以法人企业或单位作为对企业规模的划分对象,以从业人员数、销售额和资产总额三项指标为划分依据。企业规模的具体划分标准见附表。

四、企业规模由政府综合统计部门根据上年统计年报每年划分一次。企业规模一经确认,月度统计原则上不进行调整。

附表:统计上大中小型企业划分标准

统计上大中小型企业划分标准

行业名称	指标名称	计算单位	大　型	中　型	小　型
工业企业	从业人员数	人	2000 及以上	300～2000 以下	300 以下
	销售额	万元	30000 及以上	3000～30000 以下	3000 以下
	资产总额	万元	40000 及以上	4000～40000 以下	4000 以下
建筑业企业	从业人员数	人	3000 及以上	600～3000 以下	600 以下
	销售额	万元	30000 及以上	3000～30000 以下	3000 以下
	资产总额	万元	40000 及以上	4000～40000 以下	4000 以下
批发业企业	从业人员数	人	200 及以上	100～200 以下	100 以下
	销售额	万元	30000 及以上	3000～30000 以下	3000 以下
零售业企业	从业人员数	人	500 及以上	100～500 以下	100 以下
	销售额	万元	15000 及以上	1000～15000 以下	1000 以下

续表

行业名称	指标名称	计算单位	大　型	中　型	小　型
交通运输业企业	从业人员数 销售额	人 万元	3000 及以上 30000 及以上	500～3000 以下 3000～30000 以下	500 以下 3000 以下
邮政业企业	从业人员数 销售额	人 万元	1000 及以上 30000 及以上	400～1000 以下 3000～30000 以下	400 以下 3000 以下
住宿和餐馆业企业	从业人员数 销售额	人 万元	800 及以上 15000 及以上	400～800 以下 3000～15000 以下	400 以下 3000 以下

说明:1. 表中的“工业企业”包括采矿业、制造业、电力、燃气及水的生产和供应业三个行业的企业。

2. 工业企业的销售额以现行统计制度中的年产品销售收入代替;建筑业企业的销售额以现行统计制度中的年工程结算收入代替;批发和零售业的销售额以现行报表制度中的年销售额代替;交通运输和邮政业、住宿和餐饮业企业的销售额以现行统计制度中的年营业收入代替;资产总额以现行统计制度中的资产合计代替。

3. 大型和中型企业须同时满足所列各项条件的下限指标,否则下划一档。

附件 2:

部分非工企业大中小型划分补充标准(草案)

行业名称	指标名称	计算单位	大　型	中　型	小　型
农林牧渔企业	从业人员数 销售额	人 万元	3000 及以上 15000 及以上	500～3000 以下 1000～15000 以下	500 以下 1000 以下
仓储企业	从业人员数 销售额	人 万元	500 及以上 15000 及以上	100～500 以下 1000～15000 以下	100 以下 1000 以下
房地产企业	从业人员数 销售额	人 万元	200 及以上 15000 及以上	100～200 以下 1000～15000 以下	100 以下 1000 以下
金融企业	从业人员数 净资产总额	人 万元	500 及以上 50000 及以上	100～500 以下	100 以下 5000 以下
地质勘查和水利环境管理企业	从业人员数 资产总额	人 万元	2000 及以上 20000 及以上	600～2000 以下 2000～20000 以下	600 以下 2000 以下
文体、娱乐企业	从业人员数 销售额	人 万元	600 及以上 15000 及以上	200～600 以下 3000～15000 以下	200 以下 3000 以下
信息传输企业	从业人员数 销售额	人 万元	400 及以上 30000 及以上	100～400 以下 3000～30000 以下	100 以下 3000 以下

续表

行业名称	指标名称	计算单位	大　型	中　型	小　型
计算机服务及软件企业	从业人员数 销售额	人 万元	300及以上 30000及以上	100～300以下 3000～30000以下	100以下 3000以下
租赁企业	从业人员数 销售额	人 万元	300及以上 15000及以上	100～300以下 1000～15000以下	100以下 1000以下
商务及科技服务企业	从业人员数 销售额	人 万元	400及以上 15000及以上	100～400以下 1000～15000以下	100以下 1000以下
居民服务企业	从业人员数 销售额	人 万元	800及以上 15000及以上	200～800以下 1000～15000以下	200以下 1000以下
其他企业	从业人员数 销售额	人 万元	500及以上 15000及以上	100～500以下 1000～15000以下	100以下 1000以下

说明：1. 销售额按相关行业的"产品销售收入"、"商品销售收入"、"主营业务收入"、"营业收入"、"经营收入"、"工程结算收入"等科目发生额计算。

2. 其他企业是指在《统计上大中小型企业划分办法（暂行）》（国统字〔2003〕7号）和本表中未列示的行业企业，具体包括：从事卫生、社会保障和社会福利业，公共管理和社会组织等行业的企业。

3. 大型和中型企业须同时满足所列各项条件的下限指标，否则下划一档。

关于印发清产核资工作问题解答(二)的通知

2004年2月12日　国资厅发评价〔2004〕8号

党中央有关部门，国务院各部门，各直属机构，各省、自治区、直辖市国有资产监管机构，新疆生产建设兵团，各中央企业：

为贯彻落实《国有企业清产核资办法》（国资委令第1号）及相关清产核资工作文件的精神，帮助企业了解国家统一的清产核资工作制度，现将《清产核资工作问题解答（二）》印发你们，请遵照执行。在执行过程中有何问题，请及时反映。

附件：清产核资工作问题解答（二）

附件：

清产核资工作问题解答(二)

在中央企业清产核资工作中，不少企业和会计师事务所又陆续反映了一些新的清产核资政策、报表等方面的问题，现解答如下：

一、关于正在进行改制的企业清产核资问题

根据《国务院办公厅转发国务院国有资产监督管理委员会关于规范国有企业改制工作意见的通知》(国办发〔2003〕96号，以下简称96号文件)有关规定，国有企业在改制前，首先应进行清产核资，在清产核资的基础上，再进行资产评估。在清产核资基准日之前，若企业经国资委批复将要或正在进行改制，但尚未进行资产评估或仅对部分资产进行评估的，应按96号文件要求开展清产核资工作；若企业在96号文件下发之前已进行整体资产评估，考虑到企业实际工作量及时间问题，经申报国资委核准后可不再另行开展清产核资工作。

二、关于企业所属控股或相对控股但无实际控制权的被投资企业，及企业参股但有实际控制权的被投资企业清产核资问题

根据《国有企业清产核资工作规程》(国资评价〔2003〕73号)有关规定，除第十条中列示的符合相关条件企业所属子企业可以不纳入清产核资范围外，企业及所属子企业原则上应全部纳入清产核资范围，因此，企业所属控股或相对控股但无实际控制权的被投资企业，应由企业作为其所属子企业统一纳入清产核资范围；企业参股但有实际控制权的被投资企业，也应由企业作为其所属子企业统一纳入清产核资范围；对于企业参股且无实际控制权的被投资企业，企业不应将该被投资企业纳入清产核资范围，而应由企业在清产核资中进行该笔长期投资的清理。

三、关于关闭、停业等难以持续经营的企业清产核资问题

根据《国有企业清产核资工作规程》(国资评价〔2003〕73号)的有关规定,对于关闭、停业等难以持续经营的企业,原则上也应全部纳入清产核资范围;但对于由于客观原因难以开展清产核资工作的,企业总公司应向国资委提出申请,经国资委批复同意后可以不作为单户纳入清产核资范围,而上述企业的投资企业应进行长期股权投资清理,并在限期内将清理后资产及财务状况报国资委备案。

四、关于企业按成本法核算的长期股权投资账面余额,与改为权益法核算后的应享有被投资单位账面所有者权益份额之间的差额申报处理的问题

在清产核资中,企业按照《企业会计制度》将长期股权投资从成本法调整为权益法核算而产生的企业长期股权投资账面余额,与按持股比例计算的应享有被投资单位账面所有者权益份额之间的差额,不应作为清产核资清查出的长期股权投资损失或收益申报处理,而应由企业按照财政部《关于印发工业企业〈执行企业会计制度〉有关问题衔接规定的通知》(财会〔2003〕31号)的有关规定进行账务调整。

五、关于企业内部单方挂账或金额不相等的往来款项作为坏账损失申报的问题

根据《关于印发国有企业资产损失认定工作规则的通知》(国资评价〔2003〕72号)有关规定,企业内部往来款项原则上不能作为清产核资坏账损失申报处理。但在清产核资实际工作中,通过账务清理和资产清查,企业的内部单方挂账和往来款金额不相等现象较为普遍,为了全面摸清中央企业"家底",如实反映企业存在的矛盾和问题,真实、完整地反映企业资产状况,企业内部的单方挂账在同时取得下列证据时

可以在清产核资中比照坏账损失申报：

(一)企业对于单方挂账产生的内部证据，包括：会计核算有关资料和原始凭证；相关经济行为的业务合同；形成单方挂账的详细原因；

(二)债务方提供的不承认此笔挂账的理由；

(三)中介机构对该笔挂账的经济鉴证证明。

对于企业的内部金额不相等的往来款项，先由企业进行账务调整，差额部分再比照单方挂账的申报方法进行申报。

六、关于企业将主要固定资产和流动资产账面价值与实际价值背离较大的差额部分作为损失申报处理的问题

在清产核资工作中，若企业清查出主要固定资产(企业在1995年清产核资时估价入账的土地除外)和流动资产账面价值与实际价值存在较大背离的情况，且该主要固定资产和流动资产未发生产权转让或进行处置，则企业可以将主要固定资产和流动资产账面价值与实际价值的差额按照《企业会计制度》有关资产减值准备计提的原则，作为清产核资预计损失申报处理，但不得作为清产核资按"原制度"清查出的损失申报处理。

七、关于纳入清产核资范围但已于清产核资基准日上一年度进行过资产评估的企业资产损失申报问题

根据《国有企业清产核资工作规程》(国资评价〔2003〕73号)有关规定，企业所属子企业因某种特定经济行为在上一年度已组织进行过资产评估的，可以不纳入此次清产核资范围。但若企业因某种特定经济行为在上一年度组织进行过资产评估后，仍有资产损失尚需处理的，企业也可以参加此次清产核资。在申报清产核资资产损失时，企业可以按照《国有企业资产损失认定工作规则的通知》(国资评价〔2003〕72号)和《国有企业清产核资经济鉴证工作规程的通知》(国资评价〔2003〕78号)有关规定，将资产评估结果作为评估事务所出具的经济鉴证证明，提供给负责清产核资财务专项审计的会计师事务所

进行审计。

八、关于期初未分配利润为负值的企业在清产核资中按《企业会计制度》预计的损失处理问题

根据《关于印发国有企业清产核资资金核实工作规定的通知》(国资评价〔2003〕74 号)的有关规定,在清产核资中,对于按《企业会计制度》预计的损失,企业应核减期初未分配利润。若期初未分配利润为负值的,企业仍应将预计损失记入期初未分配利润,即加大未分配利润的负值。对于未分配利润的负值,企业应在清产核资基准日后的五年内按照会计制度用当年实现的利润进行弥补,五年后若还未弥补完,企业可用盈余公积和资本公积进行弥补。

九、关于涉及国家安全等特殊企业的清产核资结果内部审计问题

根据《国有企业清产核资经济鉴证工作规程的通知》(国资评价〔2003〕78 号)有关规定,企业清产核资工作结果应当委托符合资质条件的社会中介机构进行专项财务审计。对于涉及国家安全、不适宜会计师事务所审计的特殊子企业、依据所在国家及地区法律规定进行审计的境外子企业,以及国家法律、法规尚未规定须委托会计师事务所审计的有关单位,可由企业自行组织开展清产核资工作。为了确保清产核资结果的真实可靠,对于自行组织开展清产核资工作的企业,须对其清产核资结果进行内部审计:一是企业应有正式内部审计机构,制定切实可行的内审方案,制定统一的审计程序、审计标准和审计报告格式;二是企业可探索多种内审方式,如可采取“下审一级”、“同级互审”等方式,无论采取何种方式,都必须确保审计工作质量;三是根据《国有企业清产核资经济鉴证工作规则》(国资评价〔2003〕78 号)的有关规定,企业要在充分调查取证和分析论证的基础上,对各项损失挂账进行客观评判,并出具鉴证意见;四是应出具清产核资专项内审报告,专项内审报告要加盖企业公章,并有内审机构负责人和内审工作小组组长的签字。

十、关于2005年执行《企业会计制度》的企业,2004年度发生的按《企业会计制度》预计的损失处理问题

对于以2003年12月31日为基准日进行清产核资,但计划于2005年才开始执行《企业会计制度》的企业,由于企业进行清产核资和执行《企业会计制度》的时间相差一年,企业应按照清产核资和《企业会计制度》要求,进行2004年度资产损失的预计工作,并将预计损失结果另行报国资委核准。

十一、关于"企业预计损失情况表"按《企业会计制度》(企业工作05表)中的"企业预计损失"和"企业申报数"的填列问题

对于未执行《企业会计制度》的企业,企业预计损失情况表(按《企业会计制度》)中的"企业预计损失"填列的是该企业在清产核资中,按《企业会计制度》对8项资产预计的损失;"企业申报数"与"企业预计损失"数额相同。

对于已执行《企业会计制度》的企业,"企业预计损失"填列的是至清产核资基准日企业按《企业会计制度》已计提的8项资产减值准备;"企业申报数"填列的是企业需在此次清产核资工作中补提的8项资产减值准备。若企业在此次清产核资工作中不需要补提资产减值准备,则"企业申报数"不填数。

十二、关于企业"待处理流动资产净损失"、"待处理固定资产净损失"和"固定资产清理"科目中核算的损失挂账在"损失挂账分项明细表"中的填列问题

对于企业在清产核资工作中清查出的在"待处理流动资产净损失"、"待处理固定资产净损失"和"固定资产清理"科目中的核算的损失挂账,在填列相关"损失挂账分项明细表"时,应将在上述科目中核算的各损失挂账还原到原科目中,按照各损失挂账的实际资产类别选择填列相关"损失挂账分项明细表"。

国务院国有资产监督管理委员会关于印发《中央企业财务决算审计工作规则》的通知

2004 年 2 月 5 日　国资发评价〔2004〕173 号

各中央企业：

为加强中央企业财务监督，规范中央企业年度财务决算审计工作，促进提高企业会计信息质量，根据《企业国有资产监督管理暂行条例》和国家有关财务会计制度，我们制定了《中央企业财务决算审计工作规则》，现印发给你们。请结合企业自身实际，认真遵照执行，并及时反映工作中有关情况和问题。

附件：中央企业财务决算审计工作规则

附件：

中央企业财务决算审计工作规则

第一章　总　　则

第一条　为加强中央企业（以下简称企业）财务监督，规范企业年度财务决算审计工作，促进提高企业会计信息质量，依据《企业国有资产监督管理暂行条例》和国家有关财务会计制度规定，制定本规则。

第二条　本规则所称年度财务决算审计，是指按照有关规定委托具有资质条件的会计师事务所及注册会计师，以国家财务会计制度为依据,对企业编制的年度财务决算报告及经济活动进行审查并发表独立审计意见的监督活动。

第三条 本规则所称年度财务决算报告,是指企业按照国家财务会计制度规定,根据统一的编制口径、报表格式和编报要求,依据有关会计账簿记录和相关财务会计资料,编制上报的反映企业年末结账日资产及财务状况和年度经营成果、现金流量、国有资本保值增值等基本经营情况的文件。企业年度财务决算审计报告是企业年度财务决算报告的必备附件。

第四条 国务院国有资产监督管理委员会(以下简称国资委)依法对企业年度财务决算的审计工作进行监督。

第二章 审计机构委托

第五条 为保障企业年度财务状况及经营成果的真实性,根据财务监督工作的需要,国资委统一委托会计师事务所对企业年度财务决算进行审计。

第六条 国资委统一委托会计师事务所,按照"公开、公平、公正"的原则,采取国资委公开招标或者企业推荐报国资委核准等方式进行。其中,国有控股企业采取企业推荐报国资委核准的方式进行。

第七条 国资委暂未实行统一委托会计师事务所进行年度财务决算审计工作的企业,应当按照"统一组织、统一标准、统一管理"的工作原则,经国资委同意,由企业总部按照有关规定,采用公开招标等方式,委托会计师事务所对企业及各级子企业年度财务决算进行审计。

第八条 对于企业总部统一委托会计师事务所的企业,应当事先报国资委同意,并在与所委托会计师事务所签订年度财务决算审计业务约定书之日起 15 日内,将约定书及会计师事务所有关资质证明材料报国资委审核备案。

(一)业务约定书应当明确企业与会计师事务所双方在年度财务决算审计工作中的权利、义务和责任。

业务约定书应当明确规定,会计师事务所不得将承揽企业的年度财务决算审计业务再转包或分包给其他会计师事务所。会计师事务所下属分所不得单独出具企业年度财务决算审计报告。

(二)会计师事务所相关资质证明材料包括:

1. 会计师事务所营业执照、执业证书复印件;

2. 注册会计师名单;

3. 会计师事务所最近3年执业情况总结;

4. 要求提供的其他有关证明材料。

第九条 企业年度财务决算审计工作,原则上统一委托1家会计师事务所承办;对于所属子企业分布地域较广的,可由企业总部委托多家会计师事务所共同承办(一般不超过5家)。

第十条 委托多家会计师事务所共同承办年度财务决算审计业务的,应当明确由承办企业总部审计业务的会计师事务所担任主审会计师事务所。主审会计师事务所承担的审计业务量一般不得低于50%(特殊情形企业另行规定),同时负责该企业全部审计工作的组织、质量控制及集团合并报表的审计,并对出具的该企业年度财务决算审计报告负责。

对于多家会计师事务所共同承办年度财务决算审计的,企业应当做好主审会计师事务所与参审会计师事务所的分工协作,并在业务约定书中予以明确。

第十一条 企业委托的会计师事务所应当连续承担不少于2年的企业年度财务决算审计业务,因特殊情形需变更会计师事务所的,应当将变更原因及重新委托的会计师事务所有关情况及时报国资委同意。

被更换会计师事务所对变更有异议的,可以向国资委提交陈述报告。

第十二条 同一会计师事务所承办企业年度财务决算审计业务不应连续超过5年。

第十三条 企业与承办企业年度财务决算审计业务的会计师事务所及注册会计师之间不应当存有利害关系。

第十四条 承办企业年度财务决算审计的会计师事务所(含参审会计师事务所)应当具有较完善的内部执业质量控制管理制度,执业质量应当符合国家有关规定要求，并且其资质条件应当与企业规模相适应。

第三章　审计工作要求

第十五条　承办企业年度财务决算审计业务的会计师事务所及注册会计师实施审计的范围应当包括：

(一)资产负债表、利润及利润分配表、现金流量表、所有者权益变动表；

(二)会计报表附注；

(三)国资委要求的专项审计事项；

(四)企业要求的其他专项审计事项。

第十六条　企业应当为会计师事务所及注册会计师开展年度财务决算审计、履行必要审计程序、取得充分审计证据提供必要条件，不得干预会计师事务所及注册会计师的审计活动，以保证审计结论的独立、客观、公正。

第十七条　承办企业年度财务决算审计业务的会计师事务所及注册会计师，应当认真遵照《独立审计准则》以及其他职业规范，并按照国家有关财务会计制度规定和国资委对年度财务决算的统一工作要求，对企业年度财务决算实施审计。

第十八条　会计师事务所及注册会计师对企业年度财务决算出具的审计结论及意见应当准确恰当，审计结论与审计证据对应关系应当适当、严密，审计结论披露信息应当全面完整。

第十九条　会计师事务所应当在企业年度财务决算报告规定上报时间前完成审计业务工作，并出具审计报告。对不能按期完成企业年度财务决算审计工作的会计师事务所，企业报国资委同意后可予以更换。

第二十条　承办企业年度财务决算审计业务的会计师事务所，应当按照国家有关规定，妥善保管好年度财务决算审计工作底稿及相关材料，并做好归档管理工作，以备查用。

第二十一条　企业及各级子企业应当根据会计师事务所及注册会

计师提出的审计意见进行财务决算调整；企业对审计意见或审计结论存有异议未进行财务决算调整的，应当在上报年度财务决算报告中向国资委专门说明。

第二十二条 企业总部设在港澳地区的企业年度财务决算审计工作，以所在地区法律规定为依据。

第二十三条 企业对下列特殊情形的子企业，应当建立完善的内部审计制度，并出具内部审计报告，以保证年度财务决算的真实、完整。

（一）按照国家有关规定，涉及国家安全不适宜会计师事务所审计的特殊子企业；

（二）依据所在国家及地区法律规定进行审计的境外子企业；

（三）国家法律、法规未规定须委托会计师事务所审计的有关单位。

第四章 审计事项披露

第二十四条 承办企业年度财务决算审计业务的会计师事务所及注册会计师，在审计工作中要按照国家有关财务会计制度、独立审计准则和年度财务决算工作要求，对企业重要财务会计事项予以关注，并在审计报告中予以披露；对于国资委提出的专项工作要求，可以专项报告的形式予以披露。

第二十五条 会计师事务所及注册会计师在年度财务决算审计中，应当重点关注企业年度财务决算编报范围是否齐全、报表合并口径和方法是否正确、合并内容是否完整及对资产和财务状况的影响，并应当对应纳入而未纳入合并范围的子企业对资产和财务状况的影响作重点说明。主要说明内容包括：

（一）未按照规定纳入合并报表范围的所属子企业户数情况；

（二）未按照规定将企业所属实行金融或者事业会计制度的子企业或者单位资产及效益并入年度财务决算报表情况；

（三）企业所属境外子企业和分支机构资产及效益是否并入年度财务决算报表情况；

（四）未按照规定对具有控制权或者重大影响力的长期投资情况进

行权益法核算；

(五)其他需要说明的事项。

第二十六条 主审会计师事务所应当关注与披露企业所属各子企业的分户年度财务决算审计情况，逐户列明审计机构、审计结论及审计保留事项的原因，以及对企业财务状况的影响程度或金额。

第二十七条 会计师事务所及注册会计师应当关注与披露企业实际发生的各项经济业务是否按照国家统一的财务会计制度规定予以确认、计量和登记，会计核算方法和会计政策是否符合国家财务会计制度规定。具体披露内容应当包括：

(一)采用的会计核算方法和会计政策是否正确，年度间是否一致，发生变更是否经过核准或者备案；

(二)资产、负债和所有者权益的确认标准和计量方法是否准确；

(三)固定资产主要类型及计提折旧情况，在建工程项目及结算情况；

(四)各种资产损失情况及处理办法；

(五)各项减值准备的计提方法、变更情况及减值准备转回情况；

(六)企业从事高风险投资经营情况，如证券买卖、期货交易、房地产开发等业务占用资金和效益情况；

(七)财产抵押、对外担保、未决诉讼等或有事项，是否如实在年度财务决算中予以反映；

(八)财务成果的核算是否真实、完整，影响企业财务经营成果的各种因素是否合理及其金额；

(九)所有者权益增减变动因素是否真实可靠。

第二十八条 会计师事务所及注册会计师在审计过程中发现企业内部会计控制制度存在重大缺陷的，应当予以披露，并按照要求出具管理建议书。

第二十九条 会计师事务所及注册会计师在年度财务决算审计报告或者报告附件中，根据国资委要求应当关注和披露下列有关专项审计事项：

(一)国有资本保值增值及主客观因素变动情况；

（二）企业年度财务决算中主要指标年初数与上年年末数不一致的情况及主要原因；

（三）按照国家政策开展清产核资、主辅分离、债务重组、改制改组、破产出售、资产处置、债转股等工作的企业，依据有关部门批复文件调整会计账务情况；

（四）企业本年度财务决算中依据会计师事务所对上年度财务决算出具的审计意见予以会计账务调整情况；

（五）企业本年度财务决算中依据会计师事务所审计意见所进行的主要账务调整事项；

（六）其他需要关注和披露事项。

第五章　审计意见处理

第三十条　企业对会计师事务所及注册会计师对年度财务决算出具的审计报告中提出的意见和问题，应当依据国家有关财务会计制度，认真对照检查，对确实存在问题的，应当采取有效整改措施。

第三十一条　对会计师事务所及注册会计师出具的审计结论有不同意见的，应当在年度财务决算报告中予以说明；存在较大分歧的，应当向国资委提交专项报告予以说明。

第三十二条　对会计师事务所及注册会计师出具的审计报告为保留意见的，企业应当在年度财务决算报告中，对保留事项予以说明。

第三十三条　对会计师事务所及注册会计师出具审计报告属否定意见和无法表示意见的，企业应当在上报年度财务决算报告时提交专项报告予以说明。

第六章　审计工作责任

第三十四条　企业应当对向会计师事务所及注册会计师提供的会计记录和财务数据的真实性、合法性和完整性承担责任。会计师事务所及注册会计师应当对出具的审计报告承担相应责任。

对按照国家有关规定不适宜会计师事务所审计的子企业或所属单

位，注册会计师和会计师事务所可以依据内部审计报告发表审计意见。企业应对内部审计报告的真实性、完整性承担责任。

第三十五条 会计师事务所及注册会计师对企业年度财务决算的审计工作或者审计质量不符合统一工作要求，国资委可要求补充相关资料或者重新审计；审计结论及意见不准确或审计质量存在较多问题的，国资委可更换或者要求企业更换会计师事务所重新审计。

第三十六条 企业拒绝或者故意不提供有关财务会计资料和文件，影响和妨碍注册会计师正常审计业务，会计师事务所应当及时向国资委反映情况。

第三十七条 国资委将建立企业年度财务决算审计工作质量档案管理制度，对于在企业年度财务决算审计工作中存在以下问题或行为的会计师事务所，将予以通报或者限制其审计业务：

(一)对企业年度财务决算审计程序、范围、依据、内容、审计工作底稿等存在问题和缺陷，以及审计结论避重就轻、含糊其词、依据严重不足的，予以内部通报；

(二)对连续 2 年(含 2 年)或者同一年度承担的两家企业年度财务决算审计工作均被给予通报的，3 年内不得承担企业有关审计业务；

(三)在企业年度财务决算审计中存在重大错漏，应当披露未披露重大财务事项，或者发生重大违法违规行为的，今后不得承担企业有关审计业务。

第三十八条 会计师事务所和注册会计师违反《中华人民共和国注册会计师法》等有关法律法规，与企业及相关人员串通，弄虚作假，出具不实或虚假内容的审计报告的，国资委将通报有关部门依法予以处罚。

第三十九条 国资委通过企业年度财务决算审核和监事会稽核等工作制度，对企业年度财务决算审计质量进行监督。

第七章 附 则

第四十条 各省、自治区、直辖市国有资产监督管理机构可以参照本规则，制定本地区相关工作规范。

第四十一条 本规则自公布之日起施行。

关于中央企业利润分配有关事项的通知

2004 年 4 月 28 日 国资发评价〔2004〕219 号

各中央企业：

据了解，个别中央企业在 2003 年年终财务决算工作中，自行决定企业利润分配和分派股利方案。2003 年 5 月《企业国有资产监督管理暂行条例》（国务院令第 378 号）和 2003 年 10 月《国务院办公厅关于公布国务院国有资产监督管理委员会履行出资人职责企业名单的通知》（国办发〔2003〕88 号），明确了国资委履行各中央企业国有资产出资人工作职责。企业利润分配（含弥补亏损方案）监督工作是出资人的基本职责之一。为了规范企业利润分配和分派股利等行为，现将有关事项明确如下：

一、有关国有独资企业，其企业总部的利润分配预案，应当事先报我委备案（10 个工作日内）。

二、国有控股或者参股企业，企业董事会制订的利润分配方案，应当按《中华人民共和国公司法》有关规定提请召开股东大会（履行出资人职责单位参加）审议批准；公司利润分配预案应当事先报告我委及履行出资人职责的其他股东同意，再提交董事会决议。

三、经国务院批准授权经营企业，其控股的重要上市公司利润分配方案在提交股份公司董事会决议前，应当事先向我委报告，并将决议后的利润分配方案及时报我委备案（10 个工作日内）。

关于印发清产核资工作问题解答(三)的通知

2004 年 4 月 29 日　国资发评价〔2004〕220 号

党中央有关部门，国务院各部委、各直属机构，各省、自治区、直辖市国有资产监督管理机构，新疆生产建设兵团，各中央企业：

为贯彻落实《国有企业清产核资办法》(国资委令第 1 号)及相关清产核资工作文件的精神，帮助企业正确掌握清产核资工作政策、制度和要求，现将《清产核资工作问题解答(三)》印发给你们，请遵照执行。在执行过程中有何问题，请及时反映。

附件：清产核资工作问题解答(三)

附件：

清产核资工作问题解答(三)

在中央企业清产核资工作中，不少企业和会计师事务所又陆续反映了一些清产核资政策、资产损失申报等方面的问题，为帮助企业正确掌握清产核资工作政策、制度和要求，现解答如下：

一、关于清产核资原制度资产损失取证问题

在清产核资过程中，一些企业反映在资产损失取证过程中，对某些按原制度应收款项、长期投资等资产损失取得具有法律效力的外部证据难度较大。根据《国有企业资产损失认定工作规则》(国资评价〔2003〕72 号)有关规定，若企业在确实经过努力工作仍未取得足以证

明资产已发生损失的具有法律效力的外部证据时，应对资产损失逐笔逐项收集完备的企业内部证据。企业内部证据应详细说明资产损失发生的原因和对责任人的责任追究与经济赔偿情况，经企业法定代表人签字盖章。负责企业清产核资专项财务审计的中介机构，可在企业内部证据充分的前提下，按照国家有关规定和遵循实事求是原则，通过职业判断和客观评判出具资产损失经济鉴证证明。

二、关于清产核资预计损失计提标准问题

推进企业执行《企业会计制度》是清产核资工作目标之一。根据《关于做好执行〈企业会计制度〉工作的通知》（国资评价〔2003〕45 号）及相关清产核资文件规定，企业在清产核资过程中，应当按照《企业会计制度》及企业内部控制制度的规定，对可能发生损失的有问题资产，进行损失预计，作为企业首次执行《企业会计制度》时的期初资产减值准备。企业在对资产进行损失预计时，应结合企业的行业特点和资产质量状况，按照《企业会计制度》和国资委财务监管有关要求，制定统一的预计损失计提政策和操作办法，确定预计损失计提的范围、方法和标准。企业在清产核资中制定的预计损失计提政策应当与执行《企业会计制度》后计提资产减值准备的政策保持一贯性，如果不一致应该严格按照财会制度的要求作为会计政策变更事项，事先报国资委备案并陈述相关理由。

三、关于清产核资清出有问题负债申报处理问题

为了保证企业清产核资工作的全面、彻底，充分反映和解决企业存在的历史问题，在清产核资工作中，企业对各项负债应进行认真清查。对于清查出的有问题负债，应分别以下情况处理：

（一）对于清查出债权人灭失或三年以上经认定不需要支付的应付款项（如应付账款、预收账款、代销商品款及其他应付款等）可视同资产盘盈，企业可以按照清产核资有关文件的规定，在取得相关证据或中介机构的经济鉴证证明后，进行申报处理。

(二)在清产核资过程中,企业清查出由于各种原因从成本费用中预先提取留待以后年度支付的、在负债中核算的相关费用,如租金、财务费用、固定资产大修理费用、用于支付给职工的工资(包括施工企业按规定提取的百元工资含量包干)等,与企业的实际情况不符,或者超出企业实际支付规模所结余部分,可以在清产核资中申报转增权益处理。

(三)对于以前年度企业的工资超支挂账,其中属于企业根据国家有关政策,实行减员增效、下岗分流、主辅分离等改革措施,一次性支付给职工的各种补贴超出企业从成本中提取的应付工资额度而形成的挂账,在取得相关证据和中介机构出具经济鉴证意见后,可视同潜亏挂账进行申报处理。

(四)对于以前年度企业的福利费用超支挂账,其中属于企业参加职工基本医疗保险改革前发生的医药费用超支挂账,在取得相关证据和中介机构出具经济鉴证意见后,可视同潜亏挂账进行申报处理。

四、关于已执行《企业会计制度》企业补提或核销资产减值准备问题

在清产核资工作中,对已执行《企业会计制度》的企业,通过认真的资产清查,按照《企业会计制度》及企业内部控制制度的规定,发现确实存在少提资产减值准备的(包括未提足资产减值准备的资产成为事实损失的情况),应当进行补提资产减值准备,并作为预计损失在“企业预计损失情况表”(企清工作 05 表)中申报。已执行《企业会计制度》的企业,在清产核资工作中清查出已提足减值准备的资产成为事实损失后,企业根据清产核资有关资产损失认定文件的规定,可以申请对这部分计提的资产减值准备和相应的账面资产数额进行销账。对于申请销账的已提足的资产减值准备,企业应逐笔逐项提供相关经济鉴证证明,并填列相应的“损失挂账明细表”单独反映,其中:

(一)“坏账准备”填列“坏账损失挂账分项明细表(一)”(企清明细 02－1 表)、“短期投资跌价准备”填列“其他流动资产损失挂账分项明细表”(企清明细 05 表)、“委托贷款减值准备”根据会计制度的规定分

析填列"其他流动资产损失挂账分项明细表"(企清明细 05 表)或"长期投资损失挂账分项明细表"(企清明细 06 表);"其他各项资产减值"按要求填列相应的损失挂账分项明细表。

(二)"项目原值":填列企业需核销资产减值准备所对应的资产账面原值。

(三)"清查出有问题的资产数":填列企业需核销的资产减值准备数额。

(四)"企业申报损失数"和"中介审核数":将企业需核销的资产减值准备数额和中介机构审核确认的资产减值准备数额填列在"列损益"栏中。

(五)"备注":必须注明"资产减值准备销账"。

五、关于执行《企业会计制度》变更固定资产折旧政策造成折旧计提不足在清产核资中作为资产损失申报处理问题

按照《财政部关于印发〈关于执行〈企业会计制度〉和相关会计准则有关问题解答(二)〉的通知》(财会〔2003〕10 号)的规定:"企业首次执行《企业会计制度》而对固定资产的折旧年限、预计净残值等所做的变更,应在首次执行的当期作为会计政策变更,采用追溯调整法进行会计处理"。根据上述规定和此次清产核资的有关政策,对于企业在执行《企业会计制度》时变更固定资产折旧政策,如对计算机设备缩短折旧年限等,使依据原制度已经提取的固定资产折旧额小于按《企业会计制度》制定的固定资产折旧政策下应提取的折旧额,这部分差额经中介机构出具经济鉴证意见后,视同应提未提费用作为原制度损失在清产核资中进行申报处理。企业在上述损失申报中采用的固定资产折旧政策应当与执行《企业会计制度》后执行的固定资产折旧政策保持一贯性,如果不一致应该严格按照财会制度的要求作为会计政策变更事项,事先报国资委备案并陈述相关理由。

六、关于企业尚未摊销的开办费在清产核资中作为资产损失申报处理问题

依据《工业企业财务制度》的有关规定,开办费是指企业在筹建期

发生的费用,包括筹建期间人员工资、办公费、培训费、差旅费、印刷费、注册登记费,以及不计入固定资产和无形资产购建成本的汇兑损益、利息等支出。开办费自生产、经营月份的次月起,按不短于5年的期限分期摊入管理费用。对于清产核资后即开始执行《企业会计制度》的企业,若在清产核资基准日仍有尚未摊销的开办费作为资产损失申报处理问题,应区别以下情况对待:

(一)若企业尚未摊销的开办费余额较小,直接将其余额转入当期损益对当期利润不产生重大影响的,企业应依据《财政部关于印发〈实施〈企业会计制度〉及其相关准则问题解答〉的通知》(财会〔2001〕43号)的有关规定处理,在清产核资中不作为原制度资产损失申报。

(二)若企业尚未摊销的开办费余额较大,直接将其余额转入当期损益对当期利润产生重大影响的,在清产核资中,企业可按照清产核资有关损失认定政策的规定,在提供充分的相关证据及中介机构的经济鉴证前提下,作为清产核资原制度损失进行申报处理。

七、关于企业至清产核资基准日仍在在建工程科目挂账或在递延资产中核算未摊销完毕的在建工程超出概算部分,作为损失申报处理问题

在清产核资资产清查过程中发现,由于各种原因,企业的在建工程超出概算的现象较为普遍。对于超出概算的部分支出,企业将在建工程转固定资产时,未能如实反映在建工程的实际情况,将这部分超概算支出仍挂账在建工程科目或转为递延资产核算。在清产核资过程中,对于这部分超出概算的支出挂账,企业应进行认真分析,区别以下不同情况分类处理:

(一)按照现行企业会计制度和财务制度的规定,超概算支出部分不符合资本化条件的,对于尚未摊销的部分,应作为应摊未摊的费用,由企业作出难以自行消化的专项说明,经中介机构进行职业推断和客观评判后出具经济鉴证证明,作为原制度应摊未摊费用损失申报处理。

(二)按照现行企业会计制度和财务制度的规定,超概算支出部分符

合资本化条件的，应作为会计差错，调整相应固定资产的账面原值并补提固定资产折旧。若应补提的固定资产折旧大于该项资产的已摊销额，可作为应提未提费用，由企业作出专项说明，经中介机构进行职业推断和客观评判后出具经济鉴证证明，认定为原制度应提未提费用申报处理。

八、关于企业进行主辅分离等改制与职工解除劳动合同支付的经济补偿作为损失申报问题

企业在进行主辅分离等改制过程中，与职工解除劳动合同支付的经济补偿金，根据《关于中央企业主辅分离辅业改制分流安置富余人员资产有关问题的通知》（国资发产权〔2004〕9 号）的有关规定，改制企业可用国有净资产进行支付和预留。企业在进行主辅分离等改制前，应根据国家有关清产核资文件规定，开展清产核资工作。在清产核资资产损失申报时，企业同时提供以下相关材料后，可以将已经支付给职工的经济补偿金作为原制度损失进行申报，将经批准同意预留部分作为预计损失进行申报：

（一）批准或决定同意企业进行主辅分离等改制的文件；

（二）改制企业支付给职工解除劳动合同经济补偿金的凭证或批准同意预留的批文；

（三）改制企业支付或预留职工解除劳动合同经济补偿金的详细情况说明；

（四）中介机构的经济鉴证证明。

九、关于企业在 1995 年清产核资时估价作为固定资产入账的生产经营用地，后改为职工宿舍用地的处理问题

根据《国务院办公厅关于在全国进一步开展清产核资工作的通知》（国办发〔1995〕17 号）和财政部、原国家土地管理局、原国家国有资产管理局《清产核资土地估价实施细则》（财清〔1994〕14 号）的有关规定，1995 年全国国有企业清产核资工作的主要任务之一是对全部国有企业占用的土地进行清查和估价，逐步建立国有土地基准价制度。由于

1995年我国已经开始对国有企业职工住房制度进行改革,因此1995年清产核资土地清查估价工作规定,对于国有企业已进行或拟进行职工住房改革的房屋占用的土地不纳入土地清查估价范围。企业在1995年清产核资土地清查估价工作中已作为固定资产入账的生产经营用地,后改为非生产经营用地,用于建造职工宿舍的,在本次清产核资中,对于职工宿舍产权已归职工个人所有的房屋占用的土地,企业同时提供以下相关材料后,可以申报对列入固定资产中的土地进行账务核销。

(一)当地国有土地管理部门同意企业将生产经营用地改为非生产经营用地的批复文件;

(二)完备的职工房改相关证明材料;

(三)中介机构的经济鉴证证明。

十、关于清产核资结果的时效性问题

企业清产核资结果经审核确认后,自清产核资基准日起3年内有效。在清产核资结果有效期内,企业经批准或决定进行资产移交、改制或国有产权转让等事项时,直接以该次清产核资结果作为基础开展工作,不再另行组织清产核资。

十一、关于超出清产核资结果有效期后中央企业改制、资产划转和股权转让清产核资问题

中央企业资产移交、改制或国有产权转让等事项经批准或决定后,企业尚未开展清产核资或上次清产核资结果已过有效期,根据国家有关文件规定,企业必须开展清产核资工作。

(一)对于符合下列情形之一的,企业应向国务院国有资产监督管理委员会(以下简称国资委)提出开展清产核资工作的申请,并在清产核资工作结束后及时对清产核资结果进行申报,国资委对清产核资结果进行审核确认:

1. 有关部门、单位或地方政府所属企业移交给国资委直接监管或

移交给中央企业作为子企业的；

2. 有关部门、单位或地方政府所属事业等单位转制成企业并移交给国资委直接监管或移交给中央企业作为子企业的；

3. 中央企业整体进行改制或国资委将所持有的中央企业国有产权进行转让；

4. 其他按规定应由国资委直接组织清产核资的。

(二)对于符合下列情形之一的，由中央企业总公司组织所属子企业开展清产核资工作，按照国家有关清产核资损失认定的文件，对所属子企业的清产核资结果进行审核认定，并在年度财务决算中将所属子企业清产核资审核认定结果进行披露，国资委在年度财务决算审核中一并确认：

1. 中央企业所属子企业进行改制的；

2. 中央企业转让所属子企业国有产权的；

3. 其他按规定应由中央企业总公司组织所属子企业开展清产核资工作的。

关于印发中央企业账销案存资产管理工作规则的通知

2005 年 2 月 4 日　国资发评价〔2005〕13 号

各中央企业：

为进一步加强清产核资后续管理工作，规范企业账销案存资产管理，促进企业建立和完善内部控制制度，根据《国有企业清产核资办法》(国资委令第 1 号)和国家有关财务会计制度规定，我们制定了《中央企业账销案存资产管理工作规则》，现印发给你们。请结合企业实际，认真遵照执行，并及时反馈工作中有关情况和问题。

附件：中央企业账销案存资产管理工作规则

附件：

中央企业账销案存资产管理工作规则

第一章 总 则

第一条 为加强国务院国有资产监督管理委员会(以下简称国资委)所出资企业(以下简称企业)财务监督，规范企业账销案存资产管理，建立和完善企业内部控制制度，依据《国有企业清产核资办法》(国资委令第1号)和国家有关财务会计制度规定，制定本规则。

第二条 企业在清产核资中清理出来的属于账销案存资产的管理工作，适用本规则。

第三条 本规则所称账销案存资产是指企业通过清产核资经确认核准为资产损失，进行账务核销，但尚未形成最终事实损失，按规定应当建立专门档案和进行专项管理的债权性、股权性及实物性资产。

(一)债权性资产包括应收账款、其他应收款、预付账款、短期债权性投资、长期债权投资、委托贷款和未入账的因承担连带责任产生的债权及应由责任人或保险公司赔偿的款项等；

(二)股权性资产包括短期股权性投资及长期股权投资等；

(三)实物性资产包括存货、固定资产、在建工程、工程物资等；

第四条 本规则所称资产的事实损失是指企业有确凿和合法的证据表明有关账销案存资产的使用价值和转让价值发生了实质性且不可恢复的灭失，已不能给企业带来未来经济利益的流入。

第五条 账销案存资产是企业资产的组成部分。企业应当按照规定对清产核资中清理出的各项资产损失进行认真甄别分类，对不符合直接销案条件的债权性、股权性及实物性资产，应当按照规定建立账销案存管理制度，组织进行专项管理。

第六条 国资委依法对企业账销案存资产管理工作进行监督。

第二章 账销案存资产清理与追索

第七条 企业应当对清产核资中清理出的各项资产损失进行认真剖析，查找原因，明确责任，提出整改措施，建立和完善各项管理和内部控制制度，防止前清后乱；同时应当按照《国有企业清产核资办法》规定，组织力量对账销案存资产进行进一步清理和追索，通过法律诉讼等多种途径尽可能收回资金或残值，防止国有资产流失。

第八条 企业应当根据实际情况，对账销案存资产清理和追索采取多种方式处理，可以指定内部相关部门、成立专门工作小组或机构进行处理，也可以委托社会专业机构按照市场化原则处理。清理与追索工作应坚持公开透明原则，制定相关配套制度和措施，接受监督，避免暗箱操作。

（一）企业指定内部相关机构对账销案存资产进行清理追索，应当建立追索责任制，明确清欠任务和工作责任，加强对清理和追索工作的领导和督促。

（二）企业成立专门工作小组或机构对账销案存资产进行清理追索，在明确清理任务和工作责任的基础上，可以建立适当的追索奖励制度。对造成损失直接责任人的追索工作不得奖励，但可以根据追索结果适当减轻其相关责任。

（三）企业委托社会专业机构对账销案存资产进行清理和追索，可以采取按收回金额一定比例支付手续费或折价出售等多种委托方式。委托工作应通过市场公开竞价，不能市场公开竞价的应以多种方案择优比较后确定。

第九条 企业对账销案存的债权性资产、股权性资产进行清理和追索，可以采取债务重组、折价出售等处理方法，但应当建立严格的核准工作程序和监管制度。企业账销案存资产的债务重组、折价出售等，应当经企业董事会或经理（厂长）办公会讨论批准，并报上级企业（单位）核准。

第十条 企业对小额账销案存债权性资产进行清理和追索,其清欠收入不足以弥补清欠成本的,经企业董事会或经理(厂长)办公会讨论批准,并报上级企业(单位)备案后可以停止催收。

第十一条 企业对账销案存股权性资产进行清理和追索,属于有控制权的投资,必须按规定依法组织破产或注销清算,其清算结果应报上级企业(单位)备案;属于无控制权的投资,必须认真参与破产和注销工作,维护企业自身权益,并取得相关销案证据。

第十二条 企业对账销案存实物性资产进行清理,应当认真做好变现处置工作,尽量利用、及时变卖或按其他市场方式进行处置,尽可能收回残值。

第十三条 企业对账销案存资产清理和追索收回的资金,应当按国家有关财务会计制度规定及时入账,不得形成"小金库"或账外资产,并建立账销案存资产定期核对制度,及时做好销案和报备工作。

第三章 账销案存资产销案依据

第十四条 企业账销案存资产销案时应当取得合法的证据作为销案依据,包括具有法律效力的外部证据、社会中介机构的法律鉴证或公证证明和特定事项的企业内部证据等。

第十五条 债权性资产依据下列证据进行销案:

(一)债务单位被宣告破产的,应当取得法院破产清算的清偿文件及执行完毕证明;

(二)债务单位被注销、吊销工商登记或被政府部门责令关闭的,应当取得清算报告及清算完毕证明;

(三)债务人失踪、死亡(或被宣告失踪、死亡)的,应当取得有关方面出具的债务人已失踪、死亡的证明及其遗产(或代管财产)已经清偿完毕或无法清偿或没有承债人可以清偿的证明;

(四)涉及诉讼的,应当取得司法机关的判决或裁定及执行完毕的证据;无法执行或债务人无偿还能力被法院终止执行的,应当取得法院的终止执行裁定书等法律文件;

（五）涉及仲裁的，应当取得相应仲裁机构出具的仲裁裁决书，以及仲裁裁决执行完毕的相关证明；

（六）与债务人进行债务重组的，应当取得债务重组协议及执行完毕证明；

（七）债权超过诉讼时效的，应当取得债权超过诉讼时效的法律文件；

（八）可以公开买卖的期货、证券、外汇等短期投资，应当取得买卖的交割单据或清理凭证；

（九）清欠收入不足以弥补清欠成本的，应当取得清欠部门的情况说明及企业董事会或经理（厂长）办公会讨论批准的会议纪要；

（十）其他足以证明债权确实无法收回的合法、有效证据。

第十六条 股权性资产依据下列证据进行销案：

（一）被投资单位被宣告破产的，应当取得法院破产清算的清偿文件及执行完毕证明；

（二）被投资单位被注销、吊销工商登记或被政府部门责令关闭的，应当取得清算报告及清算完毕证明；

（三）涉及诉讼的，应当取得司法机关的判决或裁定及执行完毕的证据；无法执行或债务人无偿还能力被法院终止执行的，应当取得法院的终止执行裁定书等法律文件；

（四）涉及仲裁的，应当取得具有仲裁资格的社会仲裁机构出具的仲裁裁决书及执行完毕证明；

（五）其他足以证明股权确实无法收回的合法、有效证据。

第十七条 实物性资产依据下列证据进行销案：

（一）需要拆除、报废或变现处理的，应当取得已拆除、报废或变现处理的证据，有残值的应当取得残值入账凭证；

（二）应由责任人或保险公司赔偿的，应当取得责任人缴纳赔偿的收据或保险公司的理赔计算单及银行进账单；

（三）涉及诉讼的，应当取得司法机关的判决或裁定及执行完毕的证据；无法执行或债务人无偿还能力被法院终止执行的，应当取得法院的终止执行裁定书等法律文件；

(四)涉及仲裁的,应当取得具有仲裁资格的社会仲裁机构出具的仲裁裁决书及执行完毕证明;

(五)抵押资产损失应当取得抵押资产被拍卖或变卖证明;

(六)其他足以证明资产确实无法收回的合法、有效证据。

第四章　账销案存资产销案程序

第十八条　企业应当建立健全账销案存资产销案管理的内部控制制度,明确审批工作程序,并依据企业实际情况划定内部核准权限。

第十九条　企业账销案存资产销案应遵循以下基本工作程序:

(一)企业内部相关部门提出销案报告,说明对账销案存资产的损失原因和清理追索工作情况,并提供符合规定的销案证据材料;

(二)企业内部审计、监察、法律或其他相关部门对资产损失发生原因及处理情况进行审核,并提出审核意见;

(三)企业财务部门对销案报告和销案证据材料进行复核,并提出复核意见;

(四)设立董事会的企业由董事会会议核准同意,未设立董事会的企业由经理(厂长)办公会核准同意,并形成会议纪要;

(五)按照企业内部管理权限,需报上级企业(单位)核准确认的,应当报上级企业(单位)核准确认;

(六)根据企业会议纪要、上级企业(单位)核准批复及相关证据,由企业负责人、总会计师(或主管财务负责人)签字确认后,进行账销案存资产的销案。

第二十条　企业应当在每年报送财务决算时向国资委同时报备账销案存资产清理情况表(格式附后)及年度账销案存资产管理情况专项报告。专项报告主要内容包括:

(一)企业账销案存资产本年度的清理、追索情况;

(二)企业对于追索收回的资金或残值的账务处理情况;

(三)企业账销案存资产本年度的销案情况;

(四)其他需要说明的事项。

第二十一条 企业应当对账销案存资产的销案情况建立专门档案管理制度，以备查询和检查，并按照会计档案保存期限规定进行保管。存档资料内容主要包括：

（一）销案资产的基本情况；

（二）销案资产的清理和追索情况；

（三）销案资产的销案依据；

（四）销案资产的销案程序；

（五）销案资产损失原因分析及责任追究情况；

（六）其他相关材料。

第五章 工作责任与监督

第二十二条 企业负责人、总会计师（或主管财务负责人）对企业账销案存资产的管理负领导责任，企业具体清理与追索部门对账销案存资产的追索及销案工作负具体管理责任，企业财务、审计、监察、法律等部门对账销案存资产的追索及销案工作负监督责任。

第二十三条 企业集团总部对所属企业账销案存资产的管理工作负组织和监督责任。企业集团总部应当认真组织和监督所属企业按照规定建立账销案存资产管理制度，采取有效措施加大清理和追索力度。

第二十四条 国资委对企业账销案存资产管理建立必要的抽查制度，以加强对企业账销案存资产管理工作的监督。

第二十五条 企业在账销案存资产管理过程中有下列行为之一的，国资委将责令限期改正，并给予通报批评：

（一）未按照规定建立账销案存资产相关管理制度，或建立的管理制度不符合有关规定或企业实际情况，在实际工作中未得到有效执行的；

（二）未遵循本规则规定和企业内部程序，擅自对账销案存资产进行销案的；

（三）未按照规定对账销案存资产的损失原因进行分析、整改，因内部管理原因致使企业又产生新的同类资产损失的；

（四）未按照规定对因工作失职、渎职或者违反规定，造成损失的人员进行责任追究和处理的。

第二十六条 企业在账销案存资产管理过程中有下列行为之一的,国资委将给予通报批评,并追究企业负责人和相关责任人的责任;构成犯罪的,依法追究刑事责任:

(一)在账销案存资产的处理过程中进行私下交易、个人从中获利的;

(二)将账销案存资产恶意低价出售或无偿被其他单位、个人占有的;

(三)对账销案存资产的追索及变现收入不入账、私设“小金库”或私分、侵吞的;

(四)其他严重违反账销案存管理制度规定或国家有关财务会计制度规定的行为。

第六章 附 则

第二十七条 企业应当依据本规则规定制定企业账销案存资产管理工作制度。

第二十八条 各省、自治区、直辖市国有资产监督管理机构可参照本规则规定制定本地区管理工作规则。

第二十九条 执行《企业会计制度》企业计提的各项资产减值准备财务核销管理规定另行制定。

第三十条 本规则自公布之日起施行。

附件:企业账销案存资产清理情况表(略)

关于加强中央企业财务决算审计工作的通知

2005年10月7日 国资厅发评价〔2005〕43号

各中央企业:

为加强中央企业财务监督,规范企业财务决算审计工作,促进企业会计信息质量的提高,根据《中央企业财务决算报告管理办法》(国资委令第5号)和《关于印发〈中央企业财务决算审计工作规则〉的通知》(国资发评价〔2004〕173号)等有关规定,现就进一步做好中央企业财务决算审计工作有关事项通知如下:

一、进一步加强财务决算审计管理工作

财务决算审计是对企业年度财务状况、经营成果和现金流量真实性、合法性的综合检验,也是出资人考核企业经营业绩、评价企业财务状况和资产质量的重要依据。认真做好企业财务决算审计管理工作,有助于检验企业会计核算的规范性、内部控制的有效性,及时发现企业财务管理的薄弱环节,并采取有效措施加强和改进企业财务管理;有助于及时发现企业经营管理中存在的问题,堵塞管理漏洞,提高经营决策与管理水平。各中央企业要高度重视财务决算审计管理工作,切实加强组织领导,层层落实责任,确保财务决算审计工作质量,提高财务管理工作水平。

二、严格财务决算审计范围与内容

各中央企业要严格遵循有关财务决算审计范围与内容的规定:一是除涉及国家安全或难以实施外部审计的特殊子企业,经国资委核准可由企业内部审计机构审计外,企业年度财务决算必须由符合资质条件的会计师事务所及注册会计师进行审计;二是承担中央企业财务决算审计业务的会计师事务所及注册会计师应按规定对企业财务决算报告中的资产负债表、利润及利润分配表、现金流量表、资产减值准备及资产损失情况表、所有者权益变动表等重要报表数据和报表附注进行审计,恰当发表审计意见;对财务决算报告中其他报表及指标数据应按有关要求进行复核并作专项说明,其中对财务决算报告信息质量有重大影响的财务会计事项可发表审计意见。

三、统一规范会计师事务所选聘工作

各中央企业要严格按照财务决算审计工作的统一要求,规范会计

师事务所的选聘工作。承担中央企业财务决算审计业务的会计师事务所资质条件必须与企业规模相适应。具体应符合以下要求：

(一)会计师事务所注册会计师人数要求。承担中央企业财务决算审计业务的会计师事务所注册会计师人数最低不得少于40名，其中：企业资产总额在50亿～500亿元的，主审会计师事务所注册会计师人数不得少于60名；企业资产总额在500亿～1000亿元的，主审会计师事务所注册会计师人数不得少于80名；企业资产总额在1000亿元以上的，主审会计师事务所注册会计师人数不得少于100名。

(二)会计师事务所执业资信条件。会计师事务所存在下列情况之一的不得承担中央企业财务决算审计业务：一是近3年内因违法违规行为被国家相关主管部门给予没收违法所得、罚款、暂停执行部分或全部业务、吊销有关执业许可证和撤销会计师事务所等行政处罚；二是近3年内因审计质量等问题被国家相关主管部门给予警告或通报批评两次(含)以上；三是近3年内在承担中央企业有关审计业务中出现重大审计质量问题被国资委警示两次(含)以上；四是国资委根据会计师事务所执业质量明确不适合承担中央企业财务决算审计工作。

(三)会计师事务所数量要求。为保证企业财务决算审计工作的顺利进行，减少信息沟通障碍，提高审计工作质量，企业合并资产总额在100亿元以下的，其全部境内子企业(包括实体在境内的境外上市公司，下同)原则上只能由1家会计师事务所独立审计；企业合并资产总额在100亿元以上、子企业户数在50户以上且地域分布较广的，其全部境内子企业最多可由不超过5家会计师事务所进行联合审计。对于多家会计师事务所联合审计的，主审会计师事务所承担的审计业务量一般不低于50%，且企业总部报表和合并报表必须由主审会计师事务所审计。

(四)会计师事务所审计年限要求。根据《中央企业财务决算审计工作规则》(国资发评价〔2004〕173号)的规定，中央企业委托会计师事务所连续承担财务决算审计业务应不少于2年，同一会计师事务所连续承担企业财务决算审计业务不应超过5年。连续承担企业财务决算审计业务的起始年限从会计师事务所实际承担企业财务决算审计业务的当年开始计算。各中央企业要严格执行上述要求，对连续承担企业财务决算审计业务已超过 5 年的会计师事务所必须进行更换。

（五）会计师事务所变更要求。各中央企业应严格按照“统一组织、统一标准、统一管理”原则和财务决算审计工作的统一要求，做好会计师事务所的选聘工作。需要变更会计师事务所的，应由企业总部按照国资委有关委托会计师事务所的规定，采用招标等方式确定。凡上年度纳入国资委统一委托审计范围的企业，如需变更会计师事务所，应向国资委报告变更原因，经国资委核准同意后，按规定采用招标等方式选聘。

四、切实加强财务决算审计组织工作

各中央企业应认真加强财务决算审计的组织管理工作：一是指定专门机构和人员负责协调工作，明确分工，落实责任；二是积极做好企业内部相关业务部门、所属各级子企业的协调配合工作；三是根据审计工作需要，及时提供审计所需相关材料，为会计师事务所及注册会计师履行必要的审计程序，获取充分、适当的审计证据提供必要的条件；四是做好与会计师事务所及注册会计师的沟通协调工作，但不得干预会计师事务所及注册会计师的审计活动，确保审计工作独立、客观、公正。

五、认真做好财务决算内部审计工作

各中央企业应当建立完善的内部审计制度，对企业所属涉及国家安全或难以实施外部审计的特殊子企业财务决算进行内部审计，并出具内部审计报告。企业财务决算的内部审计工作应当符合有关规定：一是在财务决算审计备案中应对所属子企业财务决算采用内部审计方式的原因、涉及的户数及采用内部审计方式的全部子企业名单进行说明；二是企业内部审计机构应当严格按照财务决算审计工作相关要求实施审计，切实履行审计程序，恰当发表审计意见；三是企业内部审计机构应当严格按照规定的格式和内容出具内部审计报告，并承担相应的审计责任。

六、逐步规范上市公司财务决算审计

各中央企业应加强对所属上市公司(包括实体在境内的境外上市公司,下同)财务决算审计工作的管理:一是合理安排上市公司财务决算审计工作计划,不得因为上市公司年度财务决算公告时间滞后而影响企业集团财务决算工作的整体进度;二是对企业与所属上市公司之间的投资、往来和关联交易等事项进行认真清理,并做好合并报表的抵销工作,确保审计结果的真实、完整;三是企业所属上市公司审计报告信息披露的格式和内容必须满足财务决算工作的统一要求。

七、切实提高财务决算审计工作质量

各中央企业要加强财务决算审计质量管理,努力提高审计工作质量:一是按照财务决算审计工作的统一要求,在审计业务约定书中明确相关内容和要求,确保审计报告信息披露的内容和格式符合财务决算工作统一要求;二是建立重大问题报告制度,对于在财务决算审计中发现的重大问题要及时报告国资委;三是企业及各级子企业应当根据会计师事务所及注册会计师提出的审计意见对财务决算进行调整,对审计意见或审计结论存有异议未进行财务决算调整的,应当在年度财务决算报告中说明,存在较大分歧的,应当向国资委提交专项报告予以说明;四是对所属企业财务决算审计质量严格把关,并对审计质量进行评估,对审计质量存在严重问题、审计结果达不到要求的会计师事务所应及时向国资委报告。

八、有效运用财务决算审计工作结果

各中央企业应当提高财务决算审计结果的运用效率:一是对审计报告中的保留意见事项、无法表示意见事项和否定意见事项逐项进行核实,在年度财务决算报告中说明或提交专项报告予以说明,对需要调整账务的应及时调整有关账务;二是对企业财务决算审计报告和管理建议书中所反映的其他财务管理和经营管理问题,应当认真研究,切实整改,努力提高财务管理和经营管理水平;三是对上年度财务决算批复中提及的问题进行认真研究、落实整改,并在年度财务决算报告中将落实整改情况向国资委报告;四是国资委将在企业财务决算审计结束后组织审计质量审核和评估,并将审核和评估结果及时通报企业,各中央企业应认真对照,积极整改。

九、认真做好财务决算审计备案工作

各中央企业应提早安排 2005 年度财务决算审计相关工作,并按照财务决算审计的统一要求完成备案工作。各中央企业应于 2005 年 11 月 30 日之前以正式文件向国资委报送中央企业 2005 年度财务决算审计备案报告(具体要求另行通知),并将会计师事务所相关资质证明材料和审计业务约定书一并报国资委备案。企业本年度变更会计师事务所的,应当在备案报告中说明原因。企业选聘的会计师事务所不符合国资委财务决算审计工作统一要求的,国资委将要求企业纠正并重新选聘;企业未按要求重新选聘的,国资委将在企业年度财务决算报告上报后另行组织专项审计调查,在审计调查结束之前暂不确认企业年度业绩考核有关指标。

各中央企业要加强对财务决算审计工作的统一管理,严格执行国资委关于财务决算审计工作的统一要求,切实提高审计工作质量,确保企业财务会计信息的真实性、完整性,充分发挥财务决算审计的监督和服务作用,努力提高财务管理水平,提高企业经济效益,确保国有资本保值增值。

关于印发中央企业资产减值准备财务核销工作规则的通知

2005 年 3 月 25 日　国资发评价〔2005〕67 号

各中央企业:

为加强中央企业财务监督,规范企业资产减值准备财务核销行为,促进企业建立和完善内部控制制度,根据《中央企业财务决算报告管理办法》(国资委令第5号)和国家有关财务会计制度,我们制定了《中央企业资产减值准备财务核销工作规则》,现印发给你们。请结合企业实际,认真执行,并及时反映工作中有关情况和问题。

附件:1.《中央企业资产减值准备财务核销工作规则》(略)

2. 企业资产减值准备财务核销备案表(略)

关于加强中央企业内部审计工作的通知

2005年12月11日　国资发评价〔2005〕304号

各中央企业:

为进一步做好中央企业内部审计工作,强化企业内部监督与风险控制,提高经营管理水平,保障国有资本保值增值和企业可持续发展,根据《中央企业内部审计管理暂行办法》(国资委令第8号)等有关规定,现将有关事项通知如下:

一、进一步提高对内部审计工作重要性的认识

内部审计是审计监督的重要组成部分,加强企业内部审计,是建立健全现代企业制度不可或缺的重要环节,是推动企业转变经营机制、依法经营、规范管理、增强市场竞争力、实现健康快速发展的重要手段。各中央企业要充分认识内部审计工作的重要性,高度重视内部审计工作,切实加强领导。企业主要负责人要将内部审计工作纳入企业重要议程,保障内部审计工作有效开展,在企业营造"尊重审计、支持审计、自觉接受审计"的工作环境,充分发挥内部审计工作在完善企业内部控

制、防范经营风险、提高经营管理水平方面的作用。

二、加强内部审计机构与审计队伍建设

各中央企业应按照内部审计工作的有关规定，积极做好内部审计机构和审计队伍建设工作。一要按照现代企业制度要求建立完善的内部审计机构及监督体系。大型企业集团应当按照现代企业治理结构要求建立独立的内部审计机构，以保障内部审计工作的有效开展。二要加强对内部审计工作的领导。设立董事会的企业，董事会应下设审计委员会，以加强对内部审计工作的指导和监督；尚未设立董事会的企业，审计机构应对企业主要负责人负责，确保内审工作的独立性和权威性。三要加强内部审计队伍建设。要按照建立现代企业制度要求配备既懂财务又懂经营管理的高素质人才，充实审计力量，加强人员业务培训，保障审计工作的有效开展。

三、建立健全企业内部审计制度体系

各中央企业应按照内部审计工作有关要求，结合自身实际情况，建立健全企业内部审计工作制度，推动内部审计工作制度化、程序化和规范化。一要明确内部审计机构工作职责，明确内部审计机构与各职能机构分工，保证内部审计工作规范开展。二要建立健全内部审计工作制度和工作标准，明确审计内容和工作流程，规范操作程序，提高审计工作效率。三要严格审计工作要求，建立审计工作问责制度，坚持依法审计，对企业重要事项做好定期审计，坚持有错必究、过错必追，以促进提高审计工作质量。

四、进一步完善企业内部控制机制

为实现经营管理目标，确保财务信息真实可靠、资产安全完整，提高资产运营效率与效益，各中央企业应按照国家有关规定，建立完善的企业内部控制机制。一要建立和完善内部控制体系，科学设置组织结构，健全内部控制制度。二要加强经营风险评估，增强企业适应环境和

防范风险的能力。三要加强对内部控制执行的监督和检查,内部审计部门应当组织开展内部控制有效性的评价工作,充分发挥内部审计在内部控制中的监督作用。四要按照现代企业制度要求,探索与完善企业内部控制有效性审计和评价工作方法,不断完善企业内部控制体系,促进提高企业管理水平。

五、加强对重要子企业的审计监督

中央企业内部审计机构要在立足全面监督的基础上,突出重点,加强对重要子企业的审计监督,揭露存在隐患,堵塞管理漏洞,促进提高企业管理水平。一要认真做好重要子企业的定期财务审计工作,保障企业持续健康发展。二要积极做好对重要子企业内部审计工作的监督和指导,推进重要子企业内部审计工作有序开展。三要加强对重要子企业内控评测和高风险业务等的监控,增强重要子企业的风险防范和可持续发展能力。

六、加强对高风险投资业务的审计监督

要进一步完善高风险投资业务的内部控制体系,规范中央企业高风险投资业务管理,健全风险防范机制。要加大对高风险投资业务审计力度,规范高风险业务会计核算,对从事高风险投资业务的子企业或业务部门,每年必须安排审计,尤其是对重大高风险投资业务,应当强化内部监管工作。要认真做好对高风险投资业务损失的审计调查,要认真查明事实,分析原因,分清责任,做好责任追究工作。

七、认真探索开展境外投资审计

要建立境外企业定期审计制度,充分发挥内部审计监督作用。要加大对境外企业审计力度,认真查找问题,堵塞管理漏洞,防范经营风险,促进提高管理水平。要积极探索境外企业审计的有效方法,认真研究境内外会计制度、税收政策及外汇管理等方面的差异,提高审计效率和质量。

八、全面开展经济责任审计工作

为客观评判中央企业负责人的经营业绩和经济责任，企业要按照《中央企业经济责任审计管理暂行办法》（国资委令第7号）等有关规定，认真组织开展经济责任审计工作。一要认真做好各级子企业和重要业务部门负责人任期或离任经济责任审计工作，做到未经审计，不得解除经济责任。二要通过经济责任审计，明确经营管理人员的经济责任，做到审计不合格，不得兑现效益年薪。三要积极探索经济责任审计工作方法，做到财务审计、绩效评价和责任评估相结合，科学评判企业经营者经营业绩和经济责任。

九、认真做好企业财务决算审计工作

中央企业内部审计机构应当充分发挥审计监督作用，按照财务决算审计工作相关要求，根据企业内部分工做好本企业财务决算审计工作。一要认真组织或参与承担财务决算审计社会中介机构的选聘工作。二要做好对企业财务决算审计质量评估，加强对中介机构审计程序的监督和检查，保障审计质量。三要加强与中介机构审计工作的衔接和沟通，充分利用外部审计工作成果，督促企业对外部审计发现的问题进行整改。四要企业所属涉及国家安全或难以实施外部审计的特殊子企业，要按照独立审计要求认真做好财务决算内部审计工作，严格按照规定的格式和内容出具内部审计报告，并承担相应的审计责任。

十、积极探索内部审计的新领域和新方法

各中央企业内部审计机构应当加强审计理论和审计方法研究与创新，推进内部审计职能从单纯财务收支审计逐步向监督与服务并重转变，审计方式从事后审计逐步向全过程审计转变，审计目标从查错纠弊逐步向内控评价和风险评估转变。一要结合企业经营发展目标，在强化财务收支审计、经济责任审计和基建工程审计的同时，积极拓展审计领域，推动管理审计工作开展，积极开展采购审计、招标审计、改制审

计、预算审计等工作。二要定位于监督与服务相结合,积极探索企业绩效审计、风险导向审计,提高审计业务增值能力。三要积极探索创新审计方法和审计手段,探索运用先进的审计理念、方法和技术,推进内控测评和风险评估,提高审计工作的质量和效率。

十一、充分发挥内部审计结果的作用

审计结果的落实程度直接关系到审计工作的效果,各企业要发挥审计结果的效力,做到审必严,责必究,使审计工作真正落到实处。一要及时对审计中发现的问题进行研究处理,总结经验,完善制度,改善管理,提升企业管理水平。二要完善审计整改落实制度,积极开展后续审计工作,对审计意见的落实情况进行跟踪,督促有关业务部门或所属子企业认真整改;对未按规定限期整改的,应当追究相关人员责任。三要研究建立企业资产损失责任追究制度,落实经营管理责任,对企业经营管理人员违法违规,以及未履行或未正确履行职责而造成资产损失的,应追究相关人员的责任。四要对审计中发现的涉嫌违法违纪问题,在事实清楚、证据确凿的基础上,要及时移交有关部门进行处理。五要推进建立审计公告制度,提高审计的透明度和影响力。要加强经济责任审计结果的利用,任期审计结果应当作为企业负责人任期考核、干部任免等事项的重要依据。

十二、切实履行内部审计工作责任

为推进内部审计持续有效发展,建立内部审计质量控制体系,加强审计管理,提高审计工作质量,中央企业各级负责人和内部审计人员要认真履行工作职责。一要建立审计责任追究制度,对于审计人员玩忽职守,出现重大审计事项错漏、重大线索遗失和对重大违纪、违法事项不披露的或者未按规定履行审计工作职责的,要追究审计人员责任;对于审计制度不健全,未按要求开展审计业务的,应追究企业负责人和审计部门负责人的责任。二要建立内部审计质量考评体系,公正评价审计人员工作业绩,切实保护审计人员的合法权益,提高审计人员工作积

极性。

十三、建立内部审计工作报告制度

各中央企业应根据有关要求定期向国资委报告内部审计工作情况。一要建立定期报告制度。中央企业应于每年3月31日前,向国资委报送本年度内部审计工作计划和上年度内部审计工作总结。二要建立重大审计事项报告制度。内部审计中发现的重大违法违纪问题、重大资产损失情况、重大经济案件及重大经营风险等,应当及时向国资委报告。三是对提拔到企业总部领导岗位上的子企业或重要业务部门负责人的经济责任审计工作结果,应当向国资委报告。四是审计部门负责人变更,应当向国资委备案。加强对中央企业内部审计工作的指导和监督是出资人履行职责的重要手段。各企业要高度重视内部审计在现代企业制度建设中的重要作用,切实采取有效措施,加强内部审计工作,确保内部审计工作有效开展,逐步形成“事前参与、事中监控、事后评价”的内部审计工作格局,推动企业的可持续健康发展。国资委将根据有关规定对企业内部审计工作改进和完善情况组织进行检查和评估。

关于印发《中央企业经济责任审计实施细则》的通知

2006年1月20日　国资发评价〔2006〕7号

各中央企业:

为做好中央企业经济责任审计工作,规范经济责任审计行为,提高经济责任审计质量,根据《中央企业经济责任审计管理暂行办法》(国资委令第7号),我们制定了《中央企业经济责任审计实施细则》,现印发给你们，请遵照执行。工作中有何问题，请及时反馈。

附件：中央企业经济责任审计实施细则

附件：

中央企业经济责任审计实施细则

第一章 总 则

第一条 为做好中央企业(以下简称企业)经济责任审计工作，规范经济责任审计行为，提高经济责任审计质量，根据《中央企业经济责任审计管理暂行办法》(国资委令第7号)，制定本实施细则。

第二条 开展企业经济责任审计的主要目的是为适应出资人监督工作需要，加强对企业负责人的责任监督，建立与完善企业负责人经济责任的审计认定制度，客观评价企业负责人任职期间的经营业绩与经济责任，为企业负责人的任用、考核和奖惩提供参考依据，促进企业加强和改善经营管理，保证国有资产安全和国有资本保值增值。

第三条 企业经济责任审计的主要任务：

(一)财务基础审计。在对企业风险与内部控制进行了解测试的基础上，对企业资产、负债和经营成果的真实性、财务收支的合规性，以及企业资产质量的变动状况和重大经营决策等情况进行审计，以全面、客观、真实地反映企业的财务状况和经营成果。

(二)企业绩效评价。在财务基础审计的基础上，采用企业绩效评价指标体系，通过定量和定性相结合的评价方法，从企业的盈利能力、资产质量、债务风险、发展能力等财务绩效与管理绩效角度，对企业负责人任职期间企业的经营绩效进行全面分析和客观评价。

(三)经济责任评价。根据企业财务基础审计结果和绩效评价结论，综合考虑企业发展基础、经营环境等方面因素，对企业负责人任职期间的主要经营业绩和应当承担的经济责任进行评估，对企业负责人任职期间履行工作职责情况得出较为全面、客观和公正的评价结论。

第四条 在企业经济责任审计工作中，财务基础审计范围应当遵循重要性原则，并充分考虑审计风险，纳入经济责任审计范围的资产量一般不低于被审计企业资产总额的70%，户数不低于被审计企业总户数的50%。下列子企业应当纳入经济责任审计范围：

（一）资产或者效益占有重要位置的子企业；

（二）由企业负责人兼职的子企业；

（三）任期内发生合并、分立、重组、改制等产权变动的子企业；

（四）任期内关停并转或者出现经营亏损、资不抵债、债务危机等财务状况异常的子企业；

（五）任期内未经审计或者财务负责人更换频繁的子企业；

（六）各类金融子企业及内部资金结算中心等。

第五条 在企业经济责任审计过程中，财务基础审计应当充分利用企业近期内部与外部审计成果，提高审计效率。利用企业内部与外部审计成果应当注意以下问题：

（一）在利用内部审计工作成果时，应当对被审计企业内部审计环境及内部审计制度的有效性进行适当评估，以合理确信内部审计结论的可靠性。

（二）在利用外部中介机构审计成果时，必须采用一定的审计程序进行适当的审计评估，以合理确信所引用的审计结论的真实性及有效性。

（三）在审计企业资产状况时，可以借鉴相关年度的清产核资专项审计工作成果。当审计结果与清产核资专项审计结论不一致时，应当遵循谨慎性原则追加适当的审计程序。

（四）利用被审计企业及有关部门的纪检监察工作成果时，对于已经办结的案件，可以在给予必要审计关注的基础上直接利用纪检监察工作成果；对于正在办理的案件，应当注意与被审计企业及有关部门的纪检监察机构相互沟通配合。

第二章 工作组织

第六条 开展企业经济责任审计工作应当按照企业负责人管理权限和企业产权关系，依据“统一要求、分级负责”的原则进行。国资委管理权限范围内的企业负责人经济责任审计工作，由国资委负责组织实施，具体可采用直接组织实施或者委托国家审计机关实施等方式。

第七条 根据企业负责人管理权限，经批准发生合并重组、托管等情况的企业，国资委可视情况直接组织实施经济责任审计或者委托重组企业、托管企业组织实施经济责任审计工作。

重组企业或者托管企业受托组织实施经济责任审计，其工作标准、方法、程序需按照国资委统一规定和要求执行，审计结果应当报国资委确认。

第八条 国资委直接组织实施企业经济责任审计工作的，可以聘请具有相应资质条件的社会中介机构配合审计或者抽调企业内部审计机构人员具体实施审计。国资委聘请社会中介机构配合实施经济责任审计，按照“公开、公平、公正”的原则，采取企业推荐、国资委核准、邀请招标方式选定具有相应资质条件的社会中介机构，并根据已确定的审计目标、范围和具体要求，与选定的社会中介机构签订业务委托书。

第九条 根据经济责任审计工作任务，国资委派出工作人员会同配合审计工作的社会中介机构等组成审计项目组，具体实施经济责任审计工作。审计项目组一般下设财务审计组和绩效评价组。

第十条 审计项目组。审计项目组组长为审计项目的具体组织者，应当具有审计、会计、经济等方面的专业知识，由国资委派出；审计项目副组长分别由财务审计组和绩效评价组组长担任。审计项目组长应当履行以下主要职责：

(一)负责组织协调审计工作的有关事宜；

(二)负责审核财务审计方案和绩效评价工作计划；

(三)负责带领审计项目组(含财务审计组和绩效评价组)正式进驻企业，并落实有关工作要求；

（四）在审计工作中，及时协调并解决有关重要事项和问题；

（五）负责组织访谈、与企业及企业负责人交换审计意见；

（六）负责组织审核和修改经济责任审计报告。

第十一条　财务审计组。财务审计组主要由聘请的社会中介机构人员（或企业内部审计人员）组成，组长由社会中介机构（或企业内部审计机构）的财务审计项目负责人担任。财务审计组组长的主要职责是：

（一）组织对被审计企业有关财务效益状况、资产质量、重大经营活动和经营决策、遵守法律法规等情况进行审计；

（二）组织出具财务审计报告，并对财务审计报告承担责任；

（三）组织协助绩效评价工作（为绩效评价工作提供基础数据、相关资料等方面的支持，协助准备专家评议工作，协助草拟绩效评价报告）；

（四）协助草拟经济责任审计报告；

（五）协调处理财务审计组与绩效评价组的工作关系。

第十二条　绩效评价组。绩效评价组主要由委托方工作人员或者抽调企业内部审计人员及部分社会中介机构人员组成，组长一般由委托方专业人员担任。绩效评价组组长的主要职责是：

（一）组织对被审计企业的经营绩效进行评价；

（二）组织专家对企业经营及管理状况进行定性评议；

（三）综合财务审计结果和绩效评价结果，组织对企业负责人任期的经营业绩和经济责任进行评估，得出评价结论；

（四）配合组织与被审计企业沟通或征求意见，接收有关群众来信和接受群众访谈；

（五）组织草拟经济责任审计报告；

（六）协调处理绩效评价组与财务审计组的工作关系。

第十三条　财务审计组和绩效评价组组长应当具备下列基本条件：

（一）具有相关领域的中高级技术职称或相关专业执业（技术）资格，或者具备较丰富的企业财务管理或财务审计工作经验和经历；

（二）熟悉被审计企业所在行业的情况；

（三）具有较强的组织、综合分析和判断能力；

(四)坚持原则、清正廉洁、秉公办事。

第三章　工作程序

第十四条　审计项目组具体实施的经济责任审计工作,可以分为准备、实施、报告三个工作阶段。

第十五条　准备阶段。主要工作包括:确认任务、业务培训、进驻企业、审前调查、收集资料、修改完善审计方案等。

(一)审计项目组在开始实施审计前,应当对需要承担的经济责任审计工作任务、审计对象、范围和要求等进行确认,落实对企业进行财务基础审计、绩效评价和对企业负责人进行经济责任评价的工作任务和责任。

(二)组织审计人员业务培训,了解被审计企业的行业特征、企业特点,学习和掌握财务基础审计、绩效评价和经济责任评价等工作要求和相关专业知识。

(三)组织召开由被审计企业负责人及有关人员参加的经济责任审计见面会,明确工作要求及配合事项。

(四)开展审前调查,了解企业基本情况,完善审计工作方案或计划。

1. 财务审计组在本阶段应当对被审计企业的内部控制制度进行初步测试,进一步了解被审计企业的基本控制环境、内部控制状况和主要业务流程、接受外部审计及其他各种审计检查等基础情况,了解被审计企业负责人任期内发生的重大经营活动和其他重要情况,评估被审计企业的财务审计风险,确定财务审计的重点内容和具体工作范围。

2. 绩效评价组在本阶段应当了解被审计企业的基本组织状况与基本财务状况,了解被审计企业负责人的任职时间、任期目标、任期工作表现、职工中的口碑、任期内工作职责及完成情况等个人基本情况,并与企业监事会沟通,就审计方案征求监事会意见等。

(五)被审计企业在实施现场审计前,应当根据经济责任审计工作需要,向审计项目组提供相关资料。

1. 企业应提供的财务审计资料主要有：

(1)任期内企业的财务会计资料、统计资料及有关审计报告、管理建议书等；

(2)企业的基本情况，如企业组织结构、资本结构、重要资产产权证明、重要投资合同、贷款合同目录、主管部门有关政策批准文件等；

(3)企业的管理情况，主要为以文字形式描述的企业内部决策程序及执行情况、内控制度及执行情况等，如内部财务核算制度、业务操作规程、授权与权限制度、费用开支审批办法等；

(4)重大事项，包括重大诉讼、重大违纪事项、重要会议记录等；

(5)关联方关系及其交易情况、会计政策变更、会计估计变更及原因说明等；

(6)企业有关财产损失审批及税务部门批准处理的文件，税务部门出具的完税证明、银行对账单等外部资料；

(7)在财务审计过程中，需要补充提供的其他资料。

2. 企业及企业负责人应提供的绩效评价资料主要有：

(1)任期内企业的年度工作计划、工作报告和工作总结；

(2)任期内企业经营目标及目标实现情况；

(3)任期内企业管理绩效评议指标完成情况；

(4)企业负责人任期述职报告，述职报告应包括任期内的主要业绩、存在的主要问题、工作中应当承担的经济责任，进一步改进企业经营管理的意见与建议等；

(5)在经济责任审计过程中，需要补充提供的其他资料。

(六)财务审计组根据审前调查情况，修改完善审计工作方案或计划，并将修改后的审计工作方案或计划经审计项目组长同意后，报国资委备案同意后组织落实。

第十六条 实施阶段。主要工作包括：财务基础审计、企业绩效评价、经济责任评价等内容。

第十七条 财务审计组在开始现场财务基础审计后，主要应当完成以下工作：

(一)审计人员对企业内部控制系统的健全性和有效性进行符合性测试,识别内部控制的关键控制点和风险点,评价内部控制的水平,设计实质性测试的程序和范围。

(二)审计人员根据对企业内部控制系统的了解、测试,明确实质性测试的重点与内容,并通过审查会计资料、查阅与审计范围有关的文件、盘点实物资产、向有关单位和个人询问、函证等程序,取得具有充分证明力的审计证据,为形成财务审计报告奠定基础。

(三)审计人员在现场审计中,应当认真填写审计工作记录,整理编制审计工作底稿。审计工作底稿包括以下内容:

1. 审计人员在审计准备阶段所形成的材料、收集的有关证据、被审计企业提供基本情况和审计方案;

2. 与审计事项有关的证明材料及其鉴定意见;

3. 审计中发现的问题及产生的原因;

4. 判断审计事项的法律、法规、政策依据;

5. 审计人员对审计事项的评价、初步结论和处理意见、建议,以及被审计企业及其负责人的意见;

6. 在执行具体审计工作方案过程中所作的其他有关记录等。

主审人员和财务审计组组长应当对审计工作底稿进行复核,并对审计工作底稿的真实性、准确性负责。

(四)实行审计周报制度,财务审计组每周定期向委托方汇报审计进展阶段及审计中发现的重大问题等情况。

(五)财务审计组根据取得的审计证据形成财务审计结论,起草财务审计报告初稿。

第十八条 绩效评价组在开始现场审计后,主要应当完成以下工作:

(一)进一步了解被审计企业及企业负责人的情况,向被审计企业有关人员征求意见、接收群众来信和访谈;

(二)根据财务基础审计核实后的被审计企业财务数据,采用企业绩效评价体系对被审计企业的财务绩效进行评价,形成财务绩效定量评价结论；

（三）对被审计企业的领导班子、主要业务部门及重要子企业负责人开展访谈工作；

（四）组织开展职工问卷调查；

（五）准备专家评议资料，邀请有关评议专家对被审计企业的管理绩效进行定性的专家评议。专家评议一般采用专家评议会方式，按下列程序进行：

1. 阅读相关资料，了解企业实际情况；

2. 财务审计组介绍财务审计情况及结果；

3. 绩效评价组介绍企业财务绩效定量评价情况及评价结果；

4. 评议专家根据企业实际情况和管理绩效评议参考标准，现场评议，独立打分；

5. 计算汇总评议打分结果；

6. 集体评议，现场形成专家评议结论。

（六）根据财务绩效定量评价结果和管理绩效定性评价结果，起草企业绩效评价报告初稿。

第十九条 报告阶段。主要工作包括：形成经济责任审计报告初稿，财务审计报告和经济责任审计报告初稿征求各方面意见，修改报告初稿，形成正式经济责任审计报告。

（一）审计项目组根据财务审计报告初稿和绩效评价报告初稿，综合分析评价企业负责人任期的经营业绩与经济责任，起草企业负责人经济责任审计报告。

（二）审计项目组提交的经济责任审计报告，经国资委同意后，形成经济责任审计报告初稿，并将经济责任审计报告初稿和财务审计报告初稿一并征求企业干部管理部门、相关监事会、企业及被审计人的意见。

（三）由审计项目组组长组织当面征求被审计企业和被审计人意见，审计项目组应将与被审计企业和被审计人交换意见的情况整理形成书面资料。

(四)在对各方面反馈意见进行分析核实的基础上,依据合理意见对审计报告初稿进行修改。

(五)经对审计报告初稿修改后,形成财务审计报告和经济责任审计报告征求意见稿,以书面形式正式征求被审计企业和被审计人的意见。一般应当在7个工作日内反馈意见,逾期不反馈意见,视为无不同意见。

(六)经过正式征求意见后,对审计报告进行再次修改,财务审计组出具正式的财务审计报告,并报国资委;国资委出具正式的经济责任审计报告,送达企业并抄送被审计人。

第二十条 在经济责任审计工作结束后,国资委根据审计报告,向被审计企业下达审计处理意见。

第二十一条 为改进工作,积累经验,不断提高经济责任审计工作质量,经济责任审计工作完成后,审计项目组应当对经济责任审计的组织、程序、方式、方法等方面进行总结,并将工作总结及时提交国资委。

第二十二条 经济责任审计工作结束后,审计项目组应当按照有关工作分工和审计档案管理规定,整理有关经济责任审计工作档案移交国资委和明确配合机构保管。

(一)应当明确由配合机构负责保管的资料有:审计计划、审计证据、审计工作底稿、审计报告及征求意见稿、有关意见反馈、有关审计问题的请示和报告等资料。

(二)应当移交国资委保管的资料有:财务审计工作方案、经济责任审计工作报告、企业及监事会等有关方面的反馈意见、审计决定执行情况、有关审计问题的请示和报告、批示等有关工作文件,以及与具体审计项目有关的群众来信、来访记录、举报材料等。

第四章 财务基础审计

第二十三条 财务基础审计主要包括被审计企业负责人任职期间企业财务收支状况真实性审计、资产质量审计、经营成果审计、企业重大经营活动和经营决策审计、经营合法合规性审计等内容。

第二十四条 财务收支状况真实性审计。根据国家统一财务会计制度、会计准则及相关法律法规，通过必要的审计程序，了解企业负责人任职期间企业的财务收支管理是否符合国家有关法律法规的规定，会计信息是否真实、完整，账实、账账、账表是否相符，判断企业会计核算的合规性，检查企业财务管理中存在的有关问题。

财务收支状况真实性审计应特别关注对货币资金、往来款项、存货、固定资产、应付工资等科目，以及资本性支出和收益性支出、合并会计报表的审计。

第二十五条 任职期间资产质量审计。结合内控审计和财务收支审计，查实企业的会计信息是否真实反映了企业资产的实际质量状况。重点审计企业负责人任职期间资产质量变动情况，特别是任职期间不良资产的变动情况，审计确认任职期初到任职期末各年的不良资产总额、任期内新增不良资产及任期内消化不良资产的情况。

本实施细则所称不良资产是指预期不能给企业带来经济利益的资产和企业尚未处理的资产净损失和潜亏（资金）挂账，以及按财务会计制度规定各类有问题资产预计损失金额。

第二十六条 对仍执行行业会计制度企业的不良资产审计时，应当重点关注以下内容：

（一）待处理资产净损失，重点审查任期末待处理的流动资产和固定资产净损失，以及固定资产毁损、报废的真实性、合规性；

（二）长期积压商品物资，重点审查任期末积压一年或一个经营周期以上但尚未丧失使用价值的商品物资；

（三）不良投资，重点审查由于被投资企业（或项目）濒临破产、倒闭、发生长期亏损（一般指连续三年以上）等原因造成难以收回的投资等，包括未确认的投资损失；

（四）三年以上应收款项可能导致的潜在损失；

（五）处于对外经济担保、未决诉讼、应收票据贴现等状态下的资产可能导致的潜在损失；

（六）潜亏，重点审查企业未足额计提或者摊销的成本费用；

(七)挂账,重点审查企业由于经营管理或者政策性等因素形成的,并经财务认定和记录,但又未纳入企业当年损益核算或者进行相应财务处理的损失、费用等;

(八)经营亏损挂账,重点审查因经营活动因素产生的累计未弥补亏损总额;

(九)关停并转企业和未纳入财务决算范围企业的不良资产;

(十)其他因素引起的资产损失。

第二十七条 对执行《企业会计制度》企业的不良资产审计中,应当重点关注以下内容:

(一)应提未提或少提的各项减值准备;

(二)应转销而未转销的待处理流动资产和固定资产损益、应提未提及应摊未摊的折旧和费用;

(三)不符合资本化条件的固定资产装修及修理支出尚未计入当期费用的金额;符合资本化条件的固定资产改良支出,因未遵循谨慎性原则随意延长折旧年限而少计入当期成本费用的金额;其他按照《企业会计制度》的规定应计入当期成本费用而结转下期的金额;

(四)对外经济担保、未决诉讼、应收票据贴现等或有事项状态下的资产,由于未按照《企业会计制度》的规定预计费用和负债而虚增的金额;

(五)关停并转企业和未纳入财务决算范围企业的不良资产;

(六)其他因素引起的资产损失。

第二十八条 在对企业不良资产审计中,还应当关注以下情况:

(一)审计分析企业清产核资结果是否如实披露。对于企业在清产核资中未披露的损失(除政策性原因允许企业暂不处理的损失外),一般视同为清产核资后企业负责人任期的不良资产损失。

(二)审计分析企业任期内资产质量变动的原因。分析产生不良资产的主、客观原因,客观原因主要指国际环境、国家政策、自然灾害等;主观因素主要指决策失误、经营不善等。

(三)审计分析企业任期内不良资产责任划分。按照企业负责人任期职责、任期时间及不良资产产生原因等情况,分清企业不良资产的责任,审计分析企业任职期间不良资产情形。

1. 核实任期以前存在的不良资产;

2. 核实任期内消化的任期以前的不良资产;

3. 核实任期间内新增不良资产;

4. 核实任期间因客观因素而新增的不良资产。

第二十九条 任职期间经营成果审计。在财务收支审计与资产质量审计的基础上,审计企业负责人任期内经营成果的真实性与完整性。同时审计确认企业负责人任期初至任期末各年的利润总额、净利润、主营业务收入、主营业务成本、期间费用等财务定量评价指标。审计中应当重点关注:

(一)任期企业收入确认和核算是否真实、完整、及时,是否符合国家财务会计制度规定,有无虚列、多列或透支未来收入,少列、漏列或者转移当期收入等问题。

(二)任期企业成本费用开支范围和开支标准是否符合国家财务会计制度规定,成本核算是否真实、完整,符合配比原则,有无错列、多列、少列或者漏列成本费用等问题。

(三)任期经营成果的调整。如果企业存在经营成果不实问题,应当根据审计结果对企业相关的会计数据进行调整,对任期产生的不良资产进行扣除,并做出调整后的新的会计报表。

(四)确认任期企业实际业绩利润。企业负责人任期实际业绩利润一般按照以下公式计算:

任期实际业绩利润=经过审计调整核实后的任期利润总额(已扣除任期产生的不良资产)+消化任期以前年度不良资产

第三十条 任职期间企业重大经营活动和经营决策审计。重点关注企业的重大经营活动和经营决策过程是否合法合规,以及所产生的结果等。

(一)对外投资、担保、大额采购、改组改制、融资上市、兼并破产等重大经营活动和重大经济决策是否符合国家有关法律法规、政策及有关规定；

(二)有关决策是否有相关管理控制制度；

(三)有关决策是否履行相关管理控制制度,并按照规定程序进行；

(四)有关决策协议或者合同内容是否符合企业实际,是否存在损害本企业的条款,其中有无个人谋利行为；

(五)有关决策的执行是否明确了具体的实施管理部门,有无进行过程监控；

(六)有关决策结果有无给企业造成损失等。

第三十一条 任职期间企业经营合法合规性审计。主要审计企业负责人任职期间的有关经营、管理等行为是否符合国家有关法律法规的规定等。应当重点关注以下情况：

(一)公款私存,坐收坐支,私设“小金库”,资金账外循环；

(二)违规越权炒作股票、期货等高风险金融品种；

(三)违规对外拆借、出借账户；

(四)违规对外出借资金等。

第三十二条 财务基础审计在对被审计企业任职期间的基本财务状况、经营成果和经营决策等进行审计和出具财务审计报告的同时,还应当对被审计企业负责人任职期间的有关绩效评价基础数据进行核实,为绩效评价工作奠定基础。

第五章 企业绩效评价

第三十三条 在对企业负责人任职期间财务状况审计工作的基础上,绩效评价组应当运用国资委制定的企业绩效评价体系,对企业负责人任职期间的企业绩效状况进行评价,为做好企业负责人任期经营业绩和经济责任评价工作奠定基础。企业绩效评价分为财务绩效定量评价和管理绩效定性评价。

第三十四条 财务绩效定量评价是指根据审计核实后的企业财务数据,利用绩效评价指标体系,比照行业评价标准,对企业负责人任期的财务绩效进行的定量分析评价。根据企业绩效评价指标体系,财务绩效定量评价主要从企业的盈利能力、资产质量、债务风险、发展能力四个方面进行评价。

第三十五条 为保证评价结果的客观、科学，企业绩效评价所使用的评价基础数据应当根据评价需要进行评价调整。评价基础数据调整主要包括以下两个方面：

（一）根据财务基础审计结果对企业有关数据进行调整；

（二）根据评价要求，对非经营绩效因素进行调整。

第三十六条 管理绩效定性评价是通过对企业负责人任期内的企业发展战略规划、经营决策机制、内部风险控制、人力资源建设等方面的分析评议，反映企业采取的各项管理措施及其管理成效，对定量分析结果进行补充修正。

第三十七条 为客观公正的评价企业负责人任职期间的企业管理绩效状况，审计项目组采用聘请相关专家组成专家评议组方式，对企业的管理绩效指标进行评议，形成管理绩效定性评价结果。

（一）经济责任审计中，专家评议组一般由7～9人组成。

（二）评议专家一般从企业监管部门、行业协会、高等院校、社会中介机构、企业监事会等方面聘请。

（三）评议专家必须具备以下基本条件：

1. 有较丰富的企业管理、财务会计和资产管理等方面的知识；

2. 了解企业绩效评价业务，具有较强的综合分析判断能力；

3. 了解被评价企业所处行业的状况；

4. 坚持原则，清正廉洁，秉公办事。

（四）评议专家的主要职责。根据财务基础审计结果和财务绩效定量评价结果，对企业非财务的管理绩效指标进行评议，对企业负责人任期的经营业绩和经济责任进行评价，对经济责任审计中的有关问题提供咨询，并出具评议意见。

第三十八条 绩效评价组综合企业财务基础审计结果、财务绩效定量评价结果和管理绩效定性评价结果，形成企业绩效评价报告初稿。

第六章 经济责任评价

第三十九条 经济责任评价是指根据财务基础审计结果和企业绩效评价结果,综合考虑企业负责人任期内影响企业发展的相关因素,对企业负责人任期的经营业绩与经济责任进行客观公正的分析和评价。

第四十条 经济责任评价应遵循以下原则:

(一)客观性原则。业绩与经济责任评价要客观地反映企业负责人的实际业绩与问题,避免由于证据不足、个人主观印象等造成的人为误差。

(二)全面性原则。业绩与经济责任评价不但要充分考虑企业负责人的责任,还要充分考虑企业负责人的贡献,全面评估企业负责人任期的成绩与不足。

(三)公正性原则。根据有关问题的性质,比照公平、明确的评价标准,分清企业负责人应当承担的责任,做到责任定位准确、公正。

(四)发展性原则。对企业负责人的业绩与经济责任评价,不但要充分考虑其任期企业的效益、管理等情况,还要充分考虑企业负责人本任期行为对企业今后发展的贡献。

第四十一条 在经济责任审计工作中,应当客观公正地评价企业负责人任职期间对企业的主要贡献,重点关注企业的经营效益状况、基础管理水平、重大改制改革、发展战略及执行情况、内部控制建设与落实情况、企业可持续发展情况等内容。

第四十二条 在经济责任审计工作中,应当明确企业负责人对其任期内企业存在问题应承担的经济责任。经济责任是指企业负责人在任期内职责可控范围内应当负有的责任,分为直接责任、主管责任和领导责任。

(一)直接责任是指企业负责人因直接违反或通过授意、指使、强令、纵容、包庇下属人员违反国家财经法规以及失职、渎职等其他违反国家财经纪律的行为应负有的责任。

(二)主管责任是指根据企业内部分工,企业负责人对其分管部分工作以及企业经营、投资等重大事项，因未履行或者未正确履行职责应负有的经济责任。

（三）领导责任是指企业负责人对其所在企业应当负有的直接责任、主管责任以外的管理责任。

第四十三条 对于企业负责人任期经济责任的评价，既要考虑企业负责人的经营业绩，又要分析企业负责人的经济责任，并要充分考虑企业自身发展状况、历史负担、行业特点、持续发展等因素。

第四十四条 经济责任审计中，原则上以会计年度作为企业负责人经济责任审计期间，并以此确定审计和评价财务数据的期初数；但对于重大经营决策、重大财务事项等的责任界定，以企业负责人的实际任期为准。

（一）企业负责人的任职时间为某一年度的上半年，则以本年度初作为企业负责人经济责任审计期间的期初。

（二）企业负责人的任职时间为某一年度的下半年，则以下一年度初作为企业负责人经济责任审计期间的期初。

第七章 工作报告

第四十五条 经济责任审计工作报告由财务审计报告、绩效评价报告和经济责任审计报告组成。

第四十六条 财务审计报告是财务审计组根据审计工作结果形成的反映企业会计信息真实性及企业资产质量、经营成果、重大经营管理决策及遵守国家法律法规等情况的阶段性工作报告。

第四十七条 财务审计报告应当由标题、收件人、正文、附件、签章、报告日期等基本要素组成。

（一）标题。标题中应当明确被审计企业名称、主要审计事项等审计主要内容。

（二）收件人应为委托人。

（三）报告正文。审计报告的正文内容一般包括：

1. 审计任务的说明。审计报告应当对本次审计的任务进行说明。主要包括:执行审计的依据、被审计企业名称、被审计企业负责人姓名、审计范围、内容、方式和时间,采用的主要审计方法,延伸或追溯审计的重要事项,以及对被审计企业及负责人配合与协助情况的评价等。

2. 被审计企业负责人及企业基本情况。主要包括:企业的经济性质、管理体制、业务范围及经营规模、财务隶属关系或资产监管关系、核算管理体制、财务收支状况等;被审计企业负责人姓名、职务、任职时间等基本内容。

3. 被审计企业的基本财务状况。主要包括:审计前后企业基本财务数据的变化及原因,任期内各年企业的财务状况、资产质量、收入效益、成本费用等主要财务指标的变化情况及原因等。

4. 截至任期末,经审计发现企业存在的主要问题,包括企业的问题和负责人的问题两方面。对于审计中发现的主要问题要进行分类整理,并载明发现问题的事实,产生问题的原因,所违反有关法律法规的具体内容,存在问题所造成的影响或后果等。

5. 审计建议。对审计发现的有关问题,审计组应当在职权范围内提出审计处理意见和审计建议。

6. 需要在审计报告中反映的其他情况。

(四)附件。附件包括:审定的任职期间各年度审计调整后的资产负债表及损益表、会计账项调整表、其他需要说明的重要事项等。

第四十八条 绩效评价报告是由绩效评价组结合前期了解掌握的企业有关情况,利用财务审计组审定的企业财务数据,对企业实施财务绩效定量评价和管理绩效定性评议后形成的关于企业整体绩效状况的阶段性工作报告。绩效评价报告是企业经济责任审计项目组内部的分析报告。

第四十九条 绩效评价报告应由标题、正文、附件、签章、报告日期等基本要素组成。

(一)标题。标题中应当明确企业名称和报告性质。

(二)报告正文。对照行业评价标准值,重点分析企业负责人任职期间，企业在盈利能力、资产质量、债务风险、发展能力等方面财务指标和评价得分的变化情况，并说明变化的主要原因；分析企业负责人任期在发展战略规划、改革改组改制、生产经营成果、内部控制机制、提高企业市场竞争能力和持续发展能力等方面的主要业绩；结合专家评议结果，形成对企业综合绩效状况的评价结论。

（三）附件。一般应包括：企业绩效评价计分表、采用的评价标准值、评价调整情况表等。

（四）签章。由绩效评价组组长签章。

（五）报告日期。指完成评价报告的日期。

第五十条 经济责任审计报告是经济责任审计工作最终的工作报告，应由标题、收件人、正文、附件、签章、报告日期等基本要素组成。

（一）标题。标题中应明确经济责任审计的企业名称和报告性质。

（二）收件人应为委托人。

（三）前言。简要概述依据、组织、时间、对象等情况。

（四）报告正文。主要包括企业的基本情况及根据财务审计报告和绩效评价报告对企业负责人经营业绩与经济责任的评价。

1. 基本情况。被审计企业、企业负责人及本次审计的基本情况。

2. 财务绩效分析。主要包括审计前后企业的主要财务指标及调整数，审计后企业基本财务数据的变化及原因、任期内的企业基本财务绩效状况等。

3. 任期企业负责人的主要业绩。主要为企业负责人任职期间所做的主要工作及成效。

4. 任期审计发现的主要问题。

5. 审计结论。根据审计中发现的问题与业绩，结合企业的历史沿革、发展战略等，对企业负责人任职期间的经营业绩与经济责任进行综合客观的评价，并明确其应当承担的经济责任。

6. 审计建议。结合审计发现的主要问题提出相关改进建议。

7. 其他需要在审计报告中反映的情况。

（五）附件。主要包括：财务审计报告，绩效评价报告；企业及负责人反馈意见;如审计人员认为有必要,可以提出审计建议或者管理建议等。

第五十一条 经济责任审计报告基本撰写要求:

(一)经济责任审计报告中涉及的相关内容必须在财务审计报告和绩效评价报告中有证据支撑;

(二)经济责任审计报告应当观点明确,内容清晰,业绩要讲透,问题要讲准,责任要讲清;

(三)报告应当语言严谨精练、论述清楚;

(四)篇幅一般应控制在1万字以内。

第八章 质量控制

第五十二条 审计项目组的质量控制主要包括以下内容:

(一)与被审计企业或者被审计人有利害关系的人员,不应当进入审计项目组;

(二)财务审计组应当取得企业关于保证所提供资料真实性、完整的书面承诺,以明确会计责任和审计责任;

(三)审计项目组应当建立严格的审计复核制度;

(四)审计项目组对于难以把握的专业难题,可以请专家出具意见书;对未经审计的项目或内容不予评议;审计中发现违纪和涉嫌违法问题时,要及时向委托方反映,由委托方依法移送纪检监察部门和司法机关处理;

(五)审计项目组在实施审计时,应当通过委托方与组织、人事、纪检部门联系,将了解的被审计企业财务管理情况与干部管理部门掌握的企业负责人考核情况有机结合,以客观评估企业负责人任期的经营业绩和经济责任。

第五十三条 审计程序上的质量控制,主要包括审计计划质量控制、审计项目实施过程质量控制、审计结论和报告质量控制三部分。

(一)审计计划质量控制。

1. 在制定项目审计计划前,应认真考虑风险、管理需要及审计资源等，并事先评估各审计项目的风险程度；

2. 制定项目审计计划时，应同时明确项目审计的工作目标、工作顺序、所分配的审计资源、后续审计的必要安排等；

3. 定期检查审计计划的执行情况，及时对计划进行修改和补充，保证审计计划的严肃性和落到实处。

（二）审计项目实施过程质量控制。

1. 加强过程指导与监督，应对各个层次的审计人员所从事的工作给予充分的指导和监督；

2. 合理分配现场审计任务，并根据审计任务明确工作责任，明确审计人员应完成的程序、目标及重要性；

3. 关注重大财务欺诈、关联方交易及非货币性交易等容易产生审计风险的重要事项；

4. 重视对审计取证和审计工作底稿编制的控制，及时做好有关记录；

5. 注重现场检查与复核工作；

6. 对于现场审计中遇到的有关问题要注意及时沟通。

（三）审计结论和报告质量控制。

1. 审计项目组应以前期有效审计工作为基础，以合格证据为依据，以有关法律法规和规章为评判标准，及时整理、分析和总结，得出恰当的审计和评价结论，形成财务审计报告、绩效评价报告和经济责任审计报告；

2. 重视并切实做好有关报告的层层复核工作；

3. 经与被审计企业及其负责人交换意见后，有关交换意见的报告征求意见稿应予以保留，并将被审计企业及其负责人对审计报告的书面意见、审计项目组的书面说明、审计报告修改之处及其他有关材料进行再次复核。

第九章　审计责任与工作纪律

第五十四条　企业经济责任审计中，委托方和被审计企业应当协调配合审计项目组共同做好经济责任审计工作。

(一)经济责任审计的委托方应做好整个审计工作的组织与协调工作,对审计项目实施过程进行监控,对审计过程中出现的有关问题进行协调解决,提出审计质量要求并对审计质量进行监督复核。

(二)被审计企业应积极做好审计配合工作:

1. 提供必要的工作条件,如实反映经营管理中与审计内容相关的事项;

2. 提交真实、完整、合法的会计凭证、会计账簿、财务会计报告和其他有关资料,特别是有关未决诉讼、抵押借款、投资融资、银行存款、担保等方面的资料;

3. 说明有无账外资产,有无转移、隐匿、篡改、毁弃会计资料以及其他资料的行为等;

4. 说明在财务、会计以及其他相关经济活动中,有无重大违反财经法纪问题。

第五十五条 企业经济责任审计中,审计人员和评价人员对其承担的工作任务负有相应的责任。

(一)财务审计人员应当对其承担的审计任务承担责任,其中:财务审计组组长应当对审计工作程序与进程、审计报告的真实性、合法性等承担责任;

(二)绩效评价人员应当对其承担的评价任务承担责任,其中,绩效评价组长应当绩效评价报告承担责任;

(三)评议专家应当对其评议结果承担责任;

(四)复核人员应当对其复核的相关内容承担责任。

第五十六条 审计过程中应认真遵守以下工作要求和工作纪律:

(一)审计人员应当认真遵守与委托方签订的审计业务约定书中所规定的各类约定,按照国家相关的法律法规和国资委有关工作规定以及《独立审计准则》的要求,按时完成受托项目的财务审计、绩效评价和经济责任评价工作。

(二)财务审计中,如对审计期间或审计范围进行延伸审计时,须征得委托方同意。

（三）财务审计报告应当如实反映审计结果，不得出具虚假不实的报告，不得避重就轻、回避问题或者明知有重要事项不予披露。

（四）有关审计项目进展情况、发现的问题、遇到的难点等，应当及时以书面形式报告委托方。

（五）审计项目组人员应当严格保守被审计企业的商业机密。除法律另有规定外，不得将被审计企业提供的资料泄露给委托方以外的第三方。

（六）审计项目组人员应自备个人所需的计算机等办公设备，不得向被审计企业提出不合理要求。

（七）被审计企业应按本单位一般接待及差旅标准为审计项目组提供必要的食宿条件及因公外出费用。审计项目组人员不得向被审计企业提出与审计工作无关的要求，不得在被审计企业报销任何私人费用。

（八）审计项目组人员不得索要或者接受被审计企业任何礼品、礼金和各种有价证券等。

（九）审计项目人员不得向被审计企业提出与审计工作无关的要求。

第十章　附　　则

第五十七条　本实施细则适用于国资委直接组织开展经济责任审计工作的企业。

第五十八条　国资委委托重组企业或者托管企业组织实施经济责任审计，比照本实施细则执行。

第五十九条　企业内部组织开展经济责任审计工作，参照本实施细则执行。

国资委办公厅转发财政部、国家税务总局《关于中央企业清产核资有关税收处理问题的通知》的通知

2006 年 3 月 6 日　国资厅发评价〔2006〕10 号

各中央企业：

近日,财政部和国家税务总局下发了《关于中央企业清产核资有关税收处理问题的通知》(财税〔2006〕18 号),明确了中央企业清产核资中资产盘盈(含负债潜盈)和资产损失(含负债损失)涉及的企业所得税处理政策。现将此文转发给你们,请按照文件要求认真组织所属企业尽快办理有关税收事宜。

附件:财政部　国家税务总局关于中央企业清产核资有关税收处理问题的通知

附件:

财政部　国家税务总局关于中央企业清产核资有关税收处理问题的通知

2006 年 2 月 21 日　财税〔2006〕18 号

各省、自治区、直辖市、计划单列市财政厅(局)、国家税务局、地方税务局,新疆生产建设兵团财务局:

为了进一步做好中央企业清产核资工作,经研究,现将 2003 年至 2005 年中央企业清产核资有关税收处理问题通知如下:

一、中央企业清产核资涉及的资产盘盈(含负债潜盈)和资产损失

（含负债损失），其企业所得税按以下原则处理：企业清产核资中以独立纳税人为单位，全部资产盘盈与全部资产损失直接相冲抵，净盘盈可转增国家资本金，不计入应纳税所得额，同时允许相关资产按重新核定的入账价值计提折旧；资产净损失，可按规定先逐次冲减未分配利润、盈余公积、资本公积，冲减不足的，经批准可冲减实收资本（股本）；对减资影响企业资信要求的企业，具体按照《中央企业纳税基本单位清产核资自列损益资产损失情况表》（详见附件）所列企业单位和金额，可分三年期限在企业所得税前均匀申报扣除。

二、主管税务机关按照本通知要求对企业资产盘盈和资产损失的真实性、合理性和合法性进行核实和检查，及时办理企业清产核资资产盘盈和在损益中消化处理资产损失有关税收事宜，不符合规定的应做纳税调整并补缴税款。

三、本通知自 2005 年 1 月 1 日起执行。对通知下发前本次清产核资盘盈资产已缴纳的税款，可从其下一年度应纳税款中予以抵补。

请遵照执行。

附件：中央企业纳税基本单位清产核资自列损益资产损失情况表（略）

关于印发《中央企业财务决算审计工作有关问题解答》的通知

2006 年 5 月 22 日　国资厅发评价〔2006〕23 号

各中央企业：

为贯彻落实《关于印发〈中央企业财务决算审计工作规则〉的通知》（国资发评价〔2004〕173 号）和《关于加强中央企业财务决算审计工作的通知》（国资厅发评价〔2005〕43 号）等文件精神，帮助各中央企业更好地了解和执行国资委关于财务决算审计工作的统一要求，现将《中央企业财务决算审计工作有关问题解答》印发给你们，请遵照执行。在执行过程中有何问题，请及时反映。

附件：中央企业财务决算审计工作有关问题解答

附件：

中央企业财务决算审计工作有关问题解答

《关于加强中央企业财务决算审计工作的通知》(国资厅发评价〔2005〕43号，以下简称《通知》)印发后，不少中央企业和会计师事务所陆续反映了一些情况和问题，现解答如下：

一、关于连续5年审计年限是否区分主审会计师事务所和参审会计师事务所的问题

《通知》中关于连续5年审计年限是指连续承担中央企业及其所属子企业财务决算审计的年限，既包括主审会计师事务所，也包括参审会计师事务所。

二、关于中央企业发生合并、分立等重组事项时连续审计年限计算的问题

(一)新设合并或分立出来新成立的企业集团，由集团统一招标选聘的会计师事务所连续审计年限从集团委托之日起开始计算。否则，连续审计年限仍然从实际承担审计业务当年开始计算。

(二)吸收合并后继续存续或分立后继续存续的企业集团，会计师事务所连续审计年限一律从实际承担审计业务当年开始计算。

(三)因企业名称等事项变更而发生变更工商登记的企业集团，会计师事务所连续审计年限在其变更前后连续计算。

三、关于会计师事务所发生合并、分立等重组事项时连续审计年限计算的问题

(一)采取新设合并方式重组,合并后新成立的会计师事务所承担的审计业务,连续审计年限从新会计师事务所注册工商登记之日起开始计算。

(二)采取吸收合并方式重组,合并后继续存续的会计师事务所原来承担的审计业务,审计年限连续计算;被合并会计师事务所注销后原审计业务转由合并后会计师事务所继续承担的,连续审计年限从合并之后开始计算。

(三)采取分立方式重组,分立后继续存续的会计师事务所承担的审计业务,审计年限连续计算;分立后新成立的会计师事务所承担的审计业务,连续审计年限从新会计师事务所注册工商登记之日起开始计算。

(四)因会计师事务所名称等事项变更而发生变更工商登记的,审计年限在变更前后连续计算。

四、关于拟上市企业会计师事务所连续审计年限满5年的问题

中央企业所属处于上市辅导期的企业,同一会计师事务所连续审计年限已经超过5年的,凡是能够提供证据表明该企业已经通过证监会发审委审核的,两年内可以暂不变更会计师事务所,待企业上市后再按照法定程序变更。

五、关于会计师事务所连续审计满5年轮换的问题

根据《关于印发〈中央企业财务决算审计工作规则〉的通知》(国资发评价〔2004〕173号)的有关规定,同一会计师事务所连续承担中央企业财务决算审计业务不应超过5年。为平稳地推进会计师事务所轮换工作,提高中央企业审计工作质量,根据目前中央企业审计质量情况,企业聘请中国注册会计师协会2005年公布的会计师事务所百强排名中前15位的会计师事务所,至承担2005年度财务决算审计业务为止,连续审计年限已经达到或超过5年，但未达到10年的，经国资委核准后，可以延缓3年变更，但连续审计年限最长不得超过10年。会计师事务所在延缓变更期间应当更换审计报告的签字合伙人、签字注册会计师。

关于印发《中央企业综合绩效评价实施细则》的通知

2006年9月12日　国资发评价〔2006〕157号

各中央企业：

为做好中央企业综合绩效评价工作，根据《中央企业综合绩效评价管理暂行办法》(国资委令第14号)，我们制定了《中央企业综合绩效评价实施细则》，现印发给你们，请结合本企业实际认真执行。

附件：中央企业综合绩效评价实施细则

附件：

中央企业综合绩效评价实施细则

第一章　总　　则

第一条　为规范开展中央企业综合绩效评价工作，有效发挥综合绩效评价工作的评判、引导和诊断作用，推动企业提高经营管理水平，根据《中央企业综合绩效评价管理暂行办法》(国资委令第14号)，制定本实施细则。

第二条 开展企业综合绩效评价应当充分体现市场经济原则和资本运营特征，以投入产出分析为核心，运用定量分析与定性分析相结合、横向对比与纵向对比互为补充的方法，综合评价企业经营绩效和努力程度，促进企业提高市场竞争能力。

第三条 开展企业综合绩效评价应当制定既符合行业实际又具有引导性质的评价标准，并运用科学的评价计分方法，计量企业经营绩效水平，以充分体现行业之间的差异性，客观反映企业所在行业的盈利水平和经营环境，准确评判企业的经营成果。

第四条 企业综合绩效评价工作按照产权管理关系进行组织，国资委负责其履行出资人职责企业的综合绩效评价工作，企业集团（总）公司总部负责其所属子企业的综合绩效评价工作。

第五条 企业年度综合绩效评价工作，一般结合企业年度财务决算审核工作组织进行；企业任期综合绩效评价工作，一般结合企业负责人任期经济责任审计组织实施。

第二章 评价指标与权重

第六条 企业综合绩效评价指标由 22 个财务绩效定量评价指标和 8 个管理绩效定性评价指标组成。

第七条 财务绩效定量评价指标由反映企业盈利能力状况、资产质量状况、债务风险状况和经营增长状况等 4 个方面的 8 个基本指标和 14 个修正指标构成，用于综合评价企业财务会计报表所反映的经营绩效状况。

第八条 企业盈利能力状况以净资产收益率、总资产报酬率两个基本指标和销售（营业）利润率、盈余现金保障倍数、成本费用利润率、资本收益率 4 个修正指标进行评价，主要反映企业一定经营期间的投入产出水平和盈利质量。

第九条 企业资产质量状况以总资产周转率、应收账款周转率两个基本指标和不良资产比率、流动资产周转率、资产现金回收率 3 个修正指标进行评价，主要反映企业所占用经济资源的利用效率、资产管理水平与资产的安全性。

第十条 企业债务风险状况以资产负债率、已获利息倍数两个基本指标和速动比率、现金流动负债比率、带息负债比率、或有负债比率4个修正指标进行评价，主要反映企业的债务负担水平、偿债能力及其面临的债务风险。

第十一条 企业经营增长状况以销售(营业)增长率、资本保值增值率两个基本指标和销售(营业)利润增长率、总资产增长率、技术投入比率3个修正指标进行评价，主要反映企业的经营增长水平、资本增值状况及发展后劲。

第十二条 企业管理绩效定性评价指标包括战略管理、发展创新、经营决策、风险控制、基础管理、人力资源、行业影响、社会贡献等8个方面的指标，主要反映企业在一定经营期间所采取的各项管理措施及其管理成效。

(一)战略管理评价主要反映企业所制定战略规划的科学性，战略规划是否符合企业实际，员工对战略规划的认知程度，战略规划的保障措施及其执行力，以及战略规划的实施效果等方面的情况。

(二)发展创新评价主要反映企业在经营管理创新、工艺革新、技术改造、新产品开发、品牌培育、市场拓展、专利申请及核心技术研发等方面的措施及成效。

(三)经营决策评价主要反映企业在决策管理、决策程序、决策方法、决策执行、决策监督、责任追究等方面采取的措施及实施效果，重点反映企业是否存在重大经营决策失误。

(四)风险控制评价主要反映企业在财务风险、市场风险、技术风险、管理风险、信用风险和道德风险等方面的管理与控制措施及效果，包括风险控制标准、风险评估程序、风险防范与化解措施等。

(五)基础管理评价主要反映企业在制度建设、内部控制、重大事项管理、信息化建设、标准化管理等方面的情况，包括财务管理、对外投资、采购与销售、存货管理、质量管理、安全管理、法律事务等。

（六）人力资源评价主要反映企业人才结构、人才培养、人才引进、人才储备、人事调配、员工绩效管理、分配与激励、企业文化建设、员工工作热情等方面的情况。

（七）行业影响评价主要反映企业主营业务的市场占有率、对国民经济及区域经济的影响力与带动力、主要产品的市场认可程度、是否具有核心竞争能力以及产业引导能力等方面的情况。

（八）社会贡献评价主要反映企业在资源节约、环境保护、吸纳就业、工资福利、安全生产、上缴税收、商业诚信、和谐社会建设等方面的贡献程度和社会责任的履行情况。

第十三条 企业管理绩效定性评价指标应当根据评价工作需要作进一步细化，能够量化的应当采用量化指标进行反映。

第十四条 企业综合绩效评价指标权重实行百分制，指标权重依据评价指标的重要性和各指标的引导功能，通过征求咨询专家意见和组织必要的测试进行确定。

第十五条 财务绩效定量评价指标权重确定为70%，管理绩效定性评价指标权重确定为30%。在实际评价过程中，财务绩效定量评价指标和管理绩效定性评价指标的权数均按百分制设定，分别计算分项指标的分值，然后按70∶30折算。

第三章 评价标准选择

第十六条 财务绩效定量评价标准划分为优秀（A）、良好（B）、平均（C）、较低（D）、较差（E）五个档次，管理绩效定性评价标准分为优（A）、良（B）、中（C）、低（D）、差（E）五个档次。

第十七条 对应上述五档评价标准的标准系数分别为1.0、0.8、0.6、0.4、0.2，较差（E）或差（E）以下为0。标准系数是评价标准的水平参数，反映了评价指标对应评价标准所达到的水平档次。

第十八条 评价组织机构应当认真分析判断评价对象所属的行业和规模，正确选用财务绩效定量评价标准值。

第十九条 企业财务绩效定量评价标准值的选用，一般根据企业的主营业务领域对照企业综合绩效评价行业基本分类，自下而上逐层遴选被评价企业适用的行业标准值。

第二十条 多业兼营的集团型企业财务绩效指标评价标准值的选用应当区分主业突出和不突出两种情况：

(一)存在多个主业板块但某个主业特别突出的集团型企业，应当采用该主业所在行业的标准值。

(二)存在多个主业板块但没有突出主业的集团型企业，可对照企业综合绩效评价行业基本分类，采用基本可以覆盖其多种经营业务的上一层次的评价标准值；或者根据其下属企业所属行业，分别选取相关行业标准值进行评价，然后按照各下属企业资产总额占被评价企业集团汇总资产总额的比重，加权形成集团评价得分；也可以根据集团的经营领域，选择有关行业标准值，以各领域的资产总额比例为权重进行加权平均，计算出用于集团评价的标准值。

第二十一条 如果被评价企业所在行业因样本原因没有统一的评价标准，或按第二十条规定方法仍无法确定被评价企业财务绩效定量评价标准值的，在征得评价组织机构同意后，可直接选用国民经济十大门类标准或全国标准。

第二十二条 根据评价工作需要可以分别选择全行业和大、中、小型规模标准值实施评价。企业规模划分按照国家统计局《关于统计上大中小型企业划分办法(暂行)》(国统字〔2003〕17 号)和国资委《关于在财务统计工作中执行新的企业规模划分标准的通知》(国资厅评价函〔2003〕327 号)的规定执行。

第二十三条 管理绩效定性评价标准具有行业普遍性和一般性，在进行评价时，应当根据不同行业的经营特点，灵活把握个别指标的标准尺度。对于在定性评价标准中没有列示，但对被评价企业经营绩效产生重要影响的因素，在评价时也应予以考虑。

第四章 评价计分

第二十四条 企业综合绩效评价计分方法采取功效系数法和综合

分析判断法，其中：功效系数法用于财务绩效定量评价指标的计分，综合分析判断法用于管理绩效定性评价指标的计分。

第二十五条 财务绩效定量评价基本指标计分是按照功效系数法计分原理，将评价指标实际值对照行业评价标准值，按照规定的计分公式计算各项基本指标得分。计算公式为：

基本指标总得分 = $\sum$ 单项基本指标得分

单项基本指标得分 = 本档基础分 + 调整分

本档基础分 = 指标权数 × 本档标准系数

调整分 = 功效系数 ×（上档基础分 − 本档基础分）

上档基础分 = 指标权数 × 上档标准系数

功效系数 =（实际值 − 本档标准值）/（上档标准值 − 本档标准值）

本档标准值是指上下两档标准值居于较低等级一档。

第二十六条 财务绩效定量评价修正指标的计分是在基本指标计分结果的基础上，运用功效系数法原理，分别计算盈利能力、资产质量、债务风险和经营增长四个部分的综合修正系数，再据此计算出修正后的分数。计算公式为：

修正后总得分 = $\sum$ 各部分修正后得分

各部分修正后得分 = 各部分基本指标分数 × 该部分综合修正系数

某部分综合修正系数 = $\sum$ 该部分各修正指标加权修正系数

某指标加权修正系数 =（修正指标权数/该部分权数）× 该指标单项修正系数

某指标单项修正系数 = 1.0 +（本档标准系数 + 功效系数 × 0.2 − 该部分基本指标分析系数），单项修正系数控制修正幅度为 0.7～1.3

某部分基本指标分析系数 = 该部分基本指标得分/该部分权数

第二十七条 在计算修正指标单项修正系数过程中，对于一些特殊情况作如下处理：

（一）如果修正指标实际值达到优秀值以上，其单项修正系数的计算公式如下：

单项修正系数=1.2+本档标准系数-该部分基本指标分析系数

(二)如果修正指标实际值处于较差值以下，其单项修正系数的计算公式如下：

单项修正系数=1.0-该部分基本指标分析系数

(三)如果资产负债率≥100%，指标得0分；其他情况按照规定的公式计分。

(四)如果盈余现金保障倍数分子为正数，分母为负数，单项修正系数确定为1.1；如果分子为负数，分母为正数，单项修正系数确定为0.9；如果分子分母同为负数，单项修正系数确定为0.8。

(五)如果不良资产比率≥100%或分母为负数，单项修正系数确定为0.8。

(六)对于销售(营业)利润增长率指标，如果上年主营业务利润为负数，本年为正数，单项修正系数为1.1；如果上年主营业务利润为零本年为正数，或者上年为负数本年为零，单项修正系数确定为1.0。

(七)如果个别指标难以确定行业标准，该指标单项修正系数确定为1.0。

第二十八条 管理绩效定性评价指标的计分一般通过专家评议打分形式完成，聘请的专家应不少于7名；评议专家应当在充分了解企业管理绩效状况的基础上，对照评价参考标准，采取综合分析判断法，对企业管理绩效指标做出分析评议，评判各项指标所处的水平档次，并直接给出评价分数。计分公式为：

管理绩效定性评价指标分数=$\sum$单项指标分数

单项指标分数=($\sum$每位专家给定的单项指标分数)/专家人数

第二十九条 任期财务绩效定量评价指标计分，应当运用任期各年度评价标准分别对各年度财务绩效定量指标进行计分，再计算任期平均分数，作为任期财务绩效定量评价分数。计算公式为：

任期财务绩效定量评价分数=($\sum$任期各年度财务绩效定量评价分数)/任期年数

第三十条 在得出财务绩效定量评价分数和管理绩效定性评价分数后，应当按照规定的权重，加权形成综合绩效评价分数。计算公式为：

企业综合绩效评价分数＝财务绩效定量评价分数×70%＋管理绩效定性评价分数×30%

第三十一条 在得出评价分数以后，应当计算年度之间的绩效改进度，以反映企业年度之间经营绩效的变化状况。计算公式为：

绩效改进度＝本期绩效评价分数/基期绩效评价分数

绩效改进度大于1，说明经营绩效上升；绩效改进度小于1，说明经营绩效下滑。

第三十二条 对企业经济效益上升幅度显著、经营规模较大，有重大科技创新的企业，应当给予适当加分。具体的加分办法如下：

（一）效益提升加分。企业年度净资产收益率增长率和利润增长率超过行业平均增长水平10%～40%加1～2分，超过40%～100%加3～4分，超过100%加5分。

（二）管理难度加分。企业年度平均资产总额超过国资委监管全部企业年度平均资产总额的给予加分，其中：工业企业超过平均资产总额每100亿元加0.5分，非工业企业超过平均资产总额每60亿元加0.5分，最多加5分。

（三）重大科技创新加分。重大科技创新加分包括以下两个方面：企业承担国家重大科技攻关项目，并取得突破的，加3～5分；承担国家科技发展规划纲要目录内的重大科技专项主体研究，虽然尚未取得突破，但投入较大，加1～2分。

（四）国资委认定的其他事项。

以上加分因素合计不得超过15分，超过15分按15分计算。对加分前评价结果已经达到优秀水平的企业，以上加分因素按以下公式计算实际加分值：

实际加分值＝(1－X%)6.6Y

其中：X表示评价得分，Y表示以上因素合计加分。

第三十三条 被评价企业在评价期间(年度)出现以下情况的,应当予以扣分:

(一)发生属于当期责任的重大资产损失事项,损失金额超过平均资产总额1%的,或者资产损失金额未超过平均资产总额1%,但性质严重并造成重大社会影响的,扣5分。正常的资产减值准备计提不在此列。

(二)发生重大安全生产与质量事故,根据事故等级,扣3～5分。

(三)存在巨额表外资产,且占合并范围资产总额20%以上的,扣3～5分。

(四)存在巨额逾期债务,逾期负债超过带息负债的10%,甚至发生严重债务危机的,扣2～5分。

(五)国资委认定的其他事项。

第三十四条 对存在加分和扣分事项的,应当与企业和有关部门进行核实,获得必要的相关证据,并在企业综合绩效评价报告中加以单独说明。

第五章 评价基础数据调整

第三十五条 企业综合绩效评价的基础数据资料主要包括企业提供的评价年度财务会计决算报表及审计报告、关于经营管理情况的说明等资料。

第三十六条 为确保评价基础数据的真实、完整、合理,在实施评价前应当对评价期间的基础数据进行核实,按照重要性和可比性原则进行适当调整。

第三十七条 在任期经济责任审计工作中开展任期财务绩效定量评价,其评价基础数据以财务审计调整后的数据为依据。

第三十八条 企业评价期间会计政策与会计估计发生重大变更的,需要判断变更事项对经营成果的影响,产生重大影响的,应当调整评价基础数据,以保持数据口径基本一致。

第三十九条 企业评价期间发生资产无偿划入划出的,应当按照重要性原则调整评价基础数据。原则上划入企业应纳入评价范围，无偿划出、关闭、破产（含进入破产程序）企业，不纳入评价范围。

第四十条 企业被出具非标准无保留意见审计报告的，应当根据审计报告披露的影响企业经营成果的重大事项，调整评价基础数据。

第四十一条 国资委在财务决算批复中要求企业纠正、整改，因而影响企业财务会计报表，并能够确认具体影响金额的，应当根据批复调整评价基础数据。

第四十二条 企业在评价期间损益中消化处理以前年度或上一任期资产损失的，承担国家某项特殊任务或落实国家专项政策对财务状况和经营成果产生重大影响的，经国资委认定后，可作为客观因素调整评价基础数据。

第六章　评价工作程序

第四十三条 企业综合绩效评价包括财务绩效定量评价和管理绩效定性评价两方面内容。由于任期绩效评价和年度绩效评价的工作目标不同，评价工作内容应有所区别。

（一）任期绩效评价作为任期经济责任审计工作的重要组成部分，需要对企业负责人任职期间企业的绩效状况进行综合评价，工作程序包括财务绩效定量评价和管理绩效定性评价两方面内容。

（二）年度绩效评价除根据监管工作需要组织财务绩效与管理绩效的综合评价外，一般作为年度财务决算管理工作的组成部分，每个年度只进行财务绩效定量评价。

第四十四条 财务绩效定量评价工作具体包括提取评价基础数据、基础数据调整、评价计分、形成评价结果等内容。

（一）提取评价基础数据。以经社会中介机构或内部审计机构审计并经评价组织机构核实确认的企业年度财务会计报表为基础提取评价基础数据。

（二）基础数据调整。为客观、公正的评价企业经营绩效，根据本细则第五章的有关规定,对评价基础数据进行调整,其中:年度绩效评价基础数据以国资委审核确认的财务决算合并报表数据为准。

(三)评价计分。根据调整后的评价基础数据,对照相关年度的行业评价标准值,利用绩效评价软件或手工评价计分。

(四)形成评价结果。对任期财务绩效评价需要计算任期内平均财务绩效评价分数,并计算绩效改进度;对年度财务绩效评价除计算年度绩效改进度外,需要对定量评价得分深入分析,诊断企业经营管理存在的薄弱环节,并在财务决算批复中提示有关问题,同时进行所监管企业的分类排序分析,在一定范围内发布评价结果。

第四十五条 管理绩效定性评价工作具体包括下列内容:

(一)收集整理管理绩效评价资料。为深入了解被评价企业的管理绩效状况,应当通过问卷调查、访谈等方式,充分收集并认真整理管理绩效评价的有关资料。

(二)聘请咨询专家。根据所评价企业的行业情况,聘请不少于7名的管理绩效评价咨询专家,组成专家咨询组,并将被评价企业的有关资料提前送达咨询专家。

(三)召开专家评议会。组织咨询专家对企业的管理绩效指标进行评议打分。

(四)形成定性评价结论。汇总管理绩效定性评价指标得分,形成定性评价结论。

第四十六条 聘请的管理绩效定性评价咨询专家应当具备以下条件:

(一)具有较高的政治素质和理论素养,具有较强的综合判断能力。

(二)具备经济、法律、企业管理等方面的专业知识,具有高级以上专业技术职称或相关领域10年以上工作经验。

(三)了解国有资产监督管理有关方针、政策,熟悉被评价企业所处行业状况。

第四十七条 管理绩效专家评议会一般按照下列程序进行:

(一)阅读相关资料,了解企业管理绩效评价指标实际情况。

（二）听取关于财务绩效定量评价情况的介绍。

（三）参照管理绩效定性评价标准，分析企业管理绩效状况。

（四）对企业管理绩效定性评价指标实施独立评判打分。

（五）对企业管理绩效进行集体评议，并提出咨询意见，形成评议咨询报告。

（六）汇总评判打分结果。

第四十八条 根据财务绩效定量评价结果和管理绩效定性评价结果，按照规定的权重和计分方法，计算企业综合绩效评价总分，并根据规定的加分和扣分因素，得出企业综合绩效评价最后得分。

第七章 评价结果与评价报告

第四十九条 企业综合绩效评价结果以评价得分、评价类型和评价级别表示。

评价类型是根据评价分数对企业综合绩效所划分的水平档次，分为优(A)、良(B)、中(C)、低(D)、差(E)五种类型。

评价级别是对每种类型再划分级次，以体现同一评价类型的差异，采用字母和在字母右上端标注“+”、“++”、“-”的方式表示。

第五十条 企业综合绩效评价结果以85、70、50、40分作为类型判定的分数线。

（一）评价得分达到85分以上（含85分）的评价类型为优(A)，在此基础上划分为三个级别，分别为：$A^{++} \geqslant 95$分；95分$> A^{+} \geqslant 90$分；90分$> A \geqslant 85$分。

（二）评价得分达到70分以上（含70分）不足85分的评价类型为良(B)，在此基础上划分为三个级别，分别为：85分$> B^{+} \geqslant 80$分；80分$> B \geqslant 75$分；75分$> B^{-} \geqslant 70$分。

（三）评价得分达到50分以上（含50分）不足70分的评价类型为中(C)，在此基础上划分为两个级别，分别为：70分$> C \geqslant 60$分；60分$> C^{-} \geqslant 50$分。

（四）评价得分在40分以上（含40分）不足50分的评价类型为低

(D)。

(五)评价得分在40分以下的评价类型为差(E)。

第五十一条 企业综合绩效评价报告是根据评价结果编制、反映被评价企业综合绩效状况的文本文件,由报告正文和附件构成。

第五十二条 企业综合绩效评价报告正文应当包括评价目的、评价依据与评价方法、评价过程、评价结果及评价结论、重要事项说明等内容。企业综合绩效评价报告的正文应当文字简洁、重点突出、层次清晰、易于理解。

第五十三条 企业综合绩效评价报告附件应当包括企业经营绩效分析报告、评价结果计分表、问卷调查结果分析、专家咨询报告、评价基础数据及调整情况等内容。其中,企业经营绩效分析报告是根据综合绩效评价结果对企业经营绩效状况进行深入分析的文件,应当包括评价对象概述、评价结果与主要绩效、存在的问题与不足、有关管理建议等。

第八章 附 则

第五十四条 企业集团(总)公司内部开展所属子企业的综合绩效评价工作,可参照本细则制定符合集团(总)公司内部管理需要的实施细则。

第五十五条 各地区国有资产监督管理机构开展所监管企业的综合绩效评价工作,可参照本细则执行。

第五十六条 有关企业财务绩效定量评价指标计算公式、企业综合绩效评价指标及权重表见附录。

第五十七条 本细则自2006年10月12日起施行。

附件:1. 企业财务绩效定量评价指标计算公式

2. 企业综合绩效评价指标及权重表

附件 1：

企业财务绩效定量评价指标计算公式

一、盈利能力状况

(一)基本指标。

1. 净资产收益率 = 净利润/平均净资产 × 100%

平均净资产 = (年初所有者权益 + 年末所有者权益)/2

2. 总资产报酬率 = (利润总额 + 利息支出)/平均资产总额 × 100%

平均资产总额 = (年初资产总额 + 年末资产总额)/2

(二)修正指标。

1. 销售(营业)利润率 = 主营业务利润/主营业务收入净额 × 100%

2. 盈余现金保障倍数 = 经营现金净流量/(净利润 + 少数股东损益)

3. 成本费用利润率 = 利润总额/成本费用总额 × 100%

成本费用总额 = 主营业务成本 + 主营业务税金及附加 + 经营费用(营业费用) + 管理费用 + 财务费用

4. 资本收益率 = 净利润/平均资本 × 100%

平均资本 = [(年初实收资本 + 年初资本公积) + (年末实收资本 + 年末资本公积)]/2

二、资产质量状况

(一)基本指标。

1. 总资产周转率(次) = 主营业务收入净额/平均资产总额

2. 应收账款周转率(次) = 主营业务收入净额/应收账款平均余额

应收账款平均余额 = (年初应收账款余额 + 年末应收账款余额)/2

应收账款余额 = 应收账款净额 + 应收账款坏账准备

(二)修正指标。

1. 不良资产比率 = (资产减值准备余额 + 应提未提和应摊未摊的潜亏挂账 + 未处理资产损失)/(资产总额 + 资产减值准备余额) × 100%

2. 流动资产周转率(次)=主营业务收入净额/平均流动资产总额

平均流动资产总额=(年初流动资产总额+年末流动资产总额)/2

3. 资产现金回收率=经营现金净流量/平均资产总额×100%

三、债务风险状况

(一)基本指标。

1. 资产负债率=负债总额/资产总额×100%

2. 已获利息倍数=(利润总额+利息支出)/利息支出

(二)修正指标。

1. 速动比率=速动资产/流动负债×100%

速动资产=流动资产-存货

2. 现金流动负债比率=经营现金净流量/流动负债×100%

3. 带息负债比率=(短期借款+一年内到期的长期负债+长期借款+应付债券+应付利息)/负债总额×100%

4. 或有负债比率=或有负债余额/(所有者权益+少数股东权益)×100%

或有负债余额=已贴现承兑汇票+担保余额+贴现与担保外的被诉事项金额+其他或有负债

四、经营增长状况

(一)基本指标。

1. 销售(营业)增长率=(本年主营业务收入总额-上年主营业务收入总额)/上年主营业务收入总额×100%

2. 资本保值增值率=扣除客观增减因素的年末国有资本及权益/年初国有资本及权益×100%

(二)修正指标。

1. 销售(营业)利润增长率=(本年主营业务利润总额-上年主营业务利润总额)/上年主营业务利润总额×100%

2. 总资产增长率=(年末资产总额-年初资产总额)/年初资产总

额×100%

3. 技术投入比率=本年科技支出合计/主营业务收入净额×100%

附件2：

企业综合绩效评价指标及权重表

评价内容与权数		财务绩效（70%）				管理绩效（30%）	
		基本指标	权数	修正指标	权数	评议指标	权数
盈利能力状况	34	净资产收益率 总资产报酬率	20 14	销售（营业）利润率 盈余现金保障倍数 成本费用利润率 资本收益率	10 9 8 7		
资产质量状况	22	总资产周转率 应收账款周转率	10 12	不良资产比率 流动资产周转率 资产现金回收率	9 7 6	战略管理 发展创新 经营决策 风险控制 基础管理 人力资源 行业影响 社会贡献	18 15 16 13 14 8 8 8
债务风险状况	22	资产负债率 已获利息倍数	12 10	速动比率 现金流动负债比率 带息负债比率 或有负债比率	6 6 5 5		
经营增长状况	22	销售（营业）增长率 资本保值增值率	12 10	销售（营业）利润增长率 总资产增长率 技术投入比率	10 7 5		

关于中央企业执行《企业会计准则》有关事项的通知

2007年3月6日　国资发评价〔2007〕38号

各中央企业：

2006年财政部陆续颁布了新的会计准则及其应用指南（以下简称新会计准则），于2007年1月1日起在上市公司范围内实施，部分中央企业在2007年也率先执行新会计准则。为积极稳妥推动企业认真执

行新会计准则,进一步规范企业会计核算,加强企业财务管理,现将有关事项通知如下:

一、统一思想认识,加强执行新会计准则的组织领导

为适应我国市场经济发展和企业国际化经营的需要,财政部颁布了一系列新会计准则,推动了我国会计准则体系与国际会计准则趋同。执行新会计准则,对于规范企业会计确认、计量和报告行为,提高会计信息质量,提升企业现代化管理和国际化经营水平,推动企业稳健经营,具有十分重要的意义。新会计准则的实施要求企业会计核算体系、财务信息系统作相应调整,对企业会计、审计、内部控制、公司治理结构以及财务状况与经营成果均会产生重大影响,对财务管理水平和会计人员素质等也提出了更高的要求。各中央企业要积极发挥执行新会计准则的表率带动作用,高度重视执行新会计准则工作,统一思想认识,加强组织领导,明确工作机构和职责分工,层层落实工作责任;主要领导要亲自抓组织协调,企业总会计师或分管财务工作的负责人要做好具体实施工作,财务及相关业务部门要加强协调配合。各企业在执行新会计准则工作中要做到早准备、早布置,统一政策,加强督导,督促指导所属子企业全面贯彻新会计准则的各项规定,充分估计新会计准则执行中可能存在的问题,采取切实可行的措施,确保新会计准则的平稳过渡和有效执行。

二、按照总体工作安排,积极稳妥地执行新会计准则

为保证执行新会计准则各项工作有序进行,各中央企业执行新会计准则工作将在 2008 年之前分批组织实施。具体安排如下:

(一)各企业所属上市公司,按照财政部的有关工作要求,自 2007 年 1 月 1 日起执行。集团总部应加强对上市公司执行新会计准则的监督和指导,按规定汇集和报送上市公司执行新会计准则对集团财务状况的影响情况,确保集团内部会计核算的统一与对外信息披露的衔接。

(二)2007 年 1 月 1 日起率先全面执行新会计准则的企业应当按

照本通知及《关于执行〈企业会计准则〉有关问题的复函》(国资厅评价〔2007〕9号)有关要求,进一步完善各项基础工作,按规定要求完成相关材料备案及企业财务快报、2006年度财务决算和2007年度财务预算编制与报送工作。

(三)拟于2008年1月1日执行新会计准则的企业,要认真研究制订执行新会计准则的实施方案,在2007年底前全面完成人员培训、户数清理、资产清查、制度修订、会计信息系统改造等各项基础工作,并按照本通知要求做好有关事项的备案审核工作。

三、认真做好执行新会计准则的各项基础工作

各中央企业应当根据国资委总体工作部署和要求,采取积极有效措施,认真做好执行新会计准则的各项基础工作。

(一)认真组织新会计准则的学习培训工作。国资委将于2007年分批组织开展相关业务培训(有关安排另行通知)。各企业应当将学习和掌握新会计准则作为提高经营管理水平、完善企业内控机制建设的重要基础工作来抓,认真、扎实地组织开展新会计准则层层培训工作。在培训范围上,既要包括各级企业财务、审计人员,也要对企业各级领导以及相关业务部门开展培训;在培训内容上,既要学习了解新会计准则的具体内容、主要变化和应用要求,还要紧密结合本企业实际情况,深入研究探讨新会计准则对企业经营管理等方面的影响及其应对措施。

(二)全面开展企业户数清理工作。按照新会计准则规定,母公司能够控制的全部子企业均应当纳入合并范围。因此,各中央企业应当按照产权或财务隶属关系自上而下分级组织做好子企业户数清理核实工作,对下属企业(单位)的户数、管理级次、股权结构、经营状况等要认真组织清理,做到全面彻底、不重不漏,为规范界定合并范围和企业级次奠定基础,不得存在应纳入未纳入合并范围的子企业。中央企业所属各级子企业,包括各级全资及控股子企业,以及各类独立核算的分支机构、事业单位、金融企业、境外企业和基建项目等都应当纳入户数清理范围。

(三)认真做好资产负债清查工作。各企业应当按规定对各项资产

和负债进行认真盘点、全面清查和质量核实，特别是对各类借款、长短期投资、投资性房地产、表外核算资产等应作为重点清查对象，并严格划分各类资产的范围，如实反映各类资产负债状况及潜在财务风险，为规范其初始确认和后续计量，准确执行新会计准则奠定基础。

(四)进一步完善企业内部控制制度。各企业应当结合执行新会计准则要求和自身实际情况，及时梳理和改造业务流程，调整完善各项内部控制政策、程序及措施，尤其是要补充完善新会计准则规定的公允价值计量、金融工具核算、职工薪酬管理等内控管理规范。各中央企业应当定期开展内部控制的有效性评估工作，及时发现内部控制的缺陷和薄弱环节，促进完善制度、加强管理、堵塞漏洞。

四、切实做好执行新会计准则有关衔接工作

各中央企业应当在全面开展户数清理和资产清查工作的基础上，进一步规范各项会计基础工作，认真做好内部会计核算办法修订、科目转换与账务调整、会计信息系统改造等工作，确保新旧会计准则的顺利衔接和平稳过渡。

(一)统一修订内部会计核算办法。应当全面贯彻执行新会计准则的各项规定，不得选择执行和降低标准。要统一修订企业内部会计核算办法，细化会计核算内容，合理选择会计政策和会计估计，确保企业会计确认、计量和报告行为制度化、规范化。企业的会计政策、会计估计一经确定，不得随意变更；确需变更的，应当在编制年度财务决算报表前向国资委报备。

(二)认真做好有关账务衔接工作。应当结合会计核算的变化情况，制定新旧会计准则会计科目转换办法，完善企业内部会计科目核算体系，明确核算口径和确认原则，并在首次执行新会计准则时，对原会计准则有关科目按新会计准则要求进行余额转换，确保新旧会计科目顺利衔接，重分类科目可追溯。

(三)及时调整会计信息系统。应当按照执行新会计准则会计科目的变化及其衔接办法，及时对原有会计核算软件和会计信息系统进行调试，以便实现数据转换，方便会计信息的对外披露，确保新旧账套的平稳过渡。

五、谨慎适度选用公允价值计量模式

各中央企业应当根据新会计准则的有关规定，建立健全公允价值计量相关的内部控制制度，严格相关决策程序和会计核算办法，统一规范企业内部公允价值计量管理。

（一）合理确定公允价值计量模式的选用范围。选用公允价值计量模式的业务范围和资产负债项目要与企业主要业务或资产市场交易特点、行业发展特征、资产质量状况相符合，对于尚不存在活跃市场条件或不能持续可靠地取得可比市场价格的业务和资产负债项目，不得采用公允价值模式计量。要审慎选择公允价值计量的主要业务范围和资产负债项目，一经确定不得随意变更；确需调整的，应当按照有关规定报国资委核准。

（二）科学确定公允价值估值方法。在依据新会计准则有关规定采用公允价值对相关业务和资产负债项目进行计量时，应当综合考虑包括活跃市场交易在内的各项影响因素，科学合理地确定相关估值假设以及主要参数选取原则，对于公允价值显失公允导致经营成果严重不实的，国资委将要求企业重新编报财务决算。

（三）建立完善的公允价值计量备查簿。对有关业务和资产负债项目采用公允价值进行计量时，应当建立完整的公允价值计量备查簿，认真记录公允价值计量的依据和过程，确保公允价值计量的准确性、可靠性。

六、认真核实企业资产质量

各中央企业应当在认真开展资产清查和主要资产质量核实的基础上，综合分析企业资产整体质量状况，客观、公允判断企业资产的真实价值和潜在增值能力，以及企业存在的经营风险状况，为出资人财务监管、经营考核等工作提供决策依据。

（一）定期开展资产质量核实工作。应当在认真开展资产清查的基础上,认真分析各项资产质量,客观判断是否存在可能发生减值的迹象,并按规定进行减值测试,合理估计资产的可收回金额,及时确认资产减值损失,不得出现新的潜亏挂账。难以对单项资产可收回金额进行估计的,应当以其所属资产组为基础进行估计。资产组范围一经确定,各个会计期间应当保持一致,未经备案不得随意变更。

(二)规范资产减值准备管理。应当根据新会计准则有关规定,统一修订内部资产减值准备计提和财务核销管理办法,明确各项减值准备计提及财务核销的范围、标准、依据和程序,按规定合理计提减值准备,不得利用减值准备计提、转回调节利润。凡执行新会计准则前突击转回大额资产减值准备且不能提供充分证据证明其转回合理性的,国资委将在经营成果确认中予以扣除。

七、规范建立金融工具初始确认和后续计量管理制度

各中央企业应当根据新会计准则有关规定,结合企业实际情况,制定适合本企业特点的金融工具初始确认和后续计量管理办法,统一规范金融工具管理。

(一)合理划分金融资产和金融负债类别。应当在认真清查、准确核实的基础上,根据经济业务实质和业务经营的特点,合理划分金融资产或金融负债类别;对于在初始确认时划分为以公允价值计量且其变动计入当期损益的金融资产或金融负债,不得随意变更其类别。

(二)科学确定金融工具后续计量估值方法。在依据新会计准则有关规定采用公允价值对金融资产、金融负债项目进行计量时,应当综合考虑包括活跃市场交易在内的各项影响因素,科学合理地确定相关估值假设以及主要参数选取原则,一经确定后,不得随意调整。对于公允价值显失公允导致经营成果严重不实的,国资委将在经营成果确认中予以扣除。

八、加强职工薪酬核算管理

各中央企业应当对提供给职工的各类形式的货币性报酬或非货币

性福利进行全面清理和分类核实，按规定全面、完整地反映企业支付职工薪酬的情况，特别是量化或提供给职工的非货币性福利及辞退福利都应当按规定纳入职工薪酬核算范围，规范各项报酬的计提与发放，建立健全内部控制管理制度，加强人工成本控制与管理。各企业应当按照国资委有关工作要求，严格控制职工薪酬增长幅度，其中：经济效益下降的企业，不得扩大职工薪酬规模。

九、及时做好企业财务会计信息披露衔接工作

各中央企业应当根据本企业实际执行的企业会计制度或准则规定，认真做好 2006 年度财务决算报表、2007 年度财务快报的编制工作以及 2007 年度财务预算报表的调整工作。执行新会计准则的企业应当按照新会计准则的要求，将控制范围内的全部子企业纳入编报范围。对于母公司尚未执行新会计准则而所属子企业执行新会计准则的，母公司编制合并财务报表时，可以对子企业按新会计准则编制的报表进行直接合并。

（一）关于企业月度财务快报工作。执行新会计准则的企业（含各级上市公司）均应当按照新会计准则及国资委《关于做好新会计准则过渡期间企业财务快报工作的通知》（国资发评价〔2007〕12 号）要求编制月度财务快报；未执行新会计准则的企业及其所属子企业，仍按《关于印发中央企业 2004 年度企业财务快报的通知》（国资评价〔2003〕126 号）的有关规定填报。

（二）关于 2006 年度财务决算工作。各企业应当按照《关于印发 2006 年度中央企业财务决算报表的通知》（国资发评价〔2006〕193 号）有关规定做好 2006 年度财务决算报表编制工作。其中，2007 年 1 月 1 日起执行新会计准则的企业，应根据新会计准则的有关规定及相关指标解释口径编报《中央企业执行新会计准则期初数申报表》及报表重要项目说明（见附件 1、2），经中介机构审计并出具专项审计报告后，于 2007 年 5 月 31 日之前报国资委审核认定，以确定执行新会计准则的期初数。有关软件参数，请从国资委网站下载。

(三)关于2007年度财务预算调整工作。2007年1月1日起执行新会计准则的企业,在编制2007年度财务预算时尚未考虑执行新会计准则影响的,可按照新会计准则有关规定及国资委《关于印发2007年度中央企业财务预算报表的通知》(国资发评价〔2006〕182号)的要求编制《2007年度预算调整主要指标表》,于2007年8月12日前随财务快报一并报送国资委,并对执行新会计准则对企业经营成果的影响进行分析说明,有关分析材料的电子文档随电子数据一并报送。

十、按时上报执行新会计准则重要事项的备案资料

国资委将建立执行新会计准则重要财务事项备案管理制度。经批准于2007年1月1日起执行新会计准则的企业,应于2007年4月15日之前将下述第(三)项内容报国资委备案;其他企业应当于2007年11月30日之前将以下文件资料报国资委备案。

(一)执行新会计准则的报告,主要内容包括执行新会计准则的时间、范围,执行新会计准则对企业财务状况和经营成果的影响及预计影响金额,执行新会计准则的各项准备工作情况等;

(二)企业决策机构批准执行新会计准则的决议;

(三)企业统一修订的《会计核算办法》及修订情况的专项说明,包括会计政策、会计估计发生变更情况,新旧会计科目衔接对照表等。

各中央企业应当认真落实执行新会计准则有关工作要求,进一步规范会计核算,完善内部控制机制建设,强化对各级子企业的财务监管,促进提高企业会计信息质量,努力提高企业经营管理水平。在执行和准备执行新会计准则过程中发生的有关情况和问题,请及时反馈国资委(评价局),电子邮箱:qyyc@sasac. gov. cn。

附件:1. 中央企业执行新会计准则期初数申报表(表式)及编报说明(略)

2. 中央企业执行新会计准则期初数申报表重要项目说明(参考格式)(略)

关于中央企业执行《企业会计准则》有关事项的补充通知

2007 年 7 月 3 日　国资厅发评价〔2007〕60 号

各中央企业：

为推动中央企业执行《企业会计准则》(以下简称新准则)工作，我们对部分企业试点过程中普遍反映的问题进行了认真研究，现将有关事项通知如下：

一、企业应当加强内部退休人员支出管理，按规定从严审核内部退休计划；在首次执行日，对不符合规定条件的内部退休人员支出不得进行追溯调整。

(一)在首次执行日，企业按照《企业会计准则第 9 号——职工薪酬准则》对内部退休人员支出确认预计负债并进行追溯调整，应当满足以下条件：

1. 内部退休计划在首次执行日之前已经过企业董事会或类似权力机构批准并已实施，不包括在首次执行日之后批准实施的内部退休计划；

2. 内部退休人员为距法定退休年龄不足 5 年或者工龄已满 30 年的企业职工；

3. 内部退休人员支出仅包括自首次执行日至法定退休日企业拟支付给职工的基本生活费和按规定应缴纳的社会保险费。

(二)在首次执行日，企业如申报符合预计负债确认条件的内部退休人员支出，应当同时提供详细的内部退休计划、人员清单、费用项目、补偿标准、折现率等相关材料，并由会计师事务所出具专项经济鉴证说明；国资委将依据企业申报材料和会计师事务所鉴证意见进行审核确认。

二、企业承担的离退休职工基本养老保险和补充养老保险应当按照新会计准则有关规定进行处理,承担的离退休职工其他支出(如统筹外费用等),不应当作为辞退福利确认预计负债。

三、企业应当加强职工福利费和工资总额管理,严格控制人工成本增长幅度,按规定使用应付福利费余额和应付工资余额,不得随意扩大职工福利费开支范围和提高开支标准。

四、企业应当根据新准则的有关规定及相关指标解释口径编报《中央企业执行新会计准则期初数申报表》及报表重要项目说明,经会计师事务所审计并出具专项审计报告后报国资委审核认定。会计师事务所出具的专项审计报告应包括报告正文和相关附表及附件。专项审计报告中应当重点披露以下内容:

(一)企业的会计责任和会计师事务所的审计责任;

(二)审计依据、审计方法、审计范围和已实施的审计程序;

(三)对企业资产负债及所有者权益变动核实结果及处理意见;

(四)依据新准则,企业会计政策、会计估计的调整情况;

(五)执行新准则有可能对企业的财务状况产生重大影响的事项。

对境外子企业、上市公司确实难以出具专项审计报告的,应当参照专项审计报告披露格式出具专项鉴证报告。

五、根据国资委《关于中央企业执行〈企业会计准则〉有关事项的通知》(国资发评价〔2007〕38 号)规定,首次执行日期初数申报表具体报送要求如下:

(一)企业集团应当报送集团合并《中央企业执行新会计准则期初数申报表》及报表重要项目说明、专项审计报告的纸质文件与电子文档,加盖企业公章。纸质申报表以“万元”为金额单位打印。

(二)二级子企业应当报送《中央企业执行新会计准则期初数申报表》及报表重要项目说明、专项审计报告的电子文档。

(三)三级子企业(含按规定应报送的三级以下重要子企业)仅报送《中央企业执行新会计准则期初数申报表》的电子文档。

六、2007 年度率先执行新准则的企业应当以 2007 年 1 月 1 日为首次执行日。

国务院国有资产监督管理委员会关于加强中央企业经济责任审计工作的通知

2008 年 3 月 5 日　国资发评价〔2008〕53 号

各中央企业：

为进一步推动中央企业深入开展经济责任审计工作，规范审计工作行为，提高审计工作质量，充分发挥审计监督作用，促进中央企业依法经营、规范运作、健康发展，根据《中央企业经济责任审计管理暂行办法》（国资委令第 7 号）等有关规定，现就进一步加强中央企业经济责任审计工作的有关事项通知如下：

一、进一步提高对经济责任审计工作的认识

党的十七大明确要求加强领导干部的经济责任审计，增强监督实效。经济责任审计是实现"管资产和管人、管事"相结合、落实国有资产管理责任的重要措施，是客观、公正评价企业发展绩效，全面总结企业发展经验，深入揭示企业存在问题，促进企业提高管理水平的有效途径，也是促进企业负责人勤勉尽职、廉洁自律的重要手段。各中央企业要高度重视这项工作，充分认识其重要性，保障企业内部经济责任审计工作的有效开展，发挥经济责任审计工作在完善企业内部控制、建立健全激励与约束机制、提高经营管理水平、规范企业负责人履职行为等方面的作用。

二、加强经济责任审计工作制度建设

各中央企业要在认真总结工作经验的基础上，按照现代公司治理的要求，建立健全经济责任审计工作制度体系，促进实现经济责任审计

工作的制度化和规范化。一是加强制度建设,根据《中央企业经济责任审计管理暂行办法》(国资委令第7号)和《中央企业经济责任审计实施细则》等有关规定,结合实际工作需要,完善本企业经济责任审计工作制度,明确职责,规范运作;二是结合《中央企业综合绩效评价管理暂行办法》(国资委令第14号),积极探索建立适合本企业的绩效评价体系,将绩效评价运用到经济责任审计工作中,科学评判经营者业绩,建立相应的约束激励机制;三是在全面了解子企业负责人任期情况的基础上,结合企业的分布、规模、行业等特点,制订切实可行的集团总体经济责任审计五年计划,保证经济责任审计工作的连续性和全面性。

三、加强经济责任审计工作的组织领导

经济责任审计工作政策性、专业性较强,程序严谨,标准要求高,各中央企业要切实加强领导。一是建立健全企业内审机构,严格按照“统一要求、分级负责”的原则,明确经济责任审计的领导机构和工作职责,加强审计队伍建设,维护内部审计人员权利,切实保障经济责任审计工作所必需的经费。二是企业负责人要将经济责任审计工作纳入企业经营管理的重要日程,加强审计工作协调和督促检查,支持内部审计机构独立履行经济责任审计职责,促进审计部门与干部管理部门、年薪管理部门的合作,及时研究解决审计工作中的困难和问题。三是根据现有审计力量,结合审计工作需要,采取内部审计、委托审计、联合审计和聘用外部审计人员等适当的方式组织实施经济责任审计工作。

四、全面开展主要负责人经济责任审计工作

各中央企业要认真做好各级子企业主要负责人的离任和任中经济责任审计工作,将离任审计与任中审计、事后监督和事中监督有机结合起来。一是做到“离任必审”,凡子企业主要负责人离任,必须开展离任经济责任审计工作,客观评价任职期间的经营业绩和经济责任,做到未经审计,不得解除经济责任和兑现任期全部效益薪金;二是积极开展任中经济责任审计工作,任期五年内未开展经济责任审计的企业应组织开展任中经济责任审计，将经济责任审计关口前移，充分发挥事中监督的重要作用；三是逐步开展境外投资项目主要负责人经济责任审计工作，积极探索开展境外投资项目经济责任审计工作的有效方法，逐步建立相关企业负责人的任中或离任经济责任审计制度。

五、积极开展企业副职和主要业务部门负责人经济责任审计工作

各中央企业在开展主要负责人经济责任审计工作的同时，应当建立企业副职和主要部门负责人的离任或任中经济责任审计制度，积极开展企业副职和主要业务部门负责人的经济责任审计工作，加强责任监督和管理。一是认真组织开展从子企业负责人岗位或业务部门提拔到集团副职领导人员的经济责任审计工作，并将审计结果报国资委备案；二是认真组织开展兼任子企业负责人的集团负责人任中或从子企业负责人岗位离任的经济责任审计工作；三是开展对重要业务部门负责人履行职责情况的经济责任审计工作；四是探索开展对拟提拔领导人员任职前经济责任审计工作，将审计结果作为考察干部的重要依据。

六、认真开展专项经济责任审计工作

各中央企业应结合日常监管工作，及时跟踪了解子企业的经营管理状况，对重大决策事项的执行情况或异常财务事项开展专项经济责任审计。一是认真开展重组子企业的经济责任审计工作，对子企业发生改制、改组、兼并、出售、拍卖、破产等重组行为的，应按照国资委有关规定进行经济责任审计；二是对在企业日常监管过程中发现的异常情况或内部控制制度执行中的薄弱环节，应开展专项经济责任审计，及时指出企业经营管理活动存在的问题，查错纠弊，堵塞漏洞，保障企业持续健康发展；三是结合企业的发展战略和重大经营决策，开展风险导向专项审计，提升风险应对能力，保障企业战略顺利实施。

七、切实提高经济责任审计工作质量

审计质量是审计工作的根本，各中央企业在经济责任审计工作中

应当严把审计质量关。一是企业内部审计机构负责制订切实可行的审计工作计划，采取有效组织方式开展审计工作；二是严格规范经济责任审计工作程序和工作方法，注重经济责任审计深度，避免工作流于形式、“走过场”，全面揭示企业存在的问题并提出切实可行的整改建议；三是采取多种方式积极开展经济责任审计工作交流和培训，不断拓展工作思路，提高工作水平，推进企业内部经济责任审计工作；四是建立审计结果考核体系和审计责任追究制度，对违反经济责任审计工作程序、出具虚假不实经济责任审计报告、应披露而未披露问题等情况，要追究相关审计人员的责任。

八、进一步推动经济责任审计结果的应用和落实

开展经济责任审计，不但能够客观评价企业经营者的业绩与责任，而且能够及时发现和纠正企业存在的各种问题，帮助企业加强内控，提高管理水平。为此，各中央企业要进一步加强对经济责任审计结果的应用和落实。一是高度重视经济责任审计结果，将经济责任审计报告纳入个人档案管理，作为企业考核、任免和奖惩的重要依据；二是要根据经济责任审计意见和建议，制订切实可行的整改措施，对存在的问题进行客观分析，狠抓整改落实，形成以整改促管理的良性循环；三是要指定相应部门跟踪检查经济责任审计结果的落实情况，对审计结果的整改情况进行评价，对应落实而未落实问题，认真查找原因，督促落实并界定责任；四是要对因未履行职责和履职不当造成重大资产损失、企业资产状况不实、经营成果虚假等问题，追究相关负责人的责任，并将有关情况向国资委报告；五是积极探索建立审计结果公告制度，借助企业简报等媒介定期或不定期地公布审计结果，不断提高经济责任审计工作的透明度，发挥审计监督的警示作用。

九、加强对各级子企业经济责任审计工作的监督和指导

各中央企业要加强对子企业经济责任审计工作的指导。一是结合集团的管理重点和子企业负责人管理需要，制订集团年度经济责任审

计工作计划，合理安排子企业的审计工作任务，督促子企业认真落实；二是加强对子企业经济责任审计项目的检查和复核，根据企业实际情况，适当开展优秀审计项目评选，促进集团审计工作整体水平提高；三是及时掌握子企业经济责任审计中发现的重大问题，并积极协调解决；四是督促子企业对审计发现的问题进行认真整改，适时开展跟踪检查。

十、积极开拓和研究经济责任审计的新领域和新方法

各中央企业应当在实践中加强审计相关知识学习和工作方法创新，积极推动经济责任审计工作深入开展，使审计成为企业依法经营的“经济卫士”。一是结合企业经营发展目标，积极拓展经济责任审计工作的领域，研究创新经济责任审计方法和审计手段，采取适合本企业实际的多种形式开展专家评议工作，有效提升审计工作的质量和效率；二是提高经济责任审计的信息化程度，本着降低成本、提高效率的原则，加快审计项目管理软件、审计作业软件的开发和应用，积极探索开展远程审计。

国务院国有资产监督管理委员会关于加强中央企业资金管理防范财务风险的紧急通知

2008 年 8 月 1 日　国资厅发评价〔2008〕87 号

各中央企业：

今年以来，各中央企业认真贯彻落实国家宏观调控政策，沉着应对国际国内经济发展的各种不确定因素和突发自然灾害的冲击，生产经营总体保持了平稳较快发展。但也有一些企业出现了营运资金紧张、财务风险加大、经济效益下滑等问题。为更好地适应市场形势，进一步做好资金管理工作，有效防范财务风险，促进中央企业又好又快发展，

现将有关事项紧急通知如下：

一、密切关注市场形势变化，高度重视资金管理。国家实施从紧的货币政策以来，企业资金头寸普遍趋紧，融资难度和融资成本显著上升，资金紧缺的压力直接危及部分企业持续生产经营。各中央企业要以科学发展观为指导，密切关注当前经济形势变化，充分估计各种不利因素对企业生产经营的持续影响，高度重视从紧货币政策对企业资金管理工作提出的更高要求，认真分析集团财务资源对发展战略规划的保障能力，结合企业实际情况及时调整经营思路，转变财务策略，提高前瞻性和预见能力，采取措施应对快速发展带来的资金需求增大与融资环境收紧之间的矛盾，突出稳健经营，坚持量入为出，做好长远谋划，留足资金头寸，防范财务风险。

二、加强资金预算管理，增强资金保障能力。资金是企业经营运转的“血液”。各中央企业要以现金流量管理为核心，加强全面预算管理，进一步细化资金安排，增强现金保障能力。统筹规划生产经营与投融资活动的资金供给，科学预测预算年度现金收支、结余及不足，合理确定现金收支规模，安全高效地做好资金筹划工作，谋求长期的资金动态平衡；加强现金流入流出全过程预算控制，做好资金预算执行情况的分析、监督与考核，跟踪监测现金流量增减变动情况，制订现金不足的应急预案，切实维护资金链的安全稳定。

三、努力创新融资方式，积极争取资金支持。各中央企业要根据产业性质、资本结构与融资能力，合理确定融资的方式、规模与结构，通过多渠道、多品种的融资组合巩固资金链。进一步加强银企战略合作，努力争取长期稳定的信贷支持；加强资本运作，积极引入战略投资者，优化资本结构，扩大股权性融资比重；充分利用企业债券、公司债券、短期融资券、银行票据等融资渠道，扩大直接融资比例，降低资金成本。积极探索融资租赁、售后回租、资产证券化、应收账款保理等新的融资模式。禁止通过集资、地下钱庄等各种非法途径融资。

四、开展财务集中管控，提高资金配置能力。各中央企业要进一步完善集团化的财务管控模式，提高集团财务控制力。依托集团财务公司、内部结算中心、银行网银系统等平台，建立集团资金集中管理系统，清理压缩不必要的银行账户，尽力减少资金沉淀，按照市场化手段和风险控制原则调配资金，促进内部资金融通。不断扩大资金集中规模和范围，有条件的企业要推行“收支两条线”管理，并通过信息化系统对子企业资金头寸实施在线实时监控。要密切关注人民币汇率走势，防范汇率风险，积极探索境外资金集中管理的有效方式，提高集团整体运作水平。

五、加快存货及应收款项周转，尽力减少资金占用。各中央企业要积极开展存货和应收款项的清理，严格控制存货和应收款项规模与增长速度，加快存货及应收账款周转，减少流动资金占用。加强供应链管理，建立与重要客户、供应商的战略合作关系，积极应对市场供求变化带来的风险，在提前备货缓解价格上涨压力的同时注意保持资产合理的流动性。努力推进精益生产，不断优化工艺流程，加快生产环节的物料流转速度，减少过程积压。做好销售预测，坚持以销定产，根据生产计划，确定合理库存水平。创新营销模式，努力提高预收款比例，减少预付款金额。建立健全客户信用管理体系，加强货款回收管理，落实催收责任，从合同签订、资金结算、款项催收等环节严格把关，加快现金回流，提高应收账款周转速度。要加强对外借款的清理催收，严格控制向集团外单位出借资金。

六、审慎安排资金投放，适度压缩支出规模。各中央企业要根据资金供给状况及时调整支出预算，落实预算控制责任，严格控制预算外开支，适当压缩预算内支出规模。严格控制短贷长投，对于资金尚未落实的投资项目要坚决取消；对在建项目，要根据资金供给情况，分清轻重缓急，合理控制投资节奏；对于负债水平较高、自有资金不足的企业要严格控制新增投资。严格控制高风险业务投资，从事金融及衍生品投资应当以套期保值为目的，要与资金状况和生产经营相适应，不得进行投机。大力推行精细化管理，加大成本费用的预算控制与考核奖惩力度，建立和落实目标成本责任制，将成本控制关口前移，从可行性研究、产品设计、招标采购、生产工艺和流程优化、物流和营销渠道管理等环节实施全过程成本控制，努力实现降本增效。进一步完善资金管理内部控制机制,加强大额资金支出的监督管理,落实联签责任。

七、建立预警监测机制,有效防范资金风险。各中央企业要建立和完善资金风险预警监测机制,从资金供给、资金投放、周转效率、债务风险水平等方面建立和完善预警监测指标体系,确定重点监测对象和监测领域,认真分析资产负债率、带息负债比率、经营活动现金流等重要指标变动情况,重点关注到期债务,对可能出现的资金风险,提前做好应急预案,提高风险应对能力。要从业务源头开始加强预警监测,密切关注上下游产业现状,监测、评估重要客户的资信水平与支付能力;加强担保管理,严格控制对集团外担保,跟踪了解被担保方财务状况,对代偿风险较高的担保事项及时采取应对措施;要密切关注子企业资金状况,对债务负担重、营运资金紧张、资金链脆弱的子企业要加大监控力度,防止局部资金链条断裂产生连锁反应,有效防范资金风险。企业出现资金危机,要及时报告。

各中央企业主要负责人要高度重视资金管理工作,积极防范财务风险。企业总会计师和财务部门要切实履行理财责任,做好资金筹划,把好支出关口,维护资金平衡,确保资金链安全,促进企业持续健康发展,实现国有资本保值增值。

国务院国有资产监督管理委员会关于进一步加强中央企业金融衍生业务监管的通知

2009年2月3日　国资发评价〔2009〕19号

各中央企业:

自2005年国资委开展高风险业务清理工作以来,多数中央企业能够按照要求,审慎经营,规范操作,严格管控,有效防范经营风险。但也有少数企业对金融衍生工具的杠杆性、复杂性和风险性认识不足，存在侥幸和投机心理，贸然使用复杂的场外衍生产品，违规建仓，风险失控，产生巨额浮亏，严重危及企业持续经营和国有资产安全，造成不良影响。为进一步加强中央企业金融衍生业务监管，建立有效的风险防范机制，实现稳健经营，现就有关要求通知如下：

一、认真组织清理工作。纳入本次清理范围的金融衍生业务主要包括期货、期权、远期、掉期及其组合产品（含通过银行购买境外机构的金融衍生产品）。各中央企业要高度重视，认真组织开展全集团范围内在境内外从事的各类金融衍生业务的清理工作，凡已经从事金融衍生业务的企业，应当对审批程序、操作流程、岗位设置等内部控制和风险管理制度及执行情况等进行核查，对产品风险重新进行评估，不合规的要及时进行整改。经过国家有关部门批准的境外期货业务持证企业，应当对交易品种、持仓规模、持仓时间等进行审核检查，对于超范围经营、持仓规模过大、持仓时间过长等投机业务，应当立即停止，并限期退出；对于未经国家有关部门批准已经开展的业务，企业应及时补办相关审批手续，现阶段应逐步减少仓位或平仓，在未获得批准前不得开展新业务；对风险较高、已经出现较大浮亏的业务，企业应当加强仓位管理，尽力减少损失，不得再进行加仓或挪盘扩大风险；对属于套期保值范围内的，暂未出现浮亏，但规模较大、期限较长、不确定性因素较多、风险敞口较大的业务，企业应当进一步完善实时监测系统，建立逐日盯市制度，适时减仓，防止损失发生。各中央企业应当将金融衍生业务清理整顿情况于 2009 年 3 月 15 日前书面报告国资委（评价局），抄报派驻本企业监事会，内容包括金融衍生业务基本情况、内控制度、存在的问题以及整改措施等。未开展金融衍生业务的企业也应报告清理情况。

二、严格执行审批程序。金融衍生工具是一把“双刃剑”，运用不当会给企业带来巨额损失。各中央企业必须增强风险意识，严格审批程序，严把审核关口。企业开展金融衍生业务，应当报企业董事会或类似决策机构批准同意，企业董事会或类似决策机构要对选择的金融衍生工具、确定的套期保值额度、交易品种、止损限额以及不同级别人员的业务权限等内容进行认真审核。对于国家规定必须经有关部门批准许可的业务,应得到有关部门批准。集团总部应当指定专门机构对从事的金融衍生业务进行集中统一管理,并向国资委报备,内容包括开展业务的需求分析、产品的风险评估和专项风险管理制度等,并附董事会或类似决策机构的审核批准文件和国家有关部门批准文件。资产负债率高、经营严重亏损、现金流紧张的企业不得开展金融衍生业务。

三、严守套期保值原则。金融衍生业务前期投入少、价值波动大、风险较高、易发生较大损失,各中央企业要保持清醒认识,注重科学决策,审慎运用金融衍生工具,不得盲从,防止被诱惑和误导。要严格坚持套期保值原则,与现货的品种、规模、方向、期限相匹配,禁止任何形式的投机交易。应当选择与主业经营密切相关、符合套期会计处理要求的简单衍生产品,不得超越规定经营范围,不得从事风险及定价难以认知的复杂业务。持仓规模应当与现货及资金实力相适应,持仓规模不得超过同期保值范围现货的90%;以前年度金融衍生业务出现过严重亏损或新开展的企业,两年内持仓规模不得超过同期保值范围现货的50%;企业持仓时间一般不得超过12个月或现货合同规定的时间,不得盲目从事长期业务或展期。不得以个人名义(或个人账户)开展金融衍生业务。

四、切实有效管控风险。企业应当针对所从事的金融衍生业务的风险特性制定专项风险管理制度或手册,明确规定相关管理部门和人员的职责、业务种类、交易品种、业务规模、止损限额、独立的风险报告路径、应急处理预案等,覆盖事前防范、事中监控和事后处理的各个关键环节。要建立规范的授权审批制度,明确授权程序及授权额度,在人员职责发生变更时应及时中止授权或重新授权。对于场外期权及其他柜台业务等,必须由独立的第三方对交易品种、对手信用进行风险评估,审慎选择交易对手。对于单笔大额交易或期限较长交易必须要由第三方进行风险评估。要加强对银行账户和资金的管理,严格资金划拨和使用的审批程序。企业应当选择恰当的风险评估模型和监控系统,持续监控和报告各类风险,在市场波动剧烈或风险增大情况下,增加报告频度,并及时制订应对预案。要建立金融衍生业务审计监督体系,定期对企业金融衍生业务套期保值的规范性、内控机制的有效性、信息披露的真实性等方面进行监督检查。

五、规范业务操作流程。企业应当设置专门机构,配备专业人员,制订完善的业务流程和操作规范,实行专业化操作;要严格执行前、中、后台职责和人员分离原则,风险管理人员与交易人员、财务审计人员不得相互兼任;应当选择结构简单、流动性强、风险可控的金融衍生工具开展保值业务;从事境外金融衍生业务时,应当慎重选择代理机构和交易人员;企业内部估值结果要及时与交易对手核对,如出现重大差异要立即查明原因并采取有效措施;当市场发生重大变化或出现重大浮亏时要成立专门工作小组,及时建立应急机制,积极应对,妥善处理。

六、建立定期报告制度。从事金融衍生业务的企业应当于每季度终了 10 个工作日内向国资委报告业务持仓规模、资金使用、盈亏情况、套值保值效果、风险敞口评价、未来价格趋势、敏感性分析等情况;年度终了应当就全年业务开展情况和风险管理制度执行情况等形成专门报告,经中介机构出具专项审计意见后,随同企业年度财务决算报告一并报送国资委;对于发生重大亏损、浮亏超过止损限额、被强行平仓或发生法律纠纷等事项,企业应当在事项发生后 3 个工作日内向国资委报告相关情况,并对采取的应急处理措施及处理情况建立周报制度。对于持仓规模超过同期保值范围现货规模规定比例、持仓时间超过 12 个月等应当及时向国资委报备。集团总部应当就金融衍生业务明确分管领导和管理机构,与国资委有关厅局建立日常工作联系,年终上报年度工作总结报告,并由集团分管领导和主要负责人签字。

七、依法追究损失责任。各中央企业应当根据《中央企业资产损失责任追究暂行办法》(国资委令第 20 号)等有关规定,建立和完善损失责任追究制度,明确相关人员的责任,并加强对违规事项和重大资产损失的责任追究和处理力度。对于违反国家法律、法规或企业内部规章开展业务,或者疏于管理造成重大损失的相关人员,将按有关规定严肃处理,并依法追究企业负责人的责任。涉嫌犯罪的,依法移送司法机关处理。对于在日常监管工作中上报虚假信息、隐瞒资产损失、未按要求及时报告有关情况或者不配合监管工作的,将追究相关责任人责任。国资委将对业务规模较大、风险较高、浮亏较多,以及未按要求及时整改造成经营损失的企业,开展专项审计调查。对于发生重大损失、造成严重影响的企业,在业绩考核中予以扣分或降级处理。

各中央企业要高度重视金融衍生业务管理工作,审慎开展金融衍生业务,遵循套期保值原则,完善内部控制制度,建立切实有效的风险管理体系,积极防范经营风险,有效维护股东权益。

国务院国有资产监督管理委员会关于加强中央企业对外捐赠管理有关事项的通知

2009年11月5日　国资发评价〔2009〕317号

各中央企业:

近年来,中央企业认真履行社会责任,积极参与国家救灾、扶危济困等救助活动,有效推动了我国公益事业发展。为进一步规范中央企业对外捐赠行为,维护国有股东权益,引导中央企业正确履行社会责任,根据《中华人民共和国公益事业捐赠法》和《国有企业领导人员廉洁从业若干规定》等有关规定,现就加强中央企业对外捐赠管理的有关事项通知如下:

一、加强对外捐赠行为规范管理。随着我国公益事业的发展,企业对外捐赠支出的范围和规模不断扩大,各中央企业要加强对外捐赠事项的管理,认真履行社会责任,积极参与救助捐赠活动,规范对外捐赠行为,有效维护股东权益。集团总部应当制订和完善对外捐赠管理制度,对集团所属各级子企业对外捐赠行为实行统一管理,明确对外捐赠事项的管理部门，落实管理责任，规范内部审批程序，细化对外捐赠审核流程；要根据自身经营实力和承受能力，明确规定对外捐赠支出范围，合理确定集团总部及各级子企业对外捐赠支出限额和权限；应将日常对外捐赠支出纳入预算管理体系，细化捐赠项目和规模，严格控制预算外捐赠支出，确保对外捐赠行为规范操作。

二、规范界定对外捐赠范围。企业对外捐赠范围为：向受灾地区、定点扶贫地区、定点援助地区或者困难的社会弱势群体的救济性捐赠，向教科文卫体事业和环境保护及节能减排等社会公益事业的公益性捐赠，以及社会公共福利事业的其他捐赠等。各中央企业用于对外捐赠的资产应当权属清晰、权责明确，应为企业有权处分的合法财产，包括现金资产和实物资产等，不具处分权的财产或者不合格产品不得用于对外捐赠。中央企业经营者或者其他职工不得将企业拥有的资产以个人名义对外捐赠。除国家有特殊规定的捐赠项目之外，中央企业对外捐赠应当通过依法成立的接受捐赠的慈善机构、其他公益性机构或政府部门进行。对于有关社会机构、团体的摊派性捐赠，企业应当依法拒绝。企业对外捐赠应当诚实守信，严禁各类虚假宣传或许诺行为。

三、合理确定对外捐赠规模。各中央企业对外捐赠应当充分考虑自身经营规模、盈利能力、负债水平、现金流量等财务承受能力，坚持量力而行原则，合理确定对外捐赠支出规模和标准。中央企业对外捐赠支出规模一般不得超过企业内部制度规定的最高限额；盈利能力大幅下降、负债水平偏高、经营活动现金净流量为负数或者大幅减少的企业，对外捐赠规模应当进行相应压缩；资不抵债、经营亏损或者捐赠行为影响正常生产经营的企业，除特殊情况外，一般不得安排对外捐赠支出。

四、严格捐赠审批程序。各中央企业应当加强对外捐赠的审批管理，严格内部决策程序，规范审批流程。企业每年安排的对外捐赠预算支出应当经过企业董事会或类似决策机构批准同意。对外捐赠应当由集团总部统一管理，所属各级子企业未经集团总部批准或备案不得擅自对外捐赠。对于内部制度规定限额内并纳入预算范围的对外捐赠事项,企业捐赠管理部门应当在支出发生时逐笔审核,并严格履行内部审批程序;对于因重大自然灾害等紧急情况需要超出预算规定范围的对外捐赠事项,企业应当提交董事会或类似决策机构专题审议,并履行相应预算追加审批程序。

五、建立备案管理制度。国资委对中央企业对外捐赠事项实行备案管理制度。以下情况应当专项报国资委(评价局)备案,同时抄送派驻本企业监事会:

(一)各中央企业应当结合本通知要求,对本企业对外捐赠管理制度进行修订或完善,并于2009年12月31日前报国资委备案。以后年度需要对管理流程、支出限额等关键因素进行调整的,应当对管理制度进行修改完善,并及时报国资委备案。

(二)中央企业对外捐赠支出应当纳入企业年度预算管理,并形成专项报告,对全年对外捐赠预算支出项目、支出方案及支出规模等预算安排作出详细说明,并对上年捐赠的实施情况及捐赠预算执行情况进行总结。中央企业对外捐赠预算专项报告随年度财务预算报告报送国资委。

(三)中央企业捐赠行为实际发生时捐赠项目超过以下标准的,应当报国资委备案同意后实施:净资产(指集团上年末合并净资产,下同)小于100亿元的企业,捐赠项目超过100万元的;净资产在100亿元至500亿元的企业,捐赠项目超过500万元的;净资产大于500亿元的企业,捐赠项目超过1000万元的。

(四)对于突发性重大自然灾害或者其他特殊事项超出预算范围需要紧急安排对外捐赠支出,不论金额大小,中央企业在履行内部决策程序之后,及时逐笔向国资委备案。

六、加强监督检查。各中央企业应当加强对外捐赠事项的财务监督工作,在实际发生对外捐赠支出后,应当规范账务处理,并将有关支出情况向社会公开。企业应当重视对外捐赠项目实施效果的后续跟踪,有条件的企业,应当组织对重大捐赠项目进行现场检查或审计,督促受益对象发挥捐赠的最大效益。企业应当通过纪检监察、内部审计、中介机构审计等多种渠道开展监督检查工作,及时查找企业在制度建设、工作组织、决策程序、预算安排、项目实施和财务处理等方面存在的问题，认真整改。派驻企业的监事会应当将企业对外捐赠管理与实施情况纳入监督检查范围。国资委将不定期组织对企业捐赠管理情况进行抽查，对制度不健全、未按规定程序决策、未及时向国资委报备等不规范行为，督促企业及时整改；对在对外捐赠过程中存在营私舞弊、滥用职权、转移国有资产等违法违规行为的，予以依法处理。

各中央企业要高度重视对外捐赠管理工作，积极参与社会公益事业，认真履行社会责任，坚持量力而行原则，完善制度，严格程序，规范管理，切实有效维护股东权益。

中共中央纪委　监察部　财政部　审计署　国有及国有控股企业“小金库”专项治理实施办法

国务院国资委　中纪发〔2010〕29号

根据《中共中央办公厅　国务院办公厅印发〈关于深入开展“小金库”治理工作的意见〉的通知》（中办发〔2009〕18号，以下简称《意见》）精神，现就国有及国有控股企业“小金库”专项治理工作制定实施办法如下：

一、专项治理的范围

此次国有及国有控股企业“小金库”专项治理范围包括：

（一）由各级国有资产监督管理机构履行出资人职责和受托管理的国有及国有控股企业；

（二）由各级人民政府及其部门、机构管理的国有及国有控股企业；

（三）由各事业单位、社会团体管理的国有及国有控股企业。

国有及国有控股企业(以下简称国有企业)包括国有独资企业、国有独资公司以及国有资本占实质控制地位的有限责任公司和股份有限公司。

由银监会、证监会、保监会依法监管的国有及国有控股金融企业专项治理办法另行下发。

二、专项治理的内容

凡国有企业违反法律法规及其他有关规定,应列入而未列入符合规定的单位账簿的各项资金(含有价证券)及其形成的资产,均属于“小金库”。重点是2008年以来各项“小金库”资金的收支数额,以及2007年底“小金库”资金滚存余额和形成的资产。对设立“小金库”数额较大或情节严重的,应追溯到以前年度。

国有企业“小金库”主要表现形式包括:

(一)隐匿收入设立“小金库”

1. 用销售商品收入、提供劳务收入等营业收入设立“小金库”;

2. 用资产处置、出租、使用收入设立“小金库”;

3. 用股权投资、债权投资取得的投资收益设立“小金库”;

4. 用政府奖励资金、社会捐赠、企业高管人员上交兼职薪酬、境外企业和中外合资企业中方人员劳务费用结余等其他收入设立“小金库”。

(二)虚列支出设立“小金库”

1. 虚列产品成本、工程成本、采购成本、劳务成本等营业成本设立“小金库”;

2. 虚列研究与开发费、业务招待费、会议费、销售手续费、销售服务费等期间费用设立“小金库”;

3. 虚列职工工资、福利费用、社会保险费用、工会经费、管理人员职务消费等人工成本设立“小金库”。

(三)转移资产设立“小金库”

1. 以虚假会计核算方式转移原材料、产成品等资产设立“小金库”;

2. 以虚假股权投资、虚假应收款项坏账核销等方式转移资产设立

“小金库”；

3. 以虚假资产盘亏、毁损、报废方式转移资产设立“小金库”；

4. 以虚假关联交易方式转移资产设立“小金库”。

(四)其他形式设立“小金库”

三、专项治理的步骤

专项治理工作自本办法下发之日起至2010年底结束，采取自查自纠和重点检查相结合的方式，分四个阶段进行。

(一)动员部署(截至2010年7月底)

各地区各部门、各国有企业要增强政治责任感和工作紧迫感，把治理工作摆上重要日程；要深入做好思想发动、政策宣传、舆论引导，提高国有企业干部职工对专项治理工作的思想认识，营造浓厚的社会舆论氛围；要拓宽监督渠道，支持群众监督，鼓励群众举报；要细化实施方案，明确政策规定，切实做好布置培训，确保动员部署深入到位。

(二)自查自纠(截至2010年9月底)

各国有企业要按照《意见》和本办法要求，结合本企业实际，组织对本企业范围内所有下属企业和单位进行全面自查，也可组织内部力量进行专项审计或检查。自查面必须达到100%，确保不走过场、不留死角。要建立自查自纠工作承诺制和公示制，各国有企业负责人对自查自纠情况负完全责任，并将自查自纠情况在企业内部以不同形式进行公示，接受群众监督。对于专项治理中瞒报漏报自查自纠信息的，将严肃追究责任单位和相关责任人员的责任。为保证自查自纠效果，各级专项治理领导机构要有重点地进行督促指导，及时做好政策解释和培训工作，确保自查自纠工作落到实处，取得实效。

自查自纠工作结束后，各国有企业要向国有资产监督管理机构或有关主管部门报送自查自纠总结报告和《国有及国有控股企业“小金库”自查自纠情况报告表》(见附件1)，并由各级专项治理日常工作机构逐级汇总上报。国务院国资委负责统计汇总履行出资人职责企业自查自纠结果，有关中央部门负责统计汇总本部门管理企业自查自纠结果，各省(自治区、直辖市)、新疆生产建设兵团负责统计汇总本地区国有企业自查自纠结果，并于2010年10月15日前将自查自纠总结报告和《国有及国有控股企业"小金库"自查自纠情况统计表》(见附件2)报送中央治理"小金库"工作领导小组办公室。

(三)重点检查(截至2010年11月底)

在自查自纠基础上，要抽调专门力量或聘请中介机构专业人员，认真组织开展重点检查。在各级专项治理领导机构的统一领导下，各级国有资产监督管理机构负责对履行出资人职责和受托管理的国有企业开展重点检查，重点检查比例不低于国有企业户数的20%，每户重点检查企业的重点检查面应当不低于所属子企业户数的20%；财政、审计部门结合党政机关、事业单位和社会团体"小金库"治理工作，以及会计信息质量检查和企业审计等日常工作，根据专项治理工作实际和群众举报情况加强"小金库"问题检查。

重点检查应当关注以下国有企业及其所属单位：

1. 关系国家安全和国民经济命脉、在国民经济中处于基础和支柱地位的企业或单位；

2. 供水、供气、供热、供电等与人民群众生活密切相关的企业或单位；

3. 投资链条较长、分支机构多的企业或单位；

4. 未纳入合并报表范围的表外资产金额较大的企业或单位；

5. 以前年度发现存在"小金库"的企业或单位；

6. 有群众举报的企业或单位；

7. 自查自纠措施不得力、工作走过场的企业或单位。

重点检查结束后，要逐级填报《国有及国有控股企业"小金库"重点检查情况统计表》(见附件3)，撰写重点检查总结报告，由国务院国资委和各省(自治区、直辖市)、新疆生产建设兵团专项治理日常工作机构汇总后，于2010年12月15日前报送中央治理"小金库"工作领导小组办公室。

(四)整改落实(截至2010年12月底)

对于专项治理过程中发现的问题，要在统一政策标准的基础上，按照职能分工，由各相关部门依法下发处理处罚决定。要针对专项治理工作中发现的问题，紧密结合企业内部管理、完善法人治理结构、深化企业改革发展，制订切实有效的整改措施，扎实抓好整改落实工作，做到责任明确、整改及时、处理到位。在整改过程中要强化源头治理，完善制度，建立防治“小金库”的长效机制。各级专项治理领导机构要加强对整改落实情况的督促指导。

国务院国资委、有关中央部门、各省(自治区、直辖市)、新疆生产建设兵团要将专项治理工作情况形成书面报告，于 2011 年 1 月 15 日前报送中央治理“小金库”工作领导小组办公室。

四、专项治理的处理原则

对专项治理中发现的“小金库”，要严格按照“依纪依法，宽严相济”的原则进行处理。

(一)对自查发现的问题从轻从宽处理。凡自查认真、纠正及时的，对责任单位可从轻、减轻或免予处罚，对有关责任人员可从轻、减轻或免予处分。对自查出的“小金库”，要按照财务会计法规转入符合规定的单位账簿，依法进行财务、税务等相关处理。各主管部门(不包括各级国有资产监督管理机构)和国有企业对所属企业和单位组织的检查视同自查。

(二)对被查发现的“小金库”，除依法进行财务、税务等相关处理外，还要对责任企业或单位依法予以行政处罚，对有关责任人员要依纪依法追究责任。

对设立“小金库”负有责任的领导人员和其他直接责任人员中的共产党员，依照《设立“小金库”和使用“小金库”款项违纪行为适用〈中国共产党纪律处分条例〉若干问题的解释》严肃追究责任。对设立“小金库”负有责任的领导人员和其他直接责任人员中由国家行政机关任命的，依照《设立“小金库”和使用“小金库”款项违法违纪行为政纪处分暂行规定》严肃追究责任。对设立“小金库”负有责任的其他领导人员和相关责任人员，由国有资产监督管理机构或有关部门依据干部管理权限严肃追究责任。

对违反国有资产监督管理法律法规及相关规定的,由国有资产监督管理机构和相关主管部门依照有关规定做出处理处罚。

(三)对治理工作中走过场的企业和单位,要给予通报批评并责令整改;对问题严重的,要追究主要负责人的责任。

(四)对在治理工作中弄虚作假、压案不查、对抗检查、拒不纠正、销毁证据、突击花钱、打击报复举报人的,或重点检查中发现"小金库"数额巨大、情节严重的,要按照有关规定从重处理。涉嫌犯罪的,移交司法机关依法处理。

(五)《意见》下发后再设立"小金库"的,对主要领导、分管领导和直接责任人要严肃处理,按照组织程序先予以免职,再依据党纪政纪和有关法律法规追究责任。

(六)对专项治理工作中发现的其他违反法律法规的问题,按国家有关法律法规进行处理。

五、专项治理的工作要求

(一)加强组织领导

此次专项治理在党中央、国务院的领导下,统一部署实施。中央治理"小金库"工作领导小组增列国务院国资委为成员单位,牵头负责组织履行出资人职责企业"小金库"专项治理工作,指导地方国资委履行出资人职责和受托管理企业"小金库"专项治理工作。各地区各部门要充实调整专项治理领导机构,进一步健全领导体制,按照分级负责、分口把关的要求,切实担负起专项治理工作的组织领导职责,加强督促指导。各国有企业要由企业负责人统一领导治理工作,财务、审计、纪检监察、组织人事等业务部门共同参与,加强分工协作,落实工作责任。

(二)加强统筹协调

各级专项治理领导机构及日常工作机构要按照工作分工,加强对各牵头部门和相关成员单位的沟通协调和督促指导,建立起分工明确、运转顺畅、配合有力的治理工作协调机制。各级纪检监察机关要依照有关纪律规定，严肃查处违纪违规案件；各级组织部门要按照有关政策规定对相关责任人员及时做出组织处理；各级财政、审计部门要依法对违反财政、财务、会计法律法规问题进行处理处罚；各级国有资产监督管理机构和相关主管部门要做好所监管企业专项治理的组织实施、业务指导和督促检查等工作，并依法对有关问题进行处理处罚和责任追究；各级宣传、公安、税务、人民银行等其他成员单位要按照既定分工履行各自职责，形成各司其职、各尽其责、相互配合、齐抓共管的工作局面。

（三）加强舆论宣传

要充分利用网络、报纸、广播、电视等渠道，宣传治理工作的重要意义、工作内容和政策规定，对治理工作中发现并查处的典型案例有选择地予以公开曝光。各级专项治理日常工作机构要设立并公布举报电话、举报信箱，注意发挥网络举报作用。要认真做好举报的受理工作，执行信访工作保密制度，切实保护举报人的合法权益。对举报有功的单位和个人，根据查实的设立“小金库”金额，给予3%～5%的奖励，奖金最高额为10万元，由同级财政负担。

（四）加强调研督导

为切实做好专项治理工作，要深入开展调查研究并确保调查研究贯穿治理工作始终。各级专项治理领导机构要加强调查研究，及时了解专项治理的难点问题，研究细化关键阶段、关键环节、关键企业的具体治理措施。要针对治理各个阶段的特点，围绕重点工作、重点地区、重点企业开展检查督导。要认真做好政策解释和咨询答复工作。对于动员部署不及时、自查自纠不认真、重点检查不配合、整改落实不到位的，要及时责令改正。

（五）加强综合治理

专项治理要与会计信息质量检查、内部控制评价和内部控制机制建设相结合；要与强化企业管理、完善法人治理结构、深化企业改革发展相结合；要与落实国有企业职工工资管理调控、企业负责人薪酬和职务消费有关规定相结合；要与开展国有企业效能监察、纪律检查和行政监察相结合；要与扩大内需促进经济增长政策措施落实监督检查和工程建设领域突出问题专项治理相结合;要与出资人监管、财政监管、审计监督、税务稽查等日常监督工作相结合,协调推进,综合实施,增强治理实效。

(六)建立长效机制

专项治理要注重源头治理,形成“标本兼治、纠建并举”的治理工作体系。一方面要通过企业自查自纠和重点检查,查清并纠正设立“小金库”等资产和资金管理中存在的不规范行为;另一方面要以专项治理工作为契机,摸清企业“小金库”产生的根源,通过完善体制、深化改革、健全制度和强化监管,建立国有企业防治“小金库”的长效机制。

附件:1. 国有及国有控股企业“小金库”自查自纠情况报告表(略)
2. 国有及国有控股企业“小金库”自查自纠情况统计表(略)
3. 国有及国有控股企业“小金库”重点检查情况统计表(略)
4. 填表说明(略)

关于开展中央企业“小金库”专项治理工作的通知

2010 年 7 月 27 日　国资发评价〔2010〕107 号

根据《中共中央办公厅国务院办公厅关于深入开展“小金库”治理工作的意见》(中办发〔2009〕18 号,以下简称《意见》)精神,近日,中共中央纪委、监察部、财政部、审计署和国资委联合印发了《国有及国有控股企业“小金库”专项治理实施办法》(以下简称《实施办法》),对国有及国有控股企业的“小金库”治理工作进行了部署。为做好中央企业“小金库”专项治理工作,现将有关事项通知如下:

一、充分认识开展“小金库”专项治理工作的重要意义

深入开展“小金库”治理工作,是党中央、国务院着眼于深入贯彻落

实科学发展观、完善社会主义市场经济体制、保持经济社会平稳较快发展做出的一项重大决策。根据《意见》精神，中央治理“小金库”工作领导小组决定将国有及国有控股企业列为2010年“小金库”治理工作范围，要求国资委负责组织履行出资人职责企业的“小金库”专项治理工作，并负责指导地方国资委做好其履行出资人职责企业和受托管理企业的“小金库”专项治理工作。

近年来，中央企业在应对国际国内复杂经济形势、深化企业改革、创新体制机制、加强经营管理、推动企业科学发展方面取得了突出成效，有效地发挥了国有经济的主导作用。但是，“小金库”问题在一些中央企业屡禁不止，已成为铺张浪费和减收增支的暗流、滋生腐败的温床，不仅影响企业会计信息的真实性和收入分配的公平性，而且扰乱了生产经营秩序，违背了科学发展要求，损害了中央企业形象。在中央企业深入开展“小金库”治理工作，不仅对于推进党风廉政建设和反腐败工作具有重要意义，也是中央企业继续有效应对国际金融危机影响、提升经营管理水平、提高经济发展质量的必然要求。各中央企业要充分认识“小金库”问题的危害性和治理“小金库”的重要性，按照《意见》和《实施办法》要求，高度重视，精心组织，切实做好“小金库”专项治理工作。

二、中央企业“小金库”专项治理工作的总体要求和基本原则

中央企业“小金库”专项治理工作的总体要求是：认真贯彻落实《意见》和《实施办法》精神，全面摸清“小金库”产生的根源与存在形式，坚决取缔私设、私用“小金库”等违法违纪活动，彻底排查可能转化为“小金库”的各种管理隐患，及时堵塞资金和资产管理漏洞，促进企业建章立制，完善内部控制机制，着力构建中央企业防治“小金库”、实现稳健发展的长效机制。

此次中央企业“小金库”专项治理工作应当遵循以下基本原则：

（一）全面自查自纠和重点检查相结合。按照《实施办法》要求，“小金库”专项治理工作采取自查自纠和重点检查相结合的方式。为确保中央企业“小金库”专项治理工作取得成效，所有中央企业均要开展“小金库”自查自纠工作。国资委将根据中央企业的自查自纠情况，结合日常财务监管工作，组织对部分企业进行重点检查，做到自查自纠全面覆盖，重点检查严格深入。

(二)“小金库”治理与管理隐患排查相结合。为铲除滋生“小金库”的土壤，各中央企业要结合自查自纠情况，认真分析“小金库”产生的根源和表现形式，以及可能形成“小金库”的业务与单位，全面排查在生产经营、财务与资产管理方面存在的各种隐患，并根据排查结果，进一步完善相关制度，认真梳理各项业务流程，规范财务收支和各项存量资金管理，堵塞管理漏洞，采取有效措施防范和杜绝新的“小金库”发生。

(三)专项治理工作与长效机制建设相结合。中央企业的“小金库”专项治理工作，一方面要通过自查自纠和重点检查，坚决查清并纠正私设、私用“小金库”的行为，排查治理各种管理隐患；另一方面要按照标本兼治、堵疏结合、惩防并举、综合治理的方针，进一步加强政策法规教育，完善体制机制，强化监督管理，严肃财经纪律，建立健全中央企业“小金库”综合治理体系，形成长效机制。

三、中央企业“小金库”专项治理工作内容

按照《意见》和《实施办法》的要求，凡是违反法律法规及其他有关规定，应列入而未列入符合规定的单位账簿的各项资金(含有价证券)及其形成的资产，均属于“小金库”，都应纳入专项治理的范围。重点是2008年以来各项“小金库”资金的收支数额，以及2007年底“小金库”资金滚存余额和形成的资产。对设立“小金库”数额较大或情节严重的，要追溯到以前年度。《实施办法》列举了隐匿收入、虚列支出、转移资产和其他形式设立“小金库”等11种主要表现形式。各中央企业要对照以上表现形式认真组织清查，如实反映并坚决纠正通过各种形式设立的“小金库”。

为切实加强隐患排查，全面清理检查企业资产与财务管理的实际情况，在本次“小金库”治理工作中，将不属于“小金库”范围但存在管理隐患的下列特殊管理资金或资产，也一并列入清理排查范围：留存海外的投资收益、BVI公司运作资金、未纳入财务决算合并范围的表外企业和表外资产、从成本费用中提取并由企业管理的各类基金、工会管理资金、职工持股会投资及分红资金、企业代管的社保资金、其他存在管理隐患的资金或资产。

同时,为切实建立防治“小金库”的长效机制,中央企业“小金库”专项治理工作还应与完善各类资金与资产管理制度、内部控制流程相结合,检查制度的完备性与执行的有效性,及时堵塞管理漏洞。

四、中央企业“小金库”专项治理工作步骤

根据《实施办法》的规定,中央企业“小金库”专项治理工作应当于2010年底之前全面完成,分为以下四个阶段:

(一)动员部署阶段(2010年7月底前)。各中央企业要认真组织学习《意见》、《实施办法》和本通知精神,以及中央纪委关于设立“小金库”违纪行为相关处分规定,做好动员部署工作,让干部职工充分认识中央治理“小金库”的重要意义,全面了解工作安排,正确把握处理政策。各中央企业要健全组织领导机构和办事机构,研究制订工作实施方案,分解落实工作责任,确保“小金库”治理工作有效开展。各中央企业应当分别于7月31日前将本企业“小金库”专项治理领导机构人员名单和办事机构联系方式,8月10日前将“小金库”专项治理工作实施方案报送国资委治理“小金库”工作领导小组办公室备案。

(二)自查自纠阶段(2010年8月初至9月底)。在本阶段,各中央企业要按照《意见》、《实施办法》和本通知要求及本企业实施方案,全面组织自查自纠。各中央企业的自查范围包括集团本部各部门和境内外各级子企业(单位),涵盖全部表内表外企业(单位)、账内账外资金资产,确保自查工作面达到100%。对自查发现的各种违纪违规问题,必须自觉纠正,一旦发现“小金库”必须立即封存,停止运作,并在9月底以前纳入本单位法定账簿管理或者按照国家有关规定处理,不得以任何借口拒绝清缴或拖延。对自查自纠情况应当在企业内部以不同形式进行公示,接受职工群众监督。各中央企业应当于9月30日前将自查

自纠总结报告和《国有及国有控股企业“小金库”自查自纠情况报告表》经法定代表人、总会计师或主管财务负责人分别签字后报送国资委治理“小金库”工作领导小组办公室。

(三)重点检查阶段(2010 年 10 月初至 11 月底)。国资委将根据中央企业自查自纠情况,组织若干检查组对部分企业进行重点检查。重点检查面按照不低于中央企业户数的 20%、每户企业不低于所属子企业户数的 20%的比例确定。重点检查对象将依据《实施办法》规定结合中央企业的实际情况确定。重点检查结束后,国资委于 2010 年 12 月 15 日前向中央治理“小金库”领导小组办公室报送《国有及国有控股企业“小金库”重点检查情况统计表》和重点检查总结报告。

(四)整改落实阶段(截至 2010 年 12 月底)。各中央企业要坚持边清理、边整改、边处理、边规范的原则,做到及时发现,及时整改。重点检查阶段结束后,各中央企业要认真分析本企业“小金库”产生的原因,结合管理隐患排查结果,组织制订整改落实方案,并于 12 月 15 日前报送国资委治理“小金库”工作领导小组办公室。国资委将针对各企业的“小金库”清理情况,在审核整改方案的基础上,及时下达整改决定。各中央企业要认真落实国资委的整改意见和本企业的整改方案,做好“小金库”资金及其形成资产的处理,完善相关制度,堵塞管理漏洞,建立健全防治“小金库”的长效机制,从源头上防止“小金库”问题的再次产生。各中央企业应将整改落实情况随同 2010 年度财务决算一并向国资委报告。

五、中央企业“小金库”专项治理工作政策

根据《意见》和《实施办法》,以及《设立“小金库”和使用“小金库”款项违纪行为适用〈中国共产党纪律处分条例〉若干问题的解释》、《设立“小金库”和使用“小金库”款项违法违纪行为政纪处分暂行规定》,对中央企业的“小金库”问题,遵循“依纪依法,宽严相济”的原则进行处理,总的原则是“自查从轻从宽,被查从重从严”。

(一)从轻从宽处理自查发现的“小金库”问题。凡自查认真、纠正

及时的，对责任单位可从轻、减轻或免予处罚，对有关责任人员可从轻、减轻或免予处分。

1. 对在自查阶段主动暴露和报告的“小金库”，企业要按照国家财务会计法规，将尚未使用的余额转入符合规定的单位账簿，并依法纳税。

2. 对主动申报的用于生产经营或集体福利的“小金库”、主动申报的小团体私设私用但及时组织退回的“小金库”，并已转入规定单位账簿的，对责任单位根据情节和金额大小，可从轻、减轻或免予处罚，对相关责任人员根据情节和金额大小从轻、减轻或免予处分。

3. 在国资委派出检查组之前，对于中央企业总部组织的重点检查视同为自查，对检查出来的“小金库”采取从轻从宽处理的政策。但对于 2008 年以来企业自行纠正的“小金库”问题隐瞒不上报的，将视同为被查“小金库”进行处理。

4. 在“小金库”清理过程中，无论“小金库”是哪一任领导设立的，现任领导都要按规定积极予以纠正，否则将追究现职相关领导的责任。

（二）从重从严处理被查发现的“小金库”问题。对于在自查阶段不主动报告甚至是故意隐瞒，在重点检查中被查出的“小金库”，除一律纳入法定账簿，依法进行财务、税务等相关处理外，国资委将会同有关执法部门从重从严进行处理，涉嫌犯罪的，依法移送司法机关进行处理。

1. 在重点检查中被发现“小金库”的，对设立“小金库”负有领导责任和直接责任的人员，依照《设立“小金库”和使用“小金库”违纪行为适用〈中国共产党纪律处分条例〉若干问题的解释》、《设立“小金库”和使用“小金库”违法违纪行为政纪处分暂行规定》，严肃追究责任，并给以经济处罚。

2. 对被查发现“小金库”数量较多、金额较大，对负有领导责任和直接责任的人员一律先予停职，再按照相关程序进行调查核实，作出组织处理。同时，国资委还将依据业绩考核的有关规定，在下一年度给予业绩考核扣分或降级处理。

3. 对被查发现“小金库”造成国有资产损失的，将按照《中央企业资产损失责任追究办法》（国资委令第 20 号）的有关规定，追究相关责任人的责任。

4. 中央企业所属子企业被查出“小金库”的，既要追究所属企业领导和直接责任人的责任，也要追究上一级次企业直至集团总部领导的责任。

(三)严惩新设“小金库”的不法行为。根据《意见》精神，自《意见》下发后再设立“小金库”的，视为新设“小金库”，要对主要领导、分管领导和直接责任人严肃处理，按照组织程序先予以免职，再依据党纪政纪和有关法律法规追究责任。无论是否纳入国资委重点检查范围，在以后年度的各类财务、审计及监事会监督等检查工作中，一旦发现企业仍存在“小金库”，不论何时设立，都视为新设“小金库”，均要按照有关规定予以严肃处理，并给予企业集团业绩考核扣分或降级处理。

(四)重奖举报有功人员。根据《意见》和《实施办法》，本次“小金库”专项治理工作鼓励群众举报，并重奖举报有功人员。国资委将切实维护举报人的合法权益，严格执行信访举报保密制度，坚决打击报复举报人的行为。对举报有功人员，根据查实的设立“小金库”金额，给予3%～5%的现金奖励，奖金最高金额为10万元。

六、中央企业“小金库”专项治理工作要求

(一)加强组织领导。此次专项治理工作是在党中央、国务院的领导下统一部署实施的。为组织做好中央企业“小金库”专项治理工作，国资委成立国有企业治理“小金库”工作领导小组和办公室，负责中央企业“小金库”治理工作的组织领导和日常工作协调。“小金库”治理是一项复杂的系统工程，各中央企业要按照集团统一领导、党政齐抓共管、部门各负其责的要求，组建“小金库”专项治理工作领导机构和办事机构，抽调业务骨干，加强组织领导。各中央企业主要负责人要按照分级负责、分口把关的要求，切实担负起专项治理工作的组织领导职责。中央企业各级财务、纪检监察、审计、组织人事等部门要共同参与，明确任务分工，落实责任主体，对“小金库”治理工作进行全面部署，狠抓落实，确保按时保质完成“小金库”治理工作任务。

（二）深刻领会政策。各中央企业要认真领会此次“小金库”专项治理关于“自查从轻从宽，被查从重从严”的政策，高度重视“小金库”治理自查自纠工作，打消侥幸与观望心理，利用此次“小金库”治理政策，调动各部门和各级子企业（单位）的积极性、自觉性和主动性，鼓励自查、支持自查、依靠自查，保证自查自纠工作横向到边、纵向到底、不走过场，努力把问题解决在自查自纠阶段。对于在自查过程中走过场的企业（单位），要给予通报批评并责令整改；对问题严重的，要追究主要负责人的责任。

（三）做好舆论宣传。“小金库”问题隐蔽性强，查处难度大。各中央企业要大力宣传中央治理“小金库”工作的重要意义、工作内容和政策规定。各中央企业要在本企业的报刊、网站等媒体上公告“小金库”治理工作方案和处理政策，公告本企业和国资委设立的举报电话和电子邮箱。要鼓励群众举报，并采取有效措施保护举报人合法权益，确保举报事项得到及时查实和处理。要充分利用本企业“小金库”案例，开展警示教育，增强企业各级领导人员和财务人员的责任意识与法纪观念。

（四）建立长效机制。为铲除滋生“小金库”的土壤，各中央企业要全面排查在生产经营管理、财务与资产管理等方面存在的各类隐患，完善相关制度，规范权力运行，堵塞容易和有可能形成“小金库”的管理漏洞，采取有效措施从源头上防范和杜绝新的“小金库”发生，建立防治“小金库”的长效机制。通过加强思想与法制教育，完善体制机制，健全内控制度，强化责任追究，形成综合防治体系，从根本上消除“小金库”的思想根源、制度根源和资金来源。

附件：1. 国有企业治理“小金库”工作领导小组名单

2. 国有企业治理“小金库”工作举报电话、电子邮箱

附件 1:

国有企业治理"小金库"工作领导小组名单

组长:李荣融　国资委主任、党委书记

成员:孟建民　国资委副主任、党委委员

贾福兴　国资委纪委书记、党委委员

郭建新　国资委副秘书长

国有企业治理"小金库"工作领导小组成员单位包括评价局、监事会局、企干一局、企干二局、宣传局、纪委监察局。领导小组下设办公室,负责具体组织联络工作。领导小组办公室设在评价局,办公室主任由沈莹同志兼任。

附件 2:

国有企业治理"小金库"工作举报电话、电子邮箱

举报电话:010－63193005,010－63193014

电子邮箱:xjkjb@sasac. gov. cn

关于进一步做好中央企业"小金库"专项治理工作有关事项的通知

2010 年 11 月 26 日　国资发评价〔2010〕175 号

自国资委动员部署中央企业"小金库"专项治理工作以来，各中央企业迅速行动，周密组织，广泛动员，深入自查，认真自纠，并对存在管理隐患的资金（资产）进行排查，着手建立防治"小金库"的长效机制，取得了阶段性成果。根据中央治理"小金库"工作领导小组的统一安排，国资委决定从 2010 年 11 月 10 日起转入中央企业"小金库"专项治理重点检查阶段。为进一步做好中央企业"小金库"专项治理工作，现将有关事项通知如下：

一、积极配合做好重点检查工作，确保重点检查扎实有序开展

开展重点检查是"小金库"专项治理工作的重要环节，国资委决定从 2010 年 11 月中旬开始组织检查组对部分中央企业"小金库"专项治理工作实施重点检查。开展重点检查的主要目的是进一步检查核实企业"小金库"自查自纠工作的全面性和上报自查自纠结果的真实性，督促企业彻底消除"小金库"问题，加强防治"小金库"长效机制建设，确保中央企业"小金库"专项治理工作取得实效。重点检查对象主要根据《国有及国有控股企业"小金库"专项治理实施办法》（以下简称《实施办法》）规定的检查比例、检查范围和企业前阶段的自查自纠工作情况进行确定。被列入重点检查范围的中央企业要充分认识重点检查工作的重要性，切实加强组织协调，做好配合检查工作。对于被查发现的"小金库"，将按照《实施办法》规定从重从严处理；对于被查发现自查自纠工作"走过场"甚至瞒报的，将按照中央要求"推倒重来"，并追究相关人

员和领导人的责任。

二、继续深入领会“小金库”专项治理政策,认真开展自查自纠“回头看”活动

“小金库”问题是反腐倡廉建设中人民群众反映较为强烈的问题之一。开展“小金库”专项治理工作是贯彻落实科学发展观,顺应人民群众期待,回应社会关切,促进企业健康发展的重要举措。从前一阶段“小金库”专项治理自查自纠工作情况看,仍有少数中央企业重视程度不够,对政策理解不透,宣传发动不到位,部分子企业仍然存在侥幸心理,自查自纠不彻底。因此,各中央企业要进一步深入领会本次“小金库”专项治理工作的重大意义,继续加大政策宣传力度,使中央确定的“依法依纪,宽严相济”的原则和“自查从轻从宽,被查从重从严”的处理政策深入人心,打消各级子企业的侥幸心理,彻底暴露本企业的“小金库”问题。无论是否列入重点检查范围,各中央企业均要组织开展“小金库”专项治理自查自纠“回头看”活动,进一步巩固和扩大自查自纠工作成果。在“回头看”活动中,要认真分析各级子企业上报的自查自纠结果,重点关注“零申报”和内部重点检查“零问题”、基础管理薄弱的企业和单位,以及容易出现“小金库”的业务环节和重点部位。在“回头看”活动中,企业主动补充申报的“小金库”仍按照自查自纠政策从轻从宽处理。各中央企业应当于 2010 年 12 月 31 日前将本企业组织开展自查自纠“回头看”活动情况书面形式报送国资委治理办。

三、加大问题整改落实力度,做好专项治理工作总结

各中央企业要按照《实施办法》和《关于开展中央企业“小金库”专项治理工作的通知》(国资发评价〔2010〕107 号)要求,高度重视问题整改工作,采取切实有效的措施,加大整改工作力度,确保整改到位,防止“查而不纠”和前清后乱。对自查发现的“小金库”,在认真核实余额的基础上,及时纳入单位规定账簿核算,规范进行财务、税务处理;对于小团体私分、挪用的“小金库”要及时予以追回;对自查上报的“小金库”要

按照自查自纠有关处理原则，对责任单位和责任人员进行必要处理。同时，深入分析本企业产生“小金库”的原因，查找容易出现“小金库”的薄弱环节，及时建立健全各项管理制度。对于确属客观原因无法在短期内整改到位的问题，要及时向国资委反映情况、说明原因，并制定切实可行的整改方案。各中央企业要认真总结“小金库”专项治理自查自纠工作的主要做法与经验、取得的主要成效，以及“小金库”问题整改落实情况，并研究提出建立防治“小金库”长效机制的主要措施。各中央企业要将本次“小金库”专项治理进行总结，并于2011年1月15日前报国资委治理办。另外，各中央企业要抓紧整理本企业的“小金库”典型案例，并利用典型案例开展警示教育，增强企业各级领导人员和员工的责任意识与法纪观念，筑牢思想道德防线。请各中央企业于2010年12月15日前将3～5个典型案例材料(纸质和电子版)报国资委治理办。

四、采取有效措施堵塞管理漏洞，建立健全防治“小金库”的长效机制

本次专项治理工作，暴露了企业“小金库”存在的各种形式，揭示了企业存在“小金库”的根源，清理排查了企业各类特殊管理资金(资产)存在的管理隐患，梳理了各项资产财务管理制度，本质上是一次财务大检查。各中央企业要针对专项治理工作暴露出来的问题，按照“标本兼治、堵疏结合、惩防并举、综合治理”的方针，深化改革发展，强化经营管理，综合采取完善公司治理结构、推进全面预算管理、改革收入分配制度、健全内部控制体系、加强资金资产管理、完善职务消费制度、加快财务业务信息化进程、加强警示教育、细化设立和使用“小金库”的处理处罚措施等手段，切实建立健全“小金库”综合治理体系，形成长效机制，从根本上消除“小金库”的思想根源、制度根源和资金来源。国资委将在本次“小金库”专项治理工作结束后的三年内，将把“小金库”检查作为财务监督、审计监督、监事会监督和纪检监察工作的一项重要内容。对以后新发现的“小金库”，无论何时设立，均视为新设“小金库”行为，按照《实施办法》和《通知》规定从重从严处理，同时国资委将进一步细化违规设立和使用"小金库"处理处罚办法,确保责任处理到位。各中央企业也要将防治"小金库"列为内部审计、纪检监察和其他内部检查工作的重要内容,并长期保留"小金库"举报电话、举报邮箱,实现"小金库"防治工作的制度化、常态化、规范化。

关于进一步做好中央企业资金保障防范经营风险有关事项的紧急通知

2011年4月26日　国资发评价〔2011〕48号

各中央企业:

今年以来,各中央企业深入贯彻落实科学发展观,认真执行国家宏观调控政策,沉着应对国内外形势的新变化,进一步深化体制改革和结构调整,加强经营管理和市场开拓,生产经营总体保持了平稳发展,实现了"十二五"良好开局。但也有部分企业受市场波动和国家宏观货币政策调整等因素影响,经营成本快速上升,营运资金紧张,经营风险加大。为推动中央企业有效应对形势变化,提高资金保障能力,切实防范经营风险,现将有关事项紧急通知如下:

一、密切关注形势变化,高度重视资金保障工作

年初以来,国际能源、原材料等大宗商品市场价格呈现快速上扬行情,部分企业成本压力加大,盈利空间受到严重挤压;国家对货币政策作出了重大调整,央行综合运用数量工具和价格工具加强宏观调控,频繁上调商业银行法定存款准备金率和存贷款基准利率,企业融资难度显著增加,资金融通严重受限,资金头寸普遍趋紧,贷款成本快速上升,资金紧缺压力直接危及部分企业持续经营。从2011年度中央企业财务预算安排情况看,部分企业投资冲动依然强烈,资金支出安排未充分考虑形势变化和融资压力，资金缺口较大，资金保障形势较为严峻。今年是“十二五”规划开局之年，中央企业实现平稳健康发展，对于转变经济发展方式、开创科学发展新局面至关重要。各中央企业要以科学发展观为指导，紧密结合“十二五”规划，客观研判市场形势变化和国家宏观调控政策走向，密切关注本轮货币政策调整对企业生产经营的影响，深入分析资金保障面临的严峻形势，充分估计资金筹措工作面临的压力和困难，高度重视资金保障工作，重新评估资金保障能力，及时调整经营思路，转变投融资策略，突出稳健经营，坚持量力而行，采取有效措施应对资金需求增大与融资环境收紧之间的矛盾，确保企业生产经营平稳运行，努力实现做强做优。

二、积极探索多渠道低成本融资，努力提升资金保障能力

各中央企业要根据市场走势和融资环境变化，尽快采取有效措施，以保障资金平衡为重要任务，坚持多措并举，积极探索多渠道低成本融资，切实做好资金保障工作。要加强沟通协调，进一步巩固银企战略合作，努力争取长期稳定的信贷资源；推进资本运作，积极引入战略投资者，扩大股权融资比重，优化企业资本结构；充分利用各种金融工具，通过发行债券、短期融资券、中期票据等融资渠道，丰富资金来源，降低筹资成本；积极探索产业基金、融资租赁、售后租回、资产证券化、应收账款保理、项目融资等多种融资渠道和方式，具备条件的中央企业，要积极探索开展境外融资，统筹运用境内外市场，增强资金保障能力。各中央企业要进一步加强集团融资工作的统筹管理，统一协调各种资源，合理安排融资规模和融资结构，努力控制融资成本，加强现金流入流出全过程预算控制，制订现金不足的应急预案，确保资金供求动态平衡，有效防范资金风险。

三、大力开展增收节支工作，努力缓解资金压力

各中央企业要针对成本压力加大、资金供应紧张的实际情况，及时调整预算支出安排，大力开展增收节支、开源节流工作，缓解资金压力。

要加强生产经营组织管理,加大市场开拓力度,完善商业模式,优化价值链管理,增强业务议价能力,努力拓展盈利空间;进一步加强成本费用管理,细化成本管控措施,落实成本费用控制目标与责任,大力缩减付现成本,从紧控制各项费用,坚决反对铺张浪费,努力实现降本增效;深化与供应商的战略合作,谋求稳定的协议价格,平抑原料价格波动对企业的影响;积极开展物资集中采购,大力拓展集中采购范围,有效降低采购成本;以保障流动资金为重点,以财务承受能力为依据,合理确定投资规模,审慎安排投资支出,严控非主业投资,避免短贷长投等行为,防止投资支出挤占流动资金。对于资金尚未落实的投资项目要坚决取消;对于续建项目,要根据资金供给情况,分清轻重缓急,灵活把握投资节奏。债务风险较高、资金状况紧张的企业,要严格控制新增投资和非主业投资,要大幅压缩可控费用和对外捐赠支出,尽力维护资金链安全。

四、加快经营资金周转,提高资金使用效率

当前,能源、原材料等大宗商品价格上涨,存货资金占用量明显增大;企业上下游产业链资金状况趋紧,应收款项账龄普遍延长。各中央企业要进一步加强存货和应收款等资产管理,加快各项资金周转,减少资金占用。要根据市场形势变化,推动存货精细化管理,做好市场销售预测,坚持以销定产,加快生产环节的物料流转,确定合理库存水平,减少库存积压。从销售合同签订环节把关,加强客户信用政策管理,密切关注客户资信状况,合理确定授信额度及信用账期,防范外部风险传导至企业内部;层层落实催收责任,确保资金按时回笼,严控代客户垫付资金等行为;创新营销模式,加强供应链管理,优化与重要客户、供应商的战略合作关系,减少资金占用压力。加大对低效无效资产的清理力度,积极采取有效措施盘活各类存量资产,加快资产周转速度。各中央企业要进一步加大资金集中管理力度,不断扩大资金集中规模和范围,加快内部资金融通,减少资金沉淀,提升资金集约化管理水平,不断提高资金使用效率。

五、加大资金运行监测力度，防范局部风险扩大化

各中央企业要进一步完善资金运行监测与风险预警机制，加大对所属企业资金运行情况的监控力度，认真分析所属企业资产负债率、流动比率、现金流动负债比率等资金风险指标的变动情况，将存在债务负担重、生产经营困难、资金状况紧张、投融资规模较大等情况的子企业纳入重点监测范围，并设定资金风险预警指标，细化风险管控措施；加强或有负债管理，密切跟踪被担保方的财务状况，采取反担保等措施降低担保风险；强化表外融资项目管理，合理确定经营租赁规模，在充分利用租赁手段融资的同时，缓解租金偿付压力。债务集中到期、偿债压力较大的企业，应提前安排资金头寸，适当提高资金储备，并制订应急预案，防止局部资金链条断裂引发系统性风险。出现资金危机，要积极采取应对措施并及时报告。

六、完善资金内控机制，严肃资金管理纪律

资金是流动性最强、控制风险最高的资产。各中央企业要高度重视资金的内部控制制度建设，进一步明确管理职责与权限，坚持不相容岗位分离与制衡，规范履行资金支出程序，严格遵守资金联签制度，严格执行资金支出预算。加强印鉴及密匙管理，防范盗用等不法行为引发的资金损失风险。要严肃资金管理纪律，不得违规越权审批资金，不得存有账外资金，严格控制对集团外企业出借资金和担保，严格控制预算外资金支出，禁止通过集资、地下钱庄等各种非法途径融资。各中央企业要加大对所属企业资金内部控制制度执行情况的定期审计检查，严肃查处违规行为，及时堵塞管理漏洞，消除管理隐患，确保资金使用规范、高效、安全。

各中央企业主要负责人要加强资金保障工作的组织领导，认真研判市场形势，客观评估财务承受能力，合理安排支出规模，努力提升经济效益与发展质量，有效防范经营风险。企业总会计师和财务部门要将资金保障工作作为财务管理的第一要务，合理组织财务资源，强化理

财与用财管理，努力维护资金平衡，控制资金成本，确保资金链安全，促进企业科学健康发展。

关于加强中央企业财务信息工作的通知

2011 年 7 月 28 日　国资发评价〔2011〕99 号

各中央企业：

近年来，中央企业积极贯彻国家信息化发展战略，深入推进财务信息化建设和应用，财务信息化水平明显提高。但随着中央企业经营规模快速扩大，产业链条不断延伸，经营业态逐步多元化，多数企业目前的财务信息化水平难以满足业务发展需要和集团管理要求，成为制约企业做强做优的重要因素。为培育具有国际竞争力的世界一流企业，认真贯彻落实国资委关于中央企业信息化工作的要求和部署，推动中央企业更好地利用信息技术提升管理水平，建立规范、高效、稳健的财务管理体系，现就加强中央企业财务信息化工作的有关事项通知如下：

一、加强财务信息化工作组织领导。企业财务信息化作为企业信息化的基础和重要组成部分，是一项复杂的系统工程，贯穿企业经营管理各个方面和环节，需要对企业的制度体系、管理框架、业务流程等进行梳理与优化，涉及范围广，工作任务重。各中央企业主要负责人要高度重视，充分认识财务信息化对变革企业管理、增强企业核心竞争力所产生的推动作用，切实加强组织领导，将财务信息化作为集团信息化的先导和突破口，由集团统一规划和组织实施，明确工作任务和要求，落实机构人员和资金，建立健全财务信息化工作组织体系。企业总会计师或分管财务工作负责人是财务信息化工作的直接责任人，在企业信息化总体框架下，与集团首席信息官或分管信息化工作负责人共同推动财务信息化各项工作深入开展。企业财务部门应当与信息化职能部门等相关部门密切配合，分工协作，组织做好规划编制、项目实施、运行维护和应用培训等工作，有效发挥财务信息化对规范企业管理、优化资源配置、防范财务风险、提升经营绩效的促进作用，不断提高企业经营管理水平。

二、科学制定财务信息化整体规划。中央企业应根据集团“十二五”发展规划，结合集团信息化纲要，按照财务管理体系建设和集团化管控需求，坚持整体规划、科学适用、成本效益、财务业务一体化等原则，统一制定集团财务信息化建设规划，明确财务信息化总体目标和分阶段任务，有计划分步骤组织实施，做到与集团整体信息化规划同步、系统集成、标准统一、信息共享。对于财务信息化水平较高的企业，应当与国际先进企业对标，结合企业实施“走出去”战略，持续优化财务信息系统功能，推进全球业务信息化、财务服务集中化；对于财务信息化水平一般、尚处于建设和完善过程中的企业，应当加强信息资源整合和不同信息系统的集成，力争在“十二五”期间建成功能完善、财务与业务相统一、运行高效安全、覆盖集团全部子企业和所有业务领域的财务信息系统；对于财务信息化基础较为薄弱的企业，应当制定适合企业经营管理特点的系统框架、软件平台和实施方案，兼顾技术先进性和操作实用性，考虑未来扩展性和系统兼容性，做好软件系统选型和网络布局，力争在“十二五”末建立满足企业经营管理需要、功能较为完善的财务信息系统。

三、夯实财务信息化基础工作。财务信息化基础工作是关系财务信息化成败的关键。中央企业应当高度重视，并认真做好制度统一、流程梳理和分类编码等标准化建设基础工作。一是应当建立健全集团统一、完善的货币资金、应收账款、存货、固定资产、在建工程、长期投资等各项资产管理制度；二是应当根据国家发布的会计准则和财务制度，统一集团会计政策、会计核算、内部交易、财务报告等各项财务会计制度；三是应当对采购、生产、销售等各个经营环节进行业务流程梳理与再造，加快财务业务一体化进程，优化和完善资金、投融资、预算、成本控制、风险预警、考核评价等管理程序;四是应当对会计科目、物资、产品、职工、客户、供应商、合同等信息进行分类整理,明确编码规则,实现统一规范编码,并形成编码手册,实施动态维护与管理。同时应当建立财务信息系统功能模块、数据存储、系统集成等标准体系,为软件集成、信息共享等系统建设奠定基础。

四、加快建设功能完善的财务信息系统。功能完善的财务信息系统至少应当包括但不限于会计集中核算、财务合并报告、资金集中管理、资产动态管理、全面预算管理、成本费用管理、财务分析与决策支持、风险管控等功能模块和子系统,各子系统之间应当实现无缝对接和信息集成,并将关键控制环节和控制要求固化于系统中,实现财务信息系统的内部控制。会计集中核算系统主要指根据集团统一的会计制度和会计科目编码,由业务驱动自动生成会计凭证、会计账簿和会计报表,并能灵活适应国家会计准则及企业会计政策变更,具备条件的企业应当在集团层面探索开展会计集中核算和共享会计服务。财务合并报告系统主要指根据内部交易抵销、投资股权折算等合并规则,提取核算系统中的会计信息,自动编制合并报告,生成各类分析统计报表,满足各部门工作报表需要,并能根据国家发布的可扩展商业报告语言(XBRL)技术规范生成报告。资金集中管理系统主要指通过与预算、核算等业务系统的有效集成,对企业现金、票据、存贷款、外汇等实施统一管控和调配,控制预算外资金支付,促进企业加快内部资金融通,提高使用效率,降低资金成本,防范资金风险。资产动态管理系统主要指对固定资产、在建工程、存货、股权投资、应收款项、无形资产等资产项目进行全流程管控,实现资产购建、财务入账、流转运行、价值变化、产权变动、报废回收、损益核算等全生命周期的动态管理。全面预算管理系统主要指对经营预算、投融资预算、资金预算、薪酬预算、财务预算等预算编制、预算审批、预算调整、预算执行监控以及预算考核评价等全过程的管理。成本费用管理系统主要指以产品、服务、项目等管理及生产运营流程为中心,通过成本费用的归集、分摊、结转、核算等过程监控,实现成本费用的计划、分析、预测、考核等控制管理。财务分析与决策支持系统主要指通过对业务部门和各级子企业财务信息的跨账簿、跨区域、跨年度等多维度的穿透查询和数据钻取，实现财务分析、行业对标、风险预警、趋势预测、绩效评价等决策支持功能，并以“仪表盘”、“驾驶舱”等图文并茂方式进行数据展现和分析报告。风险管控系统主要指根据职责分离和风险控制的要求，实现在线审计、内部控制与评价、风险防范与评估等功能。

五、深化财务信息系统应用管理。财务信息系统只有投入使用才能有效发挥促进企业规范管理、提升管理能力、提高管理效率的作用。各中央企业应当克服“重建设、轻应用”的倾向，切实抓好系统的应用管理。对已经具备上线运行条件的系统或模块，应当组织力量及时投入使用，做好数据迁移和系统初始化工作，确保数据资料连续完整和系统正常运行，并加强系统的应用培训和运行维护，定期对系统的软硬件及网络环境进行检测，对数据进行同城和异地灾备，并根据运行中出现的新情况、新问题及新需求，持续改进与优化，增强系统的适应性、扩展性和安全性。系统应用过程中，应当做到财务系统与业务系统的深度融合，防止信息孤岛和业务系统外循环。

六、强化财务信息化人才队伍建设。财务信息化是现代信息技术与企业财务管理的有机结合，跨专业领域的复合型人才是做好财务信息系统建设实施、稳定运行与深化应用的重要保障。中央企业在推进财务信息化工作中，应当高度重视财务信息化人才队伍建设，有条件的企业应当设立相应机构和专门岗位，配备既懂财务又掌握信息技术的专业人才，充实人才队伍力量，并建立激励约束机制，创建有利于人才发展的良好环境，确保人才队伍稳定。

七、认真做好财务信息系统安全保密工作。财务信息系统存储了企业经营活动形成的大量财务与业务数据，安全保密至关重要。中央企业要高度重视，切实做好国家秘密和企业商业秘密的保护工作，严格执行国家及我委有关信息安全保密规定及技术规范，要从管理制度、操作流程和安全技术等方面，在系统规划设计、建设实施与运行维护全过程中，贯彻安全保密要求，加强安全保密管理，做到保密工作与信息系统同步规划、同步设计、同步实施。对于涉及国家秘密的信息系统,企业应当选择具有国家有关部门认定的相关安全保密资质的单位进行系统开发、项目实施和运行维护,并签订保密协议,信息系统在投入使用前应当通过国家有关部门的安全保密测评。

国资委将开展对中央企业财务信息化工作的分类指导,加强交流与培训,建立中央企业财务信息化工作年度报告制度和财务信息化水平评价体系,逐步开展中央企业财务信息化评价工作,评价结果通报中央企业,并纳入国资委信息化水平评价体系。各中央企业应当结合本企业财务信息化工作开展情况,进行自我评价和总结,并于每年1月31日前向国资委(财务监督与考核评价局)报送评价总结报告,同时抄送派驻本企业监事会。

关于进一步深化中央企业全面预算管理工作的通知

2011年11月8日　国资发评价〔2011〕167号

各中央企业:

近年来,中央企业大力开展管理创新,普遍建立了预算管理工作体系,预算在企业优化资源配置、提高运行效率、加强风险管控中的作用日益显现,为中央企业实现稳健快速发展提供了重要支撑。但随着经济全球化、网络化步伐加快,以及中央企业产业结构调整和内部资源整合力度不断加大,部分企业现有的预算管理模式已难以适应企业快速发展的需要。为推动中央企业不断改进预算管理,加快实施全面预算,有效应对复杂形势,实现做强做优,提升国际竞争能力,现就进一步深化中央企业全面预算管理工作通知如下:

一、切实加强组织领导,完善全面预算管理组织体系。全面预算管理是现代大企业围绕发展战略，运用现代网络与信息技术，融经营（业务）预算、资本预算、薪酬预算、财务预算于一体的综合管理系统，是企业在全球范围内优化资源配置、提高运行质量、改善经营效益、加强风险管控的有效管理工具和管理机制。全面预算管理水平直接决定大型企业战略和决策的执行力、集团管控力、内部各单元的协同力和各要素的集成力，是现代企业市场竞争能力的重要体现。各中央企业要充分认识全面预算管理工作对企业做强做优、提升国际竞争力的重要作用，进一步加强组织领导，完善组织体系，加强制度建设，落实工作责任，梳理工作流程，规范工作内容，明确质量标准，不断增强预算管理工作的系统性和协同性。各中央企业主要负责人要高度重视并组织推动全面预算管理工作，努力营造全面预算管理的工作氛围。各中央企业预算管理决策机构不仅要负责审议全面预算目标的合理性，还要高度关注预算组织机制、编制方法、编制基础、执行、监督与考核等预算管理关键环节的合理性和有效性。各中央企业应当建立以业务流程为导向、以责任分工为基础、各相关职能部门相互配合、各管理层级密切联动的全面预算管理工作体系，形成分工明确、责任清晰、相互协同、高效配合的工作机制和责任机制，为全面预算管理工作提供有效的组织保障。

二、树立全面预算管理理念，坚持战略引领与价值导向。各中央企业在全面预算管理体系建设中，要紧紧围绕“培育具有国际竞争力的世界一流企业”目标，坚持持续不断地完善并优化全面预算管理体系：一是树立全面预算管理理念。全面预算管理是一项全员参与、涵盖企业各类生产要素、贯穿企业经营全过程的系统工程，各中央企业要以全员为基础，全过程为标准，全方位为要求，将企业的人、财、物全部纳入全面预算管理体系，统一协调配置内部资源，强化预算全过程控制，充分发挥全面预算管理的执行效率与效果。二是坚持战略引领。战略规划是企业资源配置的方向和目标，全面预算是战略实施的工具和机制。各中央企业应当依据国家国民经济和社会发展“十二五”规划纲要和国资委确定的中央企业“十二五”发展目标，结合行业发展形势和企业实际，研究制定本企业战略规划，并在持续论证战略规划科学性和合理性的基础上,紧紧围绕发展战略,通过实施年度滚动预算,确定年度发展目标和资源配置方式,确保战略落地,并不断得到验证和改进。三是坚持价值导向。企业的竞争力最终体现为价值的创造能力。各中央企业要强化全面预算管理的价值导向,将风险可控前提下的企业价值最大化作为衡量资源配置效果的标准,坚持成本费用定额与责任管理,坚持将投资回报水平作为项目取舍的依据,严格控制低效、无效甚至亏损的投资项目,加强低效资产的处置和亏损企业治理,加快资金周转,并将预算执行主体的价值创造水平作为考核评价的主要内容。四是坚持稳健发展原则。各中央企业全面预算工作要始终坚持稳健发展理念,注重转变发展方式,提升发展质量,合理确定财务能力可承受的发展边界,严格控制超出财务承受能力、盲目追求规模扩张的行为,兼顾好规模、速度与效益、质量、风险的平衡,保持健康、可持续的财务结构。

三、改进预算编制方法,提高全面预算管理科学化水平。一是切实发挥好集团总部在预算编制过程中的统领和总控作用。集团总部预算组织管理机构要依据企业战略规划、市场分析预测、可控资源、内部运营情况以及以往年度预算执行情况等因素,对未来的主要经营指标进行估测,对各种可能的变化情况进行模拟,选择确定主要预算目标并编制方案,作为各部门、各层级、各单元预算编制的目标指引;通过实施“先总后分、总分结合”和“先下后上、上下结合”等编制流程,强化集团总部的统领和总控作用,以提升战略执行力和预算准确性。二是以经营预算为基础,推动经营预算与财务预算、投资预算与资金预算的有机结合。业务部门处于市场前端,要做好主要产品产量、主要经营业务规模与效益等指标的分析预测工作,确定年度经营计划;投资管理部门要围绕企业战略和业务计划,结合企业资金保障状况和投资项目预期效益,合理确定各项资本性开支的规模与标准;财务部门要依据各类预算编制情况,结合预算标杆和资源配置模型,详细测算财务资源的承受能力和重大支出的预期效益,综合确定各项财务预算指标,模拟现金流量,并对各类分项预算的合理性和可行性进行财务审核,以提升企业预算的合理性和可行性。三是根据业务流程特点,针对不同的预算项目探索采用固定预算、弹性预算、零基预算、滚动预算、作业预算等不同的预算编制方法。有条件的企业，预算要逐级逐步细化到以季度、月度为周期的基于工作计划的滚动预算，并与中长期规划有效衔接，更好地保障战略实施。

四、积极推动对标管理，突出做强做优。各中央企业要坚持把对标管理理念引入全面预算管理，探索对标管理与全面预算管理的有机结合。一是要强化各类定额、标准的制订工作，通过收集整理各类对标数据，将企业的历史标准、行业标准与国际先进标准相结合，明确成本费用、科技投入、资产效率等经营指标的管理定额和标准，并纳入预算编制、执行、监督、考核体系。二是要广泛开展预算目标对标工作，在深入分析研判国内外市场形势的基础上，充分参考国内外同行业企业的情况，制定既有挑战性又有可实现性的预算目标。三是要强化预算管控的对标工作，加强对可控成本费用的对标管理，实现降本增效，提高盈利空间；加强对应收账款、存货、现金流量、投资回报等指标的对标管理，不断提高企业运行效率和运行质量。四是要积极推行与优秀企业的对标管理，选取国际、国内同行领先企业作为预算标杆，通过持续不断的对标推动企业做强做优，不断提升国际竞争力。

五、加强关键指标预算控制，努力提升企业运行质量。各中央企业在全面预算管理工作中，要以提高运营质量、努力为未来健康发展提供保障为目标，紧紧抓住企业生产经营各环节的关键性指标，从业务前端入手，加大管控力度，确保预算对各项生产经营活动的有效控制。一是加强成本费用预算控制。通过强化定额和对标管理，明确制订成本费用控制标准，落实成本费用管控责任，积极推动各预算单位改进生产流程、开展技术创新、采用集中招标采购等措施压缩可控费用，努力实现降本增效。二是加强投资项目预算控制。各中央企业在确定年度投资项目时要坚持效益优先和资金保障原则，严控亏损或低效投资，严控资金难以落实的投资，严控超越财务承受能力、过度依赖负债的投资。三是加强现金流量预算管理。结合企业面临的市场形势、创现能力等因素，合理确定赊销和库存规模，加强应收款项和存货的预算管控，加快资金周转，提升现金保障能力。四是加强债务规模与结构的预算管理。通过对预算资产负债率、带息负债比率等债务风险类指标设定合理的目标控制线等措施，严格控制债务规模过快增长；结合速动比率、流动负债比率等指标分析，优化债务结构，切实防范债务风险。

六、强化预算刚性约束，做好预算执行监控与分析工作。预算的执行与控制是全面预算管理的核心环节，是预算管理中授权与承诺的实现过程。各中央企业在预算管理工作中，一是要加强预算的刚性约束，上级预算管理单位正式下达的预算应具有严肃性，一般不得调整；企业确因市场经营环境、监管政策等发生重大变化导致预算编制基础和假设产生重要变化，或发生重大临时预算项目，或出现重大不可控因素等，可以申请调整预算，但必须履行相关的预算审批程序。二是要加强预算执行监控，预算管理部门要加强与各执行部门的沟通，动态监控预算执行情况，反馈预算执行的进度与效果，及时发现和纠正预算执行中存在的偏差与问题；严格预算执行审批程序，严控预算外项目，预算管控应逐步由金额控制向项目控制转变。三是要加强预算执行分析，建立定期的预算执行分析制度及重大事项应急分析制度，并将预算分析的对象，横向分解到各业务流程，纵向深化到各预算责任中心，以提高分析的针对性和实效性；客观分析预算执行差异与原因，及时采取有效的应对措施，修正预算执行差异，防止出现预算编制和执行脱节现象；对于重大预算执行差异，企业应就此展开审慎的分析调查，认真查明原因，以保证预算目标的实现。四是加强预算执行情况总结，认真分析以前年度预算管理与执行中存在的经验与不足，充分发挥预算执行先进单位或先进业务板块的示范效应，不断改进预算管理机制，持续优化全面预算管理工作。

七、加强预算执行结果考核，实现预算闭环管理。预算执行结果考核是落实各预算责任主体权责的重要手段，是实现全面预算闭环管理、发挥全面预算管理价值创造功能的关键环节。一是要加强对预算执行结果的考核，建立预算考核制度，明确预算考核程序，确定预算考核指标，结合预算重要节点与关键环节定期开展预算考核工作，将考核贯通到每个预算责任主体，实现预算的闭环管理。二是要探索实行预算执行结果的非合理性偏差问责制，做到职责到位，责任到人，激发企业全员参与价值创造的积极性。三是要创新预算考核方式方法，结合企业实际探索建立行之有效的预算考核评价模型，提高预算执行结果考核的科学性，发挥预算考核对促进全面预算管理工作的作用。

八、大力推进信息化建设，保障全面预算管理顺利实施。当今时代科学技术飞速发展，企业经营环境复杂多变，内部管理要求不断提高。为有效应对内外环境的快速变化，充分发挥全面预算管理合理预测、提前防范、有效控制的功能，各中央企业要积极推动预算信息系统建设，充分利用信息化手段，规范预算管理流程，提高预算管理效用。一是要构建覆盖企业全部重点业务、连接各级子企业、体现中长期战略规划的全面预算管理信息系统，满足企业全面预算管理庞大的数据需求，促进企业发展战略的分解与落地。二是通过信息化手段固化预算管理流程，提高预算管理工作的效率和标准化水平，提高预算编制的科学性，执行的有效性。三是要加强预算信息化系统集成，将企业的会计核算系统、资金管理系统、人力资源管理系统和资源计划系统（ERP 系统）等资源配置系统实现互联互通，满足多方面、多层次信息高度融合的要求。四是要充分利用预算管理信息系统的在线分析监测功能，及时追踪分析预算执行情况，不断调整修正生产经营行为，实现全面预算管理的事前、事中和事后全过程监控，为重大经营决策提供有效支撑。

国资委将进一步加强对中央企业全面预算管理工作的指导，检查全面预算管理工作推进情况，研究解决全面预算管理工作实施过程中存在的问题，推进中央企业全面预算管理工作再上新台阶。

关于印发《加强中央企业有关业务管理、防治“小金库”若干规定》的通知

2012 年 1 月 12 日　国资发评价〔2012〕5 号

各中央企业：

为建立健全中央企业防治“小金库”长效机制，规范有关业务管理，国资委制订了《加强中央企业有关业务管理、防治“小金库”若干规定》，现印发给你们，请遵照执行。

附件：加强中央企业有关业务管理、防治“小金库”若干规定

附件：

加强中央企业有关业务管理、防治“小金库”若干规定

第一条　为加强国务院国有资产监督管理委员会(以下简称国资委)履行出资人职责的企业(以下简称中央企业)的监督管理，规范企业经营业务行为，根据《企业国有资产监督管理暂行条例》、《国有及国有控股企业“小金库”专项治理实施办法》和国家有关法律法规，制定本规定。

第二条　中央企业及其各级独资、控股子企业(以下简称各级子企业)应当以“小金库”专项治理工作为契机，坚持综合治理、纠建并举、注重预防的原则，从深化改革、完善制度、加强监督、注重教育等方面入手，进一步加强有关业务管理，完善内控制度，规范会计核算，强化审计

监督，建立和完善防治“小金库”的长效机制。

第三条 中央企业及其各级子企业应当根据国家有关薪酬管理政策和规定，进一步完善内部薪酬管理体系，规范基层单位绩效薪酬（奖金）分配，可采取基层单位制订分配方案、劳资管理部门审核、财务部门依据明细表直接发放至职工个人的方式操作，纪检监察、审计部门应当加强对绩效薪酬（奖金）分配情况的监督，不得单独留存、二次分配或挪作他用。

第四条 中央企业及其各级子企业在合同金额之外取得的项目业主以“赶工费”等名义支付施工单位的各类奖励、补贴，是施工单位工程收入的组成部分。企业应当加强工程建设项目“赶工费”管理，统一纳入施工单位工程收入核算，不得以个人、其他单位名义单独留存或直接用于发放职工奖励、福利等。

第五条 中央企业及其各级子企业开展代扣代缴个人所得税等工作过程中取得的各类手续费收入，应当纳入企业收入统一核算，不得以往来款挂账方式自行列支，或账外存放、单独处理。

第六条 中央企业应当加强改制上市剥离资产管理，建立健全剥离资产管理制度，落实责任部门（管理机构），明确管理责任和授权权限，细化资产管理业务流程，设置剥离资产管理台账，跟踪剥离资产变动及收益状况，确保剥离资产出租、出借、处置、清理及投资等全过程得到有效控制，对所形成的资产收益应当按规定纳入企业法定账簿核算。

第七条 中央企业及其各级子企业应当本着提高效率、勤俭节约的原则，进一步强化各类会议费管理，完善各类会议申请、审批及报销程序，严格控制会议的规模、频次，压缩不必要的会议开支，规范会议报销单据、凭证管理，严禁虚构会议名目预存会议费或挪作他用。

第八条 中央企业及其各级子企业应当加强所属报纸杂志、职工食堂、物业公司等各类辅助经营实体，以及内部设立的协会、学会（分会）等各类社会团体的资产财务管理，规范财务收支核算和报账方式，定期开展资产盘点，不得账外留存任何资金和资产。上述单位代企业收取的各类费用收入均应当纳入企业账簿核算，不得单独留存或直接坐支。

第九条 中央企业应当认真做好各类废旧物资清收处置工作,规范各类材料实物的入库、领用、实际消耗及处置管理,将边角余料、报废资产等废旧物资管理,作为降本增效、增收节支活动的重要举措之一,落实废旧物资鉴定、回收、保管、处置等环节的管理责任,明确相关管理要求,建立大宗废旧物资管理和处置台账,如实记载流转情况。废旧物资处置及综合利用收入应当及时纳入企业法定账簿核算,不得账外留存或直接坐支。

第十条 中央企业应当进一步加强现金和备用金管理,建立健全现金账目,逐笔记载现金收付,做到日清月结、账款相符。对收取现金的业务,应当明确现金入账期限和管理责任,不得以个人名义存放或账外留存;对各类备用金,应当明确管理程序和报账期限,对超期限备用金应当加紧催收,不得谎报用途套取现金。

关于加强中央企业特殊资金(资产)管理的通知

2012年1月12日　国资发评价〔2012〕6号

各中央企业:

根据《关于开展中央企业"小金库"专项治理工作的通知》(国资发评价〔2010〕107号),各中央企业将"小金库"治理与管理隐患排查相结合,对各类代管资金、表外资产等不属于"小金库"范围但存在管理隐患的特殊资金(资产)一并进行了清理。从清理结果看,中央企业普遍存在以上各类特殊资金(资产)。为推动中央企业加强特殊资金(资产)管理,明确管理责任,健全管理机制,保护职工合法权益,确保资产安全,现就有关事项通知如下:

一、明确管理机构，落实管理责任。本通知所称特殊资金（资产）包括职工互助基金，企业慈善基金会管理的资金，企业工会管理的资金，职工持股会管理资金，企业代管的社会保险资金、企业年金、住房公积金等企业虽不拥有所有权但承担资金安全管理责任的资金（资产），以及属于企业所有但尚未并表的各类资金（资产）。各中央企业要高度重视，提高认识，切实加强特殊资金（资产）管理，集团总部及所属各级子企业要加强组织管理，针对不同类型特殊资金（资产）明确管理机构，落实管理责任，实行专业、规范管理。各中央企业要严格执行国家有关法律法规和政策规定，认真履行管理职责，规范管理行为和资金运作，确保资金（资产）安全。

二、完善内控制度，规范业务流程。各中央企业要依据国家有关管理规定和要求，结合本企业实际情况和各类代管资金的特点，建立健全各类特殊资金（资产）的内控制度或专项管理办法。对于国家有明确管理规定的，要在符合国家规定的基础上进一步细化管理措施，完善内控机制；对于国家没有统一管理要求的，要结合本企业实际情况制订专项管理办法。企业制定的特殊资金（资产）管理制度要对资金管理机构、岗位设置和职责、收入支出范围和标准、日常管理、投资运作、监督检查、损失责任追究等内容进行明确，规范资金筹集、支出和投资的决策、授权、审批、报告等环节的业务流程，严格规定资金支出的审批权限和程序，对不相容岗位采取分离牵制措施。要严格遵守国家法律法规和财经纪律，规范代管资金的会计核算和财务管理，建立必要的经费审查制度，加强预算执行监督和控制。

三、严格收支管理，加强资金监控。各中央企业要切实加强各类特殊资金（资产）的收支管理，不得“坐收坐支”。代管资金来源必须合法、规范，符合国家有关法律规定和财务会计制度要求，不得随意扩大资金来源渠道或提高标准。代管资金支出必须符合有关规定，不得超范围、超标准开支；要加强资金支出的审核，支出报销必须做到凭证完整、手续齐全；要明确不同支出金额的审批权限，对大额资金支出实行集体决策或联签制度。特殊资金账户开立要纳入集团统一管理，实行专户存储、专款专用、独立核算,不得挤占、截留、挪用或私存。各中央企业要将代管资金账户及其收支纳入集团资金管理系统进行监控,加强对代管资金账户的统一监管、对资金收支的审查监督和资金流向的动态监控,建立代管资金收支预算管理和运作分析制度,定期与有关方面进行核对,防范资金损失风险。

四、规范投资运作,确保资金安全。各中央企业要对特殊资金(资产)的对外投资情况进行一次全面清查,对于国家明确规定不得用于投资的特殊资金(资产),企业一律不得开展投资活动;对于投资方向有限制性规定的特殊资金(资产),企业可在允许投资的范围内开展投资活动;对投资运作没有明确规定的特殊资金(资产),企业可在保障资金安全的前提下,适当开展固定收益类投资活动,以实现资金(资产)保值增值,但要严格控制投资规模,防范投资风险。严禁将特殊资金(资产)用于投资风险不可认知的业务或高风险业务;严禁将特殊资金(资产)用于对外拆借、担保或抵押、质押。企业按规定将特殊资金(资产)用于投资的,要严格执行决策审批程序,实行专业化运作、规范化管理,确保投资效果;要加强对投资项目的动态跟踪,及时掌握投资项目的风险变动状况,制定完善应急止损措施;要规范投资增值收益的管理,各类特殊资金(资产)投资增值收益一律纳入规定账户核算和管理,用于规定的用途或支出范围不得挪作他用。

五、加强审计监督,建立问责制度。各中央企业应当根据各类代管资金的有关管理规定,定期对企业特殊资金(资产)开展内部审计或专项检查,重点关注特殊资金(资产)收缴、支出的规范性和投资经营的风险,检查内控制度的执行情况及业务操作的规范性,评价投资运作效果,及时发现存在的突出问题和主要风险,并负责督促整改,对特殊资金(资产)管理失职行为建立问责制度。国资委将会同有关部门探索建立联合审计监管机制,对审计检查发现的违规运作,造成资产损失的,将依据《中央企业资产损失责任追究暂行办法》(国资委令第 20 号)等有关规定,开展资产损失责任追究工作。对疏于管理造成重大损失的,将追究企业人员责任,并依据《中央企业负责人经营业绩考核暂行办法》(国资委令第22号)的有关规定予以处理。

六、采取有效措施,加强表外资产管理。部分中央企业因各种历史原因,一些不符合《企业会计准则》规定报表合并条件的资产,形成未纳入企业财务决算合并范围的表外资产,易造成管理隐患。各中央企业应当加大清理力度,规范表外资产管理。对于因历史原因或政策原因等尚未确权的资产及权属存在瑕疵的资产,企业应当积极协调有关方面,采取有效措施尽快明确权属,符合条件的应当尽快纳入企业账内统一核算和管理;对于暂时难以确权未纳入账内核算的,应当纳入企业统一的资产管理体系,建立健全资产管理台账,加强实物资产管理,防止国有资产流失。一经确权的表外资产及其投资形成的产权,应当按照相关规定办理产权登记等手续。对于委托工会等内部机构管理的资产及其投资,应抓紧进行清理处置,并将清理处置收入及时纳入企业账内核算,一时难以清理处置的,也应建立健全管理台账,规范表外资产管理,落实管理责任。

七、建立报告制度,增强管理透明度。企业特殊资金(资产)的权属无论是企业所有还是职工所有,各中央企业作为管理主体,承担资金安全管理责任,应当依法履行报告职责,增强资金使用和管理透明度,自觉接受有关管理部门和职工群众的监督。各中央企业应当依据特殊资金(资产)的性质以及委托管理机构的要求,分类建立报告、公示制度,定期报告或公布相关资金的提取、汇缴、上解、开支及运作、收益情况,保障资金缴纳人或受益人对资金使用情况的知情权。特殊资金(资产)发生大额损失的,应当及时向国资委报告。

各中央企业要高度重视特殊资金(资产)管理工作,建立健全内控制度,落实管理责任,加强特殊资金(资产)监管。负责特殊资金(资产)管理的业务部门应认真履行业务管理责任,其他相关部门应当各负其责,加强对特殊资产账户和资金流的监控,依法对特殊资金(资产)进行审计监督,防范资产损失风险,确保特殊资金(资产)安全和保值增值。

关于加快构建中央企业内部控制体系有关事项的通知

2012年5月7日　国资发评价〔2012〕68号

各中央企业：

近年来，部分中央企业按照财政部等五部委印发的《企业内部控制基本规范》和配套指引的有关要求，相继启动了内部控制建设与实施工作，取得了积极成效。为推动中央企业扎实开展管理提升活动，加快构建内部控制体系，夯实基础管理工作，促进实现做强做优、培育具有国际竞争力的世界一流企业的发展目标，经研究，现将有关事项通知如下：

一、提高思想认识，切实加强对内部控制工作的组织领导。当前及今后一个时期，中央企业的改革发展将面临极其复杂的外部环境，经营压力和风险加大，迫切要求企业强基固本，实现规范、稳健、高效发展。完善的企业内部控制体系，是企业提升资源配置效率和防范经营风险的重要保障。各中央企业主要负责人要高度重视内部控制工作，将建立健全内部控制体系作为管理提升活动的重要任务来抓，切实加强组织领导。集团层面要成立专门的内部控制工作领导机构，负责内部控制工作的组织协调；设立专职机构或确定牵头部门，配备专职工作人员，具体负责内部控制体系建设与实施工作；建立相关部门共同参与的跨部门联动工作机制，明确分工，落实责任，共同推进，并做好对子企业内部控制建设的组织指导工作；按照内部控制建设与监督评价职责相分离的原则，明确内部审计或相关部门负责组织内部控制评价工作。各中央企业要建立健全内部控制工作责任制，将内部控制建设与执行效果纳入绩效考核体系，确保内部控制不断完善并得到有效执行，为战略有效实施、资源优化配置、企业价值提升提供强有力的支撑。

二、分类分步推进，全面启动内部控制建设与实施工作。各中央企业要力争用两年时间，按照《企业内部控制基本规范》和配套指引的要求，建立规范、完善的内部控制体系。总体安排是：已在全集团范围内建立起内部控制体系的中央企业，应当重点抓好有效执行和持续改进工作，着力提升内部控制的健全性和有效性；主业资产实现整体上市或所属控股上市公司资产比重超过60%、尚未在全集团范围内启动内部控制建设工作的中央企业，应当统筹规划、协同推进全集团内部控制体系建设，着力抓好集团总部与各类子企业同步建设与稳步实施工作，于2012年建立起覆盖全集团的内部控制体系；其他中央企业应当抓紧启动内部控制体系建设工作，确保2013年全面完成集团内部控制体系的建设与实施工作。各中央企业要以开展管理提升活动为契机，结合本集团内部控制工作实际，以提高经营效率和效果为目标，以风险管理为导向，以流程梳理为基础，以财务内部控制为切入点，以关键控制活动为重点，制订全集团内部控制整体建设实施方案或持续改进计划，明确总体建设目标和分阶段任务，经董事会（或相应决策机构）批准后，于2012年8月31日前报国资委备案。

三、立足企业实际，建立健全内部控制体系。各中央企业要按照管理制度化、制度流程化、流程信息化的要求，立足企业实际，倡导全员参与，注重控制实效，防止流于形式，抓好内部控制建设的基础工作和关键环节。一是建立规范的公司治理结构和议事规则，明确各类治理主体的权利运行机制，合理设置职责权限，规范决策程序，确保“三重一大”集体决策制度有效落实，建设和倡导合规、诚信的企业文化，提高企业依法合规经营管理的能力，持续改进内部控制建设与执行工作。二是以价值管理为主线，以风险管理为导向，全面梳理各类各项业务流程，查找经营管理风险点，评估风险影响程度，编制分类风险与缺陷清单，明确关键控制节点和控制要求，实施业务流程再造，编制内部控制管理手册，促进业务处理规范化和标准化。三是加强重点流程与特殊业务的内部控制，着力抓好资金、投资、采购、基建、销售、产权管理、人力资源管理、质量管理、安全生产等关键业务流程控制，加强境外资产、金融及其衍生业务、重大经济合同和节能减排等特殊业务的内部控制建设，建立重大风险预警与应急机制，制订和落实应急预案。四是结合内部控制目标，梳理完善管理制度体系，并根据业务发展要求和外部经营环境变化，持续检验和评估管理制度的有效性，建立动态调整与改进机制，防止出现制度缺失和流程缺陷。五是推进内部控制体系建设同信息化建设的融合对接，在将制度和控制措施嵌入流程的基础上，结合企业信息化建设进程，将业务流程和控制措施逐步固化到信息系统，实现在线运行。

四、采取得力措施，确保内部控制有效执行。内部控制重在有效执行，各中央企业要采取切实措施，确保内部控制有效执行。一是要落实内部控制执行责任制，建立主要负责人承诺制，明确企业主要负责人对内部控制有效执行负总责，带头执行内部控制，不超越内部控制做决策。二是要逐级进行责任分解，将内部控制执行与管理权限配置、岗位责任落实有机结合，建立内部控制体系的培训机制，做好上岗前培训和持续教育，确保每个岗位员工熟知本岗位权限和职责，并具备相应的专业胜任能力，形成员工积极参与、自觉执行、主动监督的全员内部控制意识与氛围。三是建立重大风险信息沟通与报告路径、责任与处理机制，确保内部控制重大风险信息顺畅沟通和及时应对。四是加强内部控制日常监督检查，内部控制专职机构或牵头部门要通过在线测试、现场调查等方式，加强对同级部门和各级子企业内部控制执行有效性的日常监督检查，确保内部控制有效执行；尤其是内部控制出现无效或者失效时，要认真查找制度缺失或流程缺陷，分析原因，及时进行改进和完善。

五、加强评价与审计，促进内部控制持续改进与优化。各中央企业要认真组织开展内部控制年度评价与审计工作，促进内部控制持续改进与优化。一是要按照内部控制基本原则和要求，设计适合企业自身特点的评价体系和内部控制缺陷认定标准，并在全集团范围内推行应用。二是企业内部审计或相关部门要组织开展对本集团内部控制的年度自评工作，尤其要加强对重点子企业、基层子企业和关键业务流程内部控制有效性的检查评价；企业可以根据需要，聘请外部中介机构协助开展内部控制评价工作或进行内部控制审计。三是要加强缺陷管理，通过内部控制评价工作，充分揭示内部控制的设计缺陷和运行缺陷，提出管理改进建议，及时报告董事会和管理层，并跟踪落实缺陷整改，实现内部控制闭环管理，促进控制优化。四是要建立内部控制重大缺陷追究制度，内部控制评价和审计结果要与履职评估或绩效考核相结合，逐级落实内部控制组织领导责任。五是要做好与风险管理工作的有机结合，内部控制是风险管理的有效措施，各中央企业要紧密结合风险管理实践，充分利用风险管理体系框架，加强工作协同，形成工作合力，共同推动企业管理的持续改进。

六、按时报送评价报告，加强出资人监督检查。各中央企业应当自2013年起，于每年5月31日前向国资委报送内部控制评价报告，同时抄送派驻本企业监事会。国资委将采取多种形式，及时总结推广中央企业内部控制工作经验；加强对中央企业内部控制工作的监督检查，将内部控制有效性作为经济责任审计、专项审计以及各类监督检查工作的重要内容，并定期选取部分企业针对关键业务流程开展内部控制有效性的专项检查。监督检查中发现内部控制存在重大缺陷的，将根据其性质或影响程度在业绩考核中给予扣分或降级处理；对于因内部控制缺陷造成资产损失的，按照《中央企业资产损失责任追究暂行办法》（国资委令第20号）的有关规定，追究相关责任人的责任；对于在监督检查中发现的重大缺陷，企业在自我评价和审计工作中未充分揭示或未及时报告的，将追究内部控制评价部门和外部中介机构的责任。对于建立规范董事会的中央企业，国资委还将把内部控制的有效性作为董事会履职评估的重要内容。

各中央企业要高度重视内部控制工作，统筹协调，周密部署，抓紧推进内部控制建设与实施工作，采取有力措施保证内部控制有效执行，推动经营管理水平不断提升。

国资委　发展改革委　财政部关于进一步做好中央财政资金转为部分中央企业国家资本金有关工作的通知

2012年7月18日　国资发法规〔2012〕103号

各省、自治区、直辖市人民政府，各中央企业：

为进一步做好中央级财政资金转为部分中央企业国家资本金有关工作，切实解决在国家资本金核转过程中存在的确权难、行权难等问题，经国务院同意，现就有关事项通知如下：

一、本通知所称中央级财政资金，是指经国务院批准，依据原国家计委、财政部等有关部门文件规定，转为部分中央企业国家资本金的以下三类资金：1979年至1988年由财政拨款改为贷款的中央预算内基本建设投资，即中央级“拨改贷”资金；1989年至1996年，由中央财政安排的国家预算内基本建设投资中有偿使用的资金，即中央级基本建设经营性基金；1987年用国家重点建设债券资金安排的“特种拨改贷”贷款，即中央级“特种拨改贷”资金。

二、中央级财政资金本息余额转为有关中央企业国家资本金的，由该中央企业对用资企业履行出资人职责。有关中央企业应当按照产权管理相关规定，及时办理产权登记手续，将其作为国家资本金入账管理。占有使用中央级财政资金的用资企业，应当按照国有法人资本入账管理。

三、自原国家计委、财政部等有关部门批复同意将中央级财政资金转为有关中央企业国家资本金之日起，该中央企业即取得对该类资金履行出资人职责的资格。有关中央企业应当积极与用资企业协商，尽快明确与用资企业的出资关系，依法履行出资人职责。用资企业应当积极配合确权工作，依法确认中央企业的出资人地位。

四、本通知印发前，有关部门已经批复将中央级财政资金转为有关中央企业国家资本金的，用资企业应当自本通知印发之日起6个月内办理工商变更登记等确权手续；本通知印发后，有关部门批复的中央级财政资金，用资企业应当在批复文件印发之日起6个月内办理工商变更登记等确权手续。

五、用资企业不承认有关中央企业出资人地位、不配合办理工商变更登记等手续的，应当在第四条规定的确权期限届满之日起6个月内将资金本息上缴中央国库。有关中央企业可以持相关证明材料向国资委申请在企业资本金中予以核销。

六、由地方各级政府及其部门统贷统还或者提供担保的中央级财政资金，地方各级政府及其部门应当积极协助有关中央企业落实相关权益，提供用资企业名单、资金数额和有关证明文件等，督促用资企业切实履行该类资金的确权义务。

七、用资企业已经关闭、破产的，有关中央企业可以按照相关规定，向国资委申请将涉及的中央级财政资金从企业资本金中予以核销。中央企业申请核销该部分资本金的，应当提交地方工商行政管理部门出具的有关文件等证明材料。

八、对既不按照规定期限落实有关中央企业出资人地位，又不按照规定期限将资金本息上缴中央国库的用资企业，或者虽然规定期限未满，但用资企业明确拒绝履行上述义务的，有关中央企业应当通过司法途径，依法请求确认股东资格或者返还相关款项，维护出资人合法权益，保障国有资产安全。

九、自本通知公布之日起，有关中央企业和用资企业应当按照上述规定，切实做好中央级财政资金转为国家资本金相关工作。执行本通知过程中遇到问题，应当及时向国资委、发展改革委、财政部反映。

关于改进和加强地方财务快报工作有关事项的通知

2011 年 1 月 27 日　国资厅发评价〔2011〕3 号

各省、自治区、直辖市及计划单列市和新疆生产建设兵团国资委(局)：

为及时了解和掌握国资委系统监管企业的运营情况，完善出资人财务动态监测工作体系，更好地满足国有资产监督管理工作需要，现就改进和加强地方财务快报工作的有关事项通知如下：

一、各地要高度重视出资人财务动态监测工作，切实加强财务快报工作的组织和领导，落实工作责任，明确工作要求，严格工作规范，严把数据质量关，确保财务快报及时上报、数据准确完整，不断改进和完善本地区企业财务动态监测工作体系。

二、各地在巩固现有财务动态监测工作体系的基础上，从 2011 年 1 月开始应将本地区地市级国有资产监督管理机构监管企业全部纳入财务快报监测工作范围，有条件的地方要积极探索，将财务快报监测工作延伸至县级监管企业，争取在 2011 年底前建立覆盖国资委系统全部监管企业的财务快报监测体系。

三、各地在财务快报工作中，应督促监管企业认真做好新旧会计准则衔接转换工作。已执行新会计准则的企业，应按照《关于进一步做好地方企业财务快报工作的通知》(国资厅发评价〔2008〕63 号)附件 1 规定的格式(以下简称新会计准则财务快报格式)填报；尚未执行新会计准则的企业，应参照《关于进一步做好地方企业财务快报工作的通知》(国资厅发评价〔2008〕63 号)附件 3 规定的新旧会计准则有关指标口径衔接说明，进行报表项目转换，并以新会计准则财务快报格式填报。各地国资委应按照新会计准则财务快报格式进行汇总上报。

四、各地要进一步加强财务快报数据的分析利用，通过采用先进的财务分析和评价方法，对本地区各级监管企业的生产经营、财务状况、运行质量、债务风险等方面情况进行深入分析，揭示经济运行特点，剖析存在问题，提出政策建议，为领导决策提供参考，并规范建立财务快报信息反馈、信息报送、信息公开等制度。

五、各地应认真做好本地区各级监管企业财务快报数据的收集、审核、汇总、分析等工作，并于次月13日前将本地区全部监管企业汇总数据和分户数据及相应文字分析说明材料（对指标数据的异常变动作重点说明）报送国务院国资委（财务监督与考核评价局）。

六、为推动地方财务快报工作全面有效开展，进一步加强财务快报工作组织管理，提高财务快报的及时性和有效性，提高数据质量，国务院国资委将对各地组织落实本地区财务动态监测工作情况进行专项评比，对于财务快报报送及时、监测范围全面完整、数据质量高、分析深入、资料齐全的，在全国国资委系统范围定期进行通报表扬，对于组织不力、报送不及时、监测范围不完整、数据质量较差的，进行通报批评，且不得参加国有资产统计工作先进单位评选。

各地在财务快报编制报送过程中，如有问题，请及时与国务院国资委（财务监督与考核评价局）联系。

联系人：屈向军

电　话：010－63193798

关于加强国有企业财务统计数据管理有关事项的通知

2011年3月27日　国资厅发评价〔2011〕34号

委内各厅局：

为进一步加强国有企业财务统计数据管理，规范财务统计数据使用，有效发挥财务统计数据功能，提高监管效率，按照《中华人民共和国统计法》、《中华人民共和国保守国家秘密法》、《国有资产监督管理信息公开实施办法》(国资发〔2009〕18号)和《关于进一步做好国资委有关经济统计数据收集、报送及对外公布归口管理的通知》(国资厅发〔2009〕39号)等有关规定，现就进一步加强国有企业财务统计数据管理有关事项通知如下：

一、统一财务数据归口管理。根据“数出一家、数据共享”原则，我委实行统一的财务数据归口管理制度。评价局为我委财务数据收集与提供的归口管理部门，负责国有企业财务数据的收集审核、汇总分析、整理建库和检索提供等工作；根据委内其他厅局的工作需求，将涉及的财务数据纳入评价局数据收集体系。宣传局为我委财务数据信息对外发布的归口管理部门，负责国有企业财务数据信息的统一对外发布工作；委内其他厅局不得直接对外发布财务数据信息，如确因工作需要对外发布数据的，应按照厅局职责分工，商宣传局并履行相应的核准程序后对外发布。

二、及时做好数据整理分析。评价局应当加强财务数据收集审核，规范数据口径，做好汇总分析和整理建库，完善后期数据加工和处理，及时编撰各类数据资料。评价局应当依据中央企业财务快报、中央企业财务决算、地方国资委监管企业财务月报和全国企业国有资产统计年报，及时做好中央企业财务状况变动、运行态势、国有资产分布结构和配置效率等方面的分析工作，有关分析报告及时报送委领导、监事会主席，并抄送委内相关业务厅局及各监事会，作为内部资料供工作参考。

三、加强财务数据需求管理。对评价局日常提供的国有企业财务数据内部资料不能满足工作需求的，委内各厅局可以向评价局提出与工作职责相关的财务数据需求，需求函应当由单位负责人签字或加盖单位公章，并注明提供数据的用途、指标名称与口径、文件格式、完成时间、联系方式等信息。为便于财务数据规范管理，评价局原则上不受理电话、电子邮件或口头申请(紧急情况除外)。中共中央办公厅、国务院办公厅及委外有关单位(部门)要求提供财务数据的,由办公厅统一协调,评价局负责具体办理。

四、规范财务数据提供工作。评价局应当对来函所需财务数据的用途、口径等进行分析审核,按照来函要求及时、准确完成数据检索,加盖评价局公章后函复,并对数据口径等有关情况作必要说明。评价局不得超范围提供财务数据,不得将数据库整体移交。对于难以提供的财务统计数据,评价局应当说明具体情况和原因,加强沟通与协调。评价局应当做好数据提供的备案登记管理工作,将所提供的数据资料留存备查,并对提供数据的相关信息进行记录。

五、严格财务数据使用范围。评价局提供的未经发布的财务数据,委内各厅局不得用于对外发布、发表等其他用途;涉及未经发布的财务数据信息的会议文件等内部资料,委内各厅局应当严格控制发放范围;确需对外公开发布的数据信息和对外出版发行的数据资料,应商宣传局,并履行相应的核准程序。

六、落实财务数据管理责任。国有企业财务数据管理过程中涉及数据收集、保存、提供、使用、发布等各个环节的委内各厅局及相关工作人员,应当严格执行国家有关规定,各司其职,各负其责,依法规范收集、使用、管理和公布财务数据资料;对涉及国家秘密的财务数据和未纳入国家秘密范围但在公布前属于工作秘密的财务数据要严格履行保密责任,对违反保密规定,造成涉密财务数据泄密的,依法依纪追究有关人员的责任。

委内各厅局要高度重视国有企业财务数据管理工作,严格按照有关规定,建立“统一收集、归口管理、数据共享、规范使用”的工作机制,充分发挥财务数据对国有资产监管工作的基础性服务作用。

关于加强和改进中央企业财务快报工作有关事项的通知

2011 年 6 月 30 日　国资厅评价〔2011〕444 号

各中央企业：

近年来，各中央企业高度重视财务快报工作，通过积极推进财务信息化建设，强化财务快报分析应用，不断完善财务快报工作体系，为企业有效应对国际金融危机、实现平稳较快发展发挥了重要作用。为进一步增强财务快报工作的及时性和有效性，加强经济运行质量动态监测，提高日常财务监管效率，满足国有资产监督管理工作不断发展的需要，现就加强和改进中央企业财务快报工作的有关事项通知如下：

一、高度重视财务快报工作。各中央企业要高度重视财务动态监测工作，切实加强财务快报工作的组织和领导，落实工作责任，明确工作要求，严格工作规范，严把数据质量关，优化工作流程，充分利用基于视频专网的"中央企业财务快报网络报送系统"，确保财务快报及时报送、数据准确完整、分析全面深入，不断完善本企业财务动态监测工作体系。

二、积极探索全级次报送。各中央企业自 2011 年 7 月开始，要在现有财务快报工作基础上将本集团所属各级子企业全部纳入财务快报监测范围。财务信息化水平较高、财务决算已经实施全级次报送的企业，财务快报要积极探索实施全级次报送；对于财务快报实施全级次报送确实存在困难的企业，给予一段时间的过渡期，过渡期内应当将所属各级重要子企业纳入财务快报范围报送。各中央企业要结合本企业财务信息化建设和应用情况，优化财务快报收集系统，完善财务快报合并方法，力争在 2012 年底所有中央企业实现财务快报全级次报送。

三、增强财务快报时效性。各中央企业要认真做好本企业财务快报数据的收集、审核、合并、分析等工作，并于每月9日前将集团上月合并数据和分户数据及相应文字说明、分析材料报送国资委（财务监督与考核评价局）；对于未能实现财务快报全级次报送的企业，逢6月、12月的财务快报，应当分别在7月和次年1月的20日前补充报送全级次财务快报。

四、加强动态监测分析。各中央企业要进一步加强财务动态监测和预警分析，充分利用财务快报监测体系的指标数据，结合预算执行监控，对本企业的生产经营、财务状况、运行质量、经营风险等方面情况进行深入分析，揭示运营特点，评估经营风险，剖析困难和问题，并结合国际国内经济形势变化，分析发展趋势，提出政策建议，为领导决策提供参考。有关分析材料电子文档应随财务快报数据一并报送国资委。

五、完善快报管理制度。各中央企业要进一步完善财务快报管理制度，规范财务快报收集、报送、分析、反馈和披露工作，同时要加强数据资料的保密管理，对国资委反馈中央企业的数据资料包括分户数据，仅供各企业内部参考使用，未经国资委同意不得对外提供。

为推动中央企业进一步加强财务快报管理工作，提高财务快报的及时性和有效性，确保数据质量，国资委将对中央企业财务快报工作进行专项评比，对于财务快报报送及时、报送范围全面完整、数据质量高、分析深入、资料齐全的企业进行通报表扬，对于组织不力、报送不及时、快报范围不完整、数据质量较差的，予以通报批评，且不得参加中央企业年度财务决算先进单位评选工作。

关于加强中央企业资金管理有关事项的补充通知

2012年5月7日　国资厅发评价〔2012〕45号

各中央企业：

《关于进一步做好中央企业资金保障防范经营风险有关事项的紧急通知》(国资发评价〔2011〕48号)印发以来,各中央企业认真贯彻执行,积极开展资金筹划,沉着应对宏观形势变化和信贷政策调整带来的经营压力,资金保障能力不断增强,生产经营实现平稳发展。为推动中央企业进一步加强资金管理,现将有关事项补充通知如下:

一、客观认识资金形势,进一步加强资金保障工作。2012年以来,一些企业出现生产经营增速放缓、经营效益下滑、融资难度加大、融资成本显著上升、应收账款过快增长等问题,导致企业运营资金日益趋紧,利息负担不断加重。各中央企业要客观分析当前经营形势变化和融资成本过高对企业带来的经营压力,及时调整经营策略,改进购销模式,合理控制资金开支规模,减少应收账款等资金占用,努力缓解资金压力;积极拓展融资渠道,优化融资结构,努力降低融资成本,切实维护资金链安全稳定。

二、加大资金集中管理力度,提高资金使用效率。资金集中管理是现代企业集团普遍采用的管理方式,对于提高资源配置效率、防范经营风险具有重要意义。近年来,各中央企业借鉴大型跨国公司资金集中管理经验,利用财务公司、资金结算中心等平台,积极探索集团内部资金集中管理的有效方式,资金集中度逐年提高,资金保障能力明显增强。但部分企业资金集中工作进展缓慢,一些子企业尚未纳入资金集中管理体系,"存贷双高"问题依然突出。各中央企业要紧密结合当前的资金形势,加强资金集中管理的组织领导,主要负责人要高度重视并加快推进集团内部资金集中管理工作;要不断扩大资金集中管理的范围和规模,将所属各级子企业的资金通过信息化系统全部纳入预算管理,并进行考核和奖惩;要依据《中华人民共和国公司法》及相关规定,积极探索并推动所属控股企业及境外子企业资金规范纳入集团内部资金集中管理体系;要加强对子企业资金的在线实时监控,对大额资金支出流向及时跟踪审核。财务公司等集团资金集中管理平台要根据市场化原则提供安全、便捷、高效、专业的金融服务。集团各级子企业要积极配合并大力支持集团内部资金集中管理工作,按照有关规定和公司治理规则要求履行必要的决策程序，做好相关信息披露，不得人为设置障碍。

三、依法合规筹集和使用资金，确保资金安全。各中央企业要认真执行国家宏观调控政策，严格遵守国家各项金融法规，维护国家金融秩序。要通过合法融资渠道满足资金需求，禁止通过非法集资、地下钱庄等渠道融资，不得借入高息资金。对闲置资金运作和理财要依法合规，禁止对集团外企业拆借资金。要审慎开展对集团外企业委托贷款业务，委托贷款对象应当选择资信良好、有业务关系且具备偿还能力的大型企业，其中对中央企业之外的企业或单位还应当事先报国资委备案；加强对委托贷款对象的风险评估及后续经营情况跟踪，确保资金安全。要切实加强担保管理，严格控制对集团外企业提供担保，不得向中央企业以外的企业提供任何形式的担保；对集团外企业提供担保的，应当报国资委批准。要严格信用证业务管理，开立信用证必须有相对应的真实业务，严格限定支付条件，原则上应做到验货后付款；加强信用证贸易融资风险管理，防范资金损失风险。要加强融资性贸易业务管理，适度压缩融资性贸易规模，全面清理“预付加赊销”业务，减少资金占用，不得以各种形式变相出借资金。

四、加强资金内控管理，堵塞管理漏洞。资金内控管理是企业内控管理的中心环节，各中央企业要加强资金内控管理制度建设，明确相关部门、人员的职责和权限，严格资金支出范围和审批程序，实行大额资金支出集体决策和联签制度，坚持不相容岗位分离制衡。要加强资金预算管理和过程监控，严格控制预算外支出。要加强采购、生产、销售各环节资金运行管理，实行事权和财权分离，资金管理部门根据经济业务活动统一办理资金收支结算，并认真审核资金收支审批程序的合规性及合同、发票、商业票据等真实合法性，防止虚假购销合同套取资金或票据欺诈。要严格实行钱、账分开管理，出纳和会计岗位不得兼任，办理资金业务的人员应当定期轮岗，禁止由一人办理货币资金全过程业务，禁止将办理资金业务的相关印章和票据集中一人保管，禁止通过个人账户办理资金收支业务。要切实加强网上银行、电子支付、密钥密码的安全管理，防范泄密、盗用等问题发生。要定期进行现金清查盘点，及时开展银行对账及客户往来款项核对，保证账实相符和资金安全。要建立资金“收支两条线”制度，加强银行账户统一管理和监控，禁止多头开户、公款私存和资金账外循环，严禁设立“账外账”和“小金库”。

五、开展定期监督检查，严格损失责任追究。各中央企业要将子企业资金运作使用的合法合规性、资金内部控制的有效性等纳入监督检查范围，通过定期检查、重点抽查或审计评价等方式，及时发现资金内控缺陷，堵塞资金管理漏洞，实现持续改进。对违反金融监管规定、违规决策、内控存在缺陷的要督促子企业及时纠正和整改；对管理不善、履职不到位造成资金损失的，要按照《中央企业资产损失责任追究暂行办法》(国资委令第20号)有关规定追究相关人员责任，同时其上级企业相关负责人应当承担相应领导责任；对挪用、诈骗、贪污、携款潜逃等违法违纪行为，依法移送司法机关处理。各中央企业要切实履行资金管理责任，对子企业资金运行情况进行密切监控，建立内部报告制度，发生重大资金损失案件要在48小时内及时向国资委报告。

产权管理

企业国有产权转让管理暂行办法

2003 年 12 月 31 日　国资委　财政部令第 3 号

第一章　总　则

第一条　为规范企业国有产权转让行为，加强企业国有产权交易的监督管理，促进企业国有资产的合理流动、国有经济布局和结构的战略性调整，防止企业国有资产流失，根据《企业国有资产监督管理暂行条例》和国家有关法律、行政法规的规定，制定本办法。

第二条　国有资产监督管理机构、持有国有资本的企业（以下统称转让方）将所持有的企业国有产权有偿转让给境内外法人、自然人或者其他组织（以下统称受让方）的活动适用本办法。

金融类企业国有产权转让和上市公司的国有股权转让，按照国家有关规定执行。

本办法所称企业国有产权，是指国家对企业以各种形式投入形成的权益、国有及国有控股企业各种投资所形成的应享有的权益，以及依法认定为国家所有的其他权益。

第三条　企业国有产权转让应当遵守国家法律、行政法规和政策规定，有利于国有经济布局和结构的战略性调整，促进国有资本优化配置，坚持公开、公平、公正的原则，保护国家和其他各方合法权益。

第四条　企业国有产权转让应当在依法设立的产权交易机构中公开进行，不受地区、行业、出资或者隶属关系的限制。国家法律、行政法规另有规定的，从其规定。

第五条　企业国有产权转让可以采取拍卖、招投标、协议转让以及国家法律、行政法规规定的其他方式进行。

第六条 转让的企业国有产权权属应当清晰。权属关系不明确或者存在权属纠纷的企业国有产权不得转让。被设置为担保物权的企业国有产权转让，应当符合《中华人民共和国担保法》的有关规定。

第七条 国有资产监督管理机构负责企业国有产权转让的监督管理工作。

第二章 企业国有产权转让的监督管理

第八条 国有资产监督管理机构对企业国有产权转让履行下列监管职责：

(一)按照国家有关法律、行政法规的规定，制定企业国有产权交易监管制度和办法；

(二)决定或者批准所出资企业国有产权转让事项，研究、审议重大产权转让事项并报本级人民政府批准；

(三)选择确定从事企业国有产权交易活动的产权交易机构；

(四)负责企业国有产权交易情况的监督检查工作；

(五)负责企业国有产权转让信息的收集、汇总、分析和上报工作；

(六)履行本级政府赋予的其他监管职责。

本办法所称所出资企业是指国务院，省、自治区、直辖市人民政府，设区的市、自治州级人民政府授权国有资产监督管理机构履行出资人职责的企业。

第九条 所出资企业对企业国有产权转让履行下列职责：

(一)按照国家有关规定，制定所属企业的国有产权转让管理办法，并报国有资产监督管理机构备案；

(二)研究企业国有产权转让行为是否有利于提高企业的核心竞争力，促进企业的持续发展，维护社会的稳定；

(三)研究、审议重要子企业的重大国有产权转让事项，决定其他子企业的国有产权转让事项；

(四)向国有资产监督管理机构报告有关国有产权转让情况。

第十条 企业国有产权转让可按下列基本条件选择产权交易机构:

(一)遵守国家有关法律、行政法规、规章以及企业国有产权交易的政策规定;

(二)履行产权交易机构的职责,严格审查企业国有产权交易主体的资格和条件;

(三)按照国家有关规定公开披露产权交易信息,并能够定期向国有资产监督管理机构报告企业国有产权交易情况;

(四)具备相应的交易场所、信息发布渠道和专业人员,能够满足企业国有产权交易活动的需要;

(五)产权交易操作规范,连续3年没有将企业国有产权拆细后连续交易行为以及其他违法、违规记录。

第三章 企业国有产权转让的程序

第十一条 企业国有产权转让应当做好可行性研究,按照内部决策程序进行审议,并形成书面决议。

国有独资企业的产权转让,应当由总经理办公会议审议。国有独资公司的产权转让,应当由董事会审议;没有设立董事会的,由总经理办公会议审议。涉及职工合法权益的,应当听取转让标的企业职工代表大会的意见,对职工安置等事项应当经职工代表大会讨论通过。

第十二条 按照本办法规定的批准程序,企业国有产权转让事项经批准或者决定后,转让方应当组织转让标的企业按照有关规定开展清产核资,根据清产核资结果编制资产负债表和资产移交清册,并委托会计师事务所实施全面审计(包括按照国家有关规定对转让标的企业法定代表人的离任审计)。资产损失的认定与核销,应当按照国家有关规定办理。

转让所出资企业国有产权导致转让方不再拥有控股地位的,由同级国有资产监督管理机构组织进行清产核资,并委托社会中介机构开展相关业务。

社会中介机构应当依法独立、公正地执行业务。企业和个人不得干预社会中介机构的正常执业行为。

第十三条 在清产核资和审计的基础上,转让方应当委托具有相关资质的资产评估机构依照国家有关规定进行资产评估。评估报告经核准或者备案后,作为确定企业国有产权转让价格的参考依据。

在产权交易过程中,当交易价格低于评估结果的90%时,应当暂停交易,在获得相关产权转让批准机构同意后方可继续进行。

第十四条 转让方应当将产权转让公告委托产权交易机构刊登在省级以上公开发行的经济或者金融类报刊和产权交易机构的网站上,公开披露有关企业国有产权转让信息,广泛征集受让方。产权转让公告期为20个工作日。

转让方披露的企业国有产权转让信息应当包括下列内容:

(一)转让标的的基本情况;

(二)转让标的企业的产权构成情况;

(三)产权转让行为的内部决策及批准情况;

(四)转让标的企业近期经审计的主要财务指标数据;

(五)转让标的企业资产评估核准或者备案情况;

(六)受让方应当具备的基本条件;

(七)其他需披露的事项。

第十五条 在征集受让方时,转让方可以对受让方的资质、商业信誉、经营情况、财务状况、管理能力、资产规模等提出必要的受让条件。

受让方一般应当具备下列条件:

(一)具有良好的财务状况和支付能力;

(二)具有良好的商业信用;

(三)受让方为自然人的,应当具有完全民事行为能力;

(四)国家法律、行政法规规定的其他条件。

第十六条 受让方为外国及我国香港特别行政区、澳门特别行政区、台湾地区的法人、自然人或者其他组织的,受让企业国有产权应当符合国务院公布的《指导外商投资方向规定》及其他有关规定。

第十七条 经公开征集产生两个以上受让方时，转让方应当与产权交易机构协商，根据转让标的的具体情况采取拍卖或者招投标方式组织实施产权交易。

采取拍卖方式转让企业国有产权的，应当按照《中华人民共和国拍卖法》及有关规定组织实施。

采取招投标方式转让企业国有产权的，应当按照国家有关规定组织实施。

企业国有产权转让成交后，转让方与受让方应当签订产权转让合同，并应当取得产权交易机构出具的产权交易凭证。

第十八条 经公开征集只产生一个受让方或者按照有关规定经国有资产监督管理机构批准的，可以采取协议转让的方式。

采取协议转让方式的，转让方应当与受让方进行充分协商，依法妥善处理转让中所涉及的相关事项后，草签产权转让合同，并按照本办法第十一条规定的程序进行审议。

第十九条 企业国有产权转让合同应当包括下列主要内容：

（一）转让与受让双方的名称与住所；

（二）转让标的企业国有产权的基本情况；

（三）转让标的企业涉及的职工安置方案；

（四）转让标的企业涉及的债权、债务处理方案；

（五）转让方式、转让价格、价款支付时间和方式及付款条件；

（六）产权交割事项；

（七）转让涉及的有关税费负担；

（八）合同争议的解决方式；

（九）合同各方的违约责任；

（十）合同变更和解除的条件；

（十一）转让和受让双方认为必要的其他条款。

转让企业国有产权导致转让方不再拥有控股地位的，在签订产权转让合同时，转让方应当与受让方协商提出企业重组方案，包括在同等条件下对转让标的企业职工的优先安置方案。

第二十条 企业国有产权转让的全部价款,受让方应当按照产权转让合同的约定支付。

转让价款原则上应当一次付清。如金额较大、一次付清确有困难的,可以采取分期付款的方式。采取分期付款方式的,受让方首期付款不得低于总价款的30%,并在合同生效之日起5个工作日内支付;其余款项应当提供合法的担保,并应当按同期银行贷款利率向转让方支付延期付款期间利息,付款期限不得超过1年。

第二十一条 转让企业国有产权涉及国有划拨土地使用权转让和由国家出资形成的探矿权、采矿权转让的,应当按照国家有关规定另行办理相关手续。

第二十二条 转让企业国有产权导致转让方不再拥有控股地位的,应当按照有关政策规定处理好与职工的劳动关系,解决转让标的企业拖欠职工的工资、欠缴的各项社会保险费以及其他有关费用,并做好企业职工各项社会保险关系的接续工作。

第二十三条 转让企业国有产权取得的净收益,按照国家有关规定处理。

第二十四条 企业国有产权转让成交后,转让和受让双方应当凭产权交易机构出具的产权交易凭证,按照国家有关规定及时办理相关产权登记手续。

第四章 企业国有产权转让的批准程序

第二十五条 国有资产监督管理机构决定所出资企业的国有产权转让。其中,转让企业国有产权致使国家不再拥有控股地位的,应当报本级人民政府批准。

第二十六条 所出资企业决定其子企业的国有产权转让。其中,重要子企业的重大国有产权转让事项,应当报同级国有资产监督管理机构会签财政部门后批准。其中,涉及政府社会公共管理审批事项的,需预先报经政府有关部门审批。

第二十七条 转让企业国有产权涉及上市公司国有股性质变化或者实际控制权转移的，应当同时遵守国家法律、行政法规和相关监管部门的规定。

对非上市股份有限公司国有股权转让管理，国家另有规定的，从其规定。

第二十八条 决定或者批准企业国有产权转让行为，应当审查下列书面文件：

（一）转让企业国有产权的有关决议文件；

（二）企业国有产权转让方案；

（三）转让方和转让标的企业国有资产产权登记证；

（四）律师事务所出具的法律意见书；

（五）受让方应当具备的基本条件；

（六）批准机构要求的其他文件。

第二十九条 企业国有产权转让方案一般应当载明下列内容：

（一）转让标的企业国有产权的基本情况；

（二）企业国有产权转让行为的有关论证情况；

（三）转让标的企业涉及的、经企业所在地劳动保障行政部门审核的职工安置方案；

（四）转让标的企业涉及的债权、债务包括拖欠职工债务的处理方案；

（五）企业国有产权转让收益处置方案；

（六）企业国有产权转让公告的主要内容。

转让企业国有产权导致转让方不再拥有控股地位的，应当附送经债权金融机构书面同意的相关债权债务协议、职工代表大会审议职工安置方案的决议等。

第三十条 对于国民经济关键行业、领域中对受让方有特殊要求的，企业实施资产重组中将企业国有产权转让给所属控股企业的国有产权转让，经省级以上国有资产监督管理机构批准后，可以采取协议转让方式转让国有产权。

第三十一条 企业国有产权转让事项经批准或者决定后，如转让和受让双方调整产权转让比例或者企业国有产权转让方案有重大变化的，应当按照规定程序重新报批。

第五章 法律责任

第三十二条 在企业国有产权转让过程中，转让方、转让标的企业和受让方有下列行为之一的，国有资产监督管理机构或者企业国有产权转让相关批准机构应当要求转让方终止产权转让活动，必要时应当依法向人民法院提起诉讼，确认转让行为无效。

(一)未按本办法有关规定在产权交易机构中进行交易的。

(二)转让方、转让标的企业不履行相应的内部决策程序、批准程序或者超越权限、擅自转让企业国有产权的。

(三)转让方、转让标的企业故意隐匿应当纳入评估范围的资产，或者向中介机构提供虚假会计资料，导致审计、评估结果失真，以及未经审计、评估，造成国有资产流失的。

(四)转让方与受让方串通，低价转让国有产权，造成国有资产流失的。

(五)转让方、转让标的企业未按规定妥善安置职工、接续社会保险关系、处理拖欠职工各项债务以及未补缴欠缴的各项社会保险费，侵害职工合法权益的。

(六)转让方未按规定落实转让标的企业的债权债务，非法转移债权或者逃避债务清偿责任的；以企业国有产权作为担保的，转让该国有产权时，未经担保权人同意的。

(七)受让方采取欺诈、隐瞒等手段影响转让方的选择以及产权转让合同签订的。

(八)受让方在产权转让竞价、拍卖中，恶意串通压低价格，造成国有资产流失的。

对以上行为中转让方、转让标的企业负有直接责任的主管人员和其他直接责任人员，由国有资产监督管理机构或者相关企业按照人事管理权限给予警告，情节严重的，给予纪律处分，造成国有资产损失的，应当负赔偿责任；由于受让方的责任造成国有资产流失的，受让方应当依法赔偿转让方的经济损失；构成犯罪的，依法移送司法机关追究刑事责任。

第三十三条 社会中介机构在企业国有产权转让的审计、评估和法律服务中违规执业的，由国有资产监督管理机构将有关情况通报其行业主管机关，建议给予相应处罚；情节严重的，可要求企业不得再委托其进行企业国有产权转让的相关业务。

第三十四条 产权交易机构在企业国有产权交易中弄虚作假或者玩忽职守，损害国家利益或者交易双方合法权益的，依法追究直接责任人员的责任，国有资产监督管理机构将不再选择其从事企业国有产权交易的相关业务。

第三十五条 企业国有产权转让批准机构及其有关人员违反本办法，擅自批准或者在批准中以权谋私，造成国有资产流失的，由有关部门按照干部管理权限，给予纪律处分；构成犯罪的，依法移送司法机关追究刑事责任。

第六章 附 则

第三十六条 境外企业国有产权转让管理办法另行制定。

第三十七条 政企尚未分开的单位以及其他单位所持有的企业国有产权转让，由主管财政部门批准，具体比照本办法执行。

第三十八条 本办法由国务院国有资产监督管理委员会负责解释；涉及有关部门的，由国资委向有关部门解释。

第三十九条 本办法自2004年2月1日起施行。

企业国有资产评估管理暂行办法

2005 年 8 月 25 日　国务院国有资产监督管理委员会令第 12 号

第一章　总　则

第一条　为规范企业国有资产评估行为，维护国有资产出资人合法权益，促进企业国有产权有序流转，防止国有资产流失，根据《中华人民共和国公司法》、《企业国有资产监督管理暂行条例》(国务院令第378 号)和《国有资产评估管理办法》(国务院令第 91 号)等有关法律法规，制定本办法。

第二条　各级国有资产监督管理机构履行出资人职责的企业(以下统称所出资企业)及其各级子企业(以下统称企业)涉及的资产评估，适用本办法。

第三条　各级国有资产监督管理机构负责其所出资企业的国有资产评估监管工作。

国务院国有资产监督管理机构负责对全国企业国有资产评估监管工作进行指导和监督。

第四条　企业国有资产评估项目实行核准制和备案制。

经各级人民政府批准经济行为的事项涉及的资产评估项目，分别由其国有资产监督管理机构负责核准。

经国务院国有资产监督管理机构批准经济行为的事项涉及的资产评估项目，由国务院国有资产监督管理机构负责备案；经国务院国有资产监督管理机构所出资企业(以下简称中央企业)及其各级子企业批准经济行为的事项涉及的资产评估项目，由中央企业负责备案。

地方国有资产监督管理机构及其所出资企业的资产评估项目备案

管理工作的职责分工，由地方国有资产监督管理机构根据各地实际情况自行规定。

第五条 各级国有资产监督管理机构及其所出资企业，应当建立企业国有资产评估管理工作制度，完善资产评估项目的档案管理，做好项目统计分析报告工作。

省级国有资产监督管理机构和中央企业应当于每年度终了 30 个工作日内将其资产评估项目情况的统计分析资料上报国务院国有资产监督管理机构。

第二章 资产评估

第六条 企业有下列行为之一的，应当对相关资产进行评估：

（一）整体或者部分改建为有限责任公司或者股份有限公司；

（二）以非货币资产对外投资；

（三）合并、分立、破产、解散；

（四）非上市公司国有股东股权比例变动；

（五）产权转让；

（六）资产转让、置换；

（七）整体资产或者部分资产租赁给非国有单位；

（八）以非货币资产偿还债务；

（九）资产涉讼；

（十）收购非国有单位的资产；

（十一）接受非国有单位以非货币资产出资；

（十二）接受非国有单位以非货币资产抵债；

（十三）法律、行政法规规定的其他需要进行资产评估的事项。

第七条 企业有下列行为之一的，可以不对相关国有资产进行评估：

（一）经各级人民政府或其国有资产监督管理机构批准，对企业整体或者部分资产实施无偿划转；

(二)国有独资企业与其下属独资企业(事业单位)之间或其下属独资企业(事业单位)之间的合并、资产(产权)置换和无偿划转。

第八条 企业发生第六条所列行为的,应当由其产权持有单位委托具有相应资质的资产评估机构进行评估。

第九条 企业产权持有单位委托的资产评估机构应当具备下列基本条件:

(一)遵守国家有关法律、法规、规章以及企业国有资产评估的政策规定,严格履行法定职责,近3年内没有违法、违规记录;

(二)具有与评估对象相适应的资质条件;

(三)具有与评估对象相适应的专业人员和专业特长;

(四)与企业负责人无经济利益关系;

(五)未向同一经济行为提供审计业务服务。

第十条 企业应当向资产评估机构如实提供有关情况和资料,并对所提供情况和资料的真实性、合法性和完整性负责,不得隐匿或虚报资产。

第十一条 企业应当积极配合资产评估机构开展工作,不得以任何形式干预其正常执业行为。

第三章 核准与备案

第十二条 凡需经核准的资产评估项目,企业在资产评估前应当向国有资产监督管理机构报告下列有关事项:

(一)相关经济行为批准情况;

(二)评估基准日的选择情况;

(三)资产评估范围的确定情况;

(四)选择资产评估机构的条件、范围、程序及拟选定机构的资质、专业特长情况;

(五)资产评估的时间进度安排情况。

第十三条 企业应当及时向国有资产监督管理机构报告资产评估

项目的工作进展情况。国有资产监督管理机构认为必要时,可以对该项目进行跟踪指导和现场检查。

第十四条 资产评估项目的核准按照下列程序进行:

(一)企业收到资产评估机构出具的评估报告后应当逐级上报初审,经初审同意后,自评估基准日起8个月内向国有资产监督管理机构提出核准申请;

(二)国有资产监督管理机构收到核准申请后,对符合核准要求的,及时组织有关专家审核,在20个工作日内完成对评估报告的核准;对不符合核准要求的,予以退回。

第十五条 企业提出资产评估项目核准申请时,应当向国有资产监督管理机构报送下列文件材料:

(一)资产评估项目核准申请文件;

(二)资产评估项目核准申请表(附件1);

(三)与评估目的相对应的经济行为批准文件或有效材料;

(四)所涉及的资产重组方案或者改制方案、发起人协议等材料;

(五)资产评估机构提交的资产评估报告(包括评估报告书、评估说明、评估明细表及其电子文档);

(六)与经济行为相对应的审计报告;

(七)资产评估各当事方的相关承诺函;

(八)其他有关材料。

第十六条 国有资产监督管理机构应当对下列事项进行审核:

(一)资产评估项目所涉及的经济行为是否获得批准;

(二)资产评估机构是否具备相应评估资质;

(三)评估人员是否具备相应执业资格;

(四)评估基准日的选择是否适当,评估结果的使用有效期是否明示;

(五)资产评估范围与经济行为批准文件确定的资产范围是否一致;

(六)评估依据是否适当;

(七)企业是否就所提供的资产权属证明文件、财务会计资料及生产经营管理资料的真实性、合法性和完整性做出承诺;

(八)评估过程是否符合相关评估准则的规定;

(九)参与审核的专家是否达成一致意见。

第十七条 资产评估项目的备案按照下列程序进行:

(一)企业收到资产评估机构出具的评估报告后,将备案材料逐级报送给国有资产监督管理机构或其所出资企业,自评估基准日起9个月内提出备案申请;

(二)国有资产监督管理机构或者所出资企业收到备案材料后,对材料齐全的,在20个工作日内办理备案手续,必要时可组织有关专家参与备案评审。

第十八条 资产评估项目备案需报送下列文件材料:

(一)国有资产评估项目备案表一式三份(附件2);

(二)资产评估报告(评估报告书、评估说明和评估明细表及其电子文档);

(三)与资产评估项目相对应的经济行为批准文件;

(四)其他有关材料。

第十九条 国有资产监督管理机构及所出资企业根据下列情况确定是否对资产评估项目予以备案:

(一)资产评估所涉及的经济行为是否获得批准;

(二)资产评估机构是否具备相应评估资质,评估人员是否具备相应执业资格;

(三)评估基准日的选择是否适当,评估结果的使用有效期是否明示;

(四)资产评估范围与经济行为批准文件确定的资产范围是否一致;

(五)企业是否就所提供的资产权属证明文件、财务会计资料及生产经营管理资料的真实性、合法性和完整性作出承诺;

(六)评估程序是否符合相关评估准则的规定。

第二十条 国有资产监督管理机构下达的资产评估项目核准文

件和经国有资产监督管理机构或所出资企业备案的资产评估项目备案表是企业办理产权登记、股权设置和产权转让等相关手续的必备文件。

第二十一条 经核准或备案的资产评估结果使用有效期为自评估基准日起1年。

第二十二条 企业进行与资产评估相应的经济行为时，应当以经核准或备案的资产评估结果为作价参考依据；当交易价格低于评估结果的90%时，应当暂停交易，在获得原经济行为批准机构同意后方可继续交易。

第四章 监督检查

第二十三条 各级国有资产监督管理机构应当加强对企业国有资产评估工作的监督检查，重点检查企业内部国有资产评估管理制度的建立、执行情况和评估管理人员配备情况，定期或者不定期地对资产评估项目进行抽查。

第二十四条 各级国有资产监督管理机构对企业资产评估项目进行抽查的内容包括：

(一)企业经济行为的合规性；

(二)评估的资产范围与有关经济行为所涉及的资产范围是否一致；

(三)企业提供的资产权属证明文件、财务会计资料及生产经营管理资料的真实性、合法性和完整性；

(四)资产评估机构的执业资质和评估人员的执业资格；

(五)资产账面价值与评估结果的差异；

(六)经济行为的实际成交价与评估结果的差异；

(七)评估工作底稿；

(八)评估依据的合理性；

(九)评估报告对重大事项及其对评估结果影响的披露程度，以及该披露与实际情况的差异；

(十)其他有关情况。

第二十五条 省级国有资产监督管理机构应当于每年度终了30个工作日内将检查、抽查及处理情况上报国务院国有资产监督管理机构。

第二十六条 国有资产监督管理机构应当将资产评估项目的抽查结果通报相关部门。

第五章 罚 则

第二十七条 企业违反本办法,有下列情形之一的,由国有资产监督管理机构通报批评并责令改正,必要时可依法向人民法院提起诉讼,确认其相应的经济行为无效：

(一)应当进行资产评估而未进行评估；

(二)聘请不符合相应资质条件的资产评估机构从事国有资产评估活动；

(三)向资产评估机构提供虚假情况和资料,或者与资产评估机构串通作弊导致评估结果失实的；

(四)应当办理核准、备案而未办理。

第二十八条 企业在国有资产评估中发生违法违规行为或者不正当使用评估报告的,对负有直接责任的主管人员和其他直接责任人员,依法给予处分;涉嫌犯罪的,依法移送司法机关处理。

第二十九条 受托资产评估机构在资产评估过程中违规执业的,由国有资产监督管理机构将有关情况通报其行业主管部门,建议给予相应处罚;情节严重的,可要求企业不得再委托该中介机构及其当事人进行国有资产评估业务;涉嫌犯罪的,依法移送司法机关处理。

第三十条 有关资产评估机构对资产评估项目抽查工作不予配合的,国有资产监督管理机构可以要求企业不得再委托该资产评估机构及其当事人进行国有资产评估业务。

第三十一条 各级国有资产监督管理机构工作人员违反本规定，造成国有资产流失的，依法给予处分；涉嫌犯罪的，依法移送司法机关处理。

第六章 附 则

第三十二条 境外国有资产评估，遵照相关法规执行。

第三十三条 政企尚未分开单位所属企事业单位的国有资产评估工作，参照本办法执行。

第三十四条 省级国有资产监督管理机构可以根据本办法，制定本地区相关工作规范，并报国务院国有资产监督管理机构备案。

第三十五条 本办法自 2005 年 9 月 1 日起施行。

国有股东转让所持上市公司股份管理暂行办法

2007 年 6 月 30 日 国务院国有资产监督管理委员会令第 19 号

第一章 总 则

第一条 为规范国有股东转让所持上市公司股份行为，推动国有资源优化配置，防止国有资产损失，维护证券市场稳定，根据《中华人民共和国公司法》、《中华人民共和国证券法》和《企业国有资产监督管理暂行条例》（国务院令第 378 号）等法律、行政法规的规定，制定本办法。

第二条 本办法所称国有股东，是指持有上市公司股份的国有及国有控股企业、有关机构、部门、事业单位等。

第三条 国有股东将其持有的上市公司股份通过证券交易系统转让、以协议方式转让、无偿划转或间接转让的，适用本办法。

国有独资或控股的专门从事证券业务的证券公司及基金管理公司转让所持上市公司股份按照相关规定办理。

第四条 国有股东转让所持有的上市公司股份应当权属清晰。权属关系不明确和存在质押、抵押、司法冻结等法律限制转让情况的股份不得转让。

第五条 国有股东转让所持上市公司股份应坚持公开、公平、公正的原则，符合国家的有关法律、行政法规和规章制度的规定，符合国家或地区的产业政策及国有经济布局和结构战略性调整方向，有利于促进国有资产保值增值，有利于提高企业核心竞争力。

第六条 国有股东转让上市公司股份的价格应根据证券市场上市公司股票的交易价格确定。

第七条 国务院国有资产监督管理机构负责国有股东转让上市公司股份的审核工作。

中央国有及国有控股企业、有关机构、部门、事业单位转让上市公司股份对国民经济关键行业、领域和国有经济布局与结构有重大影响的，由国务院国有资产监督管理机构报国务院批准。

地方国有及国有控股企业、有关机构、部门、事业单位转让上市公司股份不再拥有上市公司控股权的，由省级国有资产监督管理机构报省级人民政府批准后报国务院国有资产监督管理机构审核。

在条件成熟时，国务院国有资产监督管理机构应按照《企业国有资产监督管理暂行条例》的要求，将地方国有及国有控股企业、有关机构、部门、事业单位转让上市公司股份逐步交由省级国有资产监督管理机构审核。

第二章　国有股东所持上市公司股份通过证券交易系统的转让

第八条　国有控股股东通过证券交易系统转让上市公司股份，同时符合以下两个条件的，由国有控股股东按照内部决策程序决定，并在股份转让完成后 7 个工作日内报省级或省级以上国有资产监督管理机构备案：

（一）总股本不超过 10 亿股的上市公司，国有控股股东在连续三个会计年度内累计净转让股份（累计转让股份扣除累计增持股份后的余额，下同）的比例未达到上市公司总股本的 5%；总股本超过 10 亿股的上市公司，国有控股股东在连续三个会计年度内累计净转让股份的数量未达到 5000 万股或累计净转让股份的比例未达到上市公司总股本的 3%。

（二）国有控股股东转让股份不涉及上市公司控制权的转移。

多个国有股东属于同一控制人的，其累计净转让股份的数量或比例应合并计算。

第九条　国有控股股东转让股份不符合前条规定的两个条件之一的，应将转让方案逐级报国务院国有资产监督管理机构审核批准后实施。

第十条　国有参股股东通过证券交易系统在一个完整会计年度内累计净转让股份比例未达到上市公司总股本 5%的，由国有参股股东按照内部决策程序决定，并在每年 1 月 31 日前将其上年度转让上市公司股份的情况报省级或省级以上国有资产监督管理机构备案；达到或超过上市公司总股本 5%的，应将转让方案逐级报国务院国有资产监督管理机构审核批准后实施。

第十一条　国有股东采取大宗交易方式转让上市公司股份的，转让价格不得低于该上市公司股票当天交易的加权平均价格。

第十二条　国有股东通过证券交易系统转让上市公司股份需要报

国有资产监督管理机构审核批准的,其报送的材料主要包括:

(一)国有股东转让上市公司股份的请示;

(二)国有股东转让上市公司股份的内部决策文件及可行性研究报告;

(三)国有股东基本情况及上一年度经审计的财务会计报告;

(四)上市公司基本情况及最近一期的年度报告和中期报告;

(五)国有资产监督管理机构认为必要的其他文件。

第十三条 国有股东转让上市公司股份的可行性研究报告应当包括但不限于以下内容:

(一)转让原因;

(二)转让价格及确定依据;

(三)转让的数量及时限;

(四)转让收入的使用计划;

(五)转让是否符合国家或本地区产业政策及国有经济布局和结构战略性调整方向。

第三章 国有股东所持上市公司股份的协议转让

第十四条 国有股东拟协议转让上市公司股份的,在内部决策后,应当及时按照规定程序逐级书面报告省级或省级以上国有资产监督管理机构,并应当同时将拟协议转让股份的信息书面告知上市公司,由上市公司依法公开披露该信息,向社会公众进行提示性公告。公开披露文件中应当注明,本次股份拟协议转让事项须经相关国有资产监督管理机构同意后才能组织实施。

第十五条 国有股东报告省级或省级以上国有资产监督管理机构拟协议转让上市公司股份事项的材料主要包括:

(一)国有股东拟协议转让上市公司股份的内部决策文件及可行性研究报告;

(二)拟公开发布的股份协议转让信息内容;

（三）国有资产监督管理机构认为必要的其他文件。

第十六条 省级或省级以上国有资产监督管理机构收到国有股东拟协议转让上市公司股份的书面报告后，应在10个工作日内出具意见。

第十七条 国有股东获得国有资产监督管理机构对拟协议转让上市公司股份事项的意见后，应当书面告知上市公司，由上市公司依法公开披露国有股东所持上市公司股份拟协议转让信息。

第十八条 国有股东所持上市公司股份拟协议转让信息包括但不限于以下内容：

（一）拟转让股份数量及所涉及的上市公司名称及基本情况；

（二）拟受让方应当具备的资格条件；

（三）拟受让方递交受让申请的截止日期。

第十九条 存在下列特殊情形的，经省级或省级以上国有资产监督管理机构批准后，国有股东可不披露拟协议转让股份的信息直接签订转让协议：

（一）上市公司连续两年亏损并存在退市风险或严重财务危机，受让方提出重大资产重组计划及具体时间表的；

（二）国民经济关键行业、领域中对受让方有特殊要求的；

（三）国有及国有控股企业为实施国有资源整合或资产重组，在其内部进行协议转让的；

（四）上市公司回购股份涉及国有股东所持股份的；

（五）国有股东因接受要约收购方式转让其所持上市公司股份的；

（六）国有股东因解散、破产、被依法责令关闭等原因转让其所持上市公司股份的。

第二十条 国有股东收到拟受让方提交的受让申请及受让方案后，应当对受让方案进行充分的研究论证，并在综合考虑各种因素的基础上择优选取受让方。

第二十一条 受让国有股东所持上市公司股份后拥有上市公司实际控制权的，受让方应为法人，且应当具备以下条件：

(一)受让方或其实际控制人设立三年以上，最近两年连续盈利且无重大违法违规行为；

(二)具有明晰的经营发展战略；

(三)具有促进上市公司持续发展和改善上市公司法人治理结构的能力。

第二十二条 国有控股股东拟采取协议转让方式转让股份并不再拥有上市公司控股权的，应当聘请在境内注册的专业机构担任财务顾问，财务顾问应当具有良好的信誉及近三年内无重大违法违规记录。

第二十三条 财务顾问应当勤勉尽责，遵守行业规范和职业道德，对上市公司股份的转让方式、转让价格、股份转让对国有股东和上市公司的影响等方面出具专业意见；并对拟受让方进行尽职调查，出具尽职调查报告。尽职调查应当包括但不限于以下内容：

(一)拟受让方受让股份的目的；

(二)拟受让方的经营情况、财务状况、资金实力及是否有重大违法违规记录和不良诚信记录；

(三)拟受让方是否具有及时足额支付转让价款的能力及受让资金的来源及其合法性；

(四)拟受让方是否具有促进上市公司持续发展和改善上市公司法人治理结构的能力。

第二十四条 国有股东协议转让上市公司股份的价格应当以上市公司股份转让信息公告日(经批准不需公开股份转让信息的，以股份转让协议签署日为准，下同)前30个交易日的每日加权平均价格算术平均值为基础确定；确需折价的，其最低价格不得低于该算术平均值的90%。

第二十五条 存在下列特殊情形的，国有股东协议转让上市公司股份的价格按以下原则分别确定：

(一)国有股东为实施资源整合或重组上市公司，并在其所持上市公司股份转让完成后全部回购上市公司主业资产的，股份转让价格由国有股东根据中介机构出具的该上市公司股票价格的合理估值结果确定。

（二）国有及国有控股企业为实施国有资源整合或资产重组，在其内部进行协议转让且其拥有的上市公司权益和上市公司中的国有权益并不因此减少的，股份转让价格应当根据上市公司股票的每股净资产值、净资产收益率、合理的市盈率等因素合理确定。

第二十六条 国有股东选择受让方后，应当及时与受让方签订转让协议。转让协议应当包括但不限于以下内容：

（一）转让方、上市公司、拟受让方企业名称、法定代表人及住所；

（二）转让方持股数量、拟转让股份数量及价格；

（三）转让方、受让方的权利和义务；

（四）股份转让价款支付方式及期限；

（五）股份登记过户的条件；

（六）协议变更和解除条件；

（七）协议争议的解决方式；

（八）协议各方的违约责任；

（九）协议生效条件。

第二十七条 国有股东与拟受让方签订股份转让协议后，应及时履行信息披露等相关义务，同时应按规定程序报国务院国有资产监督管理机构审核批准。

决定或批准国有股东协议转让上市公司股份，应当审查下列书面材料：

（一）国有股东协议转让上市公司股份的请示及可行性研究报告；

（二）国有股东公开征集的受让方案及关于选择拟受让方的有关论证情况；

（三）国有股东上一年度经审计的财务会计报告；

（四）拟受让方基本情况、公司章程及最近一期经审计的财务会计报告；

（五）上市公司基本情况、最近一期的年度报告及中期报告；

（六）股份转让协议及股份转让价格的定价说明；

(七)拟受让方与国有股东、上市公司之间在最近12个月内股权转让、资产置换、投资等重大情况及债权债务情况；

(八)律师事务所出具的法律意见书；

(九)国有资产监督管理机构认为必要的其他文件。

第二十八条 国有股东应及时收取上市公司股份转让价款。

拟受让方以现金支付股份转让价款的,国有股东应在股份转让协议签订后5个工作日内收取不低于转让收入30%的保证金,其余价款应在股份过户前全部结清。在全部转让价款支付完毕或交由转让双方共同认可的第三方妥善保管前,不得办理转让股份的过户登记手续。

拟受让方以股票等有价证券支付股份转让价款的按照有关规定办理。

第二十九条 国务院国有资产监督管理机构关于国有股东转让其所持上市公司股份的批复文件和全部转让款支付凭证是证券交易所、中国证券登记结算有限责任公司办理上市公司股份过户手续和工商管理部门办理上市公司章程变更的必备文件。

第四章 国有股东所持上市公司股份的无偿划转

第三十条 国有股东所持上市公司股份可以依法无偿划转给政府机构、事业单位、国有独资企业以及国有独资公司持有。

国有独资公司作为划入或划出一方的,应当符合《中华人民共和国公司法》的有关规定。

第三十一条 上市公司股份划转双方应当在可行性研究的基础上,按照内部决策程序进行审议,并形成无偿划转股份的书面决议文件。

第三十二条 国有股东无偿划转所持上市公司股份可能影响其偿债能力时,上市公司股份划出方应当就无偿划转事项制定相应的债务处置方案。

第三十三条 上市公司股份无偿划转由划转双方按规定程序逐级报国务院国有资产监督管理机构审核批准。

第三十四条 国有股东无偿划转其所持上市公司股份，应当向国有资产监督管理机构报送以下主要材料：

（一）国有股东无偿划转上市公司股份的请示及内部决议文件；

（二）国有股东无偿划转所持上市公司股份的可行性研究报告；

（三）上市公司股份无偿划转协议；

（四）划转双方基本情况、上一年经审计的财务会计报告；

（五）上市公司基本情况、最近一期的年度报告及中期报告；

（六）划出方债务处置方案及或有负债的解决方案；

（七）划入方未来12个月内对上市公司的重组计划或发展规划（适用于上市公司控股权转移的）；

（八）律师事务所出具的法律意见书。

第五章 国有股东所持上市公司股份的间接转让

第三十五条 本办法所称国有股东所持上市公司股份的间接转让是指国有股东因产权转让或增资扩股等原因导致其经济性质或实际控制人发生变化的行为。

第三十六条 国有股东所持上市公司股份间接转让应当充分考虑对上市公司的影响，并按照本办法有关国有股东协议转让上市公司股份价格的确定原则合理确定其所持上市公司股份价格，上市公司股份价格确定的基准日应与国有股东资产评估的基准日一致。国有股东资产评估的基准日与国有股东产权持有单位对该国有股东产权变动决议的日期相差不得超过一个月。

第三十七条 上市公司国有控股股东所持上市公司股份发生间接转让的，应当聘请在境内注册的专业机构担任财务顾问，并对国有产权拟受让方或国有股东引进的战略投资者进行尽职调查，并出具尽职调查报告。

第三十八条 国有股东所持上市公司股份间接转让的，国有股东应在产权转让或增资扩股方案实施前(其中，国有股东国有产权转让的，应在办理产权转让鉴证前；国有股东增资扩股的，应在公司工商登记前)，由国有股东逐级报国务院国有资产监督管理机构审核批准。

第三十九条 决定或批准国有股东所持上市公司股份间接转让，应当审查下列书面材料：

(一)国有股东间接转让所持上市公司股份的请示；

(二)国有股东的产权转让或增资扩股批准文件、资产评估结果核准文件及可行性研究报告；

(三)经批准的国有股东产权转让或增资扩股方案；

(四)国有股东国有产权进场交易的有关文件或通过产权交易市场、媒体或网络公开国有股东增资扩股的信息情况及战略投资者的选择依据；

(五)国有股东的国有产权转让协议或增资扩股协议；

(六)国有股东资产作价金额，包括国有股东所持上市公司股份的作价说明；

(七)上市公司基本情况、最近一期的年度报告及中期报告；

(八)国有产权拟受让方或战略投资者最近一期经审计的财务会计报告；

(九)财务顾问出具的财务顾问报告(适用于国有控股股东国有产权变动的)；

(十)律师事务所出具的法律意见书；

(十一)国有资产监督管理机构认为必要的其他文件。

第六章 法律责任

第四十条 在国有股东转让上市公司股份中，转让方、上市公司和拟受让方有下列行为之一的，国有资产监督管理机构应要求转让方终止上市公司股份转让活动，必要时应向人民法院提起诉讼：

（一）未按本办法有关规定在证券交易所公开股份转让信息的；

（二）转让方、上市公司不履行相应的内部决策程序、批准程序或者超越权限、擅自转让上市公司股份的；

（三）转让方、上市公司向中介机构提供虚假会计资料，导致审计、评估结果失真，造成国有资产损失的；

（四）转让方与拟受让方串通，低价转让上市公司股份，造成国有资产损失的；

（五）拟受让方在上市公司股份公开转让信息中，与有关方恶意串通低评低估上市公司股份价格，造成国有资产损失的；拟受让方未在其承诺的期限内对上市公司进行重大资产重组的；

（六）拟受让方采取欺诈、隐瞒等手段影响转让方的选择以及上市公司股份协议签订的。

对以上行为的转让方、上市公司负有直接责任的主管人员和其他直接责任人员，由国有资产监督管理机构或者相关企业按照权限给予纪律处分，造成国有资产损失的，应负赔偿责任；由于拟受让方的责任造成国有资产损失的，拟受让方应依法赔偿转让方的经济损失；涉嫌犯罪的，依法移送司法机关处理。

第四十一条　社会中介机构在上市公司股份转让的审计、评估、咨询和法律服务中违规执业的，由国有资产监督管理机构将有关情况通报其行业主管部门，建议给予相应处罚；情节严重的，上市公司国有股东不得再委托其进行上市公司股份转让的相关业务。

第四十二条　上市公司股份转让批准机构及其有关人员违反本办法，擅自批准或者在批准中以权谋私，造成国有资产损失的，由有关部门按照权限给予纪律处分；涉嫌犯罪的，依法移送司法机关处理。

国有资产监督管理机构违反有关法律、法规或本办法的规定审核上市公司股份转让并造成国有资产损失的，对直接负责的主管人员和其他责任人员依法给予纪律处分；涉嫌犯罪的，依法移送司法机关处理。

第四十三条　上市公司、国有股东违反有关法律、法规或本办法的规定进行股份转让并造成国有资产损失的，国有资产监督管理机构可以责令国有股东采取措施限期纠正；上市公司、国有股东有关负责人及其他责任人员应负赔偿责任，并对其依法给予纪律处分；涉嫌犯罪的，依法移送司法机关处理。

第七章　附　　则

第四十四条　国有或国有控股企业持有的上市公司股份被司法机关强制执行的，根据有关法律及司法机关出具的具有法律效力的文件办理相关手续。

第四十五条　本办法自 2007 年 7 月 1 日起施行。

中央企业境外国有产权管理暂行办法

2011 年 6 月 14 日　国务院国有资产监督管理委员会令第 27 号

第一条　为加强和规范中央企业境外国有产权管理，根据《中华人民共和国企业国有资产法》、《企业国有资产监督管理暂行条例》(国务院令第 378 号)和国家有关法律、行政法规的规定，制定本办法。

第二条　国务院国有资产监督管理委员会(以下简称国资委)履行出资人职责的企业(以下简称中央企业)及其各级独资、控股子企业(以下简称各级子企业)持有的境外国有产权管理适用本办法。国家法律、行政法规另有规定的，从其规定。

本办法所称境外国有产权是指中央企业及其各级子企业以各种形式对境外企业出资所形成的权益。

前款所称境外企业，是指中央企业及其各级子企业在我国境外以及香港特别行政区、澳门特别行政区和台湾地区依据当地法律出资设立的企业。

第三条 中央企业是其境外国有产权管理的责任主体,应当依照我国法律、行政法规建立健全境外国有产权管理制度,同时遵守境外注册地和上市地的相关法律规定,规范境外国有产权管理行为。

第四条 中央企业应当完善境外企业治理结构,强化境外企业章程管理,优化境外国有产权配置,保障境外国有产权安全。

第五条 中央企业及其各级子企业独资或者控股的境外企业所持有的境内国有产权的管理,比照国资委境内国有产权管理的相关规定执行。

第六条 境外国有产权应当由中央企业或者其各级子企业持有。境外企业注册地相关法律规定须以个人名义持有的,应当统一由中央企业依据有关规定决定或者批准,依法办理委托出资等保全国有产权的法律手续,并以书面形式报告国资委。

第七条 中央企业应当加强对离岸公司等特殊目的公司的管理。因重组、上市、转让或者经营管理需要设立特殊目的公司的,应当由中央企业决定或者批准并以书面形式报告国资委。已无存续必要的特殊目的公司,应当及时依法予以注销。

第八条 中央企业及其各级子企业发生以下事项时,应当由中央企业统一向国资委申办产权登记:

(一)以投资、分立、合并等方式新设境外企业,或者以收购、投资入股等方式首次取得境外企业产权的。

(二)境外企业名称、注册地、注册资本、主营业务范围等企业基本信息发生改变,或者因企业出资人、出资额、出资比例等变化导致境外企业产权状况发生改变的。

(三)境外企业解散、破产,或者因产权转让、减资等原因不再保留国有产权的。

(四)其他需要办理产权登记的情形。

第九条 中央企业及其各级子企业以其拥有的境内国有产权向境外企业注资或者转让,或者以其拥有的境外国有产权向境内企业注资或者转让,应当依照《企业国有资产评估管理暂行办法》(国资委令第12号)等相关规定,聘请具有相应资质的境内评估机构对标的物进行评估,并办理评估备案或者核准。

第十条 中央企业及其各级子企业独资或者控股的境外企业在境外发生转让或者受让产权、以非货币资产出资、非上市公司国有股东股权比例变动、合并分立、解散清算等经济行为时,应当聘请具有相应资质、专业经验和良好信誉的专业机构对标的物进行评估或者估值,评估项目或者估值情况应当由中央企业备案;涉及中央企业重要子企业由国有独资转为绝对控股、绝对控股转为相对控股或者失去控股地位等经济行为的,评估项目或者估值情况应当报国资委备案或者核准。

中央企业及其各级子企业独资或者控股的境外企业在进行与评估或者估值相应的经济行为时,其交易对价应当以经备案的评估或者估值结果为基准。

第十一条 境外国有产权转让等涉及国有产权变动的事项,由中央企业决定或者批准,并按国家有关法律和法规办理相关手续。其中,中央企业重要子企业由国有独资转为绝对控股、绝对控股转为相对控股或者失去控股地位的,应当报国资委审核同意。

第十二条 中央企业及其各级子企业转让境外国有产权,要多方比选意向受让方。具备条件的,应当公开征集意向受让方并竞价转让,或者进入中央企业国有产权转让交易试点机构挂牌交易。

第十三条 中央企业在本企业内部实施资产重组,转让方为中央企业及其直接或者间接全资拥有的境外企业,受让方为中央企业及其直接或者间接全资拥有的境内外企业的,转让价格可以以评估或者审计确认的净资产值为底价确定。

第十四条 境外国有产权转让价款应当按照产权转让合同约定支付,原则上应当一次付清。确需采取分期付款的,受让方须提供合法的担保。

第十五条 中央企业及其各级子企业独资或者控股的境外企业在境外首次公开发行股票,或者中央企业及其各级子企业所持有的境外注册并上市公司的股份发生变动的，由中央企业按照证券监管法律、法规决定或者批准，并将有关情况以书面形式报告国资委。境外注册并上市公司属于中央企业重要子企业的，上述事项应当由中央企业按照《国有股东转让所持上市公司股份管理暂行办法》(国资委令第19号)等相关规定报国资委审核同意或者备案。

第十六条 中央企业应当按照本办法落实境外国有产权管理工作责任，完善档案管理，并及时将本企业境外国有产权管理制度、负责机构等相关情况以书面形式报告国资委。

第十七条 中央企业应当每年对各级子企业执行本办法的情况进行监督检查，并及时将检查情况以书面形式报告国资委。

国资委对中央企业境外国有产权管理情况进行不定期抽查。

第十八条 中央企业及其各级子企业有关责任人员违反国家法律、法规和本办法规定，未履行对境外国有产权的监管责任，导致国有资产损失的，由有关部门按照干部管理权限和有关法律法规给予处分；涉嫌犯罪的，依法移交司法机关处理。

第十九条 地方国有资产监督管理机构可以参照本办法制定所出资企业境外国有产权管理制度。

第二十条 本办法自2011年7月1日起施行。

国家出资企业产权登记管理暂行办法

2012年4月12日　国务院国有资产监督管理委员会令第29号

第一章　总　　则

第一条 为了加强国家出资企业产权登记管理，及时、真实、动态、全面反映企业产权状况，根据《中华人民共和国企业国有资产法》、《企业国有资产监督管理暂行条例》(国务院令第378号)等法律和行政法规，制定本办法。

第二条 本办法所称国家出资企业产权登记(以下简称产权登记)，是指国有资产监督管理机构对本级人民政府授权管理的国家出资企业的产权及其分布状况进行登记管理的行为。

第三条 国家出资企业、国家出资企业(不含国有资本参股公司)拥有实际控制权的境内外各级企业及其投资参股企业(以下统称企业)，应当纳入产权登记范围。国家出资企业所属事业单位视为其子企业进行产权登记。

前款所称拥有实际控制权，是指国家出资企业直接或者间接合计持股比例超过50%，或者持股比例虽然未超过50%，但为第一大股东，并通过股东协议、公司章程、董事会决议或者其他协议安排能够实际支配企业行为的情形。

第四条 本办法所指出资人分为以下五类：

(一)履行出资人职责的机构；

(二)履行出资人职责的机构、国有独资企业、国有独资公司单独或者共同出资设立的企业；

(三)以上两类出资人直接或者间接合计持股比例超过50%不足100%的企业；

(四)以上三类出资人直接或者间接合计持股比例未超过50%但为第一大股东，并通过股东协议、公司章程、董事会决议或者其他协议安排能够实际支配企业行为的企业；

(五)以上四类出资人以外的企业、自然人或者其他经济组织。

以上(二)、(三)、(四)类出资人统称为履行出资人职责的企业。

第五条 企业为交易目的持有的下列股权不进行产权登记：

(一)为了赚取差价从二级市场购入的上市公司股权；

(二)为了近期内(一年以内)出售而持有的其他股权。

第六条 办理产权登记的企业应当权属清晰。存在产权纠纷的企业，应当在及时处理产权纠纷后申请办理产权登记。

第七条 各级国有资产监督管理机构分别负责本级人民政府授权管理的国家出资企业的产权登记管理。国务院国有资产监督管理机构对地方国有资产监督管理机构的产权登记工作进行指导和监督。

第八条 国家出资企业负责对其履行出资人职责的企业的产权登记工作进行管理，并向国有资产监督管理机构申请办理企业产权登记。

第九条 各级国有资产监督管理机构、国家出资企业应当定期对产权登记数据进行汇总分析。

省级国有资产监督管理机构应当于每年 1 月 31 日前，将本地区上年度企业产权登记数据汇总分析后，报国务院国有资产监督管理机构。

第二章 产权登记类型

第十条 产权登记分为占有产权登记、变动产权登记和注销产权登记。

第十一条 履行出资人职责的机构和履行出资人职责的企业有下列情形之一的，应当办理占有产权登记：

（一）因投资、分立、合并而新设企业的；

（二）因收购、投资入股而首次取得企业股权的；

（三）其他应当办理占有产权登记的情形。

第十二条 占有产权登记应包括下列内容：

（一）企业出资人及出资人类别、出资额、出资形式；

（二）企业注册资本、股权比例；

（三）企业名称及在国家出资企业中所处级次；

（四）企业组织形式；

（五）企业注册时间、注册地；

（六）企业主营业务范围；

（七）国有资产监督管理机构要求的其他内容。

第十三条 有下列情形之一的，应当办理变动产权登记：

(一)履行出资人职责的机构和履行出资人职责的企业名称、持股比例改变的;

(二)企业注册资本改变的;

(三)企业名称改变的;

(四)企业组织形式改变的;

(五)企业注册地改变的;

(六)企业主营业务改变的;

(七)其他应当办理变动产权登记的情形。

第十四条 有下列情形之一的,应当办理注销产权登记:

(一)因解散、破产进行清算,并注销企业法人资格的;

(二)因产权转让、减资、股权出资、出资人性质改变等导致企业出资人中不再存续履行出资人职责的机构和履行出资人职责的企业的;

(三)其他应当办理注销产权登记的情形。

第三章 产权登记程序

第十五条 企业发生产权登记相关经济行为时,应当自相关经济行为完成后20个工作日内,在办理工商登记前,申请办理产权登记。企业注销法人资格的,应当在办理工商注销登记后,及时办理注销产权登记。

第十六条 企业申请办理产权登记,应当由履行出资人职责的企业按照填报要求,填写有关登记内容和相关经济行为合规性资料目录,逐级报送国家出资企业,国家出资企业负责对登记内容及相关经济行为的合规性进行审核后,向国有资产监督管理机构申请登记。

同一国有资产监督管理机构及其管理的多个履行出资人职责的企业共同出资的企业,由拥有实际控制权的一方负责申请办理产权登记;任一方均不拥有实际控制权的,由持股比例最大的一方负责申请办理产权登记;各方持股比例相等的,由其共同推举一方负责申请办理产权登记。

非同一国有资产监督管理机构及其管理的多个履行出资人职责的企业共同出资的企业,由各方分别申请办理产权登记。

第十七条 国有资产监督管理机构自国家出资企业报送产权登记信息10个工作日内，对符合登记要求的企业予以登记；对相关经济行为操作过程中存在瑕疵的企业，国有资产监督管理机构应当向国家出资企业下发限期整改通知书，完成整改后予以登记。

第十八条 已办理产权登记的国家出资企业，由国有资产监督管理机构核发产权登记证；已办理产权登记的其他企业，由国有资产监督管理机构或者由国有资产监督管理机构授权国家出资企业核发产权登记表。

产权登记证、登记表是企业办结产权登记的证明，是客观记载企业产权状况基本信息的文件。产权登记证、登记表的格式和内容由国务院国有资产监督管理机构统一制发，企业在使用过程中不得擅自修改。

第十九条 企业应当在办理工商登记后10个工作日内，将企业法人营业执照或者工商变更登记表报送国有资产监督管理机构；工商登记信息与产权登记信息存在不一致的，企业应当核实相关资料，涉及变更产权登记信息的，企业应当修改后重新报送，国有资产监督管理机构或者国家出资企业对相关登记信息进行确认后重新核发产权登记证、登记表。

第二十条 产权登记仅涉及企业名称、注册地、主营业务等基础信息改变的，可在办理工商登记后申请办理产权登记。

第四章　产权登记管理

第二十一条 国家出资企业应当建立健全产权登记制度和工作体系，落实产权登记管理工作责任，并对制度执行情况进行监督检查。年度检查结果应当书面报告国有资产监督管理机构。

第二十二条 各级国有资产监督管理机构应当对企业产权登记工作的日常登记情况、年度检查情况和限期整改事项落实情况等进行检查，并予以通报。

第二十三条 国有资产监督管理机构、国家出资企业应当建立健全产权登记档案管理制度；国家出资企业对办理完成的产权登记事项，应当及时将合规性资料目录中所列资料整理归档，分户建立企业产权登记档案。

第二十四条 企业违反本办法规定,有下列行为之一的,由国有资产监督管理机构责令改正或者予以通报,造成国有资产损失的,依照有关规定追究企业领导和相关人员的责任:

(一)未按本办法规定及时、如实申请办理产权登记的;

(二)未按期进行整改的;

(三)伪造、涂改产权登记证、登记表的。

第五章 附 则

第二十五条 省级国有资产监督管理机构可以依据本办法制定本地区的具体实施办法。

第二十六条 本办法自2012年6月1日起施行。

商务部 国资委办公厅关于上市公司国有股向外国投资者及外商投资企业转让申报程序有关问题的通知

2004年1月21日 商资字〔2004〕1号

各省、自治区、直辖市和计划单列市外经贸委厅(局)、商务厅(局)、国资委:

为了引进国外先进管理经验、技术和资金,加快经济结构调整步伐,改进上市公司法人治理结构,保护投资者的合法权益,促进证券市场的健康发展,规范外国投资者及外商投资企业进入证券市场的行为,根据原对外贸易经济合作部、国家税务总局、国家工商行政管理总局、国家外汇管理局《外国投资者并购境内企业暂行规定》以及商务部、财政部、国务院国有资产监督管理委员会、中国证券监督管理委员会2003年第25号公告，现就非金融类企业所持有上市公司国有股向外国投资者及外商投资企业转让的有关申报程序问题通知如下：

一、非金融类企业所持有上市公司国有股向外国投资者及外商投资企业转让，属地方企业的，由国有股持有人通过省级国有资产监管部门向国务院国有资产监督管理委员会（以下简称国资委）提出申请，同时抄报商务部；属中央企业的，由中央企业母公司（未脱钩企业由其主管部门）向国资委提出申请，同时抄报商务部。

二、国资委在接到相关申请后，以国资委司局函征求商务部意见，商务部就非金融类企业所持有上市公司国有股向外国投资者及外商投资企业转让是否符合吸收外商投资政策提出意见，并以商务部司局函回复。

三、国资委在接到商务部同意意见后，按规定办理非金融类企业所持有上市公司国有股向外国投资者及外商投资企业转让审核手续。

四、国有股转让申请获国资委核准后，上市公司根据有关规定拟订有关法律文件，并按规定程序向商务部申请办理向外国投资者及外商投资企业转让股份及上市公司章程变更的核准手续。商务部按外商投资相关规定进行审核后予以批复，并抄送国资委、国家工商总局、中国证监会等部门。

关于中央企业主辅分离辅业改制分流安置富余人员资产处置有关问题的通知

2004年1月19日　国资发产权〔2004〕9号

各中央企业：

为贯彻落实《中共中央国务院关于进一步做好下岗失业人员再就

业工作的通知》(中发〔2002〕12号),切实做好中央企业主辅分离辅业改制分流安置富余人员(以下简称改制分流)过程中的资产处置工作,根据《关于国有大中型企业主辅分离辅业改制分流安置富余人员的实施办法》(国经贸企改〔2002〕859号)等有关规定,现将企业改制分流过程中涉及的非主业资产、闲置资产和关闭破产企业的有效资产(以下简称三类资产)处置的有关问题通知如下:

一、中央企业应根据国资委、财政部、劳动保障部的联合批复文件精神,逐个对所属企业改制分流所利用的三类资产情况进行审核认定,出具认定证明文件,并按照《国有企业清产核资办法》(国资委令第1号)、《财政部关于印发〈企业公司制改建有关国有资本管理与财务处理的暂行规定〉的通知》(财企〔2002〕313号)和国有资产评估管理的有关规定,对三类资产进行清查、审计和评估。其中,对同一批实施改制的企业,原则上选取相同的评估基准日。

二、改制企业可用国有净资产进行下列支付和预留:

(一)支付解除职工劳动合同的经济补偿金。职工解除劳动合同支付的经济补偿金,按照《关于印发国有大中型企业主辅分离辅业改制分流安置富余人员的劳动关系处理办法的通知》(劳社部发〔2003〕21号,以下简称21号文件)执行。

(二)支付为移交社会保障机构管理的职工一次性缴付的社会保险费。企业支付的社会保险费,按照省级人民政府确定的缴费比例执行。

(三)预留因改制分流实行内部退养的人员的生活费和社会保险费。预留生活费标准由企业根据有关规定确定,最高不超过按所在省(区、市)计算正常退休人员养老金的办法核定的数额。社会保险费按内退前的基数一次核定,不再调整。原主体企业对预留费用应制定切实可行的管理办法,进行专项管理,确保内部退养人员费用按时、足额支付。

中央企业应根据21号文件的规定,将原主体企业解除劳动合同的情况(人数、支付经济补偿金的标准、总额及资金来源)、为移交社会保障机构管理的职工一次性缴付的社会保险费以及预留内部退养人员费用等,报企业所在地省级劳动保障部门审核备案,并按有关批复文件规定进行支付和预留。

三、国有净资产不足以进行支付和预留的，不足部分由原主体企业予以补足。补足后，原主体企业原则上不再向改制企业作新的投入。

四、用国有净资产进行支付和预留后有剩余的，剩余部分可按规定向员工或外部投资者出售，或采取租赁、入股、转为债权等方式留在改制企业，但不得无偿量化到个人。

五、中央企业应委托会计师事务所对用国有净资产进行支付和预留的情况进行专项审计，并由会计师事务所出具专项审计报告。

六、用国有净资产按规定进行各项支付和预留（含原主体企业予以补足的部分）造成账面国有资产减少的，由中央企业在每一批改制企业完成公司设立登记后30日内，将有关情况汇总报国资委批准后冲减国有权益。

七、中央企业申请冲减国有权益需报送以下材料：

（一）中央企业关于改制分流冲减国有权益的申请；

（二）企业产权登记表证；

（三）企业三类资产的认定证明文件；

（四）企业三类资产的资产清查报告或清产核资结果批复文件；

（五）企业三类资产评估备案表；

（六）改制后企业国有股权设置方案批复文件；

（七）新设公司制企业的法人营业执照复印件；

（八）省级劳动保障部门出具的审核意见书以及企业报送劳动部门备案的职工安置情况实施结果；

（九）会计师事务所出具的关于用国有净资产进行支付和预留情况的专项审计报告；

（十）三类资产处置情况表（表式附后）；

（十一）中央企业、原主体企业等有关企业评估基准日的财务报告；

（十二）国资委需要的其他材料。

原改制企业为公司制企业的，应同时附送有关冲减权益的股东会决议。

八、中央企业、原主体企业、改制企业等有关企业应根据规定及时办理产权登记等手续。

关于加强企业国有产权交易监管有关工作的通知

2004年2月6日　国发资产权〔2004〕176号

各省、自治区、直辖市国有资产监督管理机构：

国务院国资委、财政部2003年12月31日公布的《企业国有产权转让管理暂行办法》(国资委、财政部令第3号，以下简称《办法》)，对规范企业国有产权转让行为，加强企业国有产权交易的监督管理作出了规定。为做好《办法》有关规定的贯彻落实工作，现将有关事项通知如下：

一、进一步提高对加强企业国有产权转让监管重要性的认识

企业国有产权转让是促进国有资产合理流动，实施国有经济布局和结构战略性调整的重要手段。各级国有资产监督管理机构(以下简称“国资监管机构”)要认真贯彻落实党的十六大和十六届二中全会、三中全会精神，按照《企业国有资产监督管理暂行条例》和《办法》的有关规定，切实履行好出资人代表的监管职责，加大对企业国有产权交易的监管力度，统筹安排，精心组织，推动企业国有产权的有序流转。

二、认真做好《办法》各项规定的组织落实工作

《办法》对企业国有产权转让进入产权交易市场作出了明确规定，对从事企业国有产权转让的产权交易机构提出了应具备的基本条件，明确了企业国有产权转让的操作、批准程序。各级国资监管机构在具体工作中，要按照《办法》的规定和要求认真做好相关政策规定的衔接和各项工作的组织实施，做好有关政策规定的宣传、讲解，明确和落实相关工作责任，严格把关，保证企业国有产权转让工作的顺利进行。

三、对本地区产权交易机构的有关情况进行调查摸底

近年来，一些地方陆续制定了有关国有产权交易监管的法规、规章及交易规则，成立了产权交易机构，对深化国有企业改革、促进国有资产的合理流动发挥了应有的作用。各地国资监管机构要对本地区产权交易机构的设立、运行管理、组织结构、交易系统及网络建设和监管措施等总体情况进行调查摸底，全面了解企业国有产权转让进入产权市场的交易情况，掌握本地区产权交易市场的发展规划情况，并将有关调查摸底情况于2004年3月15日前报国务院国资委。

四、扎实做好产权交易机构的选择与确定工作

根据《办法》规定，国有资产监督管理机构负责选择确定从事企业国有产权交易活动的产权交易机构。各地国资监管机构要切实履行职责，按照“摸清情况、立足规范、合理布局、利于发展”的原则，做好产权交易机构的选择确定工作（有关工作规则另行制定）。没有设立产权交易机构的地区，可以在做好本地有关部门协调工作的基础上，采取业务委托等方式与其他经省级国资监管机构确定的产权交易机构或区域性产权交易市场建立相应的委托代理关系。对确定的产权交易机构应报上一级国资监管机构备案，并向社会公布其基本情况，接受社会监督。

五、及时开展相关产权交易信息的统计分析工作

各级国资监管机构要将企业国有产权交易信息统计体系的建设作为加强企业国有产权转让监管的重要基础工作之一。要按照统一的产权交易信息统计工作要求（另行制定），建立正常的产权交易信息发布、查询、报告和统计监测网络，充分利用信息化技术手段进行转让信息的发布和交易监测，做好对企业国有产权交易的全过程跟踪。

六、加强对企业国有产权交易活动的监督检查工作

各级国资监管机构负责产权转让的部门要会同纪检、监察部门加

强对企业国有产权交易活动的监督检查。要检查各相关企业和选择的产权交易机构对国家有关政策规定的贯彻落实情况，产权交易规则的遵守、执行情况以及企业国有产权交易信息的统计报告情况；要注意了解和总结在企业国有产权交易活动中出现的新情况、新问题，对有关重要情况和重大问题要及时报告。对于违反有关规定的，要及时查清情况并进行处理。

附件：产权交易机构情况调查表(一)、(二)、(三)

附件：

产权交易机构情况调查表(一)

机构名称		注册资金 (万元)		营业面积 (平方米)	
主管部门		机构性质		组建时间	
法定代表人 (姓名、学历、职称)					
经营范围			加入区域 市场情况		
机构网址					
联系人		联系电话		传真	
联系地址				邮编	
职工人数		大学学历以上人数		高级职称人数	
管理方式(会员制或非会员制)					
投资成立的其他机构	名称	业务范围			
分支机构					
产权交易信息网络情况	软件名称及开发单位				
	系统运行平台				
	网络覆盖区域				
	其他需要说明的情况				

产权交易机构情况调查表(二)

分类 \ 年度 数额		2001		2002		2003	
		宗数	万元	宗数	万元	宗数	万元
总体交易情况	交易总额						
	交易资产总额	—		—		—	
	跨区域交易						
按交易主体划分	国有及国有控股企业转让						
	其他企业转让						
	国有及国有控股企业受让						
	外资企业受让						
	其他企业受让						
交易类型	企业产权交易(含股权交易)						
	债权交易						
	实物资产交易						
	知识产权交易(含技术产权交易)						
交易方式	协议转让						
	公开拍卖						
	招标投标						
	其他						

产权交易机构情况调查表(三)

项目 \ 年度	2001	2002	2003
产权交易机构收入合计(万元)			
其中:企业产权交易收入(万元)			
其他业务收入(万元)			
财政补贴收入(万元)			
其他收入(万元)			
规定收费标准			
实际收费标准			

注:1. 产权交易信息网络系统可另附相关说明;

2. 交易总额及其各分项交易额均按照转让资产实际成交金额单向计算填写;

3. 跨区域交易中的区域指省、自治区、直辖市;

4. 应同时报送政府相关管理部门发布或制定的产权交易监管工作规章、制度,以及产权交易机构章程及相关内部管理制度。

关于中央企业加强产权管理工作的意见

2004年2月23日　国资发产权〔2004〕180号

各中央企业：

为贯彻落实党的十六届三中全会《中共中央关于完善社会主义市场经济体制若干问题的决定》(以下简称《决定》)精神，推动国有经济布局和结构的战略性调整，发展和壮大国有经济，推进中央企业逐步建立“归属清晰、权责明确、保护严格、流转顺畅”的现代产权制度，促进中央企业加强产权管理，现提出以下意见：

一、认真学习贯彻《决定》，深刻领会建立现代产权制度的重要意义。现代产权制度是完善公有制为主体、多种所有制经济共同发展的基本经济制度的内在要求，是构建现代企业制度、完善企业法人治理结构、落实出资人层层到位的重要基础，也是明确相关主体权利和责任、健全企业经营者激励约束机制的基本前提。各中央企业要认真学习《决定》，深刻领会建立现代产权制度的重要意义和作用，树立产权观念、强化产权意识、理顺产权关系、加强产权管理，创造条件建立健全现代产权制度。

二、高度重视产权登记、资产评估等产权管理基础工作，做到产权归属清晰、资产估价科学。国有资产产权登记和资产评估是产权管理重要的基础性工作，也是建立现代产权制度的基础。产权登记的主要作用是依法确认国有资产权属关系，企业通过产权登记取得的国有资产产权登记表证是确认企业产权归属的法律凭证。各中央企业在对外投资、资产划转、产权转让、合并分立、企业改制等经济活动中，要严格按照有关规定办理产权登记。资产评估是维护国有产权合法权益的重要手段，评估结果是资产作价的基础依据。中央企业发生国有产权变动行为时应当认真做好资产评估工作，要聘请具有相应资质的评估机构进行评估，并按照规定程序办理核准和备案手续。各中央企业要加强对资产评估结果运用的管理，切实维护国有产权的合法权益。

三、规范国有产权转让行为，防止国有资产流失。各中央企业要认真贯彻落实《企业国有产权转让管理暂行办法》，在推进国有经济布局和结构的战略性调整、促进国有资本合理流转过程中，严格规范企业国有产权转让行为，加强对产权转让的全过程管理：一是要严格履行内部决策程序和审批程序；二是要按规定做好清产核资、财务审计和资产评估，并以评估值作为转让价格的参考依据；三是要坚持产权转让进入市场并公开披露有关转让信息，广泛征集受让方，杜绝暗箱操作；四是要选取适当的转让方式，确保国有资产不流失；五是要注意保护职工权益；六是要及时进行转让鉴证和产权变更登记，做好转让收益管理。

四、加强上市公司国有股权管理，切实维护国有股权益。各中央企业要按照有关国有股权管理法律法规要求，正确行使股东权利，依法履行股东义务，承担相应责任，指导和督促全资、控股子企业做好所持上市公司国有股权管理工作。在涉及上市公司国有股变动、增资扩股、配股、国有股质押等重大事项时，应严格履行内部决策程序和审批程序；在上市公司国有股转让中，要按照"公平、公开、公正"的原则，采取有效方式，广泛选择受让方，促进形成市场发现价格的有效机制，最大可能地实现国有资产保值增值；在受让上市公司社会法人股时，要认真做好可行性研究，严格受让股份行为的内部决策程序，确保合理定价，并及时办理股份性质变更的审批和过户登记手续。

五、认真做好主辅分离、辅业改制、分流安置富余人员中的资产处置工作。主辅分离辅业改制是解决国有大中型企业人员分流安置富余人员的重要途径，也是盘活资产、做强做大主业、深化国有企业改革的重大举措。在改制中，各中央企业要按照有关规定，严格界定辅业资产、闲置资产和关闭破产企业的有效资产，认真组织清产核资、财务审计、资产评估等工作，保证资产价值真实可靠。在使用净资产支付安置职工费用时，要严格执行国家有关社会保障的规定标准，确保职工合法权益。需要核销国有权益的,要严格履行报批程序,并根据批复结果进行账务处理。

六、加强投资和资本运作的管理。认真做好企业中长期发展战略和规划,建立规范科学的投资决策和资本运作程序,防范投资风险。各中央企业要科学、合理地确定企业内部管理级次,要适当集中投资决策权,杜绝散乱现象,保持稳健的资本结构,防止债务风险。突出主业,发展核心业务,培育优良资产,防止盲目扩张。以实物资产和无形资产对外投资的,要严格按照规定进行资产评估,投资形成的产权关系,要及时进行产权登记。

七、大力发展股份制,优化企业产权结构。股份制是公有制的主要实现形式,也是提高国有资本运营效率的有效途径。各中央企业要按照党的十六届三中全会要求,从搞活国有企业、大力发展混合所有制经济要求出发,加快股份制改革的步伐,促进形成不同产权主体间多元投资、互为补充的产权结构,提高国有资本的控制力。在股份制改革中,各中央企业要认真执行《国务院办公厅转发国务院国有资产监督管理委员会关于规范国有企业改制工作意见的通知》(国办发〔2003〕96号),严格按照有关规定做好行为审批、清产核资、资产评估、股权界定等各项工作;股份公司设立后,中央企业要严格履行股东职责,正确行使股东权利,认真做好股权收益收缴等工作。

八、认真做好资产划转工作。资产划转是指国有资产产权在国有单位之间的无偿转移。各中央企业要着眼于国有企业改革和发展的大局,以实现国有经济资源的优化配置、减轻企业负担、提高企业竞争力为目标,认真做好资产和产权划转的可行性研究,严格规范划转工作,确保资产和产权划转符合企业的总体发展战略和长远目标。在划转中,要严格报批手续,切实维护企业的法人财产权,注意处理好企业的债权债务关系、劳动人事关系及其他相关事宜,并保证职工的妥善安置。

九、采取切实措施加强境外国有资产管理。各中央企业在向境外投资设立企业,或将境内资产转移、转让到境外,以及将境外资产转移、转让时,要做好资产评估、产权登记等基础工作,同时要严格履行报告制度和审批程序。对在境外设立的企业、分支机构要建立健全有效的监管制度，加强监督检查，防止境外国有资产流失。

关于做好企业国有产权交易信息统计试点工作的通知

2004 年 8 月 26 日　国资厅产权〔2004〕189 号

上海联合产权交易所，天津产权交易中心，北京产权交易所：

为加强企业国有产权交易监管，逐步建立企业国有产权交易信息统计报告制度，根据《企业国有产权转让管理暂行办法》（国资委、财政部令第 3 号）等有关规定，决定在你所（中心）进行企业国有产权交易信息统计试点工作。现将有关事项通知如下：

一、建立企业国有产权交易信息统计报告制度是加强企业国有产权交易监管的重要内容，做好企业国有产权交易信息统计工作是实现对企业国有产权有序流转进行动态监测的必要手段。有关试点机构要充分认识此项工作的重要意义，按照统一的工作要求，落实工作责任，认真做好相关工作。

二、企业国有产权交易信息统计试点的范围包括：各试点机构的企业国有产权交易汇总情况和中央企业及其所属企业持有的国有产权交易情况。

三、统计表由《企业国有产权转让信息统计表》和《企业国有产权转让基础信息登记表》（参考表式）两部分组成。其中，《企业国有产权转让信息统计表》应按照试点机构所从事的企业国有产权交易汇总数据和中央企业数据分别填报；《企业国有产权转让基础信息登记表》是为建立产权交易信息数据库和实现产权交易信息分类检索，结合企业财务决算报表设计的基础信息登记表式，将在建立企业国有产权交易信息统计报告制度的基础上推广使用。试点期间,暂由各试点机构结合有关实际情况在进行企业国有产权交易信息统计工作中参考使用。

四、企业国有产权交易信息统计工作应按照“统一录入、分类汇总、对口上报”的程序,按照统一的格式和编制要求组织上报。为加强企业国有产权交易信息的管理,中央企业国有产权交易信息统计结果未经我委同意,不得擅自对外提供和使用。

五、各试点机构应于每月 5 日前将上月企业国有产权交易信息统计结果和简要分析报我委产权局(电子版同时发至 lixiaoliang@sasac. gov. cn 或 menghq@sasac. gov. cn)。首次上报应同时报送本年度以前月份的相关数据及分析说明。

六、各试点机构应逐步建立产权交易信息数据库,并及时做好有关数据的更新及维护工作,确保数据的真实准确。

七、各试点机构在企业国有产权交易信息统计试点工作中发现的问题,请及时与我委产权局联系。

附件:1.《企业国有产权转让信息统计表》(略)

2.《企业国有产权转让基础信息登记表》(参考表式)(略)

3.《企业国有产权转让信息统计表》编制说明(略)

关于做好贯彻落实《企业国有产权转让管理暂行办法》有关工作的通知

2004 年 3 月 8 日　国资发产权〔2004〕195 号

各中央企业:

国务院国资委、财政部于 2003 年 12 月 31 日公布了《企业国有产权转让管理暂行办法》(国资委、财政部令第 3 号,以下简称《办法》),对规范企业国有产权转让行为，加强企业国有产权交易的监督管理作出了规定。为做好《办法》有关规定的组织落实工作，现将有关事项通知如下：

一、进一步提高对规范企业国有产权转让行为重要性的认识

党的十六大和十六届三中全会提出了加快调整国有经济布局和结构，完善国有资本有进有退、合理流动机制和推动产权有序流转的战略目标。各中央企业要认真领会党中央精神，抓住机遇，加快企业产权制度改革步伐；要从提高企业核心竞争力，促进企业持续发展和维护社会稳定的大局出发，进一步规范国有产权转让行为，促进国有产权的有序流转。

二、认真做好《办法》各项规定的组织实施工作

《办法》规定了企业国有产权转让的批准和操作程序，明确了相关监管职责。各中央企业要按照“明确职责、规范运作、严格把关、监管有力”的原则，认真做好各项规定的组织实施工作。要及早研究制定本企业的国有产权转让管理办法，报我委备案；要落实企业内部负责企业国有产权转让监管的职能部门和人员，明确工作责任；要加强对各级子企业国有产权转让行为的审核，并对进入市场后各个工作环节实施跟踪监管，切实维护所有者权益，防止国有资产流失。

三、严格落实企业国有产权转让进场制度

《办法》对企业国有产权转让进入产权交易市场作出了明确的规定。我委将在对全国产权交易机构调查摸底的基础上，按照一定的程序选择确定从事中央企业国有产权转让活动的产权交易机构。在此之前，暂将上海联合产权交易所、天津产权交易中心和北京产权交易所作为试点，负责发布中央企业的国有产权转让信息，并由其或其所在的区域性产权市场组织相关产权交易活动。各中央企业要充分认识企业国有产权进场交易的重要意义，切实执行进场交易制度，促进企业国有产

权"阳光交易"制度的建立。

四、建立企业国有产权转让情况报告制度

为做好企业国有产权转让信息的统计分析工作,我委将制定统一的企业国有产权交易信息统计报告制度。各中央企业要全面掌握企业国有产权转让的有关情况,对子企业的国有产权转让行为批复文件须同时报我委备案,并在每年1月份将上一年度企业国有产权转让情况统计汇总后报我委;要按照企业国有资产产权登记管理的有关规定和要求,加强产权变动登记管理,强化产权变动监管力度。

五、做好有关企业国有产权转让行为的规范衔接工作

《办法》已于2004年2月1日起施行,各中央企业要对正在进行的国有产权转让进行清理。对经有关方面批准并已于2月1日前正式签订产权转让合同的,可按有关批复和合同的约定组织实施,但后续工作环节要按《办法》的规定进行规范;对2月1日前没有正式签订产权转让合同的,应按照《办法》的各项规定重新予以规范。

六、加强对企业国有产权交易活动的监督检查工作

我委将建立企业国有产权转让管理的监督检查制度,由负责产权转让的部门会同纪检、监察部门定期或不定期地对各中央企业国有产权交易活动进行监督检查,发现违法违规行为,将按照有关规定严肃处理。各中央企业也要通过对各级子企业国有产权转让事前、事中和事后等环节的审核把关和监督检查,切实履行好相关监管职责。在检查工作中,各中央企业应注意了解和总结在企业国有产权交易活动中出现的新情况、新问题,对有关重要情况和重大问题及时报告。

关于做好产权交易机构选择确定工作的指导意见

2004 年 7 月 14 日　国资发产权〔2004〕252 号

各省、自治区、直辖市国资委：

为做好从事企业国有产权交易活动的产权交易机构的选择确定工作，根据《企业国有资产监督管理暂行条例》（国务院令第 378 号）和《企业国有产权转让管理暂行办法》（国资委、财政部令第 3 号）等有关规定，现提出如下工作意见：

一、高度重视产权交易机构的选择确定工作。企业国有产权“进场交易”是加强企业国有产权转让监管的重要措施，选择确定符合条件的产权交易机构是保障企业国有产权交易规范进行的重要前提。各地国资监管机构要高度重视和扎实做好从事企业国有产权交易活动的产权交易机构的选择确定工作，并对其从事的企业国有产权交易活动进行监督管理。

二、选择产权交易机构的工作职责。国务院国资委负责制定选择从事企业国有产权交易活动的产权交易机构的基本条件，提出组织工作要求，选择从事中央企业国有产权交易活动的产权交易机构。

各省、自治区、直辖市国资监管机构在国务院国资委的指导下，负责从事本地区企业国有产权交易活动的产权交易机构的选择工作。

三、选择产权交易机构的工作原则。国资监管机构在选择产权交易机构时，应按照“打破区域限制、立足规范运作、促进资源共享、利于长远发展”的原则，按统一的标准和条件在全国范围内公开进行。

四、选择产权交易机构的组织方式。国资监管机构在选择产权交易机构时，应在产权交易机构提出书面申请的基础上，采取公开评审的方式进行。评审工作可由国资监管机构相关职能部门人员、产权交易专家以及企业代表组成评审工作组。

评审工作组具体负责以下主要工作：

(一)制订选择产权交易机构的实施方案；

(二)按照统一的要求拟订选择产权交易机构的具体标准和条件；

(三)对产权交易机构报送的申请材料进行核实、审查,必要时可组织相关人员进行实地考察；

(四)根据审查和考察情况,对申请从事企业国有产权交易的产权交易机构提出具体评审意见；

(五)起草选择产权交易机构的《评审工作报告》。

《评审工作报告》经国资监管机构批准后,由国资监管机构向产权交易机构发出书面通知,或由国资监管机构与其签订《企业国有产权交易业务委托协议》。

五、选择产权交易机构应当审核的材料。国资监管机构在选择产权交易机构时,应当审核产权交易机构提供的下列书面资料：

(一)批准成立产权交易机构的相关文件；

(二)产权交易机构高级管理人员的任命(聘任)文件；

(三)工作场所证明(包括房屋租赁合同或房产证明复印件)；

(四)产权交易信息管理系统的相关资料；

(五)与有关报刊签订的发布产权转让信息的业务委托协议；

(六)所在地政府或相关管理部门发布或制定的产权交易监管工作规章、制度；

(七)政府物价部门核准及实际执行的收费标准；

(八)营业执照副本、章程及相关内部管理制度；

(九)产权交易业务开展情况、奖惩情况和机构变动情况；

(十)如已参加区域性产权交易市场或与其他产权交易机构业务代理合作,还应提供相关协议资料复印件；

(十一)其他需要出具的证明或资料。

六、选择产权交易机构的重点审核内容。国资监管机构在选择产权交易机构时,应当按照《企业国有产权转让管理办法》规定的基本条件进行严格审核，同时重点审核以下主要内容：

（一）是否具有健全的内部管理制度和相应的产权交易操作规范，自觉接受国资监管机构对其从事的企业国有产权交易活动的监督检查；

（二）是否具有诚信、守法进行产权交易活动的证明或承诺，能够提供产权交易的审查登记、信息发布、交易结算、交易鉴证等一系列产权交易综合服务；

（三）产权交易信息系统是否完善，并与相应的区域性产权交易合作组织建立畅通的信息发布渠道，能够发挥信息资源集中和信息发布网络化的优势。

七、产权交易机构选择结果的公布。选择工作结束后，国资监管机构应将所选择产权交易机构的基本情况，以适当方式向社会公告。各省、自治区、直辖市国资监管机构还应将选择结果和相关情况报国务院国资委备案。

八、对产权交易机构的监管工作。国资监管机构要对所选择的产权交易机构从事的企业国有产权交易活动实行动态监管。监管工作可以采取专项工作检查，向相关企业征求意见，对有关媒体及社会反映的问题进行调查核实以及听取有关部门、专家意见等多种方式进行。

对于在监管工作中发现的问题，国资监管机构应当及时要求相关产权交易机构整改，并对其整改情况进行跟踪了解；对于不再符合从事企业国有产权交易活动的基本条件要求或在企业国有产权交易中弄虚作假、玩忽职守，损害国家利益或交易双方合法权益的产权交易机构，国资监管机构3年内不得再选择其从事企业国有产权交易的相关业务。

九、其他情况的处理。

（一）对已经省、自治区、直辖市人民政府确定的产权交易机构，各地国资监管机构也要按照有关要求掌握其基本情况，报国务院国资委备案，并对其从事企业国有产权交易活动的诚信、守法情况加强监管。

（二）没有设立产权交易机构的地区，国资监管机构在做好本地有关部门协调工作的基础上,可采取公开的方式在全国范围内选择,也可采取业务委托方式,与其他经省级以上国资监管机构确定的产权交易机构或区域性产权交易市场建立相应的业务委托代理关系。

（三）经国资监管机构选择的产权交易机构发生分立、合并或变更等事项,应当及时向国资监管机构通报有关情况。

关于企业国有产权转让有关问题的通知

2004年8月25日　国资发产权〔2004〕268号

各中央企业,各省、自治区、直辖市国资委:

《企业国有产权转让管理暂行办法》(国资委、财政部令第3号,以下简称《办法》)施行后,一些中央企业和地方国资监管机构反映在企业国有产权转让操作过程中的一些问题,要求予以明确。经研究,现就有关问题通知如下:

一、关于实施主辅分离、辅业改制工作中资产处置与《办法》有关规定的衔接问题在国有大中型企业主辅分离、辅业改制,分流安置富余人员过程中,经国资监管机构及相关部门确定列入主辅分离、辅业改制范围企业的资产处置,应当按照《关于国有大中型企业主辅分离辅业改制分流安置富余人员的实施办法》(国经贸企改〔2002〕859号)及有关配套文件的规定执行。对于改制企业的国有净资产按规定进行各项支付的剩余部分,采取向改制企业的员工或外部投资者出售的,应当按照国家有关规定办理,具体交易方式可由所出资企业或其主管部门(单位)决定。

二、关于重要子企业的重大国有产权转让事项的确定问题中央企业按国务院国资委印发的《关于贯彻落实〈国务院办公厅转发国务院国有资产监督管理委员会关于规范国有企业改制工作意见的通知〉的通知》(国资发改革〔2004〕4号)的相关规定办理，暂由中央企业确定其转让行为报国务院国资委批准或自行决定；地方企业暂由地方国资监管机构按照有关规定，结合各地实际明确相应的管理要求。在国务院国资委对重要子企业的重大事项管理办法出台后按照新的规定办理。

三、关于转让企业国有产权涉及上市公司国有股性质变化的有关操作问题转让企业国有产权涉及上市公司国有股性质变化的，应按照《办法》规定的程序进行，到经国资监管机构选择确定的产权交易机构中公开披露产权转让信息，广泛征集受让方。在确定受让方并草签产权转让合同后，由转让方按照国家对上市公司国有股转让管理的规定，将涉及的上市公司国有股性质变化事项报国务院国资委审核批准。其他事项按以下程序办理：

(一)转让企业国有产权涉及上市公司国有股性质变化的事项获得批准后，转让方应当持批准文件、受让方的全额现金支付凭证到产权交易机构办理产权交易鉴证手续。

(二)转让、受让双方应持国务院国资委对涉及上市公司国有股性质变化事项的批准文件、受让方的全额现金支付凭证、产权交易机构出具的产权交易凭证或省级以上国资监管机构对直接采取协议方式转让国有产权的批准文件等，按照规定程序到证券登记结算机构办理上市公司国有股变更登记手续。

(三)转让企业国有产权涉及上市公司国有股性质变化的，转让方还应按照证券监管部门的有关规定履行信息披露义务，且信息披露时间不得晚于在产权交易机构中披露产权转让信息的时间。

四、关于企业国有产权转让方案的制定及落实问题企业国有产权转让方案是相关批准机构审议、批准转让行为以及产权转让成交后转让方落实相关事项的重要依据，转让方应重点做好以下内容的研究和落实工作：

(一)转让方应当对企业国有产权转让行为进行充分论证和深入分析，必要时可以聘请相关专业咨询机构提出企业国有产权转让的咨询、论证意见。

(二)对转让标的企业涉及的职工安置方案,应当按照国家有关政策规定明确提出企业职工的劳动关系分类处理方式和有关补偿标准,经该企业职工代表大会讨论通过,并获企业所在地劳动保障行政部门审核同意。

(三)企业国有产权转让成交后,转让方应按照《国务院办公厅转发国务院国有资产监督管理委员会〈关于规范国有企业改制工作意见〉的通知》(国办发〔2003〕96号)和《办法》的相关规定,做好转让方案各项内容的落实工作。除国家另有规定外,不得采取转让前将有关费用从净资产中抵扣的方法进行企业国有产权转让。

五、关于企业国有产权转让信息公开披露问题为保证企业国有产权转让信息披露的充分性和广泛性,企业国有产权转让相关批准机构必须加强对转让公告内容的审核,产权交易机构也应当加强对企业国有产权转让信息披露的管理。

(一)产权转让公告应由产权交易机构按照规定的渠道和时间公开披露,对于重大的产权转让项目或产权转让相关批准机构有特殊要求的,转让方可以与产权交易机构通过委托协议另行约定公告期限,但不得少于20个工作日。转让公告期自报刊发布信息之日起计算。

(二)产权转让公告发布后,转让方不得随意变动或无故提出取消所发布信息。因特殊原因确需变动或取消所发布信息的,应当出具相关产权转让批准机构的同意或证明文件,并由产权交易机构在原信息发布渠道上进行公告,公告日为起算日。

(三)在产权转让公告中提出的受让条件不得出现具有明确指向性或违反公平竞争的内容。企业国有产权转让信息公开披露后,有关方面应当按照同样的受让条件选择受让方。

六、关于对意向受让方的登记管理问题为保证有关方面能够按照公开、公正、公平的原则参与企业国有产权交易,在企业国有产权转让公告发布后,对征集到的意向受让方按照以下规定进行管理:

(一)对征集到的意向受让方由产权交易机构负责登记管理,产权交易机构不得将对意向受让方的登记管理委托转让方或其他方面进行。产权交易机构要与转让方按照有关标准和要求对登记的意向受让方共同进行资格审查，确定符合条件的意向受让方的数量。

（二）产权交易机构要对有关意向受让方资格审查情况进行记录，并将受让方的登记、资格审查等资料与其他产权交易基础资料一同作为产权交易档案妥善保管。

（三）在对意向受让方的登记过程中，产权交易机构不得预设受让方登记数量或以任何借口拒绝、排斥意向受让方进行登记。

关于上市公司股权分置改革中国有股股权管理审核程序有关事项的通知

2005 年 9 月 17 日　国资厅发产权〔2005〕39 号

各省、自治区、直辖市及计划单列市、新疆生产建设兵团国有资产监管机构，各中央企业：

为进一步贯彻落实《关于上市公司股权分置改革的指导意见》（证监发〔2005〕80 号）和《关于上市公司股权分置改革中国有股股权管理有关问题的通知》（国资产权〔2005〕246 号）等有关文件精神，现就股权分置改革中涉及的国有股权管理审核程序有关事项通知如下：

一、省级或省级以上国有资产监督管理机构须在国有控股股东委托上市公司及其保荐机构将股权分置改革方案提交证券交易所前，组织对上市公司股权分置改革方案进行审核。

二、省级或省级以上国有资产监督管理机构受理股权分置改革方案时应当审核、查阅以下材料：

（一）股权分置改革方案论证报告；

（二）股权分置改革说明书；

（三）非流通股股东参与股权分置改革的协商意见；

（四）上市公司上年年度报告和最近一期季度报告。

三、国有资产监督管理机构审核上述材料后，同意上市公司股权分置改革方案的，应当出具《上市公司股权分置改革国有股股权管理备案表》(表式见附件)。

四、国有控股股东取得省级或省级以上国有资产监督管理机构出具的备案表后，方可委托上市公司及其保荐机构向证券交易所提交股权分置改革方案。

五、国有控股股东委托上市公司董事会公告召集A股市场相关股东会议后，未对股权分置改革方案进行修改的，国有资产监督管理机构不再出具书面意见；如对股权分置改革方案进行修改的，国有控股股东须将修改后的股权分置改革方案报省级或省级以上国有资产监督管理机构审核，取得国有资产监督管理机构的书面意见后方可公告。

六、国有控股股东须在上市公司申请股票复牌后，在召开相关股东会议对股权分置改革方案表决前，将上市公司股权分置改革方案报省级或省级以上国有资产监督管理机构审核批准。

七、对国有控股上市公司股权分置改革方案，省级国有资产监督管理机构须报经本级人民政府同意后批复。

附件：上市公司股权分置改革国有股股权管理备案表(略)

关于印发《企业国有产权向管理层转让暂行规定》的通知

2005年4月21日　国资发产权〔2005〕78号

国务院各部委、各直属机构，各省、自治区、直辖市及计划单列市国有资产监督管理机构、财政厅(局)，新疆生产建设兵团，各中央企业：

为加强企业国有资产监督管理，规范企业国有产权转让行为，根据

《国务院办公厅转发国务院国有资产监督管理委员会关于规范国有企业改制工作意见的通知》(国办发〔2003〕96号)及《企业国有产权转让管理暂行办法》(国资委、财政部令第3号)的有关规定,我们制定了《企业国有产权向管理层转让暂行规定》,现印发给你们,请结合实际,认真遵照执行,并及时反映工作中有关情况和问题。

附件:企业国有产权向管理层转让暂行规定

附件:

企业国有产权向管理层转让暂行规定

一、为进一步推进国有企业改革,规范企业国有产权转让,保障国有产权有序流转,根据《国务院办公厅转发国务院国有资产监督管理委员会关于规范国有企业改制工作意见的通知》(国办发〔2003〕96号)及《企业国有产权转让管理暂行办法》(国资委、财政部令第3号,以下简称《暂行办法》),制定本规定。

二、本规定所称"管理层"是指转让标的企业及标的企业国有产权直接或间接持有单位负责人以及领导班子其他成员。"企业国有产权向管理层转让"是指向管理层转让,或者向管理层直接或间接出资设立企业转让的行为。

三、国有资产监督管理机构已经建立或政府已经明确国有资产保值增值行为主体和责任主体的地区或部门,可以探索中小型国有及国有控股企业国有产权向管理层转让(法律、法规和部门规章另有规定的除外)。

大型国有及国有控股企业及所属从事该大型企业主营业务的重要全资或控股企业的国有产权和上市公司的国有股权不向管理层转让。

四、国有及国有控股企业的划型标准按照原国家经贸委、原国家计委、财政部、国家统计局《关于印发中小企业标准暂行规定的通知》(国经贸中小企〔2003〕143 号)、国家统计局《统计上大中小型企业划分办法(暂行)》(国统字〔2003〕17 号)规定的分类标准执行。今后国家相关标准如有调整,按照新标准执行。

五、企业国有产权向管理层转让,应当严格执行《暂行办法》的有关规定,并应当符合以下要求:

(一)国有产权持有单位应当严格按照国家规定委托中介机构对转让标的企业进行审计,其中标的企业或者标的企业国有产权持有单位的法定代表人参与受让企业国有产权的,应当对其进行经济责任审计。

(二)国有产权转让方案的制订以及与此相关的清产核资、财务审计、资产评估、底价确定、中介机构委托等重大事项应当由有管理职权的国有产权持有单位依照国家有关规定统一组织进行,管理层不得参与。

(三)管理层应当与其他拟受让方平等竞买。企业国有产权向管理层转让必须进入经国有资产监督管理机构选定的产权交易机构公开进行,并在公开国有产权转让信息时对以下事项详尽披露:目前管理层持有标的企业的产权情况、拟参与受让国有产权的管理层名单、拟受让比例、受让国有产权的目的及相关后续计划、是否改变标的企业的主营业务、是否对标的企业进行重大重组等。产权转让公告中的受让条件不得含有为管理层设定的排他性条款,以及其他有利于管理层的安排。

(四)企业国有产权持有单位不得将职工安置费等有关费用从净资产中抵扣(国家另有规定除外);不得以各种名义压低国有产权转让价格。

(五)管理层受让企业国有产权时,应当提供其受让资金来源的相关证明,不得向包括标的企业在内的国有及国有控股企业融资,不得以这些企业的国有产权或资产为管理层融资提供保证、抵押、质押、贴现等。

六、管理层存在下列情形的,不得受让标的企业的国有产权:

(一)经审计认定对企业经营业绩下降负有直接责任的;

(二)故意转移、隐匿资产,或者在转让过程中通过关联交易影响标的企业净资产的;

(三)向中介机构提供虚假资料,导致审计、评估结果失真,或者与有关方面串通，压低资产评估结果以及国有产权转让价格的；

（四）违反有关规定，参与国有产权转让方案的制订以及与此相关的清产核资、财务审计、资产评估、底价确定、中介机构委托等重大事项的；

（五）无法提供受让资金来源相关证明的。

七、企业国有产权向管理层转让，有关工作程序、报送材料等按照《暂行办法》的规定执行。

八、企业国有产权向管理层转让后仍保留有国有产权的，参与受让企业国有产权的管理层不得作为改制后企业的国有股股东代表。相关国有产权持有单位应当按照国家有关规定，选派合格人员担任国有股股东代表，依法履行股东权利。

九、管理层不得采取信托或委托等方式间接受让企业国有产权。

十、企业国有产权向管理层转让后涉及该企业所持上市公司国有股性质变更的，按照国家有关规定办理。

十一、主辅分离、辅业改制，分流安置富余人员过程中，经国有资产监督管理机构及相关部门确定列入主辅分离、辅业改制范围的企业，需向管理层转让企业国有产权的，按照《关于国有大中型企业主辅分离辅业改制分流安置富余人员的实施办法》（国经贸企改〔2002〕859 号）及有关配套文件规定办理。

十二、国有控股高新技术企业、转制科研机构符合《国务院办公厅关于转发财政部、科技部关于国有控股高新技术企业开展股权激励试点工作指导意见的通知》（国办发〔2002〕48 号）以及《国务院办公厅转发国务院体改办关于深化转制科研机构产权制度改革若干意见的通知》（国办发〔2003〕9 号）的规定实施股权激励试点工作，需向管理层转让企业国有产权的，应当报经省级以上财政主管部门或相关国有资产监督管理机构批准。

十三、各级国有资产监督管理机构和有关监管部门应切实加强对企业国有产权向管理层转让工作的监督管理，及时总结经验，不断完善相关规章制度和监管措施，切实维护出资人及职工的合法权益。

十四、各级国有资产监督管理机构所选定的产权交易机构应当按照本规定的要求,加强对企业国有产权转让中涉及管理层受让相关事项的审查,认真履行产权交易机构的职责和义务。

十五、相关机构和人员违反本规定进行国有产权向管理层转让的,国有资产监督管理机构、财政主管部门或政府授权部门应当要求转让方终止国有产权转让活动,必要时应当向人民法院提起诉讼,申请确认转让行为无效,并按照《企业国有资产监督管理暂行条例》(国务院令第378号)、《财政违法行为处罚处分条例》(国务院令第427号)及《暂行办法》的规定追究相关人员的责任;涉嫌犯罪的,依法移送司法机关处理。

十六、政企尚未分开的单位以及其他单位所持有的企业国有产权向管理层转让的,由政府财政主管部门或授权的国有资产监管机构批准,具体比照本规定执行。

关于印发《国务院国资委关于国有控股上市公司股权分置改革的指导意见》的通知

2005年6月17日　国资发产权〔2005〕111号

国务院各部委、各直属机构,各省、自治区、直辖市及计划单列市国有资产监督管理机构,新疆生产建设兵团,各中央企业:

为进一步推进股权分置改革,切实做好有关工作,我委制定了《国务院国资委关于国有控股上市公司股权分置改革的指导意见》,现予印发,请认真贯彻落实。

附件:国务院国资委关于国有控股上市公司股权分置改革的指导意见

附件：

国务院国资委关于国有控股上市公司股权分置改革的指导意见

为贯彻落实《国务院关于推进资本市场改革开放和稳定发展的若干意见》(国发〔2004〕3 号)精神，保证股权分置改革工作的顺利推进，维护资本市场的稳定，根据国家关于股权分置改革工作的有关要求，现就国有控股上市公司股权分置改革有关问题提出以下意见：

一、国有控股上市公司及其国有股股东、各级国有资产监督管理机构要从改革全局出发，积极支持股权分置改革工作。股权分置是制约我国资本市场稳定发展的基本制度问题，也是影响市场配置资源效率和国有资本有序流转的重要因素，必须采取切实有效措施，积极稳妥地加以解决。通过股权分置改革，发挥国有控股上市公司在资本市场中的导向性作用，促进资本市场实现长期、稳定发展。

二、国有控股上市公司的股权分置改革工作要着眼于上市公司长远发展，切实保护投资者特别是公众投资者的合法权益。上市公司质量是保证资本市场稳定发展的基石。国有控股上市公司及其国有股股东要不断提高公司的竞争力，做强做大，实现可持续发展，努力增加对投资者的回报，构建国有股股东和其他投资者的共同利益基础。

三、国有控股上市公司的控股股东要根据调整国有经济布局和结构、促进资本市场稳定发展的原则，结合企业实际情况，确定股权分置改革后在上市公司中的最低持股比例。

(一)在关系国家安全、国民经济命脉的重要行业和关键领域，以及国民经济基础性和支柱性行业中，要保证国有资本的控制力，确保国有经济在国民经济中的主导地位；

(二)对属于控股股东主业范围，或对控股股东发展具有重要影响的国有控股上市公司，控股股东应根据自身经营发展实际和上市公司发展需要，研究确定在上市公司中的最低持股比例；

（三）对其他行业和领域的国有控股上市公司，控股股东应根据“有进有退、有所为有所不为”的方针，合理确定在上市公司中的最低持股比例，做到进而有为，退而有序。

四、国有控股上市公司的控股股东所确定的最低持股比例，应按规定程序及时报国有资产监督管理机构审核，与上市公司股权分置改革方案一并披露。

国有控股上市公司的控股股东为公司制企业的，其最低持股比例应当按照《中华人民共和国公司法》等法律法规规定，严格履行内部决策程序后对外披露。

五、股权分置改革完成一定时期后，国有股东所持国有控股上市公司的最低持股比例需要调整的，应根据本意见和有关监管要求规范、有序进行。必要时，国有股东可以通过从资本市场增持公司股份的方式，巩固和增强自身控股地位，以保证国有经济布局和结构战略性调整目标的顺利实现。

六、国有控股上市公司及其国有股东在股权分置改革工作中，要严格按照证券监管部门和国有资产监管机构的监管要求，做好股权分置改革各个环节的工作，保证股权分置改革过程符合“公开、公平、公正”的原则；要采取切实有效措施，坚决防止利用股权分置改革进行内幕交易、操纵市场等违法犯罪活动；要注重保护职工的合法权益，维护社会稳定。

关于委托中央企业对部分主辅分离辅业改制项目进行资产评估备案管理的通知

2005年2月21日　国资产权〔2005〕193号

各中央企业：

为更好地贯彻落实原国家经贸委、财政部、劳动保障部等八部门《印发〈关于国有大中型企业主辅分离辅业改制分流安置富余人员的实施办法〉的通知》(国经贸企改〔2002〕859号)精神，提高工作效率，保证中央企业主辅分离辅业改制工作的顺利进行，根据主辅分离辅业改制以及国有资产管理的有关规定，经研究，决定将中央企业及其子企业部分主辅分离辅业改制项目的评估备案工作专项委托中央企业办理。现将有关事项通知如下：

一、对中央企业经我委批准进行主辅分离辅业改制项目中，按有关规定应报我委备案的中央企业及其子企业的资产评估项目，分限额专项委托中央企业办理相关备案工作。其中，属于国家授权投资机构的中央企业负责办理资产总额账面值在5000万元(不含)以下项目的备案，5000万元以上的项目继续由我委办理；其他中央企业负责办理资产总额账面值在2000万元(不含)以下项目的备案，2000万元以上的项目继续由我委办理。子公司以下的评估备案工作继续由中央企业办理。

二、各中央企业要重视评估备案管理工作，建立健全企业内部评估管理制度，明确内部工作职能和职责，严格内部审核、备案程序，确保主辅分离辅业改制中的资产评估工作按照国家相关规定规范进行，防止国有资产流失。

三、各中央企业负责评估备案管理的人员要认真学习国家有关国有资产评估管理的法律法规和相关业务知识，不断提高管理能力和水平，保证备案质量。我委将于近期统一组织对企业评估管理人员的培训，具体时间另行通知。

四、为及时掌握企业主辅分离辅业改制项目专项评估备案情况，请各中央企业每半年向我委报送办理主辅分离辅业改制项目评估备案情况的统计和分析(统计表见附件)，包括企业在办理专项评估备案工作中发现的有关问题及有关意见和建议。

五、为保证中央企业评估管理工作的规范进行，我委将按照有关规定，定期对中央企业办理主辅分离辅业改制项目评估备案情况进行重点抽查，对抽查中发现的问题将及时给予通报和处理。

六、部分主辅分离辅业改制项目的评估备案工作专项委托中央企业办理后，评估备案管理的相关责任由中央企业承担。对评估备案管理工作达不到本通知要求，备案工作中存在较大问题的中央企业，将中止对其的专项委托并依据国家相关规定追究企业及相关人员责任。

本通知自印发之日起执行，企业在执行中遇到的有关问题，请及时与我委产权局联系。

关于印发《企业国有产权无偿划转管理暂行办法》的通知

2005年8月29日　国资发产权〔2005〕239号

各中央企业，各省、自治区、直辖市及计划单列市、新疆生产建设兵团国有资产监督管理机构：

为规范企业国有产权无偿划转行为，保障企业国有产权有序流动，防止国有资产流失，我们制定了《企业国有产权无偿划转管理暂行办法》，现印发给你们，请遵照执行。在执行中有何问题，请及时反馈我委。

附件：企业国有产权无偿划转管理暂行办法

附件：

企业国有产权无偿划转管理暂行办法

第一章　总　　则

第一条　为规范企业国有产权无偿划转行为，保障企业国有产权有序流动，防止国有资产流失，根据《企业国有资产监督管理暂行条例》

(国务院令第 378 号)等有关规定,制定本办法。

第二条 本办法所称企业国有产权无偿划转,是指企业国有产权在政府机构、事业单位、国有独资企业、国有独资公司之间的无偿转移。

国有独资公司作为划入或划出一方的,应当符合《中华人民共和国公司法》的有关规定。

第三条 各级人民政府授权其国有资产监督管理机构(以下简称国资监管机构)履行出资人职责的企业(以下统称所出资企业)及其各级子企业国有产权无偿划转适用本办法。

股份有限公司国有股无偿划转,按国家有关规定执行。

第四条 企业国有产权无偿划转应当遵循以下原则:

(一)符合国家有关法律法规和产业政策的规定;

(二)符合国有经济布局和结构调整的需要;

(三)有利于优化产业结构和提高企业核心竞争力;

(四)划转双方协商一致。

第五条 被划转企业国有产权的权属应当清晰。权属关系不明确或存在权属纠纷的企业国有产权不得进行无偿划转。被设置为担保物权的企业国有产权无偿划转,应当符合《中华人民共和国担保法》的有关规定。有限责任公司国有股权的划转,还应当遵循《中华人民共和国公司法》的有关规定。

第二章 企业国有产权无偿划转的程序

第六条 企业国有产权无偿划转应当做好可行性研究。无偿划转可行性论证报告一般应当载明下列内容:

(一)被划转企业所处行业情况及国家有关法律法规、产业政策规定;

(二)被划转企业主业情况及与划入、划出方企业主业和发展规划的关系;

(三)被划转企业的财务状况及或有负债情况;

(四)被划转企业的人员情况;

(五)划入方对被划转企业的重组方案,包括投入计划、资金来源、效益预测及风险对策等;

(六)其他需说明的情况。

第七条 划转双方应当在可行性研究的基础上,按照内部决策程序进行审议,并形成书面决议。

划入方(划出方)为国有独资企业的,应当由总经理办公会议审议;已设立董事会的,由董事会审议。划入方(划出方)为国有独资公司的,应当由董事会审议;尚未设立董事会的,由总经理办公会议审议。所涉及的职工分流安置事项,应当经被划转企业职工代表大会审议通过。

第八条 划出方应当就无偿划转事项通知本企业(单位)债权人,并制订相应的债务处置方案。

第九条 划转双方应当组织被划转企业按照有关规定开展审计或清产核资,以中介机构出具的审计报告或经划出方国资监管机构批准的清产核资结果作为企业国有产权无偿划转的依据。

第十条 划转双方协商一致后,应当签订企业国有产权无偿划转协议。划转协议应当包括下列主要内容:

(一)划入划出双方的名称与住所;

(二)被划转企业的基本情况;

(三)被划转企业国有产权数额及划转基准日;

(四)被划转企业涉及的职工分流安置方案;

(五)被划转企业涉及的债权、债务(包括拖欠职工债务)以及或有负债的处理方案;

(六)划转双方的违约责任;

(七)纠纷的解决方式;

(八)协议生效条件;

(九)划转双方认为必要的其他条款。

无偿划转事项按照本办法规定程序批准后,划转协议生效。划转协议生效以前,划转双方不得履行或者部分履行。

第十一条 划转双方应当依据相关批复文件及划转协议，进行账务调整，按规定办理产权登记等手续。

第三章 企业国有产权无偿划转的批准

第十二条 企业国有产权在同一国资监管机构所出资企业之间无偿划转的，由所出资企业共同报国资监管机构批准。

企业国有产权在不同国资监管机构所出资企业之间无偿划转的，依据划转双方的产权归属关系，由所出资企业分别报同级国资监管机构批准。

第十三条 实施政企分开的企业，其国有产权无偿划转所出资企业或其子企业持有的，由同级国资监管机构和主管部门分别批准。

第十四条 下级政府国资监管机构所出资企业国有产权无偿划转上级政府国资监管机构所出资企业或其子企业持有的，由下级政府和上级政府国资监管机构分别批准。

第十五条 企业国有产权在所出资企业内部无偿划转的，由所出资企业批准并抄报同级国资监管机构。

第十六条 批准企业国有产权无偿划转事项，应当审查下列书面材料：

（一）无偿划转的申请文件；

（二）总经理办公会议或董事会有关无偿划转的决议；

（三）划转双方及被划转企业的产权登记证；

（四）无偿划转的可行性论证报告；

（五）划转双方签订的无偿划转协议；

（六）中介机构出具的被划转企业划转基准日的审计报告或同级国资监管机构清产核资结果批复文件；

（七）划出方债务处置方案；

（八）被划转企业职代会通过的职工分流安置方案；

（九）其他有关文件。

第十七条 企业国有产权无偿划转事项经批准后，划出方和划入方调整产权划转比例或者划转协议有重大变化的，应当按照规定程序重新报批。

第十八条 有下列情况之一的，不得实施无偿划转：

(一)被划转企业主业不符合划入方主业及发展规划的；

(二)中介机构对被划转企业划转基准日的财务报告出具否定意见、无法表示意见或保留意见的审计报告的；

(三)无偿划转涉及的职工分流安置事项未经被划转企业的职工代表大会审议通过的；

(四)被划转企业或有负债未有妥善解决方案的；

(五)划出方债务未有妥善处置方案的。

第十九条 下列无偿划转事项，依据中介机构出具的被划转企业上一年度(或最近一次)的审计报告或经国资监管机构批准的清产核资结果，直接进行账务调整，并按规定办理产权登记等手续。

(一)由政府决定的所出资企业国有产权无偿划转本级国资监管机构其他所出资企业的；

(二)由上级政府决定的所出资企业国有产权在上、下级政府国资监管机构之间的无偿划转；

(三)由划入、划出方政府决定的所出资企业国有产权在互不隶属的政府的国资监管机构之间的无偿划转；

(四)由政府决定的实施政企分开的企业，其国有产权无偿划转国资监管机构持有的；

(五)其他由政府或国资监管机构根据国有经济布局、结构调整和重组需要决定的无偿划转事项。

第四章 附 则

第二十条 企业国有产权无偿向境外划转及境外企业国有产权无偿划转办法另行制定。

第二十一条 企业实物资产等无偿划转参照本办法执行。

第二十二条 本办法自公布之日起施行。

关于上市公司股权分置改革中国有股股权管理有关问题的通知

2005 年 9 月 8 日　国资发产权〔2005〕246 号

各省、自治区、直辖市及计划单列市、新疆生产建设兵团国有资产监管机构，各中央企业：

为深入推进股权分置改革工作，促进上市公司发展，保护投资者特别是公众投资者的合法权益，维护资本市场稳定，根据《国务院关于推进资本市场改革开放和稳定发展的若干意见》（国发〔2004〕3 号）及《关于上市公司股权分置改革的指导意见》（证监发〔2005〕80 号）等文件精神，经国务院同意，现就股权分置改革中涉及的国有股股权管理有关问题通知如下：

一、各级国有资产监督管理机构、上市公司国有股股东要进一步认识股权分置改革对解决证券市场制度缺陷、完善上市公司法人治理结构、推动国有资本合理流动的重要意义，从改革大局出发，积极采取有效措施，推动股权分置改革工作的顺利进行。

二、各级国有资产监督管理机构和中央企业要按照“积极、稳妥、有序”的基本原则，认真制订本地区或本企业国有控股上市公司股权分置改革的总体规划，加强对国有股股东的分类指导，并注意把股权分置改革与维护证券市场稳定有机结合起来，把握好改革的力度、发展的速度和市场的可承受程度，成熟一家，推出一家。对于条件暂不成熟的上市公司，也要积极创造条件，探索有效改革方式。

三、上市公司国有控股股东应当依据现行法律、法规和股权分置改革的有关规定，在广泛征求其他非流通股股东和 A 股市场流通股股东意见基础上，研究制订符合上市公司及自身实际的股权分置改革方案，并自行或聘请财务顾问对方案进行充分的可行性论证。各级国有资产监督管理机构和中央企业要切实履行职责，对上市公司国有股股东研究制订股权分置改革方案进行指导和监督，并采取有效措施，强化内部管理，防止道德风险，防范利用股权分置改革进行欺诈、内幕交易和市场操纵等违法犯罪行为。

四、上市公司国有控股股东在制订股权分置改革方案时，要充分借鉴股权分置改革试点工作经验，根据上市公司和国有股股东的实际情况，积极探索股权分置改革的多种实现形式，鼓励将资产重组、解决控股股东或实际控制人占用上市公司资金问题等与股权分置改革组合运作，提高上市公司质量。

五、上市公司国有控股股东在与其他非流通股股东及A股市场流通股股东协商确定股权分置改革方案时，要注意充分保护流通股股东的合法权益，综合考虑国有股股东的实际情况、上市公司的盈利能力及发展后劲，兼顾即期利益和长远利益。同时，还要注意平衡其他非流通股股东的利益，坚持与其他非流通股东和A股市场流通股股东充分协商的原则。

六、为适应深入推进股权分置改革的形势和要求，上市公司股权分置改革中涉及地方国有企业及其他地方单位所持上市公司国有股权管理事项的审核职责，由省级(或计划单列市，以下同)国有资产监督管理机构行使，其中，地方国有控股上市公司的股权分置改革方案由省级国有资产监督管理机构报省级人民政府或计划单列市人民政府批准。

股权分置改革中涉及上市公司国有股划转、协议转让、以股抵债以及上市公司国有股性质变更其他国有股权管理审核事项，仍按现行有关规定办理。

省级国有资产监督管理机构对地方国有股股东股权分置改革方案的批复以及该方案的可行性论证报告应及时抄送国务院国有资产监督管理委员会。

七、国有控股上市公司的股权分置改革方案提交证券交易所前，上市公司国有控股股东须征得省级或省级以上国有资产监督管理机构原则同意；国有控股及参股上市公司的股权分置改革方案委托上市公司董事会召集A股市场相关股东会议前，上市公司所有国有股股东须取得省级或省级以上国有资产监督管理机构的书面意见；国有控股及参股上市公司董事会公告召集相关股东会议后，由持股数量最多的国有股股东统一将方案报省级或省级以上国有资产监督管理机构审核批准。

八、国有资产监督管理机构应当在相关股东分类表决前，对上市公司股权分置改革中涉及的国有股权管理事项进行审核批复。

九、国有资产监督管理机构在批复上市公司国有股股权分置改革方案时应当审核、查阅以下材料：

（一）有关股权分置改革的申请文件；

（二）股权分置改革方案及论证报告；

（三）股权分置改革说明书；

（四）非流通股股东参与股权分置改革的协商意见；

（五）上市公司上年年度报告和最近一期季度报告；

（六）法律意见书；

（七）其他材料。

上市公司股权分置改革方案论证报告应当包括但不限于以下内容：股权分置改革完成后国有股的最低持股比例及确定依据；股权分置改革方案的确定依据；股权分置改革前后国有股价值变化的评估分析；对上市公司职工权益的影响。

十、省级或省级以上国有资产监督管理机构在出具国有股股权分置改革的批复文件时，须明确上市公司股权分置改革完成后所有国有股股东名称、持股数量、占总股本比例及股权性质（国家股或国有法人股）。其中持有国有法人股的国有绝对控股单位还须在其名称后特别标注国有控股单位。

十一、各级国有资产监督管理机构在认真做好股权分置改革工作的同时，要积极着手研究以下工作：一是在对上市公司国有控股股东进行业绩考核时，要考虑设置其控股的上市公司市值指标。二是积极研究上市公司管理层股权激励的具体措施。对完成股权分置改革的国有控股上市公司，可以探索实施管理层股权激励。国有控股上市公司股权激励的具体实施和考核办法由国务院国有资产监督管理委员会会同有关部门另行制定。三是认真研究国有股取得流通权后的有效监管方式和办法。

十二、各级国有资产监督管理机构和中央企业要切实履行自身职责，制订符合本地区或本企业改革发展实际的国有控股上市公司股权分置改革的总体规划，同时要注意研究股权分置改革中出现的各种问题，并及时向国务院国有资产监督管理委员会报告有关情况。

国务院国资委　财政部　国家发改委　监察部　国家工商总局　中国证监会关于做好企业国有产权转让监督检查工作的通知

2005 年 11 月 17 日　国资发产权〔2005〕294 号

各省、自治区、直辖市、计划单列市国有资产监督管理机构、财政厅(局)、发展改革委、监察厅(局)、工商局、证监局，新疆生产建设兵团，各中央企业：

根据中央纪委关于严格执行产权交易制度和国务院关于规范发展产权交易市场的有关工作要求，为进一步贯彻落实《企业国有产权转让管理暂行办法》(国务院国资委、财政部令第 3 号，以下简称《办法》)及其配套文件精神，不断规范企业国有产权转让，各级国资监管机构、财政、发展改革、监察、工商、证券监管等部门要有计划、有重点地组织做好企业国有产权转让监督检查工作。现就做好监督检查工作有关问题通知如下：

一、监督检查的范围是《办法》及其配套文件施行以来，企业国有产权转让所涉及的相关部门、企业、社会中介机构、产权交易机构以及其他组织等的规范操作情况。

二、监督检查工作要以国家有关规范企业国有产权转让政策规定和工作要求的贯彻落实和实际执行情况为重点，认真做好相关重点环节的审核把关。主要内容为：

（一）企业国有产权转让监管制度的贯彻落实情况。各地区、部门和相关企业是否对相关制度规定进行了全面贯彻落实，并结合各自实际制定了相应的管理办法；企业国有产权转让监管的职能部门、人员和工作责任是否明确；对产权交易机构的选择和监管工作是否到位。

（二）企业国有产权转让进场交易情况。企业国有产权转让是否在经国资监管机构选择确定的产权交易机构中进行；符合竞价条件的产权转让项目，是否通过竞价方式进行交易；对于直接采取协议转让方式转让国有产权的，是否符合《办法》的相关规定。

（三）产权交易机构的规范操作情况。《办法》及其配套文件规定的贯彻落实和实际执行情况；企业国有产权交易的要件及标准审查把关情况；企业国有产权交易活动中遵守国家相关法律法规的情况；企业国有产权交易中出现纠纷的调处情况；企业国有产权交易信息的统计报告情况；是否存在将企业国有产权拆细后连续交易行为。

（四）企业国有产权转让规定程序的执行情况。是否按照《办法》的要求履行了相应的批准程序和操作程序，以及是否对内部决策、转让行为批准、清产核资、财务审计、资产评估、价格确定、转让价款支付以及产权登记等全过程进行了规范操作；内部决策机构、职代会、审核批准机构、社会中介机构、产权交易机构等出具的材料是否齐全、有效。

（五）企业国有产权转让信息的披露情况。是否按照《办法》规定的内容、方式、时间公开披露产权转让信息，广泛征集受让方；产权转让信息发布后，对意向受让方的确定是否符合规定；对受让方提出的条件有无违反公平竞争原则。

（六）职工合法权益的保护情况。产权转让中涉及职工合法权益的事项是否经过职代会审议；职工安置等事项是否经职代会讨论通过并由劳动保障部门审核；转让后职工安置等事项是否落实。

（七）相关方面履行职责情况。产权转让涉及各方是否按照规定履行相应职责，是否存在越权批准或违规操作等问题，是否存在干预社会中介机构独立、公正执业问题。

(八)国家有关政策规定的执行情况。产权转让中涉及上市公司国有股权管理，向外商转让国有产权，向管理层转让企业国有产权，国有划拨土地使用权转让和国家出资形成的探矿权、采矿权转让等是否符合国家法律和有关政策规定，是否经过相关部门审核或批准；转让方是否按照规定收取产权转让价款，对取得的净收益是否按照国家有关规定处理。

(九)对暴露问题的处理情况。对企业国有产权转让过程中的违法违规行为是否及时作出处理。

三、各有关部门要坚持“执法必严、违法必究”的原则，通过监督检查进一步规范企业国有产权转让。在监督检查的方式上，可以采取地方(部门、企业)工作自查与相关部门对项目的重点抽查相结合、定期检查与不定期抽查相结合、组织工作调研与督查指导相结合、国有产权转让项目检查与对产权交易机构检查评审相结合、举报和媒体曝光的案件处理与专项检查相结合以及检查问题、总结交流经验与完善政策相结合等多种方式进行。

四、企业国有产权转让监督检查工作，由各级国资监管机构牵头，会同财政、发展改革、监察、工商、证券监管等部门共同组织进行。具体工作可以由有关部门结合自身业务进行监督检查，也可以在同级国资监管机构的统一协调下，建立日常的监督检查工作机制，通过各有关部门分工合作或组成监督检查工作组等多种形式，对企业国有产权转让工作进行监督检查。

五、在监督检查工作中，对于发现的各种问题，要视情节轻重，依据国家有关法律、法规和《办法》及其配套文件的规定严肃处理。在对有关具体问题的处理上，要区别自查、自纠和被查、被纠的界限，实事求是地进行处理。

六、逐步建立企业国有产权转让监督检查总结报告制度。各级国资监管机构应当依照本通知要求，根据具体情况确定监督检查的重点内容和重点企业、机构，并与有关部门协商制定监督检查工作方案，结合有关部门业务具体组织实施；企业国有产权转让涉及的相关企业、机构应当按照国家有关规定，认真组织开展自查工作，确保工作规范和质量，不留死角；各级国资监管机构在每年年终要对监督检查工作组织情况及时总结报告，对重大问题要形成专题报告。

七、企业国有产权转让涉及面广、政策性强，各有关方面要严格履行各自的职责和义务，认真组织和配合做好监督检查工作。

（一）各级国资监管机构要充分做好有关部门的协调工作，在组织进行监督检查工作中做到有计划、有重点和不重复。

（二）各级国资监管机构、财政、发展改革、监察、工商、证券监管等部门，在企业国有产权转让监督检查工作中，应加强工作联系和沟通，检查后有关部门要对检查情况进行通报，对发现的问题要及时处理。

（三）在监督检查工作中，涉及的相关部门、企业（单位）、社会中介机构以及产权交易机构应积极配合有关部门的监督检查工作，如实反映情况，主动提供有关资料。

（四）在监督检查工作中，各级国资监管机构在做好监督检查情况总结的基础上，要注重做好宣传，推广好的经验和做法，抓好对发现问题的督促整改工作。

（五）在监督检查工作中，参与检查的工作人员要坚持原则，深入细致，求真务实，依法检查，廉洁奉公，遵守纪律。对于违反检查纪律的行为和相关工作人员要及时纠正、查处。

关于加强企业国有资产评估管理工作有关问题的通知

2006 年 12 月 12 日　国资发产权〔2006〕274 号

各省、自治区、直辖市国资委，各中央企业：

《企业国有资产评估管理暂行办法》（国资委令第 12 号，以下简称

《暂行办法》)的施行,进一步规范了企业国有资产评估管理工作,有效提高了资产评估工作水平。结合《暂行办法》施行以来的实际情况,企业国有资产评估管理过程中的一些具体问题需进一步明确。经研究,现就有关问题通知如下:

一、中央企业国有资产评估项目备案管理有关问题

经国务院国有资产监督管理机构批准经济行为的事项涉及的资产评估项目,其中包括采用协议方式转让企业国有产权事项涉及的资产评估项目和股份有限公司国有股权设置事项涉及的资产评估项目,由国务院国有资产监督管理机构负责备案。

经国务院国有资产监督管理机构批准进行主辅分离辅业改制项目中,按限额专项委托中央企业办理相关资产评估项目备案。其中,属于国家授权投资机构的中央企业负责办理资产总额账面值5000万元(不含)以下资产评估项目的备案,5000万元以上的资产评估项目由国务院国有资产监督管理机构办理备案;其他中央企业负责办理资产总额账面值2000万元(不含)以下资产评估项目的备案,2000万元以上的资产评估项目由国务院国有资产监督管理机构办理备案。

二、资产评估项目的委托

根据《暂行办法》第八条规定,企业发生应当进行资产评估的经济行为时,应当由其产权持有单位委托具有相应资质的资产评估机构进行评估。针对不同经济行为,资产评估工作的委托按以下情况处理:经济行为事项涉及的评估对象属于企业法人财产权范围的,由企业委托;经济行为事项涉及的评估对象属于企业产权等出资人权利的,按照产权关系,由企业的出资人委托。企业接受非国有资产等涉及非国有资产评估的,一般由接受非国有资产的企业委托。

三、涉及多个国有产权主体的资产评估项目的管理方式

有多个国有股东的企业发生资产评估事项,经协商一致可由国有股

最大股东依照其产权关系办理核准或备案手续；国有股股东持股比例相等的，经协商一致可由其中一方依照其产权关系办理核准或备案手续。

国务院批准的重大经济事项同时涉及中央和地方的资产评估项目，可由国有股最大股东依照其产权关系，逐级报送国务院国有资产监督管理机构进行核准。

四、涉及非国有资产评估项目的核准或备案

企业发生《暂行办法》第六条所列经济行为，需要对接受的非国有资产进行评估的，接受企业应依照其产权关系将评估项目报国有资产监督管理机构或其所出资企业备案；如果该经济行为属于各级人民政府批准实施的，接受企业应依照其产权关系按规定程序将评估项目报同级国有资产监督管理机构核准。

五、资产评估备案表及其分类

为适应《暂行办法》第六条所列各类经济行为资产评估项目备案的需要，将资产评估项目备案表分为国有资产评估项目备案表和接受非国有资产评估项目备案表两类。各级企业进行资产评估项目备案时，应按附件的格式和内容填报办理。

六、企业价值评估

涉及企业价值的资产评估项目，以持续经营为前提进行评估时，原则上要求采用两种以上方法进行评估，并在评估报告中列示，依据实际状况充分、全面分析后，确定其中一个评估结果作为评估报告使用结果。同时，对企业进行价值评估，企业应当提供与经济行为相对应的评估基准日审计报告。

附件：1. 国有资产评估项目备案表(略)

2. 接受非国有资产评估项目备案表(略)

3.《国有资产评估项目备案表》、《接受非国有资产评估项目备案表》填报说明(略)

关于企业国有产权转让有关事项的通知

2006 年 12 月 31 日　国资发产权〔2006〕306 号

各省、自治区、直辖市及计划单列市、新疆生产建设兵团国资委，财政厅(局)，各中央企业：

《企业国有产权转让管理暂行办法》(国资委、财政部令第 3 号，以下简称《办法》)颁布以来，企业国有产权转让得到了进一步规范，市场配置资源的基础性作用在国有经济布局和结构调整中日渐加强，但在具体实施工作中还有一些事项需要进一步明确。经研究，现通知如下：

一、关于省级以上国资监管机构对协议转让方式的批准

企业国有产权转让应不断提高进场交易比例，严格控制场外协议转让。对于国民经济关键行业、领域的结构调整中对受让方有特殊要求，或者所出资企业(本通知所称所出资企业系指各级国有资产监督管理机构履行出资人职责的企业)内部资产重组中确需采取直接协议转让的，相关批准机构要进行认真审核和监控。

(一)允许协议转让的范围

1. 在国有经济结构调整中，拟直接采取协议方式转让国有产权的，应当符合国家产业政策以及国有经济布局和结构调整的总体规划。受让方的受让行为不得违反国家经济安全等方面的限制性或禁止性规定，且在促进企业技术进步、产业升级等方面具有明显优势。标的企业属于国民经济关键行业、领域的，在协议转让企业部分国有产权后，仍应保持国有绝对控股地位。

2. 在所出资企业内部的资产重组中，拟直接采取协议方式转让国有产权的，转让方和受让方应为所出资企业或其全资、绝对控股企业。

（二）所出资企业协议转让事项的批准权限，按照转让方的隶属关系，中央企业由国务院国资委批准，地方企业由省级国资监管机构批准。相关批准机构不得自行扩大协议转让范围，不得下放或分解批准权限。

（三）协议转让项目的资产评估报告由该协议转让的批准机构核准或备案，协议转让项目的转让价格不得低于经核准或备案的资产评估结果。

（四）相关批准机构应当在批准文件中明确协议转让事项执行的有效时限，并建立对批准协议转让事项的跟踪、报告制度。各省级国资监管机构应当将协议转让的批准和实施结果报告国务院国资委。

二、关于外商受让企业国有产权

在企业国有产权转让中，涉及受让方为外国的企业和其他经济组织或者个人的（以下统称外商），应当按以下规定办理：

（一）向外商转让企业国有产权应在产权交易市场中公开进行。特殊情况下，确需采取协议方式转让的，应符合《办法》及本通知中关于批准协议转让的相关规定。

（二）转让方在提出受让条件时，应对照《外商投资产业指导目录》及相关规定，对国家对外商受让标的企业产权有限制性或禁止性规定的，应在产权转让公告中予以提示。

（三）通过产权交易市场确定外商为受让主体的，由转让方按照国家有关管理规定报政府相关职能部门审核批准。

香港特别行政区、澳门特别行政区和台湾地区的投资者受让企业国有产权，参照以上规定办理。

三、关于企业国有产权受让条件的审核管理

广泛征集受让方是落实企业国有产权进场交易制度的关键环节，转让方、相关批准机构和产权交易机构要进一步加强受让条件的审核管理工作。

(一)转让方在制订企业国有产权转让方案时，应当根据转让标的企业的实际情况，明确提出对受让方的受让条件要求。

(二)对受让条件中表述不明确或者有违反公平竞争内容的，产权交易机构应及时向转让方提出修改建议，或要求转让方对受让条件的执行标准作出书面解释和具体说明。

(三)受让条件及其执行标准的书面解释和具体说明经相关批准机构审核后，由产权交易机构在产权转让公告中一并公布。未经公布的受让条件不得作为确认或否定意向受让方资格的依据。

(四)在产权转让公告中公布的受让条件，一经发布不得擅自变更。在产权交易机构尚未收到正式受让意向申请之前，确需变更受让条件的，应经产权转让相关批准机构批准后，在原信息发布渠道予以公告，公告期重新计算。

四、关于受让资格的审核确认

产权交易机构按照公布的受让条件提出对受让方资格的审核意见，并在征求转让方意见后，最终确认意向受让人资格。

(一)产权交易机构应当将正式表达受让意向的法人、自然人全部纳入登记管理范围，严格按照公布的受让条件进行资格审核后，提出具备受让资格的意向受让人名单。

(二)产权交易机构和转让方对意向受让人是否符合公告条件产生分歧时，产权交易机构可就有关分歧事项书面征求政府有关职能部门(机构)意见，也可通过产权交易争端协调机制，对分歧事项进行协调。

(三)对意向受让人资格审核确认完成后，产权交易机构应当及时将审核结果以书面形式告知相关各方。

(四)当登记的意向受让人没有响应产权转让公告中受让条件的全部要求，或提出带有附加条件的受让要求时，产权交易机构应当及时以书面形式对其进行提示，在规定的公告期限内该意向受让人没有作出调整、纠正的，应取消其受让资格。

五、关于企业国有产权转让价格

按照《办法》的规定，企业国有产权转让价格应当以资产评估结果为参考依据，在产权交易市场中公开竞价形成，产权交易机构应按照有利于竞争的原则积极探索新的竞价交易方式。

（一）转让企业国有产权的首次挂牌价格不得低于经核准或备案的资产评估结果。经公开征集没有产生意向受让方的，转让方可以根据标的企业情况确定新的挂牌价格并重新公告；如拟确定新的挂牌价格低于资产评估结果的90%，应当获得相关产权转让批准机构书面同意。

（二）对经公开征集只产生一个意向受让方而采取协议转让的，转让价格应按本次挂牌价格确定。

（三）企业国有产权转让中涉及的职工安置、社会保险等有关费用，不得在评估作价之前从拟转让的国有净资产中先行扣除，也不得从转让价款中进行抵扣。

（四）在产权交易市场中公开形成的企业国有产权转让价格，不得以任何付款方式为条件进行打折、优惠。

六、关于各级财政部门在企业国有产权转让中的管理工作

各级财政部门应当认真做好有关企业国有产权转让的监督检查以及标的企业财政政策清理等工作，并按以下规定进行审核或者审批：

（一）按照《办法》第26条审核企业国有产权转让时，重点审核涉及《办法》第28条、第29条规定的事项是否符合国家有关企业财务管理的政策规定。

（二）按照《办法》第37条的规定，政企尚未分开单位以及其他单位所持有的企业国有产权转让，由政企尚未分开单位以及其他单位审核后，报同级财政部门批准。

关于印发《上市公司国有股东标识管理暂行规定》的通知

2007年6月30日　国资发产权〔2007〕108号

国务院各部委、各直属机构，各省、自治区、直辖市及计划单列市、新疆生产建设兵团国资委，各中央企业，上海证券交易所、深圳证券交易所、中国证券登记结算有限责任公司：

为加强对上市公司国有股东的管理，维护证券市场稳定，根据国家有关法律、行政法规，特制定《上市公司国有股东标识管理暂行规定》。现印发给你们，请结合实际，认真遵照执行，并及时反映工作中有关情况和问题。

附件：上市公司国有股东标识管理暂行规定

附件：

上市公司国有股东标识管理暂行规定

第一条　为加强对上市公司国有股东的管理，促进国有资产保值增值，维护证券市场稳定，根据国家有关法律、行政法规，制定本规定。

第二条　本规定所称上市公司国有股东，是指持有上市公司股份的国有及国有控股企业、有关机构、部门、事业单位等。

第三条　国有资产监督管理机构应当在国有控股或参股的股份公司相关批复文件中对国有股东作出明确界定，并在国有股东名称后标注具体的国有股东标识，国有股东的标识为“SS”(State-owned Shareholder)。

中国证券登记结算有限责任公司(以下简称登记公司)根据省级或省级以上国有资产监督管理机构的批复以及国有股东或股票发行人的申请,对国有股东证券账户进行标识登记。

第四条 国有控股或参股的股份有限公司(以下简称股份公司)申请发行股票时,应向证券监督管理机构提供国有资产监督管理机构关于股份公司国有股权管理的批复文件,该文件是股份有限公司申请股票发行的必备文件。

第五条 股份公司股票发行结束后,股票发行人向登记公司申请股份初始登记时,应当在申请材料中对持有限售股份的国有股东性质予以注明,并提供国有资产监督管理机构关于股份公司国有股权管理的批复文件。

国有单位通过协议方式受让上市公司股份,根据有关规定需要报国有资产监督管理机构审核批准的,应及时履行申报程序。国有单位通过司法强制途径受让上市公司股份的,应根据有关法律规定报国有资产监督管理机构办理国有股东身份界定手续。国有单位向登记公司申请办理股份过户登记时,应当在申请材料中对其国有股东性质予以注明,并提供国有资产监督管理机构有关批复文件或国有股东身份界定文件。

国有股东因产权变动引起其经济性质或实际控制人变化的,应根据国有资产监督管理机构对其国有股东身份的界定文件,及时向登记公司申请办理国有股东证券账户标识的注销手续。

第六条 股票发行人或国有单位办理相关业务时按上述规定已注明国有股东身份,如该股东证券账户中尚未加设国有股东标识的,登记公司应当根据股票发行人或国有单位的申报以及国有资产监督管理机构关于股份公司国有股权管理的批复文件,在相应证券账户中加设国有股东标识。

证券账户已加设国有股东标识但股票发行人或国有单位未予注明的,以国有股东证券账户中已加设的标识为准。

第七条 国有股东自本规定下发之日起30日内,应将其在本规定下发前已开设的证券账户情况(包括账户名称、账户号码、持有的上市公司股票名称、数量、流通状态等)报对其负监管职责的国有资产监督管理机构备案。下一级国有资产监督管理机构应将本地所属国有股东开设证券账户的报备情况报上一级国有资产监督管理机构备案。

国有单位在本规定下发后新开设证券账户的,应在开设证券账户后7个工作日内将其开设的证券账户情况按上述程序报国有资产监督管理机构备案。

第八条 省级或省级以上国有资产监督管理机构根据国有单位开设证券账户的备案情况建立上市公司国有股东信息库,并定期(每季度末)核查上市公司国有股东标识的加设及变更情况,对未加设或未及时变更国有股东标识的国有股东证券账户统一向登记公司出函办理国有股东标识的加设及变更工作。

第九条 国有单位应严格按本规定办理国有股东标识的登记工作及向国有资产监督管理机构上报其开设证券账户的情况。

第十条 对完成股权分置改革的上市公司以及股票发行实行新老划断后至本规定实施前新上市的股份公司,由国务院国有资产监督管理委员会会同中国证券监督管理委员会,根据国有资产监督管理机构关于股权分置改革中国有股权管理的批复以及新上市股份公司国有股权管理的批复,统一组织协调国有股东标识的加设工作。

对未完成股权分置改革的上市公司,国有资产监督管理机构在对其股权分置改革中国有股权管理有关问题进行批复时,应在国有股东名称后标注国有股东标识。上市公司应当根据该批复在向登记公司申请办理实施股权分置改革涉及的变更登记事项时一并办理国有股东标识加设工作。

第十一条 国有股东在其所持有的上市公司股份发生转让或变动时,需严格遵守上市公司国有股权管理的有关法律、行政法规的规定。

关于印发《国有单位受让上市公司股份管理暂行规定》的通知

2007年6月28日　国资发产权〔2007〕109号

各省、自治区、直辖市及计划单列市、新疆生产建设兵团国资委，各中央企业：

为规范国有单位受让上市公司股份行为，加强对上市公司国有股东的管理，维护各类投资者合法权益和证券市场稳定，防范国有单位投资风险，根据国家有关法律、行政法规，特制定《国有单位受让上市公司股份管理暂行规定》。现印发给你们，请结合实际，认真遵照执行，并及时反映工作中有关情况和问题。

附件：国有单位受让上市公司股份管理暂行规定

附件：

国有单位受让上市公司股份管理暂行规定

第一条　为规范国有单位受让上市公司股份行为，加强对上市公司国有股东的管理，维护各类投资者合法权益和证券市场稳定，防范国有单位投资风险，根据国家有关法律、行政法规，制定本规定。

第二条　本规定所称国有单位是指各级国有资产监督管理机构监管范围内的国有及国有控股企业、有关机构、事业单位等。

第三条　国有独资或控股的专门从事证券业务的证券公司及基金管理公司受让上市公司股份按照相关规定办理。

第四条 国有单位受让上市公司股份应当符合国家有关法律、行政法规和政策规定及本单位的发展规划和年度投资计划，坚持公开、公平、公正原则，有利于国有经济布局和结构战略性调整，有利于加强主业，提升核心竞争力，并做好投资风险的评估、控制和管理工作。

第五条 国有单位受让上市公司股份应当严格按照《证券法》等有关法律、行政法规及规章制度的规定，及时履行信息披露等法定义务。

国有单位受让上市公司股份应当做好可行性研究，按照内部决策程序进行审议，并形成书面决议。

第六条 国有单位受让上市公司股份可以通过证券交易系统购买、通过协议方式受让或其他合法途径进行。

第七条 国有单位受让上市公司股份的价格应根据该上市公司的股票市场价格、合理市盈率、盈利能力及企业发展前景等因素合理确定。

第八条 国有单位受让上市公司股份按本办法有关规定需要报国有资产监督管理机构审核批准的，按以下程序办理：国有单位为中央单位的，其受让上市公司股份由中央单位逐级报国务院国有资产监督管理机构批准。

国有单位为地方单位的，其受让上市公司股份由地方单位逐级报省级国有资产监督管理机构批准。

第九条 国有单位在一个会计年度内通过证券交易所的证券交易系统累计净受让上市公司的股份(所受让的股份扣除所出让的股份的余额)未达到上市公司总股本5%的，由国有单位按内部管理程序决策，并在每年1月31日前将其上年度通过证券交易系统受让上市公司股份的情况报省级或省级以上国有资产监督管理机构备案；达到或超过上市公司总股本5%的，国有单位应将其受让上市公司股份的方案事前报省级或省级以上国有资产监督管理机构备案后方可组织实施。

国有单位通过其控制的不同的受让主体分别受让上市公司股份的，受让比例应合并计算。

第十条 国有单位通过证券交易系统受让上市公司股份需要报国

有资产监督管理机构备案的，其报送的材料主要包括：

（一）国有单位受让上市公司股份的方案及内部决议；

（二）国有单位受让上市公司股份的可行性研究报告；

（三）国有单位的基本情况、最近一期财务审计报表；

（四）上市公司的基本情况、最近一期的年度报告和中期报告。

第十一条 国有单位受让上市公司股份的可行性研究报告应主要包括以下内容：

（一）受让股份的原因；

（二）受让股份是否有利于加强主业，是否符合企业发展规划；

（三）受让股份的价格上限及确定依据；

（四）受让股份的数量及受让时限；

（五）受让股份的资金筹措；

（六）受让股份后对企业经营发展的影响分析；

（七）关于上市公司未来的发展规划和重组计划（适用于受让股份后成为上市公司控股股东的）。

第十二条 国有资产监督管理机构收到国有单位通过证券交易系统受让上市公司股份的备案材料后，应在10个工作日内对该事项出具备案意见。国有单位受让上市公司股份的方案经国有资产监督管理机构备案后方可组织实施。

第十三条 国有单位通过协议方式受让上市公司股份并成为上市公司控股股东的，应当聘请在境内注册的专业机构担任财务顾问，针对本单位受让上市公司股份的方式、受让价格、对本单位及上市公司的影响等方面发表专业意见。

财务顾问应当具有良好的信誉及且近三年内无重大违法违规记录。

第十四条 国有单位通过协议方式受让上市公司股份后不具有上市公司控股权或上市公司国有控股股东通过协议方式增持上市公司股份的，由国有单位按内部管理程序决策；国有单位通过协议方式受让上市公司股份后具有上市公司控股权的，应在与转让方签订股份转让协议后逐级报省级或省级以上国有资产监督管理机构审核批准。

第十五条 国有单位协议受让上市公司股份需要报国有资产监督管理机构审核批准的,其报送的材料主要包括:

(一)国有单位受让上市公司股份的请示及内部决议文件;

(二)关于受让上市公司股份的可行性研究报告及受让股份价格的专项说明;

(三)上市公司股份转让协议;

(四)国有单位基本情况、上一年经审计的财务审计报告;

(五)上市公司基本情况、最近一期的年度报告及中期报告;

(六)财务顾问出具的财务顾问报告;

(七)律师事务所出具的法律意见书。

协议受让上市公司股份的可行性研究报告内容参照本规定第十一条的规定。

第十六条 国有单位协议受让上市公司股份经批准后,应持国有资产监督管理机构的有关批复到证券交易所及中国证券登记结算有限责任公司办理股份过户手续。

国有单位协议受让上市公司股份需要报国有资产监督管理机构审核批准的,国有资产监督管理机构的批复文件是证券交易所和中国证券登记结算有限责任公司办理上市公司股份过户手续及工商管理部门办理上市公司章程变更的必备文件。

第十七条 国有单位认购上市公司发行股票的、将其持有的上市公司发行的可转换公司债券转换成股票的、通过司法机关强制执行手续受让上市公司股份的、间接受让上市公司股份的(即受让上市公司股东的控股权)按照相关法律、行政法规及规章制度的规定办理,并在上述行为完成后 10 个工作日内报省级或省级以上国有资产监督管理机构备案。

第十八条 国有资产监督管理机构应依据本规定及国家有关法律、行政法规及规章制度的规定,认真履行对国有单位受让上市公司股份的审核职责,并根据《上市公司国有股东标识管理暂行规定》对国有单位受让上市公司股份开设的国有股股东证券账户做好标识管理。

国务院国有资产监督管理委员会关于建立中央企业国有产权转让信息联合发布制度有关事项的通知

2008年2月3日　国资发产权〔2008〕32号

各中央企业，上海联合产权交易所、北京产权交易所、天津产权交易中心、重庆联合产权交易所：

为进一步规范企业国有产权转让信息发布渠道，扩大信息覆盖范围，根据《企业国有产权转让管理暂行办法》（国资委、财政部令第3号，以下简称《办法》）及其配套文件的有关要求，决定在国务院国资委选择的中央企业国有产权交易试点机构（以下简称试点机构）建立中央企业国有产权转让信息联合发布制度。现将有关事项通知如下：

一、通过产权交易机构公开披露企业国有产权转让信息，广泛征集受让方是企业国有产权进场交易的关键环节。各中央企业和试点机构要高度重视信息发布工作，通过建立和完善信息联合发布制度，规范发布内容、拓展发布渠道、创新发布方式，进一步提高企业国有产权进场交易成效。

二、各中央企业可根据拟转让国有产权项目的具体情况，委托一家试点机构负责组织产权交易活动，接受委托的试点机构（以下简称受托机构）应在本机构网站上发布企业国有产权转让信息的同时，将相关信息提交给其他试点机构，由其他试点机构在其网站的联合发布信息专栏同步发布。联合发布信息的交换渠道和接收确认方式，由各试点机构相互协商并签订书面协议后，报国务院国资委备案。

各试点机构在网站联合发布的企业国有产权转让信息内容应当符

合《办法》第十四条的有关规定，具体内容和格式应按照国务院国资委建立的企业国有产权交易信息监测系统对采集信息的基本要求确定。

三、各试点机构应按照有利于扩大信息覆盖范围的原则，共同选择一家以上全国性经济或金融类报刊发布中央企业国有产权转让信息，所选择报刊的相关情况应报国务院国资委备案，并在各试点机构网站向社会公示。

受托机构应在共同选择报刊的相对固定版面刊发中央企业国有产权转让信息并以此计算公告期；同时，受托机构还应根据项目特点，在转让标的企业注册地或标的企业重大资产所在地选择一家以上发行覆盖面较大的经济或金融类报刊发布企业国有产权转让信息。信息中应注明计算公告期的报刊名称和征集受让方的起止时间，注明通过网络发布信息的网站地址和查询方法。

四、各试点机构应当按照建立信息联合发布制度的要求，不断创新企业国有产权转让信息发布方式和交易组织方式。在企业国有产权转让信息联合发布过程中，受托机构对提交给其他试点机构联合发布的企业国有产权转让信息的真实性、完整性、规范性承担责任，其他试点机构对确认接收的信息同步发布负责。对受托机构提交的需要联合发布信息的规范性持有异议的，其他试点机构应当通过书面方式向国务院国资委报告。

五、各中央企业和试点机构应当严格按照《办法》以及国资委《关于企业国有产权转让有关问题的通知》(国资发产权〔2004〕268 号)和国资委、财政部《关于企业国有产权转让有关事项的通知》(国资发产权〔2006〕306 号)等有关文件的规定，认真做好企业国有产权转让信息内容的审核把关。

对于拟转让所持全部国有股权或转让后致使转让方不再拥有控股地位的国有产权转让项目，如有管理层、有限责任公司的其他股东或中外合资经营企业的合营他方拟参与受让，受托机构应在相关中央企业对信息内容进行审核并报国务院国资委备案后组织联合发布。

六、各试点机构所在地国资监管机构可参照本通知的规定，对所属企业和产权交易机构提出信息联合发布的具体要求。其他省级国资监管机构也应当按照本通知的精神，对所选择的产权交易机构的企业国有产权转让信息发布提出明确的监管要求。

七、本通知自 2008 年 3 月 1 日起施行。

国务院国有资产监督管理委员会关于印发《中央企业债券发行管理暂行办法》的通知

2008 年 4 月 3 日　国资发产权〔2008〕70 号

各中央企业：

为加强对中央企业的监督管理，规范中央企业债券发行行为，根据国家有关法律、行政法规，特制定《中央企业债券发行管理暂行办法》。现印发给你们，请结合实际，遵照执行，并及时反映工作中有关情况和问题。

附件：中央企业债券发行管理暂行办法

附件：

中央企业债券发行管理暂行办法

第一条　为加强对国务院国有资产监督管理委员会（以下简称国资委）履行出资人职责企业（以下简称中央企业）的监督管理，规范中央企业债券发行行为，防范和控制企业债务风险，根据《中华人民共和国公司法》、《中华人民共和国证券法》和《企业国有资产监督管理暂行条例》（国务院令第 378 号）等有关法律、行政法规，制定本办法。

第二条 中央企业公开发行企业债券、公司债券等中长期债券(以下统称债券)应当符合国家有关法律法规的规定,并按本办法的规定履行相应的决策程序。

中央企业发行前款规定以外的其他债券,按照有关法律、行政法规的规定,由中央企业董事会或总经理办公会议决定。

第三条 中央企业应当加强风险防范意识,建立健全有关债券发行的风险防范和控制制度。

中央企业发行债券或为其他企业发行债券提供担保,应当符合国资委有关风险控制的相关规定。

第四条 中央企业应当按照突出主业发展的原则,做好债券发行事项的可行性研究,可行性研究报告应当包括下列主要内容:

(一)宏观经济环境、债券市场环境、企业所处行业状况、同行业企业近期债券发行情况;

(二)企业产权结构、生产经营、财务状况和发展规划,本企业已发行债券情况;

(三)筹集资金的规模、用途和效益预测,发行债券对企业财务状况和经营业绩的影响,企业偿债能力分析;

(四)风险控制机制和流程,可能出现的风险及应对方案。

第五条 中央企业在可行性研究基础上制订债券发行方案。国有独资企业的债券发行方案由总经理办公会议审议,并形成书面意见;公司制企业的债券发行方案由董事会负责制订。

第六条 中央企业中的国有独资企业和国有独资公司发行债券,由国资委依照法定程序作出决定。

国有独资企业、国有独资公司应当向国资委报送下列文件资料:

(一)债券发行申请;

(二)债券发行可行性研究报告;

(三)债券发行方案(国有独资企业同时附送总经理办公会议审议意见);

(四)企业章程及产权登记证;

（五）具有相应资质的会计师事务所出具的近三个会计年度的审计报告；

（六）国资委要求提供的其他材料。

第七条 中央企业中的国有控股或参股公司的发行债券，由其股东会（股东大会）作出决议；公司在召开股东会（股东大会）前，应当按照《中华人民共和国公司法》和公司章程的有关规定，将债券发行方案及相关材料报送包括国资委在内的全体股东，国资委出具意见后，由其股东代表在股东会（股东大会）上行使表决权，并及时将审议情况报告国资委。

国有控股或参股公司向国资委报送的文件资料比照第六条第二款的规定执行。

第八条 国资委根据国有经济布局和结构调整的总体要求，主要从企业主业发展资金需求、企业法人治理结构、资产负债水平、风险防范和控制机制建设等方面，对中央企业债券发行事项进行审核，并作出决定或出具意见。

第九条 国资委作出同意发行债券的决定、股东会（股东大会）作出同意发行债券的决议后，中央企业按规定向国家有关主管部门报送发行债券的申请。

第十条 国家有关主管部门对企业债券发行作出核准或不予核准的决定5日内，中央企业应将有关情况报告国资委。

中央企业应当在债券发行工作结束15日内及兑付工作结束15日内，将发行情况、兑付情况书面报告国资委。

债券存续期内，发生可能影响债券持有人实现其债权的重大事项时，中央企业应当及时向国资委报告。

第十一条 中央企业发行债券未按本办法规定履行相关决策程序的，国资委将按照《企业国有资产监督管理暂行条例》等有关规定，追究企业及其相关责任人员的责任。

第十二条 中央企业应当根据本办法精神，制订各级子企业的债券发行事项管理工作规范。

第十三条 国资委建立中央企业债券发行情况统计报告制度,中央企业应将本企业及各级子企业已发行债券、还本付息等情况随同年度决算一并报国资委。

国务院国有资产监督管理委员会关于印发《企业主辅分离辅业改制资产处置核销操作指引》的通知

2009年1月20日 国资发产权〔2009〕7号

各中央企业:

现将《企业主辅分离辅业改制资产处置核销操作指引》印发给你们,请认真遵照执行。

附件:企业主辅分离辅业改制资产处置核销操作指引

附件:

企业主辅分离辅业改制资产处置核销操作指引

第一条 为了积极推进中央企业主辅分离辅业改制工作,进一步规范资产处置核销的申报与审核,根据《关于国有大中型企业主辅分离辅业改制分流安置富余人员的实施办法》(国经贸企改〔2002〕859号)、《关于进一步明确国有大中型企业主辅分离辅业改制有关问题的通知》(国资分配〔2003〕21号)、《关于中央企业主辅分离辅业改制分流安置富余人员资产处置有关问题的通知》(国资发产权〔2004〕9号)以及《关于进一步规范国有大中型企业主辅分离辅业改制的通知》(国资发分配

〔2005〕250号)等有关法规,制定本指引。

第二条 申报主辅分离辅业改制资产处置核销的改制单位应当属于经国资委、财政部、人力资源和社会保障部(原劳动和社会保障部)共同审核批复的主辅分离辅业改制单位;处置核销的资产、改制企业人员范围应当符合已经批复的主辅分离总体方案及各批次实施方案中原则确定的范围;支付的解除劳动合同职工的经济补偿金、补助金、一次性移交社保机构人员费用以及内部退养人员相关预留费用的标准应当符合本指引第一条所述法规及主辅分离辅业改制分流安置富余人员相关政策法规的规定,并与已经批复的主辅分离总体方案及各批次实施方案中确定的标准基本一致。

第三条 中央企业在实施主辅分离辅业改制过程中,如果对第二条所述批复方案有重大调整和修改的事项,应当报我委批准后方可实施,未经批准自行调整和修改的,在资产处置核销中不予确认。

第四条 中央企业对实施改制单位的相关文件材料审核汇总后报送我委,同时应当提交以下文件材料:

(一)国资委、财政部、人力资源和社会保障部(原劳动和社会保障部)对主辅分离总体方案及各批次实施方案批复文件的复印件。

(二)经中央企业出具的关于本批改制单位的改制具体实施方案的批复文件,同时应当明确纳入改制的三类资产范围、数额、处置方式、主体企业需要补足资产的数额及具体方式、涉及职工人数以及各项支付、预留费用的标准以及移交社保机构的费用等。

(三)中央企业申报资产处置核销的请示,并附汇总的《主辅分离辅业改制三类资产处置情况表》(详见附件)。在实施主辅分离辅业改制资产处置核销过程中的特殊事项和问题、改制单位实施情况与所批复方案相关数据对比情况、变动原因等,应当在请示中作出具体说明。

(四)分户的改制单位应当包括以下材料:

1. 企业法人营业执照;

2. 产权登记证复印件;

3. 三类资产(含主体企业补足资产)的清查报告和认定证明文件;

4. 改制时点的审计报告；

5. 改制时点的资产评估备案表；

6. 资产处置的专项审计报告，应当具体说明改制单位改制时点的资产剥离、划入补足、土地使用权的处置等情况，具体载明改制单位实际支付的经济补偿金、补助金、移交社保机构人员费用、内退人员预留费用的标准和总额，所涉及的人员并与本企业、本地区职工平均工资水平对比情况等；

7. 职工分流安置方案及职工代表大会审议决议；

8. 省级人力资源和社会保障部门(原劳动和社会保障部门)对职工分流安置方案和经济补偿金、补助金标准的审核意见；

9. 债权债务承继方案和主要债权人同意函；

10. 改制单位为公司制企业的，应当提交同意改制与资产处置核销的股东会决议。

改制单位为非企业法人的，应当由主体企业提供有关情况说明并参照上述要求准备相关文件资料；对于采取进场交易方式处置改制单位资产的，还应当提交中央企业确认的产权转让协议或经我委确认的中央企业产权交易机构出具的产权交易鉴证。

11. 其他需要说明的材料。

(五)其他需要说明的文件材料。

第五条 我委对中央企业报送的主辅分离辅业改制资产处置核销请示的审核程序为：

(一)相关厅局在20个工作日内组织对中央企业所报送的文件材料进行集中会审，并出具书面审核意见。

(二)对于符合相关法规及本指引规定的，应当在集中会审后5个工作日内完成批复的起草上报工作。

(三)对于基本符合相关法规及本指引规定但在集中会审中发现有尚需说明或完善的问题的，应当将书面审核意见转交中央企业；中央企业应当完善有关问题并提交书面说明。在确认有关问题已经完善后5个工作日内完成批复的起草上报工作。

（四）对于不符合相关法规及本指引规定的，应当将书面审核意见转交中央企业，同时将所报送的文件材料退回中央企业，待修改完善后重新上报。相关厅局对于中央企业重新报送的文件材料应当按上述程序重新组织集中会审。

第六条 主辅分离辅业改制资产处置核销审核主要包括以下内容：

（一）改制单位是否属于经国资委、财政部、人力资源和社会保障部等批复的实施主辅分离辅业改制的单位。

（二）改制前后资产剥离、处置是否有中央企业批准同意的书面文件，是否符合有关法规。

（三）三类资产（含补足资产）及其处置方式是否得到中央企业认定与确认。

（四）改制时点的审计报告、经备案的评估报告与所批复的主辅分离总体方案、各批次实施方案确定的基本原则、所确定的三类资产范围是否基本一致。

（五）各项支付、预留以及移交社保机构的费用是否符合有关法规的规定，专项审计报告中的审计意见是否为无保留意见。

（六）改制单位土地使用权是否纳入主辅分离范围，在辅业改制过程中如何处置，是否存在改制企业无偿占有、使用国有划拨土地的情况；

（七）职工安置和补偿标准是否经省级人力资源和社会保障部门（原劳动和社会保障部门）确认，是否经改制单位全体职工或职代会审议通过。

（八）资产处置情况与申报冲减权益金额是否吻合。

（九）清产核资结果、自列损益金额与冲减权益金额是否有重复核销问题。

（十）改制单位为公司制企业的，是否履行了《中华人民共和国公司法》等有关法规。

对于采取进场交易方式处置改制单位资产的，还应当审核具体程序和方式是否符合有关法规的规定。

第七条 本指引自印发之日起施行。

附：主辅分离辅业改制三类资产处置情况表（略）

国务院国有资产监督管理委员会关于印发《企业国有产权无偿划转工作指引》的通知

2009年2月16日　国资发产权〔2009〕25号

各中央企业:

为进一步规范中央企业国有产权无偿划转行为,更好地实施政务公开,服务企业,提高办事效率,国资委制定了《企业国有产权无偿划转工作指引》,现印发给你们,请遵照执行。执行中有何问题和建议,请及时反馈我委。

附件:企业国有产权无偿划转工作指引

附件:

企业国有产权无偿划转工作指引

第一条　为进一步规范中央企业国有产权无偿划转行为,根据国务院国有资产监督管理委员会(以下简称国资委)《企业国有产权无偿划转管理暂行办法》(以下简称《办法》),制定本指引。

第二条　国有独资企业、国有独资公司、国有事业单位投资设立的一人有限责任公司及其再投资设立的一人有限责任公司(以下统称国有一人公司),可以作为划入方(划出方)。

国有一人公司作为划入方(划出方)的,无偿划转事项由董事会审议;不设董事会的,由股东作出书面决议,并加盖股东印章。

国有独资企业产权拟无偿划转国有独资公司或国有一人公司持有

的,企业应当依法改制为公司。

第三条 中央企业及其子企业无偿划入(划出)企业国有产权的,适用本指引。

第四条 中央企业及其子企业无偿划入企业国有产权,应当符合国资委有关减少企业管理层次的要求,划转后企业管理层次原则上不超过三级。

第五条 划转双方应当严格防范和控制无偿划转的风险,所作承诺事项应严谨合理、切实可行,且与被划转企业直接相关;划转协议的内容应当符合《办法》的规定,不得以重新划回产权等作为违约责任条款。

第六条 划入方(划出方)应当严格按照《办法》第二章的有关规定做好无偿划转的相关工作。无偿划转事项需报国资委批准的,按以下程序办理:

(一)中央企业应按规定对无偿划转事项进行审核,履行内部程序后,向国资委报送申请文件及相关材料。

(二)国资委收到申请文件及相关材料后,应当在5个工作日内提出初审意见。

对初审中发现的问题,国资委审核人员应及时与中央企业进行沟通;中央企业无异议的,应在5个工作日内修改完善相关材料并报国资委。对材料齐备、具备办理条件的,国资委应及时予以办理。

第七条 中央企业应当按照《办法》第十六条的规定向国资委报送文件材料,其中:

(一)申请文件的主要内容包括:

1. 请示的具体事项。

2. 划出方、划入方及被划转企业的基本情况。

主要包括设立时间、组织形式、注册资本、股权结构、级次、主营业务、生产经营和财务状况等。

3. 无偿划转的理由。

4. 划入方关于被划转企业发展规划、效益预测等。

5. 被划转企业风险(负担)情况。

(1)人员情况。在岗人员、内退人员及离退休人员人数,职工分流安置方案,离退休人员管理方式、统筹外费用等。

(2)或有负债情况。对外担保、未决诉讼等具体情况,相关解决方案,风险判断及其影响等。

(3)办社会职能情况。企业办各类社会职能情况,相关解决方案等。

6. 相关决策及协议签订情况。

划出方、划入方、职代会、中央企业、政府主管部门、地市级以上政府或国有资产监督管理机构相关决策(批准)情况。

涉及有限责任公司国有股权无偿划转的,相关股东会决议情况;涉及中外合资企业国有股权无偿划转的,相关董事会决议情况。

协议签订及主要内容。

7. 相关承诺事项。

(1)被划转企业国有产权权属清晰,不存在限制或者妨碍产权转移的情形。

(2)除已报送国资委的划转协议和承诺事项外,未与划转他方签订任何补充协议,也无其他承诺事项。

申请文件中有关被划转企业的主营业务、财务状况、或有负债、人员安置等内容,应与可行性论证报告、划转协议及审计报告等相关内容一致。

(二)需提交的其他有关文件主要指:

1. 中央企业子企业作为划入方(划出方)的,中央企业相关决议或批准文件;

2. 企业国有产权在中央企业与非中央企业之间无偿划转的,相关政府主管部门、地市级以上政府或国有资产监督管理机构的批准文件;

3. 涉及有限责任公司国有股权无偿划转的,相关股东会决议或有法律效力的其他证明文件;涉及中外合资企业国有股权无偿划转的,相关董事会决议或有法律效力的其他证明文件。

第八条 国资委主要从以下方面对无偿划转事项进行审核：

（一）划转双方主体资格适格，被划转企业产权关系清晰；

（二）符合中央企业主业及发展规划，有利于提高企业核心竞争力；

（三）划转所涉及各方决策程序合法合规，相关文件齐备、有效；

（四）相关风险防范和控制情况，划转协议规定内容齐备，无可能出现纠纷的条款。

第九条 本指引自公布之日起施行。

国务院国有资产监督管理委员会关于印发《企业国有产权交易操作规则》的通知

2009年6月15日 国资发产权〔2009〕120号

各省、自治区、直辖市及计划单列市和新疆生产建设兵团国资委，各中央企业，上海联合产权交易所、北京产权交易所、天津产权交易中心、重庆联合产权交易所：

为统一规范企业国有产权交易行为，根据《中华人民共和国企业国有资产法》、《企业国有资产监督管理暂行条例》（国务院令第378号）、《企业国有产权转让管理暂行办法》（国资委、财政部令第3号）等有关规定，我们制定了《企业国有产权交易操作规则》。现印发给你们，请结合实际遵照执行。执行中有何问题，请及时反馈我委。

附件：企业国有产权交易操作规则

附件:

企业国有产权交易操作规则

第一章 总 则

第一条 为统一规范企业国有产权交易行为,根据《中华人民共和国企业国有资产法》、《企业国有资产监督管理暂行条例》(国务院令第378号)、《企业国有产权转让管理暂行办法》(国资委、财政部令第3号)等有关规定,制定本规则。

第二条 省级以上国资委选择确定的产权交易机构(以下简称产权交易机构)进行的企业国有产权交易适用本规则。

第三条 本规则所称企业国有产权交易,是指企业国有产权转让主体(以下统称转让方)在履行相关决策和批准程序后,通过产权交易机构发布产权转让信息,公开挂牌竞价转让企业国有产权的活动。

第四条 企业国有产权交易应当遵循等价有偿和公开、公平、公正、竞争的原则。产权交易机构应当按照本规则组织企业国有产权交易,自觉接受国有资产监督管理机构的监督,加强自律管理,维护市场秩序,保证产权交易活动的正常进行。

第二章 受理转让申请

第五条 产权转让申请的受理工作由产权交易机构负责承担。实行会员制的产权交易机构,应当在其网站上公布会员的名单,供转让方自主选择,建立委托代理关系。

第六条 转让方应当向产权交易机构提交产权转让公告所需相关材料,并对所提交材料的真实性、完整性、有效性负责。按照有关规定需要在信息公告前进行产权转让信息内容备案的转让项目,由转让方履行相应的备案手续。

第七条 转让方提交的材料符合齐全性要求的，产权交易机构应当予以接收登记。

第八条 产权交易机构应当建立企业国有产权转让信息公告的审核制度，对涉及转让标的信息披露的准确性和完整性，交易条件和受让方资格条件设置的公平性与合理性，以及竞价方式的选择等内容进行规范性审核。符合信息公告要求的，产权交易机构应当予以受理，并向转让方出具受理通知书；不符合信息公告要求的，产权交易机构应当将书面审核意见及时告知转让方。

第九条 转让方应当在产权转让公告中披露转让标的基本情况、交易条件、受让方资格条件、对产权交易有重大影响的相关信息、竞价方式的选择、交易保证金的设置等内容。

第十条 产权转让公告应当对转让方和转让标的企业基本情况进行披露，包括但不限于：

（一）转让方、转让标的及受托会员的名称；

（二）转让标的企业性质、成立时间、注册地、所属行业、主营业务、注册资本、职工人数；

（三）转让方的企业性质及其在转让标的企业的出资比例；

（四）转让标的企业前十名出资人的名称、出资比例；

（五）转让标的企业最近一个年度审计报告和最近一期财务报表中的主要财务指标数据，包括所有者权益、负债、营业收入、净利润等；

（六）转让标的（或者转让标的企业）资产评估的备案或者核准情况，资产评估报告中总资产、总负债、净资产的评估值和相对应的审计后账面值；

（七）产权转让行为的相关内部决策及批准情况。

第十一条 转让方在产权转让公告中应当明确为达成交易需要受让方接受的主要交易条件，包括但不限于：

（一）转让标的挂牌价格、价款支付方式和期限要求；

（二）对转让标的企业职工有无继续聘用要求；

(三)产权转让涉及的债权债务处置要求;

(四)对转让标的企业存续发展方面的要求。

第十二条 转让方可以根据标的企业实际情况,合理设置受让方资格条件。受让方资格条件可以包括主体资格、管理能力、资产规模等,但不得出现具有明确指向性或者违反公平竞争的内容。产权交易机构认为必要时,可以要求转让方对受让方资格条件的判断标准提供书面解释或者具体说明,并在产权转让公告中一同公布。

第十三条 转让方应当在产权转让公告中充分披露对产权交易有重大影响的相关信息,包括但不限于:

(一)审计报告、评估报告有无保留意见或者重要提示;

(二)管理层及其关联方拟参与受让的,应当披露其目前持有转让标的企业的股权比例、拟参与受让国有产权的人员或者公司名单、拟受让比例等;

(三)有限责任公司的其他股东或者中外合资企业的合营他方是否放弃优先购买权。

第十四条 产权转让公告中应当明确在征集到两个及以上符合条件的意向受让方时,采用何种公开竞价交易方式确定受让方。选择招投标方式的,应当同时披露评标方法和标准。

第十五条 转让方可以在产权转让公告中提出交纳交易保证金的要求。产权交易机构应当明示交易保证金的处置方式。

第三章 发布转让信息

第十六条 企业国有产权转让信息应当在产权交易机构网站和省级以上公开发行的经济或者金融类报刊上进行公告。

中央企业产权转让信息由相关产权交易机构在其共同选定的报刊以及各自网站联合公告,并在转让标的企业注册地或者转让标的企业重大资产所在地选择发行覆盖面较大的经济、金融类报刊进行公告。

第十七条 转让方应当明确产权转让公告的期限。首次信息公告的期限应当不少于20个工作日,并以省级以上报刊的首次信息公告之日为起始日。

第十八条 信息公告期按工作日计算，遇法定节假日以政府相关部门公告的实际工作日为准。产权交易机构网站发布信息的日期不应当晚于报刊公告的日期。

第十九条 信息公告期间不得擅自变更产权转让公告中公布的内容和条件。因特殊原因确需变更信息公告内容的，应当由产权转让批准机构出具文件，由产权交易机构在原信息发布渠道进行公告，并重新计算公告期。

第二十条 在规定的公告期限内未征集到符合条件的意向受让方，且不变更信息公告内容的，转让方可以按照产权转让公告的约定延长信息公告期限，每次延长期限应当不少于5个工作日。未在产权转让公告中明确延长信息公告期限的，信息公告到期自行终结。

第二十一条 企业国有产权转让首次信息公告时的挂牌价不得低于经备案或者核准的转让标的资产评估结果。如在规定的公告期限内未征集到意向受让方，转让方可以在不低于评估结果90%的范围内设定新的挂牌价再次进行公告。如新的挂牌价低于评估结果的90%，转让方应当重新获得产权转让批准机构批准后，再发布产权转让公告。

第二十二条 信息公告期间出现影响交易活动正常进行的情形，或者有关当事人提出中止信息公告书面申请和有关材料后，产权交易机构可以作出中止信息公告的决定。

第二十三条 信息公告的中止期限由产权交易机构根据实际情况设定，一般不超过1个月。产权交易机构应当在中止期间对相关的申请事由或者争议事项进行调查核实，也可转请相关部门进行调查核实，及时作出恢复或者终结信息公告的决定。如恢复信息公告，在产权交易机构网站上的累计公告期不少于20个工作日，且继续公告的期限不少于10个工作日。

第二十四条 信息公告期间出现致使交易活动无法按照规定程序正常进行的情形，并经调查核实确认无法消除时，产权交易机构可以作出终结信息公告的决定。

第四章 登记受让意向

第二十五条 意向受让方在信息公告期限内,向产权交易机构提出产权受让申请,并提交相关材料。产权交易机构应当对意向受让方逐一进行登记。

第二十六条 意向受让方可以到产权交易机构查阅产权转让标的的相关信息和材料。

第二十七条 产权交易机构应当对意向受让方提交的申请及材料进行齐全性和合规性审核,并在信息公告期满后5个工作日内将意向受让方的登记情况及其资格确认意见书面告知转让方。

第二十八条 转让方在收到产权交易机构的资格确认意见后,应当在5个工作日内予以书面回复。如对受让方资格条件存有异议,应当在书面意见中说明理由,并提交相关证明材料。转让方逾期未予回复的,视为同意产权交易机构作出的资格确认意见。

第二十九条 经征询转让方意见后,产权交易机构应当以书面形式将资格确认结果告知意向受让方,并抄送转让方。

第三十条 转让方对产权交易机构确认的意向受让方资格有异议,应当与产权交易机构进行协商,必要时可以就有关争议事项征询国有资产监督管理机构意见。

第三十一条 通过资格确认的意向受让方在事先确定的时限内向产权交易机构交纳交易保证金(以到达产权交易机构指定账户为准)后获得参与竞价交易资格。逾期未交纳保证金的,视为放弃受让意向。

第五章 组织交易签约

第三十二条 产权转让信息公告期满后,产生两个及以上符合条件的意向受让方的,由产权交易机构按照公告的竞价方式组织实施公开竞价;只产生一个符合条件的意向受让方的,由产权交易机构组织交易双方按挂牌价与买方报价孰高原则直接签约。涉及转让标的企业其他股东依法在同等条件下享有优先购买权的情形,按照有关法律规定执行。

第三十三条 公开竞价方式包括拍卖、招投标、网络竞价以及其他竞价方式。

第三十四条 产权交易机构应当在确定受让方后的次日起3个工作日内,组织交易双方签订产权交易合同。

第三十五条 产权交易合同条款包括但不限于:

(一)产权交易双方的名称与住所;

(二)转让标的企业的基本情况;

(三)产权转让的方式;

(四)转让标的企业职工有无继续聘用事宜,如何处置;

(五)转让标的企业的债权、债务处理;

(六)转让价格、付款方式及付款期限;

(七)产权交割事项;

(八)合同的生效条件;

(九)合同争议的解决方式;

(十)合同各方的违约责任;

(十一)合同变更和解除的条件。

第三十六条 产权交易机构应当依据法律法规的相关规定,按照产权转让公告的内容以及竞价交易结果等,对产权交易合同进行审核。

第三十七条 产权交易涉及主体资格审查、反垄断审查等情形,产权交易合同的生效需经政府相关部门批准的,交易双方应当将产权交易合同及相关材料报政府相关部门批准,产权交易机构应当出具政府相关部门审批所需的交易证明文件。

第六章 结算交易资金

第三十八条 产权交易资金包括交易保证金和产权交易价款,一般以人民币为计价单位。

产权交易机构实行交易资金统一进场结算制度,开设独立的结算账户,组织收付产权交易资金,保证结算账户中交易资金的安全,不得挪作他用。

第三十九条 受让方应当在产权交易合同约定的期限内,将产权交易价款支付到产权交易机构的结算账户。受让方交纳的交易保证金按照相关约定转为产权交易价款。产权交易合同约定价款支付方式为分期付款的,首付交易价款数额不低于成交金额的30%。

第四十条 受让方将产权交易价款交付至产权交易机构结算账户后,产权交易机构应当向受让方出具收款凭证。对符合产权交易价款划出条件的,产权交易机构应当及时向转让方划出交易价款。转让方收到交易价款后,应当向产权交易机构出具收款凭证。

第四十一条 交易双方为同一实际控制人的,经产权交易机构核实后,交易资金可以场外结算。

第四十二条 产权交易的收费标准应当符合产权交易机构所在地政府物价部门的有关规定,并在产权交易机构的工作场所和信息平台公示。

交易双方应当按照产权交易机构的收费标准支付交易服务费用,交易机构在收到服务费用后,应当出具收费凭证。

第七章 出具交易凭证

第四十三条 产权交易双方签订产权交易合同,受让方依据合同约定将产权交易价款交付至产权交易机构资金结算账户,且交易双方支付交易服务费用后,产权交易机构应当在3个工作日内出具产权交易凭证。

第四十四条 产权交易涉及主体资格审查、反垄断审查等情形时,产权交易机构应当在交易行为获得政府相关部门批准后出具产权交易凭证。

第四十五条 产权交易凭证应当载明:项目编号、签约日期、挂牌起止日、转让方全称、受让方全称、转让标的全称、交易方式、转让标的的评估结果、转让价格、交易价款支付方式、产权交易机构审核结论等内容。

第四十六条 产权交易凭证应当使用统一格式打印，不得手写、涂改。

第八章 附 则

第四十七条 产权交易过程中发生争议时，当事人可以向产权交易机构申请调解。争议涉及产权交易机构时，当事人可以向产权交易机构的监管机构申请调解，也可以按照约定向仲裁机构申请仲裁或者向人民法院提起诉讼。

第四十八条 国有产权转让过程中，涉嫌侵犯国有资产合法权益的，国有资产监督管理机构可以要求产权交易机构终结产权交易。

第四十九条 产权交易中出现中止、终结情形的，应当在产权交易机构网站上公告。

第五十条 本规则自2009年7月1日起施行。

国务院国有资产监督管理委员会关于印发《关于规范上市公司国有股东行为的若干意见》的通知

2009年6月16日 国资发产权〔2009〕123号

国务院各部委、各直属机构，各省、自治区、直辖市及计划单列市和新疆生产建设兵团国资委，各中央企业，上海证券交易所、深圳证券交易所、中国证券登记结算有限责任公司：

为规范上市公司国有股东行为，保护各类投资者权益，维护证券市场健康发展，根据国家有关法律、行政法规，特制定《关于规范上市公司国有股东行为的若干意见》。现印发给你们，请结合实际，认真遵照执行，并及时反映工作中的有关情况和问题。

附件：关于规范上市公司国有股东行为的若干意见

附件：

关于规范上市公司国有股东行为的若干意见

为维护证券市场健康发展，保护各类投资者合法权益，促进国有资产的合理配置和有序流转，根据《中华人民共和国公司法》、《中华人民共和国证券法》、《中华人民共和国企业国有资产法》、《企业国有资产监督管理暂行条例》(国务院令第378号)等有关法律法规规定，现就规范上市公司国有股东(以下简称国有股东)行为有关问题提出以下意见：

一、做维护资本市场健康发展的表率。国有股东要坚持守法诚信，规范运作，切实履行企业社会责任，积极支持上市公司做强做优，维护资本市场健康发展。

二、切实强化信息披露责任。因自身行为可能引起上市公司证券及其衍生产品价格异动的重要信息，国有股东应当及时书面通知上市公司，并保证相关信息公开的及时与公平，信息内容的真实、准确、完整，无虚假记载、误导性陈述或者重大遗漏。在相关信息依法披露前，严禁国有股东相关人员以内部讲话、接受访谈、发表文章等形式违规披露。

三、依法行使股东权利，严格履行股东义务。在涉及上市公司事项的相关行为决策或实施过程中，国有股东要依法处理与上市公司的关系，切实维护上市公司在人员、资产、财务、机构和业务方面的独立性。同时，应当按照相关法律法规和公司治理规则要求，严格履行内部决策、信息披露、申请报告等程序，不得暗箱操作、违规运作。

四、积极推进国有企业整体改制上市，有序推动现有上市公司资源整合。国有股东应当按照企业发展规划，因企、因地制宜，选择适当时机，以适当方式，实现公司整体业务上市或按业务板块整体上市，做到主营业务突出；要按照加强产业集中度，以及主业发展要求，推动现有上市公司资源优化整合，不断提高资源配置效益。

五、促进提高上市公司质量，增强上市公司核心竞争力。国有股东应当支持上市公司通过技术创新、资产重组、引进战略投资者等多种途径，不断做强做优；要严格规范与上市公司间的关联交易，推动解决同业竞争问题；要支持有退市风险及业绩较差的上市公司研究解决经营发展中存在的问题。

六、规范国有股东所持上市公司股份变动行为。国有股东应当严格按照相关证券监管法律法规，以及《国有股东转让上市公司股份管理暂行办法》（国资委证监会令第 19 号）、《关于印发〈国有单位受让上市公司股份管理暂行规定〉的通知》（国资发产权〔2007〕109 号）的有关要求，规范所持上市公司股份变动行为，防止内幕交易、操纵股价、损害其他投资者合法权益等行为的发生。国有股东拟通过证券交易系统出售超过规定比例股份的，应当将包括出售股份数量、价格下限、出售时限等情况的出售股份方案报经国有资产监督管理机构批准。

国有股东转让全部或部分股份致使国家对该上市公司不再具有控股地位的，国有资产监督管理机构应当报经本级人民政府批准。

七、合理确定在上市公司的持股比例。对于关系国家安全和国民经济命脉的重要行业和关键领域中的上市公司，具有实际控制力的国有股东应当采取有效措施，切实保持在上市公司中的控制力。必要时，可通过资本市场增持股份，增持行为须遵守证券市场法律法规，符合中国证监会及证券交易所关于增持行为时间“窗口期”和信息披露的相关规定。

八、规范股份质押行为。国有股东将其持有的上市公司股份用于质押的，要做好可行性论证，明确资金用途，制订还款计划，并严格按照内部决策程序进行审议。

国有股东用于质押的股份数量不得超过其所持上市公司股份总额的 50%，且仅限于为本单位及其全资或控股子公司提供质押，质押股份的价值应以上市公司股票价格为基础合理确定。

九、切实加强国有股东账户监管。国有股东应当按照《关于印发〈上市公司国有股东标识管理暂行规定〉的通知》（国资发产权〔2007〕

108号)的有关要求,加强对本企业及所控股企业证券账户的清理和监管工作。对于因业务开展需要,确需在证券交易机构新开证券账户或多头开设证券账户的,须得到有权批准机构的批准;要通过建立健全证券账户监测系统,构建对所持上市公司股份的动态监管体系。

十、支持上市公司分配股利。国有股东要按照证券监管的有关法律法规要求,鼓励、支持上市公司在具备条件的前提下,通过包括现金分红在内的多种分配方式回报投资者。

国务院国有资产监督管理委员会关于规范国有股东与上市公司进行资产重组有关事项的通知

2009年6月24日　国资发产权〔2009〕124号

国务院各部委、各直属机构,各省、自治区、直辖市及计划单列市和新疆生产建设兵团国资委,各中央企业,上海证券交易所、深圳证券交易所、中国证券登记结算有限责任公司:

为规范国有股东与上市公司资产重组行为,保护各类投资者权益,维护证券市场健康发展,根据《中华人民共和国公司法》、《中华人民共和国证券法》、《中华人民共和国企业国有资产法》及《企业国有资产监督管理暂行条例》(国务院令第378号)等法律法规规定,现就国有股东与上市公司进行资产重组所涉及的有关事项通知如下:

一、本通知所称国有股东与上市公司资产重组是指国有股东或潜在国有股东(经本次资产重组后成为上市公司国有股东的,以下统称为国有股东)向上市公司注入、购买或置换资产并涉及国有股东所持上市公司股份发生变化的情形。

国有股东向上市公司注入、购买或置换资产不涉及国有股东所持上市公司股份发生变化的，按相关规定办理。

二、国有股东与上市公司进行资产重组，应遵循以下原则：

（一）有利于促进国有资产保值增值，符合国有股东发展战略；

（二）有利于提高上市公司质量和核心竞争力；

（三）标的资产权属清晰，资产交付或转移不存在法律障碍；

（四）标的资产定价应当符合市场化原则，有利于维护各类投资者合法权益。

三、国有股东与上市公司进行资产重组应当做好可行性论证，认真分析本次重组对国有股东、上市公司及资本市场的影响，并提出可行性报告。如涉及国有股东人员安置、土地使用权处置、债权债务处理等相关问题，国有股东应当制订解决方案。

四、国有股东与上市公司进行资产重组的，应当与上市公司充分协商。国有股东与上市公司就资产重组事项进行协商时，应当采取必要且充分的保密措施，制定严格的保密制度和责任追究制度。国有股东聘请中介机构的，应当与所聘请的中介机构签署保密协议。

五、国有股东与上市公司进行资产重组的相关事项在依法披露前，市场出现相关传闻，或上市公司证券及其衍生品种出现异常交易时，国有股东应当积极配合上市公司依法履行信息披露义务；必要时，应督促上市公司向证券交易所申请股票停牌。如上市公司证券及其衍生品种价格明显异动，对本次资产重组产生重大影响的，国有股东应当调整资产重组方案，必要时应当中止本次重组事项，且国有股东在3个月内不得重新启动。

六、国有股东与上市公司进行资产重组，应当按照有关法律法规，以及企业章程规定履行内部决策程序。

七、国有股东就本次资产重组事项进行内部决策后，应当按照相关规定书面通知上市公司，由上市公司依法披露，并申请股票停牌。同时，将可行性研究报告报省级或省级以上国有资产监督管理机构预审核。

国有股东为中央单位的，由中央单位通过集团母公司报国务院国有资产监督管理机构。国有股东为地方单位的，由地方单位通过集团母公司报省级国有资产监督管理机构。

国有股东为公司制企业，且本次重组事项需由股东会(股东大会)作出决议的，应当按照有关法律法规规定，在国有资产监督管理机构出具意见后，提交股东会(股东大会)审议。

八、国有资产监督管理机构收到国有股东关于本次资产重组的书面报告后，应当在10个工作日内出具意见，并及时通知国有股东，由国有股东书面通知上市公司依法披露。在中国证监会及证券交易所规定的股票停牌期内，国有股东与上市公司资产重组的方案未能获得国有资产监督管理机构同意的，上市公司股票须立即复牌，国有股东3个月内不得重新启动该事项。

九、国有股东与上市公司进行资产重组的方案经上市公司董事会审议通过后，国有股东应当在上市公司股东大会召开日前不少于20个工作日，按规定程序将相关方案报省级或省级以上国有资产监督管理机构审核。国有资产监督管理机构在上市公司股东大会召开前5个工作日出具批复文件。

十、国有股东对上市公司进行资产重组的，应当向国有资产监督管理机构报送以下材料：

(一)关于本次资产重组的请示及方案；

(二)上市公司董事会决议；

(三)本次资产重组涉及相关资产的审计报告、评估报告及作价依据；

(四)国有股东上一年度的审计报告；

(五)上市公司基本情况、最近一期的年度报告或中期报告；

(六)律师事务所出具的法律意见书；

(七)国有资产监督管理机构要求的其他材料。

十一、国有股东与上市公司进行资产重组的方案应主要包括以下内容：

(一)本次资产重组的原因及目的；

（二）本次资产重组涉及的资产范围、业务情况及近三年损益情况、未来盈利预测及其依据；

（三）本次资产重组所涉及相关资产作价的说明；

（四）本次资产重组对国有股东及上市公司权益、盈利水平及未来发展的影响。

十二、国有股东违反本规定的，国有资产监督管理机构应当责令其整改，并按照监管权限，直接或责成相关方面对相关责任人员给予相应处分；造成国有资产损失的，应追究赔偿责任，涉嫌犯罪的，依法移送司法机关处理。

社会中介机构在国有股东与上市公司资产重组中违规执业的，国有资产监督管理机构应当将有关情况通报其行业主管部门；情节严重的，国有资产监督管理机构可通报企业 3 年内不得聘请该中介机构从事相关业务。

国有资产监督管理机构工作人员违反本通知有关规定，造成国有资产重大损失的，应当对直接负责的主管人员和其他相关责任人员依法给予行政处分；涉嫌犯罪的，依法移送司法机关处理。

国务院国有资产监督管理委员会关于规范上市公司国有股东发行可交换公司债券及国有控股上市公司发行证券有关事项的通知

2009 年 6 月 24 日　国资发产权〔2009〕125 号

国务院各部委、各直属机构，各省、自治区、直辖市及计划单列市和新疆生产建设兵团国资委，各中央企业，上海证券交易所、深圳证券交易所、中国证券登记结算有限责任公司：

为规范上市公司国有股东发行可交换公司债券及国有控股上市公司发行证券行为，维护证券市场健康发展，根据《中华人民共和国公司法》、《中华人民共和国证券法》、《中华人民共和国企业国有资产法》，以及《企业国有资产监督管理暂行条例》(国务院令第378号)等法律法规规定，现就有关问题通知如下：

一、本通知所称上市公司国有股东发行的可交换公司债券是指上市公司国有股东依法发行、在一定期限内依据约定的条件可以交换成该股东所持特定上市公司股份的公司债券。

本通知所称国有控股上市公司发行证券包括上市公司采用公开方式向原股东配售股份、向不特定对象公开募集股份，采用非公开方式向特定对象发行股份以及发行(分离交易)可转换公司债券等。

二、上市公司国有股东发行可交换公司债券应当遵守有关法律法规及规章制度的规定，符合国有资产监督管理机构对上市公司最低持股比例的要求；应当做好可行性研究，严格履行内部决策程序，合理把握市场时机，并建立健全有关债券发行的风险防范和控制机制；募集资金的投向应当符合国家相关产业政策及企业主业发展规划。

三、上市公司国有股东发行的可交换公司债券交换为上市公司每股股份的价格应不低于债券募集说明书公告日前1个交易日、前20个交易日、前30个交易日该上市公司股票均价中的最高者。

四、上市公司国有股东发行的可交换公司债券，其利率应当在参照同期银行贷款利率、银行票据利率、同行业其他企业发行的债券利率，以及标的公司股票每股交换价格、上市公司未来发展前景等因素的前提下，通过市场询价合理确定。

五、国有股东发行可交换公司债券，该股东单位为国有独资公司的，由公司董事会负责制订债券发行方案，并由国有资产监督管理机构依照法定程序作出决定；国有股东为其他类型公司制企业的，债券发行方案在董事会审议后，应当在公司股东会(股东大会)召开前不少于20个工作日，按照规定程序将发行方案报省级或省级以上国有资产监督管理机构审核，国有资产监督管理机构应在公司股东会(股东大会)召开前5个工作日出具批复意见。

国有股东为中央单位的，由中央单位通过集团母公司报国务院国有资产监督管理机构审核；国有股东为地方单位的，由地方单位通过集团母公司报省级国有资产监督管理机构审核。

六、上市公司国有股东发行可交换公司债券的，应当向国有资产监督管理机构报送以下材料：

（一）国有股东发行可交换公司债券的请示；

（二）国有股东发行可交换公司债券的方案及内部决议；

（三）国有股东发行可交换公司债券的风险评估论证情况、偿本付息的具体方案及债务风险的应对预案；

（四）国有控股股东发行可交换公司债券对其控股地位影响的分析；

（五）国有股东为发行可交换公司债券设定担保的股票质押备案表；

（六）国有股东基本情况、营业执照、公司章程及产权登记文件；

（七）国有股东最近一个会计年度的审计报告；

（八）上市公司基本情况、最近一期年度报告及中期报告；

（九）国有资产监督管理机构要求提供的其他材料。

七、国有控股上市公司发行证券应当遵守有关法律、行政法规及规章制度的规定，有利于提高上市公司的核心竞争力，完善法人治理结构，有利于维护上市公司全体投资者的合法权益，募集资金的投向应当符合国家相关产业政策及公司发展规划。

八、国有控股上市公司发行证券，涉及国有股东或经本次认购上市公司增发股份后成为上市公司股东的潜在国有股东，以资产认购所发行证券的，应当按照国务院国有资产监督管理机构关于规范国有股东与上市公司进行资产重组的有关规定开展相关工作。

九、国有控股股东应当协助上市公司根据国家有关产业政策规定、资本市场状况，以及上市公司发展需要，就发行证券事项进行充分的可行性研究，并严格按照国家有关法律法规要求，规范运作。

十、国有控股股东应当在上市公司董事会审议通过证券发行方案后，按照规定程序在上市公司股东大会召开前不少于20个工作日，将该方案逐级报省级或省级以上国有资产监督管理机构审核。国有资产监督管理机构在上市公司相关股东大会召开前5个工作日出具批复意见。

国有资产监督管理机构关于国有控股上市公司发行证券的审核程序按照本通知第五条第二款的规定办理。

十一、国有控股上市公司拟发行证券的，国有控股股东应当向国有资产监督管理机构报送以下材料：

(一)国有控股上市公司拟发行证券情况的请示；

(二)上市公司董事会关于本次发行证券的决议；

(三)上市公司拟发行证券的方案；

(四)国有控股股东基本情况、认购股份情况及其上一年度审计报告；

(五)国有控股股东关于上市公司发行证券对其控股地位影响的分析；

(六)上市公司基本情况、最近一期的年度报告及中期报告；

(七)上市公司前次募集资金使用情况的报告及本次募集资金使用方向是否符合国家相关政策规定；

(八)上市公司发行可转换债券的风险评估论证情况、偿本付息的具体方案及发生债务风险的应对预案；

(九)律师事务所出具的法律意见书；

(十)国有资产监督管理机构要求提供的其他材料。

十二、国有控股股东在上市公司召开股东大会时，应当按照国有资产监督管理机构出具的批复意见，对上市公司拟发行证券的方案进行表决。

上市公司股东大会召开前未获得国有资产监督管理机构批复的，国有控股股东应当按照有关法律法规规定，提议上市公司延期召开股东大会。

十三、上市公司证券发行完毕后，国有控股股东应持国有资产监督管理机构的批复，到证券登记结算机构办理相关股份变更手续。

国务院国有资产监督管理委员会关于企业国有资产评估报告审核工作有关事项的通知

2009 年 9 月 11 日　国资产权〔2009〕941 号

各省、自治区、直辖市及计划单列市和新疆建设兵团国资委，各中央企业：

为规范企业国有资产评估行为，加强企业国有资产评估报告审核工作，现将有关事项通知如下：

一、各级国有资产监督管理机构及国家出资企业对企业国有资产评估报告核准、备案时，应依照中国资产评估协会公布的《企业国有资产评估报告指南》（以下简称《指南》）进行审核，进一步提高核准和备案工作质量。

二、各级国有资产监督管理机构及国家出资企业对企业国有资产评估报告核准、备案时，发现评估报告中存在《指南》第二十二条所列示下列情况时，应当要求申请核准、备案单位妥善解决相关问题后，方予受理。

（一）权属资料不全面或者存在瑕疵；

（二）评估程序受到限制；

（三）资产评估对应的经济行为中存在可能对评估结论产生重大影响的瑕疵。

三、申请核准、备案单位报送的评估报告中有关收益法说明部分应包括下列参数、依据及测算过程：

（一）收入预测表及说明；

（二）成本及费用预测表及说明；

（三）折旧和摊销预测表及说明；

(四)营运资金预测表及说明；

(五)资本性支出预测表及说明；

(六)折现率选取、计算、分析及说明；

(七)负债预测表及说明；

(八)溢余资产分析及说明；

(九)非经营性资产分析及说明。

四、企业国有产权持有单位或被评估单位应如实提供相关评估资料，确保资料真实、完整、有效。企业国有资产评估报告中的《企业关于进行资产评估有关事项的说明》应由委托方或产权持有单位按照《指南》要求编写，对实际存在但未入账的无形资产应详细说明。《企业关于进行资产评估有关事项的说明》应加盖编写单位公章。

五、《国有资产评估项目备案表》及《接受非国有资产评估项目备案表》(见附件)已进行调整，企业申请资产评估项目备案时，可从国务院国有资产监督管理委员会网站下载，并按要求填报办理。

附件：1. 国有资产评估项目备案表

2. 接受非国有资产评估项目备案表

备注：

1. 本备案表应与资产评估报告书同时使用，评估报告的使用各方应关注评估报告书中所揭示的特别事项和评估报告的法律效力等内容，合理使用评估结果。

2. 本项目所出具的资产评估报告的法律责任由受托评估机构和在评估报告中签字的具有相应执业资格的评估人员共同承担，不因本备案而转移其法律责任。

3. 本表一式三份。一份留存备案单位，一份送产权持有单位，一份送上级单位。

附件 1:

备案编号:________

国有资产评估项目备案表

产权持有单位(盖章):________________

法定代表人(签字):________________

填　报　日　期:________________

国务院国有资产监督管理委员会制

资产评估项目基本情况

评估对象					
产权持有单位			企业管理级次		
资产评估委托方					
所出资企业(有关部门)					
经济行为类型	□整体或者部分改建为有限责任公司或者股份有限公司　□以非货币资产对外投资 □合并、分立、破产、解散　□非上市公司国有股东股权比例变动 □产权转让　□资产转让、置换　□整体资产或者部分资产租赁给非国有单位 □以非货币资产偿还债务　□资产涉讼　□其他				
评估报告书编号			主要评估方法		
评估机构名称			资质证书编号		
注册评估师姓名			注册评估师编号		
产权持有单位联系人		电话		通讯地址	
所出资企业(有关部门)联系人		电话		通讯地址	
申报备案 产权持有单位盖章 法定代表人签字： 年　月　日		同意转报备案 上级单位盖章 单位领导签字： 年　月　日		备　案 国有资产监督管理机构 (所出资企业、有关部门) 年　月　日	

资产评估结果

评　估　基　准　日：　　　年　月　日
评估结果使用有效期至：　　年　月　日
金额单位:人民币万元

项　目	账面价值	评估价值	增减值	增减率（%）
流动资产				
非流动资产				
其中:长期股权投资				
投资性房地产				
固定资产				
在建工程				
无形资产				
其中:无形资产——土地使用权				
其他非流动资产				
资产总计				
流动负债				
非流动负债				
负债总计				
净　资　产				

国务院国有资产监督管理委员会办公厅关于建立国有控股上市公司运行情况信息报告制度的通知

2010年1月19日　国资厅发产权〔2010〕5号

各省、自治区、直辖市及计划单列市和新疆生产建设兵团国资委(局),各中央企业:

当前,随着国有企业公司制股份制改革以及改制上市工作的加快推进,国有股东主营业务资产日益向所控股上市公司集中,所控股上市公司在国有股东经营发展中发挥着越来越重要的作用,国有资产监管重点也应向上市公司国有股权转移。为及时了解和掌握国有资本控股上市公司(以下简称国有控股上市公司)基本运行情况,加强并不断完善上市公司国有股权监管,促进国有股东及其所控股上市公司做优做强,有必要建立国有控股上市公司运行情况信息报告制度。根据《中华人民共和国公司法》、《中华人民共和国证券法》、《中华人民共和国企业国有资产法》以及《企业国有资产监督管理暂行条例》(国务院令第378号)等法律、行政法规的规定,现将有关事项通知如下:

一、本通知所称国有控股上市公司是指全部国有控股的境内外上市公司。

二、本通知所称国有控股上市公司运行情况信息报告是指上市公司国有控股股东,在上市公司季(年)度报告披露后,按照统一要求向国有资产监督管理机构报告所控股上市公司的运行情况,分为季度、半年度和年度报告。

三、国有控股上市公司运行情况信息报告文件内容主要包括:企业基本信息、主要指标表、股东情况表等(详见附件1、2),其中主要指标表由企业的经营情况、资产质量情况、偿债能力、市场情况和职工情况五部分组成。

四、省级国有资产监督管理机构及各中央企业分别负责本地区、本企业范围内的国有控股上市公司运行情况信息报告的组织实施工作，要确保数据资料真实、准确和规范，并将汇总结果上报国务院国资委。

五、上市公司各国有控股股东应当在所控股上市公司季(年)度报告披露后2个工作日内，依据国务院国资委编制的表式、填报说明及软件操作要求，完成企业基本信息和有关指标表的填报。填报完成后，应当按照内部管理程序报经企业负责人审核后，逐级报送省级国有资产监督管理机构或中央企业。

六、各省级国有资产监督管理机构及中央企业应当在明确内部工作职责基础上，指定专人负责，在所控股上市公司季(年)度报告全部披露完毕后10个工作日内，完成国有控股上市公司运行情况信息汇总报送工作。

七、各省级国有资产监督管理机构及中央企业应当在做好上市公司运行情况信息报告的同时，结合国内外市场形势和政策走向，认真分析本地区、本企业范围内国有控股上市公司运行情况，为加强上市公司国有股权管理，规范国有股东行为，以及领导决策提供依据。

八、各省级国有资产监督管理机构及中央企业在进行国有控股上市公司运行情况信息填报时，应当按照《国有控股上市公司运行情况信息填报说明》(见附件3)进行，表式、填报说明可在 http://www.sasac.gov.cn 或 http://www.jiuqi.com.cn 网站下载，信息系统可通过 http://gqgl.sasac.gov.cn 进行登录。

在国有控股上市公司运行情况信息采集、编制、报送过程中，如有问题，请及时与国务院国资委产权管理局联系。

联系人：王　敏

电　话：010－63193949

附件：1. 国有控股上市公司主要指标表(略)

2. 国有控股上市公司股东情况表(略)

3. 国有控股上市公司运行情况信息填报说明(略)

关于中央企业国有产权协议转让有关事项的通知

2010 年 1 月 26 日　国资发产权〔2010〕11 号

各中央企业：

为了推动中央企业国有产权重组整合，减少企业管理层级，缩短产权链条，理顺产权关系，提高资源配置效率，根据《中华人民共和国企业国有资产法》、《企业国有资产监督管理暂行条例》(国务院令第 378 号)、《企业国有产权转让管理暂行办法》(国资委、财政部令第 3 号)以及《关于企业国有产权转让有关事项的通知》(国资发产权〔2006〕306 号，以下简称 306 号文件)等规定，现将中央企业国有产权协议转让有关事项通知如下：

一、中央企业在本企业内部实施资产重组，符合 306 号文件相关规定的境内企业协议转让事项，由中央企业负责批准或依法决定，同时抄报国务院国资委。其中涉及股份有限公司股份转让的，按照国家有关规定办理。

二、中央企业在本企业内部实施资产重组，转让方和受让方均为中央企业及其直接或间接全资拥有的境内子企业的，转让价格可以资产评估或审计报告确认的净资产值为基准确定，且不得低于经评估或审计的净资产值；转让方或受让方不属于中央企业及其直接或间接全资拥有的境内子企业的，转让价格须以资产评估报告确认的净资产值为基准确定。

三、由中央企业批准或依法决定的国有产权协议转让事项，资产评估备案由中央企业负责。

以审计报告确认的净资产为基准确定转让价格的，应当采用由专业机构出具的上一会计年度的年度审计报告或最近时点的审计报告。

四、中央企业之间、中央企业与地方国资委监管企业之间协议转让国有产权应当符合各自主业范围和发展战略规划，有利于做强主业和优化资源配置，并符合306号文件相关规定。转让事项由中央企业报国务院国资委批准后实施。

五、各中央企业要严格执行相关法律、法规及国务院国资委关于企业国有产权转让的相关规定，不得自行扩大协议转让范围；对于由中央企业负责批准或依法决定的协议转让事项，审批权限不得下放。

六、各中央企业应当根据企业国有产权转让相关法规及本通知要求制定相应制度，明确负责企业国有产权转让管理的机构和人员，明确内部管理程序，建立健全产权转让档案，落实工作责任。

七、各中央企业应当将本企业国有产权转让的制度、负责国有产权转让管理的机构和人员等报国务院国资委备案。

八、已经国务院国资委批准实施重组或被托管的中央企业，不适用本通知的相关规定。

九、中央企业应当在每年度1月31日前，将本企业上一年度的企业国有产权协议转让事项汇总后书面报告国务院国资委（汇总表格式详见附件）。

十、国务院国资委每年度将组织对部分中央企业开展企业国有产权转让工作检查。对于严重违反企业国有产权转让相关法规及本通知规定的中央企业及主要负责人、相关责任人员将予以通报批评；对于造成国有资产损失的，将视情节轻重依法追究相关人员的责任。

各中央企业在执行本通知过程中，遇到问题应当及时向国务院国资委反映。

附件：中央企业国有产权协议转让事项汇总表（略）

国务院国有资产监督管理委员会关于印发《中央企业资产评估项目核准工作指引》的通知

2010年5月25日　国资发产权〔2010〕71号

各中央企业：

为进一步规范企业国有资产评估项目核准工作，提高评估核准工作效率，国资委制定了《中央企业资产评估项目核准工作指引》，现印发给你们。请遵照执行，并及时反馈工作中的有关情况和问题。

附件：中央企业资产评估项目核准工作指引

附件：

中央企业资产评估项目核准工作指引

第一条　为确保中央企业(以下简称企业)改制重组工作顺利进行，进一步规范企业国有资产评估项目核准工作，依据《企业国有资产评估管理暂行办法》(国资委令第12号)(以下简称12号令)等规定，制定本指引。

第二条　按照12号令规定应当进行核准的资产评估项目，企业在确定评估基准日前，应当向国务院国有资产监督管理委员会(以下简称国资委)书面报告下列有关事项：

(一)国家有关部门对相关经济行为的批复情况；

(二)评估基准日的选择情况及理由；

（三）资产评估范围的确定情况，包括拟纳入评估范围的资产占企业全部资产比例关系、拟纳入评估范围的资产是否与经济行为一致及拟剥离资产处置方案等；

（四）资产评估机构选聘情况，包括选聘评估机构的条件、范围、程序及拟选定机构的资质、专业特长情况等；

（五）资产评估的时间进度安排情况，包括资产评估的现场工作时间、评估报告的出具时间及报国资委申请核准时间。

第三条 在评估项目开展过程中，企业应当及时向国资委报告资产评估项目的工作进展情况，包括评估、审计、土地、矿产资源等相关工作的进展情况，工作中发现问题应当及时沟通。必要时，国资委可对评估项目进行跟踪指导和现场检查。

第四条 企业将评估报告报国资委申请核准前，应当完成以下事项：

（一）取得国家有关部门对相关经济行为的正式批准文件；

（二）确认所聘请中介机构及相关人员具有相应资质；

（三）纳入评估范围的房产、土地及矿产资源等资产权属要件齐全，并依法办理相关企业产权变动事宜；

（四）纳入评估范围的资产与经济行为批复、重组改制方案内容一致；

（五）对评估报告进行审核并督促评估机构修改完善。

第五条 企业应当自评估基准日起8个月内向国资委提出核准申请，并报送下列文件材料：

（一）资产评估项目核准申请文件，主要包括经济行为批准情况、资产评估工作情况和资产评估账面值、评估值等。

（二）资产评估项目核准申请表（一式三份）。

（三）与评估目的相对应的经济行为批准文件或有效材料，包括国务院批复文件、相关部门批复文件以及企业董事会或总经理办公会议决议等。

（四）所涉及的资产重组方案或者改制方案、发起人协议等材料。

(五)资产评估机构提交的资产评估报告及其主要引用报告(包括评估报告书、评估说明、评估明细表及其电子文档)。

(六)所涉及的企业或资产的产权变动完成法律程序的证明文件。

(七)与经济行为相对应的无保留意见审计报告。如有强调事项段,需提供企业对有关事项的书面说明及意见。

(八)拟上市项目或已上市公司的重大资产置换与收购项目,评估基准日在6月30日(含)之前的,需提供最近三个完整会计年度和本年度截至评估基准日的审计报告;评估基准日在6月30日之后的,需提供最近两个完整会计年度和本年度截至评估基准日的审计报告。其他经济行为需提供最近一个完整会计年度和本年度截至评估基准日的审计报告。

(九)资产评估各当事方的相关承诺函。评估委托方、评估机构均应当按照评估准则的相关规定出具承诺函。

(十)企业对评估报告审核情况的说明。

(十一)其他有关材料。

第六条　国资委收到核准申请后,经审核符合本指引第五条规定要求的,应当在5个工作日内组织召开核准会议。参加核准会议人员包括国资委聘请的专家、被审核企业人员和中介机构人员等。

第七条　核准会议上,企业应当组织中介机构汇报核准项目的以下相关工作情况:

(一)企业基本情况及相关工作。

1. 企业基本情况概述;

2. 近三年主要经营及财务状况;

3. 涉及项目经济行为基本情况;

4. 被评估企业改制重组前后的股权架构及产权变动情况;

5. 各中介机构工作进展总体情况;

6. 后续工作及时间安排。

(二)资产评估工作情况。

1. 资产评估的组织,包括项目组织结构、基本工作程序、人员安排、时间进度等；

2. 资产清查工作中发现的资产权属瑕疵，重要资产的运行或使用情况及盘点盈亏情况；

3. 评估要素介绍，包括评估基准日、评估范围和对象，重大、特殊资产评估方法，主要评估参数的选取；

4. 评估基准日后评估范围内重大资产变动和重组情况；

5. 土地使用权评估结果的引用情况；

6. 矿业权评估结果的引用情况；

7. 境外估值机构与资产评估机构就同类评估对象估值差异分析；

8. 其他中介机构工作成果的引用情况；

9. 评估机构对评估报告的内部质量控制情况；

10. 评估结论及增减值原因分析；

11. 评估报告体例。

（三）土地估价工作情况。

1. 估价工作总协调情况和合作评估机构的介绍；

2. 评估项目涉及的执业土地估价师名单；

3. 评估项目涉及的土地权属状况；

4. 土地估价技术方案和评估基本过程描述；

5. 评估项目涉及的土地、房屋的房地匹配说明及附表；

6. 完善土地权属的预计费用支出情况；

7. 土地资产处置审批与土地估价报告备案情况。

（四）涉及矿产资源的，应当汇报矿业权评估情况。

1. 评估项目涉及的矿业权评估师名单；

2. 矿业权人、矿业权评估对象的主要情况；

3. 矿业权价款处置及本次评估的处理情况；

4. 评估项目涉及的矿产资源储量核实和评审备案情况；

5. 评估技术方案和评估基本过程描述；

6. 评估项目涉及的固定资产和土地使用权投资参数与资产评估、土地使用权评估的对接情况；

7. 完善矿业权权属的预计费用支出情况。

(五)审计工作情况。

1. 审计工作的组织,包括项目组织结构、基本工作程序、人员安排、时间进度等；

2. 所审计财务报表的编制基础,对于特殊的编制基础或有模拟的企业架构,应当重点予以介绍；

3. 对所审计财务报表有重大影响的事项,包括重要重组行为及其会计处理等,说明事项及其影响金额；

4. 合并报表的合并范围说明；

5. 对于拟境外上市的公司或境外上市公司实施收购的核准项目,需说明所审计报表与境外报表之间净利润与净资产的主要差异项目及金额；

6. 审计结论。

(六)律师工作情况。

1. 相关经济行为的合法性情况；

2. 房产、土地、矿产资源等资产权属文件办理情况及其合规性,存在瑕疵的处理方法及其合规性承诺；

3. 尽职调查情况。

(七)聘请财务顾问的,应当汇报的情况。

1. 企业经济行为总体方案及要点；

2. 企业经济行为的重要性和必要性；

3. 总体时间安排及进度；

4. 各中介机构工作协调情况及存在问题；

5. 对资本市场趋势变化分析；

6. 定价底线是否高于评估值。

(八)其他需汇报的情况。

第八条 国资委聘请的专家应当遵守国家有关法律、法规及国资委工作要求,并签署保密承诺函。专家应当独立开展审核工作,重点对下列事项进行审核：

（一）评估基准日的选择是否适当，评估结果的使用有效期是否明示。重点审查评估基准日的选择是否符合有关评估准则的规定要求等。

（二）资产评估范围与经济行为批准文件确定的资产范围是否一致。

（三）评估方法运用是否合理。重点审核评估方法是否符合相关评估准则的规定要求，评估方法及技术参数选取是否合理等。

（四）评估依据是否适当。重点审核评估工作过程中所引用的法律法规和技术参数资料等是否适当。

（五）企业是否就所提供的资产权属证明文件、财务会计资料及生产经营管理资料的真实性、合法性和完整性作出承诺。

（六）评估过程是否符合相关评估准则的规定。重点审核评估机构在评估过程中是否履行了必要评估程序，评估过程是否完整，是否存在未履行评估准则规定的必要评估步骤的行为等。

（七）评估报告是否符合《企业国有资产评估报告指南》规定要求。

第九条 评估报告需经两名以上专家审核并独立提出意见。国资委组织专家与被审核企业及相关中介机构交换意见，被审核企业及相关中介机构应当就专家提出的审核意见作出解释和说明。企业的解释和说明达不到核准要求的，国资委将向企业提出审核意见。

第十条 国资委向企业提出审核意见后，企业应当及时组织相关中介机构对评估、审计、土地、矿业权等报告进行补充完善，并将完善后的评估报告及审核意见的书面答复报送国资委。

第十一条 国资委收到企业报送的答复意见及经修改的评估报告后，应当在 5 个工作日内组织专家召开复审会。

第十二条 经审核符合本指引第八条规定的核准要求的，国资委应当在 10 个工作日内完成对评估报告的核准批复。

第十三条 本指引自印发之日起施行。

关于规范中央企业选聘评估机构工作的指导意见

2011年5月28日　国资发产权〔2011〕68号

各中央企业：

为进一步加强中央企业国有资产评估管理工作，规范企业选聘评估机构行为，维护国有资产出资人合法权益，根据《中华人民共和国企业国有资产法》、《企业国有资产评估管理暂行办法》(国资委令第12号)等有关法律和规定，现就中央企业选聘评估机构工作提出以下意见：

一、中央企业应当依据国家有关法律法规的要求，结合本企业具体情况，制订评估机构选聘管理制度，完善评估机构选聘工作程序，明确评估机构选聘条件，建立评估机构执业质量评价标准及考核体系。

二、中央企业选聘的评估机构应当符合以下条件：

(一)遵守国家有关法律、法规以及企业国有资产评估的政策规定，严格履行法定职责，近3年内没有违法、违规执业记录。

(二)掌握企业所在行业的经济行为特点和相关市场信息，具有与企业评估需求相适应的资质条件、专业人员和专业特长。

(三)熟悉与企业及其所在行业相关的法规、政策。

三、中央企业应当按照"公开、公平、公正"的原则，根据自身及其各级子企业规模、区域分布和资产评估业务特点等，结合评估机构的资质条件、人员规模、执业质量、执业信誉、技术特长和区域分布等因素，建立适应本企业各类评估业务需求的评估机构备选库。

中央企业确定评估机构备选库后，应当在本企业公告备选评估机构名单，并在公告期截止之日起10个工作日内将备选评估机构名单及选聘情况报送国资委备案。国资委根据备案情况，将中央企业备选评估机构名单在国资委网站上向社会公布。

四、中央企业及其各级子企业在聘请评估机构执行业务时，应当在本企业评估机构备选库内实行差额竞争选聘。个别临时业务中确有原因不能在本企业备选库内选聘的，应当在国资委公布的中央企业备选评估机构名单中竞争选聘，并向国资委报告相关情况。

五、中央企业应当根据评估机构执业质量评价结果和企业评估业务需要，对评估机构备选库实行动态管理，原则上每两年调整一次，调整时应当根据执业质量评价结果对备选评估机构予以一定比例的更换。

六、受聘评估机构在执业过程中发生故意违规行为的，中央企业应终止其执行该业务；情节严重的，应将该评估机构从本企业评估机构备选库中删除，同时将相关情况报告国资委及有关部门，由国资委通告各中央企业三年内不再选聘该评估机构；涉嫌犯罪的，依法移送司法机关处理。

七、中央企业在选聘评估机构过程中，应当严格按照本指导意见执行。国资委定期对中央企业评估机构备选库建立工作及企业重大重组改制涉及的评估机构选聘工作进行抽查和监督。

关于中央企业国有产权置换有关问题的通知

2011年9月7日　国资发产权〔2011〕121号

各中央企业：

为规范中央企业国有产权置换行为，进一步推动企业资源整合，提高核心竞争力，根据《中华人民共和国企业国有资产法》、《企业国有资产监督管理暂行条例》（国务院令第378号）等法律、行政法规和国有产

权管理的有关规定,现就中央企业国有产权置换有关事项通知如下:

一、本通知所称国有产权置换,是指中央企业实施资产重组时,中央企业及其全资、绝对控股企业(以下统称国有单位)相互之间以所持企业产权进行交换,或者国有单位以所持企业产权与中央企业实际控制企业所持产权、资产进行交换,且现金作为补价占整个资产交换金额比例低于25%的行为。

二、本通知所称实际控制企业,是指中央企业虽未直接或者间接绝对控股,但为第一大股东并通过章程、董事会或者其他安排能够实际支配,且其他股东不构成一致行动人的企业。

三、国有产权置换应当遵循以下原则:

(一)符合国家有关法律法规和产业政策的规定;

(二)符合国有经济布局和结构调整的需要;

(三)有利于做强主业和优化资源配置,提高企业核心竞争力;

(四)置换标的权属清晰,标的交付或转移不存在法律障碍。

四、国有单位应当做好国有产权置换的可行性研究,认真分析本次置换对经营业绩和未来发展的影响、与中央企业结构调整和发展规划的关系,并提出可行性论证报告;如涉及职工安置和债权债务处理等事宜,应当制订相关解决方案。

五、国有单位应当按照有关法律法规以及企业章程的有关规定,履行内部决策程序,并形成书面决议。

六、置换双方应当委托具有相应资质的资产评估机构,对相关置换标的进行资产评估,并按照规定办理评估备案手续。经备案的资产评估结果,作为确定置换价格的依据。

七、置换双方协商一致后,应当签订置换协议。置换协议应当明确置换价格及补价方式、置换标的交割、违约责任和纠纷解决方式以及协议生效条件等。

八、国有产权置换事项由中央企业按照内部决策程序审议后批准或者出具意见,同时抄报国务院国资委;其中,实际控制企业为上市公司的,由国务院国资委审核批准或者出具意见。

九、对国有产权置换进行批准或者出具意见，应当审查以下文件资料：

（一）关于置换的请示及相关决策文件；

（二）置换的可行性论证报告；

（三）置换双方签订的置换协议；

（四）资产评估备案表；

（五）其他。

十、国有单位为公司制企业，且置换事项需由股东会、股东大会作出决议的，应当在中央企业或者国务院国资委出具意见后，提交股东会、股东大会审议。

十一、中央企业之间、中央企业与地方国资委监管企业之间的产权置换，置换双方应为国有及国有绝对控股企业，并遵守本通知和有关法律法规，由中央企业报国务院国资委批准；其中，中央企业与地方国资委监管企业之间的产权置换，地方国资委监管企业应事先报经地方国资委批准。

十二、中央企业应当严格遵守有关法律法规及本通知的规定，落实工作责任，完善管理制度，明确内部程序，健全档案管理，不得自行扩大国有产权置换范围和下放审批权限。

十三、国务院国资委每年对部分中央企业国有产权置换工作情况进行监督检查。对于违反有关法律法规及本通知规定的中央企业及相关责任人员予以通报批评；导致国有资产损失的，依法追究相关人员的责任。

十四、国有单位以所持上市公司股份进行置换，国有单位与上市公司之间置换并涉及国有单位所持上市公司股份发生变化的，按照相关规定办理。

关于加强中央企业境外国有产权管理有关工作的通知

2011 年 9 月 29 日　国资发产权〔2011〕144 号

各中央企业：

《中央企业境外国有产权管理暂行办法》(国资委令第 27 号,以下简称《境外产权办法》)已经于 2011 年 7 月 1 日起正式实施。为进一步推动《境外产权办法》的贯彻落实工作,现将有关事项通知如下：

一、围绕培育具有国际竞争力的世界一流企业的总体目标,深入贯彻落实《境外产权办法》

《境外产权办法》是落实党中央、国务院对加强境外国有资产监管提出的要求、保障国际化经营战略有序有效实施、强化国有产权监管薄弱环节的重要举措。各中央企业要紧紧围绕"做强做优中央企业、培育具有国际竞争力的世界一流企业"的总体目标贯彻落实好《境外产权办法》。要深入学习《境外产权办法》,要充分发挥好产权管理的基础性、枢纽性和战略性作用,规范境外国有产权管理,优化境外国有产权配置,保障境外国有产权安全。

二、认真做好组织实施工作,建立健全境外国有产权管理的各项制度

各中央企业要在深入学习研究《境外产权办法》的基础上,依照我国法律、行政法规,同时遵守境外注册地和上市地的相关法律规定,尽快建立健全本企业境外国有产权管理的各项制度,不得自行下放审核管理权限;要落实负责机构和人员,明确工作责任,完善档案管理;要按照"制度化、程序化、规范化、信息化"的要求,加强过程管理和责任追

究，把《境外产权办法》的各项要求落实到每一个环节。各中央企业应当于2011年12月31日前将本企业境外国有产权管理制度、负责机构、人员等相关情况以书面形式报告国资委。

三、严格规范个人代持境外国有产权和设立离岸公司行为，积极清理各类历史遗留问题

各中央企业要按照《境外产权办法》第六条、第七条的规定，切实规范个人代持境外国有产权和设立离岸公司等特殊目的公司的行为。要对个人代持境外国有产权和设立离岸公司等特殊目的公司的情况进行一次全面清理，建立专项管理制度，完善专项档案资料，具备条件的应当于2011年12月31日前按照《境外产权办法》要求完成变更或依法注销，清理规范情况应当于2012年3月31日前以书面形式报告国资委。

四、摸清核实境外国有产权“家底”，建立境外国有产权管理状况报告制度

各中央企业应当对本企业以各种形式对境外企业出资所形成的权益进行一次认真全面清理，摸清核实境外企业户数、区域分布、行业分布、产权结构、占有国有权益数额以及经营管理状况，组织各级子企业及时办理境外国有产权登记。要建立起境外国有产权管理状况报告制度，中央企业应当于每年4月30日前将本企业境外国有产权管理状况以书面形式报告国资委。

五、履行各项程序和要求，做好境外国有产权管理的规范衔接工作

各中央企业要对正在进行的境外国有产权注资或转让、境外红筹上市等国有产权变动相关事项进行清理。对2011年7月1日前经有关部门、机构或集团公司批准且正式签订合同或协议的，可按照有关批复以及合同、协议的约定组织实施，但后续工作应当按《境外产权办法》

的规定予以规范;对于2011年7月1日前尚未经有关部门、机构或集团公司批准或未正式签订合同或协议的,应当按照《境外产权办法》的相关规定重新予以规范。

六、规范评估机构选聘,完善境外国有资产评估管理工作

中央企业及其各级子企业独资或者控股的境外企业发生《境外产权办法》第十条规定的应评估或者估值的经济行为时,应当聘请具有相应资质、专业经验、良好信誉并与经济行为相适应的境内外专业机构对标的物进行评估或者估值。其中:选择的境内评估机构应当具有国家相关部门确认的专业资质;选择的境外评估或估值机构应当遵守标的物所在国家或地区对评估或估值机构专业资质的相关规定。评估或者估值情况应当按照《境外产权办法》相关规定进行备案或核准。报送备案或核准的评估或者估值报告书及其相关说明等资料应为中文文本。

七、定期开展监督检查,加强对境外国有产权管理的监管

中央企业应当自2012年开始,每年组织对各级子企业执行《境外产权办法》的情况进行监督检查,并将检查情况以书面形式报告国资委。我委每年将对中央企业境外国有产权管理情况进行不定期抽查。

中央企业在执行《境外产权办法》过程中对新情况、新问题要注意收集,及时汇报,遇有重要情况和重大问题应当及时请示或报告。

关于加强上市公司国有股东内幕信息管理有关问题的通知

2011年10月28日　国资发产权〔2011〕158号

国务院各部委、各直属机构,各省、自治区、直辖市、计划单列市和新疆

生产建设兵团国有资产监督管理机构,各中央企业:

为进一步加强上市公司国有股东内幕信息管理,防控内幕交易,根据《国务院办公厅转发证监会等部门关于依法打击和防控资本市场内幕交易意见的通知》(国办发〔2010〕55号)及证券和国有资产监督管理有关法律法规的规定,现将有关问题通知如下:

一、上市公司国有股东、实际控制人应明确本单位内幕信息管理机构,负责内幕信息管理,督促、协调上市公司信息披露,配合上市公司实施内幕信息知情人登记等事项。

本通知所称上市公司国有股东,是指直接持有上市公司股份的国有及国有控股企业、有关机构、部门、事业单位等;所称上市公司实际控制人,是指虽不是公司股东,但能够实际支配公司行为的国家出资企业。

二、上市公司国有股东、实际控制人应当建立健全内幕信息管理规章制度,对涉及上市公司重大事项的决策程序、内幕信息的流转与保密、信息披露、内幕信息知情人登记等方面作出明确规定。

三、上市公司国有股东、实际控制人在涉及上市公司重大事项的策划、研究、论证、决策过程中,应当在坚持依法合规的前提下,采取必要且充分的保密措施,严格控制参与人员范围,减少信息知悉及传递环节;简化决策流程,缩短决策时间,并建立责任追究制度。有关事项的决策原则上应在相关股票停牌后或非交易时间进行。

四、上市公司国有股东、实际控制人就涉及内幕信息的相关事项决策后,应当按照相关规定及时书面通知上市公司,由上市公司依法披露。

五、在相关信息披露前,上市公司国有股东、实际控制人中的内幕信息知情人不得在公司内部网站,或以内部讲话、接受访谈、发表文章等形式将信息向外界泄露,也不得利用内幕信息为本人、亲属或他人牟利。一旦出现市场传闻或上市公司证券及其衍生品异常交易等情况,应当及时督促、配合上市公司披露或澄清相关信息。必要时,应当督促上市公司依照有关规定及时申请股票停牌。

六、上市公司国有股东、实际控制人应支持和配合上市公司按规定做好内幕信息知情人登记工作，保证内幕信息知情人登记信息的真实、准确、完整。由上市公司国有股东或实际控制人研究、发起涉及上市公司的重大事项并可能产生内幕信息时，上市公司国有股东或实际控制人应按照证券监管机构要求填写内幕信息知情人档案，及时记录重要信息，并在通知上市公司相关事项时将知情人档案一并抄送。

七、上市公司国有股东、实际控制人就涉及内幕信息的有关事项向有关政府部门、监管机构汇报、沟通时，应告知其保密义务，并将情况记录备查。

八、上市公司国有股东、实际控制人应通过多种形式，加强内幕信息管理及规范股东行为等方面的教育培训工作，强化守法合规意识。

九、国有资产监督管理机构、政府有关部门直接持有上市公司股份的，按照本通知规定执行。

十、国有资产监督管理机构、上市公司国有股东、实际控制人应依据职责分工，对泄露内幕信息或从事内幕交易的相关人员进行处分；涉嫌犯罪的，依法移送司法机关处理。

十一、本通知印发后，上市公司国有股东、实际控制人要按照国办发〔2010〕55号文件及本通知要求，对本单位内幕信息管理工作开展一次全面梳理与自查，抓紧完善制度、落实责任，并将内幕信息管理制度和负责机构及联系人报省级或省级以上人民政府国有资产监督管理机构。

关于印发《关于国有企业改制重组中积极引入民间投资的指导意见》的通知

2012年5月23日　国资发产权〔2012〕80号

各中央企业，各省、自治区、直辖市及计划单列市和新疆生产建设兵团国资委：

为贯彻落实《国务院关于鼓励和引导民间投资健康发展的若干意见》（国发〔2010〕13号）和《国务院办公厅关于鼓励和引导民间投资健康发展重点工作分工的通知》（国办函〔2010〕120号）精神，积极引导和鼓励民间投资参与国有企业改制重组，我们商有关部门研究制定了《关于国有企业改制重组中积极引入民间投资的指导意见》，现印发给你们，请认真贯彻执行。

附件：关于国有企业改制重组中积极引入民间投资的指导意见

附件：

关于国有企业改制重组中积极引入民间投资的指导意见

根据《国务院关于鼓励和引导民间投资健康发展的若干意见》（国发〔2010〕13号）和《国务院办公厅关于鼓励和引导民间投资健康发展重点工作分工的通知》（国办函〔2010〕120号）精神，为了积极推动民间投资参与国有企业改制重组，现提出以下意见：

一、坚持毫不动摇地巩固和发展公有制经济、毫不动摇地鼓励支持和引导非公有制经济发展，深入推进国有经济战略性调整，完善国有资本有进有退、合理流动机制。

二、积极引入民间投资参与国有企业改制重组，发展混合所有制经济，建立现代产权制度，进一步推动国有企业转换经营机制、转变发展方式。

三、国有企业改制重组中引入民间投资，应当符合国家对国有经济布局与结构调整的总体要求和相关规定，遵循市场规律，尊重企业意愿，平等保护各类相关利益主体的合法权益。

四、国有企业在改制重组中引入民间投资时，应当通过产权市场、媒体和互联网广泛发布拟引入民间投资项目的相关信息。

五、国有企业改制重组引入民间投资，应当优先引入业绩优秀、信誉良好和具有共同目标追求的民间投资主体。

六、民间投资主体参与国有企业改制重组可以用货币出资，也可以用实物、知识产权、土地使用权等法律、行政法规允许的方式出资。

七、民间投资主体可以通过出资入股、收购股权、认购可转债、融资租赁等多种形式参与国有企业改制重组。

八、民间投资主体之间或者民间投资主体与国有企业之间可以共同设立股权投资基金，参与国有企业改制重组，共同投资战略性新兴产业，开展境外投资。

九、国有企业改制上市或国有控股的上市公司增发股票时，应当积极引入民间投资。国有股东通过公开征集方式或通过大宗交易方式转让所持上市公司股权时，不得在意向受让人资质条件中单独对民间投资主体设置附加条件。

十、企业国有产权转让时，除国家相关规定允许协议转让者外，均应当进入由省级以上国资监管机构选择确认的产权市场公开竞价转让，不得在意向受让人资质条件中单独对民间投资主体设置附加条件。

十一、从事国有产权转让的产权交易机构，应当积极发挥市场配置资源功能，有序聚集和组合民间资本，参与受让企业国有产权。

十二、国有企业改制重组引入民间投资，要遵守国家相关法律、行政法规、国有资产监管制度和企业章程，依法履行决策程序，维护出资人权益。

十三、国有企业改制重组引入民间投资，应按规定履行企业改制重组民主程序，依法制定切实可行的职工安置方案，妥善安置职工，做好劳动合同、社会保险关系接续、偿还拖欠职工债务等工作，维护职工合法权益，维护企业和社会的稳定。

十四、改制企业要依法承继债权债务，维护社会信用秩序，保护金融债权人和其他债权人的合法权益。

关于印发《国家出资企业产权登记管理工作指引》的通知

2012 年 7 月 24 日　国资发产权〔2012〕104 号

各省、自治区、直辖市及计划单列市和新疆生产建设兵团国资委，各中央企业：

为进一步规范国家出资企业产权登记管理工作，我们制定了《国家出资企业产权登记管理工作指引》，现印发给你们，请遵照执行。执行中有何问题和建议，请及时反馈我委。

附件：国家出资企业产权登记管理工作指引

附件：

国家出资企业产权登记管理工作指引

第一章　总　　则

第一条　为进一步规范国家出资企业产权登记管理工作，根据《国家出资企业产权登记管理暂行办法》（国资委令第 29 号，以下简称《暂行办法》），制定本指引。

第二条　国家出资企业产权登记管理信息系统（以下简称产权登记系统）是产权登记管理的工作平台。企业办理产权登记应当符合《暂行办法》和本指引的有关规定，并按照产权登记系统的操作说明进行。

第三条 《暂行办法》第二条所称“授权管理”,是指各级人民政府授权本级国有资产监督管理机构依法履行出资人职责,或者履行产权登记等国有资产基础管理职责的情形。

第四条 《暂行办法》第四条所称各类出资人在产权登记系统中简称为:

(一)“履行出资人职责的机构”简称为“国家出资人”,各级人民政府以及政府授权履行出资人职责的机构、部门按此项填列;

(二)“履行出资人职责的机构、国有独资企业、国有独资公司单独或者共同出资设立的企业”简称为“国有出资人”;

(三)“以上两类出资人直接或者间接合计持股比例超过50%不足100%的企业”简称为“国有绝对控股出资人”;

(四)“以上三类出资人直接或者间接合计持股比例未超过50%但为第一大股东,并通过股东协议、公司章程、董事会决议或者其他协议安排能够实际支配企业行为的企业”简称为“国有实际控制出资人”;

(五)以上四类出资人统称为“国有控制出资人”,除此以外的出资人统称为“其他出资人”。

第五条 《暂行办法》第五条所称“为了近期内(一年以内)出售而持有的其他股权”,是指企业以短期获利为目的而持有的、按照会计准则应当记入“交易性金融资产”科目的股权。

第二章　产权登记管理程序

第六条 国有控制出资人办理产权登记应当通过产权登记系统填报企业基础信息、经济行为信息,以及合规性资料目录。

企业基础信息是指企业办理产权登记时点的基本情况和产权状况信息。经济行为信息是指企业办理产权登记所涉及经济行为的操作过程信息。合规性资料目录是指企业办理产权登记时需要准备的有关材料目录及其相关信息。

第七条 国有控制出资人应当在填写完成上述信息后,按照企业产权级次或者管理级次通过产权登记系统逐级审核、报送国家出资企业。

第八条 国家出资企业对企业基础信息、经济行为信息、合规性资料目录的相关内容，以及相关经济行为的合规性进行审核后，向国有资产监督管理机构申请办理产权登记。

第九条 国家出资企业向国有资产监督管理机构申请办理产权登记，应当出具申请文件。申请文件应当加盖国家出资企业产权登记专用章，并通过产权登记系统报送国有资产监督管理机构。

申请文件的主要内容包括产权登记相关经济行为的发生时间、决策批准、实施过程等情况描述，以及国家出资企业的审核意见等。

第十条 国有资产监督管理机构根据国家出资企业的产权登记申请文件、企业基础信息、经济行为信息，以及合规性资料目录，对产权登记事项进行审核，对符合登记要求的予以登记，对不符合登记要求的予以退回。

第十一条 国有资产监督管理机构经与国家出资企业确认，对相关经济行为操作过程中存在违反有关法律或者国有资产监督管理制度规范等瑕疵的产权登记事项，应当向国家出资企业下发限期整改通知书，完成整改后符合登记要求的予以登记。

第十二条 国家出资企业收到限期整改通知书时，应当按照以下原则认真按期整改，并将整改情况书面报告国有资产监督管理机构：

（一）对于有关经济行为尚未产生法律效力的，应当及时予以纠正，严格按照有关法律和国有资产监督管理制度规范操作；

（二）对于有关经济行为已产生法律效力，无法进行追溯改正的，应当分析原因、明确责任、完善制度、加强管理。

第十三条 国有资产监督管理机构向国家出资企业下发限期整改通知书应当以书面形式，内容应当包括整改事项、要求和期限等。对未按要求进行整改的国家出资企业，国有资产监督管理机构应当予以通报，并追究相关人员责任。

第十四条 产权登记证由国务院国有资产监督管理机构印制，产权登记表由产权登记系统生成，产权登记证、产权登记表的式样见附件

1、附件2。

第十五条 国务院国有资产监督管理机构授权国家出资企业对其履行出资人职责的企业核发产权登记表。国家出资企业核发产权登记表,应当通过产权登记系统向国务院国有资产监督管理机构申请统一编号,并加盖国家出资企业产权登记专用章。

第十六条 省级国有资产监督管理机构可根据本地区的实际情况,决定产权登记表的发放方式,采用授权国家出资企业发放方式的,按照本指引第十五条规定办理。

第三章 国家出资企业所属事业单位产权登记管理

第十七条 事业单位"注册资本"按照事业单位法人证书中"开办资金"填写;事业单位出资人的"实缴资本"按照事业单位会计报表"固定资产基金"中属于国家拨款形成的部分和"周转金"中属于无需偿还的部分加总填写。

第十八条 事业单位"企业级次"按照其所在国家出资企业的管理层级对应填写,国家出资企业为一级,国家出资企业直接管理的事业单位为二级,依次类推;事业单位"出资人名称"按照直接对其履行管理职责的单位名称填写。

第四章 境外企业产权登记管理

第十九条 纳入产权登记范围的境外企业,是指国家出资企业、国家出资企业(不含国有资本参股公司)拥有实际控制权的各级子企业在我国境外以及香港特别行政区、澳门特别行政区和台湾地区依据当地法律出资设立的企业。国家出资企业所属境外代表处、办事处,以及其他非法人资格的经济组织,不纳入产权登记范围。

第二十条 境外企业产权登记涉及金额的登记指标应当分别按照外币和人民币填写,外币折算人民币的汇率应当按照相关经济行为发生时点的中间汇率确定。

第二十一条 境外企业"企业级次"按照企业所在的国家出资企业

的产权级次对应填写，国家出资企业为一级，国家出资企业直接持股的境外企业为二级，依次类推。

第二十二条 因重组、上市、转让或者经营管理等需要而设立的特殊目的公司，应当在产权登记系统内的企业基础信息中予以标注，并填写“注册目的”和“存续时限”。

第二十三条 因特殊原因以个人或者以个人名义设立的公司代为持股的境外企业，应当在产权登记系统内的企业基础信息中予以标注，并对应填写“持股人名称”和“实际出资人”。

第二十四条 境外企业（不含参股企业）在境内投资设立的企业，按照境内企业进行登记管理。

第五章 产权登记档案管理和数据分析

第二十五条 各级国有资产监督管理机构、国家出资企业应当建立健全产权登记档案管理制度，确保产权登记档案的完整、准确、系统、安全和有效利用。

第二十六条 产权登记档案分为电子档案和纸质档案。

电子档案是指产权登记系统中记载的产权登记相关信息。各级国有资产监督管理机构、国家出资企业分别负责本系统的电子档案管理，确保电子档案安全。

纸质档案是指企业办理产权登记时填报的合规性资料目录中所列资料。国家出资企业应当对已完成的产权登记事项，按照合规性资料目录所列资料整理归档，分户建立产权登记档案。

第二十七条 各级国有资产监督管理机构、国家出资企业应当定期对产权登记数据进行汇总分析，每季度形成分析信息，每年度形成分析报告。

第二十八条 产权登记分析报告应当包括但不限于产权在企业组织形式、级次、主辅业、行业、区域等方面的分布情况，以及产权形成、变动、注销情况及其原因。

第六章　产权登记管理监督检查

第二十九条　国家出资企业应当于每年3月31日前完成对其履行出资人职责的企业上年度产权登记情况的检查工作，并将检查结果书面报告本级国有资产监督管理机构。

监督检查重点关注企业产权登记的及时性、真实性、准确性，以及产权登记涉及相关经济行为的合规性。

第三十条　各级国有资产监督管理机构应当对企业产权登记工作的日常登记、档案管理、监督检查、整改事项落实等情况进行检查，并将检查结果予以通报。

档案管理检查的重点是对照产权登记系统中合规性资料目录检查纸质档案的完整性，对照纸质档案检查产权登记系统中相关信息的真实性、准确性。

第三十一条　国有资产监督管理机构、国家出资企业进行产权登记检查时可采用自查与抽查相结合、专项检查与综合检查相结合等方式进行，必要时可聘请中介机构协助完成。

第七章　附　　则

第三十二条　本指引由国务院国有资产监督管理委员会负责解释。

第三十三条　本指引自印发之日起施行。

企业改革

国资委　财政部　劳动和社会保障部　国家税务总局关于进一步明确国有大中型企业主辅分离辅业改制有关问题的通知

2003 年 7 月 4 日　国资分配〔2003〕21 号

各省、自治区、直辖市、计划单列市及新疆生产建设兵团经贸委(经委)、财政厅(局)、劳动和社会保障厅(局)、国家税务局、地方税务局，各中央企业：

为进一步做好国有大中型企业主辅分离辅业改制分流安置富余人员工作，现就原国家经贸委等 8 部门《印发〈关于国有大中型企业主辅分离辅业改制分流安置富余人员的实施办法〉的通知》(国经贸企改〔2002〕859 号，以下简称 859 号文件)中的有关问题通知如下：

一、关于国有控股企业的界定标准。859 号文件规定国有大中型企业(以下简称企业)主辅分离、辅业改制的范围是国有及国有控股的大中型企业，其中国有控股是指国有绝对控股。根据国家统计局《关于印发〈关于统计上划分经济成分的规定〉的通知》(国统字〔1998〕204 号)，国有绝对控股是指在企业的全部资本中，国家资本(股本)所占比例大于 50%的企业。

859 号文件提出的改制后为国有法人控股的企业指国有法人绝对控股。国有法人控股企业应尽量减少控股比重，一般不得超过 75%。改制为国有法人控股的企业再改制为非国有法人控股时，符合 859 号文件适用范围的，按照该文件的有关规定执行。

二、关于国有大中型企业划分标准。按照原国家经贸委、原国家计委、财政部、国家统计局联合下发的《关于印发中小企业标准暂行规定的通知》(国经贸中小企〔2003〕143 号,以下简称 143 号文件)规定的企业划分标准执行。143 号文件中的中小企业标准上限即为大企业标准的下限。

三、关于解除劳动关系的经济补偿标准。按照劳动和社会保障部《违反和解除劳动合同的经济补偿办法》(劳部发〔1994〕481 号)有关规定执行。根据劳动者在本单位工作年限,每满一年发给相当于一个月工资的经济补偿金。工作时间不满一年的按一年的标准发给经济补偿金。经济补偿金的工资计算标准是指企业正常生产情况下劳动者解除劳动合同前 12 个月的月平均工资。其中,职工月平均工资低于企业月平均工资的,按企业月平均工资计发;职工月平均工资高于企业月平均工资 3 倍或 3 倍以上的,可按不高于企业月平均工资 3 倍的标准计发。企业经营者也应按照上述办法执行。

四、关于企业辅业资产的界定范围。企业要按照 859 号文件要求,以精干壮大主业、放开搞活辅业、提高企业核心竞争力为目标,合理确定企业辅业资产。实施改制分流的辅业资产主要是与主体企业主营业务关联不密切,有一定生存发展潜力的业务单位及相应资产,主要包括为主业服务的零部件加工、修理修配、运输、设计、咨询、科研院所等单位。

五、关于中央企业实施主辅分离改制分流的范围。由于部分中央企业经营业务较宽,主业和辅业的界线不易界定,辅业企业资产规模较大、人员较多,在实施主辅分离时,这部分中央企业辅业改制的范围原则上应确定为辅业中的中小企业。中小企业划分标准按照本通知第二条规定执行。

六、关于中央企业改制分流总体方案联合批复程序。中央企业所属企业改制分流总体方案分别报国资委、财政部、劳动和社会保障部,总体方案的批复采取国资委、财政部、劳动和社会保障部分别审核、联合批复的形式,由国资委代章出具联合批复意见。

国务院办公厅转发国务院国有资产监督管理委员会《关于规范国有企业改制工作的意见》的通知

2003 年 11 月 30 日　国办发〔2003〕96 号

各省、自治区、直辖市人民政府，国务院各部委、各直属机构：

国务院国有资产监督管理委员会《关于规范国有企业改制工作的意见》已经国务院同意，现转发给你们，请认真贯彻执行。

附件：关于规范国有企业改制工作的意见

附件：

关于规范国有企业改制工作的意见

国务院国有资产监督管理委员会　2003 年 11 月 25 日

党的十五大以来，各地认真贯彻国有经济有进有退、有所为有所不为的方针，积极推进国有经济布局和结构调整，探索公有制的多种有效实现形式和国有企业改制的多种途径，取得了显著成效，积累了宝贵经验。但前一阶段国有企业改制工作中出现了一些不够规范的现象，造成国有资产的流失。国有企业改制是一项政策性很强的工作，涉及出资人、债权人、企业和职工等多方面的利益，既要积极探索，又要规范有序。为全面贯彻落实党中央关于国有经济布局结构调整和国有企业改革的精神，保证国有企业改制工作健康、有序、规

范地进行,现提出以下意见:

一、健全制度,规范运作

(一)批准制度。国有企业改制应采取重组、联合、兼并、租赁、承包经营、合资、转让国有产权和股份制、股份合作制等多种形式进行。国有企业改制,包括转让国有控股、参股企业国有股权或者通过增资扩股来提高非国有股的比例等,必须制订改制方案。方案可由改制企业国有产权持有单位制订,也可由其委托中介机构或者改制企业(向本企业经营管理者转让国有产权的企业和国有参股企业除外)制订。国有企业改制方案需按照《企业国有资产监督管理暂行条例》(国务院令第378号,以下简称《条例》)和国务院国有资产监督管理委员会(以下简称国资委)的有关规定履行决定或批准程序,未经决定或批准不得实施。国有企业改制涉及财政、劳动保障等事项的,需预先报经同级人民政府有关部门审核,批准后报国有资产监督管理机构协调审批;涉及政府社会公共管理审批事项的,依照国家有关法律法规,报经政府有关部门审批;国有资产监督管理机构所出资企业改制为国有股不控股或不参股的企业(以下简称非国有的企业),改制方案需报同级人民政府批准;转让上市公司国有股权审批暂按现行规定办理,并由国资委会同证监会抓紧研究提出完善意见。

(二)清产核资。国有企业改制,必须对企业各类资产、负债进行全面认真的清查,做到账、卡、物、现金等齐全、准确、一致。要按照"谁投资、谁所有、谁受益"的原则,核实和界定国有资本金及其权益,其中国有企业借贷资金形成的净资产必须界定为国有产权。企业改制中涉及资产损失认定与处理的,必须按有关规定履行批准程序。改制企业法定代表人和财务负责人对清产核资结果的真实性、准确性负责。

(三)财务审计。国有企业改制,必须由直接持有该国有产权的单位决定聘请具备资格的会计师事务所进行财务审计。凡改制为非国有的企业,必须按照国家有关规定对企业法定代表人进行离任审计。改制企业必须按照有关规定向会计师事务所或政府审计部门提供有关财务会计资料和文件，不得妨碍其办理业务。任何人不得授意、指使、强令改制企业会计机构、会计人员提供虚假资料文件或违法办理会计事项。

（四）资产评估。国有企业改制，必须依照《国有资产评估管理办法》（国务院令第 91 号）聘请具备资格的资产评估事务所进行资产和土地使用权评估。国有控股企业进行资产评估，要严格履行有关法律法规规定的程序。向非国有投资者转让国有产权的，由直接持有该国有产权的单位决定聘请资产评估事务所。企业的专利权、非专利技术、商标权、商誉等无形资产必须纳入评估范围。评估结果由依照有关规定批准国有企业改制和转让国有产权的单位核准。

（五）交易管理。非上市企业国有产权转让要进入产权交易市场，不受地区、行业、出资和隶属关系的限制，并按照《企业国有产权转让管理暂行办法》的规定，公开信息，竞价转让。具体转让方式可以采取拍卖、招投标、协议转让以及国家法律法规规定的其他方式。

（六）定价管理。向非国有投资者转让国有产权的底价，或者以存量国有资产吸收非国有投资者投资时国有产权的折股价格，由依照有关规定批准国有企业改制和转让国有产权的单位决定。底价的确定主要依据资产评估的结果，同时要考虑产权交易市场的供求状况、同类资产的市场价格、职工安置、引进先进技术等因素。上市公司国有股转让价格在不低于每股净资产的基础上，参考上市公司盈利能力和市场表现合理定价。

（七）转让价款管理。转让国有产权的价款原则上应当一次结清。一次结清确有困难的，经转让和受让双方协商，并经依照有关规定批准国有企业改制和转让国有产权的单位批准，可采取分期付款的方式。分期付款时，首期付款不得低于总价款的 30%，其余价款应当由受让方提供合法担保，并在首期付款之日起一年内支付完毕。转让国有产权的价款优先用于支付解除劳动合同职工的经济补偿金和移交社会保障机构管理职工的社会保险费，以及偿还拖欠职工的债务和企业欠缴的社会保险费，剩余价款按照有关规定处理。

(八)依法保护债权人利益。国有企业改制要征得债权金融机构同意,保全金融债权,依法落实金融债务,维护其他债权人的利益。要严格防止利用改制逃废金融债务,金融债务未落实的企业不得进行改制。

(九)维护职工合法权益。国有企业改制方案和国有控股企业改制为非国有的企业的方案,必须提交企业职工代表大会或职工大会审议,充分听取职工意见。其中,职工安置方案需经企业职工代表大会或职工大会审议通过后方可实施改制。改制为非国有的企业,要按照有关政策处理好改制企业与职工的劳动关系。改制企业拖欠职工的工资、医疗费和挪用的职工住房公积金以及企业欠缴的社会保险费等要按有关规定予以解决。改制后的企业要按照有关规定按时足额交纳社会保险费,及时为职工接续养老、失业、医疗、工伤、生育等各项社会保险关系。

(十)管理层收购。向本企业经营管理者转让国有产权必须严格执行国家的有关规定,以及本指导意见的各项要求,并需按照有关规定履行审批程序。向本企业经营管理者转让国有产权方案的制订,由直接持有该企业国有产权的单位负责或其委托中介机构进行,经营管理者不得参与转让国有产权的决策、财务审计、离任审计、清产核资、资产评估、底价确定等重大事项,严禁自卖自买国有产权。经营管理者筹集收购国有产权的资金,要执行《贷款通则》的有关规定,不得向包括本企业在内的国有及国有控股企业借款,不得以这些企业的国有产权或实物资产作标的物为融资提供保证、抵押、质押、贴现等。经营管理者对企业经营业绩下降负有责任的,不得参与收购本企业国有产权。

二、严格监督,追究责任

各级监察机关、国有资产监督管理机构和其他有关部门,要加强联系、密切配合,加大对国有企业改制工作的监督检查力度。通过建立重要事项通报制度和重大案件报告制度,以及设立并公布举报电话和信箱等办法,及时发现和严肃查处国有企业改制中的违纪违法案件。对国有资产监督管理机构工作人员、企业领导人员利用改制之机转移、侵占、侵吞国有资产的，隐匿资产、提供虚假会计资料造成国有资产流失的，营私舞弊、与买方串通低价转让国有产权的，严重失职、违规操作、损害国家和群众利益的，要进行认真调查处理。其中涉嫌犯罪的，依法移交司法机关处理；造成国有资产损失的，按照《条例》的规定，追究有关责任人的赔偿责任。对中介机构弄虚作假、提供虚假审计报告、故意压低评估价格等违规违法行为，要加大惩处力度；国有资产监督管理机构和国有及国有控股企业不得再聘请该中介机构及其责任人从事涉及国有及国有控股企业的中介活动。

为加快建设和完善产权交易市场体系，确保产权交易公开、公平、公正，由法制办会同国资委、财政部等有关部门研究有关产权交易市场的法规和监管制度，各地依照法律法规及有关规定，根据实际情况制订具体实施细则。

三、精心组织，加强领导

（一）全面准确理解国有经济布局和结构调整战略方针，坚持党的十六大提出的必须毫不动摇地巩固和发展公有制经济，必须毫不动摇地鼓励、支持和引导非公有制经济发展的方针。国有企业改制要坚持国有经济控制重要行业和关键领域，提高国有经济的控制力、影响力和带动力。在其他行业和领域，国有企业通过重组改制、结构调整、深化改革、转换机制，在市场竞争中实现优胜劣汰。

（二）在国有企业改制工作中，各地区要防止和纠正不顾产权市场供求状况及其对价格形成的影响作用、不计转让价格和收益，下指标、限时间、赶进度，集中成批向非国有投资者转让国有产权的做法。防止和避免人为造成买方市场、低价处置和贱卖国有资产的现象。

（三）国有企业改制要从企业实际出发，着眼于企业的发展。要建立竞争机制，充分考虑投资者搞好企业的能力，选择合格的投资者参与国有企业改制，引入资金、技术、管理、市场、人才等资源增量，推动企业制度创新、机制转换、盘活资产、扭亏脱困和增加就业，促进企业加快发展。

(四)地方各级人民政府及其国有资产监督管理机构、国有及国有控股企业,要高度重视国有企业改制工作,全面理解和正确贯彻党中央、国务院有关精神,切实负起责任,加强组织领导。要从实际出发,把握好改制工作的力度和节奏。在国有企业改制的每一个环节都要做到依法运作,规范透明,落实责任。上级国有资产监督管理机构要加强对下级国有资产监督管理机构的指导和监督,及时总结经验,发现和纠正国有企业改制工作中存在的问题,促进国有资产合理流动和重组,实现国有资产保值增值,更好地发挥国有经济的主导作用。

国务院国有资产监督管理委员会关于印发国务院各部门所属企业移交国资委或国资委所出资企业管理的意见的通知

2003年12月31日　国资改革〔2003〕144号

各有关中央企业,委内各厅局:

为贯彻落实党的十六大和十六届三中全会精神,规范国务院各部门所属企业移交国资委或国资委履行出资人职责企业的管理工作,我委制定了《国务院各部门所属企业移交国资委或国资委所出资企业管理的意见》,现印发给你们,请遵照执行。

国务院各部门所属企业移交国资委或国资委所出资企业管理的意见

为贯彻落实党的十六大和十六届三中全会精神，促进政企分开，适应国有资产管理体制改革的要求，规范国务院各部门（以下简称移交方）所属企业移交国务院国有资产监督管理委员会（以下简称国资委）或国资委履行出资人职责的企业（以下简称接收方或国资委所出资企业）管理工作，明确交接工作的原则、形式、条件和程序等，制定本意见。

一、交接工作的主要原则

（一）促进移交方与所属企业政企分开。根据国务院公布的《企业国有资产监督管理暂行条例》规定，政企尚未分开的单位，应当加快改革，实现政企分开。政企分开后的企业，由国有资产监督管理机构依法对企业国有资产进行监督管理。对需移交国资委或接收方管理的企业，要积极接收并依法履行出资人职责。

（二）符合国有经济布局和结构战略性调整的需要。交接工作要有利于促进关系国家安全和国民经济命脉的重要行业和关键领域的大型骨干企业的改革与发展，促进中小企业放开搞活。长期亏损、资不抵债、扭亏无望的企业，应关闭破产，不再进行移交。

（三）有利于提高企业竞争力。移交企业与国资委所出资企业产业关联度高和互补性强的，应尽可能通过企业间重组实现资源优化配置，培育具有国际竞争力的大公司大企业集团。要以企业移交为契机，加快建立现代企业制度，积极推进主辅分离和辅业改制，分离企业办社会职能，分流安置富余人员。移交企业存在的困难和问题，移交方应积极采取措施帮助解决。

(四)依法规范操作,防止国有资产流失。严格执行有关法律法规,确保交接工作规范有序进行。要通过财务审计、清产核资等,核实移交企业的资产、负债、所有者权益以及对外担保等或有债务,按照《国有企业清产核资办法》(国资委令第1号)及相关配套文件的规定组织实施。移交企业的国有产权实行无偿划转。

(五)积极推进,稳步实施。各有关方面在交接过程中要深入细致、有条不紊地做好各项工作,尤其是移交企业职工思想政治工作,确保企业和社会的稳定。

二、接收企业的形式和条件

(一)移交企业直接作为国资委所出资企业。移交后直接作为国资委所出资企业应具备的条件是:属于关系国民经济命脉和国家安全、基础设施和重要自然资源领域以及支柱产业和高新技术产业中的大型骨干企业;或者企业资产规模和营业收入超过50亿元,具有良好的经营业绩和财务状况,主营业务突出,在国内同行业居重要或领先地位。此类移交企业应与国资委所出资企业的产业关联度不高,或虽有一定的产业关联度但无过度竞争。移交企业不完全具备上述条件但与其他移交企业或国资委所出资企业没有产业关联的,也可暂作为国资委所出资企业。

(二)移交企业与国资委所出资企业通过合并、重组设立新企业,新企业作为国资委所出资企业。具体分为两种形式:一种是移交企业与国资委所出资企业合并设立新企业。参与合并的企业的法人资格取消(即实行新设合并);另一种是移交企业与国资委所出资企业重组设立一个新的企业,参与重组的企业成为新企业的子企业。此类移交企业应与参与重组的国资委所出资企业有较高的产业关联度、明显的互补优势和战略协同效应,且在经营规模、经营业绩、财务状况等方面差别不大。

(三)移交企业通过重组进入国资委所出资企业。具体分为两种形式:一种是移交企业的国有产权由国资委所出资企业或其子企业持有;

另一种是国资委所出资企业吸收合并移交企业，移交企业的法人资格取消。

此类移交企业应与国资委所出资企业有一定的产业关联度或互补性，但在经营规模、经营业绩、财务状况等方面有明显差距。

三、对拟移交企业的管理

自国务院或交接双方决定企业移交之日起，到接收移交企业得到正式批准之日止，拟移交企业由交接双方共同管理。在此期间，依照有关法律法规需由出资人同意的拟移交企业的投融资等决策事项，经交接双方同意后方可实施；拟移交企业的资产变动、职工调入、各级管理人员的提职等原则上暂停，情况特殊的，需交接双方同意后方可办理；禁止乱发钱物突击花钱。接收方要组织拟移交企业清产核资并聘请会计师事务所审计，对拟移交企业的财务状况等进行核实。

四、交接工作程序

（一）移交方或移交企业向接收方提供最近两年移交企业生产经营现状和经中介机构审计的拟移交企业财务报告等基础性资料，接收方予以核实。

（二）接收方研究后提出初步意向并与移交方协商，意见不一致的，暂不接收；需报请国务院决定的，按照国务院决定办理。

（三）交接双方协商意见一致的，双方签订交接协议。交接协议应明确交接企业的名称、资产、负债、所有者权益、领导班子成员名单、职工人数以及交接双方认为需要明确的其他重要事项。其中资产、负债、所有者权益以清产核资或中介机构审计的数据为准；领导班子成员人数以纳入原主管部门管理并符合国资委党委管理的企业领导人员职务范围为准；职工人数以决定移交时在册的具有国有职工身份的人数为准。交接协议由交接双方签字盖章。对生产经营困难或财务状况较差的拟移交企业，交接双方商定应采取的措施并纳入交接协议。

（四）国资委与移交方商定将移交企业作为国资委所出资企业，由国资委与移交方联合报请国务院批准；商定将移交企业与国资委所出资企业重组新设企业的，由重组所涉及的企业共同拟订重组方案，经国资委与移交方同意后联合报请国务院批准。

（五）国资委与移交方商定移交企业通过重组进入国资委所出资企业的，由国资委所出资企业决定接收的具体方式，并由其向国资委提交接收移交企业的申请。申请内容应包括移交企业的生产经营状况、接收的可行性以及拟采取的主要措施等，并参照原国家经贸委、财政部《关于国有企业管理关系变更有关问题的通知》（国经贸企改〔2001〕257号）有关规定提供有关材料，进行清产核资的，要附清产核资报告。国资委商移交方后对该申请进行批复。

（六）接收方、移交企业按照有关规定办理企业领导班子交接和资产、财务、劳动、工资划转以及工商登记或变更登记等手续。移交企业属于公司制企业的，按照有关规定划转原由有关部门持有的移交企业的国家股权。新设立的国资委所出资企业，应在办理工商登记手续后5个工作日内将企业营业执照复印件送国资委备案。

（七）移交企业党的关系交接工作，按照《中共中央关于成立中共国务院国有资产监督管理委员会有关问题的通知》（中发〔2003〕6号）的有关规定办理。

五、国资委有关厅局在接收企业工作中的职能分工

企业改革局牵头组织接收企业工作，研究提出接收意见、与移交方沟通协调、征求拟接收或参与重组的国资委所出资企业的意见、审核重组方案、草拟上报国务院的文件和对外发布公告等。

统计评价局按照国资委《国有企业清产核资办法》等有关规定，审核移交企业财务审计报告，组织开展清产核资工作并对结果进行批复。

产权管理局依据《关于企业国有资产办理无偿划转手续的规定》（财管字〔1999〕301号）和《企业国有资产产权登记管理办法》（国务院令第192号）及其实施细则等规定，办理移交企业资产、股权划转和产

权登记手续。

企业分配局根据移交方提供的移交工资关系的移交报告、劳动工资划转单，以及对移交企业工资总量管理的有关政策、办法和劳动工资统计资料等，办理移交企业劳动工资关系的划转手续。

企业领导人员管理一局、企业领导人员管理二局分别负责办理作为国资委所出资企业的领导班子管理交接手续；考察组建移交企业与国资委所出资企业合并、重组新设企业的领导班子。

党建工作局办理移交企业中作为国资委所出资企业的党组织关系交接手续。移交企业领导机构在京设立的，党组织关系交国资委党委管理；领导机构在京外设立的，交地方党委管理或仍维持地方党委管理的现状；中组部另有规定的，按中组部有关规定办理。

需办理其他交接手续的，依据有关规定办理。

六、有关问题的处理

（一）移交企业保留法人资格的，债权、债务（含担保）由该法人主体承担；以新设合并或吸收合并方式进行重组的，按有关法律法规处理。移交企业欠移交方的债务，由交接双方协商解决。

（二）移交企业所办学校、医疗卫生机构、公检法机构等社会职能机构及其资产、在册职工等与移交企业分离，不纳入移交范围。

（三）按照《中共中央办公厅国务院办公厅关于转发劳动和社会保障部等部门的通知》（中办发〔2003〕16 号）的精神，移交企业退休人员实行社会化管理。移交企业退休人员的统筹项目外养老金，由该企业继续按有关政策发放。

（四）移交企业应按照国家有关规定实施主辅分离、辅业改制，分流安置富余人员，移交方应给予相应的支持。

（五）政企分开并将其企业移交后，移交方不再新组建与移交企业同类的经营实体。

关于推动中央企业清理整合所属企业减少企业管理层次有关问题的指导意见

2004年6月12日　国资发改革〔2004〕232号

各中央企业：

近年来，一些中央企业通过清理整合所属企业，减少企业管理层次，优化了企业组织结构，取得了一定的成效和经验。但从整体看，中央企业管理层次过多仍是一个较为普遍的问题，致使一些企业机构臃肿，监督管理失控，决策效率低下，管理成本增加，影响竞争力的提高，甚至成为国有资产流失的重要原因。因此，清理整合所属企业，减少企业管理层次，调整内部组织结构，是中央企业提高资产质量和整体竞争力的迫切任务，是建立健全国有资产监督管理体系、确保出资人职责层层到位的重要措施。为进一步引导和推动中央企业做好此项工作，现提出以下指导意见。

一、工作原则

(一)提高核心竞争力。要有利于发挥中央企业的整体优势，推动企业按照市场导向的要求，集中优势资源和优良资产，做强做大主业，消除或避免不必要的内部竞争，提高企业经济效益和核心竞争力。

(二)优化组织结构。要有利于加强内部监管、提高决策效率、降低管理成本、规避财务风险，按照建立现代企业制度和现代产权制度的要求，构建适合本企业发展战略和业务结构要求、职能定位明确、运作高效的内部组织结构。

(三)依法规范操作。要严格执行有关政策法规，确保此项工作规范有序进行。其中涉及企业资本金变动、资产处置或归属调整、债权债务转移等问题，要依法征得有关利益方同意，按照有关规定履行审批程序，避免逃废债务，防止国有资产流失；涉及的所属企业为多元股东的，要依照有关法定程序办理。

（四）积极稳妥推进。要结合本企业的发展方向，针对存在的主要问题，采取积极有效措施加以解决。要正确处理整体利益与局部利益的关系，正确处理清理整合工作与正常生产经营的关系，正确处理清理整合工作与企业稳定的关系，深入细致地做好各项工作，维护企业和社会稳定。

二、工作目标

通过清理整合所属企业、减少企业管理层次，形成一批产权关系清晰、管理层次精简、组织结构合理、主业突出、竞争力强的大公司大企业集团。争取在2005年底前，原则上将中央企业的法人管理层次（指中央企业按资本纽带关系自上而下与各法人单位之间形成的管理层次）基本控制在三层以内。其中，对规模较小的中央企业，法人管理层次应基本控制在两层以内；规模特大的中央企业、属特殊性行业或有其他特殊情况的，法人管理层次可适当放宽，但一般不超过四层。法人管理层次的第一层指中央企业（或集团母公司）；第二层指第一层所投资的全资、控股（含相对控股，下同）的法人单位（包括企业或事业单位，下同）；依次类推。企业为上市在境外注册的“壳公司”（本身没有经营职能和业务、只起持股作用）不计入法人管理层次。非法人管理层次（指中央企业按管理从属关系自上而下与各非法人单位之间形成的管理层次）也要根据企业实际情况，参照本意见尽量减少。中央企业二层及以下企业的联营、参股企业参照本意见执行。

三、工作措施和途径

（一）对三层以下符合主业发展方向和企业总体发展战略要求，并具有较强竞争力的企业，可通过无偿划转、产权转让等方式提升其管理层次。

(二)对所属企业中的非主业企业以及经营状况较差、管理不善、负债率高、投资回报低的主业企业,可通过无偿划转、改制、出售、解散或实施破产等方式清理或退出;因债务、担保等原因难以注销或实施破产的,可先歇业,避免产生更大的资产损失。

(三)对所属企业中经营业务雷同、存在不必要竞争的企业,可通过合并等方式整合,推进所属企业的专业化,实现规模效益。

(四)中央企业控股的上市公司直接或间接控股三层以下多个规模较小的上市公司的,应根据企业总体发展战略和市场状况,按照证券市场有关规定逐步整合。

(五)除境内外上市、对外合作等特殊情况外,原则上中央企业二层及二层以下不再保留"壳公司",可视实际情况将其实体化、合并、注销、改造为事业部或分公司。

(六)对挂靠在所属企业、没有资本纽带关系的企业或单位,应解除挂靠关系,其中因生产经营需要确立长期合作或委托经营等关系的,可按市场化原则依法签订协议。

(七)需要清理整合的所属企业数量较多、资产量较大时,可将具备条件的某所属企业改造为(或新设)资产经营公司或专门机构,统一负责实施清理整合工作,处置相关资产。

(八)要从严控制新设三层企业,原则上不设四层企业,从源头上避免企业管理层次增多。特殊情况确需设立的,应进行必要的分析或论证,严格履行决策程序,并采取相应措施确保管理和控制到位。要通过法定程序使三层及以下企业原则上不再具有对外投资功能。中央企业所属的非法人单位不得再对外投资。

四、所属企业(包括国有产权)退出的处理

(一)对可利用主辅分离、辅业改制政策退出的所属企业,要按照原国家经贸委等八部门《印发〈关于国有大中型企业主辅分离辅业改制分流安置富余人员的实施办法〉的通知》(国经贸企改〔2002〕859号)等文件要求执行。

（二）积极鼓励中央企业之间进行资产重组。某中央企业非主业资产符合另一中央企业主业发展需要的，双方可协商，通过收购、资产（股权）置换、互相持股、无偿划转等方式进行重组，并按照有关规定履行审批程序。中央企业与地方国有企业之间也可进行此类资产重组。

（三）对非主业的所属企业，可采取出售、转让等方式退出。出售、转让要严格按照《企业国有产权转让管理暂行办法》（国资委、财政部令第3号）执行。

（四）对拟通过破产形式退出的所属企业，可依法破产；符合国家政策性关闭破产条件的，可按照国家有关要求申请列入政策性关闭破产计划。

（五）对应当退出但目前暂不具备条件退出的所属企业，可通过减少所持股权、不再增加投资、委托经营、租赁、承包等方式逐步退出；也可暂由该中央企业或其他中央企业的资产经营公司或机构集中管理，逐步清理、退出。

五、组织实施

（一）做好基础性工作。中央企业要在清产核资的基础上，理清所属企业的数目、产权关系、资产状况、经营状况、人员状况等，做到摸清家底、掌握情况、明确难点、有的放矢。

（二）认真制订方案。中央企业要根据本意见的要求进行自查，基本实现工作目标的，将完成情况报国资委；尚未实现工作目标的，要尽快研究制订方案，认真分析现状和问题，提出工作的目标、步骤、时限、范围和措施。

（三）有关政策处理。此项工作涉及的土地、房屋等权属转移，可依照有关规定享受相应的契税等减免政策；涉及不良资产和呆坏账核销的，可按国资委有关清产核资的规定并经国资委审核批准后予以核销。

（四）加强组织领导。此项工作涉及面广，情况复杂，中央企业领导班子要予以高度重视，切实加强领导，统一组织实施。工作中的困难和问题以及取得的经验和成绩，及时报国资委，国资委将予以协调和经验总结、推广。

国务院办公厅转发国资委《关于进一步规范国有企业改制工作实施意见》的通知

2005年12月29日　国办发〔2005〕60号

各省、自治区、直辖市人民政府，国务院各部委、各直属机构：

国资委《关于进一步规范国有企业改制工作的实施意见》已经国务院同意，现转发给你们，请认真贯彻执行。

附件：关于进一步规范国有企业改制工作的实施意见

附件：

关于进一步规范国有企业改制工作的实施意见

《国务院办公厅转发国务院国有资产监督管理委员会关于规范国有企业改制工作意见的通知》(国办发〔2003〕96号)印发以来，各地区、各有关部门加强组织领导，认真贯彻落实，规范国有企业改制工作取得了重大进展。但在实际工作中还存在改制方案不完善、审批不严格，清产核资、财务审计、资产评估和产权转让不规范，对维护职工合法权益重视不够等问题。为确保国有企业改制工作健康发展，防止国有资产流失，维护职工合法权益，现就进一步规范国有企业改制工作提出以下意见：

一、严格制订和审批企业改制方案

（一）认真制订企业改制方案。改制方案的主要内容应包括：改制的目的及必要性，改制后企业的资产、业务、股权设置和产品开发、技术改造等；改制的具体形式；改制后形成的法人治理结构；企业的债权、债务落实情况；职工安置方案；改制的操作程序，财务审计、资产评估等中介机构和产权交易市场的选择等。

（二）改制方案必须明确保全金融债权，依法落实金融债务，并征得金融机构债权人的同意。审批改制方案的单位（包括各级人民政府、各级国有资产监督管理机构及其所出资企业、各级国有资产监督管理机构以外有权审批改制方案的部门及其授权单位，下同）应认真审查，严格防止企业利用改制逃废金融债务，对未依法保全金融债权、落实金融债务的改制方案不予批准。

（三）企业改制中涉及企业国有产权转让的，应严格按照国家有关法律法规以及《企业国有产权转让管理暂行办法》（国资委、财政部令第3号）、《关于印发〈企业国有产权向管理层转让暂行规定〉的通知》（国资发产权〔2005〕78号）及相关配套文件的规定执行。拟通过增资扩股实施改制的企业，应当通过产权交易市场、媒体或网络等公开企业改制有关情况、投资者条件等信息，择优选择投资者；情况特殊的，经国有资产监督管理机构批准，可通过向多个具备相关资质条件的潜在投资者提供信息等方式，选定投资者。企业改制涉及公开上市发行股票的，按照《中华人民共和国证券法》等有关法律法规执行。

（四）企业改制必须对改制方案出具法律意见书。法律意见书由审批改制方案的单位的法律顾问或该单位决定聘请的律师事务所出具，拟改制为国有控股企业且职工（包括管理层）不持有本企业股权的，可由审批改制方案的单位授权该企业法律顾问出具。

（五）国有企业改制方案需按照《企业国有资产监督管理暂行条例》（国务院令第378号）和国务院国有资产监督管理委员会的有关规定履行决定或批准程序，否则不得实施改制。国有企业改制涉及财政、劳动保障等事项的，须预先报经同级人民政府有关部门审核，批准后报国有资产监督管理机构协调审批；涉及政府社会公共管理审批事项的，依照国家有关法律法规，报经政府有关部门审批；国有资产监督管理机构所出资企业改制为非国有企业（国有股不控股及不参股的企业），改制方案须报同级人民政府批准。

（六）审批改制方案的单位必须按照权利、义务、责任相统一的原则，建立有关审批的程序、权限、责任等制度。

（七）审批改制方案的单位必须就改制方案的审批及清产核资、财务审计、资产评估、进场交易、定价、转让价款、落实债权、职工安置方案等重要资料建立档案管理制度，改制企业的国有产权持有单位要妥善保管相关资料。

二、认真做好清产核资工作

（一）企业改制要按照有关规定进行清产核资。要切实对企业资产进行全面清理、核对和查实，盘点实物、核实账目，核查负债和所有者权益，做好各类应收及预付账款、各项对外投资、账外资产的清查，做好有关抵押、担保等事项的清理工作，按照国家规定调整有关账务。

（二）清产核资结果经国有产权持有单位审核认定，并经国有资产监督管理机构确认后，自清产核资基准日起 2 年内有效，在有效期内企业实施改制不再另行组织清产核资。

（三）企业实施改制仅涉及引入非国有投资者少量投资，且企业已按照国家有关规定规范进行会计核算的，经本级国有资产监督管理机构批准，可不进行清产核资。

三、加强对改制企业的财务审计和资产评估

（一）企业实施改制必须由审批改制方案的单位确定的中介机构进行财务审计和资产评估。确定中介机构必须考察和了解其资质、信誉及能力；不得聘请改制前两年内在企业财务审计中有违法、违规记录的会计师事务所和注册会计师；不得聘请参与该企业上一次资产评估的

中介机构和注册资产评估师;不得聘请同一中介机构开展财务审计与资产评估。

（二）财务审计应依据《中国注册会计师独立审计准则》等有关规定实施。其中,依据国家有关规定计提的各项资产减值准备,必须由会计师事务所逐笔逐项审核并出具专项意见,与审计报告一并提交国有产权持有单位作为改制方案依据,其中不合理的减值准备应予调整。国有独资企业实施改制,计提各项资产减值准备和已核销的各项资产损失凡影响国有产权转让价或折股价的,该计提减值准备的资产和已核销的各项资产损失必须交由改制企业的国有产权持有单位负责处理,国有产权持有单位应采取清理追缴等监管措施,落实监管责任,最大限度地减少损失。国有控股企业实施改制,计提各项减值准备的资产和已核销的各项资产损失由国有产权持有单位与其他股东协商处理。

（三）国有独资企业实施改制,自企业资产评估基准日到企业改制后进行工商变更登记期间,因企业盈利而增加的净资产,应上交国有产权持有单位,或经国有产权持有单位同意,作为改制企业国有权益;因企业亏损而减少的净资产,应由国有产权持有单位补足,或者由改制企业用以后年度国有股份应得的股利补足。国有控股企业实施改制,自企业资产评估基准日到改制后工商变更登记期间的净资产变化,应由改制前企业的各产权持有单位协商处理。

（四）改制为非国有的企业,必须在改制前由国有产权持有单位组织进行法定代表人离任审计,不得以财务审计代替离任审计。离任审计应依照国家有关法律法规和《中央企业经济责任审计管理暂行办法》(国资委令第 7 号)及相关配套规定执行。财务审计和离任审计工作应由两家会计师事务所分别承担,分别出具审计报告。

（五）企业改制涉及土地使用权的,必须经土地确权登记并明确土地使用权的处置方式。进入企业改制资产范围的土地使用权必须经具备土地估价资格的中介机构进行评估,并按国家有关规定备案。涉及国有划拨土地使用权的,必须按照国家土地管理有关规定办理土地使用权处置审批手续。

(六)企业改制涉及探矿权、采矿权有关事项的,依照国家有关法律以及《探矿权、采矿权转让管理办法》(国务院令第242号)、国土资源部《关于印发〈探矿权采矿权招标拍卖挂牌管理办法(试行)〉的通知》(国土资发〔2003〕197号)、财政部、国土资源部《关于印发〈探矿权采矿权价款转增国家资本管理办法〉的通知》(财建〔2004〕262号)等有关规定执行。企业改制必须由国土资源主管部门明确探矿权、采矿权的处置方式,但不得单独转让探矿权、采矿权,涉及由国家出资形成的探矿权、采矿权的,应当按照国家有关规定办理处置审批手续。进入企业改制资产范围的探矿权、采矿权,必须经具有矿业权评估资格的中介机构进行评估作价(采矿权评估结果报国土资源主管部门确认)并纳入企业整体资产中,由审批改制方案的单位商国土资源主管部门审批后处置。

(七)没有进入企业改制资产范围的实物资产和专利权、非专利技术、商标权、土地使用权、探矿权、采矿权、特许经营权等资产,改制后的企业不得无偿使用;若需使用的,有偿使用费或租赁费计算标准应参考资产评估价或同类资产的市场价确定。

(八)非国有投资者以实物资产和专利权、非专利技术、商标权、土地使用权、探矿权、采矿权、特许经营权等资产评估作价参与企业改制,由国有产权持有单位和非国有投资者共同认可的中介机构,对双方进入改制企业的资产按同一基准日进行评估;若一方资产已经评估,可由另一方对资产评估结果进行复核。

(九)在清产核资、财务审计、离任审计、资产评估、落实债务、产权交易等过程中发现造成国有资产流失、逃废金融债务等违法违纪问题的,必须暂停改制并追查有关人员的责任。

四、切实维护职工的合法权益

(一)改制方案必须提交企业职工代表大会或职工大会审议,并按照有关规定和程序及时向广大职工群众公布。应当向广大职工群众讲清楚国家关于国有企业改革的方针政策和改制的规定,讲清楚改制的必要性、紧迫性以及企业的发展思路。在改制方案制订过程中要充分听取职工群众意见，深入细致地做好思想工作，争取广大职工群众对改制的理解和支持。

（二）国有企业实施改制前，原企业应当与投资者就职工安置费用、劳动关系接续等问题明确相关责任，并制订职工安置方案。职工安置方案必须经职工代表大会或职工大会审议通过，企业方可实施改制。职工安置方案必须及时向广大职工群众公布，其主要内容包括：企业的人员状况及分流安置意见；职工劳动合同的变更、解除及重新签订办法；解除劳动合同职工的经济补偿金支付办法；社会保险关系接续；拖欠职工的工资等债务和企业欠缴的社会保险费处理办法等。

（三）企业实施改制时必须向职工群众公布企业总资产、总负债、净资产、净利润等主要财务指标的财务审计、资产评估结果，接受职工群众的民主监督。

（四）改制为国有控股企业的，改制后企业继续履行改制前企业与留用的职工签订的劳动合同；留用的职工在改制前企业的工作年限应合并计算为在改制后企业的工作年限；原企业不得向继续留用的职工支付经济补偿金。改制为非国有企业的，要严格按照有关法律法规和政策处理好改制企业与职工的劳动关系。对企业改制时解除劳动合同且不再继续留用的职工，要支付经济补偿金。企业国有产权持有单位不得强迫职工将经济补偿金等费用用于对改制后企业的投资或借给改制后企业（包括改制企业的投资者）使用。

（五）企业改制时，对经确认的拖欠职工的工资、集资款、医疗费和挪用的职工住房公积金以及企业欠缴社会保险费，原则上要一次性付清。改制后的企业要按照有关规定，及时为职工接续养老、失业、医疗、工伤、生育等各项社会保险关系，并按时为职工足额交纳各种社会保险费。

五、严格控制企业管理层通过增资扩股持股

（一）本意见所称“管理层”是指国有及国有控股企业的负责人以及领导班子的其他成员；本意见所称“管理层通过增资扩股持股”，不包括

对管理层实施的奖励股权或股票期权。

(二)国有及国有控股大型企业实施改制,应严格控制管理层通过增资扩股以各种方式直接或间接持有本企业的股权。为探索实施激励与约束机制,经国有资产监督管理机构批准,凡通过公开招聘、企业内部竞争上岗等方式竞聘上岗或对企业发展作出重大贡献的管理层成员,可通过增资扩股持有本企业股权,但管理层的持股总量不得达到控股或相对控股数量。国有及国有控股企业的划型标准按照统计局《关于印发〈统计上大中小型企业划分办法(暂行)〉的通知》(国统字〔2003〕17号)和原国家经贸委、原国家计委、财政部、统计局《关于印发中小企业标准暂行规定的通知》(国经贸中小企〔2003〕143号)规定的分类标准执行。

(三)管理层成员拟通过增资扩股持有企业股权的,不得参与制订改制方案、确定国有产权折股价、选择中介机构,以及清产核资、财务审计、离任审计、资产评估中的重大事项。管理层持股必须提供资金来源合法的相关证明,必须执行《贷款通则》的有关规定,不得向包括本企业在内的国有及国有控股企业借款,不得以国有产权或资产作为标的物通过抵押、质押、贴现等方式筹集资金,也不得采取信托或委托等方式间接持有企业股权。

(四)存在下列情况之一的管理层成员,不得通过增资扩股持有改制企业的股权:

1. 经审计认定对改制企业经营业绩下降负有直接责任的;

2. 故意转移、隐匿资产,或者在改制过程中通过关联交易影响企业净资产的;

3. 向中介机构提供虚假资料,导致审计、评估结果失真,或者与有关方面串通,压低资产评估值以及国有产权折股价的;

4. 违反有关规定,参与制订改制方案、确定国有产权折股价、选择中介机构,以及清产核资、财务审计、离任审计、资产评估中重大事项的;

5. 无法提供持股资金来源合法相关证明的。

(五)涉及管理层通过增资扩股持股的改制方案,必须对管理层成员不再持有企业股权的有关事项作出具体规定。

（六）管理层通过增资扩股持有企业股权后涉及该企业所持上市公司国有股性质变更的，按国家有关规定办理。

六、加强对改制工作的领导和管理

（一）除国有大中型企业实施主辅分离、辅业改制，通过境内外首次公开发行股票并上市改制为国有控股企业，以及国有控股的上市公司增资扩股和收购资产按国家其他规定执行外，凡符合以下情况之一的，须执行国办发〔2003〕96 号文件和本意见的各项规定：

1. 国有及国有控股企业（包括其全资、控股子企业，下同）增量引入非国有投资，或者国有及国有控股企业的国有产权持有单位向非国有投资者转让该企业国有产权的。

2. 国有及国有控股企业以其非货币资产出资与非国有投资者共同投资设立新公司，并因此安排原企业部分职工在新公司就业的。

国有及国有控股企业以现金出资与非国有投资者共同投资设立新公司，并因此安排原企业部分职工在新公司就业的，执行国办发〔2003〕96 号文件和本意见除清产核资、财务审计、资产评估、定价程序以外的其他各项规定。

3. 各级国有资产监督管理机构作出其他有关规定的。对由国有资产监督管理机构以外的其他部门履行出资人职责的企业，由相关部门规定。

（二）国有产权持有单位应与非国有投资者协商签订合同、协议，维护职工合法权益，防止国有资产流失，确保进入改制后企业的国有资产保值增值。对需要在改制后履行的合同、协议，国有产权持有单位应负责跟踪、监督、检查，确保各项条款执行到位。改制后的国有控股企业应当建立现代企业制度，完善法人治理结构，制订明确的企业发展思路和转换机制方案，加快技术进步，加强内部管理，提高市场竞争力。企业在改制过程中要重视企业工会组织的建设，充分发挥工会组织的作用。

（三）地方各级人民政府及其国有资产监督管理机构、国有及国有控股企业，要全面理解和正确贯彻落实党中央、国务院关于国有企业改革的方针、政策和措施。切实加强对国有企业改制工作的组织领导，严格执行有关改制的各项规定，认真履行改制的各项工作程序，有效防止国有资产流失。加强对改制企业落实职工安置方案的监督检查，切实维护职工的合法权益。地方政府及有关部门要关心改制后企业的改革和发展，督促落实改制措施，帮助解决遇到的困难和问题，为改制企业发展创造良好的环境和条件。地方各级人民政府要充分考虑企业、职工和社会的承受能力，妥善处理好原地方政策与现有政策的衔接，防止引发新的矛盾。各级国有资产监督管理机构要加强对国办发〔2003〕96号文件、本意见和国资委、财政部令第3号等有关规定贯彻执行情况的监督检查，及时总结经验，发现和纠正改制工作中存在的问题，促进国有企业改制工作健康、有序、规范发展。

国务院国有资产监督管理委员会 劳动和社会保障部　国土资源部 关于进一步规范国有大中型企业主辅分离辅业改制的通知

2005年9月20日　国资发分配〔2005〕250号

各中央企业，各省、自治区、直辖市和计划单列市及新疆生产建设兵团国资监管机构、劳动保障厅(局)、国土资源厅(局)：

为进一步规范国有大中型企业主辅分离辅业改制分流安置富余人员工作，根据《印发〈关于国有大中型企业主辅分离辅业改制分流安置富余人员的实施办法〉的通知》(国经贸企改〔2002〕859号，以下简称859号文件)及有关配套文件，结合主辅分离辅业改制工作实际，现就有关问题通知如下：

一、关于主辅分离辅业改制过程中资产处置问题

（一）根据《关于企业国有产权转让有关问题的通知》（国资发产权〔2004〕268号）的规定，在国有大中型企业主辅分离辅业改制过程中，经国资监管机构及相关部门确定列入主辅分离、辅业改制范围企业的资产处置，按照859号文件及有关配套文件的规定执行。对于改制企业国有净资产按规定进行各项支付和预留的剩余部分，采取向改制企业的员工或外部投资者出售的，按照国家有关规定办理，具体交易方式可由所出资企业或其主管部门（单位）决定。具备条件的辅业企业，应尽可能进入产权交易市场公开挂牌交易。

（二）根据《关于中央企业主辅分离辅业改制分流安置富余人员资产处置有关问题的通知》（国资发产权〔2004〕9号）的有关规定，中央企业所属辅业改制企业可用国有净资产进行支付和预留的有关费用如下：

1. 为移交社会保障机构管理的退休人员和改制企业职工支付和预留的费用。主要包括辅业单位改制时因参加医疗保险向当地社会保险经办机构一次性缴纳的改制企业退休人员医疗保险费，符合省级政府和国家有关部门规定由企业为退休人员支付的统筹项目外养老金，以及未列入改制企业负债的欠缴职工社会保险费等。

2. 内部退养职工有关费用。主要包括预留的生活费、社会保险费及住房公积金等。

内部退养职工生活费预留标准由企业根据有关规定确定，最高不超过按所在省（区、市）计算正常退休养老金的办法核定的数额；内部退养职工社会保险费预留标准根据内部退养人员退养前12个月平均工资乘以规定的缴费比例为基数一次核定，其中社会保险包括养老、失业、医疗、工伤、生育五项基本保险；内部退养职工住房公积金预留标准按照内部退养职工退养前企业实际月缴纳额确定。

距法定退休年龄不足5年的内部退养职工按以上规定预留的费用

全额冲减国有权益;符合国家有关规定实行内部退养的职工按以上规定最多可预留5年的相关费用并冲减国有权益,其余费用由原主体企业按规定列支。

二、关于主辅分离辅业改制过程中劳动关系处理问题

国有大中型企业实施主辅分离改制分流与职工解除劳动关系,要严格按照《关于印发国有大中型企业主辅分离辅业改制分流安置富余人员的劳动关系处理办法的通知》(劳社部发〔2003〕21号,以下简称21号文件)有关规定执行。其中工资是指用人单位根据国家有关规定或劳动合同的约定,以货币形式直接支付给本单位劳动者的劳动报酬,包括计时工资或计件工资、奖金、津贴和补贴等。计发经济补偿金的职工月平均工资是指职工本人解除劳动合同前12个月实发工资的平均数。计发经济补偿金的企业月平均工资应严格按照国家统计局的工资统计口径计算。

企业月平均工资超过改制企业所在市(地)职工平均工资两倍的,原则上按不高于两倍的标准确定。

三、关于改制企业管理层持股问题

主辅分离辅业改制过程中,企业管理层参与改制的,解除劳动关系经济补偿金应按照21号文件标准执行。辅业改制单位净资产进行各项支付和预留后的剩余部分向参与改制的管理层转让的,管理层不得参与资产转让方案的制订以及与此相关的清产核资、财务审计、资产评估及底价确定等重大事项;不得以各种名义低价出售、无偿转让量化国有资产;管理层应当与其他拟受让方平等竞买,并提供其受让资金来源的相关证明,不得向改制企业及主体国有企业借款,不得以这些企业的资产为管理层融资提供保证、抵押、质押、贴现等;管理层要取得改制企业绝对控股权的,国有产权转让应进入国有资产管理机构选定的产权交易机构公开进行,并在公开国有产权转让信息时对有关事项进行详尽披露。主体企业要加强对企业资产转让中涉及管理层受让相关事项

的审查，认真履行有关职责，切实维护出资人及职工的合法权益。

四、关于主辅分离辅业改制过程中国有划拨土地使用权处置有关问题

企业按照 859 号文件有关规定实施主辅分离的，根据原主体企业与改制企业双方的分离方案和实际用地情况，经所在地县级以上人民政府批准，可将原划拨土地使用权分割后分别确定给主体企业和辅业企业以划拨方式使用。企业改制时，只要改制后的土地用途符合《划拨用地目录》，经所在地县级以上人民政府批准可仍以划拨方式使用；不符合《划拨用地目录》的，应依法办理土地有偿使用手续。划拨土地使用权价格可以根据《关于改革土地估价结果确认和土地资产处置审批办法的通知》（国土资发〔2001〕44 号）的有关规定，经有土地估价资质的中介机构评估确定后，作为土地使用者的权益。

五、关于主辅分离辅业改制过程中退休人员的管理问题

辅业改制时，要按照《关于转发劳动保障部等部门〈关于积极推进企业退休人员社会化管理服务工作的意见〉的通知》（中办发〔2003〕16 号）要求，将企业退休人员移交街道社区或社保机构实行社会化管理。退休人员在移交社会化管理前，原则上继续由原主体企业管理，也可由原主体企业与改制企业协商具体管理方式，原主体企业要按照有关规定，落实所需经费，做好相关工作。

六、关于改制企业党的组织关系隶属问题

主辅分离辅业改制过程中，要按照《关于在深化国有企业改革中党组织设置和领导关系等有关问题的通知》（中组发〔1998〕9 号）精神，本着有利于推进国有企业改革和有利于加强国有企业改革中党的建设的原则，适时调整辅业企业党组织的隶属关系。改制辅业企业与原主体企业分离后，其党组织原则上应当移交企业所在地党组织管理。原主体企业党组织要主动与辅业企业所在地党组织沟通、联系，通过认真协商,妥善做好改制企业党组织关系移交工作。辅业企业更名或重新设立党组织,应当向企业所在地党组织提出申请,有关部门应当按照有关规定及时办理审批手续。

七、关于主辅分离改制分流实施结果备案问题

各中央企业在将改制分流方案实施结果报有关部门的同时,须将下列内容报送国资委备案:

(一)改制企业的资产处置情况,包括资产清查结果、资产评估报告的核准文件或备案表、资产处置结果等。资产评估备案按照《关于委托中央企业对部分主辅分离辅业改制项目进行资产评估备案管理的通知》(国资产权〔2005〕193 号)执行。

(二)职工安置结果,包括改制企业人员分流安置情况,劳动关系处理情况,经济补偿金支付情况(包括实际支付经济补偿金标准、总额及资金来源),社会保险关系接续情况等。

(三)预留费用说明,包括提取预留费用的人员范围,预留费用构成内容、标准、年限、总额及预留费用的管理。

(四)企业改制后的股权结构及法人治理结构情况。对于改制企业主辅分离辅业改制的实施方案、职工代表大会通过实施主辅分离改制分流的决议、省级劳动保障部门出具的审核意见书等,由各中央企业集团公司(总公司)进行备案管理。

各中央企业集团公司(总公司)要进一步加强对主辅分离辅业改制工作的组织领导,强化改革意识,发挥主导作用,规范改制工作。在具体实施操作过程中要严格按照 859 号文及有关配套文件的要求,认真组织好改制方案的审核、实施,严格执行和落实资产处置、人员安置等各项政策,切实负起责任。

关于贯彻落实《国务院批转证监会关于提高上市公司质量意见的通知》的通知

2005年11月21日　国资发改革〔2005〕293号

各中央企业，各省、自治区、直辖市国资委，证监会各监管局：

最近，国务院印发了《国务院批转证监会关于提高上市公司质量意见的通知》（国发〔2005〕34号，以下简称34号文件），对发挥资本市场优化资源配置功能、保护投资者的合法权益、促进我国资本市场健康稳定发展，以及加快国有企业股份制改革、完善公司治理结构，具有十分重要的意义。为贯彻落实34号文件提出的各项要求，提高国有控股上市公司的质量，现就有关问题通知如下：

一、充分认识提高上市公司质量的重要意义。各级国有资产监督管理机构和国有及国有控股企业要认真学习34号文件，把全面贯彻落实34号文件摆到重要议程，并作为深化国有企业改革、建立现代企业制度的一件大事，加强组织领导，认真总结提高国有控股上市公司质量工作的经验，仔细查找、深入分析存在的问题和原因，制定切实可行的措施，把34号文件的各项要求落到实处。

二、大力推进资产优良的国有企业改制上市。鼓励具备条件的优质大型企业实现整体上市，使优质资源向上市公司集中。规范企业改制上市行为，做到上市公司机构独立、业务独立，实现与国有控股股东在人员、资产、财务方面的实质性分开。对于已有控股上市公司的国有及国有控股企业，要以主营业务资产统一运作、做优做强上市公司为目标，以维护中小投资者合法权益、规范操作为前提，通过增资扩股、收购资产等方式把优良主营业务资产全部注入上市公司。

三、完善国有控股股东和国有控股上市公司的法人治理结构。作为上市公司控股股东的国有企业,条件具备的要加快股份制改革的步伐;目前条件不具备、尚需在一段时期内采取国有独资公司形式的国有企业,要建立规范的董事会,由董事会行使对上市公司的国有股东权利,以确保上市公司规范运作,促进上市公司做强做大。国有控股上市公司要按照34号文件的要求完善法人治理结构,重点是健全独立董事制度,充分发挥独立董事的作用。

四、国有控股股东要牢固树立诚信意识。上市公司的国有控股股东要切实维护中小投资者的合法权益,严格按照上市公司的股东大会、董事会运作程序行使股东权利,不得违反程序干预上市公司经营决策和内部管理。

五、规范国有控股股东与其控股的上市公司之间的关联交易。国有控股股东要严格执行《中华人民共和国公司法》、《中华人民共和国证券法》、国务院有关法规和证监会的有关规定,履行相应的信息披露义务,保证关联交易的公允和交易行为的透明度,严禁发生拖欠关联交易往来款项。今后,凡有国有控股股东违反有关规定,强迫上市公司接受非公允关联交易、利用关联交易侵占上市公司利益的,国有资产监管机构要对相关负责人和直接责任人给予纪律处分;情节恶劣、后果严重的,要给予撤职处分。

六、按期偿还侵占上市公司的资金。凡以向上市公司借款、由上市公司提供担保、代偿债务、代垫款项等各种名目侵占上市公司资金的国有及国有控股企业,必须于2005年底前制订出切实可行的偿还资金计划,报本级国有资产监管机构和证券监管机构审核、备案,采取现金清偿、红利抵债、股权转让、以股抵债和以资抵债等方式,确保于2006年底前全部偿还所侵占的上市公司资金。

七、各级国有资产监管机构要加强对国有及国有控股企业偿还所侵占上市公司资金的检查督促。建立责任追究制度,推动国有及国有控股企业抓紧落实偿还资金计划。除确实没有偿清侵占资金能力的国有控股股东外,对限期内未偿清侵占上市公司资金的国有控股股东的相关负责人和直接责任人,各级国有资产监管机构要给予纪律处分,直至撤销职务;对于确实没有能力在2006年底前全部偿还的国有控股股东,各级国有资产监管机构要加大对其的重组、改组力度,必要时报本级政府组织实施托管,确保在限期内彻底解决侵占上市公司资金的问题。

八、各地国有资产监管机构要与当地证券监管机构密切配合,督促国有控股股东正确行使出资人职责、国有控股上市公司完善内部控制制度,杜绝侵占资金问题的再度发生。凡今后新发生侵占上市公司资金情况的国有及国有控股企业相关负责人,国有资产监管机构要给予纪律处分,并对直接责任人给予撤销职务的处分;对资金被国有控股股东及其所属企业侵占负有责任的上市公司董事和高级管理人员,各证券监管机构要责成上市公司及时按照公司章程的规定给予处罚,情节严重的要向证监会提出实行严格市场禁入的建议。

国务院办公厅转发国资委《关于推进国有资本调整和国有企业重组的指导意见》的通知

2006年12月5日　国办发〔2006〕97号

各省、自治区、直辖市人民政府,国务院各部委、各直属机构:

国资委《关于推进国有资本调整和国有企业重组的指导意见》已经国务院同意,现转发给你们,请认真贯彻执行。

附件:关于推进国有资本调整和国有企业重组的指导意见

附件:

关于推进国有资本调整和国有企业重组的指导意见

近年来,国有资产管理体制改革取得重大突破,国有经济布局和结构调整取得重要进展,国有企业改革不断深化、经济效益显著提高,对完善社会主义市场经济体制、促进国民经济持续快速健康发展,发挥了重要作用。但从整体上看,国有经济分布仍然过宽,产业布局和企业组织结构不尽合理,一些企业主业不够突出,核心竞争力不强。实行国有资本调整和国有企业重组,完善国有资本有进有退、合理流动的机制,是经济体制改革的一项重大任务。为贯彻落实党的十六届三中、五中全会精神,根据《国务院关于2005年深化经济体制改革的意见》(国发〔2005〕9号),现就国有资本调整和国有企业重组提出以下意见:

一、国有资本调整和国有企业重组的基本原则和主要目标

(一)基本原则:一是坚持公有制为主体、多种所有制经济共同发展的基本经济制度。毫不动摇地巩固和发展公有制经济,增强国有经济的控制力、影响力、带动力,发挥国有经济的主导作用。毫不动摇地鼓励、支持和引导非公有制经济发展,鼓励和支持个体、私营等非公有制经济参与国有资本调整和国有企业重组。二是坚持政府引导和市场调节相结合,充分发挥市场配置资源的基础性作用。三是坚持加强国有资产监管,严格产权交易和股权转让程序,促进有序流动,防止国有资产流失,确保国有资产保值增值。四是坚持维护职工合法权益,保障职工对企业重组、改制等改革的知情权、参与权、监督权和有关事项的决定权,充分调动和保护广大职工参与国有企业改革重组的积极性。五是坚持加强领导,统筹规划,慎重决策,稳妥推进,维护企业正常的生产

经营秩序，确保企业和社会稳定。

（二）主要目标：进一步推进国有资本向关系国家安全和国民经济命脉的重要行业和关键领域（以下简称重要行业和关键领域）集中，加快形成一批拥有自主知识产权和知名品牌、国际竞争力较强的优势企业；加快国有大型企业股份制改革，完善公司法人治理结构，大力发展国有资本、集体资本和非公有资本等参股的混合所有制经济，实现投资主体多元化，使股份制成为公有制的主要实现形式；大多数国有中小企业放开搞活；到2008年，长期积累的一批资不抵债、扭亏无望的国有企业政策性关闭破产任务基本完成；到2010年，国资委履行出资人职责的企业（以下简称中央企业）调整和重组至80～100家。

二、主要政策措施

（三）推进国有资本向重要行业和关键领域集中，增强国有经济控制力，发挥主导作用。重要行业和关键领域主要包括：涉及国家安全的行业，重大基础设施和重要矿产资源，提供重要公共产品和服务的行业，以及支柱产业和高新技术产业中的重要骨干企业。有关部门要抓紧研究确定具体的行业和领域，出台相应的产业和企业目录。鼓励非公有制企业通过并购和控股、参股等多种形式，参与国有企业的改组改制改造。对需要由国有资本控股的企业，要区别不同情况实行绝对控股和相对控股；对不属于重要行业和关键领域的国有资本，按照有进有退、合理流动的原则，实行依法转让，防止国有资产流失。对国有资产转让收益，应严格按照国家有关政策规定进行使用和管理。

（四）加快国有企业的股份制改革。除了涉及国家安全的企业、必须由国家垄断经营的企业和专门从事国有资产经营管理的公司外，国有大型企业都要逐步改制成为多元股东的公司。对于因各种原因不能进入股份制公司的存续企业，要加大改革与重组的力度，改革重组工作可继续由母公司负责，也可交由国有资产经营管理公司等其他国有企业负责。

(五)大力推进改制上市,提高上市公司质量。积极支持资产或主营业务资产优良的企业实现整体上市,鼓励已经上市的国有控股公司通过增资扩股、收购资产等方式,把主营业务资产全部注入上市公司。要认真贯彻落实《国务院批转证监会关于提高上市公司质量意见的通知》(国发〔2005〕34 号)要求,对上市公司控股股东以借款、提供担保、代偿债务、代垫款项等各种名目侵占上市公司资金的,有关国有资产监管机构应当加大督促、协调力度,促使其按期全部偿还上市公司资金;对不能按期偿还的,应按照法律和相关规定,追究有关责任人的行政和法律责任。同时,要建立长效机制,严禁侵占上市公司资金。

(六)积极鼓励引入战略投资者。引入战略投资者要有利于增强企业技术创新能力,提高产品的档次和水平,改善经营管理,促进企业持续发展。引入境外战略投资者,要以维护国家经济安全、国防安全和产业安全为前提,防止产生垄断,切实保护企业的自主知识产权和知名品牌,推动企业开发新产品。

(七)放开搞活国有中小企业,建立劣势企业退出市场的机制。采取改组、联合、兼并、租赁、承包经营、合资、转让国有产权和股份制、股份合作制等多种形式,继续放开搞活国有中小企业。对长期亏损、资不抵债、不能清偿到期债务的企业和资源枯竭的矿山实施依法破产,对符合有关条件的严格按照有关规定抓紧实施政策性关闭破产。

(八)加快国有大型企业的调整和重组,促进企业资源优化配置。依法推进国有企业强强联合,强强联合要遵循市场规律,符合国家产业政策,有利于资源优化配置,提高企业的规模经济效应,形成合理的产业集中度,培育一批具有国际竞争力的特大型企业集团。在严格执行国家相关行业管理规定和市场规则的前提下,继续推进和完善电信、电力、民航等行业的改革重组。对不具备优势的国有企业,应采取多种方式,大力推动其并入优势国有大企业,以减少污染、节约资源、保障安全生产、提高效率。优势国有大企业要通过增加投资以及资产、业务整合等措施,充分发挥资产的整体效能,促进重组后的企业加快发展。

（九）积极推动应用技术研究院所（以下称研究院所）与相关生产企业（包括大型工程承包企业）的重组。鼓励研究院所与相关生产企业重组，实现研发与生产相互促进、共同发展，提高企业的技术创新能力。积极探索研究院所与生产企业重组的有效途径和形式，可以由一家生产企业与研究院所重组，也可以由多家生产企业共同参与研究院所股份制改革。对主要担负基础研究、行业产品和技术监督检测的研究院所，应尽量由多家生产企业共同参与其股份制改革，并采取相应措施，确保其正常运行和发展。

（十）加大对亏损企业国有资本的调整力度。对有望扭亏的国有企业，要采取措施限期扭亏，对由于经营管理不善造成亏损的，要撤换负有责任的企业负责人。对不属于重要行业和关键领域的亏损企业，短期内难以扭亏的，可以向各类投资主体转让，或与其他国有企业进行重组。要依照有关政策，对重要行业和关键领域亏损严重的重要企业，区别不同情况，采取多种方式和途径，推动其改革重组，促进企业发展，并确保国有资本控股。

（十一）围绕突出主业，积极推进企业非主业资产重组。要通过多种途径，使部分企业非主业资产向主业突出的企业集中，促进企业之间非主业资产的合理流动。对于非主业资产的中小企业，可采取多种形式放开搞活，符合主辅分离、辅业改制政策要求的，要加快主辅分离、辅业改制、分流安置富余人员的步伐。

（十二）加快国有大型企业内部的重组。要简化企业组织机构，对层级过多的下属企业进行清理、整合，通过关闭、破产、撤销、合并、取消企业法人资格等措施，原则上将管理层次控制在三级以内。要完善大企业的母子公司体制，强化母公司在战略管理、资本运作、结构调整、财务控制、风险防范等方面的功能，通过对业务和资产的调整或重组，发挥企业整体优势，实现专业化和规模化经营。

（十三）加快建立国有资本经营预算制度。国有资本经营预算要重点围绕国有资本调整和国有企业重组的方向和目标，统筹使用好国有资本收益，保障和促进企业结构调整和技术进步，提高企业核心竞争力。

(十四)促进中央企业和地方人民政府所出资企业(以下简称地方企业)之间的重组。对不属于重要行业和关键领域的中央企业,下放地方管理有利于发挥地方优势、有利于与地方企业重组提高竞争力的,在征得地方人民政府同意并报经国务院批准后,可以将其交由地方国有资产监管机构或地方企业管理;地方企业并入中央企业有利于优势互补的,在征得地方人民政府同意后,可以将其并入中央企业。鼓励中央企业和地方企业之间通过股权并购、股权置换、相互参股等方式进行重组。在地方企业之间,也应按此要求促进重组。

三、规范改制重组行为,切实加强组织领导

(十五)进一步规范企业改制方案的审批工作。国有独资企业引入非国有投资者的改制方案和国有控股企业改制为国有资本不控股或不参股企业的方案,必须按照《国务院办公厅转发国务院国有资产监督管理委员会关于规范国有企业改制工作意见的通知》(国办发〔2003〕96号)、《国务院办公厅转发国资委关于进一步规范国有企业改制工作实施意见的通知》(国办发〔2005〕60号)以及企业国有产权转让等有关规定严格审批。企业改制涉及财政、劳动保障等事项的,须报经同级人民政府有关部门审核同意后,报国有资产监管机构协调审批;涉及政府公共管理审批事项的,依照国家有关法律法规,报政府有关部门审批。要充分发挥企业职工代表大会和工会的作用,国有独资企业引入非国有投资者的改制方案和国有控股企业改制为国有资本不控股或不参股企业的方案,必须提交企业职工代表大会或职工大会审议,充分听取职工意见;职工安置方案须经企业职工代表大会或职工大会审议通过后方可实施改制。

(十六)完善国有及国有控股企业之间重组的审批程序。对国有及国有控股企业之间的重组,国家已有规定的按规定程序审批,未作规定但因重组致使国有资产监管机构所出资企业减少或者增加的,由国有资产监管机构报本级人民政府审批,其余重组方案由国有资产监管机构审批。具体重组方案应及时向职工代表大会通报。

（十七）进一步统一认识。各地区、各有关部门要深入学习、全面理解、认真贯彻落实党中央、国务院关于深化国有企业改革、调整国有经济布局和结构的精神，提高对国有资本调整和国有企业重组重要性、紧迫性、复杂性的认识。国有及国有控股企业负责人要正确处理国家、企业、个人之间的利益关系，服从国有资本调整和国有企业重组的大局，积极拥护、支持国有资本调整和国有企业重组。要严格执行国家产业政策和行业规划，对涉及国家产业政策和行业规划的重大国有资本调整和国有企业重组事项，国有资产监管机构应会同相关行业主管部门和有关地方政府共同研究决策。

（十八）切实加强组织领导。地方各级人民政府和国有资产监管机构要高度重视推进国有资本调整和国有企业重组工作，搞好调查研究和可行性分析，充分听取各方面的意见，从本地区实际出发，统筹规划，加强领导，周密部署，积极稳妥地推进，维护企业正常的生产经营秩序，确保企业和社会稳定。国资委和有关部门要加强调研、监督和指导，掌握各地工作动态，及时对国有资本调整和国有企业重组中的重大问题研究提出政策建议。国有及国有控股企业要充分发挥企业党组织的政治核心作用尤其是保证监督、宣传引导、协调服务等作用，精心组织实施，深入细致地做好职工的思想政治工作，维护职工合法权益，确保国有资本调整和国有企业重组的顺利进行。

关于印发《中央企业全面风险管理指引》的通知

2006年6月6日　国资发改革〔2006〕108号

各中央企业：

企业全面风险管理是一项十分重要的工作，关系到国有资产保值增值和企业持续、健康、稳定发展。为了指导企业开展全面风险管理工作，进一步提高企业管理水平，增强企业竞争力，促进企业稳步发展，我们制定了《中央企业全面风险管理指引》，现印发你们，请结合本企业实际执行。企业在实施过程中的经验、做法及遇到的问题，请及时反馈我委。

附件：中央企业全面风险管理指引

附件：

中央企业全面风险管理指引

第一章　总　　则

第一条　为指导国务院国有资产监督管理委员会(以下简称国资委)履行出资人职责的企业(以下简称中央企业)开展全面风险管理工作，增强企业竞争力，提高投资回报，促进企业持续、健康、稳定发展，根据《中华人民共和国公司法》、《企业国有资产监督管理暂行条例》等法律法规，制定本指引。

第二条　中央企业根据自身实际情况贯彻执行本指引。中央企业中的国有独资公司董事会负责督导本指引的实施；国有控股企业由国资委和国资委提名的董事通过股东(大)会和董事会按照法定程序负责督导本指引的实施。

第三条　本指引所称企业风险，指未来的不确定性对企业实现其经营目标的影响。企业风险一般可分为战略风险、财务风险、市场风险、运营风险、法律风险等；也可以能否为企业带来盈利等机会为标志，将风险分为纯粹风险(只有带来损失一种可能性)和机会风险(带来损失和盈利的可能性并存)。

第四条　本指引所称全面风险管理，指企业围绕总体经营目标，通过在企业管理的各个环节和经营过程中执行风险管理的基本流程，培育良好的风险管理文化，建立健全全面风险管理体系，包括风险管理策略、风险理财措施、风险管理的组织职能体系、风险管理信息系统和内部控制系统，从而为实现风险管理的总体目标提供合理保证的过程和方法。

第五条 本指引所称风险管理基本流程包括以下主要工作：

（一）收集风险管理初始信息；

（二）进行风险评估；

（三）制定风险管理策略；

（四）提出和实施风险管理解决方案；

（五）风险管理的监督与改进。

第六条 本指引所称内部控制系统，指围绕风险管理策略目标，针对企业战略、规划、产品研发、投融资、市场运营、财务、内部审计、法律事务、人力资源、采购、加工制造、销售、物流、质量、安全生产、环境保护等各项业务管理及其重要业务流程，通过执行风险管理基本流程，制定并执行的规章制度、程序和措施。

第七条 企业开展全面风险管理要努力实现以下风险管理总体目标：

（一）确保将风险控制在与总体目标相适应并可承受的范围内；

（二）确保内外部，尤其是企业与股东之间实现真实、可靠的信息沟通，包括编制和提供真实、可靠的财务报告；

（三）确保遵守有关法律法规；

（四）确保企业有关规章制度和为实现经营目标而采取重大措施的贯彻执行，保障经营管理的有效性，提高经营活动的效率和效果，降低实现经营目标的不确定性；

（五）确保企业建立针对各项重大风险发生后的危机处理计划，保护企业不因灾害性风险或人为失误而遭受重大损失。

第八条 企业开展全面风险管理工作，应注重防范和控制风险可能给企业造成损失和危害，也应把机会风险视为企业的特殊资源，通过对其管理，为企业创造价值，促进经营目标的实现。

第九条 企业应本着从实际出发，务求实效的原则，以对重大风险、重大事件(指重大风险发生后的事实)的管理和重要流程的内部控制为重点,积极开展全面风险管理工作。具备条件的企业应全面推进,尽快建立全面风险管理体系;其他企业应制定开展全面风险管理的总体规划,分步实施,可先选择发展战略、投资收购、财务报告、内部审计、衍生产品交易、法律事务、安全生产、应收账款管理等一项或多项业务开展风险管理工作,建立单项或多项内部控制子系统。通过积累经验,培养人才,逐步建立健全全面风险管理体系。

第十条 企业开展全面风险管理工作应与其他管理工作紧密结合,把风险管理的各项要求融入企业管理和业务流程中。具备条件的企业可建立风险管理三道防线,即各有关职能部门和业务单位为第一道防线;风险管理职能部门和董事会下设的风险管理委员会为第二道防线;内部审计部门和董事会下设的审计委员会为第三道防线。

第二章 风险管理初始信息

第十一条 实施全面风险管理,企业应广泛、持续不断地收集与本企业风险和风险管理相关的内部、外部初始信息,包括历史数据和未来预测。应把收集初始信息的职责分工落实到各有关职能部门和业务单位。

第十二条 在战略风险方面,企业应广泛收集国内外企业战略风险失控导致企业蒙受损失的案例,并至少收集与本企业相关的以下重要信息:

(一)国内外宏观经济政策以及经济运行情况、本行业状况、国家产业政策;

(二)科技进步、技术创新的有关内容;

(三)市场对本企业产品或服务的需求;

(四)与企业战略合作伙伴的关系,未来寻求战略合作伙伴的可能性;

(五)本企业主要客户、供应商及竞争对手的有关情况;

(六)与主要竞争对手相比,本企业实力与差距;

(七)本企业发展战略和规划、投融资计划、年度经营目标、经营战略,以及编制这些战略、规划、计划、目标的有关依据;

（八）本企业对外投融资流程中曾发生或易发生错误的业务流程或环节。

第十三条 在财务风险方面，企业应广泛收集国内外企业财务风险失控导致危机的案例，并至少收集本企业的以下重要信息（其中有行业平均指标或先进指标的，也应尽可能收集）：

（一）负债、或有负债、负债率、偿债能力；

（二）现金流、应收账款及其占销售收入的比重、资金周转率；

（三）产品存货及其占销售成本的比重、应付账款及其占购货额的比重；

（四）制造成本和管理费用、财务费用、营业费用；

（五）盈利能力；

（六）成本核算、资金结算和现金管理业务中曾发生或易发生错误的业务流程或环节；

（七）与本企业相关的行业会计政策、会计估算、与国际会计制度的差异与调节（如退休金、递延税项等）等信息。

第十四条 在市场风险方面，企业应广泛收集国内外企业忽视市场风险、缺乏应对措施导致企业蒙受损失的案例，并至少收集与本企业相关的以下重要信息：

（一）产品或服务的价格及供需变化；

（二）能源、原材料、配件等物资供应的充足性、稳定性和价格变化；

（三）主要客户、主要供应商的信用情况；

（四）税收政策和利率、汇率、股票价格指数的变化；

（五）潜在竞争者、竞争者及其主要产品、替代品情况。

第十五条 在运营风险方面，企业应至少收集与本企业、本行业相关的以下信息：

（一）产品结构、新产品研发；

（二）新市场开发，市场营销策略，包括产品或服务定价与销售渠道，市场营销环境状况等；

（三）企业组织效能、管理现状、企业文化，高、中层管理人员和重要

业务流程中专业人员的知识结构、专业经验;

(四)期货等衍生产品业务中曾发生或易发生失误的流程和环节;

(五)质量、安全、环保、信息安全等管理中曾发生或易发生失误的业务流程或环节;

(六)因企业内、外部人员的道德风险致使企业遭受损失或业务控制系统失灵;

(七)给企业造成损失的自然灾害以及除上述有关情形之外的其他纯粹风险;

(八)对现有业务流程和信息系统操作运行情况的监管、运行评价及持续改进能力;

(九)企业风险管理的现状和能力。

第十六条 在法律风险方面,企业应广泛收集国内外企业忽视法律法规风险、缺乏应对措施导致企业蒙受损失的案例,并至少收集与本企业相关的以下信息:

(一)国内外与本企业相关的政治、法律环境;

(二)影响企业的新法律法规和政策;

(三)员工道德操守的遵从性;

(四)本企业签订的重大协议和有关贸易合同;

(五)本企业发生重大法律纠纷案件的情况;

(六)企业和竞争对手的知识产权情况。

第十七条 企业对收集的初始信息应进行必要的筛选、提炼、对比、分类、组合,以便进行风险评估。

第三章 风险评估

第十八条 企业应对收集的风险管理初始信息和企业各项业务管理及其重要业务流程进行风险评估。风险评估包括风险辨识、风险分析、风险评价三个步骤。

第十九条 风险评估应由企业组织有关职能部门和业务单位实施,也可聘请有资质、信誉好、风险管理专业能力强的中介机构协助实施。

第二十条 风险辨识是指查找企业各业务单元、各项重要经营活动及其重要业务流程中有无风险，有哪些风险。风险分析是对辨识出的风险及其特征进行明确的定义描述，分析和描述风险发生可能性的高低、风险发生的条件。风险评价是评估风险对企业实现目标的影响程度、风险的价值等。

第二十一条 进行风险辨识、分析、评价，应将定性与定量方法相结合。定性方法可采用问卷调查、集体讨论、专家咨询、情景分析、政策分析、行业标杆比较、管理层访谈、由专人主持的工作访谈和调查研究等。定量方法可采用统计推论（如集中趋势法）、计算机模拟（如蒙特卡罗分析法）、失效模式与影响分析、事件树分析等。

第二十二条 进行风险定量评估时，应统一制定各风险的度量单位和风险度量模型，并通过测试等方法，确保评估系统的假设前提、参数、数据来源和定量评估程序的合理性和准确性。要根据环境的变化，定期对假设前提和参数进行复核和修改，并将定量评估系统的估算结果与实际效果对比，据此对有关参数进行调整和改进。

第二十三条 风险分析应包括风险之间的关系分析，以便发现各风险之间的自然对冲、风险事件发生的正负相关性等组合效应，从风险策略上对风险进行统一集中管理。

第二十四条 企业在评估多项风险时，应根据对风险发生可能性的高低和对目标的影响程度的评估，绘制风险坐标图，对各项风险进行比较，初步确定对各项风险的管理优先顺序和策略。

第二十五条 企业应对风险管理信息实行动态管理，定期或不定期实施风险辨识、分析、评价，以便对新的风险和原有风险的变化重新评估。

第四章 风险管理策略

第二十六条 本指引所称风险管理策略，指企业根据自身条件和外部环境，围绕企业发展战略，确定风险偏好、风险承受度、风险管理有效性标准，选择风险承担、风险规避、风险转移、风险转换、风险对冲、风险补偿、风险控制等适合的风险管理工具的总体策略，并确定风险管理所需人力和财力资源的配置原则。

第二十七条 一般情况下,对战略、财务、运营和法律风险,可采取风险承担、风险规避、风险转换、风险控制等方法。对能够通过保险、期货、对冲等金融手段进行理财的风险,可以采用风险转移、风险对冲、风险补偿等方法。

第二十八条 企业应根据不同业务特点统一确定风险偏好和风险承受度,即企业愿意承担哪些风险,明确风险的最低限度和不能超过的最高限度,并据此确定风险的预警线及相应采取的对策。确定风险偏好和风险承受度,要正确认识和把握风险与收益的平衡,防止和纠正忽视风险,片面追求收益而不讲条件、范围,认为风险越大、收益越高的观念和做法;同时,也要防止单纯为规避风险而放弃发展机遇。

第二十九条 企业应根据风险与收益相平衡的原则以及各风险在风险坐标图上的位置,进一步确定风险管理的优选顺序,明确风险管理成本的资金预算和控制风险的组织体系、人力资源、应对措施等总体安排。

第三十条 企业应定期总结和分析已制定的风险管理策略的有效性和合理性,结合实际不断修订和完善。其中,应重点检查依据风险偏好、风险承受度和风险控制预警线实施的结果是否有效,并提出定性或定量的有效性标准。

第五章 风险管理解决方案

第三十一条 企业应根据风险管理策略,针对各类风险或每一项重大风险制定风险管理解决方案。方案一般应包括风险解决的具体目标,所需的组织领导,所涉及的管理及业务流程,所需的条件、手段等资源,风险事件发生前、中、后所采取的具体应对措施以及风险管理工具(如:关键风险指标管理、损失事件管理等)。

第三十二条 企业制定风险管理解决的外包方案,应注重成本与收益的平衡、外包工作的质量、自身商业秘密的保护以及防止自身对风险解决外包产生依赖性风险等,并制定相应的预防和控制措施。

第三十三条 企业制定风险解决的内控方案,应满足合规的要求,坚持经营战略与风险策略一致、风险控制与运营效率及效果相平衡的原则,针对重大风险所涉及的各管理及业务流程,制定涵盖各个环节的全流程控制措施;对其他风险所涉及的业务流程,要把关键环节作为控制点,采取相应的控制措施。

第三十四条 企业制定内控措施,一般至少包括以下内容:

(一)建立内控岗位授权制度。对内控所涉及的各岗位明确规定授权的对象、条件、范围和额度等,任何组织和个人不得超越授权做出风险性决定;

(二)建立内控报告制度。明确规定报告人与接受报告人,报告的时间、内容、频率、传递路线、负责处理报告的部门和人员等;

(三)建立内控批准制度。对内控所涉及的重要事项,明确规定批准的程序、条件、范围和额度、必备文件以及有权批准的部门和人员及其相应责任;

(四)建立内控责任制度。按照权利、义务和责任相统一的原则,明确规定各有关部门和业务单位、岗位、人员应负的责任和奖惩制度;

(五)建立内控审计检查制度。结合内控的有关要求、方法、标准与流程,明确规定审计检查的对象、内容、方式和负责审计检查的部门等;

(六)建立内控考核评价制度。具备条件的企业应把各业务单位风险管理执行情况与绩效薪酬挂钩;

(七)建立重大风险预警制度。对重大风险进行持续不断的监测,及时发布预警信息,制定应急预案,并根据情况变化调整控制措施;

(八)建立健全以总法律顾问制度为核心的企业法律顾问制度。大力加强企业法律风险防范机制建设,形成由企业决策层主导、企业总法律顾问牵头、企业法律顾问提供业务保障、全体员工共同参与的法律风险责任体系。完善企业重大法律纠纷案件的备案管理制度;

(九)建立重要岗位权力制衡制度,明确规定不相容职责的分离。主要包括:授权批准、业务经办、会计记录、财产保管和稽核检查等职责。对内控所涉及的重要岗位可设置一岗双人、双职、双责，相互制约；明确该岗位的上级部门或人员对其应采取的监督措施和应负的监督责任；将该岗位作为内部审计的重点等。

第三十五条 企业应当按照各有关部门和业务单位的职责分工，认真组织实施风险管理解决方案，确保各项措施落实到位。

第六章 风险管理的监督与改进

第三十六条 企业应以重大风险、重大事件和重大决策、重要管理及业务流程为重点，对风险管理初始信息、风险评估、风险管理策略、关键控制活动及风险管理解决方案的实施情况进行监督，采用压力测试、返回测试、穿行测试以及风险控制自我评估等方法对风险管理的有效性进行检验，根据变化情况和存在的缺陷及时加以改进。

第三十七条 企业应建立贯穿于整个风险管理基本流程，连接各上下级、各部门和业务单位的风险管理信息沟通渠道，确保信息沟通的及时、准确、完整，为风险管理监督与改进奠定基础。

第三十八条 企业各有关部门和业务单位应定期对风险管理工作进行自查和检验，及时发现缺陷并改进，其检查、检验报告应及时报送企业风险管理职能部门。

第三十九条 企业风险管理职能部门应定期对各部门和业务单位风险管理工作实施情况和有效性进行检查和检验，要根据本指引第三十条要求对风险管理策略进行评估，对跨部门和业务单位的风险管理解决方案进行评价，提出调整或改进建议，出具评价和建议报告，及时报送企业总经理或其委托分管风险管理工作的高级管理人员。

第四十条 企业内部审计部门应至少每年一次对包括风险管理职能部门在内的各有关部门和业务单位能否按照有关规定开展风险管理工作及其工作效果进行监督评价，监督评价报告应直接报送董事会或董事会下设的风险管理委员会和审计委员会。此项工作也可结合年度审计、任期审计或专项审计工作一并开展。

第四十一条 企业可聘请有资质、信誉好、风险管理专业能力强的中介机构对企业全面风险管理工作进行评价，出具风险管理评估和建议专项报告。报告一般应包括以下几方面的实施情况、存在缺陷和改进建议：

（一）风险管理基本流程与风险管理策略；

（二）企业重大风险、重大事件和重要管理及业务流程的风险管理及内部控制系统的建设；

（三）风险管理组织体系与信息系统；

（四）全面风险管理总体目标。

第七章 风险管理组织体系

第四十二条 企业应建立健全风险管理组织体系，主要包括规范的公司法人治理结构，风险管理职能部门、内部审计部门和法律事务部门以及其他有关职能部门、业务单位的组织领导机构及其职责。

第四十三条 企业应建立健全规范的公司法人治理结构，股东（大）会（对于国有独资公司或国有独资企业，即指国资委，下同）、董事会、监事会、经理层依法履行职责，形成高效运转、有效制衡的监督约束机制。

第四十四条 国有独资公司和国有控股公司应建立外部董事、独立董事制度，外部董事、独立董事人数应超过董事会全部成员的半数，以保证董事会能够在重大决策、重大风险管理等方面作出独立于经理层的判断和选择。

第四十五条 董事会就全面风险管理工作的有效性对股东（大）会负责。董事会在全面风险管理方面主要履行以下职责：

（一）审议并向股东（大）会提交企业全面风险管理年度工作报告；

（二）确定企业风险管理总体目标、风险偏好、风险承受度，批准风险管理策略和重大风险管理解决方案；

（三）了解和掌握企业面临的各项重大风险及其风险管理现状，做出有效控制风险的决策；

(四)批准重大决策、重大风险、重大事件和重要业务流程的判断标准或判断机制;

(五)批准重大决策的风险评估报告;

(六)批准内部审计部门提交的风险管理监督评价审计报告;

(七)批准风险管理组织机构设置及其职责方案;

(八)批准风险管理措施,纠正和处理任何组织或个人超越风险管理制度做出的风险性决定的行为;

(九)督导企业风险管理文化的培育;

(十)全面风险管理其他重大事项。

第四十六条 具备条件的企业,董事会可下设风险管理委员会。该委员会的召集人应由不兼任总经理的董事长担任;董事长兼任总经理的,召集人应由外部董事或独立董事担任。该委员会成员中需有熟悉企业重要管理及业务流程的董事,以及具备风险管理监管知识或经验、具有一定法律知识的董事。

第四十七条 风险管理委员会对董事会负责,主要履行以下职责:

(一)提交全面风险管理年度报告;

(二)审议风险管理策略和重大风险管理解决方案;

(三)审议重大决策、重大风险、重大事件和重要业务流程的判断标准或判断机制,以及重大决策的风险评估报告;

(四)审议内部审计部门提交的风险管理监督评价审计综合报告;

(五)审议风险管理组织机构设置及其职责方案;

(六)办理董事会授权的有关全面风险管理的其他事项。

第四十八条 企业总经理对全面风险管理工作的有效性向董事会负责。总经理或总经理委托的高级管理人员,负责主持全面风险管理的日常工作,负责组织拟订企业风险管理组织机构设置及其职责方案。

第四十九条 企业应设立专职部门或确定相关职能部门履行全面风险管理的职责。该部门对总经理或其委托的高级管理人员负责,主要履行以下职责:

（一）研究提出全面风险管理工作报告；

（二）研究提出跨职能部门的重大决策、重大风险、重大事件和重要业务流程的判断标准或判断机制；

（三）研究提出跨职能部门的重大决策风险评估报告；

（四）研究提出风险管理策略和跨职能部门的重大风险管理解决方案，并负责该方案的组织实施和对该风险的日常监控；

（五）负责对全面风险管理有效性评估，研究提出全面风险管理的改进方案；

（六）负责组织建立风险管理信息系统；

（七）负责组织协调全面风险管理日常工作；

（八）负责指导、监督有关职能部门、各业务单位以及全资、控股子企业开展全面风险管理工作；

（九）办理风险管理其他有关工作。

第五十条 企业应在董事会下设立审计委员会，企业内部审计部门对审计委员会负责。审计委员会和内部审计部门的职责应符合《中央企业内部审计管理暂行办法》（国资委令第8号）的有关规定。内部审计部门在风险管理方面，主要负责研究提出全面风险管理监督评价体系，制定监督评价相关制度，开展监督与评价，出具监督评价审计报告。

第五十一条 企业其他职能部门及各业务单位在全面风险管理工作中，应接受风险管理职能部门和内部审计部门的组织、协调、指导和监督，主要履行以下职责：

（一）执行风险管理基本流程；

（二）研究提出本职能部门或业务单位重大决策、重大风险、重大事件和重要业务流程的判断标准或判断机制；

（三）研究提出本职能部门或业务单位的重大决策风险评估报告；

（四）做好本职能部门或业务单位建立风险管理信息系统的工作；

（五）做好培育风险管理文化的有关工作；

（六）建立健全本职能部门或业务单位的风险管理内部控制子系统；

(七)办理风险管理其他有关工作。

第五十二条 企业应通过法定程序,指导和监督其全资、控股子企业建立与企业相适应或符合全资、控股子企业自身特点、能有效发挥作用的风险管理组织体系。

第八章 风险管理信息系统

第五十三条 企业应将信息技术应用于风险管理的各项工作,建立涵盖风险管理基本流程和内部控制系统各环节的风险管理信息系统,包括信息的采集、存储、加工、分析、测试、传递、报告、披露等。

第五十四条 企业应采取措施确保向风险管理信息系统输入的业务数据和风险量化值的一致性、准确性、及时性、可用性和完整性。对输入信息系统的数据,未经批准,不得更改。

第五十五条 风险管理信息系统应能够进行对各种风险的计量和定量分析、定量测试;能够实时反映风险矩阵和排序频谱、重大风险和重要业务流程的监控状态;能够对超过风险预警上限的重大风险实施信息报警;能够满足风险管理内部信息报告制度和企业对外信息披露管理制度的要求。

第五十六条 风险管理信息系统应实现信息在各职能部门、业务单位之间的集成与共享,既能满足单项业务风险管理的要求,也能满足企业整体和跨职能部门、业务单位的风险管理综合要求。

第五十七条 企业应确保风险管理信息系统的稳定运行和安全,并根据实际需要不断进行改进、完善或更新。

第五十八条 已建立或基本建立企业管理信息系统的企业,应补充、调整、更新已有的管理流程和管理程序,建立完善的风险管理信息系统;尚未建立企业管理信息系统的,应将风险管理与企业各项管理业务流程、管理软件统一规划、统一设计、统一实施、同步运行。

第九章　风险管理文化

第五十九条　企业应注重建立具有风险意识的企业文化，促进企业风险管理水平、员工风险管理素质的提升，保障企业风险管理目标的实现。

第六十条　风险管理文化建设应融入企业文化建设全过程。大力培育和塑造良好的风险管理文化，树立正确的风险管理理念，增强员工风险管理意识，将风险管理意识转化为员工的共同认识和自觉行动，促进企业建立系统、规范、高效的风险管理机制。

第六十一条　企业应在内部各个层面营造风险管理文化氛围。董事会应高度重视风险管理文化的培育，总经理负责培育风险管理文化的日常工作。董事和高级管理人员应在培育风险管理文化中起表率作用。重要管理及业务流程和风险控制点的管理人员和业务操作人员应成为培育风险管理文化的骨干。

第六十二条　企业应大力加强员工法律素质教育，制定员工道德诚信准则，形成人人讲道德诚信、合法合规经营的风险管理文化。对于不遵守国家法律法规和企业规章制度、弄虚作假、徇私舞弊等违法及违反道德诚信准则的行为，企业应严肃查处。

第六十三条　企业全体员工尤其是各级管理人员和业务操作人员应通过多种形式，努力传播企业风险管理文化，牢固树立风险无处不在、风险无时不在、严格防控纯粹风险、审慎处置机会风险、岗位风险管理责任重大等意识和理念。

第六十四条　风险管理文化建设应与薪酬制度和人事制度相结合，有利于增强各级管理人员特别是高级管理人员风险意识，防止盲目扩张、片面追求业绩、忽视风险等行为的发生。

第六十五条　企业应建立重要管理及业务流程、风险控制点的管理人员和业务操作人员岗前风险管理培训制度。采取多种途径和形式，加强对风险管理理念、知识、流程、管控核心内容的培训，培养风险管理人才，培育风险管理文化。

第十章　附　　则

第六十六条　中央企业中未设立董事会的国有独资企业，由经理办公会议代行本指引中有关董事会的职责，总经理对本指引的贯彻执行负责。

第六十七条　本指引在中央企业投资、财务报告、衍生产品交易等方面的风险管理配套文件另行下发。

第六十八条　本指引的《附录》对本指引所涉及的有关技术方法和专业术语进行了说明。

第六十九条　本指引由国务院国有资产监督管理委员会负责解释。

第七十条　本指引自印发之日起施行。

附录：

风险管理常用技术方法简介

一、风险坐标图

风险坐标图是把风险发生可能性的高低、风险发生后对目标的影响程度，作为两个维度绘制在同一个平面上(即绘制成直角坐标系)。对风险发生可能性的高低、风险对目标影响程度的评估有定性、定量等方法。定性方法是直接用文字描述风险发生可能性的高低、风险对目标的影响程度，如“极低”、“低”、“中等”、“高”、“极高”等。定量方法是对风险发生可能性的高低、风险对目标影响程度用具有实际意义的数量描述，如对风险发生可能性的高低用概率来表示，对目标影响程度用损失金额来表示。

下表列出某公司对风险发生可能性的定性、定量评估标准及其相互对应关系，供实际操作中参考。

定量方法一	评分	1	2	3	4	5
定量方法二	一定时期发生的概率	10%以下	10%～30%	30%～70%	70%～90%	90%以上
定性方法	文字描述一	极低	低	中等	高	极高
	文字描述二	一般情况下不会发生	极少情况下才发生	某些情况下发生	较多情况下发生	常常会发生
	文字描述三	今后10年内发生的可能少于1次	今后5～10年内可能发生1次	今后2～5年内可能发生1次	今后1年内可能发生1次	今后1年内至少发生1次

下表列出某公司关于风险发生后对目标影响程度的定性、定量评估标准及其相互对应关系,供实际操作中参考。

适用于所有行业	定量方法一		评分	1	2	3	4	5
	定量方法二		企业财务损失占税前利润的百分比(%)	1%以下	1%～5%	6%～10%	11%～20%	20%以上
	定性方法	文字描述一		极轻微的	轻微的	中等的	重大的	灾难性的
		文字描述二		极低	低	中等	高	极高
		文字描述三	企业日常运行	不受影响	轻度影响(造成轻微的人身伤害,情况立刻受到控制)	中度影响(造成一定人身伤害,需要医疗救援,情况需要外部支持才能得到控制)	严重影响(企业失去一些业务能力,造成严重人身伤害,情况失控,但无致命影响)	重大影响(重大业务失误,造成重大人身伤亡,情况失控,给企业致命影响)
			财务损失	较低的财务损失	轻微的财务损失	中等的财务损失	重大的财务损失	极大的财务损失

续表

适用于所有行业	定性方法	文字描述三	企业声誉	负面消息在企业内部流传,企业声誉没有受损	负面消息在当地局部流传,对企业声誉造成轻微损害	负面消息在某区域流传,对企业声誉造成中等损害	负面消息在全国各地流传,对企业声誉造成重大损害	负面消息流传世界各地,政府或监管机构进行调查,引起公众关注,对企业声誉造成无法弥补的损害
适用于开采业、制造业	定性与定量结合		安全	短暂影响职工或公民的健康	严重影响一位职工或公民健康	严重影响多位职工或公民健康	导致一位职工或公民死亡	引致多位职工或公民死亡
			营运	－对营运影响微弱 －在时间、人力或成本方面不超出预算1%	－对营运影响轻微 －受到监管者责难 －在时间、人力或成本方面超出预算1%～5%	－减慢营业运作 －受到法规惩罚或被罚款等 －在时间、人力或成本方面超出预算6%～10%	－无法达到部分营运目标或关键业绩指标 －受到监管者的限制 －在时间、人力或成本方面超出预算11%～20%	－无法达到所有的营运目标或关键业绩指标 －违规操作使业务受到中止 －时间、人力或成本方面超出预算20%
			环境	－对环境或社会造成短暂的影响 －可不采取行动	－对环境或社会造成一定的影响 －应通知政府有关部门	－对环境造成中等影响 －需一定时间才能恢复 －出现个别投诉事件 －应执行一定程度的补救措施	－造成主要环境损害 －需要相当长的时间来恢复 －大规模的公众投诉 －应执行重大的补救措施	－无法弥补的灾难性环境损害 －激起公众的愤怒 －潜在的大规模的公众法律投诉

对风险发生可能性的高低和风险对目标影响程度进行定性或定量评估后,依据评估结果绘制风险坐标图。如:某公司对9项风险进行了

定性评估，风险①发生的可能性为“低”，风险发生后对目标的影响程度为“极低”；……；风险⑨发生的可能性为“极低”，对目标的影响程度为“高”，则绘制风险坐标图如下：

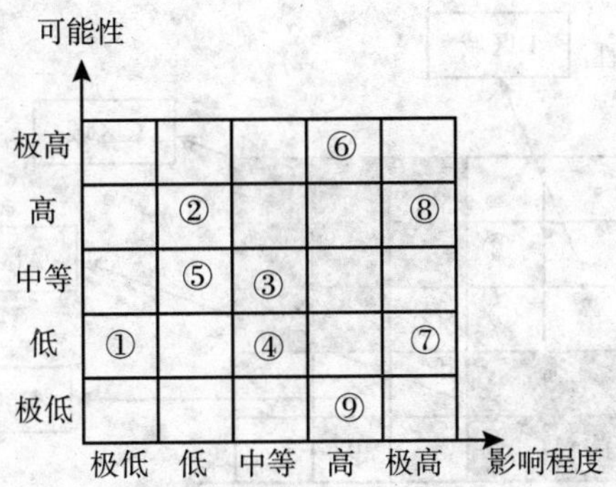

如某公司对7项风险进行定量评估，其中：风险①发生的可能性为83%，发生后对企业造成的损失为2100万元；风险②发生的可能性为40%，发生后对企业造成的损失为3800万元；……；而风险⑦发生的可能性在55%～62%之间，发生后对企业造成的损失在7500万元到9100万元之间，在风险坐标图上用一个区域来表示，则绘制风险坐标图如下：

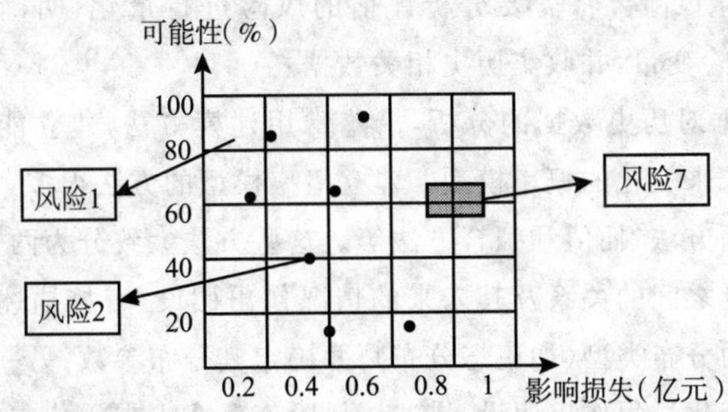

绘制风险坐标图的目的在于对多项风险进行直观的比较，从而确定各风险管理的优先顺序和策略。如：某公司绘制了如下风险坐标图，并将该图划分为A、B、C三个区域，公司决定承担A区域中的各项风

险且不再增加控制措施;严格控制 B 区域中的各项风险且专门补充制定各项控制措施;确保规避和转移 C 区域中的各项风险且优先安排实施各项防范措施。

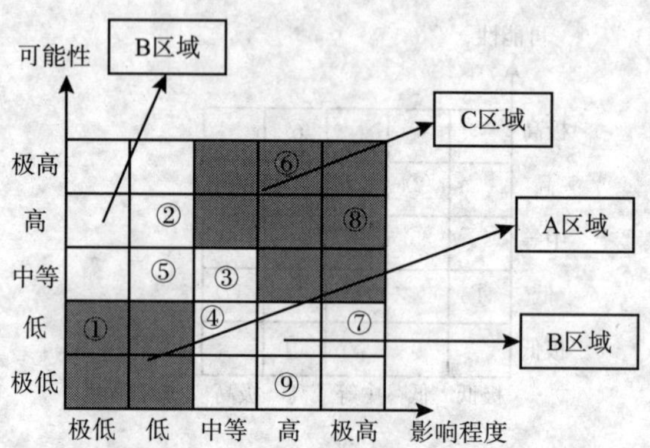

二、蒙特卡罗方法

蒙特卡罗方法是一种随机模拟数学方法。该方法用来分析评估风险发生可能性、风险的成因、风险造成的损失或带来的机会等变量在未来变化的概率分布。具体操作步骤如下:

1. 量化风险。将需要分析评估的风险进行量化,明确其度量单位,得到风险变量,并收集历史相关数据。

2. 根据对历史数据的分析,借鉴常用建模方法,建立能描述该风险变量在未来变化的概率模型。建立概率模型的方法很多,例如:差分和微分方程方法,插值和拟合方法等。这些方法大致分为两类:一类是对风险变量之间的关系及其未来的情况作出假设,直接描述该风险变量在未来的分布类型(如正态分布),并确定其分布参数;另一类是对风险变量的变化过程作出假设,描述该风险变量在未来的分布类型。

3. 计算概率分布初步结果。利用随机数字发生器,将生成的随机数字代入上述概率模型,生成风险变量的概率分布初步结果。

4. 修正完善概率模型。通过对生成的概率分布初步结果进行分析，用实验数据验证模型的正确性，并在实践中不断修正和完善模型。

5. 利用该模型分析评估风险情况。

正态分布是蒙特卡罗风险方法中使用最广泛的一类模型。通常情况下，如果一个变量受很多相互独立的随机因素的影响，而其中每一个因素的影响都很小，则该变量服从正态分布。在自然界和社会中大量的变量都满足正态分布。描述正态分布需要两个特征值：均值和标准差。其密度函数和分布函数的一般形式如下：

密度函数：$\varphi(x)=\frac{1}{\sigma\sqrt{2\pi}}e^{-\frac{(x-\mu)^2}{2\sigma^2}}, -\infty<x<+\infty$

分布函数：$\Phi(x)=P(X\leqslant x)=\int_{-\infty}^{x}\frac{1}{\sigma\sqrt{2\pi}}e^{-\frac{(t-\mu)^2}{2\sigma^2}}\mathrm{d}t, -\infty<x<+\infty$

其中 μ 为均值，σ 为标准差。

由于蒙特卡罗方法依赖于模型的选择，因此，模型本身的选择对于蒙特卡罗方法计算结果的精度影响甚大。蒙特卡罗方法计算量很大，通常借助计算机完成。

三、关键风险指标管理

一项风险事件发生可能有多种成因，但关键成因往往只有几种。关键风险指标管理是对引起风险事件发生的关键成因指标进行管理的方法。具体操作步骤如下：

1. 分析风险成因，从中找出关键成因。

2. 将关键成因量化，确定其度量，分析确定导致风险事件发生（或极有可能发生）时该成因的具体数值。

3. 以该具体数值为基础，以发出风险预警信息为目的，加上或减去一定数值后形成新的数值，该数值即为关键风险指标。

4. 建立风险预警系统，即当关键成因数值达到关键风险指标时，发出风险预警信息。

5. 制定出现风险预警信息时应采取的风险控制措施。

6. 跟踪监测关键成因数值的变化，一旦出现预警，即实施风险控制措施。

以易燃易爆危险品储存容器泄漏引发爆炸的风险管理为例。容器泄漏的成因有:使用时间过长、日常维护不够、人为破坏、气候变化等因素,但容器使用时间过长是关键成因。如容器使用最高期限为50年,人们发现当使用时间超过45年后,则易发生泄漏。该“45年”即为关键风险指标。为此,制定使用时间超过“45年”后需采取的风险控制措施,一旦使用时间接近或达到“45年”时,发出预警信息,即采取相应措施。

该方法既可以管理单项风险的多个关键成因指标,也可以管理影响企业主要目标的多个主要风险。使用该方法,要求风险关键成因分析准确,且易量化、易统计、易跟踪监测。

四、压力测试

压力测试是指在极端情景下,分析评估风险管理模型或内控流程的有效性,发现问题,制定改进措施的方法,目的是防止出现重大损失事件。具体操作步骤如下:

1. 针对某一风险管理模型或内控流程,假设可能会发生哪些极端情景。极端情景是指在非正常情况下,发生概率很小,而一旦发生,后果十分严重的事情。假设极端情景时,不仅要考虑本企业或与本企业类似的其他企业出现过的历史教训,还要考虑历史上不曾出现,但将来可能会出现的事情。

2. 评估极端情景发生时,该风险管理模型或内控流程是否有效,并分析对目标可能造成的损失。

3. 制定相应措施,进一步修改和完善风险管理模型或内控流程。

以信用风险管理为例。如:一个企业已有一个信用很好的交易伙伴,该交易伙伴除发生极端情景,一般不会违约。因此,在日常交易中,该企业只需“常规的风险管理策略和内控流程”即可。采用压力测试方法,是假设该交易伙伴将来发生极端情景(如其财产毁于地震、火灾、被盗),被迫违约对该企业造成了重大损失。而该企业“常规的风险管理策略和内控流程”在极端情景下不能有效防止重大损失事件，为此，该企业采取了购买保险或相应衍生产品、开发多个交易伙伴等措施。

风险管理专业术语解释

1. 风险理财：利用金融手段管理风险的方法，包括：预提风险准备金、购买保险或使用专业自保公司、衍生产品交易以及风险融资等。

2. 情景分析：通过假设、预测、模拟等手段生成未来情景，并分析其对目标产生影响的方法，包括：历史情景重演法、预期法、因素分解法、随机模拟法等方法。

3. 集中趋势法：指根据随机变量的分布情况，计算出该变量分布的集中特性值（均值、中数、众数等），从而预测未来情况的方法。它是数据推论方法的一种。

4. 失效模式与影响分析：通过辨识系统失去效用后的各种状况，分析其影响，并采取相应措施的方法。

5. 事件树分析：以树状图形方式分析风险事件间因果关系的方法。

6. 风险偏好：为了实现目标，企业在承担风险的种类、大小等方面的基本态度。

7. 风险承受度：企业愿意承担的风险限度，也是企业风险偏好的边界。

8. 风险对冲：通过承担多个风险，使相关风险能够互相抵消的方法。使用该方法，必须进行风险组合，而不是对单一风险进行规避、控制。如：资产组合、多种外币结算、战略上的分散经营、套期保值等。

9. 损失事件管理：对可能给企业造成重大损失的风险事件的事前、事中、事后管理的方法。损失包括企业的资金、声誉、技术、品牌、人才等。

10. 返回测试：将历史数据输入到风险管理模型或内控流程中，把结果与预测值对比，以检验其有效性的方法。

11. 穿行测试:在正常运行条件下,将初始数据输入内控流程,穿越全流程和所有关键环节,把运行结果与设计要求对比,以发现内控流程缺陷的方法。

关于贯彻落实《国务院办公厅转发国资委关于进一步规范国有企业改制工作实施意见的通知》的通知

2006年7月21日　国资发改革〔2006〕131号

各中央企业:

为进一步贯彻落实《国务院办公厅转发国资委关于进一步规范国有企业改制工作实施意见的通知》(国办发〔2005〕60号,以下简称60号文件),推进国务院国资委所出资企业(以下简称中央企业)规范改制,防止国有资产流失,维护职工合法权益,维护企业稳定,现提出以下意见:

一、要认真贯彻落实党的十六届三中、五中全会有关精神,加大中央企业布局和结构调整力度,加快推进中央企业改制。除国有大中型企业实施主辅分离辅业改制以及通过境内外首次公开发行股票并上市改制为国有控股企业、国有控股的上市公司增资扩股和收购资产按国家有关规定执行外,中央企业及其直接和间接投资的企业实施改制,必须严格执行60号文件和《国务院办公厅转发国务院国有资产监督管理委员会关于规范国有企业改制工作意见的通知》(国办发〔2003〕96号,以下简称96号文件)、《企业国有产权转让管理暂行办法》(国资委、财政部令第3号,以下简称3号令)、《关于印发〈企业国有产权向管理层转让暂行规定〉的通知》(国资发产权〔2005〕78号)等文件的规定。

二、按照《关于贯彻落实〈国务院办公厅转发国务院国有资产监督管理委员会关于规范国有企业改制工作意见的通知〉的通知》(国资发改革〔2004〕4号)的规定,中央企业及其重要子企业改制方案需报国务院国资委批准;中央企业直接和间接投资的其他企业改制方案的批准,由中央企业自行规定,其中涉及协议转让事项的应按3号令有关规定报国务院国资委批准。凡负责批准改制方案的单位,必须按照权利、义务和责任相统一的原则,尽快建立和完善批准改制方案的程序、权限、责任等制度,并严格贯彻执行。中央企业有关批准改制方案的程序、权限、责任等制度,报国务院国资委备案。

三、负责批准改制方案的单位必须就改制方案的审批及清产核资、产权登记、财务及离任审计、资产评估、进场交易、定价、转让价款、落实债权、职工安置等工作中涉及的重要资料,建立规范的档案管理制度。改制企业的国有产权持有单位要妥善保管相关资料,做到有案可查。

四、中央企业及其直接和间接投资的企业进行改制,凡涉及职工分流安置的,在实施改制前要将改制方案包括职工安置方案抄送改制企业所在地国有资产监管机构。

各中央企业要切实加强对改制工作的管理和监督,不断总结经验,及时发现和纠正改制工作中存在的问题,对改制中的违纪违法行为,要依法严肃查处,以保证改制工作健康、有序、规范地进行。

国防科工委　发展改革委　国资委
关于推进军工企业股份制改造的
指导意见

2007年5月17日　科工法〔2007〕546号

各省、自治区、直辖市国防科工委(办)、发展改革委、经贸委(经委)、中小企业局(厅、办)、国资委,证监会,总装备部,各军工集团公司,国防科工委委管各单位:

为贯彻落实党的十六大、十六届三中、四中、五中和六中全会精神,落实《国务院关于鼓励支持和引导个体私营等非公有制经济发展的若干意见》(国发〔2005〕3号)要求，积极探索在改革开放和社会主义市场经济条件下国防科技工业发展的新路子，深化军工企业改革，加快体制机制创新，进一步增强军工企业活力，促进国防科技工业全面、协调和可持续发展，经国务院同意，现就军工企业股份制改造工作提出如下意见。

一、充分认识军工企业股份制改造的重大意义

(一)推进军工企业股份制改造是当前和今后一段时期一项十分重要和紧迫的任务。近年来，在国家政策支持和引导下，军工企业改革不断深化，取得了一定成效。但由于多种原因，军工行业整体改革步伐缓慢，多数企业产权结构单一、机制不活、效益不高等长期存在的问题没有根本解决，这不仅严重制约了国防科技工业的持续、健康发展，而且难以适应中国特色军事变革的需要。随着企业改革的深化，军工行业壁垒逐渐被打破，许多具有技术和经济实力的非军工企业，包括民营企业、外资企业以及混合所有制企业积极参与武器装备的科研生产活动，军工企业面临越来越激烈的市场竞争。因此，必须通过体制机制创新，增强企业自主发展能力和市场竞争能力。加快推进军工企业股份制改造，既是适应社会主义市场经济发展的客观需要，也是解决影响军工企业改革发展深层次矛盾和问题的有效措施。

(二)军工企业股份制改造已具备了相应的条件。随着社会主义市场经济体制的不断完善，国有企业改革进一步深化，为军工企业股份制改造创造了良好的外部环境。与此同时，按照建立“小核心、大协作、寓军于民”新体系的要求，国防科技工业调整改革不断深化，也为推进军工企业股份制改造创造了条件。目前除少数关系国家战略安全和涉及国家核心机密的重点军工企业外，多数军工企业承担的是军民两用产品或一般军用配套产品生产任务，改变了单一生产军品的状况。军工企业既是武器装备科研生产的骨干力量，又是国民经济建设的生力军，具有公益性和经营性双重属性，也应适应市场经济的发展要求。按照党的十六届三中全会关于使股份制成为公有制主要实现形式的要求，

在保证国有经济控制力的前提下，符合条件的军工企业完全可以实行规范的股份制改造，为国防科技工业发展提供新动力。

（三）推进军工企业股份制改造是国防科技工业领域的一场深刻变革，意义重大。一是有利于打破行业、军民及所有制界限，拓宽融资渠道，充分利用社会各方面科技和经济力量进行国防建设，提升国防科技工业的整体能力和水平，促进国防科技工业寓军于民新体制和竞争、评价、监督、激励机制的建立。二是有利于军工企业建立规范的法人治理结构，转换经营机制，增强军工企业内在活力和自主发展能力，成为真正的市场主体。三是有利于军工企业国有资本合理流动和重组，实现资源优化配置和军工国有资产保值增值。要进一步解放思想，转变观念，与时俱进，充分认识军工企业深化改革的重要性和紧迫性，积极创造条件推进军工企业实施股份制改造。

二、推进军工企业股份制改造的指导思想、目标和基本原则

（四）军工企业股份制改造的指导思想是：以邓小平理论和“三个代表”重要思想为指导，全面贯彻落实党的十六大、十六届三中、四中、五中和六中全会精神，牢固树立科学发展观，坚持军民结合、寓军于民的方针，以完善公司法人治理结构、转换经营机制和提高经济效益为重点，积极稳妥和规范有序地推进军工企业股份制改造，建立适应社会主义市场经济和武器装备建设要求的新体制新机制，切实提高国防科技工业自主发展能力和整体素质，更好地满足国防建设和国民经济发展需要。

（五）军工企业股份制改造的主要目标是：力争用几年的时间，使符合条件的军工企业基本完成股份制改造，实现投资主体多元化，推动军工企业建立现代企业制度和现代产权制度，形成规范的法人治理结构，打造管理高效、机制灵活、决策科学的新型军工企业，建立起有效的激励机制和风险制约机制，使其成为真正的市场主体。

（六）军工企业股份制改造的基本原则是：坚持正确处理改革、发展和稳定的关系，改革方案要同武器装备发展和国民经济发展需要相适应；坚持分类指导，循序渐进，稳步推进股份制改造，确保国家对武器装

备科研生产能力的控制力；坚持严格审批、规范操作、有效监控，保证军工设备设施的安全、完整和有效；坚持保护各类投资主体的合法权利和维护职工的合法权益，防止军工国有资产流失和职工利益受到损害。

三、分类推进军工企业股份制改造

（七）军工企业关系国家安全，必须严格界定股份制改造的范围和程度，科学区分企业类型，统筹规划，选择试点，精心组织，分步实施。

（八）对从事战略武器装备生产、关系国家战略安全和涉及国家核心机密的少数核心重点保军企业，应继续保持国有独资，在禁止其核心保军资产和技术进入股份制企业的前提下，允许对其通用设备设施和辅业资产进行重组改制。

（九）对从事关键武器装备总体设计、总装集成以及关键分系统、特殊配套件生产的重点保军企业在保持国家绝对控股的前提下可以实施股份制改造。鼓励境内资本（指内资资本）参与企业股份制改造，允许企业在行业内部或跨行业实施以市场为主导的重组、联合或者兼并，允许企业非核心资产在改制过程中租赁、转让或拍卖。

（十）除上述两类企业外，对从事重要武器装备生产的其他重点保军企业，根据承制武器装备的重要程度，可实行国有绝对控股、相对控股、参股等多种形式的股份制改造，鼓励引入境内资本和有条件地允许外资参与企业股份制改造，鼓励符合条件的企业通过资本市场进行融资。

（十一）鼓励和支持以民为主，从事军民两用产品、一般武器装备及配套产品生产的军工企业引入各类社会资本实施股份制改造，具备条件的军工企业可以在国内外资本市场上融资。

（十二）国有独资的军工企业要按照《公司法》的要求，逐步建立董事会制度，规范公司的组织和行为。鼓励军工集团公司之间交叉持股，经批准允许其主营业务资产整体重组改制。

四、加强对军工企业股份制改造的监督管理

（十三）各有关部门要充分认识军工企业股份制改造的必要性、复

杂性和艰巨性，以高度的政治责任感和历史使命感，转变观念，扎实工作，切实加强对军工企业股份制改造工作的组织领导和监督管理，确保军工企业股份制改造工作规范有序推进。

（十四）军工企业实施股份制改造，报国资委、国防科工委批准后，依照《企业国有资产监督管理暂行条例》等规定的法定程序实施。国防科工委会同总装备部和国家有关部门综合考虑武器装备战略影响大小、系统集成强弱和国防专用程度高低等因素，制定军工企业核心保军资产和技术指导目录，实施目录管理，并根据发展需要进行动态调整。

（十五）军工企业实施股份制改造，要严格遵守国务院办公厅转发国务院国有资产监督管理委员会《关于规范国有企业改制工作意见的通知》（国办发〔2003〕96 号）等国家有关规范国有企业改制工作的规定。

（十六）军工企业实施股份制改造，应严格执行国家保密法律法规。企业要建立严格的保密议事规则，涉密董事、监事、股东在保密期限内必须承担保密义务，签订保密协议；要强化保密意识，落实保密责任，加强对涉密事项和涉密人员管理，严禁发生泄密事件。规范军工企业的信息披露，境内上市公司披露信息中涉及军品秘密的，可持国防科工委保密部门出具的证明，向证券交易所提出信息披露豁免申请。为军工企业股份制改造或上市提供服务的中介机构，必须符合国家有关保密要求的规定。

（十七）在非常情况下，国家可依据《宪法》、《国防法》和国家有关法律法规，对武器装备科研生产、装备采购、战时动员以及承担武器装备科研生产改制企业等实行特别管制，确保武器装备科研生产任务的完成和国家安全。

五、加强相关政策法规和制度建设

（十八）加强政策的引导作用，鼓励和支持符合条件的军工企业实施股份制改造。国家为实施股份制改造的军工企业在军品市场准入、承担军品任务、投资、军工设备设施管理、税收和土地使用等方面创造良好的政策和法规环境。

（十九）建立和完善武器装备科研生产准入和退出制度。修改限制非国有资本进入武器装备科研生产领域的政策法规，扩大武器装备科研生产许可证发放范围，鼓励社会资本参与武器装备科研生产。根据国家有关武器装备科研生产许可证管理的规定，对股份制改造后符合条件的军品生产企业，国家将继续发放武器装备科研生产许可证，并对获得许可证的企业实行动态管理。

(二十)改革和完善国防科技工业投资体制。国家营造有利于各类投资主体参与军品科研生产公平、有序竞争的市场环境，促进生产要素的合理流动，优化投资结构，推进投资主体多元化。同时充分发挥国家投资的引导性作用和市场配置资源的基础性作用。国家对实施股份制改造的军工企业，继续给予军品科研生产必要的投资支持。

(二十一)加强军工设备设施管理。严格贯彻执行国家有关国防资产、军工设备设施管理的法律法规，规范股份制改造过程中军工设备设施使用、处置行为，保证军工设备设施的安全、完整和有效，确保武器装备科研生产能力不受损害，为武器装备科研生产提供重要基础保障。

(二十二)改革完善军品税收政策，为不同所有制企业从事武器装备科研生产创造公平竞争环境。实施股份制改造后的军工企业，符合有关规定的，国家将继续给予军品科研生产税收优惠政策。

关于中央企业厂办大集体改革试点资产处置有关问题的通知

2007年8月17日　国资分配〔2007〕891号

各中央企业：

为规范中央企业厂办大集体改革试点工作中的资产处置，根据《国务院关于同意东北地区厂办大集体改革试点工作指导意见的批复》(国函〔2005〕88号，以下简称88号文件)及相关法律法规，结合中央企业实际，现就有关问题通知如下：

一、资产处置的基本原则

（一）坚持规范操作，公开透明。中央企业应按照国家有关规定，按程序规范地处置厂办大集体企业中的各类资产，做到产权边界清晰，防止侵犯集体资产权益和国有资产流失。

（二）坚持从实际出发，用改革的办法解决现实问题。厂办大集体改革应着力解决当前存在的主要矛盾和重点问题，不纠缠历史旧账，采取多种途径分类处置资产。

（三）坚持统筹兼顾，由企业、地方财政、中央财政共同分担改革成本。改革成本的支付应首先立足于厂办大集体自身，主办国有企业要充分考虑自身承受能力，按规定给予必要补助。

二、用于支付厂办大集体改革成本的主要资产项目和方式

（一）厂办大集体安置职工所需费用首先应以改制企业净资产或关闭、破产企业的有效资产支付，不足部分除按规定给予的财政补助外，主办国有企业可根据实际情况给予适当补助。

（二）主办国有企业给予补助的资产项目主要包括：

1. 厂办大集体长期使用的主办国有企业的固定资产可用于厂办大集体企业安置职工所需的费用。

2. 厂办大集体使用的主办国有企业的行政划拨土地，可依法办理土地划转手续。不改变土地用途的，经所在地县级以上人民政府批准，可继续以划拨方式使用土地；改变土地用途的，如改变后的用途符合《划拨用地目录》（国土资源部令第 9 号）的，可继续以划拨方式使用土地，并办理土地变更登记，不符合的应依法办理土地有偿使用手续，土地出让收益可用于支付改制成本。

3. 厂办大集体与主办国有企业之间至资产评估基准日前发生的一个经营年度以上的债权、债务可进行轧差处理。轧差后厂办大集体欠主办国有企业的债务，在厂办大集体净资产不足以安置职工时，由主

办国有企业予以豁免,并用于支付安置职工所需的费用。

4. 厂办大集体净资产不足以支付解除在册集体职工劳动关系经济补偿金的,差额部分资金除中央财政按规定补助外,主办国有企业应承担其余所需资金。

5. 其他经有关部门批准可以支付的资产项目。

三、支付和预留改革成本的有关问题

(一)中央企业厂办大集体改革中支付和预留的改革成本项目和费用标准,原则上按照原国家经贸委等八部门《印发〈关于国有大中型企业主辅分离辅业改制分流安置富余人员的实施办法〉的通知》(国经贸企改〔2002〕859号),以及《关于进一步明确国有大中型企业主辅分离辅业改制有关问题的通知》(国资分配〔2003〕21号)、《关于中央企业主辅分离辅业改制分流安置富余人员资产处置有关问题的通知》(国资发产权〔2004〕9号)、《关于进一步规范国有大中型企业主辅分离辅业改制的通知》(国资发分配〔2005〕250号)等有关规定执行。

在东北地区及其他试点地区厂办大集体改革试点中,涉及的中央企业厂办大集体改革成本的测算应按照试点城市关于改革成本支付和预留的相关规定执行。如因特殊情况超出标准范围,须经有关部门及试点城市人民政府批准后方可执行。

(二)厂办大集体在职集体职工解除劳动合同经济补偿金的计算标准根据职工在本单位工作年限,每满一年发给相当于一个月工资的经济补偿金。对于长期处于非正常经营情况下的厂办大集体企业,部分在职集体职工解除劳动合同工资标准难以确定的,经济补偿金的月工资计算标准可根据当地及中央企业有关规定确定。

(三)与主办国有企业签订劳动合同并派往厂办大集体工作的职工参与厂办大集体改制的,其经济补偿金或预留费用可由主办国有企业支付。

(四)中央企业应当对预留费用制订出切实可行的管理办法,设立专户进行专项管理,明确管理机构和管理责任,确保有关费用按时、足

额支付。

(五)中央企业按上述规定用于补助厂办大集体改革成本的费用,报国务院国资委批准后,可以冲减国有权益。

四、资产处置工作程序的有关问题

(一)经国务院及有关部门批准进行厂办大集体改革试点的中央企业,厂办大集体改革试点实施方案报我委、财政部、劳动保障部,经批准后实施。厂办大集体改革试点实施方案中,应包括相关资产处置的内容。有关资产处置工作由中央企业负责组织实施。

(二)在东北地区及其他地区的中央企业进行厂办大集体改革试点的,厂办大集体改革试点实施方案报试点城市人民政府,由试点城市人民政府组织城市改革试点方案报我委、财政部、劳动保障部批准后实施。有关资产处置工作应在试点城市人民政府统一组织下进行。主办国有企业用于补助厂办大集体改革成本的资产,应报中央企业集团公司(总公司)批准,并在中央企业集团公司(总公司)统一组织下进行。

(三)中央企业在资产处置中应按照相关政策规定,做好厂办大集体以及主办国有企业补助改革成本资产的产权界定、清产核资、审计及资产评估等各项工作,履行规定程序。涉及国有资产的资产评估工作应按有关规定实施,并履行备案程序。具备条件的,有关资产可进入产权交易市场进行交易。

五、核销国有权益的有关问题

(一)中央企业应根据厂办大集体改革实际进展情况,对按规定完成资产处置的试点企业分批次汇总后报送我委申请核销国有权益。

(二)中央企业申请核销国有权益需报送以下材料:

1. 中央企业关于补助厂办大集体改革成本冲减国有权益的申请;

2. 有关部门批准中央企业厂办大集体改革试点实施方案的文件;

3. 厂办大集体企业资产产权界定、人员界定的相关依据或认定文件;

4. 资产清查报告或清产核资结果批复文件；

5. 资产评估备案表；

6. 资产处置的专项审计报告；

7. 资产处置及申请核销情况汇总表；

8. 企业报送当地劳动部门备案的职工安置情况表；

9. 改制企业的企业法人营业执照及产权登记表证；

10. 其他需要提供的材料。

(三)本通知适用于东北地区及其他地区厂办大集体改革试点中涉及的中央企业，以及经国务院或有关部门批准实施厂办大集体改革试点的中央企业。中央企业在实际执行中的问题，请及时向我委反映。

国务院国有资产监督管理委员会 国家发展和改革委员会 财政部 国家电力监管委员会关于印发《关于规范电力系统职工投资发电企业的意见》的通知

2008 年 1 月 28 日　国资发改革〔2008〕28 号

各省、自治区、直辖市人民政府，新疆生产建设兵团，国务院各部委，各直属机构，各有关中央企业：

国资委、发展改革委、财政部、电监会《关于规范电力系统职工投资发电企业的意见》，已经国务院同意，现印发给你们，请认真贯彻执行。

附件：关于规范电力系统职工投资发电企业的意见

附件：

关于规范电力系统职工投资发电企业的意见

近年来，各地一些国有电力企业通过成立职工持股会等方式，组织职工在发电企业改制中持股和投资新建发电企业，对于形成企业多元股东结构、鼓励职工参与公司治理、调动生产积极性起到了一定作用，但由于操作不规范，引发了不公平竞争、国有企业利润转移和国有资产流失等问题。根据《国务院办公厅转发电力体制改革工作小组关于“十一五”深化电力体制改革实施意见的通知》（国办发〔2007〕19号）精神，经国务院同意，现就规范电力系统职工投资发电企业行为提出以下意见：

一、指导思想和基本原则

规范电力系统职工投资发电企业的指导思想是：以邓小平理论和“三个代表”重要思想为指导，深入贯彻落实科学发展观，按照深化电力体制改革的要求，妥善解决电网企业职工持有发电企业股权问题，理顺发电企业产权关系，优化资源配置，维护公平竞争，防止国有资产流失，促进电力工业又好又快发展。

规范电力系统职工投资发电企业的基本原则：一是尊重历史，实事求是；二是区别对待，分类指导；三是稳妥操作，确保稳定；四是加强领导，强化监督。

二、规范电力系统职工投资发电企业行为

电力系统职工投资发电企业应当遵循自愿、公平和诚实守信、风险自担的原则，依法享有投资者权益。国有电力企业不得以企业名义组织各类职工投资活动。

规范电网企业职工持有发电企业股权的行为。地(市)级电网企业的领导班子成员和省级以上电网企业的电力调度人员、财务人员、中层以上管理人员,不得直接或间接持有本省(区、市)电网覆盖范围内发电企业的股权,已持有本省(区、市)电网覆盖范围内发电企业股权的,应自本意见印发之日起1年内全部予以清退或转让,发电企业可以优先回购。电网企业其他职工自本意见印发之日起不得增持本省(区、市)电网覆盖范围内发电企业的股权,自愿清退或转让已持有股权的,发电企业可以优先回购。存在电网企业职工持股行为的发电企业应依照有关法规规定披露电力交易信息,自觉接受电力监管等机构的监督检查。

规范发电企业职工投资发电企业的行为。发电企业职工不得直接投资于共用同一基础设施或同一生产经营管理系统的发电机组,不得在水坝溢流洞、泄洪洞投资安装发电机组。已持有共用同一基础设施、同一生产经营管理系统的不同发电机组股权的,应自本意见印发后逐步予以清退或转让,发电企业可以优先回购。国有发电企业应当针对共用同一基础设施或同一生产经营管理系统的不同发电机组,制定合理分摊各项费用和合理分配对外供热比例的具体办法并严格执行,严禁侵占和损害国有权益。

三、加强组织领导,强化监督管理

国有电力企业是规范电力系统职工投资发电企业工作的责任主体。要认真贯彻执行本意见各项要求,加强领导,认真组织,周密部署,强化企业内部管理,规范企业投资和改制行为,避免国有资产流失。同时,要加强政治思想工作,强化宣传教育和舆论引导,切实维护电力系统安全稳定运行和职工队伍稳定。

各级国有资产监督管理、发展改革、财政、电力监管等部门要加强协调配合,强化监督管理,进一步规范电力调度秩序和交易行为,维护公平竞争的市场秩序,确保规范电力系统职工投资发电企业的各项工作落到实处。国有资产监督管理机构、电力监管机构具体负责本意见贯彻执行情况的督促检查,对违反国家有关法律法规及本意见要求并造成国有资产流失的，要予以严肃查处并追究有关人员责任，涉嫌犯罪的，依法移送司法机关处理。

国务院国有资产监督管理委员会关于规范国有企业职工持股、投资的意见

2008 年 9 月 16 日　国资发改革〔2008〕139 号

各中央企业，各省、自治区、直辖市及计划单列市和新疆生产建设兵团国资委：

近年来，国有企业职工（含管理层，下同）投资参与国有中小企业改制、国有大中型企业辅业改制以及科技骨干参股科研院所改制，为推进企业股份制改革、完善公司法人治理结构、增强企业活力起到重要作用。但由于目前缺乏统一的规定，操作不规范，企业改制引入职工持股以及职工投资新设公司过程中出现了一些问题。为规范国有企业改制，加强企业管理，防止国有资产流失，维护企业和职工合法权益，根据《国务院办公厅转发国务院国有资产监督管理委员会关于规范国有企业改制工作意见的通知》（国办发〔2003〕96 号）、《国务院办公厅转发国资委关于进一步规范国有企业改制工作实施意见的通知》（国办发〔2005〕60 号）和《关于印发〈关于规范电力系统职工投资发电企业的意见〉的通知》（国资发改革〔2008〕28 号）精神，现就国有企业（包括国有独资和国有控股企业）职工持股、投资的有关问题（国有控股上市公司实施股权激励以及企业职工在证券市场购买股票除外），提出以下意见：

一、指导思想和基本原则

（一）指导思想：以邓小平理论和"三个代表"重要思想为指导，深入

贯彻落实科学发展观,深化国有企业股份制改革,完善公司法人治理结构,促进国有资本有进有退合理流动,规范国有企业改制和企业职工投资行为,防止国有资产流失,维护企业和职工合法权益,实现国有企业又好又快发展。

(二)基本原则:一是区别对待,分类指导。进一步规范企业管理层持股、投资行为,妥善解决职工持股、投资存在的问题。二是规范操作,强化管理。引入职工持股应当公开透明,公平公正,严格执行国家有关企业改制和产权转让的各项规定;加强企业内部管理,防止通过不当行为向职工持股、投资的企业转移国有企业利益。三是维护企业职工合法权益,增强企业活力。职工持股要有利于深化企业内部人事、劳动、分配制度改革,切实转变经营机制;落实好职工参与改制的民主权利,尊重和维护职工股东的合法权益。

二、规范国有企业改制中的职工持股行为

(三)积极推进各类企业股份制改革。放开搞活国有中小企业,鼓励职工自愿投资入股,制订改制方案,要从企业实际出发,综合考虑职工安置、机制转换、资金引入等因素。国有大中型企业主辅分离辅业改制,鼓励辅业企业的职工持有改制企业股权,但国有企业主业企业的职工不得持有辅业企业股权。国有大型企业改制,要着眼于引进先进技术和管理、满足企业发展资金需求、完善公司法人治理结构,提高企业竞争力,择优选取投资者,职工持股不得处于控股地位。国有大型科研、设计、高新技术企业改制,按照有关规定,对企业发展作出突出贡献或对企业中长期发展有直接作用的科技管理骨干,经批准可以探索通过多种方式取得企业股权,符合条件的也可获得企业利润奖励,并在本企业改制时转为股权;但其子企业(指全资、控股子企业,下同)改制应服从集团公司重组上市的要求。

(四)严格控制职工持股企业范围。职工入股原则限于持有本企业股权。国有企业集团公司及其各级子企业改制,经国资监管机构或集团公司批准,职工可投资参与本企业改制,确有必要的,也可持有上一

级改制企业股权，但不得直接或间接持有本企业所出资各级子企业、参股企业及本集团公司所出资其他企业股权。科研、设计、高新技术企业科技人员确因特殊情况需要持有子企业股权的，须经同级国资监管机构批准，且不得作为该子企业的国有股东代表。

国有企业中已持有上述不得持有的企业股权的中层以上管理人员，自本意见印发后 1 年内应转让所持股份，或者辞去所任职务。在股权转让完成或辞去所任职务之前，不得向其持股企业增加投资。已持有上述不得持有的企业股权的其他职工晋升为中层以上管理人员的，须在晋升后 6 个月内转让所持股份。法律、行政法规另有规定的，从其规定。

（五）依法规范职工持股形式。国有企业改制，可依据《中华人民共和国公司法》等有关法律法规的规定，通过向特定对象募集资金的方式设立股份公司引入职工持股，也可探索职工持股的其他规范形式。职工投资持股应当遵循自愿、公平和诚实守信、风险自担的原则，依法享有投资者权益。国有企业不得以企业名义组织各类职工的投资活动。

（六）明确职工股份转让要求。改制为国有控股企业的，批准企业改制单位应依据有关法律、行政法规对职工所持股份的管理、流转等重要事项予以明确，并在改制企业公司章程中作出规定。

（七）规范入股资金来源。国有企业不得为职工投资持股提供借款或垫付款项，不得以国有产权或资产作标的物为职工融资提供保证、抵押、质押、贴现等；不得要求与本企业有业务往来的其他企业为职工投资提供借款或帮助融资。对于历史上使用工效挂钩和百元产值工资含量包干结余以全体职工名义投资形成的集体股权现象应予以规范。

三、规范国有企业职工投资关联企业的行为

（八）关联企业指与本国有企业有关联关系或业务关联且无国有股份的企业。严格限制职工投资关联关系企业；禁止职工投资为本企业提供燃料、原材料、辅料、设备及配件和提供设计、施工、维修、产品销

售、中介服务或与本企业有其他业务关联的企业;禁止职工投资与本企业经营同类业务的企业。

国有企业中已投资上述不得投资的企业的中层以上管理人员,自本意见印发后1年内转让所持股份,或者辞去所任职务。在股权转让完成或辞去所任职务之前,不得向其投资企业增加投资。已投资上述不得投资的企业的其他职工晋升为中层以上管理人员的,须在晋升后6个月内转让所持股份。

四、规范国有企业与职工持股、投资企业的关系

(九)国有企业剥离出部分业务、资产改制设立新公司需引入职工持股的,该新公司不得与该国有企业经营同类业务;新公司从该国有企业取得的关联交易收入或利润不得超过新公司业务总收入或利润的三分之一。通过主辅分离辅业改制设立的公司,按照国家有关规定执行。

(十)加强国有企业内部管理。国有企业要严格依照有关法律、行政法规规定,采取招投标方式择优选取业务往来单位,不得定向采购或接受职工投资企业的产品或服务,产品、服务交易应当价格公允。国有企业向职工投资企业提供资金、设备、技术等资产和劳务、销售渠道、客户资源等,应参考资产评估价或公允价确定有偿使用费或租赁费,不得无偿提供。不得向职工投资企业提供属于本企业的商业机会。

国有企业应当在年度财务报告中披露与职工投资企业构成关联交易的种类、定价、数量、资金总额等情况。

(十一)国有企业中层以上管理人员,不得在职工或其他非国有投资者投资的非国有企业兼职;已经兼职的,自本意见印发后6个月内辞去所兼任职务。

五、加强对国有企业职工持股、投资的管理和监督

(十二)严格执行企业改制审批制度。国有企业改制引入职工持股,必须履行批准程序,严格执行国家有关规定。由集团公司批准的引入职工持股的企业改制,完成改制后须由集团公司将改制的相关文件

资料报送同级国资监管机构备案。

（十三）国有企业是规范职工持股、投资的责任主体，要认真贯彻执行本意见各项要求，加强领导，认真组织，规范企业改制，强化内部管理，做好职工思想工作。各级国资监管机构要加强监督管理，对本意见的贯彻执行情况进行督促检查，发现违反本意见要求的，要立即予以制止和纠正，并按照相关规定追究有关责任人的责任。

关于贯彻落实《关于电力系统职工投资发电企业的意见》有关问题的通知

2008年6月4日　国资发改革〔2008〕323号

《关于印发〈关于规范电力系统职工投资发电企业的意见〉的通知》（国资发改革〔2008〕28号，以下简称《意见》）印发后，有关电力企业反映在实际操作过程中遇到一些具体问题需要进一步明确。经研究，现就有关问题通知如下：

一、作为规范电力系统职工投资发电企业工作的责任主体，各有关电力企业要加强领导，周密部署，认真贯彻执行《意见》各项要求，在规定期限内完成有关职工股份的清退或转让工作。

二、涉及电力企业收购电力系统职工所持股份的，凡职工所持股份属于《意见》要求清退或转让范围内的，经国务院国资委确认后，可以不进行资产评估，收购价格按照审计后的净资产价值确定。

各有关电力企业要规范操作，切实维护职工合法权益，防止国有资产流失。同时，要做好职工的思想工作，确保职工队伍稳定和电力系统安全运行。

国务院国有资产监督管理委员会关于实施《关于规范国有企业职工持股、投资的意见》有关问题的通知

2009年3月24日　国资发改革〔2009〕49号

各中央企业，各省、自治区、直辖市及计划单列市和新疆生产建设兵团国资委：

国务院国资委《关于规范国有企业职工持股、投资的意见》(国资发改革〔2008〕139号，以下简称《规范意见》)印发以来，有关中央企业和地方国资委反映在执行过程中遇到一些具体问题需进一步明确。经研究，现就有关问题通知如下：

一、需清退或转让股权的企业中层以上管理人员的范围

《规范意见》所称国有企业，是指各级国有及国有控股(含绝对控股和相对控股)企业及其授权经营单位(分支机构)。企业中层以上管理人员是指国有企业的董事会成员、监事会成员、高级经营管理人员、党委(党组)领导班子成员以及企业职能部门正副职人员等。企业返聘的原中层以上管理人员、或退休后返聘担任中层以上管理职务的人员亦在《规范意见》规范范围之内。

二、涉及国有股东受让股权的基本要求

国有企业中层以上管理人员清退或转让股权时，国有股东是否受让其股权，应区别情况、分类指导。国有企业要从投资者利益出发，着眼于国有资产保值增值，结合企业发展战略，围绕主业，优先受让企业中层以上管理人员所持国有控股子企业股权，对企业中层以上管理人员持有的国有参股企业或其他关联企业股权原则上不应收购。企业中层以上管理人员所持股权不得向其近亲属，以及这些人员所有或者实

际控制的企业转让。

三、国有股东收购企业中层以上管理人员股权的定价原则

经同级国资监管机构确认，确属《规范意见》规范范围内的企业中层以上管理人员，国有股东收购其所持股权时，原则上按不高于所持股企业上一年度审计后的净资产值确定收购价格。

四、国有企业改制违规行为的处理方式

经核查，国有企业在改制过程中，违反《国务院办公厅转发国务院国有资产监督管理委员会关于规范国有企业改制工作意见的通知》（国办发〔2003〕96 号）、《国务院办公厅转发国资委关于进一步规范国有企业改制工作实施意见的通知》（国办发〔2005〕60 号）等规定，有下列情况的，在实施《规范意见》时，必须予以纠正。

（一）购股资金来源于国有企业借款、垫付款项，或以国有产权（资产）作为标的通过保证、抵押、质押、贴现等方式筹集。改制为国有控股企业的，改制企业的国有产权持有单位中层以上管理人员违规所得股权须上缴集团公司或同级国资监管机构指定的其他单位（以下统称指定单位），其个人出资所购股权按原始实际出资与专项审计后净资产值孰低的价格清退；持有改制企业股权的其他人员须及时还清购股借、贷款和垫付款项；违规持股人员须将其所持股权历年所获收益（包括分红和股权增值收益，下同）上缴指定单位。改制为非国有企业的，国有产权持有单位参照上述规定进行纠正，也可通过司法或仲裁程序追缴其违规所得。

（二）纳入企业改制资产范围的国有实物资产和专利技术、非专利技术、商标权、商誉等无形资产，以及土地使用权、探矿权、采矿权、特许经营权等，全部或部分资产未经评估作价。改制企业的国有产权持有单位中层以上管理人员须按原始实际出资与专项审计后净资产值孰低的价格清退所持股权，改制企业的国有产权持有单位管理层、改制企业管理层及参与改制事项其他人员须将其所持股权历年所获收益上缴指定单位；未经评估资产须进行资产评估作价，重新核定各股东所持股权。情况特殊的，也可经同级国资监管机构批准，采取其他方式进行纠正。

（三）无偿使用未进入企业改制资产范围的国有实物资产和专利技术、非专利技术、商标权、商誉等无形资产，以及土地使用权、探矿权、采矿权、特许经营权。国有产权持有单位应按资产评估价或同类资产的市场价确定租赁费，改制企业须补交已发生的租赁费。

对于故意转移、隐匿资产，或者在改制中通过关联交易影响企业净资产；向中介机构提供虚假资料，导致审计、评估结果失真，或者与有关方面串通，压低资产评估值以及国有资产折股价等违法违规行为要依法严肃查处，并依据《中央企业资产损失责任追究暂行办法》（国资委令第20号）的有关规定，追究该国有企业相关责任人责任。

五、进一步加强对股权清退转让的监督管理

各级国资监管机构要掌握所监管企业中层以上管理人员持股情况，督促相关企业严格规范有关人员持股行为。国有企业要对中层以上管理人员持股情况进行摸底，按《规范意见》和本通知的要求做好有关工作，要认真制订股权清退、转让方案，在规定的期限内完成工作，并将股权清退、转让方案和完成情况报同级国资监管机构备案；逾期不规范有关人员持股行为的，要追究当事人及企业负责人的责任，隐匿持股情况或不按要求进行规范的要严肃查处。

股权清退、转让的责任主体是国有企业。相关企业负责人要高度重视，认真做好有关人员的思想工作，保持企业稳定，促进企业健康发展。

国务院国有资产监督管理委员会办公厅关于继续做好规范国有企业职工持股、投资工作有关问题的通知

2009年7月31日　国资厅发改革〔2009〕78号

各中央企业：

国资委《关于规范国有企业职工持股、投资的意见》（国资发改革

〔2008〕139号，以下简称《意见》）印发以来，中央企业认真贯彻《意见》精神，对职工持股情况进行摸底调查，积极开展规范国有企业职工持股、投资工作，部分企业已完成有关人员股权清退或转让工作。从前期工作进展情况来看，因国有企业职工持股有其历史成因，情况复杂，规范难度较大，下一步在落实《意见》解决以往企业改制中形成的管理人员持股问题过程中，请结合实际，因企制宜，可适当延长期限，以保证规范工作的实效，维护企业稳定，促进企业健康发展。工作中有何问题，请及时与我委沟通。

国资委履行多元投资主体公司股东职责暂行办法

2009年11月18日　国资发改革〔2009〕322号

第一章　总　　则

第一条　为正确履行股东职责，维护国有股东合法权益，根据《中华人民共和国公司法》（以下简称《公司法》）、《中华人民共和国企业国有资产法》以及《企业国有资产监督管理暂行条例》等法律、行政法规，制定本办法。

第二条　国务院国有资产监督管理委员会（以下简称国资委）履行多元投资主体公司股东职责适用本办法。

第三条　本办法所称多元投资主体公司是指国资委直接持股的股权多元化公司制企业，包括国有资本控股公司和国有资本参股公司，以下称公司。

第二章　履行股东职责的方式

第四条　按照《公司法》和公司章程的规定，国资委通过参加公司股东会议、审核需由股东作出决定的事项、与公司其他股东协商并作出决议等方式履行股东职责。

第五条　公司召开股东会议，国资委应当委派股东代表或者委派授权股东代表出席；因特殊原因不能委派代表出席公司股东会议的，应当书面委托公司其他股东按照国资委的表决意见代行表决权。

第六条　本办法所称国资委股东代表(以下简称"股东代表")是指国资委法定代表人。国资委授权股东代表(以下简称"授权股东代表")由股东代表根据工作需要指定。

第七条　参加公司股东会议前，股东代表或者授权股东代表应当与公司董事会有关成员、监事会有关成员进行充分沟通，了解公司有关情况，熟悉股东会议议题。

第三章　内部职责分工

第八条　国资委履行股东职责事务工作的归口局为企业改革局。

第九条　有关厅局根据各自职能对公司股东会议的议题提出审核意见。具体分工如下：

(一)政策法规局负责对国资委拟在股东会议上发表的意见和股东代表、授权股东代表的授权事项进行法律审核。

(二)规划发展局负责审核公司的经营方针和投资计划。

(三)财务监督与考核评价局负责审核公司年度财务预算方案、决算方案和公司清算方案，以及会计师事务所的委托与解聘、大额担保、重大资金支出等财务与审计事项，并负责对股东会议审议的其他有关事项提出财务审核意见。

(四)产权管理局负责审核公司国有资本增加或者减少、注册资本变动、发行债券、与上市公司重组涉及国有股东所持股份变动、上市公司发行证券等项工作。

（五）企业改革局负责审核公司的合并、分立、解散、变更公司形式；制定或者修改公司章程；审核非董事会试点企业的董事会工作报告；办理公司的股份制改革、上市及上市公司中需国有股东决定的事项，涉及委内其他局的商有关厅局；涉及上市公司股权投资的事项，商规划发展局、产权管理局后提出审核意见。

（六）企业改组局负责审核董事会试点企业的董事会工作报告。

（七）企业分配局负责审核公司董事、监事的报酬事项和公司年度工资总额预算方案、清算方案以及其他涉及分配的重大事项。

（八）综合局负责审核公司的年度、任期经营目标及其完成情况。

（九）收益管理局负责审核公司的利润分配方案、弥补亏损方案。

（十）监事会工作局负责审核公司监事会工作报告，并对公司股东会议决议执行情况进行监督检查，确保公司股东会决议的贯彻落实。

（十一）企业领导人员管理一局和企业领导人员管理二局负责国资委派出董事人选的考察推荐和考核评价工作，审核董事选举或者更换方案。

（十二）公司股东会行使权利的其他事项由相关厅局根据各自职能负责审核。

第十条　有关厅局对公司股东会议的议题审核后，应当提出同意或者不同意的书面意见。对议题中存在的问题，应当提出明确的解决方案或者处理办法。

第十一条　国资委对本办法第四条所指的需由股东作出决定的事项、与其他股东协商拟作出的决议进行审核的职责分工适用本章的规定。

第四章　内部审核程序

第十二条　对于公司股东会议审议的事项，国资委按照本办法的规定履行内部审核程序。

第十三条　国资委办公厅收到公司召开股东会议的文件后，批转企业改革局办理。

第十四条　企业改革局根据《公司法》和公司章程的规定，对公司股东会议文件进行初步审核后，认为需要调整文件或者补充材料的，应当及时通知公司。

第十五条　公司召开股东会议的相关事项符合《公司法》和公司章程的规定的，企业改革局在一个工作日内将其分送有关厅局征求意见。

第十六条　对公司股东会议审议的事项，有关厅局结合自身职责在三个工作日内研究提出书面意见并反馈企业改革局，有重要意见的应当报分管委领导审批。

第十七条　企业改革局在两个工作日内研究、汇总各有关厅局意见，提出国资委拟在公司股东会议上发表意见的建议。

第十八条　企业改革局将国资委拟在公司股东会议上发表意见的建议、授权委托申请表和股东代表或者授权股东代表的授权委托书等有关文件送政策法规局审核。政策法规局审核同意后由企业改革局报国资委分管领导和主要领导。

第十九条　国资委领导审批同意后，企业改革局将有关文件送达股东代表或者授权股东代表，抄送所派出企业监事会或者派出监事。

第二十条　国资委对本办法第四条所指的需由股东作出决定的事项、与其他股东协商拟作出的决议的内部审核程序适用本章的规定。

第五章　股东会议相关事项的管理

第二十一条　股东代表、授权股东代表参加公司股东会议，应当按照国资委批准的意见发表意见、进行表决、签署股东会议记录和决议。股东会议审议的事项超出国资委批准意见范围的，股东代表或者授权股东代表对该事项不能发表意见、进行表决，应当重新履行国资委内部审核程序。

第二十二条　公司股东会议结束后，授权股东代表应当及时向股东代表报告其履行职责情况和股东会议情况。

第二十三条 企业改革局负责将股东会议材料、股东会议记录和股东会议决议等文件按照国资委的有关规定存档。

第二十四条 企业改革局负责牵头办理公司股东会议后续事项，并将股东会议记录、有关决议和国资委领导指示分送有关厅局，以便有关厅局更好地履行对公司的出资人监管职责。

第二十五条 股东代表、授权股东代表以及有关厅局应当依法跟踪了解公司股东会议决议执行情况，维护国有股东合法权益。

第二十六条 办理履行股东职责事务的国资委工作人员应当按照国家法律法规和有关规定，认真做好公司股东会议事项和相关文件的保密工作。

第六章 附 则

第二十七条 公司召开临时股东会议，国资委对其审核按照本办法的规定执行，经国资委领导批准可以简化内部审核程序。

第二十八条 本办法自发布之日起施行。

关于开展中央企业非主业宾馆酒店分离重组工作有关问题的通知

2010 年 1 月 11 日 国资发改革〔2010〕6 号

为贯彻落实党的十七大和十七届三中、四中全会以及中央经济工作会议精神，进一步推进中央企业国有资本合理流动，优化资源配置，提升企业竞争力，根据《国务院办公厅转发国资委关于推进国有资本调整和国有企业重组指导意见的通知》（国办发〔2006〕97 号，以下简称 97 号文件）要求，国资委决定从 2010 年起开展中央企业非主业宾馆酒店

(含宾馆、酒店、饭店、疗养院、度假村、培训中心、会议中心、接待中心等,下同)分离重组工作。现就有关问题通知如下:

一、充分认识开展中央企业非主业宾馆酒店分离重组工作的重要性

(一)推进非主业宾馆酒店分离重组是贯彻落实国务院要求的重要措施。97号文件明确提出,要"围绕突出主业,积极推进企业非主业资产重组。要通过多种途径,使部分企业非主业资产向主业突出的企业集中,促进企业之间非主业资产的合理流动。"在2008年和2009年底召开的中央企业负责人会议上,国务院领导同志进一步要求,中央企业要以企业发展质量和效益为主线,更加注重调整优化布局结构,坚定不移发展主营业务,大力清理与主业无关的各类业务。开展中央企业非主业宾馆酒店分离重组,是贯彻落实国务院要求,进一步推进中央企业国有资本调整的一项重要工作。

(二)推进非主业宾馆酒店分离重组是中央企业优化资源配置的有效途径。国资委成立以来,围绕突出主业、做强主业,积极引导中央企业加强内部重组整合,剥离非主业资产和低效资产,中央企业内部资源配置不合理问题得到较大程度改善。但从整体看,中央企业内部资源整合力度还不够,还有相当一部分中央企业的非主业尚未与主业分离。积极推进非主业宾馆酒店分离重组,可以促进有效的非主业宾馆酒店资产向以宾馆酒店为主业的中央企业集中,有利于进一步优化资源配置,提高中央企业宾馆酒店资产的整体运行质量。

(三)推进非主业宾馆酒店分离重组是中央企业增强市场竞争力的现实要求。中央企业非主业宾馆酒店总体经营资质较低,经营规模较小,经济效益较差,且大部分亏损严重,长期依靠主业补贴维持运转。加快推进中央企业非主业宾馆酒店的分离重组,有利于遏制继续亏损的态势,防止国有资产进一步损失,有利于减少主业的经营负担,促进企业集中主要精力,不断巩固和提升主业的竞争优势;有利于提高规模经济效应,促进以宾馆酒店为主业的中央企业增强实力,加快形成具有较强市场竞争力的行业领先企业。

二、开展中央企业非主业宾馆酒店分离重组工作的主要目标和基本原则

（一）主要目标。

积极推进中央企业所属宾馆酒店资产从非主业向主业合理集中，整体规划、分步实施、稳妥操作，力争用3～5年的时间，基本完成中央企业非主业宾馆酒店的分离重组工作，不以宾馆酒店为主业的中央企业基本不再经营宾馆酒店，同时培育几家具有较强国际竞争力的优势宾馆酒店企业集团。

（二）基本原则。

一是突出主业。中央企业要进一步调整完善企业发展战略和业务定位，围绕突出和精干主业，加快清理与主业不相关的各项业务，全面优化结构，不断提升主业核心竞争力。

二是行业推进。中央企业非主业宾馆酒店分离重组工作由国资委按行业整体推进，原则上同一行业的中央企业在同一年度集中实施；需分离重组的宾馆酒店数量较多、情况复杂的中央企业，可分批组织实施。

三是整体操作。原则上将纳入分离范围的非主业宾馆酒店从所属的中央企业打包整体分离，由接收的中央企业整体接收。具体操作时，可根据分离重组宾馆酒店的实际情况，经国资委批准后，采用不同方式组织分离。

四是适当补贴。发挥出资人主导和国有资本经营预算的引导支持作用，对积极参与非主业宾馆酒店分离重组工作的有关中央企业，由中央企业国有资本经营预算资金给予适当补贴。

五是规范实施。严格执行国家有关法律法规，确保分离重组工作规范有序进行，确保国有资产不流失，确保企业和职工队伍稳定。

三、中央企业非主业宾馆酒店分离重组的范围和方式

(一)范围。

中央企业及其各级子企业投资兴办的各类非主业宾馆酒店原则上均纳入分离重组范围。个别因工作需要不纳入分离重组范围的,须经国资委批准;其中拟保留对外经营的,盈利能力应当达到行业平均水平以上。

(二)方式。

中央企业非主业宾馆酒店分离重组原则上在中央企业之间进行。凡符合《关于印发〈企业国有产权无偿划转管理暂行办法〉的通知》(国资发产权〔2005〕239号,以下简称239号文件)规定条件的非主业宾馆酒店,采用国有产权(股权)无偿划转方式实施分离重组;不符合无偿划转条件的,可通过协议方式在中央企业之间实施转让;需通过市场方式转让的,须经国资委批准。对于经营亏损、扭亏无望的非主业宾馆酒店,以及通过以上方式难以实施分离重组的,经国资委批准,也可在中央企业内部自行处置。

中央企业非主业宾馆酒店的接收企业由国资委根据中央企业申请,经审核后确定。原则上,接收企业应具备以下基本条件:一是经国资委核定以宾馆酒店或相关业务为主业,且企业发展战略和业务定位明确;二是宾馆酒店资产规模较大,盈利能力达到行业平均水平以上;三是宾馆酒店接待能力较强,拥有自身品牌优势;四是宾馆酒店经营管理人才较多,经营管理水平较高;五是具有较强的资源整合能力,已建立员工普遍认同的企业文化。国资委根据需要,也可选择其他中央企业作为接收企业。

四、中央企业非主业宾馆酒店分离重组工作的组织实施

(一)国资委统一规划和安排中央企业非主业宾馆酒店分离重组工作。根据中央企业布局结构调整总体要求和中央企业非主业宾馆酒店实际,先行推进关系国家安全和国民经济命脉的重要行业和关键领域

的中央企业非主业宾馆酒店分离重组工作。其他行业和领域中央企业非主业宾馆酒店的分离重组工作,由国资委根据企业申请和分离重组工作实际情况,分步组织实施。

(二)国资委每年下达中央企业非主业宾馆酒店分离重组年度计划。列入当年计划的中央企业,要在做好各项基础工作的前提下,提出本企业非主业宾馆酒店分离工作方案(内容包括:宾馆酒店总体情况;拟纳入分离范围宾馆酒店名单及其资产、权益和人员状况,分离重组方式及理由;拟保留宾馆酒店名单、基本情况及保留理由;相关工作安排等),经法定程序通过后,报国资委批准。

(三)国资委对移交企业报送的分离重组工作方案进行审核。必要时国资委将组织对分离重组范围内有关宾馆酒店进行尽职调查,以核实资产、负债(含或有负债)等情况。对于尽职调查中发现存在严重问题的宾馆酒店,待问题处理后再进行分离。

(四)移交的中央企业按照国资委年度计划和批复的分离重组工作方案负责实施分离工作。以无偿划转方式实施分离重组的,由移交企业和国资委确认的接收企业,依照 239 号文件的规定,签订划转协议后,直接办理有关产权变动登记手续。以协议方式在中央企业之间转让或以市场方式转让的,按国家有关规定操作,有关转让和处置结果要及时报国资委备案。

(五)接收的中央企业按照接收重组工作方案负责实施接收重组工作。有关中央企业接收划转的宾馆酒店后,要全面加强管理,切实负起责任。要按照接收重组工作方案,根据接收划转的宾馆酒店实际情况,做好资产重组和人员安置工作。有关工作进展情况和重组成效应在接收划转的下一年末报国资委。

(六)国资委安排中央企业国有资本经营预算专项资金用于支持非主业宾馆酒店分离重组工作。对于按照国资委要求积极推进分离重组工作,采用无偿划转方式实施分离重组的移交企业,国资委将在有关工作完成后,根据实际情况,给予一定的资金补偿。对于接收的非主业宾馆酒店中因亏损、资不抵债企业较多,需投入较多重组资金的有关中央企业，国资委将在企业重组完成后，根据实际情况，给予适当的资金支持。

五、做好中央企业非主业宾馆酒店分离重组工作的有关要求

(一)加强组织领导。中央企业非主业宾馆酒店分离重组工作涉及面广、政策性强、情况复杂。各有关中央企业要高度重视，切实加强组织领导。要成立由本企业主要负责同志为组长的工作领导小组，明确具体牵头部门，落实相关工作责任。要抓紧做好所属非主业宾馆酒店的调查摸底和内部清理工作，并及时将有关情况报告国资委。

(二)严控新增投资。本通知印发后，不以宾馆酒店为主业的中央企业，未经国资委批准，不得再投资新建经营性的宾馆酒店，且不得对现有以及未来经批准保留经营的宾馆酒店自行处置、转让和追加任何形式的投资、借款、担保和补贴。

(三)加强考核管理。国资委将加强对中央企业非主业宾馆酒店分离重组工作的考核管理。对于因分离重组造成经营业绩较大变化的企业，国资委在企业负责人经营业绩考核认定时予以考虑。对于经批准保留经营非主业宾馆酒店的中央企业，国资委将按照同行业平均水平对其经营业绩进行考核，低于考核标准的，扣减相应考核分数，并不予保留其经营非主业宾馆酒店业务。

(四)加强监督检查。国资委将加大对中央企业非主业宾馆酒店分离重组工作的监督检查力度。派驻中央企业监事会将把中央企业非主业宾馆酒店分离重组工作作为加强当期监督工作的一项重要内容。国资委纪委将对中央企业非主业宾馆酒店分离重组工作中的违规违纪行为，依法予以严肃查处。

有关中央企业在落实非主业宾馆酒店分离重组工作过程中遇到的情况和问题，要及时报告国资委。中央企业根据本通知要求需报国资委的有关方案和报告，要同时抄送国资委派驻本企业监事会。

国务院国有资产监督管理委员会关于在部分中央企业开展分红权激励试点工作的通知

2010 年 10 月 11 日　国资发改革〔2010〕148 号

中国核工业集团公司、中国航天科技集团公司、中国航天科工集团公司、中国航空工业集团公司、中国船舶重工集团公司、中国电子信息产业集团公司、中国节能环保集团公司、中国机械工业集团有限公司、机械科学研究总院、中国钢研科技集团有限公司、北京有色金属研究总院、北京矿冶研究总院、电信科学技术研究院：

为贯彻落实《国务院关于同意支持中关村科技园区建设国家自主创新示范区的批复》(国函〔2009〕28 号)精神，加快形成中央企业创新体制机制，进一步提高中央企业自主创新能力，按照财政部、科技部《中关村国家自主创新示范区企业股权和分红激励实施办法》(财企〔2010〕8 号，以下简称《实施办法》)的有关规定，国资委决定在部分中央企业开展分红权激励试点，现就有关事项通知如下：

一、基本原则

选择科技创新能力较强、业绩成长性较好、具有示范性的企业；区别情况、分类指导，采取岗位分红权或者项目收益分红方式，充分调动科技和管理骨干的积极性；将激励力度与业绩持续增长挂钩，促进企业科技创新能力不断提高；把分红权激励与转变经营机制结合起来，加快推进企业内部改革。

二、基本条件

(一)注册于中关村国家自主创新示范区内中央企业所属高新技术

企业、院所转制企业及其他科技创新型企业(以下简称试点企业)。上市公司及已实施股权激励的企业暂不参与分红权激励试点。

(二)试点企业应当制订明确的发展战略,主业突出、成长性好,内部管理制度健全;人事、劳动、分配制度改革取得积极进展;具有发展所需的关键技术、自主知识产权和持续创新能力。

(三)实施岗位分红权的试点企业近3年研发费用占企业年销售收入比例均在2%(含)以上,且研发人员人数不低于在岗职工总数的10%。

三、试点的激励方式

试点企业实施分红权激励,主要采取岗位分红权和项目收益分红两种方式。

(一)岗位分红权激励。

1. 企业实施重大科技创新和科技成果产业化的,可以实施岗位分红权激励,按照岗位在科技成果产业化中的重要性和贡献,相应确定激励总额和不同岗位的分红标准。

2. 岗位分红权主要适用于岗位序列清晰、岗位职责明确、业绩考核规范的大中型企业(含中央企业所属的科研事业单位)。

3. 岗位分红权激励对象原则上限于在科技创新和科技成果产业化过程中发挥重要作用的企业核心科研、技术人员和管理骨干。激励对象应当在该岗位上连续工作1年以上。根据企业的行业特点和人才结构,参与岗位分红权激励的激励对象原则上不超过本企业在岗职工总数的30%。

4. 实施岗位分红权激励的人员,应为企业通过公开招聘、企业内部竞争上岗或者其他方式产生的岗位任职人员。

5. 实施岗位分红权激励的,企业近3年税后利润形成的净资产增值额应不低于企业近3年年初净资产总额的10%,实施当年年初未分配利润没有赤字。

近3年税后利润形成的净资产增值额,是指激励方案批准日上年末账面净资产相对于近3年年初账面净资产的增加值,不包括财政补助直接形成的净资产和已向股东分配的利润。

6. 实施分红权激励期间，企业各年度净利润增长率应当高于企业试点前3年平均增长水平。

7. 企业年度岗位分红权激励总额不得高于当年税后利润的15%，激励对象个人岗位分红权所得不得高于其薪酬水平与岗位分红之和的40%。离开激励岗位的激励对象自离岗当年起，不得享有原岗位分红权。

（二）项目收益分红激励。

1. 企业通过自行投资、合作转化、作价入股、成果转让等方式实施科技成果产业化，可以科技成果产业化项目形成的净收益为标的，采取项目收益分成方式对激励对象实施激励。

2. 鼓励试点企业自行投资或者吸收其他单位、个人共同开展科技成果产业化工作。

3. 项目收益分红激励对象应为科技成果项目的主要完成人，重大开发项目的负责人，对主导产品或者核心技术、工艺流程作出重大创新或改进的核心技术人员，项目产业化的主要经营管理人员。

4. 激励对象个人所获激励原则上不超过激励总额的30%。

5. 企业以内部独立核算或者成立全资、控股子公司等方式实施科技成果产业化的，自产业化项目或者子公司开始盈利的年度起，在3年内，每年从当年投资产业化项目净收益中，提取不低于5%但不高于30%用于激励。分红提取比例与产业化项目净收益增长水平挂钩。

对于中央企业自行实施产业化的，项目净收益为该产业化项目营业收入扣除相应营业成本和项目应合理分摊的管理费用、销售费用、财务费用及税费后的金额。对于中央企业与其他投资者共同实施转化的，项目净收益为企业取得合作收入扣除相关税费后的金额；其中科技成果未作价入股的，要按照非国有股权比例扣除相应无形资产摊销费用。

6. 以科技成果作价入股其他企业、向企业外单位或者个人转让科技成果所有权、使用权的，其激励方式按照《实施办法》的有关规定执行。

（三）实施分红权激励的基本要求。

1. 试点企业不得面向全体员工实施分红权激励。中央企业负责人暂不纳入分红权激励范围。企业监事、独立董事、企业控股股东单位的经营管理人员不得参与试点企业的分红权激励。

2. 试点企业根据自身条件,选择岗位分红权激励或者项目收益分红激励中任何一种激励方式。企业同一激励对象不得就同一职务科技成果或者产业化项目进行重复激励。

3. 试点企业必须建立对激励对象的考核评价办法。

四、激励方案的制订与审批

(一)试点企业实施分红权激励,应制定激励方案,激励方案由中央企业负责组织,试点企业具体拟订,可以聘请中介机构共同参与激励方案的制订。

(二)激励方案主要包括以下内容:试点企业基本情况及近三年经营业务和财务状况,激励方案拟订和实施的管理机构及其成员,企业未来5年及长期技术创新规划,激励方式的选择及考虑因素,符合实施激励条件的情况说明等。其中,拟实施岗位分红权激励的,应在以下方面予以说明:各年度拟激励总额占当年企业税后净利润的比例,激励岗位的职责和确定依据,岗位对应的股份数量或者股权比例,拟激励对象名单及当前薪酬、预计分红、模拟测算结果等;拟实施项目收益分红激励的,应在以下方面予以说明:产业化项目及项目收益情况,激励提取比例,个人贡献及所获激励水平,模拟测算结果等。

(三)试点企业拟订激励方案,应当通过职工大会、职代会或者其他形式充分听取职工意见;激励方案经企业总经理办公会或者董事会讨论通过,申报材料由中央企业集团公司审核后报送国资委,国资委依据有关法律和行政法规,履行相关批准程序。

设有股东(大)会的试点企业应当将经国资委批准后的激励方案提请股东(大)会审议,审议过程中,国有股东代表应当按照国资委批准文件发表意见。

向国资委报送的材料主要包括:激励方案、试点企业上年度审计报告、听取职工意见情况、对激励对象的考核评价办法、国资委要求报送的其他材料。

(四)履行批准程序后,试点企业应在5个工作日内将有关材料抄送财政部、科技部。

五、激励方案的考核与管理

(一)激励方案有效期为3年。试点企业实施中当年业绩指标其中一项未能达到有关要求的,将终止激励方案的实施。再次实施分红权激励需重新申报。激励对象未达到考核标准的,应当取消该激励对象当年分红权。

(二)试点企业实施分红权激励,应当按照《企业财务通则》和国家统一会计制度的规定,规范财务管理和会计核算。

(三)试点企业实施分红权激励所需支出计入工资总额,但不纳入工资总额基数,不作为试点企业职工教育经费、工会经费、社会保险费、补充养老及补充医疗保险费、住房公积金等的计提依据。试点企业申报的年度工资总额方案中需对分红权激励项目、额度单独列示。

六、试点工作的组织

国资委拟组织有关中央企业选择部分符合条件的企业先期进行分红权激励试点,在此基础上,进一步完善政策,逐步扩大试点范围,并适时探索其他激励方式。

国资委成立由企业改革局、企业分配局等单位组成的分红权激励试点工作小组(办公室设在企业改革局),负责推进有关工作。试点企业由中央企业集团公司负责推荐。试点期间,中央企业集团公司每年须向国资委报送上年度激励方案执行情况。

各有关中央企业要充分认识分红权激励试点工作的重要意义,高度重视,精心组织,加强领导。要结合企业实际,选好试点企业,科学制订方案,积极推进落实。要加强监督管理,严格执行各项规定,保证试点工作顺利开展,加快推动中央企业科技创新和科技成果产业化,使中央企业逐步走上创新驱动的发展轨道。

国务院国有资产监督管理委员会关于建立国有企业改革重大事项社会稳定风险评估机制的指导意见

2010 年 10 月 20 日　国资发〔2010〕157 号

各省、自治区、直辖市、新疆生产建设兵团及计划单列市国资委，各中央企业：

根据中共中央办公厅、国务院办公厅转发的《中央政法委、中央维护稳定工作领导小组关于深入推进社会矛盾化解、社会管理创新、公正廉洁执法的意见》(中办发〔2009〕46 号)精神，为从源头上预防和化解矛盾，维护企业和社会稳定，结合国有企业改革发展的实际情况，现就建立国有企业改革重大事项社会稳定风险评估机制提出如下指导意见：

一、充分认识建立国有企业改革重大事项社会稳定风险评估机制的重要意义

国有企业改革是经济体制改革的中心环节。近年来，各地各部门认真贯彻落实党中央、国务院关于国有企业改革的方针政策，着眼于国有经济布局和结构调整，推进公司制股份制改革，大胆探索，勇于实践，国有企业改革取得了重大进展。与此同时，随着社会经济的发展，国有企业改革所处的内外部环境更加复杂，各种涉及职工切身利益的矛盾和不稳定风险仍然存在。

建立国有企业改革重大事项社会稳定风险评估机制，是推动科学发展、维护企业和社会稳定的现实需要，是坚持改革方向、深化国有企业改革的重要前提和保证，是落实改革政策、维护职工合法权益的制度保障。要充分认识建立社会稳定风险评估机制对从源头上预防和减少社会矛盾的重要性，把社会稳定风险评估作为国有企业改制重组、产权

转让、关闭破产、厂办大集体改革、分离企业办社会职能等重大改革事项执行过程中的必要环节，科学识别、评价、应对和控制国有企业改革中的社会稳定风险，确保在风险可控的前提下推进改革。

二、基本原则

（一）坚持改革方向。

坚持国有企业改革的正确方向，毫不动摇地巩固和发展公有制经济，毫不动摇地鼓励、支持和引导非公有制经济发展。着力于国有经济布局和结构调整，着力于国有企业公司制股份制改革，保持经济平稳较快发展。

（二）坚持以人为本。

企业改革要着眼于企业的发展和职工的根本利益，处理好职工的眼前利益，保障职工各项民主权利；要争取职工支持改革、参与改革，让职工享受改革的成果。

（三）坚持源头治理。

注重改革政策的前瞻性和改革措施的协调性，建立重大改革事项决策的形成机制和科学公正公平的决策程序；进一步完善相关制度，做好社会稳定风险评估工作，把风险降到最低程度，从源头上预防和减少不稳定事件的发生。

（四）坚持统筹兼顾。

妥善处理改革发展稳定关系，把改革的力度、发展的速度与职工和社会的可承受程度结合起来；兼顾企业与所在地区、行业的稳定风险情况；注重企业改革政策的统筹协调，相互衔接。

三、明确责任主体，识别风险来源

（一）风险评估责任主体。

实施国有企业改革，产权持有人是进行社会稳定风险评估的责任主体。在企业改制重组、产权转让、关闭破产、厂办大集体改革、分离企业办社会职能等重大改革事项实施过程中，有关责任主体要对社会稳定风险进行评估，与企业所在地方政府有关部门密切协作，共同应对风险。对于社会稳定风险较大的事项,要积极化解,待风险可控后方可实施改革。

(二)风险评估的范围。

本意见所称国有企业改革风险评估范围,主要是指对国有企业改制重组、产权转让、关闭破产、厂办大集体改革、分离企业办社会职能等有关行为的风险评估。改革涉及职工切身利益,存在社会稳定风险,在实施前要对其内外部环境、利益相关方、改革方案、职工安置方案等重点环节和重要因素进行社会稳定风险评估。

1. 企业外部环境。包括宏观经济和政策环境、社会舆论环境、企业所处行业、所在地区人民群众对改革的承受能力等因素。

2. 企业内部环境。包括企业经营情况、管理水平;职工观念以及对改革的接受程度,对改革紧迫性和必要性的认识;职工对引入战略投资者,特别是民营企业的认同程度;职工对改革未来的预期等因素。

3. 企业管理层。包括企业管理层行为的合规性、对改革的支持程度等。

4. 改制重组、产权转让、关闭破产方案,厂办大集体改革方案和决策实施程序的合规性和合理性。

5. 职工切身利益。职工分流安置、劳动关系调整、经济补偿金支付、社会保险关系接续和偿还拖欠职工债务、补缴欠缴的社会保险费以及离退休人员社会化管理、相关待遇落实等。

6. 职工民主权利。包括维护职工的知情权、参与权、表达权和监督权,企业改制、产权转让等重大问题听取工会和职工意见,以及职工安置方案由职代会或职工大会审议通过的情况。

7. 债权人合法权益。按照有关法律规定,需告知债权人或征得债权人同意的,企业在采取有关改革措施前,应当告知债权人或征得债权人同意。

8. 战略投资者或产权受让方。包括其自身实力、对企业发展的战略规划、职工接受程度等。

9. 其他可能存在稳定风险的事项。

(三)风险评估的内容。

1. 合法性评估:是否符合国家有关法律法规,是否符合国有资产监管机构有关国有企业改革的政策规定。

2. 合理性评估:是否符合企业未来发展需要和职工的长期利益;是否兼顾不同群体的利益诉求;是否符合社会、企业和职工的承受能力;是否可能引起不同利益群体的攀比。

3. 可行性评估:是否经过可行性论证;改革和发展的人力、物力和财力成本是否在可承受的范围内;领导班子和各级负责人是否得力;职工群众是否接受和支持;实施方案是否周密、完善,具有可操作性和连续性。

4. 可控性评估:是否存在引发群体性事件的隐患;是否存在连带风险和隐患;是否有相应的风险监控措施和应急处置预案。

四、实施风险评估,确定风险等级

(一)制订评估方案,成立评估小组。

责任主体要把社会稳定风险评估作为实施重大改革事项的必要环节,在实施前制订科学、规范、详细、可操作的风险评估方案,吸收企业、企业所在地政府有关部门和专家参与,成立评估小组,负责具体评估工作的实施。

(二)掌握有关情况,识别风险来源。

责任主体要全面掌握评估事项的基本情况,并通过专家咨询、抽样调查、实地调研等形式广泛征求职工群众、维稳、信访等有关部门和社会有关方面的意见和建议。因地因企制宜、分类指导,找出可能引发不稳定的风险点。

(三)进行分析评估,形成评估报告。

责任主体要组织对风险来源进行认真分析预测。可采取定量和定性相结合的方式,建立设定参考指标体系,对评估事项的合法性、合理性、可行性和可控性进行全面分析研究;对于改革实施过程中可能引发的矛盾冲突的概率、负面影响程度和可能涉及的人员数量、范围和反应作出评估预测,形成评估报告,确定风险等级,提出对策建议,并制定相应的防范、化解和应急预案。

(四)确定风险等级。

事项风险可分为四个参考等级:

A级事项:当前风险总体可控,实施过程中潜在风险较低,不存在明显的个别矛盾。

B级事项:当前风险总体可控,实施过程中存在一定潜在风险,存在明显的个别矛盾。

C级事项:当前存在明确的社会稳定风险,如实施可能引发一般不稳定问题。

D级事项:当前存在较大的社会稳定风险,如实施可能引发较大不稳定问题。

五、进行科学决策,制定应对方案

责任主体根据风险评估报告进行决策前,应履行批准程序,听取企业所在地政府的意见,并协同有关部门制订风险应对预案,建立事前评估应对、事中跟踪监控、事后监督总结的全流程工作机制。

对当前风险可控,实施过程中潜在风险较低的A级事项可付诸实施。对当前风险可控,实施过程中存在一定潜在风险的B级事项,可付诸实施并在实施过程中密切关注并尽量化解潜在风险,做好预案。对当前存在一定社会稳定风险,如实施可能引发一般不稳定问题的C级事项,要认真落实解决矛盾、消除风险的具体措施,待不稳定风险消除后方可实施。对风险较大,短期内无法消除的D级事项,应暂缓实施,并考虑修改实施方案。

六、加强组织领导,维护社会稳定

各级国有资产监管机构及其所出资企业要高度重视国有企业改革的社会稳定风险评估工作,切实加强领导,肩负起促进发展、维护稳定的责任。要结合地区和企业实际,研究制订国有企业改革社会稳定风险评估的具体措施和方案,并认真严格落实。对未按照有关程序进行社会稳定风险评估或未根据风险评估报告相应落实防范和化解措施，造成国有资产流失、职工合法权益受损，引发大规模群体性事件的，有关责任主体要承担相应责任。

关于开展通信行业中央企业非主业宾馆酒店分离重组工作的通知

2010年3月26日　国资改革〔2010〕209号

根据《关于开展中央企业非主业宾馆酒店分离重组工作有关问题的通知》(国资发改革〔2010〕6号，以下简称6号文件)精神和2010年2月9日召开的中央企业非主业宾馆酒店分离重组工作视频会议要求，结合通信行业中央企业的实际情况，经研究，决定从2010年4月起开展通信行业中央企业非主业宾馆酒店分离重组工作。

请你们按照6号文件精神和视频会议要求，做好本企业所属非主业宾馆酒店的调查摸底和核查清理工作，抓紧研究制订分离工作方案(方案主要内容见附件)，履行内部程序决策后，于2010年5月底前报送国资委。

推进通信行业中央企业非主业宾馆酒店分离重组工作，是国资委根据中央企业非主业宾馆酒店分离重组工作总体规划作出的一项重要部署。请你们高度重视，精心组织，积极稳妥有序推进各项工作。工作中遇到的情况和问题，请及时向国资委改革局反馈。

联系人：杨立新、刘　虹

电　话：010－63193205、63193675

传　真：010－63193111

附件：通信行业中央企业非主业宾馆酒店分离工作方案主要内容

附件：

通信行业中央企业非主业宾馆酒店分离工作方案主要内容

一、总体方案

(一)本企业基本情况。

(二)本企业所属全部非主业宾馆酒店类单位的主要指标汇总情况。具体包括：截止到2009年底，宾馆酒店类单位数量，汇总后的资产、负债、所有者权益(其中归属于母公司所有者权益)情况；2009年实现营业收入和利润总额情况；2009年年末从业人员情况。

(三)拟采用不同分离(处置)方式的非主业宾馆酒店类单位的主要指标(同上)分类汇总情况。

(四)本企业组织推进所属非主业宾馆酒店分离重组工作的有关安排。包括：负责有关工作的领导小组人员名单、具体牵头部门、有关工作联系人；有关保障措施和其他工作安排等。

二、分户方案

(一)分户的宾馆酒店类单位的主要情况。内容包括：

1. 历史沿革及注册登记情况。

2. 股权构成及股东情况。

3. 基本建设情况。包括：投入使用年月，客房数、可接待住宿人数、可接待会议人数，配套设施情况，建筑物面积、占地面积等情况。

4. 2009年的财务状况。

5. 2009年的经营情况。应包括对集团内营业收入、GOP经营毛利润、客房入住率等情况。

6. 从业人员情况。应包含截至2009年末从业人员人数及分类情况。

7. 其他情况。包括:地理位置及交通情况,星级和营业资质情况,占用建筑物、土地的权属、证照情况,酒店管理方式等情况。

(二)存在的主要问题。包括:土地、建筑物等资产权属未清、证照不全问题,有关资产、设施混用问题,涉及法律诉讼、担保、抵押问题等。

(三)拟采用分离的方式及理由。除采用无偿划转方式实施分离外,对拟通过协议转让和挂牌出售方式实施分离的、个别因工作需要拟保留的和拟在本企业内部处置的,均应详细说明理由。其中对拟保留并继续从事对外经营的,应提供中介机构出具的2007、2008、2009年度的审计报告;对拟在本企业内部处置的,应说明具体处置方式。

(四)主要存在问题的解决方案和措施。

三、其他需要说明的问题

董事会建设

关于中央企业建立和完善国有独资公司董事会试点工作的通知

2004年6月9日　国资发改革〔2004〕229号

各中央企业：

为了贯彻党的十六大、十六届三中全会精神，推进股份制改革，完善公司法人治理结构，加快建立现代企业制度，适应新的国有资产管理体制的要求，依法规范地行使出资人权利，国务院国有资产监督管理委员会（以下简称国资委）决定选择部分中央企业进行建立和完善国有独资公司董事会试点工作。现就有关事项通知如下：

一、试点的目的

（一）对于可以实行有效的产权多元化的企业，通过建立和完善国有独资公司董事会，促进企业加快股份制改革和重组步伐，并为多元股东结构公司董事会的组建和运转奠定基础。

（二）对于难以实行有效的产权多元化的企业和确需采取国有独资形式的大型集团公司，按照《中华人民共和国公司法》（以下简称《公司法》）的规定，通过建立和完善董事会，形成符合现代企业制度要求的公司法人治理结构。

（三）将国资委对国有独资公司履行出资人职责的重点放在对董事会和监事会的管理，既实现出资人职责到位，又确保企业依法享有经营自主权。

二、试点工作的基本思路

（一）将忠实代表所有者利益、对出资人负责、增强公司市场竞争力作为董事会建设的根本宗旨。

(二)建立外部董事制度,使董事会能够作出独立于经理层的客观判断。充分发挥非外部董事和经理层在制定重大投融资方案和日常经营管理中的作用。董事会中应有经职工民主选举产生的职工代表。

(三)以发展战略、重大投融资、内部改革决策和选聘、评价、考核、奖惩总经理为重点,以建立董事会专门委员会、完善董事会运作制度为支撑,确保董事会对公司进行有效的战略控制和监督。

(四)出资人、董事会、监事会、经理层各负其责,协调运转,有效制衡。国资委代表国务院向国有独资公司派出监事会,监事会依照《公司法》、《国有企业监事会暂行条例》的规定履行监督职责。

(五)按照建设完善的董事会的方向,从目前的实际情况出发,平稳过渡,逐步推进,总结经验,不断完善。

三、试点工作的推进

(一)选择若干户企业启动试点工作,再逐步增加试点企业户数。2007年底前,除主要执行国家下达任务等决策事项较少的企业外,中央企业中的国有独资公司和国有独资企业均应建立董事会。

(二)试点初期外部董事不少于2人。根据外部董事人力资源开发情况,在平稳过渡的前提下,逐步提高外部董事在董事会成员中的比例。

(三)优先考虑对试点企业授权经营,即将出资人的部分权利授予试点企业董事会行使。

(四)对拟股权多元化的试点企业,选聘董事要为建立多元股东结构的公司董事会创造条件。集团公司主业资产若全部或者绝大部分注入其控股的上市公司的,选聘试点企业董事要与上市公司国有股东提名的董事相协调。

(五)国资委将逐步建立健全对董事会和董事的管理制度,积极开发外部董事人力资源,加强对试点工作的指导,及时调查研究、总结经验。

四、试点企业的选择

试点企业选择的基本条件是:属于国有经济应控制的大型企业,企业投融资等重大决策事项较多,企业经营状况较好。符合上述条件且企业有意愿或现国有独资公司董事会将换届的,可重点考虑作为试点企业。

五、试点企业的主要工作

(一)依照《公司法》、《企业国有资产监督管理暂行条例》等法律法规,制定或修改公司章程,报国资委审批。

(二)按照本通知的有关要求,参考《国务院国有资产监督管理委员会关于国有独资公司董事会建设的指导意见(试行)》(以下简称《指导意见》,见附件 1),结合本企业实际,制定有关董事会建设的各项规章制度,其中有关董事会的职责、组成、下设专门委员会和办公室、重大事项决策制度、会议制度,董事的权利与义务、责任,董事会秘书的职责,董事会与出资人的关系、与总经理的关系等内容要纳入公司章程。

(三)依照有关规定民主选举职工董事,并由国资委聘任。

(四)召开董事会会议,任命董事会秘书,设立董事会办公室,组建各专门委员会。

(五)自第一次董事会会议起满 1 年后,对董事会运作情况和效果进行总结,提出完善董事会的意见和建议,并将总结报告报国资委。

(六)对于董事会建设中需要解决的问题,要及时向国资委报告。

六、组织领导

为了加强对试点工作的组织领导,国资委成立建立和完善国有独资公司董事会试点工作领导小组。

组　长:李荣融　国资委主任

副组长:王　勇　国资委副主任

　　　　邵　宁　国资委副主任

成员单位:办公厅、政策法规局、业绩考核局、规划发展局、统计评价局、企业改革局、企业分配局、监事会工作局、企业领导人员管理一局、企业领导人员管理二局、宣传工作局、群众工作局。

领导小组办公室设在企业改革局。

附件:

1. 国务院国有资产监督管理委员会关于国有独资公司董事会建设的指导意见(试行)
2. 第一批试点企业名单

附件1:

国务院国有资产监督管理委员会关于国有独资公司董事会建设的指导意见(试行)

为指导大型中央企业开展国有独资公司(以下简称公司)建立和完善董事会试点工作,加强董事会建设,依据《中华人民共和国公司法》(以下简称《公司法》)、《企业国有资产监督管理暂行条例》(以下简称《条例》)等法律法规,提出以下指导意见。

一、董事会的职责

(一)董事会依照《公司法》第四十六条的规定行使以下职权:

1. 选聘或者解聘公司总经理(中央管理主要领导人员的企业,按照有关规定执行,下同),并根据总经理的提名,聘任或者解聘公司副总经理、财务负责人;负责对总经理的考核,决定其报酬事项,并根据总经理建议决定副总经理、财务负责人的报酬。

2. 决定公司的经营计划、投资方案(含投资设立企业、收购股权和实物资产投资方案),以及公司对外担保。

3. 制订公司的年度财务预算方案、决算方案。

4. 制订公司的利润分配方案和弥补亏损方案。

5. 制订公司增加或者减少注册资本的方案以及发行公司债券的方案。

6. 拟订公司合并、分立、变更公司形式、解散的方案。

7. 决定公司内部管理机构的设置,决定公司分支机构的设立或者撤销。

8. 制定公司的基本管理制度。

(二)根据公司具体情况,董事会可以行使以下职权:

1. 审核公司的发展战略和中长期发展规划,并对其实施进行监督;

2. 决定公司的年度经营目标;

3. 决定公司的风险管理体系,包括风险评估、财务控制、内部审计、法律风险控制,并对实施进行监控;

4. 制订公司主营业务资产的股份制改造方案(包括各类股权多元化方案和转让国有产权方案)、与其他企业重组方案;

5. 除依照《条例》规定须由国务院国有资产监督管理委员会(以下简称国资委)批准外,决定公司内部业务重组和改革事项;

6. 除依照《条例》规定须由国资委批准的重要子企业的重大事项外,依照法定程序决定或参与决定公司所投资的全资、控股、参股企业的有关事项;

7. 制订公司章程草案和公司章程的修改方案。

(三)国资委依照《公司法》第六十六条和《条例》第二十八条规定,授予董事会行使出资人的部分职权(另行制定)。

(四)董事会应对以下有关决策制度作出全面、明确、具体的规定,并将其纳入公司章程:

1. 应由董事会决定的重大事项的范围和数量界限(指可量化的标

准,下同),其中重大投融资应有具体金额或占公司净资产比重的规定。公司累计投资额占公司净资产比重应符合法律法规的规定。

2. 公司发展战略、中长期发展规划、重大投融资项目等决策的程序、方法,并确定投资收益的内部控制指标。

3. 对决策所需信息的管理。其中提供信息的部门及有关人员对来自于公司内部且可客观描述的信息的真实性、准确性应承担责任;对来自于公司外部且不可控的信息的可靠性应进行评估。

4. 董事会表决前必须对决策的风险进行讨论,出席董事会会议的董事应作出自己的判断。

5. 董事会对董事长、董事的授权事项应有具体的范围、数量和时间界限。

(五)董事会履行以下义务:

1. 执行国资委的决定,对国资委负责,最大限度地追求所有者的投资回报,完成国家交给的任务;

2. 向国资委提交年度经营业绩考核指标和资产经营责任制目标完成情况的报告;

3. 向国资委提供董事会的重大投融资决策信息;

4. 向国资委提供真实、准确、全面的财务和运营信息;

5. 向国资委提供董事和经理人员的实际薪酬以及经理人员的提名、聘任或解聘的程序和方法等信息;

6. 维护公司职工、债权人和用户的合法权益;

7. 确保国家有关法律法规和国资委规章在公司的贯彻执行。

二、董事及外部董事制度

(六)董事通过出席董事会会议、参加董事会的有关活动行使权利。

(七)董事履行以下义务:

1. 讲求诚信,严格遵守法律、法规和公司章程的规定,依法承担保守商业秘密和竞业禁止义务;

2. 忠实履行职责,最大限度维护所有者的利益,追求国有资产的保值增值；

3. 勤勉工作，投入足够的时间和精力行使职权；

4. 关注董事会的事务，了解和掌握足够的信息，深入细致地研究和分析，独立、谨慎地表决；

5. 努力提高履行职务所需的技能。

（八）董事对行使职权的结果负责，对失职、失察、重大决策失误等过失承担责任，违反《公司法》、《条例》等法律、法规规定的，追究其法律责任。

董事会决议违反法律、法规或公司章程规定，致使公司遭受损失，投赞成票和弃权票的董事个人承担直接责任（包括赔偿责任），对经证明在表决时曾表明异议并载于会议记录的投反对票的董事，可免除个人责任。

（九）外部董事指由非本公司员工的外部人员担任的董事。外部董事不在公司担任除董事和董事会专门委员会有关职务外的其他职务，不负责执行层的事务。

外部董事与其担任董事的公司不应存在任何可能影响其公正履行外部董事职务的关系。本人及其直系亲属近两年内未曾在公司和公司的全资、控股子企业任职，未曾从事与公司有关的商业活动，不持有公司所投资企业的股权，不在与公司同行业的企业或与公司有业务关系的单位兼职等。

（十）专门在若干户中央企业担任外部董事职务的为专职外部董事。除外部董事职务外，在中央企业或其他单位还担任其他职务的为兼职外部董事，该单位应出具同意其兼任外部董事职务并在工作时间上予以支持的有效文件。外部董事本人应保证有足够的时间和精力履行该职务。

（十一）国资委选聘外部董事，可以特别邀请国内外知名专家、学者、企业家；可以从中央企业有关人员中挑选；可以面向社会公开选聘。逐步建立外部董事人才库制度，向全社会、国内外公开信息，自愿申请入库，经审核符合条件的予以入库，国资委从人才库中选聘外部董事。

(十二)除特别邀请的外部董事外,外部董事任职前需参加国资委或国资委委托有关单位举办的任职培训。

(十三)外部董事应是公司主营业务投资、企业经营管理、财务会计、金融、法律、人力资源管理等某一方面的专家或具有实践经验的人士。

(十四)除专职外部董事外,外部董事任期结束后不再续聘的为自动解聘,国资委不承担为其另行安排职务的义务。

(十五)确定外部董事的薪酬应充分考虑其担任的职务和承担的责任。外部董事薪酬由国资委确定,由所任职公司支付。外部董事在履行职务时的出差、办公等有关待遇比照本公司非外部董事待遇执行。除此以外,外部董事不得在公司获得任何形式的其他收入或福利。

三、董事会的组成和专门委员会

(十六)董事会成员原则上不少于9人,其中至少有1名由公司职工民主选举产生的职工代表。试点初期外部董事不少于2人。根据外部董事人力资源开发情况,在平稳过渡的前提下,逐步提高外部董事在董事会成员中的比例。

(十七)董事会设董事长1人,可视需要设副董事长1人。董事长、副董事长由国资委指定。

(十八)董事长行使以下职权:

1. 召集和主持董事会会议;

2. 检查董事会决议的实施情况;

3. 组织制订董事会运作的各项制度,协调董事会的运作;

4. 签署董事会重要文件和法律法规规定的其他文件;

5. 在重大决策、参加对外活动等方面对外代表公司;

6.《公司法》等法律法规赋予的其他职权;

7. 董事会授予的其他职权,但应由董事会集体决策的重大事项不得授权董事长决定。

(十九)董事会每届任期为3年。董事任期届满,经国资委聘任可以连任。外部董事在一家公司连任董事不得超过两届。

（二十）建立董事会的同时，要加强党的建设。公司党委（党组）主要负责人应当进入董事会；非外部董事中的党员可依照《中国共产党党章》有关规定进入党委（党组）；党委（党组）书记和董事长可由一人担任。

（二十一）董事会应下设战略委员会、提名委员会、薪酬与考核委员会，也可设立法律风险监控委员会等董事会认为需要的其他专门委员会。专门委员会要充分发挥董事长和外部董事的作用。

（二十二）战略委员会的主要职责是研究公司发展战略、中长期发展规划、投融资、重组、转让公司所持股权、企业改革等重大决策，并向董事会提交建议草案。该委员会由董事长担任召集人，若干董事为成员。

（二十三）提名委员会的主要职责是研究经理人员的选择标准、程序和方法以及总经理继任计划（包括人选）并向董事会提出建议；对总经理提出的副总经理、财务负责人等人选进行考察，并向董事会提出考察意见。该委员会由不兼任总经理的董事长担任召集人，由该董事长和外部董事组成。董事长兼任总经理的，由外部董事担任召集人。

（二十四）薪酬与考核委员会的主要职责是拟订经理人员的薪酬方案以及对总经理的考核与奖惩建议并提交董事会；拟订非外部董事的薪酬方案以及对其考核与奖惩、续聘或解聘的建议，并提交国资委。该委员会由外部董事担任召集人，外部董事为成员。非外部董事担任董事长但不兼任总经理的，可作为该委员会的成员，并可担任召集人。

（二十五）各专门委员会履行职权时应尽量使其成员达成一致意见；确实难以达成一致意见时，应向董事会提交各项不同意见并作说明。各专门委员会经董事会授权可聘请中介机构为其提供专业意见，费用由公司承担。

（二十六）公司各业务部门有义务为董事会及其下设的各专门委员会提供工作服务。经董事会同意，公司业务部门负责人可参加专门委员会的有关工作。

（二十七）拟提交董事会表决的公司发展战略、中长期发展规划、投融资、重组、转让公司所持股权等重大决策草案，聘请咨询机构咨询的，外部董事应当阅研咨询报告、听取有关咨询人员关于决策的风险评估，并就该风险在董事会发表意见。

(二十八)设立董事会办公室作为董事会常设工作机构，负责筹备董事会会议，办理董事会日常事务，与董事、外部董事沟通信息，为董事工作提供服务等事项。

(二十九)董事会秘书负责董事会办公室的工作，并列席董事会，负责作董事会会议记录。

(三十)董事会秘书应当具备企业管理、法律等方面专业知识和经验。董事会秘书由董事长提名，董事会决定聘任或解聘。

四、董事会会议

(三十一)董事会会议分为定期董事会会议和临时董事会会议。公司章程应对定期董事会会议的内容、次数、召开的时间作出具体规定。有以下情况之一时，董事长应在7个工作日内签发召开临时董事会会议的通知：

1. 三分之一以上董事提议时；

2. 监事会提议时；

3. 董事长认为有必要时；

4. 国资委认为有必要时。

(三十二)公司章程应对董事必须亲自出席的董事会会议的性质、内容等作出规定。董事会会议原则上应以现场会形式举行，只有在时间紧急和讨论一般性议题时才可采用可视电话会或制成书面材料分别审议方式开会及对议案作出决议。

(三十三)定期董事会会议应在会议召开10日以前通知全体董事、监事及其他列席人员。临时董事会会议可以在章程中另定通知时限。会议通知的内容至少应包括时间、地点、期限、议程、事由、议题及有关资料、通知发出的日期等。对董事会会议审议的重大决策事项，必须事先向董事提供充分的资料，公司章程应对资料的充分性和提前的时限作出规定，以确保董事有足够的时间阅研材料。

（三十四）当四分之一以上董事或2名以上（含2名）外部董事认为资料不充分或论证不明确时，可联名提出缓开董事会会议或缓议董事会会议所议议题，董事会应予采纳。

（三十五）董事会会议应由二分之一以上的董事出席方可举行。公司章程应对必须由全体董事三分之二以上表决同意方可通过的决议作出具体规定；其余决议可由全体董事过半数表决同意即为有效。

（三十六）董事会会议表决，各董事会成员均为一票。各董事应按自己的判断独立投票。

（三十七）董事会会议应对所议事项做成详细的会议记录。该记录至少应包括会议召开的日期、地点、主持人姓名、出席董事姓名、会议议程、董事发言要点、决议的表决方式和结果（赞成、反对或弃权的票数及投票人姓名）。出席会议的董事和列席会议的董事会秘书应在会议记录上签名。会议记录应妥善保存于公司。

五、董事会与总经理的关系

（三十八）总经理负责执行董事会决议，依照《公司法》和公司章程的规定行使职权，向董事会报告工作，对董事会负责，接受董事会的聘任或解聘、评价、考核、奖惩。

（三十九）董事会根据总经理的提名或建议，聘任或解聘、考核和奖惩副总经理、财务负责人。

（四十）按谨慎与效率相结合的决策原则，在确保有效监控的前提下，董事会可将其职权范围内的有关具体事项有条件地授权总经理处理。

（四十一）不兼任总经理的董事长不承担执行性事务。在公司执行性事务中实行总经理负责的领导体制。

六、国资委对董事会和董事的职权

（四十二）国资委依照《公司法》、《条例》等法律法规行使以下职权：

1. 批准公司章程和章程修改方案；

2. 批准董事会提交的增加或减少注册资本和发行公司债券方案以及公司合并、分立、变更公司形式、解散和清算方案；

3. 审核董事会提交的公司财务预算、决算和利润分配方案；

4. 批准董事会提交的公司经营方针、重大投资计划以及重要子企业的有关重大事项；

5. 批准董事会提交的公司重组、股份制改造方案；

6. 向董事会下达年度经营业绩考核指标和资产经营责任制目标，并进行考核、评价；

7. 选聘或解聘董事，决定董事的薪酬与奖惩；

8. 对董事会重大投融资决策的实施效果进行跟踪监督，要求董事会对决策失误作出专项报告；

9. 法律法规规定的其他职权。

七、中央企业可参考本意见管理其所投资的国有独资公司、国有独资企业

附件 2：

第一批试点企业名单

1. 神华集团有限责任公司
2. 上海宝钢集团公司
3. 中国高新投资集团公司
4. 中国诚通控股公司
5. 中国医药集团总公司
6. 中国国旅集团公司
7. 中国铁通集团有限公司

关于印发《国有独资公司董事会试点企业职工董事管理办法(试行)》的通知

2006年3月3日　国资发群工〔2006〕21号

各试点中央企业：

为推进中央企业完善公司法人治理结构，充分发挥职工董事在董事会中的作用，根据《国资委关于中央企业建立和完善国有独资公司董事会试点工作的通知》(国资发改革〔2004〕229号)精神，我们制定了《国有独资公司董事会试点企业职工董事管理办法(试行)》，现印发给你们，请结合实际，遵照执行。

附件：关于印发《国有独资公司董事会试点企业职工董事管理办法(试行)》的通知

附件：

关于印发《国有独资公司董事会试点企业职工董事管理办法(试行)》的通知

第一章　总　　则

第一条　为推进中央企业完善公司法人治理结构，充分发挥职工董事在董事会中的作用，根据《中华人民共和国公司法》(以下简称《公司法》)和《国务院国有资产监督管理委员会关于国有独资公司董事会建设的指导意见(试行)》,制定本办法。

第二条 本办法适用于中央企业建立董事会试点的国有独资公司(以下简称公司)。

第三条 本办法所称职工董事,是指公司职工民主选举产生,并经国务院国有资产监督管理委员会(以下简称国资委)同意,作为职工代表出任的公司董事。

第四条 公司董事会成员中,至少有1名职工董事。

第二章 任职条件

第五条 担任职工董事应当具备下列条件:

(一)经公司职工民主选举产生;

(二)具有良好的品行和较好的群众基础;

(三)具备相关的法律知识,遵守法律、行政法规和公司章程,保守公司秘密;

(四)熟悉本公司经营管理情况,具有相关知识和工作经验,有较强的参与经营决策和协调沟通能力;

(五)《公司法》等法律法规规定的其他条件。

第六条 下列人员不得担任公司职工董事:

(一)公司党委(党组)书记和未兼任工会主席的党委副书记、纪委书记(纪检组组长);

(二)公司总经理、副总经理、总会计师。

第三章 职工董事的提名、选举、聘任

第七条 职工董事候选人由公司工会提名和职工自荐方式产生。

职工董事候选人可以是公司工会主要负责人,也可以是公司其他职工代表。

第八条 候选人确定后由公司职工代表大会、职工大会或其他形式以无记名投票的方式差额选举产生职工董事。

公司未建立职工代表大会的,职工董事可以由公司全体职工直接

选举产生，也可以由公司总部全体职工和部分子（分）公司的职工代表选举产生。

第九条 职工董事选举前，公司党委（党组）应征得国资委同意；选举后，选举结果由公司党委（党组）报国资委备案后，由公司聘任。

第四章 职工董事的权利、义务、责任

第十条 职工董事代表职工参加董事会行使职权，享有与公司其他董事同等权利，承担相应义务。

第十一条 职工董事应当定期参加国资委及其委托机构组织的有关业务培训，不断提高工作能力和知识水平。

第十二条 董事会研究决定公司重大问题，职工董事发表意见时要充分考虑出资人、公司和职工的利益关系。

第十三条 董事会研究决定涉及职工切身利益的问题时，职工董事应当事先听取公司工会和职工的意见，全面准确反映职工意见，维护职工的合法权益。

第十四条 董事会研究决定生产经营的重大问题、制定重要的规章制度时，职工董事应当听取公司工会和职工的意见和建议，并在董事会上予以反映。

第十五条 职工董事应当参加职工代表团（组）长和专门小组（或者专门委员会）负责人联席会议，定期到职工中开展调研，听取职工的意见和建议。职工董事应当定期向职工代表大会或者职工大会报告履行职工董事职责的情况，接受监督、质询和考核。

第十六条 公司应当为职工董事履行董事职责提供必要的条件。职工董事履行职务时的出差、办公等有关待遇参照其他董事执行。

职工董事不额外领取董事薪酬或津贴，但因履行董事职责而减少正常收入的，公司应当给予相应补偿。具体补偿办法由公司职工代表大会或职工大会提出，经公司董事会批准后执行。

第十七条 职工董事应当对董事会的决议承担相应的责任。董事会的决议违反法律、行政法规或者公司章程，致使公司遭受严重损失

的,参与决议的职工董事应当按照有关法律法规和公司章程的规定,承担赔偿责任。但经证明在表决时曾表明异议并载于会议记录的,可以免除责任。

第五章　职工董事的任期、补选、罢免

第十八条　职工董事的任期每届不超过三年,任期届满,可连选连任。

第十九条　职工董事的劳动合同在董事任期内到期的,自动延长至董事任期结束。

职工董事任职期间,公司不得因其履行董事职务的原因降职减薪、解除劳动合同。

第二十条　职工董事因故出缺,按本办法第七条、第八条规定补选。

职工董事在任期内调离本公司的,其职工董事资格自行终止,缺额另行补选。

第二十一条　职工代表大会有权罢免职工董事,公司未建立职工代表大会的,罢免职工董事的权力由职工大会行使。职工董事有下列行为之一的,应当罢免:

(一)职工代表大会或职工大会年度考核评价结果较差的;

(二)对公司的重大违法违纪问题隐匿不报或者参与公司编造虚假报告的;

(三)泄露公司商业秘密,给公司造成重大损失的;

(四)以权谋私,收受贿赂,或者为自己及他人从事与公司利益有冲突的行为损害公司利益的;

(五)不向职工代表大会或职工大会报告工作或者连续两次未能亲自出席也不委托他人出席董事会的;

(六)其他违反法律、行政法规应予罢免的行为。

第二十二条　罢免职工董事,须由十分之一以上全体职工或者三分之一以上职工代表大会代表联名提出罢免案,罢免案应当写明罢免理由。

第二十三条　公司召开职工代表大会或职工大会,讨论罢免职工

董事事项时，职工董事有权在主席团会议和大会全体会议上提出申辩理由或者书面提出申辩意见，由主席团印发职工代表或全体职工。

第二十四条 罢免案经职工代表大会或职工大会审议后，由主席团提请职工代表大会或职工大会表决。罢免职工董事采用无记名投票的表决方式。

第二十五条 罢免职工董事，须经职工代表大会过半数的职工代表通过。

公司未建立职工代表大会的，须经全体职工过半数同意。

第二十六条 职工代表大会罢免决议经公司党委（党组）审核，报国资委备案后，由公司履行解聘手续。

第六章 附 则

第二十七条 各试点企业可以依据本办法制订实施细则。

第二十八条 本办法自发布之日起施行。

关于印发《董事会试点企业董事会年度工作报告制度实施意见（试行）》的通知

2007年4月28日 国资发改革〔2007〕71号

董事会试点企业：

为规范推进中央企业建立和完善董事会试点工作，实现对董事会试点企业履行股东职责的科学化、制度化、规范化，根据《中华人民共和国公司法》和国资委董事会试点工作领导小组第七次会议精神，我们制定了《董事会试点企业董事会年度工作报告制度实施意见（试行）》，现印发给你们，请认真做好组织实施工作。

附件：董事会试点企业董事会年度工作报告制度实施意见（试行）

附件:

董事会试点企业董事会年度工作报告制度实施意见(试行)

为规范推进中央企业建立和完善董事会试点工作,实现对董事会试点企业(以下简称试点企业)履行股东职责的科学化、制度化、规范化,根据《中华人民共和国公司法》等有关法律法规的规定,特制定本实施意见。

一、建立试点企业董事会年度工作报告专题会议制度

(一)股东(大)会或国务院国有资产监督管理委员会(以下简称国资委)每年召开一次专题会议,听取试点企业董事会报告上一年度工作。

(二)试点企业为多元股东有限责任公司或股份有限公司(以下统称多元股东公司)的,董事会向股东会或股东大会报告年度工作;试点企业为国有独资公司的,董事会向国资委报告年度工作。

(三)试点企业为多元股东公司的,专题会议由董事会召集,董事会全体成员和董事会秘书参加,监事会主席和其确定的监事会成员列席。召开专题会议,应当将会议召开的时间、地点提前通知全体股东,其中有限责任公司于会议召开 15 日前通知;股份有限公司于会议召开 20 日前通知。各股东出席专题会议的人数自定,但所需交通、住宿、饮食费用自理。

(四)试点企业为国有独资公司的,专题会议由国资委召集并于会议召开 15 日前通知董事会,会议由国资委领导同志主持,参加人员包括:试点企业董事会全体成员和董事会秘书,监事会主席和其确定的监事会成员,国资委董事会试点工作领导小组成员单位的主要负责同志。

在确保国家秘密和公司商业秘密的前提下，也可邀请国资委以外有关专家等列席会议。

（五）试点企业一般于每年4月底前向股东（大）会或国资委提交上年度工作报告，并抄送监事会。年度工作报告需经2/3以上董事参加的董事会会议通过并经董事长签字。

二、年度工作报告的主要内容

（一）董事会制度建设及运转情况。董事会第一次报告年度工作的，应当报告董事会制度建设情况，包括董事会、董事会专门委员会、董事长、总经理的职权与责任；董事会会议制度；董事会专门委员会及董事会秘书工作制度；向董事提供公司信息和配合董事会、董事会专门委员会工作制度等。董事会运转的基本情况包括董事会、董事会专门委员会召开会议次数和董事会决议涉及范围；董事出席董事会、董事会专门委员会会议次数，董事履行职务时间与尽职情况；董事之间、董事会与经理层之间沟通情况；董事会决议执行情况；经验和存在的问题；董事会对公司重大事项的关注与应对措施等。

（二）公司发展情况。主要包括公司发展战略与规划的制订、滚动修订、实施情况；公司核心竞争力（其中包括技术创新投入、产出、能力建设等）培育与提升情况；董事会通过的公司投资计划和重大投融资项目及其完成和效益情况，其中包括现任董事长任职以来各年度董事会通过的重大投融资项目的效益情况；公司未来发展潜力与面临的主要风险。

（三）公司预算执行情况和其他生产经营指标完成情况及其分析。主要包括销售收入、主导产品市场占有率、利润总额、净利润、净资产收益率、所有者权益增值率、现金流、成本、资产负债率等。指标分析主要包括重要影响因素分析、与本公司往年指标对比分析、在国内同行业中所处位置分析等；主要指标居国内同行业前列的，还应分析在国际同行业中所处位置。

（四）公司经理人员的经营业绩考核与薪酬情况。主要包括考核的各项指标与指标值，薪酬制度或办法；各项考核指标完成情况和薪酬兑现情况;从本公司执行情况和国内同行业情况(公司主要指标已居国内同行业前列的,还包括国际同行业情况)分析考核指标设置和指标值的确定及其与薪酬挂钩的科学性、合理性,对经理人员的激励与约束的实际效果。

(五)经理人员的选聘情况。主要包括制度建设情况,如选聘标准与条件、方式、程序及其执行情况;后备人才队伍建设情况。若董事会已聘任了经理人员的,应包括所聘人员的能力、表现以及各有关方面对其评价或反映。

(六)企业改革与重组情况。主要包括董事会通过的下列方案、措施及其实施情况:公司及其子企业股份制改革;主辅分离辅业改制;分离企业办社会职能;公司内部收入分配、劳动用工、人事制度改革;公司内部资产、业务重组;公司与其他企业间的并购重组等。

(七)企业职工收入分配等涉及职工切身利益事项。主要包括董事会决定的职工收入分配政策、方案等涉及职工切身利益事项;企业工资总额调控情况及分析;企业职工收入水平增长变化情况分析。

(八)全面风险管理或内部控制体系建设情况。主要包括董事会通过的有关全面风险管理或内部控制体制建设的方案、措施及其实施情况;加强内部审计,防范财务报告和向股东提供其他信息的失真、失实的措施及效果;加强投融资管理,防范重大失误的措施及效果;加强财务与资金管理,防范财务危机和资金流失的措施及效果。

(九)董事会决定的公司内部管理机构的设置及其调整,以及公司的基本管理制度的制定和修改情况。

(十)股东(大)会或国资委要求董事会落实事项以及监事会要求整改事项的完成情况。

(十一)公司本年度预算方案中的主要指标和董事会主要工作设想。

(十二)董事会认为需要报告的其他事项。

三、报告年度工作的基本要求

（一）坚持实事求是，客观反映实际工作，既要充分肯定工作成绩，又要分析存在的问题及其产生的原因，提出改进的措施和要求。

（二）编制年度工作报告要全面、具体，专题会议上报告年度工作要突出重点，简明扼要。一般情况下，专题会议会期不超过半天，报告年度工作不超过两小时。

（三）除本实施意见有明确要求外，仅报告属于董事会职权范围内的上一年度董事会的工作。

四、专题会议议程

（一）试点企业董事长代表董事会报告年度工作。

（二）试点企业董事、董事会秘书补充发言。

（三）国资委、其他股东和监事会主席对年度工作报告发表意见、提出质询，董事长和其他董事、董事会秘书予以说明、解释。

（四）国资委领导同志对试点企业董事会年度工作作总体评价。

（五）试点企业董事长就国资委和其他股东对年度工作报告的评价作表态发言。

五、本实施意见的施行

（一）董事会试点企业为国有独资公司的，本实施意见自发布之日起施行。

（二）董事会试点企业为多元股东公司的，由股东（大）会就是否执行本实施意见作出决议，决议通过后执行。

关于整体上市中央企业董事及高管人员薪酬管理的意见

2008年9月16日　国资发分配〔2008〕140号

各中央企业：

为规范整体上市中央企业董事及高级管理人员(以下简称高管人员)薪酬管理工作，切实履行出资人职责，现就有关问题提出如下意见。

一、董事及高管人员薪酬管理的原则

(一)依法管理的原则。根据《中华人民共和国公司法》，中央企业整体上市后股份公司(以下简称上市公司)董事报酬由股东大会审议决定，高管人员薪酬由董事会审议决定。国有控股股东根据本意见依法行使股东权利。

(二)管资产与管人、管事相结合的原则。由中央和国资委提名的上市公司董事及高管人员，其薪酬管理应与国资委对中央企业负责人薪酬管理的政策保持一致。由上市公司董事会自主选择聘任的高管人员，未纳入中央企业负责人管理范围的，其薪酬管理由董事会参照国资委薪酬管理办法自主确定。

二、董事报酬管理

上市公司国有控股股东按以下原则，分类提出董事报酬方案，在股东大会召开前，以书面形式与国资委沟通一致后，提交股东大会审议决定。

(一)由上市公司及其国有控股股东以外人员担任的董事，其报酬参照国资委关于董事会试点企业外部董事报酬确定的原则及标准，按法定程序决定。

(二)由上市公司高管人员兼任的董事，不以董事职务取得报酬，按其在管理层的任职取得薪酬。

（三）由上市公司控股股东负责人兼任的董事，不以董事职务取得报酬，由国资委根据《中央企业负责人薪酬管理暂行办法》等有关规定确定其担任控股股东负责人的薪酬事项。

三、高管人员薪酬管理

（一）纳入国资委董事会试点的整体改制上市公司，外部董事超过董事会全体成员半数的，由董事会参照国资委关于董事会试点企业高级管理人员薪酬管理的相关指导意见，对上市公司高管人员薪酬进行管理。

（二）未纳入国资委董事会试点或外部董事未超过董事会全体成员半数的整体改制上市公司，其高管人员薪酬事项由国有控股股东根据《中央企业负责人薪酬管理办法》等有关规定提出方案，报国资委审核批准后，提交董事会审议决定，国有控股股东提名的董事应根据国资委批复意见履行职责。

国务院国有资产监督管理委员会关于印发《董事会试点中央企业董事会规范运作暂行办法》的通知

2009年3月20日　国资发改革〔2009〕45号

各董事会试点中央企业：

为积极推进中央企业董事会试点工作，指导董事会试点中央企业董事会规范运作，根据《中华人民共和国公司法》、《中华人民共和国企业国有资产法》、《企业国有资产监督管理暂行条例》（国务院令第378号）等有关法律、行政法规，我们制定了《董事会试点中央企业董事会规范运作暂行办法》，现印发给你们，请遵照执行。

附件：董事会试点中央企业董事会规范运作暂行办法

附件：

董事会试点中央企业董事会规范运作暂行办法

第一章　总　　则

第一条　为积极推进中央企业董事会试点工作，指导董事会试点中央企业董事会规范运作，根据《中华人民共和国公司法》(以下简称《公司法》)、《中华人民共和国企业国有资产法》(以下简称《企业国有资产法》)、《企业国有资产监督管理暂行条例》(国务院令第378号，以下简称《监管条例》)等有关法律、行政法规的规定，制定本办法。

第二条　本办法适用于由国务院国有资产监督管理委员会(以下简称国资委)履行出资人职责的国有独资公司董事会试点企业(以下简称公司)。

第三条　严格遵守《公司法》、《企业国有资产法》、《监管条例》等相关法律、行政法规及公司章程的规定，国资委和公司董事会依法行使权利、履行义务。

第四条　通过董事会试点进一步推进中央企业公司制股份制改革，建立健全法人治理结构，促进科学决策，实现国有资产保值增值，增强国有经济活力、控制力和影响力。

第五条　国资委根据国务院的授权履行出资人职责，维护法律、行政法规和公司章程赋予董事会的职权，指导公司董事会运作，鼓励董事会探索有效发挥作用的途径和方式，建立健全董事的激励和约束机制。

第六条　坚持权利和义务、责任相统一，充分发挥董事会在公司重大决策和选聘、激励、约束高级管理人员等方面的作用，充分发挥高级管理人员在公司执行性事务中的作用。

第七条 公司董事会依法行使职权，并根据国资委的授权行使有关出资人职权。董事会、董事应当维护出资人和公司的利益，认真行使职权，忠实履行义务，并对行使职权的结果负责。

第二章 国资委的职责

第八条 制定和修改公司章程；审核、批准董事会制订的章程、章程修改方案。

第九条 审核批准董事会的年度工作报告。

第十条 按照管理权限，委派和更换非由职工代表担任的董事，从董事会成员中确定董事长、副董事长；对董事会和董事履职情况进行评价，对未有效行使职权、履行义务并致使公司遭受严重损失的董事会实施改组，对年度或任期评价结果为不称职或者连续两个年度评价结果为基本称职的董事予以解聘。

第十一条 决定董事报酬事项。

第十二条 组织对董事的培训，提高董事履职能力。

第十三条 代表国务院向公司派出监事会，监事会依照《公司法》、《企业国有资产法》和《国有企业监事会暂行条例》（国务院令第 283 号）等有关法律、行政法规履行职责，包括对董事执行公司职务的行为进行监督，对董事会的工作进行评价等。

第十四条 批准公司财务决算方案、利润分配方案和弥补亏损方案、增加或者减少注册资本方案、发行公司债券方案以及公司合并、分立、解散、清算或者变更公司形式的方案；其中，重要的国有独资公司合并、分立、解散、申请破产的，审核后报国务院批准。

第十五条 批准公司的主业及调整方案，并主要从中央企业布局和结构调整方面审核公司的发展战略和规划。

第十六条 按照《企业国有资产法》、《监管条例》、《企业国有产权转让管理暂行办法》（国资委财政部令第 3 号）和《国有股东转让所持上市公司股份管理暂行办法》（国资委证监会令第 19 号）等规定，批准有关非上市公司国有产权转让、上市公司国有股份转让、国有产权无偿划转及公司重大资产处置等事项；批准公司重大会计政策和会计估计变更方案。

第十七条 按照《公司法》、《中华人民共和国审计法》、《中央企业财务决算报告管理办法》(国资委令第5号)和《中央企业经济责任审计管理暂行办法》(国资委令第7号)等规定，对企业年度财务决算、重大事项进行抽查审计，并按照企业负责人管理权限组织开展经济责任审计工作。

第十八条 对公司年度和任期经营业绩进行测试评价并纳入中央企业负责人经营业绩考核结果。

第十九条 按照国务院和国务院有关部门关于国有资产基础管理、股份制改革、主辅分离、辅业改制和企业重大收入分配等行政法规和部门规章的规定，办理需由国资委批准或者出具审核意见的事项。

第二十条 向社会公布公司年度生产经营及财务决算有关信息。

第二十一条 法律、行政法规规定的其他职责。

第三章 董事会及其专门委员会的组成

第二十二条 董事会成员一般不少于7人，不超过13人。公司外部董事人数原则上应当超过董事会全体成员的半数。

第二十三条 公司总经理担任董事，公司副总经理、总会计师原则上不担任董事。

第二十四条 公司党委成员符合条件的，可通过法定程序进入董事会。

第二十五条 董事会中应当有职工代表，并由公司职工代表大会选举产生。

第二十六条 各董事应当具有不同业务专长和经验。公司大部分外部董事应当具有大企业经营管理决策的经历和经验；至少1名外部董事具有企业财务负责人的工作经历或者是企业财务会计方面的专家；至少1名外部董事具有企业高级管理人员的选聘、业绩考核和薪酬管理经验。根据公司的实际情况，选聘熟悉公司所处行业业务的人员

（不包括一定时期内在公司或者与公司有竞争关系的企业中担任过领导职务的人员）和具有法律、宏观经济等方面专业知识的人员担任外部董事。对于已在或者拟在境外开展一定规模业务的公司，应当根据实际情况，积极考虑从境外大公司或者其在境内投资的公司中选聘具备条件的人员担任外部董事。

第二十七条 董事会设董事长1人，可视需要设副董事长1至2人。

公司董事长与总经理原则上分设。推进外部董事担任董事长、总经理担任公司法定代表人的试点工作。

非外部董事担任董事长的，可以由外部董事担任副董事长，协助董事长组织董事会的运作。外部董事未担任公司董事长、副董事长的，可以由外部董事轮流担任外部董事召集人，一年轮换一次；也可以由全体外部董事共同推选一名外部董事召集人，但最多不超过3年应当重新推选。

第二十八条 公司董事会应当设立提名委员会、薪酬与考核委员会、审计委员会（或者审计和风险管理委员会），作为董事会专门工作机构，为董事会决策提供咨询意见和建议等。根据公司实际情况，经董事会通过，董事会也可以设立其他专门委员会并规定其职责。公司董事会成员有公司驻地以外人员且必须由董事会决策事项较多的，经国资委批准，董事会可以设立常务委员会，由董事长兼任召集人，行使董事会授予的部分职权。

第二十九条 董事会专门委员会由公司董事组成，其成员和召集人由董事长商有关董事后提出人选建议，经董事会通过后生效。其中，提名委员会中外部董事应当占多数，薪酬与考核委员会、审计委员会应当全部由外部董事组成。

第四章 董事会的职责

第三十条 对国资委负责，执行国资委的决定，接受国资委的指导和监督，保障公司和董事会的运作对国资委具有透明度。

第三十一条 按照国资委关于公司董事会年度工作报告的有关规定向国资委报告工作。

第三十二条 根据国资委的审核意见,决定公司的发展战略和中长期发展规划,并对其实施进行监控;决定公司的投资计划,批准公司的交易性金融资产投资和非主业投资项目,确定应由董事会决定的公司重大固定投资、对外投资项目的额度,批准额度以上的投资项目。董事会决定的公司发展战略和中长期发展规划、年度投资计划,应当报国资委备案。

第三十三条 批准公司年度预算方案并报国资委备案。

第三十四条 制订公司的年度财务决算方案、利润分配方案和弥补亏损方案。

第三十五条 制订公司增加或者减少注册资本的方案以及发行公司债券的方案。

第三十六条 制订公司合并、分立、解散或者变更公司形式的方案。

第三十七条 决定公司内部管理机构的设置,制定公司的基本管理制度。

第三十八条 按照有关规定,行使对公司高级管理人员职务的管理权;决定聘任或者解聘公司总经理,根据总经理的提名决定聘任或者解聘公司副总经理、总会计师,决定聘任或者解聘董事会秘书。

第三十九条 外部董事人数超过董事会全体成员半数、制度健全、运作规范的董事会,按照国资委有关规定决定公司高级管理人员的经营业绩考核和薪酬等事项。

第四十条 除应由国资委批准的有关方案外,批准一定金额以上的融资方案、资产处置方案以及对外捐赠或者赞助,具体金额由董事会决定。对公司为他人提供或者不提供担保作出决议。

第四十一条 决定公司内部有关重大改革重组事项,或者对有关事项作出决议。包括:批准清理整合公司内部过多层级、过多数量子企业的方案,批准公司内部业务结构调整(包括非主业资产剥离、重组)方案,批准公司劳动、人事、分配制度改革方案,对以公司资产进行股份制改革的方案作出决议，对公司职工分流安置方案、辅业改制方案和分离公司办社会机构方案作出决议。其中，涉及公司职工切身利益的有关改革方案，须按照国家有关规定经职工代表大会或者其他民主形式审议通过后，董事会方可批准或者作出决议。

第四十二条 依据国资委有关规定，制订公司的重大收入分配方案，包括企业工资总量预算与决算方案、企业年金方案等；批准公司职工收入分配方案。其中，涉及公司职工切身利益的有关方案，须按照国家有关规定经职工代表大会或者其他民主形式审议通过后董事会方可批准或者作出决议。

第四十三条 决定公司的风险管理体系，制订公司重大会计政策和会计估计变更方案，审议公司内部审计报告，决定公司内部审计机构的负责人，决定聘用或者解聘负责公司财务会计报告审计业务的会计师事务所及其报酬，决定公司的资产负债率上限，对公司风险管理的实施进行总体监控。

第四十四条 听取总经理工作报告，检查总经理和其他高级管理人员对董事会决议的执行情况，建立健全对总经理和其他高级管理人员的问责制。

第四十五条 建立与监事会联系的工作机制，督导落实监事会要求纠正和改进的问题。

第四十六条 决定公司行使所投资企业股东权利所涉及的事项。

公司子企业数量较多的，董事会可以选择其中的重要子企业，由董事会决定行使股东权利所涉及的事项，也可仅对行使重要股东权利所涉及的事项进行决定。董事会选择重要子企业时，应当根据公司子企业的总资产、净资产、营业收入、实现利润、职工人数等指标占公司相应指标的比例和子企业在公司战略中的重要性以及子企业在行业中所处地位等因素确定。

第四十七条 除本章规定的上述职权外，行使法律、行政法规和公司章程规定的其他职权。

第四十八条 董事会根据公司具体情况，可以把主业范围内一定金额的投融资项目决定权，一定金额的公司资产转让、对外捐赠或者赞助的批准权，授予董事会设立的常务委员会等被授权人。董事会应当制定授权的管理制度，明确授权的范围和数量界限，规定被授权人的职权、义务、责任和行使职权的具体程序。被授权人须定期向董事会报告行使授权结果。

第四十九条 董事会行使职权应当与发挥公司党组织政治核心作用相结合，董事会决定公司的重大问题和选聘高级管理人员，应当事先听取公司党组织的意见。

第五十条 董事会行使职权应当与职工民主管理相结合，支持公司工会、职工代表大会依照有关法律、行政法规履行权利，维护职工的合法权益。

第五十一条 董事会应当积极维护出资人和公司的利益，追求国有资产保值增值，并妥善处理出资人、公司、高级管理人员、职工之间的利益关系，有效调动高级管理人员和广大职工的积极性、主动性、创造性，促进公司的稳定和持续发展。

第五十二条 董事会应当对公司实施有效的战略监控，准确把握公司发展方向与速度，防范投资、财务、金融产品、知识产权、安全、质量、环保、法律以及稳定等方面的重大风险。

第五十三条 董事会应当认真执行国资委关于高级管理人员选聘、考核、薪酬等有关规定，建立健全规范公司高级管理人员在资金使用、用人、办事等方面权力的制度体系，并确保各项制度严格执行。

第五十四条 董事会应当指导和支持公司企业文化的建设工作，督促和指导公司切实履行社会责任。

第五十五条 董事会未有效行使职权、履行义务并致使公司遭受严重损失的，国资委对董事会实施改组。

第五章 董事会专门委员会的职责

第五十六条 董事会专门委员会对董事会负责，在公司章程规定和董事会授权范围内履行职责。

第五十七条 提名委员会的主要职责:研究公司高级管理人员的选择标准、程序和方法以及总经理继任计划;按照有关规定,向董事会提名总经理人选并进行考察,对总经理提出的副总经理、总会计师人选和董事长提出的董事会秘书人选进行考察;经董事会授权,可以对子企业董事、监事和不设董事会的子企业总经理人选进行考察,并向董事会提出推荐意见。

第五十八条 薪酬与考核委员会主要职责:负责拟订公司高级管理人员的经营业绩考核办法和薪酬管理办法,考核、评价高级管理人员的业绩,并依据考核结果,向董事会提出高级管理人员的薪酬兑现建议。

第五十九条 审计委员会的主要职责:指导企业内部控制机制建设;向董事会提出聘请或者更换会计师事务所等有关中介机构及其报酬的建议;审核公司的财务报告、审议公司的会计政策及其变动并向董事会提出意见;向董事会提出任免公司内部审计机构负责人的建议;督导公司内部审计制度的制定及实施;对企业审计体系的完整性和运行的有效性进行评估和督导;与监事会和公司内部、外部审计机构保持良好沟通。董事会未设风险管理委员会的,可以由审计委员会对风险管理制度及其执行情况进行定期检查和评估,并向董事会报告结果。

第六十条 董事会设立其他专门委员会的,其职责由董事会根据公司具体情况确定。

第六章 董事的职责

第六十一条 董事在公司任职期间享有以下权利:

(一)获得履行董事职责所需的公司信息;

(二)出席董事会会议,充分发表意见,对表决事项行使表决权;

(三)可以对提交董事会会议的文件、材料提出补充、完善的要求;

(四)可以提出召开董事会临时会议、缓开董事会会议和暂缓对所议事项进行表决的建议;

(五)出席任职的专门委员会的会议并发表意见;

(六)根据董事会或者董事长的委托,检查董事会决议执行情况,并要求公司有关部门和人员予以配合；

(七)根据履行职责的需要，可以到公司进行工作调研，向公司有关人员了解情况；

(八)按照国资委关于公司董事报酬管理的有关规定领取报酬、津贴；

(九)按照有关规定在履行董事职务时享有办公、出差等方面的待遇；

(十)董事认为有必要，可以书面或者口头向国资委、监事会反映和征询有关情况和意见；

(十一)法律、行政法规和公司章程规定的其他权利。

第六十二条 董事应当遵守法律、行政法规和公司章程，对公司负有下列忠实义务：

(一)保护公司资产的安全，维护出资人和公司的合法权益；

(二)保守公司商业秘密；

(三)不得利用职权收受贿赂或者其他非法收入，不得侵占公司的财产；

(四)不得利用职务便利，为本人或者他人谋取利益；

(五)不得经营、未经国资委同意也不得为他人经营与公司同类或者关联的业务；

(六)不得违反国资委有关规定接受受聘公司的报酬、津贴和福利待遇；

(七)不得让公司或者与公司有业务往来的企业承担应当由个人负担的费用，不得接受与公司有业务往来的企业的馈赠；外部董事不得接受公司的馈赠；

(八)遵守国有企业领导人员廉洁从业的规定；

(九)法律、行政法规和公司章程规定的其他忠实义务。

第六十三条 董事应当遵守法律、行政法规和公司章程，对公司负有下列勤勉义务：

(一)投入足够的时间和精力履行董事职责，除不可抗力等特殊情况外，外部董事一个工作年度内在同一任职公司履行职责的时间应当达到国资委规定的时间；

(二)出席公司董事会会议、所任职专门委员会会议,参加董事会的其他活动,除不可抗力等特殊情况外,董事一个工作年度内出席董事会定期会议的次数应当不少于总次数的四分之三;

(三)在了解和充分掌握信息的基础上,独立、客观、认真、谨慎地就董事会会议、专门委员会会议审议事项发表明确的意见;

(四)熟悉和持续关注公司的生产经营和改革管理情况,认真阅读公司的财务报告和其他文件,及时向董事会报告所发现的、董事会应当关注的问题,特别是公司的重大损失和重大经营危机事件;

(五)自觉学习有关知识,积极参加国资委、公司组织的有关培训,不断提高履职能力;

(六)如实向国资委提供有关情况和资料,保证所提供信息的客观性、完整性;

(七)法律、行政法规和公司章程规定的其他勤勉义务。

第六十四条 职工代表担任的董事除与公司其他董事享有同等权利、承担同等义务外,还应履行关注和反映职工正当诉求、代表和维护职工合法权益的义务。

第六十五条 董事违反本办法第六十二条第三项、第四项、第五项规定侵占公司利益所得收入必须退还公司,并解除其董事职务。

第六十六条 董事违反本办法第六十二条第六项、第七项有关规定所得收入、福利和馈赠必须退还公司,情节严重的,解除其董事职务。同时,追究决定违规给予董事报酬、津贴、福利待遇和馈赠的公司有关人员的责任。

第六十七条 董事履职未达到本办法第六十三条第一项、第二项规定的,解除其董事职务。

第六十八条 董事应当对董事会的决议承担责任。董事会或者常务委员会的决议违反法律、行政法规、公司章程或者国资委的决定,致使公司遭受严重损失的,参与决议的董事对公司负赔偿责任,并按照国有资产损失责任追究的规定承担相应责任。但经证明在表决时曾表明异议并记载于会议记录的,该董事可以免除责任。

第六十九条 董事执行公司职务时违反法律、行政法规或者公司章程的规定,给公司造成损失的,应当承担赔偿责任;涉嫌犯罪的,依法移送司法机关。

第七十条 董事因违反忠实义务给公司造成特别重大经济损失,或者因贪污、贿赂、侵占财产、挪用财产或者破坏社会主义市场经济秩序被判处刑罚的,终身不得担任中央企业董事职务及其他领导职务。

第七章 董事长的职责

第七十一条 董事长享有董事的各项权利,承担董事的各项义务和责任,同时行使召集和主持董事会会议等职权并承担相应的义务和责任。

第七十二条 根据公司章程的规定确定全年董事会定期会议计划,包括会议的次数和召开会议的具体时间等。董事长认为有必要时可以单独决定召开董事会临时会议。董事长应当熟知董事会的职责和与此有关的公司事务,并关注董事会会议的次数和每次召开的时间能否满足董事会充分履行其各项职责的需要。

第七十三条 根据董事会的职责确定董事会会议议题,对拟提交董事会讨论的有关议案进行初步审核,并决定是否提交董事会讨论。

第七十四条 按时召开董事会会议,确保需要董事会表决的重大事项不延误。董事长主持董事会会议应当执行董事会议事规则的规定,使每位董事能够充分发表个人意见,在充分讨论的基础上进行表决。董事长应当关注董事会会议的效率,引导董事针对议题,突出重点、简明扼要地发表个人意见。

第七十五条 负责组织拟订公司的利润分配方案和弥补亏损方案,公司增加或者减少注册资本的方案,公司合并、分立、解散或者变更公司形式的方案,以及董事会授权其拟订的其他方案,并提交董事会表决。

第七十六条 及时掌握董事会各项决议的执行情况,必要时,由董事长本人或其委托的董事对决议执行情况进行督促、检查;对发现的问题,应当及时提出整改要求;对检查的结果及发现的重大问题应当在下次董事会会议上报告。

第七十七条 负责组织制订、修订公司董事会职责和议事规则、董事会各专门委员会职责和议事规则等董事会运作的规章制度,并提交董事会讨论通过。董事长应当关注董事会制度建设情况,并负责组织实施和检查,不断改进和完善,促进董事会规范运作。

第七十八条 根据董事会决议,负责签署公司聘任、解聘公司总经理、副总经理、总会计师、董事会秘书等公司高级管理人员的文件;代表董事会与高级管理人员签署经营业绩考核合同和高级管理人员薪酬的有关文件;签署法律、行政法规规定和经董事会授权应当由董事长签署的其他文件。

第七十九条 提名董事会秘书、提出其薪酬与考核建议,并提请董事会决定聘任或者解聘及其薪酬事项。董事长负责提出各专门委员会的设置方案及人选建议,提交董事会讨论表决。董事长应当关注董事会秘书的履职情况和专门委员会设置的合理性、运作的有效性;必要时,董事长应当提出调整建议并提交董事会讨论表决。

第八十条 负责组织起草董事会年度工作报告;召集并主持董事会讨论通过董事会年度工作报告;代表董事会向国资委报告年度工作。

第八十一条 按照国资委有关要求,负责组织董事会向国资委、监事会及时提供信息。董事长应当组织董事会定期评估该信息管控系统的有效性,检查信息的真实性、准确性、完整性,对发现的问题及时要求整改,保证信息内容真实、准确、完整。

第八十二条 负责建立董事会与监事会联系的工作机制,对监事会提示和要求公司纠正的问题,负责督促、检查公司的落实情况,向董事会报告并向监事会反馈。

第八十三条 与董事进行会议之外的沟通,听取董事的意见,并组织董事进行必要的工作调研和业务培训。

第八十四条 董事长应当按照既保证董事会及各专门委员会工作需要、又合理控制经费总额的要求,指导董事会秘书编制董事会年度工作经费方案,董事长负责审批该方案和各项经费支出,并确保董事会工作经费的使用符合有关规定。

第八十五条 在发生不可抗力或者重大危机情形,无法及时召开董事会会议的紧急情况下,董事长对公司事务行使符合法律、行政法规和公司利益的特别裁决和处置权,并在事后向董事会报告。

第八十六条 法律、行政法规和公司章程规定的其他职责。

第八章 总经理的职责

第八十七条 总经理对公司董事会负责,向董事会报告工作,接受董事会的监督管理和监事会的监督。

第八十八条 总经理行使《公司法》规定的下列职权:

(一)主持公司的生产经营管理工作,组织实施董事会决议;

(二)组织实施公司年度经营计划和投资方案;

(三)拟订公司内部管理机构设置方案;

(四)拟订公司的基本管理制度;

(五)制定公司的具体规章;

(六)提请聘任或者解聘公司副总经理、总会计师;

(七)决定聘任或者解聘除应由董事会决定聘任或者解聘以外的负责管理人员。

第八十九条 总经理还应当行使以下职权:

(一)拟订公司的经营计划和投资方案;

(二)拟订公司的年度财务预算方案;

(三)拟订公司建立风险管理体系的方案;

(四)拟订公司的改革、重组方案;

(五)拟订公司的收入分配方案;

(六)拟订公司的重大融资计划;

(七)拟订公司一定金额以上的资产处置方案;

(八)根据董事会决定的公司经营计划和投资方案,批准经常性项目费用和长期投资阶段性费用的支出;

（九）建立总经理办公会制度，召集和主持公司总经理办公会议，协调、检查和督促各部门、各分公司、各子企业的生产经营和改革管理工作。

第九十条 行使董事会授予的职权和法律、行政法规、公司章程规定的其他职权。

第九十一条 总经理对公司和董事会负有忠实义务和勤勉义务，应当维护出资人和公司利益，认真履行职责，落实董事会决议和要求，完成其年度、任期经营业绩考核指标和公司经营计划，承担公司安全生产和环境保护第一责任人的责任。

第九章 董事会秘书和董事会办事机构

第九十二条 公司设董事会秘书1名，对董事会负责。董事会秘书一般应当为专职。

第九十三条 公司应当设立董事会办公室或者类似机构，作为董事会的办事机构，由董事会秘书领导。

第九十四条 董事会秘书履行下列职责：

（一）筹备董事会会议，准备董事会会议议案和材料；

（二）列席董事会会议，据实制作董事会会议记录，草拟董事会会议决议；

（三）保管董事会会议决议、会议记录和会议其他材料；

（四）准备和递交需由董事会出具的文件；

（五）负责与董事的联络，负责组织向董事提供信息和材料的工作；

（六）筹备董事会各专门委员会会议，准备会议有关材料，且可以列席该会议；

（七）负责编制董事会年度工作经费方案；

（八）协助董事长拟订重大方案、制订或者修订董事会运作的各项规章制度；

（九）跟踪了解董事会决议的执行情况，并及时报告董事长；

（十）负责草拟董事会年度工作报告；

(十一)负责董事会与国资委和监事会的日常联络；

(十二)董事会授权行使和法律、行政法规和公司章程规定的其他职权。

第九十五条 董事会秘书为履行职责，有权出席总经理办公会等公司内部的有关会议，要求公司有关部门和人员提供相关文件、信息和其他资料，说明有关情况。公司有关部门和人员应当及时、完整提供相关资料，客观、详细地说明相关情况。

第九十六条 董事会应当制定董事会秘书工作制度，具体规定董事会秘书的职权、义务、责任和有关工作流程等。

第十章 董事会及其专门委员会会议

第九十七条 董事会会议包括定期会议和临时会议。召开董事会会议的次数，应当确保满足董事会履行各项职责的需要。董事会每年度至少召开四次定期会议。

第九十八条 董事会定期会议计划应当在上年年底之前确定。定期会议通知和所需的文件、信息及其他资料，应当在会议召开 10 日以前送达全体董事、监事会及其他列席人员。

第九十九条 有下列情形之一时，董事长应当自接到提议后 10 日内，召集并主持董事会临时会议：

(一)三分之一以上董事提议；

(二)监事会提议；

(三)国资委认为有必要；

(四)公司章程规定的其他情形。

第一百条 除上条规定的情形和紧急事项外，召开董事会临时会议，会议通知和所需的文件、信息及其他资料，一般应当在会议召开 10 日以前或者至少 5 日以前，送达全体董事、监事会及其他列席人员。

第一百零一条 董事会定期和临时会议通知应当包括会议召开的时间、地点和议题等有关情况。提供给董事的文件、信息和其他资料，应有利于董事完整、全面、准确掌握各项会议议题的有关情况。

第一百零二条 提交董事会表决的公司发展战略、中长期发展规划、投融资、重组、转让公司所持股权等重大决策议案，应当包括对风险的评估与管控，即存在的主要风险、风险发生的可能性、风险发生后对公司造成的损失、采取的应对措施等。总经理将议案提交董事会前，应当召开总经理办公会议，进行研究并形成意见。

第一百零三条 对拟投资额占公司净资产比重较高或者可能导致公司资产负债率大幅上升的投资项目，在进行前期初步研究的基础上，总经理应当提交董事会讨论，董事会可以就该项目是否进行下一步可行性研究论证工作作出决定。总经理应当组织公司有关部门为外部董事提供有关该项目的足够信息，该项目正式提交董事会审议时，应当有完整的可行性研究报告。董事会应当规定该类投资项目的具体标准。

第一百零四条 董事会定期会议必须以现场会议形式举行。董事会召开临时会议可采用视频会议形式；当遇到紧急事项且董事能够掌握足够信息进行表决时，也可采用电话会议或者制成书面材料分别审议的形式，对议案作出决议。

第一百零五条 当三分之一以上董事或者两名以上外部董事认为资料不充分或者论证不明确时，可以书面形式联名提出缓开董事会会议或者缓议董事会会议所议议题，董事会应当采纳。

第一百零六条 董事会会议由董事长召集和主持。董事长不能履行职务或者不履行职务时，由副董事长召集和主持；副董事长不能履行职务或者不履行职务时，由半数以上董事共同推举一名董事召集和主持。

第一百零七条 董事会会议应有过半数董事出席方可举行。董事会作出决议，必须经全体董事的过半数通过。董事会决议的表决，实行一人一票。

经国资委批准，公司章程可以规定，董事会审议公司特别重大事项，经全体董事三分之二以上同意方可作出决议。董事会应当提出特别重大事项的各具体项目。

第一百零八条 董事与董事会会议决议事项所涉及的企业有关联

关系的，不得对该项决议行使表决权，也不得代理其他董事行使表决权。关联关系指董事与其直接或间接控制的企业之间的关系，与其担任董事、高级管理人员的企业(非本公司)之间的关系，以及可能导致公司利益转移的其他关系。

第一百零九条 董事对提交董事会审议的议案可以表示同意、反对、弃权(包括无法发表意见，下同)。表示反对、弃权的董事，必须说明具体理由并记载于会议记录。

第一百一十条 董事会可以根据需要聘请有关专家或者咨询机构，为董事会提供专业咨询意见，费用由公司承担。

第一百一十一条 董事会会议，应由董事本人出席；董事因故不能出席，可以书面委托其他董事代为出席，委托书中应载明授权范围。

第一百一十二条 董事会应当对会议所议事项的决定作成会议记录。会议记录应当包括会议召开的日期、地点、主持人姓名、出席董事姓名、会议议程、议题、董事发言要点、决议的表决方式和结果(同意、反对或者弃权的票数及投票人姓名)等内容。出席会议的董事和列席会议的董事会秘书应当在会议记录上签名。会议记录、授权委托书应当归档保管。

第一百一十三条 董事会认为需要进一步研究或者作重大修改的议案，应在对议案进行修改、完善后复议，复议的时间和方式由会议决定。

第一百一十四条 董事会拟决议事项属于专门委员会职责范畴内的，一般应先提交相应的专门委员会进行研究审议，由专门委员会听取各有关方面的意见和建议，提出审议意见，报董事会决定。

第一百一十五条 专门委员会履行职责时，应当尽量使各成员董事达成一致意见；确实难以达成一致意见时，应当向董事会提交各项不同意见并作出说明。专门委员会经董事会授权可聘请中介机构为其提供专业咨询意见，费用由公司承担。

第一百一十六条 专门委员会会议由该委员会召集人主持，会议的方式和程序等按照董事会制定的专门委员会议事规则执行。

第一百一十七条 监事会主席根据监督检查的需要，可以列席或者委派监事会其他成员列席董事会会议和专门委员会会议。董事会或者专门委员会可以根据需要邀请公司高级管理人员、相关业务部门负责人和专家等有关人员列席，对涉及的议案进行解释、提供咨询或者发表意见。列席会议的人员没有表决权。

第一百一十八条 董事之间应加强会议之外的沟通，以提高董事会、专门委员会会议的效率。外部董事担任的董事长、副董事长或者外部董事召集人，负责组织外部董事之间的沟通，每年至少组织召开一次全体外部董事参加的会议，就外部董事履职进行沟通交流，就高级管理人员经营业绩考核和薪酬等与非外部董事存在直接或间接利益关系的事项进行沟通讨论。

第十一章 董事会与国资委的沟通协调机制

第一百一十九条 需国资委决定、批准、审核、备案的事项，董事会应当及时向国资委提供相关材料。

第一百二十条 董事会应当督促公司高级管理人员按照有关法律、行政法规和部门规章的要求，建立生产安全事故、突发公共事件等即时报告制度，确保上述事件发生后，公司在第一时间报告国资委和国家有关部门、事件所在地人民政府，并报告开展应急救援和处置等情况。

第一百二十一条 公司遭受重大损失或者发生重大经营危机事件，董事会或董事会确定的机构、人员应当在事件发生的当日报告国资委；由于客观原因难以立即报告的，最迟应当于事件发生后3个工作日内报告。

第一百二十二条 董事会应当按照法律、行政法规和国资委有关规定向国资委报告其他事项。

第一百二十三条 对于须由董事会制订方案报国资委批准的事项或者董事会须按照国资委有关文件规定决定的事项，董事长、董事会设立的专门委员会召集人或其委托的董事应当在董事会通过该方案或者决定该事项之前听取国资委的意见，并将该意见报告董事会。

第一百二十四条 董事会及其专门委员会认为有必要就有关事项向国资委报告或者与国资委沟通的,可以随时报告或者沟通。

第一百二十五条 董事会应当按照监事会有关要求报送《企业年度工作报告》等文件,并直送监事会。董事会向国资委报告的事项及相关材料,同时抄送监事会。

第一百二十六条 董事会应当确定向国资委、监事会报送信息的承办机构和人员,规定报送的程序和有关责任。董事会应当就有关沟通事项,确定与国资委、监事会沟通的董事或其他人员。

第一百二十七条 董事会就所报送信息的真实性、准确性、完整性和及时性对国资委负责。

第一百二十八条 国资委通过会议、调研、培训、个别沟通等多种形式,向董事会、董事提供有关信息,通报有关情况,了解董事会、董事工作情况,听取意见和建议。

第十二章 董事会运作的支持与服务

第一百二十九条 公司高级管理人员和各业务部门相关人员有义务为董事会及其专门委员会提供工作支持和服务。

第一百三十条 公司应当为董事会的运作和董事、董事会秘书履职提供必要的经费、办公条件。

第一百三十一条 董事会和专门委员会召开会议,公司高级管理人员以及相关部门应当根据董事会和专门委员会的要求起草有关草案,提供有关文件、信息和其他资料,并对所提供材料的真实性、准确性负责。为董事会决策提供的资料、数据等失实的,公司应当追究有关人员的责任;致使董事会决议的实施给公司造成损失的,有关人员还应承担赔偿责任。

第一百三十二条 公司应当明确为董事会各专门委员会提供工作支持的具体部门,公司高级管理人员、业务部门应当按照董事会和专门委员会的要求,开展相关工作。

第一百三十三条 公司总经理和其他高级管理人员应及时、主动地与董事会、董事沟通。总经理和其他高级管理人员应当积极回答董事会、董事的咨询、质询。

就如何办理公司执行性事务的事项，公司高级管理人员、业务部门负责人等不应向外部董事请示。

第一百三十四条 除国家有特殊规定外，公司的电子办公系统和数据报告系统等公司内部信息系统应当向董事开放，使董事享有公司高级管理人员的访问权限。

第一百三十五条 公司应当配合董事履职所需的工作调研，并提供良好的保障条件。

第一百三十六条 公司应当定期向董事提供公司生产经营和改革管理方面的信息。公司有义务为外部董事、职工董事等提供与公司业务有关的培训。

第十三章 附 则

第一百三十七条 本办法中的外部董事指由非本公司员工的外部人员担任的董事。外部董事不负责执行层的事务，与其担任董事的公司不应存在任何可能影响其公正履行外部董事职务的关系。

第一百三十八条 本办法中的高级管理人员是指公司总经理、副总经理、总会计师和董事会秘书。

第一百三十九条 公司应当根据本办法，制订或者修订公司章程并报国资委批准，规范董事会运作。

第一百四十条 本办法由国资委解释。

第一百四十一条 本办法自公布之日起施行。

国务院国有资产监督管理委员会关于印发《董事会试点中央企业外部董事履职行为规范》的通知

2009 年 3 月 25 日　国资发干一〔2009〕50 号

各中央企业：

为进一步加强董事会试点中央企业外部董事队伍建设，促进董事会规范有效运作，我们制定了《董事会试点中央企业外部董事履职行为规范》，现印发给你们，请各试点企业外部董事遵照执行。

附件：董事会试点中央企业外部董事履职行为规范

附件：

董事会试点中央企业外部董事履职行为规范

董事会试点中央企业外部董事要忠实履职，严格遵守本行为规范。

1. 遵规守法，诚实信用。要模范遵守国家法律法规、社会公德和职业道德，保守国家秘密和公司商业秘密，不得对出资人和任职公司有违反忠实和诚信义务的行为。

2. 代表股东，尽职尽责。要牢固树立维护出资人权益的责任意识，自觉站在出资人立场上决策，积极为董事会运作和公司运营提供有价值的建议，不得在经理层选聘、考核和薪酬激励等方面损害出资人利益。

3. 按章办事，正确行权。要严格按照国资委的要求和公司章程等规定履职，坚持决策权与执行权分开，不得超越职权范围干预或者指挥属于经理层的事务。

4. 独立判断，敢讲真话。要按照商业判断原则独立、客观地发表意见，高度关注决策风险，不得对有损出资人或者公司合法利益的决策行为不反对、不制止。

5. 勤勉敬业，保证时间。要认真阅研会议资料，注重学习和调查研究，及时了解宏观经济形势、行业发展动态和公司运营状况，履职时间和出席董事会会议次数不得低于有关规定。

6. 加强监督，知情必报。要认真监督经理层落实董事会决议，不得向出资人瞒报、延报有损出资人利益或者公司合法权益的信息。

7. 清正廉洁，不谋私利。要廉洁自律，严格遵守国资委关于外部董事报酬、福利待遇的有关规定，不得利用职务之便谋取任何不正当利益或者在任职公司获取未经出资人批准的其他利益。

国务院国有资产监督管理委员会关于印发《董事会试点中央企业职工董事履行职责管理办法》的通知

2009 年 3 月 30 日　国资发群工〔2009〕53 号

各董事会试点中央企业：

为有效发挥职工董事在董事会中的作用，保障职工民主权利，促进企业和谐发展，根据《中华人民共和国公司法》、《中华人民共和国工会法》和《国有独资公司董事会试点企业职工董事管理办法（试行）》（国资发群工〔2006〕21 号）等有关规定，我们制定了《董事会试点中央企业职工董事履行职责管理办法》。现印发给你们，请结合实际，遵照执行。

附件：董事会试点中央企业职工董事履行职责管理办法

附件:

董事会试点中央企业职工董事履行职责管理办法

第一章 总 则

第一条 为有效发挥职工董事在董事会中的作用,保障职工民主权利,促进企业和谐发展,根据《中华人民共和国公司法》(以下简称《公司法》)、《中华人民共和国工会法》(以下简称《工会法》)和《国有独资公司董事会试点企业职工董事管理办法(试行)》等有关规定,制定本办法。

第二条 本办法适用于国务院国有资产监督管理委员会(以下简称国资委)履行出资人职责的董事会试点中央企业。

第三条 本办法所称职工董事,是指由公司职工通过职工代表大会(以下简称职代会)选举产生,作为职工代表出任的公司董事。

第四条 职工董事享有与其他董事同等的权利,承担相应的义务。职工董事在履行董事职责时,应该履行由本办法规定的特别职责。

第二章 职工董事的特别职责

第五条 职工董事享有与公司其他董事同等权利、承担相应义务的同时,还应履行关注和反映职工合理诉求、代表职工利益和维护职工合法利益的特别职责。

第六条 公司章程或董事会议事规则应当对职工董事的特别职责作出具体规定。

职工董事特别职责涉及的事项一般可以分为董事会决议事项和向董事会通报事项两类。

（一）决议事项：主要包括公司劳动用工、薪酬制度、劳动保护、休息休假、安全生产、培训教育和生活福利等涉及职工切身利益的基本管理制度的制定及修改。

（二）通报事项：主要包括职工民主管理和民主监督方面的诉求、意见与建议，以及涉及职工利益的有关诉求意见或倾向性问题。

第七条 职工董事履行特别职责的基本方法：

（一）职工董事就履行特别职责的相关事宜听取职代会、工会等方面的意见。开展各种形式的调查研究活动，直接听取职工意见和建议。

（二）职工董事就职工利益诉求方面的情况与董事会其他成员保持经常性沟通和交流，并可通过会议等形式，听取外部董事的意见和建议。

（三）职工董事可参与决议事项的议案拟定，将征集的职工有关意见或合理诉求在议案形成过程中得以体现，或在董事会会议决议过程中反映、说明或提出建议意见。

（四）在董事会会议研究决定涉及职工切身利益的决议程序中，职工董事可提供该决议事项需要特别说明的调查材料或资料，并就该事项的决议发表意见。

（五）董事会会议可听取职工董事关于职工对公司经营管理的建议、职工相关利益诉求和倾向性问题等方面的通报性事项专题报告。

第八条 职工董事履行特别职责应承担相应义务：

（一）遵照国家法律法规和公司章程的有关规定，对公司负有忠实勤勉和保守商业秘密等义务，对公司职工负有忠实代表和维护其合法权益的义务。

（二）积极参加有关培训和学习，不断提高履职能力和专业知识水平。

（三）全面准确地反映职工诉求和意愿，在反映诉求、发表专项意见和参与董事会决策中，应充分考虑出资人、公司和职工的利益关系，依法维护职工的合法权益。

（四）自觉接受出资人和职工的监督和评价。

(五)职工董事独立在董事会上表决,个人负责。

(六)依法接受监事会的监督。

第三章　职工董事履职的工作条件

第九条　企业党组织、公司经理层、职代会和工会组织等应支持职工董事履行反映职工合理诉求、维护职工合法权益的职责;企业要建立和完善职工董事履行职责的信息沟通机制,为职工董事履职创造必要的工作条件。

第十条　企业党组织应支持职工董事全面履行董事职责。

(一)确定工会负责人人选,应考虑兼备职工董事的资格和能力,如该人选具备董事履职的资格和能力,一般应推荐为职工董事的候选人。

(二)职工董事由非工会负责人担任时,可以推荐职工董事作为工会副主席候选人或兼任工会组织中其他相当的职务。

(三)为职工董事开展调查研究、了解职工队伍的思想状况等履职活动提供相应的条件。

(四)党组织主要负责人应定期与职工董事交换意见和沟通情况,帮助职工董事及时了解和掌握企业的有关情况。

第十一条　公司经理层应按《公司法》、《工会法》和公司章程等有关规定为职工董事履职提供条件。

(一)公司经理层在研究涉及职工切身利益的重大问题时,应当邀请职工董事列席会议。

(二)根据职工董事履职需要,公司高级管理人员应接受职工董事的约谈,并如实反映相关情况。

(三)为职工董事调查研究、查阅资料等履职活动提供条件;为职工董事提供履职所需的办公条件和工作经费;职工董事履职出差、办公等有关待遇参照其他董事执行。

(四)保证职工董事履职活动所必需的工作时间。

第十二条　公司职代会对职工董事履职活动的支持。

（一）职代会的工作机构应及时向职工董事提供每次职代会的议题、议案、建议和决议情况等书面材料。

（二）职代会下设的各专门工作委员会，应当协助职工董事开展专题调查研究和巡视检查。

（三）职代会各代表团（小组）、职工代表应协助职工董事的履职工作，按照职工董事的要求，全面、及时地向职工董事反映职工的有关意见和建议。

第十三条 公司工会应对职工董事履职活动提供相应的服务。

（一）为职工董事提供有关维护职工合法权益方面的法律法规、政策文件等信息资料。

（二）在涉及职工切身利益的重要制度的制订、重大事项决议的执行过程中，向职工董事提供职工群众的相关意见。

（三）为职工董事收集、整理和提供职工权益诉求和民主管理方面的信息，包括职工对劳动用工、薪酬制度、劳动保护、休息休假、安全生产、培训教育、生活福利及对公司生产经营方面的倾向性意见或合理化建议等。

（四）为职工董事召开座谈会、走访职工等调查研究活动做好组织工作和提供相应的服务。

（五）董事会在听取或研究涉及职工利益的通报事项时，公司工会应在董事会会议召开前（一般不少于10个工作日），为职工董事起草书面报告提供条件和资料。

第四章 职工董事的履职管理

第十四条 职工董事的上岗培训、履职指导和评价考核等日常管理由公司董事的委派（选聘）机构负责。

第十五条 公司要为职工董事安排相应的培训和学习，确保职工董事参加培训学习所需的时间，提高职工董事履职所需的专业素质和工作能力。

第十六条 公司董事的委派（选聘）机构在对董事的工作绩效进行

评价时，应听取公司工会和监事会关于职工董事履行特别职责的意见，并纳入总体评价意见。

第十七条 公司工会要了解职工董事履职的工作情况，职工董事要及时与公司工会沟通工作情况。公司职代会每年应向公司董事的委派（选聘）机构提出职工董事履职行为的评价性意见，并对职工董事履职情况进行无记名投票测评，主要内容应包括出席董事会会议、就相关决议事项开展调查研究、反映职工诉求和意愿等履职活动的记录、勤勉尽职程度和履行职责的能力。

第十八条 职工董事或公司工会代表职工董事每年应向职代会或职工大会报告工作情况，听取职工代表对职工董事履职情况的意见，工会要及时向职工董事反馈职工的意见和建议。

第十九条 公司董事会办公室等相应办事机构应为职工董事履行职责提供服务和帮助。

第五章 附 则

第二十条 本管理办法自公布之日起施行。

董事会试点中央企业高级管理人员薪酬管理指导意见

2009 年 4 月 1 日 国资发分配〔2009〕55 号

为推进中央企业建立规范的董事会试点工作，依法履行企业国有资产出资人职责，指导董事会试点中央企业（以下简称公司）董事会决定高级管理人员薪酬工作，根据《中华人民共和国公司法》、《中华人民共和国企业国有资产法》、《企业国有资产监督管理暂行条例》等有关法律法规和规范性文件，提出以下指导意见。

一、董事会决定高级管理人员薪酬的基本条件和原则

（一）董事会决定高级管理人员薪酬的基本条件。

具备下列条件的公司，国务院国有资产监督管理委员会（以下简称国资委）不再直接决定其高级管理人员薪酬，由公司董事会根据国资委有关薪酬管理的原则和规定自主决定：

1. 董事会外部董事人数超过董事会全体成员半数。

2. 董事会制度健全、运作规范。

3. 董事会薪酬考核委员会（以下简称薪酬委员会）成员全部由外部董事担任。

未达到上述条件的公司，其高级管理人员薪酬暂由国资委管理。

（二）董事会决定高级管理人员薪酬的基本原则。

1. 坚持依法履职，忠实代表出资人利益，有利于国有资产保值增值。

2. 坚持激励与约束相统一，薪酬水平与企业竞争力相适应。业绩升、薪酬升，业绩降、薪酬降。

3. 坚持制度创新与平稳过渡相结合，配套推进薪酬制度改革与其他各项改革，特别是用人制度改革。

4. 坚持统筹兼顾各方面利益关系，正确处理效率与公平的关系。

5. 坚持物质激励与精神激励相结合，提倡奉献精神。

二、高级管理人员薪酬管理职责划分

（一）公司董事会履行以下职责：

1. 决定高级管理人员薪酬策略。

2. 决定高级管理人员薪酬管理和业绩考核制度。

3. 决定高级管理人员薪酬方案。

4. 决定高级管理人员职务消费制度及社会保障、福利等事项。

（二）公司董事会内设薪酬委员会，主要履行以下职责：

1. 拟订高级管理人员薪酬体系和策略。

2. 拟订高级管理人员薪酬管理和业绩考核制度。

3. 拟订高级管理人员年度薪酬方案和中长期激励方案,组织实施高级管理人员业绩考核和评价。

4. 拟订高级管理人员职务消费及社会保障、福利等制度。

5. 组织落实董事会关于高级管理人员薪酬管理的有关决议和日常管理工作。

6. 与国资委进行沟通,及时向国资委和公司董事会反馈相关信息。

(三)国资委为公司董事会提供高级管理人员薪酬管理相关信息和政策等方面的服务,并进行指导、监督和评价。

三、高级管理人员薪酬体系建设

高级管理人员薪酬体系建设,应以国资委《中央企业负责人薪酬管理暂行办法》和《关于加强中央企业负责人第二业绩考核任期薪酬管理的意见》等文件确定的基本原则为依据,充分考虑公司发展战略和人才竞争的需要,合理设计薪酬体系,建立健全薪酬管理制度。

(一)合理设置薪酬结构。

高级管理人员薪酬结构一般应包括基薪、年度绩效薪金、中长期激励、福利等单元。高级管理人员薪酬结构设计应充分发挥各薪酬单元的功能作用,综合考虑固定薪酬与变动薪酬、即期薪酬与中长期激励、货币薪酬与福利待遇等关系,适度调控即期薪酬水平的增长,逐步加大中长期激励的比重,强化薪酬延期支付的约束作用。

(二)探索试行中长期激励。

公司可根据国资委相关规定,结合公司发展战略、经营状况和行业特点,探索试行中长期激励。公司拟订的中长期激励方案,应按国资委有关规定要求,规范履行相应程序,在董事会审议通过后,报国资委审核批准。

(三)建立和完善福利保障制度。

公司可根据国家有关政策和国资委相关规定,为高级管理人员交纳社会保险，并根据公司经营情况，规范建立高级管理人员企业年金(补充养老保险)制度、补充医疗保险制度等福利计划。探索将高级管理人员福利保障纳入统一的薪酬体系，统筹高级管理人员与公司职工福利保障水平关系。

(四)规范兼职取酬和职务消费。

1. 高级管理人员原则上不应在公司所出资企业兼职取酬。总经理不得兼职取酬；其他高级管理人员因特殊情况经董事会批准兼职取酬的，年度薪酬不应超过本公司总经理的年度薪酬水平。

2. 公司应参照国资委相关规定，建立健全职务消费制度，对高级管理人员的职务消费进行规范管理。

四、高级管理人员薪酬水平的确定

(一)高级管理人员的薪酬水平，应综合考虑中国国情和国有企业特点，与我国经济发展水平和企业竞争力相适应。重点考虑以下因素：

1. 公司经营业绩考核情况及效率水平；

2. 高级管理人员选聘的市场化程度；

3. 所在行业的竞争程度及市场开放程度；

4. 同行业、同类企业业绩水平和高级管理人员的薪酬情况；

5. 公司内部改革和经营机制转换的进展情况；

6. 高级管理人员与职工的收入差距，以及社会对相关改革的承受能力等。

(二)结合高级管理人员选聘方式分类确定薪酬水平。

1. 高级管理人员的薪酬水平应在国资委的指导下，遵循《中央企业负责人薪酬管理暂行办法》的原则合理确定，实现平稳过渡。对公司业绩特别突出的，由董事会提出，经国资委核准，其高级管理人员薪酬水平可在按国资委有关薪酬管理办法测算水平的基础上适当上浮，但上浮幅度最高不得超过10%。

2. 由董事会按市场化方式聘任并签订聘任合同的高级管理人员，其薪酬可根据人才市场及公司情况，采取协商的方式确定。

(三)完善考核、按绩取酬,薪酬与公司实际经营效益相一致。高级管理人员薪酬增长幅度不应超过公司实际经营效益(剔除会计政策调整、非经常性损益等因素,下同)增长幅度。公司实际经营效益下降,高级管理人员薪酬不应增长,并视效益降幅适当调减。

(四)以岗定薪,薪酬与个人业绩相匹配。董事会应建立科学的高级管理人员岗位评估和经营业绩考核制度,薪酬水平与岗位职责、个人业绩相匹配。合理拉开总经理与其他高级管理人员以及其他高级管理人员之间的薪酬差距,避免高级管理人员之间薪酬水平平均化。

五、高级管理人员薪酬管理工作机制

(一)建立和完善薪酬管理的内控机制。

1. 高级管理人员的薪酬管理制度、薪酬方案等,应当充分听取公司工会、职工代表大会和职工董事等方面的意见。

2. 非外部董事、高级管理人员不应参与涉及本人薪酬及相关事项的决定过程。

(二)建立董事会与国资委的沟通协调机制。

董事会在审议决定高级管理人员薪酬管理事项之前,薪酬委员会应与国资委相关部门进行沟通,并将国资委相关部门的意见提交董事会,作为董事会决策的参考。凡有下列情况之一的,须与国资委沟通一致后,再提交董事会审议:

1. 与上年实际相比,薪酬增幅拟超过10%的;

2. 上年实际薪酬水平在国内同行业或者同行业的中央企业中已居首位,当年的薪酬增幅拟超过5%的;

3. 董事会的审议事项存在与本指导意见要求不一致的情况。

董事会在审议决定薪酬管理事项后10个工作日内,应将决议结果以书面形式报国资委备案,同时抄送派驻本企业的监事会。

(三)建立董事会薪酬管理工作年度报告制度。

董事会每年向国资委报告年度工作时,应报告上一年度薪酬管理工作情况,主要内容包括:

1. 高级管理人员薪酬与考核管理制度建设情况；

2. 高级管理人员年度经营业绩考核及薪酬、奖惩、中长期激励、职务消费等有关情况；

3. 企业收入分配基本情况及重大收入分配事项的有关情况；

4. 下一年度高级管理人员薪酬管理工作的安排；

5. 董事会认为需要报告的其他事项或者建议。

六、其他

（一）本指导意见中的高级管理人员是指公司总经理、副总经理、总会计师和董事会秘书。

（二）不担任高级管理人员职务的公司党组织负责人的薪酬，参照本公司高级管理人员薪酬管理办法进行管理。

关于印发《董事会试点中央企业董事报酬及待遇管理暂行办法》的通知

2009 年 6 月 25 日　国资发分配〔2009〕126 号

各董事会试点中央企业：

为积极推进董事会试点工作，加强董事会试点企业董事报酬及待遇管理，国资委制定了《董事会试点中央企业董事报酬及待遇管理暂行办法》，现印发给你们，请遵照执行。

附件：董事会试点中央企业董事报酬及待遇管理暂行办法

附件：

董事会试点中央企业董事报酬及待遇管理暂行办法

第一条 为推进中央企业董事会试点工作，加强董事会试点中央企业董事报酬及待遇管理，根据《中华人民共和国公司法》、《中华人民共和国企业国有资产法》、《企业国有资产监督管理暂行条例》、《关于中央企业建立和完善国有独资公司董事会试点工作的通知》(国资发改革〔2004〕229 号)等有关规定，制定本办法。

第二条 本办法适用于在国务院国有资产监督管理委员会(以下简称国资委)履行出资人职责的国有独资公司董事会试点中央企业(以下简称公司)中任职的外部董事、非外部董事(不含职工董事)。专职外部董事薪酬管理办法另行制定。

第三条 公司董事报酬及待遇由国资委决定。

第四条 外部董事年度报酬由年度基本报酬、董事会会议津贴和董事会专门委员会会议津贴等构成。

(一)外部董事年度基本报酬和会议津贴标准(见附件)由国资委确定。担任董事长、副董事长、董事会专门委员会召集人的外部董事，其年度基本报酬标准适当高于其他外部董事。

(二)外部董事在同一公司董事会担任不同职务时，按照其中一个较高职务领取年度基本报酬。

(三)外部董事除年度报酬及经国资委同意领取的报酬外，不得接受所任职公司支付的其他任何形式的收入或者福利。

第五条 非外部董事担任的董事长，其年度报酬每年由国资委根据其在本公司和其他公司董事会的任职情况确定。在本公司领取的年度薪酬，按照本公司高级管理人员薪酬管理办法执行延期支付制度。

(一)不在其他公司董事会任职的董事长,其年度报酬按照本公司总经理当年年度薪酬水平确定。

(二)同时在其他公司董事会任职的董事长,其年度报酬由在本公司领取的年度报酬和在其他公司领取的外部董事年度报酬两部分组成。两部分报酬总额参照本公司总经理的当年年度薪酬水平确定。

第六条 担任高级管理人员职务的非外部董事,其年度报酬依据本公司董事会对高级管理人员经营业绩考核和薪酬管理办法确定。

担任党组织负责人但不担任高级管理人员职务的非外部董事,其年度报酬比照本公司高级管理人员薪酬管理办法确定。

第七条 不担任高级管理人员和党组织负责人职务的非外部董事,其年度报酬比照第五条进行管理。在本企业领取的年度报酬比照本企业副总经理当年平均年度薪酬水平确定,并执行相应的延期支付制度。

第八条 非外部董事参加董事会和董事会专门委员会会议,不得领取董事会和专门委员会会议津贴。

第九条 非外部董事在任职公司所出资企业兼职的,不得在兼职企业领取年度报酬和其他任何形式的收入或者福利。

第十条 非外部董事可以参加本公司及任职的所出资企业的中长期激励计划,但只能参与一家企业中长期激励计划。

第十一条 公司应当为外部董事履职提供必要条件,并对其履职所发生的费用实行预算管理。

(一)公司应当为外部董事提供必要的办公场所和办公设施,保证工作用车。除董事长、副董事长外,其他外部董事不提供单间专用办公室,不配备专车。

(二)外部董事履行职务时所需办公费用,按照任职企业高级管理人员标准执行,实报实销。

(三)外部董事履行职务时,交通、住宿等差旅标准按照任职企业高级管理人员待遇执行。外部董事任职前享受待遇高于公司高级管理人员的,可以执行原待遇标准。

第十二条 同时在两家及两家以上公司董事会任职的董事，可以分别按照其任职，获得相应的董事报酬，享受相应的待遇。

第十三条 职工董事报酬依据其任职公司薪酬管理制度以及本人任职岗位确定。对因履行董事职责而减少正常收入的，由公司给予相应的补偿。具体补偿办法由公司职工代表大会或者职工大会提出，经公司董事会批准后执行。职工董事参加董事会和董事会专门委员会会议，不领取董事会和专门委员会会议津贴。公司应当为职工董事履行董事职责提供必要的条件。职工董事履行职务时，差旅、办公等有关待遇参照其他董事执行。

第十四条 非外部董事、职工董事不应当参与涉及本人薪酬及相关事项的决定过程。

第十五条 董事报酬为税前收入，应当依法交纳个人所得税。

第十六条 公司外部董事及董事长报酬由国资委支付。具体支付办法(另行制订)出台前，暂由其任职公司支付。非外部董事(不含董事长)报酬由其任职公司支付。

第十七条 公司董事会每年向国资委报告年度工作时，应当报告上年度本公司支付董事报酬及待遇情况。

第十八条 董事不得在国资委核定的报酬、津贴之外接受其他任何收入，不得让所任职公司或者与所任职公司有业务往来的企业承担应当由个人负担的费用，不得接受所任职公司以及与所任职公司有业务往来的企业的馈赠。

第十九条 董事违反本办法规定的，应当归还所接受的各种收入、福利和馈赠，补交应当由个人承担的费用。

第二十条 本办法自公布之日起施行。

国务院国有资产监督管理委员会关于印发《董事会试点中央企业专职外部董事管理办法(试行)》的通知

2009 年 10 月 13 日　国资发干二〔2009〕301 号

各董事会试点中央企业:

为进一步加强董事会试点中央企业外部董事队伍建设,促进董事会规范有效运作,根据《中华人民共和国公司法》、《中华人民共和国企业国有资产法》、《企业国有资产监督管理暂行条例》、《国有独资公司董事会试点企业外部董事管理办法(试行)》等有关法律、法规和规定,我们制定了《董事会试点中央企业专职外部董事管理办法(试行)》,现印发给你们,请遵照执行。

附件:董事会试点中央企业专职外部董事管理办法(试行)

附件:

董事会试点中央企业专职外部董事管理办法(试行)

第一章　总　　则

第一条　为适应深化国有资产管理体制改革和中央企业改革发展的要求,建立规范的公司治理结构,加强对董事会试点中央企业专职外部董事的管理,根据《中华人民共和国公司法》、《中华人民共和国企业国有资产法》、《企业国有资产监督管理暂行条例》、《国有独资公司董事会试点企业外部董事管理办法(试行)》等有关法律、法规和规定，制定本办法。

第二条 本办法适用于国务院国有资产监督管理委员会(以下简称国资委)履行出资人职责的董事会试点中央企业(以下简称董事会试点企业)。

第三条 本办法所称专职外部董事，是指国资委任命、聘用的在董事会试点企业专门担任外部董事的人员。专职外部董事在任期内，不在任职企业担任其他职务，不在任职企业以外的其他单位任职。

第四条 专职外部董事管理遵循以下原则：

(一)社会认可、出资人认可原则；

(二)专业、专管、专职、专用原则；

(三)权利与责任统一、激励与约束并重原则；

(四)依法管理原则。

第二章 管理方式

第五条 专职外部董事职务列入国资委党委管理的企业领导人员职务名称表，按照现职中央企业负责人进行管理。

第六条 专职外部董事在阅读文件、参加相关会议和活动等方面享有与中央企业负责人相同的政治待遇。

第七条 专职外部董事的选聘、评价、激励、培训等由国资委负责。

第八条 专职外部董事的日常管理和服务，由国资委委托有关机构负责(以下简称受委托机构)。受委托机构设立专职外部董事工作部门，负责保障专职外部董事的办公条件、建立履职台账、管理工作档案、发放薪酬、办理社会保险、传递文件、组织党员活动等事项，并协助国资委有关厅局做好相关工作。

第九条 建立专职外部董事报告工作制度。专职外部董事每半年向国资委报告一次工作，重大事项及时报告。

第三章 任职条件

第十条 专职外部董事应当具备下列基本条件：

（一）具有较高的政治素质，遵纪守法，诚信勤勉，职业信誉良好；

（二）具有履行岗位职责所必需的专业知识，熟悉国家宏观经济政策及相关法律法规，熟悉国内外市场和相关行业情况；

（三）具有较强的决策判断能力、风险管理能力、识人用人能力和开拓创新能力；

（四）具有10年以上企业经营管理或相关工作经验，或具有战略管理、资本运营、法律等某一方面的专长，并取得良好工作业绩；

（五）初次任职年龄一般不超过55周岁；

（六）一般具有大学本科及以上学历或相关专业高级职称；

（七）具有良好的心理素质，身体健康；

（八）公司法和公司章程规定的其他条件。

第四章 选拔和聘用

第十一条 专职外部董事的选拔是指通过组织推荐等方式选择符合条件的人员，由国资委任命或聘任为专职外部董事。

专职外部董事的聘用是指根据董事会试点企业董事会结构需求，从专职外部董事中选择合适人员，由国资委聘用为董事会试点企业的外部董事。

第十二条 组织推荐一般经过下列程序：

（一）沟通酝酿人选；

（二）确定考察对象；

（三）与考察对象就外部董事的职责、权利和义务等相关事项进行沟通，听取意见；

（四）组织考察；

（五）征求有关方面意见；

（六）提出建议人选；

(七)提交国资委党委会议讨论决定;

(八)办理任用手续。

第十三条 聘用专职外部董事一般经过下列程序:

(一)对董事会试点企业董事会进行结构分析,提出专职外部董事需求;

(二)按照董事会试点企业董事会需求,考虑专职外部董事的专业结构等因素,提出建议人选;

(三)提交国资委党委会议讨论决定;

(四)办理聘用手续(推荐到股份公司担任董事的,需要按照规定履行相关法律程序)。

第十四条 专职外部董事在董事会试点企业任职实行任期制,在同一企业任职时间最长不超过6年。

第五章 评价和薪酬

第十五条 专职外部董事的评价实行年度评价与任期评价相结合,按照《董事会试点中央企业董事会、董事评价办法(试行)》执行。

第十六条 专职外部董事的薪酬标准由国资委制定。

第十七条 专职外部董事薪酬由基本薪酬、评价薪酬、中长期激励等部分构成。

第十八条 专职外部董事的基本薪酬每三年(与中央企业负责人经营业绩考核任期相同)核定一次。基本薪酬按月支付。

第十九条 专职外部董事评价薪酬和中长期激励办法另行制定。

第二十条 专职外部董事的薪酬为税前收入,应依法缴纳个人所得税。专职外部董事薪酬由国资委支付。

第二十一条 受委托机构每年根据专职外部董事薪酬管理办法拟订专职外部董事薪酬方案,报国资委审核后兑现。

第六章 退　　出

第二十二条 专职外部董事有下列情形之一的,予以免职(解聘):

(一)达到任职年龄界限的;

(二)年度评价或任期评价结果为不称职,或者连续两个年度评价结果为基本称职的;

(三)履职过程中对国资委或任职公司有不诚信行为的;

(四)因董事会决策失误导致公司利益受到重大损失,本人未投反对票的;

(五)因健康原因长期不能坚持正常工作的;

(六)交流担任中央企业负责人职务的;

(七)因其他原因需要免职的。

第二十三条 专职外部董事提出辞职的,按程序批准后办理辞职手续。未批准前,专职外部董事应当继续履行职责。

第七章 附 则

第二十四条 专职外部董事管理的其他事项,按照《国有独资公司董事会试点企业外部董事管理办法(试行)》执行。

第二十五条 本办法自公布之日起施行。

国务院国有资产监督管理委员会关于印发《董事会试点中央企业高级管理人员经营业绩考核工作指导意见》的通知

2009 年 12 月 29 日 国资发综合〔2009〕335 号

各董事会试点中央企业:

为积极推进中央企业建立和完善董事会试点工作,加强对董事会试点中央企业董事会考核高级管理人员经营业绩工作的指导,现将《董事会试点中央企业高级管理人员经营业绩考核工作指导意见(试行)》印发给你们,请遵照执行。

附件:董事会试点中央企业高级管理人员经营业绩考核工作指导意见(试行)

附件:

董事会试点中央企业高级管理人员经营业绩考核工作指导意见(试行)

为推进中央企业建立和完善董事会试点工作,依法履行企业国有资产出资人职责,加强对董事会试点中央企业董事会考核高级管理人员经营业绩工作的指导,根据《中华人民共和国公司法》、《中华人民共和国企业国有资产法》、《企业国有资产监督管理暂行条例》、《中央企业负责人经营业绩考核暂行办法》(以下简称《考核办法》)、《董事会试点中央企业董事会规范运作暂行办法》等有关法律法规和规定,提出以下指导意见。

一、董事会考核高级管理人员经营业绩的基本条件和原则

(一)基本条件。

对具备下列条件的董事会试点中央企业,国务院国有资产监督管理委员会(以下简称国资委)不直接考核高级管理人员的经营业绩,由董事会根据国资委有关经营业绩考核的原则和本《指导意见》组织实施:

1. 公司法人治理结构较为完善,内部制衡机制基本形成,经营业绩考核制度健全;

2. 外部董事人数超过董事会全体成员半数;

3. 薪酬与考核委员会成员全部由外部董事担任。

经国资委确认，未达到上述条件的董事会试点中央企业，暂由国资委对其高级管理人员进行经营业绩考核。

（二）基本原则。

1. 依法履行出资人代表职责，不断提升股东回报和投资效率，确保国有资产保值增值；

2. 年度与任期考核相结合，兼顾当期效益与长期效益，不断增强企业发展后劲；

3. 考核结果与薪酬挂钩，业绩上、薪酬上，业绩下、薪酬下，并将考核结果作为对高级管理人员任免和奖惩的重要依据；

4. 制度创新与平稳过渡相结合，力求统一规则与企业个性化考核有机衔接；

5. 坚持考核服务于企业科学发展，推动企业提高战略管理、自主创新、资源节约与环境保护、安全生产等水平，不断增强企业核心竞争能力和可持续发展能力。

二、董事会考核高级管理人员经营业绩的主要职责和基本要求

（一）董事会履行以下工作职责：

1. 决定高级管理人员经营业绩考核制度和薪酬管理制度；

2. 决定高级管理人员年度与任期经营业绩考核及薪酬兑现方案；

3. 决定企业内部职能部门和下属单位的经营业绩考核制度和薪酬管理制度；

4. 确定向国资委提交的经营业绩测试评价目标建议值。

（二）薪酬与考核委员会履行以下工作职责：

1. 拟订高级管理人员的经营业绩考核制度和薪酬管理制度；

2. 拟订高级管理人员年度与任期经营业绩考核方案，组织实施对高级管理人员的经营业绩考核，并依据考核结果提出薪酬兑现方案；

3. 提出内部经营业绩考核制度和薪酬管理制度的意见和建议；

4. 组织落实董事会关于经营业绩考核的有关决议和负责日常具

体管理工作；

5. 向董事会提出经营业绩测试评价目标建议值；

6. 负责与国资委沟通，按照要求报备有关文件，并向董事会反馈相关信息；

7. 参加国资委组织的业绩考核工作会议和相关业务培训。

(三)董事会考核高级管理人员经营业绩工作的基本要求。

1. 制订切实可行的经营业绩考核办法。经营业绩考核办法应当以《考核办法》等文件确定的基本原则为依据，充分考虑行业特点和企业实际，按照资本收益最大化、公司可持续发展和增加股东价值的要求，建立切实可行的业绩考核办法。

2. 确定科学合理的经营业绩考核目标。董事会应当结合公司发展战略、经营状况和行业特点，确定符合企业实际、富有挑战性的考核目标；加强标杆管理，与同行业国内优秀企业和国际一流企业进行对标；实施精准考核，制订与每位高级管理人员工作岗位职责相适应的考核指标和考核评价体系，减少目标值与实际完成值的偏差。

3. 严格核定经营业绩考核结果。董事会核定经营业绩考核结果应当严格依据经中介机构审计并经国资委审定的财务决算数据，以及经董事会审定的有关非财务指标，听取派驻本企业监事会的意见，并对考核数据的真实性、合规性负责。董事会认定的考核指标实际完成值与国资委审定的数据有差异的，需事先与国资委沟通达成一致。

4. 充分运用经营业绩考核结果。年度和任期经营业绩考核结果应当作为董事会兑现高级管理人员薪酬、推动其改进工作、任免和奖惩的重要依据。

三、国资委工作职责及相关工作程序

(一)国资委在董事会试点中央企业经营业绩考核工作中履行以下职责：

1. 依照有关规定，对董事会业绩考核工作进行指导、监督和评价；

2. 对考核数据进行审核，确定影响经营业绩的客观因素；

3. 对高级管理人员年度和任期经营业绩进行测试评价，并纳入中央企业负责人经营业绩考核结果定级及考核排序；

4. 对董事会及薪酬与考核委员会进行培训，向董事会提供中央企业负责人经营业绩考核相关信息和政策等方面的服务。

(二)测试评价工作程序。

为使董事会试点中央企业高级管理人员经营业绩考核工作与其他中央企业负责人经营业绩考核工作相衔接，国资委对董事会试点中央企业年度和任期经营业绩进行评价。

1. 指标的选择。董事会试点中央企业年度和任期测试评价的基本指标，由国资委依据《考核办法》及有关规定确定；分类指标，应当突出管理短板，原则上从董事会对高级管理人员经营业绩考核指标体系中选取。

2. 目标值的确定。董事会应当按照国资委要求报告企业年度及任期测试评价目标建议值，经与国资委相关部门充分沟通后，由国资委下达年度及任期测试评价目标值。若董事会未按照规定报告企业测试评价目标建议值，或者测试目标建议值与同行业水平及同类型企业差异过大，由国资委依据《考核办法》，参照同行业水平及同类型中央企业情况，确定测试评价目标值。

3. 结果核定及运用。国资委根据经中介机构审计并经国资委审定的财务决算数据和相关调整因素，以及非财务指标计算测试评价结果，将测试评价结果纳入中央企业负责人经营业绩考核结果定级及考核排序，并作为实施奖惩的重要参考依据。

四、董事会与国资委之间的业绩考核工作机制

(一)日常沟通机制。

董事会试点中央企业应当加强内部工作配合，明确分工，建立与国资委在业绩考核重大事项及业务层面不同层级的沟通协调机制。董事会在审议决定高级管理人员经营业绩考核办法(含修订)、考核目标确定(含调整)、考核结果核定及薪酬兑现、测试评价目标建议值等重大事

项之前，应当按照国资委统一进度要求，委托薪酬与考核委员会和国资委相关部门进行沟通，听取派驻本企业监事会的意见，并将国资委相关部门的意见提交董事会，作为董事会决策的参考。薪酬与考核委员会也可视工作需要，委托企业相关职能部门协助开展与国资委的沟通工作。

(二)经营业绩考核文件的报备制度。

董事会应当在审议决定经营业绩考核事项后10个工作日内，将决议结果以书面形式报国资委备案，同时抄送派驻本企业的监事会。备案文件应当包括以下内容：

1. 考核办法。包括提请国资委备案的报告、经营业绩考核办法及有关情况说明。

2. 考核目标。包括董事会决议及有关情况说明。

3. 考核结果核定及薪酬。包括董事会决议、高级管理人员经营业绩考核结果及有关情况说明。

(三)定期报告制度。

董事会每年向国资委报告年度工作时，应当报告上一年度及任期经营业绩考核工作情况。主要内容包括：

1. 高级管理人员考核制度建设和薪酬管理制度建设情况。

2. 高级管理人员经营业绩考核结果与薪酬兑现及与任免挂钩等情况。

3. 公司内部经营业绩考核体系(包括全员业绩考核办法)建设情况。

4. 高级管理人员测试评价目标完成情况。

5. 下一年度(或者任期)业绩考核工作安排情况。

6. 董事会认为需要报告的其他事项或者建议。

董事会应当每半年向国资委相关部门报告完成年度测试评价目标的进展情况。

五、本指导意见中的高级管理人员是指公司总经理、副总经理、总会计师。

国务院国有资产监督管理委员会关于印发《关于建设规范董事会的中央企业董事会和监事会工作关系的意见（试行）》的通知

2010 年 6 月 22 日　国资发监督〔2010〕82 号

各国有重点大型企业监事会，各中央企业：

为积极推进中央企业规范董事会建设工作，规范董事会和监事会的工作关系，根据《中华人民共和国公司法》、《中华人民共和国企业国有资产法》、《企业国有资产监督管理暂行条例》（国务院令第 378 号）、《国有企业监事会暂行条例》（国务院令第 283 号）等有关法律、行政法规，我们制定了《关于建设规范董事会的中央企业董事会和监事会工作关系的意见（试行）》，现印发给你们，请遵照执行。

附件：关于建设规范董事会的中央企业董事会和监事会工作关系的意见（试行）

附件：

关于建设规范董事会的中央企业董事会和监事会工作关系的意见（试行）

第一章　总　则

第一条　为积极推进中央企业规范董事会建设工作，根据《中华人民共和国公司法》、《中华人民共和国企业国有资产法》、《企业国有资产监督管理暂行条例》(国务院令第378号)、《国有企业监事会暂行条例》(国务院令第283号)等有关法律、行政法规,就建设规范董事会的中央企业董事会和监事会的工作关系制定本意见。

第二条 本意见适用于由国务院国有资产监督管理委员会(以下简称国资委)履行出资人职责的建设规范董事会的国有独资公司(以下简称公司)。

第三条 董事会和监事会严格遵守有关法律、行政法规及公司章程的规定,依法履行决策职能和监督职责,维护出资人利益。

第四条 董事会和监事会应建立工作联系机制,加强沟通协调,规范运作。

第二章　监事会的相关职责

第五条 监事会依法履行监督职责,对公司执行法律法规和规章制度情况、财务信息真实性、国有资产保值增值情况及公司负责人经营行为等进行监督和评价,包括对董事执行公司职务的行为进行监督,对董事会工作进行评价等。

第六条 监事会采取听取工作汇报、列席会议、检查财务、查阅生产经营资料、访谈座谈等多种方式开展监督检查工作。

第七条 监事会应当列席董事会会议和专门委员会会议,了解掌握公司决策事项及决策程序,关注决策机制和决策结果。监事会主席根据会议内容,列席或委派专职监事列席。

监事会认为必要时,经批准可以向董事长提议召开董事会临时会议。

第八条 监事会检查发现董事会或董事未有效行使职权、履行义务,或监事会认为应当报告的其他情况,应及时向国资委报告。

第九条 按照监事会与企业交换意见的有关规定,监事会应将监督检查发现的、需要由公司自行纠正和改进的经营管理问题,通过适当方式与董事会交换意见,并提出整改建议。监事会主席认为必要时,公司高级管理人员、相关职能部门负责人以及国资委有关人员可以列席监事会与董事会交换意见的座谈会。

第十条 监事会在对公司财务状况、重要决策和重大事项实施有效监督检查的基础上，对董事会工作和董事执行公司职务情况形成评价意见，在监事会报告中反映，并印送国资委有关厅局。

第十一条 监事会按照《关于印发〈董事会试点中央企业董事会、董事评价办法（试行）〉的通知》（国资发干—〔2008〕159 号）和有关要求，参与对董事会、董事的评价工作。

第十二条 监事会主席及其确定的专职监事参加董事会报告年度工作专题会议，监事会主席可以对董事会工作发表意见、提出质询。

第三章 董事会的相关职责

第十三条 董事会应支持配合监事会工作，同时督导公司高级管理人员予以配合。

第十四条 董事会应确定向监事会报送信息的承办机构和人员，规定报送程序和有关责任。

第十五条 召开董事会会议和专门委员会会议，会议通知及相关资料应按规定及时送达监事会。

监事会提议召开董事会临时会议时，董事长应当自接到提议后 10 日内，召集并主持董事会临时会议。

第十六条 董事会会议决议等文件资料应按规定和要求报送监事会。董事会和董事履职的有关材料，如董事会会议记录等，应向监事会提供或供监事会查阅。

第十七条 董事会年度工作报告、向国资委报告的事项及相关材料，应同时抄送监事会。

第十八条 董事会应制定公司向监事会报送《企业年度工作报告》等文件、提供公司财务状况和经营管理情况等有关资料的具体办法，并监督其执行情况。

第十九条 董事会应督导公司高级管理人员落实监事会与董事会交换意见提出的问题和整改建议，并及时向监事会反馈。

第四章　董事会与监事会的沟通协调

第二十条　董事会和监事会应加强沟通与协调,由董事会秘书和监事会主席确定的专职监事负责日常联络工作。

第二十一条　董事会专门委员会和监事会应保持良好沟通,可以就公司高级管理人员履职情况和经营业绩、公司财务效益状况、内控机制运行情况等加强工作信息交流。

第二十二条　根据监督检查工作需要,监事会主席或其确定的专职监事可以向有关董事了解情况,听取意见。

第二十三条　董事认为有必要,可以书面或者口头形式向监事会反映情况和征询意见。

第二十四条　监事会可将有助于董事履职的有关监督检查信息,以书面形式提供给有关董事,或由监事会主席以口头方式与其沟通。

第二十五条　监事会认为需要提请董事会关注的事项,可由监事会主席向董事长提示。

第五章　附　　则

第二十六条　本意见由国资委负责解释。

第二十七条　本意见自公布之日起施行。

收入分配

关于高新技术中央企业开展股权激励试点工作的通知

2004年4月30日　国资厅发分配〔2004〕23号

各中央企业：

为贯彻落实全国国有资产监督管理工作会议精神，加强企业科技创新，根据《企业国有资产监督管理暂行条例》和《国务院办公厅转发财政部科技部关于国有高新技术企业开展股权激励试点工作指导意见的通知》（国办发〔2002〕48号，以下简称《指导意见》）要求，现就高新技术中央企业开展股权激励试点工作的有关事项通知如下：

一、充分认识高新技术中央企业开展股权激励试点的重要意义

《指导意见》是贯彻党的十六大确立的劳动、资本、技术和管理等生产要素按其贡献参与收益分配的原则，完善按劳分配为主体、多种分配方式并存的分配制度的重大举措，对于鼓励科技创新，推动高新技术企业建立现代企业制度、加速科技成果产业化，促进高新技术产业改革和发展，充分调动企业科技人员创新的积极性具有十分重要的作用。为逐步建立适应市场经济体制和现代企业制度要求的激励与约束相结合的收入分配制度，更好体现科技创新和经营管理的劳动价值，增强对企业“关键”人才的激励，吸引人才、稳定人才、积聚人才，拟在2004年选择部分高新技术企业和转制科研院所进行股权激励的试点。各中央企业要高度重视高新技术企业股权激励试点工作，采取切实可行的措施，保证优秀人才获得合理的收入，为企业技术创新做出更大贡献。

二、高新技术中央企业股权激励试点申报程序

（一）试点企业条件。试点企业必须符合《指导意见》第二、三条的

规定，同时还应具备以下条件：

1. 进行了规范的公司制改造，公司股东会、董事会、监事会和经理层职责明确，形成了各负其责、协调运转、有效制衡的公司法人治理结构。同时，还应按照《指导意见》的要求进行资产评估。

2. 高新技术主业突出，近三年国有净资产增值较快，技术及管理等生产要素在资产增值中作用明显，高新技术主业利润总额（销售收入）占试点企业总利润（销售收入）的50%以上。

3. 制定了明确的企业发展战略和实施计划，绩效评价、财务核算等各项规章制度健全，管理完善。企业财务会计报告经注册会计师审计确认无违反财经法律法规行为。

（二）制定试点方案。符合试点条件的企业应按照《指导意见》及《财政部、科技部关于实施〈关于国有高新技术企业开展股权激励试点工作的指导意见〉有关问题的通知》（财企〔2002〕508号）要求制定试点方案。

1. 试点方案应主要载明以下内容：股本（资本）总额及其股权（份）结构，股权激励的范围、条件和方式，股权（股份）的来源，股本设置及股权（股份）管理、处置，出售股权的价格系数，有关人员的绩效考核的评价、具体持股数量及持股期限等。

2. 试点方案须经试点企业股东大会或董事会审议通过，同时应提交职工代表大会或职工大会审议，听取职工意见。

（三）申请报批。试点方案由中央企业（集团母公司）审定后，按照《指导意见》第十一条规定要求向国资委、科技部提出申请股权激励试点报告，并请提供企业发展战略和实施计划及企业员工绩效评价等相关的文件、资料。

三、精心组织实施

试点方案经国资委、科技部审批后，由各中央企业组织实施试点工作。对试点工作中出现的问题应及时研究，总结经验，并按年度将试点工作进展情况报国资委、科技部。

试点申报材料一式4份，并附电子文档，于2004年6月底之前分别报国资委企业分配局、科技部政策法规与体改司。

关于印发《中央企业负责人薪酬管理暂行办法》的通知

2004年6月2日　国资发分配〔2004〕227号

各中央企业：

建立有效的中央企业负责人激励与约束机制，完善中央企业业绩考核体系，是履行出资人职责的一项重要内容。为规范中央企业负责人薪酬管理，国资委制定了《中央企业负责人薪酬管理暂行办法》，现印发你们，请结合企业实际，认真执行，并及时反映实施中的有关情况和问题。

附件：中央企业负责人薪酬管理暂行办法

附件：

中央企业负责人薪酬管理暂行办法

第一章　总　　则

第一条　为切实履行出资人职责，建立有效的中央企业负责人（以下简称企业负责人）激励与约束机制，促进中央企业（以下简称企业）改革、发展和国有资产保值增值，根据《企业国有资产监督管理暂行条例》等有关法律法规，制定本办法。

第二条 本办法所称企业负责人及企业其他负责人是根据《企业国有资产监督管理暂行条例》第十七条规定，列入中央和国务院国有资产监督管理委员会(以下简称国资委)管理权限范围内的企业负责人。

第三条 企业负责人薪酬管理遵循下列原则：

(一)坚持激励与约束相统一，薪酬与风险、责任相一致，与经营业绩挂钩。

(二)坚持短期激励与长期激励相结合，促进企业可持续发展。

(三)坚持效率优先、兼顾公平，维护出资人、企业负责人、职工等各方的合法权益。

(四)坚持薪酬制度改革与相关改革配套进行，推进企业负责人收入分配的市场化、货币化、规范化。

(五)坚持物质激励与精神激励相结合，提倡奉献精神。

第四条 按照本办法进行薪酬管理的企业应当具备下列条件：

(一)已制订中长期发展规划，生产经营稳定；企业负责人的工作责任、任务和目标明确。

(二)与国资委签订《中央企业负责人经营业绩考核责任书》。

(三)按照国家有关部门关于深化国有企业内部人事、劳动、分配制度改革的要求，进行了劳动、人事、分配制度改革。

(四)能按时发放职工工资，足额缴纳各项社会保险费用，近三年企业工资管理无违规行为。

(五)内部基础管理规范，财务报表和成本核算符合《中华人民共和国会计法》和有关财务会计制度规定。

(六)已建立健全财务、审计、企业法律顾问和职工民主监督等内部监督和风险控制机制。

第二章 薪酬构成及确定

第五条 企业负责人薪酬由基薪、绩效薪金和中长期激励单元三部分构成。中长期激励办法另行制定。

第六条 基薪是企业负责人年度的基本收入，主要根据企业经营规模、经营管理难度、所承担的战略责任和所在地区企业平均工资、所在行业平均工资、本企业平均工资等因素综合确定。

第七条 企业法定代表人的基薪按《中央企业负责人薪酬管理暂行办法实施细则》的有关规定（另行制定），采用经审计并通过国资委审核确认的企业上年度财务决算数据计算。基薪每年核定一次。

第八条 企业其他负责人的基薪，由企业根据其任职岗位、责任、风险确定，应采取民主测评等多种方式，合理拉开差距。

第九条 因主辅分离、减员增效等因素，导致企业规模发生变化，相关规模系数在企业主要负责人当期的任期内不核减。

第十条 绩效薪金与经营业绩考核结果挂钩，以基薪为基数，根据企业负责人的年度经营业绩考核级别及考核分数确定，具体规定按《中央企业负责人经营业绩考核暂行办法》（国资委令第2号）执行。

第三章 薪酬兑现

第十一条 企业负责人基薪列入企业成本，按月支付。

第十二条 企业负责人绩效薪金列入企业成本，根据考核结果，由企业一次性提取，分期兑现。其中，绩效薪金的60%在年度考核结束后当期兑现，其余40%延期兑现。

第十三条 延期兑现收入与企业负责人任期资产经营考核结果挂钩，具体规定按《中央企业负责人经营业绩考核暂行办法》（国资委令第2号）执行。

第十四条 企业负责人的住房公积金和各项社会保险费，应由个人承担的部分，由企业从其基薪中代扣代缴；应由企业承担的部分，由企业支付。

第十五条 企业负责人的薪酬为税前收入，应依法交纳个人所得税。

第四章　管理与监督

第十六条　企业根据本办法及实施细则制定本企业负责人年度薪酬方案。

第十七条　国资委对企业负责人年度薪酬方案进行审核,并对企业法定代表人的年度薪酬方案予以批复。企业其他负责人的年度薪酬方案,由企业按照本办法确定后报国资委备案。

第十八条　企业主要负责人在子企业兼职取酬的,需报国资委批准。具体办法另行规定。

第十九条　按照本办法进行薪酬管理的企业应当逐步规范企业负责人职位消费,增加职位消费透明度,有条件的应逐步将职位消费货币化。

(一)对礼品费、招待费等公务消费,应当规范预算管理,加强财务监督、审核,接受职工的民主监督。

(二)对企业负责人住房,按照属地化原则,严格执行其住房所在地的房改政策。

(三)实行公务车改革的企业,可合理确定企业负责人交通费用补贴标准,其补贴暂在基薪和绩效薪金外单列,按月发放。

(四)采取包干制等方式支付通讯费的企业,通讯费暂在基薪和绩效薪金外单列,按月发放。

企业在报送负责人年度薪酬方案时,应当将企业负责人职位消费的相关材料报国资委。

第二十条　因工作需要在一年内发生岗位变更的,按任职时段计算其当年薪酬。

第二十一条　除国家另有规定及经国资委同意外,企业负责人不得在企业领取年度薪酬方案(已经国资委审核)所列收入以外的其他货币性收入。

第二十二条　企业负责人的基薪和绩效薪金、符合国家规定和经国资委审核同意的其他货币性收入,由企业按照企业负责人的具体收入与支出设置明细账目,单独核算。

企业负责人薪酬计入企业工资总额并在企业工资统计中单列。

第二十三条 企业负责人薪酬方案及实施结果应由企业在适当范围内予以公布,接受民主监督。

第二十四条 执行本办法的企业应根据劳动力市场价位和企业自身的情况,不断深化企业内部收入分配制度改革,严格控制人工成本,不得层层增加工资,不得超提、超发工资。

第二十五条 国资委定期对企业负责人薪酬发放情况进行专项检查,对执行本办法过程中存在下列情况之一的企业和企业负责人,视情节轻重予以处理:

(一)对于超核定标准发放企业负责人收入的,责令企业收回超标准发放部分,并对企业、企业主要负责人和相关责任人给予通报批评。

(二)对在实行企业负责人薪酬制度改革过程中,超提、超发工资的,对企业主要负责人和相关责任人给予通报批评并相应扣减其绩效薪金。

(三)对于违反国家有关法律法规、弄虚作假的,除依法处理外,相应扣减企业主要负责人和相关责任人的绩效薪金或延期兑现收入。

第二十六条 对于发生重大决策失误或重大违纪事件,给企业造成不良影响或造成国有资产流失的,相应扣减企业主要负责人和相关责任人的绩效薪金和延期兑现收入。

第五章 附 则

第二十七条 面向社会公开招聘的企业负责人薪酬,可根据人才市场价位,采取招聘和应聘双方协商的方式确定。

第二十八条 国有控股及参股企业中国有股权代表可以参照本办法提出本企业负责人薪酬调控意见,并按法定程序分别提交企业董事会、股东会审议决定。

第二十九条 国有独资企业、国有独资公司和国有控股公司专职党委(党组)书记、副书记、常委(党组成员)、纪委书记(纪检组长)薪酬管理参照本办法执行。

第三十条 国资委将建立企业负责人特别奖励制度,以奖励服从组织调任到特定企业任职，以及对企业和社会有特殊贡献的企业负责人。具体办法另行制定。

第三十一条 企业应当按照建立现代企业制度的要求和《中华人民共和国公司法》的规定，抓紧建立规范的公司法人治理结构。规范的法人治理结构建立健全后，本办法规定的实施对象将按照《中华人民共和国公司法》等有关法律法规调整。

第三十二条 本办法自公布之日起施行。

关于加强人工成本控制规范收入分配有关问题的通知

2004年10月16日 国资分配〔2004〕985号

各中央企业：

近年来，中央企业对收入分配制度改革方面进行了积极探索和实践，在打破平均主义、完善激励约束机制、规范企业领导人员薪酬制度等方面取得了积极成效。但当前中央企业收入分配中也出现了一些值得注意的问题，主要是少数企业执行国家政策不严格、人工成本增长过快、收入差距过大等。为加强中央企业人工成本管理，规范收入分配行为，实现企业可持续发展和良性循环，确保国有资本保值增值，现就有关事项通知如下：

一、建立中央企业收入分配重大事项审核报告制度

各中央企业应严格执行国家收入分配宏观调控政策并履行相应的申报程序。企业按国家有关政策规定建立职工住房补贴制度、住房公积金制度、企业年金制度以及实施股权激励等收入分配重大事项，均应按照《中华人民共和国公司法》的有关规定，向出资人或股东报告(或经批准)，并履行以下申报程序：国有独资企业(公司)的收入分配重大事项应

报国资委审核（或备案）后实施；国有控股或者参股企业的收入分配重大事项，应当事先报告国资委及履行出资人职责的其他股东审核（或备案）后，再提交董事会。对已经实施上述收入分配办法未向国资委报告的企业，应在收到此通知后的一个月内将实施情况报国资委。

二、加强收入分配宏观调控，严格控制人工成本增长

各中央企业要健全人工成本管理调控制度，加强人工成本的统计、分析和管理，建立人工成本监控、预警体系，并将人工成本管理与业绩考核工作紧密结合。企业职工工资的发放要严格遵循“两低于”原则，不得超提、超发工资总额，除国家政策另有规定外，不得再以其他形式在成本中列支任何工资性项目。工效挂钩企业所有增资均应由效益工资列支。企业建立职工住房补贴、住房公积金、企业年金等福利制度，要严格执行国家财税政策，报告其财务处理情况，不得突破国家政策规定的标准和列支渠道，不得在企业重组、合并、改制时突击发放奖金、补贴等。企业执行国家收入分配政策和拟订收入分配制度改革措施，均应充分考虑企业人工成本的承受能力。超出人工成本承受力，导致企业效益下降的分配措施应暂缓执行或出台。

三、深化内部分配制度改革，逐步建立有利于企业长远发展的激励约束机制

企业分配制度改革必须与用工制度、人事制度等项改革同步配套推进，切实贯彻“效率优先，兼顾公平”的原则，着眼于调动全体员工的积极性。各中央企业要按照建立现代企业制度的要求，建立以劳动力市场为导向，以岗位工资为主的基本工资制度，实行“竞争上岗、以岗定薪”，形成个人收入与其岗位责任、贡献和企业效益密切挂钩、与劳动力市场价位相衔接、能增能减的分配调控机制。积极探索管理、技术、资本等各种生产要素按贡献参与收益分配的办法，将按劳分配与按生产要素分配有机结合起来，对高级管理人员、专业技术人员和业务骨干可根据劳动力市场状况和人才市场化程度实行更为灵活的薪酬制度，加大对企业关键人才的激励力度。

四、加强企业收入分配的管理和监督,完善约束机制

各中央企业在收入分配中要严格财务管理和审计监督,建立出资人监督、企业内部监督和监事会外部监督相结合的有效监督机制。进一步完善厂务公开制度,把收入分配包括经营管理者收入情况作为厂务公开的一项重要内容,接受职工群众监督。建立健全内部分配的民主管理程序和制度,企业收入分配的重大事项须充分听取职工的意见,加强企业内部的自我约束和自我监督能力。国资委将逐步完善对企业收入分配的监督检查制度,适时对企业收入分配政策执行情况进行监督检查。对违反国家收入分配政策,超提、超发工资、奖金、补贴,侵蚀利润的做法,要按规定严肃查处。

各中央企业负责人要身体力行"三个代表"的重要思想,树立与科学发展观相适应政绩观和业绩观,统一思想认识,树立全局观念,发扬艰苦奋斗、勤俭办企业的优良传统。要贯彻党的十六届三中、四中全会精神,继续深化劳动用工、人事和收入分配制度改革,正确处理按劳分配为主体和实行多种分配方式的关系,正确处理出资人、企业和职工的利益关系,正确处理当前利益与长远利益的关系,正确处理个人利益、局部利益与企业整体利益的关系,为企业的可持续发展创造良好条件,坚决防止和避免短期行为。

关于中央企业试行企业年金制度的指导意见

2005年8月8日　国资发分配〔2005〕135号

各中央企业:

为指导和规范国资委监管企业(以下简称中央企业)试行企业年金

制度，完善企业薪酬福利制度和社会保障体系，正确处理国有资产出资人、企业、职工三者利益关系，逐步建立有利于国有资本保值增值的激励机制，根据《企业年金试行办法》(劳动保障部令第20号)等有关政策规定，现就中央企业试行企业年金制度提出如下意见：

一、充分认识试行企业年金制度的重要意义

企业年金是在国家政策指导下，企业及其职工在依法参加基本养老保险的基础上，自愿建立的补充养老保险制度。建立和完善企业年金制度，既有利于保障和提高职工退休后的基本生活水平、构建多层次养老保险体系，又有利于改善企业薪酬福利结构，增强薪酬的长期激励作用，提高企业凝聚力和竞争力，是一项关系到企业长远发展和职工切身利益的制度建设。各中央企业要充分认识试行企业年金制度的重要意义，规范企业年金制度的建立和年金基金的管理运行。

二、试行企业年金制度的原则

(一)保障性和激励性相结合的原则。

试行企业年金制度应统筹考虑企业职工未来基本生活保障的需要与即期激励作用的发挥，将完善企业薪酬福利制度与构建社会保障体系有机地结合起来，增强企业凝聚力，完善激励机制。

(二)效率优先、兼顾公平的原则。

试行企业年金制度既要坚持公开、公平、公正原则，覆盖企业全体职工；也要与职工个人的贡献挂钩，促进企业经济效益持续增长。

(三)兼顾出资人、企业和职工利益原则。

试行企业年金制度应充分考虑企业的承受能力，量力而行，不能互相攀比，不能加重企业的负担，不能损害企业的长远发展。

三、试行企业年金制度的基本条件

(一)具备相应的经济能力。

1. 企业盈利并完成国资委核定的年度经营业绩考核指标，实现国

有资本保值增值。亏损企业以及未实现国有资本保值增值的企业在实现扭亏及国有资本保值增值之前不得试行企业年金制度。

2. 企业主业明确,发展战略清晰,具有持续的盈利能力和年金支付能力。

(二)人工成本承受能力较强。

企业年金缴费水平应与人工成本承受能力相适应,不得因试行企业年金制度而造成人工成本大幅度增加,从而影响企业的竞争能力。凡是人工成本指标高于行业平均水平,以及人工成本指标控制未达到国资委相关要求的,应暂缓实行或调整缴费比例,保持和提高企业竞争力。

(三)基础管理规范、民主制度健全。

企业应依法参加基本养老保险并履行缴费义务。企业年金方案应当通过企业内部协商的方式确定,并通过职工大会或职工代表大会及其他民主方式审议通过。

四、科学设计和实施企业年金方案

企业年金方案应包括参加人员范围,资金筹集、个人账户管理、基金管理、计发办法和支付方式,组织管理和监督方式等内容。其中,要重点设计和解决以下问题:

(一)科学设计薪酬福利结构。

企业应根据人力资源发展战略、内部分配制度改革的需要,统筹考虑建立企业年金与调整薪酬福利结构的关系,不断完善企业薪酬福利体系。

(二)合理确定年金缴费水平。

企业年金所需费用由企业和职工个人共同缴纳,企业缴费与个人缴费比例应相匹配。企业盈利并完成国资委下达的经营业绩指标,人工成本指标低于行业平均水平,以及人工成本指标控制达到国资委相关要求的,可按企业年金计划规定的缴费比例执行;盈利指标未能达到国资委核定的经营业绩考核目标或企业亏损,以及人工成本指标较高时,应动态调整企业缴费水平或暂停缴费。企业集团内部各企业之间的缴费水平应根据企业发展阶段与经济效益状况，合理确定缴费水平，避免互相攀比。

（三）强化年金激励、约束功能。

企业年金基金采用个人账户方式进行管理。企业缴费划入个人账户比例应根据职工对企业经营业绩贡献的大小，结合职工的岗位责任、工作年限等因素综合确定，适当向关键岗位和优秀人才倾斜。对已划入个人账户的部分，应根据职工工作年限（也可自企业年金计划启动后起计）决定归属个人比例，并随着工作年限的增加相应增加归属比例，在3～5年内逐步归属职工个人。

为建立中央企业负责人中长期激励机制，根据《中央企业负责人经营业绩考核暂行办法》及《中央企业负责人薪酬管理暂行办法》的有关规定，试行企业年金制度的中央企业可根据企业负责人任期考核结果，适当提高企业缴费部分划入企业负责人个人账户部分的比例，具体比例由企业根据自身实际和完善企业负责人薪酬福利结构的需要提出，经国资委审核同意后实施。

（四）规范年金资金列支渠道。

中央企业缴费的列支渠道，在完善城镇社会保障体系试点的省（区、市），根据《国务院关于印发完善城镇社会保障体系试点方案的通知》（国发〔2000〕42号）规定，企业缴费在工资总额4%以内的部分，可从成本中列支。其他省（区、市），根据财政部《关于企业为职工购买保险有关财务处理问题的通知》（财企〔2003〕61号）和税务总局《关于执行〈企业会计制度〉需要明确的有关所得税问题的通知》（国税发〔2003〕45号）的有关规定，企业缴费列入成本的部分原则上不超过工资总额的4%。

（五）兼顾解决历史遗留问题。

企业年金方案的设计要与解决历史遗留问题结合起来，通过试行企业年金制度，规范基本养老保险统筹外项目支出。凡是试行企业年金制度的企业，应兼顾新、老离退休人员福利保障水平，统筹解决基本养老保险统筹外项目支出问题，对试行企业年金制度后离退休的人员，企业不应在基本养老保险统筹和企业年金之外再支付任何福利性项目。

(六)统筹规划设计年金方案。

试行企业年金制度,应按照国家相关法律法规和本指导意见要求,在对企业整体经济状况、人工成本承受能力进行精心测算和对未来经营业绩科学预测的基础上拟订企业年金方案。各中央企业原则上应统筹规划设计整体年金方案,并针对企业内部各子企业实际情况分步实施,不能一刀切。多元化的大型企业集团,其子企业可结合行业特点制订独具特色的企业年金方案,由集团公司报国资委审核。

五、规范企业年金的市场化管理运营

(一)建立企业年金管理运营机构公开选择和考核评估机制。

为加强年金基金监管和规范运营,保障企业年金的安全性,各中央企业应按照“公开、公平、公正”的原则,采用市场化方式,择优选择经国家有关监管部门认定的机构管理运营企业年金,并将选择的管理运营机构事前报国资委备案。同时,中央企业应通过受托人建立动态的考核评价机制,对管理运营机构的业绩进行评估,并根据评估情况调整管理运营机构。

(二)规范与各管理服务机构的法律关系。

试行企业年金制度的企业要严格按照《企业年金试行办法》要求,明确与企业年金基金各管理运营主体的职责及运作规则。由企业按规定确定企业年金受托人,由企业年金受托人按规定委托具有资格的企业年金账户管理人、投资管理人和托管人。企业与受托人建立信托关系并签订书面合同,受托人与账户管理人、托管人和投资管理人之间应确定委托合同关系并签订书面合同,明确各自的权利、责任和义务。

(三)建立报告和信息披露制度。

中央企业年金受托人、账户管理人、托管人和投资管理人等管理运营机构,应当按照规定向委托人及有关部门或机构报告企业年金基金管理情况,并对所披露信息的真实性、完整性负责。各委托人应将上述报告汇总后报国资委备案。各管理运营机构应接受企业年金委托人、受益人查询，定期向委托人、受益人和有关监管部门提供企业年金基金管理报告。发生重大事件时，应及时向委托人、受益人及有关监管部门报告。

企业年金理事会或企业年金基金受托管理人应定期向职工大会或职工代表大会报告企业年金管理、运营情况，职工大会或职工代表大会代表职工监督企业年金的管理和运行。

六、加强企业年金的组织管理

（一）加强组织领导。

建立年金制度的企业应成立由相关部门和职工代表组成的企业年金管理委员会，加强对直接投资的国有和国有控股企业试行企业年金制度的组织指导，促进企业年金制度稳步健康发展。具备条件的大型中央企业可建立独立的企业年金理事会，其他中央企业可自愿结合，联合组成企业年金理事会或行业年金理事会，统一受托管理企业年金基金。企业年金理事会应符合国家有关规范要求，并建立和完善内部稽核监控制度、风险控制制度以及选择、监督、评估、更换账户管理人、托管人、投资管理人及其他中介机构的制度和流程，切实承担好受托管理职责。

（二）建立审核、备案制度。

中央企业要按照国家有关规定和本指导意见的要求制订年金方案，经企业职工代表大会或职工大会审议通过后，按照《中华人民共和国公司法》、《企业国有资产监督管理暂行条例》的有关规定履行以下审核程序：国有独资中央企业（公司）的年金方案应报国资委审核批准；中央企业直接或间接控股的公司的年金方案，其国有控股股东应在提交董事会审议前将企业年金方案报履行出资人职责的部门审核同意。企业年金方案经审核批准后，按有关规定报劳动保障部门备案。

本意见下发之前已经试行企业年金（或补充养老保险）制度的中央企业及以企业年金（或补充养老保险）名义购买的商业保险产品，应当按照国家有关政策规定和本意见的要求认真清理、规范完善企业年金方案，并将修订和规范后的企业年金方案按本意见规定履行审核程序。

国资委将加强与国务院有关部门的协调配合，会同有关监管部门共同对企业年金的运行实施情况进行监督检查。各中央企业在建立和实施企业年金工作中遇到的新情况、新问题，要及时向国资委报告。

关于印发《国有控股上市公司(境外)实施股权激励试行办法》的通知

2006年1月27日　国资发分配〔2006〕8号

各省、自治区、直辖市及计划单列市、新疆生产建设兵团国有资产监督管理机构、财政厅(局)，各中央企业：

为深化国有控股上市公司(境外)(以下简称上市公司)薪酬制度改革，构建上市公司中长期激励机制，充分调动上市公司高级管理人员和科技人员的积极性，指导和规范上市公司拟订和实施股权激励计划，根据《中华人民共和国公司法》、《企业国有资产监督管理暂行条例》(国务院令第378号)，我们制定了《国有控股上市公司(境外)实施股权激励试行办法》。现印发给你们，请结合实际，认真遵照执行。

中央金融企业、地方国有或国有控股企业改制重组境外上市的公司比照本办法执行。为规范实施股权激励制度，地方国有控股上市公司(境外)试行股权激励办法，由各省(区、市)及计划单列市国有资产监督管理机构或部门、新疆生产建设兵团国资委、财政厅(局)分别报国务院国资委和财政部备案。

附件：国有控股上市公司(境外)实施股权激励试行办法

附件：

国有控股上市公司(境外)实施股权激励试行办法

第一章　总　　则

第一条　为指导国有控股上市公司(境外)依法实施股权激励，建立中长期激励机制，根据《中华人民共和国公司法》、《企业国有资产监督管理暂行条例》等法律、行政法规，制定本办法。

第二条　本办法适用于中央非金融企业改制重组境外上市的国有控股上市公司(以下简称上市公司)。

第三条　本办法所称股权激励主要指股票期权、股票增值权等股权激励方式。

股票期权是指上市公司授予激励对象在未来一定期限内以预先确定的价格和条件购买本公司一定数量股票的权利。股票期权原则上适用于境外注册、国有控股的境外上市公司。股权激励对象有权行使该项权利，也有权放弃该项权利。股票期权不得转让和用于担保、偿还债务等。

股票增值权是指上市公司授予激励对象在一定的时期和条件下，获得规定数量的股票价格上升所带来的收益的权利。股票增值权主要适用于发行境外上市外资股的公司。股权激励对象不拥有这些股票的所有权，也不拥有股东表决权、配股权。股票增值权不能转让和用于担保、偿还债务等。

上市公司还可根据本行业和企业特点，借鉴国际通行做法，探索实行其他中长期激励方式，如限制性股票、业绩股票等。

第四条　实施股权激励应具备以下条件：

(一)公司治理结构规范，股东会、董事会、监事会、经理层各负其责，协调运转，有效制衡。董事会中有 3 名以上独立董事并能有效履行职责。

(二)公司发展战略目标和实施计划明确,持续发展能力良好。

(三)公司业绩考核体系健全、基础管理制度规范,进行了劳动、用工、薪酬制度改革。

第五条 实施股权激励应遵循以下原则:

(一)坚持股东利益、公司利益和管理层利益相一致,有利于促进国有资本保值增值和上市公司的可持续发展;

(二)坚持激励与约束相结合,风险与收益相对称,适度强化对管理层的激励力度;

(三)坚持依法规范,公开透明,遵循境内外相关法律法规和境外上市地上市规则要求;

(四)坚持从实际出发,循序渐进,逐步完善。

第二章 股权激励计划的拟订

第六条 股权激励计划应包括激励方式、激励对象、授予数量、行权价格及行权价格的确定方式、行权期限等内容。

第七条 股权激励对象原则上限于上市公司董事、高级管理人员(以下简称高管人员)以及对上市公司整体业绩和持续发展有直接影响的核心技术人才和管理骨干,股权激励的重点是上市公司的高管人员。

本办法所称上市公司董事包括执行董事、非执行董事。独立非执行董事不参与上市公司股权激励计划。

本办法所称上市公司高管人员是指对公司决策、经营、管理负有领导职责的人员,包括总经理、副总经理、公司财务负责人(包括其他履行上述职责的人员)、董事会秘书和公司章程规定的其他人员。

上市公司核心技术人才、管理骨干由公司董事会根据其对上市公司发展的重要性和贡献等情况确定。高新技术企业可结合行业特点和高科技人才构成情况界定核心技术人才的激励范围,但须就确定依据、授予范围及数量等情况作出说明。

在股权授予日,任何持有上市公司5%以上有表决权的股份的人员,未经股东大会批准,不得参加股权激励计划。

第八条 上市公司母公司(控股公司)负责人在上市公司任职的,可参与股权激励计划,但只能参与一家上市公司的股权激励计划。

第九条 在股权激励计划有效期内授予的股权总量,应结合上市公司股本规模和股权激励对象的范围、薪酬结构及中长期激励预期收益水平合理确定。

(一)在股权激励计划有效期内授予的股权总量累计不得超过公司股本总额的10%。

(二)首次股权授予数量应控制在上市公司股本总额的1%以内。

第十条 在股权激励计划有效期内任何12个月期间授予任一人员的股权(包括已行使的和未行使的股权)超过上市公司发行总股本1%的,上市公司不再授予其股权。

第十一条 授予高管人员的股权数量按下列办法确定:

(一)在股权激励计划有效期内,高管人员预期股权激励收益水平原则上应控制在其薪酬总水平的40%以内。高管人员薪酬总水平应根据本公司业绩考核与薪酬管理办法,并参考境内外同类人员薪酬市场价位、本公司员工平均收入水平等因素综合确定。各高管人员薪酬总水平和预期股权收益占薪酬总水平的比例应根据上市公司岗位分析、岗位测评、岗位职责按岗位序列确定;

(二)按照国际通行的期权定价模型,计算股票期权或股票增值权的公平市场价值,确定每股股权激励预期收益;

(三)按照上述原则和股权授予价格(行权价格),确定高管人员股权授予的数量。

第十二条 股权的授予价格根据公平市场价原则,按境外上市规则及本办法的有关规定确定。

上市公司首次公开发行上市时实施股权激励计划的,其股权的授予价格按上市公司首次公开发行上市满30个交易日以后,依据境外上市规则规定的公平市场价格确定。

上市公司上市后实施的股权激励计划,其股权的授予价格不得低于授予日的收盘价或前5个交易日的平均收盘价,并不再予以折扣。

第十三条 上市公司因发行新股、转增股本、合并、分立等原因导致总股本发生变动或其他原因需要调整行权价格或股权授予数量的，可以按照股权激励计划规定的原则和方式进行调整，但应由公司董事会做出决议并经公司股东大会审议批准。

第十四条 股权激励计划有效期一般不超过10年，自股东大会通过股权激励计划之日起计算。

第十五条 在股权激励计划有效期内，每一次股权激励计划的授予间隔期应在一个完整的会计年度以上，原则上每两年授予一次。

第十六条 行权限制期为股权授予日至股权生效日的期限。股权限制期原则上定为两年，在限制期内不得行权。

第十七条 行权有效期为股权限制期满后至股权终止日的时间，由上市公司根据实际情况确定，原则上不得低于3年。在行权有效期内原则上采取匀速分批行权办法，或按照符合境外上市规则要求的办法行权。超过行权有效期的，其权利自动失效，并不可追溯行使。

第十八条 上市公司不得在董事会讨论审批或公告公司年度、半年度、季度业绩报告等影响股票价格的敏感事项发生时授予股权或行权。

第三章 股权激励计划的审核

第十九条 国有控股股东代表在股东大会审议批准上市公司拟实施的股权激励计划之前，应将拟实施的股权激励计划及管理办法报履行国有资产出资人职责的机构或部门审核，并根据其审核意见在股东大会行使表决权。

第二十条 国有控股股东代表申报的股权激励计划报告应包括以下内容：

(一)上市公司的简要情况。

(二)上市公司股权激励计划方案和股权激励管理办法。主要应载明以下内容：股权授予的人员范围、授予数量、授予价格和行权时间的确定、权利的变更及丧失，以及股权激励计划的管理、监督等；选择的期权定价模型及股票期权或股票增值权预期收益的测算等情况的说明。

（三）上市公司绩效考核评价制度和股权激励计划实施的说明。绩效考核评价制度应当包括岗位职责核定、绩效考核评价指标和标准、年度及任期绩效责任目标、考核评价程序等内容。

（四）上市公司实施股权激励计划的组织领导和工作方案。

第二十一条 上市公司按批准的股权激励计划实施的分期股权授予方案，国有控股股东代表应当报履行国有资产出资人职责的机构或部门备案。其中因实施股权激励计划而增发股票及调整股权授予范围、超出首次股权授予规模等，应按本办法规定履行相应申报程序。

第二十二条 上市公司终止股权激励计划并实施新计划，国有控股股东代表应按照本办法规定重新履行申报程序。原股权激励计划终止后，不得根据已终止的计划再授予股权。

第四章 股权激励计划的管理

第二十三条 国有控股股东代表应要求和督促上市公司制定严格的股权激励管理办法，建立规范的绩效考核评价制度；按照上市公司股权激励管理办法和绩效考核评价办法确定对高管人员股权的授予和行权；对已经授予的股权数量在行权时可根据年度业绩考核情况进行动态调整。

第二十四条 股权激励对象应承担行权时所发生的费用，并依法纳税。上市公司不得对股权激励对象行权提供任何财务资助。

第二十五条 股权激励对象因辞职、调动、被解雇、退休、死亡、丧失行为能力等原因终止服务时，其股权的行使应作相应调整，采取行权加速、终止等处理方式。

第二十六条 参与上市公司股权激励计划的上市公司母公司（控股公司）的负责人，其股权激励计划的实施应符合《中央企业负责人经营业绩考核暂行办法》（国资委令第 2 号）的有关规定。上市公司或其母公司（控股公司）为中央金融企业的，企业负责人股权激励计划的实施应符合财政部有关国有金融企业绩效考核的规定。

第二十七条 上市公司高管人员的股票期权应保留一定比例在任

职期满后根据任期考核结果行权，任职(或任期)期满后的行权比例不得低于授权总量的20％；对授予的股票增值权，其行权所获得的现金收益需进入上市公司为股权激励对象开设的账户，账户中的现金收益应有不低于20％的部分至任职(或任期)期满考核合格后方可提取。

第二十八条 有以下情形之一的，当年年度可行权部分应予取消：

(一)上市公司年度绩效考核达不到股权激励计划规定的业绩考核标准的；

(二)年度财务报告被注册会计师出具否定意见或无法表示意见的；

(三)监事会或审计部门对上市公司业绩或年度财务报告提出重大异议的。

第二十九条 股权激励对象有以下情形之一的，应取消其行权资格：

(一)严重失职、渎职的；

(二)违反国家有关法律法规、上市公司章程规定的；

(三)上市公司有足够的证据证明股权持有者在任职期间，由于受贿索贿、贪污盗窃、泄露上市公司经营和技术秘密、实施关联交易损害上市公司利益、声誉和对上市公司形象有重大负面影响的行为，给上市公司造成损失的。

第三十条 国有控股股东代表应要求和督促上市公司在实施股权激励计划的财务、会计处理及其税收等方面严格执行境内外有关法律法规、财务制度、会计准则、税务制度和上市规则。

第三十一条 国有控股股东代表应将下列事项在上市公司年度报告披露后10日内报履行国有资产出资人职责的机构或部门备案：

(一)公司股权激励计划的授予和行使情况；

(二)公司董事、高管人员持有股权的数量、期限、本年度已经行权和未行权的情况及其所持股权数量与期初所持数量的对比情况；

(三)公司实施股权激励绩效考核情况及实施股权激励对公司费用及利润的影响情况等。

第五章　附　　则

第三十二条　中央金融企业、地方国有或国有控股企业改制重组境外上市的公司比照本办法执行。

第三十三条　原经批准已实施股权激励计划的上市公司，在按原计划分期实施或拟订新计划时应按照本办法的规定执行。

第三十四条　本办法自2006年3月1日起施行。

关于印发《关于规范中央企业负责人职务消费的指导意见》的通知

2006年4月29日　国资发分配〔2006〕69号

各中央企业：

根据党的十六届三中全会关于规范职务消费的要求，我委制定了《关于规范中央企业负责人职务消费的指导意见》(以下简称《指导意见》)，现印发给你们，并就规范职务消费工作的有关事项通知如下：

一、各中央企业及企业负责人要高度重视规范职务消费工作，切实加强对本企业规范职务消费工作的组织领导。企业主要负责人要对此项工作负总责，要将工作任务分解到人、工作责任落实到人。

二、中央企业规范职务消费工作分三个阶段进行。2006年上半年为准备阶段，各企业要认真组织学习，统一思想、提高认识，明确规范职务消费的思路。2006年下半年为建章立制阶段，各企业要在对本企业职务消费现状进行认真调查和分析的基础上，按照《指导意见》要求，制定符合本企业特点的各项职务消费规章制度，并将其与本企业开展规范职务消费工作情况的报告一并于2006年年底前报国资委备案。自2007年起，进入组织实施阶段，各企业要在抓好工作落实的同时，进一步完善相关规章制度。

三、各中央企业应结合本企业实际，研究制订本企业规范职务消费的工作方案。工作方案主要内容包括：规范职务消费工作的组织领导、工作目标及工作步骤、拟制订的制度规章等。各企业应于2006年6月底前将工作方案报送国资委。

四、规范职务消费是一项极具探索性的工作，各中央企业要注意发现工作过程中遇到的新情况、新问题，并及时与国资委沟通。我委将根据各阶段工作进展情况，适时组织企业进行总结、交流。

附件：关于规范中央企业负责人职务消费的指导意见

附件：

关于规范中央企业负责人职务消费的指导意见

为健全国务院国资委所监管企业(以下简称中央企业)激励约束机制，规范中央企业负责人职务消费，根据《企业国有资产监督管理暂行条例》(国务院令第378号)、《国有企业领导人员廉洁从业若干规定(试行)》(中纪发〔2004〕25号)、《中央企业负责人薪酬管理暂行办法》(国资发分配〔2004〕227号)等有关规定，现就规范中央企业负责人职务消费提出如下指导意见：

一、充分认识规范企业负责人职务消费的重要意义。职务消费是指企业负责人为履行工作职责所发生的消费性支出及享有的待遇。规范职务消费是深化企业收入分配制度改革、建立和完善国有企业激励约束机制的重要环节，是实践“三个代表”重要思想、反腐倡廉、建设和谐社会的客观要求。党的十六届三中全会明确提出了规范职务消费的要求。各中央企业要从讲政治讲大局的高度，充分认识规范企业负责人职务消费的重要意义，紧密结合企业改革发展的实际，积极做好规范企业负责人职务消费工作。

二、规范职务消费的原则。规范企业负责人职务消费应与建立现代企业制度相结合,坚持以下原则:激励与约束相一致;自律与他律相结合;依法合规、从严从俭;公开透明、接受监督。

三、职务消费的主要内容。本指导意见所指职务消费,主要包括公务用车配备及使用、通讯、业务招待(含礼品)、差旅、国(境)外考察培训等与企业负责人履行其职责相关的消费项目。

四、建立健全规范职务消费的制度规章。各中央企业要对本企业负责人现有的职务消费进行认真清理,依据法律、法规及企业负责人岗位职责和履职特点,研究、制订规范企业负责人职务消费的制度规章或管理办法。其内容应包括各类职务消费的具体项目、享有该类职务消费的人员范围及费用标准(额度)、企业内部审核与监督程序、违规处罚及其他要求等。

企业应同时制订企业内部有关人员及所出资企业负责人职务消费的制度规章或管理办法,对其所管理人员职务消费的行为进行规范。企业负责人经批准在所出资企业兼职的,所出资企业应定期向母公司报告其在本企业职务消费的情况。

五、积极探索各类职务消费的管理办法。对经常发生、用途明确、标准易定的职务消费,可以探索实行货币化改革。职务消费货币化的标准,应根据企业实际和职位特点,参照国内外同类企业的做法,与企业负责人的薪酬统筹考虑,合理确定,不得高于货币化改革前的费用支出,不得变相提高企业负责人的总体薪酬水平。

对已实行货币化发放的职务消费项目,货币化补贴应纳入企业负责人货币性收入管理,企业负责人不得在货币化发放标准之外,以报销等方式在企业列支。

企业负责人实行职务消费货币化改革,应事先报经国务院国资委同意。

对实行实报实销或年度限额报销的职务消费项目,企业要根据享有人员的岗位职责,制订限额标准和审核报销程序,明确审核责任人,防止公私混淆。实行实报实销或年度限额报销的职务消费项目,不得同时给予货币性补贴。

六、严格控制职务消费水平。企业负责人应坚持发扬艰苦奋斗精神，厉行勤俭节约，反对铺张浪费。各项职务消费的标准(额度)应在满足工作需要的前提下，严格控制消费水平。企业负责人职务消费要纳入企业年度预算内进行调控，避免职务消费预算的过快增长。

七、增强企业负责人职务消费的透明度。企业拟定的职务消费管理制度在履行内部决策程序前，应当通过职工代表大会等形式听取职工意见。企业负责人职务消费情况应作为厂务公开的内容，定期在适当范围公布，接受职工的民主监督。

公布的内容原则上包括：公务用车配备及使用、通讯、业务招待(含礼品)、差旅、国(境)外考察培训等职务消费的年度预算及执行情况等。

八、加强对职务消费的监督检查。企业负责人应将职务消费情况在述廉评廉会议上进行通报，接受监督。企业党委(党组)及纪检监察部门应将规范职务消费作为企业负责人廉洁从业的重要内容进行检查和监督。

企业内部审计部门、监事会应对本企业负责人职务消费预算及执行情况进行审计和检查，及时发现并纠正存在的问题。

各中央企业规范职务消费的制度建设情况、企业负责人职务消费年度预算及执行情况，应接受国有重点大型企业监事会、国资委纪委和驻委监察局的监督检查。

对违反规范职务消费制度的企业负责人，企业党委(党组)及纪检监察部门应责令其纠正；情节严重或造成重大影响的，国资委将按有关规定给予当事人及企业主要负责人党纪、政纪处分及相应的经济处罚。

九、逐步完善管理体制。企业负责人职务消费纳入企业负责人薪酬监管体系统一管理。企业规范职务消费的管理规定报国务院国资委备案。企业负责人年度职务消费情况载入企业负责人薪酬管理手册报国务院国资委。

董事会试点企业，根据公司章程及董事会职责，由董事会下设的薪酬委员会负责经理层职务消费的规范工作。

关于印发《国有控股上市公司（境内）实施股权激励试行办法》的通知

2006 年 9 月 30 日　国资发分配〔2006〕175 号

各省、自治区、直辖市及计划单列市、新疆生产建设兵团国资委、财政厅（局），各中央企业：

为指导国有控股上市公司（境内，以下简称上市公司）规范实施股权激励制度，建立健全激励与约束相结合的中长期激励机制，进一步完善公司法人治理结构，充分调动上市公司高级管理人员和科技人员的积极性、创造性，规范上市公司拟订和实施股权激励计划，根据《中华人民共和国公司法》、《中华人民共和国证券法》、《企业国有资产监督管理暂行条例》（国务院令第 378 号），我们制定了《国有控股上市公司（境内）实施股权激励试行办法》（以下简称《试行办法》）。现印发给你们，请结合实际，认真遵照执行。现将有关事项通知如下：

一、国有控股上市公司实施股权激励是一项重大制度创新，政策性强，操作难度大。为规范实施股权激励制度，对国有控股上市公司试行股权激励实施分类指导。对中央企业及其所出资企业控股的上市公司，其股权激励计划在报股东大会审议表决前，由集团公司按照《试行办法》规定的程序报履行国有资产出资人职责的机构或部门审核；对中央企业所出资三级以下企业控股的上市公司，其股权激励计划在上市公司股东大会审议前，报履行国有资产出资人职责的机构或部门备案。履行国有资产出资人职责的机构或部门自收到完整的股权激励计划申报材料之日起，20 个工作日内出具审核意见，未提出异议的，国有控股股东可按申报意见参与股东大会审议股权激励计划。

二、地方国有控股上市公司试行股权激励办法，应严格按《试行办法》规定的条件执行。在试点期间,上市公司股权激励计划由各省、自治区、直辖市、计划单列市及新疆生产建设兵团国资委或财政厅(局)统一审核批准后,报国务院国资委和财政部备案。

三、对在《试行办法》出台之前已经公告或实施了股权激励的国有控股上市公司,要按照《试行办法》予以规范,对股权激励计划修订完善并履行相应的审核或备案程序。

四、政企尚未分开的部门以及国家授权投资的其他国有资产经营管理机构(以下简称其他单位),按照《试行办法》的规定审核批准所管理的集团公司及其所出资企业控股的上市公司股权激励计划。

国务院国资委和其他单位对集团公司及其所出资企业控股的上市公司股权激励计划的批复文件抄送财政部。

上市公司在试行过程中的做法及遇到的问题,请及时报告国务院国资委和财政部。

附件:国有控股上市公司(境内)实施股权激励试行办法

附件:

国有控股上市公司(境内)
实施股权激励试行办法

第一章　总　　则

第一条　为指导国有控股上市公司(境内)规范实施股权激励制度,建立健全激励与约束相结合的中长期激励机制,进一步完善公司法人治理结构,依据《中华人民共和国公司法》、《中华人民共和国证券法》、《企业国有资产监督管理暂行条例》等有关法律、行政法规的规定,制定本办法。

第二条　本办法适用于股票在中华人民共和国境内上市的国有控

股上市公司(以下简称上市公司)。

第三条 本办法主要用于指导上市公司国有控股股东依法履行相关职责,按本办法要求申报上市公司股权激励计划,并按履行国有资产出资人职责的机构或部门意见,审议表决上市公司股权激励计划。

第四条 本办法所称股权激励,主要是指上市公司以本公司股票为标的,对公司高级管理等人员实施的中长期激励。

第五条 实施股权激励的上市公司应具备以下条件:

(一)公司治理结构规范,股东会、董事会、经理层组织健全,职责明确。外部董事(含独立董事,下同)占董事会成员半数以上。

(二)薪酬委员会由外部董事构成,且薪酬委员会制度健全,议事规则完善,运行规范。

(三)内部控制制度和绩效考核体系健全,基础管理制度规范,建立了符合市场经济和现代企业制度要求的劳动用工、薪酬福利制度及绩效考核体系。

(四)发展战略明确,资产质量和财务状况良好,经营业绩稳健;近三年无财务违法违规行为和不良记录。

(五)证券监管部门规定的其他条件。

第六条 实施股权激励应遵循以下原则:

(一)坚持激励与约束相结合,风险与收益相对称,强化对上市公司管理层的激励力度;

(二)坚持股东利益、公司利益和管理层利益相一致,有利于促进国有资本保值增值,有利于维护中小股东利益,有利于上市公司的可持续发展;

(三)坚持依法规范,公开透明,遵循相关法律法规和公司章程规定;

(四)坚持从实际出发,审慎起步,循序渐进,不断完善。

第二章 股权激励计划的拟订

第七条 股权激励计划应包括股权激励方式、激励对象、激励条件、授予数量、授予价格及其确定的方式、行权时间限制或解锁期限等主要内容。

第八条 股权激励的方式包括股票期权、限制性股票以及法律、行政法规允许的其他方式。上市公司应以期权激励机制为导向,根据实施股权激励的目的,结合本行业及本公司的特点确定股权激励的方式。

第九条 实施股权激励计划所需标的股票来源,可以根据本公司实际情况,通过向激励对象发行股份、回购本公司股份及法律、行政法规允许的其他方式确定,不得由单一国有股股东支付或擅自无偿量化国有股权。

第十条 实施股权激励计划应当以绩效考核指标完成情况为条件,建立健全绩效考核体系和考核办法。绩效考核目标应由股东大会确定。

第十一条 股权激励对象原则上限于上市公司董事、高级管理人员以及对上市公司整体业绩和持续发展有直接影响的核心技术人员和管理骨干。

上市公司监事、独立董事以及由上市公司控股公司以外的人员担任的外部董事,暂不纳入股权激励计划。

证券监管部门规定的不得成为激励对象的人员,不得参与股权激励计划。

第十二条 实施股权激励的核心技术人员和管理骨干,应根据上市公司发展的需要及各类人员的岗位职责、绩效考核等相关情况综合确定,并须在股权激励计划中就确定依据、激励条件、授予范围及数量等情况作出说明。

第十三条 上市公司母公司(控股公司)的负责人在上市公司担任职务的,可参加股权激励计划,但只能参与一家上市公司的股权激励计划。

在股权授予日,任何持有上市公司5%以上有表决权的股份的人员,未经股东大会批准,不得参加股权激励计划。

第十四条 在股权激励计划有效期内授予的股权总量,应结合上市公司股本规模的大小和股权激励对象的范围、股权激励水平等因素，在0.1%～10%之间合理确定。但上市公司全部有效的股权激励计划所涉及的标的股票总数累计不得超过公司股本总额的10%。

上市公司首次实施股权激励计划授予的股权数量原则上应控制在上市公司股本总额的1%以内。

第十五条 上市公司任何一名激励对象通过全部有效的股权激励计划获授的本公司股权，累计不得超过公司股本总额的1%，经股东大会特别决议批准的除外。

第十六条 授予高级管理人员的股权数量按下列办法确定：

(一)在股权激励计划有效期内，高级管理人员个人股权激励预期收益水平，应控制在其薪酬总水平(含预期的期权或股权收益)的30%以内。高级管理人员薪酬总水平应参照国有资产监督管理机构或部门的原则规定，依据上市公司绩效考核与薪酬管理办法确定。

(二)参照国际通行的期权定价模型或股票公平市场价，科学合理测算股票期权的预期价值或限制性股票的预期收益。

按照上述办法预测的股权激励收益和股权授予价格(行权价格)，确定高级管理人员股权授予数量。

第十七条 授予董事、核心技术人员和管理骨干的股权数量比照高级管理人员的办法确定。各激励对象薪酬总水平和预期股权激励收益占薪酬总水平的比例应根据上市公司岗位分析、岗位测评和岗位职责按岗位序列确定。

第十八条 根据公平市场价原则，确定股权的授予价格(行权价格)。

(一)上市公司股权的授予价格应不低于下列价格较高者：

1. 股权激励计划草案摘要公布前1个交易日的公司标的股票收盘价；

2. 股权激励计划草案摘要公布前30个交易日内的公司标的股票平均收盘价。

(二)上市公司首次公开发行股票时拟实施的股权激励计划，其股权的授予价格在上市公司首次公开发行上市满30个交易日以后，依据上述原则规定的市场价格确定。

第十九条 股权激励计划的有效期自股东大会通过之日起计算，一般不超过10年。股权激励计划有效期满，上市公司不得依据此计划再授予任何股权。

第二十条 在股权激励计划有效期内，应采取分次实施的方式，每期股权授予方案的间隔期应在一个完整的会计年度以上。

第二十一条 在股权激励计划有效期内，每期授予的股票期权，均应设置行权限制期和行权有效期，并按设定的时间表分批行权：

(一)行权限制期为股权自授予日(授权日)至股权生效日(可行权日)止的期限。行权限制期原则上不得少于2年，在限制期内不可以行权。

(二)行权有效期为股权生效日至股权失效日止的期限，由上市公司根据实际确定，但不得低于3年。在行权有效期内原则上采取匀速分批行权办法。超过行权有效期的，其权利自动失效，并不可追溯行使。

第二十二条 在股权激励计划有效期内，每期授予的限制性股票，其禁售期不得低于2年。禁售期满，根据股权激励计划和业绩目标完成情况确定激励对象可解锁(转让、出售)的股票数量。解锁期不得低于3年，在解锁期内原则上采取匀速解锁办法。

第二十三条 高级管理人员转让、出售其通过股权激励计划所得的股票，应符合有关法律、行政法规的相关规定。

第二十四条 在董事会讨论审批或公告公司定期业绩报告等影响股票价格的敏感事项发生时不得授予股权或行权。

第三章 股权激励计划的申报

第二十五条 上市公司国有控股股东在股东大会审议批准股权激励计划之前，应将上市公司拟实施的股权激励计划报履行国有资产出资人职责的机构或部门审核(控股股东为集团公司的由集团公司申报)，经审核同意后提请股东大会审议。

第二十六条 国有控股股东申报的股权激励报告应包括以下内容：

（一）上市公司简要情况，包括公司薪酬管理制度、薪酬水平等情况；

（二）股权激励计划和股权激励管理办法等应由股东大会审议的事项及其相关说明；

（三）选择的期权定价模型及股票期权的公平市场价值的测算、限制性股票的预期收益等情况的说明；

（四）上市公司绩效考核评价制度及发展战略和实施计划的说明等。绩效考核评价制度应当包括岗位职责核定、绩效考核评价指标和标准、年度及任期绩效考核目标、考核评价程序以及根据绩效考核评价办法对高管人员股权的授予和行权的相关规定。

第二十七条 国有控股股东应将上市公司按股权激励计划实施的分期股权激励方案，事前报履行国有资产出资人职责的机构或部门备案。

第二十八条 国有控股股东在下列情况下应按本办法规定重新履行申报审核程序：

（一）上市公司终止股权激励计划并实施新计划或变更股权激励计划相关事项的；

（二）上市公司因发行新股、转增股本、合并、分立、回购等原因导致总股本发生变动或其他原因需要调整股权激励对象范围、授予数量等股权激励计划主要内容的。

第二十九条 股权激励计划应就公司控制权变更、合并、分立，以及激励对象辞职、调动、被解雇、退休、死亡、丧失民事行为能力等事项发生时的股权处理依法作出行权加速、终止等相应规定。

第四章 股权激励计划的考核、管理

第三十条 国有控股股东应依法行使股东权利，要求和督促上市公司制定严格的股权激励管理办法，并建立与之相适应的绩效考核评价制度，以绩效考核指标完成情况为基础对股权激励计划实施动态管理。

第三十一条 按照上市公司股权激励管理办法和绩效考核评价办法确定对激励对象股权的授予、行权或解锁。

对已经授予的股票期权,在行权时可根据年度绩效考核情况进行动态调整。

对已经授予的限制性股票,在解锁时可根据年度绩效考核情况确定可解锁的股票数量,在设定的解锁期内未能解锁,上市公司应收回或以激励对象购买时的价格回购已授予的限制性股票。

第三十二条 参与上市公司股权激励计划的上市公司母公司(控股公司)的负责人,其股权激励计划的实施应符合《中央企业负责人经营业绩考核暂行办法》或相应国有资产监管机构或部门的有关规定。

第三十三条 授予董事、高级管理人员的股权,应根据任期考核或经济责任审计结果行权或兑现。授予的股票期权,应有不低于授予总量的20%留至任职(或任期)考核合格后行权;授予的限制性股票,应将不低于20%的部分锁定至任职(或任期)期满后兑现。

第三十四条 国有控股股东应依法行使股东权利,要求上市公司在发生以下情形之一时,中止实施股权激励计划,自发生之日起1年内不得向激励对象授予新的股权,激励对象也不得根据股权激励计划行使权利或获得收益:

(一)企业年度绩效考核达不到股权激励计划规定的绩效考核标准;

(二)国有资产监督管理机构或部门、监事会或审计部门对上市公司业绩或年度财务会计报告提出重大异议;

(三)发生重大违规行为,受到证券监管及其他有关部门处罚。

第三十五条 股权激励对象有以下情形之一的,上市公司国有控股股东应依法行使股东权利,提出终止授予新的股权并取消其行权资格:

(一)违反国家有关法律法规、上市公司章程规定的;

(二)任职期间,由于受贿索贿、贪污盗窃、泄露上市公司经营和技术秘密、实施关联交易损害上市公司利益、声誉和对上市公司形象有重大负面影响等违法违纪行为,给上市公司造成损失的。

第三十六条 实施股权激励计划的财务、会计处理及其税收等问题，按国家有关法律、行政法规、财务制度、会计准则、税务制度规定执行。

上市公司不得为激励对象按照股权激励计划获取有关权益提供贷款以及其他任何形式的财务资助，包括为其贷款提供担保。

第三十七条 国有控股股东应按照有关规定和本办法的要求，督促和要求上市公司严格履行信息披露义务，及时披露股权激励计划及董事、高级管理人员薪酬管理等相关信息。

第三十八条 国有控股股东应在上市公司年度报告披露后5个工作日内将以下情况报履行国有资产出资人职责的机构或部门备案：

(一)公司股权激励计划的授予、行权或解锁等情况；

(二)公司董事、高级管理等人员持有股权的数量、期限、本年度已经行权(或解锁)和未行权(或解锁)的情况及其所持股权数量与期初所持数量的变动情况；

(三)公司实施股权激励绩效考核情况、实施股权激励对公司费用及利润的影响等。

第五章 附 则

第三十九条 上市公司股权激励的实施程序和信息披露、监管和处罚应符合中国证监会《上市公司股权激励管理办法》(试行)的有关规定。上市公司股权激励计划应经履行国有资产出资人职责的机构或部门审核同意后，报中国证监会备案以及在相关机构办理信息披露、登记结算等事宜。

第四十条 本办法下列用语的含义：

(一)国有控股上市公司，是指政府或国有企业(单位)拥有50%以上股本，以及持有股份的比例虽然不足50%，但拥有实际控制权或依其持有的股份已足以对股东大会的决议产生重大影响的上市公司。

其中控制权，是指根据公司章程或协议，能够控制企业的财务和经营决策。

(二)股票期权,是指上市公司授予激励对象在未来一定期限内以预先确定的价格和条件购买本公司一定数量股票的权利。激励对象有权行使这种权利,也有权放弃这种权利,但不得用于转让、质押或者偿还债务。

(三)限制性股票,是指上市公司按照预先确定的条件授予激励对象一定数量的本公司股票,激励对象只有在工作年限或业绩目标符合股权激励计划规定条件的,才可出售限制性股票并从中获益。

(四)高级管理人员,是指对公司决策、经营、管理负有领导职责的人员,包括经理、副经理、财务负责人(或其他履行上述职责的人员)、董事会秘书和公司章程规定的其他人员。

(五)外部董事,是指由国有控股股东依法提名推荐、由任职公司或控股公司以外的人员(非本公司或控股公司员工的外部人员)担任的董事。对主体业务全部或大部分进入上市公司的企业,其外部董事应为任职公司或控股公司以外的人员;对非主业部分进入上市公司或只有一部分主业进入上市公司的子公司,以及二级以下的上市公司,其外部董事应为任职公司以外的人员。

外部董事不在公司担任除董事和董事会专门委员会有关职务外的其他职务,不负责执行层的事务,与其担任董事的公司不存在可能影响其公正履行外部董事职务的关系。

外部董事含独立董事。独立董事是指与所受聘的公司及其主要股东没有任何经济上的利益关系且不在上市公司担任除独立董事外的其他任何职务。

(六)股权激励预期收益,是指实行股票期权的预期收益为股票期权的预期价值,单位期权的预期价值参照国际通行的期权定价模型进行测算;实行限制性股票的预期收益为获授的限制性股票的价值,单位限制性股票的价值为其授予价格扣除激励对象的购买价格。

第四十一条 本办法自印发之日起施行。

关于中央企业计提技术奖酬金和业余设计奖有关问题的通知

2006年3月17日　国资分配〔2006〕243号

有关中央企业：

根据国家有关政策规定，中央企业计提的技术奖酬金（“四技”收入）和业余设计奖，对激励企业加大技术投入、调动科研设计人员积极性、提高自主创新能力起到了积极作用。但在实施中也存在不少问题，主要是一些企业计提标准不规范、提取金额较大等。为进一步规范企业收入分配渠道，加强人工成本管理，现就中央企业（含子企业）计提技术奖酬金和业余设计奖管理（试行）的有关事项通知如下：

一、按有关政策规范计提的中央企业，可一次性纳入工资总额

根据《〈国有企业工资总额同经济效益挂钩规定〉的通知》（劳部发〔1993〕161号）中将各种单项奖及其他工资性支出纳入挂钩工资总额基数的有关要求，经国资委核定后，企业可申请将计提的技术奖酬金和业余设计奖一次性纳入工资总额，以后年度只进行技术合同登记，不再另行计提。

纳入工资总额的计提部分应向从事创新劳动的科研设计人员分配，提高科研设计人员的收入水平，并应实行动态化管理，不断强化内部分配的激励功能。

二、对暂不能纳入工资总额管理的企业，严格按政策规定规范计提

对暂不能纳入工资总额管理，仍需单独计提技术奖酬金和业余设计奖的中央企业，应严格按照《财政部、国家税务总局关于贯彻落实〈中

共中央、国务院关于加强技术创新，发展高科技，实现产业化的决定〉有关税收问题的通知》(财税字〔1999〕273 号)、《技术合同认定登记管理办法》(国科发政字〔2000〕063 号)、《技术合同认定规则》(科发政字〔2001〕253 号)、《关于勘察设计企业执行新财务制度若干问题的通知》(财工字〔1995〕256 号)等有关政策规定，对近 3 年(2003～2005 年)的提取情况进行自我检查，与核定的工资总额一并计算是否符合“两低于”原则，在企业内部规范管理的基础上，制定有关管理办法报国资委审核后试行。

(一)对计提技术奖酬金的企业，技术奖酬金的收入和相应的支出应纳入企业统一核算。技术奖酬金的计提基数为技术合同的净收入，计提比例不得超过技术合同净收入的 25%。技术合同净收入是指技术合同收入扣除企业按照财务会计制度规定确认的与合同相关的成本费用后的余额。其中，成本费用包括材料成本、人工成本等直接费用以及分摊的设备折旧费、辅助费用等间接费用。企业不得以技术合同额或技术合同的主营业务利润为基数提取技术奖酬金。将技术合同委托给其他单位完成的收入不得计提技术奖酬金。

(二)对计提业余设计奖的企业，应按有关政策规定，将计提的业余设计奖纳入企业统一核算，并要明确区分设计收入与业余设计收入。业余设计收入直接扣除核定的定额指标后按剩余部分的 20%计提业余设计奖。核定的业余设计奖定额指标为业余设计收入(产值)，收入定额要大于本企业上年人工成本总额、且人均收入定额要高于本企业上年人均人工成本。付给转包、分包单位的收入不得计提业余设计奖。

(三)企业按有关规定计提的技术奖酬金和业余设计奖是对科研设计人员的奖励和激励，不得将技术奖酬金和业余设计奖转化为全体员工的固定性工资收入，也不得从工资总额中扣减科研设计人员的工资用于其他人员的分配。

(四)同一技术合同或同一技术给不同用户的技术合同不得重复计提技术奖酬金。不得同时计提技术奖酬金和业余设计奖。

三、加强企业技术奖酬金和业余设计奖的管理和监督，建立申报和清算制度

（一）企业应制定明确具体的管理办法。包括计提技术奖酬金和业余设计奖的人员范围、计提收入、扣除标准、科研设计人员工资收入水平及2005年计提情况（包括认定的合同名称、参加人员、合同收入、扣除比例及计提金额等），在申报2005年工效挂钩方案和申报2006年工资总额计划时，报送国资委审核清算，同时抄送外派监事会。

（二）技术奖酬金和业余设计奖应按有关财务制度规定，在相应成本费用科目中据实列支，通过“应付工资”账户下设置的“计提的技术奖酬金”和“计提的业余设计奖”明细科目核算，原则上当年没有余额，并按规定在企业财务决算报告的人工成本统计表中填列。

（三）国资委将加强对企业技术奖酬金和业余设计奖的监督检查，对多提多发的，将根据审核清算情况相应核减企业效益工资总额或工资总额基数。没有计提的企业已纳入工资总额，不再计提。

（四）企业计提的技术奖酬金和业余设计奖，应在财务决算中由会计师事务所审计，并在会计报表附注补充资料中披露。

国资委　财政部　科技部
关于印发《中央科研设计企业实施中长期激励试行办法》的通知

2007年5月18日　国资发分配〔2007〕86号

各中央管理企业：

为贯彻实施《国家中长期科学和技术发展规划纲要（2006～2020年）》，促进中央科研设计企业自主创新和可持续发展，我们制定了《中

央科研设计企业实施中长期激励试行办法》,现印发给你们,请结合实际,认真遵照执行。试点过程中遇到的问题,请及时向国务院国资委、财政部和科技部反映。

附件:中央科研设计企业实施中长期激励试行办法

附件:

中央科研设计企业实施中长期激励试行办法

第一章 总 则

第一条 为贯彻实施《国家中长期科学和技术发展规划纲要(2006～2020年)》,支持中央科研设计企业自主创新和可持续发展,充分调动科技工作者的积极性、创造性和主动性,建立完善的激励约束机制,根据国家有关政策规定,制定本办法。

第二条 本办法适用于国务院国有资产监督管理委员会(以下简称国务院国资委)履行出资人职责的转制科研院所、设计企业,以及中央管理企业所出资控股的已实现企业化转制的科研院所和设计企业(以下统称科研设计企业)。

已上市的科研设计企业实施中长期激励,按照国资委、财政部《国有控股上市公司(境内)实施股权激励试行办法》(国资发分配〔2006〕175号)或《国有控股上市公司(境外)实施股权激励试行办法》(国资发分配〔2006〕8号)的规定执行。

第三条 本办法所称中长期激励,主要是指科研设计企业对为企业中长期发展作出突出贡献的企业科技人员和从事研发的管理人员,以及在企业未来发展中具有关键或核心作用的科技人员和从事研发的管理人员实施的激励。

第四条 科研设计企业实施中长期激励应遵循以下原则:

（一）坚持各方利益平衡一致，有利于促进国有资本保值增值，有利于科研设计企业创新能力的不断提高和可持续发展，有利于吸引人才，稳定人才队伍；

（二）坚持激励与约束相结合、收益与风险相对称，激励方式和水平与企业生产经营特点相适应；

（三）坚持公开、公平、公正，考核与分配过程规范透明；

（四）坚持以新创造价值作为中长期激励的主要来源，不得无偿量化存量资产。

第五条 科研设计企业实施中长期激励应具备以下条件：

（一）产权清晰，主业突出，发展战略及实施计划明确，技术在资产增值中作用明显；

（二）内部控制制度和绩效考核体系健全，岗位职责清晰，基础管理制度完善，劳动用工、绩效考核和收入分配制度符合市场竞争要求，人工成本（职工薪酬）管理规范，不再单独计提技术奖酬金和业余设计奖；

（三）企业近3年财务会计报告经过中介机构依法审计，被出具无保留意见的审计报告；

（四）连续3年经营业绩增长显著（国资委监管企业年度经营业绩考核结果达C级及以上），没有违法违规行为；

（五）实施奖励股权（股份）、股票期权、限制性股票为股权激励的科研设计企业应是法人治理结构规范、外部董事（含独立董事）占董事会成员半数以上的公司制企业；

（六）以企业近3年净资产增值额实施中长期激励的科研设计企业，近3年税后利润形成的净资产增值额应占企业净资产总额的30%以上，且实施中长期激励时上年经济增加值（EVA）为正值、当年年初未分配利润没有赤字。

第二章　中长期激励计划拟订

第六条 激励方式包括绩效奖励、技术奖励（分成）等非股权激励方式，以及知识产权折价入股、折价出售股权（股份）、奖励股权（股份）、股票期权、限制性股票等法律、行政法规允许的股权激励方式。同一激励对象只能享有一种激励方式,不得重复激励。

第七条 科研设计企业中长期激励对象,应是对企业发展作出突出贡献或对企业中长期发展有直接作用的科技人员和从事研发的管理人员。

已参与上市公司股权激励计划的人员,不再参与本中长期激励计划。

第八条 绩效奖励是指科研设计企业,以近3年税后利润形成的净资产增值额的规定比例作为激励总额,自批准之日起分5个年度匀速兑现,相关支出纳入工资总额管理,在当期费用中列支。兑现期间应以完成经营业绩考核目标为前提,并不得出现亏损。

第九条 符合条件的科研设计企业,可按照《财政部　国家发展改革委　科技部　劳动保障部关于企业实行自主创新激励分配制度的若干意见》(财企〔2006〕383号)的规定,采取知识产权折价入股、折价出售股权、技术奖励或分成等方式对有关人员实施激励。

第十条 科研设计企业根据激励对象的贡献对其实施中长期激励,包括绩效奖励、技术奖励(分成)、折价出售股权和奖励股权(股份)的总额度,不应超过企业近3年税后利润形成的净资产增值额的35%(设计企业不超过25%);激励对象个人中长期激励的收益水平最高不应超过其薪酬总水平(含中长期激励收益)的40%。

第十一条 科研设计企业以股票期权、限制性股票等为股权激励方式的,激励对象个人中长期激励的预期收益水平最高不应超过其薪酬总水平(含中长期激励预期收益)的40%。兑现时应满足本办法第五条(六)规定的企业业绩条件。

第十二条 科研设计企业按照中长期激励计划计算的激励总额,与本办法规定的所有激励对象允许达到的最高激励水平相比,按照两者的低值确定。

第十三条 激励对象享有的尚未兑现的中长期激励不得转让,不得用于偿还债务或提供担保。

第十四条 企业不得为个人认购股权(股份)垫付款项,不得为个人融资提供担保。

第三章　中长期激励计划的申报和管理

第十五条　科研设计企业实施中长期激励计划，应依次履行以下决策和申报程序：

（一）中长期激励计划应经公司董事会审议或院长（经理）办公会议通过。

（二）中长期激励计划应提交职工代表大会或职工大会审议，听取职工意见。

（三）中长期激励计划需经国务院国资委审核同意后，抄送财政部、科技部。其中科研设计企业根据中长期激励计划实施的年度激励方案，应事前与国务院国资委沟通，事后报国务院国资委、财政部和科技部备案。

第十六条　科研设计企业中长期激励计划申报应主要包括以下内容：

（一）本企业是否具备实施中长期激励条件情况的说明及企业近期审计、资产评估报告；

（二）中长期激励计划办法及说明，具体内容包括实施范围、激励对象、激励方式、数量、兑现条件以及激励对象离岗等特殊情况的处理等；

（三）中长期激励的配套措施，包括岗位职责核定、企业内部考核制度、主要负责人年度及任期业绩考核目标等；

（四）中长期激励工作的组织领导和实施步骤等。

第十七条　企业应对中长期激励计划实施动态管理，并设立激励对象的薪酬管理台账，台账须反映包括中长期激励在内的各项薪酬的即时变动情况。

第十八条　科研设计企业实施中长期激励计划的财务、会计处理及税收等问题，按国家有关法律、行政法规、财务制度、会计准则、税务制度等规定执行。

第十九条　本办法实施期间，企业弄虚作假，财务会计报告不真实的，要依法追究企业负责人责任，并收回激励对象相应年度所获得的中长期激励报酬。

第二十条 激励对象在任职期间违反国家有关法律法规,或由于受贿索贿、贪污盗窃、泄露企业经营和技术秘密、实施关联交易损害企业利益、声誉和对企业形象有重大负面影响等行为,给企业造成损失的,企业应终止其中长期激励资格并收回全部或部分中长期激励报酬。

第二十一条 实施中长期激励的科研设计企业,应当在年度财务会计报告中,对企业实行中长期激励的相关财务信息予以充分披露。披露信息包括激励对象的人数、激励水平,各种激励方式所涉及的人数及激励额度等具体情况。

第二十二条 依法审计的中介机构应按财企〔2006〕383 号文件等有关规定实施审计,并发表专项意见。

第四章 附 则

第二十三条 本办法印发前已实施中长期激励的科研设计企业,应按照本办法修订完善激励办法。

第二十四条 政企尚未分开的部门以及国家授权投资的其他国有资产经营管理机构或单位,按照本办法的规定审核批准所管理的科研设计企业中长期激励计划后,报财政部和科技部备案。

第二十五条 本办法由国务院国资委、财政部和科技部负责解释。

第二十六条 本办法自印发之日起施行。

关于中央企业试行企业年金制度有关问题的通知

2007 年 9 月 12 日 国资发分配〔2007〕152 号

各中央企业:

为了贯彻党的十六届六中全会关于推进收入分配制度改革的精

神，规范中央企业企业年金制度的建立，根据《关于中央企业试行企业年金制度的指导意见》（国资发分配〔2005〕135号，以下简称《指导意见》）和《关于做好原有企业年金移交工作的意见》（劳社部发〔2007〕12号）等有关规定，现就中央企业试行企业年金制度有关问题通知如下：

一、中央企业应对企业年金方案统筹规划、整体设计。子企业可结合实际情况分步实施，在企业缴费水平及人员范围确定等方面可因企制宜，不宜一刀切。企业（集团）总部的年金方案应在企业年金总体方案中单列。

二、财务合并报表亏损以及未实现国有资本保值增值的企业，企业（集团）总部职工暂不得实行企业年金制度；但盈利并实现国有资本保值增值的子企业，可以制订单独的企业年金实施方案，经企业（集团）审核同意并报国资委备案后实施。

三、企业年金缴费水平的确定，应严格执行《指导意见》有关规定，原则上要符合人工成本增长低于经济效益增长、人均人工成本增长低于按增加值计算的劳动生产率增长的要求。要统筹处理好企业年金缴费与当期职工工资增长的关系，实行企业年金制度后，企业人工成本的投入产出水平原则上不应降低。

四、企业年金所需费用由企业和职工个人共同缴纳。制度试行初期，职工个人缴纳部分应不低于企业为其缴费部分（不含补偿性缴费）的四分之一，以后年度逐步提高，最终与企业缴费相匹配。

五、企业缴费部分应控制在本企业上年度工资总额的十二分之一以内，其列支渠道按国家有关规定执行。企业将实行工效挂钩办法形成的工资总额结余资金用于企业年金缴费的，需在企业年金方案中予以说明并经国资委同意。

六、实行企业年金制度应兼顾效率与公平，企业缴费向职工个人账户划入资金时，可以综合考虑岗位、贡献等因素，适当拉开差距，但企业负责人与职工之间的差距不宜过大。

七、企业年金方案的设计要与解决历史遗留问题统筹考虑，保持新老制度和待遇水平的平稳衔接。试行企业年金制度前已离退休人员由企业发放的基本养老统筹外项目的水平，原则上不再提高。

八、对试行企业年金制度后退休的人员，企业不应在基本养老保险金和企业年金之外再列支任何补充养老性质的福利项目；其个人年金账户中企业缴费部分低于试行企业年金制度前由企业负担的基本养老统筹外项目的，可通过在企业年金计划中设计过渡期补偿缴费、采取加速积累或一次性补偿的方式予以解决。过渡期原则上不超过 10 年。

九、《指导意见》下发之前已试行企业补充养老保险制度的中央企业，应尽快对原有企业补充养老保险进行清理、规范，制订新的企业年金方案，并在 2008 年 6 月底前报送国资委审核；确有特殊情况的，经国资委同意，可延期至 2008 年底。

十、按照《关于企业为职工购买保险有关财务处理问题的通知》(财企〔2003〕61 号)和《指导意见》要求，在 2005 年 8 月之前中央企业以企业年金(或补充养老保险)名义为职工购买的商业保险，在 2007 年底之前应完成清理和规范工作，具备条件的应纳入企业年金。2005 年 8 月之后，未经国资委批准，以企业年金(或补充养老保险)名义为职工购买的商业保险，应在 2007 年底前清退。企业应将清理、清退、规范商业保险工作的情况报送国资委。

十一、为提高审核效率，中央企业在企业年金方案草案拟订后，应在履行企业内部有关民主程序和决策程序前与国资委进行沟通。

关于严格规范国有控股上市公司(境外)实施股权激励有关事项的通知

2007 年 10 月 10 日　国资发分配〔2007〕168 号

各中央企业：

为切实履行出资人职责，规范建立企业中长期激励机制，促进中央企业改制重组境外上市，结合业绩考核和薪酬制度改革，我委印发了《国有控股上市公司(境外)实施股权激励试行办法》(国资发分配〔2006〕8号，以下简称《办法》)，对完善公司法人治理结构、增强境外投资者信心、调动公司高级管理人员和科技人员积极性具有重要作用。但是目前部分中央企业所出资控股境外上市公司(以下简称境外上市公司)在实施股权激励中存在一些值得注意的问题。主要是：有的境外上市公司股权激励计划未经审核，违规擅自实施；有的股权激励计划不够规范，股权授予批次过多、过频，行权限制时间过短，且股权授予数量过大；有的业绩考核不严格，甚至没有业绩考核等。为严格执行《办法》，进一步规范境外上市公司股权激励行为，现就有关事项通知如下：

一、各中央企业要严格依照《中华人民共和国公司法》和《企业国有资产监督管理暂行条例》(国务院令第378号)等法律法规，牢固树立出资人意识，自觉接受国有资产出资人监管，并依法履行对所出资控股企业出资人职责，维护好国有股东权益。要坚决维护国家收入分配政策的严肃性，企业实施股权激励等重大收入分配事项，应按照《办法》和《关于加强人工成本控制规范收入分配有关问题的通知》(国资分配〔2004〕985号)要求及时向国资委申报，未申报或未经国资委审核同意的不得实施。

二、各中央企业直接控股或通过其子公司间接控股的境外上市公司其国有控股股东要严格按照《办法》等相关规定，抓紧修订完善股权激励计划，并履行申报或备案程序，经国资委审核同意后实施。未经国资委审核同意的境外上市公司股权激励计划，应重新履行报批手续，在计划未正式批复之前，不得依据原计划授予新的股权，也不得按原计划行权。对国资委成立之前经国家有关部门批准的股权激励计划，凡不符合《办法》有关规定的，应按《办法》修订完善，修订后的计划及拟实施方案须报国资委备案后实施。已经国资委审核同意的股权激励计划，其年度分次授予方案应按《办法》规定经国资委备案后实施。

三、各中央企业要规范决策程序，完善绩效考核，确保境外上市公司股权激励规范有序实行。境外上市公司的股权激励计划在提交股东大会审议批准之前,国有控股股东应集体审核决策。特别是涉及国资委管理的企业负责人参与股权激励计划的,应根据企业发展需要,以公开、透明的方式集体决策,不得由少数参与人员自行决定。境外上市公司国有控股股东应加强对境外上市公司股权激励计划的管理和考核,选择境内、外同行业企业作为对标企业,科学合理确定业绩考核指标,业绩考核目标应处于同行业优秀水平。要将股权的授予、行使与公司业绩和个人绩效紧密挂钩,切实发挥股权激励的中长期激励作用。

四、各中央企业要增强法制观念和诚信意识,带头遵守法律法规,模范执行国家政策,维护出资人利益。要按照本通知的要求,对境外上市公司股权激励计划及实施情况进行一次检查,并提出整改意见。检查情况及整改意见于 2007 年 11 月 9 日前报国资委(企业分配局)。

五、各中央企业纪检监察机构要充分发挥监督保障作用,对境外上市公司股权激励中的违规行为要及时提出整改要求,问题严重的可报国资委纪委。国资委将把中央企业执行国家收入分配政策的情况作为对企业负责人考察、考核、奖惩的重要内容和选拔任用的重要依据,并纳入党风廉政建设责任制体系,确保国有资产监管责任到位。

关于中央企业应付工资余额使用有关问题的通知

2007 年 11 月 26 日　国资发分配〔2007〕212 号

各中央企业:

为顺利实施 2006 年财政部陆续颁布的会计准则及其应用指南(以下简称新会计准则),做好企业新旧财务制度转换工作,稳妥解决中央

企业执行工效挂钩政策产生的应付工资余额(以下简称工资结余)问题,现就有关事项通知如下:

一、本通知所称工资结余,是指实行工效挂钩办法的中央企业历年实际计提的工资总额与实际发放工资总额之间的差额,不包括没有实际计提的工资总额指标。

二、企业执行新会计准则,工资结余应转增资本公积,并可用于以下改革成本支出:

(一)解决实施企业年金制度后部分退休人员企业年金个人账户资金积累不足问题;

(二)补充符合国家政策规定的企业内退人员基本生活费、社会保险费部分;

(三)支付解除劳动合同的职工经济补偿金;

(四)符合国资委规定的其他支出项目。

三、企业动用工资结余及其转增的资本公积属于收入分配重大事项,需报经国资委同意后实施。

国务院国有资产监督管理委员会关于加强中央企业负责人第二业绩考核任期薪酬管理的意见

2007 年 12 月 26 日　国资发分配〔2007〕229 号

各中央企业:

为加强中央企业负责人薪酬管理,根据《中央企业负责人经营业绩考核暂行办法》(国资委令第 17 号,以下简称《考核办法》)和《中央企业负责人薪酬管理暂行办法》(国资发分配〔2004〕227 号,以下简称《薪酬管理办法》),结合中央企业负责人 2004～2006 年薪酬管理实际,现就中央企业负责人 2007～2009 年第二业绩考核任期(以下简称第二任期)薪酬管理提出以下意见。

一、指导思想

贯彻党的十七大关于深化收入分配制度改革的要求和党的十六届六中全会关于“规范国有企业经营管理者收入,确定管理者与职工收入合理比例”的精神,进一步树立“业绩升、薪酬升,业绩降、薪酬降”的薪酬理念,建立完善的“重业绩、讲回报、强激励、硬约束”的薪酬管理机制,逐步构建企业负责人薪酬水平与经济效益、业绩考核密切联系、适度增长,并与职工收入分配关系协调、差距合理的分配格局。

二、薪酬调控的主要措施

(一)第二任期企业负责人基薪按已批复的2006年度基薪标准执行,任期内不再调整。基薪不作为绩效薪金的计算基数。

(二)完善绩效薪金计算基数的计算办法,保持薪酬水平适度增长。绩效薪金计算基数仍每年进行核定,核定办法在原基薪计算办法的基础上适当调整,增加效益指标并加大效益指标权重,各项经济规模指标和企业平均工资均采用当年数据。具体核定办法另行通知。

(三)绩效薪金倍数根据《考核办法》和年度考核结果确定。

(四)企业负责人薪酬增长与企业效益增长相一致。企业效益下降,企业负责人年度薪酬(基薪与绩效薪金之和,下同)不得增长,并视效益降幅适当调减;企业负责人年度薪酬增长幅度不得高于本企业效益增长幅度。

三、进一步规范企业负责人薪酬管理

(一)第二任期将进行中央企业负责人中长期激励试点,相应办法另行制定。

(二)各中央企业要建立和完善企业负责人岗位评估和业绩评价体系,根据其岗位职责和贡献确定薪酬水平,合理拉开企业主要负责人与其他负责人之间,以及其他负责人相互之间的薪酬差距。

（三）中央企业负责人原则上不得在子企业兼职取酬。企业主要负责人不得在子企业兼职取酬；其他负责人经国资委批准在子企业兼职取酬的，其年度薪酬水平不能超过本企业主要负责人，或由国资委根据工作实际对其职务进行相应调整，只保留一个职务。在境外子企业兼职取酬的，给予境外补贴，补贴标准由国资委确定。

（四）中央企业负责人岗位发生变化，本人应在任职后1个月内将工资关系转到新任职企业，其薪酬按新任职务标准支付，不得继续在原企业领取薪酬。

进行董事会试点企业的董事会，应按照《董事会试点企业高级管理人员薪酬管理指导意见》，并参照本意见的有关规定，对试点企业高管人员薪酬进行管理。

国务院国有资产监督管理委员会财政部关于规范国有控股上市公司实施股权激励制度有关问题的通知

2008年10月21日　国资发分配〔2008〕171号

各省、自治区、直辖市及计划单列市和新疆生产建设兵团国资委、财政厅（局），各中央企业：

国资委、财政部《关于印发〈国有控股上市公司（境外）实施股权激励试行办法〉的通知》（国资发分配〔2006〕8号）和《关于印发〈国有控股上市公司（境内）实施股权激励试行办法〉的通知》（国资发分配〔2006〕175号）印发后，境内、外国有控股上市公司（以下简称上市公司）积极探索试行股权激励制度。由于上市公司外部市场环境和内部运行机制尚不健全，公司治理结构有待完善，股权激励制度尚处于试点阶段，为进一步规范实施股权激励，现就有关问题通知如下：

一、严格股权激励的实施条件，加快完善公司法人治理结构

上市公司国有控股股东必须切实履行出资人职责，并按照国资发分配〔2006〕8号、国资发分配〔2006〕175号文件的要求，建立规范的法人治理结构。上市公司在达到外部董事（包括独立董事）占董事会成员一半以上、薪酬委员会全部由外部董事组成的要求之后，要进一步优化董事会的结构，健全通过股东大会选举和更换董事的制度，按专业化、职业化、市场化的原则确定董事会成员人选，逐步减少国有控股股东的负责人、高级管理人员及其他人员担任上市公司董事的数量，增加董事会中由国有资产出资人代表提名的、由公司控股股东以外人员任职的外部董事或独立董事数量，督促董事提高履职能力，恪守职业操守，使董事会真正成为各类股东利益的代表和重大决策的主体，董事会选聘、考核、激励高级管理人员的职能必须到位。

二、完善股权激励业绩考核体系，科学设置业绩指标和水平

（一）上市公司实施股权激励，应建立完善的业绩考核体系和考核办法。业绩考核指标应包含反映股东回报和公司价值创造等综合性指标，如净资产收益率（ROE）、经济增加值（EVA）、每股收益等；反映公司赢利能力及市场价值等成长性指标，如净利润增长率、主营业务收入增长率、公司总市值增长率等；反映企业收益质量的指标，如主营业务利润占利润总额比重、现金营运指数等。上述三类业绩考核指标原则上至少各选一个。相关业绩考核指标的计算应符合现行会计准则等相关要求。

（二）上市公司实施股权激励，其授予和行使（指股票期权和股票增值权的行权或限制性股票的解锁，下同）环节均应设置应达到的业绩目标，业绩目标的设定应具有前瞻性和挑战性，并切实以业绩考核指标完成情况作为股权激励实施的条件。

1. 上市公司授予激励对象股权时的业绩目标水平，应不低于公司近3年平均业绩水平及同行业（或选取的同行业境内、外对标企业，行

业参照证券监管部门的行业分类标准确定，下同）平均业绩（或对标企业 50 分位值）水平。

2. 上市公司激励对象行使权利时的业绩目标水平，应结合上市公司所处行业特点和自身战略发展定位，在授予时业绩水平的基础上有所提高，并不得低于公司同行业平均业绩（或对标企业 75 分位值）水平。凡低于同行业平均业绩（或对标企业 75 分位值）水平以下的不得行使。

（三）完善上市公司股权激励对象业绩考核体系，切实将股权的授予、行使与激励对象业绩考核结果紧密挂钩，并根据业绩考核结果分档确定不同的股权行使比例。

（四）对科技类上市公司实施股权激励的业绩指标，可以根据企业所处行业的特点及成长规律等实际情况，确定授予和行使的业绩指标及其目标水平。

（五）对国有经济占控制地位的、关系国民经济命脉和国家安全的行业以及依法实行专营专卖的行业，相关企业的业绩指标，应通过设定经营难度系数等方式，剔除价格调整、宏观调控等政策因素对业绩的影响。

三、合理控制股权激励收益水平，实行股权激励收益与业绩指标增长挂钩浮动

按照上市公司股价与其经营业绩相关联、激励对象股权激励收益增长与公司经营业绩增长相匹配的原则，实行股权激励收益兑现与业绩考核指标完成情况挂钩的办法。即在达到实施股权激励业绩考核目标要求的基础上，以期初计划核定的股权激励预期收益为基础，按照股权行使时间限制表，综合上市公司业绩和股票价格增长情况，对股权激励收益增幅进行合理调控。具体方法如下：

（一）对股权激励收益在计划期初核定收益水平以内且达到考核标准的，可按计划予以行权。

（二）对行权有效期内股票价格偏高，致使股票期权（或股票增值权）的实际行权收益超出计划核定的预期收益水平的上市公司，根据业

绩考核指标完成情况和股票价格增长情况合理控制股权激励实际收益水平。即在行权有效期内,激励对象股权激励收益占本期股票期权(或股票增值权)授予时薪酬总水平(含股权激励收益,下同)的最高比重,境内上市公司及境外H股公司原则上不得超过40%,境外红筹股公司原则上不得超过50%。股权激励实际收益超出上述比重的,尚未行权的股票期权(或股票增值权)不再行使或将行权收益上交公司。

(三)上述条款应在上市公司股权激励管理办法或股权授予协议上予以载明。随着资本市场的逐步完善以及上市公司市场化程度和竞争性的不断提高,将逐步取消股权激励收益水平限制。

四、进一步强化股权激励计划的管理,科学规范实施股权激励

(一)完善限制性股票授予方式,以业绩考核结果确定限制性股票的授予水平。

1. 上市公司应以严格的业绩考核作为实施限制性股票激励计划的前提条件。上市公司授予限制性股票时的业绩目标应不低于下列业绩水平的高者:公司前3年平均业绩水平;公司上一年度实际业绩水平;公司同行业平均业绩(或对标企业50分位值)水平。

2. 强化对限制性股票激励对象的约束。限制性股票激励的重点应限于对公司未来发展有直接影响的高级管理人员。限制性股票的来源及价格的确定应符合证券监管部门的相关规定,且股权激励对象个人出资水平不得低于按证券监管规定确定的限制性股票价格的50%。

3. 限制性股票收益(不含个人出资部分的收益)的增长幅度不得高于业绩指标的增长幅度(以业绩目标为基础)。

(二)严格股权激励对象范围,规范股权激励对象离职、退休等行为的处理方法。

上市公司股权激励的重点应是对公司经营业绩和未来发展有直接影响的高级管理人员和核心技术骨干,不得随意扩大范围。未在上市公司任职、不属于上市公司的人员(包括控股股东公司的员工)不得参与上市公司股权激励计划。境内、境外上市公司监事不得成为股权激励的对象。

股权激励对象正常调动、退休、死亡、丧失民事行为能力时，授予的股权当年已达到可行使时间限制和业绩考核条件的，可行使的部分可在离职之日起的半年内行使，尚未达到可行使时间限制和业绩考核条件的不再行使。股权激励对象辞职、被解雇时，尚未行使的股权不再行使。

（三）规范股权激励公允价值计算参数，合理确定股权激励预期收益。

对实行股票期权（或股票增值权）激励方式的，上市公司应根据企业会计准则等有关规定，结合国际通行做法，选取适当的期权定价模型进行合理估值。其相关参数的选择或计算应科学合理。

对实行限制性股票激励方式的，在核定股权激励预期收益时，除考虑限制性股票赠与部分价值外，还应参考期权估值办法考虑赠与部分未来增值收益。

（四）规范上市公司配股、送股、分红后股权激励授予数量的处理。

上市公司因发行新股、转增股本、合并、分立、回购等原因导致总股本发生变动或其他原因需要调整股权授予数量或行权价格的，应重新报国有资产监管机构备案后由股东大会或授权董事会决定。对于其他原因调整股票期权（或股票增值权）授予数量、行权价格或其他条款的，应由董事会审议后经股东大会批准；同时，上市公司应聘请律师就上述调整是否符合国家相关法律法规、公司章程以及股权激励计划规定出具专业意见。

（五）规范履行相应程序，建立社会监督和专家评审工作机制。

建立上市公司国有控股股东与国有资产监管机构沟通协调机制。上市公司国有控股股东在上市公司董事会审议其股权激励计划之前，应与国有资产监管机构进行沟通协调，并应在上市公司股东大会审议公司股权激励计划之前，将上市公司董事会审议通过的股权激励计划及相应的管理考核办法等材料报国有资产监管机构审核，经股东大会审议通过后实施。

建立社会监督和专家评审工作机制。上市公司董事会审议通过的股权激励计划草案除按证券监管部门的要求予以公告外,同时还应在国有资产监管机构网站上予以公告,接受社会公众的监督和评议。同时国有资产监管机构将组织有关专家对上市公司股权激励方案进行评审。社会公众的监督、评议意见与专家的评审意见,将作为国有资产监管机构审核股权激励计划的重要依据。

建立中介服务机构专业监督机制。为上市公司拟订股权激励计划的中介咨询机构,应对股权激励计划的规范性、合规性、是否有利于上市公司的持续发展,以及对股东利益的影响发表专业意见。

(六)规范国有控股股东行为,完善股权激励报告、监督制度。

国有控股股东应增强法制观念和诚信意识,带头遵守法律法规,规范执行国家政策,维护出资人利益。

国有控股股东应按照国资发分配〔2006〕8号、国资发分配〔2006〕175号文件及本通知的要求,完善股权激励报告制度。国有控股股东向国有资产监管机构报送上市公司股东大会审议通过的股权激励计划时,应同时抄送财政部门。国有控股股东应当及时将股权激励计划的实施进展情况以及激励对象年度行使情况等报国有资产监管机构备案;国有控股股东有监事会的,应同时报送公司控股企业监事会。

国有控股股东应监督上市公司按照《企业财务通则》和企业会计准则的规定,为股权激励的实施提供良好的财务管理和会计核算基础。

国有资产监管机构将对上市公司股权激励的实施进展情况,包括公司的改革发展、业绩指标完成情况以及激励对象薪酬水平、股权行使及其股权激励收益、绩效考核等信息实行动态管理和对外披露。

在境外和境内同时上市的公司,原则上应当执行国资发分配〔2006〕175号文件。公司高级管理人员和管理技术骨干应在同一个资本市场(境外或境内)实施股权激励。

对本通知印发之前已经实施股权激励的国有控股上市公司,其国有控股股东应按照本通知要求,督促和要求上市公司对股权激励计划进行修订完善并报国资委备案,经股东大会(或董事会)审议通过后实施。

国务院国有资产监督管理委员会关于印发《中央企业工资总额预算管理暂行办法》的通知

2010 年 5 月 25 日　国资发分配〔2010〕72 号

各中央企业：

为进一步加强中央企业收入分配调控，深化收入分配制度改革，推动企业建立健全市场化工资决定机制和内部激励约束机制，促进企业科学发展，根据《中华人民共和国公司法》、《中华人民共和国企业国有资产法》、《企业国有资产监督管理暂行条例》和国家收入分配的有关政策，国资委制定了《中央企业工资总额预算管理暂行办法》，现印发给你们，请按照本办法要求和国资委工作部署执行。有关试点企业在实施过程中遇到的问题，请及时报告国资委。

附件：中央企业工资总额预算管理暂行办法

附件：

中央企业工资总额预算管理暂行办法

第一章　总　　则

第一条　为指导中央企业进一步深化收入分配制度改革，加强收入分配调控，推动企业逐步建立健全市场化工资决定机制，促进企业科学发展，根据《中华人民共和国公司法》、《中华人民共和国企业国有资产法》、《企业国有资产监督管理暂行条例》和国家收入分配的有关政策，制定本办法。

第二条 本办法所称中央企业是指国务院国有资产监督管理委员会(以下简称国资委)履行出资人职责的企业。

第三条 中央企业年度工资总额预算编制、报告、执行与清算工作，适用本办法。

第四条 本办法所称工资总额预算管理是指在国资委依法调控下，中央企业围绕发展战略，依据年度生产经营目标、经济效益情况和人力资源管理要求，对年度工资总额的确定、发放和职工工资水平的调整，作出计划安排并进行有效控制和监督的活动。

第五条 本办法所称工资总额是指中央企业在一个会计年度内直接支付给本企业全部职工的劳动报酬总额，其组成按照国家有关规定执行。

第六条 工资总额预算管理应当遵循以下原则：

(一)坚持效益导向，职工工资水平与企业竞争力相适应。在中央企业经济效益提高的基础上，参考企业战略规划和社会经济发展等因素，建立健全工资总额决定机制和职工工资正常增长机制。

(二)坚持市场化改革方向，合理调节收入分配关系。在发挥市场对企业收入分配基础调节作用的基础上，逐步实现中央企业职工工资水平与劳动力市场价位相衔接，合理调节行业间、企业间和企业内部各类人员收入分配关系。

(三)坚持出资人依法调控与企业自主分配相结合，兼顾国家、企业和职工三者利益关系。国资委按照相关法律法规赋予的权利和职责依法调控中央企业收入分配总体水平，并充分发挥中央企业作为市场主体的自主分配作用。

(四)坚持工资总额预算管理改革与垄断行业改革、企业内部其他改革相衔接和配套。探索工资总额管理新机制，理顺各类人员收入分配关系，循序渐进，稳步实施。

第七条 国资委在全面推进中央企业工资总额预算管理工作的基

础上，按照国家关于企业人工成本控制、核算、统计的规定，结合中央企业收入分配管理实际，逐步实现对中央企业人工成本的统筹管理。

第二章　工资总额预算管理职责

第八条　国资委依据有关法律法规和相关政策，制定工资总额预算管理规定，对中央企业工资总额预算编制、报告及执行工作进行监督管理，依法调控中央企业收入分配总体水平。

第九条　国资委建立中央企业行业工资增长调控线（以下简称工资增长调控线）及相关信息发布制度，指导企业编制、执行工资总额预算。

第十条　国资委对中央企业工资总额预算实行核准制。对法人治理结构健全、内部自我约束机制完善等具备条件的中央企业，可以实行备案制。

第十一条　中央企业依据国资委有关规定，建立健全工资增长与企业效益增长相适应的联动机制（以下简称工资效益联动机制），组织开展本企业工资总额预算编制、执行以及内部监督、评价工作，完善工资总额预算管理工作制度和组织体系。

第十二条　工资总额预算经国资委核准或者备案后，由中央企业根据生产经营特点与内部绩效考核制度、薪酬分配制度，自行决定所属企业工资总额调控方式、内部收入分配结构和水平。

第十三条　中央企业所属企业为预算执行单位。中央企业应当指导各预算执行单位开展工资总额预算的编制、实施工作，并对其预算进行管理和监督，履行出资人职责。

第三章　工资总额预算编制和申报

第十四条　中央企业工资总额预算以上年实际发放工资总额为基础编制。工资总额预算增长根据企业经济效益预测情况、企业发展战略、工资增长调控线、工资效益联动机制等因素综合确定。

第十五条　国资委按照提高企业核心竞争力和调节行业收入分配

关系的总体要求,依据中央企业经济效益增长预测情况,参考国民经济发展宏观指标、社会平均工资、劳动力市场价位等因素,分行业制定和发布工资增长调控线。工资增长调控线分为上线、中线和下线。

第十六条 中央企业根据经济效益状况、人工成本投入产出水平和职工工资水平等情况,分别适用工资增长调控线上线、中线和下线。企业处于特殊发展阶段或者受国家政策等因素影响,适用的工资增长调控线范围可以适当浮动。

第十七条 中央企业在科学确定经济效益预算目标值的基础上,按照效益导向原则和适用的调控线范围,自主建立工资效益联动机制,合理确定本企业工资总额预算增长。

第十八条 工资效益联动机制包括经济效益指标选取及预算目标值的确定、工资增长与经济效益状况相适应的联动办法等内容。经济效益指标的选取以利润总额和经济增加值为主。

第十九条 中央企业工资总额预算方案应当主要载明以下内容:

(一)上年度生产经营和经济效益完成情况、工资总额预算执行情况;

(二)预算年度生产经营和经济效益预测情况;

(三)预算年度人力资源配置计划、薪酬策略调整情况、工资总额预算安排、人工成本项目构成及增减计划;

(四)总部职工工资总额预算情况;

(五)工资效益联动机制。

第二十条 中央企业应当按照国家收入分配政策规定和国资委有关要求编制工资总额预算。工资总额预算方案提交董事会或者总经理办公会议审议后,按照规定时间报送国资委。

第二十一条 国资委按照本办法要求及相关规定,对中央企业报送的工资总额预算方案进行核准或者备案,并在规定的时间内出具审核意见,同时抄送派驻所在企业监事会。对于工资总额预算方案不符合国资委工资总额预算管理规定的,国资委将要求企业调整或者重新编报预算方案。

第四章 工资总额预算执行和调整

第二十二条 中央企业应当严格执行经国资委核准或者备案的工资总额预算方案，逐级落实预算执行责任，切实加强内部预算执行情况的跟踪和监督，确保年度经济效益预算和工资总额预算目标的实现。

第二十三条 中央企业应当建立工资总额预算执行情况定期分析报告制度，一年报告两次，分别于半年、全年结束后一个月内向国资委报送预算执行情况。

第二十四条 中央企业应当加强工资总额发放管理，规范列支渠道。在国资委核定的工资总额外，不得再以其他形式在成本（费用）中列支任何工资性项目。

第二十五条 国资委建立中央企业工资总额预算动态监控制度，对中央企业工资总额发放情况、人工成本投入产出等主要指标执行情况进行跟踪监测，并将监测和评估结果及时反馈中央企业，督促中央企业加强预算执行情况的监督和控制。

第二十六条 中央企业工资总额预算在执行过程中出现以下情形之一，导致预算编制基础发生重大变化的，可以申请对工资总额预算进行调整：

（一）国家宏观经济政策发生重大调整的；

（二）市场环境发生重大变化的；

（三）企业发生分立、合并等重大资产重组行为的；

（四）其他特殊情况。

第二十七条 中央企业工资总额预算调整情况经企业董事会或者总经理办公会议审议后，应当于当年 8 月底前报国资委复核或备案，同时抄送派驻所在企业监事会。

第五章 工资总额预算清算和评价

第二十八条 国资委对中央企业工资总额预算执行情况实行清算

评价制度。中央企业按照清算工作要求应当于下一年4月底前向国资委提交全年工资总额预算执行情况报告。

第二十九条 国资委依据经审计的财务决算,对中央企业工资总额预算执行情况、执行国家及国资委有关收入分配政策等情况进行综合分析评价,并出具评价意见,同时抄送派驻所在企业监事会。中央企业工资总额清算额度经国资委核准确认后按照国家有关规定据实列支。

第三十条 国资委对工资总额预算执行偏离度过大、工资增长突破调控线、未完成经济效益预算目标值或者未有效执行工资效益联动机制的中央企业,将采取核减下一年度工资总额预算额度等措施,要求中央企业整改。

第三十一条 国资委对预算执行过程中弄虚作假以及其他严重违反预算管理规定的中央企业,将视情况对企业采取警示、通报批评、扣减企业负责人年度绩效薪金等处罚措施,必要时对企业负责人及相关责任人给予行政处分。

第三十二条 监事会对中央企业工资总额预算执行情况进行监督检查。

第三十三条 国资委可以根据情况对中央企业工资总额预算执行情况进行专项检查与考核,必要时也可以委托专门机构进行审计。

第六章 附 则

第三十四条 多元投资主体中央企业的工资总额预算编制、调整和清算情况,经国资委核准或者备案同意后,按照公司章程的规定履行程序。

第三十五条 各省、自治区、直辖市及计划单列市和新疆生产建设兵团国有资产监督管理机构参照本办法制定相关工作规范。

第三十六条 本办法自印发之日起施行。

关于加强中央企业负责人薪酬管理有关事项的通知

2011 年 9 月 19 日　国资发分配〔2011〕133 号

各中央企业：

国资委成立以来，各中央企业按照中央企业负责人薪酬管理的有关规定，建立健全制度，促进企业负责人薪酬管理和职务消费逐步制度化和规范化。但是个别中央企业尚存在执行薪酬管理政策不严格，进行职务消费不规范等问题。为进一步加强中央企业负责人薪酬管理、规范职务消费，促进中央企业负责人廉洁从业，根据《关于进一步规范中央企业负责人薪酬管理的指导意见》（人社部发〔2009〕105 号）等有关规定，现就有关事项通知如下：

一、进一步提高认识，完善中央企业负责人收入分配的激励和约束机制

（一）各中央企业要认真贯彻落实党中央、国务院关于加强国有企业负责人薪酬管理、规范职务消费的规定，严格执行收入分配政策。进一步完善以经营业绩考核为导向，薪酬结构合理、水平适当、管理规范、与本企业职工收入分配关系协调的薪酬分配制度。进一步规范中央企业负责人职务消费行为，从严控制职务消费水平。

（二）中央企业负责人要树立大局意识，发扬奉献精神。正确认识个人薪酬待遇和社会收入分配状况，正确处理个人利益与企业和国家利益、个人收入与职工收入的关系，继续发扬艰苦奋斗、勤俭节约的优良传统，做廉洁从业的表率。

二、进一步加强中央企业负责人薪酬管理，规范收入分配秩序

（一）各中央企业要将企业负责人年度薪酬、中长期激励收益以及报经国资委审核同意的其他福利性货币收入，全部纳入企业负责人薪酬体系统筹管理；不得自定企业负责人奖励、津贴、补贴和其他福利性货币收入等。

（二）中央企业负责人未经国资委审核同意，不得领取薪酬方案以外的任何收入。

（三）中央企业负责人未经国资委审核同意，不得兼职取酬；已经兼职取酬的，应当立即纠正，并清退已经领取的兼职薪酬。

（四）各中央企业不得擅自分配各级地方政府或者有关部门给予的各种奖励。对于各级地方政府或者有关部门给予的奖励，企业应当制订相关管理办法和分配方案，报国资委审核同意后，奖励给对企业发展作出突出贡献的企业负责人以及管理骨干和技术骨干，或者用于扶贫帮困、科技创新等方面。

（五）各中央企业不得擅自以本企业及所出资控股企业的股票或者其他衍生权益为标的，通过中介机构等渠道，以“限制性股份奖励计划”、“中长期绩效评价激励计划”等形式变相实施股权激励、现金奖励等中长期激励计划。各中央企业要切实履行国有股东职责，对未经国资委审核同意的上述激励计划要立即停止实施，按照国资委相关规定进行修改完善并报国资委审核同意后实施。

（六）各中央企业不得为企业负责人出资缴纳应当由个人承担的个人所得税、社会保险和住房公积金等各种税费；不得超标准为企业负责人建立补充养老保险（企业年金）和补充医疗保险；不得为企业负责人购买商业性补充养老、补充医疗保险等。

（七）中央企业负责人在所出资控股上市公司任职的，企业应当要求有关上市公司根据信息披露的相关规定，按照国资委审核同意的薪酬方案如实披露相关人员的薪酬。

三、进一步规范中央企业负责人职务消费，切实加强廉政建设

（一）建立中央企业负责人职务消费预算方案备案制度。对中央企业负责人公务用车、业务招待、国（境）外考察等职务消费项目，中央企业应当编制预算方案报送国资委备案后执行，并将执行情况报告国资委。

（二）中央企业要进一步修订完善职务消费制度和办法，明确职务消费范围和标准，严格规范审核程序，推进公开透明和预算管理，切实加强监督检查，坚决杜绝与企业经营管理活动无关的职务消费行为和奢侈浪费风气。

（三）中央企业要从严控制职务消费总体水平，中央企业负责人不得超范围、超标准、超预算进行职务消费。

（四）中央企业负责人不得将履行工作职责以外的费用、因私消费费用等纳入职务消费范围；不得以各种名义向所出资企业或者其他企业转嫁、摊派和报销职务消费所发生的费用。

四、进一步加强集团管控力度，指导和监督所出资控股企业的薪酬管理工作

（一）中央企业要落实对所出资控股企业的股东职责，完善公司治理，加强管控力度，指导各级所出资控股企业建立健全薪酬管理和规范职务消费制度。

（二）中央企业要建立健全对所出资控股企业负责人的岗位评估和业绩考核制度，完善薪酬审核程序，依据企业负责人的岗位职责、承担的风险和经营业绩考核结果等，合理确定所出资控股企业负责人的薪酬水平。

（三）中央企业要严格规范所出资控股企业负责人职务消费行为，明确职务消费范围、标准和预算，切实加强监督和管理，坚决杜绝违规进行职务消费的行为。

五、进一步加强监督检查,严肃收入分配纪律

(一)各中央企业要结合审计署、派驻本企业监事会、巡视组等有关部门的监督检查情况,每年对本企业及所出资控股企业负责人薪酬管理、职务消费和福利保障等工作进行全面自查,对存在的问题及时进行纠正和整改,并将上一年度的自查和整改结果以薪酬管理总结报告的形式与每年中央企业负责人薪酬方案一并报送国资委。

(二)各建设规范董事会中央企业要按照国资委关于建设规范董事会中央企业董事和高级管理人员薪酬管理的有关规定和本通知要求,进一步加强对董事和高级管理人员的薪酬管理,规范职务消费。

(三)国资委将进一步加强对中央企业执行薪酬管理政策情况的监管力度。对违反薪酬管理和职务消费有关规定的,将按照《国有企业领导人员廉洁从业若干规定》和《关于国有企业领导人员违反廉洁自律“七项要求”政纪处分规定》等规定,给予中央企业负责人纪律处分、组织处理和经济处罚,并追回违规所得收入。涉嫌犯罪的,依法移送司法机关处理。

关于印发《中央企业负责人职务消费管理暂行规定》的通知

2011年10月26日　国资发分配〔2011〕159号

各中央企业:

为进一步规范中央企业负责人职务消费行为,加强中央企业负责人职务消费管理,国资委制定了《中央企业负责人职务消费管理暂行规定》(以下简称《暂行规定》),现印发给你们,请遵照执行,并就有关事项通知如下:

一、加强制度建设，建立健全职务消费管理制度体系。各中央企业要根据《暂行规定》，结合企业生产经营实际，制订完善企业负责人和集团总部职务消费管理办法，制订(参与制订)所出资企业负责人职务消费管理办法，并指导监督所出资企业建立和健全职务消费管理制度。请各中央企业于2011年底前将企业负责人、集团总部和所出资企业负责人职务消费管理办法报国资委备案，同时抄送派驻本企业监事会。

二、建立职务消费预算方案备案制度，合理控制职务消费水平。自2011年起，各中央企业要建立职务消费预算管理制度，按照《中央企业负责人职务消费预算方案备案手册》(附后)规定的要求，做好当年企业负责人职务消费实际情况统计工作和下一年度企业负责人职务消费预算方案编制工作。请各中央企业于每年1月底前将上一年度企业负责人职务消费实际情况和当年企业负责人职务消费预算方案，报国资委(企业分配局)备案，同时抄送派驻本企业监事会。

三、开展自查整改，切实解决目前职务消费管理中存在的问题。各中央企业要对照《暂行规定》，对企业负责人、集团总部和所出资企业职务消费情况进行全面自查，对职务消费管理中存在的问题及时进行整改。要在2011年底前将自查整改情况报国资委(企业分配局)，同时抄送派驻本企业监事会。

四、加强组织领导，落实职务消费管理的职责和任务。各中央企业要充分认识加强职务消费管理的重要意义，进一步加强党风廉政建设，弘扬艰苦奋斗优良传统。企业主要负责人要全面负责本企业职务消费管理工作，要整合职务消费管理职责，把工作任务落实到相关部门和相关人员，切实推进规范职务消费管理工作。要切实履行好对集团总部和所出资企业职务消费的指导监督职责，加强集团公司管控力度，进一步规范集团总部和所出资企业职务消费工作。

附件：1. 中央企业负责人职务消费管理暂行规定

2. 中央企业负责人职务消费预算方案备案手册(略)

附件 1:

中央企业负责人职务消费管理暂行规定

第一章 总 则

第一条 为进一步规范中央企业负责人职务消费行为，根据《国有企业领导人员廉洁从业若干规定》、《中央企业领导人员管理暂行规定》和《关于印发〈关于规范中央企业负责人职务消费的指导意见〉的通知》(国资发分配〔2006〕69 号)等有关规定，制定本规定。

第二条 本规定所称企业负责人是指在国务院国有资产监督管理委员会(以下简称国资委)履行出资人职责的企业任职的下列人员：

(一)设立董事会的中央企业董事长、副董事长、董事(不含职工董事)，总经理(总裁)、副总经理(副总裁)、总会计师；

(二)未设立董事会的中央企业总经理(总裁、院长、所长、局长、主任)、副总经理(副总裁、副院长、副所长、副局长、副主任)、总会计师；

(三)中央企业党委(党组)书记、副书记、党委常委(党组成员)，纪委书记(纪检组组长)。

第三条 本规定所称职务消费是指企业负责人在履行工作职责过程中所发生的费用支出以及享有的待遇。主要包括公务用车、通信、业务招待、差旅、国(境)外考察、培训等项目。

第四条 国资委负责对企业负责人职务消费管理进行指导监督。中央企业负责对企业负责人职务消费进行规范管理，对所出资企业负责人职务消费进行指导监督和规范管理。

第五条 企业负责人职务消费管理应当坚持以下原则：

(一)坚持源头控制与综合治理相结合，严格规范职务消费行为；

（二）坚持保障公务与厉行节约相结合，从严控制职务消费水平；

（三）坚持廉洁自律与监督管理相结合，切实加强职务消费监管。

第二章　公务用车管理

第六条　公务用车管理是指企业负责人公务活动专用机动车辆的配备、运行管理和处置。公务用车配备是指车辆的购置（租赁）、更新；运行管理是指车辆的保养、维修以及日常使用的管理；处置是指车辆的报废、变价出售等。

第七条　企业应当按照不超过1人1辆公务用车的编制，在国资委规定的公务用车配备标准（排气量、购车价格、使用年限）范围内，为企业负责人配备公务用车。企业不得超编制、超标准为企业负责人配备公务用车，不得增加高档配置或者豪华内饰。

第八条　企业负责人退休或者调离本企业后，企业不再为其配备公务用车。

第九条　企业应当对企业负责人公务用车的保养、维修费用，以及日常使用所发生的各种保险费、年检费、车船使用税、燃油费、停车及过路桥费等运行费用，实行单车核算，采取年度限额或者年度预算范围内据实报销方式进行管理。

第十条　企业负责人不得因私使用公务用车。

第十一条　企业负责人自愿驾驶公务用车的，企业应当加强自驾管理，不得发放自驾补贴。

第十二条　企业负责人公务用车的报废和变价出售等处置，应当参照中央和国家机关公务用车处置管理有关规定执行。

第十三条　企业为企业负责人配备公务用车后，不得再以任何名目为企业负责人发放交通补贴。

第十四条　企业不得采取向所出资企业调换、借用等任何方式为企业负责人配备公务用车。企业不得向所出资企业转嫁企业负责人公务用车购置、租赁资金和运行费用。

第三章　通信管理

第十五条　通信管理是指对企业负责人因公务活动所发生的通信费用的管理。

第十六条　通信费用主要是指企业负责人履行工作职责时所发生的移动通信费和住宅通信费。

第十七条　企业应当对企业负责人通信费用采取年度预算或者年度限额范围内据实报销方式进行管理,不得以任何名目为企业负责人发放通信补贴。

第十八条　企业负责人退休或者调离本企业后,企业不再承担其任何通信费用。

第四章　业务招待管理

第十九条　业务招待管理是指对企业负责人为企业生产经营所发生的接待客户、合资合作方以及其他外部关系人员活动和费用的管理。

第二十条　业务招待费用主要包括宴请、接待、礼品等费用。企业应当根据国家有关规定和接待工作内容,本着节俭、合理、必需的原则,建立健全企业负责人业务招待管理制度,明确宴请、接待、礼品等标准。

第二十一条　企业负责人进行业务招待,应当由企业相关部门制订计划、编制预算和组织实施。

第二十二条　企业负责人进行业务招待,应当在本企业内部或者定点饭店接待,不得安排接待对象到高档的娱乐、休闲、健身、保健等经营场所活动。企业负责人不得参加所出资企业或者关联企业安排到上述场所的业务招待活动。

第二十三条　企业在业务招待活动中赠送的礼品,应当符合相关法律法规要求,以宣传企业、展示企业文化为主要内容。不得赠送现金、有价证券、支付凭证和商业预付卡,以及贵重金属和其他贵重物品。

第二十四条　企业负责人参加的业务招待所发生费用,应当由企业相关部门统一负责结算,报销内容应当与业务招待活动内容一致,不得弄虚作假。

第二十五条 企业不得向所出资企业转嫁企业负责人业务招待费用,不得报销企业负责人因私招待费用、个人消费费用。

第五章 差旅管理

第二十六条 差旅管理是指对企业负责人为企业生产经营所发生的国内、国(境)外差旅活动和费用的管理。

第二十七条 企业应当根据国家有关规定,本着勤俭节约原则,结合企业生产经营实际,建立健全企业负责人差旅管理制度,合理确定企业负责人出差期间乘坐交通工具的等级,以及住宿、伙食和公杂费用标准,从严控制出差随行人员数量。

第二十八条 企业负责人出差地有本企业定点饭店或者政府定点饭店的,应当安排在本企业定点饭店或者政府定点饭店住宿。

第二十九条 企业应当按照企业差旅规定,凭有效票据报销企业负责人差旅费用。企业不得向所出资企业转嫁企业负责人差旅费用,不得报销企业负责人出差期间与差旅活动无关的费用。

第六章 国(境)外考察管理

第三十条 国(境)外考察管理是指对企业负责人为企业生产经营所发生的国(境)外考察活动及费用的管理。

第三十一条 企业应当根据国家有关规定,本着节俭、合理的原则,结合企业生产经营实际,建立健全企业负责人国(境)外考察管理制度,合理确定各项费用标准。

第三十二条 企业应当根据生产经营需要,为企业负责人安排国(境)外考察活动,制订国(境)外考察计划。不得安排无实质性内容的一般性考察和各种研讨交流活动,不得重复考察和盲目考察。

第三十三条 企业应当严格国(境)外考察计划审批,从严控制考察天数和考察人员数量,不得无故延长国(境)外考察时间,不得安排与企业负责人国(境)外考察任务无关的人员出访。

第三十四条 企业应当严格执行国(境)外考察管理制度、考察计划和各项费用标准,从严控制费用支出。

第三十五条 企业不得向所出资企业转嫁企业负责人国(境)外考察费用,不得报销企业负责人国(境)外考察期间与考察活动无关的费用。

第七章 培训管理

第三十六条 培训管理是指对企业负责人为企业生产经营和提高经营管理水平所发生的培训活动及费用的管理。

第三十七条 企业应当根据企业生产经营需要和企业负责人岗位职责的要求,按照企业负责人参加国资委和有关部门培训,企业培训,以及与个人相关的学历学位培训、专业课程进修培训、专业资格证书培训等,分类制订培训计划,加强培训费用管理。

第三十八条 企业应当对企业负责人参加与个人相关的学历学位培训、专业课程进修培训、专业资格证书培训等,作出明确规定并严格执行。

第三十九条 企业不得向所出资企业转嫁企业负责人培训费用,不得报销企业负责人自行安排的培训的费用。

第八章 预算管理

第四十条 企业应当加强企业负责人职务消费的预算管理。按照国资委的要求,编制企业负责人职务消费预算方案,并报国资委备案,同时抄送派驻本企业监事会。

第四十一条 企业负责人职务消费预算方案是指企业按照国家关于企业财务预算管理和全面预算管理的政策规定,根据企业年度生产经营计划和生产经营实际,结合企业负责人履行工作职责的需要,对企业负责人年度职务消费水平做出的预算安排。

第四十二条 企业负责人职务消费预算方案编制应当遵循以下原则:

(一)适应企业负责人依法依规履行工作职责的需要；

(二)符合企业负责人职务消费总体水平与企业经营收入和成本费用相适应的要求；

(三)保证职务消费预算方案的全面性、准确性和严肃性。

第四十三条 企业应当结合生产经营实际和职务消费项目的特点,选择预算编制方法。预算编制方法一经确定,原则上不得随意改变。

第四十四条 企业负责人职务消费预算方案实行按年分项编制。

第四十五条 企业应当以年度生产经营计划和企业负责人岗位职责等为依据,合理确定企业负责人各项职务消费项目的标准,明确职务消费的范围和规模,从严控制企业负责人职务消费预算水平。

第四十六条 企业应当在报送年度财务预算报告同时,将企业负责人职务消费预算方案报送国资委备案。备案文件由企业负责人职务消费预算方案备案报告和预算方案两部分组成。

(一)企业负责人职务消费预算方案备案报告,主要内容包括:本年度企业负责人职务消费预算方案编制情况,职务消费预算总体水平与企业经营收入和费用支出预算的匹配情况,本年度职务消费预算总体水平与上年度预算总体水平对比情况,上年度职务消费预算方案执行情况,以及需要说明的其他有关情况等。

(二)企业负责人职务消费预算方案主要包括:企业负责人职务消费预算总体方案,企业负责人公务用车、通信、业务招待、差旅、国(境)外考察、培训等专项预算方案。

第四十七条 企业和企业负责人应当严格执行企业负责人职务消费预算方案,对企业负责人职务消费预算方案执行情况进行跟踪监测,定期分析预算方案执行差异的原因,及时采取相应的解决措施。

第四十八条 企业负责人职务消费预算方案在执行过程中,预算方案编制基本条件发生重大变化的,经履行企业内部预算管理程序后,可以对预算方案予以调整,并报国资委备案,同时抄送派驻本企业监事会。

第九章 监督管理

第四十九条 企业应当根据本规定，制订(修订)企业负责人公务用车、通信、业务招待、差旅、国(境)外考察、培训等专项职务消费管理办法，建立健全企业负责人职务消费预算管理、企业内部审核和监督等制度。

第五十条 企业制订的企业负责人职务消费管理办法和制度，应当广泛征求职工意见，按照内部决策程序进行审议通过后，报国资委备案，同时抄送派驻本企业监事会。

第五十一条 企业负责人应当勤俭节约，依据相关规定和企业制度进行职务消费，不得有《国有企业领导人员廉洁从业若干规定》第七条禁止的职务消费行为。

第五十二条 企业应当建立健全企业负责人职务消费统计制度，规范统计口径和统计格式，如实列支企业负责人职务消费费用，保证企业负责人职务消费统计的真实性、准确性。

第五十三条 企业负责人职务消费管理办法和制度，职务消费预算方案及执行情况，应当通过职工代表大会等形式定期向职工公示，接受职工监督。

第五十四条 企业负责人应当将职务消费情况，职务消费预算方案及执行情况，作为民主生活会、年度述职述廉的重要内容，接受监督和民主评议。

第五十五条 企业负责人职务消费情况、职务消费预算方案及执行情况，纳入派驻本企业监事会、国资委纪委监察局以及巡视组的监督检查内容。

第五十六条 企业应当配合审计、纪检、监察、巡视等部门的监督检查，并针对监督检查中发现的职务消费管理方面的问题及时进行整改。

第五十七条 企业负责人违反本规定进行职务消费的，依据《国有企业领导人员廉洁从业若干规定》，由有关部门和机构按照干部管理权限，视情节轻重，给予警示谈话、调离岗位、降职、免职处理。

应当追究纪律责任的，除适用前款规定外，视情节轻重，依照国家有关法律法规给予相应的处分。

对于其中的共产党员，视情节轻重，依照《中国共产党纪律处分条例》给予相应的党纪处分。

涉嫌犯罪的，依法移送司法机关处理。

以上处理方式可以单独使用，也可以合并使用。

第五十八条 企业负责人受到警示谈话、调离岗位、降职、免职处理的，相应扣减25%、50%、75%、100%的当年绩效薪金。

第五十九条 企业负责人违反本规定获取的不正当经济利益，应当予以全部清退；给企业造成经济损失的，依据国家或者企业的有关规定承担经济赔偿责任。

第十章　附　　则

第六十条 建设规范董事会中央企业，企业董事会应当严格按照《关于印发〈董事会试点中央企业高级管理人员薪酬管理指导意见〉的通知》（国资发分配〔2009〕55号）、《关于印发〈董事会试点中央企业董事报酬及待遇管理暂行办法〉的通知》（国资发分配〔2009〕126号）和本规定的要求，建立和完善董事和高级管理人员职务消费管理制度，切实规范职务消费管理。专职外部董事职务消费管理办法另行制定。

第六十一条 企业应当依法履行出资人职责，根据本规定的要求并结合生产经营实际，制订（参与制订）所出资企业负责人和集团总部相关人员职务消费管理制度，指导监督所出资企业建立和健全职务消费管理制度，切实加强集团管控能力，全面规范职务消费管理。

企业制订的所出资企业负责人和集团总部相关人员职务消费管理办法，应当报国资委备案，同时抄送派驻本企业监事会。

第六十二条 本规定由国资委负责解释。

第六十三条 本规定自公布之日起施行。

关于进一步规范中央企业职工收入分配管理的指导意见

2011 年 11 月 8 日　国资发分配〔2011〕166 号

各中央企业：

为贯彻落实国民经济和社会发展第十二个五年规划纲要提出的合理调整收入分配关系的要求，进一步规范中央企业收入分配管理工作，建立健全激励约束机制，推动企业科学发展，现提出如下意见。

一、坚持和完善收入分配制度，着力促进企业科学发展

各中央企业应当以“三个代表”重要思想为指导，全面贯彻落实科学发展观，按照“十二五”规划纲要要求，坚持和完善按劳分配为主体、多种分配方式并存的分配制度。认真执行国家有关收入分配调控政策，规范收入分配行为，调节收入分配关系，深化收入分配制度改革。坚持效益决定分配的基本原则，坚持市场化的改革方向，逐步构建科学合理、公平公正的收入分配体系，着力提高低收入者收入水平，逐步扩大中等收入者比重，有效调节过高收入，为促进企业科学发展奠定基础。

二、合理确定职工工资水平，科学引导工资增长预期

中央企业贯彻落实中央“逐步提高居民收入在国民收入分配中的比重，提高劳动报酬在初次分配中的比重”、“努力实现居民收入增长和经济发展同步、劳动报酬增长和劳动生产率提高同步”的要求，应当站在建设社会主义和谐社会、切实履行社会责任的高度，按照市场化改革的总体要求，遵循收入分配工作规律，合理确定职工工资收入水平，进

一步调整收入分配结构，理顺内部收入分配关系。中央企业职工工资水平应当与其在国民经济发展中的地位、作用和贡献相适应，依据自身经济效益状况，科学引导职工的增资预期，防止脱离实际盲目增加工资，造成新的分配不公和分配关系的失衡。

三、加强职工工资总额管理，健全工资正常增长机制

中央企业应当进一步完善工资总额管理办法，建立工资能增能减的激励约束机制及职工工资正常增长机制。实行工资总额预算管理办法的企业应当按照《中央企业工资总额预算管理暂行办法》（国资发分配〔2010〕72号）规定，切实加强工资总额预算管理。严格执行行业工资增长调控线，健全工资效益联动机制，合理确定职工工资水平及增长幅度，不断完善工资总额和工资水平双重调控机制。实行工效挂钩办法的企业要健全以实现净利润为主要挂钩指标的指标体系，综合考虑企业经济发展周期及行业平均发展状况，科学确定企业经济效益指标基数，适当控制挂钩浮动比例。同时参考行业工资增长调控线要求，适度安排职工工资增长。

四、规范建立企业年金制度，妥善解决历史遗留问题

中央企业不得为职工购买商业性补充养老保险，已经购买的要进行清理规范。实施补充养老保险计划的，应当按照《关于中央企业试行企业年金制度的指导意见》（国资发分配〔2005〕135号）和《关于中央企业试行企业年金制度有关问题的通知》（国资发分配〔2007〕152号）要求，建立规范的企业年金制度。未经集团公司批准，所出资控股企业不得擅自单独实施企业年金计划。企业应当在充分考虑人工成本承受能力的基础上，合理确定年金待遇水平，年金缴费及待遇最高水平和参与本企业年金计划职工平均水平的差距原则上不得超过五倍。建立与经济效益相联系的年金待遇水平动态调整机制，缴费或者待遇水平差距过大的企业，应当对年金方案进行动态调整。建立企业年金制度后，企业不得在基本养老保险和企业年金之外再支付任何养老性质的福利项目。

五、稳妥推进分红权激励试点,落实技术要素参与分配

符合条件的中央企业可以探索实施分红权激励试点,调动科技人员的积极性,不断促进企业技术创新。试点企业应当按照《关于在部分中央企业开展分红权激励试点工作的通知》(国资发改革〔2010〕148号)要求,科学拟订方案,稳妥推进改革。激励对象应当限于本企业在科研创新和科技成果产业化过程中发挥重要作用的专业技术和科研管理核心骨干,不得随意扩大激励范围。业绩未达到考核要求的,应当相应中止激励计划。要妥善处理好内部各类人员的收入分配关系,重点考虑激励对象与非激励对象之间、分红权激励水平与原有收入水平之间的平衡,防止形成不合理的分配差距。

六、规范职工福利项目管理,完善企业薪酬福利体系

中央企业职工福利费项目设立要依法规范、量力而行、标准合理。企业按月按标准发放或支付给职工的住房补贴、交通补贴、通讯补贴、节日补贴、午餐费补贴,应当按照有关政策要求纳入工资总额管理,并且控制在上年或者前三年平均支出水平以内,不得引起人工成本过快增长。相关福利费纳入工资总额管理后,以后年度不得在福利费及其他成本费用中列支任何工资性项目。企业实施薪酬制度改革,应当统筹考虑职工福利待遇问题,逐步构建完善的薪酬福利保障体系。

七、规范职工工资列支渠道,加强企业人工成本控制

中央企业应当严格规范工资列支渠道,不得多头提取或者重复计提工资性收入,不得超提超发工资总额,不得以任何形式在“应付职工薪酬”科目外列支其他人工成本项目。已经纳入工资总额管理的科研设计单位,不得再计提技术奖酬金和业余设计奖。仍需单独计提技术奖酬金和业余设计奖的企业,要严格按照国家政策规定规范计提。各

中央企业要健全人工成本控制制度，加强人工成本的统计、分析和管理，建立人工成本监控、预警体系，并将人工成本管理与业绩考核工作紧密结合。

八、严格执行审核报告制度，履行重大事项申报程序

中央企业要切实按照《关于加强人工成本控制规范收入分配有关问题的通知》（国资分配〔2004〕985 号）规定，进一步建立健全并严格执行收入分配重大事项审核报告制度。中央企业应当严格按照国家有关政策规定，建立职工住房补贴制度、住房公积金制度、企业年金制度、中长期激励方案、工资结余使用等重大收入分配事项，并履行相应的审核或者备案程序。

九、加强集团公司管控力度，切实履行各级监管职责

国资委对中央企业集团本部实施收入分配重点调控。集团本部职工工资原则上控制在本企业职工平均工资水平的五倍以内。超过五倍或者收入水平过高的，应当按零增长或负增长进行控制。中央企业要按照分级管理原则，落实对所出资控股企业的出资人职责。要指导督促各级所出资控股企业深化收入分配制度改革，建立所出资控股企业收入分配重大事项审核报告制度。所出资控股企业薪酬福利制度改革方案及重大分配事项应当报集团公司审核同意后实施。

十、理顺企业内部分配关系，促进企业和谐稳定发展

中央企业要合理调整所出资控股企业的分配关系。各级企业在制订激励政策时，不得采取“下不保底、上不封顶”的办法。年终奖、重大单项奖励等一次性奖励，应当按管理权限报经上级部门同意后执行，并将奖励水平控制在一定差距以内。要统筹考虑职工个人能力、团队协作、企业商誉三者之间的关系和作用，不得对职工个人超比例分配，防止出现超出社会认知和职工接受程度的薪酬水平。职工平均

工资低于社会平均工资的中央企业，有人工成本承受能力的，要创造条件逐步提高职工的工资水平，重点保证企业一线职工工资增长。要综合考虑企业经济承受能力、当地企业正常退休人员养老金和物价变化等情况，适当提高内退人员待遇标准，建立内退人员生活费正常增长机制。

十一、健全多层次监督检查体系，完善收入分配约束机制

建立健全以内部审计和职工(代表)大会为主体的中央企业内部监督体系，职工收入分配制度、工资调整方案等涉及职工切身利益的重大问题需经过职工代表大会审议通过后实施，保障职工行使民主管理权利，确保收入分配制度健全、程序规范、结果合理。除接受国有企业监事会的日常监督和集中检查外，中央企业还要积极配合以国家审计署等有关部门和独立专业审计机构为主体的外部监督工作机构开展工作，逐步将职工收入分配政策执行情况列入外部监督内容，提高监督检查效果。

十二、加大监督检查力度，严肃收入分配纪律

国务院国资委将进一步加强对中央企业执行收入分配管理政策情况的监督检查，充分发挥以国有企业监事会为主体的出资人监督体系的作用，逐步实现监督检查标准化、程序化和常态化，促进各级企业规范收入分配行为，维护收入分配秩序。对违反相关规定的企业，将视情节轻重予以相应核减下一年度企业工资总额、清退违规所得、扣减企业负责人绩效薪金、通报批评等处理。造成重大损失或恶劣影响的，将按照《中国共产党员领导干部廉洁从政若干准则》、《国有企业领导人员廉洁从业若干规定》和《中央企业贯彻落实〈国有企业领导人员廉洁从业若干规定〉实施办法》等规定，追究相关人员责任，给予组织处理、纪律处分。

关于加强中央企业人工成本管理控制有关事项的通知

2012年7月16日　国资发分配〔2012〕100号

各中央企业：

今年以来，中央企业生产经营总体保持平稳增长，但中央企业面临的国内外形势还很严峻，全面完成今年预定的任务难度相当大。为提升中央企业管理水平，遏制人工成本过快增长的势头，确保职工工资增长与企业效益状况相匹配，规范企业收入分配行为，促进企业科学发展，现就加强中央企业人工成本管理控制的有关事项通知如下：

一、高度重视人工成本管理，努力遏制人工成本过快增长趋势

降本增效、严控人工成本是当前“保增长”工作的重要措施，是中央企业管理提升活动的重要内容。各中央企业负责人要高度重视，增强工作的责任感和使命感，带领全体职工开源节流，降本增效，严格执行收入分配政策规定。企业拟订收入分配改革措施，应当充分考虑人工成本的承受能力和适当时机，通过加强工资总额管理，清理规范工资外收入，严格控制企业人工成本，努力实现保增长保稳定目标，为国民经济平稳较快发展作出贡献。

二、努力加强过程管控，确保工资增长与经济效益相匹配

在人工成本的过程控制中要体现效益决定分配的理念和“两低于”的分配原则。各中央企业要建立和完善工资总额预算执行统计分析制度和人工成本信息监测预警机制，对人工成本控制不力的所出资企业要通过约谈、警示、通报批评等形式督促其整改。效益下降的企业，要严格控制企业人工成本，职工工资和福利费不得增长；已经亏损的企

业,职工工资应当相应下降,企业年金暂停缴费;效益状况稳定的企业,要把握工资增长的时机和节奏,加强人工成本管理,做好应对更大困难和挑战的准备。

三、加强集团本部管理,要求企业负责人起表率作用

2012 年中央企业负责人基本年薪不予调增,并根据效益情况予以下调。企业效益下滑,企业负责人和其他中高层管理人员要带头降薪。中央企业要严格执行国家关于国有企业负责人职务消费行为监督管理规定和国资委相关规定,企业负责人要带头遵守各项职务消费规章制度,杜绝与企业经营管理活动无关的职务消费和奢侈浪费行为,严格控制各项职务消费支出。中央企业应当严格控制集团本部工资增长,集团本部职工工资增幅不得超过本企业全部职工工资的平均增幅;企业效益下降的,集团本部职工工资水平应当随之下降。企业应当总体推进职工福利保障计划,不得单独为集团本部职工设立各类津补贴项目及企业年金计划,已经实施的要严格按照有关规定清理规范。

四、切实采取有力措施,加强人工成本控制组织领导

中央企业要认真查找本企业人工成本管理存在的问题,制订行之有效的人工成本控制计划和具体措施,并于 7 月底前报我委备案。各级企业要层层建立和完善加强人工成本管理工作责任制,做到责任到人、任务到人,确保人工成本控制工作收到实效,确保全年人工成本增长与经济效益增长和劳动生产率提高相适应。我们将依据备案的企业制度办法,检查企业的执行情况和实施效果,确保各项措施落到实处。下一步,我委将对审计监督和社会舆论反映存在问题的重点企业,开展中央企业内部收入分配专项检查工作。对违反国家收入分配政策、超提超发工资、人工成本控制不力的企业,要按照规定严肃查处,督促企业规范分配行为,维护分配秩序。

业绩考核

中央企业负责人经营业绩考核暂行办法

(2003年10月21日国务院国有资产监督管理委员会第8次委主任办公会议审议通过 2006年12月30日国务院国有资产监督管理委员会第46次委主任办公会议修订 2009年12月28日国务院国有资产监督管理委员会第84次委主任办公会议第二次修订 2012年12月26日国务院国有资产监督管理委员会第125次委主任办公会议第三次修订)

2012年12月29日 国务院国有资产监督管理委员会令第30号

第一章 总 则

第一条 为切实履行企业国有资产出资人职责，维护所有者权益，落实国有资产保值增值责任，建立有效的激励和约束机制，引导中央企业科学发展，根据《中华人民共和国企业国有资产法》、《企业国有资产监督管理暂行条例》等有关法律法规，制定本办法。

第二条 本办法考核的中央企业负责人是指经国务院授权由国务院国有资产监督管理委员会(以下简称国资委)履行出资人职责的国家出资企业(以下简称企业)的下列人员：

(一)国有独资企业的总经理(总裁、院长、局长、主任)、副总经理(副总裁、副院长、副局长、副主任)、总会计师；

(二)国有独资公司的董事长、副董事长、董事(不含外部董事和职工董事)，列入国资委党委管理的总经理(总裁、院长、局长、主任)、副总经理(副总裁、副院长、副局长、副主任)、总会计师；

(三)国有资本控股公司国有股权代表出任的董事长、副董事长、董事,列入国资委党委管理的总经理(总裁、院长、局长、主任)、副总经理(副总裁、副院长、副局长、副主任)、总会计师。

第三条 企业负责人经营业绩考核,实行年度考核与任期考核相结合、结果考核与过程评价相统一、考核结果与奖惩相挂钩的制度。

第四条 年度经营业绩考核和任期经营业绩考核采取由国资委主任或者其授权代表与企业负责人签订经营业绩责任书的方式进行。

第五条 企业负责人经营业绩考核工作应当遵循以下原则:

(一)按照国有资产保值增值、企业价值最大化和可持续发展的要求,依法考核企业负责人经营业绩。

(二)按照企业的功能、定位、作用和特点,实事求是,公开公正,实行科学的差异化考核。

(三)按照权责利相统一的要求,建立健全科学合理、可追溯的资产经营责任制。坚持将企业负责人经营业绩考核结果同激励约束紧密结合,即业绩升、薪酬升,业绩降、薪酬降,并作为职务任免的重要依据。

(四)按照全面落实责任的要求,完善全员考核体系,确保国有资产保值增值责任广泛覆盖、层层落实。

(五)按照科学发展观的要求,推动企业加快转型升级、深化价值管理,不断提升企业核心竞争能力和发展质量,实现做强做优。

第二章 年度经营业绩考核

第六条 年度经营业绩考核以公历年为考核期。

第七条 年度经营业绩责任书包括下列内容:

(一)双方的单位名称、职务和姓名;

(二)考核内容及指标;

(三)考核与奖惩;

(四)责任书的变更、解除和终止;

(五)其他需要规定的事项。

第八条 年度经营业绩考核指标包括基本指标与分类指标。

(一)基本指标包括利润总额和经济增加值。

1. 利润总额是指经核定的企业合并报表利润总额。利润总额的计算,可以考虑经核准的因企业处理历史遗留问题等而对当期经营业绩产生重大影响的因素,并扣除通过变卖企业主业优质资产等取得的非经常性收益。

2. 经济增加值是指经核定的企业税后净营业利润减去资本成本后的余额(考核细则见附件1)。

(二)分类指标由国资委根据企业所处行业特点和功能定位,针对企业管理"短板",综合考虑企业经营管理水平及风险控制能力等因素确定,具体指标在责任书中确定。

第九条 确定军工企业等特殊企业的基本指标与分类指标,可优先考虑企业业务特点,具体指标及其权重在责任书中确定。

第十条 确定科研类企业的基本指标与分类指标,突出考虑技术创新投入和科技成果转化等情况,具体指标及其权重在责任书中确定。

第十一条 国资委鼓励中央企业参加对标考核试点。

第十二条 国资委根据需要,可以在年度基本指标和分类指标之外增设约束性指标,具体指标在责任书中确定。

第十三条 年度经营业绩责任书按照下列程序签订:

(一)报送年度经营业绩考核目标建议值。考核期初,企业负责人按照国资委年度经营业绩考核要求和企业发展规划及经营状况,对照同行业国际国内先进水平,提出本年度拟完成的经营业绩考核目标建议值,并将考核目标建议值和必要的说明材料报送国资委。

(二)核定年度经营业绩考核目标值。国资委根据"同一行业、同一尺度"原则,结合宏观经济形势、企业所处行业发展周期、企业实际经营状况等,对企业负责人的年度经营业绩考核目标建议值进行审核,并就考核目标值及有关内容同企业沟通后予以确定。

(三)由国资委主任或者其授权代表同企业负责人签订年度经营业绩责任书。

第十四条 国资委对年度经营业绩责任书执行情况实施动态监控。

(一)年度经营业绩责任书签订后,企业负责人每半年必须将责任书执行情况报送国资委,同时抄送派驻本企业的监事会。国资委对责任书的执行情况进行动态跟踪。

(二)建立较大及以上生产安全事故,重大环境污染事故和质量事故,重大经济损失,重大法律纠纷案件,重大投融资和资产重组等重要情况的报告制度。企业发生上述情况时,企业负责人应当立即向国资委报告,同时向派驻本企业监事会报告。

第十五条 年度经营业绩责任书完成情况按照下列程序进行考核:

(一)企业负责人依据经审计的企业财务决算数据,对上年度经营业绩考核目标的完成情况进行总结分析,并将年度总结分析报告报送国资委,同时抄送派驻本企业的监事会。

(二)国资委依据经审计并经审核的企业财务决算报告和经审查的统计数据,结合年度总结分析报告并听取监事会意见,对企业负责人年度经营业绩考核目标的完成情况进行考核(计分细则见附件2),形成企业负责人年度经营业绩考核与奖惩意见。

(三)国资委将最终确认的企业负责人年度经营业绩考核与奖惩意见反馈各企业负责人及其所在企业。企业负责人对考核与奖惩意见有异议的,可及时向国资委反映。

第三章 任期经营业绩考核

第十六条 任期经营业绩考核以三年为考核期。

第十七条 任期经营业绩责任书包括下列内容:

(一)双方的单位名称、职务和姓名;

(二)考核内容及指标;

(三)考核与奖惩;

(四)责任书的变更、解除和终止;

(五)其他需要规定的事项。

第十八条 任期经营业绩考核指标包括基本指标和分类指标。

(一)基本指标包括国有资本保值增值率和总资产周转率。

1. 国有资本保值增值率是指企业考核期末扣除客观因素(由国资委核定)后的国有资本及权益同考核期初国有资本及权益的比率。计算方法为:任期内各年度国有资本保值增值率的乘积。企业年度国有资本保值增值率以国资委确认的结果为准。

2. 总资产周转率是指企业任期内平均主营业务收入同平均资产总额的比值。计算公式为:

总资产周转率=三年主营业务收入之和/三年平均资产总额之和

企业符合主业发展要求的重大投资,如果对当期经营业绩产生重大影响,经核准,可在计算总资产周转率时酌情予以调整。

(二)分类指标由国资委综合考虑企业所处行业特点和功能定位,选择符合企业中长期发展战略、反映可持续发展能力的指标予以确定,具体指标在责任书中确定。

第十九条 确定军工企业等特殊企业的基本指标与分类指标,可优先考虑企业业务特点,具体指标及其权重在责任书中确定。

第二十条 国资委根据需要,可以在任期基本指标和分类指标之外增设约束性指标,具体指标在责任书中确定。

第二十一条 任期经营业绩责任书按照下列程序签订:

(一)报送任期经营业绩考核目标建议值。考核期初,企业负责人按照国资委任期经营业绩考核要求和企业发展规划及经营状况,对照同行业国际国内先进水平,提出任期经营业绩考核目标建议值,并将考核目标建议值和必要的说明材料报送国资委。

(二)核定任期经营业绩考核目标值。国资委根据"同一行业、同一尺度"原则,结合宏观经济形势、企业所处行业发展周期及企业实际经营状况等,对企业负责人的任期经营业绩考核目标建议值进行审核,并就考核目标值及有关内容同企业沟通后予以确定。

(三)由国资委主任或者其授权代表同企业负责人签订任期经营业绩责任书。

第二十二条 国资委对任期经营业绩责任书执行情况实施年度跟

踪和动态监控。

第二十三条 任期经营业绩责任书完成情况按照下列程序进行考核：

(一)考核期末,企业负责人对任期经营业绩考核目标的完成情况进行总结分析,并将总结分析报告报送国资委,同时抄送派驻本企业的监事会。

(二)国资委依据任期内经审计并经审核的企业财务决算报告和经审查的统计数据,结合总结分析报告并听取监事会意见,对企业负责人任期经营业绩考核目标的完成情况进行综合考核(计分细则见附件3),形成企业负责人任期经营业绩考核与奖惩意见。

(三)国资委将最终确认的企业负责人任期经营业绩考核与奖惩意见反馈各企业负责人及其所在企业。企业负责人对考核与奖惩意见有异议的,可及时向国资委反映。

第四章 奖 惩

第二十四条 根据企业负责人经营业绩考核得分,年度经营业绩考核和任期经营业绩考核结果分为A、B、C、D、E五个级别。基本指标考核得分低于基本分或考核最终得分低于100分的,考核结果不得进入C级。利润总额为负或经济增加值为负且没有改善的企业,考核结果原则上不得进入A级(处于行业周期性下降阶段但仍处于国际同行业领先水平的企业除外)。

第二十五条 国资委依据年度经营业绩考核结果和任期经营业绩考核结果对企业负责人实施奖惩,并把经营业绩考核结果作为企业负责人任免的重要依据。

第二十六条 对企业负责人的奖励分为年度绩效薪金奖励和任期激励或者中长期激励。

第二十七条 企业负责人年度薪酬分为基薪和绩效薪金两个部分。绩效薪金与年度考核结果挂钩。绩效薪金＝绩效薪金基数×绩效薪金倍数。具体计算公式为：

当考核结果为E级时，绩效薪金为0；

当考核结果为D级时，绩效薪金按照"绩效薪金基数×（考核分数－D级起点分数）/（C级起点分数－D级起点分数）"确定，绩效薪金在0～1倍绩效薪金基数之间；

当考核结果为C级时，绩效薪金按照"绩效薪金基数×〔1＋0.5×（考核分数－C级起点分数）/（B级起点分数－C级起点分数）〕"确定，绩效薪金在1倍绩效薪金基数到1.5倍绩效薪金基数之间；

当考核结果为B级时，绩效薪金按照"绩效薪金基数×〔1.5＋0.5×（考核分数－B级起点分数）/（A级起点分数－B级起点分数）〕"确定，绩效薪金在1.5倍绩效薪金基数到2倍绩效薪金基数之间；

当考核结果为A级时，绩效薪金按照"绩效薪金基数×〔2＋（考核分数－A级起点分数）/（A级封顶分数－A级起点分数）〕"确定，绩效薪金在2倍绩效薪金基数到3倍绩效薪金基数之间。

但对于利润总额低于上一年的企业，无论其考核结果处于哪个级别，其绩效薪金倍数应当低于上一年。

第二十八条 绩效薪金的70％在年度考核结束后当期兑现；其余30％根据任期考核结果等因素，延期到任期考核结束后兑现。对于离任的法定代表人，还应当根据经济责任审计结果，确定延期绩效薪金兑现方案。

第二十九条 对于任期经营业绩考核结果为A级、B级和C级的企业负责人，按期兑现延期绩效薪金，并给予企业负责人相应的任期激励。对于任期经营业绩考核结果为D级和E级的企业负责人，根据考核分数扣减延期绩效薪金。

具体扣减绩效薪金的公式为：

扣减延期绩效薪金＝任期内积累的延期绩效薪金×（C级起点分数－实得分数）/C级起点分数。

第三十条 在综合考虑中央企业负责人整体薪酬水平和考核对象

薪酬水平的基础上,根据任期考核结果给予企业负责人相应的任期激励,具体办法另行确定。

第三十一条 被考核人担任企业主要负责人的,其分配系数为1,其余被考核人的系数由企业根据各负责人的业绩考核结果,在0.6～0.9之间确定,报国资委备案后执行。

第三十二条 未完成任期经营业绩考核目标或者连续两年未完成年度经营业绩考核目标进入D级和E级的企业,国资委对相关负责人提出调整建议或予以调整。

第三十三条 对取得重大科技成果、在国际标准制订中取得重大突破和承担国家重大结构性调整任务且取得突出成绩的,年度考核给予加分奖励。

第三十四条 对业绩优秀及在科技创新、管理进步、国际化经营、品牌建设、节能减排方面取得突出成绩的,授予任期特别奖,予以表彰(实施细则见附件4)。

第三十五条 对于全员考核工作开展不力的企业,扣减经营业绩考核得分。

第三十六条 实行企业负责人经营业绩考核谈话制度。对于年度考核结果为D级和E级的企业,经国资委主任办公会议批准,由国资委业绩考核领导小组与企业主要负责人进行谈话,帮助企业分析问题、改进工作。

第三十七条 企业违反《中华人民共和国会计法》、《企业会计准则》等有关法律法规规章,虚报、瞒报财务状况的,国资委根据具体情节给予降级或者扣分处理,并相应扣发企业法定代表人及相关负责人的绩效薪金、任期激励或者中长期激励;情节严重的,给予纪律处分或者对企业负责人进行调整;涉嫌犯罪的,依法移送司法机关处理。

第三十八条 企业法定代表人及相关负责人违反国家法律法规和规定,导致重大决策失误、重大安全与质量责任事故、重大环境污染责任事故、重大违纪和法律纠纷案件,给企业造成重大不良影响或者国有资产损失的，国资委根据具体情节，对企业给予降级或者扣分处理，并相应扣发企业负责人绩效薪金、任期激励或者中长期激励；情节严重的，给予纪律处分或者对企业负责人进行调整；涉嫌犯罪的，依法移送司法机关处理。

第五章　附　　则

第三十九条　对于在考核期内企业发生清产核资、改制重组、主要负责人变动等情况的，国资委可以根据具体情况变更经营业绩责任书的相关内容。

第四十条　国有独资企业、国有独资公司和国有资本控股公司党委（党组）书记、副书记、常委（党组成员）、纪委书记（纪检组长）的考核及其奖惩依照本办法执行。

第四十一条　国有资本参股公司、被兼并破产企业中由国资委党委管理的企业负责人，其经营业绩考核参照本办法执行。具体经营业绩考核事项在经营业绩责任书中确定。

第四十二条　对符合下列条件的企业，国资委授权董事会对高级管理人员的经营业绩进行考核：

（一）公司法人治理结构完善，外部董事人数超过董事会全体成员半数；

（二）经营业绩考核制度健全；

（三）薪酬与考核委员会成员全部由外部董事担任。

第四十三条　国资委依据有关规定，对董事会业绩考核工作进行指导和监督，并结合中央企业整体水平和行业特点，对董事会企业经营业绩进行测试评价。

第四十四条　获得授权的董事会，应根据国资委的要求制订、完善业绩考核办法和程序，科学合理地确定高级管理人员的考核目标和考核结果。上述工作，董事会应事前与国资委进行沟通，事后报国资委备案。

第四十五条 各省、自治区、直辖市国有资产监督管理机构，设区的市、自治州级国有资产监督管理机构对国家出资企业负责人的经营业绩考核，可参照本办法执行。

第四十六条 本办法由国资委负责解释。

第四十七条 本办法自 2013 年 1 月 1 日起施行。

附件：

1. 经济增加值考核细则
2. 年度经营业绩考核计分细则
3. 任期经营业绩考核计分细则
4. 任期特别奖实施细则

附件 1：

经济增加值考核细则

一、经济增加值的定义及计算公式

经济增加值是指企业税后净营业利润减去资本成本后的余额。计算公式：

经济增加值＝税后净营业利润－资本成本＝税后净营业利润－调整后资本×平均资本成本率

税后净营业利润＝净利润＋(利息支出＋研究开发费用调整项)×(1－25％)

企业通过变卖主业优质资产等取得的非经常性收益在税后净营业利润中全额扣除。

调整后资本＝平均所有者权益＋平均负债合计－平均无息流动负债－平均在建工程

二、会计调整项目说明

（一）利息支出是指企业财务报表中“财务费用”项下的“利息支出”。

（二）研究开发费用调整项是指企业财务报表中“管理费用”项下的“研究与开发费”和当期确认为无形资产的研究开发支出。对于勘探投入费用较大的企业，经国资委认定后，将其成本费用情况表中的“勘探费用”视同研究开发费用调整项按照一定比例（原则上不超过50%）予以加回。

（三）无息流动负债是指企业财务报表中“应付票据”、“应付账款”、“预收款项”、“应交税费”、“应付利息”、“应付职工薪酬”、“应付股利”、“其他应付款”和“其他流动负债（不含其他带息流动负债）”；对于“专项应付款”和“特种储备基金”，可视同无息流动负债扣除。

（四）在建工程是指企业财务报表中的符合主业规定的“在建工程”。

三、资本成本率的确定

（一）中央企业资本成本率原则上定为5.5%。

（二）对军工等资产通用性较差的企业，资本成本率定为4.1%。

（三）资产负债率在75%以上的工业企业和80%以上的非工业企业，资本成本率上浮0.5个百分点。

四、其他重大调整事项

发生下列情形之一，对企业经济增加值考核产生重大影响的，国资委酌情予以调整：

（一）重大政策变化；

（二）严重自然灾害等不可抗力因素；

（三）企业重组、上市及会计准则调整等不可比因素；

（四）国资委认可的企业结构调整等其他事项。

附件2:

年度经营业绩考核计分细则

一、年度经营业绩考核综合计分

年度经营业绩考核综合得分=(利润总额指标得分+经济增加值指标得分+分类指标得分)×业绩考核系数+奖励分-考核扣分

上述年度经营业绩考核指标中,若利润总额或经济增加值指标未达到基本分,则其他指标最高只得基本分,所有考核指标得分不再乘业绩考核系数。

二、年度经营业绩考核各指标计分

(一)利润总额指标计分。

军工、储备、科研、电力、石油石化企业利润总额指标的基本分为30分;其他企业利润总额指标的基本分为20分。该指标计分以基准值为基础。利润总额基准值根据上年实际完成值和前三年实际完成值平均值的较低值确定(行业周期性下降或受突发事件重大影响的企业除外)。

1. 利润总额考核目标值不低于基准值时,完成值每超过目标值2%,加1分,最多加基本分的20%。完成值每低于目标值2%,扣1分,最多扣基本分的20%。

2. 利润总额考核目标值低于基准值时,加分受限。加分受限按照以下规则执行:

(1)目标值比基准值低20%(含)以内的,最多加基本分的15%。

(2)目标值比基准值低20%~50%的,最多加基本分的12%。

(3)目标值比基准值低50%(含)以上的,最多加基本分的10%。

3. 利润总额目标值达到或超过前三年最高值的，完成时加满分；未完成时，将基准值作为目标值正常计分。

4. 利润总额考核目标值为负数，完成值减亏部分折半计算，盈利部分正常计算；超额完成考核目标，最多加基本分的10%；减亏但仍处于亏损状态，考核得分不超过C级最高限；扭亏为盈，考核得分不超过B级最高限。

（二）经济增加值指标计分。

军工、储备和科研企业经济增加值指标的基本分为30分；电力、石油石化企业经济增加值指标的基本分为40分；其他企业经济增加值指标的基本分为50分。该指标计分以基准值为基础。经济增加值基准值根据上年实际完成值和前三年实际完成值平均值的较低值确定（行业周期性下降和受突发事件重大影响的企业除外）。

1. 经济增加值考核目标值不低于基准值时，完成值每超过目标值（绝对值）1%，加1分，最多加基本分的20%。完成值每低于目标值（绝对值）1%，扣1分，最多扣基本分的20%。

2. 经济增加值考核目标值低于基准值时，加分受限。加分受限按照以下规则执行：

（1）目标值比基准值低20%（含）以内的，加分受限0.5分。

（2）目标值比基准值低20%～50%的，加分受限1分。

（3）目标值比基准值低50%（含）以上的，加分受限2分。

3. 经济增加值考核目标值达到优秀水平且完成目标值的，该项指标直接加满分。

4. 经济增加值考核目标值在零附近的，计分给予特别处理。

（三）分类指标计分。

分类指标应当确定2个。分类指标计分以基准值为基础。年度分类指标基准值根据上年实际完成值或前三年实际完成值平均值确定。

1. 考核目标值不差于基准值时，完成后直接加满分；未完成考核目标的，在满分基础上按差额程度扣分，最多扣至基本分的80%。

2. 考核目标值差于基准值时，完成后按差额程度加分受限，最多加基本分的10%;未完成考核目标的,在基本分基础上按差额程度扣分,最多扣基本分的20%。

三、奖惩计分

(一)奖励计分。

1. 承担国家结构性调整任务且取得突出成绩的企业,国资委根据有关规定视任务完成情况加0.5～2分。

2. 对考核期内获得重大科技成果或在国际标准制订中取得重大突破的企业,国资委根据有关规定加0.1～1分。

(二)考核扣分。

1. 企业发生重大资产损失、发生生产安全责任事故、环境污染责任事故等,国资委按照有关规定给予降级、扣分处理。

2. 企业发生违规违纪或者存在财务管理混乱等问题,国资委按照有关规定视情节轻重扣0.5～2分。

3. 企业全员考核制度不健全,未对集团副职、职能部门负责人、下属企业负责人进行考核的,视情况扣减0.1～1分。

四、业绩考核系数

业绩考核系数由企业资产总额、利税总额、净资产收益率、经济增加值、营业收入、职工平均人数、技术投入比率等因素加权计算,分类确定。

附件3:

任期经营业绩考核计分细则

一、任期经营业绩考核综合计分

任期经营业绩考核综合得分=(国有资本保值增值率指标得分+

总资产周转率指标得分＋分类指标得分)×业绩考核系数＋任期内三年的年度经营业绩考核结果指标得分－考核扣分

上述任期经营业绩考核指标中,若国有资本保值增值率或总资产周转率指标未达到基本分,则其他指标最高只得基本分,所有考核指标得分不再乘业绩考核系数。

二、任期经营业绩考核各指标计分

(一)国有资本保值增值率指标计分。

国有资本保值增值率指标的基本分为40分。该指标计分以基准值为基础。

国有资本保值增值率基准值根据上一任期实际完成值和上一任期考核目标值与实际完成值平均值的较低值确定。

1. 国有资本保值增值率考核目标值不低于基准值时,完成值每超过目标值0.3个百分点,加1分,最多加8分。完成值低于目标值,每低于目标值0.3个百分点,扣1分,最多扣8分。

2. 国有资本保值增值率考核目标值低于基准值时,加分受限。加分受限按照以下规则执行:

(1)目标值比基准值低3个百分点(含)以内的,最多加7分。

(2)目标值比基准值低3～5个百分点的,最多加6分。

(3)目标值比基准值低5个百分点(含)以上的,最多加5分。

3. 国有资本保值增值率考核目标值达到优秀水平的,完成后直接加满分。

4. 国有资本保值增值率考核目标值低于100%的,完成后只得基本分。

(二)总资产周转率指标计分。

总资产周转率指标基本分为20分。该指标计分以基准值为基础。总资产周转率基准值根据上一任期实际完成值和上一任期第三年实际完成值的较低值确定。

1. 考核目标值不低于基准值时,完成后直接加满分;未完成考核目标的,在满分基础上按差额程度扣分,完成值每低于目标值2%,扣1

分，最多扣至基本分的80％。

2. 考核目标值低于基准值时，完成后按差额程度加分受限；未完成考核目标的，在加分受限后最高分基础上按差额程度扣分，完成值每低于目标值2％，扣1分，最多扣至基本分的80％。加分受限按照以下规则执行：

(1)目标值比基准值低10％(含)以内的，最多加3分。

(2)目标值比基准值低10％～20％的，最多加2.5分。

(3)目标值比基准值低20％(含)以上的，最多加2分。

3. 总资产周转率考核目标值达到优秀水平的，该指标加分不受限。

(三)分类指标计分。

分类指标应当确定2个。分类指标计分以基准值为基础。任期分类指标基准值根据上一任期实际完成值或上一任期第三年实际完成值确定。任期分类指标计分规则与年度相同。

(四)任期内三年的年度经营业绩考核结果指标计分。

任期内三年的年度经营业绩考核结果指标的基本分为20分。企业负责人三年内的年度经营业绩综合考核结果每得一次A级得8分；每得一次B级得7.335分；每得一次C级得6.667分；每得一次D级及以下得6分。

三、考核扣分

未完成节能减排考核目标的，视情况扣减0.1～2分。

四、业绩考核系数

业绩考核系数由企业资产总额、利税总额、净资产收益率、经济增加值、营业收入、职工平均人数、技术投入比率等因素加权计算，分类确定。

附件4：

任期特别奖实施细则

一、奖项设立

国资委在任期考核中设立任期特别奖，包括“业绩优秀企业奖”、“科技创新特别奖”、“管理进步特别奖”、“国际化经营特别奖”、“品牌建设特别奖”和“节能减排特别奖”。

二、获奖条件及评定办法

（一）对任期考核结果为A级且在该任期中年度考核获得三个A级或者两个A级、一个B级的企业，授予“业绩优秀企业奖”。

（二）对任期内获得国家级重大科技奖励、中国专利金奖，以及制定重要国际标准的企业，授予“科技创新特别奖”。

（三）资产负债率控制在合理范围内（工业企业75%，非工业企业80%），同时符合下列条件之一的企业，授予“管理进步特别奖”：

1. 效益大幅度增加。

2. 盈利水平显著提高。

3. 价值创造能力优异。

4. 扭亏增效成绩突出。

（四）对任期内国际化经营成效显著的企业，授予“国际化经营特别奖”。

（五）对任期内品牌建设取得重大进展的企业，授予“品牌建设特别奖”。

（六）对符合以下条件之一的企业，授予“节能减排特别奖”：

1. 任期末，主要产品单位能耗、污染物排放水平达到国内同行业最好水平,接近或者达到国际同行业先进水平的。

2. 任期内,单位综合能耗降低率、主要污染物排放总量降低率在中央企业居于前列的。

3. 任期内,节能减排投入较大,在节能减排技术创新方面取得重大突破,在推动全行业、全社会节能减排方面做出突出贡献的。

三、奖励方式

任期结束时,由国资委对上述奖项进行评定,并对获奖企业进行表彰。

国务院国有资产监督管理委员会办公厅关于加强中央企业生产经营指标报送工作的通知

2008 年 1 月 16 日　国资厅发考核〔2008〕4 号

各中央企业:

做好中央企业经济运行监测与分析工作,对加强和完善国有资产监督与管理具有十分重大的意义。为了监测中央企业的生产经营情况,了解中央企业的经济运行动态,及时向有关领导提供全面的动态信息,我们制定了《中央企业经营月报填报表式》,请中央企业认真做好填报工作。现将有关事项通知如下:

一、填报范围。各中央企业根据集团公司及所属单位的主营业务情况,由填报相关报表的集团公司汇总数据;企业集团公司及所属单位经营业务涉及多个行业的,集团公司要按行业分类汇总,填报不同行业表格。

二、报送时间。每月 11 日前报送上月报表数据。节能减排指标每季度上报一次，其他生产经营指标为月报。

三、报送方式。通过《中央企业财务快报》，以电子版形式一式2份分别报送国资委业绩考核局和统计评价局。

四、填报部门。各中央企业负责业绩考核的部门牵头组织指标的填报、审核工作，及时汇入财务快报。请各中央企业指定一位联系人，并将联系方式报送我委。

五、其他事项。表式中的财务指标按照《中央企业财务快报》规定的口径填写；统计指标按有关政府统计等部门规定的口径填写。

如有问题，请及时与国资委业绩考核局联系。

联系方式：

张素荣(010)63192679　zhangsr@sasac.gov.cn

传真(010)63192661、63192680

附件：中央企业经营月报填报表式(略)

国务院国有资产监督管理委员会关于印发《关于进一步加强中央企业全员业绩考核工作的指导意见》的通知

2009年10月16日　国资发综合〔2009〕300号

各中央企业：

为了全面推进中央企业经营业绩考核工作上水平、更规范、更精准，确保国有资产保值增值责任层层得到落实，现将《关于进一步加强中央企业全员业绩考核工作的指导意见》印发给你们，请认真贯彻落实。

各中央企业要把本企业的全员业绩考核制度和对公司副职的考核情况定期报我委(综合局)备案。每年3月20日为备案截止时间。

我委将加强对中央企业全员业绩考核工作的检查和监督，从2010年起，将对未建立全员业绩考核制度、全员业绩考核工作开展不力的中央企业，扣减经营业绩考核得分（具体办法另行制订）。

国资委综合局联系人：

综 合 处　胡筱沽 010－63192592 zonghe－kh@sasac. gov. cn

考核一处　王宝成 010－63192672 kaohel－kh@sasac. gov. cn

考核二处　王　娟 010－63192721 kaohe2－kh@sasac. gov. cn

考核三处　邵　满 010－63192668 kaohe3－kh@sasac. gov. cn

考核四处　李俊玮 010－63193027 kaohe4－kh@sasac. gov. cn

附件：关于进一步加强中央企业全员业绩考核工作的指导意见

附件：

关于进一步加强中央企业全员业绩考核工作的指导意见

为全面推进中央企业经营业绩考核工作上水平、更规范、更精准，确保国有资产保值增值责任落到实处，广泛调动、充分发挥中央企业各级负责人和广大员工的积极性和创造性，促进中央企业稳健科学发展，根据《中华人民共和国企业国有资产法》、《企业国有资产监督管理暂行条例》和《中央企业负责人经营业绩考核暂行办法》，国资委就进一步加强中央企业全员业绩考核工作提出如下指导意见：

一、充分认识进一步加强中央企业全员业绩考核工作的重要性

建立经营业绩考核制度，是党的十六大关于完善国有资产管理体制、深化国有企业改革的一项重大战略部署，是落实国有资产经营责任、促进企业提升管理水平的重要手段。实施“工作有标准、管理全覆

盖、考核无盲区、奖惩有依据”的全员业绩考核，是深入实施《中华人民共和国企业国有资产法》、《企业国有资产监督管理暂行条例》、《中央企业负责人经营业绩考核暂行办法》和完善经营业绩考核制度的重要举措，是确保国有资产保值增值责任落实到各级企业负责人和基层单位，压力传递到各个岗位，激励约束覆盖到广大员工的制度保障，对于落实全员经营责任，调动好、保护好、发挥好广大企业管理者和员工的积极性，发展壮大国有经济，具有十分重要的意义。

中央企业负责人经营业绩考核制度建立以来，各中央企业积极探索，勇于实践，努力健全经营业绩考核体系，充分发挥业绩考核的导向作用，较好地落实了国有资产保值增值责任，促进了三项制度改革，取得了显著成效。但是，目前中央企业经营业绩考核工作发展还不平衡，一些企业国有资产保值增值责任体系还不完整，责任链条还没有实现全方位覆盖，尤其是对企业副职、职能部门的考核制度还不完善，薪酬分配还存在一定程度的平均化倾向。各中央企业要认真总结分析自身业绩考核工作中存在的问题和不足，高度重视加强和改善全员业绩考核工作，不断增强推行全员业绩考核的自觉性和坚定性。

二、正确把握全员业绩考核工作的原则

加强中央企业全员业绩考核工作，应遵循以下原则：

（一）坚持考核的正确导向。以科学发展观为指导，以落实国有资产保值增值责任为核心，通过完善考核体制、机制，促进集团公司战略目标和年度工作任务的分解落实和最终完成，不断提高集团的战略管理水平，增强集团管控力和执行力。

（二）坚持按照岗位职责考核。以目标管理为重点，针对企业管理人员和职工各自的岗位、职责，紧紧抓住出资人最为关注和影响企业可持续发展的关键绩效指标和工作目标进行考核。

（三）坚持公开公平公正。以充分调动每一名员工的积极性为目的，切实做到考核办法、考核过程公开，确保考核结果公平、公正。

（四）坚持持续改进。以实现可持续发展为目标，按照先规范、再完

善的要求,循序渐进地推动企业全员业绩考核工作健康发展。

三、全面落实全员业绩考核工作的要求

各中央企业要切实加大推进全员业绩考核工作的力度,高度重视,加强领导,完善办法,健全机制,严格执行,务求实效。

(一)建立健全业绩考核组织体系。各中央企业要切实加强对实施全员业绩考核工作的领导,企业主要负责人要亲自挂帅,认真研究业绩考核中的重大问题,建立健全领导机构和相应的工作机构,制定和完善相关工作制度,明确职责分工,强化业绩考核的组织保障和机制保证。分管业绩考核工作的企业负责人和有关职能部门,要勤勉履责,及时解决业绩考核工作中的突出矛盾和问题,不断改进工作方式方法,提升企业各层级的业绩考核工作水平。

(二)真正实现考核的全方位覆盖。各中央企业要切实加大业绩考核的力度、广度和深度。考核范围要涵盖从企业主要负责人到副职、职能部门管理人员,从集团公司到所属全部子企业或单位、全体员工,确保企业资产保值增值的责任和压力从上到下层层传递,真正建立起完善的业绩考核机制,彻底消除考核死角。

(三)努力完善全员业绩考核办法。各中央企业要针对企业所处不同行业、不同发展阶段的特点,针对管理层和部门的不同职责、员工所处的不同岗位,围绕集团公司的总体目标和发展战略,加强研究和完善业绩考核办法,科学合理地确立业绩考核指标,突出分类指导,不断增强业绩考核的导向性、针对性和实效性。考核指标要突出关键业绩指标和主要短板指标,力求少而精。对企业副职和职能管理部门的考核,要认真听取基层群众和所属单位的意见,要将考核办法、考核过程、考核结果在一定范围内公开,切实接受职工群众监督。

(四)健全激励约束机制。各中央企业要把业绩考核与薪酬激励和干部任免紧密挂钩,严格兑现奖惩,做到有目标、有记录、有评估,先考核后定绩效薪酬,赏罚分明。要合理确定业绩考核结果的分级比例,避免考核等级的平均化倾向。要高度重视业绩考核结果的反馈,提出改

进方向，引导先进企业、优秀管理者和员工不断创造卓越业绩，激励后进企业、管理者和员工努力追赶先进目标。要通过全员业绩考核，促进企业深化内部制度改革，真正建立起管理者能上能下、员工能进能出、薪酬能高能低的有效激励约束机制。要将企业的发展战略与员工个人能力提升、职业发展规划有机结合，为被考核人提供相关业务培训的条件保障以及完成考核目标的必要指导。

（五）加强指导和监督。各中央企业要加强对实施全员业绩考核工作的自查，强化对集团公司副职、各职能部门和所属单位的督导检查，持续改进和提高全员业绩考核工作质量和水平。要注重结果考核与过程评价的高度统一，对考核过程中目标的执行、评价、反馈以及考核结果的应用等各个环节实施闭环管理，定期检查分析考核目标执行情况，确保考核目标的完成。董事会试点企业要参照本指导意见，建立和完善全员业绩考核体系，并加强对所属单位全员业绩考核工作的指导和监督。

（六）不断创新全员业绩考核方法。各中央企业要积极借鉴国内外先进的考核方法和理念，鼓励使用经济增加值（EVA）、平衡计分卡（BSC）、360 度反馈评价、关键绩效指标（KPI）等先进的考核方法，解放思想，开拓创新，积极应对企业改革发展和经营管理中出现的新问题和新挑战，不断探索符合本企业实际的全员业绩考核方法和途径。

国务院国有资产监督管理委员会关于印发《中央企业全员业绩考核情况核查计分办法》的通知

2010 年 8 月 9 日　国资发综合〔2010〕115 号

各中央企业：

为推动中央企业负责人经营业绩考核工作上水平、更规范、更精准，进一步落实全员业绩考核责任，依据《中央企业负责人经营业绩考核暂行办法》(国资委令第22号)及《关于印发〈关于进一步加强中央企业全员业绩考核工作的指导意见〉的通知》(国资发综合〔2009〕300号)，我委制定了《中央企业全员业绩考核情况核查计分办法》。现印发给你们，请认真贯彻落实。

附件：中央企业全员业绩考核情况核查计分办法

附件：

中央企业全员业绩考核情况核查计分办法

为全面推动中央企业经营业绩考核工作上水平、更规范、更精准，最大范围地落实国有资产保值增值责任，最大限度地调动、发挥中央企业各级负责人和广大员工的创造性和积极性，促进中央企业稳健科学发展，根据《中央企业负责人经营业绩考核暂行办法》(国资委令第22号)及《关于印发〈关于进一步加强中央企业全员业绩考核工作的指导意见〉的通知》(国资发综合〔2009〕300号，以下简称《指导意见》)，制定本核查办法。

一、核查内容

根据《指导意见》，核查内容重点包括考核机构、考核制度、考核结果应用、监督检查、考核范围等五项。

(一)考核机构。

要切实加强对实施全员业绩考核工作的领导，建立健全业绩考核组织体系。核查具体内容包括：

1. 建立健全领导机构。

2. 建立工作机构。

3. 集团负责人担任考核机构负责人。

(二)考核制度。

要明确职责分工,制定和完善相关工作制度,强化业绩考核的机制和制度保证。核查具体内容包括:

1. 制定全员业绩考核办法及相关考核制度。

(1)总部对集团领导班子副职考核制度。

(2)对集团总部职能部门负责人考核制度。

(3)对集团总部员工考核制度。

(4)对所属二级企业负责人考核制度。

(5)二级企业对领导班子副职、职能部门负责人及员工考核制度。

(6)二级企业对三级企业负责人考核制度。

2. 建立、健全考核档案。

(三)考核结果应用。

要高度重视业绩考核结果的应用和反馈,提出改进方向,引导先进企业、优秀管理者和员工不断创造卓越业绩,合理确定业绩考核结果的分级比例,避免考核等级的平均化倾向,促进企业深化内部制度改革。核查具体内容包括:

1. 企业考核结果与薪酬分配挂钩。

2. 对各级领导班子副职的考核结果适当拉开差距。

3. 对各级领导班子副职的薪酬分配系数适当拉开差距。

4. 考核结果与职务任免和岗位调整挂钩。

(四)监督检查。

要加强对实施全员业绩考核工作的自查,强化督导检查,持续改进和提高全员业绩考核工作质量和水平,要注重结果考核与过程评价的统一,对考核过程中目标的执行、评价、反馈以及考核结果的应用等各个环节实施闭环管理。核查具体内容包括:

1. 考核办法及相关制度公开。

2. 集团对全员业绩考核工作督导检查。

3. 各级企业定期对考核工作自查。

4. 考核结果向被考核对象反馈。

5. 考核结果在一定范围内公开。

6. 考核办法、考核过程受群众监督。

(五)考核范围。

要切实加大业绩考核的力度、广度和深度,实现考核的全方位覆盖,确保企业国有资产保值增值的责任和压力从上到下层层传递。核查具体内容包括:

1. 对集团领导班子副职的考核。

2. 对集团总部职能部门负责人的考核。

3. 对集团总部员工的考核。

4. 对所属二级子企业主要负责人的考核。

5. 二级企业对领导班子副职的考核。

6. 二级企业对职能部门负责人的考核。

7. 二级企业对三级企业负责人的考核。

二、计分规则

根据《中央企业负责人经营业绩考核暂行办法》(国资委令第22号)第三十二条“对于全员业绩考核工作开展不力的企业,扣减经营业绩考核得分”的规定,制定计分规则。

(一)按照《中央企业全员业绩考核情况调查表》填报情况、国资委业绩考核领导小组督察和监事会监督检查情况,扣减中央企业负责人年度经营业绩考核得分,最多扣1分。其中“考核机构”权重10%,计0.1分;“考核制度”权重20%,计0.2分;“考核结果应用”权重20%,计0.2分;“监督检查”权重20%,计0.2分;“考核范围”权重30%,计0.3分。

(二)“考核机构”、“考核制度”、“考核结果应用”、“监督检查”4个项目中,每缺失1小项扣减0.1分。

(三)“考核范围”项目中,每小项的覆盖率低于90%的扣减0.1分,最多将所属考核项目分值扣完。

(四)对存在弄虚作假现象的企业,一经查实,直接扣1分。

三、组织实施

国资委将对中央企业全员业绩考核工作情况进行核查。

（一）请各中央企业于每年3月20日前将《中央企业全员业绩考核情况调查表》报国资委（综合局），同时抄送派驻本企业监事会。建设规范董事会企业可参照本办法，加强对全员业绩考核工作的指导和监督，并按时报送相关情况。

（二）国资委业绩考核领导小组择机开展督查、指导。

（三）监事会对全员业绩考核情况进行监督检查。

（四）在充分调研、摸清实情的基础上，选取开展全员业绩考核工作效果好、有特色的企业，适当时候组织交流、研讨。

附件：1. 中央企业全员业绩考核情况调查表（略）

2. 中央企业全员业绩考核评分标准（略）

关于印发《关于进一步加强中央企业负责人副职业绩考核工作的指导意见》的通知

2012年1月17日　国资发综合〔2012〕9号

各中央企业：

为进一步加大全员业绩考核工作力度，切实加强和改进中央企业负责人副职业绩考核，促进业绩考核工作上水平，使其更加规范、有效，我委制定了《关于进一步加强中央企业负责人副职业绩考核工作的指导意见》。现印发给你们，请结合实际认真贯彻落实。

附件：关于进一步加强中央企业负责人副职业绩考核工作的指导意见

附件：

关于进一步加强中央企业负责人副职业绩考核工作的指导意见

国资委《关于印发〈关于进一步加强中央企业全员业绩考核工作的指导意见〉的通知》(国资发综合〔2009〕300 号)印发以来，各中央企业认真抓好贯彻落实，推动全员业绩考核工作取得了积极进展，促进了国有资产保值增值责任的进一步落实和经营管理水平的提高，但对企业负责人副职的业绩考核仍然存在薄弱环节。为进一步加大全员业绩考核力度，切实加强和改进中央企业负责人副职业绩考核，真正实现“工作有标准、管理全覆盖、考核无盲区、奖惩有依据”，促进业绩考核工作上水平、更规范、更有效，依据《中央企业领导人员管理暂行规定》(中办发〔2009〕41 号)、《中央企业领导班子和领导人员综合考核评价办法(试行)》(中组发〔2009〕17 号)、《中央企业负责人经营业绩考核暂行办法》(国资委令第 22 号)和《关于进一步加强中央企业全员业绩考核工作的指导意见》，现就中央企业负责人副职业绩考核工作提出如下指导意见：

一、适用范围

本指导意见所称中央企业负责人副职，是指国务院授权国资委履行出资人职责的国家出资企业(以下简称企业)的下列人员：

(一)国有独资企业的副总经理(副总裁、副院长、副局长)、总会计师；

(二)国有独资公司的副董事长、董事(不含外部董事、职工董事)，副总经理(副总裁)、总会计师；

(三)国有资本控股公司国有股权代表出任的副董事长、董事(不含外部董事、职工董事)，副总经理(副总裁)、总会计师。

二、指导原则

中央企业负责人副职业绩考核工作应遵循以下原则：

（一）坚持正确考核导向。以实现企业科学发展为主题，以落实国有资产保值增值责任为核心，以提升价值创造能力为导向，通过业绩考核促进企业战略目标实现和年度工作任务完成。

（二）坚持实现全员覆盖。以消除考核盲区为目标，以落实岗位职责为重点，以调动每一位副职经营管理的积极性为目的，确保业绩考核范围覆盖企业所有副职。

（三）坚持依法依规考核。以国资监管法律规章和企业负责人管理相关规定为依据，建立健全考核制度，切实做到考核办法、考核过程的公开透明和考核结果的公平公正。

（四）坚持做到科学有效。以目标管理为手段，根据企业副职岗位职责和分管业务合理确定业绩考核目标，做到定量考核和定性评价相结合、短期目标和长期目标相统一、组织绩效和个人绩效相协调，增强考核的针对性和有效性。

三、组织实施

国资委授权企业主要负责人负责副职业绩考核工作。建设规范董事会企业，国资委授权企业董事会对高级管理人员进行考核。董事会根据本指导意见，进一步完善对高级管理人员的考核办法，可授权总经理对副职进行考核。企业副职业绩考核工作政策性强，是深入推行全员业绩考核工作的重点和难点。各中央企业要高度重视，加强领导，完善办法，健全制度，强化监督，务求实效。

（一）切实加强领导，形成工作合力。要切实加强对企业副职业绩考核工作的领导，健全组织机构，完善制度流程，强化考核的组织保证和政策保障。企业主要负责人要组织开展业绩考核相关政策和重大问题研究，调动副职、各相关职能部门和所属企业、单位的力量，形成工作合力。

(二)健全考核办法,确保考核质量。企业要认真研究制定对副职的业绩考核办法,针对每位副职的岗位职责设定科学合理的考核指标。指标设计上要突出价值创造导向,突出分类考核,既要落实出资人关心的共性指标,又要体现符合企业战略发展和个人业务岗位实际的个性指标。要加强目标管理,结合企业战略目标和年度工作任务确定考核目标,可采取每年年初由企业主要负责人与副职签订业绩责任书等形式予以明确。要严格计分标准,科学合理地细化考核得分和评级,确保考核的规范性和有效性。

(三)坚持定量考核与定性评价相结合,考核结果适当拉开差距。对企业副职的业绩考核结果,应根据其分管范围的整体绩效、个人工作目标的考核完成情况和定性评价情况进行综合评定。业绩考核最终得分,由定量考核得分与定性评价得分按照适当的权重构成。其中,定量考核得分的权重原则上不低于60%。定性评价主体应由企业负责人(建立规范董事会企业的董事)、职能部门负责人、一级子企业主要负责人等方面组成,并分别赋予适当权重。也可直接采用依据《中央企业领导班子和领导人员综合考核评价办法(试行)》对企业副职"绩"的评价得分。企业副职考核结果应依据考核得分适当拉开差距。

(四)强化考核结果运用,健全激励约束机制。坚持"业绩上、薪酬上,业绩下、薪酬下",把业绩考核结果和企业副职的薪酬分配紧密挂钩,并作为岗位、职责分工调整的重要依据。企业副职的绩效薪酬分配系数,可依据业绩考核结果,在企业主要负责人分配系数的0.6～0.9之间确定。

(五)健全监督机制,公开公平公正。要切实加强对企业负责人副职业绩考核情况的监督。考核办法、考核过程、考核结果要在一定范围内公开。企业负责人副职要在职代会或年度工作会议、董事会会议、总经理办公会等范围就业绩完成情况进行述职,实现企业负责人互相监督、职工民主监督等相结合的闭合监督。

国有独资企业、国有独资公司、国有资本控股公司的党委(党组)副书记、常委(党组成员)、纪委书记(纪检组长),参照本指导意见,结合岗位职责纳入业绩考核。

企业对副职的业绩考核制度和考核情况，应在年度考核结束后及时报国资委（综合局）备案，并抄送派驻本企业监事会。监事会将其纳入监督检查范围。国资委将加强对中央企业负责人副职业绩考核的督导检查，对考核制度不健全、执行不得力的企业，将予以通报，并依据《关于印发〈中央企业全员业绩考核情况核查计分办法〉的通知》（国资发综合〔2010〕115 号）在中央企业负责人年度经营业绩考核中予以扣分处理。

安全生产与节能减排

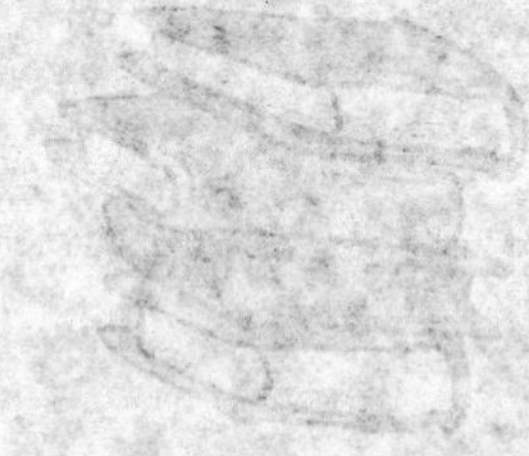

中央企业安全生产监督管理暂行办法

2008 年 8 月 18 日　国务院国有资产监督管理委员会令第 21 号

第一章　总　　则

第一条　为履行国有资产出资人安全生产监管职责，督促中央企业全面落实安全生产主体责任，建立安全生产长效机制，防止和减少生产安全事故，保障中央企业职工和人民群众生命财产安全，维护国有资产的保值增值，根据《中华人民共和国安全生产法》、《企业国有资产监督管理暂行条例》、《国务院办公厅关于加强中央企业安全生产工作的通知》（国办发〔2004〕52 号）等有关法律法规和规定，制定本办法。

第二条　本办法所称中央企业，是指国务院国有资产监督管理委员会（以下简称国资委）根据国务院授权履行出资人职责的国有及国有控股企业。

第三条　中央企业应当依法接受国家安全生产监督管理部门和所在地省（区、市）、市（地）安全生产监督管理部门以及行业安全生产监督管理部门的监督管理。国资委按照国有资产出资人的职责，对中央企业的安全生产工作履行以下职责：

（一）负责指导督促中央企业贯彻落实国家安全生产方针政策及有关法律法规、标准等；

（二）督促中央企业主要负责人落实安全生产第一责任人的责任和企业安全生产责任制，做好对企业负责人履行安全生产职责的业绩考核；

（三）依照有关规定，参与或者组织开展中央企业安全生产检查、督查，督促企业落实各项安全防范和隐患治理措施；

(四)参与企业特别重大事故的调查,负责落实事故责任追究的有关规定;

(五)督促企业做好统筹规划,把安全生产纳入中长期发展规划,保障职工健康与安全,切实履行社会责任。

第四条 国资委对中央企业安全生产实行分类监督管理。中央企业依据国资委核定的主营业务和安全生产的风险程度分为三类(见附件1):

第一类:主业从事煤炭及非煤矿山开采、建筑施工、危险物品的生产经营储运使用、交通运输的企业;

第二类:主业从事冶金、机械、电子、电力、建材、医药、纺织、仓储、旅游、通信的企业;

第三类:除上述第一、二类企业以外的企业。

企业分类实行动态管理,可以根据主营业务内容的变化进行调整。

第二章 安全生产工作责任

第五条 中央企业是安全生产的责任主体,必须贯彻落实国家安全生产方针政策及有关法律法规、标准,按照"统一领导、落实责任、分级管理、分类指导、全员参与"的原则,逐级建立健全安全生产责任制。安全生产责任制应当覆盖本企业全体职工和岗位、全部生产经营和管理过程。

第六条 中央企业应当按照以下规定建立以企业主要负责人为核心的安全生产领导负责制。

(一)中央企业主要负责人是本企业安全生产的第一责任人,对本企业安全生产工作负总责,应当全面履行《中华人民共和国安全生产法》规定的以下职责:

1. 建立健全本企业安全生产责任制;

2. 组织制定本企业安全生产规章制度和操作规程;

3. 保证本企业安全生产投入的有效实施;

4. 督促、检查本企业的安全生产工作,及时消除生产安全事故隐患；

5. 组织制定并实施本企业的生产安全事故应急救援预案；

6. 及时、如实报告生产安全事故。

(二)中央企业主管生产的负责人统筹组织生产过程中各项安全生产制度和措施的落实，完善安全生产条件，对企业安全生产工作负重要领导责任。

(三)中央企业主管安全生产工作的负责人协助主要负责人落实各项安全生产法律法规、标准，统筹协调和综合管理企业的安全生产工作，对企业安全生产工作负综合管理领导责任。

(四)中央企业其他负责人应当按照分工抓好主管范围内的安全生产工作，对主管范围内的安全生产工作负领导责任。

第七条 中央企业必须建立健全安全生产的组织机构，包括：

(一)安全生产工作的领导机构——安全生产委员会(以下简称安委会)，负责统一领导本企业的安全生产工作，研究决策企业安全生产的重大问题。安委会主任应当由企业安全生产第一责任人担任。安委会应当建立工作制度和例会制度。

(二)与企业生产经营相适应的安全生产监督管理机构。

第一类企业应当设置负责安全生产监督管理工作的独立职能部门。

第二类企业应当在有关职能部门中设置负责安全生产监督管理工作的内部专业机构；安全生产任务较重的企业应当设置负责安全生产监督管理工作的独立职能部门。

第三类企业应当明确有关职能部门负责安全生产监督管理工作，配备专职安全生产监督管理人员；安全生产任务较重的企业应当在有关职能部门中设置负责安全生产监督管理工作的内部专业机构。

安全生产监督管理职能部门或者负责安全生产监督管理工作的职能部门是企业安全生产工作的综合管理部门，对其他职能部门的安全生产管理工作进行综合协调和监督。

第八条 中央企业应当明确各职能部门的具体安全生产管理职责；各职能部门应当将安全生产管理职责具体分解到相应岗位。

第九条 中央企业专职安全生产监督管理人员的任职资格和配备数量,应当符合国家和行业的有关规定;国家和行业没有明确规定的,中央企业应当根据本企业的生产经营内容和性质、管理范围、管理跨度等配备专职安全生产监督管理人员。

中央企业应当加强安全队伍建设,提高人员素质,鼓励和支持安全生产监督管理人员取得注册安全工程师资质。安全生产监督管理机构工作人员应当逐步达到以注册安全工程师为主体。

第十条 中央企业工会依法对本企业安全生产与劳动防护进行民主监督,依法维护职工合法权益,有权对建设项目的安全设施与主体工程同时设计、同时施工、同时投入和使用情况进行监督,提出意见。

第十一条 中央企业应当对其独资及控股子企业(包括境外子企业)的安全生产认真履行以下监督管理责任:

(一)监督管理独资及控股子企业安全生产条件具备情况;安全生产监督管理组织机构设置情况;安全生产责任制、安全生产各项规章制度建立情况;安全生产投入和隐患排查治理情况;安全生产应急管理情况;及时、如实报告生产安全事故。

第一类中央企业可以向其列为安全生产重点的独资及控股子企业委派专职安全生产总监,加强对子企业安全生产的监督。

(二)将独资及控股子企业纳入中央企业安全生产管理体系,对其项目建设、收购、并购、转让、运行、停产等影响安全生产的重大事项实行报批制度,严格安全生产的检查、考核、奖惩和责任追究。

对控股但不负责管理的子企业,中央企业应当与管理方商定管理模式,按照《中华人民共和国安全生产法》的要求,通过经营合同、公司章程、协议书等明确安全生产管理责任、目标和要求等。

对参股并负有管理职责的企业,中央企业应当按照有关法律法规的规定与参股企业签订安全生产管理协议书,明确安全生产管理责任。

中央企业各级子企业应当按照以上规定逐级建立健全安全生产责任制,逐级加强安全生产工作的监督管理。

第三章　安全生产工作基本要求

第十二条　中央企业应当制定中长期安全生产发展规划，并将其纳入企业总体发展战略规划，实现安全生产与企业发展的同步规划、同步实施、同步发展。

第十三条　中央企业应当建立健全安全生产管理体系，积极推行和应用国内外先进的安全生产管理方法、体系等，实现安全生产管理的规范化、标准化、科学化、现代化。

中央企业安全生产管理体系应当包括组织体系、制度体系、责任体系、风险控制体系、教育体系、监督保证体系等。

中央企业应当加强安全生产管理体系的运行控制，强化岗位培训、过程督查、总结反馈、持续改进等管理过程，确保体系的有效运行。

第十四条　中央企业应当结合行业特点和企业实际，建立职业健康安全管理体系，消除或者减少职工的职业健康安全风险，保障职工职业健康。

第十五条　中央企业应当建立健全企业安全生产应急管理体系，包括预案体系、组织体系、运行机制、支持保障体系等。加强应急预案的编制、评审、培训、演练和应急救援队伍的建设工作，落实应急物资与装备，提高企业有效应对各类生产安全事故灾难的应急管理能力。

第十六条　中央企业应当加强安全生产风险辨识和评估工作，制定重大危险源的监控措施和管理方案，确保重大危险源始终处于受控状态。

第十七条　中央企业应当建立健全生产安全事故隐患排查和治理工作制度，规范各级生产安全事故隐患排查的频次、控制管理原则、分级管理模式、分级管理内容等。对排查出的隐患要落实专项治理经费和专职负责人，按时完成整改。

第十八条　中央企业应当严格遵守新建、改建、扩建工程项目安全设施与主体工程同时设计、同时施工、同时投入生产和使用的有关规定。

第十九条 中央企业应当严格按照国家和行业的有关规定,足额提取安全生产费用。国家和行业没有明确规定安全生产费用提取比例的中央企业,应当根据企业实际和可持续发展的需要,提取足够的安全生产费用。安全生产费用应当专户核算并编制使用计划,明确费用投入的项目内容、额度、完成期限、责任部门和责任人等,确保安全生产费用投入的落实,并将落实情况随年度业绩考核总结分析报告同时报送国资委。

第二十条 中央企业应当建立健全安全生产的教育和培训制度,严格落实企业负责人、安全生产监督管理人员、特种作业人员的持证上岗制度和培训考核制度;严格落实从业人员的安全生产教育培训制度。

第二十一条 中央企业应当建立安全生产考核和奖惩机制。严格安全生产业绩考核,加大安全生产奖励力度,严肃查处每起责任事故,严格追究事故责任人的责任。

第二十二条 中央企业应当建立健全生产安全事故新闻发布制度和媒体应对工作机制,及时、主动、准确、客观地向新闻媒体公布事故的有关情况。

第二十三条 企业制定和执行的安全生产管理规章制度、标准等应当不低于国家和行业要求。

第四章 安全生产工作报告制度

第二十四条 中央企业应当于每年1月底前将上一年度的安全生产工作总结和本年度的工作安排报送国资委。

第二十五条 中央企业应当按季度、年度对本企业(包括独资及控股并负责管理的企业)所发生的生产安全事故进行统计分析并填制报表(见附件2、附件3),于次季度首月15日前和次年度1月底前报国资委。中央企业生产安全事故统计报表实行零报告制度。

第二十六条 中央企业发生生产安全事故或者因生产安全事故引发突发事件后,应当按以下要求报告国资委:

（一）境内发生较大及以上生产安全事故，中央企业应当编制生产安全事故快报（见附件4），按本办法规定的报告流程（见附件5）迅速报告。事故现场负责人应当立即向本单位负责人报告，单位负责人接到报告后，应当于1小时内向上一级单位负责人报告；以后逐级报告至国资委，且每级时间间隔不得超过2小时。

（二）境内由于生产安全事故引发的特别重大、重大突发公共事件，中央企业接到报告后应当立即向国资委报告。

（三）境外发生生产安全死亡事故，中央企业接到报告后应当立即向国资委报告。

（四）在中央企业管理的区域内发生生产安全事故，中央企业作为业主、总承包商或者分包商应当按本条第（一）款规定报告。

第二十七条 中央企业应当将政府有关部门对较大事故、重大事故的事故调查报告及批复及时报国资委备案，并将责任追究落实情况报告国资委。

第二十八条 中央企业应当将安全生产工作领导机构及安全生产监督管理机构的名称、组成人员、职责、工作制度及联系方式报国资委备案，并及时报送变动情况。

第二十九条 中央企业应当将安全生产应急预案报国资委备案，并及时报送修订情况。

第三十条 中央企业应当将安全生产方面的重要活动、重要会议、重大举措和成果、重大问题等重要信息和重要事项，及时报告国资委。

第五章 安全生产监督管理与奖惩

第三十一条 国资委参与中央企业特别重大生产安全事故的调查，并根据事故调查报告及国务院批复负责落实或者监督对事故有关责任单位和责任人的处理。

第三十二条 国资委组织开展中央企业安全生产督查，督促中央企业落实安全生产有关规定和改进安全生产工作。中央企业违反本办法有关安全生产监督管理规定的，国资委根据情节轻重要求其改正或者予以通报批评。

中央企业半年内连续发生重大以上生产安全事故，国资委除依据有关规定落实对有关责任单位和责任人的处理外，对中央企业予以通报批评，对其主要负责人进行诫勉谈话。

第三十三条 国资委配合有关部门对中央企业安全生产违法行为的举报进行调查，或者责成有关单位进行调查，依照干部管理权限对有关责任人予以处理。

第三十四条 国资委根据中央企业考核期内发生的生产安全责任事故认定情况，对中央企业负责人经营业绩考核结果进行下列降级或者降分处理(见附件6)：

(一)中央企业负责人年度经营业绩考核期内发生特别重大责任事故并负主要责任的或者发生瞒报事故的，对该中央企业负责人的年度经营业绩考核结果予以降级处理。

(二)中央企业负责人年度经营业绩考核期内发生较大责任事故或者重大责任事故起数达到降级起数的，对该中央企业负责人的年度经营业绩考核结果予以降级处理。

(三)中央企业负责人年度经营业绩考核期内发生较大责任事故和重大责任事故但不够降级标准的，对该中央企业负责人的年度经营业绩考核结果予以降分处理。

(四)中央企业负责人任期经营业绩考核期内连续发生瞒报事故或者发生两起以上特别重大责任事故，对该中央企业负责人的任期经营业绩考核结果予以降级处理。

本办法所称责任事故，是指依据事故调查报告及批复对事故性质的认定，中央企业或者中央企业独资及控股子企业对事故发生负有责任的生产安全事故。

第三十五条 对未严格按照国家和行业有关规定足额提取安全生产费用的中央企业，国资委从企业负责人业绩考核的业绩利润中予以扣减，并予以降分处理。

第三十六条 授权董事会对经理层人员进行经营业绩考核的中央企业，董事会应当将安全生产工作纳入经理层人员年度经营业绩考核，与绩效薪金挂钩，并比照本办法的安全生产业绩考核规定执行。

董事会对经理层的安全生产业绩考核情况纳入国资委对董事会的考核评价内容。对董事会未有效履行监督、考核安全生产职能，企业发生特别重大责任事故并造成严重社会影响的，国资委对董事会予以调整，对有关董事予以解聘。

第三十七条 中央企业负责人年度经营业绩考核中因安全生产问题受到降级处理的，取消其参加该考核年度国资委组织或者参与组织的评优、评先活动资格。

第三十八条 国资委对年度安全生产相对指标达到国内同行业最好水平或者达到国际先进水平的中央企业予以表彰。

第三十九条 国资委对认真贯彻执行本办法，安全生产工作成绩突出的个人和集体予以表彰奖励。

第六章 附 则

第四十条 生产安全事故等级划分按《生产安全事故报告和调查处理条例》（国务院令第 493 号）第三条的规定执行。国务院对特殊行业另有规定的，从其规定。

突发公共事件等级划分按《国务院关于实施国家突发公共事件总体应急预案的决定》（国发〔2005〕11 号）附件《特别重大、重大突发公共事件分级标准（试行）》中安全事故类的有关规定执行。

第四十一条 境外中央企业除执行本办法外，还应严格遵守所在地的安全生产法律法规。

第四十二条 本办法由国资委负责解释。

第四十三条 本办法自 2008 年 9 月 1 日起施行。

附件：中央企业安全生产监管分类表（略）

中央企业生产安全事故季报表（略）

中央企业生产安全事故年度报表(略)

中央企业生产安全事故快报(略)

中央企业生产安全事故报告流程图(略)

中央企业生产安全责任事故降分降级处理细则(略)

中央企业节能减排监督管理暂行办法

2010年3月26日　国务院国有资产监督管理委员会令第23号

第一章　总　　则

第一条　为督促中央企业落实节能减排社会责任,建设资源节约型和环境友好型企业,根据《中华人民共和国节约能源法》、《中华人民共和国环境保护法》、《中华人民共和国循环经济促进法》、《中央企业负责人经营业绩考核暂行办法》等有关法律法规和规章,制定本办法。

第二条　本办法所称中央企业,是指国务院国有资产监督管理委员会(以下简称国资委)根据国务院授权履行出资人职责的国家出资企业。

第三条　中央企业应当严格遵守国家节能减排法律法规和有关政策,依法接受国家节能减排主管部门的监督管理。中央企业各级子企业依法接受所在地县级以上地方人民政府节能减排主管部门的监督管理。

第四条　国资委联系中央企业节能减排工作,履行以下职责:

(一)指导监督中央企业贯彻落实国家节能减排有关法律法规、政策和标准,研究制定中央企业节能减排工作意见;

（二）指导监督中央企业统筹规划，建立健全科学、规范的节能减排组织管理、统计监测和考核奖惩体系，切实履行社会责任；

（三）建立健全中央企业负责人节能减排考核奖惩制度，将节能减排目标完成情况纳入中央企业负责人经营业绩考核体系；

（四）组织或参与对中央企业节能减排的监督检查，配合有关部门开展专项审计，建立问责制度；

（五）组织对中央企业节能减排工作的宣传、培训、交流。

第五条 国资委对中央企业节能减排实行分类监督管理。按照企业能源消耗及主要污染物排放情况，将中央企业划分为三类（附件1）。

（一）重点类企业。主业处于石油石化、钢铁、有色金属、电力、化工、煤炭、建材、交通运输、机械行业，且具备以下三个条件之一的：

1. 年耗能超过200万吨标准煤；

2. 年二氧化硫排放量超过50000吨；

3. 年化学需氧量排放量超过5000吨。

（二）关注类企业。重点类企业之外具备以下三个条件之一的：

1. 年耗能在10万吨标准煤以上；

2. 年二氧化硫排放量在1000吨以上；

3. 年化学需氧量排放量在200吨以上。

（三）一般类企业。前两项以外的中央企业为一般类企业。

国资委对前款规定的三类企业分类实行动态监管。根据中央企业所处行业、企业能耗和污染物排放量的变化进行适时调整并对外公布。

第六条 中央企业应当制订节能减排工作专项规划并纳入企业发展规划和年度计划，健全节能减排规章制度，落实节能减排责任。

第二章 节能减排工作基本要求

第七条 中央企业应当建立健全节能减排组织管理体系。

中央企业应当建立健全节能减排领导机构，负责本企业节能减排总体工作，研究决定节能减排重大事项，建立工作制度和例会制度。

中央企业根据分类管理的要求建立与生产经营相适应的节能减排协调、监督管理机构。

(一)重点类企业应当设置负责节能减排协调、监督管理的职能部门,或者在有关职能部门中设置专职负责协调、监督管理工作的内部机构,负责节能减排日常管理和监督工作。

(二)关注类企业应当在有关职能部门中设置负责协调、监督管理工作的内部机构,配备专职管理人员。

(三)一般类企业应当设立节能减排管理岗位,配备节能减排管理人员,负责节能减排工作的计量、统计、分析和监督检查。

第八条 企业主要负责人对本企业节能减排工作负主要领导责任。企业分管节能减排工作的负责人统筹组织各项节能减排制度和措施的落实,对节能减排工作负分管领导责任。

第九条 中央企业应当建立和完善企业内部节能减排考核奖惩体系,层层分解落实节能减排责任。考核结果应当作为相关领导和人员综合考核评价的重要内容。

第十条 中央企业应当加强节能减排专业队伍建设,建立健全节能减排教育培训制度,落实对企业负责人、节能减排监督管理人员、节能减排重点岗位人员的培训。

第十一条 中央企业应当把节能减排与企业发展战略、结构调整紧密结合,优化产业结构、产品结构和能源消费结构,优化生产工艺和流程,淘汰高污染、高耗能落后生产技术、工艺和装备,推广应用节能减排新技术、新材料、新工艺、新产品。

中央企业应当按照国家产业发展规划,科学有序推进风能、太阳能、生物质能等可再生能源的开发与利用,提高能源综合利用效率。

第十二条 中央企业应当认真编制节能减排年度经费预算,多方筹集资金,加大科研投入力度,加快技术改造,在节能减排重点领域形成一批具有自主知识产权的核心技术,开发新型高效节能环保产品。

第十三条 中央企业新建和改扩建项目应当符合国家产业政策和节能环保标准,依照有关政策,实行环境影响评价和节能评估审查制度。

第三章　节能减排统计监测与报告制度

第十四条　中央企业应当建立健全节能减排统计监测体系，加强对生产过程中能源消耗和污染物排放的统计监测，提升节能减排信息化水平。

第十五条　中央企业应当加强节能减排计量、定额、统计等基础管理工作，建立能源消耗及污染物排放统计台账，严格按照国家规定的口径、范围、折算标准和方法对能源消耗指标和污染物排放指标进行定期收集、汇总和分析。

第十六条　中央企业应当确保节能减排统计数据的完整性和准确性，通过企业自我检查、第三方检测、内部审计、外部审计等多种形式对节能减排效果进行评估和核定。

第十七条　中央企业应当建立健全节能减排工作报告制度。

中央企业应当建立内部节能减排工作逐级汇总报告制度，并定期将本企业节能减排汇总报表和总结分析报告报送国资委。

重点类、关注类和一般类企业分别按季度、半年度和年度上报汇总报表和总结分析报告。年度汇总报表和总结分析报告应当于次年2月28日前报送；季度报表、半年报表和总结分析报告应当于报告期满之次月20日前报送。

中央企业节能减排总结分析报告应当包括本企业能耗和主要污染物排放状况及变化、节能减排管理情况、节能减排措施、节能减排成效、存在的问题及改进措施等内容。重点类和关注类企业应当开展与同行业节能减排技术指标的对标和分析。

第十八条　中央企业应当将本企业节能减排重要科研成果、重大违规和环保事故、各级政府有关部门对本企业及其所属企业年度考核情况等重要事项及时报告国资委。

第四章　节能减排考核

第十九条　国资委将中央企业节能减排工作纳入中央企业负责人经营业绩考核体系,作为对中央企业负责人经营业绩考核的内容。

第二十条　国资委对中央企业节能减排实行分类考核。重点类和关注类企业考核反映企业行业特点的综合性能耗指标和主要污染物排放指标。一般类企业根据行业特点确定定量或定性考核指标。

第二十一条　中央企业应当根据国家节能减排有关政策、企业所处行业特点和节能减排水平,对照同行业国际国内先进水平,提出科学合理的节能减排考核目标。

第二十二条　国资委对中央企业节能减排考核目标进行审核,并在中央企业负责人任期经营业绩考核责任书中明确。

第二十三条　国资委对中央企业节能减排考核目标执行情况实施动态监控。

第二十四条　中央企业节能减排按照下列程序进行考核:

(一)中央企业负责人任期经营业绩考核期末,中央企业对任期节能减排考核目标完成情况进行审查和总结分析,对本企业及其所属企业与政府主管部门签订的节能减排考核目标完成情况进行专项说明,并将审查结果和分析报告报送国资委。

(二)国资委对企业报送的节能减排考核目标完成情况进行审核。对于经过国家节能减排主管部门考核和监测的企业,国资委依据节能减排主管部门审查的相关数据进行核实;对于其他企业,国资委通过审核企业节能减排总结分析报告、现场核查、委托中介机构专项审计等方式,对节能减排目标完成情况进行审核确认。

(三)国资委将中央企业节能减排考核情况与企业负责人经营业绩考核结果一并对外公布。

第五章　节能减排奖惩

第二十五条　中央企业发生下列情形之一的，对中央企业负责人经营业绩考核结果予以降级处理(附件2)：

(一)节能减排数据严重不实，弄虚作假的；

(二)发生重大(含重大)以上环境责任事故，造成重大社会影响的；

(三)发生节能减排重大违法违规事件，造成恶劣影响的。

第二十六条　中央企业发生下列情形之一的，对中央企业负责人经营业绩考核结果给予扣分处理(附件2)：

(一)未完成任期节能减排考核目标的；

(二)发生较大和一般环境责任事故的；

(三)被国家节能减排主管部门通报，造成较大负面影响的。

第二十七条　对节能减排成效突出的中央企业，国资委授予"节能减排优秀企业奖"，并给予适当奖励。

第二十八条　授予"节能减排优秀企业奖"的中央企业应当符合下列条件：

(一)完成与国资委签订的任期节能减排考核目标和与政府主管部门签订的节能减排考核目标；

(二)建立较为完善的节能减排组织管理、统计监测和考核奖惩体系；

(三)中央企业负责人任期经营业绩考核结果为C级及以上。

(四)除符合以上三项基本条件外，还应当具备下列条件之一：

1. 中央企业负责人任期经营业绩考核期末，企业主要产品单位能耗、污染物排放水平达到国内同行业最好水平，接近或达到国际同行业先进水平；

2. 中央企业负责人任期经营业绩考核期内，能源利用效率、单位综合能耗降低率、主要污染物排放总量降低率在中央企业居于前列；

3. 中央企业负责人任期经营业绩考核期内，在节能减排技术创新方面取得重大突破,在推动全行业、全社会节能减排方面作出突出贡献。

第二十九条 国资委对节能减排工作成绩突出的企业和个人予以表彰。

第六章 附 则

第三十条 本办法所指环境责任事故,依据《国家突发环境事件应急预案》确定。

第三十一条 本办法由国资委负责解释。

第三十二条 本办法自公布之日起施行。

附件:1. 中央企业节能减排监督管理分类表

2. 中央企业节能减排考核细则

附件 1:

中央企业节能减排监督管理分类表

重点类企业(32 户)

关注类企业(51 户)

一般类企业(45 户)

附件 2:

中央企业节能减排考核细则

一、任期考核

(一)节能减排数据严重不实、弄虚作假的,对中央企业负责人任期经营业绩考核结果给予降级处理。

(二)未完成核定的任期节能减排考核目标,对中央企业负责人任期经营业绩考核结果按以下方式进行扣分处理:

1. 按考核指标个数分摊2分分值,根据未完成指标个数和未完成程度扣减相应分值。未完成考核指标的,实际完成值与目标值相比,每相差10%扣减0.1分,最多扣减该指标分摊的相应分值。

2. 核定的考核指标目标值为该行业国内先进水平的,减半扣分。

二、年度考核

(一)年度内发生下列情形之一的,对中央企业负责人年度经营业绩考核结果给予降级处理:

1. 发生重大以上(含重大)环境责任事故,造成重大社会影响的;

2. 经节能减排主管或者监管部门认定,发生节能减排重大违法违规事件,造成恶劣影响的。

(二)年度内发生下列情形之一的,对中央企业负责人年度经营业绩考核结果给予扣分处理:

1. 发生较大和一般环境责任事故的,按以下方式进行扣分:

(1)每发生一次较大环境责任事故(Ⅲ级),重点类、关注类和一般类企业分别扣减0.3分、0.5分和0.7分;

(2)每发生一次一般环境责任事故(Ⅳ级),重点类、关注类和一般类企业分别扣减0.1分、0.3分和0.5分;

(3)在当年不能认定的环境责任事故顺延处理。

2. 被国家节能减排主管部门通报,造成较大负面影响的,每通报一次扣减0.2分,最多扣1分。

中央企业安全生产禁令

2010 年 12 月 24 日　国务院国有资产监督管理委员会令第 24 号

一、严禁在安全生产条件不具备、隐患未排除、安全措施不到位的情况下组织生产。

二、严禁使用不具备国家规定资质和安全生产保障能力的承包商和分包商。

三、严禁超能力、超强度、超定员组织生产。

四、严禁违章指挥、违章作业、违反劳动纪律。

五、严禁违反程序擅自压缩工期、改变技术方案和工艺流程。

六、严禁使用未经检验合格、无安全保障的特种设备。

七、严禁不具备相应资格的人员从事特种作业。

八、严禁未经安全培训教育并考试合格的人员上岗作业。

九、严禁迟报、漏报、谎报、瞒报生产安全事故。

关于中央企业安全生产隐患排查治理工作实施意见

2008 年 2 月 22 日　国资发考核〔2008〕44 号

根据《国务院办公厅关于进一步开展安全生产隐患排查治理工作的通知》(国办发明电〔2008〕15 号，以下简称《通知》)的总体要求，结合中央企业实际，现就中央企业安全生产隐患排查治理工作提出以下实施意见：

一、加强组织领导，扎实做好安全隐患排查治理工作

中央企业是安全生产的责任主体，也是隐患排查治理的责任主体，主要负责人要亲自挂帅、统筹规划、周密部署，切实加强对安全生产隐患排查治理工作的组织领导；要健全组织机构、落实责任单位和责任人。对排查出来的重大隐患，主要负责人要亲自抓整改落实。

各中央企业要坚持“标本兼治、重在治本”的原则，在2007年开展隐患排查治理专项行动的基础上，进一步深入排查治理各类隐患，减少事故总量，遏制重特大事故；加强安全生产基础管理，推进安全技术进步，提高本质安全水平，尽快建立安全生产长效机制，实现中央企业安全生产形势的持续稳定好转。要按照《通知》和国务院有关安全生产监管部门具体实施意见的要求，结合企业生产经营活动的特点，制订周密的排查治理工作方案，明确具体工作目标、范围、内容和要求等，在2月底前将工作方案报送国资委和安全监管总局，并及时落实到基层，确保责任到位、措施到位、工作到位。

按照属地化监管的原则，中央企业的分(子)企业及所属单位要主动接受地方政府安全生产监管部门的监督和指导，坚持“更高标准、更严要求”，切实做好安全生产隐患排查治理工作。

二、突出重点领域和关键环节，全面排查治理各类隐患

中央企业要全面排查治理各类隐患，在范围上要涵盖所有全资、控股、参股并负责管理的企业及所属单位；在内容上既要包括设施、设备、装置、作业场所和工艺流程的隐患排查治理，也要包括安全生产体制机制制度建设、安全管理组织体系、责任落实、现场管理和事故查处等方面。

隐患排查治理工作要突出重点领域和薄弱环节，一是针对中央企业安全生产的突出矛盾，加大工程建设领域隐患排查治理工作力度，特别是排查建筑施工企业资质管理、对分包企业资质的审核和作业现场的“三违”现象治理；二是结合安全生产责任体系建设，按照“统一领导、

综合协调、分级监管、全员参与”的原则，切实排查“一岗双责”制度落实情况；三是围绕风险管理，重点排查重大危险源监控、预报预警和治理工作制度建立情况，特别是对兼并重组和改制的企业，要落实闭环管理，确保各类隐患及时得到发现和治理；四是结合转变企业发展方式，排查安全费用提取与安全投入、“三同时”制度执行、员工教育培训等情况；五是把握工作节奏，围绕三个重点时段的特点，做好“两会”期间、汛期和北京“奥运会”期间及第四季度的安全生产隐患排查治理工作，确保安全生产处于受控状态。

三、创新工作方式，夯实安全生产基础管理

中央企业要积极创新工作方式，综合运用法律手段、行政管理手段、经济奖惩手段和文化宣传手段等，从查思想、查管理、查装备、查现场等方面开展隐患排查治理工作，夯实安全生产基础工作。中央企业负责人要带头从自身的对安全生产的思想认识查起，自查在机构设置、安全投入、工作安排等方面上是否到位，避免出现“口头上重要，工作中不要”的现象。各中央企业既要查找管理制度的漏洞和不足，又要查找制度落实过程中的问题及原因，采取有针对性和实效性的措施，全面加强安全生产基础工作；要广泛发动全体员工，特别是发挥生产一线员工的主动性和创造性，以各类作业场所为突破口，查找生产管理过程中产生的安全隐患，进而发现管理缺陷并及时弥补，将隐患消灭在萌芽中；要认真总结发生的各类事故尤其是重特大事故教训，举一反三，用事故教训推动工作，促进隐患排查治理工作更有针对性；要加强对隐患排查治理工作的监督检查，确保排查不留死角，整改不留后患。

四、加强信息报送，及时总结工作和解决问题

各中央企业要切实加强隐患排查治理的信息统计、分析和报送工作，按照国务院安委会办公室关于加强安全生产隐患排查治理信息报送工作的通知(安委办〔2008〕6 号)的要求，及时报送信息和资料；要加强对统计数据的分析，及时对隐患排查治理工作进行总结，查找和解决

共性问题，提出前瞻性的对策和建议，确保隐患排查治理工作取得实效。对在隐患排查治理工作中遇到的企业自身无法克服的困难和问题，要积极反映，争取相关部门的支持，推动隐患排查治理工作的顺利进行。

附件：1. 国务院办公厅关于进一步开展安全生产隐患排查治理工作的通知（国办发明电〔2008〕15 号）（略）

2. 国务院安委会办公室关于加强安全生产隐患排查治理信息报送工作的通知（安委办〔2008〕6 号）（略）

国务院国有资产监督管理委员会办公厅关于印发《中央企业节能减排统计监测报表》的通知

2008 年 12 月 30 日　国资厅发考核〔2008〕126 号

各中央企业：

为全面贯彻落实科学发展观，进一步加强中央企业节能减排管理工作，健全中央企业节能减排监测报告制度，引导中央企业节约发展、清洁发展，根据《关于印发〈关于加强中央企业节能减排工作意见〉和〈中央企业任期节能减排管理目标〉的通知》（国资发考核〔2007〕194 号）和《关于做好中央企业节能减排信息报送工作的通知》（国资厅考核〔2008〕76 号）等有关精神，结合中央企业实际，我们对《中央企业节能减排目标完成情况监测表》进行了修订和完善，形成《中央企业节能减排统计监测报表》（详见附件 1，以下简称《报表》），现印发给你们，并就有关事项通知如下：

一、充分认识节能减排统计监测管理工作的重要性,切实加强和改进节能减排统计监测和相关情况报送工作

各中央企业要从深入贯彻落实科学发展观,加快转变经济发展方式,促进结构调整和产业优化,保持可持续发展的高度,认真贯彻执行国家关于节能减排统计工作的有关规定,高度重视节能减排统计监测管理工作。

要加强各级节能减排统计管理机构建设,建立健全统计监测管理体系,理顺工作关系,为实施节能减排统计监测制度提供必要的人力、物力和财力支持,完善相关制度保障,建立领导重视、岗位落实、责任到人、分析到位、监督有力、服务决策的节能减排统计监测工作机制。

要进一步加强能源计量管理,依法配备能源计量器具,并建立健全统计台账以及统计资料的审核、交接和建立档案等管理制度,夯实节能减排统计工作管理基础,确保节能减排统计监测数据的全面性、真实性和及时性。

要加强工作报告制度建设,提高节能减排统计分析能力和报告质量。节能减排工作报告中的统计分析要集数据、情况、建议和意见于一体,对报表中有关指标数据和情况,既要说明变化因素,分析存在的问题和原因,提出解决问题的方案和制订相关措施,也要总结工作成效和管理经验。通过分析总结找出差距,有针对性地开展工作,推动节能减排工作水平的提高。

二、2008年度《报表》和节能减排工作报告报送要求

(一)报送时间

2008年重点类企业第四季度、关注类企业下半年、一般类企业全年《报表》及年度节能减排工作报告,请于2009年2月20日前报送。

(二)报送方式

2008年第四季度报表和年度节能减排工作报告采用书面材料(各两份)和电子邮件(军工企业须使用光盘)同时报送的方式。

为加强中央企业节能减排统计监测能力建设，利用信息化手段提升节能减排统计工作效率，我委拟建立网上直报系统，具体应用时间和方法另行通知。

（三）2008年度工作报告的内容

2008年度节能减排工作报告主要内容应包括以下几方面：

1. 企业“三大体系”建设情况，节能减排考核奖惩制度制定与实施情况；

2. 全年能源消费与主要污染物排放情况，同比变化情况，存在的主要问题与原因、取得的主要成绩与措施；对所属企业节能减排成效突出或有问题的重点企业、重点情况进行说明；

3. 全年节能减排资金投入情况、同比增减情况；当年重点投入项目及产生的成效；2005年至今每年节能减排技术开发和推广情况及所取得的成效；

4. 2008年全年及2005年以来调整优化产业（产品）结构情况，包括：“上大压小”、淘汰落后产能等情况。

（四）其他事项

1. 为加大节能减排监督力度，我委将不定期地对重点用能和主要污染物排放的中央企业进行节能减排工作检查。同时建立中央企业统计监测定期通报制度，对于未按时、按要求报送的中央企业进行通报。

2. 为真实客观反映中央企业节能减排工作情况，要求重点类企业自行计算产值、增加值可比价。关注类、一般类企业不能自行计算产值、增加值可比价的，须报送《中央企业主业价格指数压缩可比价情况表》（见附件2），由我委根据各企业主业构成情况，指导企业掌握计算可比价方法。

附件：1. 中央企业节能减排统计监测报表（略）

2. 中央企业主业价格指数压缩可比价情况表（略）

收益管理

财政部　国资委关于印发《中央企业国有资本收益收取管理暂行办法》的通知

2007 年 12 月 11 日　财企〔2007〕309 号

有关中央管理企业：

经国务院批准，现将《中央企业国有资本收益收取管理暂行办法》印发给你们，请遵照执行。执行中如有问题，请及时与我们联系。

2007 年作为试点，对国资委所监管企业 2006 年实现的国有资本收益进行收取，其中，企业税后利润按标准减半收取。请各有关企业于 12 月 20 日前按规定申报交纳。

附件：中央企业国有资本收益收取管理暂行办法

附件：

中央企业国有资本收益收取管理暂行办法

第一章　总　　则

第一条　为建立国有资本经营预算制度，规范国家与企业的分配关系，加强中央企业国有资本收益管理，依据《中华人民共和国公司法》、《中华人民共和国预算法》、《国务院关于试行国有资本经营预算的意见》（国发〔2007〕26 号），制定本办法。

第二条　本办法试行范围包括国资委所监管企业和中国烟草总公司，简称中央企业。

第三条 本办法所称国有资本收益，是指国家以所有者身份依法取得的国有资本投资收益，具体包括：

(一)应交利润，即国有独资企业按规定应当上交国家的利润；

(二)国有股股利、股息，即国有控股、参股企业国有股权(股份)获得的股利、股息收入；

(三)国有产权转让收入，即转让国有产权、股权(股份)获得的收入；

(四)企业清算收入，即国有独资企业清算收入(扣除清算费用)，国有控股、参股企业国有股权(股份)分享的公司清算收入(扣除清算费用)；

(五)其他国有资本收益。

第四条 中央企业国有资本收益应当按规定直接上交中央财政，纳入中央本级国有资本经营预算收入管理。

国家对中央企业国有资本收益另有规定的，从其规定。

第五条 中央企业国有资本收益由财政部负责收取，国资委负责组织所监管企业上交国有资本收益。

第二章 中央企业国有资本收益的申报与核定

第六条 中央企业上交国有资本收益应当按规定申报，并如实填写中央企业国有资本收益申报表(详见附表1-4)。具体申报时间及要求如下：

(一)应交利润，在年度终了后5个月内，由中央企业一次申报；

(二)国有股股利、股息，在股东会或者股东大会(没有设立股东会或者股东大会的为董事会，下同)表决日后30个工作日内，由国有控股、参股企业据实申报，并附送股东会、股东大会的决议文件；

(三)国有产权转让收入，在签订产权转让合同后30个工作日内，由中央企业或者国资委授权的机构据实申报，并附送产权转让合同和资产评估报告；

(四)企业清算收入，在清算组或者管理人编制剩余财产分配方案

后30个工作日内,由清算组或者管理人据实申报,并附送企业清算报告和中国注册会计师出具的审计报告;

(五)其他国有资本收益,在收益确定后30个工作日内,由有关单位申报,并附送有关经济事项发生和金额确认的资料。

第七条 国资委所监管企业在向国资委申报上交国有资本收益时,将申报表及相关材料报送财政部;中国烟草总公司申报上交国有资本收益,将申报表及相关材料直接报送财政部。

第八条 国有独资企业拥有全资公司或者控股子公司、子企业的,应当由集团公司(母公司、总公司)以年度合并财务报表反映的归属于母公司所有者的净利润为基础申报。

企业计算应交利润的年度净利润,可以抵扣以前年度未弥补亏损。

第九条 国有独资企业上交年度净利润的比例,区别不同行业,分以下三类执行(企业分类名单详见附表5):

(一)第一类10%;

(二)第二类5%;

(三)第三类暂缓3年上交或者免交。

第十条 国有控股、参股企业应付国有投资者的股利、股息,按照股东会或者股东大会决议通过的利润分配方案执行。

国有控股、参股企业应当依法分配年度净利润。当年不予分配的,应当说明暂不分配的理由和依据,并出具股东会或者股东大会的决议。

第十一条 中央企业上交国有资本收益区别以下情况核定:

(一)应交利润,根据经中国注册会计师审计的企业年度合并财务报表反映的归属于母公司所有者的净利润和规定的上交比例计算核定;

(二)国有股股利、股息,根据国有控股、参股企业关于利润分配的决议核定;

(三)国有产权转让收入,根据企业产权转让协议和资产评估报告等资料核定;

(四)企业清算收入,根据清算组或者管理人提交的企业清算报告核定；

(五)其他国有资本收益，根据有关经济行为的财务会计资料核定。

第十二条 中央企业根据国家政策进行重大调整，或者由于遭受重大自然灾害等不可抗力因素造成巨大损失，需要减免应交利润的，应当向财政部、国资委提出申请，由财政部商国资委报国务院批准后，将减免的应交利润直接转增国家资本或者国有资本公积。

第三章 中央企业国有资本收益的上交

第十三条 中央企业国有资本收益上交，使用政府收支分类科目中"国有资本经营收入"款级科目。

第十四条 中央企业国有资本收益上交，按照以下程序执行：

(一)国资委在收到所监管企业上报的国有资本收益申报表及相关材料后15个工作日内提出审核意见，报送财政部复核，财政部在收到国资委审核意见后15个工作日内提出复核意见；

(二)国资委根据财政部同意的审核结果向所监管企业下达国有资本收益上交通知，财政部向财政部驻企业所在省(自治区、直辖市、计划单列市)财政监察专员办事处下达国有资本收益收取通知；财政部驻企业所在省(自治区、直辖市、计划单列市)财政监察专员办事处依据财政部下达的国有资本收益收取通知向企业开具"非税收入一般缴款书"；

(三)国资委所监管企业依据国资委下达的国有资本收益上交通知和财政部驻企业所在省(自治区、直辖市、计划单列市)财政监察专员办事处开具的"非税收入一般缴款书"办理国有资本收益交库手续；

(四)财政部在收到中国烟草总公司的国有资本收益申报表及相关材料后15个工作日内，完成审核工作并向财政部驻北京市财政监察专员办事处下达国有资本收益收取通知；中国烟草总公司凭财政部驻北京市财政监察专员办事处开具的"非税收入一般缴款书"办理国有资本收益交库手续。

第十五条 中央企业当年应交利润应当在申报日后5个月内交

清,其中:应交利润在10亿元以下(含10亿元)的,须一次交清;应交利润在10亿元以上、50亿元以下(含50亿元)的,可分两次交清;应交利润在50亿元以上的,可分三次交清。

第十六条 对中央企业欠交国有资本收益的情况,财政部、国资委应当查明原因,采取措施予以催交。

第四章 附 则

第十七条 本办法自发布之日起执行。

附表:1. 中央企业国有资本收益(应交利润)申报表(略)

2. 中央企业国有资本收益(国有股息、股利)申报表(略)

3. 中央企业国有资本收益(国有产权转让收入)申报表(略)

4. 中央企业国有资本收益(企业清算收入)申报表(略)

5. 试行国有资本经营预算中央企业税后利润上交比例表(略)

国务院国有资产监督管理委员会关于印发《中央企业国有资本经营预算建议草案编报办法(试行)》的通知

2008年2月25日 国资发产权〔2008〕46号

根据《国务院关于试行国有资本经营预算的意见》(国发〔2007〕26号)的有关规定,国资委负责"提出本单位年度国有资本经营预算建议草案"。为明确国资委与中央企业在编制预算建议草案中的职责分工,做好中央企业国有资本经营预算建议草案的编制工作,现将《中央企业国有资本经营预算建议草案编报办法(试行)》印发给你们,请遵照执行。

附件:中央企业国有资本经营预算建议草案编报办法(试行)

附件:

中央企业国有资本经营预算建议草案编报办法(试行)

第一条 为做好国务院国有资产监督管理委员会(以下简称国资委)所监管企业(以下简称中央企业)国有资本经营预算建议草案的编制工作,根据《中华人民共和国公司法》、《企业国有资产监督管理暂行条例》、《国务院关于试行国有资本经营预算的意见》以及相关规定,制定本办法。

第二条 中央企业国有资本经营预算建议草案(以下简称预算建议草案),是指国资委组织中央企业上交国有资本经营预算收入、安排国有资本经营预算支出编制的预算建议草案。预算建议草案包括中央企业国有资本经营预算收入和支出两部分内容。

第三条 中央企业国有资本经营预算收入(以下简称预算收入),是指中央企业上交的利润、股利、股息,以及中央企业产权转让和清算收入等。

中央企业国有资本经营预算支出(以下简称预算支出)包括资本性支出、费用性支出和其他支出等。资本性支出是指根据产业发展规划、国有经济布局和结构调整、国有企业发展要求,以及国家战略、安全等需要安排的资本性支出。费用性支出是指用于弥补国有企业改革成本等方面的费用性支出。其他支出是指国资委用于中央企业结构调整和企业重组重大项目聘请中介机构的费用,中央企业外部董事薪酬,以及用于预算支出项目的各项管理费用等。

第四条 预算建议草案按照以收定支编制，预算支出按照当年预算收入规模安排，不列赤字，结余结转下年使用；预算收入与预算支出实行两条线管理，不能以收抵支；预算收支必须严格按制度和程序办事，公开、公平、公正，依法合规，防止暗箱操作。

第五条 每年5月上旬，国资委根据中央企业财务预算，结合宏观经济形势和企业生产经营发展状况，测算中央企业本年度预计可实现的国有资本收益，作为编制下年度预算建议草案的预算收入(以下简称下年度预算收入)。

第六条 每年5月下旬，国资委根据下年度预算收入和预算支出范围、重点，向有关中央企业提出下年度预算支出计划编制要求。

第七条 每年7月下旬，有关中央企业根据国资委下达的下年度预算支出计划编制要求，申报本企业下年度预算支出计划，并按照内部决策程序，形成书面申请报告报国资委。企业申报的预算支出包括资本性支出和费用性支出，其他支出由国资委直接提出。

国有独资企业的预算支出计划，应由总经理办公会议审议；国有独资公司的预算支出计划应由董事会审议；国有控股、参股公司的预算支出计划按《中华人民共和国公司法》有关规定和本公司《章程》审议。

第八条 中央企业报送的申请报告包括本企业下年度国有资本经营预算支出计划申报表(附件1)和编制说明。

资本性支出计划编制说明应当包括以下主要内容：

(一)申请资本性支出的中央企业及涉及企业基本情况；

(二)资本性支出拟投入项目名称及主要内容；

(三)实施项目要达到的主要目的和阶段目标；

(四)项目投入的必要性、可行性分析，项目投资方案与资金筹措，项目实施进度与年度计划安排，项目经济效益和社会效益分析等；

(五)落实绩效考核及其有关责任；

(六)其他相关资料。

费用性支出计划编制说明应当包括以下主要内容：

(一)申请费用性支出的中央企业及项目承担企业基本情况；

(二)费用性支出拟投入项目名称及主要内容;

(三)实施项目要达到的主要目的和阶段目标;

(四)项目实施方案,包括立项依据,项目具体的支出范围,项目资金测算依据、测算标准及计算方法等;

(五)落实绩效考核及其有关责任;

(六)其他相关资料。

第九条 国资委对有关中央企业报送的预算支出计划,建立项目库,实行滚动管理。

第十条 国资委按照下年度预算收入,对项目库中的预算支出项目统筹安排、综合平衡,于10月底前编制完成预算建议草案,报财政部审核。

第十一条 预算建议草案包括国资委国有资本经营预算表(附件2)和编制说明。

编制说明应包括以下主要内容:

(一)预算建议草案编制原则和依据;

(二)中央企业基本情况(包括企业户数、经营状况、行业分布和企业国有资本经营状况等);

(三)预算建议草案主要收支内容;

(四)预算支出规模及分类;

(五)预算支出所要达到的政策目标;

(六)预算编制的组织及企业编报情况;

(七)其他有关说明。

第十二条 国资委在财政部批复中央企业国有资本经营预算之日起15个工作日内,批复有关中央企业。

第十三条 中央企业国有资本经营预算调整,由国资委于执行年度9月底前提出调整方案,报财政部批准后执行。

国务院国有资产监督管理委员会关于做好中央企业国有资本经营预算执行工作有关事项的通知

2009年2月12日　国资发收益〔2009〕22号

各中央企业：

2008年国有资本经营预算（以下简称资本预算）已经国务院批准下达相关企业。为做好资本预算执行的组织和监督工作，根据《国务院关于试行国有资本经营预算的意见》（国发〔2007〕26号）等有关规定，现就做好中央企业资本预算执行工作中的有关事项通知如下：

一、为及时了解掌握资本预算执行情况，相关企业应在国资委下达资本预算安排后，及时报告预算资金的到账情况；企业报送的资本预算支出申请与国资委下达的资本预算安排有差别的，应按照资本预算安排另行编制资本预算使用计划，并于预算资金到账30个工作日内报国资委备案；在资本预算执行过程中，企业应在每个季度结束后10个工作日内报告预算资金使用或项目实施进展情况，对于资本预算执行中出现的紧急或重大情况应及时向国资委报告。

二、相关企业应当严格按照规定的用途和报经国资委备案的资本预算使用计划使用预算资金，不得自行调整。相关企业编制的资本预算使用计划不得违反国家有关资本预算管理的要求，不得挪用或截留用于非生产项目或非主业项目。在资本预算执行过程中，受生产经营或重大政策、环境变化影响，确实需要对资本预算使用对象、标准、额度等进行调整的，应向国资委提出调整申请，由国资委按照有关规定进行核准。

三、为进一步规范资本预算执行工作，国资委将建立中央企业资本预算执行监督检查制度，通过对企业资本预算执行情况进行检查或专项审计，总结企业资本预算执行的经验和成效，发现存在的问题。相关企业也应按照有关要求认真做好本企业资本预算执行的组织和监督检查工作，逐步建立对资本预算执行全过程的监督问效机制，提高预算资金的使用效益。

四、为全面掌握中央企业年度资本预算执行情况，确定下一年度资本预算支出方向和重点，合理安排预算资金，相关企业应当按照统一要求(另行下发)向国资委申报年度国有资本经营决算(以下简称资本决算)，企业申报的资本决算应当经过相关社会中介机构鉴证。

五、各中央企业应当按照国家有关资本预算管理的要求，从加强资本预算执行组织和监督的实际出发，制定本企业的资本预算管理制度，明确企业资本预算执行的责任，细化落实资本预算编制、预算资金使用管理、资本预算执行情况报告、资本决算申报等工作程序和职责；明确企业内部对资本预算执行情况进行监督检查的机构和责任，建立有效的内部控制机制和工作协调机制。请各中央企业将制定的资本预算管理工作制度于4月30日前报国资委收益管理局备案。

六、相关企业按照经批准的资本预算用款计划，对于向所属子企业注入资本金或其他方式使用预算资金，应当符合国家有关法律法规的规定。向所属子企业注入资本金涉及股份有限公司国有股权管理的相关事项，应当按照有关规定报国资委批准；企业对费用性预算资金的支出，要严格按照核定的标准、范围进行管理，不得随意调整。

各中央企业要高度重视资本预算管理工作，按照有关资本预算管理的规定，切实做好资本预算执行的组织和监督，确保预算资金使用安全、规范和高效。

关于印发《国资委国有资本经营预算编制管理工作规则（试行）》的通知

2009 年 4 月 13 日　国资发收益〔2009〕84 号

为贯彻落实《国务院关于试行国有资本经营预算的意见》（国发〔2007〕26 号）精神，进一步加强和规范国资委国有资本经营预算编制管理工作，明确预算编制管理工作程序和有关厅局职责分工，现将《国资委国有资本经营预算编制管理工作规则（试行）》印发给你们，请遵照执行。

附件：国资委国有资本经营预算编制管理工作规则（试行）

附件：

国资委国有资本经营预算编制管理工作规则（试行）

为贯彻落实《国务院关于试行国有资本经营预算的意见》（国发〔2007〕26 号），进一步加强和规范国务院国有资产监督管理委员会（以下简称国资委）国有资本经营预算（以下简称资本预算）编制管理工作，依据《国务院办公厅关于印发国务院国有资产监督管理委员会主要职责内设机构和人员编制规定的通知》（国办发〔2008〕85 号），制定本工作规则。

一、资本预算编制管理工作原则

按照资本预算管理工作要"健全制度、稳步推进、开拓创新、科学发展"的指导思想，在资本预算试行期间，国资委资本预算编制管理应当遵循以下工作原则：

(一)以收定支原则。资本预算支出按照当年资本预算收入规模安排，编制资本预算应当坚持以收定支，列收列支，不列赤字。

(二)资本性支出为主原则。资本预算主要用于推进国有经济布局和结构的战略性调整，培育具有国际竞争力的大企业集团。中央企业弥补改革成本支出主要由企业自身解决，对确有困难的企业需要安排资本预算的，应当从严控制。

(三)注重效益原则。资本预算支出要突出国有资本保值增值和企业经济效益，注重回报。中央企业使用资本预算应当与企业经营业绩考核和企业负责人薪酬挂钩。

(四)规范、透明原则。资本预算支出应当依据法律法规和有关政策，按照标准、规范的工作程序和管理制度进行，并接受社会监督。

(五)分工协作原则。资本预算编制管理工作由收益局牵头协调，相关业务厅局按照职责分工做好资本预算编制管理的相关工作。

二、资本预算编制管理职责分工

(一)成立资本预算协调工作小组。

国资委成立国有资本预算协调工作小组(简称协调小组)，由收益局、规划局、评价局、产权局、改革局、改组局、分配局、综合局等厅局主要负责同志组成，组长由分管收益管理工作的委领导担任。

协调小组主要任务是审议年度资本预算支出方向和重点、资本预算支出建议、资本预算建议草案和资本预算支出调整事项等。

(二)收益局职责。

收益局负责拟订资本预算有关工作制度；组织中央企业上交国有资本收益；承办资本预决算编制和执行有关工作。具体职责：

1. 参与制订全国资本预算管理制度；组织研究制订中央企业资本预算规章制度。

2. 测算中央企业年度资本预算收入规模。

3. 研究、协调国有资本收益清算中的有关政策问题，确定中央企业当年实际上交国有资本收益，下达并组织国有资本收益上交有关工作。

4. 组织研究提出年度资本预算支出方向和重点，组织中央企业编报资本预算支出计划。

5. 审核中央企业报送的资本预算支出计划，编制年度资本预算建议草案。

6. 组织和监督资本预算的执行情况，并建立中央企业资本预算执行报告制度。

7. 审核中央企业资本预算支出调整事项和批复中央企业年度资本决算。

8. 建立资本预算项目库，对资本预算支出项目实行动态管理。

9. 组织中介机构对中央企业资本预算执行情况进行专项审计，开展资本预算追踪问效、绩效考评工作。

10. 与国务院有关部门协调涉及中央企业资本预算编制管理的有关事项。

（三）委内有关厅局职责。

参与研究提出年度资本预算支出方向和重点，参与研究拟订涉及本厅局业务的资本预算支出管理办法（包括政策依据、标准、定额等内容）；对中央企业申请的资本预算支出事项，根据本厅局职责，依据有关政策、标准和程序提出初审意见，报分管委领导审阅。具体分工如下：

1. 规划局会同有关厅局负责提出推动中央企业布局结构调整、培育具有国际竞争力大企业集团有关支出初审意见，并参与制订有关支出管理办法。

2. 评价局负责提出中央企业重大财务危机有关支出初审意见，参与制订有关支出管理办法；测算中央企业下年度应交利润和清算中央企业当年应交利润等相关数据。

3. 产权局负责提出中央企业及所持上市公司股权结构调整有关支出初审意见，参与制订有关支出管理办法。

4. 改革局负责提出中央企业重大重组和改制有关支出初审意见，

参与制订有关支出管理办法。

5. 改组局负责提出中央企业债转股和破产企业职工安置有关支出初审意见,参与制订有关支出管理办法。

6. 分配局负责提出困难中央企业离退休职工费用等有关支出初审意见,参与制订有关支出管理办法。

7. 综合局负责提出中央企业突发事件应急有关支出初审意见,参与制订有关支出管理办法。

(四)收益局与有关厅局的工作关系。

在组织资本预算收入工作中,收益局在评价局对中央企业当年应交利润数据清算的基础上,根据国家有关政策和规定,确定中央企业当年实际上交国有资本收益,并下达资本预算收入上交通知和组织上交国有资本收益。

在安排资本预算支出工作中,收益局负责对有关厅局资本预算支出初审意见进行统筹平衡。

收益局统一研究办理中央企业报送国资委的有关资本预算文件,涉及有关厅局职责的,分别送有关厅局进行初审;有关厅局在日常工作中涉及资本预算方面的(包括中央企业使用资本预算资金),有关厅局应当会签收益局。

三、资本预算编制管理工作程序

(一)测算资本预算收入。收益局结合国家宏观经济形势和中央企业生产经营状况,测算本年度预计可实现的国有资本收益,作为编制下年度资本预算建议草案的资本预算收入。

(二)组织上交国有资本收益。收益局根据清算审核后的国有资本收益上交额度,下达资本预算收入上交通知。

(三)确定资本预算支出方向和重点。收益局根据国家宏观经济政策和委年度中心工作研究提出年度资本预算支出方向和重点建议,征求相关厅局意见,并经协调小组审议后,报委主任办公会审定。

(四)提出年度资本预算支出建议。有关厅局对中央企业申请的涉及本厅局业务的资本预算支出事项进行初审并提出初审意见，收益局进行统筹平衡，提出年度资本预算支出建议，经协调小组研究审议后，报委主任办公会审定。

（五）组织中央企业编报资本预算支出计划。收益局根据确定的资本预算支出方向、重点和资本预算支出建议，组织中央企业编报资本预算支出计划。

（六）编报资本预算建议草案。收益局对中央企业上报的资本预算支出计划进行审核，统筹安排、综合平衡后，编制年度资本预算建议草案，经委主任办公会审定后报送财政部。

（七）下达资本预算。国务院下达中央资本预算后，收益局向相关中央企业下达资本预算。

（八）监督资本预算执行。收益局负责组织和监督资本预算执行，对有关支出项目进行专项审计、追踪问效、绩效考评。

（九）批复资本决算。收益局根据当年资本预算收入清算结果，在对资本预算支出项目进行调整的基础上，负责批复中央企业年度资本决算。

本规则自发布之日起执行。

关于做好中央企业国有资本经营预算支出执行情况报告工作有关事项的通知

2011年9月28日　国资收益〔2011〕1186号

各中央企业：

为及时了解中央企业国有资本经营预算（以下简称资本预算）支出执行情况，规范信息报送，提高报告质量，根据《国务院关于试行国有资本经营预算的意见》（国发〔2007〕26号）及资本预算和财政资金管理的相关规定,现就做好中央企业资本预算支出执行情况报告工作的有关事项通知如下：

一、资本预算支出执行情况报告是加强资本预算管理的重要手段,是反映资本预算支出执行情况的重要途径。各中央企业应高度重视,根据资本预算支出执行情况报告的要求,切实做好资本预算支出执行情况的报告工作,及时报送相关报告,做到内容真实、准确、完整。

二、资本预算支出执行情况报告包括资本预算支出安排进度报告(以下简称进度报告)、国有资本经营决算报告(以下简称决算报告)、资本预算支出后评价报告(以下简称评价报告)以及相关情况说明等。

三、进度报告是资本预算资金拨付和执行过程的报告,主要反映资本预算资金的到账情况、企业内部的拨付流程和账务处理情况及资本预算支出的调整变动情况,是资本预算支出执行的阶段性报告。

(一)企业应于资本预算资金到账后10个工作日内报送国库资金拨付及企业入账的简要情况说明,包括请款情况、到账日期、金额、入账科目等。该说明由企业资本预算主管部门负责人签发,报送国资委收益管理局。

(二)企业应于资本预算资金到账后3个月内报送阶段性进度报告,主要内容应包括:资本预算资金拨付金额和拨付流程(拨付过程中涉及的各级企业股权结构变化、账务处理、产权登记和工商变更情况);项目承担单位情况、项目实施进展情况、资本预算资金使用情况和取得的阶段性成果;企业认为有必要说明的其他情况等。

(三)在资本预算支出执行过程中,受重大政策、环境变化以及企业重大战略调整等影响,确需对资本预算项目承担单位、资金投向、额度等进行调整的,企业应当及时报送资本预算支出调整申请,说明资本预算支出调整的理由和调整方案。

四、决算报告是预算年度终了企业按照国家法律法规要求,根据统一的编报要求编制的资本预算支出年度执行结果,全面说明资本预算项目的实施情况及资本预算资金的使用情况,是资本预算支出执行情况的年度总结报告。决算报告应根据相关规定和决算通知要求编制,在规定的时间内报送,决算报告应包括报告正文、报表、软件数据以及鉴证证明等。

(一)决算报告正文应包括资本预算支出执行的年度总体情况、预算资金拨付与使用情况、资本预算管理的相关措施、截至决算日资本预算项目的进展情况、资本预算使用效果和执行中存在的问题等。

(二)决算报表主要反映资本预算资金的安排和实际使用情况,应按照财政部和国资委要求的编报口径、报表格式和填报要求,如实填报。

(三)决算鉴证证明是企业聘请具有相关资质的社会审计机构或者经国资委认可的企业内部审计机构,对决算报告正文及报表的真实性和完整性出具的证明文件。

五、国资委根据资本决算管理的相关规定,对企业报送的资本决算报告进行审核和汇总,编制中央企业国有资本经营决算建议草案,并对企业报送的资本决算进行批复。必要时,国资委将聘请社会审计机构对企业的资本决算进行审计。

六、评价报告是资本性支出预算项目执行完成后根据设定的资本预算目标,运用科学、合理的评价方法、指标体系和评价标准,对资本预算的执行情况和执行效果进行客观、公正的评价,是资本预算执行的全面总结报告。评价报告主要内容应包括资本预算项目的简要情况、资本预算项目目标设定情况、资金投入和使用情况、为实现目标采取的措施、资本预算项目的进展情况,资本预算目标的实现程度和效果、取得的成效和存在的不足等方面。

七、评价报告应于资本预算项目完成后下一年度 3 月 31 日前报送。截至决算日已经执行完成的资本预算项目,评价报告可以随同决算报告一并报送,也可以将评价报告的内容并入决算报告。对于跨年度的重大(重点)资本预算项目应单独报送评价报告。对于国家发展战略和国民经济发展有重大影响的资本预算项目,国资委将根据需要组织对其开展评价。

八、企业应当按照资本预算管理要求建立资本预算管理制度,明确工作职责,加强对子企业资本预算的管理和监督,按要求收集、审核并汇总各资本预算项目承担单位的资本预算支出执行情况报告,并及时报送国资委。

九、企业报送的资本预算支出执行情况报告内容不完整、数据不真实,以及不符合规范要求的,责令其重新编报,并视情节给予通报批评;对在报告中弄虚作假等行为,将责令其改正,并根据有关法律法规给予处罚。

监事会监督

关于印发《关于加强和改进国有企业监事会工作的若干意见》的通知

2006 年 9 月 28 日　国资发监督〔2006〕174 号

各国有重点大型企业监事会，各中央企业：

对国有企业实行外派监事会制度以来，监事会依法履行监督职责，做了大量富有成效的工作，对维护国有资产安全，促进企业改善经营管理，发挥了重要作用。

随着国有资产管理体制改革和国有企业改革的深化，对监事会工作提出了更新、更高的要求。为进一步完善监事会监督职责，改进监督工作方法，不断增强监督的权威性和有效性，促进中央企业深化改革，规范管理，防范风险，确保国有资产保值增值，经国务院领导同志意见，现将《关于加强和改进国有企业监事会工作的若干意见》印发给你们，请认真遵照执行。

附件：关于加强和改进国有企业监事会工作的若干意见

附件：

关于加强和改进国有企业监事会工作的若干意见

为坚持和完善国有企业外派监事会制度，加强和改进监事会工作，充分发挥监事会作用，依据有关法律法规，提出以下意见。

一、适应改革进程，拓展工作思路

对国有企业实行外派监事会制度，是党中央、国务院作出的重大决策。实行这一制度以来，监事会认真履行《国有企业监事会暂行条例》赋予的职责，做了大量富有成效的工作，对维护国有资产安全，促进企业改善经营管理，发挥了不可替代的作用。实践证明，监事会制度是符合我国国情的行之有效的国有企业监督制度。

国有资产管理体制改革和国有企业改革的深化，对监事会工作提出了新的、更高的要求，同时为进一步发挥监事会作用创造了有利条件。监事会要继续深入贯彻党的十六大精神，把握出资人监督的定位，紧紧围绕增强监督的有效性，完善监督职责，提高监督时效，改进工作方式，加强队伍建设，为提高国有资产监督管理水平，推动国有企业改革发展作出新贡献。

要认真总结监事会工作的经验和不足，适应变化的形势，抓紧做好《国有企业监事会暂行条例》修订工作。

二、切实履行职责，增强监督功能

国务院国有资产监督管理委员会(以下简称国资委)代表国务院向所出资企业派出监事会。监事会工作是国有资产监管的重要组成部分，监事会的监督是出资人监督的重要形式。加强国有资产监管要充分发挥监事会作用，监事会工作要适应加强国有资产监管的需要，更好地促进国有资产保值增值。

发挥监事会作用要作出明确的制度性安排。在考核调整企业领导班子，拟订制定国有资产监管的政策法规和规章制度，研究决定企业改制重组、产权变动和业绩考核等重大事项时，要征求监事会或监事会主席意见并适时通报结果。要健全监事会监督检查成果运用机制，加大处理落实和参考利用的力度。

监事会要按照有关法律法规和出资人要求，切实履行监督职责。对出资人关注的重大事项和企业执行国有资产监管的有关政策规定情况，深入开展检查，为加强国有资产监管服务。对国资委及职能机构征求的有关意见，积极予以配合，认真发表意见和提出建议。

三、加强当期监督，提高监督时效

从2007年开始，监事会由当年检查企业上年度情况逐步调整为监督检查当年情况，次年上半年提交年度监督检查报告。体现现场监督和直接监督的特点和优势，把集中检查与日常监督结合起来。通过列席企业有关会议、分析企业月度财务快报、查阅企业生产经营相关资料和访谈座谈等多种方式，随时了解、掌握和跟踪企业重要经营管理活动，对企业内控制度及执行情况作出评估，对企业重大决策及其程序的合法性、合规性作出评判。在日常监督的基础上，每年对企业进行一次集中检查，并与企业年度财务决算审计相衔接。已由监事会安排检查的企业年度财务决算，不再重复审计。如遇重大问题或急需检查的事项，要及时安排力量进行检查。

坚持不参与、不干预企业经营决策和经营管理活动的原则，对企业经营决策和经营管理活动不直接发表肯定或否定的意见。对监督检查中发现的有可能危及国有资产安全的经营行为、重大决策不合规、生产经营中的重大风险，以及监事会认为应当立即报告的其他情况，要及时提交专项报告。按照有关规定，加强与企业交换意见工作，对监督检查发现的需要企业自行纠正的问题，督促企业整改。

中央企业要积极支持和配合监事会工作，自觉接受监事会的监督检查。企业召开的董事会会议、党委（党组）会议、总经理办公会议、党政联席会议、年度工作会议等有关会议，要提前通知监事会。企业的战略规划、重大投融资、产权转（受）让、重大并购、利润分配等重大事项，要及时向监事会报告。企业的财务会计资料和有关经营管理资料，要及时向监事会提供。

四、探索分类监督，突出检查重点

根据中央企业改革发展的进程和国有资产监管的需要，积极探索分类监督的有效形式,突出检查重点,优化配置监督力量,提高监督效率和水平。

按照企业地位作用、资产规模和管理状况等,确定一批重点监督检查企业,在检查力量、检查时间和检查资产比例上予以保证,重点企业名单动态调整。对其他企业也要保持监督的连续性和有效性,年度监督检查报告内容可以适当简化,重点反映企业资产和效益的真实性,揭示事关国有资产安全的重大事项,评价企业负责人。

针对国有独资公司董事会试点企业法人治理结构的特点,研究制定试点企业监事会工作规程。要把董事会和经理层履行职责情况作为监督的主要任务之一,加强对决策过程、决策执行和重要经营管理活动的监督。

五、利用审计结果,形成监督合力

坚持以财务监督为核心,把对企业的财务检查和会计师事务所对企业的年报审计结合起来,充分参考和利用会计师事务所的审计结果,重点分析和复核审计报告中披露的重大事项和重大问题。对会计师事务所受审计手段限制难以查清的问题线索,进行重点检查,必要时可另行聘请会计师事务所开展专项审计。

加强与会计师事务所的沟通协调,对审计方案和审计重点提出建议,对审计过程进行跟踪,对审计结果作出评价。对在年报审计中存在舞弊行为或重大错漏情况的会计师事务所,监事会可以建议财政部予以处罚。

加强与审计、纪检、财务等其他监督部门的协调和合作,相互通报信息,形成监督合力。

六、深入开展检查,提高报告质量

要深入企业,深入一线,深入检查,不断提高监督检查质量。通过加强日常监督,全面了解企业情况,掌握企业真实动态,分析企业存在的问题,确定检查的重点事项和重要子公司。要增强监督的灵敏性,善于发现问题，认真进行核查，检查结果要经得起检验。要研究制定监督检查作业准则，进一步规范监督检查程序，指导监督检查工作。

监督检查报告和专项报告是监事会工作成果的主要体现，监事会主席对报告负责。要在深入开展检查和充分研讨的基础上，认真撰写报告，及时、准确地反映企业情况，客观、公正地评价企业的经营业绩和企业负责人的经营行为。对报告中揭示企业存在的问题要做到事实清楚、数据确凿、依据充分、定性准确、建议可行。要进一步规范报告内容，简化审核程序，提高运转效率。

要切实加强监督检查报告的综合汇总，做好每年一次向国务院常务会议汇报工作。要组织研究企业改革发展中存在的普遍性、倾向性问题，特别是国有资产流失方面的共性问题，深入分析其形式、特点和根源，提出治理对策，提供决策参考。

七、加强队伍建设，提高监督能力

认真学习和实践“三个代表”重要思想，进一步加强监事会队伍的思想、组织、作风和廉政建设，建立保持共产党员先进性的长效机制，树立马克思主义世界观和社会主义荣辱观，树立科学的发展观和正确的政绩观，不断增强事业心和责任感。要始终恪守“六要六不”行为规范，经常对照检查，做到警钟长鸣，维护监事会队伍清正廉洁的形象。

要采取多种形式加强学习和培训，提高业务水平。要建立学习制度，制定培训计划，统筹安排学习内容，保证学习时间和学习效果。要增强学习的系统性和针对性，既要抓好国有资产监管的政策法规和会计审计等理论知识的学习，又要加强监督检查实务和运用财务信息化手段等操作能力的训练，切实提高履行监事会职责所必需的各项专业知识及工作技能。

要根据监事会工作和监事会队伍的特点，建立健全激励约束机制。要研究制定和实施监督检查工作评价标准，促进提高工作质量。要增强服务意识，为监事会履行职责创造良好的工作、学习和生活条件。

国务院国有资产监督管理委员会关于印发《国有企业监事会兼职监事管理暂行办法》的通知

2008 年 8 月 7 日　国资发监督〔2008〕126 号

各国有重点大型企业监事会,各中央企业:

为进一步规范兼职监事管理,更好地发挥其在国有重点大型企业监事会工作中的作用,根据《中华人民共和国公司法》、《国有企业监事会暂行条例》,现将《国有企业监事会兼职监事管理暂行办法》印发给你们,请按照执行。执行中的问题,请及时反馈。

附件:国有企业监事会兼职监事管理暂行办法

附件:

国有企业监事会兼职监事管理暂行办法

第一章　总　　则

第一条　为进一步规范兼职监事的管理,更好地发挥兼职监事在国有重点大型企业监事会(以下简称监事会)工作中的作用,根据《中华人民共和国公司法》(以下简称《公司法》)、《国有企业监事会暂行条例》(以下简称《条例》)制定本办法。

第二条　本办法适用于国务院国有资产监督管理委员会(以下简

称国资委)履行出资人职责的企业。

第三条 本办法所指兼职监事是指监事会中由企业职工代表担任的监事。

第二章 兼职监事的条件

第四条 兼职监事应具备以下条件:

(一)基本条件。

1. 认真贯彻执行党和国家的各项方针、政策,与党中央保持一致;

2. 了解并掌握国家有关法律、法规,熟悉企业经营管理情况,具有与担任兼职监事相适应的工作经验和专业知识,有较强的综合判断和沟通协调能力;

3. 有较强的事业心和责任感,恪尽职守,严守工作秘密;

4. 能代表企业广大职工意愿,公道正派,在群众中有较高威信;

5. 廉洁自律,坚持原则,依法办事,无违法违纪记录。

(二)资格条件。

1. 企业本部(不含子企业)职工,且在企业本部(新成立的企业集团须在核心企业)工作 3 年以上;

2. 具有大学以上学历和中级以上技术职称;

3. 身体健康,年龄在 35 岁以上。

第五条 下列人员不得担任兼职监事:

(一)董事长、副董事长、董事、高级管理人员;

(二)总裁(总经理)助理,办公室主任(副主任),财务、资产经营、投资管理等部门的工作人员;

(三)《公司法》规定的其他情形。

第三章 兼职监事的任免

第六条 兼职监事按以下程序产生:

(一)企业研究提出推荐人选;

(二)国有企业监事会工作办公室(以下简称国监办)对推荐人选进

行初审；

(三)初审合格人选，经企业职工代表大会、职工大会或其他民主形式选举；

(四)国监办审核批复选举结果。

第七条 兼职监事每届任期为3年，任期届满后可以连选连任。

第八条 国资委不再履行出资人职责的企业，兼职监事职务自然免除。

第九条 出现以下情况，按程序选举产生新的兼职监事：

(一)任期届满；

(二)由于工作变动，不宜再担任兼职监事；

(三)其他情形。

第四章 兼职监事的职责与管理

第十条 兼职监事在监事会主席领导下开展工作。

(一)经监事会主席授权，参与制订监督检查计划、编制监督检查方案和开展实地监督检查工作；

(二)参加监事会会议，审议监事会监督检查报告；

(三)收集与监事会工作相关的企业信息，及时向监事会主席或专职监事反映；

(四)根据需要，承担与企业相关部门和单位的工作联系；

(五)完成监事会主席授权的其他工作。

第十一条 兼职监事应当按要求参加国监办组织的有关业务培训，不断提高履职能力。

第十二条 各派出中央企业监事会要保证和切实发挥兼职监事作用。

(一)建立兼职监事参加监事会工作的制度；

(二)保护兼职监事参加监事会工作的积极性，维护兼职监事的合法权益；

(三)发挥兼职监事联系企业、熟悉企业情况的特点和优势；

（四）兼职监事因执行监事会工作任务，离开企业本职岗位超过1日以上的，须通知企业。

第十三条 企业要积极支持兼职监事参加监事会工作，为兼职监事履行职责创造条件。

（一）严格按照规定程序选举产生兼职监事；

（二）承担兼职监事履行职责发生的费用；

（三）不得要求兼职监事作出违反《条例》和本办法禁止的行为；

（四）不得因兼职监事履行监事职责，对其降职、降薪或解除劳动合同等。

第十四条 兼职监事参加监事会工作作出重要贡献的，给予奖励。

第五章 兼职监事的纪律

第十五条 兼职监事应严格执行廉政建设各项规定，履行监事职责时应严格遵守监事会"六要六不"行为规范。

（一）未经监事会主席授权和批准，不得擅自以兼职监事身份安排、组织和开展监督检查工作；

（二）严守工作秘密，不得向所在企业以及监事会以外人员通报、汇报、议论有关监事会及个人参加监事会工作的情况，不得泄露监事会会议内容，不得发表监督检查结论性意见；

（三）对群众反映的企业的重大违法违纪违规问题不得隐匿不报；

（四）遵守回避原则，工作中遇到涉及本人、与本人有关联或利害关系的情形时，应申请回避；

（五）不得参加有可能影响公正履行兼职监事职责的活动。

第十六条 兼职监事有下列行为之一，给予行政或者纪律处分，直至撤销兼职监事职务；涉嫌犯罪的，依法移送司法机关处理。

（一）对了解的或应当了解的企业重大违法违纪违规问题隐匿不报的；

（二）不履行兼职监事职责且无正当理由的；

（三）泄漏监事会工作秘密，给监督检查工作造成重大影响的；

(四)参与企业编造虚假报告的;

(五)其他违反法律、行政法规及本办法相关规定且情节严重的。

第十七条 企业发现兼职监事有违反本办法所列行为时,有权向国监办报告,也可以直接向国资委报告。

第六章 附 则

第十八条 本办法由国监办负责解释。

第十九条 本办法自印发之日起施行。2000 年 11 月 7 日国监办颁布的《企业职工代表参加监事会工作若干问题的规定(试行)》(国监办发〔2000〕24 号)同时废止。

国务院国有资产监督管理委员会关于印发《中央企业支持配合监事会依法开展当期监督工作规则(试行)》的通知

2009 年 12 月 25 日 国资发监督〔2009〕337 号

各国有重点大型企业监事会,各中央企业:

为进一步加强中央企业支持配合监事会当期监督工作,确保监事会当期监督工作有效开展,现将《中央企业支持配合监事会依法开展当期监督工作规则(试行)》印发给你们,请遵照执行。

各中央企业要充分认识监事会实行当期监督的重要意义,树立自觉接受监督的意识,积极支持和配合监事会依法开展工作,建立健全支持配合工作机制和制度,共同促进企业又好又快发展。

附件:中央企业支持配合监事会依法开展当期监督工作规则(试行)

附件：

中央企业支持配合监事会依法开展当期监督工作规则(试行)

第一章 总 则

第一条 为进一步加强中央企业(以下简称企业)支持配合国有企业监事会(以下简称监事会)开展当期监督工作,提高监督质量和效率,根据《中华人民共和国企业国有资产法》、《国有企业监事会暂行条例》、《企业国有资产监督管理暂行条例》和国资委《关于加强和改进国有企业监事会工作的若干意见》的有关规定,制定本规则。

第二条 企业应当支持配合监事会依法开展当期监督工作,及时、全面提供监督检查所需信息资料。

第三条 企业和监事会应当严格遵守有关保密规定,防止涉密信息资料失泄密。

第四条 监事会应当严格执行"六要六不"行为规范,遵守企业有关工作制度,恪尽职守,依法监督,廉洁自律。

第二章 工作联系机制

第五条 企业和监事会应当加强工作联系、沟通,建立工作联系制度,明确联系人员和方式,协商确定有关支持配合事项。

第六条 企业建立与监事会的工作联系机构,由企业有关负责人牵头,办公厅(室)、董事会试点企业董事会办公室、财务、审计、人事、纪检监察等部门相关负责人担任联系人,分工负责重要情况报告、会议通知、财务及经营管理等信息资料报送、监督协同配合、监事会要求纠正和改进问题的整改落实以及其他需要支持配合的工作事项。

第七条 企业负责人及主要职能部门向监事会汇报企业财务、资产状况和经营管理情况,支持配合监事会与有关人员谈话工作。

第八条 企业按照有关规定选举产生职工监事,为职工监事履行监督职责提供必要条件。

第九条 企业应当为监事会开展监督检查工作提供必要的办公条件和行政保障,协助做好监事会对所属企业监督检查的联络协调工作。

第十条 监事会根据监督检查需要和企业情况,与企业商定支持配合具体事项和要求,确定重点联系人负责与企业日常联系工作。

第三章 重要情况报告

第十一条 企业应当及时向监事会报告涉及经营管理和改革发展动态,以及出资人关注事项等重要情况。

企业重要情况报告的范围、内容、报送形式和时限等,由企业与监事会协商确定。

第十二条 涉及企业战略规划、重大投融资、改制重组、产权转(受)让、薪酬分配、业绩考核、利润分配、主要领导人员出国等重要情况应当事前报告监事会。

第十三条 涉及企业重要机构及人事变动、遭受重大损失或者发生重大经营危机、违法违纪违规、法律诉讼和仲裁、安全生产责任事故、突发公共事件等重要情况,应当在第一时间报告监事会,并通报后续进展情况。

第十四条 监事会应当对企业重要情况和重大事项作出灵敏有效反应,随时掌握企业动态信息,加强企业风险分析,及时报告重要情况和重大问题。

第四章 列席会议

第十五条 涉及企业重大经营决策、重要干部任免、重大项目投资、大额资金使用以及其他与经营管理活动有关的重要会议,应当通知监事会列席。

第十六条 监事会列席的企业会议包括:

（一）董事会及其专门委员会会议，党委（党组）会议，总经理办公会议，党政联席会议，领导班子民主生活会；

（二）年度（年中）工作会议；

（三）财务工作会议，财务预决算会议，生产经营（经济形势）专题分析会议以及纪检监察、审计方面的重要会议；

（四）监事会主席认为需要列席的其他重要会议。

第十七条 监事会列席的有关会议，企业应当将会议时间、地点和议题提前通知监事会，并提供相关材料。

会议通知一般应在会议召开5日前送达监事会，会议相关材料及早报送监事会。企业召开临时会议，会议通知及相关材料应提前送达监事会。

第十八条 企业重要会议决议事项、会议纪要等有关会议材料报送监事会。

第十九条 监事会收到企业会议通知后，确定列席会议人员，及时向企业反馈。列席会议人员应认真进行会前准备，并做好会议记录，会后将会议情况及相关建议及时向监事会主席和办事处报告。

监事会可通过视频、电话等形式列席企业会议。

对未列席的企业重要会议，监事会应当在会后查阅相关会议记录、纪要等文件材料。

第五章　信息资料报送

第二十条 企业与监事会协商确定报送信息资料范围、程序及相关责任等，及时提供财务和管理信息资料，开放企业信息系统。

第二十一条 企业按照监事会有关要求，做好《企业年度工作报告》填报工作。由相关负责人牵头，指定专门机构和人员，明确内部分工，落实相关责任，按规定时间、内容和形式报送。

第二十二条 企业应当建立信息资料日常报送制度，及时将有关规章制度、财务和生产经营动态及分析资料等报送监事会。

《企业年度工作报告》中已反映、借助企业信息系统以及列席企业会议可以获取的信息资料,不重复报送监事会。

第二十三条 企业向国资委和国务院有关部门的请示、报告及其批复文件,应当同时抄送监事会。

企业接受国家审计等情况及时通报监事会。

第二十四条 监事会根据监督检查需要和企业情况,合理确定资料收集范围和程序,对获取的企业信息资料应当妥善保管、有效利用。

重要及涉密文件资料应编制交接清单,需退还企业的及时办理清退手续。

第六章 协同配合

第二十五条 企业应当支持配合监事会与会计师事务所的联系和沟通,就审计计划、审计重点、审计安排等事项与会计师事务所进行协调。

在企业与会计师事务所签订的业务约定书中,应明确会计师事务所加强与监事会沟通,将监事会关注事项纳入审计计划,相关工作底稿供监事会查阅等事项。

第二十六条 企业与会计师事务所在审计过程中和审计报告阶段,就重要审计事项交换意见的有关会议,应当请监事会参加。

第二十七条 企业内审部门年度或阶段审计工作计划、审计报告等资料应报送监事会。审计发现重大问题及时报告监事会。

第二十八条 企业纪检监察部门应将案件及查处情况报告监事会,重大案件及时与监事会沟通。

第二十九条 企业应当将监事会要求自行核查的有关问题或事项,纳入内审、纪检监察部门的工作计划,组织开展审计或检查,审计报告及检查结果报送监事会。

第七章 交换意见和整改落实

第三十条 监事会在不参与、不干预企业经营决策和经营管理活动的前提下,将监督检查中发现的、需要企业自行纠正和改进的问题,通过座谈会、签发提醒函件以及监事会主席向企业负责人提示等形式，及时与企业交换意见，督促企业整改。

第三十一条 企业应当落实监事会要求纠正和改进的问题，并及时向监事会反馈。

附件：企业提供信息资料范围

附件：

企业提供信息资料范围

一、企业年度工作报告

二、企业经营管理各项规章制度

三、企业财务有关资料

（一）年度财务决算报告及年报审计材料，企业财务快报（含重要子企业）；

（二）企业财务预算及执行情况报告；

（三）会计账簿及有关凭证。

四、企业生产经营动态情况及分析资料

五、企业当期重要事项情况资料

（一）企业重大投融资、改制重组、产权转（受）让、工程建设、重要物资采购及招投标、非主业及高风险业务投资、对外担保、业绩考核、收入分配、主辅分离、关闭破产清算等资料；

（二）企业负责人职责分工、薪酬和职务消费、兼职取酬、股权激励等情况；

（三）重要机构及人事变动、重大责任事故、重大诉讼和仲裁、违法违纪违规等资料。

六、企业及其重要职能部门年度工作计划及总结

七、报送国资委和国务院有关部门的请示、报告及其批复文件

八、企业董事会会议、党委(党组)会议、总经理办公会议等会议纪要,年度工作会议等重要会议资料

九、与企业相关的宏观经济政策、行业发展及市场状况等资料

十、国家审计及企业纪检监察、内部审计等情况资料

十一、监事会需要的其他信息资料

关于进一步支持配合监事会开展监督检查工作有关事项的通知

2012年8月1日　国资发监督〔2012〕120号

各中央企业:

监事会实行当期监督以来,中央企业高度重视,认真贯彻落实《关于印发〈中央企业支持配合监事会依法开展当期监督工作规则(试行)〉的通知》(国资发监督〔2009〕337号)要求,为监事会有效履行监督职责提供了有力保障。适应国有资产监督管理和中央企业不断发展的需要,监事会将加强企业负责人履职行为监督,加强企业重大投资监督,加强企业内部控制体系监督,加强企业境外国有资产监督,强化企业重大事项快速反应。为有效保障监事会知情权,落实监事会监督权,进一步加强中央企业对监事会监督检查工作的支持配合,现将有关事项通知如下:

一、完善支持配合工作机制。各企业要高度重视支持配合监事会工作,切实加强组织领导,明确一名企业负责人总体协调支持配合监事会的相关工作。设立专职机构或从办公厅(室)、董事会办公室、财务、审计等部门指定牵头部门对口联系监事会,负责支持配合监事会工作制度的制订及报备、督促问题整改落实以及组织协调《企业年度工作报

告》等信息资料报送、重要情况报告、会议通知、配合开展检查等工作，不断健全企业负责人统一协调部署、专职机构或牵头部门组织实施、有关各方全力配合的工作支持体系。

二、确保列席重要会议。涉及“三重一大”事项决策会议及时通知监事会列席，并提供相关会议材料。京外企业会议通知时间应适当提前。企业以视频、电话等形式召开会议，应安排好监事会列席方式。监事会未列席的重要会议，企业应及时提供会议纪要等资料。

三、强化重要情况报告。涉及企业重要机构及人事变动、遭受重大损失或者发生重大经营危机、违法违纪违规、法律诉讼和仲裁、安全生产责任事故、突发公共事件等重要情况，应当在第一时间报告监事会，并通报后续进展情况。企业负责人出国（境）应当提前报告监事会。

四、畅通工作联系渠道。开放企业信息系统，授予监事会必要的查阅权限，在企业电子邮件系统为监事会设立电子信箱，确保监事会及时、全面获取企业情况信息。在企业网站、自办报刊或信息系统公布监事会电话、电子邮箱等联系方式，畅通企业干部职工向监事会反映情况渠道。

五、加强监督工作协同。支持配合监事会与国家审计、巡视、中介机构等的沟通协调。加强企业内部监督机构与监事会工作的配合，协同开展检查，共享工作成果，形成监督合力。支持配合监事会成员遵守“六要六不”行为规范，创造良好履职环境。建设规范董事会的中央企业，要建立相应工作机制，促进董事会和监事会工作沟通。

六、抓好问题整改落实。对监事会要求企业整改或督促落实的问题，制订切实可行的工作方案，明确责任分工及时限要求，认真组织实施，确保落实到位。对于涉及多个业务部门的重要整改事项，要加强组织协调，推动整改工作顺利开展。在整改过程中，认真听取监事会对整改工作的意见和建议，配合做好监事会对企业整改情况的监督检查。

七、细化配套制度和措施。按照支持配合工作的有关规定和本通知要求，结合企业实际，进一步完善支持配合监事会开展监督检查工作的具体措施，抓紧制（修）订本企业支持配合监事会工作制度，并报经董事会或相应决策机构批准。制度应突出针对性和可操作性,并对支持配合工作机制、重要情况报告、会议通知、信息资料报送、协同配合等事项逐一落实责任部门及人员。企业支持配合监事会工作制度(含《企业配合监事会工作机构分工表》)及《企业配合监事会工作机构备案表》(附光盘)于 2012 年 11 月 30 日前报国资委(监事会工作局)备案,同时抄送派驻本企业监事会。

国资委将适时组织对企业支持配合监事会工作情况进行检查,并在中央企业范围内通报。各中央企业在执行过程中遇到的有关问题,请及时向国资委(监事会工作局)反映。

联系人:监事会工作局李毅 64471371

附件:1. 企业配合监事会工作机构备案表(略)

2. 企业配合监事会工作机构分工表(略)

干部管理

关于严格执行国家退休制度及时办理到龄人员退休的通知

2004年11月26日 国资委党办干一〔2004〕29号

各中央企业党委(党组):

为严格执行国家退休制度(包括离休,下同),根据中央组织部《关于办理到龄中管干部退(离)休的通知》(组电字〔2003〕217号)精神,现就中央企业各级领导班子成员到龄退休的有关事项通知如下:

一、中央企业领导班子成员到达退休年龄,按照管理权限,由国务院国资委企业领导人员管理部门与企业党委(党组)沟通后,直接办理免职手续。各中央企业收到免职通知后,要在1个月内为其办理完退休手续。

二、各中央企业要严格执行国家退休制度,对所属单位领导班子成员到达退休年龄的,要及时为其办理免职和退休手续。

三、各中央企业要在2004年12月31日前,按照国家有关规定,对目前本企业已到龄退出领导岗位但尚未办理退休手续的人员,办理完退休手续;并将办理情况分别报国务院国资委企业领导人员管理一局或企业领导人员管理二局。

关于加快推进中央企业公开招聘经营管理者和内部竞争上岗工作的通知

2004年12月16日 国资党委干一〔2004〕123号

各中央企业党委(党组):

为认真贯彻落实党的十六大和十六届三中、四中全会精神，探索建立坚持党管干部原则与市场化选聘企业经营管理者相结合的新机制，国务院国资委 2003 年和 2004 年先后两次共组织 28 户中央企业面向全球公开招聘副总经理、总会计师，取得了圆满成功，在海内外产生了积极反响。许多中央企业近年来在领导班子建设和人力资源配置中也大胆引入竞争机制，通过实行内部竞争上岗、社会公开招聘等方式选拔任用公司职能部门负责人和二级单位经营管理者，在市场化配置高层次人才方面进行了积极探索，取得了有益经验。但从总体上看，中央企业坚持党管干部原则与市场化选聘企业经营管理者的新机制尚未完全形成，选拔任用企业经营管理者的方式较为单一，视野主要集中于企业内部，通过市场机制选聘企业经营管理者的比例还很低。这种状况在一定程度上影响和制约了中央企业深化改革、加快发展。为了加快推进中央企业公开招聘经营管理者和内部竞争上岗工作，现就有关问题通知如下：

一、充分认识在中央企业加快推进公开招聘企业经营管理者和内部竞争上岗工作的重要性和紧迫性。目前，中央企业在人才竞争中正面临着严峻挑战，中央企业要在激烈的国内国际市场竞争中发展成为具有核心竞争力的大公司大企业集团，必须赢得人才竞争的主动权。各中央企业党委(党组)要充分认识高素质人才对企业改革发展的决定性作用，进一步解放思想，更新观念，放眼世界，广开才源，借鉴国际国内先进企业的人才选用方式，冲破影响和制约优秀人才脱颖而出的体制性障碍，尽最大可能吸引和集聚企业急需的各类人才，特别是选拔高素质的经营管理者到中央企业发挥才干、建功立业。

二、要进一步加大公开招聘企业经营管理者和内部竞争上岗工作的力度。从 2005 年开始，各中央企业从本企业内部选拔各级领导岗位的经营管理者，原则上都要拿出一定比例的岗位采取内部竞争上岗的方式进行；本企业内部没有合适人选的，原则上都要采取公开招聘的方式面向社会公开选拔；对企业需要的特殊人才，也可委托人才中介机构，通过市场“猎取”的方式进行招聘。

三、积极探索人才管理工作创新。从2005年起，凡通过企业内部竞争上岗和公开招聘方式选拔的企业经营管理者，应实行试用期制。试用期满经考核合格，正式办理聘用手续。对于正式聘用的经营管理者，要严格按照职位职责和工作目标要求进行考核，经考核未能按照出资人或董事会要求履行职责，或履行职责能力较差的，要及时解聘。

四、通过公开招聘或内部竞争上岗方式选拔企业经营管理者，要坚持“公开、平等、竞争、择优”的原则，根据选拔范围，公布公开招聘或竞争上岗职位、任职条件、职位职责与要求、选拔程序、薪酬待遇、考核办法等，自觉接受本企业员工和社会各界的监督；企业纪检监察部门要加强对公开招聘和内部竞争上岗工作的监督，坚决防止和克服用人上的不正之风。

五、各中央企业党委（党组）要切实加强对公开招聘经营管理者和内部竞争上岗工作的领导。要把大力推进公开招聘和内部竞争上岗工作，作为贯彻落实全国人才工作会议和中央企业人才工作会议精神的实际行动，作为推动和实施“人才强企”战略的重要措施认真抓紧抓好。要加强对公开招聘和内部竞争上岗工作的宣传教育，积极引导企业员工正确认识公开招聘和内部竞争上岗工作的重要意义，正确处理好企业内部选才与外部引才的关系，充分调动和挖掘企业内部各类人才的积极性。企业组织人事部门要在党委（党组）的统一领导下，按照本《通知》的要求，结合本企业的情况，尽快研究制定本企业公开招聘和内部竞争上岗工作的实施办法，通过开展公开招聘和内部竞争上岗工作，形成广纳群贤、竞争择优、能上能下、能进能出、充满生机与活力的选人用人新机制。

附件：1. 中央企业公开招聘经营管理者工作指南

2. 中央企业内部竞争上岗工作指南

附件 1:

中央企业公开招聘经营管理者工作指南

一、准备阶段

(一)确定公开招聘职位。根据企业各级领导班子建设的需要,按照人事管理权限,由组织人事部门提出拟进行公开招聘的职位,报企业党委(党组)审定。

(二)成立公开招聘办公室。办公室负责公开招聘的组织实施工作。办公室可设综合组、人事组、考务组、监督组等。

(三)制定公开招聘实施方案。主要内容包括:指导思想、组织机构、招聘程序和时间安排等。

(四)职位描述。对拟公开招聘职位的职责、任职资格条件、职位要求、薪酬待遇、考核办法等进行规定。

(五)命题。笔试主要测试应聘者的基础知识和专业水平。面试主要测试应聘者的综合素质和应变能力、组织协调能力、解决实际问题能力、开拓创新能力。素质测评主要测试应聘者的性格、心理素质、职业能力倾向等与职位相关的素质状况。试题应注意体现对海内外应聘者的公平性。

命题前要做充分的职位调研和职位分析。命题时可请国内专家进行封闭命题,并请企业主要负责人或组织人事部门负责人进行审题。

二、报名和资格审查阶段

(六)职位发布与报名。通过新闻媒体等多种途径,向社会发布招聘公告,接受公开报名或推荐。

(七)资格审查。办公室根据公开招聘职位的任职条件,对应聘者的基本情况进行审核,提出符合条件的应聘人选,报企业党委(党组)审定。

三、考试阶段

(八)笔试。笔试采取书面闭卷方式进行,题型为选择题、判断题、论述题。

笔试结束后,由命题专家进行评分。为确保公平、公正,应严格按笔试成绩提出进入面试人选建议名单,报企业党委(党组)审定。

(九)面试。主要包括三个部分:应聘者演讲;考官按事先由专家提出的命题进行提问;考官自由提问。外语口试单独进行。

面试考官应当具有较高的思想政治素质,公道正派,并熟悉人才测评工作。主考官由企业主要负责人担任,其他考官由企业有关负责人、组织人事部门负责人及有关专家担任。面试考官要实行回避制度。面试前应当对面试考官进行培训。

主考官评分乘 2 为主考官的最终评分,其他考官的评分去掉一个最高分和一个最低分之后,与企业主考官的最终评分相加平均后,即为每个应聘者面试得分。

(十)素质测评。企业也可根据招聘职位情况,采用心理测试等方式,由专家对应聘者进行测试。

四、组织考察和确定聘用阶段

(十一)确定考察人选。办公室对笔试和面试综合成绩及素质测评结果等情况进行综合评议,确定考察对象。

(十二)组织考察。按照人事管理权限,由企业组织人事部门对考察对象进行考察。考察前需与考察对象沟通,根据情况商定考察方式及谈话范围。如经考察第一人选基本合格,一般不再考察其他人选。对于境外人选的考察,视情况通过外交部请我国驻外使领馆协助进行。

(十三)党委(党组)审查。根据企业董事会或总经理(总裁)的提名,按照人事管理权限,由企业党委(党组)对聘用人选进行审查。

(十四)任前公示。就拟聘人选的基本情况、拟聘职位等进行公示。

(十五)依法聘用。公示期满后,按照有关规定办理聘用手续。

(十六)试用期满后的有关工作。试用期满后,由组织人事部门对聘任人员进行全面考察。经考察胜任本职的,按规定程序进行审批;经考察不能胜任本职的,按聘用协议要求予以解聘。

五、纪律和监督

(十七)公开招聘企业经营管理者必须遵守以下纪律:

1. 确保公开、公平、公正,不准事先内定人选;

2. 严格按照公开招聘工作方案规定的内容和程序操作,不准在实施过程中随意更改;

3. 报考人员要自觉遵守公开招聘工作的有关规定,不准弄虚作假,搞非组织活动;

4. 有关单位要客观、全面地反映和提供考察对象的真实情况,不得夸大、隐瞒或者歪曲事实;

5. 工作人员要严格遵守组织人事工作纪律,特别要严格执行保密制度和回避制度,不准泄露考试试题、评分情况、考察情况、党委(党组)讨论情况等。

(十八)对公开招聘工作要加强监督。成立由纪检机关(监察部门)等有关方面组成的监督小组,对公开招聘工作进行监督。对公开招聘工作中的违纪行为,职工群众可以向上级组织人事部门或者纪检机关(监察部门)检举、申诉。受理机关和部门应当按照有关规定认真核实处理。

附件2：

中央企业内部竞争上岗工作指南

一、准备阶段

（一）确定竞争上岗职位。根据企业各级领导班子建设的需要，按照人事管理权限，由组织人事部门提出拟进行竞争上岗的职位，报企业党委（党组）审定。

（二）成立竞争上岗工作办公室。办公室负责竞争上岗的组织实施工作。办公室可设综合组、人事组、考务组、监督组等。

（三）制定竞争上岗实施方案。主要内容包括：指导思想、组织机构、竞争上岗程序和时间安排等。

（四）职位描述。对拟竞聘职位的职责、任职资格条件、职位要求、薪酬待遇、考核办法等进行规定。

（五）命题。笔试主要测试应聘者的基础知识和专业水平。面试主要测试应聘者的综合素质和应变能力、组织协调能力、解决实际问题能力、开拓创新能力。素质测评主要测试应聘者的性格、心理素质、职业能力倾向等与职位相关的素质状况。

命题前要做充分的职位调研和职位分析。命题时可请国内专家进行封闭命题，并请企业主要负责人或组织人事部门负责人进行审题。

二、报名和资格审查阶段

（六）职位发布与报名。通过适当方式在企业内部公开发布竞聘通知。报名主要采取个人报名方式，也可采取组织推荐、民主推荐等方式。

(七)资格审查。办公室根据竞聘职位的任职条件,对竞聘者的基本情况进行审核,提出符合条件的竞聘人选,报企业党委(党组)审定。

三、考试阶段

(八)笔试。笔试采取书面闭卷方式进行,题型为选择题、判断题、论述题。企业也可根据实际情况不安排笔试,直接进行演讲答辩。

笔试结束后,由命题专家进行评分,并按笔试成绩提出进入演讲答辩人选建议名单,报企业党委(党组)审定。

(九)演讲答辩。主要包括三个部分:竞聘者演讲;考官按事先由专家提出的命题进行提问;考官自由提问。

考官应当具有较高的思想政治素质,公道正派,并熟悉人才测评工作。主考官由企业主要负责人担任,其他考官由企业有关负责人、组织人事部门负责人及有关专家担任。考官要实行回避制度。答辩前应当对考官进行培训。

主考官评分乘 2 为主考官的最终评分,其他考官的评分去掉一个最高分和一个最低分之后,与企业主考官的最终评分相加平均后,即为每个应聘者面试得分。

(十)素质测评。企业也可根据招聘职位情况,采用心理测试等方式,由专家对应聘者进行测试。

四、组织考察和聘用阶段

(十一)确定考察人选。对笔试、演讲答辩综合成绩和素质测评结果等情况进行综合评议,确定考察对象。

(十二)考察对象公示。对考察对象的基本情况、竞聘职位等进行公示。

(十三)组织考察。按照人事管理权限,由企业组织人事部门对考察对象进行考察。

（十四）党委（党组）审查。根据企业董事会或总经理（总裁）的提名，按照人事管理权限，由企业党委（党组）对聘用人选进行审查。

（十五）依法聘用。聘用人选经党委（党组）审查通过后，按照有关规定办理聘用手续。

（十六）试用期满后的有关工作。试用期满后，由组织人事部门对聘任人员进行全面考察。经考察胜任本职的，按规定程序进行审批；经考察不能胜任本职的，按聘用协议要求予以解聘。

五、纪律和监督

（十七）内部竞争上岗必须遵守以下纪律：

1. 确保公开、公平、公正，不准事先内定人选；

2. 严格按照竞争上岗工作方案规定的内容和程序操作，不准在实施过程中随意更改；

3. 报考人员要自觉遵守竞争上岗工作的有关规定，不准弄虚作假，搞非组织活动；

4. 有关单位要客观、全面地反映和提供考察对象的真实情况，不得夸大、隐瞒或者歪曲事实；

5. 工作人员要严格遵守组织人事工作纪律，特别要严格执行保密制度和回避制度，不准泄露考试试题、评分情况、考察情况、党委（党组）讨论情况等。

（十八）对竞争上岗工作要加强监督。成立由纪检机关（监察部门）等有关方面组成的监督小组，对竞争上岗工作进行监督。对竞争上岗工作中的违纪行为，职工群众可以向上级组织人事部门或者纪检机关（监察部门）检举、申诉。受理机关和部门应当按照有关规定认真核实处理。

中共中央组织部　中共中央统战部 国务院国有资产监督管理委员会 工业和信息化部　中华全国工商业联合会关于印发《企业经营管理人才队伍建设中长期规划(2010～2020年)》的通知

2011年6月17日　中组发〔2011〕15号

各省、自治区、直辖市党委组织部、统战部,政府国资委、工业和信息化主管部门、中小企业主管部门,工商业联合会,各副省级城市党委组织部、统战部,政府国资委、工业和信息化主管部门、中小企业主管部门,工商业联合会,中央和国家机关各部委、各人民团体组织人事部门,新疆生产建设兵团党委组织部、统战部,国资委、工业和信息化主管部门,工商业联合会,部分国有重要骨干企业党组(党委),部分高等学校党委:

《企业经营管理人才队伍建设中长期规划(2010～2020年)》已经中央人才工作协调小组第30次会议审议通过,现印发给你们,请结合实际认真贯彻执行。

附件:企业经营管理人才队伍建设中长期规划(2010～2020年)

附件:

企业经营管理人才队伍建设中长期规划(2010~2020年)

为认真贯彻落实全国人才工作会议精神和《国家中长期人才发展规划纲要(2010～2020年)》,建设高素质的企业经营管理人才队伍,促进企业科学发展,制定本规划。

序　言

企业是推动经济社会发展和科技进步的主要力量,是富民强国的重要基础。当今世界,以经济和科技实力为基础的综合国力的竞争,集中体现为各国大企业之间的竞争;企业之间的竞争,首先体现在企业经营管理人才尤其是企业家能力素质的竞争。进入新世纪新阶段,我国企业要加快把发展方式转变到依靠科技进步、劳动者素质提升和管理创新的轨道上来,迫切需要培养造就一大批高素质的经营管理人才。

党中央、国务院历来高度重视企业经营管理人才队伍建设,新中国成立以来特别是改革开放以来,围绕解放人才、发展人才、用好人才,制定了一系列推进企业经营管理人才队伍建设的政策措施,取得了突出成就。人才总量稳步增长,素质显著提高,结构逐步优化,高层次人才明显增多,涌现出了一批优秀企业家。各种所有制企业积极探索市场配置人才资源的有效途径和方式,通过公开招聘、竞争上岗等市场化方式选聘的经营管理人才数量大幅增加。同时必须清醒地看到,我国企业经营管理人才队伍总体上还不能适应企业改革发展和应对国际竞争的需要。突出表现为:战略企业家和高素质职业经理人较为短缺,人才专业化、国际化水平亟待提高,制约人才发展的体制机制障碍仍然存在,有利于人才成长和充分发挥作用的环境尚未全面形成,等等。

当前和今后一个时期，经济全球化继续深入发展，世界产业结构深刻调整，特别是这次国际金融危机加剧了世界各国企业抢占发展战略制高点的争夺。我国企业要在未来更为激烈的国际竞争中实现更长时间、更高水平、更好质量的发展，必须进一步增强做好人才工作的责任感、使命感和紧迫感，按照人才强国战略的总体部署，加快实施人才强企战略，大力加强经营管理人才队伍建设。

一、指导思想、战略目标和总体要求

(一)指导思想

以邓小平理论和"三个代表"重要思想为指导，深入贯彻落实科学发展观，坚持党管人才原则，遵循企业发展规律和人才成长规律，以提高现代企业经营管理水平和企业国际竞争力为核心，以培养造就战略企业家和高素质职业经理人为重点，创新人才发展体制机制，完善人才发展政策措施，优化人才发展环境条件，积极开发利用国内国际两种人才资源，大力推进经营管理人才职业化、市场化、专业化和国际化，为推动我国企业做强做大、实现又好又快发展提供坚强的人才保证。

(二)战略目标

适应产业结构优化升级和实施"走出去"战略的需要，培养造就一大批具有全球战略眼光、市场开拓精神、管理创新能力、社会责任感的优秀企业家和一支高水平的企业经营管理人才队伍。人才规模与企业发展需要相适应，整体素质进一步提升，结构进一步优化，高层次人才队伍不断壮大，急需紧缺人才得到有效充实；体制机制创新取得重大进展，人才成长环境持续改善，使用效能明显增强，对企业发展的贡献大幅提高。到2015年，企业经营管理人才总量达到3500万人。到2020年，企业经营管理人才总量达到4200万人，培养100名左右能够引领中国企业跻身世界500强的战略企业家；培养1万名精通战略规划、资本运作、人力资源管理、财会、法律等专业知识的经营管理人才；国有及国有控股企业国际化人才总量达到4万人左右；国有企业领导人员通过竞争性方式选聘的比例达到50％。

（三）总体要求

1. 坚持服务发展、人才优先。牢固树立人才工作服务企业科学发展的理念，根据企业发展战略需要，明确经营管理人才队伍建设的目标任务、工作重点和重要举措。在部署推动业务发展的同时，确保人才资源优先开发、人才结构优先调整、人才投资优先保证、人才制度优先创新。

2. 坚持高端引领、整体开发。紧紧围绕提升企业核心竞争力，把大力培养开发高层次、国际化经营管理人才作为队伍建设的重点，统筹推动不同层次，不同类别经营管理人才协调发展，全面提升经营管理人才队伍的素质和水平。

3. 坚持改革创新，完善机制。始终把深化改革作为推动人才发展的根本动力，坚决破除束缚人才发展的思想观念和制度障碍，着力完善体现企业经营管理人才特点的培养开发机制、竞争择优的选拔任用机制、客观公正的考核评价机制、科学有效的激励保障机制，最大限度地激发人才的创新创造活力。

4. 坚持实践成才、以用为本。遵循人才发展规律和人才工作规律，在实践中发现人才、培养人才、使用人才、成就人才，积极为人才干事创业提供机会、搭建平台、创造条件，把是否用好用活人才作为检验企业人才工作成效的根本标准。

二、加大培养开发力度

着眼于全面提升企业经营管理人才的能力素质，以培养造就具有世界眼光、战略思维、创新创业精神的优秀企业家为引领，以推动经营管理人才职业化、专业化、国际化发展为重点，拓宽人才培养渠道，创新人才开发模式，建立健全符合企业经营管理人才特点的培养开发体系。

（一）着力培养造就优秀企业家

加快现代企业制度建设步伐，健全公司法人治理结构，进一步明确企业各治理主体的职责定位和权利义务，为企业家成长提供良好的体制保障。采取理论培训和实践锻炼相结合的方式，加大企业家培养力度。鼓励包括非公有制企业在内的各类企业积极选送优秀经营管理人才到国家有关培训机构、国际跨国公司和国内外知名大学研修，强化现代管理理念，拓宽国际视野，提高战略思维和变革创新能力。加强企业领导人员多岗位锻炼，积极推进中央企业与地方企业之间、公有制企业与非公有制企业之间、企业与党政机关之间的人才交流，使企业领导人员进一步丰富工作阅历、积累决策经验、增长治企才干。积极实施企业领导人员继任计划，注重选拔综合素质好、决策能力强、经营业绩突出、发展潜力大的优秀经营管理人才，及时放到市场开拓前沿、经营困难企业、重大工程实施、重大改革推进的关键岗位上担当重任，使其在艰苦复杂环境中磨炼意志，提高把握商机、战略决策、驾驭全局的能力。鼓励东部经济发达地区企业采取有效方式，帮助中西部地区特别是边远贫困地区、边疆民族地区和革命老区培养优秀经营管理人才。

(二)积极推动经营管理人才职业化、国际化发展

完善企业经营管理人才市场体系，加快建立职业董事、职业经理人等高端人才市场，积极发展专业性、行业性人才市场。建立企业经营管理人才诚信体系，加强职业道德教育，制定职业道德规范和行为准则，加快建设全国集中统一的职业经理人诚信管理信息系统，引导经营管理人才牢固树立专注责任、诚实守信的职业精神。建立健全企业经营管理人才职业能力开发体系，积极开展经营管理人才职业生涯规划，根据人才的兴趣爱好、专业特长和个性特点等因素明确职业发展方向，使其沿着最优发展路径开发潜能、成就职业理想。支持和鼓励企业择优聘用外籍人士参与经营管理，促进国际化经营管理人才队伍不断发展壮大；逐步加大从国外知名院校接收优秀毕业生的工作力度，为国际化经营管理人才队伍建设做好人才储备。通过与国际跨国公司、知名院校建立战略合作关系，积极选送优秀经营管理人才到境外培训；有计划地选派国内优秀人才到境外合资合作企业、海外分支机构工作锻炼，提高跨文化沟通能力、多元化团队领导力和跨国经营管理水平。依托国家“青年英才开发计划”，每年从应届高中、大学毕业生中筛选若干优秀人才送到国外一流大学深造，进行定向跟踪培养，造就一批未来企业发

展所需的高素质、专业化、国际化经营管理人才。

（三）大力实施经营管理人才素质提升工程

统筹推进不同所有制企业经营管理人才的培养开发，加大非公有制企业经营管理人才素质提升工作力度。统筹推进不同层次、不同专业领域经营管理人才培养培训，着力抓好国际一流企业领军人才培养、企业高级经营管理人才培养、中小企业经营管理人才培养、境外专题培训等专项计划的实施；在突出企业家培养的基础上，加大对重点专业领域急需紧缺人才的培养培训力度，有针对性地开展战略规划、资本运作、人力资源管理、财会、法律等专业知识培训，不断提高经营管理人才的专业化水平。统筹开发利用国内国际多种教育培训资源，探索建立一批企业经营管理人才素质提升培训基地，形成布局合理、特色鲜明、优势互补的教育培训体系。加强经营管理人才实践锻炼，积极选派、选调优秀经营管理人才到具有开创性、挑战性、经营管理难度大、对经济社会发展有重要影响的企业挂职或者任职，使其开阔视野、锤炼作风、提升素质。

三、创新选拔任用机制

坚持民主、公开、竞争、择优原则，建立健全组织选拔、市场配置和依法管理相结合的国有企业领导人员选拔任用制度，大力推进企业经营管理人才市场化，形成职务能上能下、人员能进能出，符合现代企业制度要求的经营管理人才选用和管理机制。

（一）坚持以市场化机制选人

扩大选人用人视野，全面引入竞争机制，使市场化选聘逐步成为国有企业经营管理人才选聘的重要方式。选拔企业高级经营管理者，坚持组织选拔与市场化选聘相结合，通过加大公开招聘、竞争上岗工作力度，探索采取委托人才中介机构推荐等有效方式，促使优秀人才脱颖而出；选拔中层及以下经营管理人才，积极采取竞争上岗和公开招聘的方式；新录用一般经营管理人才，原则上都面向社会公开招聘。坚持重操守、重能力、重经历、重业绩，通过竞争比较，不断提高市场化选聘人才的质量,确保人岗相适、人职匹配。

(二)强化以市场化机制用人

健全企业经营管理者聘任制、任期制和任期目标责任制,规范和完善经营管理人才劳动合同、聘任合同,全面实行契约化管理。建立健全国有企业领导人员退出机制,使企业领导人员有序进退、正常更替,不断提高国有企业经营管理人才队伍的整体素质与活力。强化对各级经营管理人员的绩效考核和考核结果的运用,对考核结果达不到岗位目标要求、开拓进取精神不强、职工威信不高的,视情况及时予以调整;对不能胜任工作岗位的,按照规定及时予以解聘。通过强化绩效考核结果的运用,促进企业经营管理人才合理流动、优化配置。

(三)积极引进海外高层次经营管理人才

认真贯彻落实中央"千人计划"。加快从海外引进一批科技创新创业企业家和企业急需紧缺的首席或高级经济学家、高级风险评估及预测专家、高级金融分析专家,以及战略规划、资本动作、项目管理、国际投资、国际商务、国际经济法律等方面的高层次专门人才。进一步完善海外高层次人才出入境和长期居留、税收、保险、住房、子女入学、配偶安置、政府奖励等方面的特殊政策措施。充分信任、放手使用引进的海外高层次经营管理人才,让符合条件的担任企业中高级经营管理职务,充分发挥他们在跨国投资经营和现代化企业管理等方面的专业特长和优势。

四、完善考核评价机制

围绕企业发展战略目标,建立健全以岗位职责为基础,以品德、能力和业绩为导向,考核评价结果与人才培养、使用、激励相挂钩,充分体现科学发展观要求的企业经营管理人才考核评价机制。

(一)加强对企业领导人员的考核评价

建立和完善以聘期目标为依据的企业领导人员经营业绩考核制度,积极推行经济增加值考核,逐步强化考核指标与国际国内同行业企业对标,引导领导人员不断提高价值创造能力。坚持市场认可、出资人认可和职工群众认可的原则，建立和完善企业领导人员综合考核评价制度，在突出经营业绩的基础上，根据董事会成员、党组织负责人、经营管理者的不同岗位责任和履职特点，分层分类确定考核评价内容，综合考评领导人员的能力素质、履职行为和履职结果，引导领导人员更加注重科学发展，促使企业更好地履行经济责任、政治责任和社会责任。强化考核评价结果的运用，坚持经营业绩考核结果与领导人员薪酬激励挂钩、综合考评结果与领导人员培养使用挂钩，促使企业各级领导人员牢固树立正确的业绩观，不断提高履职能力和水平。

（二）全面建立经营管理人才绩效考核评价体系

围绕企业发展战略实施的关键绩效指标，逐级分解落实企业改革发展任务，在此基础上建立健全以目标管理为重点、岗位职责为基础的经营管理人才绩效考核评价体系。定期检查绩效目标完成情况，加强对员工的绩效辅导和绩效执行的过程管理，及时提出绩效改进和能力发展计划，建立和完善人才业绩档案，不断提高考核评价工作质量和水平。考核评价结果作为经营管理人才选拔任用、薪酬分配和职业发展的重要依据。

五、健全有效激励机制

适应企业提升核心竞争力的紧迫需要，建立健全以考核评价结果为基础，与人才的岗位职责和工作业绩相挂钩，物质激励和精神激励相结合，短期激励与中长期激励相衔接，充分体现人才价值和贡献的经营管理人才激励机制。

（一）逐步建立市场化的薪酬分配制度

深入推进企业内部收入分配制度改革，坚持以岗定薪、按绩取酬、岗变薪变，完善经营管理人才薪酬管理制度。根据经营管理者和其他经营管理人才在不同岗位上的责任、风险和贡献，合理确定薪酬水平，形成业绩升薪酬升、业绩降薪酬降的动态调整机制，并使各类经营管理人才的薪酬水平逐步与市场价位接轨。对企业急需引进的高层次经营管理人才，可以按照市场价位实行协议薪酬。注重调整经营管理人才与企业其他人才的薪酬分配关系，使不同类别人才之间的薪酬分配格局更趋合理。

(二)加强对优秀人才的中长期激励和个性化激励

积极探索劳动、资本、技术、管理等生产要素按贡献参与分配的有效途径和方式，进一步规范和完善股权、期权等中长期激励制度，重点对为企业改革发展作出突出贡献的优秀经营管理人才实施激励。根据优秀人才的不同需求，积极采取形式多样的个性化激励方式。通过不断丰富激励措施，加大激励力度，增强激励的有效性，最大限度地激发经营管理人才的进取精神和创业激情。

(三)强化对优秀人才的荣誉激励

建立国家荣誉制度，对为国家和社会作出杰出贡献的经营管理人才授予国家荣誉称号。大力表彰和宣传在企业改革发展中作出突出贡献的先进典型，使优秀经营管理人才的价值和贡献得到业内认可，赢得社会尊重。鼓励企业采取形式多样的荣誉激励方式，加强对各类经营管理人才的激励，充分肯定他们在本职岗位上作出的优异成绩，激发他们不断开拓进取、追求卓越。

六、优化人才发展环境

通过加强人才发展环境建设，为企业经营管理人才干事创业营造良好的政策环境、市场环境和舆论环境，弘扬尊重劳动、尊重知识、尊重人才、尊重创造的良好风尚，形成鼓励人才干事业、支持人才干成事业、帮助人才干好事业的良好氛围。

(一)营造良好的政策环境

实施鼓励非公有制企业人才发展的政策。政府在经营管理人才培养、吸引、评价、使用等方面的各项政策，非公有制企业平等享受；政府支持经营管理人才创新创业的资金、项目、信息等公共资源，向非公有制企业平等开放；政府开展经营管理人才宣传、表彰、奖励等方面活动，非公有制企业人才平等参与。进一步打破人才身份、单位、部门和所有制界限，营造开放的用人环境。破除人才流动的体制性障碍，完善企业经营管理人才合理流动政策。切实抓好政策措施的贯彻落实，维护政策的严肃性，提高政策的执行力，形成促进经营管理人才发展的长效机制。

（二）营造良好的市场环境

建立统一规范、更加开放的企业经营管理人才市场，充分发挥供求关系、价格要素和竞争机制在优化人才资源配置中的基础性作用。加快发展国际人才中介服务机构，鼓励国内有条件的人才服务机构跨国经营，促进国内国际两个人才市场有效对接。积极发展企业经营管理人才评价机构，建立和完善社会化的职业经理人资质评价制度，加强规范化管理。建立企业经营管理人才库和人才供求信息定期发布制度，引导经营管理人才合理流动。

（三）营造良好的舆论环境

大力宣传党和国家人才工作方针政策，深入宣传贯彻全国人才工作会议精神和《国家中长期人才发展规划纲要（2010～2020 年）》，大力宣传企业经营管理人才工作的典型经验、做法和成效，在全社会形成创新可贵、创造无价、创业光荣、奉献崇高的舆论导向。深入开展舆情分析，及时掌握舆情动态，针对社会普遍关注的问题，坚持正确引导，努力营造有利于经营管理人才健康发展的舆论氛围。

七、保障规划的顺利实施

（一）切实加强组织领导

坚持党管人才原则，完善党委统一领导，组织部门牵头抓总，有关部门各司其职、密切配合，企业发挥主体作用的人才工作体制。中央人才工作协调小组负责本规划实施工作的统筹协调和宏观指导。各省、自治区、直辖市要以本规划为指导，根据实际需要，编制本地区企业经营管理人才队伍建设规划并推动实施。国务院国资委和地方国有资产监督管理机构要在有关部门的支持配合下，对所监管企业贯彻落实本规划的情况进行指导和监督。各企业要结合实际，具体抓好本规划的贯彻落实。

(二)加强人才工作基础性建设

深入开展企业经营管理人才理论研究特别是企业家成长规律研究,及时总结经营管理人才工作的成功做法和经验,不断提高经营管理人才工作水平。大力推进人才工作信息化建设,完善经营管理人才资源统计和定期发布制度,促进人才管理信息化、科学化。加强人才工作队伍建设,有计划地开展政治和业务培训,提高人才工作队伍的政治素质和业务能力。

关于印发《中央企业人才队伍建设中长期规划(2011～2020年)》的通知

2011年10月12日　国资党委干一〔2011〕198号

各中央企业党委(党组):

《中央企业人才队伍建设中长期规划(2011～2020年)》已经国资委第193次党委会议审议通过,现印发给你们,请结合实际认真贯彻落实。

附件:中央企业人才队伍建设中长期规划(2011～2020年)

附件:

中央企业人才队伍建设中长期规划(2011～2020年)

为认真贯彻落实全国人才工作会议精神和《国家中长期人才发展

规划纲要(2010～2020 年)》(中发〔2010〕6 号),围绕做强做优中央企业、培育具有国际竞争力的世界一流企业的核心目标,着眼于推动中央企业更好实施人才强企战略、全面加强人才队伍建设,制定本规划。

序 言

中央企业是我国国民经济的骨干和中坚,是推动经济发展方式转变、实施"走出去"战略的主力军,是全面建设小康社会、建设创新型国家的重要力量,同时在维护国家安全、促进社会和谐等方面发挥着不可替代的作用。中央企业在我国经济社会发展中的重要地位,决定了其必须在科学发展道路上始终走在前列。人才是企业科学发展的第一资源、第一推动力。中央企业要不断提升发展质量、实现又好又快发展,必须始终坚持把人才队伍建设作为重大战略任务来抓,切实把人力资源优势转化为人才优势,使企业的发展方式加快转变到依靠科技进步、人才素质提升和管理创新的轨道上来。

国资委成立以来,认真贯彻党中央、国务院关于国有企业改革发展的一系列重大决策部署,按照人才强国战略的要求,积极推动中央企业走人才强企之路,大力加强人才队伍建设,取得了明显成效。2004～2010 年,中央企业人才总量适度增长,2010 年底达到 897.3 万人,年均递增 5.7%;人才受教育程度显著提高,大学本科及以上学历人员年均递增 15.3%,占人才总量的比重从 15.2%上升到 25.6%;人才使用效能持续改善,人均营业收入从 90.8 万元提高到 190.6 万元,年均递增 13.2%,专利授权量年均增长超过 40%;人才市场化配置步伐明显加快,通过公开招聘、竞争上岗等方式选聘的经营管理人才从 33.4 万人增加到 55.7 万人,增长了 66.8%;人才开发投入大幅增加,员工培训费用年均递增 18.4%,人才受训率从 45.1%提高到 56.6%。这些成绩的取得,为中央企业持续快速健康发展提供了有力支撑。同时必须清醒地看到,当前中央企业人才发展的总体水平与国际跨国公司相比还有一定差距,与中央企业改革发展的目标要求相比还有不符合、不适应的方面。主要表现为:人才的专业化、国际化水平亟待提高,尤其是战略型企业家、创新型科技领军人才、有绝技的高技能人才较为短缺;人才市场化选用力度还需要进一步加大,正常的人才退出机制还没有真正建立;人才评价的科学性、激励的有效性还需要进一步提高,考评结果与激励挂钩不够紧密,对优秀人才的激励还需要进一步强化;有利于激发人才创新创造活力的环境尚未全面形成。

当前和今后一个时期,经济全球化继续深入发展,世界产业结构深刻调整,特别是国际金融危机之后,国际跨国公司围绕战略性新兴产业、紧缺资源和高端人才,积极抢占未来发展的制高点。中央企业要在未来更高层次、更高水平、更为激烈的国际竞争中赢得主动,必须牢牢把握机遇,进一步增强搞好人才工作的责任感和紧迫感,切实把思想和行动统一到中央的决策部署和国资委的工作要求上来,立足当前、着眼长远,在新的起点上更好地实施人才强企战略。

一、指导思想、战略目标和总体要求

(一)指导思想。

以邓小平理论和“三个代表”重要思想为指导,深入贯彻落实科学发展观,坚持党管人才原则,遵循企业发展规律和人才成长规律,着力提高人才能力素质,创新人才发展机制,优化人才发展环境,激发人才创造活力,积极开发利用国内国际两种人才资源,大力推进人才职业化、市场化、专业化、国际化,以高层次人才为重点统筹推进各类人才队伍建设,更好实施人才强企战略,为做强做优中央企业、培育具有国际竞争力的世界一流企业和国有资产保值增值提供坚强人才保证。

(二)战略目标。

到2020年,中央企业人才队伍建设总的目标是:适应中央企业改革发展需要,培养造就规模适度、结构合理、素质优良的董事和监事、经营管理人才、党群工作者、科技人才、技能人才队伍。人才总量合理增长,整体素质明显提高,平均受教育程度持续改善,大学本科以上人才占比从25.6%(以2010年为基期,下同)提高到35%以上;人才结构进一步优化,高层次人才队伍不断壮大,复合型党群工作者达到95%以上，国家级和集团公司级科技人才从3.8万人增加到8万人以上，高级技师、技师占技能人才的比例从5.8%提高到9%以上，国际化人才翻两番，总数达到3万人；人才使用效能显著增强，对企业发展的贡献大幅提高，实现人均营业收入翻一番、累计有效专利增长两倍；机制创新取得重大进展，全面形成体现科学发展观要求的人才发展环境。

（三）总体要求。

1. 坚持服务发展、人才优先。牢固树立人才工作服务企业科学发展的理念，紧密围绕企业发展战略的实施，明确人才队伍建设的目标任务、工作重点和重要举措，同时确保人才资源优先开发、人才结构优先调整、人才投资优先保证、人才制度优先创新。

2. 坚持高端引领、整体开发。紧紧围绕中央企业“做强做优、世界一流”的核心目标，把大力培养开发高层次、国际化人才作为实施人才强企战略的重点，统筹推动各类人才队伍协调发展，全面提升人才队伍的素质和水平。

3. 坚持改革创新、完善机制。始终把深化改革作为推动人才发展的根本动力，坚决破除束缚人才发展和发挥作用的思想观念及制度障碍，着力完善体现各类人才特点的培养开发机制、竞争择优的人才选拔机制、客观公正的人才评价机制、科学有效的人才激励机制、进退有序的人才流动机制，最大限度地激发各类人才的创新创造活力。

4. 坚持实事求是、以用为本。自觉遵循人才工作规律，坚持把是否用好用活人才作为检验企业人才工作成效的根本标准，积极为人才干事创业提供机会、搭建平台、创造条件，确保人才的作用得到充分发挥、价值得到充分体现。

二、加强董事和监事队伍建设

适应中央企业全面建立现代企业制度、完善公司法人治理结构的要求，建设一支有大局观念和战略思维、忠实维护国有资产权益、引领企业做强做优的董事和监事队伍。

（一）着力培养造就优秀的董事长。

以培养造就具有世界眼光、战略思维、市场开拓精神、管理创新能力和社会责任感的战略企业家为目标，重点在中央企业高级经营管理者中选拔、培养一批优秀的董事长。坚持德才兼备、以德为先，注重把职业素养好、战略决策能力、团队组织能力和创新能力强、具有大型企业主要领导岗位工作经历、工作业绩突出作为选拔董事长的主要标准。积极选派董事长及其后备人选到国家有关培训机构和国内外一流院校研修，提升思想政治素质，加快知识更新，拓宽国际视野。坚持重在实践的培养方针，加大董事长及其后备人选跨行业、跨企业交流任职力度，丰富履职阅历，积累决策经验，提升驾驭复杂局面、引领企业科学发展的能力。

(二)加快建设高素质的外部董事队伍。

完善中央企业外部董事专业资格认定制度，严格从通过资格认定的人选中择优聘任外部董事，形成好中选优、优中选强的选聘机制。加强外部董事人才库建设，加大面向国际跨国公司、地方大型国有企业和知名民营企业选聘外部董事的工作力度，注重遴选战略规划、财务会计、资本运作、金融、法律等方面的专业人才充实外部董事人才库。注重从担任过下一级单位正职的中央企业领导人员中择优选聘专职外部董事，优化外部董事队伍结构。强化外部董事战略管控、风险管理、国际化经营等方面的培训，不断提高外部董事履职能力。中央企业新聘任外部董事参加国际培训率达到100%，各级企业外部董事上岗前的培训率达到100%。

(三)努力建设高效能的监事队伍。

着眼于增强监事会监督的权威性和有效性，大力提高监事队伍的职业素质和专业化水平。加强思想政治建设和职业道德建设，进一步强化监事维护出资人权益的责任意识。严格监事的任职资格条件，明确知识水平、专业背景、工作经历等方面的要求，确保监事具备有效履职的专业素养。注重选聘具有企业、中介机构、金融机构、宏观经济管理部门从业经历的优秀专业人才充实监事队伍，优化监事队伍的专业结构。加大对监事的岗位培训力度，重点开展财务会计、审计、法律、金融、企业经营管理等方面的业务知识培训，有效提升监事队伍的履职能力和水平。

三、加强经营管理人才队伍建设

适应中央企业国际化发展需要，以提升国际化经营管理能力为重点，建设一支职业素养好、开拓意识强、熟悉国际国内商业规则、善于推动企业跨国跨文化经营管理的人才队伍。

（一）加大市场化选聘工作力度。

全面引入竞争机制，提高市场化选聘的比例和职位层次，使市场化选聘逐步成为经营管理人才选聘的重要方式，确保到2020年企业各级领导人员市场化选聘的比例达到50%。选拔高级经营管理者，坚持组织选拔与市场化选聘相结合；任用中层及以下经营管理人才，积极采取竞争上岗和公开招聘的方式；新录用一般经营管理人才原则上都面向社会公开招聘。提高市场化选聘工作质量，突出岗位特点和职位要求，增强考试测评的针对性和科学性，确保人岗相适、人职匹配。

（二）强化市场化机制用人。

建立和完善能上能下、能进能出的市场化用人机制。健全经营管理者聘任制、任期制和任期目标责任制，规范和完善劳动合同、聘任合同，全面实行契约化管理。强化对各级经营管理人员的绩效考核和考核结果的运用，对考核结果达不到岗位目标要求的，视情况及时予以调整，对不能胜任工作岗位的，按照规定及时予以解聘。通过强化绩效考核结果的运用，促进经营管理人才合理流动、有序更替。

（三）推进经营管理人才国际化发展。

按照中央“千人计划”的要求，加快引进企业急需紧缺的海外高层次经营管理人才；根据企业发展需要，注重择优聘用外籍人士参与海外分支机构管理；积极从国外知名院校接收优秀毕业生，为国际化经营管理人才队伍建设做好人才储备。适应中央企业国际化经营战略，依托国家实施的“企业经营管理人才素质提升工程”，加大国际化经营管理人才培养力度。通过与国外跨国公司、知名院校建立战略合作关系，积极选送优秀经营管理人才到境外研修;有计划地选派国内优秀人才到境外合资合作企业、海外分支机构工作锻炼,重点提高跨文化沟通能力、多元化团队领导力和跨国经营管理水平。

四、加强党群工作者队伍建设

着眼于充分发挥国有企业党组织的政治核心作用,把党的政治优势转化为企业的竞争优势和发展优势,以优秀的党组织负责人为重点,建设一支政治素质好、熟悉生产经营、善于做党建和群众工作的复合型党群工作者队伍。

(一)着力培养优秀的党组织负责人。

按照理论培训、知识更新、党性教育、实践锻炼"四位一体"的培养培训要求,全面提高企业党组织负责人的政治素养、政策理论水平以及参与重大问题决策、加强和改进企业党建工作的能力。重点加强公司法人治理结构、现代企业经营管理等方面知识的培训,改善党组织负责人的知识结构。推动党群工作者与经营管理人才双向交流,逐步加大交流、轮岗、转岗工作力度。注重选派有发展潜力的优秀党群工作者到生产经营一线、群众工作一线和急难险重任务一线砥砺品质、锤炼作风、增长才干;注重选拔有丰富经营管理工作经验的优秀党员担任党组织负责人,努力造就一批政治坚定、作风过硬、熟悉企业生产经营管理的高素质党组织负责人。

(二)建立党群工作者竞争性选拔机制。

根据企业党组织发挥政治核心作用和参与决策、带头执行、有效监督的工作要求,建立党群工作者岗位规范和职位标准,明确任职资格条件和能力素质要求。加大竞争性选拔党群工作者的工作力度,在企业党代会、工会会员代表大会、团代会闭会期间,可以采取内部竞争上岗、公开招聘等方式选拔党委、纪委、工会和团委负责人,促使优秀党群工作者脱颖而出。注重从业务骨干中选拔优秀人才充实党群工作者队伍,使党群工作者队伍的结构逐步改善,整体素质不断提高。

五、加强科技人才队伍建设

围绕提高企业自主创新能力，以世界级科技领军人才、高水平创新团队为重点，建设一支素质结构优良、善于创新创造、勇于攻坚克难，能够推动本企业或者本行业科技进步的科技人才队伍，逐步在中央企业每一个重大关键技术研发领域至少形成一支能够跻身世界科技前沿的高水平创新团队。

（一）加快培养造就一批科技领军人才。

大规模开展科技人才培养培训工作，依托企业的国家重点实验室等国家级研发机构，以及重大科技专项、重大工程技术改造等实践，创造条件让科技人才参与高端学术会议和国际交流，加快培养科技领军人才和高水平创新团队。坚持适度竞争基础上的广泛合作，有效整合集团公司内部科技人才资源，积极开展互利双赢的跨企业联合攻关，使科技人才在更大范围实现优化配置、充分发挥作用、加快成长步伐。加强与国内外知名院校、科研机构的合作，通过牵头或者参与产业技术创新联盟、共建科技创新平台、共同实施重大项目、联合研究攻关等方式，推动人才合作培养，促进人才柔性流动，拓宽科技领军人才培养渠道。支持和鼓励中央企业设立海外研发机构，充分利用海外科研资源优势，加速培养一批高层次科技人才和核心技术研发人才。加大对优秀青年科技人才的发现、培养、使用和资助力度，通过设立科学家工作室、院士工作站等，探索行之有效的名师育才方式，加快提高青年科技人才的自主创新能力，为科技领军人才的不断壮大提供充足的后备力量。

（二）大力引进海外高层次科技人才。

加大落实中央“千人计划”工作力度，用5年时间建设50家以上国家级人才创新创业基地，引进500名以上列入中央“千人计划”的海外高层次人才。大力推进海外引才工作，重点引进一批能够突破核心和关键技术、推动科研成果转化、发展高新技术产业的高层次科技人才和高水平创新团队。大力推进人才创新创业基地建设，重点抓好中央企业在北京、天津、浙江、湖北四地的未来科技城建设，采取更加灵活、更加开放、更加有效的政策措施，建立和完善与国际接轨的科研管理体制机制，为海外高层次人才提供一流的创新创造平台。

(三)积极推动科技人才专业化发展。

完善科技人才与经营管理人才分类管理的体制，健全科技人才技术职务体系，积极对较高层次的科技人才开展职业生涯设计，引导科技人才专注科研事业，促使科技人才与经营管理人才沿着各自序列通道协调发展。支持和鼓励企业创新科研管理体制机制，加强对科技人才在科研工作和专业领域的授权，建立健全企业科技带头人或者科技专家制度，并使科技带头人、科技专家有权决定科研经费的使用、团队成员的聘任、项目研究内容或者技术路线的调整，形成由科技领军人才主导创新资源配置、科研工作开展的制度安排。加强对科技创新成果的评估和管理，依法界定知识产权归属，建立和完善科技创新成果、知识产权参与利益分享的机制。

六、加强技能人才队伍建设

适应中央企业在国家产业结构优化升级和走新型工业化道路中发挥主体作用的要求，以提升职业素质和职业技能为核心，以高技能人才为重点，建设一支爱岗敬业、技艺精湛，具有专门技能，善于解决技术难题的技能人才队伍。

(一)加大高技能人才培养开发力度。

积极落实国家高技能人才振兴计划，支持和鼓励有条件的中央企业建设一批技能大师工作室和示范性国家级高技能人才培养基地，采取名师带徒等方式，完善高技能人才绝技绝活代际传承机制，努力造就一大批企业重点工种、重点工艺、重点专业技术能手。加强高技能人才专业知识更新和国际化培训力度，积极选送高技能人才到国外培训机构、跨国公司进行培训或者技术交流。大力开展岗位练兵、技能竞赛、技术比武、业务交流等活动，全面提升技能人才的技术素质和技能水平。注重选拔高技能人才参与企业科技研发和重大技术改造工程，不断提高促进科研成果转化的能力。

（二）大力推动技能人才职业化发展。

着眼于提高技能人才的职业素养，改进技能人才管理模式，区别核心岗位和辅助岗位，建立分层分类的技能人才岗位体系。完善职业资格认证制度，按照评聘分开的原则，把职业资格、技能等级等作为技能人才进入不同类别、不同层级岗位的准入条件，使对技能人才的管理由身份管理转变为岗位管理。贯彻落实国家关于高技能人才与工程技术人才职业发展贯通的有关规定，拓展技能人才的职业发展空间。加强对技能人才的荣誉激励，积极开展技能大师、技能专家、技术能手等评比表彰活动，提升技能人才的职业成就感。

七、完善客观公正的考核评价机制

突出实绩和效益导向，建立健全以岗位职责为基础，以品德、业绩、能力等要素为主要指标，充分体现科学发展观要求的人才考核评价体系，提高考核评价工作的科学化水平。

（一）加强对企业领导人员的考核评价。

建立和完善企业领导人员经营业绩考核制度，深入实施经济增加值考核，注重通过国际国内对标设定有挑战性的考核目标值，引导企业不断完善价值管理，提升价值创造能力。建立和完善企业领导人员综合考核评价制度，在突出经营业绩的基础上，根据董事会成员、党组织负责人、经营管理者的不同岗位责任和履职特点，分层分类确定考核评价内容，综合考评领导人员的能力素质、履职行为和履职效果，引导企业领导人员更加注重科学发展。强化考核评价结果的运用，坚持经营业绩考核结果与企业领导人员薪酬激励挂钩、综合考评结果与企业领导人员培养使用挂钩，促使企业各级领导人员牢固树立正确业绩观，确保国有资产保值增值责任层层有效落实。

（二）建立和完善全员绩效考核制度。

围绕企业发展战略实施的关键绩效指标，建立健全以岗位职责为基础、目标管理为重点的全员绩效考核指标体系。实施全员绩效考核，考核结果作为各类人才选拔任用、岗位调整、薪酬分配和职业发展的重要依据。建立和完善员工的业绩档案,强化全员绩效管理。定期检查考核目标执行情况,全面评估考核工作流程和效果,不断提高考核工作质量和水平。通过开展规范化、常态化的考核评价工作,及时掌握各类人才的德才表现和工作实绩,提高人才培养、使用和激励的针对性、有效性。

八、建立健全科学有效的激励机制

按照企业市场化发展要求,建立健全以考核评价结果为基础,与人才的岗位职责和工作业绩相挂钩,物质激励和精神激励相结合,短期激励与中长期激励相衔接的激励机制。

(一)逐步建立市场化的收入分配制度。

深入推进中央企业内部收入分配制度改革,坚持以岗定薪、按绩取酬、岗变薪变,完善薪酬管理制度。根据不同类别人才在不同岗位上的责任、风险和实际贡献,结合企业经济效益情况,合理确定薪酬水平,建立健全各类人才薪酬收入正常增长机制。坚持以人才市场为导向,调整优化企业内部分配结构,逐步使各类人才的薪酬水平与市场价位接轨,形成收入差距合理、分配关系和谐的新格局。

(二)加大对各类优秀人才的激励力度。

建立健全各层级、各类别优秀人才的薪酬管理制度,进一步规范和完善股权、期权、分红权等中长期激励办法,重点保证对企业发展作出突出贡献的优秀人才实施激励。设立中央企业人才基金和科技奖励基金,对作出突出贡献的优秀人才给予特殊奖励。对引进的高层次人才、企业急需紧缺人才和关键岗位的核心人才,可以根据人才的市场化程度,按照市场价位实行协议薪酬。可以根据优秀人才的不同需求,积极采取形式多样的个性化激励方式。通过不断丰富激励措施,加大激励力度,增强激励的针对性,更好地激发各类人才的进取精神和创造力。

(三)强化对各类优秀人才的荣誉激励。

积极推荐各类优秀人才参加国家有关部门组织的评选表彰活动,选拔杰出人才作为全国先进典型大力宣传,使优秀人才的价值和贡献在更大范围、更高层次得到业内认可、社会尊重。支持和鼓励中央企业广泛开展多种形式的创先争优活动，积极表彰和宣传在本职岗位上作出优异成绩的各类优秀人才，大力弘扬创业光荣、创新可贵、创造无价、奉献崇高的良好风尚，激发各类人才自我提高、实现价值的内在动力。

九、营造有利于人才发展的良好环境

坚持尊重劳动、尊重知识、尊重人才、尊重创造，努力为各类人才成长营造良好的制度环境、文化环境、舆论环境和生活环境，形成鼓励人才干事业、支持人才干成事业、帮助人才干好事业的良好氛围。

（一）大力营造良好的制度环境。

坚持把制度建设作为抓好人才工作的根本保障，大力提高制度的科学性，以是否遵循市场经济规律、企业发展规律和人才成长规律，是否充分体现各类人才特点，是否有利于企业发展战略的有效实施为标准，对人才管理的各项规章制度进行系统梳理、科学评估并不断修订完善。切实抓好规章制度和政策措施的贯彻落实，提高制度的执行力，维护政策的严肃性，形成促进人才发展的长效机制。

（二）大力营造良好的文化环境。

积极建设业绩文化，确保干事者受关注、成事者受重用，形成人人专心谋事、努力建功成才的生动局面。积极建设创新文化，使一切创新理念得到尊重、创新举措得到鼓励、创新才能得到发挥、创新成果得到肯定。积极建设诚信文化，坚持以教育引导为基础，不断增强员工的诚信意识，树立企业诚实守信的良好形象。积极建设和谐文化，形成崇尚和谐的共同理想信念和价值取向，构建团结友爱、健康向上的人际关系。

（三）大力营造良好的舆论环境。

广泛宣传党的人才工作方针政策，深入宣贯全国人才工作会议精神和《国家中长期人才发展规划纲要（2010～2020年）》，使建设人才强国的战略目标更加深入人心，使推动人才强企战略的实施成为广大中央企业的自觉行动。加强舆情收集和研判，及时掌握舆情动态，坚持正面宣传、正确引导,形成各方面更加关心、支持中央企业人才发展的良好局面。

(四)大力营造良好的生活环境。

强化服务人才意识,积极倡导对各类人才的人文关怀,建立健全企业党委(党组)联系人才制度,明确企业领导人员直接联系人才的职责和要求。及时了解掌握人才的思想动态和生活状况,努力改善人才的生活条件,切实解决人才的实际困难和后顾之忧,让各类人才充分感受到组织的关心爱护,更好地调动和发挥人才的积极性、主动性和创造性。

十、保障规划纲要的顺利实施

(一)切实加强对人才工作的组织领导。

按照整体规划、分类指导、分层实施的原则,国资委负责统筹抓好中央企业人才队伍建设的宏观指导、政策研究、重点支持和协调服务工作;各中央企业具体负责本企业人才工作,结合企业实际制订政策措施,完善规章制度,健全工作机制,抓好本规划的贯彻落实。企业各级领导班子要高度重视人才工作,真正把人才队伍建设摆上重要议事日程,着力抓好长远战略谋划、重大政策创新、重要事项协调、重点工作督导,及时解决好工作中面临的突出矛盾和问题。企业主要领导人员对本企业人才工作负总责,要加大对人才发展和人才工作的投入,积极调动各方面资源力量、各方面积极性推动人才工作。层层建立和完善人才工作责任制,做到责任到人、任务到人,确保人才强企战略有效实施。

(二)建立协调高效的人才工作机制。

企业组织人事部门负责人才工作牵头抓总,要积极创新实践,丰富工作途径,协调有关部门,形成工作合力;要加强调查研究,把握方针政策,学习借鉴国内外先进经验,改进工作方式方法,增强人才工作的主动性、预见性。各职能部门在谋划、部署业务工作的同时,要同步考虑、协同推进人才队伍建设,让人才工作为业务发展提供有力支撑,让业务工作为人才发展提供强大推力。

（三）科学制定并组织实施企业人才队伍建设规划。

各中央企业要根据《国家中长期人才发展规划纲要（2010～2020年）》和本规划，结合企业实际，研究制定本企业人才队伍建设中长期规划，形成从规划到培养、引进、使用、评价、激励全过程的闭环管理体系；要加强对规划落实情况的监督检查，特别是要把人才是否用好用活、充分发挥作用作为评估规划执行效果的重要内容，通过定期评估，及时改进工作，确保规划真正成为指导企业人才工作、更好实施人才强企战略的行动纲领和工作指南，不断开创中央企业人才工作新局面。

附：主要名词及指标解释

附：

主要名词及指标解释

1. 人才

指具有一定的专业知识或者专门技能，进行创造性劳动并对社会作出贡献的人，是人才资源中能力素质较高的劳动者。

2. 人才总量

指董事和监事、经营管理人才、党群工作者、科技人才、技能人才的总数。

3. 经营管理人才

指具体从事经营管理活动的人才，包括各级经理人以及具体从事规划计划、人力资源管理、市场营销、资本运营、财务审计、生产管理、法律事务、质量安全环保、行政管理等业务工作的人才。

4. 科技人才

指直接从事科研、技术或者在技术管理、技术服务岗位上工作的人才。

5. 党群工作者

指主要从事党务、纪检监察、工会、共青团、老干部等工作的人才。

6. 技能人才

指具有一定的知识和技能，在生产、服务等操作性岗位上工作的人才，包括初级技工、中级技工、高级技工、技师、高级技师。

7. 国家级和集团公司级科技人才

国家级科技人才指中央重点掌握联系的科技专家，集团公司级科技人才指中央企业集团公司重点掌握联系的科技专家。

8. 高技能人才

指在生产或者服务等领域岗位一线的从业者中，具有精湛专业技能，在关键环节发挥作用，能够解决生产操作难题的人才，包括取得高级技师、技师和高级技工职业资格及相应职级的人才。

9. 高层次人才总量

指大型及以上企业的董事和监事、部门负责人及二级单位领导人员以上经营管理人才和党群工作者、国家级和集团公司级科技人才、高技能人才的总数。

10. 国际化人才总量

指在境外连续工作一年以上的人才总数。

11. 人才受训量

指当年各类人才参加培训的总人次数。

12. 人才受训率

指当年参加培训的人才数量占人才总量的比例。

计算公式：

人才受训率＝当年参加培训的人才数量/〔(年初人才总量＋年末人才总量)/2〕×100％

13. 累计有效专利数

指截至统计期期末仍在有效期内的专利总数。

14. 市场化方式选聘的人才数量

指通过内部竞争上岗、公开招聘、人才市场选聘方式任用的人才数量。

关于印发《中央企业"十二五"人才强企战略实施纲要》的通知

2011 年 10 月 27 日　国资党委干一〔2011〕204 号

各中央企业党委(党组):

现将《中央企业"十二五"人才强企战略实施纲要》印发给你们,请结合实际认真贯彻落实。

附件:中央企业"十二五"人才强企战略实施纲要

附件:

中央企业"十二五"人才强企战略实施纲要

为深入贯彻党的十七届五中全会与国民经济和社会发展"十二五"规划纲要精神,落实国家中长期人才发展规划纲要(2010~2020 年)和中央企业"十二五"发展规划纲要,实现"做强做优中央企业、培育具有国际竞争力的世界一流企业"的目标,制定《中央企业"十二五"人才强企战略实施纲要》。

一、现状和面临形势

(一)现状。

"十一五"时期,国资委和中央企业认真贯彻党中央、国务院关于国有企业改革发展的决策部署,大力加强和改进企业人才工作,人才队伍建设取得了明显成效。2010年底达到897.3万人,年均递增5%;大学本科及以上人才年均递增15.6%,占比达到25.6%;员工培训费用年均递增13.9%,人才受训率从49.9%提高到了56.6%;人均营业收入年均递增26%,达到190.6万元/人,专利授权量年均增加42.7%;人才队伍素质结构进一步优化,使用效能不断提高,促进了中央企业又好又快发展。

1. 人才管理的基础规章基本完善。国资委印发实施《"十一五"中央企业人才队伍建设规划纲要》,各中央企业结合实际,制定实施了体现本企业特点和发展要求的人才管理办法,提高了人才管理科学化、制度化和规范化水平。

2. 人才培养培训力度不断加大。国资委和中央企业先后组织了400余名中央企业领导人员到国家级培训机构研修,450多名外部董事赴境外培训,2万多名经营管理人才和党群工作者到中央党校国资委分校集中学习,组织科技人才参与重大项目联合攻关、重大工程技术改造,组织1402万人次参加了各类技能大赛和岗位练兵活动,其中107万人晋升了职业资格。

3. 人才选聘市场化步伐明显加快。国资委4次面向海内外公开招聘了75名中央企业高级经营管理者,中央企业通过市场化方式选聘的各级经营管理人才从42万人增加到56万人。通过市场化选聘,扩大了选人用人视野,促进了优秀人才脱颖而出,提高了选人用人公信度。

4. 海外引才工作取得积极进展。落实中央"千人计划"战略部署,中央企业已引进海外优秀人才1000多人,其中177人列入中央"千人计划",成为国家特聘专家;经中央批准,已有23家中央企业建设人才创新创业基地,为海外高层次人才充分发挥作用提供良好科研平台。

5. 人才考核评价体系逐步健全。全面开展了中央企业领导班子及成员经营业绩考核和综合考核评价,形成了业绩考核与薪酬激励挂钩、综合考评与培养使用挂钩的考评体系。各中央企业以完善各级领导人员考核制度为重点,积极推行全员业绩考核,层层落实国有资产保值增值责任,促进了人才自我加压、自我发展。

6. 人才激励的有效性不断提高。坚持业绩导向和市场化改革方向,完善了中央企业领导人员薪酬管理制度,积极探索对核心骨干人才实行中长期激励,全面建立了各类人才以岗定薪、按绩取酬、岗变薪变的分配体系。进一步强化对各类优秀人才的荣誉激励,中央企业共有17名专家增选为中国科学院或中国工程院院士,14人荣获中国青年科技奖,876人被评为全国劳动模范,342人被评为全国技术能手,有效激发了人才的创新创造活力。

在看到成绩的同时,也要清醒地认识到,当前中央企业人才发展的总体水平与国际知名跨国公司相比还有较大差距,与中央企业实现"做强做优、世界一流"的目标要求相比还有不符合、不适应的方面。主要表现在:高层次、国际化人才短缺,尤其是优秀企业家、创新型科技领军人才、顶尖高技能人才仍显匮乏;人才正常退出机制还没有真正建立,人才评价的科学性、激励的有效性还有待进一步提高,有利于激发人才创新创造的环境尚未全面形成。

(二)面临的形势。

从国际看,经济全球化继续深入发展,科技进步日新月异,特别是发达国家和国际跨国公司针对国际金融危机引发的世界经济发展新势态,普遍实施了人才优先发展计划和科技创新战略,力求抢占未来经济和科技发展的战略制高点,形成新的全球竞争优势。中央企业大多涉及国家安全和国民经济命脉,在国家技术创新体系中占有重要地位,要真正担负起建设创新型国家主力军的作用,必须坚持走人才强企之路。

从国内看,"十二五"是我国加快转变经济发展方式的关键时期,也是做强做优中央企业、培育世界一流企业的战略机遇期。中央企业经过多年改革发展,经济和科技实力明显增强,许多企业已在国内居于领先,有的企业已具备发展成为世界一流企业的综合实力。但与世界一流企业相比,中央企业自主创新能力还不够强,资源配置效率还不够高,在全球产业链高端还没有赢得优势。面对"十二五"时期转变发展方式的任务和"做强做优、世界一流"的战略目标要求,中央企业必须始终坚持人才是企业科学发展的第一资源、第一推动力,用加大人才发展投入进一步优化企业投资结构,用加强人才资源开发进一步带动物质资源开发,用加快人才引进进一步促进技术引进和自主创新能力的提升,走出一条人才引领、创新驱动、内在增长的发展新路,加速成长为具有国际竞争力的世界一流企业。

二、指导思想和主要目标

(一)指导思想。

以邓小平理论和“三个代表”重要思想为指导,深入贯彻落实科学发展观,坚持党管人才原则,遵循人才工作规律和人才成长规律,紧紧围绕“做强做优中央企业、培育具有国际竞争力的世界一流企业”目标,聚焦企业发展战略,以高层次、国际化、创新型人才为重点,充分利用国内国际人才资源,积极创新人才工作体制机制,大力营造以人为本的人文环境,统筹推进各类人才队伍建设,为实现中央企业“十二五”改革发展目标提供坚强人才保证。

(二)主要目标。

1. 人才队伍素质有效提升。在人才总量保持合理增长的基础上,中央企业人才的平均受教育程度持续改善,适应企业做强做优、科学发展的素质能力明显提高。到 2015 年,大学本科及以上人才占比从 2010 年的 25.6%(以下均以 2010 年为基期)提高到 30%以上。

2. 人才队伍结构明显优化。高层次人才队伍不断壮大,创新型科技人才大量增加,高素质国际化人才得到有效充实。到 2015 年,重点培养造就一批战略企业家,复合型党群工作者达到 95%以上,国家级和集团公司级科技人才从 3.8 万人增加到 6 万人以上,高级技师、技师占技能人才的比例从 5.8%提高到 7%以上,国际化人才总量翻一番,总数达到 1.5 万人。

3. 人才成长环境明显改善。人才发展体制机制创新取得突破性进展,体现各类人才特点的培养开发机制、竞争择优的人才选拔机制、客观公正的人才评价机制、科学有效的人才激励机制、进退有序的人才流动机制全面建立,人才辈出、人尽其才、才尽其用的良好成才环境基本形成。

三、政策措施

(一)科学规划人才队伍建设。

规划人才队伍建设必须坚持以企业发展战略为引领,立足于在主营业务领域形成优秀人才高度密集的优势。要围绕本企业“十二五”时期改革发展的战略目标和做强做优主营业务、发展战略性新兴产业等现实需要,科学确定人才队伍建设的重点目标任务。要积极开展与国内外同行业先进企业的对标分析,全面盘点本企业人才资源状况,找准人才队伍、人才工作的薄弱环节,理清要着力解决的重点难点问题,有针对性地提出加强人才队伍建设的具体举措。人才规划要力求做到目标任务明确、措施务实管用、工作责任清晰,执行可监测、效果可考核、失责可追究,真正使人才规划成为指导企业实施人才强企战略的行动纲领。

(二)加大国际化人才培养开发力度。

培养国际化人才要从建设世界一流企业的长远目标出发,着眼于满足企业国际化经营的现实需要。要以企业各级领导人员为重点,着力加强经营管理人才国际化培训,加快提高跨文化沟通能力、多元化团队领导力和跨国经营管理水平。要有计划地选派国内优秀人才到境外合资合作企业、海外分支机构工作锻炼,使人才在跨国经营管理活动中加快成长步伐。要大规模开展科技人才培养培训工作,积极组织科技人才参加高端学术会议和国际技术交流,把握世界科技发展动态,拓宽创新思路和视野,加快提升自主创新能力。国资委组织实施“企业经营管理人才素质提升工程”,定期从中央企业选派不同层次的优秀经营管理人才到国外一流高校、国际跨国公司和知名培训机构研修。“十二五”期间,中央企业主要领导人员和后备人选参加该工程领军人才培养计划达到80%,其中境外培训不少于400人次。中央企业新聘任外部董事参加国际培训率达到100%。

(三)大力引进海外高层次人才。

按照中央实施“千人计划”的部署,继续加大海外引才工作力度。根据中央企业实施科技创新战略、发展战略性新兴产业需要,大力引进能够突破核心和关键技术、推动科研成果转化、发展高新技术产业的高层次科技人才和高水平创新团队,以及具有先进管理理念、能够组织大规模科技攻关和集成创新的科研管理人才。适应中央企业国际化经营、集团化发展要求,积极引进熟悉资本运作、跨国经营、金融、法律等方面急需紧缺的高端专业管理人才。注重从国外知名院校招聘优秀毕业生,加强国际化人才储备。加快推进国家级人才创新创业基地建设,为海外高层次人才充分施展才华、实现职业理想提供与国际接轨的一流科研平台。

(四)进一步完善市场化选人用人机制。

坚持市场化选人用人,使人才正常更替、合理流动,是中央企业市场化运作的内在要求。要按照市场化机制选人,企业内部选才以竞争性选拔为主,外部选才采取公开招聘或者直接委托人才中介机构“猎取”。积极探索在企业党代会、工会会员代表大会、团代会闭会期间,采取内部竞争上岗、公开招聘等方式选拔党委、纪委、工会和团委负责人,促使优秀的党群工作者脱颖而出。要强化市场化机制管人,健全经营管理者聘任制、任期制和任期目标责任制,规范和完善劳动合同、聘任合同管理,实行契约化管理,促进职务能上能下、人员能进能出,增强各类人才无为则无位的危机意识,保持奋发有为的精神状态。

(五)建立健全科学的人才考核评价体系。

科学的考核评价体系,要体现企业特点,突出战略导向,做到结果公正。各中央企业要围绕发展战略和经营目标任务,进一步完善企业领导人员经营业绩考核制度,深入实施经济增加值考核,并根据董事会、党组织和经理层的履职特点,分层分类制定企业领导班子和领导人员综合考评标准及办法,引导企业领导人员更加注重科学发展。要扎实开展岗位分析,围绕企业发展战略实施的关键绩效指标,进一步健全以岗位职责为基础、目标管理为重点的全员业绩考核体系,促进各类人才立足岗位争做贡献。要进一步加强考核评价结果的应用,使之作为各类人才选拔任用、薪酬分配和职业发展的主要依据。

（六）进一步强化对优秀人才的激励。

各中央企业要建立健全以考核评价结果为基础，与岗位职责和工作业绩相挂钩，物质激励和精神激励相结合，短期激励与中长期激励相衔接的激励机制。建立健全各类人才薪酬收入管理制度，进一步规范股权激励、分红权激励等中长期激励。对引进的高层次人才、企业急需紧缺人才和关键岗位的核心人才，可以实行协议薪酬。进一步强化对各类优秀人才的精神鼓励，设立体现各类人才特点的荣誉称号，积极推荐优秀人才参加国家有关评选表彰，更好地激发各类优秀人才不断追求卓越。

（七）积极营造人本化的人才发展环境。

各中央企业要坚持以人为本、服务人才，当好人才"后勤部长"，积极为各类人才成长进步创造良好环境。积极宣传人才工作的方针政策，总结推广企业人才工作和人才队伍建设的好做法好经验，大力宣传各类优秀人才和先进典型，形成各方面关心人才发展、支持人才工作的良好外部环境。积极建设业绩文化、创新文化、诚信文化、和谐文化，大力弘扬创业光荣、创新可贵、创造无价、奉献崇高的时代风尚，形成尊重劳动、尊重知识、尊重人才、尊重创造的良好氛围。切实加强对各类人才的人文关怀，建立健全企业党委（党组）直接联系高层次人才制度。各级领导人员要进一步加强与本企业优秀人才的日常沟通，及时了解掌握他们的思想动态，努力改善工作生活条件，及时解除后顾之忧，让人才充分感受到组织的关怀，形成鼓励人才想干事业、支持人才干成事业、帮助人才干好事业的良好服务环境。

四、保障措施

（一）进一步加强对实施人才强企战略的组织领导。

国资委统筹抓好中央企业人才强企的战略规划、宏观指导、政策研究和协调服务工作。进一步加大对企业人才培养、引进、考评、激励等工作的支持力度，促进中央企业之间、中央企业与政府部门之间的人才交流，加强与国家有关部门的工作沟通和协调，为中央企业人才发展争取有利政策。设立中央企业人才基金和科技奖励基金，对作出突出贡献的优秀人才给予特殊奖励。及时总结推广中央企业人才工作、人才队伍建设的成功做法和典型经验。

各中央企业要结合实际，研究制定加强和改进企业人才工作的政策措施，及时完善相关规章制度，逐级抓好人才队伍建设工作。各级企业领导班子要着力抓好人才队伍建设的规划落实、政策制定、协调服务，及时解决好工作中出现的新情况、新问题。企业主要领导人员对本企业人才工作负总责，重点抓好企业人才工作、人才队伍建设的组织落实和督导工作，并层层建立起人才工作责任制，做到责任到人、任务到人，确保人才强企战略的有效实施。

(二)进一步做好人才基础性保障工作。

各中央企业要深入开展企业人才理论、实践和政策研究，及时总结人才工作的成功做法和经验，不断提高人才工作水平。加大对人才队伍建设和人才工作的投入，落实必要的资金保障。推进人才工作信息化建设，建立各类优秀人才库，对高层次人才实行重点联系。强化企业组织人事部门在人才工作上的牵头抓总作用，调动各职能部门的积极性，形成企业发展与人才发展和谐共进的良好局面。

企业党建与群众工作

关于印发《中央企业高级政工师任职资格评审和审批权限管理暂行办法》的通知

2004 年 6 月 25 日　国资政职〔2004〕7 号

各中央企业：

为加强对中央企业高级政工师任职资格评审工作的管理，国资委思想政治工作人员专业职务任职资格评审工作领导小组制定了《中央企业高级政工师任职资格评审和审批权限管理暂行办法》，现印发给你们，请遵照执行。

附件：中央企业高级政工师任职资格评审和审批权限管理暂行办法

附件：

中央企业高级政工师任职资格评审和审批权限管理暂行办法

第一条　为加强对中央企业高级政工师任职资格评审工作的管理，根据《企业思想政治工作人员专业职务试行条例》（中办发〔1990〕8 号）、《关于实施〈企业思想政治工作人员专业职务试行条例〉的若干规定》（中宣发文〔1990〕8 号）、《关于企业思想政治工作人员专业职务评聘工作转入经常化的意见识企政职〔1993〕3 号》、《关于中央企业思想政治工作人员专业职务任职资格评审工作若干问题的通知》（中企政职〔2001〕2 号）、《中央企业思想政治工作人员高级专业职务任职资格评审委员会管理办法（试行）》（中企政职〔2001〕4 号）的有关规定，制定本办法。

第二条 国务院国有资产监督管理委员会思想政治工作人员专业职务任职资格评审工作领导小组(以下简称国资委政工职称评审工作领导小组)对中央企业(以下简称企业)的高级政工师任职资格评审和审批权限(以下简称评审权和审批权)实施统一管理,对具备条件的企业授予评审权、审批权,批准组建高级政工师任职资格评审委员会(以下简称高评委)。

第三条 企业申请评审权应具备的条件:

(一)企业党的建设、思想政治工作和精神文明建设成绩显著,各级组织机构健全,有一支素质较高的专兼职政工干部队伍,在企业改革、发展、稳定中发挥积极的作用;

(二)开展政工专业职务评审工作时间较长,企业重视政工专业职务评审工作,有具体负责此项工作的部门和人员;

(三)严格执行政工专业职务评审的有关政策规定,评审质量较好,没有违规违纪现象,积累了较丰富的工作经验;

(四)企业规模较大,在职的高级政工师人数五十人以上。

第四条 企业申请审批权应当具备下列条件:

(一)已授予评审权并组建了高评委,正常开展高级政工师的评审工作,评审质量较高,积累了较丰富的工作经验;

(二)严格执行有关的评审政策和评审程序,评审工作规范,没有发生违规违纪问题。

第五条 企业申请评审权和审批权应当遵循下列程序:

(一)符合条件的企业向国资委政工职称评审工作领导小组提出书面申请,申请评审权的企业在提交书面申请的同时提出企业政工专业职务评审工作领导小组和高评委组建方案;

(二)国资委政工职称评审工作领导小组办公室对申请评审权、审批权的企业相关情况进行考核,向国资委政工职称评审工作领导小组提交企业情况报告并提出授权与否建议;

(三)国资委政工职称评审工作领导小组组长审批,或者组长委托副组长审批。

第六条 由原主管部门授予了评审权、审批权的企业划归国资委管理后，其评审权、审批权须经国资委政工职称评审工作领导小组确认。确认评审权、审批权应由企业提出申请，并填写《中央企业政工专业职务任职资格评审工作领导小组成员申报表》与《中央企业政工专业高级职务任职资格评审委员会成员申报表》，提供原主管部门的批件及相关文件。确认的程序与本办法第五条的规定相同。经确认后，方可继续开展工作。

第七条 具有评审权、审批权的企业经改组分立为若干企业的，原企业的评审权、审批权自动取消，新组建的企业须按本办法规定的条件和程序重新申请评审权、审批权。

第八条 具有评审权、审批权的企业兼并其他企业，其评审权、审批权继续有效；与其他企业合并组建新的企业，其评审权、审批权继续有效，但须报国资委政工职称评审工作领导小组确认。

第九条 具有评审权、审批权的企业被划入不具有评审权、审批权的企业，或被不具有评审权、审批权的企业兼并时，该企业不再保留评审权、审批权，新组建的企业可按本办法规定的条件和程序申请评审权、审批权。

第十条 企业政工职称评审工作领导小组和高评委组成人员的调整。

（一）企业政工职称评审工作领导小组人员的调整由企业自行决定，并将有关文件报国资委政工职称评审工作领导小组办公室备案。

（二）企业调整高评委组成人员应当遵循下列程序：

1. 企业向国资委政工职称评审工作领导小组办公室来函，说明调整的原因以及拟新任高评委成员的基本情况。

2. 领导小组办公室对企业提交的情况进行审核，并与企业交换意见，意见一致后报办公室领导审核。

3. 办公室领导审核同意后由办公室通知企业，企业将调整高评委的文件报国资委政工职称评审工作领导小组办公室备案。

第十一条 只有评审权的企业须将高级政工师任职资格评审结果

报国资委政工职称评审工作领导小组审批。既具有评审权,又具有审批权的企业应在评审工作结束后及时将高级政工师任职资格评审工作情况和评审、审批结果报国资委政工职称评审工作领导小组办公室备案。

第十二条 企业高级政工师任职资格评审工作的监督。

企业党委(党组)要加强对思想政治工作人员专业职务任职资格评审工作的领导。企业政工职称评审工作主管部门要严格按规定办事,做好相关工作。企业高评委要严格按评审政策和评审程序认真履行职责,遵守评审工作纪律,不断提高评审的质量和水平。

国资委政工职称评审工作领导小组办公室对企业高级政工师任职资格评审工作进行指导、检查和监督,对不按规定进行评审的现象予以纠正;对严重违反评审规定的企业高评委,报国资委政工职称评审工作领导小组,进行诫勉谈话或通报批评,直至取消其评审权、审批权。

第十三条 企业政工师任职资格评审和审批权限管理办法可参照本办法自行制定。

第十四条 本办法由国资委政工职称评审工作领导小组办公室负责解释。

第十五条 本办法自发布之日起执行。

国资委党委关于印发《关于加强和改进国资委监管企业女职工工作的意见》的通知

2004 年 3 月 1 日　国资党委群工〔2004〕21 号

各中央企业党委(党组):

现将《关于加强和改进国资委监管企业女职工工作的意见》印发给你们,请结合实际认真贯彻落实。

附件:关于加强和改进国资委监管企业女职工工作的意见

附件：

关于加强和改进国资委监管企业女职工工作的意见

为全面贯彻“三个代表”重要思想，深入实施国务院《中国妇女发展纲要》(2001～2010年)，在国有企业改革发展中更好地发挥女职工的作用，维护女职工的合法权益和特殊利益，现就进一步加强和改进国资委监管企业(以下简称中央企业)女职工工作提出以下意见。

一、提高认识，加强对女职工工作的领导

国有企业的女职工工作，是党的群众工作的重要组成部分，也是工会工作的重要内容之一。在中央企业职工中，女职工占三分之一，她们是企业物质文明、政治文明、精神文明建设的重要力量。保护好、调动好、发挥好女职工的积极性和创造性，对于中央企业的改革发展稳定具有重要意义。随着社会主义市场经济的发展，国有资产管理体制改革的深化，特别是中央企业战略性重组的推进，企业的组织形式、运行机制和劳动关系发生着重大变化。女职工劳动就业、劳动保护、参与企业管理等方面出现了许多新情况、新问题，部分女职工的合法权益和特殊利益在一些企业尚未得到很好的维护。各中央企业党委(党组)、工会要高度重视女职工在企业改革发展稳定中的作用，充分认识女职工工作的特殊性和重要性，切实加强对女职工工作的领导。要把女职工工作纳入党委、工会工作的重要议事日程，认真研究新时期女职工工作的特点和规律，支持女职工组织依照《工会法》和《中华全国妇女联合会章程》，围绕企业的中心任务，独立自主、创造性地开展工作。要定期听取女职工工作汇报，研究解决女职工工作中存在的问题和困难，从财力、物力、人力等方面为女职工组织开展工作创造条件。要加强女职工组织建设。各企业工会都要建立女职工委员会，把优秀的女干部选拔到女职工委员会。各级工会组织要努力争取党委、行政对女职工工作的重视和支持,协调工会各部门共同做好女职工工作。

二、深入学习贯彻“三个代表”重要思想,用“三个代表”重要思想统领中央企业女职工工作

深入学习贯彻“三个代表”重要思想,是在全面建设小康社会历史进程中充分发挥包括广大女职工在内的工人阶级主力军作用的必然要求,是不断开创新世纪新阶段女职工工作新局面的客观需要,也是不断提高女工组织自身建设水平的迫切要求。各中央企业女工组织要把学习实践“三个代表”重要思想作为首要政治任务,使“三个代表”重要思想真正成为统领女职工工作全局的根本指针,落实到广大女工干部和女职工的实际行动中去。要精心组织好广大女职工的学习,充分利用企业的宣传教育阵地,富有成效地开展特色鲜明的学习教育活动。各级领导干部要坚持学习在前、实践在前,不断增强实践“三个代表”的自觉性和坚定性,真正起到模范带头作用。要牢牢把握立党为公、执政为民这个本质,怀着深厚感情努力做好女职工工作,把女职工满意不满意、高兴不高兴作为检验标准。

三、完善机制,依法维护女职工的合法权益和特殊利益

代表和维护女职工的合法权益和特殊利益是工会女职工组织的基本职责。各级工会要紧密联系女工工作的实际,在发展、改革、参与、帮扶的过程中,履行好维护职工合法权益的基本职责。要从机制上保障女职工组织有效履行维护职能,建立和完善源头参与机制,保证维权渠道畅通。在企业建章立制过程中,涉及女职工就业、参政、分配、教育、健康等方面问题时,要保证女职工委员会的民主参与权。

(一)维护好女职工的政治权利。

要保障女职工参与企业的决策和管理。要保证各级职工代表大会中女代表的比例,使其与本单位女职工所占比例相适应。要重视女干部的培养和推荐工作,积极向党组推荐优秀女干部进入各级领导班子。

(二)维护好女职工的劳动权益。

劳动权益是女职工的基本权益,是实现其他各项权益的基础。工会组织要充分发挥女职工组织的作用,保证女职工委员会参与企业改革和劳动用工、下岗再就业等政策的制订。要认真贯彻国家关于加快推进再就业工作的精神,做好下岗待业女职工的培训和再就业工作。要引导女职工增强市场竞争意识,转变就业择业观念,提高自身全面素质,寻求自我发展新路。

(三)维护好女职工的特殊利益。

要认真贯彻国家有关女职工劳动保护的法律、法规和政策规定,做好女职工劳动保护工作。要关心女职工的生活,照顾女职工的特殊需求,定期进行妇科病普查和防治。依法解决好女职工生育期间的待遇,建立企业女职工生育健康保险,努力为女职工构筑抵御风险的屏障。

(四)做好困难女职工帮扶救助工作。

要结合各单位实施的“送温暖”工程,建立健全困难、单亲女职工档案。积极反映困难女职工的情况,为她们争取更多的援助,特别要千方百计保证困难、单亲女职工的子女正常就学。要配合有关部门,将符合条件的特困女职工纳入城镇居民最低生活保障范围。各级女职工组织要普遍建立和坚持与困难女职工结对救助制度,帮助她们早日走出困境。要特别关心女职工中劳模、先进人物、科技人员的工作和生活,积极为她们解决实际问题。

四、开展“巾帼建功”活动,发挥女职工在企业全面发展中的作用

“巾帼建功”活动是女职工工作围绕中心、服务大局的一种有效途径,是动员和组织女职工积极投身企业物质文明、政治文明、精神文明建设的重要载体。中央企业各级女工组织要围绕中国妇女九大提出的“创造新岗位、创造新业绩、创造新生活”的目标,引导和激励广大女职工为中央企业改革发展贡献聪明才智,为全面建设小康社会作出贡献。开展“巾帼建功”活动,要结合企业的实际和女职工的特点。当前,要重

点开展好提升素质教育活动、岗位立功活动、经济技术创新活动和文明家庭创建等活动。

(一)开展提升素质教育活动。

女职工素质高低,是决定女职工参与企业经营管理和改革发展程度与水平的重要因素。各级女职工委员会要把提高女职工素质作为一项长期的战略任务,积极为女职工提高素质创造条件,提供服务。要动员女职工把学习作为一种生存方式,坚持学以立德、学以增智、学以致用;积极参加自学、函授及脱产学习,提升自身学历水平;积极参加企业开展的不同形式的职业教育、职业培训和实用技术培训,学习新知识,储备新技能。要把提升女职工素质活动纳入"职工素质工程",动员和组织女职工积极参加"争创学习型红旗班组,争做学习型先进职工"活动,为女职工搭建多种形式的学习交流平台,为她们了解把握政策、树立先进经营理念、了解科技市场信息、学习先进创业经验等提供服务。要根据不同行业的特点开展素质达标、学习竞赛等活动,推动女职工学习知识,掌握技能,促进女职工综合素质不断提升。

(二)开展岗位立功活动。

各中央企业要深入开展"巾帼文明示范岗"创建活动,使之成为女职工提高自身素质、创造新业绩、展现新风貌的品牌活动。要坚持以推动企业生产经营、提高经济效益为目标,组织女职工开展岗位立功和形式多样的岗位争创活动。要教育女职工树立有为才有位的观念,爱岗敬业,艰苦奋斗,无私奉献,争创一流,为企业发展贡献聪明才智。在女职工比较集中的行业,要重点围绕提高效益、扭亏增盈、优质服务的主题开展各种形式的竞赛,最大限度地调动女职工积极性和创造性,发挥"半边天"的作用。

(三)开展经济技术创新的活动。

各级女职工组织要广泛动员女职工积极投入到群众性经济技术创新活动中,开展提合理化建议和"五小"科技攻关活动。要发挥女科技人员、女管理人员在经济技术创新中的作用,鼓励她们多出研究和技术成果。组织女技术干部、女管理干部,针对企业技术与管理上的难点开展论坛，为企业发展献计献策。

（四）开展文明家庭创建活动。

女职工在家庭中具有特殊的地位和作用。各级女职工组织要结合贯彻《公民道德建设实施纲要》，深入开展文明家庭创建活动，大力弘扬“尊老爱幼、男女平等、夫妻和睦、勤俭持家、邻里团结”的家庭美德，倡导健康、科学、文明、进步的生活方式。要把创建文明家庭活动与弘扬企业精神相结合，与职业道德、社会公德建设相结合，与开展互帮互助活动相结合，推动文明家庭创建活动上新水平。

在开展“巾帼建功”活动中，各企业要充分发挥先进典型的示范带动作用。要大力培养选拔不同方面不同类型的先进个人和先进集体典型，加强宣传、引导、激励，以先进典型的示范作用，带动女职工进步与发展。

五、加强女职工组织自身建设，全面提升女职工工作水平

加强女职工委员会自身建设，是做好女职工工作的前提和保证。各企业要按照《工会法》和全总《工会女职工委员会条例》要求，落实女职工组织建设，做好女职工干部的配备工作。在企业改革改制过程中，要抓紧新建经济组织中女职工组织的组建工作，确保新建企业女职工工作的正常开展。

要在提高女职工干部的思想政治理论素质上下工夫。女职工干部要联系企业和女职工工作实际，努力学习邓小平理论和“三个代表”重要思想，学习马列主义妇女观，善于用理论作指导，思考和研究工作，学会从全局出发考虑问题，不断提高认识问题、分析问题和解决问题的能力和水平，提高工作能力。采取培训与自学相结合的方法，学习与业务工作相关的法律法规和其他各种新知识，坚持在干中学，学中干，努力提高业务水平和实际工作能力。

广大女职工干部要加强作风建设，自觉深入基层，倾听女职工的呼声，反映女职工的意愿，多为她们办实事办好事。要善于联合各方面的力量，充分发挥女职工自身的力量，努力成为女职工的知心人、贴心人、带头人,用优秀的人品、广博的知识,影响和带领女职工不断进步。

国资委党委关于印发《关于中央企业深入实施职工素质工程的指导意见》的通知

2004 年 4 月 23 日　国资党委群工〔2004〕36 号

各中央企业党委(党组):

现将《关于中央企业深入实施职工素质工程的指导意见》印发给你们,请结合实际贯彻落实。

附件:关于中央企业深入实施职工素质工程的指导意见

附件:

关于中央企业深入实施职工素质工程的指导意见

为认真贯彻落实《中共中央国务院关于进一步加强人才工作的决定》(中发〔2003〕16 号),国资委党委决定在中央企业深入实施职工素质工程。实施职工素质工程,就是面向广大一线职工,以提高职工技能素质为主题,以"争创学习型红旗班组、争做知识型先进职工"活动为主要载体,通过开展多种形式的职业技能培训、读书自学、技能竞赛、岗位练兵等活动,为职工求知学技、提升素质搭建平台,为中央企业全面、协调和可持续发展提供高技能人才资源。具体意见如下:

一、认识深远意义

（一）实施职工素质工程，是落实党的十六大、十六届三中全会和中央人才工作会议精神，贯彻“三个代表”重要思想的必然要求。进入新世纪新阶段，科技进步日新月异，知识和信息已经成为现代经济和社会发展的强大动力。面对新形势，党中央、国务院大力实施人才强国战略，将培养高层次、高技能人才纳入了国家人才工作总体规划。实施职工素质工程，全面提高职工综合素质，增强职工的就业能力、创新能力和创业能力，保持中央企业职工队伍的先进性，实现人才强企，是落实“三个代表”重要思想和人才强国战略的具体体现，有助于中央企业提高效益，加快发展，为实现全面建设小康社会的奋斗目标作出更大贡献。

（二）实施职工素质工程，是巩固党的执政地位，发挥国有经济主导作用的战略选择。中央企业是国民经济发展的重要支柱，在建设中国特色社会主义事业中有着很强的控制力、影响力和带动力，在巩固党的执政地位中发挥着不可替代的作用。国家间综合国力的竞争及企业间综合实力的竞争，归根到底是劳动者素质的竞争。中央企业要在激烈的国际市场竞争中赢得主动并发展壮大，就必须培育一批拥有自主知识产权、主业突出、核心竞争力强的大型企业集团。实施职工素质工程，牢固树立人才资源是第一资源的观念，提高中央企业职工队伍整体素质，是增强企业竞争力、实现企业跨越式发展和国有资本保值增值的客观需要，有助于发展壮大国有经济，巩固党的执政地位。

（三）实施职工素质工程是维护职工合法权益，促进职工全面发展的迫切需要。近年来，中央企业在提高职工队伍素质方面取得了明显成绩，创造了不少好经验，一大批学习型企业、学习型班组、学习型职工脱颖而出，为企业创造了效益，赢得了荣誉。但是，也存在一些亟待解决的问题。高技能人才短缺，与企业发展的需求不适应；职工文化程度偏低，与企业的科技进步不适应；专业技术人员职级较低，与技术密集型企业的发展要求不适应；下岗分流职工劳动技能单一，实现再就业面临困难。实施职工素质工程，通过培训，帮助职工树立人人可以成才的理念，提高文化科技素质，丰富劳动技能，有助于维护职工的合法权益，促进职工的全面发展。

二、明确工作目标

实施职工素质工程，要立足班组，面向职工，学习知识，掌握技能，提高素质，促进发展，力争用3年的时间，使职工的文化道德素质有新面貌，技术工人队伍的结构趋于合理，技能水平有新提高，职工队伍的整体素质得到明显改善，班组建设得到巩固和加强，促进职工再就业有新进展。2004～2006年，国资委将着力实施中央企业职工素质工程三年规划：

——技术工人队伍结构趋于合理。落实劳动保障部提出的“三年五十万”新技师培养计划，紧密结合企业实际需求，在制造、建筑、服务等行业技能含量较高的职业中，加快培养一批技术技能型、复合技能型人才，以及高新技术产业发展需要的知识技能型人才，推动企业各类高、中、初级技能人员梯次发展，按专业工种达到合理的比例结构，工人技师、高级技师的比例逐年递增。

——职工的技能水平有新提高。要通过3年的努力，使职工技能普遍提高一个等级。引导、帮助职工不断增加新知识和新技能储备，做到立足岗位精一技、面对竞争会两手、长远考虑学三门，基本能够适应技术进步和企业发展的新要求，增强生存和发展能力。

——班组建设得到巩固和加强。要通过开展创建学习型班组活动，充分发挥班组学习优势，强化团队学习，努力为职工创建学习有氛围、岗位能成才、工作有创新的学习环境，全面提高班组的学习能力、创新能力和管理能力，为把企业建设成为学习型组织打好基础，为企业做强做大积聚动力。

——促进职工再就业有新进展。要重视转岗和下岗职工的职业技能培训，适应再就业的需要，学习一技之长，掌握实用技术，为他们实现再就业提供切实有效的知识和技能服务。

各中央企业要从实际出发，制定实施职工素质工程、加快高技能人才培养的年度计划和三年规划，做到目标明确，措施到位，责任到人，保障有力，确保中央企业职工素质工程总体目标的实现。

三、把握基本原则

（一）突出重点，与职工队伍建设相结合。要针对职工技术技能方面存在的薄弱环节，重点培育一线职工过硬的技术本领、较强的创新能力和良好的职业道德素质，激发他们学习、创造的潜能，充分调动广大职工的积极性、主动性和创造性。

（二）立足基层，与班组建设相结合。班组是做好企业各项工作的基础，是激活企业活力的细胞。实施职工素质工程要以班组为单位，建章立制，夯实基础，强化质量管理、成本控制和自主管理，提高班组凝聚力和战斗力。

（三）注重实效，与推动企业发展相结合。要紧密围绕企业技术进步和产业结构调整，切实提高职工的职业技能和技术攻关能力，大力培养适应企业发展需要的高技能人才，注重针对性和实效性，力戒形式主义。

（四）完善机制，与现代企业制度相结合。提高职工素质，是现代企业制度的内在要求。要把职工素质工程融入现代企业制度，逐步建立分层次、分类别、多渠道、多形式、有实效、有活力的工作机制，促进企业科学管理。

四、找准工作载体

（一）开展“争创学习型红旗班组、争做知识型先进职工”活动。贯彻落实全总、国资委等部门《关于印发〈关于开展全国“创建学习型组织，争做知识型职工”活动的实施意见〉的通知》（总工发〔2004〕2 号）。大力推广提高学习力就是提高竞争力的观念，以加强班组建设、增强班组和职工的技术攻关能力为重点，广泛开展班组学习、劳动竞赛、集体攻关、献“金点子”等活动，支持职工参加多学科、多技能、多资质的准备教育和终身教育，培育一批学习能力强、创新能力强、竞争能力强的先进班组和职工,发挥示范带动作用。形成人人要学习,个个爱学技,争先创优,拼搏向上的良好氛围,促进企业核心竞争力的提高。

(二)举办职业技能竞赛。要大力组织开展多层次、多工种、各类职工参加的职业技能竞赛,不断提高竞赛的技术含量和技能水平,注重在企业内部发现和培育技艺高超、业绩突出的技能人才。鼓励企业和职工积极参加国家级、省部级和企业所在地举办的各类职业技能竞赛活动。

(三)强化岗位练兵。要组织生产经营一线职工,广泛开展岗位培训、读书自学、拜师学艺、导师带徒、技能比武、技术攻关、创新创效、观摩研讨等活动,使“提高技能就是提高就业生存能力”的观念深入人心,引导职工岗位成才。

(四)进行技能业务培训。要按照有关规定,对新招或转岗的职工必须先培训,后上岗。充分挖掘各类职业教育、职业培训资源,开展多层次、多形式的培训。完善培训方式,强化专业技能业务训练,突出新知识、新技术、新工艺、新方法的内容,注重职业培训与岗位需求的有效衔接,不断提高培训质量和水平。

(五)促进职业资格认证。认真执行国家职业(技能)标准,建立健全初、中、高级技术等级考核和技师、高级技师考评制度,搞好职业技能鉴定,推行职业资格证书制度,逐步实现职业资格证书与学历文凭并重,职业资格证书制度与就业上岗制度相衔接。要积极争取劳动保障部门的支持,有条件的企业要充分发挥本单位职业技能考核站(所)的作用,扩大中、高级技工职业技能鉴定的数量和覆盖面。大力推广企业岗位练兵、教育培训效果和国家职业标准相结合的考核方法,不断扩大职业资格证书的覆盖范围,调动职工学习技术的积极性,提高职工素质和企业的产品、服务质量。

五、完善保障机制

(一)健全教育培训制度。要依照《中华人民共和国职业教育法》等有关规定,完善企业职工技术培训制度。企业要制定切实可行的培训计划,保障职工接受教育和培训的时间,要保证职工教育和培训经费不低于职工工资总额的1.5%，从业人员技术要求高、培训任务重、经济效益好的企业，不低于职工工资总额的2.5%。要努力挖掘、运用企业内部教育培训资源，充分利用社会资源，促进职工学历层次、文化水平和技能素质的提高。

（二）落实考核评审制度。企业工会组织、人力资源等部门要建立联席评审制度，对班组和职工个人提高素质建立严格的动态考核评比办法。要认真做好职工发明创造、先进操作法、科研成果、技术改进成果的申报、鉴定、命名和推广工作，协助政府有关部门对发明专利和科研成果的认定。要建立企业职工"人才库"，对优秀的技能人才要重点培养、开发和使用，保证人才资源为推动企业发展作出贡献。

（三）完善表彰激励制度。要建立有利于职工学习知识、掌握技能的激励机制，大力表彰、宣传实施职工素质工程的先进典型，把学习型先进职工和红旗班组的表彰，同评选表彰劳动模范和先进集体结合起来。要切实提高高技能人员的待遇，把职工学习技能、晋职晋级同企业分配制度改革配套挂钩，并按照国家、地方及企业的有关规定，落实相应的待遇，为技术人才成长创造良好条件。要积极探索创新激励载体，引导职工在职业生涯设计中，把个人的发展方向和企业的发展战略紧密结合起来。

（四）严格民主监督制度。企业工会组织要切实维护职工受教育的合法权利，对企业行政领导组织支持职工技术培训情况进行必要的民主监督。要把职工教育培训计划纳入企业平等协商、签订集体合同的重要内容。职工教育培训计划、奖励方案和经费使用情况要经职代会审议。

六、抓好关键环节

（一）抓组织领导。企业党委（党组）要加强对职工素质工程的领导，把这项工作纳入企业人才发展战略规划，提上重要议事日程，成立专门的领导小组，明确分工，落实工作责任。形成党委领导、行政规划、教育培训和人力资源部门组织实施、工会协调监督、其他相关部门配合的齐抓共管的工作格局。

(二)抓规划实施。企业行政要制定职工素质工程规划和实施细则,提出工作总目标和分阶段实施目标,采取行之有效的措施,扎实推进。要为素质工程的实施提供必要的物质保证,落实培训经费。企业的人力资源、教育培训等相关部门要在实施职工素质工程中各尽其责,密切配合。

(三)抓督导落实。要坚持结合工作搞调研,通过调研促工作,从企业实际情况和行业特点出发,深入调查研究,提出具体要求,加强分类指导。要按照一级抓一级、责任到人、工作到位的要求,加强对实施职工素质工程情况的督导检查,及时发现工作中的新情况、新问题,研究制定改进措施。

(四)抓典型示范。要结合企业发展与职工需求,抓好试点,总结经验,以点带面,全面推广。深化对职工素质工程的规律性认识,培育不同类型企业实施职工素质工程的典型经验。国资委将定期组织开展中央企业职工技能大赛,表彰学习型红旗班组和学习型先进个人。各中央企业要重视发挥先进典型的示范作用,扩大覆盖面,增强影响力,推动职工素质工程向纵深发展。

中央统战部　国资委党委关于印发《关于进一步加强和改进国有企业统战工作的意见》的通知

2004 年 6 月 30 日　统发〔2004〕37 号

各省、自治区、直辖市和计划单列市党委统战部;各中央企业党委(党组):

现将同中组部商定的《关于进一步加强和改进国有企业统一战线工作的意见》印发给你们。请结合本地区本部门工作实际,认真贯彻执行。

附件:关于进一步加强和改进国有企业统战工作的意见

附件：

关于进一步加强和改进国有企业统战工作的意见

《关于进一步加强和改进国有企业统一战线工作的意见》(统发〔1995〕30 号)下发以来,各级党委和统战部门结合实际开展工作,统一战线在国有企业改革、发展和稳定中发挥了重要作用。随着改革进一步深化,国有企业的所有制结构和经营机制发生了重大变化,国有企业统战工作出现了一些新情况。根据党中央对新世纪新阶段统战工作的要求,为进一步加强和改进国有企业统战工作,特提出以下意见。

一、充分认识新世纪新阶段加强国有企业统战工作的必要性

在全面建设小康社会新阶段,进一步加强国有企业统战工作,对巩固和发展党的统一战线,巩固党的领导地位和执政地位,推动国有经济发展,建设社会主义物质文明、政治文明和精神文明,实现全面建设小康社会的宏伟目标,都具有重要作用。

加强国有企业统战工作是企业党的建设的客观要求。国有企业统战工作是企业党的工作的重要组成部分,是特殊的思想政治工作。国有企业中汇集着统一战线各方面人士,他们作为统战成员,也是党的群众基础;作为工人阶级的一部分,又是党的依靠力量。做好国有企业统战工作,对于宣传党的政治主张,密切党与党外人士的联系,增强党组织的凝聚力,巩固和扩大党的群众基础和阶级基础都具有重要作用。

加强国有企业统战工作是企业改革、发展和稳定的客观要求。广大统战成员是企业改革、发展、稳定的积极力量。做好统战工作,对于统一思想,理顺情绪,引导各方面力量支持改革、参与改革、促进改革;对于争取人心,凝聚力量,充分调动方方面面的积极性和创造性,推动

企业发展;对于协调关系,化解矛盾,维护企业和社会政治稳定具有重要作用。

加强国有企业统战工作是企业经营管理的客观要求。国有企业统战工作既是一项政治性、政策性很强的政治工作,也是与现代企业制度相融合的一种有效的特殊群众工作。做好统战工作,有利于营造和谐氛围,优化人才资源配置,增强企业的核心竞争力;有利于发挥统战成员联系广泛的优势,推动企业外引内联,拓展企业发展空间;有利于促进企业的民主决策、民主管理和民主监督,实现决策的民主化、科学化。这些对于深化企业改革,提高企业发展质量,实现国有资本保值增值具有重要的促进作用。

国有企业统战工作是党的统战工作的重要组成部分。做好国有企业统战工作,对于促进党的统战工作全面发展具有重要作用。在建立现代企业制度、完善社会主义市场经济体制、全面建设小康社会进程中,党的统一战线的法宝作用没有改变,国有企业统战工作的重要地位没有改变。国有企业统战工作只能加强,不能削弱。各级党委和企业负责人要充分认识国有企业统战工作的重要意义,消除企业统战工作无关论、过时论、无用论等模糊认识,增强做好企业统战工作的积极性、主动性和创造性,推动国有企业统战工作迈上新台阶。

二、进一步明确国有企业统战工作的指导思想、范围和职责

国有企业统战工作的指导思想是,以邓小平理论和“三个代表”重要思想为指导,全面贯彻执行党的统一战线方针政策,充分发挥统一战线的优势,协调关系,化解矛盾,争取人心,凝聚力量,为企业改革、发展和稳定服务,为国有资本保值增值服务,为完善社会主义市场经济体制服务,为全面建设小康社会和祖国统一大业服务。

国有企业统战工作的范围是,国有企业中的党外知识分子,各民主党派成员,无党派人士,非公有制经济人士,出国和归国留学人员,少数民族员工,信教员工,香港、澳门同胞及其亲属,台湾同胞、去台湾人员留在大陆的亲属和回大陆定居的台胞,海外侨胞和归侨侨眷,原工商业

者，起义和投诚的原国民党军政人员等。重点是做好具有高级职称的党外专家、技术骨干，各级党外人大代表、政协委员，民主党派基层组织和统战团体的负责人，企业董事会、监事会及经营管理层中的党外人士或非公有制经济人士等方面代表人士的工作。

国有企业统战工作的主要职责是，贯彻落实党的统战方针政策，充分调动党外人士的积极性，为企业中心工作服务；及时了解、反映企业中统一战线各方面人士的思想动态和意见建议；协调企业中统一战线各方面的关系，及时化解矛盾；发现、选拔、培养、举荐党外代表人物，协助企业党委和上级有关部门做好党外人士的政治安排、实职安排。

三、进一步明确国有企业统战工作的主要内容

做好党外知识分子工作。党外知识分子工作是国有企业统战工作的重点。履行反映情况、掌握政策、协调关系、举荐人才的职能。坚持“尊重劳动、尊重知识、尊重人才、尊重创造”的方针，贯彻落实党的知识分子政策。加强党外知识分子的思想政治工作，引导他们将实现个人价值与促进企业发展结合起来。建立健全信息网络，收集、反映党外知识分子的意见和建议，鼓励他们参与企业民主管理、民主监督和民主决策。努力为党外知识分子发挥才干创造条件，鼓励和支持他们在科技兴企、改革强企、以法治企、文化塑企中发挥积极作用。

做好出国和归国留学人员工作。围绕实施人才强国战略，贯彻党管人才原则，积极协助有关部门落实留学人员的各项政策规定，营造拴心留人的良好环境，充分发挥留学人员人才荟萃、智力密集的优势，推动更多的出国和归国留学人员以各种方式为企业服务。

做好民主党派成员工作。加强对民主党派成员的政治引导，支持他们依法、依各自的章程和依企业规章制度开展活动，鼓励他们为企业发展建言献策。帮助民主党派成员提高思想政治素质，为民主党派基层组织在企业中发展成员把好政治关，帮助他们解决工作中的实际问题。

做好无党派人士工作。加强无党派人士队伍建设，适当保留一些党外优秀人才作为无党派人士的骨干。加大培养力度,为他们的成长进步搭建舞台、创造条件。鼓励他们在企业民主管理、民主监督和民主决策中发挥积极作用,支持他们在社会主义政治文明建设中做出贡献。

做好民族和宗教工作。贯彻落实党的民族政策,尊重各少数民族职工的风俗习惯,维护他们的合法权益。贯彻党的宗教信仰自由政策,尊重职工宗教信仰自由的权利。支持地方政府依法加强对宗教事务的管理。在企业内不得成立宗教组织,不得设立宗教场所,不得进行宗教活动。坚决制止和打击利用宗教进行违法犯罪活动,坚决抵御境外敌对势力利用宗教进行渗透破坏活动。

做好港澳台侨工作。推动企业中的港澳同胞和眷属加强与港澳企业界等方面人士的交流、交往与合作,为维护和促进香港特别行政区、澳门特别行政区的繁荣、稳定和发展做出贡献。做好台胞台属工作,发挥他们在吸引台资、扩大对台交流、推进祖国统一进程中的作用。加强与企业中归侨、侨眷的联系,保护他们的合法权益,支持他们与海外开展经济、科技、文化等方面的交流合作和各种联谊活动。

做好党外代表人士的培养选拔和安排使用工作。加强党外代表人士的培养和教育工作,选拔和推荐德才兼备的代表人士担任企业各级领导职务,协助做好有关党外代表人士的政治安排和实职安排工作。党外代表人士后备队伍建设要纳入企业经营管理人才队伍建设的总体规划。

四、建立健全与现代企业制度相适应的统战工作机制

建立健全国有企业统战工作机制。紧紧围绕企业生产经营中心任务和改革发展稳定大局,积极探索与现代企业制度相适应的统战工作新体制、新机制。建立国有企业统战工作的领导机制,发挥企业党委政治核心作用,形成党委领导、行政支持、统战部门协调、相关部门落实的大统战格局。健全国有企业统战工作的运作机制,完善统战工作的支持、保障和责任体系,规范运作程序。建立国有企业统战工作的协调机制,协调工会、共青团、科协、侨台联等群团组织共同做好统战工作。建

立国有企业统战工作的督查机制，确保各部门统战工作职责的落实。

以多种形式做好国有企业统战工作。支持党外代表人士参加企业工作会议并列席职代会，党政领导干部与党外代表人士联系交友，向党外人士通报情况及重大决策出台前征求他们的意见，坚持信访接待和走访座谈，定期组织党外代表人士和统战团体负责人参加有关学习培训，对统战工作进行总结考评表彰。

不断创新国有企业统战工作的方法。继续坚持在实践中形成的行之有效的工作方法，适应形势发展变化，结合企业自身特点，努力探索创新。借鉴现代企业管理的有效方式，充分利用现代科技手段，优化管理模式，改进工作方法，全面提升国有企业统战工作的质量；探索统战工作融入企业中心工作的方式和途径，增强针对性；探索新形势下照顾同盟者利益的实现形式，体现统战政策的连续性；探索国有企业统战工作新的载体，改进国有企业统战活动的内容和形式，增强吸引力和凝聚力。

五、加强和改善党对国有企业统战工作的领导

加强党对国有企业统战工作的领导，是做好国有企业统战工作的根本保证，也是实践“三个代表”重要思想的必然要求。企业党委（党组）在国有企业统战工作方面的职责是：坚持党对统一战线的领导；保证监督党的统战方针政策在企业的贯彻落实；统筹部署统战工作；研究解决统战工作中存在的主要问题。

要把统战工作纳入企业党委（党组）的重要议事日程，定期研究、检查和总结。要把统战工作纳入企业党委（党组）主要领导人的检查考核内容，作为选拔任用干部的重要依据。要把统战理论、政策纳入企业党委（党组）中心组学习内容、企业宣传计划和各级企业党校培训内容，提高企业领导人的统战理论政策水平。要把统战工作经费纳入企业年度经费预算，为国有企业统战工作提供必要的物力、财力保障。

建立健全国有企业统战工作组织体系。各级国有资产监督管理部门党委要建立统战工作机构。统战工作任务重的国有企业党委要设置

统战部;其他国有企业党委要加强对统战工作的领导,明确专人负责抓统战工作,配备统战工作干部。企业基层党组织要明确一名委员负责统战工作。做到统战工作层层有人负责。企业党委实行常委制的,同级党委常委中应有同志分管统战工作;实行委员制的,应有同级党委委员分管统战工作。

切实加强国有企业统战干部队伍建设。要把热爱统战工作、年富力强、有一定理论政策水平和实际工作经验的优秀干部,选拔充实到统战干部队伍中来。要加强对企业统战干部的培养、教育,有计划地安排他们参加各级统战部门、社会主义学院和各级党校举办的培训班,或采取以会代训、考察学习等多种方式,交流经验,全面提高素质。要关心企业统战干部的成长,做好安排、使用、交流工作,帮助他们解决思想、工作和生活上遇到的困难和问题。

地方党委统战部作为党委主管统战工作的职能部门,要把国有企业统战工作摆上重要位置,要有部门切实负责企业统战工作,按照党的隶属关系加强对国有资产监督管理部门党委统战工作的指导。

本意见适用于国有及国有控股企业,其他类型的企业可参照执行。各地可以根据实际情况,制定实施细则。

本文件自颁布之日起,原《关于进一步加强和改进国有企业统战工作的意见》(统发〔1995〕30 号)废止。

关于印发《国资委关于加强中央企业领导人员培训工作的意见》的通知

2004 年 3 月 30 日　国资发党建〔2004〕204 号

各中央企业:

现将《国资委关于加强中央企业领导人员培训工作的意见》印发你

们，请结合实际贯彻落实。

附件：国资委关于加强中央企业领导人员培训工作的意见

附件：

国资委关于加强中央企业领导人员培训工作的意见

为全面贯彻党的十六大精神，根据全国人才工作会议精神和中组部《关于深入学习贯彻"三个代表"重要思想、做好大规模培训干部工作的意见》（中组发〔2003〕26号）的要求，现就加强中央企业领导人员培训工作提出如下意见。

一、指导思想和基本原则

根据中央关于做好大规模培训干部工作的部署，结合中央领导同志对国资委要"管出资人的人、管保值增值的事"的要求，国资委加强中央企业领导人员培训工作的指导思想是：以邓小平理论和"三个代表"重要思想为指导，紧紧围绕国有资产管理体制改革和中央企业改革发展稳定的中心任务，以学习贯彻"三个代表"重要思想为重点，以提高企业领导人员经营管理能力和综合素质为目标，集中力量、分类指导、分级负责、分层实施，努力形成多层次、多渠道的培训工作格局，为深化国有资产管理体制改革、促进中央企业改革发展稳定，提供坚强的人才保证和智力支持。

中央企业领导人员培训工作必须把握以下原则：一是坚持政治理论培训与专业知识培训相结合，把学习贯彻"三个代表"重要思想作为首要任务，学习这一理论的科学体系，深刻领会精神实质，进一步增强贯彻"三个代表"重要思想的自觉性和坚定性，全面提高综合素质和领导水平；二是坚持脱产培训与在职学习相结合，启发学习内动力，形成终身学习的氛围，努力建设学习型组织、学习型企业；三是坚持中长期培训与短期培训相结合，既突出紧缺专业知识的培训，又着眼长远发展的需要，加强基础理论和基本知识的培训；四是坚持国内培训与国外培训相结合，努力培养一批熟悉国际惯例和国际市场运作的企业领导人才，更好地适应中央企业参与国际竞争的需要；五是坚持国资委培训与企业自主培训相结合，广泛利用各种社会培训资源，拓宽培训渠道，分层次组织好各类人员的培训；六是坚持突出重点与按需施教相结合，针对不同需求实施分类培训，合理设置培训班次、培训内容和学制，确保培训工作质量。

二、培训对象和基本任务

中央企业领导人员培训工作的培训对象为：中央企业领导人员、后备领导人员、总部各部门负责人、二级企业领导人员。按照干部管理权限并结合中央企业的实际，国资委主要负责组织实施对中央企业领导人员、后备领导人员以及部分二级企业领导人员的培训。各中央企业主要负责组织实施对总部各部门负责人及二级企业领导人员和其他人员的培训。

总体培训任务是，到 2007 年底前，将列入培训对象的中央企业领导人员及后备领导人员基本培训一遍。所有中央企业总部中层以上领导人员，都要参加累计不少于 2 个月以上的脱产培训。

(一)中央党校的培训、轮训。根据中组部的部署，中央管理主要领导人员的企业(以下简称 53 户中央企业)的党委(党组)书记、董事长、总经理，参加中央党校省部级进修班的学习。具体组织工作按中组部规划落实，国资委协助做好相关工作。除上述人员之外的 53 户中央企业副职、党委(党组)成员(常委)以及 53 户之外中央企业的董事长、总经理、党委书记的培训工作，纳入国资委管理范围，参加中央党校进修二班(地厅级干部进修班)的学习。

(二)国家行政学院的培训、轮训。中央企业(不含 53 户中央企业)

领导人员副职、后备领导人员、重要二级企业主要负责人，参加国家行政学院“国有重要骨干企业领导人员培训班”学习培训。主要学习邓小平理论、“三个代表”重要思想和社会主义市场经济相关知识特别是工商管理知识，学习研究跨国公司发展经验，研讨企业发展战略和经营管理中的重要问题。每年组织2期，每期100人，学制1个月，到2007年基本轮训一遍。

（三）中央党校国资委分校的培训、轮训。53户中央企业后备领导人员、部门负责人以及重要二级企业领导人员，53户之外中央企业领导人员副职、后备领导人员、部门负责人、二级企业领导人员，按分配名额参加中央党校国资委分校学习。主要学习马列主义、毛泽东思想、邓小平理论、“三个代表”重要思想和当代世界经济、科技、法制以及有关社会主义市场经济、建立现代企业制度、经营管理等课程，提高理论修养、领导水平和分析解决现实问题的能力。每年组织2期，学制3个月。

中央企业（含二级企业）后备领导人员还可参加中央党校国资委分校中青年领导人员培训班学习。主要根据拟担任领导职务的需要，系统学习政治理论和工商管理方面的必备知识，研讨企业改革发展中的重要问题。每年组织2期，学制1个月。

经中央党校同意，开设中央党校在职研究生国资委班，面向国资委机关、事业单位和中央企业、省市（地）两级国资委及其企业招生。主要系统学习掌握马克思主义基本原理和有关专业的基础理论知识，并运用所学理论和马克思主义立场、观点、方法分析解决工作中的现实问题，全面提高理论素养和专业水平。每年组织1期，学制3年。

（四）国家会计学院的培训、轮训。中央企业（含二级企业）和省区市国资委监管企业总会计师、财务部门负责人，参加北京国家会计学院、上海国家会计学院总会计师岗位培训班学习。主要进行宏观经济形势与经济政策、会计、财务管理及企业管理等专题的培训。每年组织5期，学制1个月。

（五）国际合作培训与交流。国资委每年组织20个左右的团组，共约500人出国培训（考察）。主要学习借鉴国外先进的经营管理经验和政府对国有企业的监督管理、国有资产保值增值，以及对企业领导人员的管理、考核、激励机制等。

（六）国资委机关各厅局组织的专业培训。围绕国资委中心工作，各中央企业有关领导人员或相关部门负责人，参加国资委机关有关厅局组织的国有资产监督管理、国有企业改革发展以及加强改进中央企业党的建设工作等各方面的专业知识和业务培训，参加复合型思想政治工作人才的培训。

（七）企业自主开展的培训。在上述各类班次中无法纳入的中央企业总部中层以上领导人员以及二级企业领导人员的培训工作，由各中央企业负责制定规划并组织实施。已经设立企业党校和培训机构的中央企业，要充分发挥党校和培训机构的主阵地作用，加大培训工作力度。未设立党校和培训机构的中央企业，要依托中央党校国资委分校和国资委培训中心，同时借助各种管理干部学院、高校和其他社会培训机构，开展好各类领导人员的培训工作。

（八）高技能人才的培训。高素质的技术工人队伍是推进中央企业实现企业技术创新的重要依靠力量。实施国家高技能人才培训工程和技能振兴行动，是中央企业培训工作的重要方面，这项工作由各中央企业自主安排。各中央企业要充分发挥主体作用，结合企业实际，通过组织学习培训、企业岗位培训、个人自学等方式，加快高技能人才的培养。积极利用高等职业院校、高级技工学校、技师学院等培训基地的作用，扩大培训规模，提高培训质量。结合实施“职工素质工程”，强化岗位培训，组织技术革新和攻关，改进技能传授方式，促进岗位成才。

各中央企业要结合实际认真组织专业技术人才培训。要适应企业需求，有计划地举办各类高级专业技术人员研修班、党员专家班、中青年技术骨干培训班等，推动知识技术更新，全面提高专业技术人员队伍素质。

三、加强领导，狠抓落实

各中央企业要切实贯彻“人才强企”战略，把培训工作作为人才建设的重要内容摆上议事日程，加强组织领导，建立领导责任制和目标责任制，一级抓一级，确保培训任务的完成。要研究制定可行的培训计划和培训方案，明确目标任务、时间进度和质量要求，分期分批地组织好各级企业领导人员的培训。

要加强沟通协作，形成工作合力，认真落实责任。中央企业领导人员培训工作由国资委党建局负责制定培训计划，企业领导人员管理一局、企业领导人员管理二局负责落实参训人员，培训中心等部门负责组织实施。国资委各厅局（单位）以及各中央企业相关责任部门要各司其职、各负其责，真正形成统一协调、分工协作、齐抓共管、有序运行的工作机制，层层抓好落实。

要创新培训工作体制和机制。创新培训理念，树立人才资源是第一资源的观念和人人可以成才的理念。创新培训管理体制，加强宏观指导，引入市场机制。创新培训工作制度，积极探索项目管理、培训评估、重大项目招标、在职自学等培训制度。创新资源配置，加强师资队伍建设和教材建设。创新培训方法，通过体验式教学、研究式教学以及短期强化培训、个性化培训、差别化培训等手段，提高培训工作质量。

要统筹规划，正确处理学习与工作的矛盾，确保培训实效。各类培训要精益求精，突出针对性，注重实效，提高质量。要坚持理论联系实际，防止形式主义，避免加重企业负担。同时，要加大对培训工作的经费投入，根据需要落实培训费用，并加强对教育培训经费的管理，做到专款专用，用出成效。

要加强对中央企业领导人员培训工作的督促检查。建立健全领导人员培训档案，把领导人员参加培训情况列入领导班子考察和领导人员年度考核的内容，作为奖惩和使用的重要依据。认真总结推广先进经验和做法，推进面上工作的开展。各中央企业贯彻落实情况及制定的培训规划要及时报送国资委。

关于加强中央企业企业文化建设的指导意见

2005 年 3 月 16 日　国资发宣传〔2005〕62 号

各中央企业：

为深入贯彻“三个代表”重要思想和党的十六大精神，认真落实以人为本，全面、协调、可持续的科学发展观，充分发挥企业文化在提高企业管理水平、增强核心竞争能力、促进中央企业改革发展中的积极作用，现就加强和推进中央企业企业文化建设提出如下意见。

一、企业文化建设的重要意义、指导思想、总体目标与基本内容

1. 加强企业文化建设的重要性和紧迫性。当前，世界多极化和经济全球化趋势在曲折中发展，科技进步日新月异，综合国力竞争日趋激烈。文化与经济和政治相互交融，文化的交流与传播日益频繁，各种思想文化相互激荡，员工思想空前活跃。深化改革、扩大开放和完善社会主义市场经济体制的新形势，使中央企业既面临良好的发展机遇，又面对跨国公司和国内各类企业的双重竞争压力，迫切需要提高企业管理水平和提升企业竞争能力。先进的企业文化是企业持续发展的精神支柱和动力源泉，是企业核心竞争力的重要组成部分。建设先进的企业文化，是加强党的执政能力建设，大力发展社会主义先进文化、构建社会主义和谐社会的重要组成部分；是企业深化改革、加快发展、做强做大的迫切需要；是发挥党的政治优势、建设高素质员工队伍、促进人的全面发展的必然选择；是企业提高管理水平、增强凝聚力和打造核心竞争力的战略举措。中央企业大多是关系国民经济命脉和国家安全，在重要行业和关键领域占支配地位的国有重要骨干企业，肩负着弘扬民

族精神、促进经济发展、推动社会进步的重任。中央企业必须坚持以“三个代表”重要思想、党的十六大和十六届三中、四中全会精神为指导,在提高效益、促进发展的同时,在建设先进企业文化中发挥示范和主导作用,为发展社会主义先进文化,全面建设小康社会做出应有的贡献。

中央企业在长期发展实践过程中,积累了丰厚的文化底蕴,形成了反映时代要求、各具特色的企业文化,在培育企业精神、提炼经营理念、推动制度创新、塑造企业形象、提高员工素质等方面进行了广泛的探索,取得了丰硕的成果。但是,中央企业的企业文化建设工作发展还不够平衡,有的企业对企业文化建设的重要性认识不足,企业文化建设的目标和指导思想不够明确,片面追求表层与形式而忽视企业精神内涵的提炼和相关制度的完善,企业文化建设与企业发展战略和经营管理存在脱节现象,缺乏常抓不懈的机制等。因此,中央企业的企业文化建设亟须进一步加强和规范。

2. 企业文化建设的指导思想:以邓小平理论和“三个代表”重要思想为指导,贯彻落实党的路线、方针、政策,牢固树立以人为本,全面、协调、可持续的科学发展观,在弘扬中华民族优秀传统文化和继承中央企业优良传统的基础上,积极吸收借鉴国内外现代管理和企业文化的优秀成果,制度创新与观念更新相结合,以爱国奉献为追求,以促进发展为宗旨,以诚信经营为基石,以人本管理为核心,以学习创新为动力,努力建设符合社会主义先进文化前进方向,具有鲜明时代特征、丰富管理内涵和各具特色的企业文化,促进中央企业的持续快速协调健康发展,为发展壮大国有经济,全面建设小康社会做出新贡献。

3. 企业文化建设的总体目标:力争用三年左右的时间,基本建立起适应世界经济发展趋势和我国社会主义市场经济发展要求,遵循文化发展规律,符合企业发展战略,反映企业特色的企业文化体系。通过企业文化的创新和建设,内强企业素质,外塑企业形象,增强企业凝聚力,提高企业竞争力,实现企业文化与企业发展战略的和谐统一,企业发展与员工发展的和谐统一,企业文化优势与竞争优势的和谐统一,为中央企业的改革、发展、稳定提供强有力的文化支撑。

4. 企业文化建设的基本内容:企业文化是一个企业在发展过程中形成的以企业精神和经营管理理念为核心,凝聚、激励企业各级经营管理者和员工归属感、积极性、创造性的人本管理理论,是企业的灵魂和精神支柱。企业文化建设主要包括总结、提炼和培育鲜明的企业核心价值观和企业精神,体现爱国主义、集体主义和社会主义市场经济的基本要求,构筑中央企业之魂;结合企业经营发展战略,提炼各具特色、充满生机而又符合企业实际的企业经营管理理念,形成以诚信为核心的企业道德,依法经营,规避风险,推动企业沿着正确的方向不断提高经营水平;进一步完善相关管理制度,寓文化理念于制度之中,规范员工行为,提高管理效能;加强思想道德建设,提高员工综合素质,培育"四有"员工队伍,促进人的全面发展;建立企业标识体系,加强企业文化设施建设,美化工作生活环境,提高产品、服务质量,打造企业品牌,提升企业的知名度、信誉度和美誉度,树立企业良好的公众形象;按照现代企业制度的要求,构建协调有力的领导体制和运行机制,不断提高企业文化建设水平。

二、企业文化建设的组织实施

5. 企业文化建设的工作思路。要站在时代发展前沿,认真分析企业面临的客观形势与发展趋势,以宽广的眼界和与时俱进的精神,面向世界、面向未来、面向现代化,以提升企业竞争力和提高经济效益为中心,确保国有资产保值增值和促进员工全面发展,将企业文化建设纳入企业发展战略,作为企业经营管理的重要组成部分,与党的建设、思想政治工作和精神文明建设等相关工作有机结合,加强领导,全员参与,统筹规划,重点推进,既体现先进性,又体现可操作性,注重在继承、借鉴中创新,在创新、完善中提高。

6. 企业文化建设的规划。根据本企业的行业特征和自身特点,确定企业的使命、愿景和发展战略;总结本企业多年形成的优良传统,挖掘企业文化底蕴,了解企业文化现状,在广泛调研、充分论证的基础上,制定符合企业实际、科学合理、便于操作、长远目标与阶段性目标相结合的企业文化建设规划。在制定规划时要着眼于企业文化的长远发展，避免走过场。在实施过程中必须与时俱进，常抓常新，随着企业内外部环境的变化，及时对企业文化建设的具体内容和项目进行充实和完善，促进企业文化的巩固与发展。

7. 企业文化建设的实施步骤。要根据企业文化建设的总体规划，制定工作计划和目标；深入进行调查研究，根据企业实际，找准切入点和工作重点，确定企业文化建设项目；提炼企业精神、核心价值观和经营管理理念，进一步完善企业规章制度，优化企业内部环境，导入视觉识别系统，进行企业文化建设项目的具体设计；采取学习培训、媒体传播等多种宣传方式，持续不断地对员工进行教育熏陶，使全体员工认知、认同和接受企业精神、经营理念、价值观念，并养成良好的自律意识和行为习惯；在一定时间内对企业文化建设进行总结评估，及时修正，巩固提高，促进企业文化的创新。各中央企业可结合本企业实际，确定企业文化建设的具体步骤。

8. 企业文化载体与队伍建设。要进一步整合企业文化资源，完善职工培训中心、企业新闻媒体、传统教育基地、职工文化体育场所、图书馆等企业文化设施。创新企业文化建设手段，丰富和优化企业文化载体设计，注重利用互联网络等新型传媒和企业报刊、广播、闭路电视等媒体，提供健康有益的文化产品，提高员工文化素养，扩大企业文化建设的有效覆盖面。重视和加强对摄影、书法、美术、文学、体育等各种业余文化社团的管理引导，组织开展健康向上、特色鲜明、形式多样的群众性业余文化活动，传播科学知识，弘扬科学精神，提高广大员工识别和抵制腐朽思想、封建迷信、伪科学的能力，营造健康、祥和、温馨的文化氛围，满足员工求知、求美、求乐的精神文化需求。注意培养企业文化建设的各类人才，加强引导和培训，建立激励机制，充分发挥他们在企业文化建设中的骨干带头作用。注重发挥有关职能部门和工会、共青团、妇女组织的作用，形成企业文化建设的合力，依靠全体员工的广泛参与，保持企业文化旺盛的生机与活力。

三、企业文化建设的基本要求

9. 以人为本,全员参与。要牢固树立以人为本的思想,坚持全心全意依靠职工群众办企业的方针,尊重劳动、尊重知识、尊重人才、尊重创造,用美好的愿景鼓舞人,用宏伟的事业凝聚人,用科学的机制激励人,用优美的环境熏陶人。搭建员工发展平台,提供员工发展机会,开发人力资源,挖掘员工潜能,增强员工的主人翁意识和社会责任感,激发员工的积极性、创造性和团队精神,达到员工价值体现与企业蓬勃发展的有机统一。坚持为增强综合国力做贡献,为社会提供优质商品和优良服务,妥善处理各方面的利益关系,实现报效祖国、服务社会、回报股东、关爱员工的和谐一致。

在企业文化建设过程中,要坚持把领导者的主导作用与全体员工的主体作用紧密结合。尊重群众的首创精神,在统一领导下,有步骤地发动员工广泛参与,从基层文化抓起,集思广益,群策群力,全员共建。努力使广大员工在主动参与中了解企业文化建设的内容,认同企业的核心理念,形成上下同心、共谋发展的良好氛围。

10. 务求实效,促进发展。在企业文化建设中,要求真务实,重实际、办实事、求实效,反对形式主义,避免急功近利,使企业文化建设经得起历史和实践的检验。要立足企业实际,符合企业定位,将企业文化建设与生产经营管理紧密结合,企业文化的创新与企业改革的深化紧密结合,按照系统、科学、实用的要求,创建特色鲜明的企业文化体系。要坚持把发展作为第一要务,牢固树立抓住机遇、加快发展的战略思想,围绕中心、服务大局,开拓发展思路,丰富发展内涵。要落实科学发展观,把物质文明、政治文明和精神文明统一起来,既追求经济效益的增长,又注重社会效益的提高,实现政治上和谐稳定,经济上持续增长,文化上不断进步,切实保障员工合法权益,促进经济效益、社会效益、员工利益的协调发展。

11. 重在建设,突出特色。要制定切实可行的企业文化建设方案,借助必要的载体和抓手,系统思考,重点突破,着力抓好企业文化观念、制度和物质三个层面的建设。要把学习、改革、创新作为企业的核心理念,大力营造全员学习、终身学习的浓厚氛围,积极创建学习型企业、学习型团队。围绕企业深化改革的重点和难点,鼓励大胆探索、勇于实践,坚决破除一切妨碍发展的观念和体制机制弊端,增强企业活力,提高基层实力。注重把文化理念融入到具体的规章制度中,渗透到相关管理环节,建立科学、规范的内部管理体系。并采取相应的奖惩措施,在激励约束中实现价值导向,引导和规范员工行为。要从企业特定的外部环境和内部条件出发,把共性和个性、一般和个别有机地结合起来,总结出本企业的优良传统和经营风格,在企业精神提炼、理念概括、实践方式上体现出鲜明的特色,形成既具有时代特征又独具魅力的企业文化。

大型企业集团要处理好集团文化与下属企业文化的关系,注重在坚持共性的前提下体现个性化。要以统一的企业精神、核心理念、价值观念和企业标识规范集团文化,保持集团内部文化的统一性,增强集团的凝聚力、向心力,树立集团的整体形象。同时允许下属企业在统一性指导下培育和创造特色文化,为下属企业留有展示个性的空间。在企业兼并重组和改制的过程中,要采取多种有效措施,促进文化融合,减少文化冲突,求同存异,优势互补,实现企业文化的平稳对接,促进企业文化的整合与再造,推动兼并、重组、改制企业的创新发展。

12. 继承创新,博采众长。要注意继承发扬中华民族的优秀传统文化,挖掘整理本企业长期形成的宝贵的文化资源,并适应社会主义市场经济的需要,用发展的观点和创新的思维对原有的企业精神、经营理念进行整合和提炼,赋予新的时代内涵,在继承中创新、在弘扬中升华。要将弘扬中华优秀传统文化与借鉴国外先进文化相结合,一方面从当代中国国情和中央企业实际出发,正确制定和调整企业文化战略,充分体现民族精神、优秀传统文化的精髓和中央企业的特点,有效抵御外来文化的消极影响,避免照抄照搬;另一方面要紧紧把握先进文化的前进方向,以开放、学习、兼容、整合的态度,坚持以我为主、博采众长、融合创新、自成一家的方针,广泛借鉴国外先进企业的优秀文化成果,大胆吸取世界新文化、新思想、新观念中的先进内容,取其精华,去其糟粕,扬长避短,为我所用。在开展国际合作业务的过程中,要注意学习和借鉴合作方的先进文化,尊重文化差异,增进文化沟通,注重取长补短,促进共同发展。

13. 深度融合,优势互补。企业文化来源于企业实践又服务于企业实践,使企业的经营管理活动更富思想性和人性化,更具时代特色和人文精神。要强化企业文化建设在企业经营管理中的地位,发挥企业文化的作用,促进企业文化与企业战略、市场营销和人力资源管理等经营管理工作的深度融合,把全体员工认同的文化理念用制度规定下来,渗透到企业经营管理的全过程。在管理方法上要注意强调民主管理、自主管理和人本管理,在管理方式上要使员工既有价值观的导向,又有制度化的约束,制度标准与价值准则协调同步,激励约束与文化导向优势互补,通过加强企业文化建设,不断提高经营管理水平。

14. 有机结合,相融共进。要通过企业文化建设,不断改进和创新思想政治工作的方式方法,提高思想政治工作的针对性、实效性和时代感,增强思想政治工作的说服力和感召力,促进思想政治工作与企业生产经营管理的有机结合。避免把企业文化建设与思想政治工作割裂开来。加强理想信念教育,弘扬以爱国主义为核心的民族精神和以改革创新为核心的时代精神,弘扬集体主义、社会主义思想,使中央企业广大员工始终保持昂扬向上的精神风貌。发掘思想政治工作的资源优势,既鼓励先进又照顾多数,既统一思想又尊重差异,既解决思想问题又解决实际问题,营造良好的思想文化环境。

要把企业文化建设与精神文明建设有机结合起来,用社会主义的意识形态和价值取向牢固占领中央企业文化主阵地,通过良好的文化养成,不断提升员工整体素质。坚持依法治企和以德治企相结合,加强员工思想道德建设,倡导公民道德规范,深入开展诚信教育,引导员工恪守社会公德、职业道德和家庭美德,自觉抵制各种错误思潮和腐朽思想文化的侵蚀。按照贴近实际、贴近生活、贴近群众的原则,创新内容、形式和手段，广泛开展各类群众性精神文明创建活动，大力选树与宣传企业先进典型和英模人物，营造团结进取的企业氛围和健康向上的社会风气，展示中央企业的良好形象。

四、加强对企业文化建设的领导

15. 企业领导要高度重视和积极抓好企业文化建设。企业领导要站在促进企业长远发展的战略高度重视企业文化建设，对企业文化建设进行系统思考，出思想、出思路、出对策，确定本企业企业文化建设的目标和内容，提出正确的经营管理理念，并身体力行，率先垂范，带领全体员工通过企业文化建设不断提高企业核心竞争能力，促进企业持续快速协调健康发展。

16. 建立和健全企业文化建设的领导体制。建设先进的企业文化是企业党政领导的共同职责，要把企业文化建设作为一项重要的工作纳入议事日程，与其他工作同部署、同检查、同考核、同奖惩。企业文化建设的领导体制要与现代企业制度和法人治理结构相适应，发挥好党委（党组）、董事会和主要经营者在企业文化建设中的决策作用。各企业要明确企业文化建设的主管部门，安排专（兼）职人员负责此项工作，形成企业文化主管部门负责组织、各职能部门分工落实、员工广泛参与的工作体系。在企业文化建设过程中，要注意发挥基层党组织和群众组织的作用，广大党员要做好表率，带领全体员工积极投身企业文化建设。

17. 完善企业文化建设的运行机制。要建立企业文化建设的长效管理机制，包括建立科学的管理制度、完善的教育体系以及制定严格的绩效评估办法。要明确工作职责，建立分工负责、关系协调的企业文化建设责任体系，保证企业文化建设工作的顺畅运行。要建立考核评价和激励机制，定期对企业文化建设的成效进行考评和奖惩。要建立保障机制，设立企业文化建设专项经费并纳入企业预算。加大企业文化建设软硬件投入，为企业文化建设提供必要的资金支持和物质保障。

18. 加强对企业文化建设的指导。国资委要加强对中央企业企业文化建设的指导，针对中央企业的不同情况进行专题调研，不断总结和推广中央企业开展企业文化建设的先进经验，用丰富鲜活的案例启发、引导企业开展企业文化建设。要定期组织企业经营管理者和企业文化建设专职人员的培训，帮助他们掌握企业文化专业知识。要加强企业文化的理论研究与实践研究，认真探索企业文化建设的理论体系、操作方法和客观规律，搞好分类指导。各中央企业要加强对基层单位企业文化建设的领导，定期开展检查，促进基层单位企业文化建设的规范有序进行。企业文化建设是一项长期的任务，是一个逐步形成和发展的过程，各中央企业要加强实践探索，逐步完善提高，推动企业文化建设的深入开展。

中央统战部　国务院国资委党委关于印发《关于在国有企业开展“爱企业、献良策、做贡献”主题活动的意见》的通知

2006 年 3 月 2 日　统发〔2006〕5 号

各省、自治区、直辖市、副省级城市和新疆生产建设兵团党委统战部，各中央企业党委(党组)：

现将《关于在国有企业开展“爱企业、献良策、做贡献”主题活动的意见》印发给你们，请结合实际，认真贯彻执行。

附件：关于在国有企业开展“爱企业、献良策、做贡献”主题活动的意见

附件：

关于在国有企业开展“爱企业、献良策、做贡献”主题活动的意见

根据党中央新世纪新阶段统战工作的要求，为促进国有企业统战工作更好地服务于“十一五”发展规划和全面建设小康社会的大局，贯彻落实《关于进一步加强和改进国有企业统战工作的意见》（统发〔2004〕37号），加强和改进国有企业统战工作，充分调动广大统一战线成员的积极性和创造性，大力推进国有企业改革、发展和稳定，现决定在国有企业统一战线成员中广泛开展“爱企业、献良策、做贡献”主题活动，具体意见如下：

一、充分认识开展“爱企业、献良策、做贡献”主题活动的必要性

开展“爱企业、献良策、做贡献”主题活动是加强企业党的建设的需要。国有企业是统一战线工作的一个重要领域，国有企业统战工作是企业党的建设工作的重要组成部分。国有企业越是深化改革，越是加快发展，越要充分发挥统一战线的法宝作用。开展“爱企业、献良策、做贡献”主题活动，有利于加强国有企业党的建设，有利于增强党组织的创造力、凝聚力和战斗力，有利于深化国有企业统战工作，对于坚持发展这个第一要务，全面落实科学发展观，构建社会主义和谐社会，建设创新型国家，巩固和扩大党的阶级基础和群众基础都具有重要作用。

开展“爱企业、献良策、做贡献”主题活动是企业自身改革、发展和稳定的需要。随着现代企业制度的建立，社会主义市场经济体制的完善，国有企业面临着新的机遇和挑战。目前，国有企业汇集着统一战线各方面人士，是企业深化改革、加快发展、保持稳定的重要依靠力量。开展“爱企业、献良策、做贡献”主题活动，对于最大限度地发挥广大统

一战线成员的聪明才智，鼓励和引导他们围绕企业的改革、发展和稳定建言献策，用知识和技术增强企业的自主创新能力、市场竞争能力；对于争取人心、凝聚力量，协调关系、化解矛盾，维护企业和社会政治稳定；对于推动企业外引内联，拓展企业发展空间，促进企业的民主决策、民主管理和民主监督，实现企业决策的民主化、科学化，具有重要的不可替代的作用。

开展"爱企业、献良策、做贡献"主题活动是企业统战工作发展的需要。充分发挥统一战线在企业改革、发展和稳定中的独特作用，发挥企业作为优秀党外知识分子源头的作用，引导广大统一战线成员自觉地、创造性地、卓有成效地为生产经营服务，既可以增强国有企业的核心竞争力，提高国有企业的管理水平、经济效益和整体素质，成为国有企业统战工作服务经济建设的一条有效途径，又能促进民主党派、无党派人士、民族和宗教、港澳台侨、出国和归国留学人员以及党外知识分子等各领域统战工作的深入开展。通过这项活动，发现、培养、选拔一批优秀党外知识分子，造就一支高素质的党外干部队伍，服务于国有企业的改革发展，为各级人大、政府、政协、民主党派组织等推荐人才，增添力量，从而进一步丰富国有企业统战工作的内涵，促进国有企业统战工作持续发展，使国有企业统战工作充满生机和活力，在企业中的地位和作用更加显著。

二、开展"爱企业、献良策、做贡献"主题活动的指导思想和主要任务

国有企业开展"爱企业、献良策、做贡献"主题活动的指导思想是：坚持以邓小平理论和"三个代表"重要思想为指导，树立和落实科学发展观，全面贯彻党的统一战线方针政策，紧紧围绕国有企业中心工作，服从和服务于经济建设，提高国有企业的自主创新能力，大力开展社会主义劳动竞赛，充分调动广大统一战线成员的积极性、主动性和创造性，充分发挥统一战线成员的人才优势和智力优势，为国有企业的改革、发展和稳定服务，为国有企业决策的民主化、科学化服务，为国有资

产保值增值服务，为完善社会主义市场经济体制、构建社会主义和谐社会和全面建设小康社会服务。

“爱企业、献良策、做贡献”主题活动是新世纪新阶段国有企业深入开展统战工作的重要形式和有效载体。其中，“爱企业”是主题活动的前提和基础，要把爱国主义和企业精神融合在一起，从价值理念上培养广大统一战线成员牢固树立爱祖国、爱企业、爱岗位的观念，激发他们胸怀大局、报效祖国和人民的宏伟大志，以及忠于职守、乐于奉献的敬业精神。“献良策”是主题活动的有效形式和载体，要通过鼓励和支持统一战线成员贡献自己的聪明才智，充分调动统一战线成员的积极性和创造性，充分发挥他们的知识和技术优势，围绕企业改革、发展和稳定中的重点、难点、疑点、热点问题建言献策，提合理化建议，为企业发展建功立业。“做贡献”是主题活动的落脚点和归宿，要通过树立竞争观念、效益观念和学习观念，激发统一战线成员的主人翁责任感和使命感，激发他们爱岗敬业、争创一流业绩的精神风貌，引导他们积极投身社会主义劳动竞赛活动，为深化企业改革，提高企业发展质量，实现国有资产保值增值和构建社会主义和谐社会作出积极贡献。

三、开展“爱企业、献良策、做贡献”主题活动的范围和主要内容

国有企业开展“爱企业、献良策、做贡献”主题活动的范围是：国有企业中的党外知识分子，党外人大代表和政协委员，各民主党派成员，无党派人士，非公有制经济人士，出国和归国留学人员，少数民族员工，信教员工，香港、澳门同胞及其亲属，台湾同胞、去台湾人员留在大陆的亲属和回大陆定居的台胞，海外侨胞和归侨侨眷，原工商业者，起义和投诚的原国民党军政人员等统一战线成员。

国有企业开展“爱企业、献良策、做贡献”主题活动的主要内容是：围绕企业中心工作，以促进企业发展和提高经济效益为出发点和落脚点，与立足岗位做贡献相结合，与科技创新、制度创新、管理创新相结合，与工会、团委、科协等部门开展的各种劳动竞赛活动相结合，最大限度地把广大统一战线成员团结起来，最大限度地发挥他们的聪明才智，

通过引导统一战线成员参与科技攻关、降本增效、外引内联等活动,鼓励和支持他们在科技兴企、改革活企、以法治企、文化塑企、人才强企中发挥积极作用,群策群力,集思广益,为改进企业经营管理,搞好企业自主创新,提高企业经济效益和社会效益,树立企业良好形象作出重要贡献。

四、开展“爱企业、献良策、做贡献”主题活动的基本要求

1. 加强宣传,提高对“爱企业、献良策、做贡献”主题活动的认识。“爱企业、献良策、做贡献”主题活动作为国有企业统战工作服务企业改革、发展和稳定的一项新举措,必须采取多种渠道加大宣传教育力度。要在企业各级党组织、广大领导干部和职工群众中广泛宣传统战知识,消除企业统战工作的无关论、过时论、无用论等模糊认识,克服“说起来重要、做起来次要、忙起来不要”的现象;宣传“爱企业、献良策、做贡献”主题活动开展的重要性和必要性,弘扬主题活动中涌现出的先进人物和先进事迹,从而调动和激发广大统一战线成员的积极性、主动性和创造性。

2. 突出重点,努力营造“爱企业、献良策、做贡献”主题活动的良好氛围。党外知识分子是企业统一战线成员的主体,具有较高的文化素质和专业技术,有较广泛的社会联系和较丰富的实践经验。因此,“爱企业、献良策、做贡献”主题活动要以党外知识分子工作为重心,突出着力点,在“事业留人、感情留人、待遇留人”方面积极探索。要认真贯彻尊重劳动、尊重知识、尊重人才、尊重创造的方针,对党外知识分子“政治上充分信任、工作上放手使用、生活上关心照顾”,重视党外知识分子的培养、选拔、安排和使用,努力为党外知识分子发挥才干创造条件,引导他们将实现个人价值与促进企业发展结合起来,营造开展主题活动的良好氛围,使以党外知识分子为主体的广大统一战线成员,积极主动投身到主题活动之中,发挥他们在企业科技攻关、技术革新等方面的优势,在企业改革、发展和稳定中贡献自己的聪明才智。

3. 正确引导,切实发挥统一战线成员的优势。国有企业统一战线成员分布在企业生产、科研、经营和管理等重要岗位上,具有广泛的社

会联系和影响，在促进企业科技进步，推动生产力发展，引进资金、技术和人才等方面具有特殊优势。要结合企业自身的实际情况，正确引导他们发挥这些优势和特点，把统一战线成员立足岗位做贡献作为主题活动开展的最基本、最具体、最实在的要求，把统一战线成员在岗位上体现自身价值作为参与主题活动的最基础方式，使“爱企业、献良策、做贡献”主题活动成为统一战线成员发挥自身优势、展现自我才华的舞台。

4. 严格检查，加强“爱企业、献良策、做贡献”主题活动的过程控制。“爱企业、献良策、做贡献”主题活动能否取得实效，能否真正体现企业统战工作的价值和生命力，关键是要对主题活动的全过程实现有效的控制。要将主题活动融入企业生产经营全过程，融入企业管理体系，形成规范有效的运行机制，实现对主题活动全过程的督促检查，使主题活动真正成为企业党的工作、思想政治工作和群众工作的一项重要内容，成为广大统一战线成员积极参与、主动投入、为企业发展贡献聪明才智的自觉行为，确保主题活动各项工作落到实处。

5. 结合实际，增强“爱企业、献良策、做贡献”主题活动的针对性。要本着“发挥人才优势、服务中心任务、推动统战工作”的原则，根据本企业的特点，围绕年度的生产经营任务，坚持一个时期一个重点，精心设计和组织一些具有针对性、可操作性的具体活动，解决企业改革、发展和稳定的热点、难点问题，使主题活动更贴切中心，更切合企业实际，更加扎实有效。

6. 注重实效，确保“爱企业、献良策、做贡献”主题活动成果的应用。对于统一战线成员在主题活动中提出的建议和意见，要予以重视和鼓励。只要有利于企业改革、发展和稳定，合理合法，符合企业实际，都要组织专家进行评审，予以采纳和应用，并尽快付诸实施。要着重抓好对企业改革、发展和稳定起到重要推动作用，有重大经济效益和社会效益项目的采纳和落实，以重点带动一般，确保主题活动真正取得实效。

7. 完善制度，建立健全“爱企业、献良策、做贡献”主题活动的工作机制。要紧紧围绕企业中心工作，积极探索符合企业实际的主题活动新机制。要建立健全主题活动领导机制，发挥党委政治核心作用，形成党委领导、行政支持、统战部门协调、相关部门落实的工作格局；建立健全主题活动工作网络，协调工会、共青团、科协、侨台联等群团组织共同开展，形成强有力的组织保障；建立健全主题活动运作机制，与企业的科技创新、制度创新和管理创新相结合，与企业开展的各种劳动竞赛相结合，完善主题活动的支持、保障和责任体系，规范运作程序；建立健全主题活动的相关制度，做到年初有安排部署，年中有检查考核，年底有总结表彰，建立起开展主题活动的长效机制，使主题活动逐步规范化、制度化。

五、加强对"爱企业、献良策、做贡献"主题活动的领导

加强对"爱企业、献良策、做贡献"主题活动的领导，是开展好主题活动的根本保证。企业党委要将主题活动纳入党委工作的重要议事日程，纳入党支部的目标管理，纳入统战部门工作业绩考核内容，精心组织，统筹安排。

党政主要领导要高度重视"爱企业、献良策、做贡献"主题活动，重要活动要亲自参加，重大问题要及时研究解决，工作汇报要认真听取，活动进展要经常过问，做到与其他工作同部署、同检查、同考核、同总结、同表彰。

要建立由党委分管统战工作的领导和行政主要领导任组长，组织、宣传、人事、工会、共青团、科协等相关部门共同参加的主题活动领导小组，明确各自职责，逐步形成党政领导齐抓共管、共同负责的领导机制和工作格局，使主题活动落实到人，责任落实到位，层层有人管，事事有人抓。

对"爱企业、献良策、做贡献"主题活动项目实施和表彰奖励要提供必要的物力、财力支持，给予专项经费保障。

本意见适用于国有及国有控股企业，其他类型的企业可参照执行。各地可以根据实际情况，制定实施细则。

中央组织部　共青团中央　国资委党委关于印发《关于进一步加强和改进中央企业共青团工作的意见》的通知

2006 年 10 月 12 日　中青联发〔2006〕59 号

各省、自治区、直辖市党委组织部、团委，中央和国家机关各部委、各人民团体组织人事部门，军委总政治部组织部，新疆生产建设兵团党委组织部，各中央企业党委（党组），全国铁道团委，全国民航团委，中直机关团工委，中央国家机关团工委，中央金融团工委：

现将《关于进一步加强和改进中央企业共青团工作的意见》印发给你们，请结合实际认真贯彻执行。

附件：关于进一步加强和改进中央企业共青团工作的意见

附件：

关于进一步加强和改进中央企业共青团工作的意见

为贯彻落实《中共中央办公厅转发〈中央组织部、国务院国资委党委关于加强和改进中央企业党建工作的意见〉的通知》（中办发〔2004〕31 号）提出的加强和改进党组织对共青团等群众工作的领导的有关要求，进一步加强和改进中央企业共青团工作，现提出如下意见。

一、深刻认识加强和改进中央企业共青团工作的重要意义

1. 加强和改进中央企业共青团工作是服务党和国家工作大局的

必然要求。国有企业是我国国民经济的支柱。中央企业是国有经济发挥主导作用的主力军,是促进国民经济持续健康发展和社会全面进步的重要力量,是巩固我国社会主义制度和我们党执政地位的重要经济基础。中央企业青年占企业职工总数的60%以上,是推动企业改革发展的宝贵人力资源。进一步加强和改进中央企业共青团工作,使之紧紧围绕党和国家中心工作,围绕企业改革发展稳定大局展开,科学教育青年、正确引导青年、热诚服务青年,把青年的积极性、主动性和创造性充分调动起来,对于深化企业改革、促进企业发展、维护企业稳定具有重要的意义。

2. 加强和改进中央企业共青团工作是巩固和扩大党执政的青年群众基础的必然要求。随着世界范围内思想文化相互激荡、经济全球化不断加剧、科学技术日新月异以及国内“四个多样化”的深入发展,青年群体的思想观念、价值取向、行为方式、人生需求呈现出新的特点。特别是企业在改革发展中产生的利益调整、内外部矛盾的影响不断凸显,使中央企业青年职工思想的独立性、选择性、多变性、差异性显著增强。共青团组织紧密结合时代的发展和青年的变化,不断加强企业青年思想政治工作,提高服务青年职工的能力,更好地满足青年职工在学习、工作、生活、民主参与、权益维护等方面的多样化需求,对于更好地把青年职工紧紧团结凝聚在党的周围,促进青年职工的成长成才具有重要的意义。

3. 加强和改进中央企业共青团工作是实现团的工作新发展的必然要求。随着国有企业改革的深化和国有资产管理体制改革的推进,中央企业的管理体制、经营机制、产权结构正在发生深刻变化,加快自主创新,优化资源配置,转变增长方式,强化资源节约,做大做强企业,成为企业改革发展的重点工作。共青团工作主动适应中央企业改革发展的新要求,坚持融入中心,服务大局,着力探索适应现代企业制度要求的企业青年工作新机制、新体制,丰富和发展团组织发挥作用的途径和方式,对于不断提高企业共青团组织的吸引力、凝聚力和战斗力,努力开创中央企业共青团工作的新局面具有重要的意义。

二、加强和改进中央企业共青团工作的总体要求和基本原则

4. 加强和改进中央企业共青团工作的总体要求:坚持以邓小平理论和"三个代表"重要思想为指导,全面贯彻落实科学发展观,紧紧围绕促进企业生产经营,探索、创新中央企业团的组织形式和工作机制,推动中央企业团组织逐步实现"五个有"目标(有一个好的领导班子、有一支能够发挥模范带头作用的团员队伍、有服务企业生产经营管理工作并具有青年特点的活动、有一套行之有效的工作制度、有保证工作正常开展的经费和阵地),不断增强团组织的内在活力,团结带领广大青年职工为中央企业改革发展稳定作出更大贡献。

5. 加强和改进中央企业共青团工作的基本原则:一是坚持正确的政治方向,把加强青年职工思想政治工作放在突出位置。二是坚持党建带团建,把企业团的建设纳入党的建设工作整体格局,在党建的带动下加强团建,以团建的成效服务于党建。三是坚持以加强能力建设为重点,紧扣企业改革发展稳定大局和青年成长成才的多样化需求开展工作。四是坚持与时俱进,把握经济社会发展的深刻变化,不断增强团组织主动适应、自我完善、自觉提高的能力。

三、深化中央企业党建带团建工作

6. 建立健全组织领导制度。中央企业党委(党组)要明确一名副书记或党委(党组)成员具体分管共青团工作,定期召集团的负责人和有关部门研究讨论团的工作,协调落实党委(党组)对共青团和青年工作提出的要求,帮助解决有关问题。企业党委(党组)每年要召开1至2次专门会议,听取团的工作汇报,研究和讨论团的工作。基层党组织负责人每年至少为团员青年上一次党课,作一次形势辅导报告。根据有关规定,团委(总支、支部)书记是党员的,可以列席同级党委(总支、支部)的会议。青年人数较多的企业,可以通过设立青年工作委员会、青年工作部,配备党委青年委员等途径,加强党委对共青团工作的领导。

7. 建立健全考核管理制度。要把团的基层组织建设纳入企业党

建工作格局,实行工作目标管理,把团的工作开展情况作为评价考核同级党组织工作实绩的重要指标。要逐步建立团干部工作责任制和考核制,并纳入企业管理人员责任考核体系,其待遇和奖惩原则上与同一层次经营管理人员一致。党组织要对团的建设提出指导性意见,制定具体工作措施,给团组织交任务、压担子、提要求,及时帮助解决团组织在工作中遇到的实际困难。

8. 建立健全推荐优秀团员作党的发展对象制度。中央企业各级党组织要坚持“28 周岁以下青年入党一般应从团员中发展”和“发展团员入党一般要经过团组织推荐”的规定,指导团组织开展好“推优”工作。要把那些在深化企业改革、促进技术进步、提高经济效益中涌现出来的优秀团员,特别是生产技术骨干和优秀青年知识分子作为培养和推荐的重点对象。团组织向党组织推荐优秀团员作党员发展对象后,党组织应及时回复推荐意见。要使“推优”工作逐步成为党组织发展青年党员的主要渠道,使团员成为党组织发展青年党员的主要来源,不断为党输送新鲜血液。要鼓励 28 周岁以下保留团籍的青年党员积极参加团的组织生活和活动。

9. 改进企业共青团作用发挥方式。支持团组织参与企业民主管理和厂务公开工作。团委书记可以参加企业职代会主席团,列席行政会议,参与涉及青年职工切身利益的调资、职称评审等工作。企业在制定重大决策和推行涉及青年利益的重大改革措施时,应有共青团和青年职工代表参加,广泛听取青年职工的意见。企业职代会中青年职工代表应占有一定的比例。

10. 建立健全物质保障制度。企业党组织和行政部门要根据共青团工作的需要,强化经费、阵地等保障,为团组织开展工作提供必要的物质条件。召开团代会或开展团的有关重点活动所需经费,应列入企业经费预算,专项拨发。

四、加强和改进中央企业团的基层组织建设

11. 建立健全团的组织,合理设置团组织工作机构。中央企业一

般要设立团委，其所属企业包括国有参股企业，都要设立团的组织，并按时换届改选。在新建经济组织时，要做到建立党组织的同时建立团组织；在调整经营管理组织时，要做到调整党组织设置的同时调整团组织的设置。股份公司、中外合资企业在企业章程或相关协议中应明确团组织的机构设置、人员编制、活动方式和经费保障等条款。要本着精干、高效、协调和有利于加强团的工作的原则设置企业团组织内部机构。大型企业团委根据工作需要可设立团委办公室和组织、宣传等工作部门。中小型企业团的工作部门可以单独设立，也可以与职能相近的企业行政工作部门合署办公。企业团委工作机构和人员必须纳入企业管理机构和人员编制。要加强企业团组织和属地、社区团组织的联系和互动，根据团员青年的工作、学习、生活等组合方式和流向变化，采取联合建团、生产线建团、公寓建团、工程项目建团等，创新团组织设置方式，不断扩大团组织的覆盖面。

12. 配强团组织的领导班子。企业党组织要按照德才兼备的要求，适应企业人事制度改革的要求，把团的工作岗位作为培养锻炼企业后备管理人才的重要渠道，拓宽团干部的选拔范围，尤其要有计划地把管理、技术岗位上的优秀青年职工选拔到团的岗位上经受锻炼。企业团委书记原则上要求是共产党员，并具备大学本科以上学历。中央企业新任团委书记的年龄一般不超过 40 周岁，副书记一般不超过 38 周岁。企业团委正、副书记分别享受企业同级党组织职能部门或下一级党组织正、副职政治经济待遇。兼职团干部应参照专职团干部选拔和管理，并保证有一定时间从事团的工作。要按照稳定队伍、优化结构、提高素质的要求，努力建设一支梯次合理、善于围绕企业生产经营开展团建工作的复合型团干部队伍。

13. 保证团的工作力量。中央企业应结合企业实际配备一定数量的专职团干部。青年职工在 1000 人以上的中央企业，其团委应设置 2 至 3 名专职或以共青团工作为主的团干部。青年职工在 3000 人以上的中央企业，至少要配备 2 名专职团干部和 2 至 3 名以共青团工作为主的团干部。青年职工在 5000 人以上的中央企业，由企业党组织按照比例适当增加团干部职数。团委书记原则上任期一届,最多不超过两届。团委主要负责人应有后备干部人选。中央企业所属企业也要配齐配强专(兼)职团干部。

14. 理顺中央企业团组织的隶属关系。共青团中央负责对中央企业和全国其他国有企业团的建设工作的宏观指导,国资委党委负责对中央企业团的建设工作的领导,中央企业团工委负责中央企业团的建设工作。根据中办发〔2004〕31 号文件理顺中央企业党组织隶属关系的规定,相应理顺中央企业团组织的隶属关系。

15. 做好团干部培训和转岗工作。要把团干部纳入企业党政干部培训序列,有计划地选送优秀团干部到党校或高等院校进行培训;选送部分团干部到党务、行政、技术等部门和生产一线挂职锻炼,全面提高企业团干部的素质,为企业培养和储备经营管理人才。专职团干部与经营管理人员要进行必要的岗位交流。要高度重视并有计划地做好专职团干部的转岗工作,对德才兼备、实绩突出、群众公认的团干部要予以重用。

16. 做好协管工作。企业团组织有协助同级党组织对下一级团组织领导班子成员进行考察、培训、教育的责任,对他们的任免调动提出建议,积极协助党组织管理好下一级团组织。

17. 加强团员管理。要针对不同岗位团员的情况,探索分类管理的有效办法。在企业改制重组和实施关闭破产过程中,团组织要注意做好下岗职工和有偿解除劳动关系职工中团员的管理工作,在新接收单位落实前,要继续管理好这部分团员。要按照证档分离、交叉覆盖、动态管理的原则,加强对流动团员的管理。要创新团籍管理方式,团员组织关系和参加团的活动可适当分离,团员可以同时编入多个基层团组织。要坚持标准,严格程序,加大团员发展工作力度。

五、探索完善中央企业团组织发挥作用的途径和方式

18. 深化增强共青团员意识主题教育活动。坚持用邓小平理论、“三个代表”重要思想和科学发展观武装团员青年,大力开展以“八荣八

耻”为主要内容的社会主义荣辱观教育，引导团员青年树立正确的世界观、人生观、价值观，坚定永远跟党走的信念，进一步增强团员的政治意识。对团员进行团史团情和团员权利义务教育，提高团员对团组织的认同感和归属感，不断增强组织意识。组织广大团员学习团章，重温入团誓词，引导团员在学习和工作中发挥示范带头作用，切实增强模范意识。

19. 服务企业中心工作。坚持融入中心、服务大局，以增强企业自主创新能力、转变经济增长方式为目标，深化青年创新创效活动，为建设创新型国家、创新型企业贡献聪明才智。有条件的企业，可建设青少年活动场所，建立青年科技协会、青年攻关小组等组织，强化组织阵地依托，为青年开展技术、管理、营销、服务创新搭建平台，促进企业提高竞争力。把实施“青工技能振兴计划”作为推进青年创新创效活动的突破口，抓好技能培训、技能竞赛、技能鉴定等关键环节，努力培养造就一支高素质的青年技能人才队伍。开展青年节能降耗活动，为建设资源节约型和环境友好型社会发挥积极作用。开展创建青年安全生产示范岗、青年文明号、青年突击队活动，团结带领青年职工为企业改革发展作贡献。发挥共青团和青联组织联系广泛的优势，吸引海外学人回国创业，壮大企业人才队伍。

20. 服务青年职工成长发展。积极开展“推优荐才”活动，发现和培养一批优秀青年科技、生产、管理、营销骨干和有一技之长的青年人才。认真做好下岗失业青年再就业工作，抓好观念引导、加强职业培训、开展就业服务、实施就业援助等环节，帮助下岗失业青年顺利实现再就业，维护企业和社会的稳定。开展健康有益的文化、娱乐和体育活动，促进青年身心健康。引导广大团员青年积极参加青年志愿者等活动，服务人民，奉献社会，在构建社会主义和谐社会中发挥生力军作用。广泛开展青年技术标兵、青年岗位能手等富有企业特色的评比表彰活动，树立和宣传青年典型，营造崇尚先进、学习先进的良好氛围。

21. 促进工作创新。要创新工作思路，使共青团工作更好地体现党的要求,符合企业发展的需要,在党政所需、青年所盼、共青团所能上精心谋划工作。要创新工作机制,面向基层,面向青年,建立开放型、效益型的企业共青团工作新机制和社会化、群众化的企业青年工作新格局。要创新工作载体,以提高青年职工素质、维护青年职工权益、服务青年职工需求为工作重点,积极探索现代企业制度下服务青年职工群众的新路子,整合社会资源,拓展活动领域,创建服务品牌,不断提高工作水平。要探索建立共青团工作评价考核体系,着重从对企业贯彻执行党和国家路线方针政策的配合效果、对企业改革发展稳定的促进效果、对企业完成生产经营任务的支持效果、对企业实现国有资本保值增值的推动效果、对青年职工队伍的建设效果等方面入手,研究工作要求、实际效果、衡量标准和考核办法,逐步纳入企业的考评体系。

中央企业各级党组织要充分认识加强共青团工作的重要意义,将其列入重要议事日程,主要领导亲自抓,相关部门联手抓。建立工作责任制,一级抓一级,一级带一级,逐级抓好落实。及时总结、宣传、推广国有企业团建工作中的好做法和好经验,发挥典型的示范带动作用。

各地区、各行业要深入调查了解不同类型企业共青团工作的实际状况和存在的突出问题,参照本意见,结合自身实际,制定加强企业共青团工作的实施意见并抓好落实。

中央企业高级政工师评审工作外语考试有关问题的若干意见(试行)

2007年9月24日　国资政职〔2007〕16号

各中央企业:

为进一步规范中央企业高级政工师评审外语考试工作,根据国家人事部《关于完善职称外语考试有关问题的通知》(国人部发〔2007〕37号)精神,结合中央企业实际,现就中央企业高级政工师评审外语考试有关问题提出如下意见:

一、符合下列条件之一的人员申报高级政工师,可不参加外语考试

1. 具有国家认定的国外留学、进修经历1年以上;

2. 取得国家认定的外语专业专科(含)以上学历;

3. 获得国家统一组织的大学外语六级考试合格证书,或取得国家认定的硕士(含)以上学位;

4. 出版过外文专著、译著1本以上,并经一定程序确认的;

5. 参加过"TOEFL"考试分数达到550分(含)(旧)、79分(含)(新)以上,雅思考试分数达到5.5分以上,参加"全国工商企业出国培训备选人员外语考试"(简称BFT)通过高(A)级。

6. 获得省部级"劳动模范"、"优秀思想政治工作者"、"优秀党务工作者"、"优秀纪检干部"、"优秀工会工作者"等以上级别荣誉称号;

7. 长期在野外或井下从事农业、林业、水利、采矿、测绘、勘探、施工等工作,连续工作5年以上;

8. 派出连续2年以上的援藏、援疆、援外、扶贫人员,在援助期间或回本单位后首次申报高级政工师;

9. 1978年12月31日(含)之前参加工作;

10. 由其他系列转评高级政工师,且通过相应级别外语考试或符合上述相关条件;

11. 凡符合以上条件者,必须出具相关证明。

二、参加外语考试的人员范围、分数线确定、成绩有效期限及适用办法

1. 不符合上述条件规定的人员申报高级政工师,必须参加所在地组织的全国职称外语B级(含)以上考试,考试的语种、类别不限;

2. 参加考试的人员，必须达到人事部根据当年全国职称外语考试命题和考试情况确定的各语种通用标准分数线，或企业所在地省级人事部门确定的通用标准分数线；

3. 凡参加 B 级(含)以上考试且成绩合格的人员，在申报高级政工师时考试成绩长期有效(凡国家另有规定者除外)。

三、坚持标准，严格要求，不断加强中央企业思想政治工作人员外语能力建设

企业思想政治工作是企业管理中十分重要的工作，对建设“四有”职工队伍，完成各项生产经营任务，保证企业正确的发展方向，具有重要而深远的意义。外语是思想政治工作人员学习国外先进管理经验，拓展知识和视野，开展对外交流的重要工具。中央企业要按照人事部〔2007〕37 号文件精神，坚持标准，严格按照有关要求组织政工职称参评人员参加全国职称外语考试，引导广大政工干部加强外语学习，创造条件组织政工人员参加外语培训，不断提高外语能力，更好地适应思想政治工作人员自身发展和企业发展的需要。

四、其他

1. 政工师(含)以下职称外语考试有关规定，由各中央企业参照本意见自行制定；

2. 本意见由国资委政工职称评审工作领导小组办公室负责解释。

附件：1. 答辩论文(封面)(略)

2. 各种材料复印件(封面)(略)

3. 各种材料复印件(封面竖)(略)

4. 报送材料明细表(略)

5. 破格申报高级政工师任职资格登记表(略)

中央企业“博士服务团”成员管理办法

2008 年 3 月 6 日　国资党办组织〔2007〕45 号

第一章　总　　则

第一条　为加强和改进在中央企业选派中青年博士参加中央组织部、共青团中央“博士服务团”的工作，确保“博士服务团”成员完成“了解国情、服务地方、积累经验、增长才干”的任务，为中央企业培养高素质的“复合型”人才队伍，根据中央组织部、共青团中央有关文件精神并结合实际，制定本办法。

第二条　国资委党委组织部负责在中央企业中选派博士参加中央组织部、共青团中央“博士服务团”工作，国资委企业领导人员管理一局、企业领导人员管理二局协助做好相关工作。

第三条　中央企业组织人事部门负责本企业“博士服务团”成员的选派与管理工作。

第四条　根据中央组织部、共青团中央有关规定，接收“博士服务团”成员的地区有关单位负责落实服务锻炼岗位、日常管理、配合派出单位进行考核及办理延期和留任等工作。

第二章　选派条件及程序

第五条　选派条件。

(一)基本条件：政治素质好、工作能力强、有吃苦和奉献精神、有发展潜力和培养前途、有专业特长和组织管理能力、身体健康的企业经营管理人才和专业技术人才。

(二)具体条件:

1. 获得博士学位,有2年以上工作经历;

2. 年龄在45周岁以下;

3. 一般应有副高级以上专业技术职务或在企业中担任相当于党政机关副处级以上职务。

第六条 选派程序。

(一)国资委党委组织部每年根据中央组织部要求,将名额分配至中央企业。

(二)中央企业组织人事部门根据选派条件,经企业党委(党组)研究同意,推荐本企业人选,同时填写《"博士服务团"成员推荐表》,报国资委党委组织部。

(三)国资委党委组织部将人选报国资委领导同意后,报中央组织部人才工作局,由中央组织部人才工作局确定服务锻炼岗位。

第三章 服务锻炼的时间、地区、岗位及待遇

第七条 "博士服务团"成员服务锻炼时间原则上为1年。

第八条 "博士服务团"成员主要派往重庆、内蒙古、广西、四川、贵州、云南、西藏、陕西、甘肃、宁夏、青海、新疆等西部地区省(区、市)和江西省、新疆生产建设兵团,中国井冈山干部学院、中国延安干部学院及吉林省延边朝鲜族自治州、湖北省恩施土家族苗族自治州、湖南省湘西土家族苗族自治州服务锻炼。

第九条 "博士服务团"成员一般挂职担任市(州)、县(市、区)和省(区、市)直部门、企事业单位党政副职或助理,不占领导职数。

第十条 "博士服务团"成员的待遇。

(一)服务锻炼期间,"博士服务团"成员在原单位的职务予以保留,其职务升迁、专业技术职务评聘、工资福利待遇等不受影响。

（二）服务锻炼期间，政治、生活等待遇，按接收单位有关规定执行。

（三）到西藏、新疆地区服务锻炼的人员，其工资福利待遇，参照援藏、援疆干部的有关规定执行。

（四）服务锻炼期间因公出差费用由接收单位负责。

（五）根据中央组织部、共青团中央有关规定，派出企业负责报销"博士服务团"成员往返服务锻炼单位交通费及其配偶探亲的往返交通费各1次。

（六）根据中央组织部、共青团中央有关规定，服务锻炼期间，派出企业应根据"博士服务团"成员所到地区的不同类别，给予每月不低于500元的生活补助。

第四章　管理与职责

第十一条　"博士服务团"成员服务锻炼期间由派出企业和接收单位共同管理。国资委党委组织部主要负责组织协调工作；派出企业和接收单位共同负责具体管理工作；日常管理工作以接收单位为主。

第十二条　"博士服务团"成员服务锻炼期满后，原则上按期返回原单位。确因工作需要延长服务锻炼时间一年及以上和留任，由接收单位在本人同意的基础上，向省（区、市）委组织部提出申请，征得派出企业及国资委党委组织部同意后，办理相关手续，报中央组织部人才工作局备案。

第十三条　国资委党委组织部职责。

（一）负责"博士服务团"成员的选派、资格审查和组织协调工作。

（二）加强联系沟通，及时了解"博士服务团"成员的工作生活情况，协调解决服务锻炼期间的有关重要问题。

（三）实地考察服务锻炼期间"博士服务团"成员的工作、生活和学习情况。

（四）协调、安排"博士服务团"成员服务锻炼期满后的考核工作。

（五）负责"博士服务团"成员挂职期满后延期、留任等相关工作。

(六)跟踪了解“博士服务团”成员回原单位后工作情况。

第十四条 派出企业职责。

(一)把好选人关,切实保证选派人员的质量。严格按照选派条件选人,选派出政治素质高、业务能力强、发展潜力大的人才到西部地区服务锻炼,支持西部地区发展,贯彻落实中央西部大开发战略。

(二)建立联系人制度,明确有关人员负责“博士服务团”成员的具体管理工作。

(三)及时了解掌握“博士服务团”成员的思想、工作、生活情况,帮助解决实际问题。

(四)根据本企业的特点和优势,对“博士服务团”成员工作上给予大力支持,发挥派出人员的桥梁和纽带作用。

(五)“博士服务团”成员服务锻炼期满,按照干部管理权限,会同当地组织部门对其进行考核,写出考核材料,存入本人档案。

(六)妥善安排“博士服务团”成员服务锻炼期满回企业后的工作,对在服务锻炼期间表现优秀、成绩突出的人员,可提拔使用。

第十五条 “博士服务团”成员职责。

(一)按照中央组织部、共青团中央“了解国情、服务地方、积累经验、增长才干”的要求,坚持理论联系实际,将自己掌握的知识与当地经济建设和社会发展相结合,为促进西部地区的经济、社会发展和科技进步以及中央企业的改革发展作出应有贡献。在西部地区特别是艰苦环境里学习、锻炼,增长才干,努力成为高素质的“复合型”人才。

(二)服从大局,严格遵守组织纪律和接收单位的各项规章制度。

(三)谦虚谨慎、努力学习,高标准、严要求,树立“博士服务团”成员的良好形象,维护中央企业的声誉。

(四)服务锻炼期满,认真总结思想、工作和学习情况,形成个人总结,主动配合派出企业、接收单位做好考核工作。

第五章　附　　则

第十六条　本办法由国资委党委组织部负责解释。

第十七条　本办法自公布之日起执行。

国资委党委　国资委关于建立和完善中央企业职工代表大会制度的指导意见

2007年7月22日　国资党委群工〔2007〕120号

各中央企业党委(党组):

职工代表大会(以下简称职代会)是企业实行民主管理的基本形式,是职工行使民主管理权力的机构,是中国特色基层民主政治建设的成功经验。为了全面贯彻“三个代表”重要思想和党的十六届六中全会关于构建社会主义和谐社会的精神,贯彻落实科学发展观,在建立健全现代企业制度过程中建立和完善中央企业职代会制度,推进企业职工民主管理工作的制度化、规范化建设,促进中央企业持续健康发展,依据《中华人民共和国宪法》、《中华人民共和国公司法》、《中华人民共和国工会法》、《中华人民共和国劳动法》、《全民所有制工业企业职工代表大会条例》等法律法规的规定,结合中央企业实际,提出以下意见。

一、实行职代会制度必须坚持的基本原则

(一)坚持党的领导的原则。

实行职代会制度,核心在于坚持党的领导。国有企业党组织在企业发挥政治核心作用,是职工依法参与企业民主管理的政治保证和组

织保证。企业职代会必须坚持企业党委(党组)的领导,把贯彻全心全意依靠工人阶级的指导方针落到实处。

(二)坚持推进基层民主政治建设的原则。

企业职代会必须以充分发扬民主、依法行使职权、促进公平正义、维护团结稳定为宗旨,保障职工的知情权、参与权、表达权、监督权,推进企业决策的科学化、民主化,推进和丰富基层民主政治建设的实践和成果。

(三)坚持促进企业发展的原则。

企业职代会在国有资产管理体制改革和企业改革发展中,要坚持全面落实、自觉实践科学发展观,充分调动和发挥广大职工的积极性、主动性、创造性,有效实现企业发展与职工发展的和谐统一,增强企业的核心竞争力和国际竞争力,努力实现企业又好又快地发展。

(四)坚持推进现代企业制度建设的原则。

企业职代会必须在体制和机制上积极探索创新,在遵循和维护法律法规赋予职代会、董事会、监事会和经理层的职权的基础上,实现现代企业制度下职代会制度与公司董事会、监事会、经理层等治理结构的有效衔接,实现国家利益、出资人利益、企业利益和职工利益的协调发展,推进现代企业制度建设。

(五)坚持促进劳动关系和谐的原则。

企业职代会必须以职工为本,进一步加大协调劳动关系和化解矛盾的力度,主动依法科学地维护职工权益,努力建立规范有序、公正合理、互利共赢、和谐稳定的社会主义新型劳动关系,推动和谐企业建设。

二、职代会的职权

中央企业应根据国家有关法律法规及《中共中央办公厅　国务院办公厅关于在国有企业、集体企业及其控股企业深入实行厂务公开制度的通知》(中办发〔2002〕13 号)、《中共中央办公厅转发〈中共中央组织部、国务院国资委党委关于加强和改进中央企业党建工作的意见〉的通知》(中办发〔2004〕31 号)、《企业工会工作条例》(总工发〔2006〕61

号)和国资委有关加强民主管理、维护职工权益的规定,结合企业的实际情况,坚持行使和落实职代会的以下职权:

1. 审议建议权。职代会应听取企业工作报告,审议企业经营方针、中长期发展规划、年度计划、财务预决算等重要事项的报告;审议企业改制方案和重大改革措施;审议职工劳动安全卫生措施,职工教育培训计划、奖励方案和经费使用情况;听取企业经营方面的重大问题、制订重要规章制度的情况以及实行厂务公开及集体合同履行等情况的报告,并提出意见和建议。企业拟订的职务消费管理制度在履行内部决策程序前,应当通过职代会等形式听取职工意见。

2. 审议通过权。职代会应审议企业提出的企业改制中的职工安置方案、职工奖惩办法及企业其他涉及职工切身利益的重要规章制度;应审议经企业和工会协商提出的集体合同草案、企业年金方案、住房制度改革方案等涉及职工切身利益的重大事项。在审议方案的基础上,进行投票表决,形成通过或不通过的决议。

3. 监督评议权。职代会应在企业党组织领导下,在国资委企业领导人员管理部门的指导和参与下,每年或定期组织职工代表听取企业领导班子成员或已建立规范法人治理结构的企业的经营班子成员报告履行职责和廉洁自律的情况,并由职工代表进行民主评议。民主评议的结果可根据干部管理权限,报国资委企业领导人员管理部门或董事会。

4. 民主选举权。职代会应依法选举、监督和罢免企业职工董事、职工监事;选举职代会专门委员会(小组)成员;选举企业劳动争议调解委员会中的职工代表。

5. 法律法规赋予职代会的其他权利。

未建立集团一级职代会的中央企业,应抓紧建立职代会,认真落实职代会职权;已经建立集团一级职代会的中央企业,应结合企业实际,继续完善和落实职代会的职权内容。其中,国有独资公司董事会试点的中央企业,应在现代企业制度框架内,结合企业实际,积极探索与公司董事会、监事会、经理层等治理结构有效衔接的职代会职权内容;子企业数量多、分布广的中央企业,应结合企业实际,决定适应本企业组织构架的职代会职权内容;多元投资主体的中央企业、整体上市的中央企业和其他类型的中央企业,也应结合企业实际,决定适应本企业产权结构的职代会职权内容。

由于中央企业的产权结构、组织构架差异比较大,职代会的职权内容可以有所不同,但都应坚持企业重要事项必须提请职代会审议;涉及职工切身利益的重大事项必须提请职代会审议通过;企业领导班子成员或已建立规范法人治理结构的企业的经营班子成员必须向职代会报告履行职责和廉洁自律的情况,并接受职工代表的民主评议。

中央企业所属企业应根据本意见及所在省市关于职代会制度的有关规定,结合本企业的实际情况,确定并落实职代会的各项职权。

三、职工代表的结构、权利和义务

职工代表是企业职工民主管理的主体,职工代表结构合理、权利保障和义务履行,是实行职工民主管理的基本保证。

(一)职工代表的产生和结构。

依法享有政治权利并与本企业建立劳动关系的职工,均可当选为本企业的职工代表。为保证中央企业职代会的运作质量,职工代表应有良好的品行和较好的群众基础,有一定的生产、管理知识和工作经验,具有较好的参与民主管理的能力。

职工代表的总人数根据企业规模等实际情况而定,既要保证职工代表的覆盖面和代表性,又要保证职代会制度的可操作性。

规模较小的中央企业的职工代表选举,应以班组(科室)、工段(作业区)或者分厂(车间)为选区进行,须有本选区全体职工三分之二以上参加,候选人获得应到人数过半数赞成票方可当选。其中有条件的企业,也可以按照职工自荐、竞职演说、群众信任投票和组织审定的基本程序,实行职工代表竞选制。规模较大的中央企业,其职工代表一般由所属子(分)企业职代会选举产生。

职工代表的结构应以一线职工(包括一线工人、技术人员和管理人员)为主体。子企业分布比较集中的中央企业的正副职负责人及所辖子企业正职负责人担任的职工代表，一般不超过代表总数的25%；子企业数量多、分布广的中央企业的正副职负责人及所辖子企业正职负责人担任的职工代表，一般不超过代表总数的35%。贸易型、高新技术型企业的职工代表，应以一线的贸易、科技人员等为主体。在职工代表中，劳模先进人物、青年职工和女职工应占适当比例。

职代会新建或换届，应建立职工代表资格审查小组，负责审查代表是否依法享有政治权利并与本单位建立了劳动关系，代表的产生是否符合民主程序，代表的结构比例是否符合相关规定，并向职代会报告审查结果。

企业的职工代表实行常任制，可连选连任。根据需要职代会可设置列席代表与特邀代表。

（二）职工代表的权利。

职工代表在职代会上有选举权、被选举权和表决权；有权参加职代会及其工作机构组织的各项活动；因参加职代会组织的有关活动而占用生产或工作时间，有权按照正常出勤享受应得的待遇；依法行使职权时，任何组织和个人不得压制、阻挠和打击报复。职工代表在劳动合同期间，除严重违反企业规章制度、因严重失职给企业利益造成重大损失外，企业不得与其解除劳动合同。确需解除劳动合同的，应当事先征求企业工会组织的意见。

（三）职工代表的义务。

职工代表应认真学习党和国家的方针政策、法律法规和现代企业管理知识，不断提高政治觉悟、技术业务素质和参与管理的能力；密切联系群众，代表职工合法权益，如实反映职工群众的意见和要求；模范遵守国家的法律法规和企业的规章制度，保守企业商业秘密，做好本职工作；认真执行职代会的决议，完成职代会交付的任务。

（四）职工代表的变动、罢免及补选。

职工代表对本选区的职工负责，职工有权监督职工代表履行职权的情况。

职工代表调离企业、与企业解除劳动合同、退休或死亡，其代表资格自行终止。

职工代表在受到纪检监察、公安、司法机关审查期间，其代表资格暂时中止。各选区有权对触犯法律、受到行政或党纪处分及有其他不称职行为的职工代表提出罢免申请，罢免的民主程序由各企业职代会或工会确定并履行。

职工代表出现缺额时，应由原选区依照规定的民主程序和结构要求及时补选产生，并在下一次职代会上确认。

四、职代会运作的基本程序

职代会运作的基本程序是体现职工代表和广大职工意愿的根本保证。

(一)职代会对民主选举和涉及职工切身利益的重大事项的表决方式。

职代会进行民主选举和审议通过涉及职工切身利益的重大事项时，必须采用无记名投票表决方式；一般事项也可采用其他表决方式，但须获得应到职工代表过半数赞成票通过。

(二)职代会主席团成员的选举产生程序。

在征求职工代表意见的基础上，召开职工代表团(组)长会议，协商提出主席团成员候选人名单。主席团成员必须在职代会的预备会议上由职工代表选举产生。

主席团成员应有一线职工、技术管理人员和企业负责人，人数可以根据企业的具体情况确定。劳模先进人物、青年职工和女职工的代表在主席团成员中应有适当名额。

(三)职代会专门委员会(小组)成员的选举产生程序。

职代会可设立若干个专门委员会(小组)，受职代会领导，为职代会依法行使职权服务。

专门委员会(小组)应根据职代会职权内容与企业规模设立，如提案、民主评议干部等。专门委员会(小组)的成员人选，一般由职工代表担任，也可以推荐部分熟悉业务的非职工代表。专门委员会(小组)成员在职代会全体会议上由职工代表选举产生。

（四）召开职代会临时会议的程序。

职代会闭会期间，遇有重大事项，经经理层、工会或三分之一以上职工代表的提议，并由企业党委（党组）审定同意后，可以召开职代会临时会议。

五、职代会的主要工作制度

职代会的主要工作制度，是职代会正常运作的基本保证，也是职代会制度建设的重要内容。

（一）职代会的组织制度。

中央企业的职代会一般每届3～5年，每年至少召开一次会议。每次会议必须有全体职工代表的三分之二以上出席，方可召开。

凡提交职代会审议、讨论的各类报告、方案、规定等有关事项，在不泄露商业秘密的前提下，一般应在正式会议召开前印发给职工代表，时间不少于7天。在职代会正式会议召开前一周内，由工会负责召开职代会预备会议。在预备会议期间，要报告大会的筹备情况，提请审议通过会前与董事会、经理层沟通、协商并经党委（党组）讨论的大会议题、议程，同时决定大会的其他有关事项；组织职工代表在选区内听取职工群众对企业工作报告和其他议案的意见；职工代表分组审议企业工作报告及有关专项议案；根据代表审议提出的意见、建议，对有关议案作修改，提交职代会正式会议审议。如中央企业由于所属子（分）企业分布广等原因，提前印发材料和召开预备会议有困难，可根据实际情况而定。

（二）职代会的日常民主管理工作制度。

1. 联席会议制度。企业职代会的联席会议在职代会闭会期间，由企业工会主持召开，就需要临时解决涉及职工切身利益的重要问题，以及对职代会审议通过的方案在实施中发生的个别需要作部分修改或补充的问题进行协商处理，履行民主程序。联席会议形成的意见、决议或决定，必须向下次职代会报告，提请确认，职代会对职权范围内的事项具有最终审定权。联席会议由职代会主席团成员、职工代表团(组)长、职代会专门委员会(小组)负责人、工会委员会成员、职工董事、职工监事组成。联席会议可以根据会议内容邀请本企业其他有关人员参加。

2. 质量评估制度。在企业党委(党组)领导下,每年组织开展对本企业上一年度职代会运行质量的评估工作。评估内容可以分为“职权履行”、“程序规范”、“决议执行”、“制度落实”、“组织领导”等方面。评估采取召开职工代表座谈会、开展职工代表个别访谈、组织职工代表民主测评等方式。工会可会同企业有关部门,对评估的情况进行综合分析,研究提出改进意见,并在下一次职工代表大会上报告测评结果以及实施整改的情况。

3. 专门委员会(小组)工作制度。职代会专门委员会(小组)在职代会召开前,开展对提请职代会审议的与本委员会(小组)专业对口的有关事项、议题、提案或方案的审议工作,并在职代会有关会议上阐述审议意见。

在职代会闭会期间,各专门委员会(小组)对属于本委员会(小组)职责范围内需要临时决定的事项进行审定,并将审定事项报告下一次职代会,由大会予以确认;开展对企业有关部门执行职代会决议、决定情况的检查监督工作;协助并监督企业有关部门处理、落实经职代会确认的职工代表提案,并将有关情况报告下一次职代会。

4. 职工代表巡视检查制度。在职代会闭会期间,职代会要组织部分职工代表对职代会各项决议、决定执行和提案落实的情况进行检查和监督;也可以组织部分职工代表通过向有关部门询问、查阅报表资料、提合理化建议等形式,对企业重大决策的执行情况、职工群众关心的热点问题等内容进行巡视检查,督促相关部门对有关问题进行及时改进。

5. 职工代表培训及述职、评议制度。企业要制订关于职工代表培训的规划和专题培训目标,组织全体职工代表在任职期内分期分批参加法律法规、现代企业管理、民主管理等业务知识的培训,提高职工代表的综合素质。

有条件的企业工会在职工代表任职期间，组织职工代表向本选区的职工作一次工作述职，接受职工群众的评议，也可以探索建立职工群众对职工代表履行职责情况的质询制度。

（三）职代会的文书档案管理制度。

企业工会对职代会的各种文字材料，要组织专人，分门别类，建档归案，并加强日常管理，做到有章可循、有案可查。

六、职代会与公司治理结构的关系

建立规范法人治理结构的企业，依照公司法，董事会行使经营决策权，经理层行使经营管理权，监事会行使监督权，职代会行使职工民主管理权。

（一）正确定位职代会职权。

董事会依照公司法，对企业经营计划、投资方案等重要事项行使决策权，职代会对企业重要事项行使审议建议权。董事会、经理层在制订涉及职工切身利益的有关方案时，要充分听取职代会的意见，职代会对涉及职工切身利益的重大事项有审议通过权。董事会、经理层行使企业人员聘用权，职代会对企业经营班子成员行使评议监督权。

（二）合理确定职代会会期、内容。

职代会的会期、内容要与每年决定企业年度计划等重要事项的董事会会议有机衔接，具体会期由各中央企业视实际情况决定。如职代会在董事会会议之后召开，则应按照职代会职权和厂务公开具体内容的规定，在职代会上报告董事会会议的有关重大决策；如职代会在董事会会议之前召开，则职代会在职权范围内关于企业重要事项的审议意见、决议和涉及职工切身利益重大事项的决定应由参加职代会的职工董事在董事会会议上准确反映，或由工会代表职代会向董事会报告。

（三）充分发挥职工董事、职工监事的作用。

职工董事是职代会与董事会联系的纽带，代表职工参与企业决策。职工董事要严格按照公司法和国资委制定的《国有独资公司董事会试点企业职工董事管理办法（试行）》的要求选举产生，与其他董事享有同等权利,承担相应义务。职工董事要严格履行董事的职责,正确反映职代会和职工代表的意见,维护国家、出资人、企业和职工四方的利益。董事会讨论研究涉及职工切身利益的重大事项时,职工董事应事先听取企业工会和职工代表的意见,全面准确反映职工意见,维护职工的合法权益。

职工监事是职代会与监事会联系的纽带,代表职工参与企业监督。职工监事的选举和职责履行要严格按照公司法和《国有企业监事会暂行条例》(国务院令第 283 号)的要求实施。职工监事与其他监事享有同等权利,承担相应义务,要正确反映职代会和职工代表的意见。

职工董事、职工监事在董事会会议与监事会会议召开前,在不泄露商业秘密和企业一段时间需要保密的问题的前提下,应就会议有关内容开展调研,充分听取职工代表的意见。

职工董事、职工监事应定期向职代会就反映职工意见、参与决策与监督、维护职工权益等内容报告履行职责的情况,接受职工代表的监督、质询和考核。对工作不称职的、群众不满意的职工董事、职工监事,职代会要通过相应程序予以撤换或罢免。

七、加强组织领导,明确责任分工,搞好协调配合

中央企业党委(党组)要加强组织领导,明确责任分工,搞好协调配合,促使建立和完善职代会制度的工作取得切实成效。

(一)企业党委(党组)要加强对职代会工作的领导。

企业党委(党组)要坚持贯彻落实全心全意依靠工人阶级的指导方针,充分发挥政治核心作用,支持和保证职代会依法行使各项职权。党委(党组)要定期听取职代会工作情况的汇报,切实加强对职代会工作的领导,指导协调企业各有关方面,及时研究解决职代会制度建设中遇到的问题,落实企业工会的人员编制,充分发挥职代会应有的作用;要定期组织企业负责人进行法律法规、现代企业管理等知识的培训,提高他们的民主管理意识;要加强督导力度,促进企业健全完善民主管理的各项机制,扎实提高企业民主管理工作的水平。

（二）董事会、经理层要积极推进职代会制度的落实。

董事会、经理层要牢固树立依靠职工办企业的观念，尊重职工代表民主参与、民主管理、民主决策和民主监督的权利，重视职代会提出的建议和意见，支持职代会依法行使职权；要把建立和完善职代会制度与健全现代企业制度有机结合起来，切实加以推进，并把职代会制度作为企业管理的重要基础制度；要督促企业有关部门落实职代会提案和决议，在企业管理费中列支职代会工作费用；要进一步规范企业行为，提高企业科学决策、民主决策的水平，推动企业的健康、可持续发展。

（三）工会应当承担并履行好职代会工作机构的职责。

企业工会作为职代会的工作机构，在建立和完善职代会制度的工作中应发挥重要作用。要运用各种形式向职工群众宣传民主管理的有关知识，组织传达职代会精神，宣传和发动职工落实职代会决议；要搞好职工代表选举，做好职代会筹备和组织工作；要组织职代会专门委员会（小组）和部分职工代表开展对职代会决议和提案落实情况的检查；要为职工群众反映意见、要求和建议创造条件，维护职工代表的合法权益；要加强对职工代表的培训和教育，不断提高职工代表的综合素质和参与民主管理水平。

（四）建立职代会工作问责制度，促进企业各方切实担负建立和完善职代会制度的责任。

建立职代会工作问责制度，督促企业党委（党组）、董事会、经理层、工会承担好各自职责。对妨碍职代会制度实施，甚至阻挠职工行使民主管理权利的企业有关人员进行严肃批评或给予必要的组织处理。国资委党委将组织有关部门，定期对各企业职代会的运行质量进行评估，评估结果将作为对各企业民主管理工作的重要考核依据。

各中央企业要按照本意见的要求，结合企业实际情况，制订贯彻落实的实施意见或细则，要明确目标责任，加强组织协调，努力探索创新，注重工作实效，并将意见贯彻落实到所属企业，推动建立符合现代企业制度要求的企业民主管理体系，开创中央企业的职工民主管理工作的新局面，更好地为中央企业的经济建设和改革发展服务。

国务院国有资产监督管理委员会关于印发《中央企业职工技能竞赛管理办法》的通知

2008 年 10 月 16 日　国资发群工〔2008〕166 号

各中央企业：

为加强中央企业职工技能竞赛管理工作，进一步推进中央企业高技能人才队伍建设，促进中央企业职工技能竞赛健康有序发展，我们制定了《中央企业职工技能竞赛管理办法》，现印发给你们，请结合实际，遵照执行。

附件：中央企业职工技能竞赛管理办法

附件：

中央企业职工技能竞赛管理办法

第一章　总　　则

第一条　为规范中央企业职工技能竞赛（以下简称中央企业竞赛）和各中央企业集团公司职工技能竞赛（以下简称集团公司竞赛）管理工作，促进中央企业高技能人才的快速成长，根据国家有关规定，制定本办法。

第二条　本办法适用于国资委举办的或国资委和国家有关部委共

同举办的中央企业竞赛(国家级一类竞赛),以及经国资委备案的集团公司(包括中央企业主体上市公司)竞赛。

第三条 竞赛以公开、公平、公正为原则,不拘一格选拔人才。凡与中央企业有劳动关系的在岗职工,不受年龄、资历、学历和职务限制,均可参加竞赛。

第四条 中央企业竞赛由国资委统筹安排。各中央企业集团公司竞赛由企业自定。

第二章 组织机构

第五条 中央企业竞赛组织委员会(简称组委会)由国资委、国家有关部委的相关人员和承办单位的有关负责人组成,下设办公室、专家评判委员会和监审委员会。

第六条 中央企业竞赛组委会主要职责:

(一)研究制订竞赛的规划。

(二)审议竞赛年度计划和实施方案,确定竞赛承办单位。

(三)审定竞赛规则。

(四)研究决定竞赛奖励办法。

(五)研究决定中央企业竞赛监审委员会、专家评判委员会名单。

(六)审定获奖选手名单。

(七)指导各中央企业开展集团公司竞赛。

第七条 中央企业竞赛组委会办公室设在国资委群工局,为中央企业竞赛组委会日常办事机构,主要职责:

(一)拟订竞赛年度计划,申报实施方案。

(二)审核竞赛承办单位组织、场地、设备、条件等。

(三)聘请审查监审人员、专家评判人员、考务人员和参赛选手的资格,办理获奖选手晋升职业资格等级手续。

(四)指导检查承办单位的竞赛筹备工作。

(五)组织指导竞赛宣传工作。

(六)印制颁发奖品证书。

(七)总结竞赛经验,编发信息简报。

(八)受理各集团公司竞赛规划和申报材料。

(九)完成中央企业竞赛组委会交办的其他工作。

第八条 中央企业竞赛专家评判委员会负责竞赛的技术工作,成员由国资委聘请的专家组成。专家评判委员由组委会办公室选聘,并应具备以下条件:

(一)热爱本职工作,具有良好的职业道德和心理素质。

(二)从事本职业(工种)10 年以上,并在该职业(工种)技术、技能方面获得较高荣誉。

(三)坚持公平公正原则,秉公执法,不徇私情。

(四)具有较高的裁判理论水平和丰富的实践操作经验,熟练掌握竞赛规则,现场运用准确恰当。

(五)具有较丰富的临场执法经验和组织现场裁决能力。

(六)身体健康,能胜任评判工作。

第九条 中央企业竞赛专家评判委员会主要职责:

(一)起草竞赛规则。

(二)起草技术文件,指定辅导资料。

(三)负责竞赛命题工作。

(四)检查验收竞赛场地、器械、设备等。

(五)负责竞赛的评判工作。

(六)负责竞赛的技术点评工作。

(七)完成中央企业竞赛组委会交办的其他工作。

第十条 中央企业竞赛监审委员会由国资委工作人员组成。主要职责:

(一)负责试题的保密工作。

(二)监督竞赛全过程。

(三)负责竞赛结果的核实、汇总、上报工作。

(四)受理参赛单位及选手的申诉。

(五)完成中央企业竞赛组委会交办的其他工作。

第十一条 由主办单位和承办单位组成赛区组织委员会，在中央企业竞赛组委会的统一领导下，负责本赛区的组织工作，并健全相应的组织机构，做好竞赛的会务、赛务、宣传、安全等工作。

第十二条 各集团公司竞赛应成立组织委员会，负责集团公司竞赛的组织实施工作。

第三章 组织管理

第十三条 中央企业竞赛的工种应符合国家职业标准，以适用范围广、技能要求高、关键岗位的通用工种为主，并考虑行业特点突出、技术含量高、参与范围广的特有工种。

行业特有工种为石油石化、冶金、矿业、军工、电力、电信、运输、商贸、仓储、建筑、建材和旅游等行业主要特有工种。

第十四条 中央企业竞赛每年举办，包括通用工种竞赛和行业特有工种竞赛。各通用工种竞赛每4年循环举办一次，同行业特有工种竞赛每2～3年举办一次。

第十五条 中央企业竞赛由中央企业轮流承办，符合条件的中央企业可自荐申请承办。行业特有工种竞赛坚持紧贴实际、公平公正、培养人才、服务企业的原则，按中央企业排序由各行业企业依次承办。承办单位应具备下列条件：

（一）能够独立承担民事责任。

（二）有组织机构和工作人员。

（三）有专家技术队伍。

（四）有经费保障。

（五）赛区交通方便，设备齐全。

（六）安全制度健全，防范应急措施完备。

第十六条 中央企业竞赛经费通过以下渠道筹集：

（一）参赛选手、单位的报名费、参赛费。

（二）承办单位支持。

（三）国资委专项经费。

(四)社会支持。

第十七条 集团公司竞赛的工种应符合以下条件:

(一)中央企业主业中所涵盖的工种。

(二)行业特点突出、关键岗位技术含量高、企业急需高技能人才的特有工种。

(三)紧贴企业生产实际,结合行业发展方向,具有前瞻性、导向性的工种。

第十八条 集团公司竞赛由企业参照本办法自行举办。关系国家安全和国民经济命脉的重要大型骨干中央企业举办的具有国内一流水平的竞赛,经企业申请,可向国资委、人力资源和社会保障部申请备案。

第十九条 申报集团公司竞赛的各中央企业,须于每年1月底前向国资委群工局报送本年度集团公司竞赛的以下材料:

(一)举办竞赛活动的申请备案表。

(二)竞赛工种情况说明。

(三)竞赛活动组织实施方案。

第四章 组织实施

第二十条 中央企业竞赛分初赛和决赛,在中央企业竞赛组委会统一协调下实施。

第二十一条 初赛由各中央企业自行组织,分实际操作比赛和理论知识考试。

第二十二条 决赛在中央企业竞赛组委会领导下,由承办单位具体组织实施。决赛以实际操作比赛为主,理论知识考试为辅,理论知识考试和实际操作比赛的比例根据竞赛工种确定。提倡和鼓励决赛只设实际操作比赛,初赛理论知识考试成绩作为晋升职业资格的依据。

第二十三条 决赛包括开幕式、技能竞赛、闭幕式。

技能竞赛主要工作程序:抽签,实际操作考试,赛务发布会,成绩发布会，技术交流和专家点评等。

第二十四条 中央企业竞赛应邀请公证部门对竞赛过程及结果进行公证。

第二十五条 中央企业竞赛的承办单位应制订具体的宣传方案和宣传口号等。充分利用广播、电视、报刊、网络等新闻媒体，扩大宣传覆盖面，并及时向中央企业竞赛组委会报送竞赛有关信息和总结。

第二十六条 集团公司竞赛可参照本办法组织实施。

第五章 表彰奖励

第二十七条 中央企业竞赛和集团公司竞赛以精神奖励为主，物质奖励为辅。

第二十八条 获得国资委和有关部委联合举办的中央企业竞赛各工种前5名的选手，报请国家相关部委授予全国或行业技术能手荣誉称号，对第6～30名选手(人数不超过参赛选手三分之一)，由国资委授予"中央企业技术能手"荣誉称号。获得国资委举办的中央企业竞赛决赛的前30名选手(人数不超过参赛选手的三分之一)，由国资委授予"中央企业技术能手"荣誉称号。

第二十九条 经国资委和国家相关部委备案同意的集团公司竞赛决赛各工种第1名的选手，报请国家相关部委授予全国或行业技术能手荣誉称号；第2～5名选手，由国资委授予"中央企业技术能手"荣誉称号。在国资委备案的集团公司竞赛决赛各工种第1～3名的选手，由国资委授予"中央企业技术能手"荣誉称号。

第三十条 凡获得全国或行业技术荣誉能手称号和"中央企业技术能手"荣誉称号的选手，经有关职业资格鉴定部门审核后，可晋升一级职业资格。

第三十一条 对积极承办、认真组织中央企业竞赛决赛的中央企业，颁发"中央企业职工技能竞赛突出贡献奖"，对积极组织参加中央企业竞赛的企业，颁发"中央企业职工技能竞赛优秀组织奖"。对组织完善、精心选拔、认证培训、成效显著的自行举办集团公司竞赛的中央企业，授予“中央企业职工技能竞赛先进单位”荣誉称号；对在竞赛组织过程中，认真负责、成效突出的技能人才工作人员，授予“中央企业职工技能竞赛优秀工作者”荣誉称号。

第三十二条 各集团公司竞赛可参照本章规定制订有关奖励办法。

第六章 会标会旗

第三十三条 中央企业竞赛和集团公司竞赛均使用中央企业竞赛会标、会旗。

中央企业竞赛会标为一角向上红色底面象征螺丝钉的正六边形，代表着高技能人才是企业的螺丝钉，是促进企业发展的重要人才保证。六边形中留白色V字形表示胜利，体现劳动技能竞赛的竞技特点。上半部分是钻石型，象征高技能人才的宝贵和技能的高超。V字形似托起的双手，体现中央企业职工奉献精神。

中央企业竞赛会旗底面为白色，长方形，长与高之比为三比二。旗面正中印制会标，会标两面相对，其外接圆直径为旗高十分之三，旗杆套为白色。

第三十四条 中央企业竞赛各赛区的场地、设备、宣传用品、纪念品等都应统一标注中央企业竞赛会标。

第七章 附则

第三十五条 为打造国际一流的技能人才队伍，对中央企业参与国际职业技能竞赛并获奖的选手，国资委审核后可参照本办法授予“中央企业技术能手”荣誉称号。

第三十六条 各中央企业、地方国有资产监督管理机构可参照本办法，结合实际，制订相应的竞赛管理规定，并积极参加中央企业职工技能竞赛。

第三十七条 本办法自印发之日起施行。

国资委党委办公室关于贯彻落实《2009～2013年全国党员教育培训工作规划》有关要求的通知

2009年10月26日　国资党办组织〔2009〕30号

各中央企业党委（党组）：

根据《中共中央办公厅关于印发〈2009～2013年全国党员教育培训工作规划〉的通知》（中办发〔2009〕23号）精神，现就贯彻落实《2009～2013年全国党员教育培训工作规划》（已公开发布，以下简称《规划》）有关要求通知如下：

各中央企业党委（党组）要高度重视，要结合学习贯彻党的十七届四中全会、全国国有企业党的建设工作会议精神，以及巩固和扩大学习实践科学发展观活动成果认真抓好落实《规划》工作。

各中央企业党委（党组）要根据《规划》的要求，结合本企业实际，制订贯彻落实的具体意见和2010年度工作计划，于2009年12月底前报国资委党委。

国资委党委将适时对贯彻落实《规划》情况进行调研检查。

国务院国有资产监督管理委员会关于加强中央企业班组建设的指导意见

2009年3月30日　国资发群工〔2009〕52号

各中央企业：

为加强企业基础管理，切实推进班组建设健康发展，提高班组管理水平，培育高素质、高技能员工队伍，提升企业核心竞争力，推动中央企业科学发展，结合中央企业实际，提出以下意见。

一、指导思想

班组是企业从事生产经营活动或管理工作最基层的组织单元，是激发职工活力的细胞，是提升企业管理水平，构建和谐企业的落脚点。加强班组建设要以邓小平理论、“三个代表”重要思想为指导，深入贯彻落实科学发展观，坚持改革创新，不断完善加强班组建设管理机制，坚持以落实岗位责任制为核心，以高效安全完成各项生产(工作)指标(任务)为目标，以不断提升班组管理水平和员工队伍素质为重点，增强班组团队的学习能力、创新能力、实践能力，切实加强中央企业基层组织基础管理，实现员工与企业的和谐发展、共同进步，为提高中央企业核心竞争力打牢坚实的基础，推动中央企业又好又快发展。

二、总体目标

适应建立现代企业制度的总体要求，在班组建设和班组长队伍建设中，做到工作内容指标化、工作要求标准化、工作步骤程序化、工作考核数据化、工作管理系统化，奠定企业扎实的管理基础。把班组长培养成为政治强、业务精、懂技术、会管理和具有现代意识的企业基层管理者；提升班组成员的综合素质，把班组员工培育成为有理想、有道德、有纪律、有文化，敬业、勤奋、创新、踏实，热爱本职岗位的劳动者。把中央企业班组建设成为"安全文明高效、培养凝聚人才、开拓进取创新、团结学习和谐"的企业基层组织，为职工搭建不断提升技能水平，充分展示自身能力和抱负的平台。

三、基本原则

（一）坚持班组建设与企业发展战略相统一的原则。班组建设是企业发展的基础工作，通过加强班组建设夯实企业基础管理，促进企业实现发展战略目标。

（二）坚持员工发展与企业发展相统一的原则。营造员工工作、学习的良好环境，拓展员工发展空间，充分调动和发挥员工的积极性、主动性、创造性，激发员工的活力，促进员工全面发展，努力为企业发展贡献智慧和力量，实现员工发展与企业发展的和谐统一。

（三）坚持积极推进与分类指导相统一的原则。坚持以生产经营为中心，紧密结合企业改革发展和班组建设的实际，分类指导，分步实施，积极推进，务求实效。

（四）坚持继承与改革创新相统一的原则。总结国内外优秀企业的优秀班组建设与管理经验，赋予新的内涵，适应建立现代企业制度，提高企业核心竞争力的需要。

四、主要内容

（一）班组基础建设。要根据生产（工作）需要，坚持人力资源合理配置、精干高效的原则，科学合理设置班组。建立健全以岗位责任制为主要内容的生产管理、安全环保与职业健康管理、劳动管理、质量管理、设备管理、成本管理、5S管理、操作规程、学习培训与思想教育管理等班组标准化作业和管理制度。完善和加强信息记录、标准规范、定额计量工具及职工行为养成等基础工作。加强班组基本设施建设，加大资源保障力度，努力改善员工工作、学习和休息条件，适时推进班组信息化建设,不断提高班组现代科学管理水平。

(二)班组组织建设。完善以班组长为核心的生产指挥、组织协调、岗位协作等职能,理顺运行机制,整合、优化班组各项资源,实现班组目标。

(三)班组创新建设。要把组织员工学习创造作为班组持续创新建设的重要内容,通过建立攻关团队、创新小组、专业技术协会等形式,增强员工的创新意识和节能减排意识,完善班组创新成果奖励机制,开展提合理化建议、技术革新、发明创造、“五小”(小改进、小发明、小设计、小建议、小革新)、QC 小组、班组劳动竞赛和降本增效等活动,提高班组自主创新能力,班组主要技术经济指标持续进步,不断增强企业核心竞争力。

(四)班组技能建设。要以培养高素质、高技能、适应性强的员工队伍为目标,通过读书自学、岗位培训、技术比武等活动,激发员工的学习热情,增强学习的紧迫性和自觉性,充实和更新员工的科学技术和文化知识,全面提升员工的技能水平、服务水平、协作能力和自主创新能力。

(五)班组思想建设。要以构建社会主义核心价值体系为主线,用中国特色社会主义理论体系武装职工头脑,加强社会主义、爱国主义、集体主义教育,遵纪守法教育、社会主义荣辱观教育及企业精神教育,增强员工的主人翁责任感。要紧紧围绕完成企业生产经营任务、提高经济效益等中心工作,结合班组实际做好深入细致的思想政治工作,培养员工良好的职业道德和社会公德。

(六)班组民主建设。要尊重员工的主人翁地位,坚持和完善班务公开、班组民主生活会、对话会等民主管理形式,保障员工享有对企业改革发展、班组生产目标任务和各项规章制度的知情权、参与权,对班组经济责任制、奖金分配、先进评选等事项的参与权、监督权,以及平等享有教育、培训、职业健康等权利。

(七)班组文化建设。要根据本企业文化特点努力塑造独具特色、凝聚员工精神内涵和价值取向的班组理念。要通过大力弘扬改革创新的时代精神,培育个人愿景,加强爱岗敬业、诚实守信、遵章守纪、团结和谐、开拓创新和提升执行力为主要内容的班组文化建设，制订和完善员工行为规范，推行与传播班组文化，塑造班组良好整体形象。

（八）班组团队建设。要以企业愿景为平台，把员工的个人愿景融入团队的使命中，培育员工共同价值理念和团队意识，建立班组良好的沟通氛围与沟通平台，构建和睦的人际关系，形成班组团队精神，加强班组间的协作配合，努力把班组建设成为一支精干高效的团队。

（九）班组健康安全环保建设。要坚持以人为本，关爱员工生命，结合企业和岗位的特点，大力开展班组健康、安全、环保宣传教育活动，增强员工的健康、安全、环保意识；组织员工学习国家相关法律法规，增强员工遵章守纪的自觉性；加强安全操作技能培训，增强员工自我防范能力。认真落实健康、安全、环保责任，严格执行各项规章制度和操作规程。建立健全各项应急预案，开展应急预案的培训和演练，加强对危险源、污染源的控制。

五、班组长队伍建设

（一）班组长的任职条件：思想政治素质好、责任意识强，具有良好的职业道德；熟悉生产，懂业务，技术精；了解现代管理知识，具有一定的管理水平和分析问题、解决问题的能力；以身作则，坚持原则，办事公道，关心爱护和团结员工，有较好的群众基础，身心健康；经过岗位培训。

（二）班组长的选拔和培训。班组长的产生由企业根据实际情况，可以采取公开招聘、行政任命和民主选举等方式。建立班组长的培训制度及培训规划，结合本行业、本企业的实际，以参加企业组织的培训与有关培训机构组织的培训相结合的方式开展班组长培训，要保证班组长能完成规定内容的培训，提高班组长的综合素质。有计划组织班组长外出学习和与国内外知名企业开展对口交流，学习班组建设的先进经验与管理理念。

（三）班组长的管理和使用。要对班组长岗位从工作内容、工作职责和工作关系等方面进行分析与设计，根据时代与企业发展的需要，科学制定班组长岗位任职资格标准和岗位规范，建立班组长培养、选拔、使用、评价等机制,做好班组长职业生涯设计,促进班组长成长。各企业可根据实际情况,建立领导干部与班组长沟通交流制度和班组长活动日制度,也可组建班组长联谊会,加强领导干部与班组长及班组长之间的沟通交流。注重把优秀班组长选拔到各级管理、技术或领导岗位上来。

(四)班组长的待遇。建立完善对班组长的考核、奖励、晋升等机制,设立班组长岗位工资或岗位津贴,使班组长获得与其贡献相适应的经济报酬和精神鼓励。

六、工作要求

(一)提高认识,加强领导。各中央企业要从贯彻落实科学发展观和企业发展战略的高度,深刻认识加强班组建设的重要性、必要性。企业党委要把班组建设列入重要议事日程,加强思想政治领导;行政部门要把班组建设纳入企业管理重要组成部分,指定职责部门负责组织实施;工会(政工部或党群部)要积极协助党政推进班组建设;各相关部门各司其职、各负其责,形成工作合力,有序、有力、有效地推进班组建设。

(二)建立机制,加大投入。各中央企业要认真研究制订加强班组建设的工作目标、实施方案和主要措施,建立班组长的培养选拔、考核激励机制和班组建设管理机制,明确班组建设的工作考核标准,有重点、分步骤地加强和改进班组建设。要加大班组建设投入力度,保证班组建设和班组长培训费用。

(三)抓好载体,创建品牌。各中央企业要从本企业的实际出发,开展多种形式、多种类型的班组创建活动。要及时总结经验和树立宣传典型,推动创建活动持续开展。要在总结班组建设经验的基础上,着力分析与解决班组建设中存在的主要问题,探索加强与改进班组建设的新方式与途径,使班组建设更加适应中央企业发展战略的需要,努力建设制度健全、创新力强、能打硬仗、业绩突出的一流班组,推动班组建设工作不断迈上新台阶,为中央企业实现科学发展、和谐发展、又好又快发展奠定坚实的基础。

关于印发中央企业劳动模范和先进集体评选表彰管理办法的通知

2009 年 6 月 26 日　人社部发〔2009〕59 号

各中央企业：

现将《中央企业劳动模范和先进集体评选表彰管理办法》印发给你们，请遵照执行。

附件：中央企业劳动模范和先进集体评选表彰管理办法

附件：

中央企业劳动模范和先进集体评选表彰管理办法

第一条　为规范中央企业劳动模范和先进集体评选表彰管理工作，调动中央企业广大职工的积极性和创造性，加强中央企业职工队伍建设，促进中央企业持续健康发展，根据国家有关规定，结合中央企业实际，制定本办法。

第二条　本办法适用于国务院国有资产监督管理委员会（以下简称国资委）履行出资人职责的中央企业。

第三条　评选表彰中央企业劳动模范和先进集体坚持公开、公平、公正的原则，面向基层和一线的原则，精神奖励与物质奖励相结合、以精神奖励为主的原则，实行定期评选表彰与及时评选表彰相结合，按照规定的条件、标准、权限和程序进行。

第四条 中央企业劳动模范应是坚持以邓小平理论和“三个代表”重要思想为指导，深入贯彻落实科学发展观，遵守国家法律法规，甘于奉献，品德高尚，堪称楷模，在群众中享有较高威信，且具备下列条件之一者：

(一)在建立现代企业制度，完善法人治理结构，推动国有资产合理流动和重组，促进企业改革发展等方面作出突出贡献；

(二)在改善管理、提高质量、降低成本、扭亏脱困、提高效益、节能减排、环境保护、安全生产、控制投资风险、防范法律风险、实现国有资产保值增值等方面作出突出贡献；

(三)在创立自主品牌和发明专利等自主知识产权、新产品开发、新技术推广、重大技术改造、新材料和新工艺应用、科研成果转化、企业核心技能传承等方面作出突出贡献；

(四)在抢险救灾、防范重大事故、应对重大突发事件等方面作出突出贡献；

(五)在企业思想政治工作、精神文明建设、文化建设、培养专门人才、维护企业稳定等方面作出突出贡献；

(六)在其他方面作出突出贡献。

第五条 中央企业先进集体应是坚持以邓小平理论和“三个代表”重要思想为指导，深入贯彻落实科学发展观，模范遵守国家法律法规，适应建立现代企业制度和深化国有企业改革要求，解放思想、勇于创新，完善制度、严格管理，依法经营、诚实守信，资产质量高、财务状况好，领导班子团结、作风民主、清正廉洁，职工队伍职业道德优良、能力素质过硬，并具备下列条件之一者：

(一)在产业结构调整、技术创新、安全生产、节能减排、环境保护、国有资产保值增值等方面作出突出成绩；

(二)在企业改革改制、资产重组、主辅分离、优化组织结构、加强内部管理、转换经营机制等增强企业核心竞争力方面作出突出成绩；

（三）在企业思想政治工作、精神文明建设、文化建设、维护企业稳定、增强企业凝聚力和创造力等方面作出突出贡献；

（四）在其他方面作出突出成绩。

第六条 评选表彰前五年内曾发生较大以上生产安全责任事故、重大环境污染事件的责任单位及其责任人，不能作为中央企业劳动模范和先进集体推荐对象。

根据国家有关规定不应作为表彰奖励对象的个人和集体，不能作为中央企业劳动模范和先进集体推荐对象。

第七条 中央企业劳动模范和先进集体原则上每五年评选表彰一次。

在完成国家重点工程、重大专项工作或者在抢险救灾、处置突发事件等方面作出突出贡献，符合授予荣誉称号条件的，可及时给予表彰。

第八条 定期评选中央企业劳动模范和先进集体名额按照国家有关规定确定。其中企业负责人评选比例控制在表彰人数的10%以内。中央管理的中央企业负责人不纳入评选范围，国资委党委管理的中央企业负责人原则上不纳入评选范围。已经获得省部级以上荣誉称号的个人和集体一般不再参加评选。

各中央企业劳动模范和先进集体评选名额根据企业效益、职工人数和集体数量确定，推荐对象一般从本企业劳动模范和先进集体中产生，重点向基层、生产经营科研一线和长期在艰苦条件下努力工作的人员和集体倾斜。

第九条 评选中央企业劳动模范和先进集体，按下列程序进行：

（一）对符合授予荣誉称号条件的个人或者集体，由所在单位民主推荐，经职工大会或职工代表大会（职工代表大会闭会期间，由职工代表大会联席会议或企业工会）讨论通过，所在单位党组织审定拟推荐对象，逐级上报。

（二）各企业集团党组织对拟推荐对象进行审核，并在本企业集团公示5个工作日无异议后报人力资源和社会保障部、国资委。

（三）人力资源和社会保障部、国资委有关部门对推荐对象进行审核,并将拟表彰对象基本情况和主要事迹在中央企业范围内公示5个工作日。其中,定期评选中央企业劳动模范和先进集体,人力资源社会保障部、国资委组成临时性评选机构,对推荐对象进行审核。

(四)人力资源社会保障部、国资委审批。

对推荐人选是企业负责人的,推荐的先进集体具有法人资格的,须征求当地县级以上工商、税务(地税、国税)、人力资源社会保障(劳动保障)、安全生产、环境保护等部门意见。其中,推荐的企业负责人须按照干部管理权限,征得有关部门同意,并征求纪检、监察、审计等部门的意见。

第十条 对评选出的先进个人和集体,由审批机关公布表彰决定,其中,对先进个人授予"中央企业劳动模范"荣誉称号,颁发证书和奖章,享受省部级劳动模范和先进工作者待遇;对先进集体授予"中央企业先进集体"荣誉称号,颁发证书和奖牌。

第十一条 有下列情形之一的,撤销其荣誉称号:

(一)申报时隐瞒严重错误或者弄虚作假,骗取荣誉称号;

(二)严重违反评选程序;

(三)获得荣誉称号后,个人因违法违纪受到开除处分、劳动教养、刑事处罚的,集体严重违法违纪、影响恶劣;

(四)法律法规规定应当撤销荣誉称号的其他情形。

第十二条 撤销荣誉称号,由所在单位提出书面报告,逐级上报,经审批机关批准后,撤销其荣誉称号并收回奖章、证书,停止其享受的各种待遇。

必要时,审批机关可以直接撤销荣誉称号。

第十三条 中央企业劳动模范和先进集体的推荐和日常管理工作以本企业为主,主要任务是:

(一)注重从基层和生产经营科研一线培养、选拔劳动模范和先进集体;

(二)组织学习劳动模范和先进集体的先进事迹,弘扬先进模范精神,总结推广劳动模范创造的先进技术和先进工作方法;

（三）密切与劳动模范的联系，了解和关心劳动模范的工作、学习和生活情况，倾听劳动模范的意见和建议，引导他们保持荣誉，再创佳绩；

（四）积极推动有关劳动模范政策的落实，维护劳动模范的合法权益，有条件的企业可以探索建立劳动模范的培训、疗（休）养等制度；

（五）建立劳动模范管理档案，实行动态管理。对劳动模范调离原单位、入学深造、长期出国、离退休、去世等重大事项，及时报国资委备案。

第十四条 本办法由人力资源和社会保障部、国资委负责解释。

第十五条 本办法自印发之日起施行。

关于在中央企业女职工中深入开展“巾帼建功”活动的意见

2004年8月9日 国资党委群工〔2004〕70号

各中央企业党委（党组）：

“巾帼建功”活动是由中华全国妇女联合会等22个部委共同发起的一项群众性活动，旨在动员广大城镇妇女发扬“四有”、“四自”精神，以主人翁责任意识和拼搏进取的精神在社会主义现代化建设的伟大实践中建功立业。中央企业广大女职工是中央企业物质文明、政治文明、精神文明建设的重要力量。多年来，中央企业广大女职工在各级党组织和工会的领导下，积极参与“巾帼建功”活动，发扬自尊、自信、自立、自强精神，以高度的主人翁责任感积极投身于企业改革发展稳定的各项工作之中，为做强做大中央企业，发展壮大国有经济，实现国有资产保值增值做出了积极贡献。

为了推动“巾帼建功”活动在中央企业不断深化，国务院国资委、全国妇联对在中央企业广大女职工中深入开展“巾帼建功”活动提出如下意见：

一、活动目的

以邓小平理论和“三个代表”重要思想为指导，深入学习贯彻党的十六大和中国妇女第九次全国代表大会精神，坚持围绕中心、服务大局，立足创建、重在教育，以人为本、服务妇女的原则，通过开展宣传教育、技术技能培训、岗位练兵、创先争优等活动，实施职工素质工程，全面提高中央企业女职工整体素质，促进女性优秀人才脱颖而出，发挥妇女人力资源作用，引导中央企业广大女职工为实现国有资产保值增值、推动中央企业实现跨越式发展建功立业。

二、活动内容

中央企业女职工“巾帼建功”活动以争当“巾帼建功标兵”和争创“巾帼文明示范岗”活动为主要内容，同时突出行业特点和企业特色。通信、民航、贸易、电力、旅游、服务等窗口行业的创建活动以加强女职工职业道德建设、树立行业新风、创造优质服务为主要内容；工业、生产、科研型企业的创建活动以引导女职工学习新知识、掌握新技能、为企业献计献策、为企业发展做贡献为主要内容。

三、创建标准

(一)中央企业“巾帼建功标兵”标准：

1. 热爱社会主义祖国，拥护和贯彻党的路线、方针、政策，坚持四项基本原则，努力投身改革和现代化建设。

2. 发扬“四有”、“四自”精神，识大体、顾大局，在工作中有突出表现和贡献。

3. 遵纪守法，诚实守信，爱岗敬业，创先争优，具有良好的社会公德和职业道德。

4. 努力学习，积极进取，技术技能水平、业务能力突出。

5. 与时俱进，开拓创新，不断创造新的业绩，为中央企业三个文明建设做出突出贡献，并有较大社会影响，具有较强的时代性、先进性、代表性和示范作用。

(二)中央企业“巾帼文明示范岗”标准:

1. 女性比较集中的3人以上的班组在促进三个文明建设中具有示范、导向、榜样的作用。

2. 岗位成员中女性占60%以上,岗位成员政治、业务素质高,爱岗敬业,诚实守信,办事公道,服务群众,奉献社会,受到公众好评,成为行业学习的榜样。

3. 示范岗内部管理规范,目标职责明确,创建措施得力,人人立足岗位,建功成才,经济、社会效益显著,在促进三个文明建设方面成绩突出。

4. 领导重视,把创建活动纳入工作计划,统一、定期检查,加强管理,注重实效。

5. 在推动企业改革、重组改制和维护稳定中积极发挥作用,成绩突出。

四、活动要求

(一)提高认识,切实把“巾帼建功”活动摆上重要日程。各中央企业要把“巾帼建功”活动纳入三个文明建设的整体规划之中,统一部署,科学安排。要紧密结合本行业、本单位的实际和特点确定活动目标,设计活动载体,制定实施方案,确保“巾帼建功”活动在中央企业深入、扎实、有序开展。

(二)科学管理,建立切实可行的运行机制。各中央企业要逐步建立和完善管理、考核、激励、监督等一系列保障机制,采取有效措施,狠抓落实,确保活动质量和实效。

(三)加强宣传,营造有利于创建活动深入开展的外部环境。各企业要充分发挥自身优势,利用一切有效形式,加强对“巾帼建功”活动的宣传,使“巾帼建功”活动成为中央企业女职工工作的重要载体。

(四)明确责任,加强对活动的组织领导。各中央企业要高度重视“巾帼建功”活动,明确主管领导和责任部门,加强组织领导和督促检查,确保工作落到实处。

国务院国资委、全国妇联将在2005年“三八”妇女节前评选表彰一批中央企业系统“巾帼建功标兵”和“巾帼建功文明示范岗”,评选表彰的有关具体事宜另行通知。

活动开展过程中的有关情况以及有何意见和建议,请及时反馈国资委群工局。

联 系 人:王　黎

电　　话:010－63193028、63193024(传真)

电子邮箱:wangli@sasac.gov.cn

国务院国有资产监督管理委员会党委关于中央企业建设“四个一流”职工队伍的实施意见

2010年5月18日　国资党委群工〔2010〕91号

各中央企业党委(党组):

为进一步加强中央企业职工队伍建设,激发中央企业广大职工特别是基层一线职工的创造活力,提升中央企业核心竞争力,现就中央企业深入开展建设“四个一流”(一流职业素养、一流业务技能、一流工作作风、一流岗位业绩)职工队伍工作提出如下意见。

一、总体要求

建设“四个一流”职工队伍的指导思想是:坚持以邓小平理论和“三个代表”重要思想为指导,深入贯彻落实科学发展观,紧紧围绕中央企业发展战略和生产经营任务,以建设“四个一流”职工队伍为目标,以尊重职工、激发活力、促进企业与职工共同发展为宗旨,以落实岗位责任制为基础，以培养爱岗敬业、严谨诚实的企业文化为核心，以理论武装、班组建设、职工素质工程、企业文化建设等为载体，切实加强职工队伍的教育、培训、考核、管理、激励和关爱，不断提高职工队伍的思想素质、执行能力、业务技能、知识结构、创新意识和工作理念，着力打造一支技术精湛、作风过硬的高素质、高层次、现代化的职工队伍，为把中央企业建设成为具有国际竞争力的大公司大集团提供扎实雄厚的人才基础和智力保证。

建设“四个一流”职工队伍的工作目标是：经过五年努力，中央企业职工的政治素养、道德水准、职业操守明显提升，责任意识、发展意识和创新意识明显增强，操作技能、业务能力、岗位贡献明显提高，技师、高级技师及其他高技能人才占技能劳动者的比例有明显增加，中央企业普遍建立起产学结合的职工技能培训基地，对一线职工的高水平职业技能培训和现代管理知识轮训全面普及，有利于高素质职工队伍建设成长的工作制度和工作环境较好地建立和形成，使中央企业职工成为具备世界眼光、顺应时代潮流、具有较高科技文化素质和思想道德修养、能和国际先进企业职工相媲美的现代企业职工。

建设“四个一流”职工队伍的基本要求是：一流职业素养，就是牢固树立社会主义核心价值观的主导地位，有良好的思想素质、职业道德和敬业精神，勤劳朴实、踏实工作、热爱岗位、忠诚企业、牢记使命、报效国家。一流业务技能，就是熟练掌握岗位知识，技艺精湛、业务精通、勤奋好学、开放包容，有较强的学习力、执行力、创造力和自主管理、自我完善、持续改进的能力，关键岗位职工的业务技能和工作效率达到国际先进企业职工水平。一流工作作风，就是严谨、诚实，在工作中遵章守纪、服从管理、一丝不苟、认真精细，严格按工艺纪律和业务规范操作，信守诺言和规则，在同行业中发挥表率作用。一流岗位业绩，就是敢为人先、创新超越、不断挑战、勇争一流，在安全生产、产品质量、服务水平、成本控制等方面行业领先，优质高效地完成任务。

建设“四个一流”职工队伍的主要任务是:

一是加强职工队伍思想道德建设,激发广大职工奋发向上的精神动力。要结合企业实际深入开展社会主义核心价值体系学习教育活动,加强理想信念教育和思想政治工作,有针对性地开展形势政策教育,引导广大职工牢固树立中国特色社会主义共同理想,坚定搞好国企、报效国家、振兴中华的信心,争做模范公民,努力塑造热爱党、热爱祖国、热爱社会主义、热爱企业、热爱岗位的价值取向。要加强企业优良传统教育,传承以大庆精神、“两弹一星”精神、载人航天精神、青藏铁路精神等为代表的优秀企业精神,鼓励和引导职工热爱本职岗位,倾心本职工作,干一行、爱一行,在平凡的岗位上努力作出不平凡业绩。要构建具有时代精神和企业特色的企业文化,充分发挥中央企业先进文化的凝聚、激励、协调和导向作用,使企业文化理念内化为广大职工的思想意识和行为习惯。

二是加强职工队伍业务技能建设,不断提高职工的岗位竞争能力。适应中央企业结构调整、产业升级、装备更新、产品创新、工艺优化的需要,鼓励职工结合岗位特点和要求,不断提高自身科技文化水平、改善知识结构、提升技能等级,增强对新技术、新工艺、新知识的掌握和运用能力。切实抓好职工技能培训和技能评价、考核、激励制度建设,强化对职工的综合性考核和多项技能的考核。要组织和引导职工与国际先进企业对标竞赛,鼓励职工积极参与技术革新和项目攻关活动。制订个人职业生涯规划,鼓励职工通过本职岗位的扎实、勤奋工作,按照阶梯式发展规律实现自身价值,畅通技能人才的职业发展通道。

三是加强职工队伍工作作风建设,培育爱岗敬业、严谨诚实的主流企业文化。要把爱岗敬业、严谨诚实作为企业的主流文化,大力倡导“三老四严”(对待事业,要当老实人,说老实话;办老实事;对待工作,要有严格的要求、严密的组织、严肃的态度、严明的纪律)、“四个一样”(黑天和白天工作一个样,坏天气和好天气工作一个样,领导不在场和领导在场工作一个样,没有人检查和有人检查工作一个样)等中央企业的优良工作作风,以岗位责任制为基础,以自主自律、自我管理为手段,加强企业基层建设。认真学习借鉴国际知名企业员工严谨工作、用心做事的良好态度。教育职工严格遵守规章制度，严格执行岗位工作标准和作业规程，严格按照工艺纪律操作，把精益求精、一丝不苟、办事认真、工作细致的理念变成职工的工作作风和自觉的行为习惯，以全优的标准要求每一个岗位、每一位职工，为企业生产一流产品、创造优质服务。

四是加强职工队伍绩效体系建设，引导职工为实现企业发展目标创造一流工作业绩。要加强职工绩效管理，完善职工业绩考核办法，建立客观合理科学高效的业绩考核体系。坚持正面激励为主，激励职工为实现企业发展目标创造良好业绩。要充分相信和善于运用职工的智慧，最大限度发挥个人创造力和团队力量，鼓励职工独立思考、自我发现问题，鼓励职工在不断实践中创新，在不断创新中超越。要充分挖掘一线职工潜能，把企业质量、成本、安全、服务等指标层层分解至每一班组、每一岗位，发动职工改善攻关，创造一流的工作业绩。要把职工的岗位业绩作为岗位任用、调配和确定劳动报酬的依据，准确地衡量和评价职工的工作质量和工作业绩，激励先进、鞭策落后。及时查找制约职工业绩提升的因素，帮助职工寻求改进业绩的方法，提供改进机会和资源支持，努力营造比学赶帮超的发展氛围，促进每位职工不断提高工作业绩，高质量地完成工作目标。

二、工作内容

一是继续抓好班组建设。各中央企业要深入贯彻国资委《关于加强中央企业班组建设的指导意见》（国资发群工〔2009〕52 号），进一步明确班组建设的工作目标、实施方案和具体措施，建立健全工作机制。要普遍开展班组长培训，提高班组长发展水平。国资委将继续抓好中央企业班组长岗位管理能力远程培训。中央企业要结合班组长岗位特点有针对性地开展班组长岗位业务技能培训，要保证班组长每年都有一定的脱产时间参加培训，确保培训所需要的投入；要组织优秀班组长对口学习，交流班组建设成果，注意借鉴国际知名企业和中央企业合资合作过程中导入的现代企业班组建设经验，推动班组工作标准化、制度化、规范化。有条件的企业要有计划地选派优秀班组长出国培训,消化吸收国际知名企业班组建设的先进经验、管理理念、科学方法和信息技术;要抓好优秀班组创建工作,着力提高班组建设工作水平,深入推进“创建学习型红旗班组、争当知识型先进职工”活动,总结、提炼班组建设经验;要对政治素质高、协调能力强、业绩突出和具有领导潜质的优秀班组长重点培养,注意把他们选拔到相关管理、技术或领导岗位上来,为他们提供岗位晋升阶梯和职业生涯接续通道。

二是深入开展职工技能竞赛活动。中央企业要把握行业发展方向和岗位需求,在具有前瞻性、导向性的关键岗位(工种)和技术含量高、企业亟须的特有工种开展集团级和各层级技能竞赛活动,形成制度,坚持不懈,持续开展,把技能竞赛活动与职工技能鉴定、薪酬激励、人才培养相结合,对职业技能竞赛中涌现出来的特别优秀人才,要宣传他们的事迹,给予较高的物质奖励和待遇,并按有关规定直接晋升职业资格或优先参加技师、高级技师考评。要积极参加重点行业(工种)国家级一类职工技能竞赛,选派优秀技能人才参加国际技能比赛和技能交流。要自上而下组织开展有针对性的岗位练兵、技术比武活动,形成全方位、系统化、专业化的学技术、练本领、赛能力、比贡献的浓厚氛围,全面提高职工的业务技能水平。

三是广泛开展经济技术创新活动。要把职工自主创新能力建设与培育战略性新兴产业结合起来,激发职工的创造活力。尊重职工的首创精神,制订相关的创新规则,建立持续改进的目标体系,鼓励职工积极创新勇于探索,使工作团队成为一个企业自主创新的基地。要支持职工围绕生产、科研、经营、服务的重点任务和关键环节,通过建立创新小组、攻关团队、专业技术协会等形式,广泛开展创先争优、技术革新、专利发明、QC 攻关、节能减排等不同主题的创新创效活动,并组织职工先进操作(工作)法、创意设计、改进建议等群众性创新创效活动成果的展示交流,积极利用各种平台,展示和奖励职工的创新成果,增强职工创新意识和创新能力,促进中央企业创新发展。

四是拓宽拔尖技能人才培养使用渠道。根据企业特点,要在企业部分特有工种、关键岗位中设立首席技师或首席操作师、工种带头人、专家型技能人才等高级技能人才职位，给予较高的待遇；要创造良好的工作条件，发挥他们在关键时候的关键性作用。要充分发挥拔尖技能人才传帮带作用，通过技师研修、名师带徒、设立技能大师工作室等方式培养高技能人才，加强高技能人才梯队建设。要拓宽技能人才开发、培养、使用渠道，使各工种高技能人才的高招、绝技和工作经验得到推广应用。要注重选拔拔尖技能人才参与企业科研攻关和重大技术改造工程，在实践中提高技能人才促进科研成果转化的能力。要制订高技能人才与工程技术人才职业发展贯通办法，吸引和稳定一批核心高技能人才。

五是加强职工队伍培训。要健全职工教育培训机制，完善教育培训计划，保障职工接受教育培训的时间。要按照财政部等部门联合印发的《关于印发〈关于企业职工教育经费提取与使用管理的意见〉的通知》(财建〔2006〕317 号)的要求，提取职工教育培训经费。企业教育培训管理部门要加强教育培训经费使用管理，保障基层一线职工学习培训经费不低于所提教育经费总额的 30%。要充分挖掘各类职业教育培训资源，继续加强通用能力培训建设，疏通技术培训、学历教育接续通道，满足职工持续学习的愿望。要注重教育培训与岗位需求的对接，把更多的时间、更多的资源用在提高实际操作能力培训上，提高职工动手能力，培养实战型人才。要建立菜单式教育培训体系，善于运用信息化、网络化、多媒体等新型培训方式，满足不同类别、不同岗位职工的个性化需求，提高培训效果和水平。要加大国际化人才培训培养力度，与国际知名企业开展职工技能对标活动，有条件的企业要有计划的选派优秀技能人才到海外项目现场和海外分支机构的关键技术岗位工作，拓宽国内技能人才的国际视野。

六是完善职工自主管理制度。要大力培养自主型职工，发挥职工主观能动性，引导职工有序参与和主动接受企业规范和管理，自愿执行企业规章制度、自主履行岗位职责、自觉完成工作任务，具有高度的主人翁精神。要积极开展职工自主管理活动，激励职工立足工作岗位，自主发现问题、自主选题立项、自主组织团队、自主改进提高。要大力开展职工合理化建议活动，建立便捷的职工发表建议和意见的渠道，完善组织管理、征集受理、论证实施、评估激励等工作制度，为优秀案例提供发表的机会，创造落实的条件，采取激励的措施，激发职工的参与热情，使职工自主管理更好地服务于企业发展。

七是推行职业资格证书制度。要大力加强职业技能鉴定工作，进一步突破年龄、资历、身份和比例限制，加快建立以职业能力为导向、以工作业绩为重点、注重职业道德和职业知识水平的技能人才评价体系。要在技术复杂、通用性强、涉及人民健康安全的工种全面推行职业资格证书制度，实现职业资格证书与学历文凭并重，职业资格证书制度与就业上岗制度及相应的待遇相衔接。对参加企业紧缺职业(工种)高级技能以上培训、获得相应职业资格且被企业聘用的人员，企业可给予一定的培训和鉴定补贴。要推行国际职业资格证书制度，大力培养具有世界眼光、适应国际化发展要求的各类人才。

八是完善职工队伍激励机制。积极探索和创新激励载体，丰富激励形式，通过适当的物质奖励和精神激励引导职工，把岗位贡献同收入分配及其他相应的待遇挂钩。要结合本企业实际情况，对高技能人才、优秀班组长(含相应层级的其他基层管理人员)和其他表现突出的职工在聘任、工资、带薪学习、培训、休假、出国进修等方面制订相应的鼓励办法，拓展基层一线职工职业成长空间。对参加科技攻关和技术革新并作出突出贡献的高技能人才，可从成果转化所得收益中，通过奖金等多种形式给予相应奖励。

九是做好关爱职工工作。要坚持厂务公开民主管理制度，发挥职代会制度的作用。建立职工诉求表达机制，开展职工满意度调查，及时发现和改进存在的问题，提高职工满意度和对企业的忠诚度。要畅通职工与管理层的沟通渠道，建立企业领导人员与职工面对面互动对话沟通机制，按照定时有序沟通和及时反馈的原则，就职工关心的就业岗位、工资福利、社会保险、安全卫生和职业健康等方面的问题进行沟通交流。要运用信息网络平台等现代技术手段，通过制度化、透明化、个性化的方式了解职工需求，并以此手段将企业的关爱及时传递到每一位员工。要开展形式多样、内容丰富、健康向上的职工文化活动，帮助职工放松身心、缓解压力、精神愉悦地投入工作。要关心困难职工生活，健全困难职工档案，打造覆盖困难职工生活补助、求学资助、就业援助、医疗救助的全方位平台，对环境特别艰苦的一线工作岗位，要保证职工必要的生活条件。企业党政领导要定期走访慰问困难职工，帮助他们解决实际困难。

十是积极选树表彰先进模范人物。要全面贯彻尊重劳动、尊重知识、尊重人才、尊重创造的方针，做好劳动模范等先进典型人物的评选表彰、宣传和服务管理工作。定期组织开展评选表彰活动，围绕重大项目、重点工程、重要任务适时组织专项表彰，积极评选和向有关单位和部门举荐各类先进集体和个人。要关心先进模范人物的学习成长进步，落实好他们应有的待遇。通过召开表彰大会、组织先进事迹报告团巡讲等多种形式大力弘扬先进模范人物的品格事迹，使之成为激励职工群众爱岗敬业、奉献拼搏的强大精神动力。

三、保障机制

一是要提高思想认识。深入推进“四个一流”职工队伍建设是增强中央企业核心竞争力、创造一流发展业绩的重要基础。没有一流的职工，难有一流的企业，中央企业只有建设一支高素质的职工队伍，才能适应未来更高层次、更高水平、更加激烈的竞争，实现建设有国际竞争力大公司大集团的目标。要深刻认识此项工作的重要意义，把职工队伍素质作为企业核心竞争力的重要组成部分，根据企业的发展战略，确定职工队伍建设的目标和任务。

二是要加强组织领导。要将“四个一流”职工队伍建设工作列入整体工作认真研究部署。各级领导要率先垂范，带头执行规章制度，带头落实各项措施。加强和改进基层党组织建设，发挥广大党员在职工中的示范带动作用，通过党员队伍建设带动职工队伍建设。要根据企业发展实际制订职工队伍建设规划，定期研究解决工作中存在的主要问题。要结合企业特点，明确分工、整合力量、各负其责、协调推进，努力形成职工队伍建设领导有力、层次清晰、齐抓共管的工作格局。

三是要健全工作机制。要建立健全推进职工队伍建设的长效机制，认真研究制订建设“四个一流”职工队伍的工作目标、实施方案和主要措施，明确考核标准，建立评价机制，有重点、分步骤地加强职工队伍建设。要坚持分层分类原则，结合不同行业不同岗位职工队伍的实际，采取合适的方法和途径，使之与本企业特点相适应。进一步完善职工队伍的选拔培养、考核激励和管理约束机制，不断完善创新工作载体。

四是要抓好督导检查。要按照一级抓一级、层层抓落实、责任到人、工作到位的要求，加强对建设“四个一流”职工队伍工作的督导检查，及时发现新情况、解决新问题。要及时总结提炼中央企业建设一流职工队伍的成功经验，及时推出一批在建设一流职工队伍工作上成绩突出的典型，广泛宣传、扩大影响，带动中央企业职工队伍建设不断取得新成效，推动中央企业科学发展上水平。

关于印发《关于进一步深化中央企业青年创新创效活动的意见》的通知

2011年8月19日　国资发群工〔2011〕109号

各中央企业，各省、自治区、直辖市及计划单列市和新疆生产建设兵团国资委、团委：

现将《关于进一步深化中央企业青年创新创效活动的意见》印发给你们，请结合实际，认真贯彻落实。

附件：关于进一步深化中央企业青年创新创效活动的意见

附件：

关于进一步深化中央企业青年创新创效活动的意见

为深入贯彻落实科学发展观，动员和引导中央企业广大青年进一步增强创新意识，提升创新能力，投身创新实践，在做强做优中央企业、培育具有国际竞争力的世界一流企业中发挥生力军和突击队作用，国务院国资委、共青团中央就进一步深化中央企业青年创新创效活动提出如下意见：

一、重要意义

当前，全球已经进入空前的创新密集和产业变革时代，《国民经济和社会发展第十二个五年规划纲要》提出，以科学发展为主题，以转变经济发展方式为主线，坚持把科技进步和创新作为加快转变经济发展方式的重要支撑。加快转变经济发展方式，赢得发展先机和主动权，最根本的是要靠科技的力量，最关键的是要大幅提高自主创新能力。中央企业是国民经济的重要支柱，在转变经济发展方式、建设创新型国家、实现全面建设小康社会目标的进程中担负着重要使命。要实现做强做优中央企业、培育具有国际竞争力的世界一流企业的目标，必须在新一轮科技创新和技术进步浪潮中抓住机遇，加大自主创新力度，建立健全企业创新体制机制，努力突破一批关键技术，打造一批知名品牌，培育一批创新人才队伍，不断提升企业核心竞争力，在科技进步和经济发展中发挥骨干和排头兵作用。

青年是中央企业职工队伍的重要力量，是推动企业创新的生力军和突击队。中央企业青年创新创效活动自开展以来，企业高度重视，共青团精心组织，青年积极参与，已经成为推动企业创新的重要载体和有效途径，创造了显著的经济效益、社会效益和人才效益。面对新形势新任务，进一步深化中央企业青年创新创效活动，对于激发青年的创新热情和创造潜能，提升创新能力，培育高素质的青年职工队伍，推进企业加快转变发展方式、提升核心竞争力具有重要意义。

二、指导思想和基本原则

进一步深化中央企业青年创新创效活动的指导思想是：以青年为主体，以学习为基础，以创新实践为平台，以项目化运作为主要手段，结合企业发展需要，培养"四个一流"(一流职业素养、一流业务技能、一流工作作风、一流岗位业绩)高素质青年人才，努力创造经济效益和社会效益，为做强做优中央企业、培育具有国际竞争力的世界一流企业作出积极贡献。其基本原则是：

(一)市场导向、效益优先原则。要把适应市场需求作为活动的出发点，把创造效益作为活动的落脚点。要着眼国际国内两个市场，学习市场知识，研究市场需求，把握市场规律。要结合企业经营、产品和服务的特点，从市场中寻找创新课题，在市场中结出创效硕果。

(二)实践锻炼、培养人才原则。要积极搭建青年创新平台，组织青年学习创新理念，提升创新思维能力，激发青年创新热情和创造潜能。要引导青年立足岗位，注重实践，不断提高自身科技文化水平，改善知识结构，提升技能等级，增强对新知识、新技术、新方法的掌握和运用能力，加快培养一批复合型青年创新人才。

(三)结合实际、注重实效原则。要围绕国家重点领域、重点工程和战略性新兴产业的需求，以及影响企业发展的关键技术和重点项目，结合不同行业、不同层次和不同岗位的青年特点，选择基础条件好、需求迫切、带动作用强、青年力所能及的领域和项目，组织青年大胆创新、力求实效。

三、主要内容

(一)开展科技创新活动，为培育企业核心技术和产品服务。科技创新活动要以青年技术、技能人员为骨干，大力开展技术技能培训，努力提高青年职工的科技创新素养;鼓励青年积极参与重大科研攻关、应用基础研究;围绕新技术的引入、新产品的开发、新设备的应用、工艺流程的改进等进行技术开发、技术攻关;推动青年技术人员转化科研成果,培育新的效益增长点;推动院校、科研机构和企业间的联系与合作,为青年技术人员开展技术交流与合作创造条件;吸引海内外高层次青年科技人才,服务企业科技创新。

(二)开展管理创新活动,为提高企业管理水平服务。管理创新活动要以青年业务经理、班组长为基础,以青年管理者为骨干,加强管理培训,丰富管理知识,创新管理理念,提高管理水平;围绕战略管理、质量管理、安全管理、成本管理、风险管理和商业模式等方面,找准问题和不足,不断优化管理流程,推动建立与企业科学发展相适应的管理制度;积极运用现代管理知识和信息技术手段,不断提高管理的信息化和精益化水平;积极开展青年自主管理活动,充分发挥青年潜能,鼓励青年立足岗位,自主发现问题,自主改进提高。

(三)开展营销创新活动,为提高企业市场占有率和培育知名品牌服务。营销创新活动要以青年营销人员为骨干,加强营销技能培训,增强营销创新意识,提高营销能力;要服务企业发展战略和品牌战略,引导青年营销人员以市场需求为导向,做好市场分析,跟踪市场变化,研究营销策略,创新营销模式,提高营销质量,扩大营销效果,不断拓宽企业产品的市场空间,提升企业品牌形象。

(四)开展服务创新活动,为提升企业社会形象服务。服务创新活动要以在服务岗位上工作的青年为骨干,强化服务意识,转变服务理念,改进服务态度,提高服务技能;要以客户需求为导向,优化服务流程,改善服务环境,提供优质服务;促进科技创新和服务创新的融合,建立服务创新技术支撑体系,实现服务产品和服务模式创新;引导青年树立“大服务”理念,强化上道工序为下道工序服务、二线为一线服务、一线为市场服务的意识,立足岗位干好本职工作,不断提高企业产品质量和整体服务水平。

四、推进措施

(一)营造氛围,强化意识。要充分利用各种传统媒体和新兴传播手段,大力宣传青年创新创效活动的目的和意义,帮助青年认识参与创新实践对于个人成长、企业发展的重要作用和价值,引导青年踊跃投身创新创效实践。积极培育青年创新文化,努力营造“时时可以创新、事事可以创新、人人可以创新”的良好氛围,鼓励创新,宽容失败,充分调动广大青年参与创新创效活动的积极性和主动性,进一步掀起青年职工创新创效热潮。

(二)学习培训,提升能力。加大青年学习培训力度,采用青年大讲堂、科技论坛、职工夜校等方式,组织青年学习技术、管理、营销、服务等方面知识,不断优化青年知识结构、提高青年科技文化水平和创新思维能力。通过开展岗位练兵、技能竞赛、导师带徒等活动,促进青年学习新知识、掌握新技术、运用新方法,不断提升青年业务水平和创新能力。

(三)立足实际,选题立项。要结合企业科技发展规划,围绕企业中心任务,特别是国家重点工程、重大专项和企业重点工作进行选题立项,项目内容可以包括安全生产、质量管理、节能环保、技术改造、流程优化等。要引导广大青年结合实际提出或积极领办创新项目。要明确项目目标、责任人、参与人、时间进度和实施方案,增强青年创新创效活动的可操作性。

(四)丰富载体,拓展平台。要深化青年“五小”(小发明、小革新、小改造、小设计、小建议)活动、持续改进改善活动、青年技能竞赛、青年QC小组、青年创新基金、青年创新论坛等载体建设。要在依托青年文明号、青年岗位能手、青年安全生产示范岗、青年突击队等品牌活动的同时,不断探索新平台,充分发挥青年群体在创新创效活动中的积极作用。

(五)科学评估,转化成果。积极邀请行业内的专家和本企业的专业人员,从科技含量、创新性、经济效益、社会效益和可推广价值等方面，对创新成果进行科学评估和认定。要结合市场、行业和企业的需求，通过青年创新成果推介会等形式，促进成果的共享、推广和应用。对有价值的创新成果要进行知识产权保护。

（六）总结经验，推广交流。要及时总结推广创新创效活动中的经验和做法，持续提高青年创新创效活动水平。要坚持“以评促创”，广泛开展青年创新奖评选等活动，挖掘、选树、宣传先进典型，促进青年创新创效活动不断深入，进一步创出氛围，创出成果，创出效益，创出人才。

五、保障机制

（一）加强组织领导。国务院国资委牵头成立中央企业青年创新创效活动指导委员会。各中央企业要建立健全以党政领导牵头，团组织具体协调，有关部门共同参与的领导机构，加强对本企业青年创新创效活动的组织领导。各中央企业可根据实际需要，成立青年科技工作者协会、青年管理者协会等机构，形成创新创效活动的组织管理网络。

（二）强化活动管理。要把青年创新创效活动纳入企业创新体系和科技创新整体规划，统筹推进实施。要加强活动过程控制，完善项目管理，抓好项目的选题、立项、实施、评价、推广和后评估等环节。要注重活动的规范性、科学性和实效性，不断提高活动管理水平。

（三）健全工作机制。要建立健全青年创新创效活动的效果评估、成果转化、奖励激励、人才培养和资金保障等机制，确保活动长效开展。要本着精神鼓励与物质奖励相结合的原则，制订青年创新创效活动的奖励政策，将表彰奖励纳入企业职工奖励体系。

各省、自治区、直辖市及计划单列市和新疆生产建设兵团国资委、团委可参照本意见，结合自身实际，制订加强省属及以下国有及国有控股企业青年创新创效活动的意见并抓好落实。

关于印发《中央企业领导人员保密工作责任追究暂行规定》的通知

2011 年 5 月 31 日　国资党委〔2011〕111 号

各中央企业党委(党组):

《中央企业领导人员保密工作责任追究暂行规定》已经国资委党委第 180 次会议审议通过,现印发给你们,请遵照执行,并结合企业实际制定相关落实办法,进一步推进保密工作责任制的落实。

各中央企业领导人员要依照本规定,高度重视保密工作,切实履行保密工作领导责任,推动本单位进一步夯实保密工作基础,完善保密工作制度,加大保密工作投入,提高保密技术防范能力和水平,促进中央企业又好又快发展。

附件:中央企业领导人员保密工作责任追究暂行规定

附件:

中央企业领导人员保密工作责任追究暂行规定

第一条　为深入贯彻中共中央、国务院关于加强新形势下保密工作的精神,根据《中华人民共和国保守国家秘密法》、《中国共产党纪律处分条例》、《中共中央保密委员会关于党政领导干部保密工作责任制的规定》(中保发〔1997〕3 号)有关要求,结合中央企业保密工作实际,制定本规定。

第二条 本规定所称中央企业领导人员保密工作责任追究，是指中央企业领导人员没有履行或没有正确履行保守党和国家秘密的领导职责，依照本规定追究相关责任，并给予相应的处理。

第三条 实行中央企业领导人员保密工作责任追究制，应坚持“谁主管谁负责”、教育与惩处相结合的原则，明确责任、积极防范。

第四条 按照干部管理权限，实行中央企业领导人员保密工作责任追究制的主体是国务院国有资产监督管理委员会(以下简称国资委)，对象是国资委党委管理的中央企业领导人员。

第五条 中央企业的主要领导人员，对本企业总部及直接管理的单位(以下统称本单位)的保密工作负有主要领导责任；分管保密工作的领导人员，对本单位的保密工作负有直接领导责任；分管其他工作的领导人员，对本单位分管工作范围内的保密工作承担分管领导责任。

第六条 对中央企业领导人员保密工作责任追究采用但不限于以下方式：

(一)诫勉谈话；

(二)通报批评；

(三)党纪、政纪处分。

以上所列方式可单独适用，也可视情况合并适用。

第七条 有下列情形之一的，对主要领导人员追究相应责任：

(一)未按规定履行保密工作领导职责，导致本单位发生重大失泄密事件的；

(二)未按规定和要求成立保密机构、配备保密工作人员，或因人事变动等原因未及时调整保密机构，导致保密工作不能正常开展的；

(三)发生失泄密事件后，不及时报告以及未及时采取补救措施的；

(四)不积极配合上级保密工作部门查办失泄密事件，或者隐瞒事实，包庇有关责任人的。

第八条 有下列情形之一的，对分管保密工作的领导人员追究相应责任：

(一)未按规定履行保密工作领导职责,导致本单位发生失泄密事件的;

(二)不及时组织传达、贯彻实施有关保密工作法律法规和工作要求的;

(三)不及时督促开展保密宣传教育工作、建立健全保密工作制度,不按规定配备必要的保密技术防范设备的;

(四)发生失泄密事件后,不及时报告以及未及时采取补救措施的;

(五)不积极配合上级保密工作部门查办失泄密事件,或者隐瞒事实,包庇有关责任人的。

第九条 有下列情形之一的,对分管其他工作的领导人员追究相应责任:

(一)未按规定履行保密工作领导职责,导致本单位分管工作范围内发生失泄密事件的;

(二)分管工作范围内发生失泄密事件后,不及时报告并采取补救措施的;

(三)不积极配合上级保密工作部门查办失泄密事件,或者隐瞒事实,包庇有关责任人的。

第十条 对中央企业领导人员保密工作责任追究中进行诫勉谈话或通报批评的,由国资委保密工作部门提出意见,报国资委保密委员会研究决定后实施。

第十一条 对中央企业领导人员保密工作责任追究中进行党纪、政纪处分的,由国资委保密工作部门提出意见,报国资委保密委员会审议通过后,由国资委纪检监察等部门按照相关程序提请国资委党委会议研究决定。国资委纪检监察等部门根据国资委党委会议决议组织实施并将实施情况反馈国资委保密工作部门。

第十二条 中央企业领导人员对处理意见有异议的,应在30日内反馈国资委保密委员会,由国资委保密委员会组织有关部门研究后,由国资委纪检监察等部门按照相关程序提请国资委党委研究决定最终处理意见,由国资委纪检监察等部门组织实施。

第十三条 受到保密工作责任追究的中央企业领导人员，原则上不得参加当年各类先进个人的评选。

第十四条 国资委保密工作部门负责对中央企业领导人员保密工作责任追究制的执行情况进行监督检查。

第十五条 中央企业及所属单位因发生失泄密事件而被撤销武器装备科研生产单位保密认证资格的，以未按规定履行保密工作领导职责追究中央企业领导人员责任。

第十六条 中央企业领导人员违反保密法律法规及其他有关保密规定，涉嫌犯罪的，依法移送司法机关追究法律责任。

第十七条 中央管理的中央企业领导人员保密工作责任追究，按照中央有关规定执行。

第十八条 国资委各厅局、直属单位、直管协会领导人员保密工作责任追究，以及中央企业对本企业系统内各级各单位领导人员进行保密工作责任追究，参照本规定执行。

第十九条 本规定由国资委党委负责解释。

第二十条 本规定自印发之日起施行。

关于印发《中央企业团委负责人管理办法(试行)》的通知

2011年8月18日 国资党委群工〔2011〕161号

各中央企业党委(党组)，团委：

现将《中央企业团委负责人管理办法(试行)》印发给你们，请结合实际，认真贯彻落实。

附件：中央企业团委负责人管理办法(试行)

附件：

中央企业团委负责人管理办法(试行)

第一章　总　　则

第一条　为加强中央企业团委负责人队伍建设，形成富有生机与活力、有利于优秀人才脱颖而出的团干部管理机制，努力打造一支理想信念坚定、善于围绕企业中心任务开展工作、结构和梯次合理的团干部队伍，进一步增强中央企业共青团工作活力，根据《中国共产主义青年团章程》、《关于进一步加强和改进中央企业共青团工作的意见》(中青联发〔2006〕59号)和《关于加强新形势下基层党建带团建工作的意见》(组通字〔2010〕76号)等有关规定，制定本办法。

第二条　本办法所称中央企业团委负责人，是指国务院国有资产监督管理委员会履行出资人职责的企业的团委书记、副书记。

第三条　中央企业团委负责人管理，主要包括选拔、任用、教育、培养、考核、奖惩、转岗等内容。

第四条　中央企业团委负责人管理，必须坚持以下原则：

(一)党管干部原则；

(二)德才兼备、以德为先原则；

(三)民主、公开、竞争、择优原则；

(四)注重实绩、注重潜力原则；

(五)培养与使用相结合，激励与约束相结合原则。

第五条　中央企业团委负责人由中央企业党委(党组)与中央企业团工委双重管理，以中央企业党委(党组)管理为主。

第二章 资格条件

第六条 中央企业团委负责人应当具备以下任职资格：

(一)中共党员；

(二)具有大学本科及以上学历；

(三)熟悉企业情况，一般不少于3年企业工作经历；

(四)具有下一职级的任职经历；

(五)新任团委书记的年龄一般不超过40周岁，副书记一般不超过38周岁。

第七条 中央企业团委负责人应当具备以下基本条件：

(一)坚持以马克思列宁主义、毛泽东思想、邓小平理论和"三个代表"重要思想为指导，深入贯彻落实科学发展观，坚定不移地贯彻党的路线方针政策，热爱团的工作，具有做好企业共青团工作的强烈事业心和责任感。

(二)坚持围绕中心、服务大局，勤于思考，善于学习，勇于创新，具有较强的战略思维、组织领导、沟通协调能力，能够积极主动地开展工作，努力做出实绩。

(三)朝气蓬勃，实事求是，发扬民主，敢想敢干，深入基层，调查研究，讲实话，办实事，求实效，热心为团员青年服务，公道正派，清正廉洁，自觉接受监督。

第三章 选拔任用

第八条 适应企业发展和人事制度改革的要求，中央企业党委(党组)要把团的工作岗位作为培养锻炼企业后备人才的重要渠道，拓宽中央企业团委负责人的选拔范围，尤其要有计划、有针对性地把生产、经营、管理、技术等岗位上的优秀青年选拔到团的岗位上经受锻炼。选拔确定中央企业团委负责人，要关注有在条件艰苦、工作困难岗位工作经历的优秀青年人才，要注意从基层和生产一线选拔优秀青年人才担任。

第九条 中央企业团委负责人一般应由选举产生。在团员代表大会闭会期间,中央企业党委(党组)和中央企业团工委认为有必要时,经过共同研究,取得一致意见,可以直接任命团委负责人。

第十条 中央企业团委负责人选举产生的基本程序是:

(一)中央企业党委(党组)提出候选人预备人选建议名单,并与中央企业团工委协商一致。

(二)组织考察,确定候选人预备人选。

(三)组织召开团员大会或团员代表大会进行选举。

(四)选举结果报中央企业团工委审批。

(五)中央企业党委(党组)办理任命、备案手续。

第十一条 直接任命中央企业团委负责人的基本程序是:

(一)中央企业党委(党组)提出候选人预备人选建议名单,并与中央企业团工委协商一致。

(二)组织考察,确定拟任命人选。

(三)所在中央企业党委(党组)办理任命、备案手续。

第十二条 积极推进竞争性选拔方式产生中央企业团委负责人人选。中央企业团工委参与选拔过程。

第十三条 中央企业党委(党组)在任免、调动中央企业团委负责人时,应事先与中央企业团工委协商。协商要正式行文,并附干部任免审批表,属于提拔任用的应附考察材料。中央企业团工委应在接到协商函后10个工作日内作出书面答复。

第十四条 中央企业团委成立、换届时,中央企业党委(党组)应提前2个月就团委负责人人选问题发函征求中央企业团工委意见。协商函须附有团委负责人候选人预备人选的简历,属于提拔任用的应附考察材料。选举结果由中央企业团委报中央企业团工委进行审批。

第十五条 中央企业团的委员会每届任期3～5年,团委书记原则上任期一届,最多不超过两届。

第十六条 如团委书记、副书记空缺,中央企业党委(党组)应在3个月内配齐。

第四章 政治经济待遇

第十七条 中央企业团委负责人为企业党委(党组)直管干部。团委受党委(党组)直接领导,向党委(党组)分管领导请示汇报工作。

第十八条 中央企业团委负责人享受中央企业同级党组织职能部门或下一级党组织负责人政治经济待遇。

第十九条 中央企业团委书记可以列席同级党委(党组)会议。中央企业应安排团委书记参加年度工作会等有关企业生产经营的会议,使其及时了解企业党政的工作意图,更好地服务企业的中心工作。

第二十条 中央企业党委(党组)应安排团委书记参加中心组学习。

第二十一条 中央企业应建立和完善团委书记参与企业民主管理工作的制度:

(一)中央企业团委书记可以通过法定程序担任同级职工代表大会的代表,成为主席团成员。

(二)中央企业在研究制订发展规划、制订和修改重大管理制度、重要改革方案以及开展薪酬制度改革、职称评审等重要事项时,应吸收团委书记参加。

(三)中央企业如设立有关涉及青年切身利益的工作机构,应吸收团委书记参加。

第五章 培养教育

第二十二条 中央企业团委负责人的培养教育以思想、能力和作风建设为重点,强化理论武装和实践锻炼,致力于培养团委负责人优良作风,大力提高工作能力和水平。

第二十三条 中央企业要按照复合型人才培养原则,有针对性地落实团委负责人培养措施。要把团委负责人纳入企业管理人员培训序列,有计划地选送团委负责人到党校等相关培训机构进行培训。在安排脱产进修、出国(境)培训时,应适当安排团委负责人参加。

第二十四条 中央企业应有计划地选送团委负责人到经营、管理、技术等部门和生产一线挂职锻炼，专职团委负责人与经营管理人员要进行必要的岗位交流，全面提高企业团委负责人的素质，为企业培养和储备经营管理人才。

第二十五条 中央企业团工委积极拓宽团委负责人的培养、锻炼和交流渠道。定期举办中央企业团委负责人培训班，建立完善团干部到中央或地方党政机关等进行挂职交流机制，组织选派团干部参加国际交流和培训活动。

第六章 考核与奖惩

第二十六条 中央企业要建立团委负责人工作责任制，把对团委负责人的考核评价纳入企业管理人员考核评价体系。

第二十七条 中央企业团委负责人的考核内容重点包括思想理论水平、工作业绩、青年满意度等。

第二十八条 中央企业党委(党组)分管共青团工作的领导每年应与团委负责人进行一次专门谈话，反馈考核结果，提出工作要求。

第二十九条 中央企业团工委对年度考核优秀的团委负责人予以表彰。

第三十条 中央企业团委负责人有下列情形之一的，应予以调整：

(一)思想政治、道德品质、廉洁自律等方面出现问题的。

(二)工作失职，造成较大损失和不良影响的。

(三)经考核，不能胜任工作的。

(四)其他不适合担任团委负责人的情形。

第七章 转　　岗

第三十一条 中央企业党委(党组)要建立团委负责人正常转岗和有序流动机制，积极向生产、经营、管理、技术等岗位延伸团委负责人转岗渠道，保证团委负责人的正常转岗；把团委负责人转岗输送同大力培养选拔优秀年轻干部结合起来，使企业共青团真正成为培养和输送年轻干部的重要基地。

第三十二条 中央企业党委(党组)一般应在团委负责人任期届满前6个月考虑其转岗事宜,并就团委负责人的转岗问题听取中央企业团工委的意见和建议。

第三十三条 中央企业党委(党组)要把团委负责人转岗工作纳入企业管理人员日常管理。应根据团委负责人的德、能、勤、绩、廉等考核结果统筹考虑,按照相应职级安排转岗。对德才兼备、实绩突出、群众公认的优秀团委负责人,应予以破格提拔或重点培养。

第三十四条 中央企业党委(党组)要注意优化团委负责人的年龄结构,形成合理梯次,避免集中转岗。

第三十五条 中央企业团委负责人转岗情况要报中央企业团工委备案。

第八章 附 则

第三十六条 对中央企业团委常委、委员的管理可参照本办法执行。中央企业党委(党组)可参照本办法制定所属单位的团干部管理办法。

第三十七条 本办法由中央企业团工委负责解释,自公布之日起施行。

关于印发《关于中央企业深入开展劳动竞赛的指导意见》的通知

2012年3月19日 国资发群工〔2012〕24号

各中央企业:

现将《关于中央企业深入开展劳动竞赛的指导意见》印发给你们,请结合实际抓好落实。

附件:关于中央企业深入开展劳动竞赛的指导意见

附件:

关于中央企业深入开展劳动竞赛的指导意见

广泛开展群众性劳动竞赛活动,是激发职工工作热情、促进企业生产经营、推动企业持续稳定发展的重要途径。近年来,中央企业围绕中心工作和重点任务广泛开展了科技攻关、降本增效、比学赶帮超等各种形式的劳动竞赛,充分发挥广大职工的主人翁责任感,引导广大职工群众立足岗位创先争优,为做强做优中央企业作出了重要贡献。为进一步加强中央企业职工队伍建设,提高职工素质,增强中央企业的核心竞争力,根据国资委党委《关于中央企业建设“四个一流”职工队伍的实施意见》(国资党委群工〔2010〕91 号),现就中央企业深入开展劳动竞赛,提出以下指导意见。

一、指导思想

以邓小平理论和“三个代表”重要思想为指导,深入贯彻落实科学发展观,坚持以人为本,围绕中央企业整体发展战略和生产经营科研中心任务,进一步激发广大职工活力,充分调动广大职工的积极性和创造性,广泛深入开展劳动竞赛活动,团结动员广大职工立足岗位,创先争优,提高企业核心竞争力,为做强做优中央企业、培育具有国际竞争力的世界一流企业作出积极贡献。

二、基本原则

(一)争创一流,增强活力。围绕企业生产、经营、科研中心工作,广泛开展劳动竞赛，努力提高企业经济效益、管理水平和自主创新能力。

（二）突出主题，把握重点。结合本行业、本企业实际，确定劳动竞赛的主题和重点，充分调动广大职工参与劳动竞赛的积极性和主动性。

（三）结合实际，注重实效。结合企业生产经营和改革发展实际，抓好过程跟踪，搞好结果评价，及时表彰激励。特别要注重解决实际问题，确保取得实实在在的效果。

（四）立足班组，夯实基础。以班组为基本单元，引导班组成员广泛参与，强化团队建设，全面提升员工的专业技能和综合素质，加强班组建设，夯实企业发展基础。

（五）遵规守纪，安全生产。认真贯彻国家相关法律法规，严格执行企业各项规章制度，消除违章作业，着力提高企业安全生产管理水平。

（六）以人为本，和谐发展。坚持以人为本，克服不顾质量标准抢工期，以及单纯比劳动时间、增加劳动强度等做法，实现职工和企业的共同发展，不断提高职工对构建和谐企业的认同度、参与度和支持度。

三、竞赛内容

（一）围绕中心比效益。围绕企业中心任务，以提高安全管理、产品质量、劳动效率、促进企业发展为目标，强化职工的效益意识，全面落实绩效责任。通过质量攻关、技术攻关、安全健康等主题突出的多种竞赛形式，切实解决企业生产、安全、技术、质量、环保等方面的重点和难点问题，提高经济效益，增强发展质量，为实现中央企业科学发展作出积极贡献。

（二）立足岗位比技能。围绕建设“四个一流”职工队伍目标，根据产业结构调整和企业发展需要，结合职工岗位职责要求，有针对性地开展岗位练兵、名师带徒、技术比武等活动，鼓励职工学习技术、钻研技能、岗位成才，充分调动职工立足岗位钻研技术的积极性，促进提高岗位技能和职业技术等级。

（三）促进发展比质量。认真学习贯彻《质量发展纲要（2011～2020年）》，深入研究同行业国际和国内质量标准，努力把握本行业和企业质量发展方针和目标。以落实岗位质量管理与控制责任制为基础,引导职工牢固树立全员参与质量管理与质量全过程管理的理念,不断提高产品质量和服务质量,推动企业建立和完善企业质量保证体系,树立和维护良好的企业品牌,提高中央企业产品和服务的社会美誉度。

(四)推动学习比创新。广泛开展学习型组织创建活动和职工岗位创新活动,进一步推动广大职工学习科技知识,投身创新实践,加快新技术、新工艺、新材料、新设备的推广和应用,推动企业技术进步。鼓励职工在消化、吸收新工艺、新技术中发挥聪明才智,不断提高产品的科技含量和经济增加值,进一步增强企业核心竞争力。

(五)节能减排比效果。进一步树立职工的节约意识和环保意识,把“六小”(小革新、小发明、小建议、小节约、小核算、小经验)作为劳动竞赛的重要内容,积极开发应用先进的技术成果,控制成本,降低消耗,大力发展循环经济,高效利用资源,保护生态环境,推动资源节约型、环境友好型企业建设。

(六)履行责任比贡献。要进一步增强职工的责任意识和大局意识,积极履行企业社会责任,积极推进和谐企业建设。组织动员职工积极投身企业改革、发展、稳定的各项工作之中,实现国有资产保值增值。鼓励和动员职工积极参加扶贫帮困、志愿者服务等社会公益活动。

四、评比表彰

各企业要完善劳动竞赛考核评价办法,坚持科学合理、客观公正、紧贴实际的原则,以安全质量和经济效益为中心,突出技术创新,明确考核评价标准和表彰奖励标准,建立评价考核制度和定期表彰机制,授予相应荣誉称号,并给予一定物质奖励。

为推动劳动竞赛活动深入开展,国资委将适时开展表彰,对中央企业劳动竞赛中涌现的先进集体和先进个人授予相应荣誉称号。

五、劳动竞赛经费

劳动竞赛经费包括劳动竞赛的组织费用、培训费用和表彰奖励费用。各企业应当严格依照有关规定提取和使用劳动竞赛经费，为开展劳动竞赛创造必要条件。劳动竞赛经费预算应当纳入企业年度财务预算，并于实际发生时在预算额度内据实列支。

六、工作要求

（一）加强领导，落实责任。各企业要高度重视劳动竞赛工作，切实加强领导，落实工作责任，明确工作任务。成立劳动竞赛工作机构，形成党政统一领导，工会牵头组织，生产、人力资源、财务、技术等相关部门配合协调的工作机制，建立相应的评比机制、奖励机制和劳动竞赛成果推广机制，并将开展劳动竞赛情况向职代会报告，接受职代会的监督检查。

（二）制定方案，精心组织。各企业要结合实际，制定切实可行的劳动竞赛方案，要做好劳动竞赛活动的组织发动和检查指导，统筹协调好本系统的劳动竞赛活动，企业各基层单位积极配合，抓好劳动竞赛活动的具体实施，确保员工参赛的广泛性。

（三）广泛宣传，不断推进。各企业要做好劳动竞赛活动的宣传工作，营造客观公正、积极向上的氛围，要及时总结提炼企业开展劳动竞赛的成功经验，推出一批在劳动竞赛中成绩突出的先进典型，广泛宣传、扩大影响，带动企业职工队伍素质的整体提高，推动中央企业科学发展上水平。

关于认真学习贯彻《中共中央关于加强新形势下党外代表人士队伍建设的意见》的通知

2012年4月5日　国资党办群工〔2012〕27号

各中央企业党委(党组)：

为深入学习贯彻《中共中央关于加强新形势下党外代表人士队伍建设的意见》(中发〔2012〕4号,以下简称《意见》)以及全国学习贯彻《意见》电视电话会议精神,进一步加强中央企业党外代表人士队伍建设,现就学习贯彻《意见》有关要求通知如下：

一、充分认识颁发《意见》的重要意义

《意见》是新中国成立以来第一次以中央名义制定的关于党外代表人士队伍建设的专门文件,在统一战线发展史上具有里程碑意义,充分体现了中央对党外代表人士队伍建设的高度重视,体现了对统一战线事业长远发展的科学谋划。《意见》明确了加强新形势下党外代表人士队伍建设的指导思想、工作原则、目标任务和政策举措,具有很强的理论性、针对性和指导性。加强党外代表人士队伍建设,事关坚持和发挥我国社会主义政治制度的特点和优势,事关为全面建设小康社会提供人才支持,事关巩固党的执政基础和扩大党的群众基础,事关推动新形势下统一战线不断向前发展。各中央企业党委(党组)要充分认识颁发《意见》的重要现实意义和深远意义,切实把思想和行动统一到《意见》精神上来,进一步增强政治责任感和使命感,坚持德才兼备、以德为先的用人标准,以不断增强党外代表人士的代表性为重点,以广交深交党外朋友为基础,以加强理论培训和实践锻炼为途径,以提高素质、发挥作用为目标,努力建设一支数量充足、结构合理、素质优良、作用突出的党外代表

人士队伍，为推动中央企业改革发展、促进社会和谐做出积极贡献。

二、结合实际抓好《意见》精神的学习贯彻

当前和今后一个时期，各中央企业要把贯彻落实《意见》精神作为一项重要任务，加强领导、统筹谋划，切实推进中央企业党外代表人士队伍建设工作，确保中央要求和《意见》精神落到实处。

第一，要加强领导、健全机制。各中央企业党委（党组）要深刻领会中央加强新形势下党外代表人士队伍建设的重大决策和部署，高度重视《意见》精神的贯彻落实，全面部署、深入推进，建立健全党委（党组）统一领导，统战部门牵头，有关部门配合，共同推动落实的工作机制。要把学习贯彻《意见》列入党委（党组）重要议事日程，及时研究解决有关重大问题。要把党外代表人士队伍纳入本企业人才和干部队伍建设总体规划，纳入领导班子和干部队伍建设的考核内容，保证必要的工作经费。要注意发挥统战部门牵头协调的职责和作用，充分调动各部门的积极性，增强工作力量，形成工作合力。

第二，要深入学习、广泛宣传。根据实际情况，及时组织开展多种形式的学习宣传活动，采取理论中心组学习、专题研讨会、辅导报告会、学习座谈会、举办培训班等多种形式，抓好企业各级党组织、统战部门和各级领导干部对《意见》精神的学习，切实把文件精神学深吃透、领会准确、把握到位，要把《意见》精神作为企业党政干部和党外代表人士培训的重要内容。要运用报刊、广播电视、宣传栏和网络等各种媒体，大力宣传加强党外代表人士队伍建设的重要意义、取得的显著成绩和党外代表人士在中央企业改革发展中发挥的重要作用和做出的突出贡献，推动形成党内重视、党外支持的良好局面。

第三，要结合实际、突出重点。积极发现党外优秀人才。注重及早发现、从早培养，注意在科研生产和管理一线发现党外人才，把那些在本行业、本领域有突出贡献的领军人物纳入党组织视野。要抓好重点人物的跟踪管理。按照“分级管理”的原则，建立完善中央企业党外代表人士重点人物库，并及时进行调整充实和更新。要有针对性地做好

培养工作,以政治引导和理论教育为主线,突出个性化和针对性,分专题、分层次对党外代表人士进行轮训,提高党外代表人士的政治理论素质和业务能力。要坚持中央企业党外干部挂职锻炼机制,分批次、分领域对党外代表人士进行实践锻炼培养,拓宽视野和提高组织领导能力。要加大举荐工作力度,加强与中央和地方人大、政府、政协和民主党派组织的沟通和联系,积极向中央和地方各级组织举荐党外干部。要加强与党外代表人士所在单位的联系,坚持联谊交友制度,通过多种渠道及时掌握党外代表人士的思想状况和工作情况,帮助他们解决工作和生活上的困难。要注重发挥党外代表人士的作用。依托“爱企业、献良策、做贡献”主题活动平台,积极组织党外代表人士参与企业科技创新、技术革新和管理创新,支持他们在各自领域建言献策、建功立业。要加大宣传选树先进典型工作力度,积极开展优秀成果和先进个人评选表彰活动,激发和引导广大党外人士发挥聪明才智,为中央企业改革发展贡献智慧和力量。

第四,要明确责任,强化督查。各中央企业党委(党组)要抓好对《意见》贯彻落实的督导检查,针对重点领域、重点工作、重点环节进行跟踪了解,及时发现和解决贯彻落实中的新情况、新问题,总结推广好的经验和做法,推动党外代表人士队伍建设工作迈上新台阶。各中央企业党委(党组)对《意见》的贯彻落实情况,请及时报送国资委党委。

国资委党委关于中央企业深入开展学雷锋活动的意见

2012年3月19日　国资党委宣传〔2012〕61号

各中央企业党委(党组):

为全面贯彻落实党的十七届六中全会精神,促进社会主义核心价值体系建设，大力弘扬雷锋精神，推动学雷锋活动常态化，不断提升中央企业广大员工思想道德素质和企业文明程度，根据《中共中央办公厅关于深入开展学雷锋活动的意见》（中办发〔2012〕7 号），结合中央企业实际，现就中央企业深入开展学雷锋活动提出如下意见。

一、深入开展学雷锋活动的重要意义

雷锋是实践社会主义、共产主义思想道德的楷模，以短暂的一生谱写了无比壮丽的人生诗篇，树起了一座令人景仰的思想道德丰碑，是全国人民学习的光辉榜样。雷锋精神是中华民族精神的重要内容，哺育和激励了一代又一代人成长。雷锋精神内涵丰富、意蕴深刻。当前，要大力弘扬雷锋热爱党、热爱祖国、热爱社会主义的崇高理想信念；服务人民、助人为乐的奉献精神；干一行爱一行、专一行精一行的敬业精神；锐意进取、自强不息的创新精神；艰苦奋斗、勤俭节约的创业精神。在新形势下，广泛深入开展学雷锋活动，大力弘扬雷锋精神，对于倡导文明新风，匡正道德失范，矫正诚信缺失，提升社会道德水平，引导广大员工做中华民族传统美德的传承者、社会主义道德规范的实践者、良好社会风尚的引领者；对于弘扬伟大的民族精神和时代精神，推进中央企业道德建设，形成强大的精神力量和道德支撑；对于坚持用社会主义核心价值体系育人固本，凝魂聚气，弘扬爱党爱国、求实创新、拼搏奉献、诚实守信、和谐包容的精神，把广大员工的智慧和力量凝聚到做强做优，培育具有国际竞争力的世界一流企业上来，具有十分重要的现实意义。

二、开展学雷锋活动的总体要求

认真贯彻落实党的十七届六中全会精神，以邓小平理论和“三个代表”重要思想为指导，深入贯彻落实科学发展观，着眼于践行社会主义核心价值体系，着眼于推进社会公德、职业道德、家庭美德、个人品德建设，着眼于提升员工思想道德素质和企业文明程度，紧紧围绕做强做优，培育具有国际竞争力的世界一流企业的核心目标，紧紧围绕实施转型升级、科技创新、国际化经营、人才强企、和谐发展等五大战略，以传承和弘扬雷锋精神为主题，广泛进行雷锋事迹、雷锋精神和郭明义等模范人物的宣传教育，充分发挥党员干部的示范带动作用，广泛开展“岗位学雷锋，争做好员工”、“学雷锋，树新风”、“诚信央企建设”、社会志愿服务等实践活动，广泛普及爱国、敬业、诚信、友善基本道德规范，推动学雷锋活动常态化、机制化，形成践行雷锋精神、争当先进模范的生动局面，形成我为人人，人人为我的良好氛围。

三、开展学雷锋活动的重点工作

中央企业各级党组织及工会、共青团组织要按照中央学雷锋活动的总体部署和要求，紧密结合企业自身特点，确定具体目标和主题，搭建平台，找准载体，重点围绕以下五个方面深入开展学雷锋活动。

(一)广泛开展“岗位学雷锋，争做好员工”活动。各中央企业要把立足本职、建功立业作为学雷锋活动的重点，广泛开展“岗位学雷锋，争做好员工”活动，努力培养职业素养一流、业务技能一流、工作作风一流、岗位业绩一流的员工队伍，为提高企业的核心竞争力提供可靠的人才保障。要结合企业改革发展和生产经营，在生产一线及基层单位开展“争做好员工、岗位建功”等活动；开展建精品工程，促发展、增效益等主题劳动竞赛。共产党员要结合为民服务、创先争优，在活动中当先锋、做表率。团员青年发挥在学雷锋活动中的骨干作用，开展特色“青字号”主题活动，大力实施青春建功工程。

(二)广泛开展“学雷锋，树新风”活动。要以窗口行业为突破口，继续深化中央企业窗口行业的规范服务、优质服务、诚信服务、满意服务，深入推进“为民服务，央企先行”活动，塑造“为民服务，创先争优”等品牌形象，继续开展“争创文明服务示范窗口”和“争创文明服务标兵”活动，提高中央企业窗口行业为民服务的水平，使之成为传播雷锋精神的窗口。

(三)广泛开展“诚信央企建设”活动。大力推进企业依法治企，诚信经营，增强员工依法合规经营意识，大力加强职业道德教育，增强职业道德意识，养成职业道德品格，培育遵纪守法，恪守社会公德、职业道德以及行业规则的员工队伍，让践行雷锋精神成为一种工作态度和工作方式。维护各类投资者利益及消费者权益，与合作伙伴共赢发展。继续开展“践行道德承诺，制售放心产品”等活动，培育诚信文化、质量文化，充分展现文明央企、责任央企的良好形象。

（四）广泛开展社会志愿服务活动。每年 3 月初，在中央企业集中组织开展学雷锋实践活动，号召广大员工向雷锋同志学习，大力开展学习“当代雷锋”郭明义活动，以中央企业郭明义爱心团队为载体，做学雷锋活动的先行者。中央企业要发挥郭明义爱心团队的辐射带动作用，整合做优“爱心包裹”、“暖风行动”、“映山红”等已有志愿服务品牌，不断创新志愿服务的方式。加强郭明义爱心团队、青年志愿者协会等志愿者组织建设，发展壮大中央企业志愿者队伍。面向特困职工、农民工等特殊群体，面向边远地区、民族地区，开展形式多样的社会志愿服务活动。

（五）广泛开展学雷锋选树典型活动。坚持典型引路，开展“与郭明义同行”宣传教育活动，每年 3 月初总结推广学雷锋活动的先进经验，评比表彰一批“郭明义式”先进典型。每两年组织开展中央企业道德模范、身边好人等评选表彰活动，充分发挥先进典型的示范引领作用，营造比学赶帮超、干事创业的浓厚氛围。

四、抓好学雷锋活动的组织实施

（一）高度重视，加强领导。充分认识新形势下开展学雷锋活动的重要意义，将活动作为加强企业思想政治工作、企业文化和精神文明建设的经常性工作，作为推进社会主义核心价值体系的重要措施，摆上重要位置，加强领导，明确责任，周密部署，精心实施。要在党委（党组）的统一领导下，形成党委宣传部门（文明办）牵头、有关部门各司其职、广大干部员工广泛参与的工作机制。制定实施方案，做到责任到位，措施到位，经费到位，确保学雷锋活动有力有效开展，推动学雷锋活动常态化、机制化。

(二)加强宣传,营造氛围。各中央企业要结合实际制定活动宣传方案。要充分利用所办报刊、电视等媒体,注重发挥网络、手机等新兴媒体的优势,扩大活动的覆盖面和影响力。通过组织道德模范及先进典型报告会、座谈会、宣讲活动等,注重运用员工喜闻乐见的形式,搭建便于参与的平台,开辟乐于接受的渠道,寓教于乐,充分调动广大员工学雷锋的积极性主动性。

(三)总结经验,改进创新。坚持以改革创新精神推进学雷锋活动。在总结和继承已有好做法好经验的基础上,适应时代发展变化,积极拓展活动内容,把雷锋精神融入企业文化培育、精神文明建设和企业党的建设全过程;不断赋予学雷锋活动以新的时代内涵,将弘扬雷锋精神与培育富有时代特点的国有企业精神结合起来,积极创新活动载体,打造中央企业郭明义爱心团队品牌,不断赋予学雷锋活动以新的吸引力和感召力,让雷锋精神在中央企业历久弥新。

各中央企业要根据本意见精神,结合企业实际,制定实施方案,抓好组织落实,有关活动情况及时报送国资委文明办。

国资委和商务部等部门联合印发《商务部　中央外宣办　发展改革委　国资委　预防腐败局　全国工商联关于印发〈中国境外企业文化建设若干意见〉的通知》

2012年4月9日　商政发〔2012〕104号

为鼓励和支持我国企业更好地适应实施“走出去”战略面临的新形势,内凝核心价值、外塑良好形象,在实施互利共赢开放战略和建设和谐世界中发挥更大作用,实现我国企业在境外的健康可持续发展,现制定《中国境外企业文化建设若干意见》,现予印发,请遵照执行。

附件:中国境外企业文化建设若干意见

附件:

中国境外企业文化建设若干意见

为鼓励和支持我国企业更好地适应实施"走出去"战略面临的新形势,内凝核心价值、外塑良好形象,在实施互利共赢开放战略和建设和谐世界中发挥更大作用,实现企业在境外的健康可持续发展,现提出中国境外企业文化建设意见如下:

一、境外企业文化建设的总体要求

(一)充分认识重要意义。随着"走出去"战略的深入实施,我国企业对外投资合作已经进入快速发展期。截至2011年底,我国对外直接投资累计超过3800亿美元,境外企业数量达1.8万家,分布在全球178个国家(地区),形成海外资产近1.6万亿美元。随着越来越多的企业加入到"走出去"的行列中,中国企业在境外的各种经济活动越来越活跃,影响日益扩大,国际社会对中国企业的关注度也进一步提高。积极引导境外企业加强文化建设,提高竞争力和影响力,有利于企业坚定"走出去"步伐,加速与当地社会融合,占据舆论和道德高地,发挥正面感召力,树立在国际上的良好形象,从而为中国企业在境外长期发展奠定良好基础。加强境外企业文化建设,是我国加快转变"走出去"发展方式的迫切需要,提高中华文化影响力和软实力的重要途径,推进和平发展的重要保证。

(二)指导思想。以邓小平理论和"三个代表"重要思想为指导,深入贯彻落实科学发展观,奉行互利共赢的开放战略,在弘扬中华民族优秀传统文化和继承我国企业优良传统的基础上，积极吸收借鉴国内外现代管理和企业社会化发展的先进经验，以和谐发展为宗旨，以诚信经营为基石，以学习创新为动力，努力建设符合国际国内经济社会可持续发展需要的，具有鲜明时代特征、丰富管理内涵和各具特色的境外企业文化，为企业“走出去”发展不断注入新的动力和活力，实现境外企业与当地社会的深度融合和共同发展。

（三）基本目标。通过积极倡导和组织实施，营造崇尚先进、学习先进的氛围，推动境外企业逐步建立起符合我国经济发展要求和对外战略目标、适应世界发展潮流、遵循企业国际化发展规律、符合企业发展战略、反映企业特色的企业文化。通过不断提升境外企业的思想道德建设水平，提高企业核心竞争力，实现企业文化与企业发展战略和当地社会发展的和谐统一，为中国企业的可持续发展提供强有力的思想和行动支撑。

二、境外企业文化建设的基本内容

（四）树立使命意识。境外企业文化建设的首要任务是树立使命意识、责任意识和大局意识。境外企业文化建设关系到企业自身的生存与发展，关系到我国“走出去”战略的顺利实施，关系到国家形象的塑造和国家软实力的提升。境外企业要牢记使命，坚持和平发展、互利共赢的主旋律和价值观，展示中国企业的历史文化底蕴，为弘扬中华民族优秀文化、增强文化软实力作出积极贡献。

（五）坚持合法合规。严格遵守驻在国和地区的法律法规，是境外企业文化建设的重要内容。境外企业要认真研究和熟悉当地法律法规，做到依法求生存，依法求发展。严格履行合同规定，主动依法纳税，自觉保护劳工合法权利，认真执行环境法规，确保国际化经营合法、合规。坚持公平竞争，坚决抵制商业贿赂，严格禁止向当地公职人员、国际组织官员和关联企业相关人员行贿，不得借助围标、串标等违法手段谋取商业利益。

（六）强化道德规范。企业道德是企业文化的集中体现。“小胜于智，大胜于德。”境外企业要树立“以德兴企”的观念。加强对员工的道德意识教育，弘扬传统美德，增强荣辱观念，养成良好的道德品质。深刻认识见利忘义、唯利是图、损害消费者利益等不道德行为的危害性。坚持义利并重，将道德感、伦理观渗透到企业经营和管理的全过程。

（七）恪守诚信经营。境外企业文化建设的本源是诚信。要把诚信融入企业精神和行为规范中，建立健全规章制度，严格规范企业经营管理行为和员工行为，对内造就一支员工可信、技术可信、产品可信、实力可信的优秀团队，对外树立中国企业诚实、守信的形象。

（八）履行社会责任。境外企业要认真履行社会责任，造福当地社会和人民，树立中国企业负责任的形象。努力为当地社会提供最好的商品和服务，促进驻在国家和地区的社会繁荣。及时向社会公布企业信息，保证经营活动公开透明。积极参与当地公益事业，为当地社会排忧解难。做好环境保护，注重资源节约，将企业生产经营活动对环境的污染和损害降到最低程度。积极为当地培养管理和技术人才，促进当地就业。

（九）加强与当地融合。将企业经营管理与当地社会发展结合起来，持续优化和丰富企业价值内涵。努力适应所在国（地区）当地社会环境，尊重当地宗教和风俗习惯，积极开展中外文化交流，相互借鉴、增进理解，与当地人民和谐相处。探索适应国际化经营需要的跨文化、信仰、生活习俗的管理理念，积极推进经营思维、管理模式、雇佣人才、处理方式的“本土化”，注重增进当地员工对中资企业的了解和理解，最大限度地降低跨国经营中的价值观冲突。

（十）加强风险规避。境外企业要充分认识国际经济活动的复杂性，时刻保持清醒头脑，居安思危，未雨绸缪。强化风险评估和防范意识，克服侥幸心理，建立科学的风险管理体系，做好规避、控制、转移和分散风险的准备，有效防范国际化经营中的各种风险。在经营理念和实际操作上，要追求科学决策、稳健经营，避免盲目和冲动。

（十一）严抓质量考核。质量是企业的生命。境外企业要把质量当成创业之本，立企之基。通过不断强化质量意识，培育和建设符合自身实际的企业质量考核体系,形成严格的质量管理体系和规范,不断提高产品和服务的质量,增强企业的核心竞争力。

(十二)创新经营特色。境外企业要将文化建设纳入企业发展整体战略,渗透到企业经营管理的各个环节,将企业文化与企业经营管理紧密融合,形成具有企业自身特色的国际化经营管理机制。在企业运营中,要运用各种手段塑造企业形象,展示企业文化,打造企业品牌,实现宣传企业、宣传产品与经营理念相统一,不断提高企业的知名度和美誉度。

三、加强境外企业文化建设的实施和保障

(十三)强化对企业的引导和服务。与时俱进,对不同类型企业进行分类指导。加强对境外企业文化建设的总结,认真探索企业文化建设的客观规律和操作方法,不断提升实践水平。加强境外企业之间、境外企业与其他国家企业之间的交流学习,做好信息共享和服务平台建设。强化境外企业人员出国前的培训,着力培育一支素质优良的企业建设与管理人才队伍。

(十四)建立评价体系和激励机制。建立科学评价体系,对境外企业的文化建设,实行科学引导、有效监督和合理评价。适时评选境外企业管理建设成效突出的优秀企业,将其经验和案例汇编成书,以扩大交流,共同提高。对企业文化建设表现优异、具有示范效应的骨干企业,可给予一定的鼓励和支持。对不注重企业内部建设、缺乏道德规范、损害中国企业整体形象的境外企业,要采取有效措施,予以曝光、警示和约束。

(十五)开展试点工作。根据境外企业的地域和行业分布,结合企业管理建设中存在的突出共性问题,选择一批不同类型的境外企业作为文化建设试点(如在拉美建立"和谐劳资关系建设"试点基地,在中东、北非建立"风险管控"试点基地,在撒哈拉以南非洲建立"和谐劳资关系建设"和"社会责任履行与服务"试点基地,在东南亚建立"社会责任履行与服务"试点基地等)。对试点进行密切跟踪和分类指导,充分发挥中央企业的骨干带头作用,着力提升民营企业的文化建设水平,有效解决中小企业在当地发展中的突出问题。通过总结经验，及时推广，充分发挥试点企业的示范、带头作用，推动境外企业文化建设水平的全面提升。

（十六）加强和改进宣传工作。加大对中国境外企业的宣传力度，有效利用境内外各种传播媒体，积极宣传我国企业的核心价值观、企业精神、和谐包容等理念，大力宣传境外中国企业与当地社会合作的积极成果。要重视对驻在国（地区）的友好工作，开展好公共外交。密切跟踪舆情变化，及时妥善处理危机事件。要积极推广境外企业的先进经验，重点报道和表彰境外企业文化建设工作中的先进人物、先进集体和先进事迹，鼓励广大境外企业人员为国争光，共同维护"中国企业"、"中国投资"的品牌，增加中国企业员工的自豪感和国际社会对中国企业的认同感。

（十七）强化组织领导。在党中央、国务院的统一领导下，相关部门要加强协作，形成合力，积极推进境外企业文化建设。地方各级党委、人民政府要强化引导和鼓励措施。驻外使（领）馆要加强与国内有关方面的配合，提供信息和服务。

纪检监督

国资委党委印发关于实行中央企业领导人员廉洁谈话制度暂行规定的通知

2004年7月27日　国资党委纪委〔2004〕65号

各中央企业，委内各厅局：

现将《关于实行中央企业领导人员廉洁谈话制度的暂行规定》印发你们，请认真贯彻执行。

附件：关于实行中央企业领导人员廉洁谈话制度的暂行规定

附件：

关于实行中央企业领导人员廉洁谈话制度的暂行规定

第一条　为加强对中央企业的监管，推进中央企业党风建设和反腐倡廉工作，促进中央企业领导人员廉洁从业，根据《中国共产党党内监督条例（试行）》，制定本规定。

第二条　本规定所称中央企业是指国务院确定的由国务院国有资产监督管理委员会（以下简称国资委）履行出资人职责的国有及国有控股企业。

本规定所称企业领导人员，是指《国务院国有资产监督管理委员会党委管理的企业领导人员职务名称表》所明确的，由国资委党委管理的企业领导人员。本规定所称企业主要领导人员，是指企业的董事长、党委（党组）书记、总经理（总裁）。

第三条 廉洁谈话是国资委党委按照《中国共产党党内监督条例(试行)》的要求,履行监督职责的一项重要措施。

(一)国资委党委、纪委与企业主要领导人员谈话(以下简称主要领导人员谈话),就企业加强党风建设和反腐倡廉工作、执行党风廉政建设责任制以及领导班子及其成员廉洁从业等党内监督的有关问题沟通思想、交流情况,提出意见和要求。谈话一般以个别谈话的方式进行,必要时也可采取集体谈话的方式进行。

(二)国资委党委或企业领导人员管理部门与企业领导人员进行任职廉洁谈话,就贯彻民主集中制,执行党风廉政建设责任制和遵守廉洁自律规定等问题提出明确要求。谈话可以个别谈话的方式进行,也可采取集体谈话的方式进行。

(三)发现企业领导人员在执行党风廉政建设责任制、廉洁从业等方面有苗头性问题,国资委党委、纪委或企业领导人员管理部门及时对其进行诫勉谈话。诫勉谈话以个别谈话的方式进行。

第四条 主谈人及谈话对象。

主要领导人员谈话,主谈人为国资委党委委员、纪委班子成员,谈话对象为企业主要领导人员。

任职廉洁谈话,主谈人为国资委党委委员或国资委企业领导人员管理一局、企业领导人员管理二局的负责人,谈话对象为企业领导人员。

诫勉谈话,主谈人为国资委党委委员、纪委班子成员或国资委企业领导人员管理一局、企业领导人员管理二局的负责人,谈话对象为企业领导人员。

第五条 主谈人应认真听取谈话对象的汇报和陈述,对企业党风建设和反腐倡廉工作给予指导;对领导班子成员廉洁从业的情况交换意见,提出要求;对谈话对象在廉洁从业方面存在的问题进行警示提醒,并提出改进意见。

第六条 谈话对象要认真报告本企业党风建设和反腐倡廉工作及本人廉洁从业的情况;就主谈人提出的问题进行陈述、交换意见;对主谈人提出的警示提醒和改进工作的要求应有明确表态。

第七条 谈话工作的组织协调。

谈话工作由国资委纪委负责总体组织协调。国资委纪委为主要领导人员谈话和诫勉谈话的协调部门;国资委企业领导人员管理一局、企业领导人员管理二局按照管理权限为任职廉洁谈话的协调部门。

第八条 谈话工作按下列程序和方式实施:

(一)主要领导人员谈话、任职廉洁谈话由协调部门提出计划安排报国资委党委批准后实施。诫勉谈话由协调部门根据需要提出方案,经国资委党委领导批准后实施。

(二)协调部门应在谈话前提出谈话意见送主谈人审定;谈话内容、时间、地点、主谈人及有关要求,应提前通知谈话对象。

(三)主谈人可视谈话内容的需要指定有关人员参加谈话。

(四)谈话工作人员由协调部门派出,负责做好谈话情况的记录,诫勉谈话应填写《诫勉谈话备案表》,经谈话对象阅核后由协调部门留存。

第九条 谈话结束后,谈话对象对主谈人提出要求整改的问题,要制定措施及时整改,必要时应写出书面报告。协调部门要加强整改措施落实情况的督办,对谈话中发现的问题、形成的意见,要及时商有关部门落实。

第十条 主谈人及其他参加谈话的人员和谈话工作人员应当对谈话内容保密,不得对外公开、泄露谈话内容。

第十一条 本规定由国资委纪委负责解释。

第十二条 本规定自公布之日起施行。

关于贯彻落实《建立健全教育、制度、监督并重的惩治和预防腐败体系实施纲要》的具体意见

2005 年 7 月 9 日　国资党委纪检〔2005〕93 号

各中央企业,委内各厅局:

为贯彻落实中共中央《建立健全教育、制度、监督并重的惩治和预防腐败体系实施纲要》(以下简称《实施纲要》),推进中央企业构建与社会主义市场经济体制相适应的教育、制度、监督并重的惩治和预防腐败体系(以下简称惩防体系),提出如下具体意见。

一、推进中央企业构建惩防体系的总体要求

(一)指导思想。

以马克思列宁主义、毛泽东思想、邓小平理论和“三个代表”重要思想为指导,围绕加强党的执政能力建设,围绕国有资产监管和企业改革发展,落实科学发展观,坚持从严治党和依法经营、规范管理,坚持标本兼治、综合治理、惩防并举、注重预防,以改革统揽预防腐败工作,构建惩防体系,深化源头治本,不断提高反腐倡廉水平,促进中央企业廉洁和谐、健康发展。

(二)工作原则。

1. 按照《实施纲要》的总体要求,结合实际,将构建惩防体系纳入中央企业发展规划,与改革发展同步推进,与建立健全国有资产监管体系和企业内控机制有机结合,与企业管理体系相融合。

2. 按照胡锦涛总书记关于抓好教育、制度、监督、改革、惩处五个方面工作的要求,安排部署任务。在坚决惩治腐败的同时,进一步加大治本力度,不断铲除腐败现象滋生蔓延的土壤和条件。

3. 按照近期具体、中期原则、远期宏观的思路,对 2005～2007 年构建惩防体系提出切实可行的工作计划,对今后若干年工作进行总体规划,分阶段实施,在逐步深化中改进和完善。

4. 按照继承与创新相结合的精神,准确把握企业改革发展进程和客观情况的变化,探索在现代企业制度条件下构建惩防体系的新思路,转变思维和工作方式,在继承中发展和创新。

(三)主要目标。

1. 与国资委关于用三年左右时间建立新的国有资产监管体制基本框架,提高国有资产监管有效性的目标相适应。2005～2006 年,做

好构建惩防体系的基础性工作,中央企业制订实施细则,分解落实各项工作目标和任务。到2007年,教育、制度、监督逐步深化,责任机制、保障机制、考核机制初步形成。

2. 与国资委关于2010年基本完成战略性调整和改组,形成比较合理的国有经济布局和结构,建立比较完善的现代企业制度的目标相适应,建成惩防体系基本框架,达到思想教育扎实深入、规章制度系统健全、监督约束更加有效、各种机制协调运行、预警防控发挥作用。

3. 再经过一段时间的努力,建立起廉洁从业的思想道德教育长效机制、科学系统的反腐倡廉制度体系和制约有效的权力运行监控机制,形成具有中央企业特点的惩防体系。

各中央企业要按照上述总体要求,制订本企业总体规划、阶段性目标和年度工作计划。

二、建立教育预防长效机制,筑牢拒腐防变思想道德防线

(四)加强对企业领导人员的反腐倡廉教育。

以企业领导人员特别是主要领导人员为重点对象,深入、持久开展党的基本理论、基本路线、基本纲领、基本经验教育和理想信念、法律纪律、优良传统教育。2005年,结合贯彻《国有企业领导人员廉洁从业若干规定(试行)》(以下简称《从业规定》),深入学习江泽民、胡锦涛同志关于反腐倡廉的重要论述,进行诚信守法、廉洁从业教育。2006～2007年,重点开展树立和落实科学发展观、正确权力观与政绩观教育。中央企业要把反腐倡廉理论作为理论学习中心组的重要内容,每年至少组织两次学习,并把教育贯穿于各级领导人员培养、选拔、管理、使用等方面。企业领导人员要带头自学和参加集体学习,党政主要领导人员每年至少讲一次党课或作一次反腐倡廉形势报告。

(五)加强对党员职工和重要岗位人员的反腐倡廉教育。

1. 2005年,中央企业结合开展保持共产党员先进性教育,加强党员反腐倡廉教育,增强廉洁自律意识。2006～2007年,巩固先进性教育成果,在党员职工中进一步开展理想信念、作风纪律教育,充分发挥

党员的先锋模范作用。

2. 2005～2006年,中央企业对有业务处置权的重要岗位人员加强爱岗敬业、遵章守纪教育,增强责任感和法纪观念。2007年,在重要岗位人员中深入开展职业道德教育,进一步规范从业行为。

(六)加强企业廉洁文化建设。

根据国资委《关于加强中央企业企业文化建设的指导意见》,2005年,中央企业要把廉洁文化纳入企业文化建设总体规划,找准切入点,确定企业廉洁文化建设项目。2006～2007年,结合提炼企业精神、核心价值观和经营管理理念,具体设计企业廉洁文化建设项目,加强学习培训和宣传教育,培养职工良好的自律意识和行为习惯。持续推进职业道德建设和企业诚信管理,逐步形成爱岗敬业、诚信守法、行为规范、道德高尚的企业文化,营造廉洁和谐氛围。

(七)建立和完善宣传教育工作格局。

中央企业要把反腐倡廉教育纳入宣传教育总体部署,实行党委统一领导、宣教部门牵头、纪检监察协调、有关部门各负其责、形成合力的宣传教育格局。丰富教育形式,实行一般教育与特色教育相结合、日常教育与主题教育相结合、培训教育与自我教育相结合,有针对性地开展各种形式的廉洁谈话教育、先进模范事迹教育和典型案例警示教育,增强感染力。2005年,中央企业积极参与国资委与新闻媒体合办"企业广角"、"风采"等反腐倡廉专栏的宣传教育,参加构建惩防体系征文活动。2006～2007年,中央企业健全反腐倡廉教育制度,建立宣传教育网络,运用信息网络平台等宣传教育载体,扩大宣传教育覆盖面。

到2010年,中央企业形成协调有效的反腐倡廉教育格局。再经过一段时间的思想教育、行为规范和营造氛围,建立自律与他律相辅相成的廉洁从业长效机制。

三、健全反腐倡廉制度体系,规范权力运作和从业行为

(八)完善对权力制约和监督的制度。

1. 完善党内监督制度。2005～2006年,依照党内监督条例和《中

央组织部、国务院国资委党委关于加强和改进中央企业党建工作的意见》(以下简称《党建意见》),国资委制定中央企业领导班子民主生活会制度。各企业完善党内监督制度,健全党委参与企业重大问题决策的规程,完善企业领导班子议事规则和决策程序,规范“三重一大”(重大决策、重要人事任免、重要项目安排和大额度资金使用)操作程序。2006～2007 年,探索现代企业制度下党委参与重大决策的制度建设。到 2010 年,初步形成党组织工作制度与公司法人治理结构运行规则相结合的领导体制和工作机制。

2. 健全民主管理制度。2005～2006 年,国资委推进中央企业完善厂务公开制度,健全厂务公开领导体制和工作机制。中央企业建立健全领导人员廉洁承诺制度。2006～2007 年,国资委制定中央企业负责人述廉评廉制度。中央企业建立健全述廉评廉、民主评议企业领导人员,以及重大事项通报等制度。

3. 完善规范从业行为的制度。2005～2006 年,中央企业制定贯彻落实《从业规定》的实施细则。2007 年,中央企业根据国资委落实《从业规定》的配套制度,进一步完善实施细则。

4. 健全责任追究和惩处制度。2005 年,国资委研究制定中央企业重大损失责任追究制度、中央企业负责人重大决策失误追究制度。2006～2007 年,国资委拟起草中央企业总会计师工作责任制度和责任追究制度,会同有关部门研究制定中央企业领导人员党纪政纪处分和重大案件问责等规定。到 2010 年,国资委逐步建立和完善对中央企业负责人有关经济处罚、组织处理、职位禁入等规定。中央企业根据国资委的规定制定相应的实施细则。

5. 完善反腐败领导体制和工作机制。2005 年,国资委研究制定中央企业关于实行党风廉政建设责任制的暂行规定。中央企业完善落实《关于实行党风廉政建设责任制的规定》实施办法。2006 年,中央企业制定纪委协助党委组织协调反腐败工作的实施细则。2006～2007 年,探索制定企业内部纪检监察机构派驻统一管理的办法。

(九)把反腐倡廉要求寓于完善企业决策和经营管理制度中。

1. 完善决策规则，规范决策程序。2005～2006 年，中央企业建立和完善投资决策、产权交易、资本运营、财务管理、营销采购、工程招投标、重要项目管理、劳务管理、用人管理等决策规则和程序。

2. 健全财务管理制度，加强财务监管。2005 年，国资委制定中央企业财务预算管理暂行办法。加强企业总会计师配备，建立和完善企业总会计师财务监督管理工作制度。2006～2007 年，中央企业健全企业全面预算管理、决算报告管理、资金集中统一管理和内部审计管理等制度，逐步推行总会计师年度述职工作制度。

3. 建立中央企业防范风险管理制度，加强经营活动监管。2005 年，国资委研究制定企业全面风险管理指导纲要。2006～2007 年，国资委研究制定高风险业务资金管理、会计核算及授权管理等内控制度。中央企业建立高风险业务预警和防范机制，加强风险监控。

4. 完善企业境外国有资产监管制度。2005～2006 年，国资委会同有关部门研究制定境外企业国有资产监督管理办法；配合管理办法的出台，国资委研究制定境外企业国有资产产权监督管理暂行办法，理顺境外企业产权投资关系，规范境外国有资产产权登记、产权转让变更、产权处置及收益、产权注销等管理工作；国资委研究制定中央企业境外财务监督管理办法，加强境外企业的财务、审计监管，促进建立风险防范机制。2006～2007 年，进一步规范中央企业在境外的投资行为，探索境外投资的有效监管方式，国资委研究制定中央企业境外投资管理暂行规定。到 2010 年，逐步建立境外企业国有资产监督管理制度体系。

5. 加快企业法律顾问制度建设。2005～2007 年，中央企业建立健全法律事务机构，部分企业实行总法律顾问制度，建立健全企业法律风险防范制度。

(十)提高制度建设的质量和水平，加大制度执行力。

1. 注重制度的科学性系统性。2005～2006 年，中央企业对现行反腐倡廉制度进行清理；2006～2007 年，中央企业根据国家有关法律法规，建立健全相应的规章制度。

2. 加强对制度执行情况的监督检查。2006～2007 年，国资委组织开展对反腐倡廉制度落实情况的监督检查，通报检查结果，督促中央企业加大制度的执行力度。

到 2010 年，建立健全各项规章制度。再经过一段时间的努力，形成中央企业科学系统的反腐倡廉制度体系。

四、完善监督制约机制，提高防范腐败的能力

（十一）加强对企业领导班子及成员特别是主要领导人员的监督。

通过考核、考察、检查、询查、审计、外派监事会、纪委监督等方式，检查企业执行党的路线方针政策、国家法律法规和依法经营情况。2005～2006 年，重点监督检查企业贯彻《从业规定》，落实“三重一大”科学民主决策制度、民主集中制和领导班子议事规则等情况。2007 年，重点监督检查反腐倡廉规章制度的建立、完善和落实情况。

（十二）加强对经营管理关键环节、主要程序和重要岗位的监督。

2005～2006 年，中央企业针对经营管理重点部位、关键环节和重要岗位，找准监控点，健全和规范程序，加强对管人、管钱、管物、管事的主要程序监督，实行重要岗位人员交流制度。2007 年，中央企业推进内部权力配置进一步合理化，完善流程管理和程序监控，强化程序间的相互制约，初步形成内在的监督机制。

（十三）发挥各监督主体作用，形成监督合力。

1. 加强出资人监督。贯彻落实《企业国有资产监督管理暂行条例》，实行管资产和管人、管事相结合。2005 年，依照规范国有企业改制、国有产权转让和清产核资等法规规章，国资委组织开展中央企业改制、产权转让及清产核资的专项检查，加强对企业改制和关闭破产方案的严格审核。2005～2006 年，国资委依据《国有企业监事会暂行条例》，制定和实施外派监事会监督检查作业标准，健全监事会检查成果运用、落实及反馈机制。制定和实施中央企业负责人管理暂行办法、中央企业经济责任审计实施细则。探索规范出资人审计监督的内容和方法，扩大经济责任审计范围。按照企业审计管理办法，督促中央企业建

立审计机构，完善审计制度，细化财务审计监督工作要求，督促中央企业加强境外企业审计工作。2006～2007 年，按照独立审计准则和国资委审计披露要求，督促社会中介机构严格规范审计报告意见类型和文本格式，提高企业财务审计报告质量。

2. 加强党组织监督。贯彻落实党章、党内监督条例、党员权利保障条例和《党建意见》，充分发挥党组织的监督保证作用。2005～2006 年，重点提高企业领导班子民主生活会质量，促进领导人员认真开展批评与自我批评，研究和落实整改措施并接受监督。加强企业党委对下级党组织及其领导成员特别是主要领导人员的监督，加强党组织对党员的监督。完善"双向进入、交叉任职"的企业领导体制，落实党委议事规则和参与企业重大决策程序，加强对经营班子及成员履行职责和行使权力的监督。发挥党员对企业领导人员遵纪守法情况的监督作用。2006～2007 年，重点开展对《党建意见》贯彻落实情况的监督检查，巩固先进性教育的成果，建立保持共产党员先进性的长效机制。探索党代会闭会期间发挥党代表监督作用的有效途径。

3. 加强和改进纪检监察监督。全面履行纪检监察的监督职责。2005 年，重点监督检查党风廉政建设责任制落实情况，特别是企业领导人员履行"一岗双责"情况。开展企业领导人员述廉评廉并组织抽查。监督检查改制过程中维护职工合法权益情况，以及对各种顶风违纪行为的处理情况。2006～2007 年，各企业要结合实际，突出重点，对在深化企业改革中贯彻落实国家有关法律法规和党纪条规，健全和执行企业规章制度等情况，进行监督检查。

充分发挥效能监察在国有资产监管中的重要作用。按照国资委《关于加强中央企业效能监察工作的意见》，各企业健全效能监察的组织领导和工作机制，纪检监察机构负责组织协调、实施和督促检查。2005 年，以开展清产核资后续工作效能监察为重点，推进中央企业效能监察向纵深发展。2006～2007 年，着重对企业重组改制、兼并破产以及生产经营管理的突出问题和薄弱环节开展效能监察，督促建章立制，规范运作，提高企业经济效益和管理水平。

4. 加强和改进职工民主监督。2005年，国资委重点推动中央企业深化厂务公开和民主管理，进一步规范厂务公开的内容、形式和程序。2006～2007年，重点指导、协调中央企业工会组织深入贯彻实施《中华人民共和国工会法》和《中共中央办公厅　国务院办公厅关于在国有企业、集体企业及其控股企业深入实行厂务公开制度的通知》，探索现代企业制度下工会参与民主管理、民主监督的途径和方式。完善重组改制和破产中职工安置等配套规章制度。落实职工董事、职工监事制度，保证职工代表依法进入董事会、监事会并履行职责，保证职工代表大会依法行使监督职权。探索职工代表巡查、职工监督小组、特邀监督员、"值班厂长"等民主管理与民主监督形式。

5. 发挥企业经营管理部门的职能监督作用。2005～2006年，中央企业进一步明确人力资源、财务、物资、设备、工程、信息、法律顾问等部门和机构的监督职责。2006～2007年，各企业在人才管理、财务管理、物资管理、项目管理、信息化管理、合同管理等方面，通过效能建设，完善规章，严格管理，加强检查，促进公开，强化经营管理中的监督职能，加强业务系统的纵向监督。

加强各监督力量的整合。2005～2007年，中央企业结合完善国有资产管理体制和公司治理结构，在依法接受出资人监督、行政监督、法律监督、市场监督和社会监督等外部监督的同时，建立健全党组织监督、纪检监察监督、监事会监督、审计监督、法律顾问监督和职工民主监督等企业内部监督。发挥纪检监察的组织协调作用，整合监督资源，形成工作机制，加强信息沟通与共享，探索纪检监察、审计和监事会等不同监督主体的协作或一体化运作方式，增强监督实效。

运用网络技术，提高监督效能。2005～2006年，中央企业探索运用网络技术等现代科技手段，依托企业经营管理的网络技术平台，把监控纳入管理流程和嵌入操作程序，建立程序监督责任机制，通过网络流程对资本运营、资金运作和物流进行程序约束和全过程实时监控。2007年，进一步强化对重要业务信息的监控，增强企业内部经营管理信息的透明度，提高信息的真实性。逐步建立健全企业国有资产监管信息发布渠道。

五、推进改革和创新,深化从源头上防治腐败

(十四)完善国有资产监督管理体系,形成法规约束机制。

1. 建立国有资产监管法规体系,推进依法经营。2005年,国资委研究制定《企业国有产权向管理层转让暂行规定》(已出台)、《中央企业账销案存资产管理工作规则》(已出台)、国有资产监管工作指导监督暂行办法、企业国有资产评估暂行办法、中央企业财务预算管理暂行办法、中央企业投资管理暂行办法和中央企业固定资产投资项目后评价工作指南;提出《国有企业监事会暂行条例》修订意见;研究修订《企业国有产权的界定与纠纷调处暂行办法》、《企业国有产权无偿划转管理办法》。2006～2007年,研究制定中央企业授权经营暂行办法、中央企业重要子企业重大事项管理办法及企业招投标管理监督暂行规定。

2. 完善企业负责人经营业绩考核体系,落实经营责任。2005年,中央企业全面实施年度经营业绩考核责任和任期经营业绩考核责任制度。探索建立企业经营绩效评价体系,制定企业绩效评价规则。2006～2007年,国资委健全企业国有资产保值增值责任、经营责任审计、企业生产经营安全管理等制度,完善企业经营责任体系。

3. 探索国有产权交易的有效监管方式,促进有序流动,防止国有资产流失。2005年,国资委推进完成企业国有产权交易信息监测系统开发,初步实现上海、天津、北京三家中央企业国有产权交易试点机构的连通。2006年,完成信息监测系统调试和功能扩展,推进各大区主要产权交易所连通。2007年,实现与省级国资监管机构选择的企业国有产权交易机构连通,对全国企业国有产权转让动态进行监测和分析。

4. 建立国有资本经营预算制度,规范国有资产经营。2005年,国资委研究建立国有资本经营预算制度的工作思路和方案,着力控制经营成本,层层落实国有资产保值增值和防止国有资产流失的责任。

2006～2007 年，研究起草企业国有资本经营预算管理条例。加强中央企业利润分配管理，研究制定中央企业利润分配管理暂行办法，规范企业利润分配行为。

（十五）完善公司法人治理结构，形成权力制衡机制。

加快中央企业股份制改革的步伐，建立现代企业制度。2005～2006 年，国资委研究制定国有大型企业股份制改革指导意见、科研院所改制指导意见和规范国有企业职工持股的意见。研究制定国有独资公司董事会试点企业外部董事、职工董事管理办法，继续扩大国有独资公司建立董事会试点范围，建立合格的外部董事队伍。研究制定关于规范国有独资公司董事会与国资委关系的意见、国有独资公司试点企业董事会和董事评价暂行办法，以及公司章程指引、董事指南等规章制度。2007 年，中央企业中的国有独资企业，除少数特殊企业外，都要建立和完善法人治理结构。

（十六）完善企业领导人员选聘制度，建立规范的用人机制。

1. 逐步建立选人用人新机制。坚持党管干部原则与董事会依法选择经营管理者相结合，与经营管理者依法行使选人用人权相结合。2005 年，国资委实行公开招聘中央企业正职试点工作，推进中央企业完善竞聘、考评、选任，以及辞职、辞退和任职回避、轮岗交流、失察追究等选人用人制度。2006～2007 年，继续推进中央企业领导人员选聘制度的改革。贯彻落实国资委党委《关于加快推进中央企业公开招聘经营管理者和内部竞争上岗工作的通知》，完善纪检监察机构对选人用人实行监督的程序和办法，继续抓好公开招聘工作，逐步增加招聘企业正职的数量。中央企业完善内部竞争上岗工作程序，安排一定比例的二三级领导岗位进行公开招聘和竞争上岗。以选聘外部董事为试点，探索通过人才市场选聘领导人员。按照公司法人治理结构的要求，逐步实行经理层由董事会管理、推行企业领导人员职务任期制。

2. 完善分配奖惩制度。2005～2006 年，结合落实经营业绩考核办法，国资委推进中央企业完善领导人员薪酬制度和奖惩制度，推进科研院所改制企业股权激励试点工作的制度建设。研究制定职位消费管理制度。2007 年,进一步深化中央企业分配制度改革。

通过不断深化改革,将预防腐败寓于各项改革措施之中,实现对权力的制衡和约束,逐步从体制、机制和制度创新上解决腐败问题。

六、发挥惩治的重要作用,增强查办案件的治本功能

(十七)坚决惩治腐败,维护国有资产安全。

1. 严肃查办违纪违法案件。围绕国有资产保值增值和企业改革发展,重点查办在资产重组、企业改制、产权交易、资本运营、关联交易和经营管理中隐匿、侵占、转移国有资产,违反"三重一大"规定和严重失职造成国有资产流失,以及经营管理人员违规交易、以权谋私非法获利、贪污、挪用公款、私分国有资产等侵害国家、出资人、企业利益和职工合法权益的违纪违法案件。对顶风作案的要依纪依法从严惩处,对有失职行为的领导人员追究责任。

2. 解决违纪违规的突出问题。严肃处理违反规定收送现金、有价证券和支付凭证,"跑官要官",放任、纵容配偶、子女及其配偶和身边工作人员利用领导干部职权和职务影响经商办企业或从事中介活动谋取非法利益,利用婚丧嫁娶等事宜收敛钱财,参加赌博等违纪行为。

(十八)依纪依法办案,提高执纪执法水平。

1. 坚持办案原则。坚持从严治党与依法治企相结合;坚持依纪依法办案;坚持实事求是、客观公正,做到事实清楚、证据确凿、定性准确、处理恰当、手续完备、程序合法;坚持惩前毖后、治病救人,正确运用政策和策略,体现宽严相济、区别对待;坚持维护企业改革发展稳定的大局,惩治腐败与保护党员权利和企业领导人员权利并重,支持企业负责人改革创新和严格管理,保护举报人和办案人员的合法权益。

2. 加强与执纪执法机关的协调配合。2005～2007 年,国资委建立中央企业办案人员人才库,探索建立协作办案工作机制,健全协作制度,完善相关程序,形成办案合力。到 2010 年,与检察机关及执法部门合作,加强预防职务犯罪工作,探索境内外反腐败协作机制,加大追缴

违纪违法款物的力度，最大限度地避免和挽回经济损失。

3. 完善案件管理工作。2005 年，建立中央企业案件备案制度，改进案件管理及统计工作的考核办法。2006～2007 年，加强审理组织机构和制度的落实，做到查审、审复分开，提高办案工作质量和水平。建立案件处理结果落实情况跟踪检查制度和案件流失责任追究制度。

（十九）重视和发挥查办案件的治本功能。

1. 做好信访举报分析工作。2005 年，发挥信访举报获取信息的主渠道作用，建立完善信访分析制度，及时掌握在纪律作风方面出现的苗头性和倾向性问题。2006～2007 年，加强对举报问题的特征及原因研究，有针对性地做好预警防范，探索建立经常性的工作机制和应急预案处理机制。

2. 注重转化办案成果。坚持查办案件与防范腐败相结合，2005 年，中央企业完善“一案两报告”制度，在提交案件检查报告的同时，提出案例剖析及整改建议的报告。2006～2007 年，加强对案件发生的特点及规律研究，分析和查找经营管理中存在的漏洞及体制、机制、制度方面的原因，完善国资监管制度、措施和企业风险防范机制。

七、加强领导和组织协调，形成有效工作机制

（二十）加强对构建惩防体系的领导。

1. 切实加强领导。坚持党委统一领导、党政齐抓共管、纪委组织协调、部门各负其责、群众积极参与的领导体制和工作机制，由企业党政主要领导人员负总责，把构建惩防体系纳入企业改革发展的总体目标和战略规划，列入领导班子的议事日程。2005 年，国资委、中央企业建立落实纲要领导小组及办公室，确定专人负责。

2. 落实责任分工。各中央企业要依照《实施纲要》和国资委的具体意见，结合实际情况，研究制订贯彻落实《实施纲要》的具体措施，分解任务，明确进度，落实责任。

3. 加强分类指导。国资委建立中央企业落实纲要工作联系点，推

动企业总结和交流构建惩防体系工作。中央企业加强对所属企业惩防体系建设的指导和检查,整体推进惩防体系建设。

(二十一)切实加强纪检监察队伍建设。

1. 在改革中加强纪检监察工作。2005~2007年,各企业健全纪检监察机构,配备与工作任务相适应的专职人员,赋予相应的权责,其负责人依法定程序进入董事会或监事会。中央企业党政领导要支持和保证纪检监察机构认真履行各项职责,从人员配备、工作程序、保障措施等方面作出规定,建立激励和保护机制,落实纪检监察机构对企业重大问题的知情权、参与权、监督权和处分权。

2. 加强纪检监察队伍思想政治建设、作风建设和能力建设。2005~2007年,国资委纪委每年举办中央企业纪委书记培训班和纪检监察骨干人员专业培训班。中央企业每年对本系统现有纪检监察人员进行培训。加强纪检监察人员与业务人员的双向交流,逐步实现专业知识和职级年龄的优化配置。加强纪检监察制度建设,严明各项工作纪律。

(二十二)充分发挥纪委组织协调作用。

1. 加强组织协调。国资委纪委运用反腐败联席会议方式,加强对构建惩防体系的组织协调。企业纪委协助同级党委抓好构建惩防体系的任务分解和落实,督促有关单位按职责分工制订、实施具体方案。

2. 建立协调机制。企业纪委要建立惩防体系建设的协调工作机制,加强与宣传、组织、人事、审计及经营管理部门的协作和配合,及时分析总结,定期通报和交流工作进展情况。

(二十三)形成构建惩防体系的有效工作机制。

1. 建立责任机制。坚持和完善党风廉政建设责任制,2005~2006年,制定工作规范,明确进度要求,落实责任分工。

2. 建立保障机制。2005~2006年,制定并落实构建惩防体系的保障措施,包括组织机构、人员、资金、工作条件和制度保障等。

3. 建立考核机制。2006~2007年,研究制定测评指标体系,完善与经营目标考核相统一的督查办法，综合运用检查手段，进行自查、抽查或联查，加强考核测评并与奖惩挂钩，对工作取得实效的给予奖励，对严重失职失误的追究责任。

4. 建立预控机制。到2010年，通过运用网络技术等手段，形成动态监控和反馈系统，加强科学分析和综合评价，把握惩防体系运行情况，整体提高预警防控水平。

关于印发《中央企业效能监察暂行办法》的通知

2006年8月5日　国资发纪检〔2006〕139号

各中央企业：

为规范中央企业效能监察工作，进一步强化企业内部监督，完善企业内部管理制度，我们制定了《中央企业效能监察暂行办法》。现印发给你们，请结合企业实际认真贯彻执行。

附件：中央企业效能监察暂行办法

附件：

中央企业效能监察暂行办法

第一章　总　　则

第一条　为进一步规范中央企业效能监察工作，完善企业管理，促进经营管理者正确履行职责，提高企业效能，实现国有资产保值增值，根据《企业国有资产监督管理暂行条例》(国务院令第378号)的相关规定,制定本办法。

第二条 国务院国有资产监督管理委员会(以下简称国资委)履行出资人职责的国有及国有控股企业(以下简称中央企业)适用本办法。

第三条 国资委纪委、监察部驻国资委监察局(以下统称国资委纪委监察局)负责指导中央企业效能监察工作。

第四条 企业效能监察是企业监察机构针对影响企业效能的有关业务事项或活动过程,监督检查相关经营管理者履行职责行为(以下简称履职行为)的正确性,发现管理缺陷,纠正行为偏差,促进企业规范管理和自我完善,提高企业效能的综合性管理监控工作。

本办法所称的相关经营管理者是指除中央和国资委管理的企业领导人员以外的经营管理人员以及其他具有经营管理职权的人员。对中央和国资委管理的企业领导人员履职行为的检查按有关规定进行。

第五条 检查经营管理者履职行为正确性遵循以下标准:

(一)合法性:经营管理者履职行为必须是合法的授权行为,必须符合国家相关法律法规和企业领导人员廉洁从业的相关规定,必须按规定接受监督;

(二)合规性:经营管理者履职行为必须符合相关管理程序、业务流程和技术规范;

(三)合理性:经营管理者履职行为在职责权限内的合理裁量,必须符合降低成本增加效益、持续经营等管理原则;

(四)时限性:经营管理者履职行为对有特殊时限要求的管理事项不得擅自延长或者缩短时限。

第六条 效能监察工作坚持以下原则:

(一)科学发展原则。围绕企业经营中心,服务企业改革发展大局,促进建立节约型企业,持续发展,不断提高效益。

(二)依法监察原则。有章必循、违章必纠、执纪必严,激励守法合规行为。

（三）实事求是原则。重调查研究、重证据，客观公正。

（四）协调统一原则。监察与纪检、监事会和审计等其他监督部门相协调；监督检查经营管理者履职行为与服务经营管理目标相统一；促进制度建设与提高企业效能相统一；完善企业内部管理控制机制与构建惩治和预防腐败体系相统一；教育与奖惩相统一。

第二章　效能监察工作领导体制和责任体系

第七条　中央企业应当按照企业人事管理权限或者企业产权关系，依据“统一要求、分级负责”的原则，建立健全效能监察工作责任体系，形成在企业党政领导下，由主要经营管理者负责、监察机构组织协调和实施、相关部门密切配合、职工群众积极参与的效能监察工作领导体制和工作机制。

第八条　中央企业主要经营管理者负责本企业效能监察工作，主要责任是：

（一）明确效能监察的分管领导，建立中央企业效能监察工作领导小组，充分发挥效能监察在经营管理中的综合监督作用，加强内部监督和风险控制；

（二）按本企业人事管理权限确定本企业效能监察的范围和应当接受检查的经营管理者，批准效能监察立项、工作报告、监察建议和决定等重大事项，定期听取本企业的效能监察工作情况汇报；

（三）建立健全企业监察机构，根据企业实际需要配置与监察工作任务相适应的专职监察人员，为本企业开展效能监察工作提供组织保证。

第九条　中央企业效能监察工作领导小组的主要职责是：研究部署并指导和组织检查所属企业的效能监察工作，协调效能监察工作关系，处理与效能监察工作有关的重大事宜。

第十条　中央企业监察机构负责组织协调和实施本企业效能监察工作，主要职责是：

（一）按照本企业主要经营管理者、效能监察工作领导小组和上级部门有关效能监察工作的要求，结合本企业经营管理实际，提出效能监察年度工作计划和效能监察立项意见，负责本企业的效能监察日常工作；

(二)组织协调相关部门参与效能监察工作，与监事会、审计等部门协调配合，形成综合监督力量；

(三)根据选定项目，建立相应的效能监察项目检查组，实行效能监察项目负责制；

(四)受理对效能监察决定有异议的申请，并组织复审；

(五)开展调查研究，组织理论研讨、业务培训和工作交流，总结推广典型经验；

(六)完成本企业主要经营管理者、效能监察工作领导小组和上级部门交办的其他事项。

第十一条 企业相关部门在效能监察工作中负有参与配合、通报相关情况、提供相关资料的义务；并负责落实针对本部门的效能监察建议或决定，以及向同级效能监察工作领导小组提出意见、建议。

第十二条 效能监察项目检查组依据同级监察机构的授权，具体负责效能监察项目的实施。

第十三条 效能监察项目检查组成员负责效能监察项目的检查。效能监察项目检查组成员应当熟悉效能监察业务，了解企业管理制度和企业经营管理情况，有较丰富的工作经验，爱岗敬业，忠于职守，公正廉明。

第三章 效能监察的任务、权限和方式

第十四条 效能监察的主要任务是：

(一)检查经营管理者履行职责，执行国家法律法规和企业管理制度，完成经营管理目标任务的情况，促进企业加强执行力，维护指令畅通；

(二)监督检查经营管理者履职行为的正确性，发现行为偏差和管理缺陷，分析存在问题的原因，会同相关部门提出监察建议或决定的意见，加强内部管理监控；

（三）按规定参与调查违反国家法律法规和企业管理制度造成国有资产损失的问题，依法追究有关责任者的责任，避免和挽回国有资产损失；

（四）按规定参与调查处理企业发生的重大、特大责任事故，促进企业落实安全生产责任；

（五）按规定及时将发现的违法违规违纪线索，移交有关部门处理，督促企业依法经营和经营管理者廉洁从业；

（六）督促监察建议或决定的落实，纠正经营管理者行为偏差，总结推广管理经验，健全管理制度，促进企业规范管理，完善企业激励约束机制。

第十五条 企业监察机构开展效能监察工作有下列权限：

（一）要求被检查的经营管理者及其所在部门（单位）报送与效能监察项目有关的文件、资料，对效能监察项目的相关情况作出解释和说明；

（二）查阅、复制、摘抄与效能监察项目相关的文件、资料，核实效能监察项目的有关情况；

（三）经企业主要经营管理者批准，责令被检查的经营管理者停止损害国有资产、企业利益和职工合法权益的行为；

（四）建议相关部门暂停涉嫌严重违法违规违纪人员的职务；

（五）效能监察人员可以列席与效能监察项目有关的会议；

（六）效能监察项目涉及本企业以外的其他中央企业的人员的，可请求相关中央企业协助查询和调查，有关中央企业应当予以协助，必要时可以提请国资委纪委监察局予以协助。

第十六条 效能监察可以采用下列监察方式：

（一）针对企业经营管理活动的重点、难点，针对资产管理的风险因素和职工群众反映的热点问题等，开展单项或者综合事项的效能监察；

（二）针对企业业务事项和管理活动的全过程或重点环节，开展事前、事中、事后或全过程的效能监察；

(三)充分利用企业信息化管理系统开展效能监察工作。

第四章　效能监察基本程序

第十七条　效能监察的基本程序包括确定效能监察项目、实施准备、组织实施、拟定监察报告、作出监察处理、跟踪落实、总结评审和归档立卷等。

第十八条　效能监察项目通过以下方式确定：

(一)上级主管部门统一组织效能监察项目；

(二)企业主要经营管理者直接指定效能监察项目；

(三)监察机构调查分析，研究拟定并报批效能监察项目。

第十九条　效能监察实施准备的主要过程是：

(一)成立效能监察项目检查组，检查组成员以效能监察人员为主，相关部门派人参与，或者聘请具有专门知识、技术的人员参加，本人或者其近亲属与效能监察项目有利害关系，或者有其他关系可能影响公正监察的，不得作为检查组成员；

(二)对效能监察项目检查组成员进行相关专业知识及法律法规和企业相关制度的培训；

(三)收集整理监察依据，理清监察项目的主要业务流程和关键岗位权限，找准主要监察点，明确监察目的、要求和方法步骤，制订实施方案；

(四)向被检查的经营管理者所在部门(单位)发送效能监察通知，相关部门(单位)应当提供效能监察必需的工作条件。

第二十条　效能监察组织实施的主要内容是：

(一)向被检查的经营管理者所在部门(单位)通报实施效能监察的目的、要求和相关事宜；

(二)依据效能监察项目实施方案规定的方法和步骤对有关经营管理者进行检查；

(三)检查效能监察项目有关经营管理者履行职责、执行国家法律法规和企业管理制度、完成管理目标任务的情况；收集与监察项目有关的文件资料和事实陈述；检查经营管理者履职行为的正确性，发现行为偏差和管理缺陷；

（四）向被检查的经营管理者及其所在部门（单位）通报检查情况，听取其意见，并予以确认；

（五）会同相关部门对发现的行为偏差和管理缺陷进行分析，并查找其在体制、机制和制度等方面的存在原因，研究提出监察建议或决定的意见。

第二十一条 效能监察项目实施后，效能监察项目检查组应当实事求是、客观公正地拟定效能监察报告，并报本企业主要经营管理者批准。效能监察报告内容包括监察依据、检查过程、发现的行为偏差和管理缺陷、管理控制制度分析和监察建议或决定意见等。

第二十二条 监察机构对监察中发现的需要追究党纪处分或者法律责任的问题，按权限报批后，移送有关部门处理；对涉及本企业以外的单位和个人的问题，移送有处理权的单位；对需要进行监察处理的，经企业主要经营管理者批准后，下达监察建议或者监察决定。

第二十三条 监察机构应当对监察建议或决定的执行情况进行跟踪检查，督促整改意见的落实，及时将效能监察结果及整改情况抄送给企业各监督管理部门和人力资源管理等部门使用。

第二十四条 中央企业每年底要对全年效能监察工作进行总结，并对完成的效能监察项目进行效果统计和成效评定。年终（度）书面工作总结报告按权限报批后，报企业党政主要负责人和上级监察机构。

第二十五条 已经完成的效能监察项目资料要及时立卷归档。卷宗应包括立项报告（表）、实施方案、总结报告、《监察建议书》或《监察决定书》等全部原件资料。

第五章 监察建议和决定

第二十六条 监察机构在效能监察工作中，对查明的下列尚不够作出纪律处分的行为偏差事实，报批后，下达整改监察建议：

(一)不执行、不正确执行或者拖延执行国家法律法规和企业章程，以及重要决策、决议、决定等，应予纠正的；

(二)不执行、不严格执行企业内部管理制度的，或存在管理缺陷的；

(三)经营管理决策、计划、指令以及经营管理活动不适当，应予纠正或应予撤销的；

(四)违反本企业选人、录用、任免、奖惩工作原则和程序，决定明显不适当的；

(五)按照国家法律法规和企业管理制度相关规定，需要予以经济赔偿的；

(六)其他需要提出监察建议的。

第二十七条 监察机构在效能监察工作中，对查明的下列尚未涉嫌犯罪的违规违纪事实，报批后，作出监察处分决定：

(一)违反国家法律法规和企业管理制度，按照人事管理权限应当给予相关责任人纪律处分的；

(二)不按规定追缴，或者不按规定退赔非法所得的；

(三)已经给国有资产或企业利益造成损害，未采取补救措施的；

(四)其他需要作出监察处分决定的。

第二十八条 监察建议或决定应当以书面形式送达被检查的经营管理者及其所在部门(单位)，被检查的经营管理者及其所在部门(单位)应当采纳或必须执行。

第二十九条 被检查的经营管理者及其所在部门(单位)应当在收到监察建议或决定之日起的15日内提出采纳或执行意见，采纳或执行情况要书面报告相应的监察机构。

对监察决定有异议的，被检查的经营管理者可以在收到监察决定之日起15日内向作出决定的监察机构申请复审；复审应在收到复审申请之日起的30个工作日内完成。复审期间，不停止原决定的执行。

第六章 奖励与惩处

第三十条 中央企业效能监察工作领导小组对效能监察工作中发

现的下列机构和人员，可以按规定建议给予精神或物质奖励：

（一）企业经营管理者正确履行职责，模范遵守国家法律法规和企业管理制度，经营管理成效显著，贡献突出的；

（二）监察机构认真开展效能监察取得重大经济和社会效益的；

（三）监察人员忠于职守，坚持原则，有效制止违法违规违纪行为，避免或挽回重大国有资产损失，贡献突出的；

（四）控告、检举重大违法违规违纪行为的有功人员；

（五）其他应当奖励的部门、单位和个人。

第三十一条　被检查的经营管理者及其所在部门（单位）违反本办法，有下列情形之一的，由所在企业按人事管理权限对直接责任人和其主管负责人给予相应的纪律处分；涉嫌犯罪的，依法移送司法机关处理：

（一）拒不执行监察决定，或者无正当理由拒不采纳监察建议的；

（二）阻挠、拒绝监察人员依法行使职权的；

（三）拒绝提供相关文件、资料和证明材料的；

（四）隐瞒事实真相、出具伪证，或者隐匿、毁灭证据的；

（五）利用职权包庇违法违规违纪行为的；

（六）其他需要给予纪律处分的。

第三十二条　监察人员有下列情形之一的，由所在企业根据情节给予相应的纪律处分；涉嫌犯罪的，依法移送司法机关处理：

（一）玩忽职守，造成恶劣影响和严重后果的；

（二）利用职权为自己或他人谋取私利的；

（三）利用职权包庇或者陷害他人的；

（四）滥用职权侵犯他人民主权利、人身权利和财产权利的；

（五）泄露企业商业秘密的；

（六）其他需要给予纪律处分的。

第七章　附　　则

第三十三条　中央企业可根据本办法，结合实际制订实施细则。

第三十四条　本办法自发布之日起施行。

关于在中央企业开展述廉议廉工作的意见

2006年12月15日　国资党委纪检〔2006〕174号

各中央企业党委(党组):

为探索加强和改进中央企业领导人员监督的有效形式,充分发挥民主监督的作用,促进中央企业领导人员廉洁从业,推动中央企业建立健全教育、制度、监督并重的惩治和预防腐败体系,根据《中国共产党党内监督条例(试行)》和《国有企业领导人员廉洁从业若干规定(试行)》的有关要求,现就中央企业开展述廉议廉工作提出如下意见:

一、述廉议廉的对象和方式

(一)述廉的对象为中央企业领导班子成员。

(二)议廉的对象为中央企业领导班子。

(三)述廉议廉工作每年进行1次,可与企业领导班子民主生活会结合进行,根据需要也可单独进行。

二、述廉议廉的组织领导

(一)各中央企业党委(党组)负责本企业述廉议廉工作的组织实施。

(二)国资委纪委及国资委企业领导人员管理部门负责对企业述廉议廉工作的监督检查。

三、述廉议廉的主要内容

(一)述廉的主要内容:遵守廉洁从业有关规定情况,执行党风廉政建设责任制情况,存在的突出问题以及其他需要说明的情况。

(二)议廉的主要内容:本企业领导班子抓党风建设和反腐倡廉工

作，建立健全工作体制机制，重视从源头上防治腐败的工作情况。认真抓好领导班子成员廉洁从业的工作情况。企业党政主要负责人执行廉洁从业有关规定情况，落实党风廉政建设责任制情况，存在的突出问题以及其他情况。

国资委纪委及国资委企业领导人员管理部门可根据需要，对述廉议廉内容提出指导性意见。

四、述廉议廉的工作程序

（一）广泛征求意见。述廉议廉前，企业党委（党组）要广泛征求职工群众对述廉议廉对象在廉洁从业和执行党风廉政建设责任制等方面的意见，并及时进行反馈。

（二）撰写述廉报告。述廉对象要对照《国有企业领导人员廉洁从业若干规定（试行）》检查廉洁从业的情况，对照党风廉政建设责任制的有关要求检查履行职责的情况，查找存在问题，提出改正措施。撰写述廉报告，要坚持实事求是的原则，对存在的问题不隐瞒、不回避。

（三）召开述廉议廉会议。述廉议廉会议由企业党委（党组）主要负责人主持。参加会议的人员应包括：企业领导班子成员、党委委员（党组成员）、纪委委员（纪检组组长、副组长）、工会委员、民主党派人士、本级企业职能部门主要负责人和部分职工代表。企业党委（党组）认为需要时，也可适当扩大范围。

（四）进行民主评议。采取请参加述廉议廉会议人员填写评议表的方式，对议廉对象进行评议，对企业党风建设和反腐倡廉工作提出意见和建议。

（五）报告工作情况。各中央企业党委（党组）应于述廉议廉工作完成后 1 个月内，将述廉议廉工作情况、评议结果及述廉报告、整改措施，一并报送国资委纪委及国资委企业领导人员管理部门。

五、述廉议廉的工作要求

（一）各企业党委（党组）要把这项工作作为加强和改进党内监督的

重要内容认真抓好。纪委(纪检组)要在党委(党组)领导下,积极主动地做好组织协调工作。

(二)对述廉议廉中反映出的问题,企业党委(党组)要进行认真分析,研究落实整改措施。对民主评议中群众意见较大的企业领导班子和成员,国资委纪委及国资委企业领导人员管理部门要进行谈话提醒。

(三)国资委纪委及国资委企业领导人员管理部门要对述廉议廉的情况进行综合分析,并将述廉议廉的成果运用到企业领导班子建设和领导班子成员的监督、管理中。

(四)各中央企业召开述廉议廉会议,应提前书面通知国资委纪委及国资委企业领导人员管理部门。

各中央企业可根据本意见,结合实际制订具体实施办法,并指导所属企业开展领导人员述廉议廉工作。

附件:中央企业领导班子党风建设和反腐倡廉情况民主评议表(略)

国务院国有资产监督管理委员会关于印发《关于贯彻落实〈建立健全惩治和预防腐败体系2008～2012年工作规划〉的实施意见》的通知

2008年8月14日　国资党委纪检〔2008〕122号

各中央企业,委内各厅局:

现将《关于贯彻落实〈建立健全惩治和预防腐败体系2008～2012年工作规划〉的实施意见》印发给你们,请结合本单位实际,认真贯彻落实。

附件:关于贯彻落实《建立健全惩治和预防腐败体系2008～2012年工作规划》的实施意见

附件：

关于贯彻落实《建立健全惩治和预防腐败体系2008～2012年工作规划》的实施意见

为深入贯彻落实中共中央《建立健全惩治和预防腐败体系2008～2012年工作规划》(以下简称《工作规划》)，加强国资委和中央企业反腐倡廉建设，制定如下实施意见。

一、总体要求

(一)指导思想。

全面贯彻党的十七大精神，高举中国特色社会主义伟大旗帜，以邓小平理论和"三个代表"重要思想为指导，落实科学发展观，坚持标本兼治、综合治理、惩防并举、注重预防的方针，在完善国有资产管理体制和深化中央企业改革中，按照改革创新、惩防并举、统筹推进、重在建设的基本要求，结合中央企业党的思想建设、组织建设、作风建设和制度建设，增强反腐倡廉建设的整体性、协调性、系统性、实效性，建立健全惩治和预防腐败体系，促进和保证中央企业又好又快发展。

(二)基本原则。

1. 坚持融入中心，服务改革发展稳定大局。充分运用国有资产监督管理的体制优势，与实现国有资产保值增值和发展壮大国有经济的总体目标相一致，与中央企业改革发展战略规划相适应，坚持齐抓共建的工作格局，发挥惩防体系的促进和保证作用。

2. 坚持强化管理，建立内控机制和完善风险管理体系。在推进中央企业公司制股份制改革和完善公司治理结构中，把反腐倡廉的要求寓于企业决策和生产经营管理环节，把惩防体系建设与健全内控机制，完善风险管理体系有机融合。

3. 坚持整体推进,发挥体系建设的综合效应。把握和处理好完成阶段性任务与实现战略性目标的关系,充分发挥体系建设各要素之间有机互动的积极作用,坚持具体工作从整体角度抓、单项工作从综合角度抓,整体推进惩防体系建设。

4. 坚持突出重点,以改革创新精神推进反腐倡廉建设。加强制度建设,以规范权力运行、完善制衡约束、加强对企业领导人员的监督为重点,深化改革,创新思路,分类指导,交流促进,推动各项工作任务全面落实。

(三)工作目标。

根据国资委关于2008～2012年中央企业建立现代企业制度、实现布局结构调整、增强中央企业核心竞争力的阶段性目标,按照中央企业党建工作和员工队伍建设的总体要求,贯彻落实《工作规划》,经过五年的工作,力争建成具有中央企业特色的惩治和预防腐败体系基本框架。反腐倡廉宣传教育格局更加完善、廉洁从业教育长效机制发挥作用;国有资产监管法规、企业经营管理制度和反腐倡廉制度体系更加健全,权力运行的制衡约束监督机制更加规范,惩治和预防腐败能力进一步增强。

二、工作任务

(一)发挥教育的基础作用,增强企业领导人员廉洁从业意识。

1. 开展政治思想教育。推进中国特色社会主义理论体系的学习贯彻,开展科学发展观的教育,增强理想信念,筑牢思想道德防线,把反腐倡廉理论作为企业领导班子中心组学习的内容,党政主要负责人每年要带头讲党课,作反腐倡廉形势报告。

2. 加强党风党纪教育。组织中央企业领导人员开展专题教育,加强作风建设,严格执行民主集中制,自觉接受党组织、党员和群众监督。讲党性,重品行,作表率,着力解决作风方面存在的突出问题,纠正在国内外公务活动中奢侈浪费、违规公款消费、重大问题个人说了算以及对职工困难漠不关心等群众反映强烈的问题,形成依法经营、廉洁从业、民主管理的风尚。

3. 深化廉洁从业教育。贯彻落实《国有企业领导人员廉洁从业若干规定》以及中央纪委提出和重申的国有企业领导人员廉洁自律七项要求等制度。中央企业开展反腐倡廉主题教育活动,加强对重要岗位人员遵纪守法和职业道德教育。结合企业实际建设反腐倡廉教育基地,运用网络技术创新示范教育、警示教育和主题教育形式。坚持一般教育与特色教育、日常教育与主题教育、培训教育与自我教育相结合,开展廉洁谈话、先进模范事迹报告、典型案例警示教育,增强诚信守法的廉洁意识。

4. 推进廉洁文化建设。研究制订推进中央企业廉洁文化建设指导意见。中央企业结合提炼企业核心价值观和经营管理理念,加强对员工的教育和培训,树立廉洁意识,规范从业行为。推进职业道德建设和诚信管理,培育具有中央企业特色的爱岗敬业、诚信守法、廉洁自律、道德高尚的核心价值体系,运用多种喜闻乐见的方式,营造"廉荣贪耻"的氛围,建立完善自律与他律相结合的廉洁从业长效机制。

(二)发挥制度的保证作用,推进依法监管和规范权力运作。

1. 完善国有资产监管法规体系。配合全国人大、国务院法制办起草出台《中华人民共和国企业国有资产法》。起草贯彻《中华人民共和国公司法》和《中华人民共和国物权法》等配套文件。进一步建立完善国有资产基础管理、防范国有资产流失等制度。落实国有资产经营责任,推进国有资产监管行为依法规范。

完善中央企业董事会试点企业董事会、董事评价办法,以及《关于董事会试点中央企业董事会选聘高级管理人员工作的指导意见》等制度,促进企业建立规范的法人治理结构。

会同有关部门制订中央企业负责人管理暂行办法,规范任职条件、选拔任用程序、考核评价、激励约束等。完善中央企业负责人经营业绩考核体系,加强分类考核和行业对标,全面推行经济增加值考核。完善中央企业负责人薪酬管理及职务消费办法,健全并严格实施股权激励、企业年薪、住房补贴等收入分配重大事项审核报告制度,完善生产要素按贡献参与分配制度等,实现企业领导人员管理科学化、规范化。

研究制订中央企业利润分配管理暂行办法、财务信息公开披露管理暂行办法、专项审计管理办法、财务内控评估办法和资产质量调查办法等。研究制订中央企业内部控制建设指导意见、内部控制评价暂行办法等。稳妥推进中央企业国有资本预算收入收取工作,建立完善国有资本经营预算制度。

督促中央企业全面建立并实行法律顾问制度,加快建立和完善企业风险管理规章制度。研究制订中央企业股权收购投资风险管理、建设项目投资风险管理、衍生产品交易风险管理、风险管理内部审计、财务报告风险管理等规范性文件,促进企业强化监管,全面提高效益。

探索建立混合产权管理的有效模式,监管重点向上市公司国有股份转移,加强国有控股股东行为管理。研究制订产权交易规则,推动国有产权交易立法工作。研究制订中央企业境外投资以及资产管理办法、高风险投资指引,修订《中央企业投资监督管理暂行办法》。研究制订中央企业生产安全责任事故处罚细则、违规违纪与存在严重财务管理问题处罚细则、重大决策失误责任追究暂行办法等。

2. 推进中央企业建立健全生产经营管理制度。中央企业根据国家有关部门发布的规范企业投资决策及生产经营管理法规和规范性文件,制订实施细则。做好现有制度清理、废止、修订工作,提高制度的系统性、衔接性、严密性,增强刚性和约束力。

中央企业重点围绕投资决策、产权交易、资本运营、财务管理、营销采购、工程招投标、重要项目管理、劳务管理、用人管理、风险管理以及境外国有资产监管等方面,完善精细化管理制度和风险内控机制,健全办事规则和程序性制度,结合信息化建设,强化流程控制,促进经营管理权力规范有序运行。

3. 健全企业党内监督及其民主管理制度。2008 年,国资委党委研究制订中央企业党组织工作有关规定,探索企业党组织参与重大问题决策与董事会统一行使生产经营决策权相结合、党管干部与法人治理结构依法行使用人权相结合、维护职工合法权益与维护企业经营管理者依法行使经营管理权相结合、加强思想政治工作与加强企业文化建设相结合的措施。企业依照党内监督条例等规定，完善和规范决策程序，健全民主生活会制度，逐步形成企业党组织工作制度与公司治理结构运行规则相结合的机制。

督促企业贯彻落实《关于建立和完善中央企业职工代表大会制度的指导意见》，推进完善与现代企业制度相适应的职工代表大会制度。深化企业民主管理、厂务公开工作，健全民主评议领导人员制度等，加强职工董事制度建设，建立并完善职工董事依法维权、促进企业稳定、代表并反映职工群众意见的机制。

4. 完善企业反腐倡廉制度。配合中央纪委制订《国有企业纪律检查工作条例》、国（境）外中资企业及其工作人员违纪违法案件调查处理办法等，落实党风廉政建设责任制。中央企业结合贯彻《国有企业领导人员廉洁从业若干规定》等廉洁自律制度，制订实施细则；认真执行并建立健全廉洁承诺、诫勉谈话等制度，完善对企业领导人员廉洁从业考核与评价制度；制订落实国资委《关于规范中央企业负责人职务消费的指导意见》实施办法；健全效能监察工作办法及单项操作规程。2010年，国资委逐步建立并完善对中央企业负责人有关经济处罚、组织处理、职位禁入等规定。

（三）发挥监督的约束作用，从体制机制上加强制衡。

1. 强化出资人监督。国资委依法履行出资人监管职责，发挥职能管理部门和外派监事会等监督作用，重点加强对中央企业产权交易、投资决策、财务资金等重大事项的监督管理。

加强对中央企业执行国有产权交易各项规定情况的监督，督促国有产权全部进场交易。加强对定点产权交易机构的指导和监督，产权交易机构要逐步完善国有产权交易监管手段，运用现代信息技术实现动态监测。

加强财务预决算管理，推进中央企业执行《企业会计准则》，注重改善资产质量和防范财务风险。指导中央企业开展内控机制有效性评估,对所属重要子企业、境外子企业、特殊业务等财务抽查审计。客观、公正地评价企业负责人经济责任履行情况,对财务管理混乱、经营管理存在薄弱环节、发生违法违纪问题或出现重大资产损失和财务危机的企业,加强专项审计。建立总会计师履职情况评估制度。开展资产损失责任认定和追究工作。探索建立企业财务信息公开制度,发挥社会监督作用。推进境外企业财务监督工作,开展境外企业财务专项审计和资产投资清理等工作。

加强中央企业经营业绩考核工作,层层落实国有资产保值增值责任,完善激励约束机制,把经营业绩考核与企业领导人员选聘、任免相结合,为加强企业领导人员管理和选拔任用提供依据。

2. 加强对企业领导班子成员特别是主要负责人的监督。国资委会同有关部门,重点监督检查中央企业领导班子成员特别是主要负责人落实党的路线方针政策和国家法律法规、执行国资委有关规定的情况。中央企业加强对所属单位领导班子成员落实“七项要求”的监督,加强对执行企业重大决策、重大项目安排、大额度资金运作事项及重要人事任免等科学决策制度的监督,加强对执行民主集中制和领导班子议事规则等的监督。

3. 加强对企业经营管理关键环节和重要岗位的监督。中央企业结合实际确定生产经营管理的关键环节、重点部位、重要岗位以及风险监控点,加强程序控制,采取有效措施,做到制度落实、程序规范、合理授权、运作透明。加强对企业内部管人、管钱、管物和管事等权力部门的监督,通过权力科学配置和合理制衡,促进企业健全内控机制,完善风险管理体系。

4. 加强党组织监督。坚持企业党委(党组)对下级党组织及领导班子成员的监督,充分发挥党组织政治核心和监督保证作用。加强对贯彻落实党章、党内监督条例、党员权利保障条例和落实廉洁自律规定情况的监督检查。提高企业领导人员民主生活会质量,督促落实整改措施,开展创建“四好”班子活动,建立完善保持共产党员先进性的长效机制。

5. 加强和改进纪检监察监督。纪检监察机构加强组织协调，全面履行监督职责。认真执行中央部署的专项检查任务。继续抓好对中央企业落实党风廉政建设责任制情况的监督检查，重点监督检查企业领导人员廉洁自律以及履行“一岗双责”情况，探索企业述廉议廉结果运用方式并发挥其监督效用。加强对企业重组改制等重大事项的过程监督，重点监督检查维护职工合法权益情况、对各种顶风违纪行为处理情况。完善效能监察工作机制，推进效能监察由事后监督向全程监督延伸、由单项监督向综合监督延伸、由纠错性监督向建设性监督延伸。针对突出问题和薄弱环节确立重点项目，开展对企业不良资产管理、产权转让、降本增效及海外业务管理的效能监察。

6. 探索监督体制机制创新。推进中央企业纪委书记、纪检组组长交流任职，探索由上级纪检监察机构派驻纪检组组长并向出资人监管部门述职的工作机制，配合中央做好对企业的巡视工作，支持企业试行内部纪检监察机构垂直领导、轮岗等监督方式。发挥企业党组织、纪检监察、监事会、审计、管理部门监督和职工民主监督以及社会监督作用，整合监督资源，增强监督实效。促进企业运用网络技术加强对经营管理过程的动态监督，探索现代企业制度条件下履行纪检监察职能的有效途径。

（四）发挥改革的创新作用，拓展源头防治腐败工作领域。

1. 在完善公司治理结构中科学配置和有效制衡权力。国资委加快推进中央企业建立健全规范的董事会，建立健全党管干部与董事会依法选择经营管理者相结合的工作机制。推动中央企业公司制股份制改革。到2010年，实现在中央企业建立比较完善的现代企业制度目标。指导董事会督促企业完善决策程序和工作规程。对没有列入董事会试点的中央企业，逐步实行党委（党组）书记与总经理分设，形成结构合理、科学规范的权力运行机制。

2. 在改制重组中强化集团公司控制力。落实《关于推进国有资本调整和国有企业重组的指导意见》，研究中央企业调整重组和资源整合方案，鼓励和支持中央企业通过多种形式并购重组。继续深化资产经营公司试点工作,探索不良资产处置、困难企业退出和存续企业改革重组的途径方式。鼓励和推进中央企业非主业资产剥离重组。到2010年,多数中央企业成为主业突出多元股东的集团公司。到2012年,中央企业内部非主业资产分离重组工作基本完成,企业之间非主业资产合理流动机制基本建立,企业资产结构、组织结构、人员结构合理,产权管理层次基本控制在三层以内,集团公司控制力显著增强。

3. 在深化改革中加大治本力度。继续深化中央企业劳动、人事和分配制度改革。逐步推进中央企业领导人员任期制工作。加强对中央企业负责人业绩考核和薪酬调控工作,推进国有控股上市公司、高新技术企业及转制科研院所实施股权激励。建立完善的"重业绩、讲回报、强激励、硬约束"的薪酬管理机制,逐步构建企业负责人薪酬增长与经济效益、业绩考核联系密切,与职工收入分配关系协调、差距合理的分配格局。进一步完善薪酬管理办法和调控措施。探索中央企业非上市公司中长期激励办法,推进业绩考核和薪酬管理市场化、规范化、科学化。督促企业规范领导人员职务消费行为,建立并完善激励约束机制。

(五)发挥纠风的社会作用,履行公共服务行为责任。

1. 做好专项治理工作。督促企业重点做好节能减排、保护生态环境、保障生产安全等工作。开展对治理环境污染政策措施落实情况的检查,对不认真履行环保职责、造成严重环境污染的企业,追究有关人员特别是领导人员责任。

2. 加强中央企业安全生产工作。健全企业安全生产监管制度,加强对落实安全生产法律法规情况的监督检查,加大责任事故调查处理力度,严肃处理安全生产事件背后的失职渎职和腐败问题。

3. 规范企业公共服务行为。根据行业主管部门要求,协助治理公共服务企业侵害群众消费权益问题。民主评议行风,提高服务水平,规范收费行为,及时处理职工群众合理诉求。

4. 切实维护职工合法权益。加强对中央企业执行有关企业改革、企业重组改制、政策性关闭破产、劳动人事分配等政策和措施情况的监督检查，纠正并处理损害职工合法权益等问题。

（六）发挥惩处的治本作用，维护国有资产安全运行。

1. 保持惩治腐败的强劲势头。重点查处企业重组改制、产权流转、资本运营和经营管理中隐匿、私分、侵占、转移国有资产的案件；严肃查处企业经营管理人员滥用职权、违规交易、贪污贿赂、腐化堕落、失职渎职以及严重违规违纪造成国有资产流失的案件。严肃查办企业经营管理人员内外勾结、权钱交易以及规避招标、虚假招标等以权谋私、非法获利的案件。调查处理重大安全生产责任事故、环境污染事件，以及侵害职工合法权益等问题。依纪依法处理并追究违纪人员责任。

加大对企业领导人员违反“七项要求”、“三重一大”制度行为的查处力度，严肃查处利用职务之便通过同业经营或关联交易为本人或特定关系人谋利的案件，相互为对方及其配偶、子女和其他特定关系人从事营利性经营活动提供便利条件的案件，在企业资产整合、引入战略投资者过程中以权谋私的案件，擅自抵押、担保、委托理财的案件，利用企业上市或上市公司并购、重组、定向增发等过程中内幕信息为本人或特定关系人谋利的案件，授意、指使、强令财会人员提供虚假财务报告的案件，违规自定薪酬、兼职取酬以及滥发补贴和奖金的案件。

2. 继续开展治理商业贿赂工作。指导和督促中央企业查处工程建设、产权交易、土地出让、资源开发、营销采购，特别是招投标中的商业贿赂案件。积极推进市场诚信体系建设和建立健全防治商业贿赂长效机制，继续做好自查自纠和专项治理工作，建立市场准入和退出制度，完善企业信用体系，严禁国（境）外分支机构的商业贿赂行为。积极推动产权交易市场建设。

3. 坚持依纪依法办案。严格执行中央纪委、监察部关于严肃执纪、文明办案等规定，完善查办案件的制度和程序，健全组织协调机制。做好案件审理和申诉复议复查工作，推进中央企业实行案件审理工作责任制,注重案件审理工作时效性,提高办案水平。国资委纪委继续加强对中央企业案件检查工作的指导和协调。

4. 发挥查办案件综合效应。加强对信访举报和查办案件的分析,把握当前企业案件发生的新情况及其特点规律,对企业经营管理漏洞提出整改建议并督促落实。剖析典型案例,总结经验教训,以惩促防,加强对苗头性、突发性和全局性问题的研究,及时提出预警和防范对策。

三、保障措施

(一)完善领导体制,明确责任分工。

1. 加强组织领导。国资委党委加强对落实《工作规划》、推进惩防体系建设的领导,坚持党委统一领导、党政齐抓共管、纪委组织协调、部门各负其责、依靠广大职工支持和积极参与的领导体制和工作机制。企业党政主要领导负总责,把惩防体系建设纳入企业发展战略规划,列入重要议事日程,逐年递进调整。

2. 明确责任分工。国资委明确各厅局在惩防体系建设中的职责与任务,形成齐抓共建的工作格局。按照中央纪委和国资委部署,中央企业结合实际贯彻《工作规划》,充分发挥业务管理部门的职能作用,分解任务并明确责任,建立工作考核评价办法,督促各部门按照职责分工落实到位。

(二)做好组织协调,推进工作到位。

1. 纪委加强组织协调。国资委纪委协助党委组织协调各厅局落实《工作规划》部署的6项牵头任务、18项协办任务和1项公共任务。企业纪委(纪检组)加强与业务管理部门密切配合,督促落实任务分工。做好阶段性工作总结,定期报告进展情况。

2. 继续开展促进活动。国资委惩防体系建设领导小组办公室加强统筹协调和分类指导。继续发挥中央企业惩防体系建设工作联系点和促进工作小组组长单位的带动作用,开展交流、研讨和促进活动,督促工作重心下移,扎实做好二、三级企业构建惩防体系工作,从总体上实现中央企业惩防体系建设的目标任务。

（三）加强考核检查，督促任务落实。

1. 落实保障措施。中央企业要按照建立健全惩防体系工作目标任务要求，结合企业实际，在纪检监察组织机构、人员、经费、工作条件和制度保障等方面，进一步加强、改进和提高。

2. 建立考评体系。中央企业在实践中逐步探索和建立符合经营管理实际的惩防体系建设工作考核办法，细化评价标准，完善责任追究机制。对落实《工作规划》任务情况进行量化检验，并与年度工作考核和经营业绩考核相结合，严格兑现奖惩。

3. 加强监督检查。国资委部署中央企业开展贯彻落实《工作规划》情况的监督检查。中央企业加强对落实《工作规划》情况的监督检查。国资委和中央企业根据考评结果，针对薄弱环节和存在问题加大工作力度，确保各项任务的完成。

国务院国资委纪委　监察部驻国资委监察局关于印发《中央企业效能监察优秀项目评价操作指南（试行）》的通知

2009年5月18日　国资纪发〔2009〕12号

各中央企业纪委（纪检组）、监察局（部、室）：

为进一步提高中央企业效能监察工作水平，建立和完善中央企业效能监察科学评价体系，推动中央企业效能监察工作规范化发展，根据《中央企业效能监察暂行办法》，我们制定了《中央企业效能监察优秀项目评价操作指南（试行）》，现印发给你们，请结合本企业实际执行，并及时反映工作中的有关情况和问题。

附件：中央企业效能监察优秀项目评价操作指南（试行）

附件：

中央企业效能监察优秀项目评价操作指南(试行)

第一章　总　　则

第一条　为进一步提高中央企业效能监察工作水平，建立和完善中央企业效能监察工作评价体系，充分发挥效能监察优秀项目(以下简称优秀项目)的规范、导向、示范和激励作用，推动效能监察工作规范化发展，根据《中央企业效能监察暂行办法》，制定本操作指南。

第二条　国务院国资委纪委和监察部驻国资委监察局负责指导中央企业优秀项目评价工作，并适时组织中央企业优秀项目成果发布。

第三条　中央企业依据本操作指南，组织本系统内优秀项目评价工作。

第四条　优秀项目评价工作遵循公开、公平、公正，注重效果、综合择优，逐级推荐、分级评价的原则。

第五条　优秀项目评价工作一般两年组织一次。评价奖项可设优秀项目奖和单项奖。优秀项目奖可设一、二、三等奖和鼓励奖；单项奖可设经济效益突出奖、管理效益突出奖、反腐倡廉成效突出奖和社会效益突出奖。每个奖项的名额由各中央企业结合本企业实际情况确定，单项奖和优秀奖不重复获奖。

第二章　评价指标

第六条　组织实施规范。

(一)前期准备充分。

1. 选题立项依据充分。选题立项可由企业主要领导指定立项、上级统一立项或者自主立项；自主立项应有立项依据，所选项目能够抓住影响企业效能的有关业务事项或经营活动过程中的主要风险问题;报批手续完备。

2. 项目检查组健全。项目检查组有相应技能的人员或有相关业务人员参与,分工明确,责任落实。

3. 实施方案完整。方案内容具体,监察点明确,方法得当,步骤合理,操作性强。

(二)操作实施到位。

1. 协调沟通充分。及时召开会议,与相关部门联系紧密,综合监察作用发挥良好。

2. 监督检查深入。发现问题准确,有查证记录,取证规范,查证资料齐全有效,事实清楚,分析透彻,项目监察报告详实,工作建议可行。

3. 整改落实到位。能针对问题提出综合监察建议或作出监察决定,并跟踪落实。

(三)总结归档及时。

1. 项目总结认真。能全面客观地总结项目监察情况,找出不足,提出改进工作意见。

2. 立卷归档规范。按规定立卷归档,材料完整。

第七条 经济效益突出。

经济效益突出是指经本企业财务部门认可的通过效能监察直接增加的经济效益显著。

(一)避免经济损失。通过效能监察纠正项目投资预算、资产(产品)定价、各类采购等支出性业务环节中的偏差行为,直接防止正在或将要发生的不当支出的资金总额。

(二)节约资金。通过效能监察纠正各种厂房、设备、原材料等资源管理、使用环节中的偏差行为,直接节省的资金总额。

(三)增加经济收益。通过效能监察制止在产品销售或资产处置、产权转让等环节中的偏差行为,直接增加收益的资金总额。

(四)挽回经济损失。通过效能监察对于已经形成的各种资产损失,及时采取措施督促或者协调组织收缴、追回资产的资金总额。

第八条 管理效益突出。

管理效益突出是指监察建议和监察决定得到执行,促进企业规范经营管理取得的成效显著。

(一)执行力得到加强。经营管理者的偏差行为得到纠正,相关的规章制度得到有效执行。

(二)相关制度得到完善。相关制度的废止、修订或创新等有明显进展。

(三)内部控制得到加强。被查项目的管理缺陷得到弥补,业务流程得到改进。

(四)风险防范能力提高。实行跟踪检查,整改措施得到落实,经营管理持续改进。

第九条 反腐倡廉成效突出。

反腐倡廉成效突出是指通过效能监察发现和处理违规违纪行为,促进反腐倡廉建设的效果显著。

(一)发现的违规违纪违法线索转入立案检查。

(二)处理了违规违纪人员,或者依法将涉嫌违法人员移送了司法机关。

(三)督促相关人员落实了应当承担的经济赔偿责任。

(四)相关的反腐倡廉规定得到落实。

第十条 社会效益突出。

社会效益突出是指通过专项效能监察工作的成功做法,维护了职工群众的合法权益,推进了中央企业效能监察工作水平的提升,社会效果显著。

(一)纠正了损害职工群众合法权益的问题。

(二)效能监察项目的成功做法被国资委等有关部门或集团公司肯定,并在中央企业或集团公司范围内推广。

(三)工作经验被国家或省(部)级、集团公司级新闻媒体宣传报道。

第三章　项目申报及评价表彰

第十一条　优秀项目申报应符合下列条件：

（一）申报项目是所属企业当期评价年度完结的效能监察项目。

（二）资质评价（附件1）达到85分以上（含85分）的项目。

第十二条　项目申报企业在评价前应向上级单位报送《中央企业效能监察优秀项目推荐表》（附件3）。

各中央企业要严格把关。凡发现弄虚作假的，要通报批评，并取消项目申报企业下一评价年度的参评资格。

第十三条　优秀项目实行专家评价。各中央企业根据实际情况，确定本企业系统优秀项目的评价专家；有条件的可以组建本企业效能监察优秀项目评价专家库。

优秀项目评价至少要由5名以上专家组成评价小组，评价专家依照评分标准对参评项目进行独立打分并签字确认；评价专家在涉及所在企业的项目评价时，应当回避。

第十四条　优秀项目评价中有关经济效益的计算，按下列方法进行：

（一）绝对值计算法。用纠正偏差行为后的被查项目实际发生的金额数减去纠错前该项目预期或可能发生的金额数。

（二）比例值计算法。用纠正偏差行为后的被查项目实际发生的金额数减去纠错前该项目预期或可能发生的金额数，除以纠错前该项目预期或可能发生的金额数，再乘以百分比。

评价过程中，中央企业可任意采用上述两种计分方式中的一种进行计分评价。

第十五条　优秀项目评价实行分段评分、并列计分、按档加分、高分获奖的评价办法。中央企业对所属各单位推荐的优秀项目分资质评价和成效评价两段分别评分。

（一）资质评价依据《中央企业效能监察优秀项目推荐资质评分标准》（附件1），采用百分制对推荐项目的操作过程进行评价，达到85分以上(含85分)的项目方可进入成效评价阶段。

(二)成效评价依据《中央企业效能监察优秀项目成效评分标准》(附件2),采用并列计分和按档加分法对推荐项目成效进行评价。

1. 并列计分。在对项目经济效益、管理效益、反腐倡廉效益和社会效益等具体指标进行成效评价时,对评价项目按实计分,不加限定。

2. 按档加分。将每个具体成效指标,按成效数额(或比例)大小分为若干计分档次,并设对应分值。根据项目成效数额(或比例)对应档次的分值加分。

(三)高分获奖。评价小组依据评价项目累计分数,按分数高低依次排序,提出优秀项目推荐名单。

第十六条 单项奖评价用成效最大化评分法。效能监察项目的单项成效符合下列指标的,可直接评为单项奖。

(一)效能监察项目取得巨大经济效益的,可直接评为经济效益突出奖。

(二)效能监察项目促进企业相关经营管理制度显著创新、业务流程明显优化、先进的经营管理方式得到推广应用、管理效益大幅提升的,可直接评为管理效益突出奖。

(三)效能监察项目发现案件线索,并查出违法违规违纪问题,3人以上相关经营管理人员受到依法处理或每人承担20万元以上经济赔偿的,可直接评为反腐倡廉成效突出奖。

(四)效能监察项目成效突出,集团公司以上单位(含集团公司)在效能监察项目单位召开效能监察工作现场会,宣传推广其典型经验的,可直接评为社会效益突出奖。

第十七条 各中央企业组织评价拟定的获奖项目,应该在本企业系统网站上至少公示一周,如无异议再由企业相关部门研究决定。

第十八条 各中央企业对其评定的优秀项目要给予通报表彰和奖励,获奖企业应对获奖项目的相关单位和个人予以表彰奖励。

第四章　附　　则

第十九条　各中央企业可以依据本操作指南，结合本企业实际制订实施办法。

第二十条　本操作指南自印发之日起施行。

附件：1. 中央企业效能监察优秀项目推荐资质评分标准（略）

2. 中央企业效能监察优秀项目成效评分标准（略）

3. 中央企业效能监察优秀项目推荐表（略）

4. 中央企业效能监察优秀项目申报材料目录及申报文本格式（略）

国务院国有资产监督管理委员会关于中央企业工程建设领域突出问题专项治理整改工作的指导意见

2010 年 11 月 5 日　国资发纪检〔2010〕171 号

各中央企业：

为切实做好中央企业工程建设领域突出问题专项治理（以下简称工程治理）整改工作，正确把握政策界限，抓好问题的分类处理，根据国务院办公厅和中央治理工程建设领域突出问题工作领导小组办公室关于认真做好工程建设领域有关工作的要求，结合中央企业实际，现就中央企业工程治理整改工作提出如下指导意见：

一、整改工作的原则

开展工程治理整改工作，是中央企业工程治理工作的重要步骤。

搞好整改工作,对于规范企业管理,促进企业深化改革、结构调整、构建惩防体系,从源头上最大限度地减少违规违纪违法问题的发生具有重要意义。各中央企业要注意把握以下原则,切实搞好整改工作。

(一)立足当前,着眼长远。解决工程建设领域当前的突出问题与企业管理体制、机制和制度等长远建设相结合。一要对影响实施项目进度、安全、质量和造成损失的问题迅速纠正,立即整改。对于没有完工的项目,要坚持动态监管、全程监督;对于新开工项目,要滚动摸排、跟踪督查。二要着眼长远健全制度,注意与同行业中工程建设项目管理比较好的企业对标、找差距,高起点抓整改,标本兼治、综合治理,促进企业项目管理体制、机制、制度的完善和管理方式的改进,整体提升项目管理水平。

(二)突出重点,整体推进。在整体推进整改工作的同时,要抓好重点,合理安排。一要着重针对项目决策、质量安全管理、招投标、物资采购和资金使用等问题多发易发环节,制订整改措施。二要根据项目进展程度把握重点,对于已竣工的项目,以认真总结经验教训,完善管理制度和方式为主,确保既有效提高管理水平又避免类似问题再次发生;对于在建工程以立即整改、及时纠偏为重点,该报批的报批、该补办的补办、该规范的规范;对于发生问题并产生不良后果的要坚决整改,根据相关规定严肃处理。三要统筹兼顾,系统治理,整体推进,确保整改工作不留死角。

(三)区别对待,分类处理。对相关责任人的处理要实事求是,讲究政策。一是对程序性违规的,要区别处理。对一般性违规的,以批评教育、吸取教训、督促整改为主;对严重违规并造成严重后果的,必须调查处理、追究责任。二是对造成资产损失的,要认定责任,给责任单位和责任人以相应的责任追究。三是对违法违纪、以权谋私的,由相应管理部门给予党政纪处分;对于涉嫌违法犯罪的责任人,一经核实,依法处理。四是对主动认识和纠正问题的,可以按照有关规定从轻、减轻或免于处罚;对掩盖问题或弄虚作假、拒不整改的,要严肃处理;对边查边犯、顶风违纪的,要从严处理,绝不姑息。

二、突出问题的整改

各中央企业要从人员素质、管理模式、内部控制、业务流程、制度建设、监督检查等方面深入分析产生问题的原因，确定整改重点，制订整改计划，有针对性地搞好整改工作。

（一）纠正违规决策及审批行为。一要进一步完善投资决策体系，严格决策程序，建立和完善投资管理机制，纠正违反非主业投资管理规定、计划外投资管理无序、违规使用银行信贷资金、过度负债投资等问题。二要抓紧补办项目土地使用证、环境影响评价证、施工许可证等基建相关审批手续，纠正项目审批程序不合规的问题。三要建立并严格执行项目论证程序，建立和完善项目储备制度，切实做好项目勘察、设计、论证分析等前期工作，确保投资计划和项目预算下达后即可完成开工准备，及时开工建设，纠正项目立项论证不充分、可行性研究不深、预算不实、实施方案不细的问题。四要规范变更设计管理，坚持“先批准、后变更”原则，严格控制重大设计变更，完善变更报批手续，纠正不按规定申报变更设计内容、调整项目实施内容的问题，严禁边审批、边设计、边施工现象。

（二）纠正违规招标行为。一要着重纠正不按招标项目批复内容招标、擅自改变招标方式、随意使用邀请招标、公开招标比例不高，甚至不招标的问题。二要取消违反公开、公正、公平原则，擅自设立的行业或企业系统保护性招标条款。三要纠正不按法定要求的内容、时间和媒体发布招标信息的问题。四要着重纠正投标资质预审不严格、不按规定确定评标委员会组成人员、不按规定确定中标单位的问题。五要纠正评标不严格、走过场，甚至“违规分包”等违规问题。

（三）纠正质量安全管理方面的违规行为。一要辞退没有监理资质或监理资质等级不够的单位和没有监理资格的人员；明确监理责任，按照规定要求，纠正监理工作流程不规范、项目监理资料不齐全不完整的问题；加强对主体结构工程使用的钢材、水泥、商品混凝土等主要材料和主要设备的质量监理，加强对工程施工技术标准的监理。二要立即按规定配备安全管理人员,纠正违章指挥、违章操作和违反劳动纪律等不安全行为。三要严格合同会签和审批手续,纠正合同管理不规范,条款约定不明确、不严谨,合同实质性内容与招标文件及投标承诺不一致,甚至先开工后签合同的现象;加强对合同履行的跟踪监督,按合同支付款项、结算和索赔处理。

(四)纠正违反资金安排使用管理的违规行为。对于资金管理不规范的问题,要及时调整账户、明确责任,严格落实资金专账(户)、专人管理,单独核算制度。项目单位要做到项目分账核算,资金专款专用,成本规范归集,及时编制竣工财务决算,按照规定妥善处理项目结余资金。加强对建设资金预算管理,定期考核资金预算的编制和执行情况,及时发现纠正扩大支出范围的行为。严格项目合同管理,规范价款结算。对未经批准擅自改变资金用途的问题,如同意调整的项目,按规定办理追加或追减预算,其中调减预算的,调减部分收回投资方,属于中央投资的,上缴中央国库;对不同意调整的项目,除可按原已下达预算执行外,不宜执行的部分收回投资方,属于中央投资的,上缴中央国库。对项目整体竣工验收和决算工作滞后的问题,要抓紧搞好竣工验收和决算工作。对造成经济损失的按照《中央企业资产损失责任追究暂行办法》(国资委令第 20 号)和有关规定处理。

(五)纠正物资采购中的违规行为。一要重点纠正大宗物资不按规定招投标或比质比价的行为。二要纠正和处理物资采购质量伪劣、数量虚假等问题。三要纠正和处理违反《国有企业领导人员廉洁从业若干规定》,在物资采购过程中搞关联交易的行为。

(六)畅通群众监督渠道,加大案件查办力度。要拓宽举报渠道并向社会公布,切实发挥群众监督的作用。对群众举报的反映工程建设领域存在的突出问题,要及时组织查处。要坚决查处领导人员利用职权违反相关规定干预和插手建设工程招投标活动的问题;坚决查处围标、串标和虚假招标的问题;坚决查处在工程发包、物资采购过程中的商业贿赂等问题。

三、长效机制的建设

(一)完善企业项目决策管理。以贯彻落实《关于进一步推进国有企业贯彻落实“三重一大”决策制度的意见》(中办发〔2010〕17号)为契机,建立健全企业法人治理结构,完善企业内部决策制衡机制,抓紧制定企业的实施办法,健全完善企业内部各项议事规则,进一步明确项目建议、可行性研究、工程设计等环节决策主体的决策事项和权限,完善专家咨询、科学论证与集体决策相结合的决策程序,建立决策回避制度和项目后评估制度,形成决策失误纠错改正和责任追究机制,有效提升建设项目科学决策水平。

(二)健全企业项目管理制度体系。一要对企业制度进行系统梳理,尤其要做好招标投标、物资采购、资金使用管理、质量安全和项目决策管理制度的梳理完善工作。特别是改制、重组后的企业,一定要抓紧制度的清理,确保制度与企业体制相适应。二要检查制度的合法性。对企业项目管理制度与有关法规相抵触、不体现法规要求、不明确表述法规内容的要坚决纠正,确保制度与相关法律法规不抵触、不缺失、不违反。三要检查制度的配套性。对于有权利无义务、有决策无执行、有激励无约束、有监督无追究等制度不配套的,要建立和完善项目管理责任追究等项目管理制度体系,确保项目管理制度与管理机制相适应,做到制度体系基本完整、总体配套、没有重大缺失。四要检查制度的可控性。按照权利、义务和责任相统一的原则,明确规定各有关部门和业务单位、岗位、人员应负的责任和奖惩制度;对授权不清楚、职责不明确、权限不明确、程序不明确、监督不明确的要及时建立健全,确保制度与内控制度相一致,具有控制力。五要检查制度的实用性。对于不适用、操作性不强的要修改完善,确保制度与实际情况相符合,保证项目管理制度可操作、有效、管用。

(三)加强企业风险管理。一要开展全面风险管理工作。建立健全风险管理组织体系,包括规范的公司法人治理结构,风险管理职能部门、内部审计部门和法律事务部门以及其他有关职能部门、业务单位的组织领导机构及其职责。具备条件的企业应全面推进,尽快建立全面风险管理体系。二要建立项目投资、招标、资金管理等重要岗位权力制衡制度,明确规定授权批准、业务经办、会计记录、财产保管和稽核检查等不相容职责的分离。对内控所涉及的重要岗位可设置一岗双人、双职、双责,相互制约。所有项目参建单位工作人员,以及工程监测、检测、咨询评估及施工图审查等单位工作人员,按各自职责对经手的工程质量负终身责任。三要明确该岗位的上级部门或人员对其应采取的监督措施和应负的监督责任;具备条件的企业应把各业务单位风险管理执行情况与绩效薪酬挂钩。四要重点围绕投资决策、财务管理、物资设备采购、招投标、质量安全管理、劳务管理以及用人管理等,查找辨识风险点,制订切实有效的防范应对措施,抓好工程建设领域风险防范工作。

(四)提高项目管理科学化水平。一要改进管理方式,提高集团管控力。要推行资金集中管理、招投标集中管理、物资采购集中管理等管理模式,通过集团化运作,减少风险环节,有效避免腐败行为的发生。二要加强工程项目管理信息化建设,推进项目管理业务网上公开、网上运行、网上监督,用信息技术的稳定性保证项目管理公开透明、规范操作,提高项目管理网络化、智能化和科学化水平。三要加强诚信体系建设,严格资格、资质预审,加强对供货商、承包商、承建方和专家库信用评估管理,实行"黑名单"管理制度,搞好诚信信息发布通报,建立和实行项目后评价制度,增强项目管理的科学性。

(五)建立健全监督和考核机制。一要把企业内部各种单项检查协调统筹好,建立经常性的综合检查制度,规范监督检查工作。二要积极开展项目管理效能监察,加强对项目管理行为的过程监督,提高项目管理制度的执行力,保证项目实施从决策到执行过程的合法、合规,操作过程正确、有效,项目管理秩序正常、有序,促进企业实现项目管理效能。三要加强内部审计,保证建设资金高效、安全运行,增强内控机制的有效性。四要把工程建设中执行《国有企业领导人员廉洁从业若干规定》的情况作为党风廉政建设责任制考核的重要内容,作为民主生活会、企业领导人员述职述廉的重要内容,作为厂务公开的重要内容,加强考核,形成"谁建设、谁负责,谁主管、谁负责"的责任约束机制。

四、有关工作要求

(一)高度重视,加强领导。各中央企业要从深化改革、加强管理、构建惩防体系、加强党风廉政建设、全面提升企业抗风险力和竞争力的高度,深刻认识工程治理整改工作的重要性、必要性。各级工程治理工作领导小组要认真履行职责,定期召开会议,研究部署工作,协调解决重要问题,在企业内部形成党政统一领导、纪检监察机构组织协调、有关业务部门配合,分工协作、分级负责、上下联动的领导体制和工作机制,有效地将整改工作引向深入。

(二)加强协调,整合资源。各中央企业工程治理工作领导小组及其办公室要进一步发挥发动、组织、协调功能,认真制订整改方案、细化工作计划;要加强与业务部门之间的联系,整合企业内部各种资源,建立企业内部业务部门与审计、纪检等部门信息共享的工作协调机制,畅通信息渠道,形成监督合力,保持并发展齐抓共管的工作格局。

(三)明确责任,抓好落实。各中央企业要明确各部门及所属企业在工程治理整改阶段的任务和责任,细化责任分工,明确工作任务、整改要求和完成期限;要按照一级抓一级、层层抓落实、责任到人、工作到位的要求,加强督导检查,注意发现和解决影响工作落实的深层次问题,及时发现新情况,并提出有针对性的治理办法;要认真总结推广项目管理和工程治理工作的有效做法和经验,广泛宣传,扩大影响,不断提高整改工作的质量和水平。

中共中央办公厅　国务院办公厅印发《关于进一步推进国有企业贯彻落实“三重一大”决策制度的意见》

2010 年 7 月 15 日　国资党委纪检〔2010〕177 号

为全面贯彻党的十七大和十七届四中全会精神，切实加强国有企业反腐倡廉建设，进一步促进国有企业领导人员廉洁从业，规范决策行为，提高决策水平，防范决策风险，保证国有企业科学发展，按照中央关于凡属重大决策、重要人事任免、重大项目安排和大额度资金运作（简称“三重一大”）事项必须由领导班子集体作出决定的要求，现就进一步推进国有企业贯彻落实“三重一大”决策制度提出如下意见。

一、指导思想和基本原则

（一）高举中国特色社会主义伟大旗帜，以邓小平理论和“三个代表”重要思想为指导，深入贯彻落实科学发展观，根据《建立健全惩治和预防腐败体系 2008～2012 年工作规划》部署，落实《国有企业领导人员廉洁从业若干规定》要求，以明确决策范围、规范决策程序、强化监督检查和责任追究为重点，进一步推进国有企业“三重一大”决策制度的贯彻落实。

（二）“三重一大”事项坚持集体决策原则。国有企业应当健全议事规则，明确“三重一大”事项的决策规则和程序，完善群众参与、专家咨询和集体决策相结合的决策机制。国有企业党委（党组）、董事会、未设董事会的经理班子等决策机构要依据各自的职责、权限和议事规则，集体讨论决定“三重一大”事项，防止个人或少数人专断。要坚持务实高效，保证决策的科学性；充分发扬民主，广泛听取意见，保证决策的民主性；遵守国家法律法规、党内法规和有关政策，保证决策合法合规。

二、"三重一大"事项的主要范围

（三）重大决策事项，是指依照《中华人民共和国公司法》、《中华人民共和国全民所有制工业企业法》、《中华人民共和国企业国有资产法》、《中华人民共和国商业银行法》、《中华人民共和国证券法》、《中华人民共和国保险法》以及其他有关法律法规和党内法规规定的应当由股东大会（股东会）、董事会、未设董事会的经理班子、职工代表大会和党委（党组）决定的事项。主要包括企业贯彻执行党和国家的路线方针政策、法律法规和上级重要决定的重大措施，企业发展战略、破产、改制、兼并重组、资产调整、产权转让、对外投资、利益调配、机构调整等方面的重大决策，企业党的建设和安全稳定的重大决策，以及其他重大决策事项。

（四）重要人事任免事项，是指企业直接管理的领导人员以及其他经营管理人员的职务调整事项。主要包括企业中层以上经营管理人员和下属企业、单位领导班子成员的任免、聘用、解除聘用和后备人选的确定，向控股和参股企业委派股东代表，推荐董事会、监事会成员和经理、财务负责人，以及其他重要人事任免事项。

（五）重大项目安排事项，是指对企业资产规模、资本结构、盈利能力以及生产装备、技术状况等产生重要影响的项目的设立和安排。主要包括年度投资计划，融资、担保项目，期权、期货等金融衍生业务，重要设备和技术引进，采购大宗物资和购买服务，重大工程建设项目，以及其他重大项目安排事项。

（六）大额度资金运作事项，是指超过由企业或者履行国有资产出资人职责的机构所规定的企业领导人员有权调动、使用的资金限额的资金调动和使用。主要包括年度预算内大额度资金调动和使用，超预算的资金调动和使用，对外大额捐赠、赞助，以及其他大额度资金运作事项。

三、"三重一大"事项决策的基本程序

（七）"三重一大"事项提交会议集体决策前应当认真调查研究，经

过必要的研究论证程序，充分吸收各方面意见。重大投资和工程建设项目，应当事先充分听取有关专家的意见。重要人事任免，应当事先征求国有企业和履行国有资产出资人职责机构的纪检监察机构的意见。研究决定企业改制以及经营管理方面的重大问题、涉及职工切身利益的重大事项、制定重要的规章制度，应当听取企业工会的意见，并通过职工代表大会或者其他形式听取职工群众的意见和建议。

(八)决策事项应当提前告知所有参与决策人员，并为所有参与决策人员提供相关材料。必要时，可事先听取反馈意见。

(九)党委(党组)、董事会、未设董事会的经理班子应当以会议的形式，对职责权限内的“三重一大”事项作出集体决策。不得以个别征求意见等方式作出决策。紧急情况下由个人或少数人临时决定的，应在事后及时向党委(党组)、董事会或未设董事会的经理班子报告；临时决定人应当对决策情况负责，党委(党组)、董事会或未设董事会的经理班子应当在事后按程序予以追认。经董事会授权，经理班子决策“三重一大”事项的，按照本意见执行。

(十)决策会议符合规定人数方可召开。与会人员要充分讨论并分别发表意见，主要负责人应当最后发表结论性意见。会议决定多个事项时，应逐项研究决定。若存在严重分歧，一般应当推迟作出决定。

(十一)会议决定的事项、过程、参与人及其意见、结论等内容，应当完整、详细记录并存档备查。

(十二)决策作出后，企业应当及时向履行国有资产出资人职责的机构报告有关决策情况；企业负责人应当按照分工组织实施，并明确落实部门和责任人。参与决策的个人对集体决策有不同意见，可以保留或者向上级反映，但在没有作出新的决策前，不得擅自变更或者拒绝执行。如遇特殊情况需对决策内容作重大调整，应当重新按规定履行决策程序。

(十三)董事会、未设董事会的经理班子研究“三重一大”事项时，应事先与党委(党组)沟通，听取党委(党组)的意见。进入董事会、未设董事会的经理班子的党委(党组)成员，应当贯彻党组织的意见或决定。企业党组织要团结带领全体党员和广大职工群众，推动决策的实施，并对实施中发现的与党和国家方针政策、法律法规不符或脱离实际的情况及时提出意见，如得不到纠正，应当向上级反映。

（十四）建立“三重一大”事项决策的回避制度；建立对决策的考核评价和后评估制度，逐步健全决策失误纠错改正机制和责任追究制度。

四、组织实施和监督检查

（十五）国有企业党委（党组）书记、董事长、未设董事会的总经理（总裁）为本企业实施本意见的主要责任人。

（十六）国有企业应当依据本意见制定具体的实施办法，报履行国有资产出资人职责的机构审查批准。履行国有资产出资人职责的机构，在制定或审批国有企业章程时，应当根据本意见明确相关要求。

（十七）履行国有资产出资人职责的机构应当对国有企业制定的“三重一大”事项范围是否全面科学、决策程序是否严密、责任追究措施是否有效进行严格审查，予以批准的，应当在批准后监督其实施。

（十八）纪检监察机关应当督促指导履行国有资产出资人职责机构的纪检监察机构，切实加强对所管辖的国有企业贯彻落实“三重一大”决策制度情况的监督检查。

（十九）国有企业的纪检监察机构在依照《国有企业领导人员廉洁从业若干规定》的规定，结合年度考核进行监督检查，作出评估，并向企业党组织和上级纪检监察机构报告时，应当将国有企业领导人员执行“三重一大”决策制度的情况作为重点内容。

（二十）“三重一大”决策制度的执行情况，应当作为巡视、党风廉政建设责任制考核的重要内容和企业领导人员经济责任审计的重点事项；作为民主生活会、企业领导人员述职述廉的重要内容；作为厂务公开的重要内容，除按照国家法律法规和有关政策应当保密的事项外，在适当范围内公开。

（二十一）组织人事部门、履行国有资产出资人职责的机构和审计机关，应当将“三重一大”决策制度的执行情况，作为对企业领导人员考察、考核的重要内容和任免以及经济责任履行情况审计评价的重要依据。

(二十二)国有企业领导人员违反“三重一大”决策制度的,应当依照《国有企业领导人员廉洁从业若干规定》和相关法律法规给予相应的处理,违反规定获取的不正当经济利益,应当责令清退;给国有企业造成经济损失的,应当承担经济赔偿责任。

(二十三)本意见适用于国有和国有控股企业(含国有和国有控股金融机构)。

关于印发《关于推进中央企业廉洁文化建设的指导意见》的通知

2011 年 1 月 26 日　国资党委纪检〔2011〕11 号

各中央企业党委(党组):

《关于推进中央企业廉洁文化建设的指导意见》已经国资委第 168 次党委会议审议通过,现印发给你们,请遵照执行。国资委纪委将对执行情况适时进行检查。

附件:关于推进中央企业廉洁文化建设的指导意见

附件:

关于推进中央企业廉洁文化建设的指导意见

为深入贯彻落实中央纪委等六部委《关于加强廉政文化建设的意见》(中纪发〔2009〕27 号,以下简称《意见》),扎实推进中央企业廉洁文化建设，促进以完善惩治和预防腐败体系为重点的反腐倡廉建设，营造以廉为荣、以贪为耻的良好氛围，促进中央企业领导人员廉洁从业，为中央企业科学发展提供文化支撑和思想保证，制定本指导意见。

一、指导思想

高举中国特色社会主义伟大旗帜，以邓小平理论、“三个代表”重要思想为指导，深入贯彻落实科学发展观，践行社会主义核心价值体系，按照惩防体系建设的总体要求，以《意见》为指南，以提高预防腐败能力为目的，以企业各级领导人员和重要岗位人员为重点，融入中心，服务大局，积极培育“廉洁从业、诚信守法、行为规范、道德高尚”的廉洁理念，养成廉洁从业的道德操守和实践行为，形成反腐倡廉的文化氛围和良好风尚，促进中央企业科学发展。

二、工作目标

按照国资委党委《关于贯彻落实〈建立健全教育、制度、监督并重的惩治和预防腐败体系实施纲要〉的具体意见》（国资党委纪检〔2005〕93号）和《关于加强中央企业企业文化建设的指导意见》（国资发宣传〔2005〕62号）的要求，把廉洁文化建设纳入构建惩防体系和企业文化建设的总体规划，经过几年的努力，建立中央企业廉洁文化体系。

（一）2011年，整体规划、夯实基础。各中央企业结合本企业实际情况，制定推进廉洁文化建设的实施办法。明确工作计划，落实目标任务，认真组织实施，夯实廉洁文化建设的基础，不断提高企业廉洁文化建设的质量和水平。通过廉洁文化建设，使企业各级领导人员和广大员工的反腐倡廉意识普遍增强，廉洁理念、廉洁要求逐步融入企业经营管理。

（二）2012～2013年，巩固提高、形成体系。进一步加强廉洁文化基础建设，创新载体，建立健全相关制度机制，广泛开展形式多样、行之有效的廉洁文化活动，不断提高企业廉洁文化建设科学化、制度化、规范化水平。建立起与中华民族优秀文化相承接、与时代精神相统一、与现代企业制度相适应、与惩防体系和企业文化相协调、与企业经营管理和制度体系相融合的具有本企业特色的廉洁文化体系，逐步使廉洁文化核心理念内化于心、固化于制、外化于行。

(三)2014～2015年，完善体系、形成长效机制。进一步完善责任机制、考核机制、保障机制、参与机制、奖惩机制等，用制度体系保证廉洁精神的弘扬，形成廉洁文化建设的长效机制，实现制度与文化、自律与他律的有机结合，将廉洁文化软实力转化为企业竞争优势。

三、基本原则

(一)科学发展的原则。立足当前、着眼长远，将廉洁文化建设纳入企业发展战略和企业文化建设规划统一部署，克服急功近利和形式主义。坚持以人为本，根据对象、层次、内容和需求的不同，分类实施，有针对性地开展工作。满足员工的文化需求，丰富员工的精神生活，激励员工勤廉敬业，促进企业和谐发展与人的全面进步。

(二)服务中心的原则。廉洁文化的出发点和落脚点是促进企业改革发展和稳定。要紧紧围绕企业的中心任务，让廉洁文化理念贯穿于企业制度和生产经营管理整个流程，与企业发展同步推进。用先进的文化，确立员工廉洁的价值观念，为企业发展服务。

(三)遵循规律的原则。按照文化建设的规律推进企业廉洁文化建设。继承并弘扬中华传统文化中的廉洁思想，借鉴和吸收世界优秀企业文化成果。不断丰富廉洁文化的内涵，创新廉洁文化建设的思路、方法、内容和载体，在继承中创新，在实践中发展，不断增强廉洁文化的科学性、时代性和生命力。

(四)全员参与的原则。健全员工参与机制，扩大覆盖面，夯实企业廉洁文化建设的群众基础。把廉洁文化建设融入企业精神文明建设的创建活动之中，凝聚员工的聪明才智，充分发挥员工的积极性、创造性。企业各级领导班子和领导人员既是廉洁文化建设的参与者，更是廉洁文化建设的组织者、倡导者、示范者，要充分发挥示范带头作用和导向作用，重视并支持企业廉洁文化建设。

（五）因地制宜的原则。以实事求是的态度，从企业生产经营管理的实际出发，充分发挥企业文化资源、人力资源和基础设施等作用，有效利用当地文化资源，做到地尽其利、物尽其用、人尽其才。结合地域文化特点，开展符合员工思想实际、与周边文化环境相协调的企业廉洁文化建设活动，形成具有本企业特色的廉洁文化品牌。

（六）注重实效的原则。把握企业生产经营管理的关键领域和薄弱环节，了解企业不同员工群体的思想状况和需求，贴近实际、贴近生活、贴近群众，有针对性地加强企业廉洁文化建设。做到方向明确、思路清晰、工作务实。既要针对热点、把握重点、突破难点、培育亮点，又要兼顾全局、实事求是、循序渐进，重实际、办实事、做实功、求实效。

四、主要任务

（一）提炼培育廉洁理念。廉洁理念是廉洁观点、廉洁思想、廉洁动机和态度的总和，反映企业和员工价值取向及道德追求，是廉洁文化的核心，具有引领和先导作用。要培育、宣传“廉洁从业、诚信守法、行为规范、道德高尚”的廉洁理念，使之成为员工自觉的行为准则和廉洁从业的精神动力。同时，还要结合本企业长期生产经营管理实践和企业党的建设、思想政治建设、文化建设以及反腐倡廉工作实践，总结、提炼、培育具有本企业特色的廉洁文化核心理念，为深入推进廉洁文化建设打下坚实的思想基础。

（二）加强反腐倡廉教育。深入开展反腐倡廉教育，是推进廉洁文化建设的前提和基础。要把廉洁从业教育纳入企业培训计划，区分层次，突出重点，采取政治理论教育、政策法规教育、案例警示教育等多种形式，切实抓好对企业领导人员、重点岗位人员和广大员工的反腐倡廉教育。

对企业各级领导人员尤其是党政主要领导，要重点开展党的基本理论、理想信念、优良传统和警示教育，深入学习《中国共产党党员领导干部廉洁从政若干准则》、《国有企业领导人员廉洁从业若干规定》、《关于领导干部报告个人有关事项的规定》等有关规定，促使领导人员增强宗旨意识，树立马克思主义世界观、人生观、价值观和正确的权力观、地位观、利益观、业绩观，自觉做到依法经营、廉洁从业。

对广大员工特别是重点岗位人员，主要开展法律纪律、企业规章制度和职业道德教育，培养良好的社会公德和职业道德，同时充分发挥正反典型的示范和警示作用，促使其增强廉洁自律意识，提高监督能力，养成爱岗敬业、诚实守信、遵章守纪、廉洁从业的行为习惯。

(三)加强廉洁文化阵地建设。加强廉洁文化建设必须夯实物质基础，构建交流平台，丰富传播载体。

1. 建设反腐倡廉教育基地。充分利用企业现有文化设施和教育场所，建立廉洁文化教育基地。要重视文化场所建设，配备必需的设备，为员工参与廉洁文化活动提供便利条件。企业党校、教育中心要设置廉洁文化课程，提高廉洁教育的系统化、规范化水平。要加大企业和地方廉洁文化共建的力度，实现资源共享、优势互补。

2. 建设廉洁文化景观标识。在企业所辖区域干道、广场、社区等适当位置，设立廉洁文化标语、广告牌、雕塑等。在会议室、办公室设立廉洁文化标识，悬挂廉洁理念、格言、警句匾牌等。通过建设各具特色的廉洁文化“路、廊、场、室”，诠释廉洁文化理念，形成浓厚的文化氛围。

3. 建设廉洁文化传播平台。发挥现代传媒直观、快捷、感染力强的优势，建设廉洁文化的传播平台。充分利用企业广播电视、报刊、网络和手机短信息等平台，及时宣传企业党风建设和反腐倡廉建设成果，传递工作信息，交流廉洁文化建设经验，发送廉洁格言警句等，增强反腐倡廉教育的及时性和有效性。

(四)加强廉洁文化制度建设。廉洁文化制度既是廉洁文化建设的规范化表现形式，更是企业扎实推进廉洁文化建设的有力保障。要在教育预防、行为规范、监督制约、检查评估等方面，强化廉洁文化制度建设，将廉洁文化优势转化为企业制度优势、管理优势、效益优势和市场竞争优势。

1. 健全廉洁教育工作制度。制定反腐倡廉教育计划，明确廉洁教育的主题、对象、内容、方法和时间等，确保廉洁教育工作落到实处。进一步建立完善廉洁教育工作人员培训等制度，保证廉洁文化建设的有效性、连贯性和规范性。

2. 健全廉洁从业规定和行为规范。以企业领导人员、重要岗位人员为重点，把廉洁从业规定和行为规范融入到企业生产经营各个环节。在领导人员层面，健全和完善领导人员述职述廉、任前公示与廉洁谈话、诫勉谈话、专题民主生活会、年度考核、重大事项报告、"三重一大"决策等制度；在关键部门、重要岗位人员层面，健全和完善"管钱、管物、管人"工作程序、岗位标准和相关人员廉洁自律规定；在员工层面，健全和完善员工基本道德行为规范，形成一整套企业员工形象标准体系。

3. 健全廉洁从业承诺和监督制度。完善各项监督制度，进一步修订完善企业相关制度，将廉洁理念融入经营管理制度之中，加大监督检查力度。积极推进企业廉洁诚信建设，建立企业领导人员"诺廉"、"践廉"的保廉制度。各级领导班子和领导人员要认真贯彻执行廉洁承诺制度。在资金运作、对外投资、物资采购、招投标、人事任免、重大项目、工程建设、合同签订、产品销售和产权交易等过程中，实行责任人公开承诺制度。

4. 建立健全廉洁文化建设考评制度。制定廉洁文化建设评价考核标准，纳入党风廉政建设责任制考核内容。加强对廉洁文化制度落实情况的监督检查，健全完善配套制度，逐级分解落实责任，加强检查考核，形成廉洁文化建设的长效机制。

（五）加强廉洁文化理论研究。不断适应形势和任务的发展变化，准确把握企业发展的趋势和特点，深入研究企业党风建设和反腐倡廉建设的新情况、新问题。探索发现新规律，拓展新领域，丰富廉洁文化的时代内涵和表现形式。加强廉洁文化核心价值体系的研究，促进廉洁文化的核心价值理念在实践中发挥作用。广泛开展调查研究，利用多种形式，组织多层次、多角度的理论研讨活动，交流借鉴廉洁文化建设的理论成果。及时总结廉洁文化建设活动中的好做法和成功经验，上升为理论，再放到实践中去检验、去发展，使理论研究成果系统化、制度化，用发展着的廉洁文化理论指导廉洁文化建设的新实践，不断推动中央企业廉洁文化建设深入发展。

(六)打造廉洁文化精品。树立精品意识,精心策划组织,开发廉洁文化产品;认真总结、固化廉洁文化创建成果,使之不断向企业产品、形象、品牌、环境延伸。在核心理念提炼培育、反腐倡廉教育、文化阵地建设、制度创新、理论研究等方面打造一批具有企业特色的廉洁文化"精品工程"和"品牌形象"。要与文化部门积极协作,创作廉洁题材文艺作品,繁荣廉洁文艺。注重培养和发现一批积极参与廉洁文化建设的骨干力量,鼓励企业员工创作具有企业鲜明特色和艺术品位的廉洁文艺精品。做到以科学的理论武装人,以正确的舆论引导人,以高尚的精神塑造人,以优秀的作品鼓舞人。

五、主要方法和途径

加大宣传力度,强化教育深度,拓宽文化广度,以丰富多彩的活动为载体,通过多种途径推进廉洁文化建设,把廉洁文化建设融入企业生产经营管理的各个环节。

(一)主要方法。

1. 领导带头推动。企业领导班子特别是党政主要领导人员要带头树廉洁之风,践廉洁之行。党委(党组)理论学习中心组要安排廉洁文化教育内容,不断提高理论水平和廉洁素质。强化党风廉政建设责任意识,落实好"一岗双责",党政主要领导人员既要带头参加廉洁文化建设活动、执行廉洁从业规章制度,又要自觉担负起党风廉政建设责任,高度重视和支持廉洁文化建设,把廉洁文化建设摆上重要议事日程,纳入企业发展战略一起研究部署,一起检查落实。

2. 广泛宣传倡导。大力弘扬廉洁文化,把廉洁文化建设与创建文明企业等工作紧密结合,融入企业文化和企业精神文明建设之中,引导广大员工认同、参与、传播和丰富廉洁文化。组织开展廉洁文化书法绘画作品创作、廉洁文艺演出、"读书思廉"等丰富多彩的廉洁文化活动,提高广大员工的道德修养,培育崇廉风尚。通过廉洁文化"上台面、上路面、上桌面、上页面、上版面"等形式,拓宽宣传教育领域和空间,增强互动性、渗透性和影响力，形成学廉、倡廉、崇廉、守廉的良好风气。

3. 创建廉洁岗位。组织制定各类岗位规范，把廉洁从业的要求融入岗位职责，创建廉洁岗位。把廉洁文化建设与创建党员先锋岗、员工明星岗和青年文明岗等相结合，发挥廉洁文化渗透和教化功能，以“荣廉耻贪，爱岗敬业”为主题，强化职业道德教育和遵纪守法教育。在重要岗位人员中推行廉洁承诺制度，设立廉洁档案；建立岗位保廉的检查考核制度，有效落实各项廉洁自律规定和企业管理制度，强化各岗位人员的廉洁从业意识。

4. 创树清廉家风。家庭是廉洁文化建设的特殊阵地，具有独特的影响力。把廉洁文化建设与家庭美德教育相结合，开展以创树清廉家风为内容、以陶冶情操为目标的亲情助廉活动。通过组织领导人员及配偶观看反腐倡廉影视片、签订家庭廉洁承诺书等形式培养崇尚廉洁的理念；通过发家庭廉洁倡议书、廉洁贺卡、廉洁短信息等进行助廉提醒；通过举办清廉家风征文、廉洁知识竞赛、亲情话廉座谈、征集治家格言等活动，使清廉治家理念深入人心；通过开展选树廉内助、清廉家庭等活动，引导领导人员配偶、子女及亲友当好贤内助、廉内助，共建幸福、和谐家庭。

5. 评选廉勤典型。通过召开述职述廉会、民主测评会等形式，对企业领导班子及领导人员贯彻落实党风廉政建设责任制的情况进行民主测评。开展评选勤廉兼优人物，大力宣传勤廉敬业的先进事迹，树立先进典型，用清正廉洁的先进典型对员工进行示范教育，弘扬正气。

6. 实施考试考核。坚持把廉洁理念教育贯穿于企业领导人员培养、选拔和使用的全过程。一是探索廉洁考试制度。根据企业实际情况，对企业领导人员、重要岗位人员实行任前或年度（季度）廉洁知识、法纪规章制度考试，促使各级领导人员和重要岗位人员自觉学习法纪规章，从而有效增强廉洁从业意识。二是加强对领导班子及其成员的政治表现、思想品德、工作作风、廉洁从业等方面的考核，把廉洁考核指标纳入考核评价体系，考核结果与选拔、使用、收入相挂钩。引导企业领导人员讲党性、重品行、作表率，做到学与用、知与行相统一，自觉遵守廉洁自律的有关规定。

(二)主要途径。

1. 融入企业党的建设。将企业廉洁文化建设与企业党建有机地统一起来,列入企业党建目标责任制考核体系,渗透到党建工作的各个环节。用文化的方式拓宽企业党建和思想政治工作的途径,用文化的形式传播廉洁的要求和规范,用廉洁理念和廉洁氛围,促进思想建设、组织建设、作风建设、制度建设,督促企业党员、领导人员严格执行廉洁自律有关规定,促进反腐倡廉建设。将企业廉洁文化建设与企业党的建设齐抓共创,相互作用、相互渗透、共同发展。

2. 融入惩防体系建设。把企业廉洁文化建设贯穿于惩防体系建设的全过程,为教育提供思想内容,为制度提供精神支撑,为监督提供价值标准。把教育、制度、监督、改革、惩治、纠风等各项工作具体化,把反腐倡廉建设的制度和纪律等要求,转化为企业员工的共同意志和行为准则,使构建惩防体系的思想基础和群众基础更加牢固,使反腐倡廉教育更有影响,制度建设更有力度,监督制约更有实效。

3. 融入企业文化建设。把企业廉洁文化建设和企业文化建设统一规划、统筹考虑,各有侧重、突出特色。有效利用企业文化的载体和传播途径,将廉洁文化所蕴涵的理念和内容渗透到企业文化中,将廉洁理念与企业精神、企业宗旨、企业核心价值理念相融合,培养员工高尚的精神境界和道德操守。

4. 融入企业领导班子建设。在企业廉洁文化建设中领导人员是重点,领导班子是关键。把廉洁文化建设和创建"四好"班子紧密结合,把廉洁教育列入企业领导人员教育培训规划,倡导慎独意识和秉公用权,不断提高领导人员的道德修养和廉洁素质,培育崇廉风尚,塑造"四好"班子。

5. 融入企业生产经营管理。把廉洁文化与企业生产经营管理同规划、同部署、同实施、同考核、同奖惩。把廉洁理念寓于管理制度,贯穿于工作流程,使员工既有价值观的导向,又有规章制度的约束,促进廉洁自律与履职尽责的有机统一。

6. 融入企业员工道德建设。注重人本理念，以文育人，以德成人。扩大企业廉洁文化建设的覆盖面和影响力，把廉洁文化内容纳入员工培训和社会公德、职业道德、家庭美德、个人品德教育范畴，不断提高员工的廉洁素质，坚定廉洁从业的价值取向和理想追求，努力培育和造就有理想、有道德、有文化、有纪律的员工队伍。

六、保障措施

（一）完善领导体制。把企业廉洁文化建设作为落实党风廉政建设责任制的重要内容，建立"党委统一领导，党政齐抓共建，纪委组织协调，相关部门发挥优势，广大员工积极参与"的领导体制和工作机制，形成企业廉洁文化建设的整体合力。各级领导班子成员特别是主要领导不仅要切实担负起领导责任，还要以身作则，率先垂范。

（二）建立协调机制。建立廉洁文化建设组织协调机制，适时研究部署廉洁文化建设的重要事项，组织、协调、指导廉洁文化建设工作。按照"谁主管、谁负责"的原则，建立责任机制，落实责任分工，明确工作规范，分解落实任务，形成严密的责任体系。各责任部门要相互协作、密切配合、形成合力。要加强对所属企业（单位）的检查、指导和协调。各级纪委要在党委领导下认真履行组织协调职能，充分发挥党委宣传（企业文化）、组织（人事）部门、工会以及共青团等组织在廉洁文化建设中的重要作用。

（三）建立保障机制。要为廉洁文化建设创造良好的工作环境，提供有力的人力、物力、财力支持。设立廉洁文化建设专项经费并纳入企业预算；建立廉洁文化建设的目标管理、考核评价和激励机制；加强对考核结果的运用，严格奖惩兑现，严肃责任追究。

（四）强化培训教育。加强对企业廉洁文化建设队伍的专业培训，使之具备丰富的廉洁文化知识，准确把握内涵，提高政治素养和文化艺术修养，增强工作的针对性、有效性，保证企业廉洁文化建设的健康发展。同时要加强宣传，强化廉洁教育，提高领导人员和广大员工对廉洁文化的认知水平，使廉洁意识转化成自觉的廉洁行为。

国资委党委关于加强和改进中央企业纪检监察组织建设有关问题的通知

2011年6月7日　国资党委纪检〔2011〕114号

各中央企业党委(党组)、纪委(纪检组)、监察局(部、室):

中央纪委、中央组织部、监察部、国资委党委联合印发的《关于加强和改进中央企业和中央金融机构纪检监察组织建设的若干意见》(中纪发〔2010〕12号,以下简称《若干意见》),是加强中央企业反腐倡廉建设的一项重要措施,中央企业各级党委(党组)必须高度重视,认真抓好落实。结合中央企业工作实际,现就加强和改进中央企业纪检监察组织建设有关问题通知如下:

一、关于纪检监察机构的设置

中央企业及其所属企业要按照《中国共产党章程》和《若干意见》的规定设置纪检机构。中央企业总部及中央企业所属企业要单独设置监察机构,监察机构可以与纪委(纪检组)实行合署办公。

二、关于纪委书记(纪检组组长)兼职

(一)建立规范董事会的中央企业,符合条件的纪委书记(纪检组组长)根据工作需要可依法进入董事会任董事;纪委书记(纪检组组长)兼任工会主席的,根据工作需要可提名为职工董事人选。

(二)未建立规范董事会或纪委书记(纪检组组长)未进入董事会的中央企业,依据现任纪委书记(纪检组组长)的工作经历、特长、工作表现等,根据工作需要由所在单位党委(党组)提出纪委书记(纪检组组长)兼任副总经理的建议,征求有关方面意见后,由国资委党委研究决

定;对新任企业纪委书记(纪检组组长)需兼任副总经理的,一并考察任免。

(三)担任董事或兼任副总经理的纪委书记(纪检组组长),应以纪检监察工作为主,并按照纪委书记(纪检组组长)交流任职的有关规定,进行交流。企业纪委书记(纪检组组长)兼任副总经理的,不占用副总经理现有职数。

三、关于纪委书记(纪检组组长)分工

(一)纪委书记(纪检组组长)可分管所在单位与纪检监察直接相关的工作;企业要建立由纪委(纪检组)牵头,监事会、监察、巡视(巡察)、审计、法律等部门参加的监督工作协调性机构或联席会议制度;建立规范董事会的企业,要积极探索建立现代企业制度基础上的纪检监察监督协调机制。

(二)企业党委副书记(党组副书记)兼任纪委书记(纪检组组长)的,党委副书记(党组副书记)的分工按企业党委(党组)分工进行。

(三)由党委常委(党组成员)担任纪委书记(纪检组组长)的,其在党委(党组)内列党委(党组)副书记之后与其他党委常委(党组成员)一并按任同职级时间的先后进行排序。

四、关于纪委书记(纪检组组长)汇报工作

国资委纪委要听取中央企业纪委(纪检组)和监察机构的工作汇报,及时帮助解决工作中的问题。中央企业纪委书记(纪检组组长)应每年向国资委纪委报告一次履职情况,履职报告于每年年底前报送。

五、关于纪委副书记、纪检组副组长及组员的配备

(一)纪委一般配备 1～2 名副书记,党组纪检组一般配备 1～2 名副组长。纪委副书记、纪检组副组长按不低于企业中层正职级领导人员配备,监察机构正职应同时担任纪委副书记或纪检组副组长。

(二)纪检组设若干名工作人员,配备中层正职或副职级领导人员,可以专职,也可由组织(人力资源)、审计、法律等部门的负责人兼任。

六、关于纪检监察工作人员编制

(一)专职纪检工作人员编制总数按照不少于应有专职党群工作人员编制总数的15%比例核定。各中央企业专职党群工作人员编制总数依据《中共中央关于进一步加强和改进国有企业党的建设工作的通知》(中发〔1997〕4号)的有关规定计算,即"专职政工人员的数量,原则上按职工总数1%左右的比例掌握"。各中央企业可将专职纪检工作人员编制总数根据工作需要在系统内合理分配使用。

(二)监察机构的编制要纳入本企业内部中层行政机构人员编制的总盘子中,应不低于本企业同级审计等相关部门的编制数。

(三)纪检、监察人员编制分开计算、合并使用,编制总量具体分配时由各单位结合实际情况在总部和各所属单位中合理安排。

七、关于纪检监察人员的职级待遇

纪检监察机构应结合实际设置必要的职级职务层次,建立健全岗位职责、考核评价和激励保障机制。纪检监察人员的薪酬待遇不应低于人力资源、审计等部门同职级人员的水平。

八、关于纪检监察机构其他领导人员的任免

国资委党委管理企业主要负责人的中央企业,纪委副书记(纪检组副组长)、监察机构正职的任免、交流和调动,应在酝酿阶段听取国资委纪委意见后,按规定程序办理。

中央企业各级党委(党组)要认真落实《若干意见》和本通知的有关要求,切实抓好企业纪检监察组织建设各项政策和制度规定的落实。国资委党委将加强对落实情况的监督检查。

关于印发《中央企业贯彻落实〈国有企业领导人员廉洁从业若干规定〉实施办法》的通知

2011年10月14日　国资党委纪检〔2011〕197号

各中央企业：

为贯彻落实《国有企业领导人员廉洁从业若干规定》（中办发〔2009〕26号），深入推进中央企业反腐倡廉建设，促进中央企业各级领导人员廉洁从业，保障中央企业健康稳定发展，根据有关法律法规，结合中央企业实际，我们制定了《中央企业贯彻落实〈国有企业领导人员廉洁从业若干规定〉实施办法》。现印发给你们，请遵照执行。

附件：中央企业贯彻落实《国有企业领导人员廉洁从业若干规定》实施办法

附件：

中央企业贯彻落实《国有企业领导人员廉洁从业若干规定》实施办法

第一章　总　　则

第一条　为贯彻落实《国有企业领导人员廉洁从业若干规定》（以下简称《若干规定》），根据有关法律法规，结合中央企业实际，制定本办法。

第二条　本办法适用于：

(一)中央企业及其独资或者控股子企业的领导班子成员；

(二)中央企业及其独资或者控股子企业的分支机构领导班子成员。

上述所列人员统称为中央企业各级领导人员。

第二章 廉洁从业行为规范

第三条 中央企业各级领导人员决定或办理关系出资人权益的重大事项，应当遵守法律法规、规章、国家有关政策、国有资产监管的有关规定及本企业章程规定，按照《若干规定》要求，严格执行“三重一大”决策制度。不得有滥用职权、损害国有资产权益的下列行为：

(一)违规办理企业改制、兼并、重组、破产、清产核资、资产评估、产权交易等事项；

(二)违规进行投资；

(三)违规使用银行信贷资金；

(四)违规融资、担保、拆借资金、委托理财、金融衍生品交易、为他人代开信用证、购销商品和服务、招标投标等；

(五)未经批准或者经批准后未办理保全国有资产的法律手续，以个人或者其他名义用企业资产在国(境)外注册公司、购买金融产品、购置不动产或者进行其他经营活动。

第四条 中央企业各级领导人员应当忠实履行职责。不得有利用职权谋取私利以及损害本企业利益的下列行为：

(一)利用职权收受财物或者获取其他非法收入和不当利益；

(二)在职或者离职后接受、索取本企业的关联企业、与本企业有业务关系的企业，以及管理和服务对象提供的物质性利益；

(三)从事同类经营和其他营利性经营活动，违反规定投资入股；

(四)侵犯本企业知识产权，泄露或非法使用本企业商业秘密。

第五条 中央企业各级领导人员应当正确行使经营管理权。不得有下列行为：

(一)默许、纵容、授意配偶、子女及其配偶、其他亲属以及身边工作人员以本人名义或利用本人影响谋取私利；

（二）为配偶、子女及其配偶以及其他特定关系人经商、办企业提供便利条件，或者领导人员之间利用职权相互为对方配偶、子女及其配偶以及其他特定关系人经商、办企业提供便利条件；

（三）违规办理向本人、特定关系人所有或实际控制的企业转让国有资产事项；

（四）利用职务之便，为他人谋取利益，其配偶、子女及其他特定关系人收受对方财物。

第六条 中央企业各级领导人员决定重要人事任免事项，应当坚持集体决策原则，严格执行党中央、国务院及国资委有关选拔任用干部的规定。不得有下列行为：

（一）违反规定程序推荐、考察、酝酿、讨论决定任免干部；

（二）私自泄露民主推荐、民主测评、考察、酝酿、讨论决定干部等有关情况；

（三）利用职务便利私自干预下级或者原任职单位干部选拔任用工作；

（四）违反规定突击提拔、调整干部；

（五）其他违反干部选拔任用规定的行为。

第七条 中央企业各级领导人员兼职应当执行审批程序。兼职应按照干部管理权限，经主管部门、上级企业批准。未经批准，不得在本企业所出资企业或者其他企业、事业单位、社会团体、中介机构兼职。

中央企业各级领导人员经批准兼职的，不得擅自领取薪酬及其他收入。

第八条 中央企业各级领导人员应当严格执行国资委和本企业的薪酬管理规定，严格履行薪酬管理的批准、备案程序。不得有下列行为：

（一）自定薪酬、奖励、津贴、补贴和其他福利性货币收入等，超出出资人或董事会核定的薪酬项目和标准发放薪酬、支付福利保障待遇；

（二）除国家另有规定或经出资人或董事会同意外，领取年度薪酬方案所列收入以外的其他货币性收入；

(三)擅自分配各级地方政府或有关部门给予中央企业的各种奖励。

第九条 中央企业各级领导人员应按照国资委和本企业关于职务消费管理的规定，严格执行公务用车、通信、业务招待、差旅、出国(境)外考察、培训等制度，不得超标准职务消费，不得以职务消费的名义支付或者报销应当由个人负担的费用。

第十条 中央企业各级领导人员应当严格遵守财经纪律。不得有下列行为：

(一)授意、指使、强令财务人员进行违反国家财经纪律、企业财务制度的活动；

(二)违规借用公款、公物或者将公款、公物借与他人；

(三)将账内资产(资金)违规转移到账外，设立“小金库”。

第三章 实施与监督

第十一条 中央企业各级党委(党组)书记、董事长、总经理为本企业实施《若干规定》和本办法的主要责任人。纪检监察机构负责协调组织人事部门以及相关业务部门，组织实施《若干规定》和本办法。

中央企业应当将贯彻执行《若干规定》和本办法的情况，作为企业民主生活会、领导人员述职述廉、巡视工作和职工代表大会民主评议的重要内容。

中央企业各级纪检监察机构、组织人事部门，负责对所管辖的领导人员执行《若干规定》和本办法的情况进行监督检查。

第十二条 中央企业应将本企业制订的“三重一大”实施办法报国资委批准后实施。

第十三条 中央企业应当建立健全职工代表大会制度，认真落实职工代表大会各项职权，大力推进厂务公开。关系职工切身利益的重大事项，应经过职工代表大会审议，由职工代表大会投票表决，形成决议。

第十四条 中央企业应当建立健全薪酬管理、职务消费制度，报国资委备案。

第十五条 中央企业应当建立健全兼职制度，纠正违规兼职和违规兼职取酬行为。未经批准兼职取酬的，兼职所得应当上交本企业。

第十六条 中央企业各级领导人员作为国有股东权益代表，参加其控股子企业、参股子企业召开的股东会、股东大会等会议，应当按照委派机构的指示提出议案、发表意见、行使权利，并将其履行职责的情况和结果及时报告委派机构。

第十七条 中央企业各级领导人员应当遵守《关于领导干部报告个人有关事项的规定》和《关于对配偶子女均已移居国（境）外的国家工作人员加强管理的暂行规定》和国资委的相关规定，按照干部管理权限，按年度向中央、国资委或企业组织人事部门报告个人有关事项。

第十八条 中央企业应当将廉洁从业情况作为对领导人员考察、考核的重要内容和任免的重要依据。

第四章 责任追究

第十九条 中央企业各级领导人员违反《若干规定》第二章和本办法第二章所列行为规范的，由有关部门和机构按照干部管理权限，视情节轻重，分别给予警示谈话、调离岗位、降职、免职处理。

应当追究纪律责任的，除适用前款规定外，视情节轻重，依照国家有关法律法规给予相应的处分。

对于其中的共产党员，视情节轻重，依照《中国共产党纪律处分条例》给予相应的党纪处分。

涉嫌犯罪的，依法移送司法机关处理。

以上处理方式，可以单独使用，也可以合并使用。

第二十条 中央企业各级领导人员违反《若干规定》和本办法所列廉洁从业行为规范的，按照干部管理权限，由主管部门研究认定。对构成违纪、应当追究责任的，由纪检监察机构调查处理。

第二十一条 中央企业各级领导人员受到警示谈话、调离岗位、降职、免职处理的,根据有关规定,应当减发或者全部扣发当年的绩效薪金或奖金。

第二十二条 中央企业各级领导人员直接管辖范围内发生违反《若干规定》和本办法所列行为规范的,应当依据党风廉政建设责任制的规定追究其责任。

第二十三条 中央企业各级领导人员违规自定薪酬、奖励、津贴、补贴和其他福利性货币收入等的,除依照本办法第十九条的规定进行处理外,还应当责令清退违规获取的薪酬及其他各类货币性收入,停止其违规享受的福利保障待遇。

第二十四条 中央企业各级领导人员违规兼职的,除依照本办法第十九条的规定进行处理外,还应当责令其辞去本职或者兼任的职务。

第二十五条 中央企业各级领导人员违规进行职务消费的,除依照本办法第十九条的规定进行处理外,还应当责令其清退超标准、超范围部分的费用。

第二十六条 中央企业各级领导人员决定或办理关系职工切身利益的重大事项,应当听取企业工会、职代会意见而没有听取的,应当依照本办法第十九条的规定处理。

第二十七条 中央企业各级领导人员违反《若干规定》和本办法获取的不正当经济利益,应当责令清退。

第二十八条 中央企业各级领导人员违反《若干规定》和本办法造成企业资产损失的,除依照本办法第十九条的规定进行处理外,还应当根据《中央企业资产损失责任追究暂行办法》和企业有关规定等进行责任追究,承担经济赔偿责任。

第二十九条 中央企业各级领导人员违反《若干规定》和本办法所列廉洁行为规范的,实行禁入限制。

(一)受到降职处理的,两年内不得担任与其原任职务相当或者高于其原任职务的职务;

(二)受到免职处理的,两年内不得担任中央企业领导职务;违反国家法律，造成国有资产重大损失被免职的，或对企业国有资产损失负有责任受到撤职以上纪律处分的，五年内不得担任中央企业领导职务。

（三）造成国有资产特别重大损失，或者因贪污、贿赂、侵占财产、挪用财产或者破坏社会主义市场经济秩序被判处刑罚的，终身不得担任中央企业领导职务。

第五章　附　　则

第三十条　中央企业及其独资或者控股子企业任命的中高层管理人员、重要岗位人员；中央企业及其独资或者控股子企业派出的在参股企业中担任领导职务的人员；中央企业所属事业单位领导班子成员参照本办法执行。

第三十一条　本办法下列用语的含义：

（一）关系出资人权益的重大事项，是指企业合并、分立、改制、上市，增加或减少注册资本，发行债券，进行重大投资，为他人提供大额担保，转让重大财产，进行大额捐赠，分配利润，解散、申请破产以及其他重大事项。

（二）重要人事任免事项，是指企业直接管理的领导人员以及其他经营管理人员的职务调整事项。主要包括企业中层以上经营管理人员和所属企业、单位领导班子成员的任免、聘用、解除聘用和后备人选的确定，向控股和参股企业委派股东代表，推荐董事会、监事会成员和经理、财务负责人，以及其他重要人事任免事项。

（三）中央企业各级领导人员兼职所得包括基本年薪（或基本工资）、绩效薪金（或奖金）、中长期激励、董事报酬、监事报酬、交通费、各项津贴和补贴、福利费等任何形式的收入和福利。

（四）关系职工切身利益的重大事项，是指企业改制中的职工安置方案，工资奖金分配与福利，职工社会保障基金缴纳，职工奖惩办法，经企业和工会协商提出的集体合同草案、企业年金方案、住房制度改革方案及其他重大事项。

第三十二条 本办法中未列举的廉洁从业行为规范以及实施和监督的条款,依照《若干规定》执行。

第三十三条 中央企业可以根据《若干规定》和本办法制定具体规定,并报国资委备案。

第三十四条 本办法由国资委党委解释。

第三十五条 本办法自公布之日起施行。

关于进一步贯彻执行《关于实行党政领导干部问责的暂行规定》的通知

2012年6月21日 国资党办纪检〔2012〕45号

各中央企业党委(党组):

《关于实行党政领导干部问责的暂行规定》(中办发〔2009〕25号,以下简称《暂行规定》)实施以来,中央企业领导人员问责制逐步科学化、规范化、法制化。为全面深入学习贯彻《暂行规定》,总结经验,查找问题,进一步抓好问责制的贯彻执行,结合中央企业管理提升活动,决定在中央企业进一步组织学习和贯彻执行《暂行规定》。现将有关事项通知如下:

一、进一步宣传学习《暂行规定》

《暂行规定》是党中央、国务院关于加强反腐倡廉法规制度建设、完善领导干部行为规范的重要举措,是对中央企业领导人员实行问责的基本依据,对进一步增强中央企业领导人员的责任意识,更好地贯彻落实科学发展观,具有重要意义。

各中央企业要充分认识实施《暂行规定》的必要性和重要性,把学习宣传《暂行规定》作为一项经常性任务,加强组织领导,精心作出安排,不断增强学习贯彻执行《暂行规定》的自觉性。要把学习贯彻《暂行规定》作为党性党风党纪教育的重要内容,认真组织各级领导人员进行学习。

各中央企业要把《暂行规定》的学习纳入有计划的专题培训工作中。通过撰写文章、开办专栏、召开学习研讨会等多种形式,深入学习《暂行规定》,努力营造贯彻落实《暂行规定》的浓厚氛围。要通过学习,提高中央企业各级领导人员对贯彻执行《暂行规定》重要性的认识,准确把握问责制的内涵,自觉接受监督,切实负起责任,为中央企业的改革发展提供坚强的政治和纪律保证。

二、切实贯彻落实《暂行规定》

各中央企业要切实履行职责,依照《暂行规定》的有关要求严肃问责。要严格要求、实事求是,权责一致、惩教结合,依靠职工群众,依法有序地对出现问责问题的领导人员进行问责,充分发挥问责制在促进企业领导人员廉洁从业中的积极作用。

各中央企业要严格执行问责制的程序规定,保障被问责人员的合法权益,保证问责决定的依法执行。要通过落实《暂行规定》,促进中央企业各级领导人员以对党和国家高度负责、对职工群众高度负责、对人民高度负责的精神,切实履行党和人民赋予的职责,兢兢业业完成好各项工作任务。

各中央企业要深入查找和分析本企业开展问责工作的薄弱环节和主要原因,认真总结成功经验和有效做法,提出改进问责工作和完善问责制度的意见,将学习贯彻《暂行规定》作为管理提升活动的一项重要内容,切实提高问责制的执行力。各中央企业领导人员要切实增强责任意识、风险意识,认真履行职责,科学决策,廉洁从业,最大程度地避免和减少问责问题的发生,促进中央企业持续健康发展。

国资委党委关于印发《关于加强中央企业廉洁风险防控工作的指导意见》的通知

2012 年 6 月 21 日　国资党委纪检〔2012〕155 号

各中央企业党委(党组):

为贯彻落实中央纪委《印发〈关于加强廉政风险防控的指导意见〉的通知》(中纪发〔2011〕42 号)要求,做好中央企业廉洁风险防控工作,我们制定了《关于加强中央企业廉洁风险防控工作的指导意见》。现印发给你们,请遵照执行,并于 2012 年 11 月底前将贯彻落实情况报送国资委纪委。

附件:关于加强中央企业廉洁风险防控工作的指导意见

附件:

关于加强中央企业廉洁风险防控工作的指导意见

为贯彻落实中央纪委《印发〈关于加强廉政风险防控的指导意见〉的通知》(中纪发〔2011〕42 号)要求,做好中央企业廉洁风险防控工作,完善惩治和预防腐败体系建设(以下简称惩防体系建设),促进企业健康发展,提出如下指导意见。

本意见所称的廉洁风险是企业人员利用职权谋取私利给企业带来危害性或负面影响的可能性。廉洁风险防控是指按照党风廉政建设责任制规定，由企业各责任主体共同实施的排查、识别、评估和防范廉洁风险的管理过程。

一、指导思想、工作原则和目标要求

（一）指导思想。

以邓小平理论和“三个代表”重要思想为指导，深入贯彻落实科学发展观，以党风廉政建设责任制为抓手，以制约和监督权力运行为核心，以全面风险管理和内部控制制度为依托，以岗位风险防控为基础，以加强制度建设为重点，以现代信息技术为支撑，建立和完善权责清晰、流程规范、风险明确、措施有力、制度管用、预警及时的廉洁风险防控机制，提高预防腐败能力，提升企业管理水平。

（二）工作原则。

坚持围绕中心，实现廉洁风险防控工作与企业战略目标相一致、与企业改革发展进程相适应、与企业监管制度相衔接、与各项工作相互促进、协调发展；坚持融入管理，把廉洁风险防控工作纳入全面风险管理，结合改革创新、流程管理和信息化管理，不断完善防控工作的体制机制制度和科技支撑，增强企业管控能力；坚持突出重点，抓好重点领域、重要岗位、重要事项和关键环节的廉洁风险防控，分级分类实施廉洁风险防控措施；坚持整体推进，用系统的思维、统筹的观念、科学的方法推进工作，合理确定工作目标、任务、方法、步骤。

（三）目标要求。

按照整体规划、分步实施、扎实推进、务求实效的总体要求，2012年要重点针对投资决策、产权交易、财务管理、境外资产、资本运营、物资采购、招标投标、选人用人和工程建设等腐败易发多发的重点领域、关键环节和重要岗位开展廉洁风险防控工作。

截至2017年底，建立运行顺畅的廉洁风险防控机制，并结合实际，逐步探索由传统防控向信息化防控发展，持续改进、不断适应新形势发展变化的要求，保障企业科学发展。

二、明确职权，查找廉洁风险

(四)明确岗位职权。

企业要进一步明确部门、岗位的职权名称、内容、行使主体和规定依据等，对职权行使的主体、条件、范围、程序、时限和监督方式等内容，特别是对人、财、物、核心技术、商业秘密和无形资产管理等关键岗位的职权要进行梳理、规范，编制职权目录，绘制各类职权运行流程图，规范运行。

(五)收集廉洁风险信息。

各中央企业惩防体系建设领导小组、监督工作协调性机构或联席会议要加强沟通协调，定期或不定期地收集下列廉洁风险信息：

1. 监事会、巡视、审计、专项检查和效能监察等各项监督检查发现的廉洁风险信息；

2. 通过民主生活会、述职述廉、民主测评等方式获知的涉及有关领导人员的廉洁风险信息；

3. 信访举报、查办案件等方式查出的涉嫌腐败的廉洁风险信息；

4. 通过问卷调查、网络舆情、调研座谈等方式了解的职工群众反映的廉洁风险信息；

5. 排查识别的廉洁风险信息；

6. 通过其他途径反映的廉洁风险信息。

(六)排查识别廉洁风险。

企业排查识别廉洁风险主要是以权力运行是否规范受控为判断标准，通过自己查、群众评、专家议和组织审等方式，重点对可能利用职权谋取私利的以下各项因素进行评估：

1. 权力结构与授权因素。企业各决策主体的职权是否明确，决策程序是否完善；决策权、执行权、监督权是否相互制约又相互协调；部门职能配置，特别是人、财、物管理等重要职能的配置是否合理并且相互制约；重要岗位是否落实不相容业务分离规定；授权的范围、事项、条件和期限是否清楚，自由裁量权限是否适当；责、权、利是否明确且对等；

授权事项与被授予者的履职能力是否相匹配。

2. 机制制度因素。企业现行的制度是否符合法律法规的规定；制度内容是否适用、管用、可操作；各项制度是否配套健全；制度的执行是否有程序保障；"三重一大"决策制度是否建立并得到有效执行；内部控制制度是否建立健全；监督制约机制是否健全完备，纪检监察、审计和法律等部门职能是否明确，监督是否到位、有效；考核评价机制否健全、可操作，对过错责任的追究是否及时，管理是否形成闭环。

3. 权力运行因素。依法、民主、科学决策是否有程序保障，集体决策和党组织参与决策是否落实；经营管理的各项操作流程是否建立健全，流程是否设计合理、步骤齐全、次序得当、界限明确，衔接时间是否合理，过程是否受控；企(厂)务、党务等信息是否公开；信息传递、沟通、共享是否顺畅，有无遗漏、隐瞒、封锁、错误传递信息的现象；是否运用现代科学技术手段，把重要监管制度嵌入信息系统，实现在线运行；被授权人是否不作为、越权行事、违规作为，是否实行"一岗双责"，是否遵守廉洁从业规定等。

4. 思想道德因素。企业是否培育诚信文化、合规文化；企业的廉洁教育是否有盲区、盲点，廉洁教育是否与岗位职责紧密结合；党性、党风、党纪教育和廉洁从业教育的内容、时间和受教育人员是否落实；职工爱岗敬业、遵章守纪的自觉程度；职工对依法经营、集体决策、廉洁从业、公道正派、民主公开和接受监督的满意度；职工对教育针对性和实效性的满意度。

5. 外部环境因素。可能易发多发腐败行为的行业、领域与本企业的业务关联度；相关市场规范程度和廉洁状况；企业利益相关主体诚信守法意识和廉洁情况；部门或岗位容易受到利益诱惑的程度；社会公众、媒体舆论等对企业的满意度。

6. 企业其他因素。

三、评估风险等级，制定防控措施

(七)组织廉洁风险评估。

采用定性与定量相结合的方法,根据权力的重要程度、自由裁量权的大小、腐败行为发生的几率及危害程度等因素,定期对收集和排查到的廉洁风险进行评估,合理确定等级,明确风险分类和典型风险事项,并经领导班子集体审定。

各中央企业要对岗位、部门廉洁风险排查结果逐一登记汇总,编制廉洁风险及等级目录,形成廉洁风险信息数据库,并在一定范围内予以公开,接受群众监督。

(八)廉洁风险防控的主要措施。

针对廉洁风险和风险等级,依据有关制度规定、廉洁从业要求、工作责任、工作权限、工作标准,制定切实可行的防控方案;根据不同等级的廉洁风险实行分级管理,分工负责、责任到人;特别要突出高风险的防控,针对廉洁风险构成因素,抓重点、抓关键,采取综合措施,加大从源头上防范廉洁风险的力度。

1. 优化权力结构。加快公司制、股份制改革步伐,进一步建立和完善规范的公司治理结构,充分发挥党委的政治核心作用、职工的民主管理作用,形成权力结构制约、业务牵制、关键岗位不相容、责权利对等的权力结构。

2. 规范权力运行。进一步完善“三重一大”决策制度,细化议事规则,规范工作流程,健全工作机制;要优化业务流程,记录工作过程;把权力制衡、过程监控原则和廉洁从业规定体现在经营管理的各个环节,压缩自由裁量空间;要充分发挥监事会、纪检监察、巡视、审计等专门监督机构的作用,明确监督责任、途径和方法,加强效能监察、内部控制和过程监督,健全考核评价制度,切实形成结构合理、配置科学、程序严密、制约有效的权力运行机制,防范腐败行为的发生。

3. 推进民主公开。充分发挥职工董事、职工监事、工会和职代会的监督作用,完善企(厂)务、党务公开制度,通过内部网络、公开栏等方式,逐步推进重要业务和管理事项信息公开,加大信息公开力度。畅通信访举报渠道,接受群众监督。

4. 加强科技防控。充分运用信息管理平台,改进企业经营管理流程监管的方式和途径，逐步实现网上实时动态监控，做到信息可监控、行为留痕迹、过失可追溯。同时，加强对网络舆情的收集、研判和处置。

5. 加强体系防控。以廉洁风险防控为切入点，统筹教育、制度、监督、改革、纠风和惩处等工作任务，充实工作力量，加强组织协调，增强惩防体系建设的针对性和实效性，提高惩治和预防腐败的能力。

四、实施预警处置，坚持动态管理

（九）廉洁风险的预警与处置。

加快廉洁风险预警系统的研发，根据定期评估结果，对可能发生腐败行为的苗头性、倾向性问题进行风险预警；对达到风险等级的岗位人员，分别运用任职谈话、岗前培训、谈心疏导、函询告诫、组织处理等方式及时进行处置，做到早发现、早提醒、早纠正；对于违纪违法人员，按有关规定及时处理。

（十）廉洁风险的动态管理。

以年度为周期或依托项目管理，结合管理提升和预防腐败的新要求，以及改革发展的实际情况，及时调整、完善廉洁风险防控内容、等级和措施；加大对廉洁风险动态监控的力度，定期对廉洁风险防控工作进行自查和抽查，及时发现缺陷并加以改进。

五、加强组织领导，务求工作实效

（十一）落实责任、扎实推进。

把推行廉洁风险防控工作作为落实党风廉政建设责任制、推进惩防体系建设的一项重要任务，认真组织落实。企业主要负责人作为党风廉政建设第一责任人，要加强对廉洁风险防控工作的领导；领导班子成员要带头抓好自身和管辖范围内的廉洁风险防控；纪检监察机构要认真履行职责，发挥组织协调作用，加强监督检查，推动工作落实；承担风险管理和内部控制工作的部门要将廉洁风险防控工作纳入所承担的管控职能之中，做好相关工作；各职能部门要抓好职责范围内的廉洁风险防控工作。

(十二)加强教育、营造氛围。

把廉洁风险教育作为反腐倡廉教育的重要组成部分,纳入到文化建设特别是风险管理文化建设活动中,深入开展诚实守信、依法经营、廉洁从业教育,建立领导人员和关键岗位人员岗前廉洁风险管理培训制度,通过开展示范教育和警示教育、定期分析通报反腐倡廉形势、召开民主生活会等形式,增强主动防范廉洁风险的意识,营造良好的工作氛围。

(十三)加强监督、严格考核。

将廉洁风险防控工作纳入党风廉政建设责任制考核,作为领导班子综合考核评价和领导人员业绩评定、选拔任用的重要依据,制定廉洁风险防控工作考核评价办法,加大检查考核力度。对因廉洁风险防控工作落实不力出现腐败问题的个人和单位,要按照党风廉政建设责任制的有关规定,严肃追究责任。

企业法制

国有企业法律顾问管理办法

2004 年 5 月 11 日　国务院国有资产监督管理委员会令第 6 号

第一章　总　则

第一条　为进一步建立健全国有企业法律风险防范机制，规范企业法律顾问工作，保障企业法律顾问依法执业，促进企业依法经营，进一步加强企业国有资产的监督管理，依法维护企业国有资产所有者和企业的合法权益，根据《企业国有资产监督管理暂行条例》和国家有关规定，制定本办法。

第二条　国有及国有控股企业（以下简称企业）法律顾问管理工作适用本办法。

第三条　本办法所称所出资企业，是指国务院，省、自治区、直辖市人民政府，设区的市、自治州人民政府授权国有资产监督管理机构依法履行出资人职责的企业。

第四条　国有资产监督管理机构负责指导企业法律顾问管理工作。上级政府国有资产监督管理机构依照本办法对下级政府国有资产监督管理机构负责的企业法律顾问管理工作进行指导和监督。

第五条　国有资产监督管理机构和企业应当建立防范风险的法律机制，建立健全企业法律顾问制度。

第六条　国有资产监督管理机构和企业应当建立健全企业法律顾问工作激励、约束机制。

第二章　企业法律顾问

第七条　本办法所称企业法律顾问，是指取得企业法律顾问执业资格,由企业聘任,专门从事企业法律事务工作的企业内部专业人员。

第八条　企业法律顾问执业,应当遵守国家有关规定,取得企业法律顾问执业资格证书。

企业法律顾问执业资格证书须通过全国企业法律顾问执业资格统一考试,成绩合格后取得。

企业法律顾问执业资格管理由国务院国有资产监督管理机构和省级国有资产监督管理机构按照国家有关规定统一负责。条件成熟的,应当委托企业法律顾问的协会组织具体办理。

第九条　企业应当支持职工学习和掌握与本职工作有关的法律知识,鼓励具备条件的人员参加全国企业法律顾问执业资格考试。

企业应当建立企业法律顾问业务培训制度,提高企业法律顾问的业务素质和执业水平。

第十条　企业法律顾问应当遵循以下工作原则:

(一)依据国家法律法规和有关规定执业;

(二)依法维护企业的合法权益;

(三)依法维护企业国有资产所有者和其他出资人的合法权益;

(四)以事前防范法律风险和事中法律控制为主、事后法律补救为辅。

第十一条　企业法律顾问享有下列权利:

(一)负责处理企业经营、管理和决策中的法律事务;

(二)对损害企业合法权益、损害出资人合法权益和违反法律法规的行为,提出意见和建议;

(三)根据工作需要查阅企业有关文件、资料,询问企业有关人员;

(四)法律、法规、规章和企业授予的其他权利。

企业对企业法律顾问就前款第(二)项提出的意见和建议不予采纳,造成重大经济损失,严重损害出资人合法权益的,所出资企业的子企业的法律顾问可以向所出资企业反映,所出资企业的法律顾问可以向国有资产监督管理机构反映。

第十二条　企业法律顾问应当履行下列义务:

(一)遵守国家法律法规和有关规定以及企业规章制度,恪守职业道德和执业纪律;

(二)依法履行企业法律顾问职责;

(三)对所提出的法律意见、起草的法律文书以及办理的其他法律事务的合法性负责;

(四)保守国家秘密和企业商业秘密;

(五)法律、法规、规章和企业规定的应当履行的其他义务。

第十三条 企业应当建立科学、规范的企业法律顾问工作制度和工作流程,规定企业法律顾问处理企业法律事务的权限、程序和工作时限等内容,确保企业法律顾问顺利开展工作。

第十四条 企业应当建立企业法律顾问专业技术等级制度。企业法律顾问分为企业一级法律顾问、企业二级法律顾问和企业三级法律顾问。评定办法另行制定。

第十五条 企业法律事务机构可以配备企业法律顾问助理,协助企业法律顾问开展工作。

第三章 企业总法律顾问

第十六条 本办法所称企业总法律顾问,是指具有企业法律顾问执业资格,由企业聘任,全面负责企业法律事务工作的高级管理人员。企业总法律顾问对企业法定代表人或者总经理负责。

第十七条 大型企业设置企业总法律顾问。

第十八条 企业总法律顾问应当同时具备下列条件:

(一)拥护、执行党和国家的基本路线、方针和政策,秉公尽责,严守法纪;

(二)熟悉企业经营管理,具有较高的政策水平和较强的组织协调能力;

(三)精通法律业务,具有处理复杂或者疑难法律事务的工作经验和能力;

(四)具有企业法律顾问执业资格,在企业中层以上管理部门担任主要负责人满3年的;或者被聘任为企业一级法律顾问,并担任过企业法律事务机构负责人的。

第十九条 企业总法律顾问可以从社会上招聘产生。招聘办法另行制定。

第二十条 企业总法律顾问的任职实行备案制度。所出资企业按照企业负责人任免程序将所选聘的企业总法律顾问报送国有资产监督管理机构备案;所出资企业的子企业将所选聘的企业总法律顾问报送所出资企业备案。

第二十一条 企业总法律顾问履行下列职责:

(一)全面负责企业法律事务工作,统一协调处理企业决策、经营和管理中的法律事务;

(二)参与企业重大经营决策,保证决策的合法性,并对相关法律风险提出防范意见;

(三)参与企业重要规章制度的制定和实施,建立健全企业法律事务机构;

(四)负责企业的法制宣传教育和培训工作,组织建立企业法律顾问业务培训制度;

(五)对企业及下属单位违反法律、法规的行为提出纠正意见,监督或者协助有关部门予以整改;

(六)指导下属单位法律事务工作,对下属单位法律事务负责人的任免提出建议;

(七)其他应当由企业总法律顾问履行的职责。

第四章　企业法律事务机构

第二十二条 本办法所称的企业法律事务机构,是指企业设置的专门承担企业法律事务工作的职能部门,是企业法律顾问的执业机构。

第二十三条 大型企业设置专门的法律事务机构,其他企业可以根据需要设置法律事务机构。

企业应当根据工作需要为法律事务机构配备企业法律顾问。

第二十四条 企业法律事务机构履行下列职责：

(一)正确执行国家法律、法规，对企业重大经营决策提出法律意见；

(二)起草或者参与起草、审核企业重要规章制度；

(三)管理、审核企业合同，参加重大合同的谈判和起草工作；

(四)参与企业的分立、合并、破产、解散、投融资、担保、租赁、产权转让、招投标及改制、重组、公司上市等重大经济活动，处理有关法律事务；

(五)办理企业工商登记以及商标、专利、商业秘密保护、公证、鉴证等有关法律事务，做好企业商标、专利、商业秘密等知识产权保护工作；

(六)负责或者配合企业有关部门对职工进行法制宣传教育；

(七)提供与企业生产经营有关的法律咨询；

(八)受企业法定代表人的委托，参加企业的诉讼、仲裁、行政复议和听证等活动；

(九)负责选聘律师，并对其工作进行监督和评价；

(十)办理企业负责人交办的其他法律事务。

第二十五条 法律事务机构应当加强与企业财务、审计和监察等部门的协调和配合，建立健全企业内部各项监督机制。

第二十六条 企业应当支持企业法律事务机构及企业法律顾问依法履行职责，为开展法律事务工作提供必要的组织、制度和物质等保障。

第五章 监督检查

第二十七条 国有资产监督管理机构应当加强对所出资企业法制建设情况的监督和检查。

第二十八条 国有资产监督管理机构应当督促所出资企业依法决策、依法经营管理、依法维护自身合法权益。

第二十九条 所出资企业依据有关规定报送国有资产监督管理机

构批准的分立、合并、破产、解散、增减资本、重大投融资等重大事项，应当由企业法律顾问出具法律意见书，分析相关的法律风险，明确法律责任。

第三十条 所出资企业发生涉及出资人重大权益的法律纠纷，应当在法律纠纷发生之日起一个月内向国有资产监督管理机构备案，并接受有关法律指导和监督。

第三十一条 所出资企业对其子企业法制建设情况的监督和检查参照本章规定执行。

第六章 奖励和处罚

第三十二条 国有资产监督管理机构和企业应当对在促进企业依法经营，避免或者挽回企业重大经济损失，实现国有资产保值增值等方面作出重大贡献的企业法律事务机构和企业法律顾问给予表彰和奖励。

第三十三条 企业法律顾问和总法律顾问玩忽职守、滥用职权、谋取私利，给企业造成较大损失的，应当依法追究其法律责任，并可同时依照有关规定，由其所在企业报请管理机关暂停执业或者吊销其企业法律顾问执业资格证书；有犯罪嫌疑的，依法移送司法机关处理。

第三十四条 企业未按照国家有关规定建立健全法律监督机制，发生重大经营决策失误的，由国有资产监督管理机构或者所出资企业予以通报批评或者警告；情节严重或者造成企业国有资产重大损失的，对直接负责的主管人员和其他直接责任人员依法给予纪律处分；有犯罪嫌疑的，依法移送司法机关处理。

第三十五条 企业有关负责人对企业法律顾问依法履行职责打击报复的，由国有资产监督管理机构或者所出资企业予以通报批评或者警告；情节严重的，依法给予纪律处分；有犯罪嫌疑的，依法移送司法机关处理。

第三十六条 国有资产监督管理机构的工作人员违法干预企业法

律顾问工作，侵犯所出资企业和企业法律顾问合法权益的，对直接负责的主管人员和其他直接责任人员依法给予行政处分；有犯罪嫌疑的，依法移送司法机关处理。

第七章 附　则

第三十七条 企业和企业法律顾问可以依法加入企业法律顾问的协会组织，参加协会组织活动。

第三十八条 地方国有资产监督管理机构可以依据本办法制定实施细则。

第三十九条 本办法自2004年6月1日起施行。

中央企业重大法律纠纷案件管理暂行办法

2005年1月20日　国务院国有资产监督管理委员会令第11号

第一章 总　则

第一条 为加强企业国有资产的监督管理，维护出资人和中央企业的合法权益，保障国有资产安全，防止国有资产流失，促进中央企业建立健全企业法律顾问制度和法律风险防范机制，规范中央企业重大法律纠纷案件的管理，根据《企业国有资产监督管理暂行条例》制定本办法。

第二条 本办法所称中央企业，是指根据国务院授权由国务院国有资产监督管理委员会（以下简称国务院国资委）依法履行出资人职责的企业。

第三条 本办法所称重大法律纠纷案件,是指具有下列情形之一的诉讼、仲裁或者可能引起诉讼、仲裁的案件:

(一)涉案金额超过5000万元人民币的;

(二)中央企业作为诉讼当事人且一审由高级人民法院受理的;

(三)可能引发群体性诉讼或者系列诉讼的;

(四)其他涉及出资人和中央企业重大权益或者具有国内外重大影响的。

第四条 国务院国资委负责指导中央企业做好重大法律纠纷案件的处理、备案和协调工作。

第五条 中央企业应当依法独立处理法律纠纷案件,加强对重大法律纠纷案件的管理,建立健全有关规章制度和有效防范法律风险的机制。

第六条 中央企业之间发生法律纠纷案件,鼓励双方充分协商,妥善解决。

第七条 企业法律顾问应当依法履行职责,对企业经营管理相关的法律风险提出防范意见,避免或者减少重大法律纠纷案件的发生。中央企业负责人应当重视企业法律顾问提出的有关防范法律风险的意见,及时采取措施防范和消除法律风险。

第二章 处 理

第八条 中央企业重大法律纠纷案件的处理,应当由企业法定代表人统一负责,企业总法律顾问或者分管有关业务的企业负责人分工组织,企业法律事务机构具体实施,有关业务机构予以配合。

第九条 中央企业发生重大法律纠纷案件聘请律师事务所、专利商标事务所等中介机构(以下简称法律中介机构)进行代理的,应当建立健全选聘法律中介机构的管理制度,加强对法律中介机构选聘工作的管理,履行必要的内部审核程序。

第十条 中央企业法律事务机构具体负责选聘法律中介机构,并对其工作进行监督和评价。

第十一条 根据企业选聘的法律中介机构的工作业绩,统一建立中央企业选聘法律中介机构的数据库,并对其信用、业绩进行评价,实行动态管理。

第三章 备 案

第十二条 国务院国资委和中央企业对重大法律纠纷案件实行备案管理制度。

第十三条 中央企业发生重大法律纠纷案件,应当及时报国务院国资委备案。涉及诉讼或者仲裁的,应当自立案之日起1个月内报国务院国资委备案。

中央企业子企业发生的重大法律纠纷案件应当报中央企业备案。中央企业应当每年将子企业发生的重大法律纠纷案件备案的汇总情况,于次年2月底前报国务院国资委备案。

第十四条 中央企业报国务院国资委备案的文件应当由企业法定代表人或者主要负责人签发。

第十五条 中央企业报国务院国资委备案的文件应当包括以下内容:

(一)基本案情,包括案由、当事人各方、涉案金额、主要事实陈述、争议焦点等;

(二)处理措施和效果;

(三)案件结果分析预测;

(四)企业法律事务机构出具的法律意见书。

报国务院国资委备案的重大法律纠纷案件处理结案后,中央企业应当及时向国务院国资委报告有关情况。

第十六条 中央企业应当定期对本系统内发生的重大法律纠纷案件的情况进行统计,并对其发案原因、发案趋势、处理结果进行综合分析和评估,完善防范措施。

第四章 协 调

第十七条 中央企业发生重大法律纠纷案件应当由中央企业依法自主处理。

国务院国资委对下列情形之一的重大法律纠纷案件可予以协调:

(一)法律未规定或者规定不明确的;

(二)有关政策未规定或者规定不明确的;

(三)受到不正当干预,严重影响中央企业和出资人合法权益的;

(四)国务院国资委认为需要协调的其他情形。

第十八条 国务院国资委协调中央企业重大法律纠纷案件应当坚持以下原则:

(一)依法履行出资人代表职责;

(二)依法维护出资人和中央企业合法权益,保障国有资产安全;

(三)保守中央企业商业秘密;

(四)依法办事,公平、公正。

第十九条 中央企业报送国资委协调的重大法律纠纷案件,事前应当经过企业主要负责人亲自组织协调。

第二十条 中央企业报请国务院国资委协调重大法律纠纷案件的文件,除包括本办法第十五条规定的内容外,还应当包括以下内容:

(一)案件发生后企业的处理、备案情况;

(二)案件对企业的影响分析;

(三)案件代理人的工作情况;

(四)案件涉及的主要证据和法律文书;

(五)需要国务院国资委协调处理的重点问题。

第二十一条 中央企业子企业发生的重大法律纠纷案件需要协调的,应当由中央企业负责协调;协调确有困难且符合本办法第十七条规定的,由中央企业报请国务院国资委协调。

第五章　奖　惩

第二十二条　国务院国资委和中央企业应当加强对重大法律纠纷案件处理、备案情况的监督和检查。

第二十三条　中央企业应当对作出重大贡献的企业法律事务机构及企业法律顾问、有关业务机构及工作人员给予表彰和奖励。

第二十四条　中央企业未按照规定建立健全法律风险防范机制和企业法律顾问制度，对重大法律纠纷案件处理不当或者未按照本办法备案的，由国务院国资委予以通报批评；情节严重或者造成企业国有资产重大损失的，由国务院国资委、中央企业按照人事管理的分工和权限，对直接负责的主管人员和其他直接责任人员依法给予纪律处分，同时追究其相关法律责任。有犯罪嫌疑的，依法移送司法机关处理。

第二十五条　企业法律顾问和有关工作人员在处理重大法律纠纷案件中玩忽职守、滥用职权、谋取私利，给企业造成较大损失的，应当依法追究其相关法律责任。有犯罪嫌疑的，依法移送司法机关处理。

第二十六条　国务院国资委有关工作人员违反本办法第十八条规定的，依照有关规定给予行政处分；情节严重或者造成企业国有资产重大损失的，依法追究其相关法律责任。有犯罪嫌疑的，依法移送司法机关处理。

第六章　附　则

第二十七条　地方国有资产监督管理机构可以参照本办法，并根据本地实际情况制定具体规定。

第二十八条　本办法自2005年3月1日起施行。

关于进一步加快中央企业以总法律顾问制度为核心的企业法律顾问制度建设有关事项的通知

2007年2月16日　国资发法规〔2007〕32号

各中央企业：

2006年4月国资委召开中央企业法律风险防范机制建设工作会议以来，中央企业积极贯彻落实会议精神，以建立健全法律风险防范机制建设为重点，进一步加强了以总法律顾问制度为核心的企业法律顾问制度建设。据统计，截止到2007年1月31日，中央管理主要负责人的53家企业(以下称53家中央大型企业)实行总法律顾问制度的有37家，占69.81％；159家中央企业设立法律事务机构的有121家，占76.10％。尽管中央企业以总法律顾问制度为核心的企业法律顾问制度建设取得了明显进展，但从总体上看，与国资委提出的中央企业法制建设三年目标还有一定的差距，仍有少数中央企业法律风险防范意识不强，对加强企业法律顾问制度建设不够重视。为进一步督促有关中央企业加快以总法律顾问制度为核心的企业法律顾问制度建设，建立健全企业法律风险防范机制，现将有关事项通知如下：

一、进一步提高对建立健全法律风险防范机制重要性的认识

近年来，中央企业改革发展取得了明显成效，经济效益继续保持较快增长，运行质量进一步提高，投资结构进一步优化，企业内部管理不断加强。但随着经济全球化步伐的加快和国内外市场竞争的加剧，中央企业面临的法律风险将日益增大，特别是实施“走出去”战略，参与国际竞争与合作，对中央企业依法决策和依法经营提出了更高要求。当

前加强法律风险防范机制建设是中央企业适应经济全球化的竞争环境变化的迫切需要，是保障国有资产安全、实现国有资产保值增值的迫切需要，也是中央企业改革发展的迫切需要。因此，中央企业要高度重视，切实加强对企业法律风险防范机制建设的领导，努力将法律风险防范工作纳入企业管理的全过程，实现对企业法律风险的全方位防范和动态化监控。要把企业决策中的法律风险防范作为重中之重，进一步规范决策程序，严格法律审核把关，努力从源头上防范法律风险。

二、切实加强以总法律顾问制度为核心的企业法律顾问制度建设

以总法律顾问制度为核心的企业法律顾问制度建设工作，是中央企业依法决策、依法经营管理的重要制度保障，也是建立企业法律风险防范机制的重要组织基础。中央企业要将建立和完善企业法律顾问制度作为加强企业内部管理的一项重要制度来抓。53 家中央大型企业中尚未建立总法律顾问制度的，要进一步加大工作力度，确保在 2007 年底前建立。有关企业内部暂时没有总法律顾问合适人选的，可由企业分管领导兼任总法律顾问职务，同时明确过渡时间，尽快培养合适人选；也可以直接向社会公开招聘，吸引外部优秀人才。159 家中央企业中尚未设立法律事务机构的，要尽快采取措施，结合企业加强法律风险防范的实际需要，在 2007 年底前建立法律事务机构，同时注意加强企业法律顾问的队伍建设，努力提高企业依法决策、依法经营管理的能力和水平。

至今尚未建立总法律顾问制度或法律事务机构的中央企业，在今年 5 月底前要以书面形式向国资委作出情况说明。

在 2007 年底前未按照中央企业法制建设三年目标要求建立总法律顾问制度或法律事务机构的中央企业，今后如发生重大法律纠纷案件，致使国有资产造成重大损失的，要按照有关规定追究企业经营者的领导责任。

三、认真落实企业总法律顾问的职能

企业总法律顾问是直接向法定代表人或企业主要负责人负责，根据授权全面领导本企业法律事务的高级管理人员。已经建立总法律顾问制度的企业要对照“三个到位、两个健全、两个提高”的总体要求，进一步完善这项制度。在总法律顾问履行职责的条件上，要保证其作为决策成员出席企业办公会议以及其他涉及重要经济活动的决策会议。近年来新建立总法律顾问制度的企业，要进一步规范备案制度，及时将总法律顾问制度实施方案、总法律顾问任命函报国资委备案。

四、努力为企业法律顾问创造良好的工作环境

中央企业要认真贯彻《国有企业法律顾问管理办法》的有关规定，建立科学、规范的企业法律顾问工作制度和工作流程，保证企业法律顾问享有企业经营业务的知情权和法律审核权，确保企业法律顾问顺利开展工作。要充分发挥企业法律顾问在公司制改造以及企业合并、分立、重组、股权转让和完善法人治理结构等重大事项中的法律审核把关作用。企业法律顾问要不断提高自身素质，切实履行职责，依法维护企业的合法权益。

国务院国有资产监督管理委员会关于印发《国有企业法律顾问职业岗位等级资格评审管理暂行办法》的通知

2008 年 4 月 29 日　国资发法规〔2008〕95 号

各省、自治区、直辖市及新疆生产建设兵团国资委，各中央企业：

为进一步加强国有企业法律顾问队伍建设，完善企业法律顾问制度，规范国有企业法律顾问职业岗位等级资格评审工作，根据《国有企业法律顾问管理办法》(国资委令第 6 号)，特制订《国有企业法律顾问职业岗位等级资格评审管理暂行办法》，现印发给你们，请结合实际，认真遵照执行，并及时反映工作中有关情况和问题。

附件：国有企业法律顾问职业岗位等级资格评审管理暂行办法

附件:

国有企业法律顾问职业岗位等级资格评审管理暂行办法

第一条 为进一步加强国有及国有控股企业(以下简称国有企业)法律顾问队伍建设,完善企业法律顾问制度,规范国有企业法律顾问职业岗位等级资格评审工作,根据《国有企业法律顾问管理办法》等有关规定,制定本办法。

第二条 国有企业法律顾问职业岗位等级资格评审管理工作适用本办法。

第三条 国务院国资委负责指导、监督全国国有企业法律顾问职业岗位等级资格评审工作。

省级国资委负责指导、监督本地区国有企业法律顾问职业岗位等级资格评审工作。

第四条 企业法律顾问职业岗位等级资格评审范围是指取得企业法律顾问执业资格,在企业从事法律事务工作的专业人员。

第五条 企业法律顾问职业岗位等级资格评审应当履行以下程序:

(一)个人申请;

(二)单位评议推荐;

(三)评审委员会评审;

(四)授予岗位等级资格;

(五)备案。

第六条 企业法律顾问职业岗位等级资格分为企业一级法律顾问职业岗位、企业二级法律顾问职业岗位和企业三级法律顾问职业岗位。

第七条 企业一级法律顾问职业岗位资格相当于正高级专业技术职务任职资格。企业二级法律顾问职业岗位资格相当于副高级专业技术职务任职资格。企业三级法律顾问职业岗位资格相当于中级专业技术职务任职资格。

第八条 企业法律顾问职业岗位等级资格评审应当坚持客观公正,强调专业知识和管理能力,突出工作能力和业绩的原则。

国务院国资委和省级国资委应当健全制度,严格条件,规范程序,加强对企业法律顾问职业岗位等级资格评审工作的监督。

第九条 申请企业法律顾问职业岗位等级资格的人员应当具备下列基本条件:

(一)具有良好的职业操守和敬业精神;

(二)取得企业法律顾问执业资格,并按照规定进行注册备案;

(三)具有相应的法律专业基础理论水平,以及分析和解决实际法律问题的工作能力,在企业内从事法律事务工作或其他相关专业工作符合规定年限,经考核合格;

(四)具有履行相应岗位职责所必需的计算机、外语等基本能力。

第十条 取得企业法律顾问执业资格,并按照规定进行注册的企业法律事务工作人员,经个人申请,单位考核合格,可以评定为企业三级法律顾问职业岗位资格。

第十一条 申请企业二级法律顾问职业岗位资格的人员应当系统掌握法学理论和专业知识,具有较高的政策水平和较为丰富的企业法律事务与企业管理工作经验,能有效地组织和协调处理企业重大、疑难法律事务,并具备下列条件之一:

(一)本科以及本科以上学历,取得企业三级法律顾问职业岗位资格满5年;

(二)取得中级专业技术职务5年以上,从事企业法律事务工作10年以上,并取得企业法律顾问执业资格满2年;

(三)现任副高级专业技术职务以上,从事企业法律事务工作10年以上,取得企业法律顾问执业资格满2年。

第十二条 申请企业一级法律顾问职业岗位资格的人员应当精通法学理论和专业知识,具有较高的政策水平和丰富的企业法律事务工作和企业管理工作经验,能胜任企业一个部门或一个系统法律事务的组织协调工作，并具备下列条件之一：

（一）本科以及本科以上学历，取得企业二级法律顾问职业岗位资格满 5 年；

（二）取得副高级专业技术职务 5 年以上，从事企业法律事务工作 10 年以上，并取得企业法律顾问执业资格满 5 年；

（三）取得正高级专业技术职务 5 年以上，并从事企业法律事务工作 10 年以上。

第十三条 国务院国资委负责指导中央企业一级法律顾问职业岗位资格的评审工作。

省级国资委负责指导本地区地方国有企业一级、二级、三级法律顾问职业岗位资格的评审工作。

具有专业技术资格评审权的中央企业负责本企业二级、三级法律顾问职业岗位资格的评审工作。

具有专业技术资格评审权的中央企业是指经政府人事部门批准、授权和备案的具有高级专业技术资格评审权的企业。

第十四条 不具备专业技术资格评审权的中央企业，可委托有评审权的机构或企业进行企业法律顾问职业岗位等级资格的评审。

第十五条 企业法律顾问职业岗位等级资格证书由国务院国资委统一印制。

第十六条 企业法律顾问在履行职责时，出现下列情形之一的，应当降低其岗位等级直至取消其职业岗位等级资格，并由评审机构收回岗位等级资格证书：

（一）违反职业操守，恶意串通，损害企业利益；

（二）因疏忽或重大过失，给企业造成较大经济损失，或严重损害企业声誉；

（三）连续 2 次不按照规定进行注册备案。

第十七条 有关评审机构在企业法律顾问职业岗位等级资格评审过程中，违反本办法规定，弄虚作假的，由国务院国资委给予通报批评或者警告；情节严重的，提请有关部门取消专业技术资格评审权。

有关评审人员在企业法律顾问职业岗位等级资格评审过程中，徇私舞弊、滥用职权、谋取私利的，应当给予行政处分。

第十八条 在企业从事法律事务工作满一定年限，具有相当学历，尚未取得企业法律顾问执业资格或者虽已取得企业法律顾问执业资格但尚未注册的人员可由有关评审机构评审为企业法律顾问助理岗位资格。

企业法律顾问助理岗位资格相当于初级专业技术职务任职资格。

第十九条 国有参股企业法律顾问职业岗位等级资格评审工作可以参照本办法执行。

第二十条 中央企业、省级国资委和有关评审机构，可以按照本办法制订实施细则。

第二十一条 本办法由国务院国资委负责解释。

第二十二条 本办法自2008年6月1日起施行。

国务院国有资产监督管理委员会关于落实中央企业法制工作三年目标有关事项的通知

2008年6月5日 国资发法规〔2008〕109号

各中央企业：

为全面总结国资委成立以来特别是近三年来中央企业法制工作，部署今后三年中央企业法制工作的目标和任务，国资委于2008年5月组织召开了中央企业法制工作会议。会议提出，今后三年中央企业法制工作的总体目标是：以建立健全企业法律风险防范机制为核心，力争到2010年在中央企业及其重要子企业全部建立总法律顾问制度，企业规章制度、经济合同和重要决策的法律审核把关率达到100%，因违法经营发生的新的重大法律纠纷案件基本杜绝，历史遗留的重大法律纠纷案件基本解决，企业法制工作在提高企业市场竞争力和发展壮大具有国际竞争力的大公司大集团中的保障促进作用得到进一步发挥。

为进一步指导和推进中央企业落实法制工作三年目标，按照中央企业法制工作会议的部署和要求，现将有关事项通知如下：

一、准确把握三年目标的内涵

中央企业法制工作三年目标，以“一个核心，三项指标”为主，即以建立健全企业法律风险防范机制为核心，中央企业应当将建立健全法律风险防范机制作为今后三年加强企业法制工作的出发点和落脚点。“三项指标”，一是组织保障，即在中央企业及其重要子企业全部建立总法律顾问制度。二是业务要求，即企业规章制度、经济合同和重要决策的法律审核把关率达到100％，时间跨度是2008～2010年期间。三是检验标准，即因违法经营发生的新的重大法律纠纷案件基本杜绝，历史遗留的重大法律纠纷案件基本解决。

落实中央企业法制工作三年目标，必须进一步加强法制宣传教育，依法完善企业规章制度，创新企业法律管理模式，加强企业知识产权的依法管理和保护，严格企业实施“走出去”战略过程中的法律审核，切实加强重大法律纠纷案件的管理，全面落实企业法律事务工作职能，实现法律顾问队伍的专业化。力争到2010年底，中央企业及其重要子企业法律事务机构作为独立职能部门的比例达到70％；中央企业总法律顾问专职率达到70％；中央企业全系统法律人员中具有企业法律顾问执业资格的比例达到70％。

二、明确三年目标的有关指标要求

(一)关于重要子企业。是指在境内、外开展公司主营业务的实际运营，并由集团公司直接管理和控制的下属重要经营单位。以2007年度会计报表为依据，列入重要子企业范围的企业资产总额和利润总额的合计占集团公司的比例应达到60％以上。中央企业可以按照上述原则确定重要子企业的范围。

(二)关于重要决策。重要决策是指涉及企业分立、合并、破产、解散、增减资本以及重组改制、重大投融资、制订和修改公司章程、产权(股权)变动、对外担保、知识产权等对企业生存发展有重大影响的经营决策。中央企业可以根据企业自身实际具体细化标准,切实提高重要决策的法律审核率。企业在重大事项决策之前,应当由企业总法律顾问或法律事务机构出具相应的法律意见,保障企业依法决策。

(三)关于重大法律纠纷案件。是指具有下列情形之一的诉讼、仲裁或者可能引起诉讼、仲裁的案件:(1)涉案金额超过5000万元人民币的;(2)中央企业作为诉讼当事人且一审由高级人民法院受理的;(3)可能引发群体性诉讼或者系列诉讼的;(4)其他涉及出资人和中央企业重大权益或者具有国内外重大影响的。中央企业可以按照上述标准界定重大法律纠纷案件的范围,并根据涉外案件、金融债权债务诉讼、知识产权纠纷、劳资纠纷、涉及企业改制和上市公司规范运作等案件的上升趋势,进一步落实重大法律纠纷案件的备案制度。

(四)关于总法律顾问专职率。是指专门担任总法律顾问职务并取得专业资格。中央企业要进一步提高总法律顾问的法律专业素养,鼓励总法律顾问由兼职逐步向专职过渡。要加强总法律顾问后备人才队伍的培养,采取内部调配、公开招聘等多种形式,广泛吸引优秀人才。

三、制定落实三年目标的工作计划

中央企业要根据法制工作三年目标,结合企业改革发展的实际,进一步细化本企业的具体目标,科学、合理制定工作计划。工作计划应当包括以下内容:

(一)企业法制工作现状,与三年目标要求的差距和薄弱环节,以及改进措施。

(二)实现三年目标的时间进度安排。

(三)重要子企业名单和重要决策的范围。

(四)其他与完成三年目标有关的情况。

四、加强反馈和交流

中央企业要将贯彻法制工作会议精神的做法以及落实法制工作三年目标的有关情况和问题，及时向国资委反馈。本企业落实三年目标的工作计划，请于今年7月底前报国资委备案。今后三年每年1月底前，请中央企业将上一年度目标完成情况报送国资委。国资委每年对中央企业完成三年目标的进度情况进行综合测评，对中央企业总法律顾问制度建设情况，规章制度、经济合同和重要决策法律审核情况，重大法律纠纷案件处理情况等进行定期通报。同时，把企业因违法经营造成重大资产损失，依照有关规定纳入中央企业经营业绩考核和企业绩效评价，并予以责任追究。

国务院国有资产监督管理委员会关于贯彻实施《国有企业法律顾问职业岗位等级资格评审管理暂行办法》有关事项的通知

2009年3月9日　国资发法规〔2009〕37号

各中央企业，各省、自治区、直辖市及新疆生产建设兵团国资委：

为进一步加强国有企业法律顾问队伍建设，贯彻实施好《国有企业法律顾问职业岗位等级资格评审管理暂行办法》，现将有关事项通知如下：

一、关于国有企业法律顾问职业岗位等级资格评审权限和评审委员会的组建

(一)国务院国资委负责指导中央企业一级法律顾问职业岗位资格评审工作。省级国资委负责指导本地区国有企业一级、二级、三级和助

理法律顾问职业岗位资格评审工作，并根据需要，可以组建企业法律顾问职业岗位等级资格评审委员会。

(二)具有专业技术资格评审权的中央企业应当组建企业法律顾问职业岗位等级资格评审委员会，负责本企业一级、二级、三级和助理法律顾问职业岗位资格评审工作。不具备相应专业技术资格评审权的中央企业，可委托国务院国资委高级专业技术职称评审委员会组织有关专家进行，也可委托企业所在地省级国资委企业法律顾问职业岗位等级资格评审委员会进行。

(三)企业法律顾问职业岗位等级资格评审委员会一般由9～11人组成，设主任委员1人，副主任委员1～2人。评审委员会应当包括法律、人力资源、企业管理等方面的专家，其中法律方面的专家人数占评审委员会人员总数的比例不得低于1/2。

评审委员会专家应当具备以下条件之一：

1. 企业总法律顾问或主管法律事务工作的负责人。

2. 取得教授或研究员职称5年以上。

3. 取得合伙人资格10年以上的律师。

4. 各级国资委从事法律、人力资源管理工作的正处级以上负责人。

(四)经系统外单位委托，省级国资委评审委员会可以接受系统外单位的企业法律顾问职业岗位等级资格评审工作。

二、关于评审工作的备案和《国有企业法律顾问职业岗位等级资格证书》的申领

(一)中央企业、省级国资委应当及时将企业法律顾问职业岗位等级资格评审情况报国务院国资委备案。备案材料包括：

1. 企业法律顾问职业岗位等级资格评审委员会和评审工作总体情况。

2. 企业法律顾问职业岗位等级资格评审委员会组成人员备案表(附件1)。

3. 企业法律顾问职业岗位等级资格评审备案表(附件2)。

4. 中央企业一级法律顾问职业岗位资格人员备案表(附件3)。

以上材料一式3份(含电子文档)。

(二)《国有企业法律顾问职业岗位等级资格证书》由国务院国资委统一印制。各中央企业、省级国资委在将企业法律顾问职业岗位等级资格评审情况报国务院国资委备案的同时,向国务院国资委申请领取企业法律顾问职业岗位等级资格证书。申请领取证书应当提交以下材料:

1. 关于领取企业法律顾问职业岗位等级资格证书的申请文件。

2. 企业法律顾问职业岗位等级资格证书申领表(附件4)。

以上材料一式3份(含电子文档)

三、其他有关事项

(一)企业法律顾问职业岗位等级资格评审工作原则上每年举行一次,具体时间由各中央企业、省级国资委自行掌握。

(二)被评审为企业一级、二级、三级和助理法律顾问职业岗位资格的企业法律顾问,经企业聘任后,按照《国有企业法律顾问职业岗位等级资格评审管理暂行办法》第七条的规定,享受相应的专业技术职务待遇。

(三)企业法律顾问离开所在企业到新的国有企业工作的,原评审的企业法律顾问职业岗位等级资格经新单位审核同意后仍然有效。

附件:

1. 企业法律顾问职业岗位等级资格评审委员会组成人员备案表(略)

2. 企业法律顾问职业岗位等级资格评审备案表(略)

3. 中央企业一级法律顾问职业岗位资格人员备案表(略)

4. 企业法律顾问职业岗位等级资格证书申领表(略)

国务院国有资产监督管理委员会关于加强中央企业知识产权工作的指导意见

2009年4月22日　国资发法规〔2009〕100号

各中央企业：

为深入贯彻落实科学发展观，加强中央企业知识产权工作，按照国务院公布的《国家知识产权战略纲要》的总体部署，现就中央企业知识产权工作提出以下意见：

一、充分认识加强中央企业知识产权工作的重要意义

当前国际金融危机继续蔓延，对我国实体经济的影响不断加深，特别是一些劳动密集型、纯加工型、缺乏核心技术和自主知识产权的企业面临严重冲击和困难，中央企业也面临着市场疲软、出口下降、增长放缓等严峻挑战。为贯彻落实党中央、国务院有关“保增长、扩内需、调结构”的总体要求，积极应对国际金融危机，中央企业要把知识产权工作作为“转危为机”的重要手段，主动进行技术、产品转型升级，努力打造知名品牌，掌握具有自主知识产权的核心竞争能力，增强中央企业抵御各类风险能力，实现可持续发展。

二、中央企业加强知识产权工作的指导思想与总体要求

中央企业加强知识产权工作的指导思想是：按照贯彻《国家知识产权战略纲要》的有关要求，以科学发展观为指导，积极应对国际金融危机，全面实施企业知识产权战略，提高企业自主创新能力，坚持企业知识产权工作与企业改革、机制创新相结合，与结构调整、产业升级相结合，与企业开拓市场、经营发展相结合，与技术创新、提升自主开发能力

相结合，努力打造一批拥有自主知识产权和知名品牌、熟练运用知识产权制度、国际竞争力较强的大公司大集团。

中央企业加强知识产权工作的总体要求是：紧紧围绕“一个核心，三条主线”，即以研究制定企业知识产权战略为核心，以拥有核心技术的自主知识产权、打造中央企业知名品牌、争取国际标准的话语权为知识产权工作开展的主线，充分运用“企业知识产权战略和管理指南”研究成果，大力提升中央企业知识产权创造、应用、管理和保护的能力与水平，增强企业国际竞争力。

三、全面启动中央企业知识产权战略研究制定工作

中央企业要将企业知识产权战略的研究制定放在企业知识产权工作的首位。要按照《国家知识产权战略纲要》的要求，结合本企业改革发展的实际，针对有关重点领域、重要产业的知识产权特点和发展趋势，抓紧制定和完善本企业的知识产权战略。所有中央企业要结合主业明确本企业知识产权工作的目标和任务，53 家大型中央企业和其他具备条件的中央企业要在 2009 年底前制定并开始实施本企业知识产权战略。中央企业制定实施企业知识产权战略的有关情况要及时向国资委反馈。

四、加大企业知识产权创造和应用力度，推进中央企业在关键领域、核心技术上拥有自主知识产权

中央企业要突出知识产权创造的重点，充分发挥中央企业科研机构具有的学科比较配套、设施比较齐备、科技人员比较集中的优势，着力于在重点领域的重大关键技术项目实现重点突破。要用好国家近期出台的一系列有关钢铁、汽车、轻工、石化等产业调整和振兴规划的各项优惠政策，加大对科研开发的投入，促进相关产业的优化升级。要充分运用知识产权法律制度，加强创新成果的知识产权确权工作，进一步将发明专利申请作为企业专利申请的重点，安排一定的经费用于专利申请、维持和实施。要努力提高企业核心技术领域的专利实施率，鼓励知识产权成果的资本化运作,重视开展专利、商标以及非专利技术等的转让和许可,推进知识产权成果的广泛应用。将知识产权的拥有量和实施效益作为衡量企业科技进步和经营管理水平的重要依据,并将其作为科技人员、经营管理人员绩效考核、职称评定、职级晋升的重要指标。

五、适应国内外市场竞争需要,加快打造中央企业知名品牌

中央企业近年来快速健康发展的良好态势,为打造中央企业知名品牌创造了条件。中央企业一定要结合知识产权工作,树立强烈的品牌意识。要加强企业知识产权战略与品牌战略的有机结合和相互促进。通过自主知识产权的创造与应用打造企业的知名品牌,通过自主知识产权的保护与管理维护并提升知名品牌的价值。要立足国际竞争,通过持续创新和长期维护,努力将知名品牌推向国际,逐步改变一些企业单纯贴牌生产的局面。要围绕企业品牌法律地位的确立,及时、规范地进行商标、商号的注册和企业商誉的保护,充分运用法律武器保护品牌成果。

六、推进知识产权成果运用与标准制订相结合,努力争取国际标准的话语权

知识产权与标准相结合已经成为各国大公司大集团占领市场的重要手段。争取国际标准的话语权,是中央企业打造具有国际竞争力的大公司大集团的重要途径。中央企业在加速知识产权成果产业化的同时,要高度重视将重大专利成果纳入技术标准的工作,积极与有关行业部门沟通,争取将企业标准上升为行业标准和国家标准。同时,中央企业作为我国行业排头兵,要进一步加强国际交流与合作,主动参与国际行业标准的制订,努力将我国优势领域拥有自主知识产权的核心技术上升为国际标准,谋求企业更大发展空间。

七、建立健全中央企业知识产权管理与保护的工作机制和制度

要立足于知识产权管理与保护,抓紧建立和完善企业知识产权综

合管理制度，逐步推动知识产权由下属企业分散管理向集团集中管理转变。要在中央企业集团层面尽快明确知识产权工作综合协调机构，进一步增强集团知识产权工作的管控能力。建立健全对自主创新的激励机制，探索知识产权的收益分配制度，在知识产权转让、转化获得收益时，对职务发明人与团队及其他做出重要贡献人员依法予以适当奖励和报酬。要进一步加强知识产权人才队伍建设，加快培养一批懂技术、懂法律、懂外语，能进行知识产权分析且能熟悉运用有关国际规则的复合型人才。要针对企业知识产权的不同类型，分别建立符合企业实际情况的专利、商标、著作权和商业秘密等专项管理办法。要抓紧完善企业知识产权管理的各项制度，提高知识产权管理的信息化水平，探索建立知识产权信息检索制度、运营管理制度、侵权预警制度等。要进一步加大企业知识产权保护力度，积极防范在企业对外并购、改制重组过程中的知识产权流失。要认真贯彻落实《中华人民共和国劳动合同法》，防止因员工“跳槽”引发知识产权纠纷。

进一步加强企业知识产权工作，是当前中央企业调整优化结构、增强核心竞争力的一项重要举措。按照《中央企业负责人经营业绩考核暂行办法》的有关规定，国资委将继续落实对在自主创新（包括自主知识产权）等方面取得突出成绩的企业负责人设立单项特别奖，积极指导和推动中央企业把自主创新和知识产权工作纳入企业内部的业绩考核。同时结合中央企业知识产权战略制定工作，大力推动“企业知识产权战略和管理指南”专题研究成果的贯彻实施，促进中央企业之间的经验交流与合作。加强对中央企业知识产权工作的监督检查，继续做好对企业专利成果申报和授权情况的统计通报，及时选择一批自主创新能力强、知识产权工作基础好的中央企业进行宣传和推广。依法协调好中央企业知识产权法律纠纷，为中央企业深化知识产权工作营造良好的政策法律环境。

国务院国有资产监督管理委员会关于印发《中央企业商业秘密保护暂行规定》的通知

2010 年 3 月 25 日　国资发〔2010〕41 号

各中央企业：

《中央企业商业秘密保护暂行规定》已经国务院国有资产监督管理委员会第 87 次主任办公会议审议通过，现印发给你们，请遵照执行。

各中央企业要高度重视商业秘密保护工作，加快研究制订相关实施细则，切实保障企业利益不受侵害，促进企业又好又快发展。

附件：中央企业商业秘密保护暂行规定

附件：

中央企业商业秘密保护暂行规定

第一章　总　　则

第一条　为加强中央企业商业秘密保护工作，保障中央企业利益不受侵害，根据《中华人民共和国保守国家秘密法》和《中华人民共和国反不正当竞争法》等法律法规，制定本规定。

第二条　本规定所称的商业秘密，是指不为公众所知悉、能为中央企业带来经济利益、具有实用性并经中央企业采取保密措施的经营信息和技术信息。

第三条 中央企业经营信息和技术信息中属于国家秘密范围的，必须依法按照国家秘密进行保护。

第四条 中央企业商业秘密中涉及知识产权内容的，按国家知识产权有关法律法规进行管理。

第五条 中央企业商业秘密保护工作，实行依法规范、企业负责、预防为主、突出重点、便利工作、保障安全的方针。

第二章 机构与职责

第六条 中央企业商业秘密保护工作按照统一领导、分级管理的原则，实行企业法定代表人负责制。

第七条 各中央企业保密委员会是商业秘密保护工作的工作机构，负责贯彻国家有关法律、法规和规章，落实上级保密机构、部门的工作要求，研究决定企业商业秘密保护工作的相关事项。

各中央企业保密办公室作为本企业保密委员会的日常办事机构，负责依法组织开展商业秘密保护教育培训、保密检查、保密技术防护和泄密事件查处等工作。

第八条 中央企业保密办公室应当配备专职保密工作人员，负责商业秘密保护管理。

第九条 中央企业科技、法律、知识产权等业务部门按照职责分工，负责职责范围内商业秘密的保护和管理工作。

第三章 商业秘密的确定

第十条 中央企业依法确定本企业商业秘密的保护范围，主要包括：战略规划、管理方法、商业模式、改制上市、并购重组、产权交易、财务信息、投融资决策、产购销策略、资源储备、客户信息、招投标事项等经营信息；设计、程序、产品配方、制作工艺、制作方法、技术诀窍等技术信息。

第十一条 因国家秘密范围调整，中央企业商业秘密需要变更为国家秘密的，必须依法定程序将其确定为国家秘密。

第十二条　中央企业商业秘密及其密级、保密期限和知悉范围，由产生该事项的业务部门拟定，主管领导审批，保密办公室备案。

第十三条　中央企业商业秘密的密级，根据泄露会使企业的经济利益遭受损害的程度，确定为核心商业秘密、普通商业秘密两级，密级标注统一为“核心商密”、“普通商密”。

第十四条　中央企业自行设定商业秘密的保密期限。可以预见时限的以年、月、日计，不可以预见时限的应当定为“长期”或者“公布前”。

第十五条　中央企业商业秘密的密级和保密期限一经确定，应当在秘密载体上作出明显标志。标志由权属(单位规范简称或者标识等)、密级、保密期限三部分组成。

第十六条　中央企业根据工作需要严格确定商业秘密知悉范围。知悉范围应当限定到具体岗位和人员，并按照涉密程度实行分类管理。

第十七条　商业秘密需变更密级、保密期限、知悉范围或者在保密期限内解密的，由业务部门拟定，主管领导审批，保密办公室备案。保密期限已满或者已公开的，自行解密。

第十八条　商业秘密的密级、保密期限变更后，应当在原标明位置的附近作出新标志，原标志以明显方式废除。保密期限内解密的，应当以能够明显识别的方式标明“解密”的字样。

第四章　保护措施

第十九条　中央企业与员工签订的劳动合同中应当含有保密条款。

中央企业与涉密人员签订的保密协议中，应当明确保密内容和范围、双方的权利与义务、协议期限、违约责任。

中央企业应当根据涉密程度等与核心涉密人员签订竞业限制协议，协议中应当包含经济补偿条款。

第二十条　中央企业因工作需要向各级国家机关，具有行政管理职能的事业单位、社会团体等提供商业秘密资料，应当以适当方式向其明示保密义务。所提供涉密资料，由业务部门拟定，主管领导审批，保密办公室备案。

第二十一条　中央企业涉及商业秘密的咨询、谈判、技术评审、成果鉴定、合作开发、技术转让、合资入股、外部审计、尽职调查、清产核资等活动，应当与相关方签订保密协议。

第二十二条　中央企业在涉及境内外发行证券、上市及上市公司信息披露过程中，要建立和完善商业秘密保密审查程序，规定相关部门、机构、人员的保密义务。

第二十三条　加强中央企业重点工程、重要谈判、重大项目的商业秘密保护，建立保密工作先期进入机制，关系国家安全和利益的应当向国家有关部门报告。

第二十四条　对涉密岗位较多、涉密等级较高的部门（部位）及区域，应当确定为商业秘密保护要害部门（部位）或者涉密区域，加强防范与管理。

第二十五条　中央企业应当对商业秘密载体的制作、收发、传递、使用、保存、销毁等过程实施控制，确保秘密载体安全。

第二十六条　中央企业应当加强涉及商业秘密的计算机信息系统、通讯及办公自动化等信息设施、设备的保密管理，保障商业秘密信息安全。

第二十七条　中央企业应当将商业秘密保护工作纳入风险管理，制定泄密事件应急处置预案，增强风险防范能力。发现商业秘密载体被盗、遗失、失控等事件，要及时采取补救措施，发生泄密事件要及时查处并报告国务院国资委保密委员会。

第二十八条　中央企业应当对侵犯本单位商业秘密的行为，依法主张权利，要求停止侵权，消除影响，赔偿损失。

第二十九条　中央企业应当保证用于商业秘密保密教育、培训、检查、奖励及保密设施、设备购置等工作的经费。

第五章　奖励与惩处

第三十条　中央企业在商业秘密保护工作中，对成绩显著或作出突出贡献的部门和个人，应当给予表彰和奖励。

第三十一条 中央企业发生商业秘密泄密事件,由本企业保密委员会负责组织有关部门认定责任,相关部门依法依规进行处理。

第三十二条 中央企业员工泄露或者非法使用商业秘密,情节较重或者给企业造成较大损失的,应当依法追究相关法律责任。涉嫌犯罪的,依法移送司法机关处理。

第六章 附 则

第三十三条 中央企业应当结合企业实际,依据本规定制定本企业商业秘密保护实施办法或者工作细则。

第三十四条 本规定自发布之日起施行。

社会责任与协会建设

国务院国有资产监督管理委员会关于印发《关于中央企业履行社会责任的指导意见》的通知

2007年12月29日　国资发研究〔2008〕1号

各中央企业：

为了全面贯彻党的十七大精神，深入落实科学发展观，推动中央企业在建设中国特色社会主义事业中，认真履行好社会责任，实现企业与社会、环境的全面协调可持续发展，我们研究制定了《关于中央企业履行社会责任的指导意见》，现印发你们。请结合本企业实际参照执行，并将企业履行社会责任工作中的经验、做法和问题及时反馈我委。

附件：关于中央企业履行社会责任的指导意见

附件：

关于中央企业履行社会责任的指导意见

为了全面贯彻党的十七大精神，深入落实科学发展观，推动中央企业在建设中国特色社会主义事业中，认真履行好社会责任，实现企业与社会、环境的全面协调可持续发展，提出以下指导意见。

一、充分认识中央企业履行社会责任的重要意义

(一)履行社会责任是中央企业深入贯彻落实科学发展观的实际行动。履行社会责任要求中央企业必须坚持以人为本、科学发展,在追求经济效益的同时,对利益相关者和环境负责,实现企业发展与社会、环境的协调统一。这既是促进社会主义和谐社会建设的重要举措,也是中央企业深入贯彻落实科学发展观的实际行动。

(二)履行社会责任是全社会对中央企业的广泛要求。中央企业是国有经济的骨干力量,大多集中在关系国家安全和国民经济命脉的重要行业和关键领域,其生产经营活动涉及整个社会经济活动和人民生活的各个方面。积极履行社会责任,不仅是中央企业的使命和责任,也是全社会对中央企业的殷切期望和广泛要求。

(三)履行社会责任是实现中央企业可持续发展的必然选择。积极履行社会责任,把社会责任理念和要求全面融入企业发展战略、企业生产经营和企业文化,有利于创新发展理念、转变发展方式,有利于激发创造活力、提升品牌形象,有利于提高职工素质、增强企业凝聚力,是中央企业发展质量和水平的重大提升。

(四)履行社会责任是中央企业参与国际经济交流合作的客观需要。在经济全球化日益深入的新形势下,国际社会高度关注企业社会责任,履行社会责任已成为国际社会对企业评价的重要内容。中央企业履行社会责任,有利于树立负责任的企业形象,提升中国企业的国际影响,也对树立我国负责任的发展中大国形象具有重要作用。

二、中央企业履行社会责任的指导思想、总体要求和基本原则

(五)指导思想。以邓小平理论和“三个代表”重要思想为指导,深入贯彻落实科学发展观,坚持以人为本,坚持可持续发展,牢记责任,强化意识,统筹兼顾,积极实践,发挥中央企业履行社会责任的表率作用,促进社会主义和谐社会建设,为实现全面建设小康社会宏伟目标作出更大贡献。

（六）总体要求。中央企业要增强社会责任意识，积极履行社会责任，成为依法经营、诚实守信的表率，节约资源、保护环境的表率，以人为本、构建和谐企业的表率，努力成为国家经济的栋梁和全社会企业的榜样。

（七）基本原则。坚持履行社会责任与促进企业改革发展相结合，把履行社会责任作为建立现代企业制度和提高综合竞争力的重要内容，深化企业改革，优化布局结构，转变发展方式，实现又好又快发展。坚持履行社会责任与企业实际相适应，立足基本国情，立足企业实际，突出重点，分步推进，切实取得企业履行社会责任的成效。坚持履行社会责任与创建和谐企业相统一，把保障企业安全生产，维护职工合法权益，帮助职工解决实际问题放在重要位置，营造和谐劳动关系，促进职工全面发展，实现企业与职工、企业与社会的和谐发展。

三、中央企业履行社会责任的主要内容

（八）坚持依法经营诚实守信。模范遵守法律法规和社会公德、商业道德以及行业规则，及时足额纳税，维护投资者和债权人权益，保护知识产权，忠实履行合同，恪守商业信用，反对不正当竞争，杜绝商业活动中的腐败行为。

（九）不断提高持续盈利能力。完善公司治理，科学民主决策。优化发展战略，突出做强主业，缩短管理链条，合理配置资源。强化企业管理，提高管控能力，降低经营成本，加强风险防范，提高投入产出水平，增强市场竞争能力。

（十）切实提高产品质量和服务水平。保证产品和服务的安全性，改善产品性能，完善服务体系，努力为社会提供优质安全健康的产品和服务，最大限度地满足消费者的需求。保护消费者权益，妥善处理消费者提出的投诉和建议，努力为消费者创造更大的价值，取得广大消费者的信赖与认同。

（十一）加强资源节约和环境保护。认真落实节能减排责任，带头完成节能减排任务。发展节能产业，开发节能产品，发展循环经济，提高资源综合利用效率。增加环保投入,改进工艺流程,降低污染物排放,实施清洁生产,坚持走低投入、低消耗、低排放和高效率的发展道路。

(十二)推进自主创新和技术进步。建立和完善技术创新机制,加大研究开发投入,提高自主创新能力。加快高新技术开发和传统产业改造,着力突破产业和行业关键技术,增加技术创新储备。强化知识产权意识,实施知识产权战略,实现技术创新与知识产权的良性互动,形成一批拥有自主知识产权的核心技术和知名品牌,发挥对产业升级、结构优化的带动作用。

(十三)保障生产安全。严格落实安全生产责任制,加大安全生产投入,严防重、特大安全事故发生。建立健全应急管理体系,不断提高应急管理水平和应对突发事件能力。为职工提供安全、健康、卫生的工作条件和生活环境,保障职工职业健康,预防和减少职业病和其他疾病对职工的危害。

(十四)维护职工合法权益。依法与职工签订并履行劳动合同,坚持按劳分配、同工同酬,建立工资正常增长机制,按时足额缴纳社会保险。尊重职工人格,公平对待职工,杜绝性别、民族、宗教、年龄等各种歧视。加强职业教育培训,创造平等发展机会。加强职代会制度建设,深化厂务公开,推进民主管理。关心职工生活,切实为职工排忧解难。

(十五)参与社会公益事业。积极参与社区建设,鼓励职工志愿服务社会。热心参与慈善、捐助等社会公益事业,关心支持教育、文化、卫生等公共福利事业。在发生重大自然灾害和突发事件的情况下,积极提供财力、物力和人力等方面的支持和援助。

四、中央企业履行社会责任的主要措施

(十六)树立和深化社会责任意识。深刻理解履行社会责任的重要意义,牢固树立社会责任意识,高度重视社会责任工作,把履行社会责任提上企业重要议事日程,经常研究和部署社会责任工作,加强社会责任全员培训和普及教育,不断创新管理理念和工作方式,努力形成履行

社会责任的企业价值观和企业文化。

（十七）建立和完善履行社会责任的体制机制。把履行社会责任纳入公司治理，融入企业发展战略，落实到生产经营各个环节。明确归口管理部门，建立健全工作体系，逐步建立和完善企业社会责任指标统计和考核体系，有条件的企业要建立履行社会责任的评价机制。

（十八）建立社会责任报告制度。有条件的企业要定期发布社会责任报告或可持续发展报告，公布企业履行社会责任的现状、规划和措施，完善社会责任沟通方式和对话机制，及时了解和回应利益相关者的意见建议，主动接受利益相关者和社会的监督。

（十九）加强企业间交流与国际合作。研究学习国内外企业履行社会责任的先进理念和成功经验，开展与履行社会责任先进企业的对标，总结经验，找出差距，改进工作。加强与有关国际组织的对话与交流，积极参与社会责任国际标准的制定。

（二十）加强党组织对企业社会责任工作的领导。充分发挥企业党组织的政治核心作用，广泛动员和引导广大党员带头履行社会责任，支持工会、共青团、妇女组织在履行社会责任中发挥积极作用，努力营造有利于企业履行社会责任的良好氛围。

国务院国有资产监督管理委员会关于印发《国务院国资委行业协会工作暂行办法》的通知

2004 年 8 月 30 日　国资研究〔2004〕834 号

各厅局、委管各协会：

现将《国务院国有资产监督管理委员会行业协会工作暂行办法》印发你们，请认真贯彻执行。委内有关厅局要按照本办法规定的职责和要求制定工作实施细则。请直管协会商代管协会制定代管办法,报国资委批准后实施。

附件:国务院国有资产监督管理委员会行业协会工作暂行办法

附件:

国务院国有资产监督管理委员会
行业协会工作暂行办法

第一章 总 则

第一条 为规范国务院国有资产监督管理委员会(以下简称国资委)联系行业协会的工作,更好地发挥行业协会的作用,依照《社会团体登记管理条例》(国务院令第250号)等有关规定,制定本办法。

第二条 国务院交由国资委联系的行业协会适用本办法。

第三条 国资委联系行业协会主要采用以下形式:国资委直接联系一部分行业协会(以下简称直管协会);国资委委托直管协会联系其他行业协会、学会、基金会(以下简称代管协会)。

第四条 国资委履行行业协会主管单位的管理职责,为行业协会开展业务、发挥作用提供服务和创造条件,引导和促进行业协会按照市场化原则推进改革和规范发展,加快实现自主、自立、自养、自强。

第五条 行业协会要自觉遵守国家法律、法规、规章和有关政策,按照《社会团体登记管理条例》和协会章程以及本办法的有关规定履行义务和开展工作。

第二章 国资委联系行业协会工作的主要职责和义务

第六条 国资委联系行业协会工作主要履行以下职责:

(一)负责传达党中央、国务院有关方针、政策和其他重要精神。

(二)负责行业协会党的建设和思想政治工作。

（三）指导和支持行业协会推进改革和规范发展。

（四）负责行业协会及其分支机构、代表机构的筹备申请和设立、变更、注销登记前的审查及年检的初审，承担应由主管单位审查的有关重要事项。

（五）负责行业协会的人事管理。

（六）负责指导行业协会的外事工作。

（七）负责行业协会公开出版物的指导与监督。

（八）负责行业协会财务、国有资产管理工作的指导、协调和监督。

（九）监督检查行业协会遵守国家法律、法规和有关政策的情况，协助有关部门查处行业协会的违规行为，受理国资委党委管理的干部及其他副局级以上干部违反党纪政纪的重要案件。

（十）负责向国务院报告行业协会反映的重大问题和提出的重要建议。

（十一）承担国家规定的行业协会主管单位应履行的其他职责。

第七条 国资委支持行业协会依据法律法规和协会章程自主开展业务活动，鼓励行业协会接受和完成政府部门、有关机构委托的有关事项，为行业协会开展业务活动做好协调和服务工作，帮助行业协会解决调整、改革和发展中遇到的问题，履行行业协会主管单位应尽的义务。

第三章 国资委联系行业协会工作的内部分工

第八条 国资委联系行业协会工作实行委内统一协调、分工负责的责任制度。建立各有关厅局参加的联系行业协会工作联席会议制度。

（一）研究室（行业协会联系办公室）负责国资委联系行业协会工作的综合协调。负责行业协会及分支机构、代表机构的筹备申请和设立、变更、注销登记前的审查及年检的初审；负责行业协会申请社团编制的审查；监督行业协会遵守国家法律、法规、政策和依据行业协会章程开展活动；会同委内有关厅局监督直管协会对国资委委托职责的履行；指导行业协会改革、调整，促进行业协会规范发展；负责上报行业协会反映的重大问题和提出的重要建议。

(二)办公厅负责直管协会有关文件、资料的传送和有关会议、活动的通知等。

(三)宣传局负责行业协会公开出版物的指导与监督。

(四)外事局负责指导直管协会的外事工作。负责直管协会副部级以上领导人员出访、直管协会参加国际组织或召开大型国际会议及邀请国外正部级或前政要来访请示件的报批;负责无外事审批权的直管协会副部级以下人员因公出国(境)、赴台和邀请国(境)外相关人员来华的审批;负责直管协会引进国外智力、出国培训的申报工作。

(五)人事局负责行业协会的人事工作。直管协会会长(理事长)、副会长(副理事长)、秘书长根据协会章程选举产生,选举之前其人选须报国资委同意,选举之后秘书长以上协会负责人报国资委备案。属中央管理的干部兼任协会负责人,按中组部《关于审批中央管理的干部兼任社会团体领导职务有关问题的通知》(组通字[1999]第55号)办理。

(六)直属机关党委负责直管协会党的建设和思想政治工作。负责直管协会党委和纪委正、副书记的审批、任免;负责审议、上报直管协会局级党员领导干部违反党纪的处理决定(原由中组部管理的行业协会党员干部,按管理权限报批);指导直管协会党员干部政治理论学习、培训和统战、工青妇组织工作。

(七)纪委监察局负责对直管协会执行党的路线方针政策和国家法律法规以及执行党中央、国务院有关指示、决定的情况进行监督检查;受理查处直管协会和国资委党委管理的直管协会负责人,以及直管协会和由直管协会代管的代管协会、事业单位中原国务院各部委、国家局党组任命的部委司局级干部违反党纪政纪的重要案件;受理对直管协会和上述人员的举报控告;受理直管协会和上述人员的申诉。

(八)机关服务管理局负责有财政预算管理关系直管协会的财务管理和监督工作,并对代管协会和事业单位实施财务指导、协调和监督。负责直管协会、代管协会及事业单位国有资产的产(股)权管理、产权登记、资产划转、评估、报废、拍卖、对外投资管理、担保、资产保值增值考核、清产核资、土地登记及资产信息报送等管理工作,以及改制、改组、股份制改造、转换机制的审核管理工作和行业协会注册资金变更登记前的审查。

第四章　直管协会的代管职责

第九条　国资委委托直管协会对代管协会履行以下职责：

（一）负责向代管协会传达党中央、国务院和国资委及有关部门的文件、会议精神等。

（二）监督检查代管协会、事业单位遵守国家法律、法规和政策情况，受理查处代管协会、事业单位及副局级以下工作人员违反党纪政纪的案件。

（三）负责代管协会、事业单位党的建设和思想政治工作。

（四）负责代管协会的设立、变更、注销和申请社团编制以及年检的前期审查并向国资委报告意见。

（五）协助国资委管理与指导代管协会、事业单位的公开出版物。

（六）负责代管协会和事业单位的人事管理。审查、批准代管协会按章程提出并报送的秘书长以上人选和法定代表人。

（七）被授予外事审批权的直管协会行使本协会及代管协会、事业单位工作人员（不含副部级以上领导人员）临时出国（境）任务审批权、护照签证自办权、邀请外国相关人员和民间组织及副部级以下官员来华签证通知权；负责本协会及代管协会、事业单位工作人员赴台的审核、报批。

（八）协助国资委做好对代管协会和事业单位的财务监督和国有资产日常监管工作。

（九）承担国资委委托的其他事项。

第十条　直管协会与代管协会之间无行政隶属关系，直管协会、代管协会各自独立承担民事责任和社团法人责任，具有平等的法律地位。直管协会在国资委委托的职责范围内对代管协会和事业单位进行管理，不干预代管协会依据章程开展的各项业务活动和依法开展的各项内部管理工作。代管协会要支持和服从直管协会在国资委委托职责范围内开展的各项管理工作。

第五章　附　　则

第十一条　本办法自公布之日起施行。

国务院国有资产监督管理委员会关于印发《国务院国有资产监督管理委员会规范行业协会运作暂行办法》的通知

2007年11月15日　国资发研究〔2007〕199号

委管各协会：

现将《国务院国有资产监督管理委员会规范行业协会运作暂行办法》印发给你们，请认真贯彻执行。

附件：国务院国有资产监督管理委员会规范行业协会运作暂行办法

附件：

国务院国有资产监督管理委员会规范行业协会运作暂行办法

第一章　总　　则

第一条　为加强对国务院国有资产监督管理委员会(以下简称国资委)所联系行业协会的管理，促进所联系行业协会规范运作和健康发展，根据《社会团体登记管理条例》、《社会团体分支机构、代表机构登记办法》等有关法律法规和《国务院办公厅关于加快推进行业协会商会改革和发展的若干意见》，特制定本办法。

第二条 国资委负责联系的行业协会，包括联合会、协会、学会、研究会、促进会等（以下统称协会），适用本办法。

第三条 国资委负责联系的基金会参照本办法执行。

第二章 协会章程执行

第四条 协会应当按照《社会团体章程示范文本》制订、修订章程。

协会章程修订草案在提交会员大会（会员代表大会）讨论之前，应当将草案及修订说明报送国资委；会员大会（会员代表大会）对章程修订草案作出修改的，应当在新章程核准备案的报告中予以特别说明。

第五条 协会因故不能按章程规定如期召开会员大会（会员代表大会）、理事会和常务理事会，应当提前30日向参会人员说明原因及延期的时间，并报告国资委。

第六条 协会因故推迟换届的，应当告知全体会员，并向国资委报告推迟原因和延期的时间，国资委审查后由协会报民政部批准。无合理原因推迟换届一年以上的，视为严重违规，按本规定第四十条相关规定处理。

第七条 担任协会副会长的成员单位应当为行业骨干企事业单位。

第八条 协会设立和调整内设机构，选举理事、常务理事、副会长、会长，及事关行业和会员利益的重要决策等需经会员大会（会员代表大会）、理事会、常务理事会表决通过的事项，应当以无记名投票方式进行表决。选票的设计应当规范、明确。以通讯方式表决的事项，应当以表决人书面回复为准，不回复视为弃权。

第三章 协会业务管理

第九条 行业协会的重要事项应当及时向国资委报告。重要事项主要包括：党中央、国务院领导同志对协会工作的重要批示；协会重大业务活动;重大违规违纪问题;协会年度工作总结和年度工作安排等。

第十条 协会开展活动和对外宣传应当使用登记注册的名称,不得冠以"国务院国有资产监督管理委员会"字样。未经同意,不得以拟邀请名义将有关单位或个人作为支持、协办单位或专家、特邀(聘)人员进行对外宣传。协会制作非公益性活动的宣传品和证书,不得带有国旗、国徽图案。

第十一条 协会开展各种活动,应当符合协会章程,不得超出本协会业务范围,不得以营利为目的,不得违反有关财务规定滥发钱物。

第十二条 协会应当加强对所办公开出版物及内部刊物的管理。未取得公开发行刊号的出版物,不得对外公开发行。内部刊物及未取得广告经营许可证的公开出版物,不得刊登广告。

第四章　协会分支机构管理

第十三条 协会不得以未经登记的分支机构(代表机构,下同)名称进行宣传或者开展与筹备成立分支机构无关的活动。

第十四条 协会应当专门制定有关规定,加强对分支机构的管理。分支机构对外联络和开展活动,应当符合协会章程规定的业务范围以及理事会的有关决议,其财务、资产应当纳入协会统一管理。分支机构使用名称应当与登记证书一致,不得使用易产生歧义、误解的简称。

第十五条 协会分支机构不得以任何形式承包给非会员单位或者个人。

第十六条 分支机构开展涉外活动应当经协会负责人批准,并由协会统一对外行文。

第五章　协会外事管理

第十七条 协会的外事工作应当按照《国务院国有资产监督管理委员会外事工作管理办法》(国资外事〔2003〕44号)的有关规定和程序进行。

第十八条 协会的外事工作应当立足于为行业和会员单位对外交

流合作服务，不得脱离行业或者专业工作、违背服务宗旨，不得从事营利性活动。

第十九条 协会组团和协会人员出国（境）考察、参加会议和培训，邀请国（境）外有关行业、专业组织和人士来访，举办国际会议、展览和交流活动等，应当严格遵守国家有关法律法规及相关规定，并注意有关敏感问题。需报批的事项，应当在规定时间内按程序履行报批手续。

第二十条 协会加入国际组织，应当按程序报批。协会人员未经批准不得以协会名义参加国（境）外组织的活动。协会负责人应当自觉控制出国（境）次数。

第二十一条 协会不得组织以营利为目的的出国（境）团组；不得超过国家规定收取出国（境）费用；团组人员中不得包含与出国（境）任务无关的人员。

第六章 协会财务和资产管理

第二十二条 协会财务管理工作在会长（或者主持工作的副会长、秘书长）的领导和上级财务部门的指导下进行，严格遵守国家财经制度。协会应当设置财务机构，配备财务人员，建立健全各种规章制度，如实反映协会财务状况，建立健全审计稽核制度和内部控制制度。

协会财务工作应当接受会员大会（会员代表大会）和上级财务部门的监督。

第二十三条 协会应当按年度编制预算和决算，向会员大会（会员代表大会）报告财务收支情况。

第二十四条 协会业务活动的收费项目，应当严格执行国家收费政策，按《收费许可证》规定的范围和标准收费，协会的各项收入全部纳入单位预算，统一核算，统一管理。

协会的支出应当严格执行国家有关财务规章制度和规定，用于协会章程规定范围内的活动。

协会不得以财政资金开展对外借款和投资活动。

第二十五条 直管协会应当根据国资委的授权和委托，履行国有资产管理职责,贯彻执行国有资产管理政策规定,建立健全管理制度,协助国资委监督指导代管单位规范资产管理工作。协会应当按照国有资产管理有关规定的要求,加强对外投资、资产处置、基建项目的管理工作。

第二十六条 协会发生经济担保、资产抵押、资产风险等重大经济事项,应当及时报告上级资产管理部门。对可能引起资产流失的问题,应当及时采取措施予以防范。

第七章 协会公文、印章管理和保密制度

第二十七条 协会应当制定人事、资产、财务、档案、保密、公文处理、证书印章使用、对外联络等内部管理制度。协会内部管理制度执行情况应当接受理事会监督。

第二十八条 协会应当完善会员大会(会员代表大会)、理事会、常务理事会和会长办公会会议文件以及协会重要事项的档案管理。

第二十九条 协会对外行文,应当由协会会长或者会长委托的副会长、秘书长签发。

第三十条 协会证照、印章应当由专人保管。使用协会证照、印章应当经有签字权的协会负责人签字批准。

第三十一条 协会内部岗位薪酬标准和完成目标任务的奖惩办法及标准,应当经理事会或常务理事会批准。

第三十二条 协会应当严格遵守国家保密制度,自觉维护国家安全和产业安全,严格保守会员单位的商业秘密。

第八章 协会党的工作

第三十三条 协会应当按照《中国共产党章程》的规定建立党组织,并正常开展工作。

第三十四条 符合建立工会、共青团、妇联等群众组织条件的协会,应当按有关法律法规或组织章程,建立相应的组织,在直管协会党委的领导下,独立自主地履行工作职责,并正常开展活动。

第三十五条 协会各级党组织接受上级党组织的领导，并定期汇报党的工作和群众工作情况。直管协会党委要发挥政治核心作用，加强对代管协会党的工作的领导。

第三十六条 协会各级党组织应当加强对本单位党风廉政建设和反腐败工作的领导，并按照《中国共产党章程》规定建立党的纪检机构。

第三十七条 协会各级纪检监察机构要在党组织领导下认真履行职责，检查协会贯彻执行党的路线、方针、政策和国家法律、法规的情况；抓好协会党员领导干部廉洁自律工作；受理相关举报和申诉，严肃查处违纪违法案件；纠正损害群众利益的行为和不正之风。

第九章 国资委的监督

第三十八条 国资委每年选择部分协会，按照国家和国资委对协会的管理规定，组织有关单位进行全面检查。接受检查的协会应当予以配合，并提供相关资料。

第三十九条 协会主要负责人失职导致工作不能正常开展、对行业造成不利影响、会员不满意，协会自身无法解决的，由国资委按照有关规定和程序予以协调。

第四十条 对违反国家和国资委管理规定的协会，国资委应当进行处理。在年度之内，初次违规的，予以批评；再次违规的，予以通报；违规三次或者严重违规的，给予年检初审不合格、暂停相关业务活动进行整改的处理，并视情节严重程度建议登记管理机关分别予以年检不合格、撤销相关机构的处理。

第十章 附　则

第四十一条 代管协会按照本办法向国资委报送材料或备案等事项，应当按照《国资委行业协会工作暂行办法》有关规定，由直管协会转报。

第四十二条 本办法由国资委行业协会联系办公室负责解释。

第四十三条 本办法自2007年11月15日起施行。

国务院国有资产监督管理委员会办公厅关于建立国资委联系行业协会工作联席会议制度有关问题的通知

2010年3月2日　国资厅发研究〔2010〕24号

有关厅局：

为进一步加强对委管协会工作的指导与监督管理，及时研究解决委管协会面临的问题，更好地做好有关服务工作，根据《国务院国有资产监督管理委员会行业协会工作暂行办法》(国资研究〔2004〕834号)，经报委领导同意，决定建立国资委联系行业协会工作联席会议制度。现就有关事项通知如下：

一、联席会议的主要任务。加强对委管协会工作的指导与监督管理，沟通交流联系协会工作情况，听取委管协会的意见和建议，对重大问题组织开展调研并提出处理意见和建议，落实委领导的有关批示和指示等。

二、联席会议成员单位。联席会议成员单位由研究局(行业协会联系办公室)、办公厅、法规局、宣传局、外事局、人事局、管理局、机关党委、纪委(监察局)组成。

三、联席会议的工作机制。联席会议日常工作的牵头单位为研究局(行业协会联系办公室)。联席会议每半年至少召开一次会议，通报情况，研究问题，提出意见建议。涉及厅局分管具体业务工作需要召开联席会议时，可由有关厅局牵头组织召开，其他成员单位参加。必要时，联席会议可请有关委管协会参加。

国务院国有资产监督管理委员会关于印发《国务院国有资产监督管理委员会行业协会换届选举暂行办法》的通知

2010 年 10 月 15 日　国资发研究〔2010〕154 号

各委管协会：

为规范委管协会的换届选举工作，加强协会民主建设和民主管理，促进协会规范健康发展，根据《社会团体登记管理条例》(国务院令第250 号)、《国务院办公厅关于加快推进行业协会商会改革和发展的若干意见》(国办发〔2007〕36 号)和民政部有关规定，特制定《国务院国有资产监督管理委员会行业协会换届选举暂行办法》。现印发给你们，请认真贯彻执行。

附件：国务院国有资产监督管理委员会行业协会换届选举暂行办法

附件：

国务院国有资产监督管理委员会行业协会换届选举暂行办法

第一章　总　　则

第一条　为规范国务院国有资产监督管理委员会(以下简称国资委)负责联系的行业协会(以下简称协会)换届选举工作，加强协会民主建设和民主管理，促进协会健康发展，根据《社会团体登记管理条例》

(国务院令第 250 号)、《国务院办公厅关于加快推进行业协会商会改革和发展的若干意见》(国办发〔2007〕36 号)和民政部有关规定,制定本办法。

第二条 本办法适用于国资委直接联系的协会(简称直管协会)和国资委委托直管协会代为联系的协会(简称代管协会)的理事、常务理事和负责人的换届选举。

本办法所称负责人是指协会理事长(会长)、副理事长(副会长)、秘书长。

第三条 协会换届选举应当遵循"公开、民主、规范"的工作原则,并按照规定或批准的期限进行。

第四条 依照职责分工和管理权限,国资委负责直管协会换届选举工作的审查、指导和监督,直管协会负责代管协会换届选举工作的审查、指导和监督。

第二章 换届选举的组织筹备

第五条 协会理事会(或常务理事会)负责换届选举的组织筹备工作。协会应当成立换届选举筹备工作组,提前半年以上开始落实换届选举的各项筹备工作。

第六条 换届选举筹备工作组应在充分征求会员意见的基础上,研究提出换届选举方案,提交理事会(或常务理事会)审议通过后,按程序报批实施。

第七条 筹备换届选举应当根据会员数量的多少,确定召开会员大会或会员代表大会。会员数量少于 500 个的,原则上可以直接召开会员大会;会员数量多于 500 个的,原则上应当选举会员代表,召开会员代表大会。会员代表的资格条件、产生办法等由理事会(或常务理事会)依据协会章程规定制定。

第八条 协会制订换届选举方案时,对拟推荐的协会理事、常务理事、负责人人数应根据会员数量,并遵循以下原则进行科学合理的确定:

(一)理事人数原则上控制在会员数量的30%以内;会员数量较少且团体会员所占比重较大的协会,理事人数可以适当放宽,但最多不得超过会员数量的50%。

(二)常务理事人数不得超过理事人数的三分之一。理事人数少于50人的,原则上不设立常务理事会。

(三)负责人人数原则上不得超过常务理事人数的三分之一(不设常务理事会的协会,负责人人数原则上不得超过理事人数的四分之一),驻会专职负责人人数原则上不得超过9人,不驻会负责人人数原则上不得超过30人。

第九条 拟推荐的协会负责人人选应当符合中组部、民政部有关规定,最高任职年龄不得超过70周岁,连任最长不得超过两届。

第十条 协会应当按照职责分工和管理权限,在换届选举两个月前将换届选举方案报送国资委或者直管协会。报送的主要内容包括:会议名称、届次、形式(会员大会、会员代表大会、理事会)、议程;选举形式(等额选举、差额选举);参会会员或会员代表人数;候选理事、常务理事数量、姓名及其所在单位名称、职务;负责人候选人选的提名和产生办法及其姓名、年龄、任期届数、简历等。

第十一条 直管协会的换届选举方案经国资委审查批复后,按规定程序进行选举;代管协会的换届选举方案经直管协会审查批复后,按规定程序进行选举。换届选举方案未获批复之前,协会不得正式印发换届选举会议通知。

第三章 换届选举的方式和程序

第十二条 协会换届选举应分别召开会员大会(会员代表大会)、理事会。不得采用通讯方式召开换届选举会议。

会员大会(或会员代表大会)选举产生理事。理事会选举产生常务理事、负责人。鼓励常务理事、负责人通过会员大会(会员代表大会)选举产生。

第十三条 会员大会(或会员代表大会)必须有三分之二以上会员

(会员代表)出席方可召开。理事会必须有三分之二以上理事出席方可召开。

第十四条 协会换届选举一律采用无记名投票方式进行。有条件的协会也可以采用电子表决器即时显示选举结果的方式进行。

第十五条 协会换届选举理事、常务理事、负责人可以实行等额选举,也可以实行差额选举,鼓励实行差额选举。

第十六条 理事应获得有选举权的到会会员(或会员代表)二分之一以上赞成票方可当选;常务理事、协会负责人应获得有选举权的到会理事三分之二以上赞成票方可当选。

第十七条 协会换届选举应当制作选票,选票须载明会议名称、届次、形式(会员大会、会员代表大会、理事会)以及选举形式(等额选举、差额选举)、被选举人姓名和选举意见(赞成、反对、弃权)等内容。

第十八条 换届选举大会需设总监票人一人、监票人若干人、计票人若干人。总监票人、监票人的人选应当在候选单位(或人员)之外的单位(或人员)中选定。

第十九条 协会换届选举应当按照以下程序进行:

(一)大会主持人向大会报告选举办法和总监票人、监票人、计票人名单,并提交大会表决通过。

(二)总监票人负责组织清点确认有选举权的到会人数并向大会报告有选举权的应到人数和实到人数,确认会议召开有效。

(三)大会主持人向大会宣布候选人产生原则、条件、办法及候选名额、名单等。

(四)监票人当场检查票箱并组织分发选票。总监票人向大会说明填写选票的注意事项。

(五)选举人按照规定要求填写选票、进行投票。选举人可以对候选人填写赞成、反对、弃权意见,也可以另选他人,但所选实际人数不得超过规定的应选人数。

(六)投票结束后,由总监票人、监票人进行验票、点票,计票人进行计票。

（七）计票完毕，由总监票人履行确认和签字手续，并提交大会主持人当场宣布选举结果。

第二十条 国资委应当派人参加直管协会换届选举大会，并进行监督指导；直管协会应当派人参加代管协会换届选举大会，并进行监督指导。

第四章 换届选举结果的登记备案

第二十一条 直管协会应在换届选举结束后 30 日之内将所需登记备案材料报送国资委；代管协会应在换届选举结束后 30 日之内将所需登记备案材料报送直管协会。直管协会自收到代管协会登记备案材料之日起 30 日之内完成审查，并将符合规定要求的登记备案材料报送国资委。国资委自收到有关登记备案材料之日起 30 日之内完成审查并出具意见后，将材料退直管协会，由直管协会（或转退代管协会）自行报民政部进行登记备案。

第二十二条 登记备案材料包括：备案申请、会议纪要、协会负责人变更申请表、协会负责人备案表。其中，会议纪要须载明：会议名称、时间、地点、形式（会员大会、会员代表大会、理事会）；选举形式（等额选举、差额选举）、实有会员数量、应到人数、实到人数；发出票数、收回票数、有效票数；监票人、计票人名单；选举产生的理事、常务理事、理事长（会长）、副理事长（副会长）、秘书长名单及其得票数。会议纪要应当由协会理事长（会长）或者法定代表人签名并加盖协会公章。

第五章 其 他 事 项

第二十三条 特殊情况下，届中确需调整理事，可以由理事会通过无记名投票表决方式进行调整，但调整人数不得突破规定的总名额数量，且不得超过规定的总名额数量的三分之一。

届中确需调整常务理事、负责人，参照调整理事的规定执行。其中调整负责人，应按照本办法的规定履行调整方案的报审和调整后的登记备案手续。

第二十四条 实行骨干企业轮值理事长(会长)的协会,可以按照协会章程规定或者会员大会(或会员代表大会)的决议进行选举,一次性选出本届轮值的几位理事长(会长),并按规定进行备案。

秘书长采用聘任制的,由理事会聘任,但应按规定履行聘前报审和聘后备案手续。

第二十五条 不属国资委主管但由直管协会代管人、财、物事项的协会,可参照执行本办法。

第六章 附 则

第二十六条 本办法规定的内容,民政部另有规定的,从其规定。

第二十七条 本办法由国资委行业协会联系办公室负责解释。

第二十八条 本办法自公布之日起施行。

国务院国有资产监督管理委员会关于开展行业协会存在突出问题整改工作的通知

2010 年 10 月 15 日 国资发研究〔2010〕155 号

各委管协会:

为进一步规范国务院国有资产监督管理委员会(以下简称国资委)负责联系的行业协会(以下简称行业协会)的管理运作,促进协会规范健康发展,更好地发挥协会服务与自律功能,根据《社会团体登记管理条例》(国务院令第 250 号)、《国务院办公厅关于加快推进行业协会商会改革和发展的若干意见》(国办发〔2007〕36 号)、《国务院国有资产监督管理委员会行业协会工作暂行办法》(国资研究〔2004〕834 号)和《国务院国有资产监督管理委员会规范行业协会运作暂行办法》(国资发研究〔2007〕199 号)等有关规定,国资委决定对行业协会存在的突出问题开展整改。现将有关事项通知如下：

一、整改工作的目的和要求

近年来，各行业协会认真贯彻落实党和国家的方针政策，不断探索规范运作和民主办会的发展道路，坚持为企业服务，为行业服务，充分发挥政府与企业之间的桥梁和纽带作用，在提供政策咨询、加强行业自律、促进行业发展、维护企业权益等方面发挥了重要作用。但是，从年度检查、社会反映和来信来访情况看，各行业协会发展很不平衡，一些协会不同程度地存在行为不规范、作用不突出甚至违规违纪问题。如：长期不换届，不开展业务活动；未按规定召开会员（会员代表）大会、理事会及常务理事会，重大事项未按规定履行相应的决策职权和程序；民主办会制度不落实，甚至个人把持操纵协会；以承包方式设立分支机构、办事机构、代表机构，违规收取管理费；年检连续不合格，甚至拒绝参加年检；负责人兼职取酬，疏于对协会的管理；财务制度不健全、不落实，违规违纪问题屡有发生等。这些问题的存在，不仅严重影响了行业协会的正常运作和健康发展，而且在社会上造成了不良影响，损害了行业协会的整体形象。

（一）整改工作的目的。对行业协会当前存在的突出问题进行认真整改，纠正行业协会在内部治理及运作中的不规范行为，促进行业协会加强自身建设，增强服务能力，提高服务水平，实现规范发展，更好地发挥行业协会在国家经济社会发展中的重要作用。

（二）整改工作的总体要求。坚持自查自纠与督促整改相结合，坚持重点治理与全面整改相结合，坚持帮扶发展和管理监督相结合，坚持以规范促发展，进一步推进行业协会民主管理、规范运作和健康发展。

二、整改工作的重点内容

（一）严格规范开展业务活动。长期未开展业务活动的，要结合行业发展状况认真查找原因，采取切实措施，尽快恢复业务活动。因体制转换或行业萎缩等原因经整改仍无法开展业务活动的，要根据行业发展的实际需要，提出具体意见和建议，向民政部反映，或按照《社会团体登记管理条例》的有关规定申请注销登记。超出章程规定的业务范围开展活动的，要立即停止相关活动并限期进行整改。

(二)严格规范内部运作机制。未按章程规定定期召开会员大会(会员代表大会)、理事会、常务理事会的，要在今后的工作中严格按照章程规定的时间召开。未按规定职权和程序对协会重大事项进行决策的，要严格按照会员大会(会员代表大会)、理事会、常务理事会的规定职权和程序进行决策。民主办会制度不落实，特别是存在由个别人操纵协会等情况的，要采取切实措施坚决予以纠正。

(三)严格管理协会各类机构。对协会各类机构(包括分支机构、代表机构、办事机构和实体机构)疏于管理导致管理失控的，要及时采取有效措施，切实加强管理；必要时，要撤换机构负责人。未经批准设立的各类机构擅自开展活动的，要立即停止相关活动；情节严重的，要提请登记管理部门予以行政处罚。未使用民政部核准的、规范的机构名称开展活动的，要立即予以纠正并进行整改。违规承包各类机构并收取管理费的，要坚决依法予以纠正并严肃处理。确无必要设立的机构，要依法予以清理和注销。

(四)严格落实按期换届及登记备案制度。长期不换届、未按照章程规定期限换届且未申请延期换届的，要立即按照有关规定开展换届选举工作。申请延期换届(跨年度)已获国资委及民政部批准的，要在规定时间内完成换届工作。已完成换届但尚未登记备案的，要按规定期限履行登记备案手续。

(五)严格执行协会负责人任职规定。协会负责人最高任职年龄超过 70 周岁、连任超过两届的，要按照中组部、民政部、国资委及协会章程的有关规定进行调整。在其他单位兼职的协会秘书长，要限期辞去兼职工作或协会秘书长职务。党政机关领导干部未经批准兼任协会负责人并兼职取酬的，要按照《中共中央办公厅国务院办公厅关于党政机关领导干部不兼任社会团体领导职务的通知》(中办发〔1998〕17 号)有关规定，限期辞去所兼任的协会负责人职务或党政机关领导干部职务。

（六）严格执行年度检查制度。年检结论为基本合格和不合格的，要对年度检查中发现的问题限期进行整改。年检连续不合格或拒不参加年检的，要提请登记管理部门予以处罚。

（七）严格落实财务资产管理制度。财务和资产管理制度不健全、不规范的，要严格按照国家关于社会团体财务和资产管理的有关规定，建立健全相关制度，充实专业管理人员，规范管理行为。存在私立账户、开设“小金库”、私分和挪用协会钱物、白条入账、逃税漏税等违法违规行为的，要坚决纠正并严肃处理。资产处置和资产变动未报批的，要严格执行资产处置申报制度和资产变动审批制度，尽快履行报批手续。

（八）加强协会基层党组织建设。凡党员人数未达到 3 人的，要按照“行业相近、地域相邻、便于开展党的活动、便于党员管理教育”的原则，与其他单位的党员组成联合党支部；凡隶属联合党支部的协会，正式党员达到 3 人后，要单独建立党支部。

三、整改工作的进度要求

本次整改工作分为以下四个阶段：

第一阶段，分析自查（2010 年 10 月）。各协会要结合民政部开展的年度检查，认真查找突出问题，深入剖析主要原因。

第二阶段，制定方案（2010 年 11 月）。各协会要针对自身存在的突出问题，明确整改目标，提出整改措施，制定切实可行的整改方案。

第三阶段，落实整改（2010 年 12 月～2011 年 2 月）。各协会要根据整改方案，切实落实整改措施，努力实现整改目标。

第四阶段，总结检查（2011 年 3 月）。整改工作结束后，各协会要对整改工作中的查找问题情况、整改措施落实情况、整改成效及经验等进行认真总结。各代管协会应于 2011 年 3 月 15 日之前完成整改工作总结并报直管协会。各直管协会应于 2011 年 3 月底之前对本协会及其代管协会的整改工作进行总结并报国资委。

四、整改工作的组织实施

此次整改工作由国资委统一部署,各直管协会负责组织实施,各代管协会做好具体落实。各协会要以本次整改工作为契机,严格按照整改要求,认真完善内部建设,切实规范运作行为,促进协会健康发展,做到今后不再出现类似问题。

各直管协会要根据本通知精神并结合年检,对自身及分支机构存在的突出问题进行自查自纠和集中整改;要认真履行代管职责,组成整改工作指导检查组,加强对代管协会整改工作的指导监督,切实保证各项措施落到实处。

各代管协会要在直管协会的指导和监督下,按照各阶段工作要求,结合民政部开展的年度检查,对自身存在的突出问题进行认真自查,透析主要原因,明确整改目标,制定整改方案,落实整改措施,务求取得实效。

国资委将组织有关单位对整改情况进行监督抽查,确保整改工作取得实效。

关于进一步加强国资委委管协会党组织建设的若干意见

2010年2月9日　直党字〔2010〕2号

各委管协会党委(总支、支部):

为认真贯彻落实党的十七届四中全会精神,进一步加强国资委委管协会(以下简称委管协会)党组织建设,规范委管协会党员的教育和管理,促进委管协会的改革和发展,根据《中国共产党章程》和党内有关规定,现就加强委管协会党组织建设提出如下意见。

一、充分认识新形势下加强委管协会党组织建设的重要性

党的十七届四中全会对全面加强和改进新形势下党的建设作出了战略部署，对加强党的基层组织建设提出了明确要求，强调指出：党的基层组织是党全部工作和战斗力的基础，是落实党的路线方针政策和各项工作任务的战斗堡垒。必须坚持围绕中心、服务大局、拓宽领域、强化功能，进一步巩固和加强党的基层组织，着力扩大覆盖面、增强生机活力，使党的基层组织充分发挥推动发展、服务群众、凝聚人心、促进和谐的作用。各级党组织要按照中央的要求，结合委管协会的任务和特点，从加强基层组织建设入手，加强和改进委管协会党的建设，保证党的十七届四中全会精神的贯彻落实。

近年来，委管协会在国资委党委的领导下，坚持以邓小平理论和“三个代表”重要思想为指导，深入贯彻落实科学发展观，高度重视协会党建工作，在不断加强协会思想建设、作风建设、制度建设和反腐倡廉建设的同时，大力推进党的组织建设，对委管协会的改革和发展起到了重要的推动作用。各直管协会党委坚持围绕中心、服务大局，积极推进代管协会党建工作，督促和指导代管协会建立健全党组织，充分发挥各级党组织的政治核心作用、战斗堡垒作用和党员的先锋模范作用；坚持为企业服务，为行业服务，发挥政府与企业之间的桥梁和纽带作用，不断探索协会发展道路；在加强行业自律、维护企业合法权益、促进行业规范有序协调发展等方面，作出了积极的贡献。但是，在委管协会党组织建设中也存在一些亟待解决的问题：一是部分代管协会因党员组织关系长期未转入协会，致使党员人数不足，至今尚未建立党组织；二是个别代管协会虽然成立了联合党支部，但因为人员分散，组织生活不够正常，对党员的教育、管理工作存在薄弱环节；三是由于编制和经费等原因，协会党务干部队伍趋于老化，人数少且大多为兼职，工作责任得不到很好的落实，使协会党建工作受到一定的影响。对此，各级党组织一定要高度重视，采取有力措施，切实加强协会党组织建设，保证党组织作用在协会工作中得到充分发挥。

二、进一步推进党组织建设,实现委管协会党组织全覆盖

各直管协会党委要把代管协会党组织建设工作放在重要位置,列入议事日程,督促和协助尚未建立党组织的代管协会及时建立健全党的组织,要在2010年3月底前实现代管协会党组织全覆盖。

凡在委管协会工作1年(含1年)以上的党员(包括正式聘任的专职人员及离退休人员),应当按照有关规定将正式党的组织关系转入所在协会党组织。对于须将组织关系转入委管协会且行政关系在国资委各离退休干部局(办)的离退休人员,由其所在直管协会党委商有关离退休干部局(办)党委,共同做好党组织关系转接工作,并保证其相应的政治生活待遇不变。对于行政关系不在机关服务管理局系统的离退休党员,由直管协会党委商其所在单位党组织妥善解决党组织关系的转移事宜。

凡党员在100人以上的委管协会都应建立党的基层委员会,设立专门党的工作机构,配备相应的党务干部;凡党员在50人以上(含50人)的委管协会都应建立党的总支委员会,指定专人做党务工作;凡党员在3人以上50人以下的委管协会都应建立党的支部委员会。各委管协会要按照有关规定,保证党务干部相应的待遇。

对正式党员人数不足3人的代管协会,由直管协会党委视不同情况,按照"行业相近、地域相邻,便于开展党的活动、便于党员管理教育"的原则,成立联合党支部。对党员人数少、人员流动性大的代管协会,由直管协会党委建立直属联合党支部。

对暂不具备建立党支部条件的代管协会,建立党建工作联络员制度。由直管协会党委选派党性强、作风正、有党务工作经验的党员干部兼任代管协会党建工作联络员,负责宣传党的路线方针政策,传达党的重要会议精神,做好党员发展和建立党组织的准备工作,待条件成熟后及时建立党组织。

委管协会要保证党组织必要的活动经费,纳入协会经费预算,保证党组织活动的正常开展。

三、明确委管协会党组织的隶属关系

各直管协会所代管的协会，党的组织隶属于直管协会党委领导。各直管协会党委要按照《中国共产党章程》、《国资委党委关于加强和改进直属机关党建工作的意见》（国资委党委直党〔2006〕72 号）和直属机关党委《关于进一步加强和规范国资委直属机关党的基层组织建设的实施意见》（直党字〔2006〕11 号）的要求，负责代管协会党的工作，领导和推动各代管协会党的建设。

对于部分由于政府机构改革等原因，党的组织不隶属于直管协会党委领导，但组织健全、活动开展正常的代管协会，可继续保持原党组织隶属关系不变。

各直管协会党委要积极支持代管协会党组织开展活动，加强对代管协会党建工作的检查指导，把服务中心、建设队伍、发挥作用贯穿党组织活动始终。

四、充分发挥委管协会党组织的作用

建立健全委管协会党组织，充分发挥党组织的政治核心作用和战斗堡垒作用，是协会党建工作的重中之重。委管协会党组织要认真履行党章赋予的职责，坚持把方向、抓大事、带队伍，拓宽领域、强化功能，参与重大事项的决策，加强对党员的教育和管理，推进党的作风建设和反腐倡廉建设，保证党和国家的各项方针政策的贯彻执行，充分发挥推动发展、服务群众、凝聚人心、促进和谐的作用。

充分发挥委管协会党组织的战斗堡垒作用，为协会工作固本强基。委管协会党组织要宣传和贯彻党的路线、方针、政策，执行上级党组织的决议、决定，参与重大问题的研究和决定，经常开展活动，积极探索协会党组织发挥作用的有效途径和方法。直管协会党委要监督代管协会遵守国家法律、法规，建立健全代管协会党组织发挥作用的有效机制，做到哪里有群众哪里就有党的工作、哪里有党员哪里就有党组织、哪里有党组织哪里就有健全的组织生活和党组织作用的发挥，提高党组织的创造力、凝聚力、战斗力，保证各项业务工作的完成，促进协会健康发展。

积极推进委管协会党组织工作的创新，为协会党组织增强生机和活力。委管协会党组织要适应新形势、新任务的要求，从协会的实际出发，以活跃基层、打牢基础为目标，创新工作方式，丰富活动内容，找准开展活动、发挥作用的着力点。按照“坚持标准、保证质量、改善结构、慎重发展”的方针，注重在协会中发展党员，把那些在协会中符合入党条件、能起模范带头作用的同志吸纳进党组织，把那些德才兼备、热爱党务工作、有较强组织协调能力的党员领导干部选配到协会党组织的领导岗位。注意发现和培养先进典型，积极开展“创先争优”活动，激发党员增强光荣感和责任感、保持先进性的内在动力。加强对工会、共青团和妇联等群众组织的领导，充分发挥工会、共青团和妇联组织的作用。

加强对党员的教育、管理和服务，为协会党建工作创造良好氛围。深入开展理想信念和党性党风党纪教育，坚持“三会一课”制度。加强党性修养，培育良好作风，自觉遵纪守法。加强队伍建设，提高党员素质，发挥先锋模范作用。对党员要严格要求，严格管理，逐步建立和完善协会党员监督管理的制度和机制，通过目标管理、年度评议、离任审计等措施，加强对党员干部权力运行的监督和制约。把述职和述廉结合起来，充分发挥民主生活会开展思想交流、提高党性修养、增进班子团结的重要作用。

五、加强对委管协会党组织建设的领导

加强对委管协会党组织建设的领导，既要有各级党委的高度重视，又要有完善的制度和措施予以保证。各直管协会党委要把抓好党建工作作为重大的政治责任，以落实党建工作责任制为抓手，以抓好党组织建设为着力点，建立和健全党的基层组织，及时研究解决协会党组织建设中遇到的新情况、新问题，每年向国资委直属机关党委进行一次工作汇报。

各级党组织主要负责人要不断增强党要管党的意识，认真履行“第一责任人”的职责，切实加强对党组织建设的领导。直管协会党委要选好配强代管协会党组织负责人，为协会党组织作用的发挥提供坚强的组织保障。各委管协会党组织负责人可由党员行政主要负责人兼任，也可分设，按照有关规定选举产生。党支部书记是党支部工作的第一责任人，在支部工作中发挥着重要作用，要把那些党性强、业务精、热爱党务工作、能在代管协会从事专职工作的党员干部，选拔到党支部书记的岗位上来。各直管协会应在选配代管协会领导班子时一并考虑党组织负责人的配备。党支部书记要做到随缺随补。对不胜任工作的党支部书记要及时进行调整。

建立委管协会党建工作联席会议制度。国资委直属机关党委定期组织召开有研究局、人事局、机关服务管理局、国资委纪委和直管协会党组织负责人参加的党建工作联席会议，听取各直管协会党建工作情况汇报，总结交流协会党建工作的经验，研究解决协会党建工作中遇到的突出问题，提出加强和改进协会党建工作的思路和措施。联席会议必要时可邀请国务院有关部门同志参加。各直管协会党委也可结合各自的实际，建立由相关部门组成的党建工作联席会议制度，并认真抓好联席会议制度和工作的落实。

建立健全委管协会党建工作考核机制。将协会党建工作纳入社会团体年度检查及领导班子考核内容，对协会党建工作情况进行检查。

各委管协会党组织要认真贯彻党的十七届四中全会精神，不断加强和改进新形势下委管协会党的建设，要根据本意见，结合工作实际，研究提出贯彻落实的具体措施。

本意见由直属机关党委组织部负责解释。

指导监督

地方国有资产监管工作指导监督办法

2011 年 3 月 31 日　国务院国有资产监督管理委员会令第 25 号

第一章　总　　则

第一条　为加强对地方国有资产监管工作的指导和监督，保障地方国有资产监管工作规范有序进行，根据《中华人民共和国企业国有资产法》、《企业国有资产监督管理暂行条例》等法律、行政法规，制定本办法。

第二条　国务院国有资产监督管理机构指导监督地方国有资产监管工作，省（自治区、直辖市）和市（地）级政府国有资产监督管理机构指导监督本地区国有资产监管工作，适用本办法。

第三条　本办法所称指导监督，是指上级国有资产监督管理机构依照法律法规规定，对下级政府国有资产监管工作实施的依法规范、引导推进、沟通交流、督促检查等相关活动。

第四条　指导监督工作应当遵循下列原则：

（一）坚持国有资产属于国家所有原则，落实国有资产监管责任，保障国有资产监管政策法规的贯彻实施。

（二）坚持中央和地方政府分别代表国家履行出资人职责原则，各级国有资产监督管理机构作为本级政府的直属特设机构，应当根据授权，按照法定职责和程序开展指导监督工作。上级国有资产监督管理机构应当尊重和维护下级国有资产监督管理机构的出资人权利，不得代替或者干预下级国有资产监督管理机构履行出资人职责，不得干预企业经营自主权。

(三)坚持政企分开、政府的社会公共管理职能与国有资产出资人职能分开的原则,完善经营性国有资产管理和国有企业监管体制机制,鼓励地方积极探索国有资产监管和运营的有效途径和方式。

(四)坚持依法合规原则,加强分类指导,突出监督重点,增强地方国有资产监管工作的规范性和有效性。

第五条 国务院国有资产监督管理机构依照法律和行政法规规定,起草国有资产监督管理的法律法规草案,制定有关规章、制度,指导规范各级地方国有资产监管工作。

各级地方国有资产监督管理机构可以根据本地区实际,依照国有资产监管法律法规、规章和规范性文件规定,制定实施办法,指导规范本地区国有资产监管工作。

第六条 国有资产监管工作中的具体事项实行逐级指导监督。国务院国有资产监督管理机构应当加强对省级政府国有资产监督管理机构的具体业务指导监督;省级政府国有资产监督管理机构应当加强对市(地)级政府国有资产监督管理机构的具体业务指导监督;市(地)级政府国有资产监督管理机构应当加强对县级政府国有资产监管工作的具体业务指导监督。

市(地)级、县级政府尚未单独设立国有资产监督管理机构的,上一级国有资产监督管理机构应当建立与下级政府承担国有资产监管职责的部门、机构的指导监督工作联系制度。

第七条 上级国有资产监督管理机构制定国有资产监管规章、制度,开展指导监督工作,应当充分征求下级国有资产监督管理机构的意见和建议,加强与下级国有资产监督管理机构的沟通交流。

第二章 指导监督工作机制

第八条 各级国有资产监督管理机构应当根据指导监督职责,明确指导监督的分工领导和工作机制,加强指导监督工作的统筹协调,及时研究和汇总本地区指导监督工作中的重大事项和综合情况。

第九条　各级国有资产监督管理机构之间应当加强纵向沟通协调，健全完善上下联动、规范有序、全面覆盖的指导监督工作体系，加强指导监督工作制度建设，建立健全日常信息沟通交流平台。

第三章　指导监督工作事项

第十条　上级国有资产监督管理机构依法对下列地方国有资产监管工作进行指导和规范：

（一）国有资产管理体制和制度改革完善；

（二）国有资产监督管理机构履行出资人职责；

（三）国有企业改革发展；

（四）国有经济布局和结构调整；

（五）国有资产基础管理；

（六）其他需要指导规范的事项。

第十一条　上级国有资产监督管理机构应当加强与下级政府的沟通协调，依照《企业国有资产监督管理暂行条例》有关规定，对下级国有资产监督管理机构的机构设置、职责定位、监管范围以及制度建设等情况进行调研指导。

第十二条　上级国有资产监督管理机构应当指导下级国有资产监督管理机构依法规范履行出资人职责，建立健全业绩考核、财务预决算管理和财务审计、资本收益和预算管理、经济责任审计、监事会监督、参与重大决策、企业领导人员管理、薪酬分配、重要子企业监管等工作制度，加强国有资产监管。

第十三条　上级国有资产监督管理机构应当指导下级国有资产监督管理机构深化国有企业改革，加快公司制股份制改革和改制上市步伐，完善公司法人治理结构，建立规范的董事会；指导下级国有资产监督管理机构推动企业建立健全财务、审计、企业法律顾问和职工民主监督制度；指导下级国有资产监督管理机构规范国有资产经营公司运作；指导下级国有资产监督管理机构推动国有企业加快转变经济发展方式,加强自主创新和资源整合。

第十四条 上级国有资产监督管理机构应当指导下级国有资产监督管理机构积极探索地方国有经济发挥主导作用的领域和方式,推进国有资本向重要行业和关键领域集中;推动不同地区、不同层级国有资产监督管理机构监管企业按照市场化原则进行合并与重组。

第十五条 上级国有资产监督管理机构应当指导下级国有资产监督管理机构依法开展产权登记、资产评估、产权转让管理、国有股权管理、清产核资、资产统计、绩效评价、经济运行动态监测等基础管理工作。

第十六条 上级国有资产监督管理机构应当指导下级国有资产监督管理机构在地方党委领导下加强国有企业党建、群工、宣传以及反腐倡廉建设、信访维稳等工作。

第十七条 上级国有资产监督管理机构依法对地方国有资产监管工作中的下列事项实施监督检查或者督促调查处理:

(一)在企业国有产权转让、国有企业改制、上市公司国有股份转让等活动中有违法违规行为,造成重大国有资产损失或者重大社会影响的;

(二)违反企业国有资产评估、产权登记有关规定,造成重大国有资产损失或者重大社会影响的;

(三)违反企业国有资产统计有关规定,玩忽职守,提供或者指使他人提供虚假数据或信息,造成严重后果的;

(四)法律法规规定,党中央、国务院指示和上级政府要求监督的其他事项。

第四章 指导监督工作方式

第十八条 各级国有资产监督管理机构应当高度重视国有资产监管制度建设,建立健全法规体系,及时明确和规范地方国有资产监管工作遇到的问题。上级国有资产监督管理机构制定的国有资产监管规范性文件，应当及时印发或者抄送下级国有资产监督管理机构。

第十九条 各级国有资产监督管理机构应当加强对地方国有资产监管工作的调研指导，定期组织下级国有资产监督管理机构召开工作会议，加强业务交流和培训，互相学习、促进，及时总结推广国有资产监管和国有企业改革发展的典型经验。

第二十条 各级国有资产监督管理机构应当围绕中心工作，针对地方国有资产监管工作中的突出问题，确定年度指导监督工作重点，制定印发相关工作计划。下级国有资产监督管理机构制定的指导监督工作计划应当抄报上级国有资产监督管理机构。

第二十一条 国务院国有资产监督管理机构和省级政府国有资产监督管理机构建立国有资产监管立法备案制度，保障全国国有资产监管制度的统一。

下级国有资产监督管理机构制定的规范性文件，应当自发布之日起 30 日内抄送上级国有资产监督管理机构备案。其存在与国有资产监管法律、行政法规、规章和规范性文件相抵触情形的，上级国有资产监督管理机构应当及时提出意见，督促下级国有资产监督管理机构按程序予以修正。

第二十二条 国务院国有资产监督管理机构和省级政府国有资产监督管理机构建立国有资产监管法规、政策实施督查制度，对地方贯彻实施国有资产监管法规、政策情况，开展调研指导和监督检查。

上级国有资产监督管理机构发现下级政府国有资产监管工作中存在与国有资产监管法律、行政法规和中央方针政策不符情形的，应当依法提出纠正意见和建议。

第二十三条 各级国有资产监督管理机构建立国有资产监管重大事项报告制度。下级国有资产监督管理机构应当就下列重大事项及时向上级国有资产监督管理机构报告：

（一）地方国有资产监督管理机构的机构设置、职责定位、监管范围发生重大变动的；

（二）本地区国有资产总量、结构、变动等情况以及所出资企业汇总月度及年度财务情况；

(三)地方国有资产监管工作和国有企业改革发展中的其他重大事项。

第二十四条 各级国有资产监督管理机构开展监督检查,应当严格依照法定职责和法定程序进行。对本办法第十七条规定的监督事项,上级国有资产监督管理机构可以采取约谈、书面督办、专项检查、派出督察组等方式,督促纠正违法违规行为。下级国有资产监督管理机构应当及时向上级国有资产监督管理机构报告有关事项处理情况。

对存在违法违规行为的责任单位、个人,上级国有资产监督管理机构可以视情节轻重,在系统内予以通报批评或者向下级政府提出处理建议;对超出国有资产监督管理机构职责范围的违法违规事项,应当依法移送有关机构处理。

第五章　附　则

第二十五条 地方国有资产监督管理机构可以依照本办法,制定本地区指导监督地方国资工作实施办法。

第二十六条 本办法自2011年5月1日起施行。原《地方国有资产监管工作指导监督暂行办法》(国务院国资委令第15号)同时废止。

国务院国有资产监督管理委员会关于印发《关于进一步加强地方国有资产监管工作的若干意见》的通知

2009年9月19日　国资发法规〔2009〕286号

各省、自治区、直辖市及计划单列市和新疆生产建设兵团国资委：

为深入贯彻落实党的十六大、十七大精神,进一步规范和加强地方国有资产监管工作，完善企业国有资产管理体制和制度，依据《中华人民共和国公司法》、《中华人民共和国企业国有资产法》、《企业国有资产监督管理暂行条例》等法律、法规，根据地方国有资产监管工作发展实际，我委制定了《关于进一步加强地方国有资产监管工作的若干意见》（以下简称《意见》），现印发你们。请各地国资委及时向地方党委和政府报告《意见》的主要精神，将《意见》的要求和本地区实际情况结合起来，在地方党委和政府的领导下，按照“国家所有，分级代表”的原则，规范各级人民政府国有资产监管工作的职责权限；按照政企分开、政资分开的原则，继续推进政府社会公共管理职能与国有资产出资人职能分开，处理好国资委与政府其他部门、机构及企业之间的关系；按照“权利、义务和责任相统一，管资产和管人、管事相结合”的原则，积极推进出资人三项主要职责的落实，依法规范出资人行权履责行为；按照所有权与经营权相分离的原则，加快推进国有企业公司制股份制改革，完善法人治理结构，不干预企业经营自主权。《意见》执行过程中遇到新的情况和问题，请及时向我委反映。

附件：关于进一步加强地方国有资产监管工作的若干意见

附件：

关于进一步加强地方国有资产监管工作的若干意见

为深入贯彻落实党的十六大、十七大精神，加强地方国有资产监管工作，完善企业国有资产管理体制和制度，提出以下意见。

一、充分认识新形势下加强地方国有资产监管工作的重要意义

（一）我国企业国有资产管理体制改革取得重大进展。党的十六大

以来，根据党中央和国务院的统一部署，国务院和省、市（地）两级地方人民政府相继组建国资委，具有中国特色的国有资产管理体制基本建立。各级国资委按照政企分开、政资分开原则，准确把握出资人职责定位，企业国有资产监管工作普遍加强，企业国有资产实现保值增值，国有经济活力和效率大幅提升，主导作用得到有效发挥。实践证明，党的十六大关于深化国有资产管理体制改革的重大决策和基本原则是完全正确的。党的十七大充分肯定了十六大以来国有资产管理体制改革和国有企业改革发展取得的重大进展和明显成效，明确要求进一步完善国有资产管理体制和制度。

（二）高度重视地方国有资产监管工作存在的薄弱环节。目前各地国有资产监管工作进展还不平衡，一些地方的企业国有资产监管方式还不完全适应新体制的要求，政企分开、政资分开原则和由地方人民政府依法确定本级国资委监管范围的规定还需要进一步落实；国资委作为政府特设机构的定位还需要准确把握，依法履行的出资人职责还没有完全到位，与国家出资企业的关系还没有完全理顺；国有企业公司制股份制改革和国有经济布局结构调整步伐还需要进一步加快，完善法人治理结构的工作力度还需要进一步加强。继续完善企业国有资产管理体制和制度、进一步加强地方国有资产监管工作的任务仍然十分繁重。

（三）新形势下加强地方国有资产监管工作十分重要和紧迫。在应对国际金融危机挑战的新形势下，继续深入探索完善国有资产管理体制和制度，进一步加强地方国有资产监管工作，既是坚持党的十六大关于深化国有资产管理体制改革的基本原则、落实十七大关于完善各类国有资产管理体制和制度重要精神的重大战略举措，也是提高国有企业抵御金融危机能力、迎接后危机时代各项变革与挑战的迫切要求，同时对于充分发挥国有经济在当前保增长、扩内需、调结构、惠民生、保稳定中的重要作用，促进地方经济平稳较快发展具有重要意义。

二、进一步加强地方国有资产监管工作的总体要求和基本原则

（四）进一步加强地方国有资产监管工作的总体要求。各地国资委要以邓小平理论和“三个代表”重要思想为指导，深入学习实践科学发展观，认真贯彻党的十六大、十七大精神，在地方党委和政府的领导下，依据《中华人民共和国公司法》（以下简称《公司法》）、《中华人民共和国企业国有资产法》（以下简称《企业国有资产法》）和《企业国有资产监督管理暂行条例》（以下简称《条例》），进一步完善地方国有资产管理体制，建立健全企业国有资产出资人制度，合理界定企业国有资产监管范围，按照出资关系规范监管方式，落实监管责任，不断优化地方国有经济布局和结构，增强地方国有企业的活力和效率，促进企业国有资产保值增值，充分发挥国有经济在促进地方经济又好又快发展中的主导作用。

（五）进一步加强地方国有资产监管工作的基本原则。按照“国家所有，分级代表”的原则，规范各级人民政府国有资产监管工作的职责权限；按照政企分开、政资分开的原则，继续推进政府社会公共管理职能与国有资产出资人职能分开，处理好国资委与政府其他部门、机构及企业之间的关系；按照“权利、义务和责任相统一，管资产和管人、管事相结合”的原则，积极推进出资人三项主要职责的落实，依法规范出资人行权履责行为；按照所有权与经营权相分离的原则，加快推进国有企业公司制股份制改革，完善法人治理结构，不干预企业经营自主权。

三、合理界定企业国有资产监管范围

（六）界定企业国有资产监管范围的原则。在坚持国家所有的前提下，地方企业国有资产由地方人民政府代表国家履行出资人职责。地方国资委监管企业国有资产的范围，依法由本级人民政府按照政企分开、政资分开的原则确定，不受任何部门、机构的越权干预。

（七）积极探索经营性国有资产集中统一监管的方式和途径。对各类经营性国有资产实行集中统一监管，有利于调整优化地方国有经济布局结构，提高企业国有资产配置效率。地方国资委可根据本级人民

政府授权,逐步将地方金融企业国有资产、事业单位投资形成的经营性国有资产、非经营性转经营性国有资产纳入监管范围。对于新组建的国家出资企业和实现政企分开后的企业,应当建立健全企业国有资产出资人制度,明确出资人机构,确保监管责任的统一和落实。要积极配合做好党政机关、事业单位与所属企业的脱钩改革、划转接收工作,依法对移交到位的企业履行出资人职责。

(八)根据授权对地方金融企业履行国有资产出资人职责。地方国资委对地方金融企业履行出资人职责的,要立足于企业国有资产安全和保值增值,依法加强出资人监管,正确处理与金融行业监管的职责分工关系。地方国资委监管企业出资设立或者与其他投资主体共同设立的地方金融企业转让国有股权的,依照企业国有资产转让的有关规定,由企业决定或者由地方国资委批准,或者由地方国资委报本级人民政府批准;涉及金融行业监管职能的,按行业监管规定执行。

(九)建立健全公用事业企业国有资产出资人制度。对已经纳入地方国资委监管范围的公用事业企业,要坚持政企分开、政资分开原则,依法规范出资关系,确保出资人职责的落实。要加快推进公用事业企业公司制股份制改革,保障国有资本在公用事业领域的主导地位,充分发挥公用事业企业保障供应、服务民生的重要作用,提高服务效率和质量。要防止通过增设公用事业管理机构、加挂事业单位牌子等方式,影响企业国有资产出资人制度的建立和健全。

(十)切实加强部分特殊领域的地方企业国有资产的监管。对特殊领域的地方企业国有资产,地方国资委应当根据本级人民政府授权依法履行出资人职责。当前确实需要由其他部门、机构在过渡阶段对部分特殊领域地方企业国有资产履行出资人职责的,应当依法由地方人民政府按照政企分开、政资分开的原则明确授权,落实国有资产保值增值责任,遵守国家统一的企业国有资产基础管理制度。

四、准确把握国资委的机构性质和职能定位

(十一)依法坚持国资委作为本级人民政府直属特设机构的性质。

依据《企业国有资产法》和《条例》的规定，地方国资委是本级人民政府授权的监管企业国有资产的出资人代表，要牢牢把握国有资产出资人职责定位，加强企业国有资产监管。要对本级人民政府负责，向本级人民政府报告履行出资人职责的情况，接受本级人民政府的监督和考核，承担国有资产保值增值责任。

（十二）按照"三统一、三结合"原则履行出资人职责。要在地方党委和政府的领导下，坚持"权利、义务和责任相统一，管资产和管人、管事相结合"，建立健全企业国有资产出资人制度。继续推进解决管资产与管人、管事相脱节的问题，争取出资人职责到位，防止行权履责中出现缺位、错位和越位，逐步改变目前少数地方存在的部分企业由国资委管资产、有关部门管人管事的体制状况，依法实现对国家出资企业集中统一履行出资人职责。

（十三）进一步落实《公司法》、《企业国有资产法》赋予出资人的三项主要权利。要把党管干部原则和董事会依法选择经营管理者以及经营管理者依法行使用人权结合起来，建立适应现代企业制度要求的选人用人机制，继续推进公开招聘、竞争上岗等市场化选聘经营管理者的改革，同时建立健全经营管理者考核、奖惩和薪酬制度。要依法加强对国家出资企业重大事项的管理，严格规范决策权限和程序，建立健全"谁决策、谁承担责任"的企业重大事项决策机制。要根据国有资本经营预算制度的原则和出资人制度的要求，结合本地实际，在建立和完善企业国有资本经营预算制度过程中，依法维护和落实出资人的资产收益权。

（十四）依法处理与政府其他部门、机构的职能交叉问题。在地方党委和政府的领导下，要加强与有关部门的沟通协调，进一步细化相关职能的分工与衔接，既要落实出资人职责，又要尊重其他部门依法履行社会公共管理职能。要注意将地方国资委的出资人监管与有关部门的行业监管、市场监管等社会公共监管区别开来，进一步明确与有关部门在经济责任审计、财务监督、企业负责人薪酬和工资总额管理、国有资本经营预算编制与执行等方面的具体职能分工，落实地方国资委的相应职责。

(十五)准确把握政府交办事项的工作定位。对政府交办的维护稳定、安全生产、节能减排等工作,地方国资委要妥善处理好与政府主管部门的关系,注意从履行出资人职责、确保国有资产安全和保值增值的角度,督促企业严格执行国家有关法律法规和地方人民政府有关规定,积极承担社会责任。

(十六)做好国资委涉诉案件的应对工作。在国资委依法行权履责中发生的法律纠纷,应当争取适用民事纠纷解决途径,不宜作为行政诉讼案件处理。一些地方司法机关将国资委在企业国有资产基础管理工作中发生的法律纠纷案件纳入行政诉讼程序审理的,地方国资委也应当妥善应对。

五、依法规范国资委与国家出资企业之间的关系

(十七)国资委与国家出资企业之间要按照出资关系进行规范。地方国资委要依据《企业国有资产法》的规定,坚持所有权与经营权相分离,严格依照法定权限和程序行使资产收益、参与重大决策和选择管理者等出资人权利,不干预企业依法自主经营。

(十八)积极探索完善履行出资人职责的方式。地方国资委要高度重视制定或者参与制定国家出资企业的章程,保证章程充分体现出资人意志。要加快完善企业法人治理结构,重视建立规范的董事会,提高国家出资企业科学决策、防范风险的能力,切实维护出资人权益。要积极探索国资委直接持股方式,依法加强对上市公司国有股权的监管,规范对国资委委派的股东代表的管理,依法通过股东代表参加企业股东(大)会反映出资人意志,同时支持民间资本参与国有企业改革。要进一步明确国有独资公司董事会行使股东会部分职权的授权条件,依法监督其行权行为。要充分发挥国有企业监事会的监督作用,健全完善国有企业外派监事会制度。

(十九)重视发挥国有企业独特的政治优势。要进一步完善国有企业领导体制和组织管理制度,把党的思想政治优势、组织优势和群众工

作优势转化为国有企业的核心竞争力。要按照参与决策、带头执行、有效监督的要求,积极探索把企业党组织的政治核心作用融入到企业决策、执行和监督的全过程。要进一步发扬企业职工的主人翁精神,切实加强企业职工民主管理。

(二十)依法规范国资委与国有资产经营公司之间的关系。国有资产经营公司是重要的国家出资企业。要根据出资关系,明确国资委是国有资产经营公司的出资人,充分发挥国有资产经营公司作为国资委推进企业重组和运营国有资本重要平台的作用。国有资产经营公司要对国资委负责,依法建立和完善法人治理结构,建立健全企业合并分立、重大投资、产权转让、债券发行、股权质押融资等方面的内部监督管理和风险控制制度。

(二十一)加强对国家出资企业重要子企业的监管。地方国资委要严格依据《企业国有资产法》和《条例》的规定,尽快明确国家出资企业重要子企业的范围,加强对其合并分立、增减资本、改制、解散、清算或者申请破产等重大事项的监管。要指导国家出资企业加强对其所出资企业的监管,加快探索完善国家出资企业对上市公司国有股权和境外企业国有资产的监管方式,层层落实出资人责任。

(二十二)逐步规范国资委委托行业部门监管部分企业的行为。根据本级人民政府授权,一些地方国资委委托行业部门监管部分企业的,应当依法规范国资委与行业部门以及委托监管企业之间的关系。地方国资委要通过办理工商登记等手续,明确与委托监管的国家出资企业的出资关系。要与行业部门订立委托监管协议,明确双方的职责权限。

六、加强地方企业国有资产基础管理工作

(二十三)依法维护企业国有资产基础管理的统一性。加强地方企业国有资产的基础管理,是地方国资委的一项重要职能。地方国资委要依法负责地方企业国有资产的产权登记、清产核资、资产统计、资产评估监管、综合评价等基础管理工作。要按照国家有关规定,逐步建立

本地区统一的企业国有资产基础管理体系,积极探索覆盖本地区全部企业国有资产基础管理工作的方式和途径。

(二十四)重视企业国有资产统计分析工作。要注意与有关部门的衔接协调,统一做好地方国资委履行出资人职责的国家出资企业和地方其他企业国有资产的统计分析。要定期向本级人民政府报告本地区企业国有资产总量、结构、变动、收益等汇总分析情况,防止企业国有资产统计出现空白,同时避免重复统计、增加企业负担。

(二十五)加强地方国有企业改制重组过程中的国有资产基础管理。要依据《企业国有资产法》和《条例》有关规定,指导改制重组企业做好清产核资、财务审计、资产评估,准确界定和核实资产,客观公正地确定资产的价值,规范与关联方的交易、国有资产转让等重要环节,切实维护国有资产出资人权益,防止国有资产流失。

七、加强对市(地)级、县级人民政府国有资产监管工作的指导监督

(二十六)依据《条例》有关规定,省级人民政府国资委要结合本地实际,切实加强对市(地)级、县级人民政府国有资产监管工作的指导和监督。要把握国有资产管理体制改革的正确方向和基本原则,指导市(地)级人民政府合理界定企业国有资产监管范围,准确把握国资委的机构性质和职能定位,依法规范市(地)级人民政府国资委与国家出资企业的关系,加强企业国有资产基础管理。要特别重视企业国有资产监管与运营合法合规性的监督,加强对市(地)级、县级人民政府所属国有企业改制、企业国有资产转让的监督,采取有力措施,维护国有资产出资人的合法权益,切实防止国有资产流失;维护企业职工的合法权益,注意做好改制企业职工的思想政治工作。要指导优化本地区国有经济布局和结构,推进地方国有企业改革和发展,进一步提高本地区国有经济的整体素质。

(二十七)继续探索完善市(地)级人民政府国有资产管理体制和制度。要适应地方国有经济发展变化的新情况新要求,加快探索解决一些市(地)级人民政府国资委和政府其他部门、机构合署办公的现状与

国资委作为特设机构定位的矛盾。要重视指导市(地)级人民政府国资委加强股权多元化企业的国有资本管理,维护好出资人权益。要总结近几年来各地对县级企业国有资产“有专门监管比没有专门监管好、集中监管比分散监管好”的经验,按照企业国有资产管理新体制的要求,指导县级人民政府明确县属企业国有资产的监管主体及其职责,加快落实监管责任,不断探索既符合改革要求又符合本地区实际的县属企业国有资产的监管方式和途径。对不同层级、不同区域国资委共同持有企业股权的,要坚持分级代表、同股同权或者按照章程约定,依法规范共同监管的途径和方式。

八、加强自身建设,提高依法履行出资人职责的能力和水平

(二十八)进一步重视加强国资委的自身建设。要继续完善内部机构设置、职权划分,努力形成权责一致、分工合理、决策科学、执行顺畅、监督有力的运作机制。要加强国资委机关干部队伍建设,深入学习实践科学发展观,努力把握科学发展的规律、国有资产监管的规律、企业发展的规律和经济运行的规律,全面提高依法履行出资人职责的能力和水平。要按照“先立规矩、后办事”的要求,建立健全各项管理制度,大力培育机关合规文化,严格规范行权履责程序,重视加强国资委行权履责中的法律风险防范。

进一步加强企业国有资产监管工作,完善国有资产管理体制和制度,极具探索性,极具挑战性,是一项长期的战略任务。地方国资委要在地方党委和政府的领导下,根据本意见的要求,结合本地区实际,解放思想,与时俱进,努力开创地方国有资产监管工作的新局面,为不断发展壮大国有经济继续作出新的更大的贡献。

关于印发《"十二五"时期完善国有资产监管体制保障中央企业做强做优的总体思路和主要任务》的通知

2011 年 11 月 4 日　国资发法规〔2011〕161 号

各中央企业,委内各厅局:

为进一步完善国有资产监管体制,做强做优中央企业、培育具有国际竞争力的世界一流企业,根据"十二五"时期中央企业改革发展总体思路,制定《"十二五"时期完善国有资产监管体制保障中央企业做强做优的总体思路和主要任务》,现印发给你们,请结合工作实际,加强协调配合,认真贯彻执行。

附件:"十二五"时期完善国有资产监管体制保障中央企业做强做优的总体思路和主要任务

附件:

"十二五"时期完善国有资产监管体制保障中央企业做强做优的总体思路和主要任务

"十一五"期间,在党中央、国务院的正确领导下,国务院国资委依法履行出资人职责,切实加强国有资产监管,国有资产监管新体制优势得到较好发挥,中央企业整体实力、综合素质和经济效益大幅提升,活力、控制力和影响力显著增强。"十二五"是完善国有资产监管体制、推进中央企业加快转变发展方式的重要时期。为适应“做强做优中央企业、培育具有国际竞争力的世界一流企业”和“国资监管上新水平、国企发展上新台阶”的目标要求，现就“十二五”时期完善国有资产监管体制，保障中央企业做强做优，提出以下总体思路和主要任务。

一、总体思路

指导思想：以邓小平理论和“三个代表”重要思想为指导，深入贯彻落实科学发展观，坚持党的十六大、十七大确立的国有资产监管体制改革和完善的正确方向及基本原则，以加强国有资产监管机构建设和制度建设为基础，以健全国资监管工作体系和工作机制、推进国有资产出资人代表层层到位为依托，加大对中央企业的有效监管和服务支撑力度，努力为“十二五”时期做强做优中央企业、培育具有国际竞争力的世界一流企业提供坚实的体制保障。

基本原则：坚持公有制为主体、多种所有制经济共同发展的基本经济制度，不断增强中央企业的活力、控制力和影响力，促进国有资产保值增值；坚持政企分开、政资分开，以出资关系为基础依法规范国资委与中央企业关系，国资委依法履行出资人职责不缺位、不越位、不错位，切实维护好所有者权益，充分尊重中央企业的市场主体和法人实体地位，不干预企业的经营自主权和法人财产权；坚持遵循市场规律和企业发展规律，按照市场化原则配置资源，建立健全有效的激励和约束机制，充分调动中央企业的积极性，促进中央企业形成适应市场经济要求的管理体制和经营机制。

工作重点：适应做强做优中央企业、培育世界一流企业的目标要求，着力健全依法履行出资人职责、加强国有资产监管的制度和机制，拓宽监管范围，推动构建国资监管大格局；着力加强国资委自身建设，整合监管资源，进一步增强国资监管的前瞻性、针对性、协同性和有效性；着力完善中央企业治理结构和管理模式，加快规范董事会建设，层层落实国有资产监管责任和保值增值责任。

二、主要任务

(一)继续加强国资监管机构建设。

1. 健全完善国资监管组织基础。按照“政企分开、政资分开、所有权与经营权相分离”、“权利、义务和责任相统一,管资产与管人、管事相结合”的原则,不断加强国资委直属特设机构建设,进一步提高依法行权履责的能力和水平。

2. 准确把握特设机构的职责定位。根据政府授权依法履行出资人职责,专司国有资产监管。对出资人职责范围内的工作,尽职尽责不缺位,不干预企业经营自主权,严格规范履行出资人职责的程序。对指导推动中央企业的工作,有据有度不越位,积极主动为企业排忧解难。对协助政府其他部门的工作,从出资人角度做好配合不错位,加强政策协调,维护中央企业合法权益。要注重联合各有关部门和机构,依靠社会各界力量,努力为中央企业改革发展创造良好的外部环境,更好地实施有效监管,促进国有资产保值增值。

3. 适时调整优化组织结构和职能配置。认真梳理和优化国资委内部业务流程,简化审核批准环节,加快信息化建设,提高工作效率。适应中央企业公司制股份制改革要求,优化组织结构,完善职能配置。在对中央企业依法履行出资人职责的同时,切实增强协调服务的功能。

(二)加快完善国资监管法规体系。

1. 夯实保障中央企业改革发展的制度基础。加快完善以《中华人民共和国企业国有资产法》为龙头、以《企业国有资产监督管理暂行条例》为基础、以国有资产监管规章规范性文件为具体内容,由国有资产出资人制度、国家出资企业制度和国有资产统一监管制度三大制度体系构成的企业国有资产监管法规体系,为国资委实施出资人专业化、系统化、规范化监管提供重要的制度保障。

2. 完善国有资产出资人制度体系。进一步规范国资委作为政府层面出资人代表与国家出资企业的出资关系。加强中央企业战略规划和投资管理,修订《中央企业发展战略和规划管理办法》和《中央企业投资监督管理暂行办法》，出台中央企业境外投资监督管理办法。规范落实国有资本收益权，制定中央企业国有资本收益收取和支出的具体管理制度。完善建设规范董事会制度体系，抓紧修订《国有企业监事会暂行条例》。

3. 完善国家出资企业制度体系。进一步规范国家出资企业改革发展和国有资本调整重组中的法律关系。推动中央企业建立健全现代企业制度，出台规范中央企业对子企业履行出资人职责的指导性文件。加快研究国家出资企业重要子企业重大事项的管理办法。研究制定推动中央企业内部资源整合、规范并购重组的指导意见。制定规范中央企业控股上市公司治理和吸引民间资本参与国有企业改制重组的有关文件。

4. 完善国有资产统一监管制度体系。进一步规范涉及企业国有资产国家所有权的法律关系。组织起草《企业国有资产基础管理条例》，依法加强清产核资、资产统计、产权登记、资产评估、产权转让、国有股权管理、收益管理、综合绩效评价、经济运行动态监测等基础管理工作，充分运用国有资产数据统计、经济运行分析等手段，为中央企业做强做优提供服务。适应推进中央企业股权多元化改革的需要，完善产权登记制度，制定国家出资企业产权登记管理办法。

（三）进一步强化国资监管工作体系。

1. 深化国资监管各项业务工作。进一步加强规划投资、业绩考核、收入分配、财务监督、产权管理、国有资本收益管理、企业领导人员管理、外派监事会、企业全面风险管理等，推动形成科学的国资监管工作体系，为对中央企业实施有效监管、搞好协调服务提供重要抓手。

2. 加强中央企业战略规划和投资管理。继续开展核定中央企业主业工作，引导中央企业聚焦主业、强化主业，提高核心竞争力。完善对中央企业投资的政策引导，鼓励中央企业投资战略性新兴产业，推进产业布局向产业链高端发展，优化布局结构。严格控制中央企业非主业投资。加大与国家有关部委协调力度，进一步优化中央企业科技创新环境，研究和完善国资委推动企业科技创新的政策措施，推动中央企业提高科技管理能力。

3. 深化中央企业经营业绩考核。完善经济增加值考核,引导中央企业提高资本使用效率和资本回报水平。推行对标考核,引导中央企业做强做优,创造一流企业业绩。强化全员业绩考核,层层落实资产经营责任。继续完善有利于推动企业自主创新、提高发展质量的考核体系,推动中央企业切实加快转变经济发展方式。

4. 加强中央企业收入分配管理。科学实施工资总额预算管理,合理调控职工收入分配水平。完善企业负责人薪酬制度体系,规范职务消费。完善股权激励制度,规范实施股权激励,探索与企业发展战略、发展阶段相适应的多元化中长期激励方式。将有效激励与约束结合起来,探索完善建设规范董事会中央企业高管人员薪酬的调控方式。

5. 健全出资人财务监督体系。进一步完善财务预决算、绩效评价、内控制度建设、资金集中管理、总会计师职责管理与委派、审计监督等工作,加强财务信息化建设,推进集团化财务管理体系建设,增强财务信息的及时性、准确性。加强企业投融资、担保、抵押、对外捐赠等重大财务事项管理。切实加强对境外企业国有资产的管理和监督。完善企业债务风险评估与防范体系。加强企业运行状况分析,推进财务监测结果反馈机制建设,有效促进出资人监管与企业日常经营管理的有机结合,引导中央企业提升财务管理水平。

6. 深化中央企业产权管理。探索建立中央企业产权配置指标体系,指导中央企业积极利用股票市场、产权市场、债券市场实现产权优化配置。探索健全混合所有制下国有产权管理的制度机制,积极发挥产权纽带功能,带动其他所有制资本共同发展。加强和改进产权管理基础工作,推广应用产权管理工作信息系统,稳步提高产权管理信息化水平。加强境外国有产权监管。进一步规范上市公司国有股东行为。

7. 强化国有资本收益管理。进一步完善国有资本经营预算制度,健全国有资本收益管理,切实落实出资人收益权。完善资本经营预算工作机制,规范预算建议草案编制程序,建立健全后评价制度,强化执行监督。引导中央企业加强对重要子企业利润分配事项的管理,重点加强整体上市中央企业利润分配程序管理和取得分红资金的使用管理。

8. 加强中央企业领导人员管理。进一步完善企业领导人员管理制度,加强领导班子思想政治建设、组织建设、作风建设和反腐倡廉建设。建立市场化选人用人和激励约束机制,推进企业领导人员市场化选聘,指导推动中央企业面向全球择优选拔领军人才。开展企业领导班子和领导人员综合考核评价工作,强化考核评价结果的运用。依法加强对董事会和董事的日常管理,开展董事会、董事评价工作,进一步拓宽外部董事选聘渠道,加快建设高素质外部董事队伍。

9. 加强外派监事会监督。将事后检查与当期监督相结合,对企业监督与对领导人员监督相结合,境内监督与境外监督相结合,增强监督的时效性和有效性。继续完善监督检查报告体系,建立健全以监事会工作为基础的中央企业综合分析机制,积极促进监事会监督成果的有效运用。探索实现不同组织形态中央企业监事会监督的有效途径。

10. 指导中央企业开展全面风险管理。推动中央企业健全全面风险管理体系,加强重大风险管控、效能监察和过程监督,完善风险监测识别与防范,全面提升管理水平。切实加强金融衍生品等高风险业务的风险防范与控制。完善企业总法律顾问制度,健全中央企业法律风险防范机制。

(四)进一步健全国资监管工作机制。

1. 加快形成保障中央企业改革发展的各项工作机制。将出资人监管职责与服务中央企业有机结合,建立健全有效协调机制、快速反应机制、分类监管和分类考核机制、信息公开机制,形成监管合力,提高监管效率。

2. 建立有效协调机制。加强监管协同,整合财务监督、业绩考核、规划投资、产权管理、外派监事会、纪检监察、巡视等内外部监管资源,形成财务数据、重大事项、重大投资、重要产权变动等监管信息互通、检查成果共享的工作机制。加强与政府各部门的沟通、交流与协调,努力形成各部门关心支持中央企业改革发展的良好局面。加强指导监督地方国资工作，通过国资委系统建设，深入开展对中央企业的协调服务。积极探索引导中央企业在境外投资并购等活动中，按照市场化运作方式，加强合作交流。

3. 建立快速反应机制。充分利用信息化手段，引导中央企业健全机制，快速应对宏观经济形势和国内外市场的发展变化。及时跟踪了解中央企业重大决策、重要经营活动和重大事项的动态，加强指导服务，促进中央企业进一步提高精细化管理水平。建立中央企业突发事件应急制度，健全安全生产、节能减排、环境保护、质量管理风险预测预警体系，完善危机处理预案，帮助中央企业妥善应对突发事件。

4. 探索推进分类监管和分类考核机制。根据中央企业所处不同行业和产业、不同股权结构和组织形式，明确监管目标，确定监管重点，创新监管方式，提高监管针对性。综合运用规划投资、财务监督、考核评价、产权管理等多种手段，逐步探索实施分类监管、分类考核。针对中央企业大部分资产集中在二、三级企业的情况，完善对重要子企业监管的制度机制。

5. 完善信息公开机制。依法公开国资监管信息，定期向社会发布中央企业改革发展信息和国有资产经营情况，自觉接受人大、政府、审计机关、舆论和社会各方面监督。加强与国内外新闻媒体的沟通交流，及时宣传报道中央企业改革发展成就。稳步推进中央企业信息公开，引导中央企业建立健全舆论宣传工作机制和制度。加快国资委和中央企业信息化建设，畅通国资委与中央企业之间的信息交流渠道。

(五)推进国有资产出资人代表层层落实到位。

1. 围绕出资关系完善国有资产委托代理链条。按照出资关系，通过国有股东代表的授权和管理、董事会建设、制定和修改企业章程、规范中央企业对其子企业履行出资人职责等途径和方式，推进国有资产出资人代表层层到位，推进完善中央企业法人治理结构，切实落实国有资产监管责任和保值增值责任。

2. 规范国有股东代表的授权和管理。通过委派股东代表或者委派授权股东代表,依法参与股权多元化中央企业的重大决策,依法行使股东权利。规范国资委内部决策及对股东代表授权的程序。

3. 加快中央企业规范董事会建设。加快建设规范董事会步伐,逐步扩大中央企业建设规范董事会的范围。依照《公司法》、《中华人民共和国企业国有资产法》等法律法规,落实董事会职责,规范董事会的决策和运行,实现董事会权利、义务、责任的统一。加强建设规范董事会中央企业董事会和外派监事会的沟通和协调。

4. 积极参与企业章程的制定和修改。依法参与制定和修改中央企业章程,行使国有资产出资人权利,体现出资人意志。注意在章程中明确中央企业的经营范围、组织机构的权限划分和议事规则、管理者的提名和产生办法、重大事项管理、收益分配等。规范中央企业章程制定和修改程序,指导中央企业加强对章程贯彻落实情况的监督检查,完善章程涉及的有关配套文件。

5. 规范中央企业对其子企业履行出资人职责。探索完善符合中央企业实际的集团公司管控机制,加强国有资产基础管理,合理压缩企业层级,帮助提高中央企业集团公司的管控能力。指导中央企业依法规范对子企业重大事项、领导人员和资本收益的管理,理顺与所控股上市公司和境外子企业的关系,层层落实国有资产监管的各项要求。

(六)加大对中央企业服务支撑力度。

1. 积极采取多种措施服务中央企业。坚持立足于国有资产出资人职责定位,寓监管于服务之中,从国有资本经营预算、资源配置、交流培训、重大共性问题研究、政策法律环境等多方面、多角度,采取有力措施,积极争取政策支持,营造良好氛围,为中央企业提供坚实有效的服务支撑。

2. 加大国有资本经营预算支持力度。充分发挥国有资本经营预算对中央企业布局和结构调整、提高自主创新能力、培育和发展战略性新兴产业、中央企业产权调整和理顺产权关系、实施国际化经营、解决历史遗留问题等方面的引领带动和支持作用。科学、规范编制国有资本经营预算建议草案,促进中央企业做强做优。

3. 支持中央企业在更高层次上、更大范围内配置资源。围绕推动建立国资监管大格局,建立健全央地合作机制,支持有条件的中央企业与地方国有企业采取收购兼并、相互参股等多种方式进行联合重组。指导地方国资委加强对中央企业在本地区投资、经营、合作发展的协调服务。加快实施“走出去”战略,不断提高中央企业国际化经营水平,积极开展对外投资合作,大力引进海外高层次人才。鼓励非公有制经济参与中央企业调整重组,努力拓宽资源配置空间和领域。

4. 加强对中央企业的交流培训。定期向中央企业通报国内外宏观经济形势及中央企业整体经济运行动态。继续开展国资委机关与中央企业之间的双向挂职交流。组织开展中央企业专项培训、专题研讨。搭建沟通交流平台,充分发挥典型引路作用,促进中央企业之间相互学习借鉴。

5. 加强对中央企业改革发展重大共性问题研究。组织研究中央企业改革发展和国有资产监管中的方向性、趋势性问题,及时掌握有关重大理论动态,加强顶层设计,为中央企业深化改革、加快发展提供理论和制度支撑。指导中央企业积极履行社会责任,树立良好社会形象。

6. 为中央企业改革发展创造良好政策法律环境。积极参与国家法律法规和重大政策的起草制定,充分反映中央企业的意见建议。加强与有关政府部门、司法机关的沟通协调,及时帮助中央企业依法解决在财政税收、产业政策、对外投资合作、法律纠纷案件方面遇到的重大困难和问题。联合政府有关部门、司法机关,进一步加强对中央企业的政策宣传和法律知识普及培训。在组织参与 WTO(世界贸易组织)贸易政策审议和反倾销、反补贴调查等有关涉外活动中,积极做好宣传解释工作,努力消除歧视和偏见,为中央企业国际化经营创造良好的公平竞争环境,切实维护中央企业合法权益。

关于在国资委系统推动构建国资监管大格局的指导意见

2011 年 11 月 10 日　国资发法规〔2011〕165 号

各省、自治区、直辖市及新疆生产建设兵团国资委,各中央企业:

"十二五"是完善国有资产监管体制和制度、加快国有企业改革发展的关键时期。为落实"国资监管上新水平、国企发展上新台阶"的"两新目标"要求,现就在国资委系统推动构建国资监管大格局提出以下意见。

一、推动构建国资监管大格局的重要意义和总体要求

(一)充分认识推动构建国资监管大格局的重要意义。八年多来,在党中央、国务院和地方党委、政府的正确领导下,各级国资委认真履行职责,不断开拓创新,国有资产监管明显加强,国有企业改革发展深入推进,国有经济活力和效率大幅提升。然而,目前各地国有资产监管工作进展还不平衡,国资委系统还不同程度地存在履职能力不强、沟通协调不畅的问题,各级国资委与有关部门的沟通协调机制还需要进一步完善,国有企业改革发展还需要进一步争取全社会的关心和支持。按照"十二五"时期"两新目标"要求,进一步更新理念、改进作风,在国资委系统构建整合协调、开放合作的国资监管大格局,既是大力加强国有资产监管的重要措施,又是加快完善国有资产监管体制和制度的内在要求,对于更好地营造国有企业改革发展的良好环境,做强做优国有企业,实现国有资产保值增值,具有十分重要的意义。

(二)推动构建国资监管大格局的总体要求。各级国资委要在本级党委、政府领导下,深入贯彻落实党的十七届五中全会精神和国家"十二五"规划纲要,以科学发展为主题,以转变发展方式为主线,突出更新

理念、改进作风的重点,大力培育合心合作合力的国有资产监管和国有企业改革发展的工作文化,加快健全联合融合整合的工作系统,不断完善指导监管有效、相互支持有力、沟通协调顺畅、共同发展有序的工作机制,努力推动“国资监管上新水平,国企发展上新台阶”。

二、努力培育国资系统工作文化

(三)强化系统融合,积极培育国有资产监管共同的价值理念。各级国资委承担着依法履行出资人职责、加强国有资产监管的共同责任,国资委和国有企业肩负着发展壮大国有经济、实现企业国有资产保值增值的共同使命。国资委系统要进一步密切工作联系,加强交流互动,统筹监管资源,积极培育上下一心、整体联动、协调合作的系统文化。

(四)坚持开放包容,不断凝聚国有资产监管工作合力。企业国有资产是全体人民的共同财富,国有资产保值增值人人有责,国有资产监管和国有企业改革发展离不开各地方、各部门和全社会的支持。各级国资委要在本级党委、政府的领导和支持下,以更加开放的工作姿态,重视联合有关部门,紧紧依靠社会各方面力量,大力加强系统内外的工作联合、资源整合和感情融合,努力争取各方支持,形成合力。

(五)优化资源配置,大力拓宽国有资产监管工作视野。各地国资委要在坚持分级代表的前提下,以更加广阔的工作视野,统筹考虑本地区监管企业的国有资产和中央企业、其他省市在本地区的国有资产,努力拓宽资源配置的领域和空间。鼓励非公有制经济参与国有企业改制重组,加快国有经济布局结构调整和产业转型升级。要集中力量办大事,更好地发挥国有经济对当地经济社会发展的引领带动作用。

三、加快完善国资系统工作体系

(六)健全国有资产监管组织体系。建立机构健全、定位准确、职责统一的国有资产监管组织体系,是在国资委系统推动构建国资监管大格局的组织基础。要按照“政企分开、政资分开、所有权与经营权相分离”原则,继续坚持国资委作为本级政府直属特设机构的性质,保持机构稳定，指导地市级国资委防止机构设置上的行政化倾向，明确县级国有资产监管责任主体。要按照“权利、义务和责任相统一，管资产和管人、管事相结合”的原则，积极落实国资委根据授权承担的出资人三项主要职责，同时坚持出资人职责与面上监管职责的有机结合。

（七）完善国有资产监管法规制度体系。健全规则完善、上下统一、执行有力的国有资产监管法规体系，是在国资委系统推动构建国资监管大格局的制度保障。各地国资委要以《企业国有资产法》为龙头，以《企业国有资产监督管理暂行条例》为基础，在国有资产出资人制度、国家出资企业制度和国有资产统一监管制度三大制度框架下，健全完善本地区具体规章制度，形成国有资产监管的完整制度体系。要切实加大国有资产监管法律、行政法规和规章、规范性文件的执行力度，强化监督检查，严格责任追究，确保国资委系统各项制度全面落实到位。

（八）推动经营性国有资产的集中统一监管。继续推动经营性国有资产的集中统一监管，是在国资委系统推动构建国资监管大格局的重要内容。各地国资委要适应完善国有资产监管体制和制度的需要，积极争取当地党委和政府的支持，以提高国有资产监管效率为目标，进一步拓宽经营性国有资产的监管范围。对暂时不具备纳入统一监管条件的地方国有企业，可以通过由国资委委托行业部门具体监管等方式，实现监管政策的统一，理顺出资关系。要通过推动集中统一监管，加快在更大范围、更高层次上的企业重组和资源整合，着力培育一批优势企业或者国内领先企业，具备条件的要努力培育成为世界一流企业。

（九）不断加强国有资产监管能力建设。进一步提高各级国资委专业化、规范化和系统化的监管能力和水平，是在国资委系统推动构建国资监管大格局的重要抓手。要深入把握科学发展规律、国有资产监管规律、企业发展规律和经济运行规律，进一步创新完善监管方式，共同探索解决出资人监管涉及的共性问题，不断提升国有资产监管工作的专业化水平。要继续加强法治机构建设，依法规范出资人行权履责的各项活动，重视合规性审查，强化监督机制，防范法律风险，全面提高国有资产监管工作的规范化水平。要充分发挥系统合力，确保国有资产监管工作横向到边、纵向到底，相互支持、整体推进，加快提升国有资产监管工作的系统化水平。

四、建立健全国资系统工作机制

(十)完善向本级政府报告工作机制。各级国资委要准确把握直属特设机构定位，对本级政府负责，向本级政府报告。对依法须经本级政府批准决定的重大事项，要及时报请本级政府批准决定。要定期向本级政府报告有关国有资产总量、结构、变动、收益等汇总分析情况以及国有企业监督检查和国有企业监事会工作等履行出资人职责的情况，自觉接受本级政府的监督和考核。要围绕当地经济社会发展大局和国有经济改革发展状况，主动报告本地区国有资产监管体制改革完善和国有资产监管工作遇到的问题和建议，争取本级党委和政府的重视和支持。

(十一)完善与有关部门联动协作和信息公开工作机制。各级国资委要在法定职责范围内，进一步加强与有关部门的沟通协调。积极参与有关政策法规的起草和执法检查，加大对企业历史遗留问题和重大疑难案件的协调力度，努力为企业排忧解难，维护企业合法权益和国有资产安全。要认真贯彻落实信息公开制度，及时向社会公开发布国有资产监管、国有企业改革发展的最新进展情况，增加工作透明度，认真听取社会各方的意见和建议。切实加强与新闻媒体的沟通联系，广泛宣传国有企业对经济社会发展的积极贡献，探索建立国有企业突发危机事件中的媒体应对和协调机制，指导监管企业定期发布履行社会责任报告，自觉接受全社会监督。

(十二)完善地方国有资产监管指导监督工作机制。开展指导监督工作是各级国资委承担的重要法定职责。各级国资委要依据《地方国有资产监管工作指导监督办法》的规定，注意发挥好指导工作的引导、规范、提高和促进作用。认真执行国资委系统国有资产监管立法备案、法规政策实施督察和重大事项报告制度。坚持"两手抓"，重视指导下级国资委在当地党委、政府的领导下，切实加强国有企业党建、群工、宣传以及反腐倡廉建设、信访维稳等工作，同时防止越权干预下级国资委依法行权履责。要坚持监督工作“少而精”的原则，注意把监督工作的重点放在确保国资监管法律法规和国家政策的贯彻实施上，放在国企改制、产权转让等可能出现违法违规行为的重点环节上，放在防范国有资产重大损失和重大不良社会影响的潜在风险上。要全面落实指导监督工作责任，推动实现国资委系统指导及时，监督有效。

(十三)完善国有资产基础管理工作机制。加强企业国有资产基础管理工作，既是搞好国有资产面上监管的重要抓手，也是加强上下级国资委之间联系的重要纽带。各级国资委要高度重视国有资产基础管理制度建设，共同推进完善基础管理立法，尽快解决目前有关立法位阶低、系统内外规则不统一、部门职责有所交叉的问题。要进一步明确基础管理工作分工，依法落实省和地市两级国资委承担的企业国有资产产权登记、资产评估、产权转让、国有股权管理、清产核资、资产统计、绩效评价、运行动态监测等工作职责，尽快明确县级企业国有资产基础管理责任主体，努力建立全面覆盖、层级完整的工作机制。

(十四)完善国有企业央地合作、区域合作工作机制。深化国有企业央地合作、区域合作，是推进形成企业国有资产优化配置的重要手段。要以企业为主体，以市场为导向，鼓励企业围绕主业开展合作，积极推动联合重组，互利共赢，共同发展。要明确地方国资委在本地区国有企业开展央地合作、区域合作中的牵头地位，中央企业到地方及其有关部门商洽签订战略合作协议、推进投资合作项目等，可以加强与当地国资委的沟通，充分发挥其综合协调、指导服务的作用。要以出资关系为基础，按照有利于增强企业核心竞争力和实现可持续发展的原则，合理设置合作企业股权结构，既可以由中央企业控股，也可以由地方国有企业控股。对不同层级、不同地区监管企业之间的合作，要坚持分级代表，按照同股同权或者章程约定，依法履行出资人职责，规范有关国资委共同监管的途径和方式，切实尊重企业经营自主权。

五、在国资委系统构建国资监管大格局的主要措施

(十五)切实加强组织领导。各级国资委要准确把握构建国资监管大格局的总体要求,将这项工作摆上重要议事日程。主要负责同志要亲自抓,要从坚持“两个毫不动摇”、加快国有企业改革发展的战略高度统筹谋划。要组织搞好在国资委系统构建国资监管大格局的学习培训和宣传教育,结合贯彻中央关于做好群众工作的要求,积极营造良好的舆论环境。要研究制订具体工作计划,针对本地区国有资产监管工作面临的突出困难和问题,明确在国资委系统构建国资监管大格局的重点和切入点。要细化部门分工,落实工作措施和责任,加强督促检查,努力将构建国资监管大格局的各项要求落到实处。

(十六)着力打造沟通协调平台。各级国资委要通过各种专业会议和培训、调研交流、指导检查等,进一步加强系统内的日常业务沟通,共同探索解决国有资产监管工作涉及的全局性和战略性的重点问题,组织开展行业发展前瞻性研究,为具有产业链上下游关系的监管企业提供合作交流平台。上级国资委要注意在下级国资委机构设置、职责定位、监管范围等方面,加强与下级政府的沟通协调。各级国资委要指导督促监管企业积极向所在地国资委沟通交流情况,自觉接受政府有关部门的行业管理和市场监管。要联合有关部门深入研究完善涉及国有企业改革发展的重大政策,积极争取有关部门对企业转型升级、自主创新和“走出去”等加快发展的政策指导和支持,帮助做好国有企业分离办社会职能和辅业改制涉及的资产处置、债务处理、职工安置等方面的工作。

(十七)建立健全信息交流平台。要不断拓宽各级国资委之间的信息交流渠道,完善产权管理、统计评价、业绩对标等专业化信息平台。国务院国资委要加快推进国有资产监管信息系统建设,在保证企业生产经营数据保密和安全的前提下,定期向各地国资委通报中央企业在地方的资产运营情况,重视交流分析宏观经济形势和有关数据,积极推

动中央企业与地方国有企业在业绩对标、区域经济形势等方面的信息共享，适时启动与省级国资委的视频会议系统建设。地方国资委要建立健全本地区国有资产监管工作数据库，并及时按规定向上级国资委报送本地区国有企业统计数据。要大力推进各级国资委信息交流工作的制度化、规范化，逐步实现信息互通，数据共享。

（十八）积极搭建人才队伍培养平台。要适应构建国资监管大格局的新要求、新挑战，大力推进国资委系统干部队伍建设。要加强人才培养，定期组织开展各级国资委和监管企业负责人参加的专题研讨和业务培训。加大与国外先进大公司的合作交流力度，深入学习借鉴国外大公司的成熟经验，进一步拓宽各级国资委和监管企业负责人的国际视野，推动监管企业人才国际化。要加强人才交流，进一步健全完善国资委系统、国资委与监管企业之间人员双向交流挂职制度，努力实现人才资源共享。要加强人才服务，继续通过面向海内外公开招聘、海外高层次人才引进等方式，积极为国资委和监管企业招揽优秀人才。要建立健全国有企业薪酬激励体系，吸引并留住企业优秀人才。要坚持人才的引进与培养并重，以引进带培养，以培养促引进，努力夯实国有资产监管和国有企业改革发展的人才基础。

（十九）探索建立企业互帮互助平台。各级国资委要通过建立监管企业之间的项目推介、技术攻关、人才交流等平台，鼓励企业依法合规实现优势互补、互利共赢。要指导监管企业在应对重大自然灾害、重大经济危机以及其他重大突发事件时，既要积极履行社会责任、充分发挥引领带动作用，又要互相支持帮助、共同增强抵御风险的能力。

在国资委系统推动构建国资监管大格局，是落实“两新目标”的一项重要战略部署，任务艰巨，意义重大。各级国资委要在党中央、国务院和地方党委、政府的领导下，在各部门和全社会的大力支持下，勇于开拓进取，不断探索创新，持续深入地推动这项工作，为开创国资监管和国企改革发展新局面作出更大贡献。

关于进一步加强地方国资委所监管融资平台公司风险防范的通知

2011年12月28日　国资发法规〔2011〕210号

各省、自治区、直辖市及计划单列市和新疆生产建设兵团国资委：

为进一步加强地方国资委所监管融资平台公司的风险防范，切实发挥地方融资平台公司在促进当地经济社会发展中的积极作用，现将有关事项通知如下：

一、规范履行对融资平台公司的出资人职责。各地国资委要高度关注所监管融资平台公司经营状况，规范行使出资人权利，确保出资人职责层层到位，依法落实监管责任。指导融资平台公司完善法人治理结构，建立健全规划投资、融资担保、风险防范等方面的制度，增强融资平台公司规范化、商业化运营能力。

二、清理核实融资平台公司及其债务情况。要切实摸清融资平台公司的资产总额、负债总额、负债结构、资产负债率、一年内到期贷款余额、年度偿债能力以及债务担保等基本情况。根据国务院有关文件规定，按照承担公益性项目且主要依靠财政性资金偿还、承担公益性项目且本身有稳定经营性收入并主要依靠自身收益偿还、承担非公益性项目的分类标准，对融资平台公司及其债务进行全面核实，严格分类管理。

三、切实维护融资平台公司的市场主体地位。要坚持“政企分开、政资分开、所有权与经营权相分离”的原则，进一步理顺融资平台公司监管体制，依法保障融资平台公司法人财产权和经营自主权，在融资贷款、项目运营等方面实现规范化运作。指导融资平台公司通过积极引进民间投资等市场化途径，促进项目投资主体多元化，拓展融资平台公司的筹资渠道。

四、依法完善融资平台公司法人治理结构。指导融资平台公司按照《中华人民共和国公司法》、《中华人民共和国企业国有资产法》和《企业国有资产监督管理暂行条例》的要求，建设规范董事会，强化监事会监督，建立健全公司议事规则和重大事项决策制度。要依法选聘好融资平台公司董事和高级管理人员，支持公司董事会依法决策，提高决策的科学化水平。

五、进一步加强对融资平台公司融资行为的监管。引导融资平台公司合理确定融资规模和信用支持方式，避免过度举债。经地方政府审核后，对还款来源主要依靠财政性资金的公益性在建项目，除法律和国务院另有规定外，不得继续通过融资平台公司融资，应通过财政预算等渠道或采取市场化方式妥善解决项目建设后续资金，落实偿债责任和还款资金来源。

六、进一步加强对融资平台公司规划投资行为的监管。按照国家产业政策和国资监管的有关要求，指导融资平台公司明确自身的战略定位和发展方向，坚持服务于当地经济社会发展大局。要指导融资平台公司围绕主业科学制定发展战略规划，审慎选择投资行业和投资项目，实现公益性和营利性项目合理匹配，投资运营与工程建设衔接并举。

七、进一步加强对融资平台公司债务担保行为的监管。杜绝地方国资委为所监管的融资平台公司违规担保承诺行为，特别是不得以行政事业单位的国有资产、国有资本经营预算资金等为融资平台公司提供担保。要全面梳理融资平台公司与其他监管企业的债权债务关系，认真排查以国有资产或者国有股权等为融资平台公司提供担保、融资平台公司相互担保等情况，制定风险防范预案，防止债务风险扩散蔓延。

八、指导融资平台公司完善全面风险管理工作体系。加强融资平台公司债务风险管理，强化财务审计监督和企业内控管理，建立风险预警及应急制度，探索完善科学有效的综合绩效考评体系。建立健全融资平台公司的总法律顾问制度，完善企业法律风险防范机制，切实加强融资平台公司“三重一大”事项监督。

九、建立健全融资平台公司信息公开和报告制度。加强指导融资平台公司及时汇总分析经营数据，提高运营的透明度，自觉接受社会监督。上市或者发行企业债券的融资平台公司，要按照证券监管的有关要求，及时、准确、完整地履行信息披露义务。规范执行融资平台公司重大事项报告制度，对需要向本级人民政府报告的重大事项，各地国资委要及时按照相关程序报告。

各省级国资委要切实加强组织领导，加大与当地财政、金融监管等有关部门的沟通协调力度，重视指导监督下级国有资产监督管理机构加强所监管融资平台公司的风险防范工作，确保各项要求落到实处。本通知执行过程中遇到的情况和问题，请及时向我委反映。

其　　他

国务院国有资产监督管理委员会关于印发《国务院国有资产监督管理委员会立法工作规则》的通知

2003年7月22日　国资法规〔2003〕30号

各厅局：

《国务院国有资产监督管理委员会立法工作规则》已经2003年7月4日委主任办公会议审议通过，现予印发，请认真贯彻执行。

附件：国务院国有资产监督管理委员会立法工作规则

附件：

国务院国有资产监督管理委员会立法工作规则

第一章　总　　则

第一条　为规范国务院国有资产监督管理委员会（以下简称国资委）的立法程序，提高立法质量，根据立法法、行政法规制定程序条例、规章制定程序条例和国资委的职责，制定本规则。

第二条　编制国资委年度立法计划，起草法律、行政法规，制定规章，应遵守本规则。

第三条　本规则所称法律，是指按照立法权限由全国人大及其常委会制定和审议通过的、由国家主席签署主席令公布的规范性文件。

本规则所称行政法规，是指按照立法权限由国务院制定和审议通过或者由国务院批准的、由总理签署国务院令公布的规范性文件。

本规则所称规章，是指根据法律和行政法规授权、国务院授权和国有资产出资人的权利，在国资委职责范围内制定的、经国资委主任办公会议审议通过的、由委主任签署国资委令公布的规范性文件。

第四条 立法工作应当根据国家授权和国有资产出资人职责，遵循国有资产管理体制改革确定的原则，科学合理地规范各级国有资产监督管理机构和所出资企业的权利、义务和责任，切实维护国有资产出资人的合法权益，保障企业的经营自主权，促进国有企业改革与发展，发展和壮大国有经济，实现国有资产保值增值。

第五条 起草法律、行政法规、规章，应当做到结构严谨，逻辑严密，条理清楚，条文明确，用语准确，行文简洁，具有可操作性。

第六条 国资委的法制工作机构为政策法规局(以下简称法制工作机构)，负责对委内立法工作进行统一规划、指导、协调。

第二章 立法计划的编制

第七条 国资委年度立法计划，由法制工作机构负责统一拟订。

第八条 委内各厅、局、室、中心(以下简称委内各单位)应于每年12月底前向法制工作机构书面提出拟起草法律、行政法规及规章的立法项目建议。

委内各单位提出立法项目建议前，应当对所规定事项的可规范性、立法权限和立法时机等进行充分论证。立法项目建议应当对制定法律、行政法规或规章的必要性、要解决的突出问题、拟确立的主要制度等作出说明。

第九条 法制工作机构对委内各单位提出的法律、行政法规立法项目进行汇总研究，提出拟上报的立法建议，经委领导批准后，报请国务院立项。

第十条 法制工作机构根据全国人大常委会立法规划、国务院年度立法计划和国资委的总体工作部署，拟订国资委年度立法计划，经征求委内有关单位的意见后，报委主任办公会议审议或委领导批准后执行。

第十一条 国资委年度立法计划的内容包括法律、行政法规、规章的名称、起草单位、起草进度和起草要求。

第十二条 委内承担起草工作的单位应认真执行年度立法计划。

年度立法计划所列的立法项目在执行中可以视情况予以调整。对拟增加的立法项目应当进行补充论证。

第三章 法律、行政法规的起草

第十三条 列入国资委年度立法计划的法律、行政法规项目，由法制工作机构起草或者组织委内有关单位起草。

第十四条 起草法律、行政法规，应当深入调查研究，总结实践经验，广泛听取委内有关单位、地方国有资产监督管理机构、有关企业、协会、部门、机构和专家学者等各方面的意见。听取意见可以采取召开座谈会、论证会、听证会或者在网上或其他新闻媒体公布、征求社会各界意见等多种形式。

第十五条 法律、行政法规的有关规定涉及其他部门职责或者与其他部门关系紧密的，应当与有关部门协商一致；经过充分协商不能取得一致意见的，应当在提交送审稿草案时说明情况和理由。

第十六条 法律、行政法规起草工作完成后，法制工作机构应当将送审稿草案及其说明报委主任办公会议审议。

送审稿草案说明应当对立法的必要性，确立的主要制度，各方面对送审稿草案主要问题的不同意见等作出说明。

第十七条 委主任办公会议审议法律、行政法规送审稿草案时，由法制工作机构作起草说明。

第十八条 法制工作机构根据委主任办公会议对法律、行政法规送审稿草案的审议意见，对法律、行政法规送审稿草案进行修改，形成送审稿及其说明。

第十九条 法律、行政法规送审稿由委主任签署后，报送国务院审查;全国人大专门委员会直接委托我委起草的法律送审稿,报送全国人大专门委员会审查。

第二十条 国资委与其他部委联合起草法律、行政法规的程序,建议修改或者废止法律、行政法规的程序,参照本章规定。

第四章 规章的制定

第二十一条 国资委根据法律和行政法规授权、国务院授权和出资人的职责,制定规章。

第二十二条 国资委拟采取规章形式规定的事项,一般应当属于对国有资产监督管理、国有经济布局和结构调整、国有企业改革与发展等具有普遍指导意义并反复适用的事项。

第二十三条 规章的名称一般称为规定、办法,不得称条例或通知、通告、公告。

第二十四条 规章的内容一般包括立法目的、适用范围、具体规定、实施日期等。规章的内容应当符合法律、行政法规的规定。法律、行政法规已经明确规定的内容,规章原则上不作重复规定。

第二十五条 列入国资委年度立法计划的规章,原则上由委内有关单位具体负责起草,涉及委内多个单位职能的,由法制工作机构起草或者组织起草。

第二十六条 起草规章,起草单位应当深入调查研究,总结实践经验,广泛听取委内单位、地方国有资产监督管理机构、有关企业、协会和专家学者等各方面的意见。听取意见可以采取书面征求意见、座谈会、论证会或者在网上或其他新闻媒体公布、征求社会各界意见等多种形式。

法制工作机构参与委内起草单位的起草调研和论证工作。

第二十七条 起草规章,涉及国务院其他部门职责或者与国务院其他部门职责关系紧密的,应当充分征求国务院其他部门的意见。

第二十八条 规章起草工作完成后,起草单位应当将规章送审稿及其说明、对规章送审稿主要问题的不同意见和其他有关材料送法制工作机构审查。

送法制工作机构审查的送审稿，应当由起草单位主要负责人签署；委内有关单位共同起草的规章送审稿，应当由有关单位主要负责人共同签署。

规章送审稿的说明应当对制定规章的必要性、规定的主要措施、有关方面的意见等情况作出说明。

有关材料主要包括汇总的意见、调研报告、国内外有关立法资料等。

第二十九条 法制工作机构负责对规章送审稿进行统一审查。

法制工作机构主要从以下方面对规章送审稿进行审查：

（一）规定的事项是否属于国资委的职责范围；

（二）规定的事项能否采用规章的形式；

（三）是否与有关规章协调、衔接；

（四）规定的主要制度及具体条款是否符合有关法律、行政法规和政策规定；

（五）是否充分考虑和正确处理有关方面对主要问题的意见；

（六）是否符合立法技术要求；

（七）其他需要审查的内容。

第三十条 规章送审稿有下列情形之一的，起草单位应当进一步调研论证、修改、协调，或者采用其他公文形式拟订发布：

（一）制定规章的基本条件尚不成熟的；

（二）不符合本规则第二十八条规定的；

（三）不符合本规则第二十九条规定的。

第三十一条 法制工作机构会同规章起草单位对规章送审稿进行修改，形成规章草案和审查报告，提请委主任办公会议审议。

第三十二条 委主任办公会议审议规章草案时，由起草单位作起草说明，由法制工作机构作审查说明。

第三十三条 法制工作机构会同起草单位根据委主任办公会议审议意见，对规章草案进行修改，形成草案修改稿，报委主任签署命令予以公布。

第三十四条 公布的规章应当载明规章的制定机关、序号、规章名称、通过日期、施行日期、委主任署名以及公布日期。

第三十五条 规章公布后,应当及时在国资委公告上刊登。

第三十六条 规章应当自公布之日起30日后施行;特殊情况下,可以自公布之日起施行。

第三十七条 规章自公布之日起10日内,办公厅将规章文本一式20份、起草说明和备案报告一式10份送法制工作机构,由法制工作机构按立法法和规章备案条例的规定报国务院备案,并存档。

第三十八条 规章内容涉及国务院其他部门职权范围的,应当与国务院有关部门联合制定规章。制定联合规章的程序,参照本章规定。

第三十九条 规章修改、废止的程序,参照本章规定。

第四十条 规章的解释权属于国资委。

规章解释由规章起草单位提出解释意见,由法制工作机构提出审核意见,报委主任办公会议批准后公布。

规章解释与规章具有同等效力。

第五章 附 则

第四十一条 起草法律、行政法规、规章,根据内容需要,可以分为章、节、条、款、项。除涉及内容多、调整对象复杂的外,规章一般不设节。

章、节、条的序号用中文数字依次表述,款不编序号,项的序号用中文数字加括号依次表述。

第四十二条 国资委有关制度的制定程序,参照本规则执行。

第四十三条 国资委党委有关规章制度制定、发布的程序,由国资委党委另行规定。

第四十四条 全国人大各专门委员会、国务院及其各部门送国资委征求意见的法律、法规和规章草案,由法制工作机构会同委内有关单位研究并提出修改意见。

第四十五条 有关国有资产监督管理的法律、行政法规和规章的清理工作，由法制工作机构组织委内有关单位进行，提出清理结果和处理建议，报委主任办公会议审议。

第四十六条 有关法律、行政法规、规章的汇编工作，由法制工作机构负责。

第四十七条 本规则自公布之日起实施。

国务院国有资产监督管理委员会关于加强国资监管信息化工作的指导意见

2007 年 10 月 26 日 国资发〔2007〕182 号

各省、自治区、直辖市及计划单列市、新疆生产建设兵团国资委：

国资监管信息化是 2006～2020 年国家信息化发展战略的重要内容，是国民经济和社会发展信息化“十一五”规划的重大工程之一。大力推进国资监管信息化，既是加强国有资产监督管理，实现国有资产保值增值的迫切需要，也是落实国家信息化发展战略的紧迫任务。

各级国资委成立以来，都相继开发建设了信息网络、信息网站、网上办公和业务管理系统，取得了一定成绩，为做好国资监管工作提供了有力支持。但从总体上看，全国国资监管信息化建设仍处于起步阶段，存在一些问题，主要是：基础网络不健全，互联互通不畅；业务系统水平较低，应用和服务范围较窄；信息资源开发利用滞后，共享和对外公开程度不高；标准不统一，制度建设薄弱，存在安全隐患；缺少统筹规划，自成体系，重复建设现象严重。国资监管信息化水平与加强国资监管工作的要求相比，还有较大差距。为进一步加强国资监管信息化工作，根据中共中央、国务院关于信息化工作的方针政策，结合国资监管工作的实际，现提出以下意见。

一、指导思想和基本原则

（一）指导思想

认真贯彻落实科学发展观，按照国家信息化发展战略的要求，充分利用信息技术，深入开发利用信息资源，创新国资监管方式，强化综合监管，规范监管行为，提高监管能力和水平，促进国有资产保值增值。

（二）基本原则

1. 统筹规划，分级负责。统筹规划国资监管信息系统的网络平台和核心业务应用，统一建立标准规范。按照分别负担、分级管理的原则，各级国资委分别落实建设任务和资金，分级负责做好系统的建设、运行和管理工作。

2. 整合资源，实用高效。充分利用国家电子政务的网络基础，打破条块分割，整合各地已有的网络资源，促进互联互通和资源共享。建设经济实用的国资监管信息系统，避免重复建设，走低成本、高效益的信息化发展道路。

3. 需求主导，分步实施。国资监管信息化建设必须紧密结合监管职责的需要，突出重点，稳步推进，分步实施。要重点抓好建设统一网络平台、建立标准、健全规章制度，建设和整合关系国资监管的核心业务系统。

4. 规范管理，保障安全。从管理体系、风险控制、技术设施和运行维护等方面入手，理顺管理体制，明确管理责任，完善管理制度，确保信息网络、业务系统和信息资源的安全可控。

二、发展目标和主要任务

（一）发展目标

到2010年，基本建成覆盖国务院国资委和各省（区、市）、计划单列市、新疆生产建设兵团国资委及所监管企业的国资监管信息网络平台，各级国资委普遍建立起业务内网和外网；重点应用系统实现互联互通，信息资源共享机制初步建立；基础性信息数据库、信息资源目标体系与交换体系、标准规范体系、信息安全基础设施初步建立；各级国资委门户网站全部开通，并成为信息公开的重要渠道，可在线处理的业务项目基本实现网上办理。通过实现上述目标，各级国资委的监管能力明显增强、监管效率明显提高。

（二）主要任务

1. 建设和整合统一的国资监管网络平台，推进互联互通。充分利用各级国资委的现有网络资源，加快建设各级国资委上下之间、国资委与所监管企业之间相互联接的国资监管外网，实现相互之间的信息交换和信息共享。基于国家电子政务内网，建立国务院国资委与各省（区、市）、计划单列市、新疆生产建设兵团国资委及中央企业之间相互联接的国资监管内网，满足内部办公、管理、协调、监督和决策的需要。内网和外网实现物理隔离，在信息内容上内网的信息禁止上外网，能上外网的信息尽可能不上内网。

2. 建立和完善国资监管业务系统，推进信息共享和业务协同。紧紧围绕"管资产和管人、管事相结合"、"权利、义务和责任相统一"的要求，统筹规划建立所监管企业人才管理信息系统、企业重大事项管理信息系统、企业国有资产管理信息系统、企业国有资产监督信息系统、企业经济运行信息系统、企业党建纪检监察信息系统，规范和优化业务流程。同时，按照职责明确、流程规范、功能完备的要求，建立和完善信息共享机制，实现业务协同。

3. 建立和完善国资监管数据库，大力开发利用信息资源。按照统一的标准和规范，编制国资监管工作信息资源目录体系和信息资源交换体系。分工负责建立各类国资监管信息资源库和信息采集系统，形成比较完善的全国国资监管信息资源体系。要充分开发利用现有国资监管信息资源，建立企业基本信息、企业绩效评价、企业人员管理、企业财务、国有产权、资产统计、企业经济运行、企业投资、企业薪酬、党建纪检监察、政策法规等数据库。在保证数据信息保密安全的前提下,建立内部信息门户、领导决策支持系统等信息共享查询系统,完善信息授权共享机制,促进国资监管信息资源在各级国资委内部、跨层次、跨地区交流共享和开发利用,为各项监管工作提供及时可靠的信息服务。

4. 改进和完善国资监管对外门户网站,推进信息公开和在线服务。未开通对外网站的地方国资委要尽快开通,已开通的要努力提升建设和管理水平,加快建立比较完善的全国国资监管对外门户网站体系。各级国资委要按照“及时、准确、丰富、活跃”的要求,建立网站内容保障机制,落实信息上网责任。完善网站管理制度,增强网站服务功能,提高网站权威性和影响力。加大信息发布力度,提升信息质量,提高国资监管工作透明度和效能,自觉主动接受各方面的监督。大力开发应用网上办事系统,公布办事流程,实行审批业务网上受理、审批进程在线查询和反馈,为企业提供便捷高效的服务。积极推进网上互动交流,开展在线访谈和网上调查,提供网上咨询、便民问答、监督投诉、领导信箱等服务。落实网民意见、问题、投诉的受理反馈责任,提高网上服务效率。

5. 加强技术标准和信息安全体系建设,保障信息安全。根据国家标准,结合国资监管工作实际,建立统一的国资监管信息化总体标准、应用标准、应用支撑标准、信息安全标准、网络基础设施标准、管理标准和信息编码标准,规范信息化建设,确保信息共享和信息安全。要把日常管理、技术手段和应急机制结合起来,确保国资监管信息系统稳定运行和重要数据安全保密。抓紧建立信息安全等级保护制度,制订信息安全等级保护的管理办法,加强信息安全风险评估。建立科学的密钥管理体系,规范和加强以身份认证、授权管理、责任认定等为主要内容的网络信任体系建设。建立和完善信息安全监控系统,提高对网络攻击、病毒入侵、网络失窃密的防范能力。要充分考虑信息网络系统的抗毁性与灾难恢复,制订并不断完善信息安全应急处置预案。

6. 加强对所出资企业信息化建设的指导,推动企业加快提高信息化水平。促进企业加快建设和完善综合管理信息系统,推进信息集成、共享、协同,提高管理水平和集团控制力,加强对所属各级子企业的实时监控和管理。促进企业加快开发专业应用信息系统,强化生产营运过程的在线监测、预警和控制,实现精准、高效生产。推动企业利用信息化手段,加强对高能耗、高物耗、高污染环节的监督管理,改进监测、预警手段和控制方法,进一步搞好资源能源节约利用和环境保护。发挥企业主体作用,加快发展电子商务,通过供应链、客户关系管理等,形成完整的电子商务价值体系,增强市场竞争能力。发挥专业信息服务企业的优势,承揽外包服务,帮助企业低成本、低风险地推进信息化。积极探索开展企业信息化水平评估工作。推动企业加快实现软件正版化,在符合标准的条件下优先使用国产设备与软件。

三、措施和要求

(一)加强组织领导,做到机构、人员、职能和责任"四到位"。各级国资委要把信息化工作作为"一把手"工程摆到重要位置,建立健全信息化工作管理体制、机制,切实加强对信息化工作的统一领导和重大项目的协调推进。要向当地编制管理部门申请建立健全信息化工作机构,明确职责,落实人员,保证机构和人员稳定,优化人员专业结构。积极探索试行统筹信息化工作的信息主管制度。

(二)加强规划预算,确保信息化持续健康发展。各级国资委要紧密结合加强国资监管工作的需要,抓紧编制国资监管信息化建设总体规划,明确工作目标、建设项目和经费预算。按照项目之间的逻辑关系和优先次序,落实年度建设计划和项目资金,保证建设和运行经费持续投入。信息化项目的建设经费,要按照中央政府和地方政府分别负担的原则,积极向当地政府主管部门申请解决;项目建成投入使用后的运行和管理经费,要列入年度行政经费预算范围。有条件的地方可把信息化建设和运行维护经费列入国有资本经营预算。

(三)加强制度建设,科学规范信息化工作管理。建立健全规范的信息化工程预算、建设、运行、维护和管理制度,确保国资监管信息系统建设和应用规范有序。制订信息化建设绩效评价和考核办法,加强对信息化投入的审计、监督和绩效评估,建立和完善信息化工程建设问责制。推进国资监管信息化建设,要坚持使用正版软件,优先采用国产设备和软件。对于软件开发、系统集成建设与运行维护,要积极面向专业服务机构探索实行业务外包,以节省投资和缩短建设周期,获取更优质的技术服务。

(四)加强队伍建设,提高全员信息化应用水平。要制订信息化培训计划,组织各级公务员特别是领导干部开展信息化培训,宣传和普及信息化知识,强化信息化意识,提高信息化技能。积极引进和培养国资监管工作急需的信息化专业人才和复合型人才。通过多种形式的学习培训,提高信息化工作人员的专业素质。

(五)加强工作交流,推广信息化建设先进经验。定期组织开展国资监管信息化工作交流研讨活动,及时通报信息化工作进展情况,深入总结经验,研究解决共同面临的问题。有条件的地方要通过“请进来”和“走出去”相结合的方式,学习借鉴国内外先进经验。建立国资监管信息化工作交流机制和载体,宣传信息化建设的显著成效和成功做法。适时组织对信息化建设的检查和评估,评选表彰国资监管信息化工作先进单位和先进个人。

国务院国有资产监督管理委员会关于印发《中央企业信息化水平评价暂行办法》的通知

2008 年 7 月 4 日　国资发〔2008〕113 号

各中央企业:

为加快推进中央企业信息化工作,提高信息化水平,根据国资委《关于加强中央企业信息化工作指导意见》(国资发〔2007〕8 号),特制定《中央企业信息化水平评价暂行办法》,现印发给你们,请遵照执行。

附件:中央企业信息化水平评价暂行办法

附件：

中央企业信息化水平评价暂行办法

第一章　总　　则

第一条　为贯彻落实《关于加强中央企业信息化工作的指导意见》(国资发〔2007〕8号,以下简称《指导意见》),通过开展中央企业信息化评价,更好地指导和推进中央企业信息化,实现信息化与工业化融合,促进中央企业做强做大,提高核心竞争力,结合中央企业实际,制定本办法。

第二条　本办法适用国务院国有资产监督管理委员会(以下简称国资委)履行出资人职责的企业(以下简称中央企业)。

第三条　本办法以《指导意见》提出的中央企业信息化的基本原则、发展目标、主要任务和措施要求为依据,建立特定的指标体系和权重体系,通过定量定性对比分析,对中央企业一定时期内的信息化过程和信息化效果作出评价。

第四条　中央企业信息化水平评价遵循的原则是坚持实事求是,客观反映企业信息化现状,数据采集要真实准确,做到评价办法公开,评价过程透明,评价结果公正。

第五条　中央企业信息化水平评价以中央企业的总体水平为对象,实行初评和复评相结合。评价结果共分五个级别。

第六条　国资委根据年度评价结果编制中央企业年度信息化报告。

第二章　初　　评

第七条　初评是通过指标数据采集计算各中央企业年度信息化水平指数,确定初评结果。

第八条 初评指标体系由指标和指标权重两部分构成。指标包括要素指标和要素分项指标;指标权重是指按照德尔菲法确定的要素指标和要素分项指标的权重。

第九条 指标数据采集与指数计算方法。

(一)按照要素指标和要素分项指标,国资委编制《年度中央企业信息化水平评价数据采集表》(以下简称《数据采集表》),并由中央企业根据企业信息化的总体情况,真实、准确地填报数据。

(二)指数计算方法。

1. 对数据进行无量纲化处理,使量纲不同的各类指标值转化为可以直接进行计算的数值。

2. 从具体的指标开始,逐项分层加权计算,形成要素级指数分值。

3. 对各要素指数分值进行加权合成,得出各中央企业年度信息化水平指数。指数计算公式为:

$$I=\sum_{i=1}^{n}\left(\sum_{i=1}^{m}P_{ij}W_{ij}\right)\times W_{i}$$

其中:I 为中央企业信息化水平指数,n 为信息化水平构成的要素个数,m 表示信息化水平第 i 个构成要素的指标个数,P_{ij} 为第 i 个构成要素的第 j 项指标标准化后的值,W_{ij} 为第 i 个构成要素的第 j 个指标在其中的权重,W_i 为第 i 个要素的权重。

第十条 根据各中央企业填报的数据计算出各自的年度信息化水平指数,作为企业的初评结果,并在此基础上进行复评,确定各中央企业年度信息化水平级别。

第三章 复　评

第十一条 复评是通过复议审核各中央企业在不同级别的各项特征指标上的得分,确定其年度信息化水平级别。

第十二条 中央企业年度信息化水平被划分为 A、B、C、D、E 共五个级别。根据五个级别的定义,在指标体系中选取部分指标作为不同级别的特征指标,明确不同级别在特征指标项上的达标分数。

第十三条　复评分为两个步骤。第一步，根据各企业的初评结果，将其划分到不同的级别。划分标准为：90～100分为A级、80～89分为B级、60～79分为C级、40～59分为D级、39分以下为E级。第二步，审核其在各个级别特征指标项上是否达标。其中80%以上的特征指标项得分均达标时，方可判定年度信息化水平达到该级别。否则，将年度信息化水平调整至下一个级别。

第十四条　对特征指标项的部分数据进行现场核查，并根据核查情况确定最终级别。现场核查对象为复评后确定为A级的企业和部分确定为B、C、D级的企业。

第十五条　复评由国资委组织专家组进行。专家组一般由5～7人组成。

第十六条　企业在复评中发生级别调整时，其年度信息化水平指数不变。

第十七条　复评结束后，形成年度中央企业信息化水平评价最终结果，包括各中央企业年度信息化水平指数、水平级别和评价报告。

第四章　评价组织与程序

第十八条　本办法中的《中央企业信息化指数评价指标及权重》和《复评级别特征指标及达标标准》的基本原则和框架，国资委可根据新阶段的中央企业信息化发展目标、任务和要求组织修订。《数据采集表》每年度由国资委根据实际情况组织调整。

第十九条　第一次评价在本办法印发后组织实施。之后，每年度3月底前，国资委将评价年度的《数据采集表》发送各中央企业；4月底前，各中央企业按照要求将填写的《数据采集表》报国资委办公厅；6月底前，国资委组织完成评价工作，并公布评价结果。

第五章　附　　则

第二十条　中央企业可参照本办法评价总部及所属子企业的信息化水平。

第二十一条 本办法由国资委负责解释。

第二十二条 本办法自下发之日起施行。

国务院国有资产监督管理委员会关于印发《国务院国有资产监督管理委员会规范性文件制定暂行办法》的通知

2008年9月11日 国资发法规〔2008〕137号

各厅局：

现将国务院国资委第68次主任办公会议审议通过的《国务院国有资产监督管理委员会规范性文件制定暂行办法》印发给你们，请遵照执行。

附件：国务院国有资产监督管理委员会规范性文件制定暂行办法

附件：

国务院国有资产监督管理委员会规范性文件制定暂行办法

第一条 为规范国务院国有资产监督管理委员会(以下简称国资委)规范性文件的制定工作，保证规范性文件质量，促进依法履行出资人职责，根据《中华人民共和国立法法》、《企业国有资产监督管理暂行条例》、《规章制定程序条例》和《国资委立法工作规则》，制定本办法。

第二条　本办法所称规范性文件，是指除规章以外，国资委依据法定职权和程序制定的，具有普遍约束力，能够反复适用的规定、办法、实施细则、规则和意见等文件的总称。

第三条　国资委规范性文件的立项、起草、审查、决定、公布、解释和评价等适用本办法。

制定规范性文件，应当严格遵循本办法规定的程序。

国资委内部工作制度、人事任免决定和对具体事项的处理决定等文件，不适用本办法。

第四条　涉及国资委的职能，可以通过规章规范的事项，应当及时制定规章。

规范性文件规定的事项，应当是在贯彻落实国家有关政策，执行法律或者国务院行政法规、决定、命令过程中，需要实践探索、暂时不宜制定规章或者不需要制定规章的事项。

第五条　规范性文件的制定，应当坚持国家法制统一原则和职权法定原则。

第六条　政策法规局（以下简称法规局）负责对委内规范性文件的制定和修订工作进行归口管理，对规范性文件的合法性、协调性进行审核。

委内各厅、局、室（以下简称委内各单位）依据各自职能，负责有关规范性文件的立法调研和起草工作。

国务院有关部门会同我委共同制定公布的规范性文件，须由法规局商委内有关单位共同审核。

第七条　规范性文件的制定，应当纳入国资委年度立法计划。委内各单位应当于每年年初向法规局书面提出制定规范性文件的项目建议，对制定该规范性文件的必要性、要解决的突出问题、拟确立的主要制度等作出说明。对于未纳入立法计划的项目建议，法规局应予说明。

因工作需要制定未纳入立法计划的规范性文件的，应当报经委分管主任同意，并告知法规局。

第八条　规范性文件由相关业务厅局具体负责起草。涉及委内多个厅局职能的,应当明确牵头起草单位。法规局根据需要,可以参与规范性文件的调研起草和论证。

第九条 起草规范性文件,起草单位应当做好调查研究,总结实践经验,广泛征求委内各单位、中央企业、地方国有资产监督管理机构、专家学者和社会有关方面的意见。可以公开的,应当公开征求社会各界意见。

规范性文件的内容涉及其他部门职责或者与其他部门关系密切的,起草单位应当充分征求其他部门的意见,其中无法达成一致意见的要在起草说明中作出说明。

第十条 规范性文件规定的内容应当符合法律、行政法规和国资委规章的规定,与国资委现行的相关规范性文件保持协调和衔接。

规范性文件所规范的事项,应当全面、明确、具体。对于具有特定含义的概念,规范性文件应当进行专门解释。

第十一条 规范性文件应当结构完整,可以采用条款形式,也可以采用段落方式。一般包括制定依据和目的、适用范围、一般原则、实体内容、程序规定和施行日期等部分。文字表述应当准确、规范、简明易懂。

第十二条 起草单位完成规范性文件起草工作后,形成规范性文件送审稿及其起草说明,送法规局审核。

送审材料应当包括:

(一)送审稿及起草说明;

(二)所依据的法律、行政法规和有关文件;

(三)起草过程各方面的主要意见;

(四)其他需要提交的材料。

第十三条 法规局应当从以下方面对规范性文件送审稿进行审核:

(一)主要制度及具体条款是否符合有关法律、行政法规、规章和政策规定,是否与已经制定的规范性文件相衔接;

(二)是否符合国有资产管理体制改革方向及国资委职责定位,规定的事项是否属于国资委的职责范围;

（三）起草程序是否规范，包括是否列入当年的立法计划，是否充分考虑和正确处理有关方面对主要问题的意见；

（四）是否属于执行有关法律、行政法规、规章和政策规定，需要制定规范性文件的事项；

（五）是否含有不宜由规范性文件规定的内容；

（六）体例编排是否清晰、合理，条文表述是否准确；

（七）其他需要审核的内容。

对于不符合审核要求的送审稿，起草单位会同法规局进一步调研、论证和修改。

第十四条　规范性文件送审稿经法规局审核后，由起草单位报请委主任办公会议审议。委主任办公会议审议规范性文件时，由起草单位作起草说明，法规局作审核说明。起草单位会同法规局根据委主任办公会议审议意见对规范性文件进行修改后，报请委领导签发并以国资委文件形式印发。

需要报请国务院同意的规范性文件，按照有关程序办理。

第十五条　规范性文件印发后，应当及时公布。公布方式应当方便查阅和使用。

第十六条　规范性文件的解释由起草单位负责。重要的解释应当书面征求法规局意见并报委领导审定。

第十七条　法规局应当会同有关厅局组织对规范性文件实施的检查评价，并提出检查评价报告。

检查评价报告应当包括如下内容：

（一）规范性文件是否得到有效的实施；

（二）实施中出现的主要问题；

（三）进一步修改完善规范性文件的建议；

（四）其他问题。

第十八条　法规局负责规范性文件的清理工作，委内各单位可以提出清理建议。

法规局应当根据国家法律、行政法规和规章的修订情况、规范性文件的执行情况和国家政策,在征求相关单位意见基础上向委主任办公会提出建议规范性文件废止或者失效的报告,及时公布废止或者失效的规范性文件名称和文号。

第十九条 法规局定期对规范性文件进行整理汇编。

第二十条 地方国有资产监督管理机构和中央企业认为应当由国务院国资委制定规范性文件的事项和应当废止或者失效的规范性文件,可以向国务院国资委提出建议,由各单位法制工作机构具体负责。

第二十一条 本办法由国资委负责解释。

第二十二条 本办法自公布之日起生效。

国务院国有资产监督管理委员会关于进一步推进中央企业信息化工作的意见

2009 年 4 月 28 日 国资发〔2009〕102 号

各中央企业:

为进一步贯彻落实《关于加强中央企业信息化工作的指导意见》(国资发〔2007〕8 号),加快推进中央企业信息化建设,实现 2010 年信息化发展目标,结合中央企业信息化工作的实际情况,针对存在的不足与差距,提出如下意见。

一、制订信息化发展"登高计划"。各中央企业要根据 2007 年度信息化水平评价结果,制订信息化发展"登高计划"。"登高计划"主要包括:信息化水平登高目标、主要任务、采取的措施及达到目标的时间进度等内容。信息化水平处于 E 级和 D 级的企业,"登高计划"目标要在 2010 年底以前达到 C 级以上。处于 C 级、B 级的企业要制订达到上一级别的"登高计划"。A 级企业要与国际先进水平全面对标,努力达到和超过世界先进水平。各中央企业"登高计划"请于 6 月底前报国资委备案。国资委将定期监督检查“登高计划”的执行情况。

二、建立首席信息官(CIO)制度,设立信息化专职管理部门。为加强企业信息化工作的组织领导,各中央企业可建立首席信息官制度,设立首席信息官。首席信息官的主要职责是:挖掘企业信息资源、制定企业信息化战略、为企业信息化布局、评估信息化价值;负责信息流、物流、资金流的整合,完成信息系统的选型实施;收集研究企业内外部的信息,为决策提供依据;协助完成企业业务流程重组、运用信息管理技术重建企业的决策体系和执行体系;安排企业信息化方面的培训,发现信息应用的瓶颈、观察研究企业运作中的信息流及其作用。对应首席信息官的职责要求,各企业应赋予首席信息官相应的决策权和审批权,有关重大决策应听取首席信息官的意见。条件暂不成熟的企业,可先由现任信息化主管领导兼任首席信息官。

到 2009 年底,所有中央企业都应建立信息化专职管理部门,做到机构、职能、人员和责任“四落实”。

三、全面建立信息化绩效考核制度。2009 年,所有中央企业都应建立信息化工作绩效考核制度,切实把信息化建设的责任和义务传递到各级领导和全体员工,实现“一把手工程”向“全员工程”的转变。确保层层落实信息化建设、应用、维护、升级和优化的责任。

四、全面建立软件资产管理制度。为加快推进使用正版软件工作,加强软件资产的管理,维护软件资产使用的合法性,提高软件资产的使用效率,中央企业要全面建立软件资产管理制度,将软件资产纳入企业资产统一管理的范畴,由资产管理部门集中管理。

五、全面建立信息安全等级保护制度。各企业信息化建设要有统一的安全管理要求,建立信息系统安全应急处理机制,重特大风险识别、防范和控制机制,重要信息的保密和防护机制,信息系统的灾难恢复机制,信息安全岗位职责规范。要按照国家信息安全等级保护要求,完善信息安全运行和场地安全,确保重要数据安全和信息系统稳定运行。

六、树立信息化示范工程。为大力推广信息化优异成果,发挥其示范作用,国资委将根据各企业的申报,选择应用成果显著的应用系统工程,经专家评审确认,树立十个示范工程,分别是:ERP示范工程、重大设备物资管理示范工程、资金集中管理示范工程、决策支持与综合管理信息系统示范工程、软件资产管理系统示范工程、技术创新示范工程、风险防范管理系统示范工程、人力资源系统示范工程、电子商务示范工程、信息安全示范工程。

七、开展中央企业间信息化建设的帮扶。信息化建设相对落后的企业可以向国资委提出具体帮扶要求,由国资委统一组织采取"一帮一"或"多帮一"的方式,从先进企业借调优秀人才到后进企业挂职,时间不超过半年;或根据提出的具体帮扶项目,一个项目一个项目地帮扶。先进企业要发扬风格,派出得力人员支持后进企业加快发展。

八、实施中央企业信息化建设成果的共享。鼓励中央企业将拥有自主知识产权的应用软件,在中央企业范围实施共享,有偿使用,以避免重复开发、重复投资,缩短开发建设周期。拥有自主知识产权应用软件的企业可将其软件产品报国资委备案,由国资委向其他中央企业推荐。

九、开展中央企业信息化合作外包。由于缺乏资金投入,技术人员不够,信息化建设推进比较慢的企业可以考虑采用外包的方式,提出具体需求,由中央企业中的网络运营商、系统集成商、软件开发商承包统一建设信息网络平台和管理信息系统,并负责日常运维,企业按年支付租金,以减少一次性集中投资,缩短建设周期,解决技术人员缺乏问题,加快推进信息化建设。选择这种外包方式的企业,可向国资委申报,由国资委协调组织。

十、组织开展专家咨询和培训工作。为尽快提高中央企业信息化整体水平,国资委将应企业要求,组织专家为中央企业信息化建设提供专业咨询,指导企业信息化建设。为提高首席信息官的业务水平,国资委将定期举办中央企业首席信息官业务培训班。

十一、组织开展中央企业门户网站绩效评估工作。企业门户网站是企业信息化建设重要内容之一,为打造中央企业网上形象,扩展网上服务的种类和质量,提高网站建设水平,国资委将制定中央企业门户网站绩效评估办法,对各企业门户网站开展绩效评估。

十二、表彰中央企业信息化工作先进集体和先进个人。国资委将制定中央企业信息化工作先进集体和先进个人评选办法，适时对中央企业信息化工作成效显著的先进集体和为企业信息化工作作出突出贡献的先进个人进行表彰。

国务院国有资产监督管理委员会关于新形势下加强中央企业办公室工作的指导意见

2010 年 4 月 1 日　国资发〔2010〕38 号

各中央企业：

为深入贯彻落实科学发展观，适应中央企业改革发展稳定的新形势和新要求，进一步提高中央企业办公室（办公厅、综合部、总裁办公室、总经理办公室等，以下统称办公室）工作的质量和水平，根据《国务院国资委工作规则》及相关要求，结合中央企业实际，现就加强中央企业办公室工作提出如下意见。

一、新形势下加强中央企业办公室工作的指导思想和总体要求

国资委成立以来，中央企业办公室紧紧围绕中央企业经营发展战略和改革发展稳定的大局，在建章立制、规范程序、综合协调、会务值班、公文处理、信息调研、督导督办、保密档案、秘书工作、信访维稳、信息化建设、后勤保障、队伍建设等方面取得了显著成效，为中央企业的改革发展稳定发挥了重要作用。但同时也要清醒地看到，当前中央企业办公室工作同中央企业科学发展上水平的目标要求还不完全适应，有的制度不够健全，流程不够优化；有的现代管理意识不强，工作方式方法创新不够；有的工作不够规范，队伍素质亟待提高；有的对办公室建设重视不够，等等。这些问题不同程度地影响了办公室工作的质量

和效率,影响了其枢纽作用和整体效能的发挥。

当前世界经济急剧变化,我国进入加快转变经济发展方式的关键时期,中央企业承担着异常繁重和艰巨的任务,面临着更高层次、更高水平、更加激烈的竞争。中央企业办公室必须适应当前新形势和新要求,及时查找不足,分析原因,按照科学发展观要求,研究办公室工作规律,改进工作方式方法,提高办文、办会、办事效率和水平,促进中央企业更好地履行经济责任、政治责任和社会责任,树立优质品牌和良好形象,为国民经济持续健康快速发展和建设小康社会作出新的更大贡献。

新形势下加强中央企业办公室工作的指导思想是:以邓小平理论和"三个代表"重要思想为指导,深入贯彻落实科学发展观,坚持服务中央企业改革发展稳定工作大局,紧紧围绕中央企业生产经营和改革发展目标,自觉遵循企业发展规律和办公室工作规律,着力构建与公司治理、组织架构、发展战略、价值理念、队伍素质等相适应的办公室工作体制机制,充分发挥企业办公室综合协调、行政枢纽、参谋助手和窗口服务的功能作用,促进中央企业科学发展上水平。

新形势下加强中央企业办公室工作的总体要求是:不断加强办公室工作的科学化、制度化、规范化和信息化,力争用2～3年时间,努力使多数中央企业办公室达到政令畅通、执行有力、规范高效、服务优质、作风过硬的一流水平。

二、新形势下加强中央企业办公室工作的主要任务

中央企业办公室不同于政府部门的办公厅(室),也不同于一般企业的办公室。目前,许多中央企业办公室除了承担办公室的一般职责外,还承担了后勤、维稳、保卫、外事、法规、宣传、应急、安全、信息化等职能。按照中央企业办公室的职能定位和基本要求,新形势下加强中央企业办公室工作要切实完成好以下七项主要任务。

(一)做好综合协调。加强值班工作,确保24小时与上级有关部门、集团内部及所属企业的信息联络畅通,企业重要信息要及时上报国资委;完善会议管理制度,改进会风,做好会务,重要会议、重要活动有

关情况要在一定范围内及时通报，党中央、国务院及国资委、国资委党委的重要指示和会议精神要及时组织传达；加强综合协调，协调解决好企业改革发展稳定遇到的各种矛盾和问题，处理好媒体、股东、社会公众等各方面关系，努力提高企业整体运转效能和效率，有效发挥办公室的综合协调作用。

（二）做好执行督办。牢固树立大局意识和责任意识，紧紧围绕企业中心任务及早作出重点工作安排；要加大督促检查力度，保证重大决策和重要工作部署落实到位；要加强对所属企业办公室工作的指导和督查，发挥好全系统办公室工作的整体优势，提高执行力；要在执行和督办中加强调查研究，及时发现工作中带有全局性、苗头性、倾向性、趋势性问题，为领导决策提供真实的第一手资料和决策建议。

（三）做好公文处理。要按照党中央、国务院以及国资委对公文处理的有关规定和要求，结合企业实际，建立健全本企业公文处理制度，切实改进文风，进一步加强公文的标准化和规范化管理，做好公文考核评价工作，研究创新公文管理模式，管好用好“中央企业公文交流平台”，不断提高公文质量和公文处理效率。

（四）做好信息编报工作。要按照党中央、国务院以及国资委对信息工作的有关规定和要求，围绕中心工作和企业改革发展中的重点、难点和热点问题，加大信息编报特别是综合信息编报的力度，做到及时、准确、全面。结合企业实际，完善信息工作机制，健全信息工作制度，加强信息调研，不断提高信息编报质量、信息处理的信息化水平和信息工作人员的素质。

（五）做好保密工作。要按照中央保密委、国家保密局以及国资委对保密工作的有关规定和要求，提高保密意识，落实保密责任，完善保密制度，做好保密检查，杜绝重大失泄密事件的发生，把一般失泄密事件数量降至个位数。

（六）做好档案工作。要按照《国家档案局　国务院国有资产监督管理委员会关于印发〈关于进一步加强中央企业档案工作的意见〉的通知》（档发〔2009〕6 号）以及有关规定和要求，加强档案基础管理，理顺档案管理体制，建立健全档案工作制度，抓好档案的归档、查询、编研等，开展档案信息化建设工作，不断提高档案管理为中心工作服务的能力和水平。

（七）做好信访维稳工作。要按照国资委关于加强中央企业信访工作意见的要求，加强领导，落实责任，处理好中央企业改革发展稳定的关系，依法维护职工合法权益，健全信访维稳工作机构，确保信访维稳工作渠道畅通，提高队伍素质，把握工作重点，协调处理好重大群体性上访问题，不断提高信访维稳工作质量和水平。

三、新形势下加强中央企业办公室工作的主要措施

（一）加强对办公室工作的领导。要进一步加强企业办公室领导班子建设。企业主要负责人要重视对办公室工作的领导，明确办公室工作的重点和目标要求，帮助办公室解决工作中遇到的困难和问题，为办公室工作创造必要的条件，保障办公室工作的组织到位、职责到位和人员到位。

（二）加强办公室制度建设。既要建立健全与国资委办公厅现有基本职能相对应的工作制度，还要立足本企业办公室其他职能，建立和完善相应的规章制度与管理流程，制订管理手册，促进办公室工作职责更加清晰、目标更加明确、运转更加顺畅。要加大制度执行力，形成制度的订立、执行、监督、反馈及完善的闭环体系，促使办公室各项工作责任有落实、工作有程序、做事有规范、检查有依据、考评有规则。

（三）加强办公自动化建设。要按照国资委《关于加强中央企业信息化工作的指导意见》（国资发〔2007〕8 号）和《关于进一步推进中央企业信息化工作的意见》（国资发〔2009〕102 号），切实做好中央企业及所属企业办公自动化系统的建设与应用，逐步实现网上办公，实现与其他信息系统的信息互通和资源共享，提高协同办公水平。落实信息安全保护责任，健全管理制度，运用现代保密技术，确保办公自动化系统信息安全。以办公自动化系统为切入点，积极推进企业业务流程再造，加快集团综合管理信息化建设，不断提高集团管控能力。

（四）加强办公室队伍建设。提高素质、带好队伍是加强办公室建设并争创一流的关键。各中央企业办公室要切实抓好队伍的思想建设、作风建设、能力建设和廉政建设。企业办公室党组织要围绕企业中心工作，把握好政治方向，落实好党的路线方针政策和各项工作任务，发挥好党组织的战斗堡垒作用和党员的先锋模范作用。要通过开展培训、交流、调研、挂职等多种方式，不断提高办公室工作人员的政治素养和业务能力，努力创建学习型办公室。建立办公室人才选拔、培养、使用的长效机制，打造一支政治坚定、业务精良、作风过硬的高素质办公室队伍。

（五）做好办公室考评工作。要按照国资委办公厅关于中央企业办公室相关工作的评价办法，建立和完善切合本企业实际的办公室工作评价与考核办法，并指导所属企业办公室的考评工作。要创造公正公开、效能优先、综合评价的考评工作氛围和制度规范，建立绩效管理的长效机制。

加强中央企业办公室工作，完成好中央企业办公室各项任务，是新形势的必然要求。各中央企业要结合实际，求真务实，锐意进取，真抓实干，追求卓越，不断提高办公室工作的质量和水平，努力开创办公室工作的新局面，为实现中央企业又好又快、科学和谐发展作出新贡献。

国务院国有资产监督管理委员会办公厅关于开展中央企业办公厅（室）评价工作的通知

2010 年 11 月 8 日　国资厅发〔2010〕91 号

各中央企业：

为进一步贯彻落实 2009 年初中央企业办公厅（室）负责人会议精神，不断提高中央企业办公厅（室）工作质量和水平，更好地服务企业改

革发展,经委领导同意,决定开展中央企业办公厅(室)评价的工作。现将有关事项通知如下:

一、评价工作的总体设计

中央企业办公厅(室)评价工作以《关于新形势下加强中央企业办公室工作的指导意见》(国资发〔2010〕38号,以下简称《指导意见》)为依据;以创建一流中央企业办公厅(室)为目标;以值班、会务、公文、信息、保密、档案和信访工作为内容;以简单有效、成熟一项开展一项、不给企业增添负担为原则,自2010年起,分步推进开展中央企业办公厅(室)评价工作。

二、评价工作的实施安排

(一)按照工作部署,2010年继续开展公文、信息和保密工作的单项评价(评价办法修订稿详见附件1)。

(二)2011年拟增加值班、会务和档案工作的单项评价(具体评价办法另行制订)。

(三)2012年拟增加信访工作的单项评价。

(四)研究探讨适时开展中央企业办公厅(室)工作的综合评价。

三、2010年评价工作的具体安排

(一)公文。

1. 评价内容:国资委中央企业机要文件交换工作评价、中央企业报送公文评价和优秀公文评选。

2. 评价依据:《中央企业公文评价办法》、《中央企业优秀公文评选办法》、《国资委中央企业机要文件交换站机要交换工作评价办法》(附件1～2)。

3. 时间安排:2010年12月开展本年度机要文件交换工作评价和中央企业报送公文的评价;2010年11～12月开展中央企业优秀公文评选;2011年1月公布评价结果。

(二)信息。

1. 评价内容:中央企业信息工作评价。

2. 评价依据:《中央企业信息工作评价办法》(附件3)。

3. 时间安排:2011年1月开展2010年度中央企业信息工作评价,2011年2月公布评价结果。

(三)保密。

1. 评价内容:中央企业保密工作评价。

2. 评价依据:《中央企业保密工作评价办法》(附件4)。

3. 时间安排:2010年12月开展本年度的中央企业保密工作评价。

(四)上述三项工作的评价情况,国资委办公厅将在中央企业办公厅(室)负责人会议或相关业务工作会议上通报。对获得2010年中央企业优秀交换集体和优秀交换员、报送公文无差错企业、中央企业优秀公文、中央企业信息先进单位和先进个人、中央企业保密工作先进单位和优秀保密领导干部、优秀保密工作者称号的,国资委办公厅将予以通报表彰,并建议企业给予一定的物质奖励。

附件:1. 中央企业公文评价办法(略)

2. 国资委中央企业机要文件交换站机要交换工作评价办法(略)

3. 中央企业信息工作评价办法(略)

4. 中央企业保密工作评价办法(略)

国务院国有资产监督管理委员会关于印发《国务院国有资产监督管理委员会外事工作管理办法》的通知

2010年11月4日　国资发外事〔2010〕165号

各中央企业,委内各厅局、直属单位,各直管协会:

《国务院国有资产监督管理委员会外事工作管理办法》已经委主任办公会议审议通过,现印发给你们,请遵照执行。

附件:国务院国有资产监督管理委员会外事工作管理办法

附件:

国务院国有资产监督管理委员会外事工作管理办法

第一章　总　　则

第一条　为进一步加强国务院国有资产监督管理委员会(以下简称国资委)系统外事管理工作,规范外事工作程序,根据中共中央、国务院及外交部等部门的有关规定,结合国资委职责,制定本办法。

第二条　本办法的适用范围包括国资委机关各厅局、监事会、直属单位、直管协会及国资委所出资企业(以下简称中央企业)。

第三条　国资委外事工作涉及的范围主要包括:

(一)因公出国(境)考察,以及有关护照、签证、赴港澳通行证、签注、赴台通行证的申办和管理等;

(二)引进国(境)外智力;

(三)组织和参加境内外相关国际会议、涉外业务洽谈会、展览会以及从事商务活动等;

(四)邀请和接待国(境)外人员来华(大陆)访问;

(五)外事会见、宴请以及外事会议、招待会等日常外事活动。

第四条　外事管理工作遵循统一领导、归口管理、分级负责、协调配合的原则。国资委外事局(以下简称外事局)为国资委机关外事工作的归口管理部门,承担国资委机关各厅局、监事会、直属单位、无外事审批权直管协会的外事管理工作。外事局根据外交部、中央纪委(监察部)、中央组织部、中央外办、财政部等有关部门的相关规定管理中央企业相关外事工作。

第五条　外事工作要注重政策性、科学性、计划性和时效性，本着规范、统一、透明的原则，加强管理，讲求实效，确保安全，注意保密。国资委系统各单位应当根据本单位的职责和业务范围开展外事工作。

第二章　审批权限

第六条　根据外交部、国务院港澳事务办公室（以下简称港澳办）和国务院台湾事务办公室（以下简称台办）授权，外事局负责审批国资委机关各厅局、监事会、直属单位和无外事审批权的直管协会组织因公出国（境）和邀请国（境）外相关人员来华（大陆）事项。

第七条　有外事审批权的直管协会，可在授权范围内自行审批本单位人员（不合副省部级及以上人员）的因公出国（境）和邀请国（境）外相关人员来华（大陆）事项。

第八条　中央企业按照外交部、中央纪委（监察部）、中央组织部、中央外办、财政部、国资委等有关部门的相关规定，在授权范围内自行审批本单位人员（不含企业主要负责人）的因公出国（境）和邀请国（境）外相关业务人员来华（大陆）事宜。

第九条　国资委负责人、监事会主席、直管协会副省部级及以上人员因公临时出国（境），须经外交部（港澳办、台办）审核，报国务院审批。

第十条　国资委机关各厅局、监事会及直属单位司局级人员因公临时出国（境），由外事局审核后报分管其单位和分管外事工作的国资委负责人审批；国资委正、副秘书长和委机关各厅局及直属单位的主要负责人因公临时出国（境），报国资委主要负责人审批。

第十一条　国资委机关各厅局、监事会、直属单位和无外事审批权的直管协会正处级及以下人员因公临时出国（境），由外事局审核或审批。

第十二条　国资委机关各厅局、监事会、直属单位和无外事审批权的直管协会人员因公长期出国（境）、办理赴港澳多次往返签注，需报外事局和人事局审核，并报分管其单位和分管外事工作的国资委负责人审批;司局级及以上人员报国资委主要负责人审批;副省部级及以上人员须经外交部(港澳办、台办)审核,报国务院审批。经批准已获得赴港澳多次往返签注再次因公前往港澳,须报外事局备案。

第十三条 由中央管理的企业主要负责人因公临时出国(境)、长期出国(境)或办理赴港澳多次往返签注,在由本企业报外交部(港澳办、台办)审核报国务院审批、抄报中央组织部的同时,抄报国资委;经批准已获得赴港澳多次往返签注再次因公前往港澳地区,须报国资委备案;企业领导班子其他成员因公临时出国(境)、长期出国(境)或办理赴港澳多次往返签注,由企业董事长、总经理(总裁)或党组(党委)书记审批,同时抄报国资委。

第十四条 由国资委党委管理的企业主要负责人因公临时出国(境)、长期出国(境)或办理赴港澳多次往返签注,由企业报国资委审批同意;企业领导班子其他成员因公临时出国(境)、长期出国(境),由企业董事长、总经理(总裁)或党组(党委)书记审批。

第十五条 中央企业原主要负责人因公出国(境),由企业自行审批;因担任其他企业外部董事或在协会、学会等任职因公出国(境),由任务派出部门征得其人事关系所在单位同意后按规定程序办理。

第十六条 涉及负责人本人的因公出国(境)请示件,不得由本人签发,应按规定由本单位其他负责人签发。

第三章 因公出国(境)报批程序

第十七条 国资委机关各厅局、监事会、直属单位和无外事审批权的直管协会拟组团因公出国(境)考察、培训,参加境外相关国际会议、涉外洽谈会、展览会及从事商务活动等,须按照计划报批制度和量化管理机制,制订年度因公出国(境)计划,并于每年第四季度将下一年度计划报外事局。年度计划通过国资委机关外事网上办公系统(以下简称国资委机关外事办公网)报送,同时按规定报送纸质文件。年度因公出国(境)计划应当包括因公出国(境)任务、代表团成员组成及人数、在外停留时间、前往国家(地区)、邀请方和经费来源等。监事会、各直管协会须按规定向外事局报送省部级人员因公出国(境)年度计划。

第十八条　外事局负责编制国资委机关、监事会、各直管协会省部级人员因公出国(境)年度计划,报经国资委负责人批准后于每年1月底前报中央外办和外交部审批,并抄报中央纪委(监察部)、中央组织部备案。外事局根据中央外办和外交部就上述计划提出的指导意见,在征求国资委负责人和有关单位意见后可以对计划作出必要调整。国资委机关、监事会、各直管协会的省部级人员执行计划外因公出国(境)任务,其指标由其所在单位从本单位当年省部级人员因公出国(境)计划总数内调剂,并在请示件中说明。

第十九条　外事局负责对国资委机关各厅局、监事会、直属单位和无外事审批权直管协会报送的下一年度因公出国(境)计划进行汇总、初审,根据有关规定编制国资委司局级及以下人员年度因公出国(境)计划。对于短期内集中前往少数国家和地区,以及就相同或相似任务前往同一国家(地区)的团组,外事局应商报送单位进行调整。司局级及以下人员年度因公出国(境)计划报经国资委负责人审批同意后,由外事局按规定将下一年度计划因公出国(境)团组和人员总量、前往较集中的国家(地区)团组数量、培训团组和双跨团组派遣计划等情况,以及本年度计划执行情况一并报外交部及中央外办。

第二十条　国资委负责人因公临时出国(境),由外事局统一计划,报国资委有关负责人批准后具体落实。国资委负责人因公出国(境),须事先征得我驻外使领馆(机构)同意,经外交部(港澳办、台办)审核后报国务院审批。

第二十一条　监事会主席及专职监事(专业人员)因公临时、长期和多次出国(境),由监事会工作局负责按业经批准的计划落实。监事会主席因公出国(境)或持多次往返签证再次因公出国,需事先征得我驻外使领馆(机构)同意,经外交部审核后报国务院审批;经批准已获得赴港澳多次往返签注再次因公前往港澳地区,应当报外事局备案,并报国资委负责人阅知。

经批准已获赴港澳多次往返签注的专职监事(专业人员),再次因公前往港澳地区,需报外事局备案。

第二十二条 各直管协会省部级人员因公临时出国(境),由其所在协会负责根据中央外办批准的省部级人员年度因公出国(境)计划执行。直管协会省部级人员因公出国(境),需事先征得我驻外使领馆(机构)同意,由外事局转报外交部(港澳办、台办)审核后报国务院审批。

相关直管协会应在执行任务前40个工作日向外事局报送相关材料,由外事局按程序报批。报送材料包括:因公出国(境)请示、邀请函及译文(一式三份)、日程(一式三份)、我驻外使领馆(机构)的回复函(一式三份)等。

经批准已获得赴港澳多次往返签注再次因公前往港澳地区,报国资委外事局备案,并报国资委负责人阅知。

第二十三条 国资委机关各厅局、监事会、直属单位和无外事审批权的直管协会执行本单位组织的出国、赴港澳任务,经国资委机关外事办公网办理人员政审,填报国资委出国(赴港澳)任务报批件,同时上传邀请函及译文、公务活动联系函及译文、因公出国(境)人员名单及日程。出国(境)任务涉密的,向外事局报送纸质出国(赴港澳)任务报批件,其中出国(赴港澳)依据、任务书需打印,经组团单位领导签字、加盖公章,同时报送邀请函及译文、政审材料、因公出国(境)人员名单及日程。

执行本单位组织的赴台任务暂不实行网上办公,需要单独立项并按规定向外事局报送国资委赴台任务报批件(赴台依据、任务书需打印),经组团单位领导签字并加盖公章,同时报送邀请函、邀请方背景材料、政审材料、赴台人员名单及日程。

第二十四条 国资委机关各厅局、监事会、直属单位和无外事审批权的直管协会计划内组团因公出国(境),由处级人员带队,且团组人数在6人以下的,报外事局审批;由司局级人员带队,或团组人数超过6人的,报经外事局初审后报送国资委分管其业务和分管外事工作的负责人审批;其中司局级单位主要负责人参加的,报国资委主要负责人审批。

经批准已获得赴港澳多次往返签注再次因公前往港澳地区，报国资委外事局备案。

第二十五条 国资委机关各厅局、直属单位和无外事审批权的直管协会司局级及以下人员因公组团出国（境），须严格按照已批准的年度因公出国（境）计划执行，逐案报批。未执行的计划不得结转下年。确有必要的计划外团组，申报单位须征求外事局、国资委机关服务管理局（以下简称管理局）意见后，报国资委分管其业务和分管外事工作的负责人批准，派出人员指标在申报单位年度计划总数内调剂，并在签报及任务报批文件中说明。因公出国（境）培训团组，由外事局会同组团或参团单位，按照国家外国专家局规定办理。

第二十六条 参加由国资委以外单位组织的因公出国（境）团组，委内参团人员所在单位需将组团单位的双跨团组征求意见函送外事局审核，并报国资委分管负责人批准后，由外事局函复至组团单位。

执行出国、赴港澳任务的，由参团人员所在单位外事联络员经国资委机关外事办公网办理人员政审，填报国资委出国（赴港澳）任务报批件，同时上传出国（赴港澳）任务通知书、双跨团组征求意见函、邀请函及译文、日程及译文、费用标准等材料电子版。需办理政审表的，根据系统提示操作、报批。出国（境）任务涉密的，向外事局报送出国（赴港澳）任务通知书原件、双跨团组征求意见函复印件、邀请函及译文、政审材料原件、日程及译文、费用标准等材料，以及纸质出国（赴港澳）任务报批件。

执行赴台任务的，由参团人员所在单位外事联络员负责向外事局报送赴台任务通知书原件、双跨团组征求意见函复印件、邀请函、政审材料原件、日程、费用标准等材料，以及纸质赴台任务报批件。

第二十七条 由中央管理的企业主要负责人因公临时出国（境）、长期出国（境）或办理赴港澳多次往返签注，在由本企业报外交部（港澳办、台办）审核上报国务院审批、抄报中央组织部的同时，抄报国资委。请示件由外事局负责主办，会签国资委企业领导人员管理一局后，报国资委负责人阅知。经批准已获得赴港澳多次往返签注再次因公前往港澳地区,需报国资委备案。外事局负责主办,会签国资委企业领导人员管理一局后,报国资委负责人阅知。企业领导班子其他成员(含担任过副省部级及以上职务的负责人员)因公临时出国(境)、长期出国(境)或办理赴港澳多次往返签注,由企业董事长、总经理(总裁)或党组(党委)书记审批,同时抄报国资委。经批准已获得赴港澳多次往返签注再次因公前往港澳地区,需报国资委备案。

第二十八条 由国资委党委管理的企业主要负责人员因公临时出国(境)、长期出国(境)或办理赴港澳多次往返签注,应当提前20个工作日由企业经"国务院国有资产监督管理委员会中央企业领导人员因公出国(境)网上审批系统"将企业领导人员因公出国(境)请示件、任务批件、邀请函及译文、日程及译文等报送外事局。其中,企业领导人员因公出国(境)请示件内容应当包括具体任务、代表团成员及人数、在外停留时间、前往国家(地区)、邀请方、经费来源、本年度第几次因公出国(境)和派驻该企业监事会主席意见等。所报材料经外事局初审、会签国资委企业领导人员管理二局,报国资委负责人同意后网上批复。执行涉密因公出国(境)任务,使用纸质文件按保密规定另行办理。经批准已获得赴港澳多次往返签注再次因公前往港澳地区,需报国资委备案。

第四章 因公出国(境)团组管理

第二十九条 各组团单位要根据工作需要,按照务实、高效、精简、节约的原则组织因公出国(境)团组和选派人员。因公出国(境)团组任务要明确、具体、充实,人员要精干内行。杜绝一般性考察,严禁公费出国(境)旅游等违规行为。

第三十条 监事会主席因公出国(境)的主要任务应为考察、调研和高级研修等。监事会主席不参加一般性出国(境)培训团组。

第三十一条 原则上国资委省部级正职和政府序列省部级人员每年因公出国(境)不超过1次,分管外事、商务的省部级人员严格根据工作需要安排。其他省部级人员1个任期内因公出国(境)不超过2次或

2年内因公出国(境)不超过1次。在外停留时间和访问国家(地区),按照《中共中央办公厅　国务院办公厅印发〈关于进一步加强因公出国(境)管理的若干规定〉的通知》(中办发〔2008〕9号)等有关规定执行。

第三十二条　国资委各单位司局级及以下团组因公出国(境),应严格按计划,按照中办发〔2008〕9号文件要求加强管理。团组所执行的必须是与双边或多边具体项目有关的任务,杜绝一般性考察培训。严格按照工作需要安排出国(境)参加各类会议。邀请单位应业务对口、级别对等,严禁通过普通中介机构联系或出具邀请函,不得接受海外华人、华侨个人邀请。国资委机关各厅局、监事会、直属单位和无外事审批权直管协会组团因公出国(境),除培训团外,团组总人数不得超过6人。除特殊情况外,国资委机关各厅局负责人每年因公出国(境)原则上不超过1次。国资委机关各厅局、直属单位主要负责人一般不参加培训团组。

第三十三条　除培训团外,国资委各单位司局级及以下因公出国(境)团组原则上一次不前往多于2个国家(地区),并根据工作需要尽量压缩在外停留时间。国资委机关各厅局、直属单位和无外事审批权的直管协会的上述团组前往1国(地区)不超过6天(含路途),前往2国(地区)不超过10天(含路途),离抵境当日计入在外停留时间;如确因工作需要,经批准前往3国(地区)或以上的,在外时间不超过12天(含路途)。公务活动应占各团组在外日程的三分之二以上。其中,赴台湾地区的,按照台办相关规定执行。

第三十四条　国资委机关各厅局、监事会、直属单位组织的因公出国(境)考察团组,成员应为委内人员。未经外事局审核并报国资委负责人批准,国资委机关各厅局、监事会不得擅自邀请委直属单位、中央企业、直管协会和地方国资委人员参团,或擅自接受上述单位的参团邀请。团组严禁以各种名义前往未经批准的国家(地区),包括未经批准的"申根国家"和互免签证国家。不得擅自延长在外天数,不得绕道旅行。

第三十五条　短期出国(境)培训团组在外时间一般为21天(含路途),任务在1国内完成,人员总数应控制在25人以内,并按批复的计划严格执行。境外培训地点应相对固定，在外听课和对口考察交流或业务实践活动应分别超过在外日程的三分之一。国资委机关组织的培训团组可邀请中央企业和少量省级国资委人员参加，不得邀请地方企业、省级以下地方国资委及其他人员参加。已安排1项出国(境)培训任务的人员，本年度不得再安排其他出国(境)培训任务。

第三十六条　根据中办发〔2008〕9号文件和《中共中央办公厅　国务院办公厅关于坚决制止公款出国(境)旅游的通知》(中办发〔2009〕12号)、国资委办公厅《关于转发进一步加强跨地区跨部门团组管理和加强外事管理、严肃外事纪律通知的通知》(国资厅发外事〔2009〕21号)等文件精神，凡组织本地区本部门人事隶属关系以外人员参加的团组均按照双跨团组管理。各单位要从严控制组织各类双跨团组，包括各类研讨、培训、招商及参展等双跨团组。

第三十七条　有外事审批权的单位对本单位组织的各类双跨团组要在具体任务、在外日程、费用来源及收费标准等方面严格把关，严禁以营利为目的组团出国(境)；严禁采取广泛散发通知、做广告和给予回扣的办法招揽参团人员；严禁与出国(境)任务无关的人员“搭车”；严禁向其他参团单位摊派、转嫁出国(境)费用。

第三十八条　参加国际会议、前往敏感或热点国家(地区)、任务涉及敏感问题的团组，正式报批前，须征求我驻外使领馆(机构)的意见。

第三十九条　一般不再派遣离退休人员出国(境)执行公务。少数有特殊专长、身体健康的专业技术人员，离退休后受聘继续工作或由有关单位临时借用的，确因工作需要，可由聘请或借用单位派遣出国(境)执行公务。经征得其人事关系所在单位同意后，其出国(境)手续由派出单位办理，费用由派出单位承担，并按照《中共中央办公厅　国务院办公厅印发关于加强因公临时出国(境)审批和管理工作有关规定(摘编)的通知》(厅字〔2005〕23号)的规定办理。

第四十条　国资委审批的因公出国(境)团组出发前必须做好有关准备工作和行前教育。团组在外期间，必须遵守外事纪律，并保持与我驻外使领馆(机构)的联系。团组应在返回后1个月内向外事局提交因公出国(境)任务总结或考察报告。

第四十一条 国资委系统各单位要认真执行党中央、国务院关于外事管理的有关规定。各单位要对本单位因公出国(境)团组和人员进行认真审查,严格把关。对弄虚作假或违反外事规定的单位和个人,要视情节给予处分。对违反外事规定、造成恶劣影响的,团(组)长负直接责任,该组团单位负责人承担主要领导责任,并追究团组经办人员相关责任,直至移送司法机关追究法律责任;同时,将暂停为违规人员所在单位办理相关因公出国(境)事项。

第五章 证照管理

第四十二条 因公出国(境)团组和个人必须通过因公出国(境)审批渠道办理手续。除有明确规定的情况外,严禁持因私证照出国(境)执行公务。因私出国(境)不得使用因公出国(境)证照。

第四十三条 国资委证照、签证(签注)实行归口管理、分别负责的原则。国资委机关各厅局、监事会、直属单位和无外事审批权的直管协会人员的证照(包括因公护照、赴港澳通行证、赴台通行证)、签证(签注)、出境证明等由外事局统一负责办理、收缴并通过国资委机关外事办公网进行日常管理。国资委各单位因公出国(境)团组负责本团组证照、签证(签注)申办材料准备、证照的安全合规使用和按期归还等相关工作。

第四十四条 按照外交部等部门的有关规定,各具有外事审批权的单位设立证照专办员,统一办理证照、签证(签注)手续;并根据工作需要,为专办员配备专用的交通工具和通讯设备,以确保申办工作安全、高效。

第四十五条 国资委机关各厅局、监事会、委直属单位、各直管协会、各中央企业应指定外事联络员,专门负责与国资委外事局的联系。

第四十六条 因公出国(境)任务审批通过后,方可以团组为单位申办出国(境)证照、签证(签注)。申办材料相关内容须与任务报批件一致,团组须按规定认真、如实、准确、完整、清晰地填写申报表格,及时提供相关资料。

第四十七条 严格执行证照借用手续。已办理有效证照的国资委机关各厅局、监事会、直属单位和无外事审批权的直管协会人员执行因公出国(境)任务,需到外事局办理借用手续。团组在境外期间,团长对全团证照安全保管、合规使用负主要责任。任务完成后,应在7天内主动将证照交外事局保管。已借用证照但未执行出国(境)任务的人员,须自任务取消之日起7天内将证照交回外事局。无正当理由未按时交回证照的,外事局将在国资委机关外事办公网上予以公示,并暂停其所在单位因公出国(境)申请。

第四十八条 由国资委审批的因公出国(境)团组在外遗失证照,当事人应立即报告我驻外使领馆(机构),同时向国内组团单位和外事局报告,以便申请办理临时证件。对遗失证照的当事人,组团单位和外事局将视情况给予批评和必要的处分。

第四十九条 国资委系统各单位工作人员一律不准私自办理外国长期居留证(绿卡)、香港和澳门的永久性居民身份证。已经办理的,本人要主动向所在单位的有关部门报告,具体相关事宜按照《中共中央办公厅 国务院办公厅关于转发〈中央纪律检查委员会、中央组织部、中央外事工作领导小组办公室、人事部、外交部、公安部、国家安全部、监察部、国务院港澳事务办公室关于加强党政机关县(处)级以上领导干部出国(境)管理工作的意见〉的通知》(中办发〔1999〕23号)和《中共中央 国务院关于进一步加强境外中资企业领导班子建设、内派人员管理和党建工作的意见》(中发〔2000〕9号)执行。

第五十条 国资委机关各厅局、监事会、直属单位、无外事审批权的直管协会的证照管理按照《关于印发〈国务院国有资产监督管理委员会因公出国(境)证照、签证(签注)工作管理暂行办法〉的通知》(国资发外事〔2007〕167号)执行。

第六章 接待及邀请国(境)外相关人员来访

第五十一条 国资委负责人和机关各厅局、监事会、直属单位的日常外事活动和邀请国(境)外相关人员来访等事项,由外事局统一归口,按照“对等、相关、互利”的原则协调安排。

第五十二条　邀请外国副总理及以上官员来华(兼任政府部长除外),须由具有外事审批权的邀请单位事先书面征得外交部同意后,报中共中央和国务院审批。原则上不邀请外国国家元首和政府首脑来华出席大型涉外活动,从严控制邀请外国副元首和副总理级官员来华出席上述活动。

第五十三条　以国资委名义邀请国外正部级人员来访,由外事局办理,外交部审核并报国务院批准后,以国资委主任名义向外方发出邀请。邀请国外副部级人员来访,经国资委主要负责人批准后,以国资委副主任名义向外方发出邀请,并报外交部备案。其中,邀请或接待外国副外长来华须从严掌握,事先应征求外交部意见后按规定审批或报批。国资委机关各厅局、监事会、直属单位邀请国外副部级以下人员来访,须事先报外事局审批后,由外事局向外方发出邀请。

第五十四条　以国资委名义邀请国外前政要来访,由外事局按照外交部《关于进一步规范邀请外国前政要来访审批程序的通知》(外发〔2000〕4 号)和《关于从严控制邀请外国副总理级以上官员来华出席大型涉外活动的通知》(外外管函〔2009〕191 号)报请批准。

第五十五条　国资委机关各厅局、监事会、直属单位邀请外籍专家来华工作,经外事局报国资委负责人审核后,报国家外国专家局批准。

第五十六条　有外事审批权的直管协会邀请国外正部级人员来访,需事先报外事局,经国资委负责人批准,经外交部审核报送国务院批准后,以该协会主要负责人(会长或理事长)名义向外方发出邀请;邀请国外副部级人员来访,经征求外交部意见后,可自行审批并向外方发出邀请。其中,邀请或接待外国副外长来华须从严掌握,事先征求外交部意见后按规定审批或报批。邀请国外副部级以下人员来访,可自行审批并办理相关手续。

第五十七条　国资委负责人日常外事活动,由外事局统一协调、组织安排。外事局可根据委外事工作年度计划,以及申请方或主办方的正式请求，提出建议或活动安排方案，经国资委负责人同意后，负责具体实施。

第五十八条 监事会主席日常外事活动，由监事会工作局报外事局批准后统一协调、组织安排。

第五十九条 国资委各厅局、监事会、直属单位司局级及以下日常外事活动，由外事局负责联系并安排上述单位参加；必要时，可由上述单位自行联系，报外事局批准后统一协调、安排。

第六十条 外事局应从严掌握境外新闻机构采访国资委的请求。境外新闻机构提出采访请求时，需提供详细的采访内容和采访人背景等相关材料，经外事局初审、国资委宣传工作局审核后报国资委负责人审批。外事局协助安排采访。

第六十一条 国(境)外高级代表团申请国家领导人会见时，有外事审批权的接待单位，应事先与国家领导人办公室取得联系并征得同意。直管协会报国资委，经外交部(港澳办、台办)审核后报送国务院审批；中央企业报外交部(港澳办、台办)审核后报送国务院审批，同时抄报国资委。

第六十二条 在华举办国际会议，按照《中共中央办公厅 国务院办公厅印发〈关于在华举办国际会议的管理办法〉的通知》(中办发〔2006〕10号)、《关于进一步加强在华举办国际会议管理的通知》(外外管函〔2009〕202号)和《关于印发〈国务院国有资产监督管理委员会在华举办国际会议管理暂行办法〉的通知》(国资厅发外事〔2006〕70号)执行。由国内有关地区和部门(包括社团组织)主办，虽有外宾出席但以讨论国内事务为主要内容的会议按内事会议程序报批。

第六十三条 无外事审批权的直管协会涉及本章规定的各项事项，由外事局归口负责。

第六十四条 中央企业按其外事审批权的授权范围办理邀请国(境)外相关人员来访的有关事宜。

第六十五条 国资委系统各单位与境外非政府组织(NGO)合作的有关活动由各单位负责管理，外事局负责汇总情况。

第七章　外事经费管理

第六十六条　外事经费是国家财政为保证有关单位对外交往工作的正常开展而划拨的专项资金。经费主要包括出国(境)费、接待费、国际会议费等。外事经费的使用应本着勤俭节约的原则,按规定加强管理,合理使用。

第六十七条　国资委管理局会同外事局负责国资委机关外事经费支出的审核、管理;会同国资委监事会工作局负责监事会外事经费支出的审核、管理。

为保证外事经费的合理使用,外事局会同国资委管理局按年度制定国资委机关外事经费预算,国资委监事会工作局会同国资委管理局按年度制定监事会外事经费预算,经国资委负责人批准后执行。

第六十八条　国资委系统各单位财务部门应严格按照有关规定将外事经费纳入专项预算管理,严格控制预算规模。外事局要按照预算合理安排使用国资委年度外事经费。国资委因公出国(境)团组的费用支出严格按照财政部、外交部《临时出国人员费用开支标准和管理办法》(财行〔2001〕73 号)执行。

第六十九条　使用国资委外事经费因公出国(境)的团组,应根据财行〔2001〕73 号文件和财政部、民航总局《关于加强因公出国机票管理的通知》(财外字〔1998〕283 号)要求,选择经济合理的路线,尽量乘坐中国民航班机,并由外事局在国家规定的机票订购单位统一购买往返机票。在外航段须严格按出国(境)报批件内容,与公务安排相衔接。确有特殊原因需乘坐外航的,团组须征得外事局和管理局同意后方可办理。

第七十条　按照国家有关规定,因公出国(境)人员一般均应乘坐国际班机和国际列车。副省部级及以上人员可乘坐飞机头等舱、轮船一等舱、火车高级软卧包厢,司局级人员可乘坐飞机公务舱、轮船二等舱、火车软卧,其他人员乘坐飞机经济舱、轮船三等舱、火车硬卧。国资委组织的培训团组,全团人员均乘坐飞机经济舱。

第七十一条 因公出国(境)团组擅自超出开支标准、已批支出预算和延长在外时间的,由该团组人员自行承担相关费用。

第七十二条 使用国资委外事经费因公出国(境)的团组,须在任务完成后2周内向财务部门报销出国(境)费用并及时办理退汇手续。报销费用时,经办人须填写“临时出国(境)团(组)汇总报销表”,同时附在外支出凭证,各种报销凭证须用中文注明用途、数量、金额,并由经办人、证明人和团组负责人签字,经国资委管理局审批后报销。

第七十三条 全程接待国资委邀请的来访团组,由经办单位事先制定详细的接待方案,按照《财政部〈关于接待外宾费用开支标准和管理办法的规定〉的通知》(财外字〔1997〕559号)提出支出预算(包括差旅、伙食、住宿、翻译、宴请、交通、礼品、杂费等),按程序报批,并严格按照预算执行。接待任务完成后,经办单位应在2周内向财务部门报销接待费用。报销时应提交“接待外宾(预算)支出汇总表”,并附支出凭证和批准的支出预算,由经办单位领导签字,经外事局审核后,到财务部门报销。

第八章 外事纪律和保密规定

第七十四条 所有涉外人员均须按照国务院发布的《涉外人员守则》(国发〔1992〕5号),严格遵守有关法律法规,在涉外工作中自觉维护国家主权和民族尊严,不做有损国格、人格的事。外事活动中,涉外人员应谦虚谨慎,不卑不亢。按照涉外礼仪要求,讲究文明礼貌,注意服饰、仪容。

第七十五条 涉外人员应具备较高的政治觉悟和辨别是非的能力,坚决抵制国内外一切反华势力的活动。

第七十六条 所有涉外人员在外事工作中要严格执行请示报告制度,不得越权处理涉外事项。

第七十七条 原则上不允许个人单独参加各类因公外事活动,不同外国机构和外国人私自交往。不得利用职权和工作关系营私牟利。

第七十八条 在涉外活动中,赠送和接受礼品要严格按照《国务院关于在对外公务活动中赠送和接受礼品的规定》(国务院第133号令)执行。

第七十九条 涉外人员应严格遵守《中华人民共和国保守国家秘密法》,在涉外活动中要坚持内外有别,保守国家机密。

第八十条 因公出国(境)团组严禁携带涉密或曾处理过涉密信息的计算机及移动存储介质出境。确因工作需要必须携带的,应按保密工作程序报外交部办理相关手续、采取相应保密措施。出国(境)团组原则上不准携带涉密文件、资料及其他涉密载体。确因工作需要,需携带有关资料物品出国(境)的,应当按照国家保密局《涉及国家秘密的信息系统分级保护管理办法》、《涉及国家秘密的信息系统分级保护技术要求》(国保发〔2005〕16号)、《国家保密局 海关总署印发〈关于禁止邮寄或非法携运国家秘密文件、资料和其他物品出境的规定〉的工作办法的通知》(国保发〔1995〕12号)和《国家保密局 海关总署印发〈关于禁止邮寄或非法携运国家秘密文件、资料和其他物品出境的规定〉的通知》(国保发〔1994〕17号)等相关规定办理报批手续,采取适当保护措施,方可携带出国(境)。在境外期间要高度警惕,防止泄密。

第八十一条 向外方提供有关业务的文字资料,须经有关单位主要负责人审批。不准用非保密电话谈论涉密文件的内容;不准用电子邮件、手机短信息、非保密传真机等公开通信渠道发送涉密文件;密电的起草、修改、誊清,须到单位保密部门指定的密电室完成。

第八十二条 日常外事工作中要注意保密。因公会见境外人员及其雇员,应有2人以上参加,并在指定的接待室会见,不允许境外人员及其雇员进入未经批准的办公场所和涉密区域。严防技术窃密。

第八十三条 对违反有关法律、法规和外事纪律的当事人,视情节给予处罚,直至依法移送司法机关处理;当事人所在单位的负责人和外事部门负责人承担相应的领导责任。

第九章 附 则

第八十四条 本办法中下列词语的含义:

(一)长期出国(境):指在国(境)外停留时间超过3个月以上(含3

个月)。

(二)企业主要负责人:指中央企业的董事长、总经理(总裁)、党组(党委)书记。

(三)企业领导班子其他成员:指企业领导班子中除主要负责人以外的其他成员,含担任过副省部级及以上职务的负责人。

(四)双跨团组:指跨地区跨部门团组。

第八十五条 本办法自公布之日起施行。《国务院国有资产监督管理委员会外事工作管理办法(试行)》(国资外事〔2003〕44号)同时废止。

国务院国资委关于依法行权履责进一步加强法治机构建设的实施意见

2010年12月24日 国资发法规〔2010〕191号

为贯彻落实《国务院全面推进依法行政实施纲要》(以下简称《纲要》)、《国务院关于加强法治政府建设的意见》(以下简称《意见》)要求和全国依法行政工作会议精神,结合我委实际,现提出以下实施意见:

一、加强依法行权履责的重要性、紧迫性和总体要求

(一)加强依法行权履责的重要性和紧迫性。依法履行企业国有资产出资人职责,加强国有资产监管,是贯彻依法治国基本方略的必然要求,也是完善国有资产监管体制和制度的迫切需要。国资委成立以来,高度重视并不断加强法制建设,国有资产监管法规体系初步建立,依法行权履责的能力、水平不断提高。当前,我国经济社会发展正处于重要战略机遇期,推进国有企业改革发展、完善国有资产监管体制和制度的任务更加繁重和紧迫。我委作为经国务院授权依法履行出资人职责、负责监督管理企业国有资产的直属特设机构,根据《纲要》和《意见》提

出的加强法治政府建设的要求，需要深入做好依法行权履责工作，切实加强法治机构建设。

（二）加强依法行权履责的总体要求。当前和今后一个时期，要以邓小平理论和“三个代表”重要思想为指导，深入贯彻落实科学发展观，进一步加大《纲要》实施力度，按照《意见》要求，结合国资委特设机构性质，以加强法治机构建设为目标，以完善国有资产监管法规体系和制度为先导，以坚持依法科学民主决策、规范国有资产监管权力运行、强化依法行权履责监督机制为着力点，全面推进国资委依法行权履责工作，为进一步加强国有资产监管、保障和促进中央企业改革发展作出新贡献。

二、加强国有资产监管立法和制度建设

（三）完善国有资产监管法规体系。在国有资产监管法规体系初步建立的基础上，紧紧围绕国有经济和中央企业加快转变发展方式、实现科学发展的中心任务，继续加强立法工作，加快完善国有资产监管法规体系。要进一步完善国有资产出资人制度，将出资人“管资产、管人、管事”三项主要职责全面纳入规范化管理的轨道；进一步完善国家出资企业制度，为加快推进中央企业改革重组和调整优化内部资源、提高核心竞争力提供健全的制度规范；进一步完善国有资产统一监管制度，依法加强国有资产基础管理，重视推进指导监督地方国资工作，切实提高国资委系统的监管能力和水平。

（四）健全立法机制。按照国资委职责定位和法定权限开展立法工作。依据《国务院国有资产监督管理委员会立法工作规则》和《国务院国有资产监督管理委员会规范性文件制定暂行办法》，认真做好规章、规范性文件的立项、起草、审查、决定、公布和解释工作。要正确把握科学发展的规律、国有资产监管的规律、企业发展的规律和经济运行的规律，增强规章、规范性文件的科学性和可操作性。我委各厅局在起草规章、规范性文件过程中，要充分听取中央企业、地方国资委、政府其他部门和专家学者的意见，凡是依法能够公开的，要通过互联网等载体向社会公开征求意见。

(五)加强规章、规范性文件清理。根据国务院统一规定,建立健全我委的规章、规范性文件定期清理制度。我委规章、规范性文件清理工作由法规局组织各业务厅局进行。对规章一般每隔5年、规范性文件一般每隔2年进行一次清理,清理结果要及时向社会公布。凡不适应国有资产监管和国有企业改革发展要求,与上位法规定相抵触、不一致,违反我国加入世界贸易组织承诺及世界贸易组织规则,或者相互间明显不协调的规章、规范性文件,要在认真清理、深入研究的基础上,依照有关立法程序及时修订、废止或者宣布失效。

三、坚持依法科学民主决策

(六)坚持依法决策。合法是决策的第一要件。国资委各项决策都要严格遵循有关法律规定和职责定位。要认真执行《意见》规定,重大决策事项应当在会前进行合法性审查,未经合法性审查或者经审查不合法的,不能提交会议讨论、作出决策。

(七)健全决策程序。加强国资委重大决策程序建设,健全重大决策规则,深入推进决策的科学化、民主化、法治化。把企业参与、专家论证、风险评估、合法审查和委主任办公会议集体讨论决定,作为重大决策的必经程序。要探索建立重大决策听证制度,规范听证程序,将听证意见作为决策的重要参考。要建立健全重大决策跟踪反馈和效果评估制度,切实强化决策责任。

四、严格规范行权履责行为

(八)准确把握国资委职责权限。按照《中华人民共和国企业国有资产法》、《企业国有资产监督管理暂行条例》等法律、行政法规和国资委“三定”规定的权限范围,妥善处理企业国有资产所有权与经营权的关系。既要依法维护企业国有资产出资人权益,又要切实尊重监管企业的经营自主权和法人实体地位,真正做到行权履责于法有据,避免在国有资产监管工作中出现缺位、错位和越位问题。

(九)严格遵循行权履责程序。牢固树立程序意识,严格按程序办事。在履行出资人职责过程中,要严格遵守《中华人民共和国公司法》和《中华人民共和国企业国有资产法》有关股东(大)会、董事会、监事会组成、权限和议事规则的各项规定,认真执行国资委工作运行规程。各厅局在开展各项业务的同时,要继续梳理工作流程,进一步细化行权履责的环节和步骤,切实防范行权履责中的法律风险。

五、强化依法行权履责的监督机制

(十)强化内部监督。深入开展法制宣传教育,进一步增强委机关干部的依法行权履责意识。建立依法行权履责监督检查的长效工作机制,切实发挥审计、监察部门的监督作用。要严格执行《中华人民共和国公务员法》和《关于实行党政领导干部问责的暂行规定》,严肃查处违反依法行权履责要求、滥用职权、失职渎职等行为,真正做到有权必有责、用权受监督、侵权要赔偿、违法要追究。

(十一)全面推进政务公开。依据《中华人民共和国政府信息公开条例》和《国务院国有资产监督管理委员会国有资产监督管理信息公开实施办法》,进一步加大信息公开力度。要积极创新政务公开方式,充分利用网络平台,依法公开办事依据和流程,主动接受社会公众和企业的监督。凡是依法应当主动公开的信息,要主动、及时、准确公开。对依申请公开的信息,要区分不同情况妥善处理,可以公开的要及时向申请人提供;不能公开的要向申请人做好说明。对涉密信息要严格落实保密措施。

(十二)认真做好行政诉讼工作。对涉及我委的行政诉讼,要在法定期限内依法办理应诉手续,及时研究并提出答辩理由,同时注意向法院阐述国资委作为国务院直属特设机构,根据政府授权依法履行出资人职责、专司国有资产监管的职责定位。对涉及我委的行政复议,要根据国务院法制办公室有关复函精神,明确国资委依法履行出资人职责的行为不具有具体行政行为的性质,不属于行政复议受理范围。

关于中央企业做好农民工工作的指导意见

2010年12月31日　国资发〔2010〕192号

为认真贯彻党的十七大、十七届五中全会精神，深入实践科学发展观，全面落实党中央、国务院关于加强农民工工作的部署和要求，进一步指导中央企业切实做好农民工工作，提出以下意见。

一、充分认识做好农民工工作的重要意义

(一)做好农民工工作是中央企业贯彻落实党中央、国务院有关重要决策的政治责任。农民工是我国改革开放和工业化、城镇化进程中成长起来的新型劳动大军，是当代产业工人的重要组成部分，是我国现代化建设的重要力量。做好农民工工作是推进城镇化建设和城乡经济社会统筹发展的现实需要，是维护社会稳定，构建和谐社会的必然要求，也是建设中国特色社会主义的战略任务。党中央、国务院高度重视农民工工作，先后颁布了一系列重要文件，对促进农民工就业、加强农民工技能培训和职业教育等提出了明确要求。中央企业是国有经济的主力军，在努力创造农民工就业机会、保障农民工合法权益、加强农民工培训等方面发挥了表率作用。当前，中央企业要从深入贯彻落实科学发展观、促进国家经济发展、社会进步和构建社会主义和谐社会的战略高度进一步认识做好农民工工作的重要意义，采取积极措施，继续加强和改进农民工工作，以实际行动落实党中央、国务院的重要决策。

(二)做好农民工工作是促进中央企业改革发展的迫切需要。随着中央企业的日益发展壮大，在中央企业就业的农民工不断增加。农民工在中央企业生产经营中发挥了积极作用，成为推进企业改革发展的

重要力量。中央企业要树立全新观念，把做好农民工工作作为保障企业基业常青、实现可持续发展的重要措施，充分发挥农民工在生产经营、企业管理、技术革新和企业体制机制创新中的重要作用，进一步推动农民工工作取得新进展。

（三）做好农民工工作是中央企业履行社会责任的必然要求。促进就业，维护稳定，建立和谐的劳动关系，是中央企业履行社会责任的重要组成部分。中央企业要高度重视社会各界的期望和要求，坚持以人为本，切实履行社会责任，努力做好农民工工作，成为构建和谐社会、和谐企业、和谐劳动关系的表率，实现企业发展与社会发展的协调统一。

二、促进农民工稳定就业

（四）切实增加农民工就业机会。中央企业要努力实现转变发展方式与扩大就业规模的统筹协调。要根据产业发展需要和行业领域的特点，结合企业实际，在促进企业又好又快发展的过程中切实增加就业岗位供给。要把推进农民工就业与中央企业劳动用工制度改革有机结合起来，推行市场化用工制度，为农民工提供公平竞争的就业途径。

（五）依法保障农民工稳定就业。要根据实际需要，通过依法订立劳动合同或劳务派遣协议等方式稳定农民工就业，不得排斥和非法清退、裁减农民工。要加强对劳务派遣单位和业务分包单位的调查了解，选择管理制度健全、信誉良好的单位开展合作，并督促其依法保障农民工稳定就业。

（六）依法签订和履行劳动合同。中央企业直接使用农民工的，要依据《中华人民共和国劳动合同法》、《中华人民共和国劳动合同法实施条例》的规定，依法订立并履行劳动合同；通过劳务派遣方式使用农民工的，应当依法与劳务派遣单位签订协议，约定派遣岗位和人员数量、派遣期限、劳动报酬和社会保险费的数额与支付方式以及违反协议的相关责任，督促劳务派遣单位依法履行其与农民工的劳动合同。

三、切实维护农民工合法权益

(七)进一步完善相关制度规范。要严格依照《中华人民共和国劳动法》等法律法规,进一步完善企业内部劳动用工管理相关制度。在制定、修订直接涉及农民工切身利益的规章制度或决定有关重大事项时,应当通过适当方式征求农民工的意见。要及时向农民工公示或告知直接涉及农民工切身利益的规章制度或重大事项决定。

(八)切实保障农民工劳动报酬的支付。要建立健全劳动报酬支付监控制度,适时开展本企业农民工劳动报酬支付情况专项检查,督促劳务派遣单位、业务分包单位彻底解决拖欠农民工工资问题,确保农民工劳动报酬按时足额发放。要严格执行国家和地方人民政府有关最低工资标准和动态调整的规定,促进农民工劳动报酬正常合理增长。

(九)依法建立健全企业内部劳动争议解决机制。要按照《中华人民共和国劳动合同法》、《中华人民共和国劳动争议调解仲裁法》及相关法律法规,逐步建立和完善多渠道的企业内部劳动争议解决机制,通过协商、调解等方式妥善处理劳动纠纷。农民工较多的企业要逐步吸收农民工代表参加劳动争议调解组织。要进一步健全相关制度,加强对纠纷调解人员的培训,提高劳动争议解决的效率。

(十)严格执行安全卫生管理制度。要建立健全劳动安全卫生制度,严格执行国家劳动安全卫生规程和标准。要加强安全管理投入,持续改善安全设备设施,落实各项安全保障措施。要及时开展安全卫生教育和培训,提高安全生产技能。要健全高危行业和特殊工种持证上岗制度,防止劳动过程中事故的发生。要为农民工提供符合国家规定的劳动安全卫生条件和必要的劳动防护用品,对从事有职业危害作业的农民工应当定期进行健康检查,强化农民工职业病防治和职业健康保护。

(十一)不断丰富精神文化生活。要结合企业的实际情况和农民工的自身特点和需求,因地制宜组织开展各类文体活动,不断丰富农民工特别是处于生产一线农民工的精神文化生活。要加强对农民工的人文关怀和心理辅导，健全文化生活设施，为农民工通过书籍、报刊、电视和网络获取文化知识和信息创造条件。

（十二）认真落实有关社会保障制度。要认真执行国家有关法律法规，做好农民工养老、工伤、医疗等保险工作，鼓励根据企业实际和农民工意愿建立相关商业保险。要督促业务分包单位和劳务派遣单位依法履行相关法律义务，落实农民工的社会保障权益。

四、加强农民工技能培训

（十三）建立健全培训机制。要根据国家和地方人民政府的有关法规、政策，进一步建立健全农民工培训制度，把农民工技能培训纳入企业职工教育培训体系。要充分保障农民工培训资金投入，努力创造培训所需的各项条件。鼓励有条件的中央企业设立农民工培训奖励基金，建立农民工学习培训的长效机制。

（十四）积极开展培训工作。要根据岗位需求有计划、有步骤地对农民工开展岗前培训、在岗技能培训和转岗培训。有条件的中央企业可以通过举办农民工业余学校，委托所属培训机构或者所在地定点培训机构，选送农民工参加脱产、半脱产的技能培训和职业教育。要根据企业实际开展整体素质培训，提升农民工的文化、法律和道德素养。要督促劳务派遣单位、业务分包单位及时组织开展相关培训工作。鼓励组织农民工参加职业技能竞赛，提升农民工技能培训的实际效果。

五、保障农民工民主权利

（十五）高度重视农民工的党团建设和政治思想工作。要将农民工队伍的党建、团建和政治思想工作作为加强组织建设的一项重要任务来抓。充分发挥国有企业政治优势，及时宣传党和政府的方针、政策，结合农民工的实际情况，积极开展价值观、人生观和世界观教育，培养、吸收优秀农民工入党、入团，发挥企业党团工作对农民工的激励作用。要加强农民工党团员的动态管理，将农民工党团员编入党团组织，建立农民工流动党团员教育管理和服务工作制度，充分发挥农民工党团员的先锋模范作用。

(十六)促进农民工参与企业民主管理。要依法保障农民工参与企业民主管理的权利,积极创造条件保障农民工代表参加企业职工代表大会,组织吸纳本企业农民工加入企业工会,引导劳务派遣单位积极吸收农民工加入工会,增强农民工的归属感和企业的凝聚力。要充分重视农民工人力资源的开发和使用,引导农民工参与企业技术革新,鼓励农民工走上企业管理岗位,拓展农民工参与企业管理和监督的途径,共同推进中央企业不断提升民主管理水平。

六、加强农民工工作的组织领导

(十七)进一步加强农民工工作的协调。农民工人数较多的中央企业要建立企业领导班子成员专人负责,人事(劳资)、法律、监察、宣传(党群)、工会等相关部门共同参加的协调工作机制,统筹组织和协调指导企业农民工工作,明确各个部门的具体分工,做到协调联动,有序开展相关工作。中央企业要及时组织对农民工工作情况的调研,建立督促、检查农民工工作的常态机制,持续改进农民工工作方法。要加强典型引导,对农民工工作成效显著的所属企业,要加大宣传力度,推广有效的做法和经验。

(十八)进一步建立健全农民工工作的联系机制。中央企业要深刻领会党中央、国务院的相关重要决策精神,积极配合国务院有关部门和企业所在地人民政府做好相关工作,及时汇报农民工工作情况,反映农民工的诉求,争取有关政府部门的支持。要加强与国资委的沟通汇报,建立有效的工作联系机制,提升中央企业农民工工作的整体质量和水平。

关于印发《关于开展品牌协会培育和建设工作的指导意见》的通知

2011年10月13日　国资发研究〔2011〕151号

各委管协会：

为进一步推进国资委联系的行业协会完善服务功能，提升服务能力，提高规范化水平，在国家经济社会发展中更好地发挥重要作用，国资委决定在“十二五”期间开展品牌协会培育和建设工作。为使这项工作全面、扎实和有效开展，特制定《关于开展品牌协会培育和建设工作的指导意见》，现印发给你们，请认真贯彻执行。

附件：关于开展品牌协会培育和建设工作的指导意见

附件：

关于开展品牌协会培育和建设工作的指导意见

为进一步推进国务院国有资产监督管理委员会（以下简称国资委）联系的行业协会（以下简称委管协会）又好又快发展，促进委管协会完善服务功能，提升服务能力和规范化水平，更好地发挥在国家经济社会发展中的重要作用，国资委决定，“十二五”期间在委管协会范围内开展品牌协会培育和建设工作。现提出以下指导意见：

一、指导思想和总体要求

（一）指导思想。高举中国特色社会主义伟大旗帜，以邓小平理论和“三个代表”重要思想为指导，深入贯彻落实科学发展观，按照完善社会主义市场经济体制的总体要求，坚持以服务行业企业科学发展为宗旨，充分发挥提供服务、反映诉求、规范行为的作用，贯彻依法办会和民主办会原则，大力提升自律化、制度化和规范化建设水平，遵循市场化发展规律，锐意开拓创新，扎实开展工作，强化自律规范，打造核心业务，大力提升服务能力和服务水平，促进委管协会全面科学发展。

（二）总体要求。坚持发展业务与规范治理并重，积极拓展服务内容，创新服务方式，完善服务机制，增强服务功能，严格依照法律法规和章程规定，完善内部治理机制，严格决策程序制度，规范自身运作行为。坚持服务行业企业与履行行业自律职责相结合，在积极服务行业企业发展的同时，切实加强行业自律和诚信建设，提升行业企业的社会诚信度和公信力。坚持中国特色与对标国际先进相结合，积极探索和创新社会主义市场经济条件下行业协会发挥作用的途径和方式，对标国外行业协会的先进做法和经验，建立和完善符合现代市场经济规律和国际惯例的发展机制。坚持整体推进与重点培育相结合，通过开展品牌协会培育和建设工作，推进委管协会综合素质、服务能力和规范化水平的全面整体提升，使其成为全国行业协会中的榜样和表率；重点培育和建设一批品牌协会，使其努力达到服务质量一流、能力水平一流、作用发挥一流、规范运作一流和诚实守信一流，成为政府靠得住、企业信得过、行业有威信、国际有影响的行业协会。

二、主要目标

（三）整体推进主要目标：到 2015 年底，委管协会全部参加民政部开展的社会团体年度检查，并获得合格等次；全部参加民政部开展的行业协会商会评估（基金会评估、民办非企业单位评估），并获得 3A（含3A）以上评估等级；基本达到基础条件完备扎实，内部治理完善规范，开展活动依法合规，具有适应协会工作需要的核心业务和专职工作人员队伍，服务功能比较完善，服务能力显著提升，党组织作用发挥较好，无违法违规和违反章程规定的行为等。

（四）重点培育主要目标：到 2015 年底，力争 80～100 家委管协会达到品牌协会的基本目标，即在达到上述整体推进主要目标的基础上，应同时达到以下主要目标：

1. 参加民政部开展的行业协会商会评估并获得 4A 或 5A 评估等级。

2. 具有 5 项以上核心业务，且相应的服务功能和机制健全完善，服务能力和水平充分发挥，并成为自身品牌和形象的代表。

3. 具有 20 人以上专职工作人员，且知识结构和年龄结构合理，综合素质和整体素质较高，适应协会发展需要。

4. 基本建成结构合理、作风良好、团结和谐且具有干事创业综合素质和能力水平的职业化管理团队。

5. 工作绩效显著，会员凝聚力强，行业威信高，并具有一定的国际影响力和话语权。

6. 建立重要事项信息公开制度和法律风险防范机制，自觉履行社会责任，严格自律，诚实守信，社会各方面反映和评价良好。

7. 党的组织健全，党员教育、管理和监督制度完善，党组织的战斗堡垒作用和党员的先锋模范作用发挥较好。

8. 初步形成符合社会主义先进文化方向、体现时代发展要求和行业特点、具有优秀文化传统和创新发展活力的特色协会文化。

三、重点工作任务

（五）认真制订发展规划和实施方案。根据本指导意见，紧密结合自身和行业实际，制定本协会发展规划和开展品牌协会培育和建设工作的具体实施方案，明确目标，确定任务，制定措施，落实责任，切实推动品牌协会培育和建设工作的全面、扎实和有效开展。

（六）切实落实年检合格和评估等级目标。尚未达到民政部年度检查合格等次的委管协会,要认真整改提高并尽快达到合格等次;尚未参加民政部评估或尚未获得3A级以上评估等级的委管协会,要抓紧各项准备或改进完善,切实做好参加评估或复审的相关工作,并力争2015年底前获得3A级以上评估等级;重点培育的80～100家委管协会,要力争2015年底前获得4A或5A评估等级。

(七)积极培育和打造核心业务。要紧密围绕提供服务、反映诉求、规范行为的职责作用,结合自身和行业特点,突出重点,发挥优势,积极培育和打造独具特色的核心业务,使其成为自身形象、地位、作用和能力的综合体现;同时要围绕核心业务,积极搭建服务平台,完善服务机制,增强服务功能,不断提升服务能力和服务水平。

(八)大力提升规范治理和规范运作水平。坚持以法律法规为准则,以章程为基准,健全民主选举、民主决策、民主监督的管理制度,完善治理和运行机制,严格选举和决策程序,切实做到内部治理的制度化、程序化、规范化和透明化,严格依法依规开展工作和活动;健全完善各项管理制度,严格规范内设机构管理,严格执行财务资产管理和核算制度;认真开展法制宣传教育和培训,有效防范法律风险;针对自身存在的突出问题,制订整改措施,持续改进,务求实效。

(九)深入开展行业自律和诚信建设。深化提高思想认识,切实增强做好行业自律和诚信建设的责任感和紧迫感;认真履行行业自律和诚信建设职责,健全各项自律性管理制度,制订并组织实施行业职业道德准则,完善行业自律性管理约束机制,规范行业企业行为,维护公平竞争的市场环境;深入开展行业企业信用评价工作,严格申报、评审、公示、复查等程序,实行信用评审动态管理和定期复评制度;积极探索创新,总结实践经验,大力推进行业自律和诚信建设,切实提升行业诚信度和公信力。

(十)加快建设职业化专职工作人员队伍。认真落实劳动合同制度,保障工作人员合法权益;建立和完善激励机制,积极吸引优秀人才,优化工作人员知识和年龄结构;加强业务培训和能力锻炼,切实提升工作人员综合素质和业务能力;加快年轻、骨干人才的培养,努力建设一支适应协会工作和发展需要的职业化专职工作人员队伍。

（十一）不断加强党的建设和领导班子建设。不断加强和改进党的思想、组织、作风、制度和廉政建设，积极探索协会党员教育管理监督的长效机制和党组织发挥作用的途径和方法，提升党务工作者的综合素质和能力水平，充分发挥协会党组织凝聚力量、推动发展和促进和谐的作用。加强领导班子建设，坚持德才兼备、以德为先、注重实绩、群众公认原则，严格择优推荐、组织审核和民主选举程序，建立领导班子成员业绩考核制度和任职回避制度，完善离任审计制度，加强对领导班子成员选拔、任用和离任的全过程监督。

（十二）积极创建新时期的协会文化。坚持中国特色社会主义核心价值观，加强协会思想道德、职业道德和社会公德建设，大力弘扬优秀传统文化，吸收先进文明成果，推进文化创新发展，积极创建和推进协会文化建设，不断提升协会文化的软实力。

四、指导推进措施

（十三）国资委的指导服务。加强对开展品牌协会培育和建设工作的指导和服务，积极帮助协调和解决委管协会发展中的重点难点问题；组织开展先进做法和经验的总结交流和学习借鉴，加强对品牌协会的宣传推广，营造培育和建设品牌协会的良好环境；积极向政府有关部门推介，促使其在购买行业协会服务中优先选择品牌协会，发挥品牌协会的引领和带动作用。国资委联系行业协会工作联席会议成员厅局要按照各自职责分工，切实做好各项指导与服务工作，促进委管协会又好又快发展。

（十四）直管协会的组织推进。直管协会在做好自身培育和建设品牌协会工作的同时，要认真履行代管职责，组织和指导代管协会制订发展规划和实施方案，明确目标任务，落实工作措施；要根据代管协会的基础条件、综合素质、服务水平等，制订整体推进和重点培育工作计划，分解落实目标责任和任务措施，分期分批组织和指导代管协会进行整改提高，保证在 2015 年底前全部参加年度检查和行业协会商会评估，并达到合格等次和3A级以上评估等级;保证每年重点培育1～2家代管协会,使其达到品牌协会的基本目标。

(十五)其他方面的保障措施。对于因体制转换或行业萎缩等原因,确实无法恢复和开展业务活动的代管协会,国资委和直管协会将认真研究,提出意见并会商民政部,采取变更名称、改革重组、撤销登记等措施予以整改。对于通过自身努力无法达到合格等次和3A级以上评估等级的代管协会,国资委将组织直管协会提出意见并会商民政部,采取限期停止活动、撤换主要负责人、调整领导班子,直至撤销登记等措施推进整改,确保整体推进和重点培育目标的实现。

国务院国有资产监督管理委员会督促检查工作管理办法(试行)

2012年1月16日　国资发〔2012〕7号

第一章　总　则

第一条　为进一步转变工作作风、提高工作效率,实现督促检查工作规范化、制度化,切实保证党中央、国务院重大决策和重要工作部署,以及国务院国有资产监督管理委员会(以下简称国资委)党委和国资委重点工作落实到位,根据《中共中央办公厅关于进一步加强督促检查工作的意见》(中办发〔1999〕6号)、《国务院办公厅关于进一步加强督促检查切实抓好工作落实的意见》(国办发〔2008〕120号),结合国资委工作实际,制定本办法。

第二条　本办法所称督促检查,是指对党中央、国务院重大决策和重要工作部署,以及国资委党委和国资委重点工作的贯彻落实,党中央、国务院领导同志及国资委领导重要批示和交办事项等进行分工立项、协调督办、情况反馈等工作。本办法适用委机关各厅局。

第三条 国资委督促检查工作应当紧紧围绕国资委中心工作，坚持实事求是，突出工作重点，注重实际效果，加强协调配合，确保政令畅通、决策落实。

第二章 督促检查工作范围

第四条 国资委督促检查工作按照重点督促检查、日常督促检查进行分类管理。

第五条 重点督促检查工作范围：

（一）党中央、国务院关于国有资产监督管理、国有企业改革发展的重大决策和重要工作部署的贯彻落实事项。

（二）党中央、国务院领导同志重要批示和交办事项。

（三）党中央、国务院重要文电中要求办理的事项。

（四）党中央、国务院进行专项督促检查涉及国资委职能的事项。

（五）全国人大、全国政协交办事项及国资委承办的全国人大代表议案、建议和全国政协委员提案。

（六）国资委党委、国资委重要会议议定事项。

（七）国资委领导同志重要批示，国资委领导调研、重要会见所议定或交办的事项。

（八）国资委党委、国资委重点工作的落实，以及各厅局业务工作中，开展专项督促检查的事项。

（九）其他重要事项。

第六条 日常督促检查工作范围。

（一）党中央、国务院有关部门，中央企业，地方国资委，国资委事业单位和直管协会等主送国资委的、需要办理的文电。

（二）党中央、国务院有关部门等会签和征求国资委意见的文电。

（三）其他需办理的事项。

第三章 督促检查工作分工

第七条 国资委督促检查工作由办公厅(党委办公室,下同)归口管理,各厅局按职能分工负责。

办公厅负责督促检查工作的组织协调、情况通报及工作考核评价;各厅局按职能分工,负责督促检查事项的组织落实和工作情况反馈。

第八条 国资委各厅局要加强协作,督促检查事项涉及其他厅局职能的,主办厅局应当主动征求协办厅局意见,协办厅局要积极配合,避免耽误工作。

第四章 督促检查工作程序

第九条 国资委督促检查工作实行统一立项编号、定期通报办理情况的工作制度。具体工作程序分为:立项和交办、承办和督办、反馈和审核、呈报和通报、跟踪督促检查、办结归档等环节。

(一)立项和交办。

1. 重点督促检查事项(除厅局业务工作中开展专项督促检查的事项),由办公厅按上级机关要求、委领导批示精神、会议纪要和厅局职能分工,提出立项建议,商有关厅局并报请委领导同意后,予以立项。

2. 各厅局业务工作中,拟开展的专项督促检查事项,由各主办厅局提出,报请委领导同意后,予以立项。

3. 日常督促检查事项,由办公厅按厅局职责分工进行批分,纳入公文运转程序,不再单独立项。

(二)承办和督办。

1. 承办厅局对重点督促检查事项,应当明确责任处室及办理进度安排,按要求认真办理。办公厅应当及时跟踪了解督促检查事项办理的进展情况,对未按时办结或反馈办理情况的,应当进行督办;各厅局开展的专项督促检查工作，由各主办厅局负责组织实施和督办。

2. 日常督促检查事项，各承办厅局应当按要求及时办理，办公厅按时限进行督办。

（三）反馈和审核。

1. 承办厅局应当按要求，及时反馈办理进展情况。办公厅负责对厅局反馈情况进行程序性审核，不符合要求的，应当商请承办厅局继续办理或补充完善。

2. 日常督促检查事项，承办厅局办结后，应当按要求及时销号。

（四）呈报和通报。

1. 办公厅负责汇总承办厅局反馈的办理情况，定期编印督促检查情况通报，呈报委领导，并向厅局通报。

2. 承办厅局对重点督促检查工作中反映出的重要问题，应当及时报告或通报。

（五）跟踪督促检查。对关系全局列入常项工作的重点督促检查事项，办公厅应当进行跟踪督促检查，承办厅局应当定期或适时反馈工作进展情况。

（六）办结归档。督促检查事项办结后，应当按照档案管理的要求，由主办厅局将有关材料收集齐全，整理归档。

第十条 督促检查工作应当明确办理时限要求，各承办厅局应当严格按规定时限办结。

（一）各类文电办理的时限要求。

文电中有明确时限要求的，按要求的时限办理，没有明确时限要求的，原则上按以下要求办理：

1. 党中央、国务院和国资委领导交办件，应在 30 个工作日内办结并报告情况。对有特殊要求的，要特事特办，及时报告。

2. 党中央、国务院重要文电中要求办理的事项，中央企业、地方国资委、国资委事业单位和直管协会等主送国资委的办理件，应当在 14 个工作日内办复。

3. 党中央、国务院有关部门会签件和征求国资委意见的文电，应在7个工作日内办复;委内单位之间的会签件和征求意见等,应当在5个工作日内办复。

(二)会议议定事项、专项督促检查事项等,立项时应当按其工作要求明确具体时限。

(三)对落实难度较大、需较长时间跨度解决的问题,承办厅局应当在立项时提出办理时限建议;对因特殊情况难以按期完成的事项,承办厅局应当及时提出延办原因、工作进度及后续工作措施,报告委领导并函告办公厅。

(四)办理时限,重点督促检查事项从立项之日起计算;日常督促检查事项从各厅局收到批办文电之日起计算。

第五章　督促检查工作管理

第十一条　各厅局应当高度重视督促检查工作,要指定专人具体负责督促检查工作,并根据需要为其提供有利于工作开展的必要条件。

第十二条　督促检查工作中涉密事项的传递、办理、存放等,应当根据有关保密规定严格管理,严防失泄密事件发生。如需引用、传达上级领导同志批示精神,应当严格按照中共中央办公厅、国务院办公厅有关规定执行。对发生失泄密事件的,要及时上报,并视情节轻重,依据有关规定对当事人和承办单位主要负责人给予处分。

第十三条　建立督促检查工作责任制。列入督促检查的文电和事项,办公厅应当立项批分准确,登记传递及时,不得积压和延误,并及时掌握进展情况,加强督办;各承办单位应当认真履行职责,在规定的时限内按要求办结。对推诿、无故拖延、误时误事等造成重大影响的,要追究相关单位负责人及具体经办人责任。

第十四条　建立重点督促检查工作台账和报告制度。办公厅应当对重点督促检查事项建立台账,详细记录基本情况、办理过程、进展情况和办理结果等内容;定期编制督促检查工作情况通报和年度工作报告等。

第十五条　建立国资委重要政策、重大决策的执行效果评估分析制度。各厅局应当通过对国资委重要会议、重要文件、重要工作部署的贯彻落实情况，以及各厅局业务专项督促检查工作的反馈情况，对国资委重要政策、重大决策的执行效果进行评估分析，并形成报告。

第十六条　建立督促检查工作考核评价制度。充分利用信息化手段，对各厅局承办的督促检查事项的办理情况、落实结果和反馈情况进行考核评价，具体办法另行制定。

第六章　附　则

第十七条　国资委督促检查工作中，监事会、信访、纪检监察等专项工作的督促检查按有关规定执行。

第十八条　本办法自印发之日起施行。

关于加强“十二五”时期中央企业信息化工作的指导意见

2012年7月2日　国资发〔2012〕93号

各中央企业：

“十一五”期间，中央企业认真贯彻落实党中央、国务院关于推进信息化的战略部署，按照《关于加强中央企业信息化工作的指导意见》的要求，结合企业实际大力实施信息化“登高计划”，信息化总体水平明显提高，在企业核心竞争力提升方面发挥的作用更加凸显。同时，也必须清醒地认识到，信息化仍存在一些不容忽视的问题：部分企业对信息化在变革管理体制、创新业务模式、引领战略转型的重要性认识不够深刻;信息化技术标准规范体系较弱,难以适应系统集成、信息共享和业务协同的迫切需要;信息化与企业战略决策、主要业务、集团管控等方面的融合度不深,难以适应企业发展战略目标和增强集团控制力的迫切需要;信息化队伍参差不齐,难以承担建设企业具有全局性、集成性信息系统的重任;信息化工作管理体制和保障机制尚不健全,难以适应信息化持续快速健康发展的迫切需要;信息安全保障能力不强,成为制约信息化发展的重要瓶颈,等等。"十二五"时期是中央企业贯彻落实科学发展观、加快转变发展方式、做强做优和培育世界一流企业的重要时期,也是中央企业信息化建设不断登高上水平的关键时期。根据党中央、国务院信息化战略部署和"十二五"时期中央企业改革发展总体思路,为进一步提高中央企业信息化水平,助推中央企业"做强做优、实现世界一流"的目标,现就"十二五"时期中央企业信息化工作提出以下指导意见。

一、指导思想、基本原则和总体目标

(一)指导思想。

深入贯彻落实科学发展观,紧紧围绕"十二五"时期中央企业改革发展目标,以信息化科学发展为主题,以深度融合和深化应用为主线,以企业管理提升活动为契机,以强化信息安全为保障,全面提高信息化水平。

(二)基本原则。

1. 信息化规划与企业战略相结合。始终把支撑企业改革发展作为信息化工作的出发点,坚持把信息化规划作为企业发展规划的组成部分,确保信息化发展与企业发展战略目标相一致。

2. 信息化工作与管理提升相结合。始终把促进管理提升作为信息化工作的切入点,坚持信息化与企业管理的深度融合,充分发挥信息化对管理提升的促进作用。

3. 信息化建设与深化应用相结合。始终把推进深化应用作为信息化建设的落脚点,坚持建设与应用并重,充分体现信息化效能,促进信息化水平的持续提升。

4. 信息化发展与信息安全相结合。始终把保障信息安全作为信息化发展的支撑点，坚持信息安全防护措施与信息系统建设同步规划、同步建设、同步运行，确保信息化发展安全可控。

（三）总体目标。

到2015年底中央企业信息化的总体目标是，信息系统要实现所有层级和主要业务的全覆盖；系统集成、信息共享和业务协同能力进一步提高；信息化与战略决策、经营管理、生产过程、风险管控深度融合；组织体系、基础设施、安全保障、运维能力进一步增强；信息化应用水平全面提高；大多数中央企业信息化水平达到A级，达到或接近国际同行业先进水平。

二、重点任务

（一）着力加强信息化顶层设计。站在国家信息化发展高度，着眼于"十二五"中央企业信息化总体目标及本企业"十二五"发展战略规划，结合管理提升活动，通过与国际或同行业信息化水平先进企业的对标，从企业发展战略、主要业务、风险管控等方面制定和完善本企业"十二五"信息化规划，确保规划具有战略前瞻性、整体协调性和应用实效性。滚动编制年度计划，持续深入开展信息化发展"登高计划"，确保信息化规划具体落地。通过进一步加强信息化顶层设计，处理好局部与全局、重点应用与整体推进、单向应用与发挥整体职能的作用的关系，实现信息化建设全面、协调和可持续发展。

（二）着力加强信息系统的建设和应用。全面提高信息化对主要业务的覆盖面，重点加强集约化人财物管理、国际化运营、辅助分析决策、经济运行监测分析和全面风险管控等业务信息系统的建设和应用；积极推进信息技术在研发设计、生产过程控制、节能减排、安全生产和应急管理等关键生产环节的应用。全面普及企业资源计划（ERP）、供应链、客户关系等管理信息系统。持续开展信息系统功能完善、性能优化和应用评价等工作，推进信息系统在企业各层级的纵向贯通。加强信息系统在生产环节与管理环节互联互通的横向集成能力，推进从单项业务应用向多业务综合集成的转变，从单一企业应用向产业链上下游协同应用的转变。积极开展网络采购和销售。

（三）着力加强信息化建设基础。不断提高信息网络覆盖度和运行可靠性，到“十二五”末实现所属各级单位全部接入企业内部信息网络。利用先进适用技术，提高软硬件资源利用效率和数据处理能力。建立健全信息化技术标准体系，统一开发平台和开发标准，强化技术架构管控，促进流程优化，推进业务协同，为企业集成应用和数据贯通提供基础保障。构建公共数据资源池，强化主数据管理和数据治理，推进数据深度共享，并做好与国资委业务信息系统的对接和信息共享。建立并完善使用正版化软件工作的长效机制。

（四）着力提高信息安全保障能力。认清信息安全形势，牢固树立全员信息安全意识，健全信息安全和应急处置管理体系，强化信息安全统一归口管理。加强信息安全防护技术保障，做好网络边界、基础设施、应用系统和桌面终端信息安全状态的监测预警和加固防护。加强异地灾备能力建设，定期开展应急演练，提升企业数据安全和业务连续性保障能力。开展涉密系统的分级保护和非涉密系统的信息安全等级保护工作，军工、能源、电力、交通、通信等重点行业的企业要确保重要信息系统和基础信息网络安全。

（五）着力提高信息系统运维水平。围绕企业信息化总体目标要求，建立健全与自身信息化水平相适应的信息系统运行维护体系，强化运维组织体系建设，优化运维制度流程。建设信息系统运行维护综合监管系统，加强信息系统运行状态监测和趋势分析，提升信息系统运行风险预判能力，保障信息系统可靠运行。

三、工作要求和保障措施

（一）深化认识信息化发展的战略地位。要将信息化作为企业“做强做优、实现世界一流”目标的重要举措，充分发挥信息化在实施“五大战略”中的关键作用；要将信息化作为实现企业变革与发展的驱动力，建立支撑企业创新、转型和变革的信息化体系和工作机制。

（二）进一步加强信息化工作的组织领导。要进一步强化信息化领导小组工作机制，全面推行企业总信息师（CIO）制度，大力提高专职率；明确信息化专项预算，确保投资质量，依法规范操作；进一步加强信息化工作的归口管理和集团管控力度，形成“一把手”挂帅、总信息师具体领导、信息化部门统一组织实施、业务部门有效参与、全体员工深度配合的信息化工作机制和体制。

（三）全面建立信息化绩效考核制度。要加强信息化工作的绩效考核制度，有针对性地开展分类评价，层层落实信息化建设、应用、维护、升级和优化责任；要采取多种形式，通过信息化先进表彰等形式，充分发挥典型示范引领作用，提高信息化工作人员积极性和创造力。

（四）持续加强信息化人才队伍建设。要明确信息化工作岗位序列，培养和打造人员配比合理、自主可控的信息化管理、建设、运维和安全的队伍；加强复合型人才队伍建设，开展全员信息化培训，重点加强企业中层以上领导干部信息化培训；对较高层次的信息化人才开展职业生涯设计；广泛开展各种形式的信息化建设、应用、运维技能竞赛和岗位练兵活动，进一步提高信息化人员专业素质和岗位能力。

（五）持续加强中央企业信息化的指导。国资委将进一步加大力度持续推进中央企业信息化工作，加强中央企业信息化水平评价工作，完善评价管理办法；组织开展中央企业信息化工作先进表彰和示范工程评选工作，培育树立行业信息化标兵；加强中央企业帮扶和经验交流的组织力度，适时开展信息化工作监督检查，为中央企业深入推进信息化工作营造良好氛围。

关于印发《“十二五”时期深化中央企业改革、增强企业活力的总体思路与具体措施》的通知

2011年11月3日　国资发改革〔2011〕160号

各中央企业：

现将《“十二五”时期深化中央企业改革、增强企业活力的总体思路与具体措施》印发给你们，请结合实际认真贯彻落实。

附件：“十二五”时期深化中央企业改革、增强企业活力的总体思路与具体措施

附件：

“十二五”时期深化中央企业改革、增强企业活力的总体思路与具体措施

“十一五”时期，在党中央、国务院的正确领导下，中央企业改革发展取得重大进展。公司制股份制中央企业的比例不断提高，现代企业制度进一步建立健全；布局结构不断优化，资源配置能力明显提高；管理水平显著提升，企业的活力、控制力和影响力进一步增强；企业的经济效益和整体实力大幅提升，资产总额、营业收入、上缴税金和税后净利润等主要经营指标实现五年翻番。“十二五”是中央企业贯彻落实科学发展观、加快转变发展方式的重要时期，是进一步深化改革、增强活力、提高发展质量的重要时期。为贯彻落实“做强做优中央企业、培育具有国际竞争力的世界一流企业”的核心目标要求，现就“十二五”时期

深化中央企业改革、增强企业活力提出如下总体思路和具体措施。

一、总体思路

指导思想：高举中国特色社会主义伟大旗帜，以邓小平理论和“三个代表”重要思想为指导，深入贯彻落实科学发展观，围绕“做强做优中央企业、培育具有国际竞争力的世界一流企业”的核心目标，以转变经济发展方式为主线，以提高核心竞争力和国际竞争力为着力点，大力实施“五大战略”，深入推进各项改革和调整，努力为中央企业发展提供强大的动力保障，使中央企业成为股权结构合理、公司治理优良、资源配置高效、体制机制灵活、基础管理扎实、集团管控有度的充满生机与活力的市场竞争主体。

基本原则：坚持公有制主体地位，多种所有制经济共同发展，切实增强中央企业的活力、控制力和影响力。坚持现代企业制度方向，深化公司制股份制改革，积极探索适合中国国情的股权结构和公司治理结构。坚持转换经营机制，推进企业内部三项制度改革，切实强化企业管理和管理创新。坚持优化资源配置，深入推进布局结构调整，提升中央企业整体资源配置效率。

二、具体措施

（一）继续深化公司制股份制改革，使公司制股份制成为中央企业的主要组织形态。

分类指导公司制股份制改革，使公司制股份制成为中央企业的主要组织形态。推动具备条件的国有大型企业整体上市，不具备整体上市条件的国有大型企业要加快股权多元化改革，有必要保持国有独资的国有大型企业要加快公司制改革。力争具备条件的中央企业不留存续整体上市有所突破，中央企业母公司股权多元化比例明显提高，公司制股份制成为中央企业的主要组织形态。

配合整体上市，推动存续企业改革。对于已经实现部分业务上市或主业整体上市的中央企业，要积极创造条件适时将存续企业注入上市公司,分步实现整体上市。对于确实不具备条件的,要按照推进资源向主业企业集中的原则,将存续企业移交主业突出的其他中央企业或资产经营公司;难以移交的,要进一步明确改革方向。

规范上市公司运行,提高上市公司质量。着力解决部分中央企业上市公司数量多和管理层级低问题,积极稳妥解决同业竞争问题,规范关联交易,加强内幕信息管理,指导督促有关中央企业加大对已有控股上市公司的整合力度,切实提高上市公司质量。

(二)加快推进规范董事会建设步伐,健全中央企业公司治理结构。

加快推进步伐,在大多数中央企业的集团或股份公司建立规范董事会。公司制股份制改革与完善公司治理同步推进,按照现代企业制度要求,规范公司股东会、董事会、监事会和经理层的权责,形成权力机构、决策机构、监督机构和经理层之间权责明确、有效制衡、协调运转的中国特色现代国有公司治理结构和机制。争取到 2015 年底,大多数中央企业的集团或股份公司建立规范董事会,符合条件的所属重要子企业参照有关制度,规范董事会运作,完善中央企业母子公司治理。

健全董事会运作的体制机制,切实发挥董事会作用。进一步完善董事会制度体系,落实董事会职责,实现董事会责、权、利的统一,切实发挥董事会作用。规范董事会和监事会的工作关系,完善董事会与出资人、党组织、经理层的信息沟通机制。探索党组织参与决策、带头执行、有效监督的途径和方法,充分发挥党组织的政治核心作用。加强董事队伍建设,健全董事选聘、评价、考核和培训机制,拓宽外部董事来源,优化队伍结构,持续提高外部董事履职能力。

(三)不断推进三项制度改革,切实转换企业经营机制。

持续推进人事制度改革,激发企业内部活力。坚持党管干部原则,完善组织选拔与市场化选聘相结合的企业领导人员选拔方式。加强对企业各级领导班子和领导人员的综合考核评价,强化考核结果运用。全面引入竞争机制,加大各类人才市场化选聘工作力度,形成优秀人才脱颖而出、职务能上能下的良好局面。

规范企业劳动用工管理,实现劳动用工市场化。建立以合同管理为核心、以岗位管理为基础的市场化用工机制，优化企业用工结构，畅通人员进出渠道，实现劳动用工市场化。

深化企业收入分配制度改革，完善激励约束机制。坚持收入分配与业绩考核紧密挂钩，深化全员业绩考核，建立健全根据经营管理绩效、风险和责任确定薪酬的制度。探索建立适应中国国情和中央企业实际情况的中长期激励约束制度，进一步做好国有控股上市公司股权激励，在非上市公司研究建立与价值创造紧密结合的任期激励等中长期激励机制，在符合条件的中央企业所属高新技术企业、院所转制企业进行分红权激励试点。健全劳动、资本、技术和管理等生产要素按贡献参与分配的制度，增强对企业关键人才的激励力度。

（四）进一步优化布局结构，提高资源配置效率。

推进布局结构调整，加快转变发展方式。推进国有资本进一步向关系国家安全和国民经济命脉的重要行业和关键领域集中。加强对重要行业和重点企业的研究，努力推动强强联合重组，打造主业突出、核心竞争力强、具有国际竞争力的大企业集团。提高中央企业的主业集中度，发挥中央企业在基础性、支柱性和战略性新兴产业等行业和领域的引领和先导作用，切实转变发展方式。

深化内部资源整合，更加注重重组质量与效果。指导中央企业规范有效实施重组，深入推进内部资源整合和重组后的深度整合，引导和鼓励企业持续开展业务结构调整与组织变革，切实发挥协同效应，提升中央企业的资源整合能力和竞争力。

探索中央企业之间业务层面的专业化整合，提高整体资源配置效率。统筹运用资产经营公司平台和业绩考核、国有资本经营预算等的导向作用，探索通过股份制等方式推动中央企业之间非主业、非优势业务、同类业务的重组整合，避免业务雷同、不必要竞争与资源浪费，提高中央企业整体资源配置效率和竞争能力。

引导规范中央企业对外并购，支持地方及其他所有制企业参与中央企业重组。支持鼓励创新资本运作形式，推动中央企业与地方国有企业以及其他所有制企业之间的并购重组。引导中央企业通过并购重组有效获取关键技术、重要资源、知名品牌和市场渠道等。支持地方国有企业及其他所有制企业参与中央企业重组。

利用资产经营公司平台,创新布局结构调整的途径与方式。发挥资产经营公司的平台作用,探索创新,将一些具备条件的企业以及中央企业整体上市后的存续资产、非主业资产交资产经营公司实施重组整合。探索由资产经营公司持有部分多元股东中央企业股权等。

(五)进一步加强管理和管理创新,全面提高企业现代化管理水平。

强化战略管理,提高集团管控能力。坚持战略定位清晰,充分发挥战略管理的统领作用。进一步优化企业组织架构,压缩管理层级,缩短管理链条,解决好双层架构问题,规范母子公司管理体制,提升集团管控能力。

完善专项职能管理,强化风险管控。推动企业深入开展管理创新活动,大力推进价值管理,以全价值链精细化管理为导向,逐步提高精益制造、精益设计、精益研发的水平,不断完善专业职能管理体系,提升企业的运营能力和管理效率。推动企业强化风险意识,完善内控机制,健全全面风险管理体系,建立健全法律风险防范机制,实现对重大风险的有效管控,提高重大突发事件应对处置能力。加强财务管理体系建设,推进全面预算管理,加大集团资金集中管理力度,强化总会计师职责。

狠抓基础管理,促进管理能力整体提升。推动企业加强制度化、标准化、流程化等基础管理工作,推动企业持续开展管理诊断、流程再造、运营转型等管理改善活动,完善信息化建设,不断提高质量管理、成本管理、研发管理的水平,夯实企业管理基础。

(六)采取有力措施,着力化解历史遗留问题。

区别情况,分类指导。需要政府解决的问题,要积极协调,争取由各级财政安排资金解决;需要国资委协调解决的问题,国资委根据实际情况协调或安排国有资本经营预算给予适当支持;企业自己能解决的问题,通过业绩考核等政策引导企业尽快解决。

先易后难,分步实施。加快解决企业办社会职能、厂办大集体、国有企业政策性破产历史遗留问题等，全面摸清“壳公司”问题以及政策性债转股遗留问题，抓紧解决一批历史欠账，帮助企业减轻历史包袱，维护职工合法权益，确保企业和社会稳定。

统筹兼顾，做好衔接。妥善处理好改革、发展、稳定三者间的关系，将解决中央企业历史遗留问题与深化改革、结构调整、转换机制、转变发展方式、提高发展质量相结合，推进市场化、社会化运作，提高国有资产运作的质量和效益。

（七）不断完善政策体系，加强对中央企业改革的指导。

围绕核心目标，做好总体规划。围绕“十二五”时期中央企业改革发展的核心目标，研究制定关于做强做优中央企业、培育具有国际竞争力的世界一流企业以及中央企业对标工作等指导性文件。

加强政策研究，推动改革深化。围绕“十二五”时期中央企业改革发展重大问题，加强政策研究，提出政策建议，适时修订“深化中央企业改革、增强企业活力”的总体思路与具体措施。着眼于引导中央企业进一步做好改制上市、资源整合工作，研究制定推进中央企业上市和重组整合的政策文件。

完善政策体系，营造良好环境。研究提出妥善解决有关历史遗留问题的政策和措施，减轻企业负担、维护职工合法权益。提出深化劳动用工、人事制度改革的有关政策文件，完善企业负责人业绩考核、薪酬管理、中长期激励的有关政策，加强激励约束，激发企业活力。

深化改革是做强做优中央企业、培育具有国际竞争力的世界一流企业的动力保障。国资委要协同各项职能，集中有效资源，积极探索，加快推进中央企业深化改革，增强企业活力，为企业发展提供强大动力支持。各中央企业作为做强做优、培育具有国际竞争力的世界一流企业的主体，要坚持市场经济改革方向，充分结合自身实际，认真分析企业发展阶段，努力查找与同行业企业和世界一流企业的差距，深入推进改革，促进体制机制创新和管理创新，实现企业科学发展。

关于印发《推进中央企业做强做优、培育具有国际竞争力的世界一流企业总体工作思路的意见》的通知

2011年12月31日　国资发改革〔2011〕212号

各中央企业：

做强做优中央企业、培育具有国际竞争力的世界一流企业，是国资委提出的"十二五"乃至更长时期中央企业改革发展的核心目标。为指导中央企业有效实施核心目标，国资委研究出台了转型升级、科技创新、人才强企、国际化经营和和谐发展"五大战略"及动力、体制和组织"三大保障"的有关文件，《推进中央企业做强做优、培育具有国际竞争力的世界一流企业总体工作思路的意见》是总揽工作全局、全面系统地指导中央企业实现"十二五"改革发展目标的重要指导性文件。

各中央企业要全面深入领会"一大目标"、"五大战略"和"三大保障"的内涵及其相互关系，根据本意见要求，紧密结合企业实际，研究制订实现核心目标的总体工作思路、规划和实施方案，采取有效举措积极推动。要建立有效工作机制，明确责任，狠抓落实，重点在转变发展方式上下功夫，不断提升发展质量，提高核心竞争能力。要加强与先进企业对标，查找差距，持续改进，不断提升，逐步达到国内国际先进水平。

附件：推进中央企业做强做优、培育具有国际竞争力的世界一流企业总体工作思路的意见

附件：

推进中央企业做强做优、培育具有国际竞争力的世界一流企业总体工作思路的意见

为深入贯彻落实党的十七大和十七届五中全会精神，深化企业改革，推进企业科学发展，国资委提出做强做优中央企业、培育具有国际竞争力的世界一流企业是"十二五"乃至更长时期中央企业改革发展的核心目标。为指导、推进这项工作，现就总体工作思路提出以下意见。

一、充分认识做强做优中央企业、培育具有国际竞争力的世界一流企业的重要意义

（一）做强做优中央企业、培育具有国际竞争力的世界一流企业，是适应经济全球化、增强我国国际竞争力的迫切需要。当今世界，国与国之间的竞争突出表现在经济领域大企业之间的竞争。随着我国经济全球化深入发展，与世界经济融合日益紧密，必须尽快提升我国企业尤其是大企业的国际竞争力。目前，中央企业大多处于关系国家安全和国民经济命脉的重要行业和关键领域，大多居于行业排头兵地位，是国民经济的重要支柱和骨干力量。进一步做强做优、培育具有国际竞争力的世界一流企业，是国家赋予中央企业的历史使命。

（二）做强做优中央企业、培育具有国际竞争力的世界一流企业，是进一步发展壮大国有经济、巩固我国基本经济制度的根本要求。坚持公有制为主体、多种所有制经济共同发展的基本经济制度，必须大力发展国有经济。中央企业是国有经济重要组成部分，无论其所占比重，还是所控制或占有行业与领域，对于国有经济乃至国民经济的发展，都具有举足轻重的作用。完善社会主义市场经济体制，进一步发挥国有经

济主导作用,提高国有经济控制力、影响力和带动力,需要进一步做强做优中央企业、培育一批具有国际竞争力的世界一流企业。

(三)做强做优中央企业、培育具有国际竞争力的世界一流企业,是促进中央企业抓住、用好战略机遇期,在现有基础上再上新台阶,努力跻身国际先进水平的现实需要。经过多年改革发展,中央企业活力、综合实力和国内外竞争力显著增强,不少企业在某些方面已接近或达到世界水平。但整体来看,中央企业与世界一流企业相比还有不小差距,突出表现在现代企业制度需进一步完善、价值创造能力不强、自主创新能力亟待提升、国际化经营能力和水平偏低、缺乏全球知名品牌、高端人才匮乏、集团管控和全球化运营能力不足等。"十二五"乃至更长一段时期,中央企业仍将处于可大有作为的重要战略机遇期,同时也面临诸多可以预见和难以预见的风险挑战,要抓住历史赋予的千载难逢的发展机遇,着力做强做优,促使中央企业从中国一流迈向世界一流。

二、全面准确把握做强做优、培育具有国际竞争力的世界一流企业目标的内涵特征

做强做优是对所有中央企业提出的要求。从中央企业的实际出发,做强做优关键是要做到自主创新能力强、资源配置能力强、风险管控能力强、人才队伍强和经营业绩优、公司治理优、布局结构优、企业形象优。条件基础较好的企业,要在"四强四优"基础上,着力培育、打造具有国际竞争力的世界一流企业,努力发展成为主业突出、公司治理优良、掌握自主知识产权的核心技术、拥有国际知名品牌、具备较强国际化经营能力、在国际同行业综合指标处于先进水平的企业。

各中央企业要紧密围绕核心目标,结合自身实际,通过与国内国际先进企业对标,找出自身差距与不足,研究提出做强做优、赶超先进的具体可行的目标体系。为更好地指导中央企业全面准确地把握做强做优、培育具有国际竞争力世界一流企业的具体内涵及实现的有效途径和措施,国资委将通过对国内外先进企业特别是世界一流企业最佳实践、关键成功要素的提炼、概括与总结,结合中央企业发展现状、所面临

的突出问题,研究制订做强做优中央企业、培育具有国际竞争力的世界一流企业要素指引,供企业参考借鉴。

三、做强做优中央企业、培育具有国际竞争力的世界一流企业的指导思想和工作原则

指导思想是:以邓小平理论和"三个代表"重要思想为指导,深入贯彻落实科学发展观,坚持基本经济制度,紧紧围绕"做强做优中央企业、培育具有国际竞争力的世界一流企业"目标,以科学发展为主题,以加快转变发展方式为主线,以增强竞争力为核心,深入实施转型升级、科技创新、国际化经营、人才强企、和谐发展战略,进一步深化企业改革,完善监管体制,加强和改进企业党的建设,增强活力、壮大实力、创先争优,全面提升企业整体素质和发展质量,为经济社会发展作出新的更大贡献。

以科学发展为主题,是中央企业做强做优、培育具有国际竞争力的世界一流企业的重要前提。实现科学发展的关键,是要正确把握、遵循市场规律和企业发展规律。必须清醒认识到,培育世界一流企业决不是企业做得越大越好,关键要看发展的质量和效益,看在国际同行业中的地位和话语权,看可持续发展能力。

以加快转变发展方式为主线,是中央企业做强做优、培育具有国际竞争力的世界一流企业的必由之路。要创新发展模式,树立绿色、低碳发展理念,创建资源节约型、环境友好型企业,推动企业发展向主要依靠科技进步、劳动者队伍素质提高、管理创新转变,在产业链高端领域树立、巩固企业优势地位。

以增强竞争力为核心,是做强做优中央企业、培育世界一流企业工作的本质要求。一流企业是在激烈的市场竞争中拼搏、磨炼出来的,不断增强市场竞争力尤其是国际竞争力,是打造一流企业根基所在;只有苦练内功,持续改善,持久创新,才能培育出基业长青的一流企业。

基于以上指导思想,做强做优中央企业、培育具有国际竞争力的世界一流企业,应坚持以下工作原则:

——企业主体,市场竞争培育。做强做优、培育世界一流的工作主体、主角是企业,国资委主要从履行好出资人职责角度,为企业做好支持、保障和服务工作。企业必须进一步融入国内外市场竞争,不断增强核心竞争力,并以竞争的成效作为检验的主要标准。

——稳步提升,质量效益优先。做强做优、培育世界一流是一个渐进的过程,要不断夯实发展基础,扎扎实实推进,把发展的质量和效益放在首位。在发展中要切实完善体制机制,加强企业经营管理,加强内部资源整合,调整优化产业产品结构,促进企业又好又快发展。

——突破"瓶颈",持续改进创新。企业在做强做优、培育一流的过程中,要坚持不懈地与先进企业对标,找准影响关键绩效的因素,通过推进制度、技术和管理创新,不断突破"瓶颈",实现跨越式发展。

——"软"、"硬"并重,促进长远发展。要在提升企业技术装备水平、规模经济实力等"硬实力"的同时,通过促进企业依法经营管理、构建企业文化、建立学习型组织、创新商业模式、加强知识管理、实施名牌战略、履行社会责任、塑造良好形象等,大力培育"软实力",促进企业持续健康发展。

四、做强做优中央企业、培育具有国际竞争力的世界一流企业要统筹规划,保障促进,系统实施

做强做优、培育具有国际竞争力的世界一流企业是一项长期的复杂的系统工程,中央企业要结合实际,统筹规划,突出重点,大力实施转型升级、科技创新、人才强企、国际化经营及和谐发展"五大战略",这是实现核心目标的重大举措和基本途径。

实施转型升级战略,就是要加快转变发展方式,推动结构调整,集中资源于重要行业和关键领域,着力于产业链高端环节,发展战略性新兴产业,建设资源节约型、环境友好型企业;实施科技创新战略,就是要健全技术创新投入、研发、转化、应用机制,构建产销研紧密衔接、产学研有效结合的开放的技术创新体系,形成前瞻性研究、基础研究、应用开发研究和技术转化相配套的梯次研发结构,打造共性技术研发平台,力争在一些关键领域实现重大技术突破，培育一批高附加值的尖端产品；实施国际化经营战略，就是要培养树立全球化战略视野和思维，提高国际化决策与运作能力，加快“走出去”步伐，加强境外资产有效管控，逐步实现全球优化配置资本、人才、市场等各类资源；实施人才强企战略，就是要充分发挥人才作为做强做优企业第一资源的作用，创新人才发展机制，优化人才发展环境，激发人才创造活力，以高层次人才为重点统筹推进各类人才队伍建设，大力推进人才职业化、市场化、专业化、国际化；实施和谐发展战略，就是要努力建设诚信央企、绿色央企、平安央企、活力央企、责任央企，实现企业与股东、员工、社会等利益相关者以及环境的和谐发展。通过实施“五大战略”，促使企业从主要依靠要素投入和规模扩展的发展方式向依靠科技进步、劳动者素质提高、管理创新等转变，不断提升发展的质量和水平，促进企业可持续发展。

为促进战略举措的有效实施、核心目标的逐步实现，要把深化企业改革作为动力保障，把完善国资监管作为体制保障，把加强和改进企业党建工作作为组织保障。“三大保障”既是实现核心目标的重大举措，也是有效推动包括“五大战略”在内的各项工作的重要动力和有力支撑。要通过进一步深化改革，消除企业发展中的体制机制障碍，为企业发展注入不竭的动力源泉；通过加强国有资产监管机构建设和制度建设，健全监管工作体系和工作机制，不断完善国资监管体制，增强国资监管的前瞻性、针对性、协同性和有效性，为企业发展创造良好的体制环境；通过加强和改进企业党建工作，充分发挥党组织的政治核心作用和战斗堡垒作用，建立健全创先争优的长效工作机制，为企业发展提供强大的组织保障。

为了指导中央企业实施“五大战略”，有效构建“三大保障”，国资委要分别研究出台有关实施纲要或意见。企业要深入领会核心目标与“五大战略”、“三大保障”各自内涵及其相互关系，从本企业实际出发，按照统筹规划、突出重点、保障促进的总体要求，研究制定切实可行的战略与保障措施并系统有效地组织实施。

五、做强做优中央企业、培育具有国际竞争力的世界一流企业的主要工作措施

根据本意见要求，中央企业要结合本企业实际，研究制订实现核心目标的总体工作思路、规划和实施方案，采取有效举措积极推动。要建立有效工作机制，明确责任，加强考核，狠抓落实，努力取得实效。要重点在转变发展方式上下功夫，不断提升发展质量，提高核心竞争能力。要加强对标管理，选取先进企业和先进经济技术指标，查找差距，持续改进，不断提升，逐步达到国内国际先进水平。

国资委将主要通过以下重点措施，为企业提供支持、保障和服务。

(一)继续深化改革。

积极推动中央企业公司制股份制改革，完善现代企业制度。健全中央企业的公司法人治理结构，形成股东(大)会、董事会、监事会、经理层权责明确、协调运转、有效制衡的公司治理结构，不断完善以有决策能力并能承担决策责任的外部董事制度为重要内容的董事会建设。实现现代企业制度与党组织发挥政治核心作用、职工民主管理的有机融合。

继续促进企业深化劳动、人事、分配三项制度改革为重点的内部改革，建立与做强做优、培育具有国际竞争力世界一流企业相适应的激励约束机制。实行以合同管理为核心、岗位管理为基础的市场化用工制度。健全市场化选人用人机制，创造优秀人才脱颖而出的内外部环境，管理人员要实行公开竞聘、择优录用、定期考核、能上能下。坚持收入分配与业绩考核紧密挂钩，健全以经营管理绩效、风险和责任确定薪酬的制度。健全资本、技术、管理等生产要素按贡献参与分配的制度，增强对关键人才的激励力度。

积极探索与深化国有资产管理体制改革，建立完善与企业体制创新相适应的有效履行出资人职责的途径和方式，加强中央企业战略规划和投资管理，促进国有资本优化配置，避免无序竞争。充分发挥外派监事会的作用，提高监督的全面性、科学性、有效性。

(二)推进调整重组。

进一步推动中央企业国有资本向关系国家安全和国民经济命脉的重要行业和关键领域集中,向具有竞争优势的行业和未来可能成为主导产业的领域集中,向“四强四优”企业集中。

继续推动中央企业之间的优化重组,着力推进强强联合,加强重组后的整合,发挥协同效应,实现优势互补。积极引导、鼓励企业非主业、非优势业务与主业优势突出的其他企业重组整合,提高中央企业整体资源配置效率。引导、鼓励中央企业内部资源整合,构建和完善系统集成与整体解决方案能力,不断提高资产质量和经济效益。充分发挥资产经营公司在调整重组中的平台作用,为推进中央企业深化改革、消化历史遗留问题等创造有利条件。

鼓励中央企业围绕核心目标,与地方国有企业联合重组。支持中央企业“走出去”,通过并购重组获取关键技术、重要资源、知名品牌和市场渠道,提高综合实力和核心竞争力。

在推进调整重组中,引导企业将重组与改革有机结合,打造符合现代企业制度要求、与资本市场对接、资源高效运作、充满生机活力的优势企业集团。

(三)加强指导服务。

围绕核心目标,加强指导服务,是国资委一项长期的工作。要重点做好以下几项工作:

一是加强培训工作。加强中央企业高管人员到世界一流企业培训交流,引导企业提升现代化管理水平,要在国内举办各类培训、研讨等专题会议,请世界一流企业高管、专家介绍当今世界企业最佳实践。加强中央企业之间、中央企业与其他先进企业之间的经验交流,请国内一流企业经营管理者、专家介绍典型案例和相关知识。加强职工培训,支持、鼓励有条件的企业建立人才培训学院或基地,有计划、多层次地开展培训,提高全员素质。

二是指导中央企业开展对标工作。标杆管理是几乎每一个世界一流企业都经历过并持续开展的改进管理、获得竞争优势的有效方法。

近年来,不少中央企业主动开展对标活动,取得较好效果。国资委将研究出台有关指导性意见,召开中央企业对标工作会议,交流先进企业经验,推动中央企业通过多层次、全面对标明确所处的位置、存在的差距,深入开展和完善对标工作,全面提升能力和水平。

三是总结典型经验,加强示范引导。国资委将选择企业主要领导高度重视、基础条件较好的企业作为重点联系企业,有关厅局通过参与重点联系企业研究制订做强做优、培育世界一流企业总体规划和实施方案并组织论证研讨,跟踪企业开展组织实施情况,积极探索推进这项工作的有效途径、机制和措施。要不断总结推广做强做优、培育世界一流企业工作中涌现出的好经验、好做法,指导、帮助中央企业相互借鉴、共同提高。

(四)有效政策引导。

国资委要集中全委资源和力量做好做强做优中央企业、培育具有国际竞争力的世界一流企业这项中心工作,加强政策研究,做好政策引导,重点做好以下几项工作:

一是充分发挥国有资本预算的支持、导向作用。加大对关系国家安全和国民经济命脉的重要产业和关键核心技术产业化的支持力度,力争在具有前瞻性、引领性的关键领域实现重大技术突破。支持具备做强做优、培育世界一流基础和条件的中央企业继续深化改革、优化布局结构、发展战略性新兴产业、提升国际化经营能力和解决历史遗留问题。

二是改进完善业绩考核政策。进一步发挥好业绩考核的导向作用,改进业绩评价与考核办法,提高针对性,引导企业转变发展方式;完善收入分配政策,向关键人才倾斜;加大研发投入,提升核心竞争力,促进企业可持续发展。

三是努力为企业改革发展创造良好的政策法律环境。加强政策法律研究,积极与政府有关部门沟通、协调,争取在中央企业之间重组和内部整合、中央企业与地方国有企业重组的财税政策支持等方面取得突破。加强法律服务指导,提高企业风险意识,切实维护企业合法权益。

四是完善国有资产监管制度。适应做强做优中央企业、培育世界一流企业的工作要求，国资委要着力健全依法履行出资人职责、加强国有资产监管的制度和机制，尽快建立健全境外国有资产的管理制度。中央企业要加强对所出资企业的监管，层层落实国有资产监管责任和保值增值责任。中央企业在实施国际化经营战略的同时，要积极探索做好境外产权管理的手段和途径，切实加强对境外企业的管理和监督，防范政治、经济、社会和技术等风险。

中央企业做强做优、培育具有国际竞争力的世界一流企业是一项富有挑战性、探索性和长期性的艰巨工作，要勇于实践，与时俱进，开拓创新，力争到“十二五”末取得重大实质性进展，为我国经济社会发展作出更大贡献。